U0696833

哈佛燕京圖書館文獻叢刊第三種

參考消息

一九四四年·六月——一九四五年十一月

第四册

广西师范大学出版社
GUANGXI NORMAL UNIVERSITY PRESS

一九四五年七月三日至一九四五年十一月四日

參攷消息

（只供參考）

第九二八號

解放日報 新華社 編

今日出一大張

卅四年七月 三日 星期二

合衆社報導七參政員來延

【合衆社重慶一日電】王雲五與左舜生（前者為商務印書館總編輯，後者為中國民主同盟領袖）諸中間人士率領的七個參政員，已於今日前往延安與毛澤東會談關於恢復國共談判問題。國共談判是在半年前停頓的，其結果已使政府與共產黨的關係為之惡劣。共產黨機關報重慶版的新華日報已用和平的語調說：『在七次全國代表大會上，本黨已指示全黨團結一切贊成打倒敵人，建設新中國的一切政黨、社團、階層和個人』。這一切……中國內部××與中蘇關係的改善。（缺）

【合衆社重慶一日電】共產黨機關報新華日報今日社論，評述中國共產黨成立第二十四週年紀念辭：『黨是中國爭取民族自由解放的工具……黨的政策是爭取民主與統一。我們是遵從民治、民有、民享的政策。它是一個人民的政策。因為這是人民戰爭。』

宋子文在蘇京消息

【塔斯社莫斯科一日電】七月一日中國行政院長兼外交部長宋子文，蘇聯副人民委員長兼外交人民委員長莫洛托夫及莫洛托夫夫人到大歌舞院參觀『剝栗殼的人』。在中央包廂參觀者尚有中國外次胡世澤、中國駐蘇大使傅秉常，沈鴻烈、錢昌照、蔣經國、張福榮、卜道明、劉澤榮、郭德旺將軍，以及副外交人民委員長維辛斯基、羅佐夫斯基、副對外貿易人民委員長卡岡諾維赤、蘇聯駐華大使彼特羅夫、蘇聯外交人民委員部交際司司長莫洛赤科夫、第一遠東司司長杜金。外國大使、公使及代辦、蘇聯外交人民委員部負責官員、蘇聯及外國記者均到該歌舞院參觀。中央包廂懸有中蘇國旗。在開幕前，大歌舞院合奏團演奏中蘇國歌。公衆熱烈歡迎宋子文、莫洛托夫及中國來賓。

【中央社莫斯科卅日專電】蘇外長莫洛托夫於機場檢閱儀隊後，曾與宋院長作簡短談話，渠對宋院長之風塵僕僕，表示關懷。宋院長答以此行甚感愉

所有主要港口，其大部份鐵道及其全部工業（只是佔百分比很少的一部分工業除外）都在敵人手中。此外，在自由中國的邊境內，有一大塊地區是在這樣一個政體統治下，它不接受中國中央政府的管轄而獨立行事。該地區以延安為其首都，是在中國共產黨手中。因為，一個統一的中國將意味着在對日作戰中，中國會比最近起更大的作用。美國已堅持努力使重慶與延安合作。這些努力已告失敗，雙方都不願適應對方的願望，雖然最公平地說。必須指出：蔣介石每設法要和共產黨妥協，後者就把他們的價錢提高一倍。聯合國並沒有放棄它使蔣共合作的努力，雖然此時我們給中國的援助是完全送交重慶。在這方面，我們僅僅是倣効以前蘇聯的榜樣，當時蘇聯它把給與中國的供應品送給中央政府而不是給中共。最近，由於蘇聯專心致志於對德作戰，它已沒有輸送任何東西給中國。然而，有這樣一種真正的危險，即這種對重慶與延安之間不和的中立態度，將被蘇聯所打破，莫斯科將把他們的援助送給中共。假使情形是這樣，蘇聯與美國將是支持中國兩個敵對的成份，這將帶來不堪設想的潛伏的後果。中共與重慶之間關係的問題不過只是宋博士在莫斯科無疑將提出和蘇聯領袖商談的問題之一。還有關於滿洲、外蒙古、中國的新疆與高麗，蘇聯的計劃如何的問題。關於蘇聯對歐洲領土的目的他們在戰爭之前以及戰爭進行當中就公佈了。與之相反，蘇聯關於其遠東計劃絲毫未談，廣泛流行的推測是：斯大林的蘇聯將重循沙俄所採取的步驟。假若那樣，滿洲將陷入亞洲的波蘭的命運，或者有或者沒有盧布林的調整。但是，對於蘇維埃西伯利亞邊境地區的問題，蘇聯至今仍保持沉默。在太平洋戰爭最高度發展的前夕，說宋博士使蘇是最高重要性的事件並不過份。這可能是：聯合國憲章成為現實以來，強國團結的第一個試驗。

英國『觀察家』報談 華北華南中國軍隊都在進攻

【路透社倫敦一日電】英國重要的星期日報紙之一『觀察家』報，下星期日報紙上將出現下列評論：『日本自其侵略中國時發放出第一砲以來，下星期六將滿八年了。從來沒有這樣力量懸殊的鬥爭。日本的確認為頂多八個星期便會擊敗中國的，而現在無論在華北與華南，進行日益勝利的進攻的都是中國，日本已處於防禦地位了。世界得到中國的很多好處，還未報答。如果在它喪失的最好的一半領土，與幾百萬人民遭刼之後中國屈服了，日本一定會侵犯印度的，戰爭將無限期

談，旋對莫洛托夫之盛意接待，表示謝意。宋氏一行嗣即往中國大使館休息，最初三日之節目，刻已暫時排定，宋氏一行今晚將謁斯大林委員長及訪莫洛托夫，明晨將遊覽莫斯科，明晚將赴大戲院觀歌舞表演，後日將訪克里姆林宮及參觀工廠。

【合衆社重慶一日電】過去四十八小時，標明中蘇關係及重慶與延安之間關係改善的象徵正迅速增長着。宋行政院長子文及其五十個隨員的訪蘇與今日七個參政員的赴延，作爲國內和平居間人在那裏訪見共產黨領袖，這一切表現了遠東××更歡樂的情況。

【合衆社重慶一日電】大公報載莫斯科廣播稱：宋子文及隨員五十餘人星期六抵達莫斯科，並『已爲斯大林所接見』。在宋與斯大林作簡短談話時，莫洛托夫、蘇駐華大使彼特羅夫及中國駐蘇大使傅秉常均在場。此間輿論界把這解釋爲『良好的開端』。

【同盟社里斯本一日電】美國華盛頓郵報，一日就宋子文之訪問莫斯科一節作下列評論：由於宋子文的訪問莫斯科，發現了絕好的機會解決阻礙重慶蘇聯關係的最重大問題的方法。現在美國的對華援助是僅供給重慶；但這並不是放棄使渝延接近的努力，但這一聯合國對渝延××的中立，將由蘇聯的態度打破。

華盛頓新聞評論員評宋子文赴蘇及國共問題

【美新聞處華盛頓三十日電】雅羅弗爾報導：華盛頓新聞評論員諾維爾在今天的華盛頓郵報著文稱：『沒有任何代表國比蘇聯代表團更主張强國必須繼續團結。諾維爾說：假使『五强繼續團結』對蘇聯和對任何其他國家一樣有利。蘇聯對這名詞是作何解釋，這是個尚未解答的問題。他們尋找的團結，是否是一種只有經過其他强國接受蘇聯觀點才能達到團結呢，抑或在政策與觀點發生不同意見的問題上他們是否願意爲了團結的利益，和他們的對方取得妥協呢？在舊金山會議上，蘇聯已表現了妥協的準備……。中國行政院長兼外長宋子文的到達莫斯科，給蘇中關於危害他們之間關係的許多問題達到工作上的協定提供了絕好機會。這些問題假使沒有解決，將使遠東，在日本被擊敗之後長久處於混亂的狀態中。但是，倘若達到了此種工作協定，至少將使太平洋戰爭爲之縮短。目前，中國作爲一個强國的地位，與其說是事實不如說是假待，與其說是現實不如說是希望。中國領土的重要部分，包括某

的延長，世界的整個歷史將倒退。

中央社社內通報

中央社內部通報：各分社主任各戰地特派員均鑒（夾光密）最近四週參考事項如下：

（一）舊金山會議於若干波瀾中，卒能完成制定世界憲章之歷史的工作，不能不歸功於五大國之互讓精神，以及各國信賴大國之心理。憲章內容雖不能盡滿人意，但較諸舊國聯盟約已不可同日而語，尤其美蘇加入爲此次最大成就。亦爲未來成功之保障。美蘇之加入乃新世界安全機構最强之力量，任何條文之缺陷，皆可由此彌補而有餘。美無黨派之分，一致擁護憲章，參院不日即可予以批准。（二）我國此次在舊金山會議中，貢獻頗大，凡美蘇或英蘇間有不同見解時，皆由我國居中斡旋，使發見一共同之點，以謀解決（有十五字密碼）。蘇對我亦有好感，認爲確有誠意與其合作，至其他中等國家及小國，亦感覺我爲彼等說話甚力（此處有四十三字密碼），故博得彼等同情與尊敬不少。（三）宋院長自舊金山回國，僅一星期即赴蘇，大約卅日或一日可到達。宋院長所負使命異常重大，未來五十年間遠東是否保持和平，繫於此行。我有徹底解決中蘇一切懸案之決心（此處有密碼十七字），中蘇間之和平，不獨爲遠東和平之基石，亦爲世界和平之防堤（此處有密碼廿三字）。（四）中共談判中斷已久，現有參政員傅斯年、王雲五、左舜生、褚輔成、黃炎培、章伯鈞、冷遹等向延安提議，勸其與中央續談，毛周等電約傅等延安一行，聞傅等已接受其邀請，定日內即首途前往談話能否得一結果，目前尚難斷定，中共一面派兵南下，有企圖佔據東南沿海地帶（此處有密碼卅七字），則其是否能接受七參議員之建議，已屬疑問，即使接受是否能修正其原有主張，更爲疑問。（五）四屆參政會將於七月七日開會，中共表示不參加，但青年黨國社黨民主同盟當可參加。此次參政會職權擴大，可審議政府之預算方針，以及其他施政綱要，且負有解決國民代表大會問題之責任，故其動向值得注目。（六）敵自琉球島失守後，屢次承認戰局非常嚴重，現爲準備盟軍登陸之本土計，特將其全國分爲八區，有類於我國之省，每區設一地方總監部，其地位等於省長，可以不待中央指令，有權處理中央所委辦之事項。並將全國分爲幾個軍區，每個軍區負責防衛其管轄區域，又將全國國民男子自十五歲至六十五歲，女子自十七歲至四十五歲，一律須負防衛本土之責任，凡人民在銀行存款， 無論到何地向何銀行，均可取款，敵人現正加强其本土之防禦工事，並有將在外軍隊國內之事實。（七）敵此次在琉球

有案國投降之際，甚至由其軍官率領全隊投降者，此確爲敵戰鬥意志低下之證據，所謂寧死不降之武士道精神，已成過去。美陸次柏德遜謂，爲心理戰爭勝利之結果，自非過言，琉球如此，將來新加坡恐亦如此，即在我國戰場亦勢必如此，對日戰事或許比預期早了。此或爲其原因之一。（八）敵求和之說，並非事實，美已正式否認接到從日方任何方面所出之和議，即敵方亦一再否認並無其事，從任何方面觀察，外傳一切恐非眞相。

魏特梅耶替蔣介石辯護 掩飾內戰陰謀

【合衆社紐約廿八日電】中國戰區美軍總司令魏特梅耶二級上將，於柯里爾斯雜誌撰文，爲中國作戰努力辯護，駁斥最近批評。渠稱：於對日作戰最後決定階段中，吾人當信中國軍隊對共同之努力，定有可貴之貢獻，就余親眼所見者，余可決不猶疑而言，中國軍隊迄在苦戰奮鬥中。過去如此，此時亦然。並將繼續如此，直至日本完全擊潰爲止。渠現認蔣委員長爲一具有感召力及團結力量之偉大領袖，至於指摘中國軍人將依租借法案所獲武器軍火囤藏他處，以備在預期之戰後內戰私人之用一說，已謠傳甚廣，但余本人並不知有如此情形。蔣委員長曾以極震怒之態度告余，此等指摘，純屬謊言，在任何情形之下，依租借法案運至中國戰區之一切資材，今日悉由余直接統治及監視，並由余決定一切優先分配之處置，此不但能防止非當之分發，並使一切物資能平均分配予戰場上各軍。中國最感困難之生產問題，已因戰時生產局之澈底改革而見進步，使工業之生產額能飛躍猛進。

魏特梅耶到西北 鼓動西北軍人擁蔣

【中央社渝二日電】據美新聞處西安二十八日電，魏特梅耶於此間記者招待會席上稱，在過去兩週，渠曾訪中國西北部與華北，渠對中美兩軍之合作精神與一切進步，至感愉快。美軍在華並無領土願望，美軍所希望者即協助中國擊敗日本與懷有尊重中國之心理而凱旋故國。中國人民對軍人態度應予改革，目前態度應加轉變之，即不應輕視任何爲國捐軀之士兵，他有任何國民所享之同樣權益。此外魏氏並呼籲中國人民準備踴躍參加國際事務，又謂自上空與其他交通工具××發展後，中國任何部分皆不能與世界其餘各地分離，魏氏希望中美之繼續合作使日本失敗之期將不在遠。

【合衆社重慶卅日電】據綏遠及陝西省會西安、與安康及陝南漢中諸地報導：魏特梅耶訪問過成都軍校及西安與蘭州城四十英里外的成吉思汗陵墓及與平與西南的中國精銳部隊。在蘭州之一千五百年古老花園舍墅中住過，

過客氣話」。演習完畢，魏將軍對全體官兵講了一段簡短與強而有力的話，蔣委員長對余甚爲信任，余奉命前來觀察，絕不敢有絲毫錯誤，致減低蔣委員長對余之信任，更願以忠實精神，爲中國盟軍服務，以擊潰日本爲止。余曾旅行英法德等國，看到過他們的軍隊，綏西部隊人壯馬肥，技術嫻熟，實足與英美法德等國軍隊媲美。余絕對相信中國必能勝利得到和平，並能走上富強康樂的境地。余並知道在勝利和平之前，諸君還有兩大工作，一是普及教育，二是發展交通，以交通促進文化，以文化增進人民和部隊知識，余係中國戰區美軍司令，同時也是蔣委員長的參謀長，余願竭盡智能，服務中國，並願諸君以半個美國人半個中國人看待我，余願將諸君一切帶回重慶報告給蔣委員長，並願將來旅行世界各國時，廣播於各國，余還願將來偕同諸員到美國，致美國人士多來中國觀光。魏將軍的致詞完畢，即開始校閱，午後三時繼續參觀步騎砲各隊技術表演，在每個表演節目中，都會得到魏將軍的好評，尤其在步兵通過障礙和騎兵輕騎表演兩幕中，博得魏將軍情不自禁的無數掌聲和叫好，某國戰士張克明全副武裝以廿七秒鐘通過一二〇公尺距離之障礙後，魏將軍驚訝不已，立至該戰士前握手致賀謂：「你勝利了，余有像片兩幅，一幅已贈傅將軍，現願以另一幅相贈」，言畢即自衣袋中取出像片，親筆簽名贈給該戰士，嗣並緊握該戰士之手，同攝一影謂，俟余返渝洗好後，當親筆簽名寄來該戰士（缺數十字）。緊急呼救而魏將軍更現露出萬分焦急，然當此空氣最爲緊張情狀最危急時，該騎士等或自馬鞍前或自馬身側重復躍上馬身，安然加鞭前駛，才使觀衆爲之鬆一口氣，不一刻數百匹駿馬奔馳到魏將軍面前，在指揮官一聲口令之下，各騎士均下馬立正，馬亦趨旋腿立起，人馬同時致敬禮。魏將軍一面還禮，一面猶頻頻稱獎叫好。薄暮時表演始結束，魏將軍返城略事休息，晚間出席各界歡迎茶會，會中備有晉綏舊劇，中國古樂，蒙古歌曲和音樂及火把流星等項節目，九時許始盡歡而散，廿四日晨魏將軍以任務已畢，在萬民夾道歡呼聲中離去。

中央社稱：各地參政員陸續抵渝

【中央社渝二日電】國民參政會第四屆一次大會，定七七在渝舉行，各地參政員日來已陸續抵渝，大會祕書處二日開始辦理報到工作，並定六日舉行談話會，交換意見。

【中央社重慶二日電】國民參政會第四屆第一次大會，二日起開始報到，截至下午六時止，報到參政員共計七四人。成都之張瀾，邵從恩等，定四日

訪問過西北醫院，防疫局、及財政部所屬復興貿易公司經營的新皮革工廠，並看見蘭州城外的黃河鐵橋——這是一九〇七年由美國修橋公司所承修，且是第一座黃河鐵橋。並值大祭日赴謁成吉思汗的陵墓，獻以花圈，該日祭此古朝的遠征者時曾殺了兩匹馬和八十一隻羊作祭禮。後飛赴綏西河套的陝壩會見該戰區司令長官傅作義，其効率與個性使魏特梅耶印像頗深。並曾訪問陝西河南交界黃河灣處的潼關防禦工事，該處自一九三八年日軍到達對岸後即被華軍阻止了前進。據與魏特梅耶接近人士稱：將軍所得之深刻影響如下：首先，中國西北區之有豐富產品及老實的居民使其前途頗為光明。第二、中國西北區的華軍服裝與訓練較好。第三、傅作義使魏特梅耶獲得一種印像——即傅作義是他此次所訪問過的地區中最有希望的將軍。該界人士洩露魏特梅耶訪問一地，即發表演講鼓勵軍人們支持領袖蔣委員長。

【中央社重慶一日電】魏特梅耶將軍前赴西北各地視察廿九日飛返重慶。

【中國戰區美軍司令部廿九日訊】中國戰區美軍司令魏特梅耶之參謀長馬多克斯少將，已晉級為中將，他在就現任職務前，因服務於東南亞盟軍總部有功，曾獲勳章。

魏特梅耶飛綏遠晤傅作義並行閱軍

【中央社陝壩廿四日電】魏特梅耶將軍來綏西的消息，傳聞了許久，在六月廿二日清晨，這傳說終於證實。魏將軍一行九人，乘巨型銀灰色飛機，於正午十二時降落綏西戰時省會附近機場，換乘汽車入城，沿途受萬民夾道歡呼。午後二時許偕同傅作義將軍同往城南大河畔參觀某部戰鬥演習，在劇烈戰鬥中，士兵以敏捷於不足二分鐘時間內，搭成浮橋一座，通過四五十名勇士，前往增援，並將正面優勢之敵擊潰。魏將軍乃翹大指，連聲稱好。最後並召見該部指揮官某連長，以手撫其肩，稱讚其訓練成績的精。到演完畢後，魏將軍又由傅將軍陪同到將近三十里的地方參觀某師的大規模野戰演習，魏將軍極為興奮，召見該師的一位團長，提出許多問題詢問，經該團團長逐次解答，魏將軍不斷露出滿意笑容。俟知該團團長亦姓衛（名衛石樵），魏將軍以手拍其肩說：『咱們還是堂兄弟』，說畢大笑。接着又說：『你們的隊伍練的好』。衛團長聆此讚譽，殊為不安，遂即說還請參謀長多多批評與指導。魏將軍當斂笑容說：『我沒有說

專機來渝。蘭州昆明等地，亦即動身。大會秘書處已佈置新運服務所等處為宿舍招待。又本次參政會大會共集會兩週，前五日聽取政府施政報告，中間審查提案，三日以後，為大會討論提案，預定七月廿日閉幕。

美記者團抵西安

【中央社西安一日電】美記者團一行九人，今日上午十一時半，乘專機抵西安，下午二時參觀市容名勝，五時出席美軍官包立特上校之鷄尾酒會。八時保育院演劇招待，夜十一時，搭車作陝東之遊，擬明午返此參加祝主席夫婦之盛宴，定三日離陝飛蓉。

【中央社重慶二日電】軍委會為簡化機構，配合反攻要求起見，已先後裁撤大小機關共達二千個單位以上。最近又因各省綏靖公署等機關與各省保安司令部或行營業務重複，決定繼續裁撤者：（一）×陝鄂邊區綏靖公署。（二）滇黔綏靖公署。（缺卅字）（七）豫省警備司令部，其所遺業務歸入各省保安司令部或行營辦理，並限於本月底結束竣事云。

遲緩共同佔領柏林的理由

【同盟社蘇黎世二日電】由於紅軍已佔領了柏林市兩個月，但仍未允許美法英三國軍隊入城，使美英之間發生了不少的不滿，據瑞士國民日報倫敦電訊稱：美英軍的進入柏林措置遲緩，使英國國內發生不滿，美英軍會作入城式的預行演習，已數週之久，使士兵之間感到不信任與厭倦，美英軍不能很快進入柏林的理由，據稱是因紅軍對此準備不足，待紅軍在佔領區內×××後，美英軍即可向柏林佔領軍以飛機或卡車供應物資，但現在這一工作尚未完了，而且在柏林市內沒有供美軍施政官居住的設備，這亦是遲延的一個原因。

路透社傳盟軍將在遠東有新舉動

【路透社倫敦卅日電】美、日、中三方面之情報逐漸表明，盟軍在遠東偉大之新舉動，即在眼前。蔣主席於重慶宣佈受美方訓練並在美國配裝之中國軍隊，不日即可準備作戰，×國之太平洋特種混合艦隊司令施曼海軍少將，在華盛頓預測日本戰爭在半年至一年內，即可結束，東京則承認已設立一特種防衛軍司令部，以捍衛東京，該司令部之任務，即扼守通往東京之門戶。

参攷消息

（只供参考）
第九二九號
解放日報 新華社 編
今日出一大張
卅四年七月四日
星期三

重慶各報說 中蘇談判將會成功

【合衆社重慶三日電】世界日報今日（星期一）社論稱：中國行政院長宋子文在將於柏林舉行的三巨頭會議以前訪問莫斯科，這對於遠東以及對於全世界都具有決定性。已注定死亡的日本底最後希望，便是想蘇聯不參加遠東的戰爭。該報相信莫斯科的談判將是成功的。國民公報相信中國與蘇聯能在軍事上合作。並稱：因爲蘇聯已負起了維持世界的自由與和平的責任，她將一定不會讓東方的怪物日本存的。

合衆社、路透社報導 七參政員來延目的

【路透社重慶四日電】參政員一百名已自成都、昆明及自由中國其他城市來抵重慶，以便出席七月七日召開的第四屆參政會。七名參政員正訪問中國西北部的共產黨首都延安，試圖恢復四個月前已告停頓的團結談判，並勸說共產黨領袖派他們的代表出席參政會。在此以前延安會宣佈共產黨將不出席此會議。

【重慶合衆社三日電】所謂在中國未建立憲法政府之前的最後一屆國民參政會，已預定在抗日戰爭的第八週年——七月七日召開。在本屆參政會上，將作關於準備在十一月十二日召開國民大會的最後商談。由於共產黨反對國民黨召開這一國民大會，參政會中的共產黨員前已宣佈了他們不出席七月七日的參政會。七月一日六位參政員之前赴延安，表明參政會作最後努力以勸說共產黨員出席會議，或至少佈置國民黨與共產黨間關於國內和平的未來談判。權威的中立日報大公報發表社論促勸共產黨員出席參政會謂：『從中國共產主義者的觀點來說，來出席參政會即是等於獲得以向大衆發表其政見的又一途徑。迄今只有延安的電台及解放日報是他們發表政見的又一途徑。希望延安當局同意來重慶出席參政會，以給六位奔波的參政員一點「面子」』。（王）

壞，還和日俄日清二戰役一樣，當時日本全國上下都[illegible]國家之滅亡，而且部具有不戰必亡，戰還有幾分希望，從而決定寧戰而[illegible]現在日本朝野的情緒，已達到『寧戰而亡之氣慨，所以可喜』。然而鈴木的『寧戰而亡』之『氣慨』，並不能表示日本統治階級能有不顧身家生命，死鬥到底的決心，相反的日本統治階級只是用『寧戰而亡』作手段，以企換取他們認爲有利的『和平』。鈴木在同一談話內說：我以爲我方如戰意旺盛，則敵人將認爲戰事遙遙無了期，必會從前方發生厭戰的情緒』，又說：『敵人不能一次有百萬兵向日本本土登陸，運輸成爲大問題，日本之陸上補給便利，可以集中五倍或十倍於敵人的兵力』，是的，日本統治階級的所以敢定下『寧戰而亡』的決心，就是自量有地理之優越條件，和認爲盟軍將因日本頑抗而發生厭戰情緒，但是日本統治者的『寧戰而亡』的決心，不過是準備有利和平的條件，我們從鈴木內閣最近的種種措施便不難看出我們對日本統治階級之『寧戰而亡』的判斷是不錯。

第一鈴木認爲內閣今後的責任，必愈益艱危，但內閣的權威却還是極端脆弱，因此鈴木經過與倭國重臣們長久商談以後，終於同意，不允叫囂的議員們召開臨時議會之要求並立刻向議會提出『戰時緊急措置法案』，這一法案規定關於一、軍需生產之增強與維持。二、運輸通訊的增強與維持。三、糧食及其他生活必須品的確保。四、防衞的強化及秩序的維持。五、戰災善後的措置等五項大權，由議會委任給內閣，在施行所謂非常緊急事態時，不受其他法令拘束。果然議會討論了五天，總把該案通過，鈴木內閣在表面上亦經獲得了獨裁大權，同時鈴木內閣決心動員一切可用的力量，在本土決戰的姿態，亦更爲明顯，但事實上，議會對於鈴木內閣並不十分信任，而鈴木內閣對本土決戰的自信力，亦沒有[illegible]勁。例如八十七屆議會，原定於九十兩日即行閉幕，但結局一再延長直至十三日才結束，據東京的解釋，因爲戰時緊急措置法案議員們加以熱烈討論，所以奏請延期，延期討論的結果，有鈴木與議會同意在內閣各省設置行政委員，常川相任監察各省行政運營的任務，委員人選由內閣從貴衆兩院議員及有學識經驗者選任。

很顯然的議會迫於戰局的緊急，事實上不能不讓內閣有更大的臨機應變的權，但又不放心讓鈴木單獨担負有關『皇國』興亡的巨任，更不願意將議會的大權，無條件交給鈴木，所以提出了監視內閣工作的行政委員制，在鈴木內閣方面則因爲軍部不給以眞誠的合作與支持，並於發揮本土作戰的力量，

【中央社渝三日電】參政員報到之第二日，東南區閩、浙、贛、及北方各省參政員已分別乘機抵渝準備出席。今日報到之參政員共六十七人，連同第一日報到者已達一四一人。

國民黨軍隊 收復柳城、信豐等城

【中央社貴陽三日電】軍息，我軍昨日下午四時克柳城，今向東泉追擊，柳城以東殘敵在掙扎中。

【中央社渝三日電】據軍委會三日發表戰訊，（一）廣西方面我軍於一日晨攻入柳城（柳州北）北關，正與頑敵進行巷戰。我另一部隊於同日攻克譜城東北廿里處之據點沙埔圩。（二）贛南方面我軍於一日續向信豐以南之敵攻擊，敵被迫經信豐向北退卻，我乘勢追擊，至二日上午五時收復信豐。（三）廣東方面雷州半島以東地區敵於六日廿九日竄至化縣，向該城東北地區進犯，我正阻擊中。（四）豫南方面西峽口（內鄉西北）之敵千餘於東北犯蛇尾溝，被我軍於二日擊退，並予敵重創。

重慶朝鮮臨時政府發言人 反駁格魯聲明

【合衆社重慶卅日電】此間朝鮮臨時政府發言人反駁美副國務卿格魯六月關於朝鮮的聲明稱：「過低估計此政府的價值無疑將影響其獨立之奮鬥——尤其是影響到目前正在海外進行中的鬥爭。我們之所以要求聯合國家的承認，決然並非爲了那些目前在此政府中佔要席者的永久權勢。而是爲了集中各地朝鮮人的一切革命力量。此臨時政府今日僅是革命朝鮮的總樞紐。隨着對日的總反攻盟軍將不日同朝鮮推進。故立即承認朝鮮臨時政府實屬至要之舉」。

中央社專論 最近日本內政動態

【本報訊】中央社六月廿五日專論最近日本內政的動態（羅克典作）一文稱：當美軍踏上琉球之後數日，小磯內閣以脆弱無能宣告崩潰，於是日本統治階級便抬出親皇室的鈴木組閣，企圖獲致一種穩健有利的和平，然而對於這種立腳於侵略利潤的算盤上之日本式和平，同盟國的答覆卻是無條件投降，現在琉球戰爭已經結束，日本統治階級在失望之餘，只有轉而挺起胸膛，來作『困獸之鬥』。本月十四日鈴木對記者團的談話，就是日本統治階級之所以不得不挺起胸膛困鬥的正確自白。

鈴木說：『現在國民真正憂慮國事，×已嫌遲』。鈴木以爲日本現在的處絕對沒有把握，所以除給軍部以極大讓步（如將軍需省運輸省之一部軍需運用，欲交給軍部）外，不得不多多拉攏各方面，尤其是與政黨有關的議會合作。行政委員的設立，就是鈴木拉攏內閣企圖減輕內閣責任與增加力量的妙計，所以『戰時緊急措置法案』，完成了鈴木內閣更大的獨裁力，亦裝飾了日本在本土上決戰的新姿態。至於內閣在各省設行政委員會，×××議會與鈴木內閣聯合對付軍部的陣營，同時亦是議會同意替內閣分担若干責任的趨向，因此我們對於鈴木內閣命運的長短，認爲不會由議會或軍部的壓力來決定，而是必然由同盟國所加於日本的壓力所決定。

第二，日本統治階級已預感到本土被盟軍攻入的一幕事實，而且更眞正的了解到物力已絕對無法和盟軍對抗，只有徹底動員人力以補物力之不足，因此鈴木內閣制定了義勇兵役法，規定日本臣民自十五歲至六十歲的男子和十七歲到四十歲的女子，均應遵守義勇兵役法，必要時編入國民義勇隊。據本月十日陸軍省兵務局長那須，在議會議員的質問指明義勇隊員的任務，是担任作戰軍的後方勤務，及××情報等工作，但情勢緊迫時，必須作游擊戰或自衛戰，這是說由於義勇兵役法之制定，日本一切有工作力的男女，都必須參加戰事，甚而都應準備走上第一綫，作戰鬥兵，因此鈴木又把以前民間自動組織的什麼產業報國會，勞動報國會，青壯年團，婦女會等團體，完全加以解散，並將人員編入義勇隊。

當然鈴木內閣由於這種兵役法之制定，確已使日本表面上成爲全國皆兵，而且儼然形成了『一億總蹶起』的陣式，可是義勇兵役所頒佈了鈴木又即又不敢自信內閣有徹底動員全國人民的力量，所以他對小磯內閣時代所施行的地方協議會長制×，爲不足以應付非常事態，特地突在本屆臨時議會閉幕後之翌日，宣佈將地方協議會加以『發展』之廢止，並就地方協議會地區，改設地方總監府制度，以作强力的行政機關，總監階級定爲親任官，担任各管下地方行政的統輸監督，以便使各區能够有自立自戰的姿態。從官廳機構上說，總監府是一種上承內閣之命，下指揮各所屬地方廳（即縣市府），和台灣、朝鮮總督的綜合行政府，頗爲相似，但地方總監府，在事態緊急時，即成爲該區的小內閣，有權指揮運用該區內的一切人力物力，換句話說地方總監府，在目前是協力內閣更徹底的動員該轄區內的人力物力，以補義勇兵役之缺點，在被切成孤立體時，則以內閣的職權執行該區所應負担的工作，所以地方總監府之設立，是鈴木內閣企圖澈底動員地方戰鬥力的工具，亦是鈴木內閣表示本土頑强作戰的姿態，但我們如把本月十四日鈴木對記者團之談話作一對照，則鈴木這營義勇兵法與地方總監制之措施，仍不出爲鈴木內閣企圖使戰局能够支持更多的時日，以待最有利的時機，提出和平之一種手法。

因此我們以爲不管日本統治階級如何高呼『寧戰而亡』的口號，但他們透過鈴木內閣所頒行的諸種法令與制度，只是企圖把以戰求和之一幕劇演得更有聲色罷了，不過這裏我們必須注意我們絕不能以爲日本統治階級既有求和用心，就會中途放棄最後決戰之途徑，相反的，我們應該時時警惕，當日本統治階級感到求和已屆絕望時，他們一定會利用『寧戰而亡』之口號，向盟軍狠狠反咬的，所以我們不要被日寇內政的變動所蠱惑，對付狡猾之日寇。

每日郵報論 冲繩島的戰鬥教訓

【同盟社斯托哥爾姆廿九日電】海日郵報曾刊載冲繩從軍記者白德諾十九日拍出的關於冲繩戰況的報告，說明敵軍由於皇軍的特攻戰術，其損失是如何之大，並說明今後需要從新估計對日戰爭，他的報告電訊內容如下：冲繩島戰局應該加以檢討，此間軍事評論家們，曾對美軍最高指導部作嚴厲的非難，但其大部份不過是稍微說一下而已，冲繩島戰局引起重大的反響是不可避免的，政界人士確曾主張給麥克阿瑟對整個太平洋陸上軍以最高指揮權。麥克阿瑟指揮之菲島作戰，是按照預定計劃進行的，第一個顯著的事實是：美軍登陸後，當南進時遭遇到敵困難的正面攻擊，日軍爲了防禦冲繩而採取自殺戰術，它比之琉璜島所見到的，其規模是更大。洞穴及其他隱蔽地，給予日軍以最好的大砲陣地及步槍觀測所，日本的新殲炸砲能發出一千噸的砲彈，美軍如果要得到一寸一尺的地方，就要受到像一個筒狀地方的自動火器的集中射擊，如果要在冲繩獲勝，必須把日軍守備隊一個一個完全殺光，因此戰鬥之激烈實冠絕前後。

冲繩戰鬥中給予我們的第二個教訓，是日軍司令官對將來結局有强烈的自信。在冲繩作戰達到最高潮時，美英海軍部隊，較已經登陸的海軍陸戰隊，步兵尙受到大的損失，這樣的事情在美國海軍歷史上是沒有的，在近代水陸兩用作戰中所沒有的。第五十八特種艦隊司令官密斯爾，曾二次遭受日本航空部隊的襲擊，僅美國海軍部正式公佈的沉沒及破損艦船即達七十五艘，日本海軍實際上就沒有參加冲繩作戰，美國損失的差不多全部是日軍航空部隊所造成的，日本方面未使用海軍艦隊，而專門使用空軍力量，這是一個新的

敵將滿洲、朝鮮、中國的全部戰力集中於決戰的生產

【同盟社東京一日電】目前大陸的課題：冲繩的戰爭形勢終於到達最後的關頭，雖然不能斷定敵人的次期作戰，但是對日本本土轟炸的日趨激烈是毫無疑義的。隨着戰局的進展，日本生命的源泉，大陸的任務即將加重，各地域將其所有的力量送給日本，協助進行目前的決戰，就必須急速建立長期自給戰的鞏固的必勝基礎。上次議會通過的增强日滿華決戰戰力案，以及目前東京舉行的大陸聯絡會議，已經確定了辦法。目前的緊急問題，就是如何縮短時間，提早實現這種辦法，目前滿洲國及大陸所負的使命是：（一）滿洲、朝鮮、華北、蒙疆各地最高度的運用其現有的設備，急速地將潛在的戰力百分之百地化爲戰力。（二）照顧轟炸下的日本的現狀，即時栽培日本、大陸的產業地區，在生產部門確立和加强長期自給戰的體制。（三）更加强化現地、大陸聯絡會議，賦予各地域相互間產業再編成的綜合企劃性，平行地迅速圓滿地實現這三個課題，使本土決戰成爲轉爲攻勢的神機，並使大陸成爲敵人可怕的長期自給出血戰的有力的培養戰力的基地。

潛在戰力的優勢：在滿洲國視察一月半的藤原銀次郎總得這樣的結論：『在資材、技術等生產要素上，不必依靠日本，而只要刷新經營國內現有設備亦可能增產飛機、鋁、鎂』。他强調滿洲國將在戰力的優勢。這不僅限於飛機工業而其他一切生產兵器，以及成爲戰力基礎的基本產業部門也可以這樣說的。鑒於這樣的客觀條件，現在滿洲國即刻轉動可能高度化的工業設備至最高限度，欲適應目前的戰力，在行政方面亦努力（缺）企業。朝鮮、華北、蒙疆各地域，亦根據各自的客觀條件，更加努力完成各自的任務，這樣才能最高度地發揚與目前戰局有直接聯系的大陸經濟的强韌性，其次是栽培日滿華的產業地帶，這是直接預想到敵人豪語的擾亂日滿交通的行爲更加激化，防備運輸量必然低下的情況，樹立了有效地活用船舶的辦法，這件事情，表示當敵人對我國的轟炸更猛烈時，爲了防衛軍需工業，可以更廣泛地分散與疏散軍需工業，在根本上說，由於遷移這些企業到大陸，可以確立以日本爲中心的長期戰體制，使我們轉爲攻勢的基礎更不動搖。

加强大陸聯絡會議：撤廢從來的國境觀念，更合理的加强大陸聯絡會議的運營，以便容易發揮大陸綜合的戰力，不管大陸各地間的經濟狀態形成緊密

時點，在該作戰中神風特別攻擊隊的出擊，對美軍說來是一非常危險的武器。太平洋上美軍的供應精要很多的供應艦船，而且還要攜帶許多修理破損艦船的活動船塢，但受重大損失的艦船，則活動船塢尚不能修理，必須要送回本國放到造船廠澈底修理才可。然而在歐洲作戰終了之前後，許多的造船工人已經開始移動到內地，使由太平洋戰區送到美國的破損艦船，修理時就感到人手不足，這件事情美國政府已經公開發表。爲了要動員造船廠使之能够修理參加冲繩作戰中受到損失的艦船，必須要美國海軍部的積極努力，從此知道政府警告不要對歐戰勝利作過分樂觀亦是有理由的，事實上日本特攻隊向美國艦隊實行撞擊，是抓住了美國戰力的弱點，由於特攻機的活躍，美國艦艇曾經有一個月從戰鬥區域撤退，日本用特攻隊的戰術獲得了成功是使我們非常遺憾而又不能否認的事實。冲繩島上日軍守備隊的數目，如與日軍總數相較，那是微不足道的，這說明了冲繩島日軍的作戰，精神是如何旺盛，因此爲了要對抗日軍、必須作絕難想像的龐大準備，我們還要對在日本本土上可能遭遇到的自然障礙，加以檢討，同時把日本地形。與英國本國比較，日本實較我們預想者爲大，這首先要使人吃一驚的，日本比歐洲人在頭腦中的世界地圖爲大，不管由名古屋到東京的海岸，不管九洲南部的海岸，如果把這樣地點作爲登陸地點的話，有不能通達內地而且到處是繁茂樹木的山岳，有些地方無論如何不進去的山岳，即使在沒有山岳的地帶，亦有另外的軍事上的障礙，這是美英所沒有看到過的。所謂這些障礙，完全是水泥所包圍的許多的水田，及小塊的田地，當稻成熟時期水田可以陷蓋到膝上，有時候還有强大的水×、上述山岳地帶及水田的包圍，使機械化作戰完全不可能，此點應很好的記住。冲繩戰鬥充分向世界表示了日軍士兵是如何的不畏一切作戰。

【同盟社前綫海軍基地二日電】急於下期進攻作戰的冲繩島上的敵人，儘管我皇軍將士在本土一角旺盛作戰，敵人仍圖使冲繩島成爲下期進攻作戰的有力跳板，並極力加强航空勢力。在中城灣、××、湊川、有很多的運輸船，不分晝夜的進行物資上陸搬運工作，企圖在雨季過去後進行作戰，敵人與馬里亞納，琉璜島的基地相配合，以冲繩島方面的航空兵力，反復轟炸我軍事設備及中小都市，以破壞我戰力資源、我們應發動先發制人的航空攻擊。

一體的關係，但是在行政方面顯然是走向獨善的方向，因此政治的貧困阻礙順利的經營一體化的經濟的可能性極大，滿洲國產業的重點似已轉爲生產決戰兵器，而華北、朝鮮、蒙疆的各種產業的生產，亦應更加適應決戰的緊急施策，這樣各地的綜合戰力成爲一體，並將其戰力送到祖國的戰場，這是我們對大陸陣綫的絕對要求，各地域不是又生產鐵和鋼，而是從目前戰局要求的×材中選擇一種，擴充生產這件東西，至於鋁工業，某地如有充裕的特定設備，則根據大陸的綜合企劃，百分之百的運用之。這樣就能確立足以進行五十年，一百年戰爭的體制，戰局日趨激烈，而目前重要的事情，就是同時平行的進行這三個課題，對於增强戰力毫不鬆懈，當本土決戰迫在眼前時，今日正是發揮大陸的精華，拿出一切向着戰勝的大道勇猛前進的時候。

甘地談對西姆拉會議的感想

【同盟社里斯本卅日電】美聯社記者布洛瓦，曾於廿九日在西姆拉會見甘地，報導甘地的談話稱：國民大會派承認獨立是前進了一步。我這次參加會議（編者按：甘地未參加會議），僅是國民大會派和議非園的顧問，所以現在不太了解會議的具體情況，我僅希望此次會議，能給印度和英國雙方都很滿意的結果。

又關於參加新行政參議會回教徒的選舉問題，甘地談稱：國民大會派不是部份的或被限制的黨，她代表着印度的所有集團，此外復就日前公佈尼赫魯爲自己的後繼人談稱：尼赫魯有能力且有知識，因爲他和印度民衆保有密切的聯系，印度人以外的人，所難以知道的印度人的想法，他能傳達出來。

美傳紅軍進駐馬德堡

【合衆社馬德堡一日電】今日傍晚當德國人在家中遵守英軍頒佈入暮熄燈之時分，蘇軍越過易北河佔領德國人造汽油的首都馬德堡。該城係由美軍所攻陷後，交由英軍佔領者，上月成爲重新調整佔領區而計劃於七月內日解決之地帶的一部份，蘇軍之進入該城，實出大部份德居民意料之外，但正在蘇軍入城之前，許多建築物的窗戶竟出現了紅旗，實難查出這些紅旗到底是英國人，抑是少數預知此事的德國人所安插者。

【同盟社里斯本卅日電】據巴黎來電：攻歐盟軍總司令部卅日公佈：由於已和蘇聯簽定協定，將於七月一日開始調整德國佔領地[illegible]的蘇軍和田軍，同時並預定最後地決定美英法三軍的佔領地區。

參考消息

（只供參考）

第九三〇號

解放日報 新華社 編

今日出一大張

卅四年七月五日 星期四

外記者招待會翁文灝談生產
美記者團離西安返蓉

【中央社渝四日電】外記者招待會四日十四時舉行，由翁副院長文灝、央次長國楨及張參事平群主持。翁副院長對公司法修正原則之特點及戰時鋼鐵、煤焦、酒精等生產近況，均有所報告。翁氏稱：卅四年生鐵產量可望較卅三年增加百分之一百一十五，鋼之產量卅四年可望較卅三年增加百分之八十七。本年五月後方煤產量，較去年十一月增加百分之卅五，較去年同月份增加百分之五十。酒精增產亦克見成效，本年五月份產量，較上年十一月增高百分之卅，較上年六月份增高百分之二百卅七。關於電力方面，翁氏謂各地戰時生產多苦於電力不足，經政府多方促進，本年五月發電量較去年十一月已增加百分之八點二。

【中央社渝四日電】中宣部四日下午三時舉行記者招待會，許副部長孝炎主持，由糧食部徐部長堪報告當前糧政方面各項措施。

【中央社西安三日電】美記者團二日下午二時由我官方及中央社記者陪同赴前綫某地參觀，迄三日下午七時返西安。祝主席紹周、谷主任委員正鼎、省參議會王議長宗山，特於三日下午七時半設宴招待。美記者對中國菜備感興趣，對陝南著名之『黑米』稀飯尤引以爲珍品。飯後談話時，祝主席對美記者團表示數點意見：（一）希望記者團作國際友人之橋樑；（二）希望記者團從事於中美文化交流之工作；（三）希望記者團從事於中美兩國友誼之增進；（四）希望維護眞理與正義。由記者團哥倫比亞廣播公司代表佛蘭納來對祝主席意見加以引申，以示接受，並代表該團向主人致謝。九時歡散。又該團定四日上午飛往成部。

【中央社西安四日電】美記者團一行，四日午十二時離此飛蓉。

作呢？他是否將把他的時間用之於銀行事情？據悉：蔣介石夫人不跟孔氏回國。

【中央社華盛頓二日專電】孔祥熙本日訪杜魯門總統。

【中央社華盛頓三日專電】顧維鈞大使本晨拜訪杜魯門總統後向報界稱：渠係向總統致意而已。顧大使離白宮後，擬即赴紐約。不日返倫敦。

新中國日報論
聯合政府和「軍隊國家化」

【本報訊】青年黨機關報新中國日報先後於五月卅一日、六月一日、四日、八日發表社論繼續呼籲民主團結，駁斥謂某某是某某尾巴的誣蔑，指出廢止一黨專政、召開黨派會議、成立聯合政府是各黨派一致的主張，該報說明自己的立場乃是『新民主政治——英美式的民主』，並主張改組軍事委員會，提出『軍隊國家化』的具體方案，指出國民黨現在所堅持的乃是『召開一黨的國民大會來完成「還政」形式，以使「政權合法化」。』

關於國民大會，該報認爲在這個問題上國民黨與各黨派間明顯地對立。『今天的問題很簡單，國民黨是堅持以召開一黨的國民大會來完成「還政」形式，以使「政權合法化」。而在各黨各派之間，則堅決否認這個辦法，大家認爲必須在最近期內實行民主團結，改組政府，大家和衷共濟的來召開一個建立在民主基礎上而不是建立在一黨基礎上的國民大會，然後才能使國家步入正常的民主軌轍，而我們大家則謹愼小心的扶持着這個車輪，使它前進到很自然的境地。這就是民主成功，這才是好辦法。今後的中國不需要法西斯，也不需要布爾塞維克，而急切的需要新民主政治——英美式的民主。』（該報五月卅一日社論。）

該報認爲，一切的關鍵，在於民主團結。『這次國民黨六全代會，却有一個對中共問題的決議案，大體仍說以政治方法解決。且說於不妨礙抗戰、危害國家的條件下，隨時可以商談。中共在其七全代會的政治報告中，希望團結問題的談判迅速重開以避免發生內戰。我們覺得只有促成民主團結，才不『妨礙抗戰危害國家』，否則無論怎樣說，怎樣做，都是「此路不通」』。（五月卅一日社論。）

該報指出，所謂民主團結，就是要廢止一黨專政，召開黨派會議，成立聯合政府，並駁斥中共一加入政府就會有十月革命的危險及某某是某某的尾巴的挑撥性謬論。該報說：『如果以爲中共參加政府，便會有十月革命的危險

【中央社寧都一日電】偽和平建國軍第六師反正來歸，計官兵六百餘，步槍五百餘支，輕重機槍廿餘挺，已到達指定地點。

【中央社貴陽二日電】市臨參會第三次大會今晨閉幕，本次會議期九日，市長何輯五表示筑市物價太高，望各議員設法協助平抑。

【中央社貴陽一日電】筑市民選保長一四八人，宣誓就職典禮，十日晨八時與市府成立四週年紀念會合併舉行，由楊主席致詞。

【中央社屯溪一日電】皖南行署為奠定皖南憲政基礎，頃通令所有實行新縣制之縣份，保長副保長一律依法民選。

【中央社渝一日電】軍令部第二廳戰訊發佈組組長宮其光，呈准辭職，由郭琦之繼任，一日到職。

中央社宣傳 與蘇談判順利

【中央社渝四日電】據美新聞處莫斯科二日電，據報載宋院長與蘇當局之談判極為成功。據某外交人士稱，談判之範圍，包括中蘇政策之各種問題，對於任何關心盟國關係之人士，不久即可予以會令人愉快之消息。某外交家謂，宋院長與斯大林之第一次晤談會，令人興奮，因斯氏接見宋氏之態度，足使一切渴望中蘇英美更趨團結之人士齊聲讚揚。蘇外長莫洛托夫，今午設宴招待宋氏。

【中央社華盛頓三日電】極有地位之華盛頓郵報本日作新評電：宋子文院長此次之訪莫斯科，或可為一極具歷史重要性之事。中國各領袖人物中就性格與所受訓練而論，實以宋氏為與蘇談判獲求協議之最適當人選。渠深悉世界×實情勢，復有泰西人士之爽直胸襟，此為渠對蘇談判之有利處。

【合衆社紐約四日電】中國作家乘名作家政治家郭沫若訪蘇之便，向蘇作家協會提出文化合作之要求，並告以蘇聯之抗德『愛國戰爭』各種書籍，頗風行於中國。

孔祥熙將歸國

【路透社重慶四日電】政府發言人今日告路透社記者稱：中國人民知道，不管那一政黨在英國大選當中獲勝，其政策將是對日作戰到底，直至獲得最後勝利。由於是選舉的前夕，看到他們僅漠然留意其結果。他們更大的興趣表現於宋子文的訪問莫斯科。此間中國人說：他與斯大林的談話使日本最高統帥部大爲之頭痛。同時延安中國共產黨正在留意觀看。孔祥熙博士正由美國（過去數月他在此間度過）歸返中國這一消息，引起推測，給予他的職是什麼工

。我們認為這是過慮。因為所謂民主團結其包括的分子是各黨各派及無黨無派的人民，並不止是國共兩黨。」又說：『今天國民黨中最愛說某也為某某尾巴一類話。我們真不明白，誰能犧牲個性人格而甘於為他人的尾巴。如果願為尾巴，為什麼就無人願為國民黨的尾巴？這是充分表現了自己失去了自信，由歪曲的想像，造成了神經衰弱病。』『我們真不了解，國民黨是怕甚麼，而始終憚於團結？事態不明，痕跡不着，要叫天下人附和其意見，當然是不可能的。』（該報五月卅一日社論）某報這樣說：『所謂聯合政府，與所謂民主團結，是一是二？……如果是一，無怪高喊民主團結者，被認為是高喊聯合政府者的尾巴。』新中國日報反駁道：『既說團結，當然得首先廢棄一黨專政的政治局面』，這『不止是我們的要求，也是全國人民的要求；……也是全世界對我們友好的人們的希望，而且，國民黨中人士也作同樣要求。……這是公意，說不上誰附和誰。說到團結的形式，當然是聯合組成政府，組織全國一致的政府。』（該報六月八日社論）又說：『自從去年喊出團結問題以後，各黨派的主張先由現政府召開一個以黨派為中心而包括無黨無派名宿之會議，以協商國是，為團結之初步會商。其中中共方面對黨派會議，並無表示。及到今年一月，中共代表亦贊同各黨派之意見，而作同樣的主張。』（該報六月一日社論）

該報復說明在聯合政府問題上他們的立場，即：『我們所謂「黨派會議」一，是以現政府來領導』的；而『聯合』則要有持久的拘束性——『我們認為，必當要成立一共同遵守的綱領，而且對於退出聯合的一點上要有嚴格的拘束，以免聯合隨時可以垮台。（無拘束的聯合，只須有人宣佈退出，聯合便算垮台。）我們之所以主張舉國一致政府，是因為我們這個災難的國家，不僅在戰時需要團結，即在戰後更需要團結，即使透過國民大會，亦一樣需要團結』。（六月八日社論。）該報認為和平的聯合政府，對國民黨甚為有利。『為國民黨計，這樣一來，對戰後中國，不費一兵一卒，便可做到和平統一，這是有利的；不走這條正常之路，而要走歪曲而危險的道路，這是不智。』（五月卅一日社論）至於國民黨『若拔用十九世紀的辦法，執幾個黨輪番執政之說，以為透過一種形式，就可說是合法取得政權，以此即可箝制天下，而決不致有問題。我們以為這種想法，與其說是高明，毋寧說是幼稚。』（六月八日社論）

該報說，為要達到聯合，『第一我們必須一切都要「遵循程序」，而最

基本最重要的，却在實現「民主」。」『我們之所謂民主，是以人權自由爲出發點，所以我們認爲「民權」之基本是「人權」……「爲自由、財產、安全抵抗壓迫」（一七九一年法國「人權宣言」）』。該報說，在民主問題上，也反對國民黨，也反對共產黨。『必「民主」而後「團結」。必是「民主團結」，才是我們的要求。因此我們反對任何抹殺個性加强黨性的辦法。我們對此，不貴形式，而貴實際。……我們否認「黨國」之說；我們也否認依靠「國際」的想法。因爲我們對「國」的觀念，是擺在「黨」之上的。而我們對我們自己的國，是希望自爲主體，而一切仗恃自力，雖然有許多理論和事實，是離不開國際性的，而我們立國之道，必力求自主，而不必迷信甚麼定律在思想上及行動上處處受某種牽引。所以我們對國家至上這一口號，並不當作口頭禪。老實說，我們希望「民主」是包括國共兩黨而言。』（均見六月八日社論。）

對於蔣介石在六全代會上所提出的製定政治結社法，俾其他各政治團體得依法取得合法地位，該報痛予駁斥，認爲實際上這『是否認各黨各派的合法地位。』這是『否定或修正』了二月十四日王世杰所說的『召開一個國共代表及各黨各派的領袖會議』的說法。在法理和事實方面，『政治結社法』都『只是畫蛇添足』。因爲過去『國體』之組織均須向國民黨部申請登記，即令今後向政府申請登記，在『黨國』或『黨政府』之下，『實際上仍等於向黨部申請』。但是按照『訓政時期約法』、『抗戰建國綱領』及國民黨第一次大會所宣佈的『政綱』，均規定『集會、結社自由』，『則一切政治團體，所謂各黨各派只須有組織有主張有歷史，已自有其法律根據，根本無所合法不合法的問題。除非國民黨政府不承認政綱及約法等，即無理由認定各黨派的合法地位，尚有問題。』『再說事實，今天所有的各黨各派，事實上是早經政府承認』。因爲戰初除國共兩黨互發宣言外，『其餘各黨各派，如中國青年黨、第三黨、國社黨、救國會、職教社、鄉建會、民主社會黨（原文如此）』亦然，『此六個（原文如此）單位，即係四年前「中國民主政團同盟」之組合份子，去年雖取消政團二字，而改爲民主同盟，其中組合份子，更加推廣，人數更多，但是那些政團中的一大部份份子，仍爲民主同盟的份子』，故實際上民主同盟政府也『早經承認其地位』。『而且去年（原文如此）國民黨提出政務委員會的組織，固明明說此非請客性質

張名集團是會議，組織舉國一致之政府』云。

同盟社報導巴里八板戰況

【同盟社西南太平洋基地三日電】一日下午，在巴里八板海岸一帶登陸的敵人，正建築浮橋，使兵員器材登陸。另一方面B24式，B25式，P38式機一百五十架的轟炸，以及艦砲射擊之下，敵人以坦克十三輛爲先導逐漸前進，我守備部隊實行夜襲，壓迫敵人向海岸地區潰退，炸毀敵軍坦克一輛，中型坦克一輛及倉庫一所，獲得極大戰果；使敵人陷於混亂，全員安然返回。該日之敵艦船除登陸用舟艇外，總數約一百二十艘以上，巨型運輸船七艘、中型二十四艘。

【同盟社西南太平洋基地三日電】本月一日在巴里八板登陸的敵人，其後企圖增强兵力，並以數十艘艦船集中在該方面，極力使大砲、坦克登陸。以加强第一綫戰鬥力量，我守備部隊迎擊敵人予以極力反擊，現正展開激戰，該方面之敵人艦砲射擊及轟炸極爲激烈，至一日正午來襲之敵機約達二百架。

【同盟社前綫基地三日電】我航空部隊，於一日夜至二日晨，分數次攻擊伊江島飛機場及沖繩島週圍之敵艦船，除擊沉巡洋艦一艘外，並以魚雷向敵巡洋艦一艘攻擊，經我航空部此次襲擊伊江島後，該方面各處發生大火災，燃燒時間甚長。

每日郵報記者稱 談論對日作戰時間尚嫌過早

【英新聞處倫敦二日電】每日郵報駐墨爾鉢記者報導：太平洋區盟國高級官員對日作戰時間普遍樂觀之現象，表示非常憂慮，該記者稱：據彼等之意見全爲一種錯誤之樂觀，渠最近曾與一高級官員接談，該官員認爲除非盟軍在中國大陸、馬來亞及日本本土作堅强之登陸，任何有關對日作戰時間之討論，均屬徒然。上述三地登陸之偉大計劃，並不能確認即將實現，太平洋戰爭與歐戰迥異，其每一新措施，表示一種新的兩棲作戰，且需要大量之配備，咸信對於太平洋戰爭時間，發生錯誤觀念之重要原因，係由日本廣播所致，日本廣播每日報告盟國之新艦隊，正追迫彼等之陣地，且甚至暗示盟國正作登陸其本土之企圖，此實爲德國之故技，藉盟國之反響，而尋找消息也。

，其人選將由各黨各派自行推定……如黨派之合法地位尚有問題，則豈不是以「無地位」之團體，選出「不合法」之人，而來組織內閣，毋乃笑話！」該黨結論道，各黨派如被認爲不合法，「則國民黨八年以來，一切措施首先不合法」。該報又透露道：「我們聽說執政黨，將要組織若干「衛星」黨，以裝點民主政府，我們認爲這是不確實的。如果有人要組黨，只要有主張，眞的爲民主運動努力，我們是歡迎的。我們決不相信，能够組黨的知識領導份子，而願爲他人的「衛星」的。」（均見六月一日該報社論）

在六月四日社論中，該報以『軍隊國家化的原則』，提出了一個草案。該報說：『現在國民黨六全代會，已通過取消軍隊中的黨部，中共方面也屢次表示贊成軍隊國家化的原則，我們願意承認雙方都不是一點誠意也沒有，問題是在互不相信』，該報把互不相信的原因歸之於沒有一個超黨派的軍事組織。因此，該報提出：第一、軍隊國家化問題是一個關繫全國性的政治問題，不能片面命令，而要公開解決，『最好召集一個全國軍事會議，由國民黨共產黨及國共兩黨以外的中立分子中，各自推選出相等數目的軍事專家若干人，加上全國各政黨，各人民團體的代表若干人，合組會議』，商討方案，監督執行。第二、方案『執行之權，應交軍事委員會辦理，但現有的軍事委員會必須改組，在最高統帥蔣主席主持之下，選任無黨無派而過去曾任高級軍職卓著聲譽的軍界耆宿若干人爲委員』，有黨籍之軍人，只可任顧問備諮詢之用。第三、方案中應『確定現役軍人不得入黨』『軍人不問政治原則』：入役軍人即使高至特級上將亦須退出原屬之黨，但以國家元首而兼海陸空軍大元帥者『不在此例』；如此，以求達到『使軍人脫離黨爭，成爲純粹的國防軍』。第四、『軍隊國家化的問題，既是一個政治問題，所以此問題的解決，必須與政治民主化同時進行』。

該報强調地指出：『民主團結這事必須擺在四屆參政會之前，來繼續商討，最好是在舊金山代表回國之時，立即促其實現。』（見五月卅一日及六月八日該報社論。）又說：『大公報主張要在四屆參政會前建立好政治基礎，也正與我們屢次主張相符。』該報問道：『不團結將如何？』如果『浮現了「戰爭」二個字，……我們只覺得完了！完了！什麼都完了！』『打上十年八年』，『日本復仇的機會』也造成了。（六月八日社論）

「本報訊」六月五日成都新中國日報載『渝館雜誌』稱：『開大會場內，會發現傳單多種，如攻擊×××等，尚有國民黨民主同志會建議書一種，主

英國焦慮蘇土問題

【同盟社里斯本二日電】關於改訂蘇土條約問題，蘇聯提出的要求是管理達達尼爾海峽以及卡魯斯·阿爾達班兩地區復歸爲蘇聯領土。而土耳其對於這個要求，認爲土耳其在這些地方有現存的主權，因而表示難於答應這個要求。英國輿論對於這個問題似乎表示了神經質，即於最近收到的曼徹斯特衛報亦評論說：目前安哥拉、倫敦及華盛頓就蘇土兩國談判的內容交換意見，土耳其對蘇覆文要延期波達姆三巨頭會談以後，土耳其對於達達尼爾問題所抱的見解，認爲這個問題是國際關係的事項，不能由土耳其單獨與蘇聯進行談判。而且土耳其很難討論有關本國現存主權的要求。同時此事與一九四一年八月十三日英蘇兩國給予土耳其的共同保障也是勢不兩立的。

德共領袖廣播 要求盟軍當局允許成立青年委員會

【路透社倫敦二日電】今天此間收聽德國共產黨最老的領袖阿爾布利特，自柏林的廣播演講。他說：德國的新青年組織必須進行教育青年的工作。阿爾布利特在柏林共產黨第一屆黨的會議上發表談話時，從柏林對西歐盟軍佔領下的德國地區裏的×××與××××以及這兩地區的×××聯盟作了第一次×××保證。他說：「我們將要求行政當局與佔領當局允許成立青年委員會，該委員會將以新的精神來教育德國的青年，並努力肅清德國的納粹污垢與建立近代的民主的德國。」

傳三國會議下月八日召開 南軍撤出雷卡及阜姆

【同盟社蘇黎世廿六日電】據交換電訊社駐蒙哥馬利總部特派員報導，三巨頭會談，將於七月八日，在柏林西郊波達姆召開。

【路透社密蘇里州獨立城廿八日電】杜魯門在此間（其本鄉），對集合之群衆發表演說稱，彼希望未來之三巨頭會議，能爲最後之和平基礎覓具方案。

【路透社貝爾格萊德廿四日電】此間廣播今日稱：鐵托元帥爲了遵行與亞歷山大元帥訂立的協定，今日下令南軍自雷卡、阜姆及斯洛文尼亞沿海區撤退至劃定的界限。鐵托元帥指示地方解放委員會，與盟國軍事當局充分地合作。

参政消息
（只供参考）
第九三一號
解放日報 新華社 編
今日出一大張
卅四年七月六日
星期五

國參會由張伯苓作大會主席

【中央社渝五日電】截至五日止，參政員二百九十人中報到者已達二百一十人。參政會秘書長邵力子、副秘書長雷震，五日下午四時至軍委會大禮堂茶會招待參政員，交換意見，到參政員一百六十六人。邵秘書長首報告參政員六人赴延安訪問經過，謂一行可能於今日返渝。嗣以本屆大會主席團尚未產生，在開幕之日，應推選大會主席及參政員致答辭代表。大會主席經決定推選本會成立担任副議長，及主席團職務之張伯苓氏。對參政員答辭代表人選，經一再研討，決定推周炳琳担任。大會提案亦經決定於十日晚截止。

【中央社昆明五日電】滇參政員伍純武、李鑑之、陳賡雅，嚴鍔今飛渝，出席本屆參政會。

【中央社重慶五日電】國府七月六日令，茲修正國民參政會議事規則，第十七條條文公佈之此令。國民參政會議事日規則，第十七條參政員之提案應詳具理由，並由參政員五人之連署提出之。

英美報紙論國共關係

【美新聞處舊金山四日電】雅洛弗爾報導：聖·路易斯郵報三日社論稱：重慶與共產黨將合作有効地在中國打日本抑或我們的美國兵要担負起重任與賞付在亞洲大陸的戰爭損失呢？該社論繼稱：摩威勒斯於六月廿五日於本報關於中國問題的論譚中，把重心放在蔣介石政府與共產黨之間的鬥爭上：『戰時與戰後誰的幫助對美國更有用呢？』這是一個沒有眞正明確答案的問題。正如那論譚所指出的：大部份中國人仍然接受蔣介石的領導，但有重要的少部份人相信延安共產黨集團的宗旨和綱領。最好是雙方積極合作。從軍事觀點看來，似乎蔣介石的軍隊一經充份武裝起來，會有更大的、立即的實際軍

林委員長××中國將成爲蘇聯的戰後好××，他將不只對其本國有寶貴的貢獻，而且對一切同盟國作了寶貴的貢獻。」

陳誠告將士書強調整軍
同時自供軍隊紀律敗壞

【中央社渝五日電】軍政部陳部長誠，於抗戰八週年紀念日，發表告將士書，全文如下：全國官兵同志們，我們抗戰到今天已是整整的八個年頭了，在這八年來抗戰過程中，我全國部隊裝備既劣，全體官兵生活尤苦，而能在最高統帥領導之下犧牲奮鬥，屢挫兇鋒，此種精神實令人感到無限的佩慰。現在我們即將與盟軍配合反攻，促使敵人作無條件投降，最後勝利當無疑問。惟吾人須知處敗固難，處勝亦不易，要能不餒不驕，方可確操勝算，故吾人決不可稍存坐待勝利之心理，必須準備最大的努力與犧牲去爭取，而況現在擺在我們面前仍有不少艱鉅的工作，委員長時常訓示我們勝利愈接近，任務愈重大，其有待於我各級袍澤的共同努力者，實視過去尤爲殷切，故就所知略舉二端，以期共勉。第一吾人應深切認識欲求抗戰勝利，必須積極反攻，而反攻則必須充實作戰力量，故今日之整軍，實爲當前的急務。誠自奉命担任軍政以來，即遵照委員長指示，決定兩個施政原則，一配合反攻要求，即盡量的充實部隊作戰力量；二顧及國家預算，即同時顧及國家財力物力可能的担負。根據以上兩個原則，再確定四項中心工作，一充實反攻主力；二改善官兵生活；三調整軍事機構；四安置編餘人員。其詳細內容，誠已迭有說明，諒爲各位所共曉，誠以我國今日以有限之財力物力，而欲維持三百餘師，其結果非惟部隊本身流於空虛，官兵生活必益加困，而作戰力量必因之而無法維持，所以盟邦有識之士，都認爲吾人如欲維持超出國家及人民力量所能支持之軍隊，實爲最不妥當的辦法，其結果必至如古人所謂：「財匱於兵衆，力分於將多」，再不決心整編，後患眞是不堪設想。至於上述各項工作，就目前情形而言，做去困難固多，但不做則對於國家民族的前途危險更大，所以與其陷國家於險境，毋寧排除萬難，決心做去。現在第一期的整軍工作，業已大體完成，第二期亦已開始，其所得到的效果，此次湘西的戰事，已有所表現並證明。最近魏德邁（缺十）各級袍澤，都能同德同心，力行不懈，共求整軍的完成準備。（缺十五）整軍的目的，固在反攻，而軍隊的生命，則全在紀律，所以吾人一方面固須力求整軍的成功，一方面尤應恪守軍隊的紀律。年來我全國多數部隊因生活困難，致影響紀律，甚有公開破壞軍風紀者，

力。然而，從長遠的觀點看來，××（這裏一個重要字看不清——譯者）很可能對我們有利。

倫敦經濟學家評論這樣一種效能，由於這種效能延安控制的斯巴達式的軍事與農民政體的組織了游擊隊抵抗日軍，並暗示戰後時期，××政策可能比國民黨號召非共產黨區更多的農民，甚至中層階級。延安只是政治與軍事領導的所在地，而不是一個全國政府的所在地。中國共產黨並沒有成立中央行政機關，形式上承認重慶。對於任何游擊區政體，延安機構是以分權的地方政府爲其標誌，其觀念爲急進的農民民主主義。自從××××國民黨與共產黨破裂以來……運動已被拋入農村地區並轉入對封建地主的抵抗。開初，它是用沒收土地與財產的革命方法，但現在已厲行逐漸的改革。日本與重慶軍隊的××封鎖延安地區，促其建造原始的軍備工業，以及生產棉紗與鞋靴的工業。農民已被訓練經營這些工業，延安當局已免除用作工業資本之一切土地的稅收。軍需工業的出產，已有顯著的擴展。

假使雙方可能眞正合作，將使美國在××當中的問題大大地簡單化。但是，若要在重慶與延安之間選擇其一重要並非完全佔上風。

紐約前鋒論壇報評斯大林宋子文會談

【合衆社紐約四日電】紐約前鋒論壇報之評論稱，宋子文院長與斯大林委員長在美滿之空氣中，討論中蘇關係之訊，實爲極佳消息。該報並指出日本之各敵人，無論蘇聯之軍事存意又如何，蘇聯亦爲其中之一，缺少一共同政策之日終已完畢。美國盼遠東方面一有力而民主化之中國等願望倘中蘇兩國能以善鄰共處，則有更可實現之機會。

【路透社莫斯科三日電】黃色材料編輯××××稱：『從羅國觀點，今日太平洋戰況的××之一是××××。這說明了對中國行政院長宋氏之聘莫斯科的××極爲重視。（缺一句）。不管蘇聯是否在將來決定結束那個××，我們從開始即已企圖××而獲得實際的幫助，並繼續在戰爭的較早階段××××這點，是沒有疑問的。（缺）。不同於倫敦波蘭人與蘇聯××的爭辯，並無任何疆界問題可使中蘇××，會希望××自由色彩的宋院長×××××與中國共產黨成立協定，爲了抗日的統一戰綫。但此並未成事實。現在希望××努力使重慶與莫斯科間××紛歧。或者由於與莫洛托夫的在舊金山會議作初步商談的結果，這就是他現正從事努力的××。如果宋院長能使斯大

事例甚多，實堪痛惜，去年夏天中原戰事失利，以至桂柳的潰敗，我軍隊紀律的不良，實已暴露無遺，這是國家的損失，亦即是軍人的恥辱，當時誠會兩度冒暑北行視察豫、陝，見聞所及，多可痛心，固然以現在物價的高漲，薪餉的微薄，我全國各級官兵已飽受生活的壓迫，困苦不堪言狀，其有確爲衣食所驅迫致干犯法紀者，其行動雖不可恕，而其本心猶不無可原，但是事實上違犯紀律的人，並不就是生活無法解決的人，甚之大都出之生活優裕的人員，則實在難以令人理解。此種違犯紀律的行爲，一方面爲國內外同情者所痛心，一方面更予反動分子以挑撥中傷及破壞盟邦協作的藉口，損壞尤爲重大。現在改善官員生活已列爲整軍主要工作之一，新給與並已分期實施，只要遵照命令改編的部隊，都可享受此項新給與，今後藉口生活，以破壞紀律的理由，當再不能存在，如有甘心冒犯紀律者，自應依法懲辦，希各恪遵委員長嚴守紀律的訓示，以保我軍人固有的令譽。反攻行將開始，勝利業已在望，在這千載一時的迫切期間，眞令人感到喜懼交集，喜的是我們前途的光明，懼的是當前工作的艱鉅，成敗利鈍在此一舉，茲値七七抗戰第九年代的開始，深望我各級袍澤，在最高統帥領導之下，勇往邁進一致努力，以完成此抗戰建國的偉大使命。

國民黨軍委會戰報

【中央社渝五日電】軍委會五日發表戰訊：（一）廣西方面：我由柳州沿湘桂鐵路綫追擊前進部隊，現已進至雒容附近地區，柳州以東迄三門江對岸（柳州西岸殘敵，經我軍加以掃蕩後，已告肅清。我軍於攻克柳州之役，計斃傷敵四百餘，並生俘二名。西江流域北岸我軍，配合地方團隊，於六月二十三日收復平南縣城。（二）廣東方面：我軍於一日向化縣反攻，經激戰後，敵被追向廉江方向退却，我於二日克復該城。（三）湘西方面：我軍於六月二十九日分三路向寶慶攻擊，當日攻克九革橋（寶慶西南三十里資水東岸），一日續克石馬江（寶慶西北二十里），並攻抵楓林舖（寶慶西十六里）附近，仍續行攻擊前進中。我軍另一部隊，於六月二十九日攻克新寧城西北八里處之據點白馬田，斃傷敵百餘，並生俘一名，並已攻抵新寧城北六里處地區。（四）贛南方面：贛縣敵於四日午東向茅店（距城廿里）進犯，我正阻擊中。（五）浙東方面：天台以北敵，三日經新昌向嵊縣流竄，我正截中。（六）豫南方面：我軍三日向淅川以北之敵攻擊，在石門觀（距城十八里）地區與頑敵激戰後，斃敵三百餘，並俘敵官兵各一名，鹵獲戰利品

一參（內包括機槍步槍等），并擄獲發現敵遺屍一百五十四具，內有大尉甚名，中尉三人。

【中央社南寧二日電】（遲到）留灣梅嶺（吳川東北五十里）於九日陷敵。

鄂北災情嚴重

【中央社恩施四日電】鄂省府爲準備善後事宜，前往行政院並呈請善後總署建議，成立『鄂北善後救濟實驗區』，一面辦理鄂北緊急救濟，一面爲鄂東鄂南之善後救濟預作準備，據悉政院現已有批示到省，本年九月善後總署即可派員赴鄂北調查設計，聞省府已通令各縣加強調查工作，務期得到確實數字，以利進行。

【中央社成都四日電】兵役部次長徐思平，因公來蓉。據談自一日起，全川部隊之副食費，由四百元增爲二八〇〇元，軍師管區全體官員之待遇，亦予提高。

【中央社蘭州五日電】甘肅廣播電台籌備就緒，定九日正式成立，新裝之萬瓦巨機，亦將於是日開始廣播。

同盟社報導 重慶『吉普女郎』事件

【同盟社南京三日電】由於在華美空軍被趕出桂林而逃至內地，重慶、昆明、成都等重慶統治區的主要城市，美軍的橫行跟中國民衆發生摩擦。特別是吉普女郎問題完全顯露了抗戰重慶的頹廢的風氣。據最近由重慶逃至和平地區的某商人談稱，所謂吉普車就是美軍使用的輕便運輸車的簡稱，本年四月開始流行『吉普女郎』這句新語，該語的意思是美國兵帶着中國姑娘乘車。重慶報紙有兩種主張，一種是強硬的論調，它主張把這些『吉普女郎』送往前線慰問重慶軍。另一種是同情『吉普女郎』的論調，它主張應該允許這些女郎獲得美金。但是大半的市民支持前者的論調，嘲笑和謾罵這些姑娘，頻頻發生毆打的事件。在這樣的空氣中，大公報於六月七日揭載爲『歡迎美軍』的社論，支持『吉普女郎』，社論說：在我們看來，美軍是最好的朋友，我們應把他們作爲國賓，盡一切的禮儀侍仕他們，因此應解放吉普女郎們，使她們與美人交際。』因此，民衆的憤激達於頂點，知識份子敵視美兵的空氣急激地濃厚起來，而重慶當局亦努力採取對策，終於採取强硬的態度，甚至重慶市長賀耀祖也說：『吉普女郎的行爲是尊敬和感謝美國的表現，萬一這些婦女與美兵發生可怪

邊境方面不能有的，一般說來，人們認爲很有可能宋子文的會談將包括關於在不久將來把日本趕走的領土底將來問題。

【路透社倫敦廿九日電】據英國瑪尼克斯石油與運輸公司通告：鑒於今後六年羅馬尼亞大部分石油出產將運交蘇聯作爲支付羅馬尼亞賠款之一部的消息，土耳其政府（它自來即自羅馬尼亞獲得大部分石油）似乎渴望從其他來源保證正常而無拘束的石油供給。據倫敦消息靈通人士稱：立泛特石油供給的控制權是土耳其政府現所從事的各種外交討論中的一個最首要的主題之一。土耳其代表似已對摩蘇爾石油公司重新表示感覺與趣，據非官方人士稱：法國人員雖然將使油管中法國所屬一段無人保護及法國控制；而法國公司可能在此種情況下願意將其在伊拉克石油中的利益出賣。這確非英國官方的見解。倫敦方面後着重指出：英國政府未曾得到關於蘇聯對土提出任何正式要求的情報；而且就英國政府與土蘇重新訂約而言，這純粹是兩有關國家的問題。但是，如果達達尼爾海峽問題發生，則英國自然極其關心。倫敦的意向爲期待三巨頭討論及關於蘇聯意識之更多的情報。可是，現有下述強烈感覺：現存蒙特婁條約因其有許多曾經是敵國的簽字國。

印人辯論英對印政策

【美新聞處紐約廿五日電】雅費爾報導：鄧報息：昨日當地無綫電台廣播節目自由講座時，由兩位印度人討論印度的將來，鄧報節略下：英國關於印度的現行建議可能爲印度各政黨所接受！這不是因爲英國建議值得接受，而是因爲饑荒與其他條件要求暫時的接受。這一意見是由『印度人民』的作者戈沙爾所表示。戈沙爾指出：英國建議毫未減少印督的權力。貿易顧問S．M．阿默德發表了不同的意見，他作了一驚人的聲明謂：印度已獲得了自由××；『反對尋求專制獨裁的國民大會黨能夠勝利嗎？』阿默德繼續說：一旦印度與回教國結起來，英國將從印度撤退。戈沙爾稱這一假設爲謊謬怪論，指出在緬甸或香港並無印、回問題，而英國依然固執其帝國主義的佔領。印度的基本問題是人民太窮了；國民收入每人成年僅十八元美元，戈沙爾着重說印度浩大的國家富源並未開發。他說：今天工業力量的產量少於三八年，他說英國統治××工業化，引證下述事實英國佔領了印度化學工業，並即刻轉交給皇家化學公司。在英國工業化的計劃之下，英國將控制工業，就是他們將決定發展何種工業並由誰來開發。戈沙爾繼說：如果這不

的事情亦非路傍的人們所能管得到的。成年的女子可以自由決定自己行動。」這却引起反美的熱潮。這樣說來，在現在的重慶不能看到中國所誇耀於世界的東方道義。

李宗仁等發起追悼桂柳會戰陣亡將士

「中央社渝五日電」去冬桂柳之役，寇衆逾廿萬餘，我兵少械寡，浴血苦戰，如桂林守軍不過一萬三千餘人，生還者僅二千餘人，傷亡總數達五分之四。我三一師師長闞維雍、桂林防守司令部中將參謀長陳濟桓、卅一軍少將參謀長呂蒙，及中下級軍官八十餘員均戰死，茲漢中行營李主任宗仁，白副參謀總長崇禧、張司令長官發奎、湯司令官恩伯等，特聯名發起廿日於南寧舉行桂柳會戰抗戰陣亡將士追悼大會，藉彰忠烈，而慰英靈。

路透社記者一週外交通訊

「路透社倫敦卅日電」路透社外交訪員曼哥特每週外交通訊稱：既然波蘭的爭端已解決了，歐洲最緊急的外交問題，便是蘇土關於簽訂新的友好公約以代替去年四月被廢除的公協的談判。非官方消息暗示；蘇聯將準備簽訂的新約的條款可能包括：土耳其把蘇聯在一九二一年割讓給它的高加索邊境的卡爾斯與亞爾達漢區歸還蘇聯，允許使用黑海的根據地，改革土耳其的內政，修改蒙特魯克斯會議所規定的目前韃靼尼爾海峽的地位。衆信：率領土耳其代表團出席舊金山會議的土外長薩克，當他返國途中經過倫敦時，將與邱吉爾及艾登討論這些問題。

立泛特方面，並沒有趨向於解決的新進展。自從英國提出再三建議問題由三強會議以解決的照會以來，法國政府便沒提出關於開始談判的建議了。然而，中東方面來訊稱：本週返貝魯特的法國駐立泛特國家的總代表與全權公使的助理阿斯特羅格公爵，帶來了新的建議。同時立泛特國家的情勢並不穩定，上周又發生了意外事件。

遠東方面，重慶政府行政院院長宋子文博士已啓程赴莫斯科。倫敦方面認爲他的赴蘇，適逢蘇聯重新注意遠東之時，但最近幾週流傳的謂蘇聯擬支持中國共產黨反對重慶政權的謠言，此間認爲沒有根據。蘇聯政府從未表現過任何象徵，將中國共產黨視爲是代表中國參加世界安全理事會的。雖然重慶政府有一切困難與缺點，但它被蘇聯承認是領導全國的機關，而這種領導是

是爲了討論經濟理事會，舊金山所完成的聯合國憲章對於印度將是毫無意義的。

魏菲爾要求各派提出代表名單

「路透社里斯本四日電」西姆拉來訊：印度總督魏菲爾向正在研究英國提案的印度各派，要求他們在六日以前提出參加新行政協議會的各派代表名單。

印度依存美國經濟

「同盟社里斯本三日電」印度除了向獲得政治自由的途上邁進以外，還努力於經濟的發展。如印度實業界代表七八被派至英美，請求兩國在經濟上援助印度，接近印度依存於美國經濟的傾向特別濃厚，如行政參議會的企劃開發委員會的德拉爾，目前正訪問美國，會見美國外交界與貿易界的巨頭，要求美國在經濟上援助印度，即供給印度的機械器具、重工業設備及技術人才。

瑞典成爲日寇在墨西哥利益代表國

「同盟社東京五日電」墨西哥的帝國利益代表國，開戰以來是在葡萄牙，上月十四日由該政府經我在里斯本森島公使，通知辭去上述代表，帝國政府立即經赤本公使，要求瑞典成爲帝國的利益代表國，廿九，該政府正式通知我公使允許接受上述要求。

捷代理外長談移民問題 並要求將上西里西亞的三地區歸還捷克

「路透社布拉格四日電」今日，代理外長克里曼蒂斯於此間稱：在提議放逐出捷克不忠的少數民族中，將有二百五十萬德人與六十萬匈牙利人受到影響。政府不擬重視少數民族法律，因它已證明爲解決問題的不良辦法。移民中將包括三十五萬在匈牙利的斯洛伐克人，因他們要求回捷克。各大國尚沒有在原則上反對移民，且此建議曾獲得莫斯科的同情。有組織的移民須時約十八個月，而個別情形將由移民自己決定。關於捷波兩國均稱有權佔領的特斯鎮地區，克里曼蒂斯稱：沒有武裝解決的危險。爲了軍事理由，捷克正要求把上西里西亞的三個地區歸還捷克，即：格拉茲、拉提波和克魯比西。

參攷消息

（只供參考）

第九三二號

解放日報
新華社 編

今日出一大張

卅四年七月七日

星期六

抗戰八週年

蔣介石發表廣播

强調軍事統一，意志集中，確定今後一年爲『收獲戰果』年。

〔中央社渝六日電〕蔣主席於抗戰第八週年紀念日對全國軍民廣播，原詞如次：全國軍民同胞：我們神聖抗戰到今天已經整整的八年了，我們中國的抗戰形勢和整個世界局勢，比之一年以前都有顯著的進展，我中國戰場上這幾個月以來迭克重鎮，爲我們的反攻軍事開闢了前進基地。而在國際整個局勢來說，這一年以來有兩件在人類歷史上最有關係的成就，一件是歐洲戰場英美蘇盟軍密切配合執行既定的戰略，以神速英勇的進攻，在本年五月澈底的擊潰了歐洲納粹軸心的暴力，使歐陸被侵略的國家都得到了解放；一件是最近舊金山會議，世界大憲章的通過，奠立了五十國協力合作，確保正義和平的基礎，實現了我們渴望已久成立國際和平機構的初步願望故羅斯福總統崇高的目標，由其繼承者杜魯門總統的主持，及與會各國的和諧合作而完成，從此世界上愛好和平的人類國家，無分強弱種族，不分膚色，皆將有共同的國際法律秩序可資遵循，更將有國際機構力量保證其安全。現在納粹暴力已消滅，其唯一爲實現世界和平障礙者只餘日寇，我們中國是首受日寇侵略的國家，抗戰最早，而所受的犧牲痛苦亦最深，臨到這個曙光已啓的時期，臨到這個莊嚴抗戰的紀念日，我們一方面深幸我們過去努力的有貢獻，有代

的經驗，我也願言敵國民衆在軍閥壓迫欺騙之下，是只認得力量，不認得是非，也不知道利害的，所以我們即使要拯救日本的人民，也非澈底消滅他們有侵略的武力，不能使他們覺醒而歸附於正義和平之下。總之，我們要粉碎敵寇拖延戰爭的念頭，必須用軍事力量，粉碎他的軍事力量，使他一切掙扎的企圖成爲泡影，而後我們才能獲得澈底的勝利與永遠的和平。我更要提醒我軍民同胞，紀念我們八年抗戰以來所遭受的種種慘毒的犧牲，和堅貞奮鬥的史蹟，在這次世界戰爭中，我們抗戰最久，而我們所受敵寇的荼毒也最深，我們萬不能忘記敵寇在南京的大屠殺，以及在其他各地同樣的獸行，萬不能忘記在重慶等地的狂炸，我們有多少同胞血肉狼藉，作慘烈的犧牲，我們更要痛念我淪陷敵寇獸蹄下的各地男子，是如何的被殺戮被奴役，女子是如何的受盡不堪聽聞的汚辱而犧牲，這種種深仇大恨，應該時刻記在心頭。敵寇一天不驅，這仇恨恥辱就一天不能泯滅，我們抗戰八年，在全國各城市各鄉村的男女同胞，秉着民族精神，赤手空拳和敵寇堅貞奮鬥的更不知有多少可歌可泣的史實，我們軍隊與人民冒死犯難，作無名英雄而英勇犧牲的更是不可數計，我們這種慘烈的犧牲和精神，不屈的典型，打出了今天最後勝利的光明前途。我們要追蹤先烈的血蹟，發光大過去的堅貞奮鬥的成功，要解放淪陷區水深火熱的同胞，就要我們此時從速奮發，對敵寇作勇銳的反攻，以促其崩潰。

現在戰爭形勢已經發展到最後決戰的階段，盟軍紛紛東調，登陸日寇本土之戰，和在中國大陸上消滅敵寇之戰，是同等的重要，我們期待盟軍的登陸日本，我們也同樣歡迎盟軍和我國軍隊在中國大陸上配合作戰，我以前常說敵寇之失敗，必以海上的敗潰開其端，而以陸上的覆滅畢其命。我國太平洋戰爭開始以後，又屢次鄭重指出『我們中國要負起大陸作戰的主要任務』，我全國軍民同胞們必須知道這一次反侵略大戰，以中國被侵略而開始，必以中國的澈底勝利而終結。戰爭是在我們的國城之內，我們爲恢復河山復仇雪恥，必須奮勇戰鬥，完此全功。我們爲國際盟邦援助，樹立正義和平，更必須善盡責任，不辭任何犧牲，我們當前第一要義是爭取勝利，並且確保勝利，我們必須認清目標，秉持信心，舉國一致，努力邁進。因此我更要爲我軍民同胞提示幾點重要的意見：

第一，我們要貫澈抗戰基本國策，我們抗戰，由於敵寇侵犯我獨立，分割我統一，破壞我復興建設基礎而起，因之我們的抗戰國策，就在於外求獨立

價，一方面更感到我們中國責任的重大。因之我要我全國軍民對比敵我今昔的形勢，並將八年以來我們對內對外關於這次抗戰的宣示與決策，拿來與前後事實相互印證，更可以確定我們的信心，明瞭我們努力的途徑。我在抗戰開始，即指出日寇的侵略必敗，我們的抗戰必能從持久苦鬥中獲得最後勝利。抗戰第二年，我就說世界上公理的力量終必抬頭，日寇必為全世界正義的公敵。我指出：海南島被侵，是太平洋上的「九一八」。我斷定「中國抗戰決勝基礎在於廣大深長的內地，尤其是西部諸省」。我又指出「中國抗戰，要從整個國際形勢發展中盡到我們的責任，乃能獲得最後的勝利」。對於敵寇的必敗，我在六年以前早就指出他犯了兵法上「頓兵深入的大忌，自陷於上不着天，下不着地的掛形」，他這種「戰而不勝難以返」的地步，終必不能自拔，後來事實證明我這種判斷無一而不是正確的。大家更應該回憶到去年今日，敵寇正在我們豫、湘戰場上猖狂進犯，我在當時就向我們同胞指出，敵人不僅要打通平漢與粵漢綫，還要打通湘桂綫，我指出他這個攻勢有三個企圖：一是要打擊我們野戰軍，削弱我們反攻的力量，二是要破壞沿綫我們空軍基地，減少他本土空中攻勢的威脅，三是要打通大陸交通綫，為寇軍敗潰時闢一條退路。我斷言他這三個目的徒托空想，決難實現，後來他狼奔豕突，繼續冒進，在戰事最危急，敵寇侵入到貴州境內的時候，我曾經明確指出「我們軍事根本上決沒有危險」。到了今天，由於最近戰局所表現的事實，我們同胞更可明瞭我當時所說的決不僅是鼓勵激勉之詞，更可以確立信心而格外奮勉了。敵寇在太平洋上所受的節節慘敗，他本土受盟國空軍攻襲的猛烈，以及最近在我國戰場上迭遭慘敗，使他陷於岌岌危殆，不可終日情勢，已不待我一一詳說。我們今日的主要責任，在於促使敵人的早日崩潰，迫令敵人無條件的投降，但是我要警戒我們軍民，切莫存絲毫空洞的樂觀，要知道戰爭愈近結束，敵寇最後負嵎的掙扎，必愈激烈而頑強，敵閥今天正在以種種口號，誘迫他國內外軍民作毫無意義的自殺性的抵抗，非到我們盟國從各方面發揮現實的威力的時候不能促使敵國人民覺醒與自拔。我在抗戰初期的幾年，曾經苦口勸告日本的人民曾說：「中國之抗戰不僅為自衛生存，也要將你們日本國民從軍閥欺蒙壓制之下喚醒起來，拯救出來」。我並且說：「中國只認日本之軍閥為敵，不認日本之國民為敵，我們決心殲滅敵軍，但從沒有仇視日本民衆的意思」。到了今天，我仍舊覺得敵國民衆追隨他們軍閥錯誤指導，以殉葬送死，是極可憐憫的一件事，然而以八年戰鬥，內求統一，我們對外求獨立，就是要戰勝建國唯一障礙的敵寇，使我們得以平等國家的地位，與世界聯合國共同合作，以維護和平。對內求統一，就是要集中我們全國的國力，爭取最後勝利，進行和平建設，以促成我國家的現代化與繁榮。在外求獨立內求統一的目標之下，在軍事第一，勝利第一的要求之下，我們必將容小異而成大同，古人有言：「必有忍，乃能有濟」，我們今日正在從事於生死存亡的抗戰，唯一制勝的條件，即為國內意志力量之完全集中，為了斷絕日寇幸災樂禍的陰謀，為了收穫八年抗戰的成果，我們應該絕對真誠的促進國家的獨立與統一，任何困苦艱難，無不可以容忍，無不可以諒解，而求得團結一致與共同奮鬥。我們惟有對國內含忍寬容，對敵寇堅強戰鬥，乃可使我全國同胞，在長期抗戰中所作的重大犧牲，獲得其寶貴的代價。

第二，我們要發彈固有道義力量，近代立國要件，首重自立自強，我們必有以自立，乃始能為人所重，亦必有以自助，而後可以與語常言「國於大地必有與立」，我國立國之道，就在於道人相互助，我國古德與信義，我們抗戰的目的，從開始時就昭告於世界「不僅為民族生存而抗戰，也為人類正義與國際正義而奮鬥」，「我們不計利害只問是非」，「義之所在全力以赴」，我們的抗戰決不僅為中國一國，也為全世界正義和平與永久福利，正因為如此，所以這八年來，無論遭遇到如何危險艱難，經過了任何驚風駭浪，我們總是堅決奮鬥，而今依然，我們信心如一，道義屹然不移，敵寇頑強狗悍，始終不能搖撼我們於萬一，這就是道義戰勝了暴力，我們所以能轉捩戰局，得道多助，可說是完全得力於道義的勝利與精神的勝利，有了精神與道義，而後物質力量才能加倍的發揮，我們當這個抗戰將收全功的時候，物質方面當然要儘量增強，道德信義，尤須秉持重視精神力量，更須不斷發揮，反攻戰爭展開以後，艱難困苦將十倍百倍的加強，全國軍民同胞們要認識正義，堅挺奮鬥，來突破任何的艱危，達到最大的成功。

第三，我們要認識最後勝利意義，我們的抗戰所以排除建國的障礙，我們抗戰開始時就決定要從這一用血肉奮鬥的戰爭之中，鍛鍊我們民族的進步，培養我們新生的力量，使戰爭勝利之日，即是建國基礎奠立之時，現在我們要竭盡全力來爭取最後勝利，我要特別提示大家的，就是：「我們最後勝利的意義，乃在消滅暴敵之後，澈底實行三民主義，建立民有、民治、民享富強康樂的新中國。」惟有這樣才是我們長期奮鬥犧牲獲得真正的代價，這是我們中國抗戰的理想，也是我們努力惟一的目標，我們檢討現勢，相信這一工作的完成，不僅是必要，而且是絕對可能。因爲我們同胞在抗戰中間，確實是覺醒了，進步了，對於三民主義的徹底實現，已成爲全國普遍的要求，而我們民治的基礎和經濟建設的基礎，在抗戰中間逐漸奠立而健全，我們和盟國的密切互助，以及向盟友接觸學習機會的加强，使我們國父以國際合作促使中國工業化的實業計劃，有了實現的保證。我們一旦打倒了敵寇，不但民族民權主義可全部完成，而且民生主義也可以整個實現，來提高一般人民的生活，補償戰時所受的殘破犧牲，所以我們展望戰後的中國，將有突飛猛進的進展，未來世紀，必然是與戰前迥乎不同的，新社會和新國家的形成，×××種種之需要，我們軍民同胞此時付出血汗的代價，我們這一代要爲後一代創造獨立自由富强康樂的境界，這點是特別需要我們的奮勉也，值得我們無限的興奮。

全國軍民同胞們，我們以革命未成社會基礎沒有完全奠立的國家，進行如此長期的抗戰，艱難困苦，自不待言，我們崇敬八年來殉國的軍民，我們懷念前綫將士的勞苦，我們更對抗戰以來盟邦日益增强的援助，致深切的感謝，我們要以今後一年爲『收獲戰果』的一年，前方後方務必同心同德愈戰愈强，不辭艱苦不惜犧牲，協同一致，以爭取抗戰徹底的勝利。我全國將士要攻堅挫銳，奮勇向前，全國同胞，要竭智盡能，協助軍事，我文武在職人員要恪盡職責，力求一切工作的進步，適應軍事的要求。我淪陷區同胞，積年痛苦，解放有期，更須勉厲奮發，迎接反攻，作收復時期的一切準備。我們全國均須知最後的成功，決於最後的奮鬥，一切生活行動與協助軍事的工作，必須隨時隨地能配合反攻軍事的進行，以我們臨暫的痛苦，爲國家××，必如此乃能無負我盟邦援助的高誼與全世界對我中國殷切的期望，始能無愧於革命先烈與抗戰中殉難軍民忠烈的英靈，全國同胞們願一致興起，積極奮鬥，貢獻我們的一切以促我們抗戰建國大業的完成。

六參政員返抵渝

【合衆社重慶六日電】到延安的六位參政員業已返抵此間。他們本來是希望至少能勸說共產黨參政員出席定明天開幕的會議，但共產黨拒絕了，參政會明日開會，無共產黨員參加。

【中央社渝六日電】國民參政會第四屆第一次大會，定七七抗戰八週年紀念日晨九時，在軍委會大禮堂舉行開幕典禮。大會由首遭敵人摧毀之天津南開大學校長張伯苓氏主席，蔣主席亦將親臨致訓，周炳琳代表參政員致答詞，此次大會集議於政府積極推行憲政之時，而歐洲軸心敵寇亦已崩潰，在東

慶急速惡化的情況下，宋子文訪蘇的直接任務可以了解爲發現暫時解決這個問題的妥協辦法。宋子文自己也會承認，過去一年由於美國調停、干涉還不能達到和解的延安政權與重慶的根本對立，依靠蘇聯（延安的支持者）的調停亦難得到解決，因此他的目的不是尋求根本解決問題的方策，而是謀取部份的讓步，暫時緩和延安問題，以防止對蘇關係的更加惡化，以便在三巨頭談判中指導列對重慶有利。真正規定中蘇關係的不是依靠宋子文與蘇聯舉行的莫斯科會談，而是在於行將到來的三巨頭會談的結果。美蘇關於中國的爭奪戰，表現了新的世界政治的意義。

【同盟社斯托哥爾姆五日電】塔斯通訊社報導：蒙古人民共和國總理卡里拉索，偕蘇聯駐烏蘭巴拉爾大使伊瓦夫特，五日到達莫斯科。在宋子文訪蘇期間，卡里拉索之訪問莫斯科，可能是兩者使命有某種連帶關係。

路透社評外蒙古總理赴蘇

【路透社倫敦五日電】路透社記者燕瑞契報導：今日莫斯科談判中唯一受到密切注意的人物便是×××。如果蘇聯考慮參加對日戰爭，那末現在以外蒙人民共和國聞名的外蒙古便是最重要的戰略陣地之一了。東部邊界可以打入深深的楔子，突破到滿洲的中心，並使開總着它的日本防禦體系的側翼暴露。該處曾是一九三九年蘇軍爲日軍開啟重武裝衝突的場所。蒙古軍隊不是××因素××某些紅軍的精悍×××在蒙古，而是蒙古共和國的軍隊並不依附於蘇聯軍隊而獨立的，從而是×××××的。因此，蒙古總理突然抵達莫斯科，消息通方面認爲是一種徵象，表示中蘇談判不僅限於外交和經濟的問題。現在一般認爲蘇聯參加遠東戰爭的可能性或者已成爲議事日程最首要的項目之一了。美國在沖繩島和菲律濱的重大損失——以及他們對戰事將來的關係——據信已使美國輿論再度切望蘇聯參加對日戰爭，即令這意味着對蘇聯的某些領土上讓步。因此據信蘇聯政府將趁此機會在莫斯科搞清楚外蒙人民共和國的地位問題。在法律上直到現在仍宣稱它是中華民國的組成部份。事實上外蒙久已處於與蘇聯關係最密的情況中。據信蘇聯政府要求宋子文博士接受外蒙古的獨立地位。但是倫敦消息靈通中國人士力稱，中國人民將不使中國赴蘇代表團××××，宋子文博士不能簽字讓掉任何中華民國領土，無論應歸之於宋子文博士，或無論他準備趁蘇聯友誼以及也許在對日戰爭中的支持的有利條件，而酬答以承認既成事實：外蒙久受重慶的控制。或者中國方面深恐承認外蒙爲一獨立國家將繼以同樣地承認滿洲。因此現在仍舊不可能說莫斯科談判的結局怎樣，但是其結局或將表示蘇聯政

方則面臨向日寇開始總攻擊之前夕，故其意義極爲重大，自爲全國乃至全世界人士所注意。同時本屆參政員數額已增加至二百九十人，其職權擴大後，自本屆起開始審核國家總預算，五日國府復公佈修改該會規程，將提案連署人減爲五人，凡此均較歷屆爲進步，現當勝利來臨，爲期益迫，而政府實施憲政之決心，亦昭昭在人耳目，各參政員來自四方，於盛夏溽暑，集會兩週，自必能集思廣益，對未來之建國大業，有所貢獻，以加速勝利之來臨，使此次大會成爲抗戰期間最後一次集會，亦屬可能之事。參政員六日止，報到者已達二百廿六人，大會開幕典禮舉行後，將接開預備會議，推選主席團，下午三時開會，聽取政府軍事報告。

紐約時報評宋子文訪蘇

【合衆社紐約六日電】紐約時報推測克里姆林宮是否試圖調解蔣介石與共產黨軍隊之間的衝突，『這不僅包含解決中國內戰的危機，而且還包含（假若蘇聯政府決定支持中國共產黨的話）蘇聯與支持重慶的國家之間對立的危機』。該報宣稱：『宋子文的到達莫斯科再度保證了這樣的象徵：蘇聯的政策一方面是力求中國的團結，另方面是維持各強國之間的團[illegible]顯然地，面對着政治以及軍事包圍危險的日本人是這樣解釋的，他們的神經過敏，包括着絕望的語調。不管什麼談判，對日本都預示着蘇聯××把它的注意力轉到太平洋戰場，準備決定在亞洲行動的方向。在某些點上，這種決定是不可免的。蘇聯對亞洲的興趣比它對歐洲的興趣更大，因而不能想像它會不堅決要求參加改組亞洲大陸的工作。莫斯科談判的意義在於：它是舊金山會議的插曲與柏林三巨頭會議的序幕，假使這些預示着堅持舊金山安全會議的三強變爲五強或至少四強，他們將宣佈兩個戰爭爲一個戰爭，因而進一步強調了聯合國的憲章提出的××與和平之不可分割的原則。

敵讀賣報知新聞評宋子文訪蘇

爲解決中蘇邊疆及國共問題

【同盟社東京六日電】讀賣報知新聞揭載社論稱：宋子文與蘇聯進行談判的結果，大概可以分爲兩個問題：第一個問題是由中蘇兩國國境毗連甚長，而發生的廣義的邊境問題，這在重慶看來雖然不是當前緊急的問題，但是如果這個問題沒有原則上的妥協，則雙方在政治上的關係就不會安定。由美國的立場來看，這個問題就是發現蘇聯對華政策的方向和態度的甚理。第二個問題，就是處理延安政權的方案，目前在這個問題上，蘇聯對重府與重慶現政府之間將來關係的性質，以及延安共產黨政權將起什麼作用。

同盟社口中的國共關係

【同盟社北京六日電】重慶召開國民參政會的七月，對延安說來，正是紀念組黨廿四週年的命的相剋的月份。共產國際可說是解散了，延安宿是蘇聯的寵兒，延安把七月當做纂蔣鬥爭史上最有深刻意義的月份，自是當然的事情。一九二一年七月在上海法租界舉行一個大會以來，固執一黨專政的國民黨與抗爭國民黨的延安之間的相剋，是循着兩條宿命的路綫前進。本月二日延安機關報——解放日報社論說：自黨成立以來的廿四年中，爲了重視民主主義以及使中國從封建及半殖民地制度中解放出來，繼續不斷的進行鬥爭，特別是爲了實現人民的基本要求，跟國民黨進行熱烈的抗爭。但是爲了達到這個目的，應該想起毛澤東主席在七代大會上所說的話：『即使對日戰爭獲得勝利，還沒有達到我們的目的』。它強調對重慶的政府攻勢，這證明以對日抗戰主義爲旗幟的延安的政策以七全大會爲契機，已經發生顯著變化。現在觀察延安的態度就可看出它不顧重慶，進行徹底鬥爭的決心。當然毛澤東的決心大概也包含着以蘇聯爲背影的國際的照應。總之，延安雖自共產國際解散至歐戰的最後階段，盡力避免使用『中國共產黨』字句，但在七全大會，開頭便擬出了中國共產黨，這表明了與美蔣合作戰綫對立的延安蘇聯合作戰綫，此事殊堪注視。

黨軍日報改爲黃埔日報

【中央社成都五日電】中央軍校特刊之『黨軍日報』，定九日更名爲『黃埔日報』。又蓉華西日報，五月廿九日起因改組停刊，現已整理就緒，定七日復刊。

【路透社華盛頓五日電】杜魯門總統於中國抗日八週年紀念，致蔣介石賀電中稱：『粉碎日本軍國主義的任務，已處於最後階段』，他說：『盟軍正在集合充份力量，一俟時機到來，即向日本猛攻』。（下缺）

【合衆社布利諾斯艾利斯五日電】孔祥熙氏頃抵此稱，中國不久在阿根廷開設大使館之籌備事宜，業已完成，然不願指明何日開幕。

【中央社渝六日電】土耳其大使館代辦歐爾培，奉召返國，六日晨偕夫人乘機離渝赴印，轉道返土。

更正：

昨日參考消息第二段『英美報紙評國共關係』消息中最後一段『若要在重慶與延安之間選擇其一，重要並非完全佔上風。』應爲『若要在重慶與延安之間選擇其一，重慶並非完全佔上風。』

参考消息
（只供参考）
第九三三號
新華社 解放日報社 編
今日出一大張
卅四年七月 八日
星期日

蔣介石在參政會上的開幕辭

【中央社重慶七日電】蔣主席在國民參政會開幕日，致詞全文如下。

主席各位參政員先生：

第四屆國民參政會今天開始集會，正是我們中國抗戰的第八週年紀念日，從八年前的今天起，我全國同胞擁護政府抗戰的國策，信任政府建國的方略，一致奮起。不辭任何犧牲爭取民族的自由，維護國家的獨立。在這八年之間，我們經過了無數的艱險，我們遭受了不可估計的損失，直至今天挑戰進入第九個年頭，我們確已奠定了最後勝利的基礎，望見了獨立自由的曙光，我們在今天還不能說是，『痛定思痛』之時，但是本席相信在座諸君，都不能不深深感覺到爭取民族自由和維護國家獨立，確是千辛萬苦，空前無比的艱辛工作。貴會在這個莊嚴的紀念日開會，各位一定會回憶到八年來我們所共同經歷的艱難困苦，發抒忠言讜論，加深我們全國上下的責任心，加強我們全國上下的自信心與團結精神。

在目前的階段中，政府負有二大任務，一為善盡我們在抗戰最後階段中應盡的責任，以加速敵寇的崩潰，一為樹立憲政規模，以奠定國家百年不拔的基礎的根基。這是政府目前努力的最大目標，至於提供宏謀碩畫，促其實現，則是本屆參政會所特有的責任，亦是各位參政員對時代重大的使命。

貴會上一次集會。是在去年九月，在過去九個月中，國內外情勢都有重大的變化，這些變化都顯示着中國的抗戰與世界的局勢，都已接近了黎明時期。

現在本席首先將國際形勢向各位作一個簡略的說明，我國在八年以前，毅然決然起而抗戰之時，只是我們一國單獨抗戰，日寇當時的積極企圖，在防

最後勝利，和完全勝利，但是我們必須深深的明白我們的地位和責任，第一勝利雖然有了把握，勝利到來的遲早都與我們今後努力的程度有極大的關係，這是我們必須明白體會的一點；第二在中國戰場的主要責任無論在道義上講或實際上講，我們都是責無旁貸的，我們決不可有絲毫推諉之念，更不可存絲毫僥倖之心，我們必須用自己的血汗，來收復我們自己的失土。

此外各位所最關切的當為今日的經濟問題，本席亦願說明其概略，抗戰期間國家支出的擴大，乃為無可避免之事，本年度國家總預算數字較抗戰前一年約增一百九十倍，將來反攻軍事發展，實際的支出當然還有超過此數。近半年來政府為應付如此龐大的需要，在開源節流管制，以及生產各方面不得不採取擴大的辦法，在開源方面，主管當局正在力謀稅收與捐獻的增加，一面更獎勵儲蓄。出售黃金，以收大量游資，同時並調整財政機關，簡化稽征手續，廢除苛雜稅捐，撤銷查緝機構，以減少人民實際的負担與不便。在節流方面：則在不影響作戰努力的範圍之內，對於普通的支出繼續厲行緊縮原則，因此，財政機關所屬的單位和軍隊所屬的單位，在最近數月內被裁併者達二千個單位以上。在生產方面：則凡作戰所必須的物資，而可利用盟邦的援助由我自行生產者，最近數月來已逐漸增加其數量。但是物價問題，至今嚴重未減，政府雖在信用緊縮與銀行管理方面盡其全力，使之平定，而國庫收支終難達到平衡狀態，政府應如何更進一步克服一切困難，尚望各位多所指述，盡量策劃，各主管當局必樂聞諸君的偉論，進而為一切必要的努力。

最後本席必須鄭重向各位表示的，就是政府對於憲政問題的決心，中國國民黨秉承國父的遺教，從事於建國，對於結束訓政，實施憲政，雖在戰時沒有一天不引為自身應盡的責任，這幾年以來國民黨黨員，以及全國的輿論，都認為訓政必須極早結束，憲政必須極早實現，但在戰爭狀況之下，淪陷區域勢必無法舉行任何普通的選舉，因此在兩年以前國民黨中央全會，乃有於戰事結束後一年以內召開國民大會，實行憲政的決定，若干方面對於這個決定，當時曾肆意攻擊，認為憲政應立即實現，不當遲至戰事結束以後。本年一月，本席鑒於戰事的完全結束為時容或延長，即使戰事結束後各地秩序亦未必能於短時期內恢復，所以主張在戰局轉入穩定之時，即行召集國民大會，頒佈憲法，結束訓政。本年五月國民黨第六次代表大會，因而有於本年十一月十二日召集國民大會之決議，至於與召集國民大會有關的各項問題，

止中國得到任何與國，這是我們最孤危的時期。後來經過了四年以上的惡戰苦鬥，到了民國卅一年一月一日，華盛頓聯合國宣言成立之後，這種情形才完全改變。自此以後，敵人沒有一天不希望聯合國的分裂，敵人的種種宣傳，亦只在企圖造成聯合國的內部衝突，可是在十天以前五十個聯合國，又在舊金山一致通過了一個聯合國的憲章，於是敵人的希望和企圖又被粉碎。從今以後，敵人的任何企圖必歸泡影，決無成就之可能，這是本席所深信不疑的。舊金山會議所通過的聯合國憲章與許多人的理想，誠然尚有若干距離，但欲建立未來和平，一方面需要一個近乎理想的國際約章，一方面還需要一種能促成理想的合作精神。在舊金山會議中，聯合國之間雖有重大的爭執，畢竟合作精神控制了彼此歧異的意見，這種合作精神的存在和繼續發展，便是聯合國憲章成功的保證。中國代表參加這次舊金山會議，有一個指導原則這就是盡我們的能力，促進聯合國的合作，尤其是促進美英蘇法中五國的合作，爲國際一切合作的基本。同時我們無時無地不堅守我們的道義的立場，而決不肯有絲毫的輕忽，因爲我們惟有重視國際正義，爲世界輿論作代言人，我們才能成爲國際合作的眞正助力，這是我們在舊金山會議中所採取的方針，這也是我們未來對國際政策始終一貫的方針。本席相信各位先生對於政府此項方針，亦必贊同，本席並且希望我國朝野，一致的熱烈擁護這個行將產生的國際和平組織，因爲無論中國或世界，都不能任令這個『聯合國』像國際聯盟一樣再告失敗。

其次本席要向各位說明的，是對日軍事的全面形勢，納粹德國既經投降，同盟國自然可用其全力打擊日寇。實際上盟國原來用在歐洲的或準備用在歐洲的一部分武力，已經東移，美軍自從佔領菲律濱與琉球島以後，在太平洋上已經切斷了日寇海上的運輸綫，獲得完全制空權，日本本土已遭受猛烈轟炸，並且還要繼續遭受着更猛的轟炸。中印陸路交通已因中美英印軍隊十餘月的苦戰而開闢。日寇經過半年以上的惡戰，所打通的『大陸運輸綫』，亦因爲南寧、柳州等地爲我軍收復而被切斷。這是最近幾個月來對日軍事的概況。本席還可以告慰各位的，是我們反攻準備工作，在最近數年之間，均能照預定計劃推進，軍隊的單位多已經過一番調整，各軍師的兵員，多已較能充實，官兵的待遇多已陸續改善，裝備和訓練亦已積極的加強。尤其使我們快慰的，在軍事方面中美雙方的合作更爲完滿。

從整個的軍事形勢觀察，我們現在可以十分肯定的說，我們一定可以得到

在未曾聽取貴會諸君意見以前，政府將不作任何決定，因爲國民大會的召集，既在結束訓政還政於民，則大會日期自應由國民黨來負責決定。至於與國民大會的召集有關的各種問題，在現況之下，雖不易得到理想的解決，但各方如能虛心討論，政府自將虛心接納，當亦不難覓得相當滿意的方案。不意一年以前反對延展憲政實施至戰爭結束以後的人，而今天反而對政府提前實現憲政的決定，又肆意攻擊，政府對於國民大會召集有關的問題，擬不提出任何具體的方案，可使諸君得以充分的討論。政府準備以最誠懇坦白的態度，聽取諸位對於這些問題的意見。這是關係國家百年大計的根本問題，本席所要求於各位的，在摒除一切黨派的成見，純然站在國家利益的立場，提供合理的主張。

至於憲政的籌備工作，雖在軍事緊急狀態之下，我們政府亦無不盡量設法推進，憲政實施協進會成立以來，參加該會的各位參政員，盡力最多，對於各縣市臨時參議會的設置，人民自由的增進，以及憲法草案的貢獻尤大。現在政府正依照中國國民黨第六次全國代表大會的決定，採取若干措施，以期預立憲政的規範。軍隊黨部業經完全取消了，並且學校以內亦經決定不設黨部了，後方各省縣市的參議會，並經決定於六個月內依照業經公佈的選舉法規實行民選了，國民黨以外的政治團體，亦將依照法律可以取得合法地位。如何使這些措施推行盡利，此外尚應採取何種措施，以完成憲政實施的準備，自然還需要各位予以縝密的考慮和精詳的研討。國民參政會成立以來，已經整整七年了，在此七年之中，參政會的聲望和責任不斷的在增高，參政會的職權以及民主的規模，亦是不斷的在成長之中。本屆參政員的名額較首屆參政會，已經約略擴充了二分之一，現時的參政員並且大半出自各省市民意和機關的選舉，這樣的一個民意機關，能夠在戰爭的期間成長出來，實在使我們對於中國政治前途感覺興奮。各位先生在如此炎熱的氣候和交通不便的情況之下，不辭勞苦跋涉遠來爲人民盡責，爲國家策大計，這種精神一定可以鼓勵政府同人益加振奮，以副各位參政員和全國國民的期望，本席謹以至誠，祝貴會的成功，和各位的健康。

國參會到會者冷落
實到者只有六成

【中央社渝七日電】國民參政會四屆主席團業經七日第一次會預備會中選出，計張伯苓、王世杰、吳貽芳、莫德惠、李璜、江庸、王雲五七人當選。其中除王雲五外，皆爲三屆主席團連任。惟吳貽

芳、李璜因代表我國出席舊金山會議赴美，現尚未返國。

「中央社渝七日電」國民參政會第四屆第一次大會，七日下午三時舉行首次會議，出席參政員一百八十人，主席張伯苓。秘書長邵力子，副秘書長雷震等秘書處報告：（一）本屆參政員名額爲二百九十人，馬參政員洗繁病故，現在實額爲二百八十九人。（二）截至昨日止，報到者計二百廿七人，旋由陳部長誠作軍事報告，歷一小時以上。報告時參政員會報以熱烈掌聲，並分別提出書面與口頭詢問五十件以上，七時半散會。八日雖係星期，大會仍照常進行，上午二次會議由翁文灝報告經濟及戰時生產工作，下午由俞鴻鈞報告財政。

麥考米克論國共關係 主張使用蘇美壓力

「合衆社紐約七日電」紐約時報專欄評論家安尼·奧海爾麥考米克在宣稱，進攻蘆溝橋是第二次世界大戰的序砲時，回憶羅斯福曾堅持建立強盛、統一的中國，使它能在東方起主要作用的政策，並相信：中美友誼合作爲太平洋和平的樞紐。她認爲『避免重慶與延安衝突及其在整個東方的爆炸性後果的可靠辦法，是使用「爲美」的「外在壓力」。關於宋子文與蘇聯政府的會談（這已引起了希望的象徵）稱：『中國紅軍受蘇聯的影響有多大，還是一個問題；領袖們強調與蘇聯『聯盟』的必要，但與蘇聯達到協議也是中央政府的目的。普遍預言：宋子文的訪蘇是中蘇公約的預兆，較保守的中國人確實害怕蘇聯；害怕蘇聯對滿洲有所企圖，但是他們信任美國的公平。假使二國能共同努力接合中國各軍隊爲一聯合軍隊，這將比任何措施都更能緩和政治上的不安。這不安已在太平洋戰爭背後醞釀，並可能燃爲濃烟擾亂勝利，因八年戰爭而枯竭、殘傷的『眞正中國』尚未有民主，但它是亞洲偉大潛伏的民主主義。在舊金山會議上，中國代表團已證明是民主和平體系的強固堡壘。』

「美聯社華盛頓七日電」參院議員亞伯特·D·湯姆斯（民主黨）今日告參院稱：中國是『世界最大的問題』。他說：假若中國能確立安全，世界安全便有保證。繼稱：『但最後分析起來，朋友與盟國只能盡幫助之責』。湯姆斯說：中國必須解決它自己的問題，而『這一點，其現任領袖是瞭解的』。湯姆斯亦告參院：日本沒有成就其統治東方的計劃這一事實，證明日本最後將完全失敗』。

路透社說 宋子文在蘇談判順利

「路透社莫斯科七日電」斯大林委員長，已於六月卅日抵此之中國行政院長兼外長宋子文會談。兩次懇切談話共歷一小時，由於能操流利俄語之中國外交部次長胡世澤擔任通譯之故，會談六×順利，目下談話暫告段落，各代表均甚愉快。一切均在順利進行中。會談包括所有懸而未決之問題，宋院長此行之特定目標及已付討論之題目，尚不獲知。此間非官方觀察家預料，宋院長結束此行時，將發表一種正式之聲明，結束之期，當不致稽延過久。

標準晚報否認 蘇軍佔領區德人生活優異

「合衆社倫敦五日電」『標準晚報』茲登載其駐柏林訪員蘭達爾的來電稱：蘇聯所報導：在柏林和其他蘇軍佔領區內的德國人的生活，較在英美軍佔領區內的德國人的生活爲佳。並非事實。蘭達爾稱：『蘇軍統治下的德國人，過的日子，比在英軍佔領區的德國人好得多的這些故事。皆屬虛構。』蘭達爾說道：蘇聯人誠然爲德國人做了他們所能做的一切，但電車迄今尚未行駛，沒有娛樂．也沒有香烟，糧食極度缺乏。只有很少數公共汽車及其他地面運輸工具，而人民於乘坐這些工具以前，須排着長隊等。蘭達爾說道：蘇聯人很快進行這種宣傳努力，即在各牆壁上厚厚塗上斯大林演說中話，使德國人確信，蘇聯是不想消滅德國國家的。

「中央社渝六日電」據美新聞處倫敦六日電，曼哲斯特衛報駐柏林記者稱，柏林爲傳統之脆弱及冷酷文化之城市，在毀壞中仍有若干莊嚴。英軍車將吾人載進柏林時，城中多人均向吾人發出愉快之微笑。但吾人停止詢問方向時，常有人索取紙煙，此會稍稍減低彼等微笑之價值。今日柏林紙煙之價值，非常昂貴，在郊區街道中亦有兒童，若干雖均表歡愉，但面色慘白，此慘白之面容或由於在柏林大轟炸時停留防空洞過久所致。柏林之毀壞雖屬慘重，但以城區甚大並無慘×淒涼之景而僅有雜亂無章之柏林，仍爲存在，不過在另一方面由於破壞過甚，城市雖大破壞之情形到處可見。柏林新式之克爾佛耳斯坦達街在破瓦頹垣中成爲一走廊，該處店舖之門面雖然存在，但內部房屋均被燒燬，在柏林一度小心修剪之樹木，及整潔之花園，今均於蔓草中消失。平民對士兵毫無畏懼，婦孺在街中來往毫無[illegible]。

浙江沿海日軍繼續北撤

【中央社上饒五日電】沿浙海向北竄之敵，經我軍尾追，一日克復天台。又卅日黃巖以東海門敵渡過椒江，於一日竄湧泉，二日竄大田，四日再陷天台，復分兩路北竄，已越過新昌向嵊縣竄擾。

【中央社上饒五日電】寧海以南珠嶴敵，於廿九日與由寧化南下敵會合寧海後，經我軍跟蹤壓迫，殘敵即感威脅，現續向北潰竄。

【中央社上饒五日電】閩南敵於卅日分批向漳浦以東之白坑鎮等處登陸，我守備部隊予以襲擊中。四日下午十八時，盟機一批襲擊金門，予該島敵軍事軍備以重大摧毀。

【中央社渝七日電】據軍委會七日發表戰訊。廣西方面：我軍由憑祥沿公路向西南推進，現已迫近鎮南關，正向據關頑敵攻擊中。我軍於六日晨攻克中渡以西四十里處之據點東泉鎮，現續向中渡攻迫中。贛南方面：贛縣以東茅店附近戰鬥，在繼續進行中，戰地無何變化。

【中央社吉安六日電】犯贛州桓茅店敵四日起，即與我發生激戰，迄六日猶在茅店東五華里三眼橋、茶亭橋一帶戰鬥中。

【中央社皖南某地六日電】宣城孫家埠之敵，四日向南進犯，我守軍奮起迎擊，對戰四小時，敵勢不支，當於午後回竄孫家埠。

美聯社報導 六參政員帶回我黨之意見

【美聯社重慶七日電】用一切努力派遣六個非黨人士的和解代表團到延安，並不能說服北方共產黨轉變他們拒絕出席此間第四屆參政會。共產黨堅持立即建立聯合政府，要定期一九四五年十一月十五日召開的國民會議由各黨派會議籌備，而不能由國民黨籌備。他們說：像現在計劃的國民會議將是一個非民意的機關。

【同盟社上海六日電】據新華社延安四日電，代表重慶第三黨的黃炎培、左舜生等國民參政員一行七名，於二日到達延安，與延安黨領袖毛澤東、朱德、周恩來等首腦部進行了重要談話，據說周恩來在歡迎會上强調延安所提樹立聯合政府的要求，得到重慶統治區及中國民主同盟的支持。重慶方面言明，彼等一行訪問延安的目的，乃是勸誘延安出席國民參政會，而延安會表示不參加參政會。但是徵諸周恩來的致詞，訪問延安的第三勢力的代表與延安方面的會談，未必符合重慶的希望，故會談的結果殊堪注目。

敵報評蘇土關係

【同盟社東京六日電】關係改訂蘇土友好條約問題，在蘇聯提出的要求中特別值得注意的是管理韃韃尼爾海峽與修改蘇土國境問題。六日之每日新聞、朝日新聞兩報，曾作如下論列：（每日新聞）蘇聯政府提出管理韃韃尼爾海峽及修改蘇土國境作為締結蘇土新條約的前提條件，這件事與其說使土耳其恐懼，不如說是使英國恐懼。因為這是沒有把英國傳統的權威與現實的利益放在眼中之故。最近的三巨頭會議，邱吉爾將盛氣凌人、斯大林將嚴厲的挖苦、杜魯門將不會有像羅斯福的作用，因而此次會談將有相當的困難。近代史上韃韃尼爾海峽名字，是與蘇聯極不愉快的事實聯系在一起。這就是英國一方面有七個海洋的自由，但英國分給俄羅斯人僅有一個通至海洋的出口。什麼時候將進行這一歷史的清算？現在蘇聯已成為世界上沒有一個國家可以對抗的強大國家。（朝日新聞）據泰晤士報安哥拉特派記者的報導：蘇聯向土耳其提出下列四項要求：（一）加爾斯·阿爾德汗兩地區·歸還蘇聯，（二）把海峽地區內的軍事基地割讓給蘇聯，蘇土共同防衛此等地區，（三）改訂蒙特婁條約，（四）改變巴爾幹方面的國境線。由此看來，蘇聯方面提出來的要求，完全是根據戰略需要，首先，蘇聯所以要求收回舊帝俄時代的加爾斯，阿爾德汗兩地區，當是為了從背後保衛高加索的油田地帶，其次所謂改變巴爾幹地區的國境線，泰晤士報特派記者，認為這是意味着要把土爾其亞割讓給保加利亞，設若保加利亞據有通至愛琴海的航路，這在事實上意味着蘇聯可對愛琴海進行軍事的妨礙工作。蘇聯說它所以提出以上要求，不外是想保持蘇土間的友好關係，但中立國人士方面，認為土耳其的損失是很大的，當土耳其不會單獨答覆蘇聯，由於就中還包括美英兩國的利害關係，故該問題將成為三巨頭會談的議題，英國在三巨頭會議中，將承認蘇聯在達達尼爾海峽和博斯普魯斯海峽有特殊勢力，而蘇聯將同意英國自由出入該海峽，然而在巴爾幹問題上，英國對保加利亞抱反感和反對任何犧牲希臘的措置，站在這個立場，對於蘇聯的要求將毫不讓步。

【同盟社斯托哥爾摩四日電】據莫斯科來電，蘇聯政府四日就丹吉爾問題發表聲明，提及一九一四年以前，防地的地位，與蘇聯有利害關係，因此丹吉爾問題蘇聯有參加之權利。

參政消息

（只供參考）

第九三四號

解放日報 新華社 編

今日出一大張

卅四年七月九日 星期一

參政會第二日 翁文灝、俞鴻鈞報告

【中央社重慶八日電】國民參政會八日上午八時舉行第二次會議，出席參政員一七六人，莫德惠主席，秘書處宣讀第一次會議紀錄及收到文件後，即由經濟部長兼戰時生產局長翁文灝報告經濟及戰時生產工作。翁氏首論經濟建設原則及重要法規，次論戰時生產之意義，認為戰時生產之實際意義，並非泛指一切生產而言，凡為戰爭所必需之一切物品，如煤焦鐵鋼鋅銅鉛鹼酸汽油酒精機器電工器材運輸工具電訊設備食料衣料等物以及電力，均必須鼓勵其生產，增加其產量，支配其用途，使各能貢產國家實力之發展。其他為戰事所不需要之物品，或禁其出產，或阻其擴張，決不能反以公家之資力有所補助。翁氏謂戰時生產局促進生產之方法，在使該局工作與軍事裝備之聯繫較以前密切，並扼要說明：（一）向各廠訂價定製軍用器材；（二）向各廠礦租賃機械設備；（三）改良生產技術；（四）獎勵增產。嗣論國外物資之洽辦，翁氏謂自外國商訂之途徑，各處不盡相同，最重要者為美國之租借法案，其所有物品自嚴格的以一切軍事用途或戰時急需為必要條件，次為酌用中美借款在美英所訂購之物品，又次為用現款在其他地方如印度、澳洲、巴西，墨西哥、加拿大等處所購之物品，又須為使用加拿大互助協定所採辦之物品。在此戰時各國經濟莫不由其政府認真統制，盟邦之間復訂有聯合供應等協定，故我國向外國採購物品，迥不能如戰前各國在和平時代純任私人營業之自由。最後論及淪陷區收復時供應生產之準備謂：經濟部前已訂定淪陷區工礦事業接收整理辦法及敵國資產處理原則，目前當依此辦法所規定，[illegible]立淪陷區工礦事業整理委員會籌備，具體辦法分別本國事業、友邦事業、敵偽資產，查明各該事業之實在情形，至適當時期分派委員接收移交切實整理，以奠定收復地區經濟之基礎。翁氏報告後，各參政員提出詢問案達五十起以上，用書面提出者，有王普涵等

參政會上 張伯苓開會詞

【中央社重慶七日電】經過八年來全國艱苦抗戰，現已勝利在望，而領導全國抗戰建國之中國國民黨，為實現五十年來革命目的，已決定召集國民大會實施憲政。當此建國大業轉入新階段之前夕，代表我國民意之最高機構——國民參政會第四屆第一次大會，於七日在軍委會大禮堂開幕。中樞抗戰建國八週年紀念亦合併舉行。參加之中樞首長、各國使節、參政員及來賓共八百餘人。儀式於九時開始，大會主席張伯苓陪同蔣主席步入主席台時，受熱烈之鼓掌歡迎。行禮時並為抗戰陣亡將士與死難同胞默念三分鐘。主席張伯苓致開會詞，盛道八年來全國在領袖賢明領導與軍民用命下用能克服艱難局面之成就。並請綜觀參政會自一屆大會至此次四屆大會七年當中，國內和國際局勢變化至多，展望世界大勢，實令人興奮，反觀我國前途更光明無量。但吾人現時急應努力者為：（一）加強和平團結。歐戰勝利得助於盟國團結，世界和平更有賴盟國合作，此次舊金山會議出席者有五十國家之多，彼此語言宗教生活習慣完全不同，但以各國對於團結合作維持永久和平具有共同信心及共同決心，遂能製訂聯合國大憲章，造成輝煌的功業，以世界環境之複雜如斯，尚能和平團結，而我國家迄今？×××（三字違礙不明）內部和平團結問題，實屬令人痛心。但只要人人有信心有決心，抱定國家民族至上之目標，則團結禦侮和平建國之目的決不難達到。（二）實行民主政治。本年十一月十二日，政府已公佈召集國民大會，結束訓政，開始憲政，此後中國政治將步入民主正途，於國家未來之命運，關係至大。惟是國民大會之職權，代表之資格，憲法草案以及其他一切有關憲政實施事宜，均有賴我同人審慎檢討，周密規劃。總括言之，自一屆大會以來，世界從黑暗中走到光明，國家由艱難中步入坦途，整個世界在變化，整個國家亦在變化，世界是新世界，國家是新國家，吾人對國家對世界責任較前更重，為配合時代的好轉，為適應國家的需要，希望我全體同人一本過去合作精神，對此加強團結，實行民主等問題，開誠佈公，殫精竭慮，製成妥善方案，厘定實施辦法，藉以奠定國家百年之基業，此為全國人士所希望，亦為本屆我參政會同人應担之責任。詞畢，蔣主席在熱烈歡迎中致詞達廿五分鐘（原辭另電）。參政員周炳琳致答詞後，旋即禮成。十一時接開預備會議，出席參政員二〇八人及秘書長邵力子、副秘書長雷震，仍由張伯苓主席，選舉主席團，並推定邱昌渭、周謙冲、王化民三參政員監選。十一時十分散會。

四十餘人，口頭詢問者有黨道淵等六人，俞部長即席答覆，惟以時間過遲，經主席宣告改期再作書面答覆。下午三時接開第三次會議，出席參政員一百六十四人，仍由莫德惠主席，財政部長俞鴻鈞出席報告，俞氏首稱戰時財政措施，一方面在支應軍事需要，爭取最後勝利；一面配合經濟政策，促進戰時必需生產，穩定物價，改善民生。其間對於因沾戰時暴利而發生之財富不均現象，應如何設法運用租稅求其公平合理，以符有錢出錢，錢多多出之宗旨，及如何加强管制銀行業務，安定金融，培養稅源，增加收入，並本自力更生之原則，與盟邦謀經濟合作，以圖戰後復興，均為財部同人所朝夕不忘求其實現之目標。繼述一年來×設施之輪廓，並列舉重要設施數項：（一）調整稅制；（二）簡化機構；（三）加强管制金融；（四）配合經濟政策重要措施；（五）整理自治財政。俞氏繼分析卅四年國家總預算內容及其執行情形，列舉數字，敘述甚詳，其中最可注意之點：（一）為國庫支出以軍務費為最多，次為交通經費各部門事業費，再次為省市支出，餘為調整公務員待遇增加之生活補助費及國立學校學生膳食費，各項振濟費以及其他政務費。此種支出之分配財政，確已適應『軍事第一』之要求。（二）半年來國庫各項目以租稅為大宗，全部收入等於全年度歲入預算百分之五九點八（六？）一、如以六個月之預算分配數計算，則約合百分之一一九點二二强。俞氏旋即舉出平衡開支之對策，據謂將强化稅制，並配合金融物資政策妥為運用，精密擘劃，務使反攻軍事所需之龐大支出可以適應，而通貨膨脹之威脅可以減輕。繼復說明三十五年度國家總預算編審原則謂，明年度國家總預算，在收入方面除整頓賦稅外，並着重物資及外匯之合理運用；支出方面，則將重點置於軍費之供應及農工礦業交通運輸之維持與改進。對於縣市經費決更予充實。至非民生急需之事業，均擬停辦或緩辦，是明年度政務設施，將在抗戰建國兼籌並顧之原則下，力謀民生之改善。俞部長報告畢，各參政員提出詢問達七十七件之多，其中關於黃金政策之詢問十一件，貪污舞弊之詢問九件，彼等咸問財部總務司長王紹齋有無私自挪用公款購買黃金，中央銀行業務局副局長張悅聯是否與黃金舞弊案有關，中茶公司舞弊之李泰初何以逍遙法外。關於徵用在美存款之詢問，亦有四件，並有詢問今後幣制問題者。繼書面詢問後，即開始口頭詢問，詢問畢，時已七時半，因時間過晚，俞部長允改期書面答覆。

周炳琳答辭

【中央社重慶八日電】參政會七日開幕典禮中，周參政員炳琳致答詞，略謂我們今日聆悉了蔣主席對同人的訓詞，於感奮之餘，願利用這個機會表達同人等對於時局的幾點意見：第一、同人等願首先提醒的還是軍事第一的原則。同人等願望政府能積極加强軍事準備，改善軍事形勢，以求把握勝利。以反攻軍事確有把握，當可促致其他問題之順利解決。第二、同人等要趁這個機會為人民申訴疾苦。第三、同人等對外交方面也想提供一點意見，從此次舊金山會議觀察我代表團的各種表現，要算是中國外交史上最輝煌的一段。此種成功也恰好表現中國是一個大國。同人等深望政府在聯合國成立以後，積極倡×，從各方面努力使中國真正成為一個現代的民主的進步的國家。這是保障人民犧牲的代價最有效的途徑，也是奠立强國基礎保持榮譽最有效的途徑。英美是我們抗日的盟國，尤其是美國以其偉大資力支持我們抗戰，期×於勝利，其給予吾人以道德上正義上的聲援，尤使我們感懷不已。美英是民主國家，我們中國要走上民主的途程，憑我們偉大的潛力建立起一個富强的國家，期確能和人家攜手，在世界和平機構中成一支柱。就對蘇聯說，目前我們雖尚未和蘇聯成一抗日的聯盟，但在此次大戰中，蘇聯已早是我們的盟國，中蘇之間無論如何必須加强相互合作的關係，所以很期望政府對於中蘇合作，應積極推進，不斷努力，這是我們在外交上所欲貢獻的一點意見。

陳誠軍事報告

【中央社重慶八日電】參政會七日下午舉行第一次大會，陳部長誠出席報告，首先分析敵方實力與其軍隊之配置，指出在我國境內之敵寇，當在一百六十萬人以上。由其佈置而言，顯為垂死前之掙扎，故我國充實反攻部隊，準備予以打擊，必使其無條件投降而後已，半年來軍政部工作為中心。繼將整編部隊之進度敘述後，乃論及改善官兵生活問題，首注重於制度之確立，將軍政部，後勤司令部與前方兵站責任分明。過去以現款補給者，今則逐漸改發實物，使每一官兵儘量獲得實物。惟自新法實行以來，由於物資的缺乏與保管及運輸之困難，尚未到達預期之目的。同時改善官兵生活係與整軍計劃配合，以我國之物力財力，過去龐大之編制，實無法負担，自非儘量裁併不可。復論及調整軍事機構，說明過去軍事機構龐大，已根據所訂立計劃，切實裁併，減少單位一五〇〇餘個，人員為一三二萬人。 惟同時增加一〇〇單位，人員為二九四萬人。至於整編後之部隊，往往有士兵缺乏，官長多餘之現象，因此對編餘軍官亦須予以安置。旋報告青年軍編練狀況，將青年軍之編組訓練及其生活裝備幹部等問題，作詳盡之說明，並敘及女青年訓練之辦法，陳氏坦白說明軍事上與人民直接發生關係各項問題，諸如軍糧副食馬乾與運輸人力國防工事等，此在過去不無使人民遭遇若干痛苦，雖皆爲戰事期間不能避免之事，然吾人必妥擬辦法，予以解除，關於整頓軍紀，亦往分途努力。對於各級官兵可以藉口之問題，必須解決。無作用之機構，一律取消。如軍部之辦事處等。至於我國武器之生產，今年已有顯著之增加。陳氏並稱，軍政部由於單位多，公事慢，手續繁複，又誤事甚多，故已注意內部整理工作。吾人缺點甚多，不容諱言，今日據實舉出報告，不是請求原諒，乃特請各位參政員多加指示。最後宣稱，年來軍事或有進步，但善的地方也很多，如其稍有成績可言，除最高統帥之有決心改革外，復應歸功於魏德邁將軍之熱誠幫忙，其一種眞誠合作精神，實不應埋沒，余深欽佩其爲人。魏將軍與吾人相處，凡渠所之知所見，無不盡其所言。陳部長報告後，各參政員提出書面詢問案五十四件，大多注重於士兵之待遇問題。對整軍問題，亦有不少詢及各地挺進軍亦應切實管理。其他關於士兵醫藥之改善，抗屬之優待，失地之收復，敵後部隊彈藥之接濟，以及組織東南一帶民衆配合盟軍登陸等問題，參政員均會詢及。劉景×詢問老河口、西峽口戰事經過。胡秋原說明鄂北地方所受苛擾與人民疾苦，請速派大員前往調査。王亢生詢問軍委會東北輔導委員會工作狀況。徐炳昶認爲最近戰訊發佈須求審愼確實。何基鴻請注意軍隊之公平待遇。以時間過遲，決定改期再行答覆。

民主同盟出席參政會

【路透社重慶八日電】國民參政會已於昨日——中國抗戰第八週年紀念日開幕，會議時間大概要二週。出席開幕典禮之參政員二百一十八人，高級政府官員及外國使節多人。蔣介石主席發表三十分鐘演講。共產黨參政員沒有出席會議，但態度不明確的民主同盟——小黨派——已出席。

紐約時報評中國抗戰八週年

【合衆社紐約八日電】紐約時報評論中國抗戰八週年時指出：雖然明確的進展是緩慢，且常常是不定的，「但最低估計中國對共同事業的貢獻，或忽視了他們作戰時所處的可怕的不利條件，都是非常不公正的；讓我們捫心自問一下吧，如果蔣介石與日本媾和了，會發生甚麼樣的情況呢？中國的財富，將會完全操於日本的控制下，現

更加處於蘇聯勢力之下。由西伯利亞大鐵道分支出來的土西鐵道是一個天然的貿易磁石。從新疆最富地區到土西鐵道只有兩百哩的設備良好的公路工程。而到平綏路的起頭則須七十日越過沙漠的駱駝旅程。據該訪員稱：印度在新疆（中國東土耳其斯坦）的微弱利益已經消退。盛世才督辦強烈親蘇屢有×所，但在一九四二年因××而與蘇聯人破裂，並與重慶××。蘇聯人爲撤退全部力量所××，他們對所能做的一切都××。該訪員稱其結果爲使新疆商業生活遭受有害的顚覆。過去十年，新疆商業生活日益依靠土西鐵道與蘇聯貿易。中國人現在對新疆發展已有××，而且，兩年前蔣介石曾親自從×地飛到新疆，以××蘇聯對這些計劃的幫助，現在已有因喪失與蘇聯的貿易而產生的經濟困難所造成的局部××消息。

紐約華僑對世界憲章及國參會的看法

【美新聞處紐約六日電】上海大美晚報報導，紐約華僑對憲章樂觀。該報說：本週紐約華僑對由於上週舊金山聯合國憲章簽字而概括規定了的國際安全組織前途，一般表示樂觀。在檢討一般人的標準意見時，該報發現此間華僑實際上一致感覺中國在舊金山會議中起了重要作用。他們的見解指出下述信念：中國除在舊金山會議起了主要作用外，還將在未來國際事件的發展中佔有日益增長的重要地位。據他們表示：如果中國在國內政治事件中獲得內部團結的話，則還將是特別眞實的。薛威李（中國僑民中的卓越人物）相信：世界和平憲章必定成功。可是，他覺得：世界仍舊期望美國在實行憲章的規定中的領導。華僑團結慈善協會行政秘書馬認爲：由於蘇聯和美國的參加，世界組織將有更大成功可能。馬先生說：未來的國際關係繫於每一國家的各個態度，並特別強調蘇聯的態度，他認爲蘇聯的態度對和平或戰爭有重大影響。關於七月七日舉行的國民參政會，每個被該報訪問的華僑都堅決希望爲了福國利民的早日團結。薛威李特別強調行將舉行的國參會之極端重要性，並相信全國一切黨派都會參加。李先生說：「在此危急存亡之秋，全國人民應爲國家福利而通力合作。目前工作在結束戰爭及通過憲法的」。

國民黨軍事發言人不好當

【重慶合衆社七日電】一個最不能羨慕的重慶職位，便是當中國軍的發言人。去年中即更換了五次，而七月一日新上任的一位，今日首次會見外國記者。這位漂亮的鄧少將至今年春尙是駐華盛頓的助理軍事參贊。他會講英文，但在招待記者席上總要一個翻譯員。他很冷靜的說道

在散佈在各交通綫與守備城市裏的日軍，便能被集中起來對付我們。日本的死亡，就重慶方面估計將近兩百萬人——的確是一個很大的數目——如果這些人活着的話，將是對美國士兵的喪鐘。現在勝利是必然的了，當其到來時，我們將大大有負於當英美仍企圖與日本和解時而與日本作戰的中國人。

國民黨軍委會公佈八年戰績

【中央社渝六日電】軍委會發表今日爲我國抗戰整整八週年，溯自廿六年七七至今，在我國各戰場共計斃傷敵及俘敵達二百五十餘萬人，我忠勇陣亡官兵一百卅餘萬人，負傷一百七十餘萬人（詳細統計已另表公佈）。時至今日，我已轉守爲攻，敵乃轉攻爲守，以企圖最後掙扎。茲將本（卅四）年來戰況簡略言之，可概見一斑：於元月十四日至四月上旬，在湘粵贛邊境粵漢綫之戰，同時並發動遂（川）贛（州）之戰，三月廿一日豫南鄂北之戰，敵寇企圖解除平漢粵漢兩綫我軍之威脅，但在我空軍轟炸與我陸軍不斷襲擊下，始終未能達其目的。復於四月九日在湘西蠢動，以破壞我西南唯一之前進空軍基地，妄思進犯芷江，遭受我軍嚴重打擊，遏止於江口武陽一帶，受創慘重回竄。至六月三日，即恢復原態勢，其企圖完全爲我粉碎。我軍於五月十日向閩浙沿海攻擊，十八日克福州後，北追敗敵，六月十八日克溫州，現已進至新昌嵊縣附近。我於五月十九日以來向桂省南北反攻，先後克南寧、柳州，將敵寇企圖打通之大陸生命綫完全切斷，現我軍之向桂林推進中。滇緬戰事，我於六月繼續向緬甸中部進攻，至下旬我滇緬兩軍會師母舍，繼克芒友，打通滇緬公路，奠定我全面總反攻之基礎，至三月底，復先後攻克臘戌、西保以後，遂勝利結束此一戰役，我國軍堅苦卓絕正戰績，將在歷史上永垂不朽。

【中央社重慶八日電】據軍委會發表，自廿六年抗戰以來至卅四年五月底止，我敵傷亡：國軍負傷一、七五二、五九一，陣亡一、三一〇、二二四，失蹤一一五、二四八，合計三、一七八、〇六三。敵軍負傷一、三一八、六七〇，陣亡一、一七九、七七三，俘敵二三、二九三，合計二、五二一、七三七。

觀察家報稱宋子文訪蘇將討論新疆問題

【路透社倫敦七日電】『觀察家報』駐遠東訪員在其將於明日發表之文章中說：新疆工業發展將是宋子文將在莫斯科討論的最微妙問題之一。這個問題與蘇聯戰後目的有關。在過去叛亂中，××[illegible]了他們的實際，而新疆整個經濟則東自那時

：『沒有一位發言人能充分的使記者們滿意』。然而當討論及將到來的大反攻時，鄭少將保證無論如何『你們在今年炎夏時會得到炎熱的消息』。

敵陸軍人事調動

【同盟社東京五日電】陸軍省於七月五日頒佈命令如下：陸軍中佐賀吉王補總軍參謀。東京防衛軍司令官陸軍中將飯村穰補東京師管區司令官，陸軍少將上田正雄補大本營陸軍參謀兼陸軍省軍務局付，大本營報導部長陸軍少將松村秀逸補中國軍官區參謀長。陸軍主計中將森田親三補陸軍省經理局長，陸軍主計中將古野好武補陸軍經理學校校長，陸軍中將柴田卯一補熊本陸軍預備士官學校校長，陸軍中將奈良晃補西部軍管區兵務部長，陸軍少將板垣直剛補長野師管區兵務部長，陸軍少將平井卯輔補東京師管區兵務部長，陸軍佐神本勇補陸軍省人事局恩賞課長。

【同盟社東京五日電】新報導部長上田係德島縣人，陸大畢業，曾任關東軍司令部付、參謀部部員、關東軍參謀、駐波蘭武官、陸軍官防衛課長等職。

英『新政治家與民族』論『中國的前途』

【路透社倫敦六日電】英國左翼周刊『新政治家與民族』論及『中國的前途』對重慶與延安之間的僵局表示惋惜，×××××。『××××美國大商業界人士雖然充分知道重慶政府的性質還要支持華南的反動勢力，而華北地區看樣子已在××支持下，並且在觀點上日益成爲共產黨的了。中國國內的政治形勢將可以與××××相密切並比。這兩種場合××××是一樣的。戰略上說來，××是在×××××與聯合國家××政策之間進行選擇，××××。在歐洲和在亞洲，人民的勢力正廣泛增長其力量，這是他們抵抗侵略者的結果，×××××××。西方的資本主義如果××固守它有能力。或在未開發的亞洲或××××的歐洲維持其控制的舊的特點的話，這就是××××了。在兩次戰爭；××利潤××，人民將愈益轉向共產黨××。××將離於××蘇聯×××××××。×××××的威信和×××××的×××；代替剝削落後國家的官僚主義政策，因此成爲它輸出的××××。這種政策的有利條件曾爲亨利、華萊士所明白讚揚過，××××××。如果目前三巨頭能夠維持××合作或××政策，則歐洲××××可能的。

【這份電報原文極零亂，意義難以捉摸，更無法連貫成一氣，姑譯供參考記——譯者】

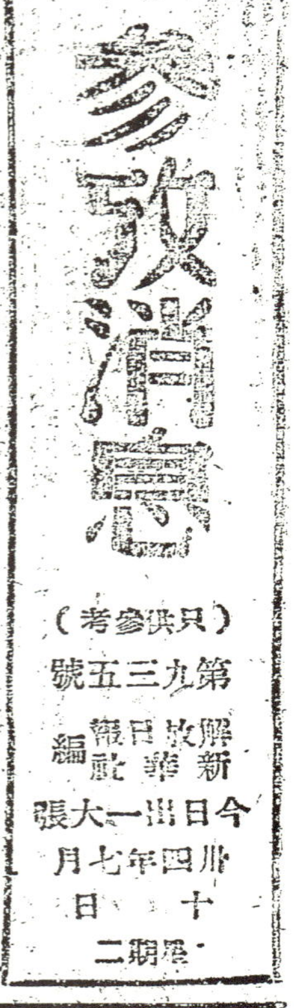

（只供參考）
第九三五號
解放日報 新華社 編
今日出一大張
卅四年七月十日
星期二

參政會上發生風波

參政員反對國民黨當局檢扣周炳琳演說

【合衆社重慶九日電】參政員周炳琳代表整國參政會對蔣介石演說的答詞在報紙上刊出了一部份，剩下一部被新聞檢查官扣了。昨日參政會因此問題發生了一場風波。參政員們堅稱：『參政會代表的演講不能全文登出，還種檢查是破壞了國民參政會的尊嚴。』窘迫不安的新聞檢查官允許未登的那部份今天在當地報紙上出現。上述那部份是關於共產黨的糾葛。在這當中周炳琳敦促中共政府與其他黨派的團結與合作。

同盟社報導

宋子文訪蘇目的

【同盟社斯托哥爾姆七日電】據莫斯科來電，宋子文到達莫斯科後，兩度會見蘇聯政府首腦進行協議。會議的內容雖不得而知，但一部份人士認爲這跟外蒙古人民共和國總理却伊巴桑之間有何關連。七日路透社莫斯科電訊稱：蘇聯重慶兩國的莫斯科會談，現在暫時表示出低調，宋子文不斷與蔣介石接洽，並將會談內容逐一通知美英兩國政府，由此看來，恐怕是協議盟國與重慶合作問題。（缺）□□却伊巴桑總理訪問莫斯科與宋子文的使命完全沒有關係。另一方面英國星期日新聞——『觀察家』的遠東特派員八日把宋子文的訪蘇與援助新疆工業聯系起來。他報導稱：新疆政府曾經是親蘇的，一九四二年蘇聯新疆因爲國境問題發生糾紛時，新疆討好重慶，於是蘇聯停止援助新疆工業作爲報復的措置。因此過去十年依存托爾克西布鐵道和蘇聯商品的新疆省遭受大打擊。重慶政府開始中央化該省，二年蔣介石赴新疆視察開發事業，因爲沒有蘇聯的援助不可能進行開發事業，所以此次宋子文訪問莫斯科請求斯大林委員長援助開發新疆工業。

開之情報，目下在重慶地區要求和平的氣氛相當高漲，其中特別是知識階層，並不希望美國在中國登陸，而熱烈討論重慶軍的停戰與日軍撤退問題，當局極度畏懼問題擴大，遂極力壓制言論界。儘管重慶高呼抗戰，但知識份子階層却要求美軍撤退，而且有人說：徵諸鴉片戰爭以來近代中國的歷史，感情的對日作戰必陷中國於滅亡，此種意見頗爲有力。最近重慶的廣播，亦證實了此種空氣，曾說日本現在有數百萬精銳，其損失僅一部分，而且日本還保存有相當的海軍，尙可充分作戰』。此種現象不僅在首都重慶，而且在湖南、廣西前綫的重慶軍內部亦是這樣議論着。

賀浦金斯隱退聲明

【同盟社里斯本三日電】華盛頓來電：曾作杜魯門總統之特使，赴莫斯科準備三巨頭會談的霍浦金斯，三日發表聲明稱：『今後將斷絕與政府的關係實行隱退。』其隱退理由據云：是因身體健康問題，但消息靈通人士之觀察認爲：霍浦金斯關於斯大林委員長會談的結果，與杜魯門意見發生衝突，因而離去政府；或者就是被杜魯門驅逐。霍浦金斯是故羅斯福總統的心腹，主要是執行軍火租借法，其後擔任調解美國與英蘇兩國的關係，是跟着羅斯福的外交政策走的，他特別支持對蘇聯的親善政策。繼國務卿斯退丁紐斯更迭後，霍浦金斯的隱退，表示了杜魯門將從政府中一掃羅斯福的色彩。而且不論霍浦金斯、不論斯退丁紐斯均以所謂『歐洲派』而著名，從此點觀察，這是美國的歐洲政策，特別是對蘇聯政策，發生根本變化的先兆，因而不但國內與論而且英蘇政界對此亦極爲關心。

（編者按：同盟社評美國務卿更迭與霍浦金斯的隱退，對杜魯門的估計，內容矛盾。）

敵每日新聞評美國國務卿更迭

【同盟社東京四日電】每日新聞就美國國務卿更迭事評論如下：在任很短僅七個月的斯退丁紐斯已辭去國務卿一職，前動員局長貝納斯正如所預料者做了他的後任人，斯退丁紐斯辭職的主要原因，約有（一）美財閥代辯者的色彩太濃厚了、（二）不是政黨出身、（三）國會，特別是在參院議員中對他沒有好批評、（四）因他年紀尙輕（四十五歲），缺乏外交經驗。而最大的原因是今年四月羅斯福總統的去世。杜魯門在就任之時，即聲明遵循羅斯福的外交政策，但杜魯門對國際政治經驗非常貧乏，所以起用故羅斯福的親信，曾干預過內政外交並作爲克里米亞會議的隨員而活

同盟社稱 美蔣關係

〔同盟社大陸某地森田報導班員九日電〕上月廿八日外國特派員關於蔣與記者會見的報導描寫蔣的風統，這次談話的中心是關於接近大陸海岸作戰的部份。他抱着警拔的態度說道：『美軍是否有意進行接近大陸沿岸的作戰還不得而知。』蔣氏毫不馬虎地說了這一點。這就是說，今天美軍接近沿岸的作戰已成爲現實問題時，還不將其眞意告訴重慶。因此，爲了接近沿岸作戰的對策，疲於奔命的不是日軍而是重慶軍。美國爲了對日總反攻的至上命令，需要與重慶親密合作，但是美國不願這一點，還抱着利用重慶的態度，蔣氏對於美國這種利己的現實主義逐漸感到不滿。自去年秋天到現在，美國對華政策大約可分爲三個階段。第一階段是由高斯、史迪威所代表的高壓政策，以援蔣路綫爲抵押品，而强硬地推進渝延合作。第二階段是赫爾利、魏特梅耶共同扮演的渝延合作劇的失敗。第三階段轉爲只以蔣政權爲對象的現實主義的政策，甚至發展到默認重慶對延安的內戰方策。但是蔣介石不可忘記他吃了美國現實主義的虧。因此他在七日參政會上說：美蔣的合作達到了令人滿足的程度，但是在中國戰區『破壞敵人』這樣的重大事業應由我們自己去做。蔣介石發現美國可怕的現實主義是當然的事情。

國民黨稱：收復鎮南關、雒容、丹竹、藤縣

〔中央社重慶九日電〕據軍委會九日發表戰訊，廣西方面，我軍於五日晨克復鎮南關，殘敵向越境同登退却。我軍克復該關後，桂省南部淪陷國土於茲全部克復。我沿湘桂鐵路綫攻擊前進部隊，於七日午後五時攻克雒容縣城，殘敵向鹿寨退却。西江流域我軍配合地方團隊，於一日收復丹竹（平南東南卅里），二日收復藤縣。

孔祥熙返渝

〔中央社重慶八日電〕出國年餘之孔委員祥熙，八日下午七時由美返抵陪都。孔氏雖經長途飛行，精神尚爲健旺。按孔氏係奉命擔任國際貨幣金融會議我國全權代表，於去年六月十九日出國，同月[illegible]日抵美，出席會議後留美休養，在此期間，曾數度訪謁美政府領袖。

同盟社說 重慶和平空氣濃厚

〔同盟社大陸某地五日電〕最近蔣介石宣稱在十八個月內結束對日作戰，以安定對抗戰發生厭倦的重慶民心。綜合到達此

羅的貝納斯，這一事實亦可以說是意味着杜魯門將忠實地遵守執行羅斯福的外交政策。貝納斯在去年之前，與參院同係杜魯門的友誼甚篤，在國會中名望頗高，作爲一個政治家可與前國務卿赫爾相並列。在工人階級方面說來，是埋怨較少的政治家，完全沒有像斯退丁紐斯那樣財閥的臭味道。總之杜魯門的目的，是要加强內政與强力充實外交政策，今後美國的外交將相當强有力地反映國會的力量，這是必然之理。因此杜魯門政府至少亦希望將總統國際政治的政府與國會的磨擦，要減少至最小限度。

路透社傳 希臘事件

〔路透社倫敦八日電〕貝爾格萊德廣播鐵托的演講宣稱：希臘軍隊曾向南邊境射擊。××表示願與希臘保持最親密的友誼，希臘的挑撥××，及軍隊事先未予通知越過邊界進行射擊××……（下缺）

〔路透社××八日電〕（無報頭——上缺），倫敦觀察家認爲南斯拉夫的宣傳運動有三個可能的解釋：一、南政府意圖在和平解決中明確實現對希臘邊疆的要求，故在世界輿論之先準備其要求。二、南政府深信希臘政府在內的地位，××××，並不同情其措置，故發動此運動，×××越過邊界的戰××。三、×××××認爲關於東南歐國家形勢的討論，是三巨頭會議的一[illegible]議題，並欲在會議形成一種空氣，向希臘政府提出其問題。這三個可能性中，其後者可能是鐵托××的中間×××。

〔路透社倫敦七日電〕路透社外交記者撰文稱：倫敦消息靈通人士深信希臘內閣今日所頒佈關於處置搗亂公共秩序的新刑法，僅是一種預防的措置。雖然×××報導×××××，迄今尚無象徵×××××會回返雅典。左派方面所發關於君主主義者，正計劃推翻現任政府的謠言，已造成了某種程度的緊張，（缺半句）。

敵稱美國下期作戰極愼重

〔同盟社東京九日電〕沖繩戰局一變後，敵人即着手準備下期作戰，爲了不致重蹈沖繩作戰之轍，其進行極爲愼重，這從最近的戰局中即可很明顯的看出來。第一、要從敵人空軍的動向來看。（一）對日本土空襲，敵人接受了沖繩作戰的教訓，避免過早的本土登陸作戰，企圖使本土徹底的焦土化，敵人是採取了上述愼重的作戰方法，此即馬里亞納、琉璜島、沖繩島各基地的敵空軍，採取密切聯絡，首先徹底轟炸我本土基地，以減少我特別攻擊隊的威力，其次輪番轟炸我中小都市

，澈底破壞生產設備，[illegible]，[illegible]投下機雷以切斷海上交通。其四是更進一步切斷陸上交通，在切斷本土，大陸，南方間的交通後，企圖澈底封鎖我國和破壞我國戰力。從前述說來本土可以知道敵人必然要加强整備基地，用最小的犧牲獲得最大的效果，爲鄭重程度。澈底程度與甚遠去所未有的，這亦表現了敵人不宜對沖繩犧牲的意圖。（二）敵空軍的動向，敵人在菲島，馬里亞納，琉璜島，沖繩島持續對日包圍基地等，現在琉璜島有P51式機[illegible]數十架，在馬里亞納有B29式九百架乃至一千架，在沖繩島有大中小型機[illegible]架，在菲島有第五、第十三航空隊共二千二百架，現仍在加强中，將[illegible]還要動員最大限度的空軍集結於此方面，以使本土決戰獲得勝利。根據敵軍最近的活動，即（一）印度基地B二九第二十轟炸機隊和馬里亞納基地B廿九機隊的合併，（二）杜立特第八航空隊回航太平洋，參加對日作戰，（三）美國在太平洋新設以史巴茲爲司令官的戰略轟炸隊，把杜立特的第八航空隊和最近代替安諾德爲司令的李梅第廿航空隊編入在內，（四）以後在重慶新設以魏亞德爲司令的美軍戰術司令部等，可以看出美軍加强空軍活動是很明顯的。綜觀上述，無可懷疑的敵人的企圖，是在進行本土登陸作戰，以前的推進中間基地的作戰，這些固然證明了我特別攻擊戰法的絕大威力，但同時也可由此看出敵人在沖繩作戰的戰術失敗，對其次期作戰的影響，是何等重大。

同盟社稱

美軍在日本土登陸作戰的序曲

【同盟社東京八日電】美國航空部長安諾德，爲巡視太平洋戰區後，爲了對日作戰，設置戰略航空隊，以在艾森豪威爾指揮下的歐洲派遣空軍司令官史巴茲上將任司令官，這一戰略空軍隊配有在歐洲的杜立特中將的第八航空隊，及過去在安諾德直接指揮的馬里亞納的第二十航空隊，並提升李梅少將爲司令官，七日已由美陸軍次長柏德遜發表。根據這一調動，史巴茲將統率馬里亞納的第二十航空隊與將駐在沖繩島的杜立特第八航空隊，在南面作戰之下加强對日轟炸。現在馬里亞納已有一千架B二九式機，在沖繩島集結的戰轟機亦有九百架，美國鑒於這樣大量的飛機與對日空襲使命之重大性，遂有必要設立統一指揮部。敵人企圖用李梅，杜立特配合作戰，從兩個正面進行轟炸，使我國經濟潰敗，我們一定要振起打死敵人的決心，從六月十七日以來，馬里亞納B二九式機，繼續轟炸中小都市，直至本月六日受到轟炸

機設。不待言，並不是全部都參加直接空襲日本本土，而且亦不可能沒有，如果不推進新的基地至接近日本本土，亦不會全部航空隊一齊襲擊日本。因此不用的基地就分配有不同的任務，有的轟炸本土都市，破壞生產，切斷陸上交通網，攻擊各基地，或者是切斷大陸，朝鮮與本土的聯絡，孤立台灣等等。根據現在的情況判斷，空襲本土的主力仍是第二十、第二十一轟炸機隊，及馬里亞納的B二九式機，其一部駐於琉璜島，有B二九式機即可出動一千架轟炸。其次是克萊布爾少將指揮的第五航空隊轟炸機隊，有B二四式一百四十八架，B二五式二百零三架，B二六式五十三架，其他二百一十六架，共計六百二十架，其中一部已由萊特島移駐沖繩島。在阿留申基地的第十一航空隊轟炸機與少數之B二九式及相當數目的B二四式機，正等待天候之恢復，即威脅我北方。關於戰鬥機隊，主要是P五一式、P四七式機，其主力容許就是在琉璜島的第七航空隊與沖繩島的第十三航空隊，關於在華美空軍，要以由成都起飛的B二九式機空襲本土是要失敗的。現在則只有B二四式與B二五式機，該航空隊例如要從山東半島附近的中共地區基地起飛亦是不可能的，因而要切斷華北、滿洲、朝鮮亦是不可能的。第八航空隊將要來沖繩島，即使如此敵人要用這一些航空力量，充分活動以澈底進行令人滿意的本土轟炸，則基地還非常不够。沒有基地的空軍，不論他的數量有多大亦毫不足畏。

波蘭新政府決定接收流亡政府財產

【同盟社斯托哥爾姆六日電】據華沙來電，新波蘭聯合政府已成爲波蘭的合法政府，其第一步驟決定接收在英國的波蘭流亡政府的財產，並在波蘭設置委員會，担任接收上述財產，六日已由波蘭通訊社發表。據消息靈通人士稱：波蘭流亡政府將來主張自己是波蘭的唯一合法政府，因此關於這一問題當然不免發生波折。另一方面因聯合各國承認波蘭政府的結果，波蘭把寇松線以東讓給蘇聯的代價，就是所允許的劃定的德國東部國境，當然要正式正爲問題。波蘭政府已經向東普魯士、波米蘭尼亞西部，西里西亞派遣官員，担任與紅軍協力行政之責任。新政府方面之各波蘭民主主義政黨，爲了解決移駐上述地區七百萬波蘭人問題，將展開政治工作。

美國變爲石油輸入國

【同盟社里斯本六日電】美國務院石油問題顧問雷納，五日出席參院之石油

的都市已有二十多個，九州南部地區，已用B二五式中小型飛機轟炸，關東地區則由硫磺島起飛的P五一式戰鬥機轟炸，敵人對日空襲同時加強，美機轟炸一定更爲激烈，我們應當知道敵人的空中進攻正是在本土登陸作戰的前提，經過空中轟炸，敵人希望將更快的進行。因此我們要對抗這一攻勢，不僅要把敵人的戰果減少至最小限度，而且要全國很快地戰力化，減少敵人預備轟炸的效果，以牽制敵人登陸日期，必須提高我們的戰鬥意識。

「同盟社蘇黎世七日電」據巴黎來電，第九航空隊所屬第五十三戰鬥機隊和第三百五十八戰鬥機隊，已於六日從法國集中地點，開始向太平洋移動。

同盟社稱：美軍苦於基地的不足

「同盟社東京五日電」五月二十八日華盛頓廣播電台廣播杜立特中將的談話稱：「欲以轟炸開始進行對日作戰，將要配備八個美國陸軍飛機隊」。敵人所說的八個飛機隊是什麼？據華盛頓新聞的解釋，大約如下：陳納德少將指揮的第十四航空隊（司令部設立昆明即所謂駐華美空軍）集合西南太平洋（包括菲島）的美空軍編成的，由肯尼中將指揮的遠東空軍中的第五空軍與第二十三空軍，夏威夷的第七、第八航空隊，阿留申基地的第十一航空隊，馬里亞納基地的第二十一轟炸機隊（由李梅少將指揮）以及最近由印度路岩剛調至馬里亞納的第二十轟炸機隊（由李梅少將指揮）。敵人動員這八個航空隊，配備在日本周圍，根據各自担負的任務，從東西南北四方面包圍轟炸日本本土。敵人欲實現此種野心，只保有最接近本土的沖繩、大陸、硫磺島、馬里亞納基地等，顯然還是不够的。但是，我們必須承認敵人有强行實現此種野心的戰意，歐洲戰爭結束時，美國就宣傳美國在歐洲有飛機二萬架，其中大部份將調至遠東，看了以上包圍轟炸日本本土的作戰計劃，我們知道在英國保有基地的杜立特指揮的第八空軍約三千架調至遠東是有困難的，這跟敵人的宣傳是相反的，關於敵空軍的指揮系統問題，當敵機於最近將來正規地轟炸我國本土時，即可統一其指揮系統，美國各航空隊一齊開始轟炸日本的時期還早，第七航空隊的一部份——B二四式機一百四十架左右已進抵菲島，並且已經開始轟炸華南沿岸，遠東空軍中的第五空軍的一部——B二四式機及P五一式機似已襲擊沖繩島，伊江島的我「特攻」基地，美陸軍部發表的，關於第八航空隊參加對日戰略轟炸的公報，暗示B二四式及B二九式機以沖繩島爲基地，並似已由歐洲調至

資源調查委員會，爲美國石油之資源談述如下：「隨着戰爭之進展，美國國內的石油資源已進入枯竭狀態。從此點來看，將來美國將爲石油的大輸入國，是已經確定的了，過去美國是世界有數的石油輸出國家，儲藏量亦達二十五億桶，但據石油業者之聲明，今後五年之中，美國將要減少輸出量百分之五十四。」

敵稱美國仍繼續對中立國施行經濟封鎖

「同盟社蘇黎世三日電」紐約來電，美國之製造業會機關誌，三十日報導稱：根據國務院當局之聲明，美英兩國對中立國的經濟封鎖，仍繼續實行。美英兩國所以採取上述措置，是爲了防止被使用於歐洲再建設的物資，流入瑞士、瑞典、葡萄牙等國。

德國幾成女兒國

「中央社來比錫廿七日專電」今日之德國幾成女兒國，女人三倍於男人，此項現象純係戰爭使然。由於戰爭中××××××減少男性，在英如何德城市街衢間充滿婦孺及老弱，間有少數廿至四十男人而已。若干商店已開市，若干即時復業，惟經營此等商店者大多爲婦女。顧客百分之九十九亦爲婦女。來比錫之機車已恢復行駛，繞經此德國最大工業城彈痕纍纍之街道，車輛由婦女管理，乘客亦多爲婦女。戰後德國此種女多於男之現象，在鄉村中尤爲顯著。記者於兩日來遍遊德國中部，所見情形如此。五分之四之作坊由婦女担任，間有男丁幫助工作，亦多係被釋之戰俘。俄頓婦女以强壯之體格著稱，顯然能同樣担負婦護寶貴穀物之工作，若干婦女着游泳浴衣在田間工作，頗現奇特。現返家園之男子協助家庭婦女在田間操作，仍着國防軍制服，僅除去徽章而已。記者每日並見男丁行經街衢公路返家，彼等憔悴面呈愁容，無復在北非及意國時之傲，然目前德國婦女雖居多數，所有美軍官並無女友，仍過孤獨生活。艾森豪威爾將軍曾下令嚴禁任何軍官，及士兵結交德人，僅兒童或有公務之成人另例外。某美軍上校因違令被罰美金四千元。某少校則因違令而降級爲中尉，並課罰金。大體上當地人民已除卻敵對態度，多少對盟軍表示好感。暴動情事雖極少發生，然盟國人員外出仍攜武器。各地均有破壞時聞。僅有一次，當記者進某店詢問價目時，其年長之女店員二人報以白眼。據云聞未能識別徽章，以記者爲美軍官故也。

參考消息

（只供參考）

第九三六號

解放日報 新華社 編

今日出一大張

卅四年七月十一日

星期三

合眾社稱國共談判有恢復希望
共產黨不歡迎赫爾利再做中間人

【合眾社重慶十日電】恢復國共談判，解決中國最大的內部頭痛問題之可能的一綫希望仍然存在着。雖然赴延的六個參政員並不能說服共產黨參政員出席參政會，他們已明確地獲得共產黨允諾與中央政府恢復半年前停頓的談判。合眾社由可靠方面獲悉，在未來的談判中，美大使赫爾利作為斡旋的中間人，已不再為共產黨方面歡迎。現在，共產黨堅稱：赫爾利於其斡旋促成中國國內團結時是不公平的。共產黨尚未公開的，而是非正式的攻擊赫爾利為『親中央政府而對共產黨有成見』。

【合眾社重慶十日電】宋子文赴蘇及此行的行將勝利所引起的絕大部份人的歡欣鼓舞已影響了中國共產黨的態度。其反映可見之於重慶出版的共產黨機關報新華日報。自從斯大林接見宋子文以後，新華日報標題宋氏的活動，稱他為『宋院長』。過去，該報標題只稱他『宋子文』。新華日報現在刊登中國軍隊向廣西、福建挺進之消息，標題為『我軍』，而以前，該報則避刊載任何關於中央政府軍隊的消息。更重要的是，現在該報強調『共產黨願意和一切贊成打敗日本建設新中國的任何政黨』合作，而過去六個月中，其好戰的語調則是：『中國沒有民主，東亞決不會有和平』。

合眾社報導
國民大會很可能不開

【合眾社重慶十日電】國民會議是否能在今年十一月十二日按期召開，現在是一個大問號。假使這次又再展期，這並不是蔣介石方面的失言，（他會於一月一日、三月一日宣佈召開國民大會的計劃）而主要是由於中共與親共的中國民主同盟反對召開此國民會議。共產黨反對召開國民會議，其理由是它將『被國民黨操縱。共產黨甚至

【中央社渝九日電】參政會第五次會議，朱部長報告教育工作後，各參政員提出詢問者共五十六件，其中多注重戰區學校教職員生活之改善，戰區學生之救濟，學校風紀之維持，師資之培植，以及大學校長、教授之聘任等問題。關於改善學校教職員生活待遇之詢問共九件，係[illegible]學章、陳石泉、翟倉陸、伍純武、張金鑑、陳賡雅、黃建中、劉百閔、許德珩等參政員分別提出，彼等認為各級學校教職員貧苦已極，×有身為教授，而上課[illegible]草鞋者，亦有因無力維持家庭生計而自殺者，不堪其苦另行改業者，比比皆是。此類現象，對於國家教育影響之大，莫此為甚，故希望教育當局應速設法改善，員生公糧代金應照市價按月發放。地方學校應照國立學校之例，一律得購公米。尤其國民學校教師應普遍推行公米制度。其次關於救濟戰區學生之詢問亦有十件，由馬毅、劉百閔、趙公魯、劉琦章、張良信、翟倉陸、馬乘風、王化民等參政員所提出，彼等認為戰區青年除應由教育當局積極予以生活上之救濟外，對其招訓就學就業等問題，亦應隨時注意，更須於就學上特別予以便利，如來自淪陷區之中學畢業生，因怕敵人檢查不敢攜帶文憑，考入大學及畢業時，教部往往不發畢業證書，因之王化民參政員主張教部應放棄限度，以同等學力錄取，只要畢業考試及格，即給予證書。又對招訓戰區學生，教部收容及分發手續不宜太繁，同時在淪陷區亦應有招考大學生之機構，×若干淪陷區學生，限於路費無法彙集，往往失去來後方求學之機會，在與敵偽爭取青年之時，尤不可不注意及此。詢問案中關於整頓學校防止學潮者亦有九件，詢問者為蘇珽、朱之洪、薛明劍、陸錫光、伍純武、陳石泉、孫玉書、冷遹等參政員。關於大學校長、教授聘任問題之詢問有三件，由何基鴻、蘇珽、蕭一山等參政員提出，其要點為大學應為一學術自治團體，校長不應官僚化，學校不應×門化，學校教職員之聘任，尤不可有畛域之念，而成為變相之同鄉會。至於有關教科書之詢問，共有翟倉陸、李中襄、格桑、澤仁、柯興參、葉溯中、陳賡雅等參政員提出之六件，彼等認為抗戰以來，教科書供應困難，國定本教科書不應限制由七聯書局印銷，邊疆教育教科書可否國文與邊疆民族語言並用等詢問畢，朱部長當場作一部份問題之口頭答覆，其餘以書面答覆。

參政會上外交報告及詢問

【中央社渝九日電】參政會九日上午，第四次會議出

以拒絕參加本屆參政會——在國民會議召開以前，這是最後一次會議——來表示其猛烈反對。共產黨機關報新華日報今日刊載七十四歲的中國民主同盟主席張瀾的一個聲明說：「我希望國民黨十一月不召開國民會議，而贊同經過黨派會議解決一切國內問題」。蔣介石於國民參政會開幕演講中已很美妙地描述說：「我們不料看到過去反對延至戰後實施憲政的人，今天又攻擊政府提前實行的決定。」國民大會延期召開的可能性現在似乎很大，因為蔣介石已表明：在聽取你們關於有關召開國民會議之各種問題的意見之前，政府不作決定……。政府是準備考慮各界人士的意見」。今年三月一日，蔣介石於拒絕接受經過黨派會議來解決問題的方案時說了相當於這樣的話：「國民黨準備還政於民——而不是還政於任何單獨或幾個黨派。」

參政員報到二百四十四人

【中央社渝十日電】各地參政員已報到者截至九日晚止，共二百四十四人，其中特由遠道來者過半，共一百二十三人，就一百二十三人分析言之，由美返國者三人，由甘、寧、青、新來者十六人，由綏、晉、冀、陝來者十八人，由浙、贛、皖、粵、閩來者十九人，由昆明來者十七人，由皖北來者七人，由黔來者五人，由豫來者七人，鄂四人，桂三人，西康三人，綏遠二人，由成都及川境其他各縣來者十二人。

教育報告及詢問

【中央社渝九日電】參政會九日下午第五次會議，出席參政員一五六人，江庸主席，教育部長朱家驊出席報告教育謂，戰時教育較戰前困難多多，大部為應便工作，如自去年下半年起，相繼發生中原、湘桂、豫西鄂北、湘西、湘東、粵桂、蘇皖各路戰事，此各區域內學校待遷移，員生待救濟，而建築設備不能立辦，不免使青年多受痛苦。本年一至六月，已招致青年四萬餘人，分別予以安頓，現尚在繼續招致中。至教育經費，預算×有六十六億，雖覺甚鉅，但百分之七十五均係員生膳糧及代金，其用於教育本身者僅十六億。朱氏又說明今後準備進行之工作，擬設法使學校教務為主，提高教師地位及獎勵私立學校修訂課目表，簡化各級學校課程，整理各科之教材。學校生活擬予調整，加強課外活動，提倡學術風氣，以正確的生活代替政治之活動，並擬提倡外國語教學。戰事已到勝利階段，復員工作業已計劃，並擬組織戰地教育委員會，作為淪陷區收復時之準備。惟戰時教育雖困難，戰後復員尤為困難，希望社會人士共同努力，並希各位參政員不吝指教。

席參政員一六二人，江庸主席，聽取政府外交報告，因外交部宋兼部長，因公赴莫斯科，由吳國楨次長出席代表報告，詳述自去年八月以迄現在之外交行政工作，吳次長首稱：去年參政會曾決議催促完成全部廢除不平等條約工作，茲可為告慰者，即此項工作，現已達結束階段，按最初對我國廢除不平等條約者為蘇聯，即德奧兩國，亦因首次世界大戰，我國對之宣戰，條約不復存在。於民國十年簽訂新約，民國十七年以後，我與各國皆會磋商廢止不平等條約，此次由於長期抗戰，國際地位提高，卅二年初與英美等國締結新約以後與各盟國陸續簽訂，最近中荷新約，亦於五日簽訂，其餘如意大利與日本兩國，因已與之宣戰關係，依照國際公法，條約已不復存在，此外，尚有丹麥與西班牙兩國，丹麥因過去在敵人壓迫之下承認偽滿，故與之斷絕國交，該國最近已參加聯合國，並表示願與我國復交，將來邦交恢復後，即將談判新約，西班牙則以佛朗哥推翻過去之合法政府，我國將使節撤退，迄今尚無外交關係，司法行政部，曾通令全國，對該國僑民，已使用我國法律，自將於恢復外交關係時，再行談判新約，較為特殊者，厥為法國，當三二年日本在廣州灣登陸，法國未加抵抗。我乃宣佈過去租借條約無效，旋因維希政府種種非法行為，我遂宣言消滅其在我國特權，就以上而論，有些國家已簽訂新約，有些國家已廢除舊約，尚有瑞典會宣佈如其他國家不平等條約完全廢除，該國條約亦即隨之廢除，故自今日言之，此項廢除不平等條約工作，可謂已告完成矣。吳氏繼將舊金山會議經過提出報告謂：結果相當圓滿，英美蘇各國代表，均對我國表示好意，蘇聯莫洛托夫外長，離開舊金山時，特別對我國代表團致意，吳氏論及保護僑民工作，舉出三項方針：（一）與各國簽訂新約時顧到僑胞權益，與各國交涉不得有歧視華僑之規定；（二）現在各國有歧視華僑者，當與之交涉取消，（三）敵人佔領區於收復前，即交涉華僑復員問題，至於有關戰後問題，外交部之準備對日本處理已擬具底案，將與各盟國商洽，其原則約為（一）日本須完全解除武裝（二）所有侵略組織與教育制度必須剷除（三）爭取我國之領土必須歸還（四）給予我國之損失必須償還，此項中所謂賠償，應按所受損失之多寡與其國富為比例，對我國賠償以實物交付為原則，關於我國之損失，已由內政部調查中；（五）日本須照我國所開列之戰爭罪犯名單，交出我國處分。最後於結論時，吳次長稱，外交政策大綱，主席在開幕訓詞中，曾有指示、吾人所可得而言者：（一）與盟邦密切合作，使日本早日無條件投降；（二）繼續加強中英中蘇中法之邦交，中美關係自赫爾利大使抵任後，兩國合作，更趨密切，中英間亦維持良好之友誼，中蘇關係與宋院長之赴莫斯科，主旨爲在加强兩國邦交，現談判尚在進行中，自不便詳爲發表，其可略爲一述者，宋院長之赴蘇，係事前接洽相當成功而後成行者，吾人並期望維持國際安全組織，促成世界永久和平，惟各國政策不同，利害互異，實力懸殊，今後應如何折衝其間，尚望各參政員時加指教。

【中央社渝九日電】參政會九日上午第四次會議，吳次長外交報告後，各參政員對外交所提問之書面與口頭詢問，雖爲數不少，然均係注意宋院長莫斯科之行，與就促進中蘇邦交，及與此有關之問題提出詢問。惟吳次長謂：諸位參政員關心宋院長訪蘇一如本部同人，自極欽佩。此亦爲國民均願知之事。惟外交有機密性，正在進行中，所以不能發表，以免妨礙進展。此在英美兩最民主國家，亦復如是。故此事在目前尚不能儘量報告。此外彭參政員革陳對如何控制日本，盼外交與軍事方面配合。吳氏謂對此外交部會與軍政部有所接洽。關於何葆仁參政員等所質問之保僑問題，政府對菲律賓華僑已撥五十萬美元救濟，並將由國家銀行前往貸款。菲島華僑商店營業執照審查經交涉結果，在審查前亦可開業。各國之取締華僑問題，已分別交涉中。常乃悳參政員詢問交涉動用人民外匯資產問題，吳次長謂：外交部宋部長赴美時，曾與美財部商洽接洽，旋因急於赴蘇，尚未得結果。將來宋外長由蘇返國後自當繼續接洽。此項質詢完畢後，又討論臨時動議兩件。其一爲請通過聯合國憲章案，決定交第一組審查委員會審查。

何應欽否認
西北國民黨軍隊受美械裝備

【中央社昆明八日電】記者頃往訪何總司令應欽，詢以湘西勝利在反攻計劃中之意義，承告敵人攻擊湘西，最大企圖在打擊中國陸軍總司令部所轄部隊之裝訓。因本轄區之部隊乃此次世界大戰中對付倭寇陸軍最有力部隊之一部份，倭寇爲苟延殘喘計，妄圖在中國陸軍接訓完成前加以打擊。敵企圖自寶慶及新寧西犯，以打擊在湘西方面部隊之裝訓，並奪取芷江機場，再度威脅陪京、黔南。此次會戰之重要性不亞於去冬之穩定黔局。去年賴我領袖德威，將士用命，不僅粉碎倭寇企圖，且殲滅其大部，使我大軍得以瞰制粵漢、湘桂兩路，故湘西會戰實奠定反攻之基礎。繼詢以柳州克復在戰略上之重要性，何氏稱：因湘西會戰，倭寇在該方面之主力被殲，粵漢、湘桂兩路頓形搖亂，倭寇不得不放棄若干突出部，以節省兵力。但爲防止我大軍

決議各項計：一、民政方面，嚴密編組保甲，健全旗府內部組織；二、建設方面，創辦毛革工廠，改善畜牧場，擴大造林運動；三、教育方面，增設邱王、烏審兩旗國立小學，培植蒙旗師資；四、司法方面，設立司法人員速成班，成立蒙旗司法機構；五、民生方面，設立蒙旗貿易公司及消費合作社，提倡衛生事業，治療人民疾病。此外並決議各旗聯合組織後方觀光團，赴各地考察。

【中央社渝六日電】前軍政部兵役署長兼兵役幹部訓練班主任程澤潤，辦理兵役，舞弊多端，並於去年六七月間利用職權，調用工兵建築私宅，省工費圖利，經蔣委員長查悉，扣交軍法總監部審明屬實，判處死刑，褫奪公權終身，於本月六日上午九時執行槍決。

【中央社巴黎九日電】前交長張家璈曾以私人資格訪歐，今日已轉往倫敦。張氏曾與王化成、楊雲竹兩司長乘機參觀法蘭克福。王、楊以戰犯委員會事畢，即將返國。

【合衆社紐約九日電】聯合國救濟善後總署遠東分署署長蔣廷黻，已自卡薩布蘭卡乘機往華府，出席定於七月十八日開幕之總署小組委員會。道經紐約，會小作勾留。中、美、英、挪、加、墨各國均將有代表出席該會議。

同盟社報導
大陸戰綫的現狀

【同盟社東京七日電】去夏我軍發動進攻湖南之時，一般人士觀察日軍企圖殲滅在華美軍基地，並打通大東亞鐵道，督促重慶最後的猛醒。但是中國派遣軍的眞意不僅限於此，而且企圖奠定强固的基礎，應付由中太平洋及西南太平洋同時前進的尼米茲和麥克阿瑟進攻中國沿岸的計劃，迎擊登陸華東沿岸的美軍，徹底殲滅之。但是敵人的矛頭避免指向華南，而指向沖繩，隨着該地戰事告一段落，形勢爲之一變，現在戰爭形勢將發展到直接在本土登陸或是接近東中國海（包括朝鮮半島在內）。而我們的戰略體制亦有極大的開展。

『在大陸攻打美軍』：我們已確立最高的目標，中國派遣軍現在深遠的作戰計劃下，着着整備與强化其戰略體制，準備應付何時來攻的美軍，自中國事變發生以來，已進入第九年，我們在這樣的形勢下，迎接這個紀念日。

『所謂西南總反攻』：美國爲什麼不在華南登陸，配合重慶的西南總反攻，雖然還有許多其他的理由，但是我們認爲主要理由有下列各點：（一）美國急欲在中國登陸。（二）重慶的西南總反攻計劃，並沒有像他們宣稱

進攻，對貴陽、桂林、柳州、梧州等據點勢必死守，我軍乘勝利之餘，加以壓力，克復柳州，在其戰略上之重要性極大。關於中國陸軍受美租借法案裝備情形，何告稱第一，中國部隊早已具有精神勝過物資之信念，但現代戰爭物資實爲必不可少之條件，故我軍爲配合盟軍殲滅敵人，縮短戰爭時期，仍非有大量作戰物資不可。中國部隊作戰精神極旺，如物資不缺，則對遠東戰場可以負担極大之任務。第二，從敵軍文件證實，日本一個甲種師團現在僅能對我們一個新裝備師，然在過去一個甲種師團，則能對我們之五十個普通師，同一樣某時的官兵，但因武器的不同，其力量有如此的分別。爲早日實現和平，爲節省同盟國的人力，充分裝備中國的部隊實屬必要。記者詢以裝備之順序如何，其他戰區部隊是否裝備，傳說西北國軍業已裝備是否眞有其事，何氏答謂：因運輸困難，欲一時普遍裝備中國部隊尚不可能，所以目下先在裝備西南方面之軍隊，外傳西北部隊已有一部裝備美械，全係謠傳。記者末詢以中國陸軍總司令部各轄各方面軍之地位與各戰區之地位區別如何，何氏答稱：大致一樣，編制大小亦一樣，僅名稱上不同。過去我國大部是採防禦之姿態，所以有戰區之劃分，事實上即具有幾分防禦性，中國陸軍總司令部之部隊，是用作反攻之佈置，所以方面軍之名詞，完全是攻擊性的。

湘省府改組
孔祥熙謁見蔣

〔中央社重慶十日電〕行政院十日開第七百三次會議，通過任免事項議案：（一）湖南省政府應予改組，該省政府委員兼民政廳廳長周彌、委員兼財政廳廳長胡邁。委員兼教育廳廳長王鳳喈、委員兼建設廳廳長余籍傳、委員兼秘書長王光裕應免本兼各職。委員譚道源、李樹藩、戴岳、方學芬、[illegible]維藩、毛秉文、趙君邁應免本職。特命鄧介松、胡邁、李毓堯、王鳳喈、譚道源、毛秉文、方學芬、[illegible]維藩、蕭訓、周彌、周異斌、劉千俊爲湖南省政府委員，並以鄧介松兼民政廳長、胡邁兼財政廳長、李毓堯兼建設廳長、王鳳喈兼教育廳長、劉千俊兼秘書長。（二）西康省政府委員兼教育廳長程其保另有任用，應免本兼各職。任命張志智爲西康省政府委員兼教育廳廳長。

〔合衆社重慶九日電〕昨日由美抵渝之孔祥熙，今晨訪蔣報告在美的活動。昨夜[illegible]接見其原先僚屬。檢查官不允許報紙報導對於孔氏今後在政府當中之高級職位的推測。

〔中央社[illegible]九日電〕[illegible]第十一屆[illegible]，五日已圓滿閉幕，

的那樣完備。（三）日軍對抗美軍登陸作戰的裝備異常強固。（四）鑒於湘桂作戰的經驗，不論在內陸保有多麼優勢的空軍力量，都不能征服日本。（五）華南的地理條件。自湖南作戰至桂柳作戰之間，重慶野戰部隊所遭受的損失很大，重慶只有等到利用史迪威公路及空路運輸相當數量的軍需品到內地以後，才能開始進行正規的總反攻，皇軍看穿了這種情況，因此在皇軍眼來，重慶豪語西南總反攻給予這樣的印像：這只是對美交際的客話，而且是重慶對美的眉態，以圖獲得援蔣物資抗戰後報酬。我們對於美國接近中國沿岸的企圖，已佈置了毫無遺漏的陣地。（中缺一段）美地上部隊大批進入中國，並設置美蔣聯絡官制度，據情報說今年的美地上部隊三萬進駐昆明，上月六日重慶，廣播電台報導美軍司令部的公報稱：稱爲馬爾斯第一機動部隊的美第四百七十五步兵師團及第一百廿四騎兵師團，於五月由緬甸乘飛機到達中國戰綫。這個事實表示美國正像麥克阿瑟所說的，盡極大的努力武裝中國龐大的人口，而且教育和訓練他們，現在美式化的重慶軍爲緬甸遠征軍中的十個師（約佔緬甸遠征軍的一半），中國陸軍總司令部管區的約十五個師，及軍事委員會直轄管區的五個師，共計三十個師左右。此外在各軍及各師配備有聯絡軍官」及「訓練軍官」各數十名，只有一部份的軍和師已訓練到能够發揮其作爲美軍部隊的機能。

「虛張聲勢的抗戰陣營」：重慶軍自身的內部的陣容是怎樣呢？日前湘桂作戰，使其敵區體制完全陷入混亂狀態，喪失其作爲戰區的戰力。自去年末至今年初即進行重建和編成戰區，採用了大軍管區制度，據說第一、二、五、八各戰區合編成西北軍管區，司令部設在漢中，任命李宗仁爲總司令，第三、七、九三個戰區合編爲東南軍管區，司令部設在鉛山，顧祝同爲總司令。緬甸遠征軍，黔、桂、湘邊區、滇越邊區及第四戰區合編爲西南軍管區，司令部設在昆明，何應欽爲總司令，他兼任中國陸軍（包括空軍及直轄軍（總司令，其中情形也許會發生錯誤，但就是像上面所說的。據最近可靠的情報所證實者，就是以往各戰區陣容中，第一戰區司令長官蔣鼎文已被更調，由副司令長官胡宗南繼任司令長官，以山東半島爲其中心地盤的魯蘇戰區由于學忠爲司令長官，在安徽省南部，（連結安慶九江的長江北岸）新設第十戰區，任命李品仙爲司令長官，此外就沒有什麼大變化，據說浙江、江蘇亦已設立戰區，這是值得注意的，據說重慶軍的裝備力連同地方軍在內約有四百個師，

參政消息

（只供參考）

第九三七號

解放日報社 新華社 編

今日出一大張

卅四年七月十二日 星期四

參政會七各部門報告
參政員一片質詢聲

【中央社渝十一日電】十一日，參政會已進入第五日，繼續聽取政府之內政、農林、糧食之施政報告，上下午分別舉行第八九兩次會議，由張伯苓、莫德惠主席，原定議程第八次會議首爲農林報告，農林部長盛世才因中暑，由常次錢天鶴代表。參政員中多人發言表示不滿，旋經決定先進行內政報告，由張厲生部長將內政工作就政策與其工作之檢討，詳爲說明，共分四點：（一）內政現狀；（二）工作推行方針；（三）重要設施事項；（四）推行地方自治與地方民意機關。報告畢，參政員紛紛就縣長、保甲長違法貪污問題，醫藥衛生問題，警政、禁政問題以及國民大會召集前之準備問題，提出詢問，除口頭詢問在當場由張氏答覆外，餘均以書面答覆。散會前，行政院秘書處來函，指定錢次長準備農業報告，乃決定將農林報告移至下午舉行。下午第九次會議，錢次天鶴長報告該部工作，內容分：（一）一年來工作概況；（二）本年度施政重要目標；（三）今後農業建設方針。估時僅四十分鐘，爲政府各部門施政報告中歷時最短者。各參政員提出詢問者計廿餘件，對於農業政策，增產成績，造林×果，農田水利，農林部之人事包括西北防疫處、甘肅羊毛改進之工作效率與祁連山森林管理處、河西墾務局兩處之弊端，及黔境國營農場人員逃避放棄工作等項，當經錢部長即席答覆一部，再以書面答覆。五時起，由糧食部長徐堪報告施政概況，要點：（一）征糧負担；（二）軍糧供應；（三）積穀公糧代金之改善；（四）運輸實況；（五）獻糧成果；（六）糧食收支概況；（七）糧政機構及防弊；（八）救災辦法；（十）今後方針。報告完畢，各參政員提出質詢，關參員桑梓呼籲，請減低徵糧配額，停止徵購糧食。王維之等分別提出書面詢問或口頭報告湘豫綏晉鄂閩黔滇等省糧政情況與

份拖輪及木船，又爲配合上項計劃，先由本部製造木駁及大小木船各若干艘，以便應用。空運方面，本部爲加強空運物資內輸，曾關設自印度至內地之航綫，近擬再加開一綫，以中印綫之各大運輸機飛行此綫，並利用敵後航道，輸運至渝，更可縮短時間，一面督飭中國及中央兩航空公司，先後增闢渝蘭肅哈綫，恢復渝筑昆綫，恢復渝蓉綫，及恢復渝蓉及蓉雅等航綫。電報電話路綫之整理，其中蘭州至迪化綫年久失修，現經全部整理，已可直達通報，機件之建設，計增設重要電報電路十三路，無綫電路七路，並於重要及次要若干綫，裝置載波電話電路十五路，渝市自動電話亦正在積極整頓，已趕運昆筑等處，所存電話機綫材料來渝裝備應用，國際電綫方面，最近即增加重慶至倫敦。巴黎及孟買直達電路三路，舊金山會議期間，除原有重慶至美國電路三路外，臨時增加中美電路二路以應需要。郵政方面未期籌開，僅筑至蘭一段郵政班車，加强陝甘郵運。昆明至保山間郵運，自史迪威公路打通後，已由公路局選載專運郵件，近並商得盟軍同意，每次飛機飛往東南各重要地區時，均爲我方攜帶郵件若干，此辦法實行後，後方與東南之郵件，益形暢通矣。郵政儲金匯兌及×易人壽保險業務，在本期內，仍迅速增進中，此外，對於戰後交通復員所需員工，亦經估計其數量，並擬研究登記甄別與儲備之方法，又以鐵路公路之修復必須大量工人，擬利用難民協助搶修，已與善後救濟總署洽商，擬採用以工代賑方法加以適當運用。

【中央社渝十一日電】交通部長俞飛鵬十日下午在參政會七次會議中報告施政工作，各參政員之質詢案達六十餘件，分誌如次：各參政員對於戰後建設計劃，復員準備，當前交通業務上各種問題以及交通員工艱苦工作之獎揚，請求改善待遇與違法瀆職之懲辦俱有詢問案。提出戰後建設包括遠洋航綫之開闢，人才之培養，器材之來源，交通綫之勘測各項事業，復員之準備俱有詢問與建議。當前各項交通上之實際問題中，若東南交通之聯絡，鐵路公路之弊端所詢問者尤多。來自西北參政員痛陳當前隴海路之弊端。西南之參政員多人提出修築滇緬鐵路問題及過去中南區鐵路運輸效率。對於公路興修、養路以至客票黑市與沿途檢查手續，亦頗多詢問。中航公司業務亦有提及，惟有因公乘機購票困難，而私人反易購票之事。郵電業務效率之減低，有人謂當前竟有『電報不如快信，快信不如平信之感。』去年在大會提出之郵儲匯局業務聯繫案，原提案人及數參政員今復爲專題提，同時對郵局人事

人民之負担，要求改進。陝西參政員發言者尤多，希望當局儘速救災，勿踏過去河南覆轍。綏遠參政員更就面積人口與土地肥瘠加以比較後謂，綏遠人民之負担，幾高於川省四倍，對此未來反攻平津之基地，應予以重視。川省朱之洪等亦詢軍糧與征實問題。關於公教人員之米代金與撥發公糧問題，馬毅等促進從速改善。錢公來等分請改善米質及調整公教人員食米。此外左舜生詢學生食米及×糧數目。何基鴻詢問各地糧食調節處業務。姚運芳詢問河南糧政局之人事。張良修等詢問辦理征實與運輸人員之弊端及各地獻糧實糧實況與原旨不合，應請改善等。薛明劍於詢問公教人員之舞弊行爲時，特別提出待遇問題，並詢問糧食部對於反攻時之糧食準備如何。全部詢問案共四十餘件，以時近八時，乃告散會，改由徐氏以書面答覆。今日氣候涼爽，爲五日來所未有。大會十二日上午聽取社會部施政報告，並由軍政部長陳誠答覆詢問。

【中央社重慶十一日電】參政會收到之提案達四百六十五件，已分類交付各組審查會。提案中三萬字以上者三件。大會祕書處正徹夜趕辦印刷與整理工作。

交通運輸報告及質詢

【中央社渝十日電】國民參政會十日下午第七次會議，由交通部長兼戰時運輸管理局局長俞飛鵬報告一年來之交通運輸設施概況，要點如次，鐵路方面，新路工程正在進行中，後方鐵路運輸情形尚佳，行車管理尚多須設法改進之處，去冬，湘桂黔邊區戰役，粵漢湘桂黔桂三路，及鐵路總機廠西撤，役工甚多，多爲在各該路綫服務多年之交通技術員工，經分別留用疏散，妥爲安置，以作將來復員人才之儲備。公路方面，最近一年來、公路上之運輸工具與器材損失多、而補充少，以致軍運與商運均不能達成任務，自史迪威公路打通後，租借法案及善後救濟物資，已在源源運入，工具與器材之補充，日有增加，續以中印油管接通，燃料供應問題解決，運輸情形將日見改善。水運方面，後方水運工具，極感缺乏，在反攻復員期中，尤須提修舊船，建造新船，方足以應需要，國營招商局之大江輪，刻已續行修理，又川江待撈待修之沉船，已着手先行修理，若干艘由本部代向四聯處貸款辦理，又經呈准撥款十億元，擬先行修理一千艘木船，現因物價關係，恐僅能修六百艘，又協助民營航業公司修復舊輪，藉以增加水運能力，興造新船，亦在[illegible]

制度亦有詢問。水運方面，有人提及長途輪失事與長沙航政局長失職事，請加以查究。重慶市之電話不靈與安裝之困難，頗多詢問，而重慶公共汽車之應切實整理，尤爲各參政員代表百萬市民向當局呼籲之要件，此在俞部長報告時亦自承「極不滿意」。四川籍之參政員十一人，詢問成川漢鐵路股款請交通部提用，以便修築成渝鐵路。川漢鐵路公司地產器材，卅餘年未解決，交通部有無清理計劃等問題。提出交通詢問之參政員，計有李肇廷等四十餘人，因時間過晚，俞部長改期答覆。

司法報告及質詢

【中央社渝十日電】司法行政部長謝冠生，十日在參政會第六次會議時，出席報告措施；有關審判工作者爲（一）增設法院；（二）普設公證處；（三）厲行調解；（四）接辦特別刑事案件；（四）實施保障人民身體自由辦法。有關監獄工作者，爲（一）修建，最近一年間計增設看守所四六處，修理新監十三處，修理看守所五三處。又在重慶近郊歇馬子地方開始建築新監一處（二）待遇。監犯主食自每人每日食米十六兩八錢增至廿兩，副食自每月卅元漸增至三百元。（三）作業。增設工場四四處，增加工作人數六五〇一人，其中以西安監獄之棉織工廠及平武外役監之農墾畜牧辦理最有成績。（四）服役。監犯調服軍役三四〇四人，保外服役四八六人。（五）法規。監獄法、看守所法四種草案，皆經於卅一年度內由部起草竣事，現在立法院審議中。（六）監所協進會。通令各地司法機關會同縣市政府、參議會、商會等團體，組織監所協進會，共謀各該地監所之改良。有關人事工作者爲法官依法得有保障，故司法人事向稱穩定，雖近年以來生活異常清苦，大體上尚能默守崗位，埋頭苦幹。目前當務之急爲儲備新興人才，最近爲準備復員計，擬有大量儲備司法人員計劃，分呈行政院及中央設計局核示中。

【中央社重慶十一日電】參政會七次會議，由各參政員對司法行政部長謝冠生提出質詢。各參政員極爲注意加强檢查官職權，以肅清貪污案件。書面詢問中，張樂古稱，由於高乘坊處死刑，可見法院對貪污案之注意，然重慶一隅有涉及貪污而較高乘坊尤甚者尚多，何以法院檢察官採不告不理之態度。李毓田詢問：（一）全國慰勞總會大貪污案判處太輕，全國輿論曾要求重判，不知司法當局有所聞否。（二）貪官柳起人案，何以見首不見尾。（三）貪官李泰初潛逃美國，政府是否已在交涉引渡中。呂雲章詢問：政府劉除所發覺之重大貪汚案件，多由人民控告，或由行政機關移送，其由檢查官自動檢舉者，實不多見。司法行政部長檢察官有指揮監督之權，檢察官不能積極行使其檢察職權，司法行政部長有無失職之感。（二）軍警機關禁止對人民行使體刑，已見諸法令，惟現時各公安機關仍有無視禁令，濫用體刑者，司法行政部對此重大非法行爲，有無切實救濟及預防辦法。黔遵義地方法院首席檢察官夏玉芳被狙案，業得各參政員之同情，江恒源之書面詢問案謂略者極多，內容有云：夏玉芳檢察官淸剛正直，不畏强權，人所共知，勿因承辦某案爲人所忌⊗遂遭狙擊，幾至斃命，不知貴部處理此事，已得水落石出否。此事如不能澈底解決，則主持正義之法官，則將人人自危，社會人權更復無法保障，不知貴部對於此案是否具有決心，澈底嚴辦。陳逸雲亦請嚴懲×案×犯。八次對法院風紀問題提出詢問者，有柯與參、王亞×、陳紀瀅等。柯氏詢：（一）近數年來，各級法院推事，在民刑案件可用自由意志刪斷條文掩護之下，顚倒是非，無所不爲，一般人民有無錢不能×訟之感，不知對此有無改善。（二）最高法院處理人民上訴案件，有積壓至二三年不予判決者，是否已經注意及此。馬騰雲等詢問有關青海等法院之人事問題。陳紀瀅詢問：（一）法院對於審理案件及判決時間程序，能否改進，其判決最迅速時間如何。（二）律師藉報紙互相攻訐，甚至文字粗俗不堪，影響法律尊嚴，司法行政部有無權力干涉。對於獄政及囚犯生活之改良，提出詢問者，有陳裕光等。此外陳銘德曾詢問以法院批示及送達文件，每多生硬文詞，可否改善。陳紹賢詢問對於將來漢奸案之受理，有無準備。美國法律專家海爾斯克之對我國司法行政之觀察，其建設之主要內容如何。薛明劍詢問關於法官審判權之獨立×××賠償法，是否準備實行，鄒志奮詢問關於美人麥克米蘭因業務過失致人於死，判決案之眞相。吳藴初提出法院判決違犯印花之裁判應詳加調查之意見。馬毅詢問司法官之待遇與監犯之囚粮等。旋開始口頭詢問，尹述賢以其在貴州所見之地方法院法官貪贓枉法，監所黑暗兩項，列舉事實，提出詢問，並主張高等法院應出席省參議會提出報告。王寒生參政員根據南鄭地方法院楊丕烈爲生活苦難而自殺的問×××，南鄭法院人員生活困難如此，何以不早加救濟。傅斯年詢問：一、中央銀行國庫局違法自購美金公債案，其違法之嚴重甚於黃金案，未悉司法當局有所聞否，對此能否依法解決。二、貪汚案多發生於財政金融界，檢查官是國家的耳目，是否應從大的方面檢擧，以澈底肅清貪汚。張翼樞提出法官之處理案件，應具有冷靜

會，在過去四日內尙未到達討論議案階段，大會工作爲參政員聽取政府各部門負責首長的報告，各主管長官聽取參政員詢問，與各參政員向大會的提案。詢問及提案所包括之問題範圍頗廣，但各參政員之注意力似集中於軍事的改進，憲政的籌備以及國民大會問題。參政員所提出的詢問，大部份爲改屬，但此種詢問的性質，並無黨派的分野，這似乎是參政會所已成立的一種慣習。國民黨參政員的詢問，往往較其他參政員的詢問更爲眞直而嚴厲。在軍事改進問題上，參政會同人堅主士兵待遇必須繼續改善，兵役必須切實改進，一般參政員似乎有決心，認爲今後數月內兵役的革新，至少必須與過去數個月內士兵待遇改進的程度相等。對於今後數月內後方各省縣市參議會實行民選事，似亦極爲參政會同人所重視。關於國民大會問題，各參政員已提出若干種提案，有認爲開會日期不能再行變更者，亦有認爲政府首先召集黨派及無黨派人士會議討論，然後對國民大會問題作最後之決定者。參政會現尙未討論此項提案，但已決定配置充分時間討論此一重大問題。然後張參事平羣答覆記者詢問六月份物價指數稱，根據各方報告所得，六月份物價指數爲戰前（廿六年六月份）之一五七九倍，與五月份比較平均高出百分之十一。食物增加百分之十點三；燃料增加百分之卅，布疋增加百分之十一點三。張氏並附帶報告兩項軍事消息稱：一、廣西六寨西北之中渡，今晨被我軍收復。二、江西贛縣以南之南康經我軍奮戰結果，亦予克復。

同盟社報導
左舜生等來延未達預期目的

〔同盟社北平十一日電〕重慶第三勢力黃炎培、左舜生一行六人，曾接受蔣介石指使，赴延敦促延安代表參加國民參政會。彼等一行雖像新華社所報導的，受到毛澤東、周恩來等軍政首腦的熱烈歡迎，但結果並未達到預期的目的歸還重慶。據合衆社重慶五日電，彼等一行訪問延安，完全失敗，只不過證實延安代表決不出席參政會而已。又塔斯社重慶十日電，關於參政會第一日的情況報導稱，大部份民主派代表均未出席，第三勢力僅有一名參加。會議開頭便充滿了不穩的空氣。

美時論家德尼論中國團結

〔美新聞處華盛頓九日電〕時論家洛德威爾•德尼在今日紐約世界電訊報上宣稱，中國國內團結之必要不僅爲了有效持續盟國對

之頭腦，細心的推敲，以法律與良心為準，以保障當事人名譽財產，自不應受法律以外之一切影響，以免處理失平，此事關係司法尊嚴者甚大。同時並希望國人於×××訓之大，不要忘了法治。王隱山因為各地囚犯待遇改善一節，渠所見者與曾長之報告完全相反。武肇煦詢問中茶公司舞弊案主犯李泰初究在何處，果如報載已赴美，則其於案件發生後自何處請來出國護照，與外匯及飛機票，希望司法方面要秉執法如山的態度對此案徹底查究。且李泰初之保人為誰，法院亦應予追究，否則即係有愧職守。江一平提出法官應具絕對超然之態度，法院應絕對保持尊嚴，不受一切壓力權力或善意或惡意之批評，而××處理辦法。蓋領事裁判權方廢除未久，不可因此而予國際間不良觀聽。謝部長對所有書面及口頭質詢，俱即席作答，略謂已在鼓勵檢察官多作檢舉工作，惟當前之困難，如檢察官與軍警憲聯系不够，及檢查官受理案件過多，對此已研究辦法。但過去以軍隊實驗法院論，有廿餘案係自動檢舉者，遵義地方法院首席檢察官陳玉芳被狙案，已派員調查，並捕有嫌疑犯，不久當可水落石出。對法官之風紀與囚犯之待遇，極為注意，除自行調查外，凡有具體事實見告，足加嚴懲。關於懲戒漢奸辦法，已在計劃中。冤枉賠償法或待戰後實行，律師甄別法不久或可公佈。其他各項亦分別解答，如柳恕人等案件，係由軍法處理。李泰初案在移送法院前即潛逃，現正追緝中。

盛世才受到嚴厲攻擊

【合衆社重慶十一日電】今晨參政會上集中攻擊前專制的新疆督辦，現任農林部長的盛世才，攻擊的起因，乃由於盛世才來函稱因「天氣太熱」不能出席參政會報告其關於農林部的工作，參政會拒絕聽取農林部次長代替盛世才所作的報告。某參政員指出：「當盛世才任新疆督辦時，曾犯下無數罪案，他暗殺了參政員杜重遠。政府應依法加以處分。像盛世才這一號人是無資格向我們作行政報告的」。另一參政員稱：「農林部乃政府一重要部門。我們以與像盛世才這樣人相接觸為恥辱」。又一參政員提議：「宋院長應選別人任農林部長」。今晨的參政會，在集中攻擊政府官員上，打破了七年來的記錄。盛世才曾連任新疆督辦十二年，於去年八月調任農林部長。

王世杰稱國民大會問題參政會上有兩種意見

【中央社渝十一日電】外國記者招待會十一日下午三時舉行，由王部長世杰、吳次長國楨、及張參事

日戰爭，而且也為了中國戰後能享有勝利的果實。德尼略謂：日本進攻中國的八週年已在星期六日過去了。我們的同盟國中國對侵略者血腥的統治作戰最久，受難最深。我們向他們的堅持不屈和勇敢致敬。我們的幫助是太少了。這不是我們的過失。我們會必須贏取歐洲戰爭的勝利，同時在中國的供應港口能夠打開之前，還必須經過廣大的太平洋驅退日寇。但同時，我們有着中國的後門，緬甸——史迪威公路及飛越喜馬拉雅山的航空綫。我們終於可以在歐洲把作戰物資供應給航空隊及裝備美方訓練的中國陸隊的某些部隊準備攻勢之用了。現在，日本在越南的守軍已被切斷，中國海岸地區的一部分已被肅清，而且敵人的粵漢鐵路生命綫已遭威脅中。我們向日本本土前進，致敵人已無法在中國集中它的軍力。這樣，美軍最後就能或不久必將準備直接或間接地給我們同盟國以軍事上的援助。但是中國的國內形勢則把握較少。它不能光用外而幫助就有了充分的有利條件的。這幾年來中國的現狀是國土喪失和秩序紊亂，結果是經濟和財政的混亂。更壞的是還要加上缺乏政治的協調和效率。彌補重慶中央政府與所稱西北共產黨政權及軍隊之間的裂痕，並無進步。不團結是在拖延對日戰爭的勝利。不團結可能剝奪中國在戰爭勝利後的勝利果實。如果中國要自救，它必須迅速完成政治上的團結。

三巨頭會議將討論遠東問題
柏林英美軍未接受佔領區的管理權

【合衆社倫敦九日電】西方盟國與蘇聯間關於柏林糧食與燃料的不一致，以及雙方協同在柏林組織未來聯合行政機構的失敗，增加了三巨頭所面對的一列系日趨增大問題。他們可能在下週末於波茨但舉行會議。由於糧食燃料供給的不一致，美英佔領軍未接受其佔領地區的管理，而全城的管理尚留在蘇軍手中。交換電訊社發自柏林的消息稱：美軍事管制人員霍爾萊上校告記者說：蘇軍士兵曾取下美軍當局所貼上的告示。交換電訊社繼續謂：此告示乃警告柏林居民如不遵守盟軍最高統帥部所頒佈的佔領區法令，應受處分。霍爾萊稱：我曾據此詢問蘇軍副司令巴蘭諾夫，雖然在貼出告示前未曾與蘇方磋商過，但其內容為巴蘭諾夫事先所知，是不會有所反對的。以後據說巴蘭諾夫已用了電話通知該區蘇軍，禁止再有此種行動。

參考消息

（只供參考）

第九三八號

解放日報 新華社 編

今日出一大張

卅四年七月十三日

星期五

合衆社稱 斯宋會談進展頗滿意

【合衆社莫斯科十二日電】宋院長與斯大林作第四次會談，聞宋斯會談進展頗滿意，中國代表團對會談內容極守緘默未稍洩露，惟可靠方面謂會談空氣極爲友好，且對早獲結果一節表示樂觀。

同盟社稱 蘇聯與重慶間友好協定正談判中

【同盟社蘇黎世十一日電】法蘭西通訊社華盛頓特電，據蘇聯大使館方面消息，目下在莫斯科，蘇聯重慶間關於友好協力的協定，正在談判中。

合衆社評 宋子文訪蘇

【合衆社紐約九日電】東京與莫斯科無線電台稱：（頭二句不明）預料談判（指宋子文在莫斯科的談判——譯者註）的結果，將於三巨頭會談之後（原文不清）公佈。權威中國人士聲稱：宋子文的決議不會包括：像外蒙古共和國（其總理巴桑元帥現在莫斯科）那樣的中國領土上的任何簽字。（原文不清）莫科會談，顯然是中國人倡議，經過多智的宋子文，乘……三巨頭會議……盡量利用中國由於：最近日軍敗北，與由華南撤退及美國在外交上的強力支持，而重獲的威信，希望以此來和斯大林斷斷論價——中國沒有人比智者宋子文更善於斷斷論價。同時，東南亞盟軍總部報導在泰國邊境地區，緬甸與較大日軍的衝突，證實了這樣的暗示：日本正努力大規模由馬來亞、荷屬東印度撤退以會同由華南撤退之日軍向北方集中，對付預期之蘇軍行動。新加坡無線電台暗示：上述供應綫發生的這種行動，已因婆羅洲的登陸而受到障礙。同時，東京無線電台提及日駐蘇公使匆匆赴東京商談之後，即將回莫斯科。此間觀察家認爲：這一切報導和目前莫斯科會談是有關係的，此會談將決定蘇聯在遠東的戰爭與和平中的（前途）。

立民主的戰後日本——還是維持和平的唯一辦法。天皇的命運我們應當交給日本人民去決定）。

【合衆社重慶十二日電】新華日報今日刊載共產黨參政員拒絕出席本屆會議的理由如下：第一，共產黨『尚未給予合法地位』；第二，共產黨參政員人數『和它在抗戰中所起的作用不相稱』；第三，『最重要的是，他們計劃強迫國民參政會通過決議擁護召開國民會議，陰謀分裂人民發動內戰』。

同盟社稱 參政員態度之強硬出乎政府意外

【同盟社廣東十二日電】國民參政會上，各地參政員表示了從所未有的強硬態度，一方面要求政府當局赤裸裸的說明施政方針，同時率直指陳各地實際情況。圍繞着內政問題展開活潑的質問，據十一日之重慶廣播，開會第四日——十日上午之第六次大會，兵役部長鹿鐘麟報告從兵役署擴大爲兵役部以來，八個月間的招募兵員及兵役部基礎工作，參政員方面就歸強拉壯丁，虐待新兵，抗屬受到冷落，特務官吏橫行等問題，提出三十七件之多，進行強硬質問。重慶當局在此次參政會召開前，認爲已經得到參政員對政府絕對支持的諒解。但開會之後參政員的態度卻出乎意外的強硬，因而狼狽到極點。政府與參政員雙方的對立，對將來最重要的憲政問題，發生如何的影響，是頗爲有趣的問題。

國民黨戰報

【中央社渝十二日電】據軍委會十二日發表戰訊：越境同登之敵二三百，於八日向鎮南關以南地區竄擾，當被我擊退。廣西方面，我軍由鹿寨續沿湘桂鐵路綫向永福推進，已獲有進展。廣東方面，雷州半島東南梅菉之敵，我軍協同地方團隊阻擊，現正於該城以東地區戰鬥中。贛南方面，我軍於贛縣西北阻擊由贛縣城來犯之敵，迄至十一日晚仍在去恬及廠桑溪各地區激戰。

【中央社上饒十一日急電】贛南我軍連戰連捷。七日克大庾後，向東北追擊。九日克新城，十日又克南康。贛縣敵一部，十日北竄遂贛公路上之五雲橋，贛縣西塘敵竄廠桑圩一帶，被我痛擊中。

【中央社吉安十一日電】退結贛州之敵，十一日晨三時，復以猛烈砲火掩護分由贛遂公路及古道來犯。我軍在公路上之沙地以南，及古道上之十八塘附近阻擊。盟機亦適時飛助，屢使敵攻勢挫折，尤以古道上敵受創甚衆。僅十八塘附近已發現敵遺屍二百餘具。我軍士氣旺盛，迄晚猶在各該地區與後

「合衆社倫敦十日電」（上缺一句）在這些因素中一個主要的（原則）可能是中蘇關係問題，而從斯大林與中國外長宋子文現在進行的會談發生了關於這一問題的許多推測。莫斯科會談的結果將在三巨頭會議上出現，中國提議會談一事，證明中國願望獲得蘇聯的澈底諒解。會談現未呈現任何直言不諱的任務。因爲宋子文還是××，自七月三日第一次會談以來，傳宋子文向重慶報告者不僅涉及某些問題而已。這一點可能是仍握完全權力的蔣介石未予宋以在其與蘇聯討論中以××，而此事暗示：現與斯大林討論的問題包括重慶與延安中共當局現存困難。事情很有理由是：斯大林將對共產黨的××××，我們要記得蔣介石反對成立包括共產黨員的重慶聯合政府，因此，宋子文最愼重的任務將是說服斯大林：共產黨所惹起的任何××都僅僅對中國××的獨立負責。倫敦許多評論家認爲：如果重慶和共產黨把××埋葬掉，而且國民黨取消它大部分政治壟斷的話，斯大林××××。這些莫斯科會談大概也將包括日本失敗後必須提出解決的問題。（下缺）

董老在紐約接見美記者談聯合政府問題

「合衆社紐約十二日電」中國出席舊金山會議代表團共產黨代表董必武語合衆社記者稱：「假使戰後中國還是一黨專政，那麼內戰是必不可免的。但是，假若成立了民主的聯合政府，內戰就可避免」。他指出：蒙古總理却伊巴桑與宋子文同時訪問莫斯科是有意義的。他說：「宋子文和斯大林的會談我們雖然知道得很少，顯然這是三巨頭會議前的會談，有趣的是宋子文尙未返國」。又說：遠東問題可能在柏林討論，「因爲可能性向來是存在着」。認爲：三巨頭愈親密合作，也就是遠東的更加和諧。他雖然拒絕評論蘇聯進入對日作戰的可能性，但指出：「蘇聯顯然是不滿意日本的，日本在注視着宋子文在莫斯科所受到的歡迎」。中國共產黨對國民參政會的政策和過去一樣：共產黨人還是參政會參政員，但不出席本屆會議，因爲它是給未來的國民大會準備道路的烟幕。假若聯合政府組成，中國共產黨可能接受蔣介石的領導。「從軍事觀點看來，美國應在中國登陸，從政治觀點看來更應如此」。他警告盟國與過份樂觀地相信日本很快就會投降，並預言戰爭也許還需二年以上。同時，日本試圖以和平觸角分裂盟國。指出：盟國當中存在着贊成和平談判的份子。預言日本將利用反蘇集團及鄙些××戰爭的人。「我們必須[illegible]教育日本人，我們還[illegible]

繼增加之敵激戰中。至贛州東側茅店方面戰況，仍無變化。

陳誠答覆軍事問題質詢時稱：唯一解決辦法是「打出去」

「中央社重慶十二日電」軍政部陳誠部長，對前次軍事報告，各參政會政員所提出之八十七件質詢中，就一般性質之重要問題，於十三日晨參政會第十次會議中，作一小時之口頭答覆。

首論衆所關切之反攻準備，陳部長謂反攻已按照預定計劃進行，其時間與地點，以事關機密，不能奉告，反攻時配合盟軍作戰計劃，並不一定是派軍隨同美軍登陸，其一切計劃，在美國之聯合參謀部，已加以研究有所預定。關於最近豫西、鄂北、湘西及贛省之戰事，大體上說相當滿意，緣敵人數次蠢動其目的純在奪取我數重要機場，因此數機場予敵之打擊甚大，敵乃企圖佔領，以期減少受我空軍之壓力，但作戰結果，不僅未遂所欲，且在湘西遭受嚴重之損失，至於我作戰官兵賞罰問題，已有報請核示者，尙有在調査中者，中央對官兵之獎懲，極爲注意，陳氏至此並謂，目前敵軍在贛省集中兵力三萬餘人，有進犯之企圖，中央已有整個計劃，並對地方上有所指示。

述及東北問題，陳部長鄭重宣稱，東北乃中國之東北，吾人抗戰係由東北而開始，東北一日不收復，抗戰一日不結束。」（參政員報以熱烈掌聲）關於收復東北時機已迫近，一切準備在軍事上已有通盤計劃。

關於反攻，有人詢以是局部的，抑爲全面的，據答稱當然係全面反攻，美軍亦全面參加，既屬全面反攻何以整軍有先後，此乃由於物力財力之限制，以及反攻時主力與輔助之分別，故整軍工作，以適時適[illegible]爲原則，而且凡能作戰者，肯作戰者，始充實之，在此並舉出陸軍總部與某某戰區整軍情形爲例，說明措置之毫無偏私，又謂「一般人或有中央軍與其他之分，我以軍政部長之地位，將大家全看作國軍，絕無分別」。（衆鼓掌）

論及補給與待遇之公平問題，希望全國官兵待遇完全一致，乃吾人之目的，惟由於人力財力物力之限制，尙未完全作到，故就已整編部隊實施，新編與辦法，至於待遇問題，困難至多，其與財政經濟交通皆有連帶關係，現每週集會一次，以討論此項問題，各有關當局，對此均具熱誠，惟就實際情況而論，則供應與需要，均相差尙遠。

目前美抑兩國，將選擇[illegible]物資，但我們[illegible]，大批[illegible]人才，與增加酒精生產，[illegible]須配合，成爲一個戰鬥體使用，與運用此項武器，只[illegible]馬一項[illegible]須[illegible]大數目，如何徵集，徵集後馬乾問題，又如何解決，至於目前官兵副食與馬乾，無[illegible]辦法，影響地方在[illegible]設法。

陳氏綜論以上困難後，復提其中最困難之一項宣稱：吾人唯一之解決辦法，想來想去，只有『打出去』。（衆大鼓掌）爲了打出去，故提出過分要求，希望地方人士儘量能配合軍事。

此外若干地方上之問題，陳氏認爲，彼[illegible]不應有或應早已解決者，復勞提出質詢至感慚愧，關於軍紀問題，絕不姑息，凡所知者，定必嚴懲，半年來已辦軍紀案四百餘件，爲整頓紀律，無論從消極或積極方面均努力以赴。參政員中有提及挺進軍及游擊隊問題者，據稱，對此已有原則規定，凡有表現有貢獻者照正規軍同樣待遇，其毫無作用者，必予以解決，吾人對於『抗戰』與『投機』一定有分別。

關於漢奸與僞軍之處置，凡甘心附逆者不論其藉何種口實定必嚴懲（鼓掌），如爲甘心附逆藉口國軍反攻而反正者，即予原諒亦爲國際所不容，歐洲各國對叛國者，無不從嚴處置，如僞軍覺悟，不能單是口頭反正，須有事實上表現，此非成敗得失而民族氣節的所關者至大。

參政員於陳氏答復以後，復報以極長之掌聲。

國民參政會
分組審查提案即將開始

【中央社渝十二日電】參政會定於十四日上午十一次會議時討論國民大會問題，該會所收有關此事之提案共廿三件擬先提大會討論然後再組特種審查會審查。又政府交議之卅五年度國家施政方針亦擬十四日下午十二次會議討論。

【中央社渝十二日電】參政會開幕已六日，政府各項施政報告完畢，定十三日開審查會，一日後，十四日起即開始討論議案，十二日上午八時，第十次會議，出席參政員一四六人，莫德惠主席，首由軍長陳誠答覆詢問，繼爲社會部長谷正綱施政報告，及參政員詢問，最後通過審查委員名單。至下午一時散會，第十一次會定十四日上午舉行，十二日下午休息。

【中央社渝十二日電】參政會收到提案達四百六十五件，十三日起，分七組開始審查，計第一組軍事國防案件，召集人[illegible]、但懋辛。楊不平，第二組外交國際案件，召集人周覽、左舜生、錢端升。第三組內政案件，召集人

宋院長訪蘇之行，[illegible]經界[illegible]重視。多有社論刊載。[illegible]盛頓[illegible]專[illegible]作家[illegible]佛[illegible]文稱：宋氏此行爲聯合國成立後各[illegible]是否[illegible]團結之一試驗，新聞報則認此一談判可決定日本戰敗後遠東[illegible]和平之趨勢。

（二）英[illegible]輿論。英方朝野對宋院長訪蘇之行，亦極注意，談判主題爲日本投降後各地區問題。

保守黨之遠東政策，最近王黨主持之『論壇週刊』會加以評論稱：『吾人不欲以佔領軍進駐港灣，保護保守黨幕後人物經濟利益而引起中國之敵意』

（三）綜合分析我國在長期封鎖狀況下，苦戰八載，物資缺乏，經濟困難，自係事實，由於呼籲援助之迫切，頗使盟邦誤會。我國一切惟人是賴，此種錯誤觀念，已由蔣主席七七宣示以自己力量打走敵人予以澄清。宋院長訪蘇之行已引起舉世注意，咸認此行實關係中國前途及世界和平。各國輿論且多加以贊揚。談判結果現雖不能預料，但此爲我外交政策之重大成功自無異義。

同盟社報導
杜魯門乘巡洋艦至歐洲

【同盟社里斯本十日電】杜魯門爲出席三巨頭會談，六日離華盛頓，七日由佛吉尼亞州新落紐茲乘巡洋艦，由海路赴歐洲，美聯社特派員報導稱：杜魯門一行所乘的巡洋艦是一艘×××巡洋艦，目下正在大西洋航行中，一行有國務卿貝爾納斯，總統私人參謀總長李斯、及很多的軍事政治顧問，地址將在柏林郊外，三頭會談將討論劃定國界問題，賠償問題，佔領地復興問題，又該一行上陸後，即乘機赴柏林。

敵稱盟軍運輸機活躍

【同盟社大陸基地九日電】現在來襲我大陸和平地區的敵機，係從非島及中國內地兩方面飛來，最近第十四航空隊的活動日益著目，此即現在內地美空軍的機數，連蔣介的飛機在內，共八百架乃至九百架，最近運輸機特別加強，還是最近才看到的活動特徵，今年春天，由昆明向湖南省之芷江運輸美式重慶軍，其後向雲南省蒙自、陸良方面及福建省的張定（？）方面，有運輸機頻繁往來，並且一天還有過數百架運輸機，這樣從南、西兩方面向中國東南沿岸的空軍運輸，究竟是在幹什麼很難判斷的，但這與配合美軍登陸作戰的重慶軍行動是有關聯的，現在的第十航空隊與其說是作戰部，不如說是運輸部隊。

許孝炎、鄭振文、魏鏡塘。第四組財政經濟案件，召集人范銳、鄧飛黃、齊世英。第五組教育文化案件，召集人黃炎培、梁實秋、胡健中。特一組審查司法行政，社會物資物價等案件，召集人冷遹、林虎、端木愷。特二組審查社會救濟，醫藥衛生案件，召集人江一平。李洽、王亞明。

美國驅使在美華僑服兵役

〔同盟社大陸前線基地九日電〕極度畏懼人力損失的美國，為了達到本國野心企圖犧牲他國人民，如在美國國內驅使黑人參加作戰，在中國大陸則大規模擴充重慶軍，使之擔負艱難的對日作戰的一環。另一方面徵用在美國的外國人服務兵役。特別是重慶華僑的幾乎全部，要被強制徵用，這一事實從一封中國人的信中可以看出，這封信是在美國一個姓張的中國人寄給其鄉里的。最近經過重慶地區到達此間。信這樣寫着：……已經二年以上，你回到祖國是很幸福了，為什麼這樣說，如果你在美國的話，你一定服兵役了。我已編入美國的預備軍已經八個月了，幸而沒有參加作戰。某人於三週前已被征入伍，調赴國外作戰，他所留下的家族正沒有辦法生活。美國當局並沒有給予任何援助，只有靠朋友的一點幫助。最近健康的同胞不服兵役的已經沒有。與這事件相關聯的許多悲慘故事，實不勝枚舉。

中央社『敵情通報』

（一）倭農村勞力不足，所以發起歸農運動，召回在各工廠工作之農民，設歸農對策，總部主持其事。以前編派赴各工廠之中小學生工作隊，文部省通令不准離廠升學，石黑農相陳述農業生產對策後，要求國民義勇隊之運用，須置重點於增強生產，（二）六月廿七日大日本興亞會成立，以松井石根、天翔英二分任正副總裁，藉期展開思想戰與武力戰，六月廿八日設東亞防衛軍司令部，同日軍需省發表將所管之軍需生產事項，分別移歸地方總監府主辦，使各區達到自戰自活之目的，似此今後應加強摧毀倭國工業，使之軟化，製造難民，使社會紛亂，破壞交通使趨×化，自然可促其提早無條件投降也。（宣七月六日）

中央社外論摘要

（一）美國輿論。蔣主席招待記者消息，美各報多予刊載。羅斯福系報紙駐渝特派員奈勃爾電中稱：『中國最近軍事方面之成就，應歸功於蔣主席用最優良軍隊對日作戰。惟經濟混亂，似未解決。而紐約前鋒論壇報則對蔣主席談話中要求美國更大經濟援助一節，加以評論，謂在華美籍專家×××多未付諸××且稱，中國人士應自行×××以應付目前之苦境。

敵稱佛朗哥與邱吉爾會見

〔同盟社里斯本十一日電〕據美聯社電：西班牙政府元首佛朗哥，十日到達西國所駐的地方要塞，又西班牙國境司令官與西班特牙大佐十日亦訪問邱吉爾夫人，要求她訪問西班牙。

〔路透社馬德里九日電〕規定西班牙市議會選舉於十一月間舉行的市議會法案，一旦爲西班牙議會通過後，西班牙內閣即將改組，佛朗哥將軍之內閣在週末舉行了三天會議，該法案即爲會議上所討論的若干問題之一，其他的問題是『權利法案』及丹吉爾將來行政的問題。上述兩法案將於本週提交議會討論並通過，據可靠消息，財政部長朱尼亞已辭職。據悉，工商部長卡塞勒暫兼財政部長，佛朗哥將軍利用此機會進行內閣改組，預期他將把爲數五名的長槍會閣員，減至最低限度或減少人數。此間充滿日益增長的期待的氣氛，預期佛朗哥將軍於七月十八日（西班牙內戰紀念日）向長槍會理事會發表演講時，將發表重要聲明。

〔同盟社里斯本十一日電〕據紐約時報十日倫敦電，土耳其外長沙克，於出席舊金山會議之歸途，現已到達倫敦，該外長在美英蘇三頭會談前，就與土耳其有關之問題，特別是蘇聯要求達達尼爾海峽問題，與艾登外長會見，探詢英政府之意見。

敵稱沖繩戰中 美航艦損失百分之五十

〔同盟社東京十日電〕敵海上兵力的基幹——航空母艦在沖繩攻防戰中，被擊減百分之五十，受到極大的打擊，於是敵機動部隊忙於恢復兵力，現在似已恢復原狀，遂於七月十日早晨出擊關東地區，即是說十日上午五時十分至下午一時，敵艦載機共八百架分數次轟炸關東地區的我航空基地，一部份敵機亦猛炸城市，敵人的企圖顯然在於削弱我航空勢力，但是由敵機此次出擊的情況看來，敵人不但出動了菲島作戰受傷後修理的航空母艦，而且動員了新的航空母艦若干艘，該機動部隊大約以航空母艦十艘爲基幹，因預料用航空母艦起飛的敵艦載機近要連續空襲本土各地。

〔同盟社南方前線基地十日電〕來攻巴里巴板的敵艦艇以美第七艦隊爲基幹，並配以英太平洋艦隊的艦艇，登陸部隊以澳洲第七師團爲主力，美軍亦參加在內，據調後的情況判明：登陸的美軍有海軍部隊，運輸部隊，建設部隊總共數千人，空軍是美第五、第十三航空隊。

（只供參考）
第九三九號
解放日報
新華社 編
今日出一大張
卅四年七月十四日
星期六

斯大林第五次接見宋子文

【同盟社斯托哥爾姆十二日電】據莫斯科來電，重慶行政院長宋子文，十一日夜與斯大林委員長作第五次會見，十二日又與美大使哈立曼會見，並預定與英大使卡爾會見。又據莫斯科電訊：莫斯科外交界認為：斯大林與宋子文的會談，已進入非常深刻的階段，最近即可看雙方意見的一致。

【中央社渝十三日電】據美新聞處莫斯科十二日電，宋子文昨夜與斯大林會談後，本日復與美駐蘇大使哈立曼晤商，哈立曼大使，×××不×在此稍留後，再赴柏林列席三巨頭會議，外交界人士稱，中蘇會商刻在進展中，蘇聯政府機關報，消息報本日稱持久和平能藉『蘇美英法中五強之完全團結一致』而獲實現。

【中央社莫斯科十日專電】（遲到）中蘇會談本日下午二時再度舉行，前後逾兩小時，出席者我方有宋院長、傅秉常、胡世澤、張福運、劉澤榮。蘇方有莫洛托夫、羅聚夫斯基、彼得羅夫，蘇外委會遠東司司長唐采，以及通譯巴夫羅夫。

盛世才被控告

【合衆社重慶十二日電】農林部長盛世才現在是重慶實驗法庭罪犯性質的被告，盛世才藏至去年八月任新疆督辦為時十二年，被控逮捕拷打數百人民，包括新疆省工業委員林齊揚（譯音）及廿一個其他××。

同盟社稱 重慶延安均不願美國在中國登陸

【同盟社廣東十二日電】重慶指揮部之機關報——掃蕩報，最近在其社論中指陳：在中國登陸作戰，意味着與駐在中國

受國民黨新聞檢查限制結果 大美晚報在中國停刊

【合衆社重慶十二日電】共產黨機關報新華日報在與副宣傳部長董顯光的爭辯中，支持大美晚報這樣的聲明：該報停刊是因為『在超越軍事安全之考慮的戰時新聞檢查限制下不可能在中國出版』。繼稱：『這才是事實。只有那些完全無視，或故意要掩蓋中國新聞檢查制度事實的人對這聲明才會感到「驚奇」。』董顯光較早聲明稱：大美晚報的聲明是令人『驚奇』的。

谷正綱施政報告及質詢

【中央社渝十三日電】社會部部長谷正綱，十二日上午，在參政會第十次會議中，作施政報告，首述職業團體的發展與充實稱，現時後方各城市中人民團體的組織，已漸發展農會，有會員二、九二一、八三一人，工會有會員八九〇、二六六人，工商團體有會員三三四、二五七位（公司行號），自由職業團體有會員一七一、五八九人，其他文化慈善學術等非職業團體，有會員三、三一八、七一八人，社會部年來對人民團體的指導其重點是放在職業團體方面，而指導職業團體的方針，是扶持職業團體的普遍發展，並健全其組織，以配合憲政的實施，及協助戰時經濟政策的推行，依據六全代會通過之『地方自治原則』『土地政策』『農民政策』『勞工政策』等，今後政府對各職業團體的組織，當積極扶持其發展，其中尤以農工佔全國人口最大多數，今後無論在政治經濟上，均有其重要地位，故對農工組織，尤當力加扶持，這在中國未來農工運動史上，將開闢出新的途徑，而顯示其新的意義，次述各項社會福利設施的倡導與改進，分救濟設施，勞工福利，兒童福利三點，再次述義務勞動的推行。與合作事業的發展，關於義務勞動，至本年三月止，川、滇、黔、粵、閩、湘、贛、鄂、甘、青等十餘省，計組織國民義務勞動服務團三四二團，征召義務勞動者共二九〇、八九九、八八八工，作一三四、〇六七、九六二工，包括修築工路、鄉道、挖塘、鑿井、種樹、墾荒、輸運口糧、修建保國民校，及飛機場等，工程按當時最低工價每工以二百元計，約值二百八十億元之鉅，關於合作事業，截至本年五月底止全國合作社全數已達一七一、六八四社，社員增至一六、五二七、四五六人，股金九二五、〇七二元，現若干合作社在質的方面尚欠健全，正力求改進，由三方面着手，一、促進農業工業生產，合作社和供給運銷消費等合作社的發展。二、加強合作訓練，三十二年度各省市合作社社員受訓數計三

完好無缺的日軍進行正面衝突，因而新大陸將成爲日美兩軍決戰的戰場，這將喪失中國人的生命財產，使人民流離失所，即使奪回若干的被佔領區，亦將成爲不能利用的荒廢之地。

最近蔣介石關於在中國登陸作戰，亦說中國如果受到必要的經濟援助，可以用自己的軍隊與日軍作戰，表示對於在中國大陸美軍與日軍作戰的不滿。對於在中國登陸，最初主張積極的是延安，從延安聲明不承認美國僅援助重慶政權以來，延安對美國的態度即日益惡劣，對於美國在沿岸登陸，亦稱爲美國對中國的野心加以反對，延安的這一態度亦散給了我們很多東西，我們切望中國及四億人民，應冷靜批判美軍在中國登陸是意味着什麽？並應講求對處之道。

陝西大飢饉

【同盟社北平十三日電】據本月一日之延安新華社電訊：陝西省之×林地區、漢中地區及陝南重慶統治下的各地區，發生數年來所未有的大飢饉，直至六月中旬，綜合各縣向陝西省政府的報告，該地區之農產物，今年收穫僅爲往年之二三成，百分之七十的民衆彷徨於飢餓綫上。又本月十一日之重慶美聯社電訊亦稱：重慶國民參政會第四日、有國民黨籍的參政員王普涵、曾提出陝西省的救災問題。又據其他電訊，供給重慶所需的棉花量百分之八十的陝西棉花，已經無望，重慶對棉花問題，比救濟飢餓民衆還要頭痛。

何應欽頒佈命令 禁止吉普車攜帶女郎

【合衆社昆明十一日電】據中國報紙載稱，何應欽將軍的昆明中國陸軍總部頒佈命令，禁止軍用吉普車攜帶女郎。該命令規定：任何兵士不得攜帶任何女人於吉普車中，但其自己家屬則例外。所有吉普車上須有它們所屬軍事組織的徽章，限載六人，司機包括在內。

李宗仁赴城固訓話

【中央社南鄭十一日電】漢中行營主任李宗仁，以城固爲現今西北文化中心，特乘各學校行將放假之際，於昨日前往該地巡視，假縣府招待西北大學、西北工學院校長、教授及各中學校長、地方士紳等百餘人，席間李氏對國際局勢分析綦詳，最後謂吾人必須繼續努力，爭取勝利，完成軍事政治經濟文化各項建設，李氏又赴某軍軍部訓話，並出席西北大學、西北工學院茶會後始返

、九六五、二五一人，職員受訓數計三四八、九四七人。三、厲行合作登記和實施甄別辦法，愼審辦理，合作社之登記，擬定嚴缺無濫方針，年來如糧食、棉花、蔗、糖、蠶絲合作增產，及食鹽、布疋、食糧、火柴等的合作配銷，均日漸開展，此足以證明合作社對於增加生產及集中配給物資的功能，日益顯著，最後述及復員工作的準備謂，社會部對復員工作正在積極準備，一、依照中央復員計劃方針，就本部主管事項，擬具社會復員計劃，二、配合國際善後計劃，就本部主管事項擬具社會福利計劃，三、遵照六全大會通過之『戰後社會安全初步設施綱領』，會同有關部會，擬具實施計劃，報告畢，參政員提出詢問案共一三八件，其中有關救濟與福利之詢問案共一七件，有關民衆團體組訓之詢問案共九件，其他有詢工業會法原則，已決定何時可以頒佈，三四年國家總預算中，社會行政及事業費，共計幾何，所佔百分比爲何，農貸業務，應與農會發生關係，使農行所放農貸，能眞正及於農民，不致落於地主豪紳之手，今年農貸爲百億元，社會部已否與四聯總處商定改善放款辦法，一百億元分配計劃如何，各參政員詢問後，谷部長對一部分詢問作口頭答復，餘作書面答復。

【中央社渝十三日電】國民參政會第四屆第一次大會，進入第二週後，將開始討論提案，十四日上午之第十一次會議，討論國民大會問題，此次收到有關此事之提案共廿三件，該會已函請國防最高委員會副秘書長，行政院副院長，內政部長等於開會時出席×供諮詢，下午第十二次會議，討論卅五年國家施政方針，亦將由國防最高委員會，及中央設計局秘書長出席說明。

合衆社稱 日寇在滬組織國際暗殺隊

【合衆社紐約十二日電】自上海中立國人士方面來訊稱：日軍組織了國際暗殺隊，由很多國籍的人組成，衆信其中有白俄、德國人、意大利人及亞洲各國的人。據說：他們的任務，主要是在盟軍登陸時進行破壞。這暗殺隊一共有多少人還不知道，然而，日軍定了十萬件黑棉布大衣供他們之用。

【中央社屯溪十一日電】滬訊：敵在滬網羅各地浪人組織別動總隊企圖，於我總反攻時遣往各地破壞搗亂該隊設漢口路一二五號，已定製藍布衫襪，或爲工裝十萬餘套備屆時發交該隊隊員穿用。

重慶加强對敵罪行調查

【中央社重慶十一日電】德國投降後日本崩潰之期愈近，政府爲謀强敵人罪行之調查工作起見，經將敵人罪行調查委員會裁撤，所有事務，分

部劃分外交部及司法行政部之權限，現司法行政部已分令各省地方法院及縣司法機關，嗣後外人訴訟案件有敵人牽涉者，應即呈報，凡知悉敵人中有漢奸，或知悉漢奸敵人時，不論何人，均可據實檢舉被害人或證人填報，送請司法行政部核辦。

墨西哥等地熱烈紀念「七七」

「中央社墨西哥十三日電」外交界息：本年七月七日爲我國抗戰八週年紀念日，國內外盛大慶祝，茲悉將西雅圖、墨西哥、哈瓦那等地紀念情形誌於後。墨西哥政府當局聯合其他愛護文化民衆團體，於八日晚，召集紀念大會，墨國教育部派內政部長致辭及政府黨總裁等演說對中國軍民及蔣主席表示敬意，到會者計有墨國閣員，及外交團人士，民衆等數千人，情形甚爲熱烈，各方紛紛致電慰賀，哈瓦那七日晨，全體公祭陣亡將士，由李公使主祭，晚九時舉行紀念大會，到中外人士七千餘人，古巴內閣總理，代表總統出席，並到其他閣員及各國駐古巴使節多人，古巴外長、英國公使，美國代辦等先後演講，對中國英勇抗戰事跡及盟邦應運以大量軍火等接濟中國多所讚揚，全城掌聲不絕，情況甚爲熱烈。西雅圖華僑，於七月七日亦舉行紀念大會，並由全體僑胞獻金，用以慰勞將士，救濟難民，計達美金九千餘元。

「中央社渝十二日電」外交界息，我駐墨西哥大使陳介，於本月五日呈遞國書，並面呈我主席致贈墨總統之特種大綬雲麾勛章，陳大使以西班牙語致頌詞「略謂中墨邦交，素稱敦睦，溯自我國抗戰軍興，深得墨國朝野人士之同情，甚願今後兩國邦交益加鞏固，以期共建永久之和平及安全等語。墨總統之接受國書及勛章後，並致答辭：承蔣主席惠贈勛章，深感殊榮，誠如大使所言，不僅表示蔣主席之隆誼，且足證中墨兩國多年來之相互諒解及合作，在其下，抵抗世界武力侵略窮闇已臻圓滿，此後當益收良好結果云。

「中央社巴黎十一日專電」我駐法武官處，頃通告留法我國員生，如願返國協助國內抗建工作，可與該處協助，工科理科學生六十人已接獲該處發出之調查書願協助之，員生返國輸問題，將由該處代爲解決，巴黎我國學生現共計約百人。

陳納德報告十四航空隊戰績

「中央社渝十二日電」據美新聞處昆明十一日電，據合衆社記者雷文霍報告，陳納德將軍，今日招待記者會席上謂：美第

該怎樣有所準備，但是我們在本土的迎擊戰中能夠使敵人的進攻完全沒有力量並至完全殲滅之。而我們日本方面當然是本土要塞化。這種本土要塞化決不是根據以往的戰略思想。進行那時的築城工作，而且依據必勝不敗的皇軍獨特的戰略計劃。構築要塞不必像歐洲馬奇諾線那樣，使用龐大的資材和勞動力，而這項工事可於短期內即告完成，只要數個星期即可用現成堂地城寨，並且隨着情勢的變化，可以無限制地擴大其陣地。在近代戰爭中像馬其諾防線、西格弗利防綫這樣固定的陣地是要被炸破的，而且不會收到很大的効果，這次歐戰就證明了這一點。在這一點說來，現在我國的築城可說是能適應近代戰的。傳說在古代豐臣秀吉於一夜內完成了築城工作，豐臣秀吉築城跟現在我國本土的築城有三個極大的不同之處：第一是豐臣秀吉築的城是爲了威嚇敵人，因此用這樣的精神來築城；而我國現在的築城完全不是這樣，它在實質上保有認識敵人的威力，在這一點上是非常徹底的。它的規模和構造都是按照這種精神來設計的。除了築城將校，地質學家及配屬的部隊外，完全不知內中情形，因此不管敵B二九式機日夜不斷的進行偵察，決不能知道其眞像。現在記者被帶至這個陣地時，映在眼簾的只是和平的農村；但是仔細一看就知道這一切都是可怕的要塞。我視察以後，就感到雙手所觸到的山川、草木都是要塞和强固的壁壘。第二、這跟以往的城寨不同之點就是從來固定的要塞有正面，側面和背面，而此次我國本土的築城沒有這樣特定的面，隨着戰事的情況可以向左右轉，並且可以前進和後退。第三就是像上面所說的不受到地域的限制，這是以往永久的固定陣地所夢想不到的，此次我國本土築城於必要時可以擴大和移動，因此一個地點的城廓陷入敵人重圍時，亦不必担心。在這樣的場合只要花費一些時間，進行一些作業即可與隣接的築城自由地聯系起來，應付新的戰局。如果完成這樣的本土築城，那末敵人即使企圖進行本土作戰，投入龐大的鋼鐵，都不容易殺傷我國的一個兵士和一個農民。他們的機械化部隊即使登陸，他們看不到我國士兵的形影，只能遭到百發百中的砲火的射擊而支付莫大的犧牲。

「同盟社大陸某基地四日電」由前綫返抵基地的兵士介紹他們所誇耀的一個陣地，這個陣地四方八面都有戰門的正面，能夠進行自由自在的戰門，一個陣地陷落後即可撤退與此相通的其他數個陣地，集中攻擊已崩潰的陣地，不讓敵人使用之。不論空中進行怎樣細密的偵察，都不知道這個陣地的所在，現在我大陸佔領地廣泛地建築這樣的陣地。如果敵人要來，就請來吧，大

十四航空隊，業已達到其目的，將日機逐出中國上空，其次一步之目的，係協助各戰區，目下正從事擊敗敵地面部隊之工作，日本正將其若干空軍部隊，自其本土調至東三省，該處尚爲，有不少完善之空軍基地隨時可應用，陳氏相信東南亞戰區之敵空軍，業已消耗殆盡，倘偶有一二敵機從臺聯絡越南及中國間之航空線，成爲第十四航空隊攻擊之目標，在琉球戰役中，第十四航空隊，曾出擊上海商機場，使該區敵機，無法攻擊美國之登陸部隊，陳納德將軍，歸納三年來於中國作戰之成績謂：第十四航空隊於空中及地面上，曾擊毀日機達二千架，並擊沉敵船艦在二百萬噸以上，較之日本目下之船艦數猶多，至於美駐華空軍力量增長之可能性問題，目下物資供應雖仍如舊，然空軍基地之設備，問題是以容納增強之空軍實力。

【中央社昆明十二日電】美第十四航空隊司令陳納德將軍，今日下午四時在招待記者席上，報告該隊在華三年之工作，彼表示感謝中國人民之合作精神，並謂：相信中國在戰後，能成爲一強大之國家，由於歷史之證實，吾人明了今後之和平，必有武力爲後盾！中國將來欲維持亞洲和平，必須有強大之軍力，而空軍尤爲重要，故望中國能擴大其空軍實力，陳將軍末稱，彼願助華作戰，直至將日寇擊敗爲止。

敵宣傳『本土要塞』神話

【同盟社東京二日電】當沖繩決戰日趨激烈之時，國內的本土要塞化即將完成。但是人們將要懷疑本土要塞化完備到什麼程度，能夠經得起敵人繼斷轟炸、繼斷砲擊或敵人機械化部隊強攻到什麼程度？老實說：記者亦是對此點缺之信心的一個。但是，當我視察各地後，才消除了這不安和疑懼，從而確信皇國固若泰山。當然美國的強處是艦砲猛烈射擊，大空襲及優秀的機械化部隊的裝備所表現出來的。自瓜達康納爾至沖繩島作戰這一階段的敵人的攻勢，是因爲敵人不惜使用其物量，進行砲擊及使用機械化部隊進行強襲而獲得成功。如果我們在今後使敵人的艦砲射擊歸於無效，使其大空襲成爲沒有意義，以及使其機械化部隊的威力變成沒有力量，那末美國就要失去一切戰力而成爲形骸。但是問題就在於如何封住敵人艦砲的射擊，如何使敵人的大空襲沒有力量，以及怎樣阻止敵人機械化部隊的進攻。老實說，我官民之間過去認爲沒有辦法可以削弱敵人的科學和物量攻勢的銳鋒，而且在事實上亦是這樣，致使敵人侵至沖繩本島。現在我們的攻擊態勢已經變了，不管敵人的艦砲射擊怎樣激烈，不論怎樣的大空襲以及機械化部隊陸的迎擊體制是完全無缺的。

同盟社報導 英美將承認奧政府

【同盟社斯德哥爾摩五日電】路透社記者五日報導：消息靈通方面的情報稱，英美兩國政府決定於最近承認以奧地利社會黨的卡洛爾・雷納爲首的維也納臨時政府。此事當由華盛頓及倫敦公佈之，承認的時期與蘇軍退出奧地利南部（包括加拉茲等地）的時期一致。蘇軍撤退後，上述地區由英軍施行軍政，同時奧地利管理委員會要在維也納開始工作，英美法三國軍隊各自進駐首都的所定的地區。

希臘否認向南境開槍 路透社說波流亡政府鑿船事不確

【路透社倫敦十日電】希臘通訊社報導：接近希臘總理瓦爾加利斯的伊斯西亞報，呼籲國際組織調查，鐵托在星期日所堅稱的希軍向南斯拉夫某處領土開火事。該同一通訊社又稱：希攝政達馬斯金諾斯主教告訴記者，鐵托所控告希人迫害北部希臘少數民族事，完全沒有根據。

【路透社倫敦十日電】倫敦方面尚未證實波蘭總理摩拉夫斯基關於前倫敦波蘭政府企圖將波蘭艦隊鑿沉的聲明。同情前倫敦波蘭政府的波蘭人士，否認上述證實。據英國官方人士稱：迄今爲止，波蘭海軍或商船的情形，並無改變。波蘭商船隸屬於與英政府所訂的租借契約之下，因而當由英政府管轄。海軍或商船的前途，以及英國中波蘭其他財產的前途，將由一臨時的波蘭問題財產委員會予以考慮。

歐洲食糧危機

【同盟社里斯本九日電】據華盛頓來電：美國農業部食糧配給局於九日非正式的發表談話，認爲蘇聯駐軍強調實行的農業改革是發生食糧的飢饉的重大原因。其見解大約如下：本年歐洲穀物的生產是處於第二次歐洲大戰爆發以來最惡劣的狀態，特別是小麥的生產，估計是很壞的，而其直接原因是地中海區域的氣候條件非常惡劣。大部份戰區播種面積激減。肥料和農具的不足以及缺乏運輸手段。但是蘇聯影響的波蘭，波羅的海，匈牙利，捷克，德國等農業地區予穀物的生產以嚴重的影響。

【同盟社里斯本十一日電】羅馬來電，聯合國救濟總署事務總局長李門，十日就南歐食糧情形談述如下：聯合國如不供應糧食，則巴爾幹及意大利廣泛的區域，將蔓延飢餓狀態，上述地區在今年秋天，糧食就要吃完。

（只供參考）
第九四〇號
解放日報社
新華社 編
今日出一大張
卅四年七月十五日
星期日

關於召開國民大會問題 國參會上展開熱烈爭論

【中央社渝十四日電】國民參政會於十四日上午八時舉行第十一次會議，討論有關國民大會各項提案。關於召開國民代表大會實施憲政，實為國民參政會歷屆大會討論中心問題之一。如第一屆第四次大會提出結束黨治，立即實施憲政，以安定人心，發揚民力，而利抗戰案，決議請政府明令定期召集國民大會，制定憲法，實施憲政，並經決議組織憲政期成會。第三屆第二次大會，根據蔣主席訓示，會決議組織憲政實施協進會，推行憲政等案，均足表現全國民意要求實施憲章之迫切與參政會對此之一貫主張。中央當局亦一再提供諾言，表示尊重民意，接納參政會歷屆決議，實施憲政之決心。國民黨六全代會，及六屆一中全會，亦決議於今年十一月十二日召開國民大會，還政於民，惟有關之各種辦法，仍待本屆參政會之討論，故今日會議之熱烈情形，為此次大會開幕所未有，出席參政員二一八人，旁聽座亦為之人滿。行政院翁副院長文灝、內政部張部長厲生、國防最高委員會陳代秘書長布雷等，均出席會議，藉備諮詢。主席王世杰首先報告有關國民大會各項提案，計廿四案，因關係重要，經主席團決定，本次大會僅先作大體之討論，再將各項意見及提案交付由卅人組織之國民大會問題審查委員會審查，然後再提交大會，作最後表決。至此，原提案人作補充說明後，各參政員即展開熱烈之討論，十二時半尚未終止，暫時休會，下午三時十二次會議時，繼續討論，直至五時半始告終結。綜合此次意見：（一）國民大會應否如期召開；（二）過去所選代表應否有效，（三）國民大會職權僅為制憲，抑兼行憲。關於主張國民大會如期召集者所持理由，以為實施憲政推行民主，為全國人民所渴望，參政會歷屆所主張。今政府既決定於本年十一月十二日召開國民大會，結束訓政，還[illegible]員尚有主張於國民大會召開之前，先召集一預備性質之會議，以決定國民大會之基礎條件者，有主張集中全國人才成立舉國一致政府者，有主張在開會前實施若干民主措施，如保障身體、言論、出版、集會結社等之根本自由等；有主張參政會非國民大會代表之參政員，應一律為國民大會代表者，有主張迅速設立國民大會籌備處者，有分別請求增加東四省、西南邊疆、苗夷各族等地，及婦女、海外國大代表名額者，亦有請增設台灣國大代表者，直至下午五時半討論始暫告終結。

關於召開國大問題 各參政員提案

【中央社渝十四日電】關於國民大會問題案，各參政員提案共二十四件，全文如後：（一）范參政員予遂等十八人提請大會詳討召開國民大會辦法，以利憲政實施而加強團結案；（二）左參政員舜生等十八人提請先實施民主措施，從緩召集國民大會，以保團結統一，而利抗戰建國案；（三）邵參政員從恩等五人提議召集國民代表大會以前，應遵先總理遺教先召集一預備性質之會議，或即歷徵本年春天擬議之政治會議，以決定國民大會之基礎條件，及其召集日期、選舉方法等，藉昭審慎，而利實施建議案；（四）胡參政員秋原等八人提集中全國人才，成立舉國一致政府，並迅速召集國民大會，實施憲政案；（五）王參政員鴻文等十五人提請遵從國父遺教，舉行主席諾言，明令召開國民大會，實施憲政，以奠定民主政治基礎案；（六）王參政員又庸等六人提議，請政府展期召開國民大會案；（七）張參政員潘蕃等六人，提依據國內政治現勢提供召開國民大會前應有之各項措施，以利憲政案；（八）王參政員曉籟等十五人提為擴大國民大會職權，以利憲政之推行案；（九）奚參政員玉書等十一人提國民大會之職權，應為制憲兼行憲，以促進憲政實施案；（十）伍參政員純武等十二人，提為確定本年十一月召開國民大會，代表資格應請兼顧理論與事實，而謀達成較高度民主政治案；（十一）孔參政員庚等八人提請由本會決議，請政府指定本會非國民大會代表之參政員，一律為國民大會代表，如期召開國民大會，依照初次規定職權，制憲行憲，同時並舉，期得早日實現還政於民之政策，俾各黨各派均得享受平等合法地位，發揮政治効能，俾吾國民安寧康樂，永享太平幸福案；（十二）朱參政員惠清等廿六人提請政府恢復本屆國民大會行憲權，並修正國民大會組織法，選舉法，設立籌備處，以利憲政實施，而奠國基案；（十三）奚參政員玉書等六人，提國民大會代表缺額應即遴選政於民，爲[illegible]所感奮，凡我友邦亦莫不盼望我國早日頒佈憲法，走上民主之途，故應如期召集。國民大會不獨實行蔣主席諾言，建立政府威信，符合人民願望，貫澈歷屆參政會之主張，亦且可獲得友邦之良好批評。但參政員左舜生、邵從恩、王又庸、徐炳昶、許德珩等則顧及若干事實問題，主張國民大會展緩召開，其理由以爲國內若干政治問題未解決以前召開國民大會，恐招致國內之分裂，同時我國目前尙無實施憲政之環境，結束訓政還政於民爲時尙早，且有若干淪陷區代表尙未選出，各項開會前之準備工作亦須時日，因此似須展緩召開。周參政員炳琳則認爲國民大會召開日期是否十一月十二日無關重要，惟在開會前應澈若干實施憲政之準備工作，且必須實施普選。錢參政員端升之意見，以爲在開會前必須先從團結着手。惟主張如期開國民大會之參政員，則認爲此種顧慮並無問題，因國民大會之召開，國內各項政治問題，均可於國民大會中得到合理解決，因政治解決惟一良好之方法，莫過於一切訴諸國民，由人民裁判。同時民主憲政是由訓練學習而來，國民大會召開會頒佈憲法，實施憲政，當可收此功效。至於團結問題，請政府從速與各黨各派覓取妥協途徑，至淪陷區代表之選舉問題，可依據國府公佈之『國民大會區域及職業選，未能依法產生之代表遴選辦法』，求得解決。至普選問題，即失地收復後，亦非短時期內所能辦到。關於廿六年選出之國民代表資格問題，一般主張除已死亡及附逆有據者外，均應保留其資格，因彼等係依法選出，現未經選民提出異議，自無人可否認其資格，若一旦開此惡例，則將新選出之代表，亦可被人推翻矣。倘謂廿六年所選出之代表已超過六年之任期，亦無公正之理由，因彼等選出後，因抗戰關係尙執未行任務也。惟一般參政員則主張舊國大代表缺額應補，新代表名額必須增加，而適當分配於婦女、軍隊及社會上新進優秀份子，或對抗戰有功之人士。選舉方法由遴選或指定，至各黨派參加國民大會之代表，應以商談方式求得解決。關於國民大會[illegible]權問題，一般主張制憲兼行，應按民國廿五年國民大會組織法規定其職權，爲制定憲法，施行憲法。廿六年則改爲單是制度憲法，因之一般參政員以爲若國民大會如期召開，而行憲依然有待，則所謂還政於民之諾言，易啓『國患』之疑竇。關於周炳琳參政員則主張國民大會如係經普選而來，其職權可以制憲兼行憲，如不然其職權頂多能制憲，不能行憲。王又庸參政員則顧慮一點，若國民大會職權能制憲行憲，勢必依據頒佈之憲法，改組政府，但在抗戰正酣，反攻伊始之時，改組政府是否可能。其他參政

縮充案；（十四）宋參政員慶清等廿五人提五五憲草專採區域代表制不合時代精神，擬請併採職業代表制，以適國情而免偏頗案；（十五）許參政員文頂等十人提請增加國民大會海外各地華僑代表名額案；（十六）王參政員尤生等七人提請政府修改國民大會選舉法，增加東北四省（遼吉黑熱）國民大會代表名額案；（十七）張參政員振鷺等九人提建議增加東北四省國民大會代表名額，以重民意，而昭公允案；（十八）胡參政員秋原等六人提請於國民大會增設台灣代表案；（十九）馬參政員文常等廿三人提台灣應有國大代表案；（廿）馬參政員毅等十九人提請於國民大會增設台灣代表案；（廿一）王參政員冠英等廿四人，提擬請大會建議政府增加西南邊疆苗[illegible]族之國民代表名額案；（廿二）劉參政員蘅靜等十五人提請政府增加國民大會女代表名額案；（廿三）唐參政員國楨等五十人提請政府規定國民大會代表，及各省市縣參議會參議員婦女名額，應爲總數百分之廿比例案；（廿四）席參政員振鐸等十六人，提國民大會代表區域選舉項下，應限制冒籍人士充選案。

【中央社渝十四日電】國民參政會十四日十一時會議通過成立特別審查會，審查委員卅人由主席團召集之。其名單如下：邵從恩、左舜生、胡健中、黃炎培、周覽、褚輔成、胡秋原、許孝炎、冷遹、梁實秋、何魯之、范予遂、劉眞如、余家菊、周炳琳、傅斯年、奚玉書、周謙沖、李中襄、馬毅、黃宇仁、劉蘅靜、王普涵、陳介生、何葆仁、格桑、澤仁、陳紹賢、王寒生、錢瑞升、張瀾華。

中蘇談判中 宋子文數度與美大使會談

【合衆社莫斯科十二日電】中國行政院長宋子文已與斯大林委員長四度會晤，並定本日會晤美國駐蘇大使哈里曼，及英國駐蘇大使卡爾。按美英大使即將離此，諒係前往柏林列席三巨頭會議。據悉宋斯會談即將結束，進行以來甚爲圓滿，可望獲致協議。

【合衆社莫斯科十三日電】外交界人士仍認即將結束之斯宋會談，極具重要性。宋院長留此十二日內，曾正式拜訪斯大林一次，並四度進行長時間會談，每次歷時至少兩小時，莫洛托夫均在座。宋院長曾晤伏羅希洛夫、米高揚，及蘇方其他若干官員，渠與蘇方會談期內，曾數度與美駐蘇大使哈立曼會晤，兩氏曾相互設宴招待宋院長，與英國大使之唯一接觸，乃於正式

中之蘇使非正式交談。及英大使館昨日舉行之午餐招待會。哈立曼大使與宋院長頻頻接觸，然此不足謂美國乃參加會商之一方。

【合衆社莫斯科十四日電】中國人士對斯大林、宋子文會談（已因三巨頭會議而中斷）的初步結果表示滿意。宋子文於今晨啓程返渝，預料三週內即可返回。克里姆林宮昨晚舉行宴會。席間氣氛極其熱誠，並照例爲杯祝賀中蘇友誼及斯大林、蔣介石健康。今晨到機場送別宋子文者有：蘇聯外交人民委員長、副外交人民委員長、法大使及英代辦。

【合衆社紐約十三日電】「先驅論壇報」在其社論中稱：…同盟社所稱宋子文至莫斯科的使命「是命定失敗的」，是別有大的用意的。該報宣稱：「如果這四個國家在目前戰爭中對遠東的行動不一致及在將來爭論以至動武的話，那末就日本高興了。就太平洋戰爭而言，現日本唯一的微弱的一線希望是其敵人間可能發生嚴重的矛盾。…日本願見中國仍是一個貧弱而分裂的國家，並認識到中國與蘇聯的關係惡劣。這種情勢將促進亞洲戰後時代的爭論，或可使爭論者之一，給日本以支持。因此，日本強烈希望宋子文與斯大林的談話，歸於失敗。如果宋斯兩氏獲得協定的基礎，則這對美國是有利的。美國所需要於遠東的是美國的朋友之間團結一致，而日本所需要的，則是其敵人間的爭論。

國民黨軍委會戰報

【中央社重慶十三日電】軍委會十三日發表七月七日至十三日一週戰況稱：本週來我軍在廣西、贛南、浙江各地，均獲得進展，共計克復城鎮達十二處。廣西方面，我軍由柳州、柳城向桂林推進，於七日來先後攻克雒容、鹿寨及中渡，續向永福（距桂林僅三十六公里，容距離）。在西江流域，我收復丹竹後，另部我軍，復收復藤縣，刻正沿南北兩岸，向梧州推進。又南寧之西南，我軍三日克憑祥，五日克鎮南關，將敵軍逐出國境，敵企圖增援，在鎮南關以南地區反撲，我正阻擊中。溯自五月十九日，我於桂省發動攻勢以來，迄今達五十餘日，該省大部，已入我軍掌握，贛南我克信豐後，繼續攻擊前進，於四日內（七日至十日）連克大庾、新城、南康，現已攻入贛縣，與敵巷戰中，由贛縣向北及西北竄犯之敵，被我軍阻擊，仍在距城約二十五公里之地區激戰。福建我軍，擊退由海澄以東地區登陸之敵軍，該敵受創向漳浦以東地區流竄，我正側擊中。浙江我軍，收復天台後，繼向北推進。

權，並劃分權責。（三）緊縮免緩役範圍。（四）簡化兵役法規，兵役宣傳與抗屬優待。關於徵補方面者（一）徵額之調整及配額，（二）一保數兵一甲一兵辦法之施行，（三）新兵交接辦法，及途中供應之改進，（四）游擊戰區壯丁及管區志願兵之募集，（五）補充部隊之編訓與調整，（六）四月來之緊急徵兵，（七）駐印軍與遠征軍兵員之補充，（八）兵籍推行及規定選伍辦法。關於國民兵組訓方面者（一）調整國民兵機構，（二）舉辦國民兵幹部訓練，（三）備役幹部及在鄉軍官之調查，（四）壯丁身家之調查，（五）國民兵之組訓，（六）國民兵訓練，（七）國民兵之服役。關於醫藥衛生方面者，過去無此機構，影響殊大，本部成立，特設軍醫處，（一）發展醫務，（二）推行衛生，（三）擴充衛生材料，改發實物，（四）實施士兵體格檢查。關於經理方面者，前係軍需署兼辦，爲迅赴事功，改由本部設經理處辦理，（一）被服經理之改善，（二）增加士兵之副食費，（三）士兵新給與之實行，（四）修繕營房，（五）改革新兵運送辦法。關於人事方面者：（一）制定兵役幹部甄審辦法，（二）切實執行考核與獎懲，（三）裁減人員與機構。關於督察方面者：（一）配置軍法執行分監部與本部督察處相輔而行，（二）實施業務督察，共分八區辦理，鹿氏旋以坦率熱忱之態度，將所辦工作之切實之檢討，大意爲兵役法斟酌過去經驗着手改訂，期能適應作戰，要求提高士兵素質，並與三平原則吻合，惟兵役制度創立歷史尚淺，猝遇抗戰，加以社會的教育的內政的問題牽涉至廣，而兵役過去基礎未立，工作至爲艱鉅，請公不吝指導，各方多予協力，本人必竭此忠誠，悉×××矣完成任務。

【中央社渝十日電】參政會六次會議鹿部長報告兵役後，參政員提出詢問案共卅七件，其詢問之內容多集中於強拉壯丁，虐待新兵，嚴懲辦理，兵役不善人員，以及切實實施優待征屬辦法等數問題。彼等認爲強拉壯丁之風，於今日仍有保甲長常利用職權非法拉捕鄉人，以智識水準低下，屢多忍淚吞聲，不敢告發，致富者可以逃避兵役，貧者只得仰天長嘆，似此情形對目前抗戰大有影響，因此望兵役部對此應切實制止。又被征集之壯丁，每多受到非人待遇，亦應嚴予制止，因之主張徵兵必須根據三平原則，禁止販賣，頂替。壯丁一次徵足之計劃，兵役部應切實實施，對於辦理兵役不善之人員，應鼓勵人民告密，並從嚴懲處，保甲長及接送新兵、管理新兵人員之舞弊

【中央社上饒十三日電】由廈門登陸之敵遭我猛烈阻擊，傷亡慘重。其先頭部隊於十日向漳浦潰竄。

【中央社桂北十三日電】向桂林推進之我軍，克中渡後，殘敵潰走黃冕，現集結黃冕之敵約四五千，勢必潰竄永福，沿桂柳綫上，我復有生力軍加入作戰，進攻桂林西北之我軍，亦正向桂林推進中。

【中央社吉安十二日電】我收復南康部隊向敗逃贛州之敵跟蹤尾擊，十二日攻入贛州城。

【中央社渝十三日電】軍委會十三日發表戰訊：（一）贛南方面我軍，由南康向贛縣攻擊前進，於十一日攻克該縣以西九江×（距城卅六里）鳳岡（距城廿四里）兩據點，現續向贛縣推進中。贛縣西北五雲橋廟桑溪之敵，於十二日沿贛遂公路及×地區，向遂川方向流竄，另一股於同日由贛縣沿贛江東岸北犯，經我軍阻擊，現正於遂川東南五十里之楊村及贛縣以北五十里之大湖江各地區戰鬥中。（二）福建方面，漳浦以東贛湖地區敵，於十一日向漳浦附近流竄，現正阻擊中。

【中央社南寧十二日電】廣州灣東竄敵，於電白、儒洞、大洋墟等地，被我軍尾擊腰擊，死傷甚重，其先頭部隊，十一日西竄向陽江，更遭我軍及地方團隊迎頭痛擊，刻正激戰中。

陳納德退休

【美新聞處昆明十四日電】美第十四航空隊司令陳納德將軍，今日於此間招待記者席中稱，渠不久將離華返美，後將自陸軍中退休。陳納德將軍招待新聞記者，並告以不擬繼任十四航空隊司令一職。渠發表此項消息，在重慶方面宣佈前印緬戰區美航空隊司令斯特拉特梅耶二級上將被任爲中國戰區美陸軍航空隊司令之後二日，當斯特拉特梅耶上將之新職發表時，一般均謂渠係來華加強中國戰區陸軍航空隊之實力者。

兵役問題之報告及質詢

【中央社重慶十日電】兵役部長十日出席參政會第六次會議，報告施政概況，鹿氏首指出兵役業務涉及政治社會經濟各方面，非單純之軍事行政，自去十一月撤銷改部以來，一面徵補兵員，一面建立基礎工作，今緊急徵兵，尚能如期如數完成，×[illegible]上之需要，惟以基礎工作未×，建設缺點實多，應待努力克服，繼對其八月來施政情況，作扼要之敘述，關於役政方面者（一）調整管區。（二）加強管區權責，加大省主席兼軍區司令之職行爲，兵役部應予以制止，爲避免徵兵之流弊，似可就地徵集就地訓練。對於驗收新兵體格之標準，不宜過高，以免檢驗人員之藉故敲詐。優待征屬辦法，應切實實施，優待征屬金穀，亦應按時發放以符法令，兵役部尤應加強督促工作，明查暗訪，以收實效。參政員中尚有詢及青年軍是否繼續徵集者，有詢問改善兵役後，新兵作戰能力者，有問淪陷區不乏有志服役之青年，每苦無法到達內地，兵役部有無補救辦法者，有詢問徵出青年軍，可以抵補地方兵役配額之辦法，爲何迄未實行者，有問緝捕逃兵，尚有不依規定程序，而竟由保甲長自行處理任意敲詐者，有問嘉陵江區礦工緩役，早有規定，保甲長尚有拉丁情事影響生產者，有主張免役緩役之範圍不應太廣，竟使富家子弟逃避，有呼籲減輕江西兵役配額者，鹿部長對各項詢問，表示將書面答覆。

司法行政報告中質詢激烈

【同盟社上海十三日電】重慶國民參政會，於十日舉行第七次大會，司法行政部長謝冠生，做施政報告，而參政員提出下列質問：（一）對於全國慰勞總會不正事件的判決太輕，全國輿論要求再裁制。（二）不正官吏李泰初，已逃至美國，政府是否已要求引渡。參政員猛烈攻擊和非難當局，在會場上紛紛質問謝冠生。一時陷於不可收拾的混亂狀態。這個事件，是全國慰勞總會常務理事李泰初以下全體職員，將民衆捐助給前綫將士的糧食和金錢中飽私囊，而其首魁李泰初，爲了逃脫重慶檢察當局的搜查網，會賄賂重慶某要人，然後秘密離開重慶，逃往美國。

【同盟社廣州十三日電】據十一日重慶廣播，重慶內部又發生大貪贓事件，檢舉的浪潮使重慶官吏發生大恐慌，即是說最近圍繞於中央信託局的大規模的賄賂事件被重慶檢察當局探知，嚴密盤查該信託局全體職員的結果，地方法院將該信託局儲蓄處經理王華嬉及其他二名判處徒刑十七年。這個事件亦將波及其他機關。

柏林紅軍繼續肅清德國納粹份子

【同盟社里斯本九日電】紅軍指導下的德警官隊繼續在柏林市內進行肅清危險份子的工作。迄已逮捕一萬人，據說城內只有十二萬人。過去五週英軍佔領區內逮捕德人一千名，當今日英美軍進駐柏林時，德人警官仍在盟軍佔領地繼續進行檢查，被逮捕的德人都交給紅軍當局。

參考消息

（只供參考）

第九一四號

解放日報 新華社 編

今日出一大張

卅四年七月十六日

星期一

合衆社稱 中蘇會談達到諒解

【合衆社重慶十五日電】外交人士了解，儘管宋子文與斯大林舉行六次會談後尚未獲得具體的結果，但關於中蘇間的一些懸案，已在中蘇兩位最高領袖之間達到切實的諒解。據說宋、斯二人在會議中已將兩國的一切問題精細地檢討過。他們的會談已給未來附會談奠下良好的基礎，而且在三巨頭會議的前夜，又是兩國對遠東形勢的初步諒解。預料宋子文將於數日內返抵重慶。

【合衆社××十五日電】（缺報頭）斯大林與宋子文之會談並未達到正式協議的階段。倫敦人士認為……實在重慶方面而非莫斯科。……宋赴莫斯科的原意是關於滿洲及蒙古未來的地位達到妥協協定（以下電文不清）

【合衆社重慶十四日電】此間有資格觀察家總結宋子文與斯大林的莫斯科會談。截至七月十二日晚，斯大林已接見宋子文六次。有資格人士相信：這會談的成功，無疑對遠東的將來有遠大意義。

【路透社莫斯科十五日電】據消息靈通人士訊：業於昨日離此回國的中國行政院長預料將於三週內再來蘇京。

【美新聞處舊金山十四日電】大美晚報社論『中——蘇現實主義』稱：現實主義似乎是宋子文與蘇聯官員之間的莫斯科會談的特徵。無論如何，美聯社莫斯科消息表明，中蘇政策的一切問題都仔細討論過，此次會談可能『給關心盟國關係』的任何一個人帶來最令人感動的消息。像宋子文這樣一個以銀行家和大商人領袖著稱的人，竟能和共產黨人談得很好，表面上看起來，似乎是很奇怪的。我們懷疑這是否意味着宋子文『本人赤化了』。我們並不想像莫斯科首腦們被對中國的任何感情衝動所左右。事實在於蘇聯與中國都

綜合八日英國之『觀察家』雜誌論調稱：莫斯科的會談，是有美國參與的支持，而由重慶方面提出來的，但蘇聯不喜歡美國只關心重慶，蘇聯的努力雖僅限於蒙古、延安地區，但在對華政策上所希望的，是能夠成立對蘇聯友好的統一聯合政府。但國民黨領袖拒絕共產黨關於成立聯合政府的提議，而且中共亦從國民參政會撤回代表，因此使今天的國共妥協瀕於絕裂。宋子文如不能打開這一事態而拖到以後，則必然要失去蔣介石對他的信任，當然莫斯科會談不僅限於國共問題，但亦可以說如果不解決這一問題，則該會談亦就沒有意義了。又與宋子文訪問莫斯科同時，外蒙總理却伊巴桑亦與斯大林會晤後返國。該報對這一事實的評論是：重慶直至今日，尚未承認外蒙古共和國，因此斯大林提議[illegible]的經濟援助及其他援助為代價，讓重慶承認外蒙古。又國民日報則說却伊巴桑會參加斯大林宋子文的會談，並報導其內容如下：會談完全集中於外蒙古地位問題，當然蘇聯不會贊成把外蒙古共和國編入中國，但如果蘇聯允諾停止進入新疆，則重慶亦許犧牲外蒙（即承認外蒙之意）。

（又同盟社斯拓哥爾姆十四日電轉載了莫斯科關於中蘇會談中止的公報。——編者）

蔣宴參政員

【中央社渝十五日電】蔣主席十五日晚七時在軍委會大禮堂邀宴全體參政員，到參政會主席團張伯苓、王世杰、莫德惠、江庸、王雲五，參政員孔庚、遞浦生、褚輔成、冷遹、傅斯年、黃炎培、左舜生、××××等二百餘人。中樞首長于右任、翁文灝、吳鐵城、吳鼎昌、蔣夢麟等作陪。由參政會秘書長邵力子、副秘書長雷震等代爲招待。蔣主席在宴會中即席致詞，對參政會備致稱許與期望，語極懇摯，其致詞要旨略謂：參政會成立以來，對國家貢獻甚大，此七年之間，與政府同甘苦共患難，夷險一致，始終不渝，不僅爲本席所感佩，亦爲國人所共仰。吾國古語有云，『國於大地，必有於立』，我中國立國精神，即爲道德與正氣。回憶八年以前，我國以國防基礎薄弱之國家，毅然抗戰，即本於全國同胞洞識是非，明辨利害之精神，故能不避危險，不計艱難，以造成今日勝利之曙光，今後主要工作，一方面固在集中全國力量，以爭取最後勝利，而尤在建立國家[illegible]政之基礎，使我國走上三民主義新中國之坦途。本席認爲今日吾人最切要之任務，厥爲不顧一切困難，實施憲政，制訂憲法，使

了解到，他們共有世界最大的共同邊疆，假使他們不想法和睦相處，爾後的麻煩可能是重大的。當一個人實質上是分離了，心理上採取分離的立場那就大大地容易了。最近，我們在美國注意到某些危險地接近於綏靖日本的談論，其藉口是這個老故事，即：任何東西都比撕毀防禦布爾塞維主義的障壁好些，早日與德國講和的主張也是這同一的理由，我們不相信：宋子文或任何其他精明的中國人期望莫斯科產生任何利他主義的奇蹟。但是蘇聯在遠東的經歷，遠比日本有信用。況且，對於蘇聯的任何無須有之不和的懲罰是很顯然的。假使是蘇聯無理或不守信用，中國人將會像他們抵抗日本帝國主義一樣的抵抗蘇聯。但同時，他們在求得可能對雙方都有利的解決中找到了好處。還在我們看來，正如我們相信在華盛頓與倫敦看來同樣是合理的。

敵報重視中蘇會談

【合衆社舊金山十四日電】日本報紙注意宋子文之訪問莫斯科，不安地推測着蘇聯將在東亞担任之角色，並預言未來的三巨頭會議的『努力』將決定蘇聯在亞洲問題上採取的方向。東京電台向美國廣播『讀賣報知』的社論稱：『勢力的均衡不能僅由美英蘇三國在歐洲來決定，關於此問題亞洲是絕對不能被忽視的。蘇聯對東亞有極強烈的興趣。除了思想及邊疆問題外，蘇聯的態度尚如前一樣是濛籠與迷離的』。同盟社引用斯托哥爾姆的消息宣稱宋子文之訪問莫斯科乃與霍浦金斯之訪問克里姆林宮有『密切關係』。據說『讀賣報知』引用盟國關於宋訪蘇的消息，及蔣介石『請求克里姆林宮給予援助』，美國的加緊容壓日本，說這將『刺激蘇聯參加對日作戰』。該報又說：英美之『加緊解決滿洲的防禦問題，乃企圖把蘇聯積蓄的全部力量釘在日本的邊境上，從而減輕蘇聯對歐洲的壓力』。該報並引用倫敦的消息稱：在三巨頭會議上有『光明的前途』，以使蘇聯『放棄其以往對日的被動態度，而採取主動的態度』。

同盟社轉播
英『觀察家』評中蘇會談

【同盟社里斯本十三日電】斯大林、宋子文的會談，已經到達第五次，關於內容莫斯科與重慶均保持緘密；一切無法窺知，僅英國及中立國報紙，均[illegible]括渝延合作以成立聯合政府問題，以及外蒙古內地位問題。關於上述，莫斯科[illegible]對於重慶的主張，有若干的翻辯，因而宋子文的談判，將有若干困難。首先

全國有共同之軌道可循，而後吾人抗戰之勝利始能造成人民真正之幸福。參政員諸君為社會之中堅，人民之領導，諒能體察過去國家大法未立痛苦之經驗，與目前需要實施憲政之迫切，秉其卓識與定見，惠策努力，輔助政府為國家策久遠之安全，定百年之大計，參政員由主席團王雲五致答辭，申述週來集議於聽取政府施政報告，各部門主管長官俱極詳懇與坦白，對同人各就所見所聞提出之詢問或建議，亦均能虛心接納，此至令人欣慰。竊稱當前情形，政府各長官皆努力於刷新政治，惟政令下行不免有變質之處，故希望政府能整飭行政效率與健全民意機構。至於本次議案提出者達四百六十餘件，為歷屆所少見，蓋同人對於國家應興革各端，倍極注意，而討論亦不厭其詳。昨日國民大會案件，雖同人意見不免出入，然皆爲平心靜氣之言，真理益辯益明，故本案先經討論，交付審查，然後再行討論，此亦足表示對國民大會之重視與對政府準備還政於民之決心十分欽佩。本會設立之主旨，在集思廣益與團結全國力量，今後當本此旨繼續努力，以符政府之期待，宴後並備有電影餘興，至十時半始散。

對卅五年度施政方針
參政員說沒有內容

【中央社渝十五日電】國民參政會十四日下午十二次大會，討論政府交議之卅五年度國家施政方針。首由中央設計局祕書長熊式輝說明卅五年度國家施政總方針編製，係根據當前國家整個情況，配合國際形勢及今後之必然發展而擬定者，故不復如去年之項目繁多，內容只分總綱、軍事、政治、經濟、與復員建設五項。繼分述內容要點：一、總綱。卅五年度當爲世界戰爭結束之年，故必須集中全力配合盟軍進行全面反攻，迫使敵人無條件投降，以爭取光榮之勝利，展開建國規模。二、軍事。注重完成整軍計劃，充實設備，改善學兵待遇，整飭軍紀，加緊訓練，以期展開反攻，迅速獲致勝利，而樹立建軍基礎，確立人事、經濟、兵役、教育等制度，則所以求國軍之現代化者。三、政治。根據憲法，實施憲政，加強地方自治，普遍成立各縣保民大會，鄉鎮民代表會，正式成立省縣市參議會，保障人民言論出版集會結社宗教信仰及學術研究之自由，奠定民主政治基礎，順應憲政及配合軍事發展之需要，力謀行政效能之高度發揮。同時協同盟邦處理戰後日本，並與聯合國密切合作，使國際安全機構得充分發揮其效能，奠定世界永久和平。此外關於行政、教育、[illegible]、衛生與司法、

考試、監察等設施，亦均分別決定其中心工作。四、經濟。加强動力、工廠之生產及食糧、棉等重要農產品之生產，並暢通其運輸，以增進國家實力之基礎，便利供應，凡軍事及民生所必需之衣料食油鹽糖等物資，以公平價格妥爲分配。力謀國營民營事業之配合，國營事業須依軍事民生之需要，規定生產優先程序，限定其達到生產定量。民營事業須與國營事業相輔助，遵守同業法律，享受同樣待遇。又關於交通貿易，整頓稅收，縮減開支，規劃自治經費，改進徵稽辦法，力求公允嚴密。金融管制，加强公會，農工商會及職業團體之組織，發展公司組織及合作社等。五、復員與建設。依軍事之進展，積極準備收復區一切政治及經濟設施，準備復員及初期建設所必須之人才、經費，緊隨反攻軍事之進展，逐步實施善後救濟及復員計劃，迅速完成戰後經濟建設之具體計劃，並完成必要實施準備。熊氏末稱：此項草案原文五項卅一條，重要在配合軍事，現尚未作最後決定，希各位參政員提供意見，再送國防最高委員會作最後決定云。旋即開始討論。劉明揚參政員發言，認爲此項草案內容，仍感空泛，對於如何平衡財政收支，防止物價高漲與救濟生產萎縮三大急政，未能列入，是一重大遺憾，故主張應以租稅公債來平衡收支，用國外物資吸收游資，當前游資作祟，要有方法導入正途。發展生產，應調整貸款方法，提高收購物資價格並設立證券市場。武肇煦參政員强調地方自治問題，認爲過去地方自治未會辦好，今施政方針內所謂加强自治，不知從何說起。至於檢覈公職人員，乃應辦之事，銓敘部工作，即在樹立人事制度。其次關於大學教育已與現實脫節，造就人材何用，應注重所學與所用聯系問題。陳紹賢參政員發言說明「住」之重要，今世界各國對此均極注意，國父遺教亦有明訓，施政方針對此何以漏列。褚輔成參政員對地方自治認爲在方法上應加變更。黃宇人參政員指出草案不特無具體計劃，且連概念亦無之。氏謂：當前政治上有兩重要事項，即肅清貪污與健全人事制度是也，均未見列入，則所謂發揮高度行政效率也者，粟於具文。又駢枝機關依然存在，有懲戒貪污亦嫌不澈底，公教人員待遇菲薄不能養生，是又無異逼人貪污。至政府蒙藏機關，今後應多由蒙藏人籍士主持。地方基層政治亦待改善，解決土地問題綱領，均應於草案內列入。氏並以去年施政方針討論時曾有前方後於後方之意見，今年實際情況如何，應加檢討。江一平參政員主張在有關司法項下，增加勵行法治精神，改進司法，而欲加强檢舉職權，是否考慮到檢察機構之獨立性。傅斯年參政員由國家施政方針論及政治風氣

要在德國東部，東南部對大經濟、政治勢力，而美國似乎也確信不會[illegible]立主義。

「路透社倫敦十三日電」紐約時報特別訪員報導：世界歷史上還從不會有過這樣的三個人——邱吉爾、杜魯門、斯大林——握有如是大權在手，面對着如是大而複雜的問題，而聚會在一起。一般的說，英國想成立國際機構，蘇聯想儘可能自由行動，美國則想着他們的長時期的戰略考慮，他們的國外貿易，金融，對將保障和平的解決之迫切願望——而這也是其餘二人所想的。思想的考慮一定會起作用的，因爲忽視相互面對的兩種敵對生活的概念這一事實是無用的。這種不同的生活概念中已使他們自彼感到在德國的政治與教育問題。他們各自都會而且必須首先照顧自已的國家，但也要適應這樣一個目的：即一國的好處必須符合於其餘各國的好處。以他們權力的全部限度，機會是大得無法形容的，三必須去征服新的世界。

傳杜魯門將要求蘇聯在亞洲方面的援助

「路透社倫敦十四日電」每日郵報華盛頓訊：三巨頭會議揭幕時，美總統杜魯門將提出發展德國的新計劃暨目前之四區分管辦法，實使其極爲不滿杜氏主張取消現有之全部政策，俾今後盟國能有眞正之結合，而採取一致之行動，美總統並將要求蘇聯在亞洲方面提供一切可能之援助。各方現認蘇聯必將對日宣戰。但杜魯門於三巨頭會議時，似將以英美兩國發言人之地位，首先要求蘇聯參與戰爭以外之一切援助。

「同盟社蘇黎世十四日電」法國西通訊社安哥拉電訊，蘇聯向土耳其提出卡夫卡茲國境附近的領土要求，美英兩國政府向蘇聯政府送致備忘錄，强硬要求蘇聯維持土耳其獨立，尊重現在國境內土耳其的領土主權。

英美軍人厭戰

「路透社紐約十三日電」無綫電評論家漢斯·卡爾頓伯恩在廣播中引用了「有資格美國觀察家因遊印度、錫蘭及緬甸後的秘密消息」：即大多數軍人（尤其是英軍）厭戰，英人不仇恨日本。甚至有些人同意保存强大日本，俾束縛蘇聯。美軍同意一下子打到勝利，但是幾乎全部贊成宣佈和平條件。對於華盛頓談說無條件投降一事，沒有（不感興趣）熱情。軍人感覺我們的宣傳應當在日本領袖與人民間造成一條鴻溝（分裂）。

，認爲應加澈底革新，而其根本在於轉移社會風氣，以目前社會風氣日益敗壞，反映×政治，隨便一切內政問題，更加不可收拾。竊論當前社會不平現象，主張政府應澈底改革政治作風，厲行法治，嚴懲貪污，把握此千載一時機會，完成建國大業。張金鑑參政員提出改良公務員待遇，簡化行政機構，重新釐定法律，注意懲戒漢奸與準備戰後把握機會，實行國父實業計劃。討論至此時間到達七時，經吳鼎波參政員動議停止討論交付審查後，決定另組卅五年度國家施政方針審查委員會，一俟審查完竣，再提出大會。

分組審查提案開始

【中央社渝十三日電】國民參政會第四屆第一次會議各項提案，於十三日開始審查，各組審查委員會，俱於上下午分別開會，政府各有關部會長官，亦均列席，以供諮詢，按本屆參政會，所收到之提案中，其分類爲軍事國防者卅六件，外交國際者廿八件，內政者九十五件，財政經濟者一百一十四件，教育文化者六十四件，物資物價者四十二件，司法行政、社會救濟、醫藥衛生者五十六件，十三日晚六時許，各組審查工作始告一段落，並將於十五日繼續審查。

路透社合衆社論三巨頭會議

【合衆社倫敦十四日電】杜魯門、斯大林與邱吉爾將於星期日晚或星期一在波茨頓會議，決定三强如何重建世界。他們將在他們自己的軍隊造成的廢墟中，舉行初步和平會議。十天之內，經過政治、經濟與軍事問題的錯綜紛亂，他們將看到合作的方案，他們希望經過這個方案以團結世界。大家都相信三人決心要得到具體結果，而不是一般結果。他們第二個與基本任務是對他們所願實行的共同行動的要旨及他們將合作的地區取得協議。以後，他們可討論歐洲、遠東、中東等待着他們的專門問題。他們可能先討論建立對付德國的政策的緊急問題，繼轉入較不緊迫的重建事宜。執行波茨頓決議的機構將是會議最有意義的結果之一。在罕有的領袖會談中間期間，三外長應更經常會談。會在倫敦開會的歐洲咨詢委員會據悉正在解散，而雅爾他會議建議的外長三月一次的會議並沒有實現，其部份原因在於許多人都出席了舊金山會議。邱吉爾將使英國執行他可能沒有權力的政策，因爲他而臨着幾乎在三巨頭會議一結束時就會見到政治失敗的可能性。蘇聯

【同盟社東京十四日電】關於四月一日美潛艇非法擊沉亞和丸的事件，我已提出抗議，而美國政府於七月五日通過瑞士政府正式提出回答，承認非法攻擊亞和丸的事實，並表示道歉，同時言明要求承認我方所提關於賠償的要求，美政府的覆文當於最近公佈之。（按：此事正式消息未收到）

敵重要軍需生產遷移

【同盟社東京十四日電】最近敵機對本土的空襲迅速激化，十日敵艦載機幾乎終日空襲軍事設備，並散佈傳單，進行欺騙的宣傳，敵人急於進行短期作戰，企圖消耗我國的戰力，並使我國民喪失形的複什性，非常巧妙地進行着。我們甚至想着在這樣的地方，不會有這樣的工場，從空中和外面絕對看不見工場，我國五分之四是山岳，地形對我是非常有利的，因此不管怎樣的空襲，全國的生產力不會有絲毫的低下，相反的戰意。關東新越軍需管理部的淺川少佐著論生產者在空襲下的期望，略謂：現在疏散推行戰爭所必要的重要軍需工場的工作殆已完成，按照其重要性來說第三流、第四流的工場也着着進行轉換，關於完全防空的工場，則利用日本地形還要上升，這樣，我軍需工場的戰鬥體制是完備的絕對不怕任何的空襲。

敵寇否認探詢和平

【同盟社東京十四日電】最近歐國及一部中立國家，不斷報導我方非正式探詢和平，格魯副國務卿亦於十日正式聲明中，亦予人以我方非正式探詢之印象。對此我井口情報局第三部長，十三日指出不問正式與非正式，所說我方探詢和平完全無事實根據，該聲明如下：所謂日本探詢和平說，完全無事實根據，很明顯的這是要使人誤解日本的戰爭目的而發。日本政府及其國民，以不變之決心，在此次戰爭未獲勝利前，絕對不收回刀鋒。

【合衆社華盛頓十二日電】美參議員卡哈特要求美國制定並發表日本能接受投降之條件，據稱『余信倘吾人說明何者爲無條件投降，確定之投降條件，日本之投降當可較早』，參議員巴克萊則反對卡哈特之主張謂：確定之投降條件，將較任何可能發生之事，更是激起日本人民對此次戰爭之瘋狂狀態。此種計劃之結果，將使日人信爲可獲較德國爲優之和平。（？）日本將要求投降之條件（？）。

參政消息

（只供參考）

第二四九號

解放日報 新華社 編

今日出一大張

卅四年七月十七日 星期二

黃炎境等三人聲明不參加國民大會問題討論

【中央社渝十六日電】邵力子秘書長，於十六日國民參政會舉行十三次會議時，宣讀參政員楊不平爲參政員黃炎培等三人不欲參加國民大會問題討論事，向大會所作之書面聲明，其原文如下：本月十四日本會第十一次會議討論國民大會問題時，主席團提出國民大會特種審查委員會委員卅人名單後，本席曾提出詢問兩點：（一）當日時事新報曾登載黃炎培先生等三人書面聲明一件，內容係聲明不欲出席參加國民大會問題之討論，是項聲明主席團是否收到，答已收到，何以不提出報告。（二）黃炎培先生等既已聲明，不欲參加是項討論，今日又果未出席，審查委員中似可不必加入黃先生等，以尊重其聲明，並免佔名額。當時蔣主席、王世杰先生忙於答覆許參議員德珩之另一詢問，或未聽從鄙意，僅含糊其詞答謂：『此乃黃先生之自由，主席團未便過問』，致誤會本席保請主席團干涉黃先生等在報端發表之聲明，本席並無此意。但當時爲時已遲，同人急於散會，本席復深深同情於主席之半日疲勞，遂亦不再續問，乃十五日本市新華日報竟有如下之記載：『國民參政員楊不平——要求主席團開除黃炎培等參政員資格』等語，聞之不勝駭異，本席當日並未要求主席團開除黃先生等參政員資格，且主席團亦並無資格開除參政員資格，想係該報記者座席較遠，致有誤聽，除已另函該報請其更正外，擬請主席團代向大會聲明，以免黃炎培先生等以及當日未曾出席之參政員閱該報發生誤會，不勝感禱。」邵秘書長宣讀畢，並稱，主席亦曾接獲黃炎培等三參政員不欲參加國民大會問題討論之聲明，因當時油印不及，致未分發各參政員。

參政會通過提案

【中央社渝十六日電】國民參政會十六日討論提案時，曾通過李中襄等四十餘參政員之臨時動議，電最近退職之美第十四航

辦理。張參政員雨生等廿八人提，請政府調派人地合宜之部隊，配置各省、俾軍民易於合作，官兵得以發揮、高度戰鬥精神，以利收復失地案，決議本案原則通過，送請政府參酌辦理。孫參政員希洵等廿一人，提請確定民衆抗戰責任，以明功過案，決議本案修正通過、送請政府參酌辦理。黃參政員鍾岳等廿一人，提請劃清各級地方政府，與駐在及過境軍隊之權限，並禁止軍人越權干涉地方行政，以便增加行政効率案，其建議之辦法：（一）戰區司令長官，對於省政府以下之地方機關：軍長以上，對於行政督察專員以下之地方機關，師長以上對於縣政府區鄉公所及其他縣屬機關，均有指揮之權，其餘軍隊長官，只能請求協助，不能命令地方機關。（二）軍隊長官指揮地方政府以與軍事有直接關係之事項爲限，對於地方用人施政，不得越權干涉。（三）軍隊指揮之事項，應有適當限度，超越限度者，地方政府不負執行之責。（四）軍隊與各級地方政府機關，應開誠相與和衷共濟以苟事功。（五）地方機關長官及公務人員，如奉命辦理昇事違法怠職軍隊，長官可通知其主管長官，將其交付懲戒，或送軍法司法機關治罪，不得逕行拘捕或加以辱罵，其他長官士兵，對於地方機關長官及公務員，應以禮貌相待，不得侮辱，尤絕對不得毆打，違者得嚴處罰，地方長官或公務員，對於軍隊官長士兵，亦同決議本案，除原辦法：（一）、（二）兩項政府已有詳明規定，應請切實執行外，其餘（三）、（四）、（五）三項，送請政府採擇施行，徐參政員炳昶等十六人提，請政府整飭戰地軍風紀案，決議本案通過，送請政府令各巡察團嚴格執行，楊參政員一如等八人提，懲治貪污與嚴明賞罰，應徹底施行於前方各部隊案，決定本案通過，送請政府辦理，吳參政員叔勞等十人提，桂省軍粮，集運弊害叢生，請政府迅予切實改善，並嚴懲舞弊人員案，決議本案通過，送請政府切實辦理，武參政員肇煦等七人提，爲撥給第二兵站汽車若干輛，加强軍運，減輕人民負担案，決議本案通過，送請政府參酌辦理，姚參政員廷芳等十二人提，爲河池地方團隊此次協助國軍抗戰，貢獻殊多，廳請政府充實彈械，加强力量，並對有功及戰死官兵，優加獎勵以振士氣，而固反攻基地案，決議本案通過，送請政府辦理，陸參政員錫光等廿人提，請政府迅予酌調駐甘整訓部隊，就食異地，並裁撤閑散軍事機關以省雜費，而蘇民困案，決議本案通過，送請政府辦理，徐參政員炳昶等十二人提，爲豫省駐軍甚衆，完整縣份過少，供應副食馬乾賠累至鉅，民間無力負担，請飭駐豫各部隊覈實，按市價購買，以輕民負案，決議

空除司令陳納德將軍，表示慰問及感謝之忱，動議文中，對此率領飛虎隊之將軍，七年來協助我國抗戰之熱忱備致讚揚，此案當主席提出時，係經全體參政員一致熱烈鼓掌通過者。又林學淵參政員所提請政府責令黨政機關，已簽名從軍人員，應一律參加軍中生活，不得以逾齡及其他理由規避，亦經通過。此外並將另一動議，李永新參政員等提請政府速撥款救濟伊盟旱災案決議，交付審查會，連同其他救災案併案審查。今日下午三時，召開之第十三次會議，出席參政員一百六十八人，由張伯苓主席，在臨時動議前，提出軍事組及經濟組審查各案付討論，衆對兵役案件，極爲重視。饒鳳璜、葉道淵、王枕心等參政員所提出有關兵役之案共三件，經合併審查後之意見於提付討論時，發言者至多，對於兵役機構與其經費之來源，尤爲注意，經決定，根據各參政員所發表之意見再付審查後提出，並請主管機關，於審查時，派員出席，另一有關兵役之提案，爲楊參政員不平等七人提出，擬請『兵役法』中增加『政府得採取徵募辦法』，決議要於兵役法中，另加一條，惟提案原意甚善，建議政府於執行兵役法外，必要時得征集志願兵，對於士兵伙食之改善，薛參政員明劍等提出，擬請政府改進作戰部隊食品營養，而利反攻案，決議本案通過，送請政府採擇施行，張參議員作謀等廿人，提請政府按照各省實際情形，確切改善士兵待遇，以免影響兵源案，決議本案原則通過，送請政府辦理，甘參政員續鏞等十四人，提出加强改善士兵生活待遇與馬乾副食之供給，以增抗戰力量，而杜民間騷擾案，決議本案通過，送請政府辦理。段參政員焯等十三人提，擬請轉咨政府，從速改善國軍副乾實物補給辦法，以減輕人民負担案，決議本案通過，送請政府辦理，對於榮譽軍人之安撫與優待抗屬問題，計有李參政員毓田等十一人，提請政府速設榮譽軍人修養院案，決議本案榮譽軍人修養院應修正爲榮譽軍人教養院，蘇參政員珽等十三人提，安撫榮譽軍人及優待抗屬案，決議本案榮譽軍人安撫院應修正爲榮譽軍人教養院，與上案合併，送請政府切實辦理，張參政員丹屏等十二人提，擬請政府明令切實執行優待抗屬，並崇祀忠烈，以振作士氣而利抗戰案，決議本案修正通過，送請政府切實辦理。對於軍風紀與軍民合作案，計吳參政員滄洲等廿四人提，注意憲兵素質、提高憲兵威信、懲肅軍紀、完成健軍整軍案，決議本案通過，送請政府切實辦理。石參政員磊等七人提，澈底改革軍民合作站制度，以蘇民困，而利軍情案，決議本案通過，送請政府

本案通過，送請政府嚴飭遵辦，梁參政員龍光等廿六人，提請政府編裁地方保安團隊，以加强反攻力量案，決議本案通過，請政府參考。張參政員樑古等九人提，擬請政府加强青島市政，救濟被災市民，以振民心，而利反攻案，決議本案通過，送請政府迅速辦理。關於經濟事項之決議案如下（一）伍參政員純武等七人提，爲戰後經濟建設所需資金甚鉅，除盡可能利用外資外，擬請政府及早準備，發展國家資本，以利建設案　，決議本案通過送請政府採擇施行。（二）錢參政員永銘等十三人提，請政府根據第一期經濟建設原則，制定獎勵公用事業民營辦法，俾人民知所遵循，以期配合反攻，奠定工業基礎案，決議本案通過，送請政府採擇施行。（三）黄參政員汝鑑等廿人提，建議政府對於康省民營工礦，貸放流轉資金，俾資發展案，決議本案修正通過，送請政府斟酌辦理。（四）奚參政員玉書等六人提，爲迅速動員大量國民投資之正當出路，應續密籌備發行公共事業投資之保本保息證劵，以謀游資之歸宿與保障，而利戰後幣值之穩定，失業之防止，以及戰後建設之推進案，決議本案通過，送請政府將採擇施行。（五）馬參政員元鳳等十八人提，請政府改善西北各省工礦貸款辦法，發展戰時生產建設，以利公私需要案，決議本案通過，送請政府採擇施行。（六）薛參政員明劍等十六人提，擬請政府倡導人民，製造乾縮食物，以利軍需民食，而便運輸，並裕產量案　，決定本案通過，送請政府採擇施行。（七）甘參政員續鏞等九人提，關於經濟建設事業，擬請國營與民營者，同等待遇及管制，以期增產而裕國力案，決議本案通過，送請政府辦理。（八）余參政員際唐等九人提，爲配合反攻，復興被毀城市及交通綫，應即請政府籌備大量鋼鐵材料，以應需要而免臨時無備案，決議本案通過，送請政府採擇施行。（九）吳參政員滄洲等廿一人提，統查各省縣鄉預算外支出之稅捐名目，並規定派收存用辦法，以本中願，減輕民衆痛苦案。（十）江參政員恒源等十五人提，建議政府從速禁止地方官吏用攤派方式籌集經費案，決議以上兩案，合併討論，送請政府嚴令軍政機關，不得任意進行藉故攤派。（十一）康參政員紹周等十二人提，充實地方財政，以加强地方建設而鞏固憲政基礎案，決議本案修正通過，送請政府辦理。

同盟社評中蘇會談

（同盟社東京十六日電）宋子文逗留莫斯科兩週，曾與斯大林委員長會談數次，

努力打開對蘇關係。據十四日中蘇發表的聯合公報，由於斯大林委員長出席三巨頭會談，該會談暫時中止，宋子文即返國。這個公報表示中蘇關係到了這樣的時期，即它牽連到蘇聯的東亞政策，應該加以全面的再研討。斯大林與宋子文會談五次，完全看到重慶方面的××，所以要在三巨頭會談上充分知道美國的真意後，最後的決定對重慶的政策。與宋子文的訪蘇同時，外蒙總理却伊巴桑訪問莫斯科，與蘇聯外交人民委員長莫洛托夫會談數次，這件事情也是値得注意的。自歐洲戰爭終了後，蘇聯對於中國問題及東亞問題並沒有積極發言，但是『戰爭與工人階級』雜誌及蘇聯各報最近對於重慶的批評特別多。對於美國支持的重慶和以蘇聯爲後盾的延安的關係，特別表明其尖銳的見解。因此宋子文的訪蘇顯然是直接與蘇聯進行談判，以牽制延安，使重慶的國際地位更加安定。宋子文的使命是非常重大的。關於會談的內容，亦有締結中蘇友好條約之說，有的說是討論外蒙、滿洲及其他關於中國領土的原則問題以及新疆省問題等等。但是最難答覆的就是調整渝延關係問題。在三巨頭會談上從什麼角度提出東亞問題，以及蘇聯在這個問題上深入到那種程度，現在都不能預先斷定的。不管上述各種問題是否在三巨頭會談上成爲問題，但是中國問題現在可以說是處在嚴重的岐途上。

【同盟社斯托哥爾姆十五日電】據路透社十五日電，星期日觀察家報評論莫斯科會談稱：阻止莫斯科會談的，重慶比莫斯科方面還厲害些。原來宋子文是抱着這樣的認識去莫斯科，即就東亞各地區的未來事態，成立妥協的協定，但重慶軍部非常反對宋的想法，因而宋子文乃僅承認了暫定的協定回重慶去說服內部。

【路透社重慶十六日電】中國行政院長宋子文料即將返此。他在莫斯科期間會與斯大林大元帥會談六次，重慶方面認爲，這是有希望的象徵，表明蘇中之間存在着協議的廣泛基礎。斯大林由柏林歸來後即將繼續商談。老練外交家胡世澤留在莫斯科。大概將詳細擬出在原則上已取得協議的任何特殊問題。宋將向蔣介石委員長報告，並接受他再赴莫斯科時所應遵循之方針的指示。觀察家相信，蘇聯雖未實際參加對日作戰，在不參戰的情況下亦能援助中國。

同盟社報導我方宣稱 內戰的責任在於重慶

【同盟社上海十四日電】本年初以來，我大陸派遣軍精銳部隊，鑒於戰爭的新形勢，在中國大陸完成

中國共產黨軍隊進行內戰、以及蘇美兩國捲入漩渦的可能日益明顯而增加。因此陳納德可能成爲『風波的引動機』。

【中央社渝十六日電】據美新聞處訊，魏特梅耶將軍十六日，對陳納德中將之退休，發表談話稱，余接獲陳納德之辭呈深表遺憾，八年來陳將軍在極困難環境之下，領導我軍與優勢敵人相抗衡，在渠卓越領導及以能力授與之飛行員資格感勵下，使其（缺）各戰士獲得偉大戰果，在其指揮之下，中美飛行員，自空中打擊日空軍上，戰勝殘暴之敵人，有莫大貢獻，凡此努力，對完成最後將日軍逐出中國之整個有利局勢，爲有力因素之一，日方供應設施交通綫船運，及地面軍隊，咸賴陳納德將軍之空軍困擾及摧殘在渠多年領導下之中國空軍，已屆成功之邊緣，余僅代表中國戰區之全體美官兵，祝陳納德將軍前途平安而快樂。

【合衆社華盛頓十四日電】陳納德將軍突辭第十四航空隊司令後，此間人士對之揣測頗多，或以渠將出任中國政府軍職，據與陳氏頗有交往，而與中國亦友好之官方人士稱，陳氏極可能出任中國空軍之顧問，在中國繼續担任軍職，以至驅退日軍爲止。據某在中國任職極久，而與陳氏密切合作之某人稱，陳氏特爲蔣主席及其他政府人員所敬愛。當此諸多戰事，仍待努力之際，陳氏或不願退隱。而中國人士亦更不願其離去，蓋志願協助中國軍隊克服艱困，而有效作戰之美國軍人或外交家，亦僅二三人而已也。

中央社所傳 三巨頭會議將討論之內容

【中央社倫敦十五日電】明日舉行之波茨頓三巨頭會議，觀察家認爲遠東作戰問題或在討論之列，星期泰晤士報稱：由於斯大林與宋院長之談話，無疑將有關於中國與遠東問題之討論，會議中待決問題之一，爲蘇聯目前對於遠東戰爭之採何種態度，即斯大林必須明白表示究竟蘇聯直接參加對日作戰，抑（從旁給與幫助，渠與宋院長談判之內容，亦必將提出報告，美國之非官方專家，有權威之『海軍與陸軍』雜誌稱：對日作戰問題，雖必爲三巨頭會議所討論，但並非指蘇聯將立刻參加太平洋戰爭。議程中討論之問題，據傳尚有以下數種：一、歐洲之糧食燃料，及善後問題。二、佔領德國問題，即目前四強分區管制制度，是否予以廢止，而改取美英蘇法之聯合管制制度。（三）如何防止德國再發動第三次世界戰爭。（四）關於奧地利問題因蘇聯與英美缺乏協議，致維也納之盟國中央管制委員會無力執行。（五）將刻在蘇聯範圍內之東歐各國開放，與西方盟國恢復交通，（六）關於受蘇聯支持之

了新的戰略體制，在其背後地域，現在渝延兩軍、連日發生武力衝突，甚至有了內戰的徵兆，十一日新華社延安電訊率直證明上述事實，略謂：本年初以來，日軍增大其機動性，但國民黨宣傳機關，把日軍的防禦戰認爲西南反攻的成功，並且大大地加以宣傳。參謀總長何應欽甚至預言：「中國軍隊在中國西南部的進攻，將成爲反攻的序幕。」但是過去一年，重慶敗北，所受的打擊過大，人民大衆必需警戒這個事實，和重慶方面的宣傳。但是國民黨當局抓住這個機會，不斷地攻擊延安領導下的軍民，與封鎖延安解放區的軍民，現在用來攻擊延安解放區的軍隊爲一百萬，比去年的六十萬增加了四十萬，自去年六月至本年五月的一年中，重慶使用一千人以上的軍隊，攻擊延安軍民一百零六次（華北三十三次，華中四十二次、華南三十一次），現在重慶軍，仍不斷地進行攻擊，攻擊部隊都是使用美國的兵器，所以延安軍的損失甚大。現在重慶軍計劃使用比過去更大的部隊攻擊浙東地區的延安軍。這樣重慶軍既然借着抗日的名義使用美國的兵器對付我們的同胞，那末今後內戰擴大之時，其責任歸於國民黨是自明之理。

【同盟社廣州十五日電】在重慶國民參政會上，關於實施憲政的日期，有力的反對意見抬頭，似乎引起了糾紛。一般人士推測蔣介石不得不延期召開預定於十一月十二日舉行的國民大會。重慶合衆社電訊傳出其間的情形如下：關於召開國民大會，延安及中國民主同盟預料，國民黨將操縱國民大會，所以反對召開國民大會，因此蔣介石大概要延期召開國民大會，即蔣介石在參政會的開幕詞中曾說：『反對拖延到戰後實施憲政的一派，現在又攻擊政府促進早日召開國民大會的方針』，這實是意外的事情。但是關於政府擬傾聽諸君對於召開國民大會的各種問題的意見後，再行決定之。由此觀之，蔣介石要延期召開國民大會的意思是很明顯的。

美國先驅論壇報
論陳納德辭職原因

【合衆社紐約十六日電】先驅論壇報對陳納德的辭職表示遺憾。該報說：從總部來的紛紜的報導，說他辭職的原因是：「由於對利用供應汽油問題的爭執，由於不能獲得汽油，由於在基本政策上的爭論，以及由於斯特拉特梅耶的委任使他的職位降低了。」該報說：「陳納德在中國所遵循的基本觀點是和蔣介石政府密切合作，盡可能加强委員長的軍隊。這種政策是和去年以來美國對華政策一致的，但這個政策爲憂慮美國過於和國民黨一致的美國官員們所强烈反對。這種反對，隨着國民黨軍隊會與

南斯拉夫與保加利亞並於希臘政府所作之攻擊宣傳，（七）關於蘇聯要求土耳其參加對於達達尼爾海峽之管制，蘇聯要求將土耳其之某數亞洲省份讓與蘇聯，以及將邊界重劃，以有利於爲蘇聯所扶植之保加利亞等問題。（八）直布羅陀對岸之丹吉爾一旦恢復戰前之國際共管狀態時，蘇聯亦應參加管理。（九）斯大林要求佛朗哥之政府應即取消問題。（十）新世界機構之設於何處，有人認爲除少數例外，波茨頓會議將不討論邊界重劃問題，此將留待將來之和平會議[illegible]解決，處理戰犯問題亦將略加討論。

【美新聞處××十五日電】……（上缺報頭）。……莫斯科訊報導斯大林元帥與蘇外交人民委員長莫洛托夫也已離蘇京前赴波茨頓，會議將在前德凱撒大帝皇宮中舉行。路透社倫敦的消息也報導首相邱吉爾今晨已離其在法國之休假地聖澤恩取道波爾多前赴波茨頓。杜魯門總統在「奧古斯塔」艦上的八天中，其大部份時間一半用作休憩，一半時間與貝納斯、李海及一小顧問團、及隨行的一些記者們共同辦公。他分別於不同時間與各級軍官甚至與水兵們共膳。（略一段——杜魯門離英之熱烈情形）。波茨頓整個會議地區已被隔絕，到處站有蘇英美哨兵，而祕密警察巡行全區，一切訪問者以及報界記者均被禁止通過障礙進入密封着的會議地區。

重慶外交部與英締結兩國軍隊
在彼此領土內管轄權協定聲明

【中央社渝七日電】我國政府七日與英國政府締訂關於兩國軍隊人員在彼此領土內管轄權問題之協定，外交部特爲此發表聲明如下：依照國際公法及國際慣例，各同盟國於派遣軍隊赴其他盟國境內聯合作戰時，此項軍隊人員如犯刑事案件，皆應交由其本國軍事法庭或軍事當局單獨裁判。此項權利無論有無特別協定，均可享受。惟爲更求明確起見，各同盟國間大多訂有此項特別協定。爲此目的，中國與英國政府會於一九四三年五月二十一日互換照會，規定中美雙方對於在彼此領土內之本國軍隊人員所犯刑事案件應由該軍隊所屬國之軍事法庭或當局單獨裁判，嗣後中國政府復與英國政府進行類似之談判，結果由我外交部吳次長國楨與英國駐華大使薛穆爵士於本日互換照會，該照會及其附件構成兩國間之協定。中英兩國之軍事法庭或當局，對在印緬或在中國境內之各該國軍隊人員應有權行使單獨之刑事管轄權。且如將來軍隊駐紮印緬以外之任何英國管轄權下之領土時，英國政府準備將上項特權亦推廣適用於此等軍隊。

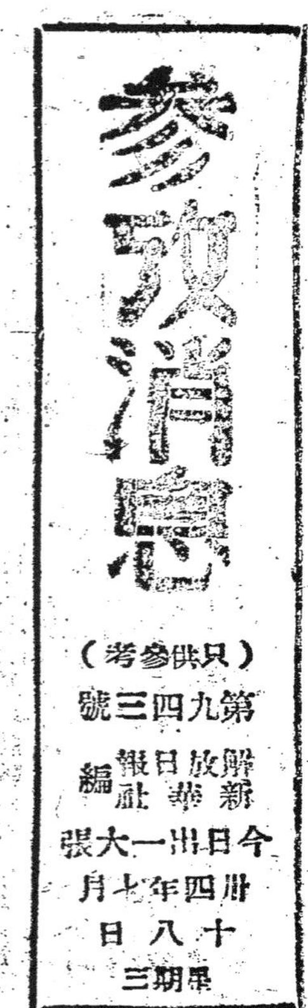

參政消息

（只供參考）

第九三四號

解放日報新華社編

今日出一大張

卅四年七月十八日 星期三

華府注意中蘇第二次會商

【中央社華盛頓十五日專電】此間官員對過去兩週內莫斯科進行之斯、宋會商，異常關切，本日並接獲令人興慰之報導稱，蘇中已就涉及兩國關係之若干重要問題，商獲廣泛共同之諒解。莫斯科會談猶未結束，僅因斯大林委員長赴波茨頓參加三巨頭會議而暫停一節，亦令人滿意。然此間自德境美方接獲另一報導稱，斯、宋可能於三週後繼續商談。中蘇諒解之詳情，雖仍未悉，然華府觀察家則認目前情況可望增進兩國邦交，並信過去兩週乃一決定性之良好開始，將可藉此進而基本解決若干關係遠東之重大問題，凡此問題已於美國引起極深關切。最初宣佈宋院長抵蘇京與斯大林委員長及莫洛托夫進行會商時，美方評論人員即時指出中蘇會商之極大意義，但向發時後即少見批評，如有評論亦屬有限，任何高級官員對此亦均無批評。三巨頭會議後，華府將注視中蘇第二階段之會商，將能獲致解決，太平洋之持久和平，將由此奠立基礎。

參政員請宋子文報告 提議與蘇英法訂互助盟約

【中央社重慶十七日電】參政會十七日下午三時舉行第十四次會議，出席參政員一五八人，莫德惠主席，通過議案近九十件，皆關於外交、國際內政事項。在散會之前，陳銘德參政員提出請最近訪蘇歸來之宋院長出席報告，經決定交主席團斟酌辦理。迄晚七時始散。大會十八日上午八時舉行第十五次會議，下午召開特別審查委員會審查有關國民大會之案件。十九日及廿日上下午均開大會，可如期於廿日休會。

【中央社渝十七日電】參政會十七日下午第十四次會議，曾通過錢端升等六參政員提議請政府與蘇英法商訂中蘇、中英、中法廿年互助盟約案，辦法

【中央社渝十七日電】參政會本次大會對於有關僑胞之各項問題，極爲重視，通過之決議案達十六件之多，茲分誌如次：（一）馮參政員燦利等十八人提促進政府戰後切實輔導海外僑民改進經濟教育社會各種事業案，決議本案通過，送請政府辦理。（二）鄭參政員×文等十四人提請政府迅謀調整與加強僑務行政機構，以促進戰後華僑事業之復興案，決議本案修正通過，送請政府切實施行。（三）胡參政員木蘭等五十人提確定華僑經濟復興計劃，並立時實施以利戰後經濟建設案，決議本案通過，送請政府切實辦理。（四）李參政員鑑之等六人提準備僑胞出國復興工作案，決議本案通過，送請政府切實辦理。（五）嚴參政員錞等六人提保護居留國外僑胞，責令日本賠償我僑民因戰爭所受之損失案，決議本案修正通過，送請政府辦理。（六）馮參政員燦利等十八人提請政府注意泰國華僑此次所受戰爭之損失，是否應早日宣告此種損失應由日本及泰國於戰後負賠償之責案，決議本案修正通過，送請政府辦理。（七）張參政員良修等十三人提請政府向法國交涉恢復太平洋法屬大溪地華僑匯款通郵，以維華僑利益，救濟僑眷生活案，決議本案修正通過，送請政府迅予辦理。（八）蘇參政員珽等十二人提提高僑匯比率，以救濟僑眷生活案，決議本案通過，送交政府並請政府體恤僑艱，迅速切實辦理。（九）黃參政員範等十人提請政府提高僑匯補助，以獎勵僑資內移案，決議本案修正通過，與上案合併辦理。（十）馮參政員燦利等十九人提請政府從速舉辦南洋解放區華僑善後救濟，以應時效案，決議本案通過，送請政府辦理。（十一）馮參政員燦利等十八人提請政府規劃並宣佈戰後救濟僑眷，以慰海外僑民之期望案，決議本案通過，送請政府切實辦理。（十二）馮參政員燦利等十九人提爲切實獎勵及保障歸×開發滇南思普沿邊，以固國防而利僑務案，決議本案通過，送請政府籌劃辦理。（十三）許參政員文頂等十二人提爲擬請迅即設立專責機構，確定華僑復員方案及時施行案，決議本案通過，送請政府切實辦理。（十四）何參政員葆仁等廿人提請政府發給僑生特種貸金，以維持生活，完成學業案，決議本案修正通過，送請政府切實辦理。（十五）薛參政員明劍等廿三人提擬請政府發行華僑復業公債，協助僑胞恢復原有事業案，決議本案送請政府參考。（十六）陸參政員宗騏等十五人提擬請政府溝通僑匯，提高僑匯補助額，並加撥巨款，辦理僑貸以惠僑胞案，決議本案修正通過，送請政府切實施行。

改善公教人員待遇提案

【中央社渝十七日電】國參會於十七日下午第十四次

爲請參照一九四二年英蘇廿年盟約及一九四四年法蘇廿年盟約及舊金山聯合國憲章關於區域安全之規定，分別與三國商訂高度的互助盟約，並請即日發動磋商。聯合國，亦應保持親善之關係。戰後對於東亞解放國家，尤當建立友睦之邦交，務使我睦鄰之精神得以貫澈。我海外僑民各國待遇頗多歧視，外交部應繼續努力交涉，務期各國對於華僑不正當不合理之待遇於最短期內完全廢止，此爲全國國民所關心之問題，當爲我友邦所了解者。

關於外交及僑務報告之決議

【中央社渝十七日電】參政會十七日下午第十四次會議中通過對政府外交及僑務工作報告之決議如左：本會於審閱外交部書面報告及聆取吳次長口頭報告後，對於過去一年中外交部關於取消不平等條約之努力，深爲欣慰。我國百年來之束縛得以解除，誠爲貫澈國父遺志之偉大工作。惟現時尚未訂立平等新約之友邦，外交部應繼續努力，以求完成。我國歷次國際會議中所持立場，甚爲正確，尤以在頓巴敦橡樹林及舊金山聯合國兩會議中所採取之政策，深得國內外人士之同情與響應，足以充分表現我立國之方針在求人類之共同繁榮與國際相互之合作，爲達此目的，則必須保障世界之永久和平。聯合國憲章雖未盡量容納我國之主張，但比較舊國際聯盟盟約爲切實可行，吾人相信今後隨時代之進化，憲章亦必逐漸臻於理想之境域。吾人切望政府早日批准，以表示我倡導國際集體安全之苦心及竭力執行憲章之誠意。聯合國憲章宣佈之後，其實際效果如何，端視國與國間是否能精誠合作，是以我國應不斷加強對美英蘇法各國之互助，並應設法與締結長期之互助條約。

【中央社重慶十七日電】十七日下午參政會十四次會議中通過關於外交、國際之決議案，摘要誌左：（一）廖參政員學章等廿二人提加強國際合作案，決議本案修正通過，送請政府注意。（二）劉參政員眞如等廿四人提刷新外交機構，充實人力物力，以利外交活動案，決議本案修正通過，送請政府辦理。（三）馮參政員燦利等十九人提促請政府規劃戰後建立中泰邦交案，決議本案通過，送請政府採擇施行。（四）何參政員葆仁等廿人提擬請政府規劃戰後發展中南貿易，以利建國案，決議本案通過，送請政府採擇施行。（五）王參政員冠生等五十[illegible]臨時動議請通過擁護聯合國憲章案，本案由審查外交報告小組委員會於[illegible]併案辦理。

會議時，會通過有關改善公教人員待遇之提案六五件，送請政府從速切實辦理。此案爲張參政員丹屛等所提之擬請徹底改善公教人員待遇案，馬參政員景常等廿二人所提之公教人員待遇應隨時隨地調整案，張參政員志廣等十四人所提之擬請提高邊遠淪陷省公務員待遇以利復員工作案，張參政員金鑑等十四人所提之請切實改善公教人員待遇安定其生活，俾能保持並吸收優良健全之人才到各級學校及政府服務，以增加工作效率，而利抗戰案，及張參政員之江等廿二人所提之請政府對公教人員儘先實施九中全會所議決凡一家庭所生子女除三人外，其餘子女之各級教育費由政府完全負担案。茲將各案辦法綜合略誌如下：（一）澈底改善公教人員待遇，或就家庭生活酌發實物米布油鹽煤等必需品，或照衡當地物價再折代金，尤須全國各單位一致，以免歧異。（二）各學校政府機關應籌設公共宿舍及食堂，以廉價供應公教人員及其直系親屬之使用。（三）公教人員之疾病醫藥及子女生產等費用，應按其實際需要全數由公家補助。（四）公教人員薪金數額應隨生活指數隨時予以調整，以能達於生活指數之百分之卅至五十爲準。（五）凡公教人員所生子女除三人外，其餘子女各級教育之費用如膳食書籍以及一切雜費，概由政府供給。（六）各機關經費不論距中央遠近，應設法於月中發到。至提高邊遠區淪陷省份公教人員待遇辦法：（一）登記實物。（二）如發米代金時，應按當地市價折合十足發給米代金十斗，麥代金十五斗，須按月撥發。（三）補助費應與一般公務員同。（四）全部待遇應較後方公務員提高二成至五成。（五）訂定獎勵服務陷區省份公務員辦法，務使銓敍從寬，獎勵從厚，撫卹從優，以促公務員流向淪陷區，以達復員建國目的。

中央社稱
美報要求闡明對日無條件投降意義

【中央社紐約十三日專電】太平洋戰爭既達決定階段，美國報紙最近乃遍載如何處置日本問題，日本之失敗係不可免者，但有頭腦之美國人士所關切之問題，如美國倘能說明其對日本人民之眞意，則日本之崩潰，是否可因之加速，副國務卿格魯之最近聲明，指示美國會繼續將採無條件投降政策，討論激烈者僅爲無條件投降之定義而已，杜魯門總統於歐洲勝利日廣播中稱：無條件投降並非即消滅或奴役日本人民之謂，然一般指出此語猶需再加闡明，現在時機日促，美報紙及無綫電廣播一致要求美國對日本之目的，應有明顯肯定之聲明，並指出惟美方能向日本人民說明無條件投降之定義，則或可節[illegible]美國人之不少生命。生活雜誌亦屬共中之一。該列建議美國及盟方無條件投降定義，應包括下列各條件：一、日本之所有武裝部隊無論在何處均應放下武器。二、依開羅會議宣言日本應放棄其自一九四一年後，所攫取或佔領之一切土地，朝鮮、台灣、澎湖列島等亦在內。三、日本本土之軍事力量一律投降。四、凡爲滿足國際間正義所需之一切戰爭罪犯，均應受懲，一切賠款均應償付。五、美國在東京及其他要地實行短期之軍事佔領後，凡能表示其才能足協助履行上述各條件之日本當局，即由盟國承認爲合法之日本政府。處置日皇之問題，應由日本人民自行解決，蓋戰後之日本除毫無軍事力量外，並將與一九四一年時之日本迥異，日本經此次戰後或不再有天皇，或則爲一純屬宗教之帝皇，毫無政治地位，該列對日皇之態度，係代表美第三派之意見，介於堅認王朝制度爲罪惡根源，必須剷除之一派，與認昭和純無惡意，甚至於可用以形成日本民主制之一派。

三巨頭會議消息

【路透社倫敦十七日電】柏林三巨頭會議，現仍只杜、邱兩巨頭到達，關於斯大林到達柏林的消息官方尚未證實，但每日快報駐柏林記者今晨稱，據他所知，斯大林已祕密到達波茨頓的某「禁區」。

【中央社柏林十六日電】杜魯門總統與邱吉爾首相今晨於杜魯門總統之「小白宮」內作非正式之會晤，但歷史性的三巨頭會議，將不能如期舉行，此或係因斯大林委員長未到之故。斯氏行蹤仍嚴守祕密。杜魯門總統邱吉爾首相及兩國代表人員會各往柏林市街視看戰後遺跡（杜魯門總統原定十八日出遊）。總統一行驅車行經蘇方爲檢閱勝利遊行而於布蘭頓堡門附近建立之司令台時，稍停注視高懸之斯大林畫像，其側爲邱吉爾畫像。據在總統住所所担任警戒之軍事警察稱，邱吉爾首相偕女瑪麗於本日正午來訪，前此無何可告者。邱吉爾曾與杜魯門總統晤談四十分鐘後，即步行返往寓所。杜魯門總統曾檢閱美第二裝甲師，該師坦克部隊開往檢閱場時，行經柏林市街轆轆而過，歷久未斷。

【中央社重慶十七日電】據美新聞處柏林十六日電，三頭會議本定今日舉行，唯以斯大林委員長遲到，而將延至明日，記者禁止報導斯大林委員長之行蹤，唯悉斯氏定於本日黃昏時抵達會所。渠遲到原因，迄無說明。邱吉爾首相今晨往訪杜魯門總統於其波茨頓郊外別墅，該地距會議所在地之古堡不消戰地記者資格，故未報導。有一女記者以違犯禁令發電報導而被罰七十二小時內不得向外發電。官方雖欲各記者不能自一切可能方面獲悉情報，乃於記者及若干其他記者之通行證上，載明不得進入蘇聯佔領區（波茨頓位於蘇聯佔領區）柏林阿洛斯機場亦禁止記者前往（三巨頭及隨行人員將於該場降落）。記者前曾行抵該場，是時即已奔及場內已爲招待要人預作準備矣。據悉，會議議程將包括各種問題如被佔領德國境內之政務，意大利未來地位，全歐各國間之新疆界，奧地利未來地位，及西班牙丹吉爾問題，可能尚涉及和會問題，預料遠東問題亦將爲會議主要議題之一。

三巨頭會談將解決西班牙問題

【合衆社倫敦十四日電】外交觀察家認爲，蘇聯可能在波茨頓三巨頭會議中，提到英美所提議的關於與西班牙佛朗哥政權的關係的政策聲明。許多月來，蘇聯無綫電與報紙，定期地攻擊佛朗哥。提到他過去曾與軸心有聯絡，當紅軍尚未獲攻勢的優勢時，西班牙曾參與東線作戰，及最近表現的對蘇維埃政權的怨恨。觀察家相信，斯大林元帥將不會滿意整個歐洲的政治地位，除非佛朗哥政權被另一友好的政府代替。由於英美均與西班牙政府維持着外交關係——這種關係雖少誠意，但在名義上却是正確的——斯大林可能問邱吉爾、杜魯門，是願意維持對佛朗哥忠誠態度呢，還是願幫助取消他而代之以聯合國能夠接受爲會員國的政權？外交觀察家懷疑西班牙問題是否會作爲正式的議事日程，因爲更其緊迫的其他大問題還多着。雖然如此，只要斯大林與佛朗哥間互存着仇恨，則西班牙問題將永遠是窘人的形勢。一般人認爲：西班牙問題可能在三大巨頭的非正式談話中討論。華盛頓與倫敦都不會宣佈他們對西班牙的固定政策。接近各交部人士揣爲英國的政策是『觀望』。雖然英美政府對佛朗哥並無愛意，據說他們也不願干涉西班牙內政。一年多了，現在又有消息說佛朗哥終究會走掉的，甚至還有人設想他會很快就作政治讓位。但最可靠的消息却揭露：首先佛朗哥要使他自已當元首，最少也要暫時做一下；其次，西班牙國內外均無足够的力最，把他的權柄奪取過來；第三，甚至英美雖歡迎他的改變，但他們也不肯事先知道牠究竟怎樣，而不願讓牠隨便下去。

佐藤晤莫洛托夫

【同盟社莫斯科十四日電】（遲到）佐藤大使十日與蘇聯外交人民委員會次長羅佐夫斯基會見，十一日與蘇聯外交人民委員會委員長莫洛托夫會見。

遠，驅車少行即達。據悉，此乃非正式之訪問，亦邱吉爾首相與杜魯門就任總統後之首次訪問。迄至昨日午後，大部英美高級軍事官員均已到達，美陸長史汀生，陸軍參謀總長馬歇爾元帥，陸軍航空隊總司令安諾德元帥及陸軍後勤部長索姆維爾將軍均到。金氏海軍元帥，美駐蘇大使哈立曼，及美總統特使戴維斯於杜魯門總統到達前即已先抵柏林。隨邱吉爾首相來會之軍事參謀人員有英帝國參謀總長布魯克元帥，空軍參謀長波多爾將軍，海軍參謀長肯寧漢將軍，蒙哥馬利元帥，威爾遜元帥，及亞歷山大元帥，艾登外相及工黨領袖阿特里亦同來。

【中央社重慶十七日電】據英新聞處倫敦十七日電星期泰晤士報記者稱，三強會議地點警戒森嚴，與外間完全隔絕，內部軍事人員大部爲通訊兵及機械兵，英軍憲兵戴紅帽，美軍憲兵戴耳帽，但人數較少，治安之責現由戴綠帽之蘇軍前綫衛兵最精銳部隊負之。彼等爲數甚多，各街道小巷上每百碼即有數人，分佈於通入戒備區之出入口。記者駕吉普車漫遊時，忽爲蘇聯衛兵所邀得進入戒備區內，直達會議宮殿。專爲此會議來此之莫斯科大學一秀美之女譯員，乃導予遊覽，方知作爲招待主人之蘇聯，已將整個區域重行修理佈置，大部份傢具均自德國各地收集運來，多數房間已改成客庭，便利專家舉行會議，以準備三巨頭對於彼等之意見作最後抉擇，房間中不僅有舒適之安樂椅及桌子，且置有書籍以娛佳賓。

【路透社倫敦十七日電】由於斯大林到達柏林×××，柏林三巨頭會議仍僅由兩巨頭組成。當邱、杜已在自由自在地漫遊城市×××，若干蘇聯領袖則猶缺乏橫貫柏林的官方交通。今晨『每日郵報』記者稱：他獲悉斯大林已抵波茨頓。

【中央社柏林十四日專電】此次三巨頭會議之議期或將較雅爾塔會議爲長，集此採訪會議消息之記者共達百人。唯以官方對於會議新聞嚴加封鎖，故無所獲。華府雖發表正式聲明謂：除由官方發佈之公報報導消息外，新聞記者不得報告會議情形，然各方記者仍雲集於此，冀能採聽會中消息。記者時受警告，初報導會議之時期及地點，雖則以此就詢於路上，德人即隨時獲悉。聞隨杜魯門總統同來之若干白宮記者，將可獲採訪會議消息之特權。其前自歐洲各地來此之記者，及攝影記者中僅有二攝影記者（一代表集影公司一係製無聲影片者）將得出入會場。記者上次隨美英佔領軍前來柏林時即已發見安排爲會議地址，然官方從未透露其所在地，[illegible]，[illegible]。

關於美潛艇擊沉日輪亞和丸事件

【同盟社里斯本十四日電】據華盛頓來電，美國務院於十三日發表聲明，確認亞和丸事件的責任在於美國政府。美海軍部人事局於十日言明處罰擊沉亞和丸的美潛水艦長略謂：美潛水艦長被免職，送交軍法會議審訊的結果，已作出『某種的判決』，『某種的判決』是什麼意思，就完全不清楚，海軍部長福爾斯特爾接見記者團時，記者詢問是否可以公佈潛水艦長所受的刑罰，福爾斯特爾辯明說：『他（指潛水艦長）獲得赫赫的戰果，我不想多說使他感到迷惑的事情』。這暴露了對該潛水艦長的處罪非常的輕。

【合衆社舊金山十三日電】東京廣播聲稱美政府已答覆日軍統帥部關於四月一日美潛艇擊沉日輪亞和丸事，『深致歉意與賠償的要求』。並說該答覆業於七月五日通過瑞士政府轉達，其覆文『不日』將予以公佈。

美某報論美國對華政策

【合衆社××十五日電】（一綽報頭）該綱說×××××『我們的對外政策』，中國是『世界上最大的問題』。又說『純然郡地主和農民的大問題已到了使人驚慌的地步了』。說『民主不能建立在赤貧或「一階級剝削另一階級」之上。說直到現在爲止，美國較其他任何國家更能「幫助它的復元」』。該綱領認爲中國極爲缺乏政治和軍事的團結，但是相信已有進步。說蔣介石是『地位之大足以使中國團結的唯一人物』，但是所遺憾的是一切『都要以一人爲轉移』。前美國遠東艦隊司令參議員錫麥斯·C·哈特在同一綱領中說，美國戰後政策『必須是幫助中國完成政治上團結並回復經濟上自立』的政策。

國民黨宣傳部將移歸行政院

【中央社重慶十六日電】依照國民黨六全代會之決議，黨部所辦事務，有屬國家行政性質者，應於憲政實施前，移歸政府，現聞中央已依此決議，決定於八月內，將宣傳部改隸行政院，其組織法草案，即將移送立法院審議，所有新聞圖書等審查機關，將受該部之節制，中央黨部所辦之廣播事業，其經費之一部，原含有海內外黨員捐，現亦決定歸宣傳部管理。

阿根廷在重慶設立大使館

【布宜諾斯艾利斯十四日合衆電】阿根廷決在中國設立大使館，[illegible]與文化關係，預料即將任命大使。

參考消息
（只供參考）
第九四四號
解放日報新華社編
今日出一大張
卅四年七月十九日
星期四

同盟社評三國會議

【同盟社里斯本十六日電】關於三巨頭會談如何決定歐洲戰後處理方案及其他問題，已有各種揣測。綜合美英各種情報，可以知道討論的中心大約有下列各點：（一）處理德國的方案——根據倫敦泰晤士報華盛頓電訊，美國總統擬有一種方案，規定處理德國的兩種方法，即最初成立美英蘇三國處理德國的當時的方案，其次成立包括法國在內的四國處理德國的永久的方案。第一種方法是現在美軍進駐地帶所實行的，而其實施的期限爲一年至五年。然後轉爲第二種永久和平的體制。第二種方案的內容還不淸楚，但是這種方案大概包括有使德國不能再復興的計劃。（二）建設歐洲新秩序，每日郵報紐約專電稱，杜魯門的主要目的，第一是根據大西洋憲章的原則，確立歐洲新秩序。第二是確定新歐洲的邊界。第三是以波茨頓會議作爲預備的和平會議，進行其基本的工作。路透社華盛頓電訊稱，處理歐洲戰後問題及建立歐洲新秩序的方案，含有新解放區與舊軸心衛星國的政治、經濟問題，就中包括民主主義體制的問題。（三）地中海及巴爾幹問題：達達尼爾海峽制度的再研討及巴爾幹各國的邊境糾紛已成爲有關英蘇兩國利害關係的問題，因此要協議政治解決的方法。（四）東亞問題，每日郵報登載路透社電訊稱，關於太平洋戰局的問題，斯大林、宋子文，在莫斯科會談的經過，亦將成爲三巨頭會談的議題。抱有這種看法的人是很多的，三國代表帶有軍事最高首腦部的事實，成爲上述揣測的根據，這些都是重視蘇聯的立場。

【同盟社東京十七日電】三巨頭會談就要於十六日開始了，距上次克里米亞會談爲時僅五個月，但在此間發生了三件事情，使美英蘇三國的關係發生很大變化，第一是羅斯福總統的逝世。第二是德國崩潰和歐戰結束，第三是

會於十三日在延安正式成立，任命周恩來以下延安共產黨領袖廿五人爲常務委員，並發表召集大會的宣言，公佈與國民黨召集國民大會同日即十一月一日（原文如此——譯者）召集大會。延安方面，爲了使此次代表會議盡可能廣泛地反映中國人民的意志，除了延安軍佔據的各地區的地方代表參加會議外，亦使工人、農民、婦女、青年、文化，宗教等各界代表及國民黨地區的各種團體代表及海外華僑團體的代表參加會議，以促進由各黨各派的民主團體的代表組成中國聯合政府的樹立。

【同盟社廣州十八日電】據重慶廣播稱，日前滯留美國的舊金山會議延安代表董必武，最近曾接見合衆社記者，以聯合政府問題爲中心談論如下：戰後中國若採取一黨制度，則內亂是不可避免的，但若能夠成立民主的聯合政府，當可避免內亂，現在延安雖不出席國民參政會，但仍然保留着參政員資格，將來成立聯合政府時，延安大概將推戴蔣介石爲主席。

張平羣答外國記者關於國民大會詢問

【中央社渝十八日電】外記者招待會，十八日下午三時舉行，王部長世杰，因故未能參加，由吳次長國楨，張參事平羣主持，外記者問國民大會延期抑如期召集，已有決定否，張參事答，此不僅爲一時期問題，其他有關國民大會之代表問題，權限問題，均經參政會討論，各方意見已交特種委員會審查，其中委員，包括各方份子，現正設法尋求一致之協議，明日可提出參政會大會討論，外記者問今年中國是否收穫欠佳，有所飢饉之虞，張參事答，據報晉、陝、甘、湘等省有乾旱地區，但不嚴重，外記者問黃金案嫌疑犯，現在審詢中者，有若干人，其姓名及地位可否見告，張參事答，此事概歸法院辦理。一切當由法院宣佈，政府爲主持公道，不能有所表示。

同盟社轉播
英報揭露國民黨的獨裁

【同盟社里斯本十七日電】英國觀察家報，十五日相當嚴厲地批評重慶國民黨獨裁的色彩，其批評內容大概如下：比國共問題更嚴重的就是圍繞於國民參政會的憲法問題。政治家、知識份子甚至到實業家階層都不以國民參政會當做一個問題，而問題在於國民黨能否繼續一黨專政。民主主義者的主張是出席全國代表大會（國民大會）的代表是國民黨於七年前指定的，因此國民代表大會（國民大會）應延期到實現和平後，重新選舉國民大會的代表後舉行。延安等民主主義派

舊金山會議。根據英國經濟學家雜誌的說法，克里米亞會談決定的各事項，一條也沒有實現。其實，美英兩國為了迅速結束歐戰，便在克里米亞會議上，對蘇聯的要求，作了全面的讓步，及至歐戰結束，英美兩國自食前言，不履行條約自然是應有的文章了。（缺）所以在這種意義上，與其說是蘇聯的外交勝利，還不如說是美英兩國的勝利。時至歐戰已告結束的今日，聯結美英蘇三國的線子，可以說已經不復存在了，換言之，美英兩國已無必要再討好蘇聯，因而便從此產生了美英兩國對蘇外交的微妙變化，策應着這種情勢，美英政府內部便發出了希望三巨頭再舉行會談的呼聲。特別在觀察此次會談起着決定作用的美英兩國，對蘇聯已開始言論攻勢，其希望三巨頭會談的鬼計，益加明顯。誠如上述，只要歐戰完了，美英便無必要向蘇聯讓步，所以他們就開始了在外交上對蘇聯的反擊，至於美英如何收回過去對蘇聯的讓步，將不外向蘇聯表示強硬態度，迫使蘇聯在歐洲和東亞，照着美英所希望的方向走，蘇聯自然不會默視美英的這種反攻，將依據在歐戰結束後，已造成的既成實事，展開防衛戰，所以在此次三巨頭會談中，杜魯門、邱吉爾將結成統一戰綫壓迫斯大林，而斯大林則以在歐洲的強大勢力圈為據點，進行猛烈的反擊，展開雙方的交手戰，所以美英蘇三國的協調關係，業已壽終了，波茨頓會談，只能演出一副相爭相鬩的局面。

關於國民大會特種審委會討論結果完滿

【中央社渝十八日電】國參會十八日審查國民大會問題所組織之特種審查委員會，十八日十六時開會，大會主席團及各審查委員，均出席，由王雲五主席，在和諧空氣中，作三小時以上之熱烈討論，已獲得一容納各方意見之完滿結果，將提出十九日上午第十六次會議中討論，作最後決定。

【中央社渝十八日電】國參會第四屆第一次大會，今已進入第十二日，九時舉行第十五次會議，出席參政員一四九人，江庸主席，討論提案約七十件。均經各小組於審查時，作縝密之研討，故大部案件均能順利通過，×許散會，邵秘書長，並在會議中報告宋院長將於二十日上午出席大會報告，十九日議程，上下午將討論國民大會問題。

同盟社轉播
召開解放區人民代表會議

【同盟社上海十八日電】延安以前決定，在延安召開解放區人民代表會議，以對抗重慶的國民大會。據新華社延安十五日電，該會議籌備委員

，不參加國民參政會，是因為各派在名義上一致堅決要避免造成違反人民的意志而束縛其政治的結果。

國民黨軍隊攻入贛州城

【中央社上饒十七日電】贛南我軍於十二日晚攻入贛州城後，我敵發生激烈巷戰，敵憑民房步步抵抗，戰鬥猛烈，雙方傷亡均重。十五日我主力一部復攻入城內，加緊痛擊，敵在城內大舉縱火，我於十七日晨一時，完全克復贛州城，並將城內殘敵肅清。

【中央社桂中十七日電】我軍主力三路進攻永福，日來進行極為順利，中路已達蔣家村（永福南郊），右翼已達民教墟（永福北）左翼已達大石村。其在公路沿綫挺進搜索部隊，已迫近抖洞以東地區，正追擊荔浦方面潰敗之敵。另一挺進部隊，已進至良隄鄉，各路均與敵激戰中。又一挺進部隊已達至百壽附近。

【中央社桂中十八日電】宜山縣民衆在縣長蕭拙蔭領導之下，發起勞軍運動。以二十九軍進克柳州。原擬定之一保一豬一雞一牛運動，因無法前運，改作現金七百五十餘萬，頃已由蕭縣長率領代表前往柳州勞軍。

【中央社安康十三日電】（遲到）豫鄂皖勞團，十三日在此向李總司令仙洲獻旗，並慰勞盟友。

孔祥熙回重慶後動向

【合衆社重慶十五日電】孔祥熙自從離渝以來，即居於其渝郊鄉間別墅中，快於接見其過去屬員與財政界及銀行人士。孔若干時候以前已辭去政府中許多職務，現仍任中央銀行及中國銀行董事長。孔之新聞推測紛紜。某報說他將任四行總管理處總裁。據某報稱：最近被判死刑之高秉坊夫人企圖進謁孔氏，但迄未成功，高係孔十餘年屬員，現其妻顯然欲作最後努力以挽救其夫生命。

【同盟社廣東十五日電】十二日之重慶廣播：重慶代言人張平群，在十一日之記者招待會上說：重慶六月份的物價指數，是事變前的一五七九倍。

傳希魔逃赴阿根廷

【合衆社紐約十七日電】芝加哥時報記者由烏拉圭蒙得維的亞報導，未經任何方面證實的消息說：他總歸確信，希特勒與愛瓦·布朗現在德國人的莊園裏。布宜諾艾宜斯的消息給他確信：該夫婦身着男裝從潛水艇上登陸阿根廷。同憶六月四日，巴西洛將會在某宴會上聲明說：「我高興來宣佈我們的朋友終

歸安全了。」（布宜諾斯艾利斯外交部透露政府授權阿根廷的調查機關將其人員及阿根廷調查的一切記錄交給美英。

「布宜諾斯艾利斯十八日路透社專電」阿根廷外長阿米非納頓稱：外傳希特勒已偕其妻布朗乘德國潛艇在阿根廷海岸登岸一節絕對不確。

佛朗哥將發展聲明 調整西班牙政治關係

「同盟社里斯本十五日電」馬德里訊，據路透社電報稱，佛朗哥將軍似將於西班牙內亂九週年紀念日——十八日，在長槍黨全國評議會年會上，發表西班牙新政府的聲明。有關上述的問題並沒有什麼正式的說明。但據說佛朗哥將軍將說明為解決因歐戰結束所產生的緊急狀態而轉變政策。一般論傳佛朗哥將軍因受英美等國的壓迫，有意調整其政治體制，以順從聯合國方面的路線。據路透社的報導，認為如果佛朗哥將軍有什麼重大的決定，也將待諸看清了英國大選之後。無論如何，西班牙的政情，無可避免地將為外在因素所左右。據說長槍黨的書記長，現任內閣閣員阿利塞，已於十四日下午向議會提出呈辭。

日本法西斯記者德富蘇峯 三論『本土決戰必勝的道路』

「同盟社東京十三日電」（建築必勝的道路）首先說結論吧，不管你討厭亦好，憎惡亦好，避免本土決戰的道路已經沒有了，要在本土決戰只有勝利一條道路，而且確信必能勝利。但是要勝利，必須建築勝利的道路，以下所想談論的就是這條道路。所謂把過去埋葬掉的說法，但對於本土決戰來說，則沖繩島損失問題，決不能加以輕視，我們當然不是要算沖繩作戰的總賬，但對一得一失必須求得明瞭。

「沖繩作戰的特點」首先從利的方面說，我沖繩守備隊的孤軍奮鬥，達八十餘日，實際上是以鮮血沾染了歷史，千秋萬載不會泯滅，是大和民族可以驕傲的記錄。敵人被埋葬了八萬，敵人的艦船被擊沉擊傷六百艘，就是這一點記錄即使敵人胆戰心寒，同時，雖然不是根本破壞了敵人的計劃，但是使其受到很大的挫折，這是我們值得書為特書的一點。由此更使我們有信心，在本土決戰使用我們戰勝敵人的日本獨特的戰術。從敵人方面來看，沖繩作戰是一個很苦的戰鬥，但亦達到了他的目的，沖繩作戰中的經驗，給了我們很多的教訓，給了我們以自信力，但同時我們不應忽視亦給予敵人在今後對付日軍，亦收到很大教訓，我們決不是斤斤計較過去的問題，但我們是一大丈夫和極大的犧牲，來實行必勝的辦法，我們必須實現必勝的道路，關於此點，我所要說未必太露骨，但在今天一億國民首先要有絕大努力，這並不說我們同胞沒有力量，而是在非常時期要超乎目前以上的力量，在這非常時期，需要適應非常時期的力量，在國家非常時期，如不拿出非常的力量，而是僅用平常的力量求得滿足，決不會建築必勝的道路，因此我們現在要求一億同胞作絕大努力。

『大權發動與天皇親政』第一奏請發動大權。將非常時期之所以是非常時期的理由告訴國民，第二實現天皇之親政，今天天皇親政確是事實，今後必須召開御前會議，在陛下裁決之下，擔任輔弼之責的官僚應負責實行之、「軍需生產歸軍管理」第三，將一切軍需製造所，由軍支配之，勞務者作為勞務兵，勞務幹部作為勞務士官，將一切飛機工廠，特攻兵器工廠及其他之軍需生產製造所會社，均掌握在軍事手中，如果軍需依然這樣做，則「飛機不夠」等怪話，無論到什麼地方亦找不出來了。『軍需指揮義勇隊』第四，軍應自覺自己責任之重大，向戰爭一點邁進。今天所謂戰爭一點，就是要把國務、政務及農商工一切事情集中於軍，是很當然的。所謂戰鬥就是軍人的職務，像德國一流的放棄主義，我們皇國軍人決不能那潔身自好，這就是說現在所成立的義勇隊應擔任指導之責，這是當然的。『一切都像非常時期』應立時即決即行，現在一方面說是非常時期，但做事情仍然緩慢是不允許的，在非常時期，必須快幹的事情，決不能悠悠閒閒，無論如何，必須在頭腦中有非常時期，巧而遲不如拙而速，正如不屐不如草鞋一樣，我們不準備赤足跑路就不能應付今日之形勢。

第五，是糾正依存於食米的風氣，當初我們的祖先是吃米，以後還吃米和小米，到了中古就吃麥，到了近代就吃甘薯之類，我們在幼年時代，普通的主要食糧就是小米，學生是吃米和小米，沒有一個人完全吃大米，從事農業者亦是如此，今日我國人民如果跟我們的祖先一樣不以大米為主食，同時也吃雜糧的話，決不會招到今天這樣的食糧情況，增產當然是重要的，這一點有考慮和研究的必要。勝利是歸於堅持到底的方面，第六，是我們時常說的堅持到底。堅持到底就是徹底勝利。我們談到這樣事情，就要看一看德國的例子」有人說，『如果德國在十年前就與敵人談判，那末將不會處在今天這樣的狀態』。但是我們完全反對這樣的說法。我們說：『如果德國再堅持一年——

，應當把損失當做損失，痛苦當做痛苦，然後發揮彈力，發揚勇猛心，以此克服困難，講求「超乘」的道路。

「敵人所長嘆的供應戰」在本土應接敵人之時，我們不應當認爲像過去同樣的是孤島作戰，從阿圖島、馬金、塔拉瓦、塞班、狄寧、呂宋以至沖繩島都是如此，只有大小之差，但是這些作戰都是像池水一樣，汲了水就乾涸了。但是敵人是河川，是泉水，縱汲水則愈湧出來愈流出來，這就是孤島作戰的實際情形，但在本土作戰中不論敵人如何花費力量，決不能把日本本土變成孤島。由敵人重復了蒙古來襲軍的歧途，即可知道今日敵人的對日戰，爲蠢本土可以說是供應戰，他們一方面壓制我制空權，採取從空中封鎖的方策；另一方面壓制我制海權，採取海上封鎖的方策，他們從海空兩方面擾亂我們，然後達到登陸本土的目的。但是按過去的經驗，我們可以打破其妄想。現在日本已經團結一致，現在日本全國已變成一大兵營，全國的一切人員都是兵，此次依據聖旨，編成了義勇隊，男子由十五歲至六十歲，女子由十七歲至四十歲都參加義勇隊，但是於必要時，當然不顧年齡限制等，只要是一息尚存的人，都要成爲皇軍。縱使被侵的本土被分爲數段，我們也不必害怕，因爲我們已採取了各地自給自衛自存自主的辦法。

「相信進行本土決戰的當局」，現在我們所希望的就是對敵作戰，我是作戰上雖然是門外漢，但是根據常識來看，對敵作戰有三個辦法，第一是在本土近海擊潰敵人，第二是在水邊擊潰要登陸的敵人，第三是在野戰中圍困登陸的敵人，三者各有長短，各有各自的場合，因此我們的第一個辦法爲上策，第二個辦法爲中策，第三個辦法爲下策。當敵人愈益接近我國本土時，我們就相信各特別攻擊隊的威力，即在文久弘安之役，我們獲得最大成果的並不是採取第一個和第三個辦法，而是採取第二個辦法，這說明當時的歷史，這並不是說明我們害怕野戰，我們認爲與其在野戰中全部消滅敵人，不如在其未登陸之前，全部消滅之，我方至少在最近一年中，考慮本土決戰問題，我們相信軍事當局必能善自處理之。正如上面所說的，我們具備了必勝的三個條件，即天時，地利，人和，如果這樣還不能勝利，那末我們在什麼地方必定有大缺點，在歷史上克服一切顯劣條件取得勝利的例子是不少的，但是具有必勝的條件，而遭受失敗的例子亦復不少，現在我們必須依靠極大的試

」它將不會陷入今天這樣悲慘的狀態」。縱使柏林陷落了，但是德國還有繼續進行作戰的餘地，德國正規兵還有十萬以上，艦艇就有七十艘，不消說坦克和飛機，就是食糧亦不是在柏林失守前的十二小時內就無法配給了，那末德國被什麼所苦惱，實行無條件投降？德國絕不是從外部被打敗，而是從內部被打敗，我們必須堅持到底，我們的戰爭，不僅關連到國家的盛衰問題，而是關連到國家的存亡，這不是講和變的問題，而是生死的問題，今天的戰爭就是這樣的戰爭。德國民在此次決戰中爲天皇陛下作戰，那末無論誰都不是我們的敵手。

通過關於物資案件

〔中央社渝十八日電〕國民參政會，於今日第十五次會議時，通過有關物資及其他提案十件，茲分誌如下（一）錢參政員公來等幾人提，建議政府爲改進糧倉技術管理，減低儲糧損耗案，決議送請政府切實改善。（二）朱參政員惠清等十八人提議，政府確定今後茶葉政策以維國產而利對外貿易案，決議送請政府辦理。（三）范參政員承樞等十二人，爲維護錫業前途，請政府迅速廢止統購統銷，挽救生產案，決議修正通過，送請政府切實辦理。（四）張參政員[illegible]福等六人提，請援助後方各紗廠案，決議送請政府參考。（五）黃參政員肅方等七人提，爲成都市棉紗工業同業工會組織複什，無力生產之廠方營私舞弊，影響織戶生產，擬請負責當局查覈實情，予以革新，以利民生案，決議原則通過，送請政府斟酌辦理。（六）錢參政員錚等六人，××發全國人小學校田產應納糧賦以維基礎教育案，決議送請政府參考。（七）王參政員江明等十一人提，請政府從速救濟貴州糧米案，決議送請政府斟酌實際情形，迅速切實辦理。（八）黃參政員肅方等八人提，請從速開發內川隆昌縣聖燈山新鹽場，以利民生，而裕國用案，決議送請政府斟酌辦理。（九）王參政員開三等六人提，開發鐵路爲國內僅有之一大交通動脈，員工生活，特別困苦，擬請政府迅速予以救濟，以維路案，決議本案通過，送請政府切實改善員工待遇。（十）錢參政員鳳鑽等人提，請撥湖北省政府攝毀作發導處公教會所，辦育幼學院，以免違反信教自由而維持慈善事業案，決議本案修正通過，送請政府斟酌辦理。

參政消息

（只供參考）
第九四五號
解放日報社 新華社 編
今日出一大張
卅四年七月廿日 星期五

合衆社報導
國民大會可能延期

【合衆社重慶十九日電】國民參政會今晨舉行其最重大的會議，對國民大會之召開不建議日期，僅提議政府決定。

國民大會是由國民黨代表大會擬定十一月舉行（該會議要製定中國憲法，造成中國立憲會議的可能性），現在可能展期。參政會在一連串的建議中敦促中國政府考慮形勢的正當的實際情況，使國民大會盡可能代表民意，並建議立即完成在××××七之憲法。與會一百七十多個參政員敦促政府在召開國民大會之前先採取下列政治步驟：一，達成政府與共產黨之間的團結。二，開放言論、出版、結社自由與人身安全。三，給其他政黨以合法地位。四，在各省縣組織人民選舉機構。在討論中，一部份參政員猛烈反對十一月召開國民大會，但不能直接否決國民黨代表大會的決議。

討論國民大會問題情形

【中央社重慶十九日電】國民參政會第四屆第一次大會，對於國民大會問題，已獲得一和諧之結果。自該會開幕以來，各方面對於本案如何決定，均予異常之重視，今日旁聽席上之擁擠，甚於開幕之日。外賓亦多，足見中外皆集中視綫於此一問題也。當主席王世杰於九時提出本案時，王氏曾稱國民大會問題，本會十四日上下午曾有長時間之討論，經決定組織特種委員會審查，由主席團召集之。主席團同人認為此案關係至為重要，在審查之前，先徵詢各方意見，俾求得一致之意見，以示參政會本身之和諧。蓋政治上當前之僵局尚未打開，參政會同人皆極關切，冀求如何打開，惟吾人必先打開本身之僵局，俾能捨小異而就大同，職是之故，主席團乃擬就一能[illegible]致接受之方案，以期先打開本會之僵局，主席團感覺必如是，方能使政府之努力與參政會各參主政治是少數服從多數，然在精神上多數人也不妨遷就少數人，吾人民有此種雅量，本案定可得到同仁支持，至於報告中所列辦法，是否可為政府所接受問題，余以為以政府委員而言，不能不講無困難，惟以蔣主席之涵蓄寬容與國民黨五十年來為民主憲政而流血之歷史，若干困難並非不能克服，且亦有理由相信對於各項辦法，可以付之實施，倘有同人於通過之後，協助政府促其實現。左舜生參政員發言謂，此項審查報告，曾於昨日下午特種委員會經過三小時之集議，作審慎之考慮，當時所得印象，各參加審查會之參政員，皆感覺到此事對國家之重大責任，故討論時異常慎重，而且完全運用理智，因能獲得此項結果，同時在審查會對前次會議時各同人所發表之意見，亦未忽視，廿四件提案，亦經詳細研讀，由於彼此之互諒互讓與協調精神，因而完成此一報告。氏繼申論報告中所列之四項，其中如關於國民大會之召集日期，不作硬性決定，使政府有斟酌的餘地，確屬合理之舉，其他文字雖具有彈性，但絕非毫無實際，而且甚具體，吾人對其內容應無疑義。本席予以支持，並希望各同人均能主張通過。傅斯年參政員發言謂，本案昨日審查時，雖不免有爭執，但得到其解決時，立即能彼此協調，此種精神彌足欣慰，蓋將若干不同意見歸納起來，成為一全體所擁護之案，實屬難得，此種和諧之精神，並非可以倖致，乃由於大家持之明理智，大多數國民黨員能遷就少數意見，自必能由此種和諧精神發生團結，是則團結亦非難事，因各黨各派之團結，推至廣大之民衆，以少數服從多數，多數亦能遷就少數之精神，即為民主政治之象徵。至於報告內所列辦法，切望政府能立即做到。徐炳昶參政員發言，氏提出三項意見：（一）地方自治應使人民有行使四權習慣，實行憲政，還政於民，並非還政於土劣豪紳。（二）實行憲政，必須特別慎重，如鄉堡安勸，無疑具文。過去之選舉，如發現有不合法者，應糾正之。（三）憲法為國家根本大計，須大家愛護，千萬不能用為政治上之鬥爭工具。吳望伋參政員發言，氏對審查報告提出兩項修正意見，並請為求取國家之統一與團結，應捨小異而就大同，此項報告之完成，至感滿意，乃為一全國團結與統一之路云。各參政員俱於水銀燈下，發表演說，均由中製攝入鏡頭，每人發言之前後，俱獲熱烈之掌聲，全場空氣至為融洽。主席於吳參政員發言後，根據大多數參政員之意見，宣告停止討論，以審查報告原文付表決，並聲明徐、吳兩參政員之意見，併案送政府參考。在場一九六參政員中，起立者一八七人，此案遂於九時五十分在熱烈掌聲中通過。

政員共謀打開僵局之貢獻，但不生影響。其次吾人感覺上次會議中各參政員對於國民大會問題，其意見容或未能完全一致，但相同之處正多，且甚重要，如憲政之必須從速實現，憲政籌備工作必須加速推進，國民大會之必須具有完備代表性，全國統一團結必須繼續求其實現，因此吾人根據以上兩個認識，求取各方作小的犧牲，求取各方意見融洽與協調。至於各方意見完全一致之點，也不必作剛性之規定，使此間之各種不同意見，能儘量容納，俾政府接受此項建議時，亦可作周詳之考慮。基於以上之信念，復以各方意見相同之點又多屬重要之點，主席團乃據此向各方分別商洽，擬具草案，於昨日之特種審查委員會經過三小時之討論，在座各審查委員均分別發言，其中亦有文字上之修正，並將各審查委員之意見加以紀錄，最後已獲得一"和諧一致"之意見，復由主席團向本會同人一再說明兩點：其一、國民參政會爲民意機關，惟其成立於戰時，其最高目的爲藉此獲得全國之和諧與團結，故其決定不一定由於多數意見而旨在求得各方面之和諧；其二、對於各種意見，吾人不僅希望在本會能完滿一致，且希望政府接納此項建議後，能夠迅速實施。最後王氏說明審查報告，雖有若干意見已被犧牲，但仍希望各位參政員仍能予以接受，至此遂開始討論，黃炎培參政員發言，本次國民大會問題之議案，爲參政會成立以來第一次對國家前途重要問題之討論，政府領袖及主政之國民黨，決心在此時期結束訓政，以實行憲政，爲歷史上最光榮，而且亦爲全國人民所稱頌之舉動。凡各黨各派及無黨無派人士，應幫助領袖獲得完滿之結果，俾國民大會在和諧空氣中舉行，勿因此發生枝節，此爲余與冷遹褚輔成等諸先生之看法，因此余等有延安之行，行前與歸來，均將同人等主張與此行結果，報告於領袖，今日可得爲諸君言者，團結並未絕望，至於今日討論國民大會問題之審查報告，余對報告內容尚不無意見，惟此報告能獲得圓滿結果，故犧牲至時，予以接受，更希望想到八九年抗戰前方將士犧牲之重大與當前參政會內外人士深盼吾人能有一完滿辦法，爲國家前途鋪一康莊大道，造成長治久安之局面，而其關鍵實系於吾人一念之間，犧牲小異以就大同。故本人首先擁護今日之審查報告。胡健中參政員發言，余對今日提送討論之審查報告，由於個人之信念見解與主張之關係，其內容不能完全同意，但念及團結與統一對國家民族之利害關係，余亦表示擁護本案。氏繼稱[illegible]報告[illegible]容[illegible]由於大多數人不忍[illegible]國與少數人推誠合作之兩[illegible]方成，而遂使本案具有完滿性，當爲本會最大之收穫。並謂，民

【中央社重慶十九日電】國民參政會於十九日上午第十六次大會，討論國民大會問題審查委員會審查報告，決議一致通過，茲誌全文如下：本審查會審查關於國民大會之提案廿四件，經鄭重研討，認爲政府召集國民大會以實踐還政於民之意願，全國人民咸深欽佩，本會同人對於國民大會問題所提意見，彼此雖不無出入，然憲政之必須從速實行，憲政籌備工作必須加速推進，國民大會之必須具有完滿代表性，全國統一團結之必須繼續求其實現，則爲本會同人一致之期望，本會謹請大會作次列四項之決議：一、關於國民大會之日期，本會同人意見未盡一致，本會茲不提出具體建議，由政府酌斟情形決定。二、關於國民大會代表問題，請政府參照本會各參政員提案，衡量法律與事實，妥定辦法，儘使國民大會具有極完滿之代表性。三、憲法制定時，應即予實施，俾政府還政於民之旨，早獲實現。四、國民大會召集前，請政府從速採取次列各種措施：（一）繼續採取可能之政治步驟及協調之精神，求取全國之統一團結，本會同人並盼中共方面，亦深體統一團結之重要，使政府今後所採之政治步驟，獲得其預期之效果。（二）保障人民身體言論出版及集會結社之合法自由。（三）對於各政治黨派依法予以承認。（四）依限完成後方各省各級民選機關之設置，以樹立地方自治之基礎。（本會同人原有各提案及本審查會各審查委員所提之意見，連同本決議案，併送政府。）

【中央社渝十九日電】國民參政會十九日通過對國民大會問題之決議後，其他一般案件，一日間進行，亦至迅速，大會可如期於廿日下午五時休會。十九日上午第十六次會議，由王世杰主席，表決國民大會問題時，主席參政員達一百九十六人，下午第十七次會議，由王雲五主席，對有關財政金融案會有討論，均順利通過。廿日雖預定舉行閉幕典禮，但上下午仍將各開大會一次，並由宋院長於上午出席報告。

重慶發言人在外國記者會上稱：

「關於中共在延成立單獨的聯合政府問題 尚未收到精確情報無法表示態度」

【合衆社重慶十八日電】此間政府發言人在招待記者會上稱：關於共產黨所宣告他們準備在延安成立單獨的、獨立的聯合政府的問題，中國政府未府並

者到精確的估計。因此官方無法表示態度。政府發言人在回答問題時稱：共產黨會允許外人出席他們的會議很可懷疑，並堅持表示在一九三六年的代表不是指定的而是選舉的，至少在某些城市是選舉的。發言人在關於宋子文赴莫斯科之行，除在蘇京所發表的中蘇公報外，目前尚有更多資料可資透露者。中國飢饉區僅限於陝、晉、甘、豫及湘南各地，貴州程度較輕，上述各處乾旱損害收成。據稱，「政府糧食當局認爲情勢「並不嚴重」，又稱在四川稻穀收成的前途尚佳，但在八月底以前尚不能確定。

同盟社評參政會稱
一個非常無意義的會議

【同盟社廣州十八日電】從七月起，在重慶舉行的國民參政會，將決定十一月召開國民大會是否能夠成功，因之集中了國內外的視聽。但問題是由於延安代表的不參加，致參政會本來的性質發生了難堪的事態，因此它的趨勢，是更加令人注意。即是說，本來延安的反蔣態度以前次的七全大會爲契機，突然強硬起來。其後並採取具體的步驟表示不參加參政會，它並有很大意義的。現在問題已經超過了一個參政會的存在意義，而正在向着渝、延雙方的政治的正面衝突了緊張氣氛發展，原來延安之所以不參加參政會，開始延安認爲重慶的參政會「不能代表國民的意思。而是由國民黨召集的」，根據這一見地，因而表示不參加。重慶方面則強調此次參政會的重要性，極力邀請各方人士參加，如重慶政權的機關報大公報，在其社論中以非常低調的語氣力促共產黨的參加參政會，說：「延安發表其政治見解的機關，只有無線電廣播與解放日報，因此爲了發表其主張，出席參政會不是很好的機會嗎？」又重慶當局亦於七月一日督促延安代表參加，並申言爲了避免國內糾爭，準備召開國共談判，因此黃炎培等七名參政員作爲迎接延安代表的使者，僕僕風塵前赴延安。然而延安方面卻儼然不動，據重慶八日電稱，參政員一行已空返重慶，說到延安方面回答絕對不參加，這樣，本屆參政會是將延安方面除外，在舉行一個非常無意義的會議。據重慶路透電稱，國民黨以外的少數派參政員之態度亦不明確，其間是有着若干的摩擦，這是不難想像的。因爲國民大會召開在即，因此可說參政會之使命不久就要終了。蔣介石當初所企圖的運營該會，已在××中醜態畢露。

同盟社稱
參政會通過締結中、英、法、蘇四國軍事同盟
決議爲對內的欺騙手段

【同盟社里斯本十八日電】據合衆社重慶電訊稱，國民參政會於十七日，

陳納德指揮的十四航空隊原封未動。但是，其作用顯然與過去的實際上部。在這種情況下，人們可以了解：陳納德的失望和煩悶，雖然微小，但實際地使人們不知道他真正的情緒。他無論如何可以下述思想自慰：他在中國所做的偉大工作將被作爲戰時卓越表現之一，而爲世人所不能忘，而這種表現又使他獲得中美人民的永恆感謝。

斯特拉特梅耶介紹

【合衆社華盛頓十七日電】最近被任爲中國戰區美國陸軍航空隊總司令的斯特拉特梅耶少將，現年五十四歲，俄亥俄州維辛納梯人。他於一九一五年六月十二日在紐約西點美國陸軍大學接受軍官任命。一九三九年，他奉委空軍兵團司令官辦公室任職，次年委奉爲戰鬥部隊將校。他在擔任訓練及作戰師師長，供職空軍兵團司令官辦公室後，即於一九四二年一月被擢升爲准將，並擔任西南空軍兵團訓練中心（在烏拉巴馬的馬克斯威爾）。六月，他被任爲陸軍航空隊參謀長（設總部於華盛頓）後來，任東南亞盟軍聯合空軍總司令。不久又任中印緬空軍戰區司令官。一九四四年，他位爲少將，任緬印空軍總司令，而在去年十一月改組該戰區中，他任緬印盟軍航空隊總司令。五月二十八日，他被擢升爲中將，任印緬空軍總司令。他曾於一九四三年八月二十五日，榮獲「服務優異勳章」。並於六月榮獲空軍勳章。

朝日新聞說：
三巨頭會議對日本有直接影響

【路透社倫敦十八日電】日本對於三巨頭波茨頓會議，關於遠東結果的恐懼，表現於今日的日本報紙中。日本通訊社引「朝日」新聞訪員的話稱，「現有各種象徵表明，三巨頭會議將較以往對於日本產生更直接的影響」。該訪員預料，會議之後將發表一聯合公報，其中含有關於對日戰爭的一段，這將成爲美國準備進攻日本的政治武器。「讀賣報知新聞」於評論斯大林與宋子文間的最近莫斯科會談時稱：「由於斯大林是非常現實的政治家，問題顯然是：重慶須用什麼讓步來換取與莫斯科的諒解。美國、蘇聯和中國間的關係弄得如此複雜，以致只有三巨頭找出解決的方案」。東京報紙今日宣稱，目前特種艦隊對日本大陸的戰鬥，不應視爲是盟國在日本登陸的序幕。（下缺）

【同盟社東京十九日電】朝日新聞蘇里批特電，介紹三巨頭會談中美英蘇三國的××政策稱：蘇聯對德政策的綱領，已確定下積極的方針，即密切把握着德國民衆，建設新德國，然而美英兩國到現在還沒商談過對德政策，僅會招惹德國國民的不滿。其結果只是暴露了他們對德政策的窮困。斯大林委員長和重慶行政院長宋子文會談六次這一事實，迫使美國需要建立新的立場，很明顯地美國在三國會談已前的準備工作，是做遲了。從蘇聯的現實的政

通過下列決議，即（一）立即批准國際憲章案；（二）締結重慶、英、法、蘇四國軍事同盟案；同盟案爲期二十年，仿照美蘇、法蘇的互助條約。並議決應由重慶政權發起促請締結四國間的同盟條約。據合衆社說明稱：同盟案之所以將美國除外，是由於考慮到這種條約違反美國傳統政策的緣故。國民參政會突然通過出乎意料的決議，可認爲是這樣的原因，即出於這一向延安代表以下的進步派份子抵制國民參政會，一般的關心正漸趨冷淡，乃以此再度吸引國民的注意；另外一個原因是針對着對日總反攻的力量沒有實際行動的非難，乃由重慶創議，將聯合國的共同戰綫，發展爲同盟關係；這都不過是對內的欺騙手段而已。

美郵報評稱

陳納德退休與斯特拉特梅耶任空軍總司令有關

【美新聞處華盛頓十七日電】華盛頓郵報十七日題爲「陳納德退休」的社論稱：「十四航空隊司令陳納德少將被什麽迫使恰巧在對日戰爭過近最高峯時退休，最大家不明白的。我們從中日戰區軍事當局對陳納德退休消息所施嚴密檢查那裏所得唯一解釋是：陳納德將軍的退休是出於他健康欠佳所致。由於他八年前首次抵華時即已失聰，由於他失聰從未妨害他的風度，人們必定認爲這種解釋是××。人們懷疑陳納德的退休與『陸軍政略』很有關係，因爲陸軍將領們承認他是『天才』的時候，對他並不比他們從前對另一個空軍天才米徹爾更好一點，也是公開的事實。給陳納德的事情以『陳舊發臭』性質的是：現在是自戰爭開始以來第一次陳納德所曾必須克服的一切致命障礙正近於消除中。陳納德及其部屬××地完成了極巨大的業績。從開明的意義上說，他們已盡了他們的作用。他們經常缺少飛機、零件，和汽油以及其他一切，但是却富有勇氣、機智、辛勤努力的無限能耐以及陳納德在他的飛行員中發展起來的驚人戰術技能。我們說陳納德是在珍珠港事件以後的黑暗時期中使中國繼續作戰的主要因素之一，也不算過分。他被中國人崇拜是不足奇的，[illegible]中國人驚於陳納德的輝煌功績，感覺難於了解陸軍部發覺必須把他安置在一個從屬地位上的原因。實際上這就是當斯特拉特梅耶中將被派至中國擔任已經擴大的美國駐華空軍總司令時所發生的事情。根據新的改組計劃，

策上來看，直接和重慶談判，要比和美國談判可以多得到一些東西，這一方法不僅可以在中國奠定下將來對付美英的軍事和政治上的基礎，並且在保持日蘇友好關係上，有很大好處。美國爲了要在日本登陸必須要把日軍牽制在滿洲，這就需要蘇聯援助，但亦不能作過度的要求，這就是今日美國對蘇外交的基調，以及它的弱點。不管美英蘇兩陣容間的內部關係是如何，此次波茨頓會談將會談及對東亞共同的方策，日本對這一新國際事件的變化應加以重視。

三強會議新聞控制嚴格

英美記者表示不滿

【中央社倫敦十八日專電】英國新聞界一面對於三巨頭會議之成就雖寄以甚高之希望，但對會議情形嚴禁發表深表不滿。多數筆鋒銳利之編者，已於昨今兩日倫敦某數具有勢力之報紙上，對於每日郵報所稱對於會議新聞報道之『荒謬限制』深切憤恨。報界之意見認爲，新聞之封鎖實爲不當，蓋因一則歐戰業已結束，二則對於正當之新聞官方如無適當之指導，則必猜疑横生，反滋曲解與謠言。某數報紙今日指出，各種謠言已在流言，其中之一即謠傳斯大林曾攜有日本求降之請求，赴會三巨頭所討論者究竟爲何？倫敦迄無消息。到會採訪之記者，對於會議新聞不能發表亦同聲叫苦。倫敦晚報（明星報）今日稱，對於如此衆多之新聞而能發表者竟如此之少，實屬僅見。

【合衆社波茨頓十八日電】三巨頭會議今日下午舉行第二次會。

【中央社柏林十八日專電】三巨頭進行多次微妙及劃時代性決定世界命運之會談之際，其議程從見秘密，恐該會議結束後得確定協議時始能獲悉。官方對議題迄無說明，齊集此間之大批新聞記者，不得已而專由報導會中花絮，並作種種推測。來此記者現已超出二百人，此外尚有白宮記者四人，數未詳之蘇聯記者若干。據悉，三巨頭昨日午後首次正式晤商後（距預定時間遲卅六小時）將於問題需要決定時，再作晤商。至於處理之問題之詳情，業經三國外長擬妥，貝納斯、莫洛托夫及艾登經常會商。三巨頭除在舖有地毯及有窗格之會議室中進行正式會商外，曾與其他社交應酬，就世界今日面臨之若干最重要問題非正式交換意見。杜魯門總統本日赴邱吉爾相午宴繼訪，由貝納斯陪同答拜斯大林委員長。

參考消息

（只供參考）
第九四六號
解放日報 新華社 編
今日出一大張
卅四年七月廿一日
星期六

宋子文不談中蘇談判 說要調整政府機構

【中央社渝廿日電】宋院長廿日在參政會報告稱，行政院各部門的工作，已由各部長分別報告，今天本人擬將最近一般情況和個人的觀察，概括的貢獻於各位：

首先報告出席舊金山會議之際，曾與美國政府商洽經濟援助問題，繼述奉命到莫斯科與斯大林統帥和莫洛托夫外長商談。在莫斯科留了兩個星期，很多問題都已商量過，因爲斯大林統帥早已和美國總統及英國首相商定本月中旬在柏林會議，所以本人乘此回國，向蔣主席報告和請示。

關於中蘇談判，因爲還沒有決定，所以還未到報告時期，此點給各位一定可以原諒，等到問題解決可以宣佈時期，本人一定可以向參政會各位駐會委員，再爲報告。今天恰爲參政會閉幕的一天，各項問題自不能詳細報告，只能就一般問題概要說明。

宋氏敘述個人對於戰事的觀察謂，各人的目光及判斷，固然不同，但依照現在情形，美國海空軍轟炸日本本土，如入無人之境，以我們本國的軍事力量，配合盟國的軍事力量，相信最遲在明年春天日本一定可以無條件投降，甚至不必到明年春天就在今年年內，或許可以將日本完全解決，至此吾人有兩大問題就會發生：

戰事既然即將終了，有兩大問題就會發生：

第一是復員問題，過去行政院各部會署已經都在研究，但是還沒有一個整個計劃，我們可以說從今天起，抗戰勝利即在目前，我們今日對於復員計劃，不能認作是遙遠時期的打算，各機關應該將復員實施方案，立即提出，在行政院內另組織一個審慎機構，然後根據各個方案，作成一個整個計劃，積極着手準備。第二是建設問題，諸位知道（缺六字）最爲重要，如果經濟上

我們講到物價問題，上漲固然嚴重，但是還有一個問題，以後比上漲還要嚴重更需要研究辦法，就是在軍事勝利後，物價下跌問題，這是必然要經過的階段。對於一般社會經濟和戰後的建設，都有重大的關係，政府和一般社會人士都應該及早密切注視。

最後，述及要想實行這種計劃，必須要先充實政府的力量，增加工作的效率，過去政府已將所屬機構加以裁減調整，今後還需要調整，制度固然需要調整，人事也需要調整，而且不調整則已，要調整就得徹底，講到人事，我可以說我們目前已經感覺到有能力的人爲數太多，抗戰勝利失土恢復，國家大規模建設的時候，人才將要感覺到極端的缺乏，我們要以全副力量招請各項有能力的人才，來共負建國的重任。

【合衆社重慶廿日電】宋子文於今日國民參政會閉幕演說辭中稱：整個中國政府機構不久將予以改組。宣稱：在政府職位中××極少數有資格官員。戰後復興問題需要更多幹練廉潔的領導者。稱已與美國官員達到關於戰後經濟援助的協議。宋除謂會議尚未結束外拒絕評論莫斯科會議。×××參政員×××抗日戰爭一九四五年末或一九四六年初可結束。

國參會閉幕

【中央社重慶廿日電】國參會第四屆第一次大會，自七七開幕，經兩週之集會，業於廿日下午五時半，第十九次會議後，舉行休會式，中樞首長于右任、吳鐵城、朱家驊、俞鴻鈞等多人參加，由莫德惠主席致閉會詞，參政員仇鰲致答詞，歷時卅分禮成。今日爲大會最後一日，上午第十八次會議由張伯苓主席，討論提案後，由行政院長宋子文出席報告，並選舉休會期間駐會委員，下午第十九次會議，由王雲五主席，通過政府各項工作報告之決議，至五時半本次大會四六五議案，均已全部通過，即告散會。

【中央社重慶廿日電】國民參政會第四屆第一次大會，休會期間駐會委員會委員，於今日（廿日）上午第十八次會議中，由主席團及參政員互選選出卅一人，茲將名單列後：林虎、孔庚、左舜生、褚輔成、冷遹、傅斯年、黃炎培、董必武、陳博生、王普涵、范予遂、張君勱、羅衡、胡霖、胡健中、許孝炎、許德珩、王啓江、奚玉書、陳紹賢、錢公來、李中襄、燊照、何葆仁、余際唐、陳啓天、馬元放、馬毅、武肇煦、尹述賢、周炳琳。

【中央社重慶廿日電】參政會廿日下午十九次會議，通過有關保障人民權益，及其他提案廿九件。對於懲戒漢奸，以維持民族氣節，及懲辦附逆報館

七四

沒有辦法，一切都不能建設起來，關於戰後建設，我們必須要有國外的援助。

據本人判斷，今後建設國外的援助，不是可以空空洞洞像一般想的，向那一國提出廿萬萬或是卅萬萬美元的一筆借款，就能辦到。倘若用此種方式和他們接洽，一定不能得到結果，我們應該拿具體的事業做基礎，拿出整個計劃來向友邦商量，譬如說我們戰後五年內需要開發與辦若干基本經濟事業，這種種事業不但假定需要多少資金，而且以各個事業為單位，要有十分詳細的計劃，用這種方式和友邦合理商洽，以本人看來，可以確有把握，而且在物資以外，還可以得到他們技術人才的幫助，所以我們應該在最短期間，把最近幾年內應該興辦的各種事業，從速決定，然後提出和友邦政府磋商，相信必能成功的。美國、英國、蘇聯、加拿大，都可能幫助我們，就是法國比利時等，也可能和我們合作。

出後的建設問題，固然重要，但是如果不顧現在，將來還是落空，目前難關倘使不能渡過，以後建國也就無從談起。軍事方面，蔣委員長已在積極調整，一般士氣和軍力較前大有進步，現在最困難的問題，還是經濟問題，也就是物價問題，關於這一點本人可以簡單的向各位報告。

最近國際環境已經好轉，政府地位和去年在河南湖南廣西戰事失利的時候，情形已經大不相同，同時經濟方面，此次本人在華盛頓時，與美國政府商洽援助，得到相當成果，即以黃金一項而論，最近期內，就可有極大數量運到國內，作法幣準備。至以後黃金政策，政府體察環境，不斷在籌議之中，我們的政策，不一定所有黃金全部脫售，但是無論如何。政府有力量在手，就是黃金一項也就可以控制金融，這是毫無問題的。此外，在華盛頓還商妥今年下半年可以由美國巴西墨西哥運輸大量布疋來華，同時物資由印度內運問題，也已經商得具體辦法，其他需要的物資，國內可以生產的當儘量××，必須向國外購運的，也已經確定辦法，分別進行。以上所說是就目前運輸能力而言，如再過幾時，有其他交通方法可以開闢，物資運入國內的數量，還可以大大的增加，本人敢說，抑制物價的武器，已經在握。對於解決目前經濟的方案，已經得有端緒，並且相信可以逐步實現。

總之，此後經濟上已經沒有危機性，只須設法能够早些成功，使得一般民衆痛苦可以減輕，前方將士力量可以增強，後方公教人員生活可以比較安定那就好了。

文化漢奸各案，亦於上午十八次會議中決議，原則通過，請政府根據各案要點，修訂懲治漢奸條例，並從速組織漢奸罪行調査委員會。

新中國日報反對召開『國民大會』 也不贊成解放區人民代表會議

【本報訊】六月廿八日青年黨機關報新中國日報以「政治解決與團結問題」為題的社論，反對召開一黨的國民大會，但也不贊成解放區人民代表會議之召開。該報首引李璜、張君勱在美國的談話，「主要在促成中國之民主團結，便能和衷共濟，俾利抗戰建國。對於一黨組成的國民大會，當然只能代表黨意，不能代表民意，代表不另普選選出，勉強開會，必增糾紛。國民黨一中全會既將此案移交參政會審議，我們希望參政會能有饜足人民意志的決定，勿受集團支配，為拂逆衆情之舉。」該報繼稱：「現在中共聲言，將召開解放區的人民代表大會，這顯然對團結問題會增加困難。本來上屆『國民大會』代表，已選出十年之久，居民地區，如有變動，以那時選出的代表，自難代表現在地區中的人民，所以應徹底另選這是我們一向的主張。但這事，應當先促成全國的民主團結，再由全國性的政府來通盤籌備，乃為正辦。將就十年前一黨選出的代表來完成開會形式，我們固然決不贊成；但在今天就亟亟如欲就區域召集代表來開會，我們也不贊同。因為團結並未絕望，我們為國家前途計，眞不願再使事態趨於複雜，使得解決更感困難。」該報又責備國民黨道：「在今年三月一日之前，本已有相當進展，忽然中變擱淺，這不應由衆人負責。關於團結問題……我們願指出這一點，在執政黨儘管屢次說明，國共問題當以政治方法解決，我們對此決定，誠然表示歡迎。但所謂政治方法的內容是甚麼？却沒有明白的提出來。沒有內容的一句空話，是解決不了事的。……請趕快提出具體的方案，交國人共同研討，以求合理的解決。我們曾經提供過許多具體的意見。」「若果執政黨只有空話而無內容，而對於具體的建議，又復漠然，則難怪中外人士，皆以為執政黨無解決問題之決心了。問題不解決，問題是依然存在的。而且時間越久，醞釀越糟，將要得一個甚麼結果呢？假如這個結果就是『戰爭』的話，那不但與『政治解決』的意思不相符，而且也太與民意相違反了。」

同盟社報導解放區人民代表會議 稱延安將成立獨立政府

【同盟社里斯本十八日電】延安政權，正在進行準備，以便於十一月十二日召開中國解放區人民代表會議，用以對抗重慶的國民大會。這一報導似已相當刺激了重慶當局。據十八日之重慶合衆社稱，延安政權已宣佈其成立聯合各派的協力政府之計劃……成立民主的統一政權，會是延安方面的主張，也是國共關係破綻的根源。上述報導果屬事實的話，則中共將要拋棄重慶政權，而成立獨立政府。然而現在還沒有延安來的報導，因此還不明瞭其眞象。美聯社會報導重慶當局的態度稱：重慶政權尙未接到精確的情報，因之在今天會見新聞記者時，發言人說還不能正式地表示態度。

僞當收回廣州灣租借地

【同盟社南京廿日電】國民政府於二十日下午二時，就收回廣州灣租借地事，發表下列聲明：「中華民國國民政府收回廣州灣租借地之聲明」：前清光緒二十五年即西曆一千八百九十九年，法蘭西政府以列國在華的勢力應該均衡爲藉口，强制地締結條約，租借期間爲九十九年，在上述期間內實行統治該地。上次歐戰結束後，已經二十三年，因情勢變化，我國會決心收回該租借地，法國政府亦會於國際會議上聲明交還我國，民國二十三年三月二十三日，又聲明交還租界與廢除治外法權，同年關於交還租界，皆次第履行與實施，但關於廣州灣租借地，則迄今還未交還，今年三月十日以後，法國在租借地之行政權已經停止，法國在廣州灣之軍備與武裝，亦均被解除。這樣，關於光緒二十五年即西曆一八九九年締結之中法間廣州灣租借地之條約，已完全失掉其契約之目的，因此，中華民國國民政府爲了達成獨立自主與領土完整之目的，遂於民國三十四年七月十六日直接收回廣州灣租借地之行政權。國民政府聲明如上。

三國會議消息

【中央社柏林十八日專電】美總統本日有兩午餐約會，下午一時應邱吉爾之請，三時則赴斯大林之宴。所不明者即杜魯門總統爲何同日接受兩午餐約會，料或爲俄人午餐便甚晏之故也。美總統與英首相在午餐前後，會作長談，且僅二人在座，談話內容不明。總統與斯大林委員長兩人之會聚，則爲時甚短，似純屬酬酢性質。

【中央社紐約十九日電】波茨頓報紙之讀者今亦見報紙上之空白爲波茨頓環球報於其第一版三强會議之「官方」新聞之標題下，故意留一二方英寸之空白，此項空白即所謂之「開天窗」但其所以有此天窗者，並非由於國內之

軍綱是一根本的東西，擁有很多的基地，並有機地使用它，當進行攻擊或進行防衛的時候，即可佔絕對的優越地位。十月我空軍對突然襲擊東地區的敵機動部隊、繼戰戰，巧妙地利用佈滿全國的基地，使敵人遭到大打擊，而我方損失極爲輕微，如站在防衛場合，則基地網的意義將更能證明：如果倒轉過來，這一基地成爲敵人攻擊的主點之時，將會發生壓倒的力量，完全整備的基地網好像一條兩頭蛇，一方的基地被敵人艦載機攻擊，而在這一期間，即全力集中於另一基地，窺伺敵人之空隙，殺傷敵人的航空母艦。對於沖繩島周圍海域不能使用此種巧妙的基地空軍，在將來本土決戰時，即可在高度使用此種接近本土的基地，展開虛虛實實的空中攻擊，各個基地空軍同時實行正面集中攻擊，給予敵人以致命的打擊。(二)飛機的供給，對於消耗很大的空軍，要不斷的進行供應，但即以很多的生產量仍然要碰到很多困難，特別是從日本本土的生產部門，要向在各基地作戰的空軍繼續作大量供應，使空軍經常處於完全裝備狀態，那是非常困難的。此即在運輸飛機上，在保存零件上，供應燃料上，我們曾在沖繩作戰中嘗到很大的困難，但如果在本土迎接敵人，飛機直接由本土基地起飛的話，飛機可直接由工廠飛到作戰地方，所謂供應問題已經進入一個新的時期。換句話說：工廠製造的一架，在戰場上亦能作爲一架飛機，就是使最大限度的生產力能變爲最大限度的空軍力量。（四）攻擊方法的變質，要突破海域達到戰場，必須考慮這一時期的氣候狀態，而且因燃料關係亦不得不限制炸彈的搭載量。但在本土、近海出擊敵人之時，能夠起飛的飛機應立即參加航空陣容，所有的飛機突入敵人的艦船，這是可能的。而且在燃料的最小限度以外，不僅要把一切變爲擊滅敵人的火力，而且接近距離的出擊，必然要增加攻擊回數，沖繩島的一架飛機，可以成爲相當於本土的五架飛機，或十架飛機，突入敵人艦船之中。所有的飛機飛起來，還是我空軍對抗接近本土的敵人的具體條件。（五）攻擊目標，登陸作戰的直接目的是要踏入本土，因此如不使艦船靠岸則無意義，但其防砲火非常薄弱的運輸船，爲採取集團方法，就成爲我空軍的最好目標，這速度很低的練習機亦可殺傷敵人，當然我們不能過低估計掩護敵艦船的艦隊空軍的威力，但如沖繩戰史所表現者，在敵人損失航空母艦百分之五十時，其接近本土的基地空軍不能直接協助，因此在我連續四十六小時的空軍襲擊下，很難完成掩護艦隊的使命。當敵人艦船最少亦沉沒三分之一時，萬一敵人的登陸兵團與登陸指揮斷絕的場合，又怎麼辦？坦克登陸了但沒有坦克兵

檢查，乃係完全出於自動，藉對波茨頓坦會議新聞報導之嚴守祕密表示抗議，美國報紙之採此方法或係初次。

【合衆社波茨頓十七日電】本夜三巨頭會議仍嚴守祕密，新聞記者竟無法證實杜邱斯今日午後會否舉行會議。會議極可能已於本日午後舉行，但官方發表公報所提及者，僅較不重要的事項，如飲水係以飛機運來的，會議代表膳食極爲豐富，以及與會代表膳食耗費極大等等。各記者曾提抗議及詢問，負責方面的答覆亦如會議以前所宣佈的，即記者不能採訪三巨頭會議消息。官方嚴持此一政策。合衆社記者自柏林來電稱：此間盛傳英國官員奉令禁止與新聞記者談話，僉信英方官員尤禁就任何問題發表私人之意見，或與記者討論及爭議問題。

【路透社重慶十八日電】中國報紙社論評波茨頓會議稱：「三巨頭」大概將討論日本問題與遠東戰爭，並提醒他們：中國的意見就是在開羅會議上表示的那些，即：日本從中國手中奪去的領土，如像滿洲、台灣與澎湖島都要歸還中國。

【路透社倫敦十八日電】公報稱，英美蘇三巨頭已於昨日下午五時開會，對於立須解決的問題經一小時半的討論，彼此交換意見後，已決定應由三國外長即美國務卿貝納斯蘇外長莫洛托夫英外相艾登經常舉行會議商討。華盛頓盛傳三巨頭將討論日本的無條件投降或蘇聯對日宣戰問題。

同盟社稱
一定要在海上消滅「敵人」

【同盟社東京十五日電】敵人在本土登陸，如何才能達到目的，不待言首先是陸軍登陸，然後推進步兵兵團，一步步擴大地方，以達最終目的，因此我軍的對付辦法，就是要有海上埋葬敵人這一個推進兵團，這是最有利的最確實的手段。有人鑑於冲繩作戰的經過，亦許認爲我們要在海上消滅由有力的艦隊空軍掩護而接近海岸的敵人，是很困難的。這是將孤島作戰與本土決戰混同的原因，冲繩島與本土在戰略條件上有根本的不同，我們徵諸下列戰鬥教訓亦可確立在海上埋葬敵人登陸軍的信心。原來基地空軍與艦隊空軍的角錐，還是原則上普通是將軍力配備放在基地空軍，本土決戰就是要靠基地空軍，還是因爲不僅整備基地網，而且補充飛機、攻擊戰法的變質，限定攻擊目標雖在本土決戰中均對我有利，（一）關於基地網的整備，在空軍作戰中，擁有縱使有砲但一顆砲彈也沒有，兵員雖有一半登陸，但又沒有指揮者，如果是這樣，則部隊根本不能進行作戰。按照上述情況，那末我空軍的進攻定能成功，不僅在海上予敵人以極大打擊，而且登陸軍亦不可免的要受到澈底殲滅。我空軍在此千載難逢的好機會到來之際，應全體成爲特攻隊等待敵人的登陸。

中央社稱
巨機將炸中國大陸日軍目標

【中央社關島十六日電】新近成立之美國陸軍戰略航空隊宣稱：日本佔領下之各中國城市，將見盟國之轟炸日益增加，七日該隊副司令齊爾斯二級上將，已在關島記者招待會宣佈：該隊之成立，相信今後中國大陸及東北各日軍目標，將均及能逃避此一新機構之強力之轟炸，中國基地原有之超級空中堡壘，亦併於該隊。齊爾斯將軍稱：杜立特將軍指揮之美第八航空隊，將自本月中旬由琉球本島基地開始作戰，琉球本島距上海四百五十英里距東京一千英里，該地之超級空中堡壘，當使東北及中國本部大部在安全距離之內，日軍既已承認將其本土遭炸之各城市重工業移至中國東北，故中國大陸無疑將爲美陸軍戰略航空隊所注意。安諾德將軍曾謂「吾人將轟炸日本之二等城市」齊爾斯亦稱「余不信日本尚有任何城市足值一千架飛機之轟炸」凡此均足說明超級空中堡壘，今後之任務爲何。齊爾斯稱：陸軍戰略航空隊，將用於任務必要之時作戰轟炸之用，一旦登陸地點在飛行半徑以內則（B二四）及（B二五）各式飛機，均將出而協助。齊爾斯逆料日軍正保全其空軍實力，防禦其本土之被侵，預計日本將與德國同其遭遇，德國投降時，德空軍距全毀之程度尚遠，德空軍僅因缺之汽油，致不能起飛。

敵轉播美國失業者激增

【同盟社莫斯科十七日電】蘇聯經濟學者發漢斯泰在「戰爭與工人階級」雜誌上評論美國的勞動問題略謂：此次大戰爆發前的一九四〇年，美國失業者達到九百萬人，但戰後失業者將達到龐大的數量。當今日繼續進行戰爭之時，美國的失業問題是很嚴重的，失業者的數量加速度的增加着，即各種軍需工廠、造船所、汽車工廠已解僱無數的從業員，復員的兵士，不能在本國找到職業，作爲一個實際問題來說，返國的兵士應恢復以前的職業，但是當他們出征時，原有的職業被留在國內的人們奪去了，因此他們的復職是非常困難的，這種現象是美國一個極大的矛盾。

（只供參考）
第九四七號
解放日報 新華社 編
今日出一大張
卅四年七月廿二日
星期日

同盟社報導重慶各方揣測宋子文說要改組機構之意義

【同盟社里斯本二十日電】據廿日重慶來電，該日之國民參政會上，因有行政院長宋子文關於在莫斯科與斯大林會談的報告，獲得很多人之關心，但宋子文關於此事並未多談，僅就戰局發表其個人之見解。重慶路透社電，曾作如下報導：宋子文在廿日國民參政會上說：戰爭在今年年底及明年年初即可結束，「爲了準備戰後的復興問題，政府應立即改組」，並說爲了要推進產業與經濟發展，已經與美國訂了協定。關於莫斯科會談，則沒有說任何肯定的東西。宋子文所說的立即改組政府，究竟是符合左派希望成立民主的聯合政府呢？還是重慶內部的再行調整？在重慶亦紛紛加以推測。這可以看做是對國民黨政權獨裁的批評的××。路透社又傳：國民黨宣傳部長王世杰命在該日之參政會上演說，王世杰說：關於國民大會的決議已經通過。他主張立即實行憲法制度，國民大會是真正的國民代表機關，參政會就在這樣要求之下，通過決議。

同盟社報導參政會上提出希望延安合作，國民大會延期及解放區人民代表會等問題

【同盟社上海廿一日電】據重慶廣播，重慶的國民參政會，於十九日，在國民大會審查委員會上，通過有關國民大會的決議如下：（一）國民大會的日期，因會員的意見不一致，政府將斟酌情勢來決定；（二）立即製定憲法，迅速實現憲政；（三）承認與延安方面統一團結的重要性，希望延安合作；（四）根據法律，承認各政治黨派。另據合衆社重慶電訊稱，重慶的發言人，在十九日招待記者會上曾說，關於國民大會代表的資格、權限等各種問題的審議事宜，已托付給三十人組成的特別委員會，將於最近做出決定。

會舉行中，美[illegible]軍[illegible]令首腦部會議，決定取消過去的中國陸軍區、贛州行營、漢中行營三個區，而把中國陸軍區改爲西南軍管區、贛州行營改爲東南軍管區、漢中行營改爲西北軍管區，何應欽任西南軍管區司令，顧祝同任東南軍管區司令、李宗仁任西北軍管區司令。

國民黨成立東南行營

【本報訊】據中央社訊，成立東南行營，由顧祝同任主任，原國民黨第三戰區，及東南各地，均歸其管轄。

【中央社南鄭十八日電】前陝省主席熊斌，今日下午乘專機自渝抵此，與軍風紀視察團主任方策，同時乘機飛往西安。

【中央社成都十九日電】馮玉祥將軍，由渝抵蓉，將赴青城小住。

【中央社重慶十七日電】中國戰區美軍司令部昆明後方勤務部十六日訊，美信號隊隊長克拉克中校宣佈昆明貴陽間之電話線本日起開放，由陸軍步校率領之信號工程連，二日前裝設四百英里長之電線最後部分後，即開始按置終點設施，並試行通話成功，本日起各司令部乃有完全之電話及電報聯絡其間。一新線乃一年前在加爾各答開始計劃之全中國線之首段，美軍信號工程隊及中國交通部之裝線員，協同工作，四月中在昆明開始超越中國最崎嶇地面，平均每日完成五英里。克氏謂此段與加爾各答之長途電話網中其他部分不同，以前各線用作控制運往中國之供應物資，此線和中國首次裝設之軍用電話專供聯絡各司令部與前線軍隊之用，並加速前線之供應工作。

【路透社重慶十二日電】政府發言人今日宣稱：新近自美國回來的孔祥熙，仍將從事於某些政府機關的工作，尤其是中央銀行的業務。

國民黨軍委會一週戰況

【中央社渝廿日電】據軍委會廿日發表七月十四日至廿一日一週戰況稱，本週在廣西方面，先後分由龍勝、融縣、柳城，向桂林推進之我軍，至十三日來攻追義寧、百壽、永福各縣城郊附近與各該地之敵發生戰鬥，並在義寧以北四十里處之地區內傷敵二百餘，我各部輕裝部隊鑽隙分向桂林外圍馬場山、兩江圩等據點挺進，馬場山現已爲我攻佔。又在桂林東北之界首附近，與東南之荔浦方面，我軍續獲得進展，於十六日攻克荔浦後，並向陽×推進中，現對桂林之敵，已形成三面包圍態勢。贛南我軍，攻佔贛縣，並收復具有戰略價值之機場，至於向萬安、遂川分竄之敵，均在我阻擊中。其他各地我軍，均甚活躍，如湖南之益陽，浙江之浦江，福建之漳浦等縣城，

【同盟社里斯本十九日電】據合眾社重慶電稱，國民參政會已於十八日做出重要決議，通過國民大會召開日期由政府決定等三個決議案。國民大會召開日期雖已暫定為十一月十二日，但其最後的決定一任政府決定。這事似可做這樣的觀測，即延期召開是有着充分的可能性。又合眾社電就其間的情形，十九日會報導如下：國民參政會在十八日之出席人數之一百九十九名中，有一百七十名之壓倒多數要求政府在國民大會召開前，採取下列各種方策：（一）形成渝、延雙方的統一。（二）對於國民黨以外之各政黨，亦給以合法的地位。（三）予言論、新聞以自由，予集會、結社以自由。（四）在地方省區，組織選舉區機構，在討論上述事項時，對於十一月十二日召開國民大會事曾有猛烈的反對。它不直接否認國民黨在六全大會上決定的暫定日期，已一任政府最後地決定召開日期，這裏亦是包括着延期召開的大會意味。

【同盟社上海二十一日電】據新華社電：延安為了反對重慶召開國民大會，已決定召集人民代表大會，十八日召開中國解放區人民代表會議，準備委員會常任委員會，有毛澤東、周恩來以下二十三名出席，決定下列出席人民代表會議地區以外之團體代表人數。（一）少數民族代表，回、蒙、藏、苗、夷五民族各一名。（二）農民代表，農民團體代表五人，由華中、山東、晉察冀、晉冀魯豫、晉綏各區之地方議會選出。（三）大學代表五名，由延大、抗日軍政大學、醫科大學、華北聯大、華中建設大學各一名。（四）宗教代表，由基督教、回教、喇嘛教、佛教各一名出席。又民黨[illegible]人民代表，婦女、青年、文化、工人各團體代表人數，最近即可決定。

美先驅論壇報 評國民參政會

【合眾社紐約廿一日電】先驅論壇報於社論中評國民參政會時指出：國民參政會是一個大裁判，在這個裁判廳中，國民黨政權的批評者可以據此新聞論稱：國民政府通過[illegible]決議表明：「蔣委員長如果決定採取現正實行的更為寬大的方針時，將得到強有力的支持。很明顯的，蔣委員長今日具有很好的機會來掌握潮流，缺往較他近幾年所發現的更好的停泊處」。

同盟社說 重慶設三個軍管區

【同盟社上海廿日電】據到達此間的情報悉，在華第三陸軍司令官魏特梅耶、軍政部長陳誠、西南陸軍總司令官何應欽等，

均為我軍收復。又對於桂越邊方面，彼向桂境進犯之越敵，已悉數為我軍驅出國境。

合眾社論中國戰後借款

【合眾社倫敦十二日電】據財政消息稱，中國將需要巨大戰後借款，以實現戰後計劃。回憶宋子文於本年六月四日在其對舊金山中美商務會議的演說中，會說戰後中國將歡迎外國資本和技術，並說：我們期望「中國內部分歧」迅速達到解決。「財政時報」稱：中國（？）×××其戰前債務。實是一個聰明政策……從而重建其信用，以使……。「時政時報」復稱：我們對於宋子文……的把握並不遲緩……中國最近軍事發展的意義……並稱：這種發展證明，美國對中國戰後發展已發生很大興趣的時候，而英國對於此巨大戰後市場，仍表示很少興趣。特別是證券交易所，由於原由英國造成的「共產黨妖怪」及中國事實上的通貨膨脹，是特別波動的通貨膨脹雖至少暫時使這個國家的財政陷入紊亂，但對於長期借款，沒有直接影響。我們不妨這樣講：對於中國來說，這種通貨膨脹還不曾使中國政府倒台……

【中央社西姆拉十三日電】聯合國救濟善後總署駐印代表團長賽爾向報界稱：「中國之需要極為巨大」，現正將卡車運往中國，以供救濟善後事宜之用，救濟中國之問題，厥在「如何將貨品運往該地」。並稱，中國港口倘獲開放，則聯合國救濟善後總署之工作即可大規模進行。

【合眾社紐約八日電】中國貿易官員估計，中國在其戰後工業化計劃之最初五年內所需之進口物資值卅五億美元。最緊迫之善後擴充運輸與交通設備等，共需款十五億美元。此數將包括建築六千英里之新鐵路，汽車路，添置車輛及無綫電設備等費用，其他則為水電廠，麵粉廠，紡織廠等之機械。再其次為農場機械、工具、肥料、醫藥品、化學品、棉花及棉織物、建築材料、紙張、顏料、橡皮、各種金屬等。美對外貿易及銀行界人士曾述供給此巨量進口之資本有三：即一外借款；二再度爭取擴大中國之國外市場；三增加國內之稅收。

【合眾社華盛頓七日電】中國工程師十八人最近與中國人十六名同抵美國，接受一年之特殊訓練。美方已指定美貨車協會之際托運輸公司十所與中國供應委員會及對外經濟處合作。此等工程師將研究各種[illegible]托運輸技術，包括總站管理及車輛保養。美華車協會主席編吉曾談稱，指定從事貨車工業之中國工程師，將受特別訓練，[illegible]貨車[illegible]管理及[illegible]任務

，以建立及保持現代化之傳訊通訊系統。

美運華卡車已超過萬輛

【合衆社重慶十九日電】中國消息：由印緬史迪威公路運華之美國新卡車數目，已超過一萬以上。更多卡車正源源入中國。【美新聞處華盛頓十二日電】陸軍部次長柏德遜，今日在記者招待會上說：今年六月，已有一百廿萬加侖摩托油，及十三萬九千加侖飛機油，經由自印度與雷多公路平行的油管運交華軍。

時事新報謠傳
說偽人員要逃到蘇聯

【合衆社重慶十九日電】時事新報南京訊：上海來訊稱：由於恐懼日本真正崩潰，南京高級偽官吏正準備赴蘇護照，俾於盟軍在中國海岸登陸及越過他們的領土時赴蘇。據說：這些高級偽官吏已將其私產移運蘇聯，以保安全。

蘇報評三國會議
責斥英美德境佔領區仍許納粹活動

【同盟社莫斯科十九日電】十八日之蘇聯各報關於三巨頭會議，只是很簡單地揭載所謂『從十七日下午五時起舉行』的正式公報，而未作任何評論。眞理報揭載題名『三國會議與德國問題』之社論，指摘美、英佔領地區對管制德國的怠慢，痛烈地非難道：『共同管理德國，是一非常重要的問題，美、英、蘇三國間，需要確立一個統一的政策，這種必要性，在今日已經不必多說了。然而來自美、英兩軍佔領地域的消息，說明為了徹底消滅法西斯主義的措置，迄今似乎還全然沒有實施。美、英國的報紙，最近雖力說管理德國的必要，然而卻忘記了一個最重要的問題，這事就是必需迅速地建立一個共同政策，以便破壞德意志帝國的軍事力量，掃除法西斯主義。據外國報紙報導稱，在美、英兩軍之佔領地區內，法西斯仍然未被解除武裝，仍然帶着假面具繼續活動。美、英兩軍政當局如此的怠慢態度，是絕對不能允許的犯罪行為。』

【同盟社斯托哥爾姆十九日電】今日英美蘇三巨頭會談繼續舉行，據測會議重要問題的焦點，在目前還是處理德國問題。合衆社柏林十八日電稱：討論的內容是佔領德國十年以至廿年的方式。路透社宣稱：討論的問題關係德國將來的地位。他們似乎討論仍然繼續共同佔領德國或是在事實上瓦解德國乃至是否承認德國人民政治統一的體制。會議也涉及如何處理德國產業的問題，即保持德國產業還是破壞它。蘇聯的主張與英美的主張有相當的距離，

艦載機對東北地區及北海道的襲擊還是首次，但是敵艦甚至使用大砲射擊我軍本土，這一點甚值得嚴加戒備的。此次的艦砲射擊，只帶有牽制的作用，現在敵人不在於登陸，敵機動部隊伴隨有油船，可以單獨行動二三星期，預料今後仍有敵艦船載機的來襲，和敵艦砲襲沿岸地區。

【同盟社東京十八日電】敵軍對本土的物量作戰，已隨着航空兵力的展開而開始了，我陸、海、空將士為了抓住良機，將敵人擊滅於海上，已完成一切準備與集中一切戰力。本土要塞『粉碎敵物量作戰之實力，它正在整個本土的每個角落發揚其威力，記者曾訪問過構築某山中之地下工場，當記者看見了在山谷中連綿的地下兵工廠之威容，不勝驚異之至。每個山的山麓，就是闢下了遍的水田，記者由××少尉的引導，乘車訪問某地下工場，並由他的說明，知道目前正在這兒的山谷挖地下工場，而且還有一部份的工場已經開工了，摻雜着女學生的兵工場工作正在奮鬥着。

同盟社傳：
希、阿、南、保軍隊齊集邊境上

【同盟社蘇黎世十八日電】以希臘為中心的國境糾紛問題，日趨深刻化。希臘、阿爾巴尼亞、南斯拉夫、保加利亞各國軍隊，均齊集於國境綫上。所以英軍可能不於今多撤退。據法國通訊社報導：邱吉爾已向希臘新政府提出保證，不會威脅到希臘的權利。裝備優秀的英軍，業已配置在希臘國境北部，藉以保護希臘領土。

『經濟學家』論蘇聯與巴爾幹

【合衆社倫敦廿日電】權威的『經濟學家』週刊今日稱：蘇聯在東南歐的政策在是建立在這樣的基礎上：畏恐土耳其與希臘，在英國支持下，形成反對蘇聯統治之巴爾幹各國的集團。『經濟學家』稱：『蘇聯害怕的是：土耳其與希臘之間的集團可能成為蘇聯領導的巴爾幹斯拉夫各國集團之有效的對消。而斯拉夫集團的前途亦招致了雅典與安哥拉同等的畏懼……。假使歐洲的解決是建立在劃分獨佔勢力範圍的基礎上，土耳其、希臘必然要歸入英國地帶。因此，蘇聯的政策顯然是要防止土耳其與希臘聯合起來』。

同盟社評
西姆拉會議失敗

【同盟社西貢二十日電】魏非爾雖在西姆拉會議上大事策動，但由於行政參議會的人選問題上暗礁，終於決裂了。自由印度臨時政府的宣傳部長愛亞，最近以『英國的奸計終於失敗了』為題，由西

這似乎不能很簡單的得到解決。除了上述者以外，會議還才揭開序幕，目下英外長艾登、美國務卿貝爾納斯、蘇外長莫洛托夫進行接洽，調整議題，擔任正式討論的準備工作，三巨頭會議與三外長會談相互而行。

同盟社稱本月十日之戰 毀傷美機二百六十架

【同盟社東京廿一日電】本月十日來襲關東地方的敵機動部隊，十四、十五兩日來襲東北、北海道地方後，即行南下反復來襲東北，關東地區。這一期間包括航艦在內的敵艦艇，向我沿岸接近，攻擊釜石、茨城沿岸及其他地方。我方迎擊累計四千八百架的敵機，主要係由地上砲火擊落敵機一百六十架，擊傷一百架以上。此次來襲之敵艦載機勢力，約一千架左右，其報告已達百分之廿。又敵機動部隊現在尚未完全離開本土沿岸，今後尚須嚴加警戒。

【同盟社里斯本廿日電】華盛頓來電：美國陸海軍部於十九日公佈開戰以來美國陸海軍的損失爲一百零五萬三千一百零一名，上述數目字，比上週增加三千九百九十七名。

同盟社說：日本本土戰鬥危機已到

【同盟社里斯本二十日電】敵機動部隊連續射擊我本土東海岸，關島基地CBm特派員，於向美國之廣播中稱：聯合國艦隊以艦載機集中轟炸東京，並以艦砲射擊，從此可以看出日本本土的戰鬥危機已經到來。人們雖相當的樂觀，但我們認爲這僅是日本危機的序幕（據尼米茲說：『要削弱日本的潛在力，我們必須要在日本的周圍建立基地，並進行封鎖戰』。海爾賽亦說：『最近由沖繩島開始作戰的杜立特指揮的第八航空隊（B二九式機），將使戰略轟炸更加激烈。』安諾德亦說：最近日本生產地帶成爲特別轟炸的目標。沖繩島在對日轟炸中究有多大價值，還要看今後的發展，打敗德國不是亦要實行進攻作戰嗎！

同盟社報導 敵本土首次被轟炸情形

【同盟社東京十七日電】敵航空母艦在沖繩海面遭我特別攻擊隊的攻擊，其艦勢力減少『一半』，後拚命恢復其勢力，十日未明由航艦十餘艘組成的敵機動部隊，接近關東地區東南海面，敵艦載機總共一千二百架，終日襲擊關東各地的我方航空基地，及其他目標，嗣後因爲天氣及其他原因，一時退至東方海面的我方威力圈外，待機再進行襲擊，終於十四日又襲近本土，使用艦載機，攻擊東北方及北海道南部地區的我方航空基地及港灣，另有一部份艦艇配合敵機的來襲，砲轟釜石附近，敵

貢度[illegible]電台發表廣播演說，其要旨如下：所有印度人和全世界印度的朋友，將爲魏菲爾的奸計遭受失敗，印度擺脫了國民的災厄而鬆一口氣。如果魏菲爾的奸計獲得成功，不僅印度的獨立運動將遭受致命的打擊，而且在太平洋戰爭中，將爲英帝國主義再流百萬多人的血。另外，如果魏菲爾在西姆拉會議上成功了，那末英帝國就可以將印度問題作爲一個國內問題來看待，對於蘇聯代表莫洛托夫在舊金山會議上提出『自由印度的代表在那裏』的質問，就將能答覆說：『印度問題已經解決了，因此請不必擔心！』。回想起來，印度的歷史最低限度已倒走二十五年。在印度國民的自由遭受着束縛之前，想印度問題不是倫敦與西姆拉之間的問題，它始終應該是個國際問題，最後我想向大東亞三百萬同胞進一言，那就是我們的博斯主席，他那熱烈的愛國的呼籲，已經特殊與獲得了國際上數百萬的同志。自六月十九日以來，主席每夜站在廣播機之前，披瀝他的所信。現在魏菲爾將眞正地銘記博斯主席的偉大程度。我謹在這裏感謝爲印度的名譽而毅然決然地對魏菲爾的提案表示異議的同胞，同時向拒絕出席西姆拉會議，在三個星期內保持偉大沉默的甘地表示謝意。

合衆社稱 蘇軍不擬修復德國工業力量

【合衆社柏林十七日電】德國戰後的柏林工業問題，在柏林已解決了，這是沒有[illegible]事。蘇軍顯然不擬修復工業力量，並以最簡單的方式——使帝國京城成爲世界上工業被剝奪得最完全的城市，來說明他們沒公佈的政策。盟國軍事官員估計今天至少柏林工業工廠百分之五十的重機器都被蘇軍搬走了。剩下來的大多數機器，不經很大修理便不能使用。下面是蘇軍『搬運』政策的一些典型例子：在本寧的吉瑟爾斯與佛特（總電力公司）工廠，經理伊多佛估計蘇聯已將百分之九十八完好的機器運走了。經常遭轟炸的萊茵伊塔爾——波爾西格工廠（該廠生產各種武備），當戰爭結束時，四千五百架的機器中還剩有兩千架機器完好無恙。蘇軍只留下二千五百架很壞或部份壞了的機器。蘇軍也從達勒——本茲飛機引擎與坦克工廠，運走了約四百架機器，再上各種打字機，計算器與電話機。蘇軍並沒漏過了德軍很細心地藏在體育館西端鋼骨水泥座位下面的抖達爾工廠，蘇軍的搬運政策之擴展到私人家庭中，僅舉於剝奪柏林人的電話機與無綫電器材，將會發生甚麼事情，現在還是個問號，但似乎很明顯，盟國在給柏林人找到新的工作以前，必須供養他們。一直到戰爭的最後幾天，柏林人中還有三分之一的人是從事軍火工作的工業人口，而今天沒有工業了。

參攷消息

（只供參考）

第九四八號

解放日報 新華社 編

今日出一大張

卅四年七月廿三日 星期一

美陸海軍雜誌談三國會議中 斯大林杜魯門均將提出對日和議

【美聯社華盛頓廿一日電】「陸海軍雜誌」稱：斯大林元帥赴波茨頓之前，日本駐莫斯科大使曾與莫洛托夫商談。據該非官方刊物在一篇論文中說，此事「或爲重要或者未必重要，也宜稱杜魯門會以國務院、陸軍部及海軍部所贊成的日本投降條款草案一紙帶到會上」。該雜誌一方面宣稱關於日本和平觸角的謠傳並無華盛頓官方的支持，另一方面又宣稱，此點「並非完全祛除了一個可能性：即斯大林元帥可能受日本政府之委託而提出認眞的和平方案」。該雜誌說，由國務院、陸、海軍部所贊同的草案，要求不僅日本其他軍備之解除武裝，而且也要它喪失其艦隊及空軍，應喪失本土島嶼以外的領土，消滅其戰時工業，聯合國家將完全控制其經濟，交出被指定的戰爭罪犯。該雜誌說，這次會議中的注意力要決定日皇裕仁是否將被稱爲戰犯並受懲罰的問題。

【合衆社波茨頓廿一日電】美國代表團今日宣佈：三巨頭自上星期二以來，每日均舉行會議。會議一般至少三小時。並謂杜、斯、邱會議係在三國外長會議後舉行，三國外長將問題予以充分討論，而僅將最後決定留給三巨頭去作。其他消息指出：斯大林與杜魯門相處融洽，而邱吉爾與杜魯門的關係則似是這種關係：邱吉爾把杜魯門認爲是一個長者和國家元首。關於議程，官方尚未宣佈，但人們認爲：它們將討論歐洲的悲慘經濟情勢及如何處理之。沒有人認爲：由於朱可夫未被召入會場，軍事問題未被討論，而且沒有人認爲斯大林不經與這位元帥磋商而作決定性的舉動。人們相信杜魯門對此時討論歐洲分割問題表示不小熱情。但覺[illegible]一問題應由和會取決。而且人們並認爲他未表示美國方面願望獲得任何一塊領土。可是，當華盛頓州共和黨

討論題，即所謂「消息靈通人士」也依然沒有確實的情報。報導機關所傳出來的，也僅僅是斯大林、邱吉爾、杜魯門之間私人的交涉。這些事情刺激了英國的輿論，十八日，每日郵報對波茨頓會談的進行情形，表示不滿說：我們想要知道的，是三頭會談將討論些什麽。不發表會談的討論題，也不發表公報，一味保持秘密主義。如果說這是新式外交的話，那末它和舊式外交相同，同樣地有害於和平。我們所關心的，是希臘、荷蘭、比利時、法蘭西等國家內人民的飢餓問題。我們對三巨頭打算如何解決這些解放國家糧食與燃料的不足問題，具有興趣。最近，盛傳美英兩國的關係，不很順利。但這類事情怎麽都可以。我們想要知道的是，兩國在早日改善歐洲的窮困上，將採取什麽樣的斷然措置。會談應該衝破「祕密之夜」，公佈討論內容。

同盟社稱 延安開始進行宣傳攻勢

【同盟社北京廿二日電】自美國駐重慶大使赫爾利發表不援助延安的聲明以後，延安對美國的態度忽然强硬起來。它總動員宣傳機關，大喊「內戰的危機」，訴諸蘇聯的輿論。同時對於重慶的實施憲政，始終採取機宜的處理辦法，延安的主張大約是重慶佔美國援助的武器的結果，不把美式化的軍隊投入對日戰爭，而是用來包圍延安。如十一日延安新華社電訊猛烈非難蔣介石的七七演詞照例力說其獨裁，並警告蔣介石與赫爾利大使合作，準備進行中國的內戰，略謂：蔣介石在一年前用八十萬的軍隊包圍延安，現在仍然不變地，要用全軍三分之二的兵力壓迫延安，蔣介石爲了實現一黨專政的目的與赫爾利大使這樣的美國帝國主義份子相勾結，以中國的殖民地化爲代價，將大量的武裝運來攻擊延安。蔣介石與赫爾利這樣的橫暴行爲除了認爲是準備挑起內戰以外，沒有辯明的餘地。上月廿二日新華社電訊暴露重慶軍的無能：重慶軍對日作戰是消極的，而對延安的攻勢是積極的。自去年六月河南作戰至現在爲止，重慶軍在大陸作戰中損失卅萬平方公里的國土，一百十二個都市和五千四百萬人口，有數十萬的軍隊投降日軍，另一方面逐一列舉本年初以來重慶軍對延安軍進行武力攻勢的事實，延安這種新的宣傳攻勢，其語調之尖銳爲從來所不見，而且新的宣傳不僅針對重慶，而且針對着美國，這一點是值得注意的，這亦是對重慶派遣宋子文赴莫斯科，企圖樹立對蘇聯友好關係的一種反抗，今後渝延關係將更增加了糾紛的程度。

領袖塔學特開悉此事時，他說：他希望此事不確，因爲美國確需太平洋後基地。公告迄今仍着重會議的社交酬酢，但是，人們知道在大宴會中，不但有社交酬酢，而且有許多問題的交談。某些人士覺得：會議將於廿六日中斷，但如不中斷，邱吉爾大概將無論如何離開會所返倫敦探聽大選結果，然後飛返此間結束會議。

【美新聞處紐約廿一日電】大衛德·勞倫斯於紐約太陽報發表一文說：波茨頓會談現在是政府的而不是人的會談。勞倫斯說：故總統羅斯福、斯大林與邱吉爾會談共同訂出全球戰略。但今天的會議却與之迥然不同。它無寧是三國政府在波茨頓的會議而非三巨頭之會議。這是由於杜總統相信此類國際會議不應該是個人的事情。他同意親自會談可以比用函件、電報或電話完成更多的工作，但他不願信賴任何此類的三人協議。伴隨他和歐洲去的大代表團中的顧問們，隨時都在他身邊。杜魯門先生的『工作方法』（原文不清，此係推斷——譯者）是可稱讚的，因它能使更多的人獲悉會談的情形並使得總統每夜由那些人中得到意見，這些人像他一樣地傾聽其他與會者的請求，建議與計劃。他絲毫未輕視羅斯福的方法，可以說他依賴於人格與和藹可親者甚多。使會議處於友好與懇摯基礎上對會議會有巨大幫助的，但講價錢與作買賣是太經常的事務，此事務必須無關乎個人，因爲所牽涉之金錢、財産或決定不是個人而是國家底××。因此各領袖們的確不是爲了私事作爲個人與會者而開會的，而是作爲極重要的公事底委託人來開會的。這是可悲的事實：某些參加卡薩布蘭卡、開羅、德黑蘭與雅爾塔會議的美國人覺得總統並沒有堅持事先作充分準備，且未帶足夠可以幫助他的人員，因而常常有關於英國準備及提出他們的問題（不論是關於經濟的或政治的目的是如何如何好的帶恭維性的評論）。關於會議密秘所發生的爭論絕非無前例的。

（下缺）

【同盟社蘇黎世廿一日電】據波茨頓來電：三巨頭會議美國代表廿一日公佈；會議進展已有很大成果，據路透社特派記者報導：三巨頭會談已由預備談判，進入德國的將來問題，其討論要點如下（一）佔領問題：樹立美英蘇三國佔領地區內的統一政策。（二）賠償問題：確立共同政策。（三）軍政府問題：明確規定美英軍政府的行政指標。（四）德國的將來問題：戰後德國應有的國家形體，以及政治形體的明確化。

【同盟社新加坡廿五日電】三頭會談雖已進入第三日，但關於會談的

參政會閉幕

參政員仇鰲答辭

【中央社重慶廿一日電】參政會休會式，仇鰲代表全體參政員致答詞，略稱：本會從七月七日開幕到今天休會，本席被推代表同仁說幾句話，本會自漢口開會以來，現在已開過十一次會議了，本會的職權是一次一次的擴大，本會的人數也一次一次的增多，提案已由兩百件加到四百五十餘件，從此可見同人對於自己的職責是盡了很大的力量，尤其是我們從一屆到現在駐任的同人看得更清楚，我們囘顧歷次的議案，沒有一句一字是爲了自身利害，而完全是爲的解除人民疾苦，我們說的話就是人民要說的話，所以希望政府認識這一點，接受本會的建議。這次參政員同仁多半來自各地方，提案中所表現的地方色彩也特別濃厚，幾乎全國任何一省，任何一個角落的情形都有提到，這眞是最好的現象。因爲同仁來自各地方，對各地方情形看得清楚，由於地方上有許多實情，令人感覺不安，才向大會提出，以引起政府的注意。這種精神很重要，我們一定要繼續下去。從各種提案，反映出地方政治的不良。今天地方政治，與我們理想距離太遠，蓋以吾國幅員廣闊，中央耳目難週，今由來自各地的同仁將地方情形一一陳說，這眞是中央政府體察地方實情一個難得的好機會。希望政府對這個機會，能充分利用，對同仁貢獻的意見，能詳細研究。我們來自地方的同仁，會畢返鄉後，還要繼續努力，隨時將當地人民的疾苦，地方政治的缺點，提送駐會委員會。同時也希望駐會委員會諸位同仁，繼續負責本會同人一致承認改革政治的一條大路，即是民主政治。昨天本會通過有關建立民主政治的國民大會案，我們希望這種民主精神，自中央及（缺十三）做到這一地步，我們的民主政治才能有基礎。現在省縣市臨時參議會大都有名無實，不能充分發揮地方民意。此在××××固不能負大責任，實因非由人民自己××構成之。我們以爲民主政治的基礎，一定要在地方做起，希望政府努力促成我們實現歐美各國的民主政治，是自下而上的，但是中國在開始實施民主政治，是要自上而下，就是說要由政府定出很周到的方法，不留餘地使人民能夠表達他們的意思，這一點恐怕在一二十年中，都應該這樣去做，才可以實現。眞實的民主。我們不要自隔歟，民意不是用正當的方法去領導指引，不容易表現的，這一種工作，政府要努力，我們同仁也要努力，一方面督促政府，一方面幫助政府向這條大道邁進。此次本會開會兩週，今天已圓滿休會，稍感遺憾的就是中共同仁，沒有出席，但如昨天大家很誠懇的通過國民大會問題一案，全體起立表現擁護和諧的精神，中共同仁知悉，諒亦發生同感，

[illegible]全國人民在國家民族利益之下，總應合作團結，須知人民與政府，要該同流，正如一條大河合流則力強，分則力滅，將來治權機關，一定要從政權機關產生出來，方有力量，方能表現民主政府的精神。本會雖非完全政權機關，但國民大會，却是完全政權機關，國民大會即將召開，由大會產生治權機關，才是民主政治的正道，此則同仁與政府諸公，所宜切實注意的。（編者註：莫德惠代表主席團所致之休會詞，因內容空洞未登）

同盟社轉播
宋子文報告莫斯科會談的內容

【同盟社上海廿一日電】據廿一日由重慶到達此間的情報稱，宋子文在廿日的參政會席上，報告其與斯大林主席會談的內容爲：（一）蘇、渝在經濟上暫時締結協定；（二）爲奠定新疆、甘肅兩省經濟開展的基礎，由蘇聯出資敷設鐵路等等；並說這些談話進展很迅速順利。其他的會談內容，則完全未涉及。

美任命駐華一等祕書

【中央社渝廿日電】據美新聞處華盛頓廿一日電，美國務院今日稱，任職國務院之崔斯氏，業已被受爲駐華美大使館一等祕書。崔氏曾於一九二一年執教長沙湘雅醫學院，並曾於青島、瀋陽、廣州及大連等地任職，一九三六年在北平使館內担任語言方面之職。

敵石原莞爾中將
論日寇總力戰

【同盟社東京十九日電】戰局已不對我有利，帝國處於本土決戰的邊緣，正是面對國步艱難之時，當我個人冷靜考察自滿洲事變發展到中國事變以至大東亞戰爭的事情時，我個人沒有停留在感慨的限度內，但現在不是說它的時候，而是要想辦法如何渡過這一危局，我提出一個救國必勝的方策，這就是要實行過去我所主張的三ヶ國策，以顯現國體的成果。第一就是所謂更加使『天皇親政』的成果發生光輝、天皇是陸海軍的最高指揮者，一切兵士歸其指揮，此即天皇要掌握一般統治權及統帥權，這完全是我國的特徵，而爲他國所不得的，只要我國國體能顯現其成果，則我們絕不會發生其他國家所苦惱的政戰兩略的不一致，只要天皇一下決心，則可拋棄一切向前邁進，這樣對外可以發揮頑強的戰鬥力量，內則可以綜合一切戰力至最高限度。（言論結社的徹底自由），第二是言論結社的徹底自由，原來言論就不想壓制就能壓制的東西，如果強行之即將使國民變爲盲從，反而變爲沒有力量，而且發生反抗的現象。潑辣的言論要從潑辣的國民中產生

它的一物是一個基礎，一面蓄着戰力的恢復力量。從這裏可以看出它將乘我力不能及的空隙，急於想一舉而結束戰爭的企圖，這種情形，是肉眼所能看得到的戰局的動向。正在準備着這一最後決戰的敵方第一線的陣容，最近很明顯地陸、海、空三軍部調動幹部，在歐戰及大東亞戰爭中具有經驗的人員，都分別進據險要的陣地，很明顯地還是準備一旦有事，便強硬地奔襲我本土來所擺的架勢。即是說，在沖繩登陸的敵第十軍司令巴克納戰死之後，麥克阿瑟便以在華的美軍司令官史迪威上將爲第十軍司令官。史迪威在大陸與我麾軍接觸很久，是最了解日軍的一份子，無論敵方企圖在中國大陸進行沿岸登陸作戰，或者勇敢地向我本土進發，而充當登陸軍的先鋒人物，也將首推史迪威。其次，敵更企圖對我本土實施大規模的戰略轟炸，以作爲登陸的準備工作，統轄大量爲此而動員起來的航空部隊，爲求其在作戰上能臻於靈活起見，將過去直屬於在其本國航空本部長安諾德之下的、在馬里亞納的第二十航空隊，改而配備於新設的太平洋戰略航空隊的統率之下。將它和由歐洲調來的杜立特中將的第八航空隊一起，置於司令官史巴茲上將的指揮之下，史巴茲是位在對德作戰中曾担任[illegible]平地區攻擊的人物，杜立特也一向是他的部下，現在杜立特和馬里亞納的李梅一起，相當對我的空中攻擊。另外，敵爲提高其在發動進攻時被視爲最大的難關，即運輸供應的效率，乃新設西部和中部太平洋的供應司令部，配備斯塔亞和李抑特遜兩中將爲司令官。這些可說是值得注意的人事配備。原來的尼米茲和麥克阿瑟的聯合仍照舊未動，配合它的英方的蒙特巴頓和福萊塞的配備也仍照舊。從敵人對日包圍陣的主腦陣容看來，它蘊藏着進行執拗而大胆地作戰的意圖，我們必須重新加强本土作戰與必勝的決心。敵方的主腦陣容如下：西南太平洋聯軍：總司令官麥克阿瑟元帥，第六軍（在菲島）司令克魯格中將，第八軍（在菲島）司令巴克中將，第十軍（在沖繩）司令史迪威上將。東南亞聯軍：總司令官蒙特巴頓上將，陸上部隊司令官李斯中將，空軍司令官帝斯巴克中將。太平洋戰略航空隊：司令官史巴茲上將：第八航空隊（在沖繩）司令杜立特中將，第二十航空隊（在馬里亞納）司令李梅少將。遠東戰術航空隊：司令官肯尼上將，第五航空隊（在沖繩）司令懷維德中將，第七航空隊（沖繩）司令道格拉斯少將，第十三航空隊（新幾內亞）司令巴茲上將。（太平洋艦隊）：司令長官尼米茲元帥，第三艦隊海爾賽上將，第五艦隊斯普魯恩斯上將，第七艦隊金凱特上將，第九艦隊福萊徹中將，航空母艦機動部隊塔瓦茲中將，快速航空部隊謝曼少將，水陸兩用部隊蓋衣格中將，潛水艦隊諾克伍德少將，（阿拉斯

、在長期中絕不能撤謊的，即使宣傳的很好亦不知不覺地露出來馬腳了，除了軍事機密以外的事情，如能經常眞實報導，那麼與國民同樂同憂的思想上的理想狀態可以不勞而獲。結社的自由是產生國民力量的根源，過去的國民團體組織，並不多完全是一種官辦性質，雖然一方面說：「要很好的從下面發動力量」，但由上面的官辦壓制則是不應該的。只有發動潑辣的言論，具有徹底熱情進一步結盟的健全的結社，才是戰鬥的組織體，這裏才能誕生新的英雄。（總力戰的概念）第三是成立新意志的國家總力戰形態，當此緊迫之時談論國家總力戰者也許要說什麽東西啦！但是從來所說的總力戰的概念，完全是錯誤的，一般人認爲所謂總力戰是軍部搞政治經濟和一切事情，但新意義的總力戰完全與此相反。軍部應徹底只管理戰爭，官民協助軍隊使皇國無憂，全力集中於政治經濟各領域中，這是總力戰本來的姿態。軍部的組織本是一戰鬥組織，不能使其干預政治方面，新的國家總力戰是要回到軍官民相互信賴爲基幹的，具有戰鬥姿態的這樣新的總力戰形態，我承認轉爲這樣的總力戰已失去時期，但是與其說不做，倒不如即刻實施之（殘留者應從被毁地區疏散）即使說本土決戰，但在此前如何打退敵人的轟炸是一個大的問題，敵人決不會輕易地在本土登陸，而是要使日本本土徹底的變爲焦土，我們對於敵人的此種激烈空襲，究竟如何應付？我認爲很早就要重新配置人口，此即人口、糧食、工廠生產三者應科學地配合，並按照地區實行配置，已經被炸毁的都市與今後可能被炸毁的各都市，這些殘留者應很快從燒毁的都市疏散，人口應有計劃地配備到農村。（大都市已經無用）日本的戰力如不依靠大都市，糧食××××，工廠轉入地下或農村的話，則日本仍能繼續戰勝。很早我即主張消滅日本大都市，因爲從戰爭的過程來看，大都市早已成爲過去的東西，在現代戰爭中，就是這樣，在將來的戰爭中由於强力的破壞兵器的出擊，要保全大都市完好無傷，舊態依然地作爲國家的富源，並大都生產集中於都市的國家，正是暴露了很大的弱點。

同盟社報導盟軍攻日陣容

【同盟社東京廿二日電】日、美決戰正進入最後階段。敵人計劃向冲繩推進空軍基地，同時並强化以B二九式機爲主力的登陸準備轟炸，爲進一步地擴大其効果，更令其新編的機動部隊出沒於我近海，實施轟炸與砲擊，甚至以航空母艦爲釣餌，引誘我空軍衝殺與它撕殺，企圖以加方面陸軍司令愛蒙茲，第十一航空隊布魯克少將。馬里亞納方面，陸軍司令馬來中將，中緬方面陸軍司令官魏特梅耶中將，空軍司令長官斯特拉特梅耶中將。英國太平洋艦司令長官福萊塞上將，東印度洋艦隊司令長官巴納大將。

同盟社談 日益惡化的比利時政局

【同盟社東京十九日電】比利時國王利奥波德、去年來因病在荷蘭某地專門療養，國政委任攝政沙爾處理。進入今年，國王再度就任王位，但該王形勢與一年以前完全不同。在英國的保護下反德的色彩日益强烈，而對歡迎德國保護下發表的國王問題，因國內形勢已經變更，前內閣亦因國王歸國問題辭職，由阿卡爾任臨時總理組閣。另一方面赴國王療養地查爾次布魯格，過去九個禮拜與國王會談，告以國內形勢，勸告國王退位，但國王表示堅決不退位。因此阿卡爾首相向攝政沙爾提出辭職，但被攝政拒絕，阿卡爾內閣現仍處理政務，這一問題很早以前即在議會方面發生，現在構成阿卡爾內閣的天主教民主黨、共產黨、社會民主黨、自由黨之中天主教民主黨突然表示支持國王態度，十六日召開大會，決議由反對國王歸國的阿卡爾內閣中撤退該黨六名閣員，進行聯名辭職，並發表强硬聲明要求阿卡爾辭職，至此遂發展爲國王及天主教民主黨爲中心的君主派與阿卡爾爲中心的政府及國會的反君主派之間的鬥爭，比利時政局已到達最嚴重的危機。國王會就此事向攝政沙爾要求「用國民投票決定他的退位問題」，而阿沙爾政府認爲上述是違反立憲政府之態度，而採取經過國會一舉抹殺國王。

盛世才將受審判 李泰初已入美國籍

【合衆社重慶廿一日電】昨日國民參政會在閉幕前通過了決議案，敦促政府予農林部長盛世才將軍以嚴厲的處分，因他在任新疆省督辦年間曾非法屠殺了千百人民。決議案在熱烈的鼓掌聲中通過。盛世才係於去年八月間離去其新疆省督辦之職赴渝担任農林部長者。本屆參政會中盛世才不敢出席作農林部的報告。重慶法院今正調查林繼庸所提出之控訴盛世才刑事案。

【重慶合衆社廿一日電】大公報載：外交部吳次長稱：逃避到美國的高級官吏李泰初已入籍爲美國公民。李泰初案引起了全國的注意。在昨日閉幕的本屆參政會中曾發生屢次的質問。當被質問及爲何發給李泰初以護照時，吳次長今發現並未會發給此種護照。直至兩個月前逃離其官辦的「中國茶葉公司總經理」之職時，他還掌管着對美蘇英澳輸出中國茶葉業務。李泰初案涉及不知多少百萬元之數。（下缺一句）

參考消息

（只供參考）

第九四九號

解放日報 新華社 編

今日出一大張

卅四年七月廿四日

星期二

同盟社報導
渝延衝突的基本原因

【同盟社北平廿三日電】成爲宿命相剋的重慶與延安的關係，由於延安不參加國民參政會問題，全中國各省的武裝衝突問題，已成爲目前國際政局的重要課題。我們更從新的觀點提出兩三個關於問題本質來看一下：（一）重慶延安的經濟力量，延安在掌握農村經濟上是較重慶優越的多，重慶則在掌握都市民族資本上又比延安佔優勢，因此儘管重慶在政治上表示雄威，但延安潛在的政治力却不容輕視。重慶所畏懼的亦就是延安。（二）重慶經濟的軟弱性、重慶民族資本的主力，就是所謂宋氏一家的美國資本，在國內則非常軟弱，而延安則與此相反，延安的農村經濟完全是純粹的土著經濟，因而反對外國資本。（三）與民族資本相違背的延安態度，亦企圖掌握指導中國，他們不能夠僅僅依靠農村經濟，不得不進一步掌握民族資本，特別是長江一帶的民族資本，向大都市發展勢力。因而重慶採取阻止由大都市流出資本的對策，亦是當然的。（四）因此延安對於挑戰的外國資本的導入及外國資本的接受，採取斷然措置，（下缺）。

【同盟社上海廿三日電】國民參政會於二十日下午召開第十九次會談，於聽取宋子文關於與斯大林會談的報告後，決定駐會委員（參政會常任委員）三十一名，約二十日間的參政會遂告結束。又新駐會委員中除延安代表董必武外，尙有第三勢力職教社領袖黃炎培，中國青年黨領袖左舜生。

美聯社記者稱：
中蘇將達到諒解

【美新聞處莫斯科廿三日電】美聯社記者甚爾摩今日說，據『消息靈通及可靠方面』告美聯社記者稱，斯大林大元帥與宋子文院長的最近會談，爲兩國前此迄未達到的諒解鋪設道路。甚爾摩來電繼稱：同一方面說，如果蘇中兩方領袖在斯邱杜會議後重新討論時一切進行良

，所貢獻之心血與所爲之努力，應不待本席贅述。希望政府各院部會長官，咸能共鑒此心，於同人之建議，務予審慎考慮，迅付實施，藉慰國人喁喁之望。此次休會之後同人重集，未卜何時。惟同人之任期，一日未滿，即同人之責任一日未完，尙望同人於會後歸去，仍本威武不屈之精神，將民間疾苦及國家地方應興應革事宜，隨時建議政府，或以建議寄交本會駐會委員會。而駐會同人，尤應念大會委託之重，根據駐會委員會職權，以最大最善之努力，荒促政府完成歷屆大會未竟之功。此實爲全體同人所應共勉者。在大會開幕之前，本席受全國慰勞總會之託，曾到湘西勞軍，親臨戰地、目睹所獲戰果之輝煌，我忠勇效命之前方將士，眞不覺肅然起敬。民間可歌可泣之事蹟，就身目所及，尤難盡數。惟見當地同胞所受敵人蹂躪之慘重，則又不免感然而憂，恨不生食胡虜肉，至今回想，猶不勝感慨萬千。我有數百萬不惜犧牲之英勇戰士，我有四萬萬不顧生死之忠義同胞，在軍民之血肉交織中，因能換來國家躋身於四強之一，因能換來舊金山會議首先簽字於聯合國大憲章之至前榮譽，惟強不在名，而以其實，我將如何爲眞正之一强，將如何永保此空前榮譽於不墜，其道固多，要必儘速製定完善之憲法，實行民主政治。而後可×意同人今日之最大責任，莫若以建國必成之信心，向民主政治前途勇往邁進。並應一心一德，號召全國人士，共同努力，使三民主義的民主政治之新中國，早日實現。俾以東亞之安定力，維持世界之永久安全與和平。抑此次本會開幕，適爲七七抗戰之第八週年，甚願明年此日與本會同人歡聚於蘆溝橋邊，更進而一看黑水白山之偉大，與其取用無盡之寶藏。當此時也，定當以東北頂上之高粱酒與同人共伸黃龍痛飲之壯懷。瞻望前途，彌增感奮，今日本會舉行休會式，承各位來賓，各院部會長官，於百忙中親來參加，本席代表同人，特致謝意並祝健康。

合衆社報導
日軍退守山東半島、滬杭等地區

【合衆社重慶十九日電】喬治、毛報導中國軍事形勢：據中國軍方發言人稱，亞洲廣大沿岸日軍正繼續收縮而集中到沿海岸四個主要戰區以對付預計中盟軍的登陸。據說這四個戰區三個在中國，一個在印度支那，即從北到南第一是華北的山東半島；第二是揚子江三角洲，包括戰略性的杭州灣及滬寧杭整個三角地帶；第三是華南珠江三角洲，包括香港、廣州、韶關走廊；第四是印度支那半島南緣，包括西貢。發言人說，日本帝國軍隊在中國內地正在逐步後撤，藉以作沿岸防禦，而在華北內地如河南省

好的話，他們可能在廣泛的合作綱領上達到和洽一致。這個綱領將是現實主義的和實際的綱領，中國將在這綱領中找到與它强有力的鄰邦（它們共有着世界上最長的共同邊界之一）間的最密切關係。消息靈通方面指出：中國在戰後世界中的作用已被聯合國家所承認，它現在就能仰賴蘇聯幫助它成爲不僅在紙上而且在事實上的世界大强國之一。該方面說，這種合作綱領並非意味着莫斯科會談爲共產黨中國鋪設道路。他說「我的意思決不是如此。」「而且我可以確定，這甚至也不會作爲一個可能性來討論過。」又說，一個對蘇友好的中國和一個强大的中國對蘇聯是更加重要的。他說莫斯科會談以正式檢討共同問題開始，已發展爲包含的東西更大的會談，又說，實際上兩國間一切問題已經提出或將提出討論和解決。

莫德惠在國參會上休會詞

【中央社重慶廿一日電】參政會休會式，主席莫德惠致詞如下，今天本會舉行休會式，承主席團同人臨時推本席致詞，茲以時間所限，僅略述個人之一點感想。本會從在武漢開會迄今，已滿七年，計開大會十有一次，時間不爲短，單開會次數，亦不爲不多。惟本會同人究對國家有幾何貢獻，據本席所歸，各方對同人之批評，或謂參政員尚能不辭勞苦，每次大會，均有重要建議數百件，可謂已盡「知無不言言無不盡」之職責。或謂參政員亦能不避嫌怨，每次開會，對政府長官必多嚴正坦率之詢問，可謂已相當發揮本會之權能。同人對此好評，想皆遜×不遑。惟在本席觀之，此猶就形式言之耳。同人對國家之貢獻，不僅在形式，而尤在精神，本會每次大會，同人等或冒險來自淪陷區，或遠道來自非淪陷區，雖皆赤手空拳，要皆攜一民族五千年威武不屈之傳統精神以俱來，此一精神融洽爲一體，影響所屆，足予敵人以致命之打擊。換言之，即敵人征服中國之迷夢，已爲同人等此一大無畏之精神所粉碎。本席嘗謂參政會同人，對國家形式上之貢獻關係尚小，而精神上之貢獻，關係實大。此實可告慰國人，而同人亦可引以自慰者。抑更有進者，每次大會，開會時類有一二嚴重問題，面臨同人之×動爲國家之挫衰治亂所關，因自感責任之大，本會同人，莫不以臨事而懼之心，本冷靜之判斷，作良心之主張，因之意見雖有不同，爭論不無激烈，惟經詳細討論之後，終能犧牲×××就不同，護得最後之一致決議。似此代議士之良好風度，實足爲將來民意機關之眞正楷模，如此次關於國民大會之討論與決議，則最爲顯著之一例。同仁在此次開會期間，本着愛國報國赤誠

則較華南內地如湖南省在更加稀疏。說日軍前星期放棄前第十四航空隊贛南基地贛縣爲了經過贛江退到鄱陽湖邊南昌，大約要退到滬寧杭三角地帶。說日軍原從廣州灣，廣東沿海岸經電白向廣州作同樣的撤退也是收縮部隊集中到廣州地區的措施。

據說除日軍從印度支那邊界內的重慶府向廣西南部的進攻，發言人認爲是日軍在印度支那運動的牽制性行動，印度支那軍境內日本守軍部分地用小船向海南島移動增援該地駐軍，部分地向印度支那半島南緣西貢及金蘭灣移動。據說儘管廣西廣東這種收縮退却而作的地方性的戰術攻勢，亞洲大陸上日軍正在維持其戰略攻勢，忙碌地調整大部隊準備「挨打」。

僞南京發言人聲明

【同盟社南京十八日電】隨着渝、延抗爭的激化，美軍之企圖登陸中國大陸，使中國國內外情勢處於複雜與多難的情況下，惟有陳主席領導下之國民政府，始終一貫堅持着和平建國的偉大目標，正在强有力地處理目下的各種問題。國府宣傳部發言人，最近曾就國府的態度，概略談述如下：重慶地區的民心雖然由於戰爭的長期化而疲憊不堪，但因有內亂的危機與美軍登陸作戰的可能性，因此在民衆中間因恐怕荒廢了國土，當然會有種種的想法。國民政府之成立，本來就是以和平爲目的，即重慶今日亦痛切地盼望着統一與和平。今日中國的情勢是：日軍的敵人只有美國而已，在這一基礎上所以不能實現和平的源因，是由於有操縱重慶的美國在。想起內戰問題來，令人無限感嘆，重慶是絕對不會與延安妥協的，今日重慶的口號是抗戰反共建國，我們誓將與盟邦日軍共生死，以便擊滅美軍。參戰下之中國是信賴盟邦對戰爭之努力的，同時願盡最大力量，來統一與復興中國，我們的偉大目的，是要竭盡全中國的力量來「興華保亞」。

同盟社報導
重慶通貨膨脹達頂點

【同盟社里斯本廿二日電】重慶行政院院長宋子文，在廿日之參政會上講到關於從美國輸入大批金塊，業已成立之協定。關於上述金塊的用途，二十一日之美聯社重慶電稱，它的目的是爲了收回泛濫於市上的紙幣，由於這個目的，而出售金塊。美聯社電說道：重慶統治下區域最近的通貨膨脹，最近已達頂點，因重慶政權最近已停止出賣金塊，因之造成了對於美元比率的黑市的抬頭，它的比率，一時會達到了一與三千之比，現在爲一比二千六百，稍微回復了一下，而美元的固定行情是一對一百，拿這件事情來看，也可以窺見重慶的通貨膨脹是如何

的探索。

大公報也談內戰危機

【本報訊】大公報六月廿三日社評「勝利逼人」中，提出國共兩黨談判，應以國家爲重。團結的原則，仍是它過去的主張「要變不要亂」文中稱：「我們願鄭重指出，黨派問題是現象，而實際是國家問題。惟有如此認識，問題才能解決。……我們以爲無論是國民黨或共產黨，一切措施，都不可以黨爲出發點，應該以國家爲出發點。以黨爲出發點，就糾紛無窮，以國家爲出發點，則彼此可以徹然省悟，而共同走上愛護國家的道路……爲了統一與團結的問題，我們曾經一再呼籲一個原則，就是：要變不要亂。到今天，我們仍然如此主張，也仍然如此呼籲。什麼叫亂？就是自亂步驟，甚至演爲內戰。或許是杞人憂天，但是我們希望朝野上下，全國一致，都要有一個堅決的概念，就是：反內戰。」

新中國日報五月十七日社論：「再論國民大會」不反對召開國民大會，但對於國民黨六代會關於國民大會的決議，認爲必須改正，並主張國大代表總重選，使其具有全國性。文中稱：「我們並不是不贊成「召開國民大會還政於民」，而是主張國民大會要開得民主化，所以主張代表應重行普選，使其具有全國性。……「關於召開國民大會各項問題，將提交第四屆參政會審議」，而這個決議却是「交中央執行委員會研討後決定之」，……如果「審議」不能變更「決定」則「審議」只是有責任而無主張。只是叫審議者連帶負責而已，這「審議」將是多餘的事。倘如仍交審議，而且審議者不甘從同，而對於所「決定」，有所變更，然而最後則仍有決定者在，則審議仍屬徒然。……這次決議其職權問題却由中央執行委員會決定之。……說明白些，是否先付與選舉總統等，或選舉立監委等之權。如果這樣，則國民大會不必是「接收政權」，而只是單辦選舉。國民黨中委現已決定是三百六十名，都是國大會當然代表。（國民大會組織法第三條）再加上由政府指定的二百四十名（國民代表選舉法第二條）便是六百名。……這六百名固定的特權代表，已能够使議會變成『清一色』了。世界上任何民主國家的議會都莫有這樣一個一黨把持的特例。這點，我們始終希望國民黨當局，要特加審慎，決然放棄原來的主張。我們承認國民黨是對國家有功，尤其承認蔣先生對國家的勛勞。我們對國民黨一向友好；對蔣先生更是一貫擁護。但我們更愛國家，更愛眞理，我們希望我們的國家澈底做到民主；我們更希望蔣先生成爲眞正的民主的領袖。這裏的關鍵，便在國民大會，是否開得民主？」

機，現已準備就緒，待機出動。一如沖繩作戰中我特攻機的驚人威力所表示的那樣，敵艦艇之與營的行動，不久就必然要表現爲這樣的形式，即要遭受到痛烈的消耗與犧牲。

傳美政府擬定日寇無條件投降後須履行之條件

【合衆社華盛頓十七日電】聞美政府總將完成日本無條件投降後所須履行之條件，大致與對德者相同，盟方將立即控制日本軍事機構及軍事工業，日本將交出其佔領地，如中國東北、朝鮮。台灣等，條件包括佔領之初步階段，永久管制計劃，將由聯合國隨後擬定。高級負責方面直申日本將被佔領，聯合國將不僅派少數部隊開入日本，某方面强調佔領乃對日本說明渠等已遭慘敗之唯一方法。

同盟社報導三巨頭會議

【同盟社斯托哥爾姆廿二日電】柏林電悉：據英方公佈稱，三巨頭會議雖在二十二日之星期日，亦在繼續會談。又據波茨頓電稱，由於最近數天來的接觸，三巨頭會議的初步討論（原文爲預備的討論）已經完畢。對於軍事上經濟上的重要問題，行將進行正式的討論階段。說對日作戰，亦是議事日程之一，又認爲會議將繼續三星期。

【同盟社蘇黎世廿二日電】波茨頓會議目下似根據美總統杜魯門的提議，把遠東問題做爲議題。駐波茨頓之合衆社訪員報導：杜魯門提出遠東問題爲議事日程之首要項目，已獲得斯大林元帥與邱吉爾首相之同意。又每日郵報駐華盛頓訪員報導：杜魯門幾乎每一個小時，都以電話與國務院當局特別是與對遠東問題的專門當局舉行協議，該訪員會詳細地報導其間的情形。

岡村寧次會見僞記者團

【同盟社南京廿日電】由於美軍企圖在中國沿岸登陸，中國大陸的情勢愈益複雜，七月十七日，中國派遣軍總司令官岡村寧次大將會見中國記者團，闡明中國派遣軍應付中國目前形勢所採取的立場，他以一問一答的形式發表其意見如下：

記者問：最近中國一部份的言論界認爲日軍應該迅速由中國大陸撤退，不知所見如何？

岡村會稱：『撤兵』論有兩個大缺點，第一是撤兵的前提條件要停戰，沒有停戰的撤兵只有招致混亂；現在的戰爭在中日間已失去戰爭的理由，這是日本與其背後勢力——美國之間的戰爭。既是這樣，那末就不能撤兵，我特新中國日報：（六月十六日登載）爲重開團結談判者進一說（作者逸嘯）一文，抹殺兩黨原則分歧不同，認爲只是人的問題，希望兩黨過去所持的片面主張，都可以拋棄，變一變，以求得協商，勿蹈入希臘、波蘭的覆轍。該文稱：「國共之爭，並不是什麼主義制度的不同。現在中共一樣是擁護「三民主義」，而所謂「民主集中制」，中共在這樣喊，國民黨一樣是這樣做……即在政策上，中共在喊，「耕者有其田」，國民黨也喊「耕者有其田」……國民黨取消軍隊黨部，中共則說是共產黨從不強制官兵入黨，也似乎相同，然則還有什麼說不攏的呢？其所以說不攏，毋寧說是「人」的問題爲多，而並不是純受窒於什麼主義制度問題，因爲有了「人」的問題，所以大家出難題，我們認爲「還政於人」「聯合政府」都是表面文章，……一切進展的動作，在談判時間，應當暫時停止，只須團結問題，能有圓滿的結果，則一切將可得一個總解決，一些枝枝節節的事，不必持爲口實，只在理由上相責備，徒激感情，於事無補……過去某方片面的主張，先得下個大決心，「都可以拋棄」，要有這個決心，說話才有着落，事實才會進展。……如先來個「不變」的主張，這樣談判是懸一鵠的以求命中，無異是令人屈服，縱然扯得些道理來，而且也可以造出一種形勢來，但必無濟於事。因爲談判的主要精神在相互的「商」，而不是只是要求對方的「從」，須知對國家民族的事，大家都是主人，以一種「招降納叛」的心理態度來協商事，必不會有結果。而一切主觀的片面的主張，也決無一成不變之理。……我們也願以變不變來證明執政者及從事談判者誠不誠。」

同盟社戰訊

「同盟社東京廿三日電」本州附近海面敵艦船之行動，已逐漸頻繁起來。廿二日下午十一時五十分，驅逐艦似的敵艦艇約八艘，攻擊航行於房總半島南端海面之我運輸艦團，與我護衛艦作廿分鐘之砲戰。又我艦艇於廿三日〇時，在父島附近發見敵潛水艇三艘，並予以攻擊。敵艦復於三時左右，以艦砲射擊父島，歷時約卅分。另方面在北方海面，自廿二日七時過後起，艦種未詳之敵艦艇七艇，亦砲擊先島、千島、幌筵列島、摺缽山，又在南朝鮮濟州島南方，我驅船艇亦攻擊敵潛水艇。敵艦艇這些執拗的蠢動，除了消滅我航空勢力，破壞軍事生產，遮斷交通等戰略企圖之外，還有着以下的目的：即（一）除宣傳上的效果，暗示美艦隊在日本本土近海繼續作戰中。（二）欲更加××我國民戰意的威嚇作用。（三）謀略目的：企圖離間我軍民關係。（四）企圖誘出我艦隊，如此等等，大概是根據其宣傳與謀略的企圖。然而這些企圖，殆乎完全沒有收到實際的效果，對此，我空軍兵力爲了捕捉殲滅敵人的時

別向諸君強調這一點。第二，日本縱使開始撤兵，這亦不是短期間所能做到的，皇軍全體將士武裝的撤兵，也將需要有二年左右的時間，就是沒有武裝，也需要一年多的時間，其間如果遇到美空軍的擾亂，那末就要延長時間，如果沒有從上述明確的戰術上的考慮出後，而談說撤兵，那末我是不同意的。

記者問：欲知道你對於大陸登陸作戰的意見。

岡村寧次答：關於美軍在中國大陸進行登陸作戰，我有兩種矛盾的估計，一方面，作爲中國的鄰人，爲了中國民族的利益，就不歡迎美軍在中國登陸，但是另一方面，從大東亞的戰略出發，爲了急速殲滅美國的戰略，就歡迎美軍在大陸進行登陸作戰，因爲派遣軍決心和信心在大陸引導大東亞戰爭走向最後的勝利。

記者問：渝延的相剋如何？

答：延安似乎沒有改變現在的做法。亦不能認爲這種做法絕對與中國不相容，渝延關係是一個國內問題，我不想議論它，但是重慶要依靠他國解決國內問題的態度是不好的。

問：中國的食糧情況是困難的，但是由於日華合作，已得到解決，今後是否繼續實行同一的政策？

答：食糧問題的關鍵在於收買的方法和運輸的不圓滑，這當然要由中國方面負其責任，而日本方面亦要更負責，今後中國派遣軍還要極力幫助推行中國食糧的施策，因此各位對於中國食糧情況不必担心。

敵稱美國糧食困難

「同盟社里斯本十八日電」華盛頓來電：美國農業部長安德遜，於十六日通過ABC廣播公司，做就任以來第一次的廣播演說，說到美國糧食之困難稱：美國的食糧不足，是不容易緩和的國民必須比去年減縮百分之五的食糧，在今後數個月內，仍要繼續遭受着食肉與主要食糧的困難與不足，而油類、砂糖、乳粉、罐頭、水菓與蔬菜等，並將繼續着不足的現象，我爲了增產糧食與改善配給方法，正在積極地採取施策中，但由於生產上的困難，致已經生產出的『梅月毛』（？）與菜蔬，完全不能過渡到消費者手裏，同時爲了生產食糧又需要一定的時間，因此要救濟現實的食糧不足，在今年是不能寄以很大的期待的，從而我們要把眞實的情形率直地告訴歐洲國民，使他們不要抱着美國能供給範圍以外的期待，在我們的前進路上，尚有必需制勝的大戰爭。

參考消息
（只供參考）
第九五〇號
解放日報 新華社 編
今日出一大張
卅四年七月廿五日
星期三。

武漢日報污衊中共七大

【本報訊】恩施武漢日報六月五日社論『論現局，正視聽』一文說，正在國民黨六全代會召開之際，『不料在這個時候，延安方面亦有非法會議之召集』。『延安方面所謂的七次全國代表大會，是四月下旬中共召開的，……討論的問題，無非是想維持、延長其割據的自辨局面，而集中討論其所謂「聯合政府」一問題，觀毛澤東作報告時，他所提出的題目，就是「論聯合政府」，則中共此次的召集非法會議，其用意與目的可謂已暴露無遺了。毛澤東强調指出惟有成立聯合政府，才是目前中國時局之出路，並任意抨擊我中央政府。而新華日報則竟於五月十一日，並將該項報告印成單張，秘密隨着他們的報紙，附送各處，以圖混淆視聽，煽惑人心』。『中共動態，使全國人士生莫大之反感者，約如下述：（一）政治方面，不但日以繼夜地鼓吹其「聯合政府」之謬論，且在其所謂第七次全國代表大會中，又有所謂召集全國解放區代表大會之陰謀，欲與我國民大會作對抗。』（二）軍事上，『加練部隊』；『並聞最近曾聘有外籍人員，在晉北一帶訓練技術人員，以備將來担任破壞工作』（三）在宣傳上，該報無恥的說中共指示各級黨部：甲、論言『詆毀盟邦人士，引起國人排外心理，以破壞我對盟國間的神聖聯繫』；乙、『破壞我中央之經濟組織及財政政策』；丙、『挑撥離間我軍政要人之感情，欲使我內部發生磨擦，以遂其大欲』；丁、『做不負責任之議評，抹殺我湘西、閩東等處之大勝利，以削弱我民衆之信仰。』末了，該報『忠告』說：湘西、閩、桂之勝『爲我接近勝利之先聲』；『我與同盟國之合作，最近更形密切』，『大勢如斯』，『望中共少枉用心思』云云。

【又訊】『中國星期報』第三期（五月二十日）說：『共產黨的首腦毛澤東先生在最近他們的代表大會席上所作的總報告中，甚至以聳人聽聞的詞句

多定型的習慣的信念，這些信念不是不正確的就是只有一點真實的東西和許多的歪曲。

關於『陰險的傅曼楚博士（註）（譯音）』型的習俗的形象，他機敏地註解說，『這種形象在消息靈通者中間是不流行的，這是影響成百萬人的形象，卻不爲成千人所相信的話之簡單地另一種說法』。

在今日的中國，事情變動得很快，迅速的步調造成了一個結果，即美國成百萬人在他們對中國情形的感覺中將受到那少數人信念的影響，此少數人中有一些具有一切標準的專家資格，卻有一點不幸的例外，即他們跟不上事情進行的速率。當一個國家正經歷着長期的停滯或近乎停滯的時候，居住在那個國家裏的外國人就獲得了與變化緩慢相配合的經驗和洞察力與智慧的形式。如果那個國家後來突然進入迅速變化的時期，我們將向誰要求解釋這一切的意見呢？向住在那裏很久而且其智識被認爲是權威的那些『老手』嗎？麻煩的是這些『權威的』老手們是非常苦於鄉愁，這些人的人數經常有着可悲的高度的比例。他們在很少變化的時間獲得了他們的觀點（見解），就是這件事使他們的辯識力在迅速變化的階段成爲不可信賴的了。因此，如在目前中國迅速變化和發展時期那樣的時間，應始終對下面的事實有精神上的準備乃是一健全的規律，那就是先進的專家們可能是錯誤的，或者大體上是錯誤的，而後進的專家，則可能是對的，或者大體上是對的。

羅辛格爾便是這些後進的專家之一。他開始研究遠東問題是在一九三一年日本進攻滿洲之後。他的頭腦不容易爲突然的轉換和變化所擾亂而脫軌。他在美國學習足以使他能夠閱讀當時的根源材料的中國文。他從來沒有到過中國；在他書中可以找到某些小的弱點便是缺乏當地的經驗；但是在方法上和在尖銳的分析性頭腦上他有優良的訓練。他已以他所著『一九三七年到一九四四年中國戰時政治』一書成名，這是探索關於當代中國的政治事實之最好資料之一。若干年來他已成爲外交政策協會的遠東問題專家了，而且外交政策協會由於其工作人員以工場驗貨準標互相審察和批評對方的作品，是美國最嚴格的訓練學校之一。

『中國之危機』一書保有了協會的傳統。本書的核心是由在美國所能獲得的最佳情報所核對過的事實構成的。然後把事實本身加以分析，並根據分析提出作者自己的意見。從事實經過分析到提出意見這樣一條引申的線索就沒有任何隱晦的地方，或加以巧妙手法之處了，而加以巧妙手法正是使強烈黨

說：國民黨正準備在盟軍登陸中國以後對共產作戰。現在，國民黨的這一次代表大會即以鄭重的態度決定：「在不妨礙抗戰危害國家之範圍內，一切問題，可以商談解決」。毛澤東先生要是對國民黨與共產黨關係的前途眞有甚麼恐懼，現在總該已經可以放心。那些爲這兩黨的關係而憂慮，大抵也該可以找出一個是非的界限，而對國民黨與共產黨關係的前途，作比較正確的評判。」

舊金山觀察報 捏造董必武同志『話談』

【本報訊】美國舊金山觀察報於四月廿五日無恥地捏造發表董必武同志所謂『擁護國家至上』的談話。本來，四月廿七日新華日報即發表了一則啓事說：『頃接董必武同志快函，謂所有他在國外的一切說話，都將交新華日報正式發表，以免道途訛傳，請友好鑒察。』五月七日新華日報又載：『董必武同志來電，美國觀察報四月三日（係廿五日之誤）所載一文完全不確，已在中西各報予以否認。』但五月廿四日重慶時時新報又將這篇捏造的東西加以刊載，六月五日貴州日報亦加刊載。在時事新報發表該文後，五月廿六日新華日報又一次聲明，予以嚴正指斥。按：李査氏在美國觀察報上以『中國可望團結』爲題的那篇文章的大意說，董必武同志曾與在美國的中國共產黨李大明等做一場激烈辯論後，『已通知他們，他（指董老）返國後要結束延安政府與重慶的對立局面。他將以中國共產黨之父的資格，用盡他的政治力量，拒絕接受蘇聯的影響。因爲他說：他已明白只有美國能幫助中國成爲一個自由的國家。董氏告訴他的激動而憤怒的聽衆說：他有可能地說服延安共產黨書記毛澤東，放棄另立政權的企圖；他還有可能說服蔣介石將軍作一些不重要的讓步，以便共產黨以純粹政黨的資格參與國事。』這項無恥捏造的『談話』發表後，據六月五日貴州日報說：『美國及加拿大共產黨的華文報紙都刊有對董氏談話不滿的文章』，『因此董氏就在中外各報發出更正的文章，說該文「從頭至尾都是誣蔑之詞」。然而據此間得到的消息，李査氏已在「觀察報」發表了再更正的消息，說他所記載董氏的話，絕無錯誤。』

拉鐵摩爾評『中國之危機』

【美新聞處紐約十五日電】『亞洲問題之解決』一書著者拉鐵摩爾今日在紐約前鋒論壇報上評論羅倫斯K，羅辛格爾新著『中國之危機』。拉鐵摩爾說：羅辛格爾在該書開端就指出，關於中國的情形有許派性的政治論文變成醜惡的東西了。因此，本書對於想要獲得專家的意見並同時可以無拘束地形成他自己的意見的讀者們，是一部理想的著作。

羅辛格爾表示他對國民黨及對蔣介石本人很嚴格的批評，同時對於中國共產黨他有很大的尊敬和某些欽佩。至於他對這兩方面的分析，我應該說他對共產黨的估計並不是無節制地熱情的，但是他對國民黨和蔣主席的批評是太概略了，並且有時是不合理地苛酷了。例如把蔣介石與邱吉爾相比，他說：『蔣更少『靈活性』，並且又說：『英國的保守主義除了正受他自己的廣泛經驗和訓練所調劑而外，還吸取了英國政府若干世紀的精細的教訓。在另一方面蔣介石沒有歷史的傳統可以使他能夠處理他當前的問題，因爲在他面前的問題，是最近發生的，而且不是他的前輩傳下來沒有解決的，便是由他自己的政策所引起來的。』

我的意見認爲這是本書中對於人物和政治的判斷之最壞的錯誤。在今日中國，沒有一個人能夠成爲全國的人物——更少能成爲世界人物——，如果他對於歷史的理解不足以處理他當前的問題的話，或者如果由於他自己的政策而在他面前引起太多的問題的話。

羅辛格爾對於蔣介石主席及若干個別人物包括何應欽將軍及陳氏兄弟在內的觀點和目標，也太過於看成爲相同。幸而他對這些人物評價和政治判斷的錯誤作了一種抵銷。例如——只舉一個例子——他承認蔣介石不僅具有平衡許多勢力的能力，而且也具有代表各種不同勢力的素質：『以代表舊的和新的，他從每一方的支持者中間吸取對他效忠。』

除了那些對細枝末節的批評之外，羅辛格爾的主要命題是應該受到尊重的。他敦促團結，認爲團結是達到中國國內及中國與其他國家關係、特別是與美英蘇關係的穩固性之唯一健全的方法。要達到他所敦促的這個團結，只有給與一切已成爲繁盛的店舖了的政治勢力以充分的代表權才行。共產黨是一片繁盛的店舖，而且某些小的政黨（他們的潛在力被許多觀察家低估了）也有能力成爲繁盛的店舖的。一九三七年抗日戰爭開始是根據如次的事實的：即『中國兩個主要政黨都太弱，弱到不能自己對外敵作戰，同時又都太強，強到不能互相爲對方所消滅』。

現在中國這兩個主要政黨都太弱，弱到不能指揮整個國家，同時又都太強，強到不能爲敵對黨所消滅。這就是問題的實質。其論點都寫在書中。這個問題可能成爲美國戰後政策中最易引起爭論的問題之一。有[illegible]（公報應該親自研究一下。

同盟社轉播國民黨統治區「匪」患

【同盟社上海廿四日電】重慶統治地區之糧食困難，最近呈現了絕於言語的慘狀。據云土匪在各地蠢起，掠奪行爲頻頻發生。據二十二日延安新華社電稱，自今年二月起，因貴州、四川、河南、陝西各省之旱災爲患，致民生狀況極度惡化，農民變成土匪在各地蜂起，繼續着掠奪行爲，蒙受災害的農民復參加這些土匪隊伍，爲數達二萬至三萬人之衆，即在四川省內，蒙受災害者，即有十九件之多。又重慶發行之中央日報亦稱：雷山、荔穗（廣西省東南部）、黎平、羅甸之農民們，爲對付此恐怖狀態，已組成自衛團，拚命地阻止土匪的來襲。重慶軍當局作爲安定民心之措置，亦已宣佈將派遣軍隊前往剿滅。

虞洽卿病逝

【中央社渝廿四日電】國府廿四日令，虞洽卿秉性忠純，志識明達，早歲旅居滬濱，創興實業，開發交通。辛亥淞滬光復，勞軍籌餉，弗避艱危。抗戰軍興，間關西來，嘗期愛國曾不後人，茲聞病逝，悼惜良深。應予明令褒揚，並將生平事蹟存備宣付國史館，用彰耆德，而勵來茲，此令。

同盟社評盟機襲上海

【同盟社上海二十四日電】以沖繩島爲基地敵戰轟聯合對上海的襲擊，規模日益增大，如果檢討敵人的目的，在戰略上敵人預想到當進行對日本土之際，在我強韌的本土防衛體制前必然遭受失敗，而且到那時候，還有準備一舉擊滅敵人的中國派遣軍的存在，這對於敵人來說，將受到側面的威脅。敵人爲了控制大陸的這一隱患，遂轟炸上海，破壞軍需工廠、港灣設備及飛機場，使我消耗戰力。另一方面在政治上，敵人鑑於國府統治下民衆對我軍的協助熱情，日益高漲，特別是當大陸即將化爲戰場時，中國民衆更有同生共死的決心，並更積極開展和平救國民運動，因此敵人遂利用轟炸，企圖離間日華[illegible]官民，破壞兩國協力體制，要求中國民衆屈服，這是很明顯的。但敵人企圖在政治上戰略上獲得效果的轟炸攻擊，將被我軍當局及日華官民的鐵壁防空體制所粉碎。

合衆社傳關於和平的怪廣播

【合衆社紐約廿二日電】紐約時報社論評論查賈瑞亞斯，對日本之廣播謂：渠乃美政府之正式發言人，促日本在大西洋憲章規定之各項利益下投降。該廣播引起一問題，即渠是否眞正表達確定的美國政策，若然，該政策如何決定，何時決定，且係由何人所決定？查賈瑞亞所在廣

地，義勇隊誕生以來非常活躍，在將來轉爲義勇戰鬥隊時，亦將積極發揮，當九州變成決戰場時，必能昂揚九州人的士氣，毫不動搖，毫不畏懼，他們將凜然而堅決地與敵人戰鬥到底，這一印象在此次短短的旅程中，更加深深地銘記不忘。

【同盟社南京廿四日電】在美軍登陸中國大陸作戰前敷下鐵壁陣地之我派遣軍，由於在華同胞有劃時期意義的參加戰列，於是軍民一體，更加具備了完善的決戰體制。即是說華中派遣軍，已經把全體人員之適當人材配置於適當的崗位上。並且決定了萬全的措施，以確保與安定此次新編入軍隊的僑胞與已應召者家屬的生活，使全體在華日僑，完成爲了提高日軍戰力之新體制。在華南比內地（指日本——譯者）更前進一步，加強義勇隊組織。在華北，亦正在進行與華中同樣的參軍運動。除了一百萬的華北派遣軍之外，在華同胞現在正站在以軍事生產爲中心的後方戰綫上，於此確立了必要時拿起武器來的體制。他們均以軍人的姿態挺身而起，正在各重要工廠的生產戰綫上捍鬥不息，或在從事軍隊作業，或在從事「內攻訓練」。

盟軍搜出德寇祕密文件

【路透社倫敦廿三日電】盟軍最近掘獲若干德國祕密文件，經查閱結果，獲得一驚人之發見。即當慕尼黑會議危機潛伏時，增強納粹政權力量，導使希特勒發動侵略之德國國防軍，其吹噓一時之威力全屬子虛。該項祕密文件，由德國統帥部之披卷室內發見，並有希特勒統治下最後一任軍火部長史比爾××××。據可靠消息，所謂德國軍火工業之效率，大部爲紙上談兵，德國軍火生產之調整，至一九四二年初始能正式開始。據該項祕密文件所透露，當時德國軍隊僅有三師可以駐防西綫。至於空軍方面，其素質較之捷克尤弱，此後於一九三九年及一九四〇年兩年中，德國飛機生產遂有增加，然每每不能如預料之令人滿意。史比爾謂，一九四一年冬，希特勒深信勝利在握，故大部軍火生產除防空設備及戰鬥機外，均形減少。一九四二年二三月間，德軍火生產竟減至最低限度。以此，德政府當局及其工業人員，對於蘇聯武器尤其坦克車輛之素質，頗覺驚奇。一九四二年稍，及以後若干時期中，德國遭受猛烈轟擊之後，其工業之組織始形加強。德國工業由於英空軍之精確轟炸，而遭受嚴重之打擊，然美國出擊之效果，較之英空軍遜色。其原因至今尚未查明。茲又獲得確證，德國於慕尼黑緊要關頭曾有大規模之計劃，以推翻希特勒，從謀人士大率即屬該年七月事件之主持人，他們推翻希魔計劃之擬定，遠在一九三八年夏季，然終屬失敗，其原由不明。

播中宣稱：此項決定迄係虛懸，今不僅日本視此等決定爲新聞，美國人民亦將視爲新聞，查賈瑞亞斯宣佈：日本如能在大西洋憲章或開羅宣言所規定之下投降，則日本將不若德國之遭分割。多數人士均認爲蔣委員長所稱日本在傳統上信仰上及在政治經濟制度上之一切侵略罪惡及種子，均應肅清一語，未實現前，和平將屬空言。

敵要求有潑辣的對蘇外交

【同盟社東京廿三日電】圍繞着日本的國際形勢，很顯然斷定是有利，如果東亞問題在波茨頓會議上提了出來，那麼不待言蘇聯的動向就成爲日本朝野關心的焦點。二十三日之『日本產業經濟』。鑑於最近之情形在一週國際展望中，要求外務當局採取對蘇積極政策，該雜誌稱：此次三頭會談的各種問題，除非在會談結束後不得而知，但我必須警覺到在會談終了之時，這一會談公報將包括着對日本不利的內容。我們一方面冷靜注視三巨頭會議的發展，同時應儘量潑辣地展開克服日本的不利，並導入有利的帝國外交，此點再沒有像今天最迫切了。

敵寇吹噓九州防禦鞏固 在華日僑實行決戰體制

【同盟社前綫基地久堂報班導員廿四日電】九州要塞，是最機敏的行動的觸角。如果敵人顯露登陸的徵候，海、陸、空將聯成一體，立即發出果敢的、本土特别攻擊的第一個打擊。它是一個戰場，山、溝、樹林、民房都被偽裝起來，一點空隙也沒有。村莊和小河邊的灌木裏，暗藏着有刺的鐵線，所有道路，都是敵軍坦克的地獄通路。地面部隊竭盡心力，訓練國民義勇隊，軍民之間聯成牢不可破的團結。統率九州要塞的某部隊長——他將在即將到來的保衛皇國的決戰中，發揚鋼鐵一般的決心，他說：『生在聖恩龍澤之下，將以此身保衛皇土。』××內務次官於視察九州地方完畢後，最近返回東京，他曾談到九州要塞的有恃無恐情形稱：整個九州，包括每個角落是一個大要塞，這個鋼鐵的堡壘沒有絲毫的空隙，這個類似大要塞的地利，跟當地的人聯系在一起，以後就是等待天時了。特別是担任兵站工作的健兒，他們担任着增產糧食的重大使命，而增產糧食乃是戰鬥力的根源。國民義勇隊的活動，無論在築城工事上，運輸業務上或在增產食糧上，都獲得了顯著的成果，他們目不暇顧地勞作着。九州是薩摩隼人等武士的出生地，不管在鹿兒島、熊本、佐賀等

敵皇侍從武官視察空軍基地

【同盟社某某基地報導班員廿四日電】我飛行小部隊，以空軍特別攻擊隊的精神，對不斷地來襲的敵機，日以繼夜地實施迎擊戰。天皇陛下對此極爲關懷，於廿日派侍從武官尾形上校，視察某某空軍基地。機場停有某某隊特别攻擊隊的神鷹機，呈現着敵機動部隊來攻時即予粉碎的姿態。過了晌午，以部隊長爲先導，舉行侍從武官蒞臨的傳達典禮，全體將士激感聖上的關懷，內心裏堅決地發誓一定要擊落敵機。

【同盟社東京廿四日電】陸軍省發表（七月廿三日）：茲下令鐵道義勇隊編爲鐵道戰鬥隊。

【同盟社東京廿四日電】陸軍省發表（七月二十四）——此次發佈命令如下：陸軍少將伊丹政吉補四國軍管區兵務部長，陸軍少將森玉得光陞任陸軍中將，陸軍大佐船山正夫、陸軍大佐神代儀平、陸軍大佐高松久記、陸軍大佐吉田四郎、陸軍大佐宇賀武、陸軍大佐十時和彥陞任陸軍少將、陸軍軍醫大佐遠藤初男陞任陸軍軍醫少將。

中央社傳美報稱 太平洋戰爭屆轉捩點

【中央社倫敦十八日專電】華盛頓今日電訊報稱：據各方所得消息，相信太平洋戰爭已屆決斷性之轉捩點，日本數週內，趨於瓦解或投降不能謂無此可能。按日本投降空氣之發生，大抵歸爲下列四端：（一）盟國海空軍數週來對日本本土之轟擊，敵方並無抵抗。（二）杜魯門原定遍訪歐洲各國首都之計劃縮短，擬即遄返白宮。（三）國務院逐漸欲使美國民衆明瞭官方對於日本投降之條件。（四）琉球本島所俘之日記者，謂其國內投降之說甚囂塵上，盟軍一旦於日本本土登陸，心理方面可致日本繼續抵抗之意志於死命。

歐洲各國使用德國俘虜勞動

【同盟社里斯本十九日電】與賠償問題相關聯，不日地在講到使用德國俘虜問題。據來自紐約的消息稱，英國正把十萬德國俘虜用之於收穫。在挪威，則有四萬俘虜在從事勞動。而在法國，現在正在建立這樣的計劃，即除了使用於農耕方面者外，還要獲得一百七十五萬俘虜充當工業勞動力。意大利亦在要求二十萬名德俘。據說，蘇聯正在向美英兩國要求引渡在美國國內勞動之十萬俘虜。德國俘虜再加上四百萬的話，實爲八百萬人，如此多的德國俘虜，正被各聯合國強制使用中。

參考消息

（只供參考）

第九一五一號

解放日報 新華社 編

今日出一大張

卅四年七月廿六日 星期四

路透社傳三國會議上 蘇聯要求租借旅順

【路透社華盛頓廿四日電】非官方但權威的觀察家今日稱：對日作戰問題將為杜魯門總統、邱吉爾首相及斯大林元帥在波茨頓會議上所討論。該報稱：『經濟資料蘇聯對日作戰是企圖恢復其旅順港的舊有權利（即租借權），與至少經由滿洲之運輸權。路透社稱：根據普茨茅斯（在英國）條約，滿洲的遼東半島（旅順港即在其上）及港口本身已由俄國轉讓給日本，而滿洲的其餘地方則已歸還中國。旅順（要塞）在俄日戰爭中曾起顯著之作用。一九〇四年俄國艦隊被圍於該處，當時旅順要塞支撐了八個月的圍攻，終於一九〇五年一月二日投降日本。』

【同盟社里斯本十九日電】（遲到）美國總統杜魯門，預定於三巨頭會議結束後，遍訪歐洲各地。新聞紀事報華盛頓專電稱：『據華盛頓報報導：杜魯門取消遍訪歐洲各地的預定旅程，決定立即返國，相信這是由於太平洋戰局的關係。』

【同盟社斯托哥爾姆廿三日電】據路透社倫敦電訊稱：三巨頭會議於廿三日仍繼續進行，但柏林的電報稱：美、英、蘇三國的代表團仍都一齊保持緘默，只有路透社就這一期間的情形，由柏林發出報導稱：當此英國大選將屆揭曉之際，邱吉爾不能逗留於國外，因此，如果會議不能於廿六日結束，將暫時中止，俾邱吉爾得以返國，那時三首腦可能發表暫時性的聲明。

【路透社柏林廿三日電】波茨頓會議，倘不於廿六日邱吉爾回國聆取普選結果時結束，亦將發表一暫時休會聲明，以便日後繼續會商，或以有關德國之急迫問題轉交管制委員會處理。就邱吉爾首相自信其於討論中所擔任之重要地位而言，斯大林委員長及杜魯門總統，在他未返波茨頓以前，將不繼續會議。

【中央社波茨頓廿三日電】杜魯門總統顯甚仰賴貝納斯及其他人員，他在

氣候良好，運輸機即可在一千呎以內之低空飛行，而四引擎運輸機，每月之運輸噸位，因此便可超出一萬噸，目下汽油及其他液體燃料，正自油管源源輸入，而新式卡車及其他重裝備，亦經由雷多及緬甸公路不斷運入中國，此種運輸機所載貨物之種類，不限標準貨物、高射砲全套武器，以及搬運此武器之機械、油管等，均曾載運赴華。

【中央社重慶廿五日電】據美新聞處訊：華盛頓廿三日電，美專家八人，隨帶供應品五噸，（主要者為澄清潔水之儀器）正啓程往中國，協助防止重慶及其近郊霍亂瘟疫之蔓延，該專家等乃應聯合國救濟善後總署之請，以補其原有醫生人數之不足。美籍軍事人員及僑民中之尚未發現此疾，六月初以來，中國人患此病者已達六千人，死者達一百五十人。

外記者招待會

【中央社渝廿五日電】外記者招待會，今日下午三時舉行，王部長世杰因故未能參加，由吳次長國禎、張參事平群及軍事發言人鄒組長琪之出席主持。記者問，據倫敦所傳，黔省農民被迫須向縣政府貸款，而於秋收時以實物加倍償還，確否？張參事答不確。此傳或係出於誤會，公誼救護隊五月十九日所刊行之通訊載稱：『黔省農民向縣政府借貸，每年加倍計算，於秋收時以米穀償還』，查此篇作者，原意為例如××農民借款種籽一磅，於秋收時須償還兩磅，政府並非以百分利率貸放現款於民，以×無款可貸，所以多收種籽者，不過為便利再借給農民下種之用，均非圖利。記者問中國法律所定，拘留××債務人，其詳情如何？張參事答，關於債務訟案，現代立法精神及理想均不×採用，（缺）刑事案件中，始有拘留犯之舉。中國民法關於債務訟案，有兩種方法可以執行制決：一××××方法，即查封債務人財產，或予拘留民××××××××；但第二種方法（電文不清）趨勢而必訂定者。記者問，聞有美國新聞記者，被拒絕入華，原因何在？張參事答，關於此問題，余欲說明三點：（一）中國政府無意對此事發表公開評論。（二）不許少數記者來華，並非歧視其所代表之報館。（三）××現在與敵人作存亡有關之戰鬥，是以對於入華外人，如就其過去經歷認為足以損及我國與盟國間之友好關係者，自難准許其入境。

圖王任伊盟盟長

【中央社重慶廿五日電】行政院廿五日開七〇五次會議，任免事項中有：（一）派湖南省政府委員周瀾，兼該省政府湘南行署主任。（四）伊克昭盟副盟長圖布陞吉爾格勒，伊克昭盟幫辦盟務鄂齊爾呼雅克圖，鄂爾多斯左翼後旗扎薩克×

擬行午後五時舉行之三巨頭會議前，均與貝納斯討論議程。陸海軍問題討論之秘密性，可反映對日問題極端微妙性。

同盟社揣測三國會議 討論蘇聯參戰問題

【同盟社里斯本二十四日電】美國電報頻頻報導已經提出遠東問題，作爲三巨頭會議的議題，但報導內容似乎都沒有超過揣測的範圍。報導的主題是斯大林委員長與宋子文會議所醞釀出來的，它是與蘇聯的對華政策，太平洋戰局相對照的美英的遠東政策。但總觀在另一方面，關於如何調整中國國內的複雜的政爭與美、英、蘇三國的經濟利害關係，似乎還未有明確的結果。這裏不妨舉出一些主要的論點，美國[illegible]李普曼在先驅論壇報上曾講到在重慶統治圈外儼然存在的延安勢力，說[illegible]在解決中國問題上，解決內爭是其先決問題，蘇聯與中國之間即使已成立了明確的諒解，但如果美國不予承認，那是非常困難的。採取聯邦國家的形式來統一中國，亦是靠不住的。」或者甚至赤色勢力圈有從外蒙擴展到黃河的危險。美、英方面似乎希望宋子文的莫斯科工作，在阻止赤色勢力南下的威脅上能有效果，而關於上述事情，美國時代雜誌曾報導說：斯大林、宋子文會談已成立了某種協定的基礎。李普曼亦提出這一問題，認爲假定宋、斯兩者之間有可能已締結了協定，但宋子文與重慶政權在廣大的中國領土上究竟有多少權力，與乎美國是否有實際地變更一般協定的實力，關於這兩點他是抱着疑問的。其次，每日電訊報外交記者關於三巨頭會議中的遠東問題，則完全保持緘默。但說這一印象日益增大，即已經討論了蘇聯積極地參加目前戰爭。

敵軍向長江下游集中

【中央社皖南某地廿三日電】近日長江敵方航運頗爲頻繁，上行船多空無所有，下行則滿載敵兵，即轉運其兵力於長江下游及太平洋方面，企圖掙扎，但因盟機轟炸，所有上下船隻均於夜間行駛。

印度空運來華物資 每月達五萬噸

【美新聞處倫敦廿五日電】據每日電訊報駐加爾各答記者撰文稱，自印度空運來華之物資總數已增加至每月五萬噸。中印油管之伸展，對載運貨物來華之巨大運輸機隊載量之增加至有幫助，自加爾各答飛昆明之四引擎式運輸機，和所需之油量足以供其飛至密芝那，經由緬甸須加油後，飛返加爾各答。自緬甸北部日軍被盟軍肅清後，如

多爾濟，土默特旗總管兼蒙旗宣慰使署秘書長榮祥，均另有任用，應免本兼各職。派圖布陞吉爾格勒爲伊克昭盟盟長，兼伊盟保安長官，賀叙達爲綏遠省境內各蒙旗地方自治政府委員會委員長。鄂齊爾呼雅克圖爲伊克昭盟副盟長，康達多爾濟爲伊克昭盟幫辦盟務，榮祥爲蒙旗宣慰使，巴文峻爲綏遠省境內蒙古各盟旗地方自治政務委員會常務委員兼該會秘書處長。

美官方聲明 陳納德與斯特拉特梅耶無矛盾

【合衆社紐約廿四日電】美陸軍航空隊副總司令伊克爾二級上將，對記者發表聲明，否認陳納德將軍之所以辭去第十四航空隊司令職，因與中國戰區美陸軍航空隊司令斯特拉特梅耶二級上將有意見不合之處。陳納德與斯特拉特梅耶將軍交誼甚深，彼此相處素無間隙，吾甚盼陳納德將軍之友好，可俟其返美後再行提出，因其目前提出問題，於陳將軍或無裨益也。

孔祥熙免中央銀行總裁職

【中央社渝廿五日電】國府廿五日令，中央銀行總裁孔祥熙，呈請辭職，孔祥熙准免本職，此令，特任命俞鴻鈞兼中央銀行總裁，此令。

參政會對軍事報告決議文

【中央社渝廿二日電】參政會廿九日十九次會議時，通過軍事報告決議案，原文如下：本會審查行政院工作報告中軍事整理一項，並聆取陳、鹿兩部長出席報告，欣悉我政府軍事當局本軍事第一，勝利第一之目的，而定充實反攻主力，改善官兵生活，調整軍事機構，安置編餘人員並配合其他各部門而切取連繫計劃，條分縷析，綱舉目張，×適合抗戰必勝建國必成之要求。同人等佩慰之餘，尚有不能已於言者，並據述意見如左：（一）軍風紀宜切實整飭。查軍紀之弛張，關係作戰之勝敗與人心之向背，軍紀不嚴，則號令不行。同人等見聞所及，雖軍委會力求整飭，揭櫫兵團數，以治其本，又設戰區軍風紀巡察團，以治其標，然至今尚未收全效，甚至軍師以上之幹部，有走私資敵，勾結奸商，囤積居奇，並直接收稅××派捐派糧要伕，以圖私利者，就中以各挺進縱隊、游擊隊、師管區、國民兵團爲最甚，應請注意者一。（二）賞罰宜力求嚴明。古人云，賞當其功，始足以勸，罰當其罪，始足以懲，故我賢明領袖無日不以嚴賞罰相昭示，但中央及各軍師負責人員機關，或則考覈不清，或則因循苟且，遂致年來作戰就

之後毀滅結果，民衆亦不無議論。今明兩歲，爲最後勝利之年，賞罰關係應十倍於已往，此應請注意者二。（三）兵役宜切實改進。兵役不良，弊端百出，盡人皆知，不再縷述，其原因雖由於教育尚未普及，政治不能配合，經濟不能充足，衣食不能周到，衛生不能改善，然其主要原因，則在師管區、補充團、將保長各級人才之缺乏與選用之不當。此應請注意者三。（四）編餘官兵之處置，宜徹底施行。查軍政部所定編餘標準安置辦法，至爲詳盡妥善，然施行之時，必須力求公允，徹底實行。此應請注意者四。（五）軍需糧秣機關宜嚴厲整飭。查此等機關積弊最深，以言服裝，先談回扣，以言糧食，積水摻沙，雖檢舉必須×證，然身受自知其苦，影響軍心，莫此爲甚，務須嚴加整飭，以免流弊發生。此應請注意者五。（五）軍隊衛生宜更求進步。查我國士兵生活最苦，部隊衛生之一語，徒爲悅耳之名詞，以前每一士兵每月藥費爲一元五角，試思一元五角，今日能購藥幾許，士兵安保不病，一病安能不死，衛生材料今後果如所言能發現品，使士兵健康得有保障，誠爲軍隊衛生之一大進步，望能多籌經費，廣製必需藥品，俾此計劃早日普遍實現。至於殘廢軍人之安置，雖有院所之設立，然數量比較，相差甚鉅。東南西北均感不敷　願能增加經費，分省設立[illegible]，教養兼施，庶此輩爲殘廢者，各得其所，亦國家優待軍人之道也。此應請注意者六。（七）重兵器宜早日籌備，妥爲分配。最後決戰當在華北及東北四省，多係平原城池，堅固非重兵器不能發揮效力，務宜統籌使用兵數，準備重兵器，並分配宜於平原大陸作戰各部隊，方能收戰勝之果。此應請注意者七。（八）後方勤務宜嚴加監督。後方勤務自成系統，爲軍隊作戰命脈，至爲重要。查以往兵站機關，擾民最甚，浩費民力，征傭車船，唯心所欲，不×人言，甚有以之經商運貨，以圖私利者，願今後不再有此類事件發生。閱報告軍政部已洽商交通部添造木船千隻，淺水船一百五十隻，足徵注意及此，然吾國土地廣大，河流多，流域動輒千里，千百隻船不敷應用，亟盼政府於財力許可範圍，設法陸續添置，以便運輸，而利反攻，此應請注意者八。

同盟社稱：美國對日進行和平攻勢

【同盟社東京廿五日電】敵人美國從杜魯門就任總統以來，修正羅斯福的獨裁色彩，與國會勢力密切合作，更換了國務院等機關中的數位長官，發揮了出人意料的政治手腕。在國內來說比前任總統羅斯福的手腕尚見堅實。國內形勢在參戰四年內，由於國內安定以及戰局好轉，一般國民對戰局前途有充分的信心。儘管在這樣有利的

對策。但在目前，上述各種超重轟炸機，都尚未脫離試製階段，現在能實用的超重轟炸機，美國的方針是只採用B二九式機，這一點大概不會估計錯誤。另一方面，在戰鬥機部門，令人注意的是，最近才進入大量生產軌道的噴氣推進式戰鬥機、火箭、P八〇式機，跟着對德戰爭的結束已決定減低生產。生產上述機種的原因，和減低生產轟炸機的原因相同，可以說，美國的方針減低是爲了傾注全力，以生產現有的最切合實用的機種。因此，美國在今後將竭盡心力去生產的，在陸軍飛機方面是P47和P51兩種飛機的改良型機，爲此，火箭、P83之類，就可能減低生產以至於停止生產。在海軍飛機方面，未發表令人注意的改變機種的消息，仍在努力生產格拉曼式機。總而言之，特別攻擊機的威力，打中了敵人的要害，敵人便更進一步地集中全力增產戰鬥機，以作爲一種對策。敵人的這種傾向，跟着日本本土作戰的緊迫，將會日趨濃厚。上述的新傾向，姑且不說，由於德國的屈服空軍要調往太平洋，以及爲了要緩和消耗程度，就從今年初以來的生產成績來看，亦可以看出此種新傾向。此即三月的生產額爲七千五十三架，恢復到去年十一月的水準，但到此次歐洲戰爭結束前後，即再行減少。四月是六千四百十二架，五月是六千三百五十四架，終於降低到一九四三年春天的水準。據戰時生產局長克羅格宣稱：在夏季B二九式機的生產，各工廠均達到超過計劃的成績，特別是有兩個工廠，超過了目標百分之四，此外之飛機種類，特別是巡邏轟炸機及運輸機，由生產目標稍爲降低。從這一發表看來，戰鬥機的生產是沒有達到目標的，因更聯想到戰鬥機生產部門不斷的改變計劃，沒有達到目標亦是當然的了。但亦可以說美國飛機生產到達減少的頂點，它的減少率如與其他武器比較，很顯著地減少的不多，儘管美國有由軍需生產轉入民需生產的風潮，飛機生產仍然極力維持高度水準，此點不容我們樂觀。

歐洲之美機約百分之八十調往遠東

【同盟社斯托哥爾姆廿四日電】倫敦來電：美軍歐洲空運部隊本部，二十二日發表稱；在歐洲的美軍轟炸機及戰鬥機百分之八十，正調往遠東。

同盟社報導美國的矛盾

【同盟社東京十八日電】今日之戰局未必對我有利，而且率直的說，必須明確承認戰爭之不利，如果戰爭的規模愈擴大，而其總力戰的傾向愈加強，則敵我之戰力的動搖愈益激烈。現在敵人美國的內外形勢究竟如何變化，我們來介紹一下。

形勢下，美國陣營內部包括杜魯門在內，最近突然希望對日作戰早日結束，此種希望的逼切，甚至帶有焦慮之色，覆蓋全世界的戰雲，由於德國投降，歐洲已進入和平處理時期，只有在東亞的帝國還在繼續戰鬥，使美國犧牲極大，予美國所考慮的戰後世界政策以極大障礙。美國爲了不落後於蘇聯歐洲各國的戰後政策，以及要利用現在有利地位，掌握控制世界，就要使對日戰爭儘速結束，這是很自然的。據最近外國電訊，美國不斷的進行對日和平攻勢，多半是具有謀略企圖的美國一流的惡辣宣傳。敵人堅決以無條件投降爲基礎，在政戰兩面展開大規模的××，這是很清楚的。據說在柏林郊外波茨頓進行的三頭會談，開頭就提出遠東問題，還有圍繞着遠東政治問題，這就是斯大林與宋子文前後六次的會談。該會談爲三頭會談舉行在即暫一時中止，但我們應注意宋子文在訪蘇前，在美國接受了美國對東亞問題的意見。此即斯大林與宋子文的會談。雖然是蘇聯重慶會談的形式，而事實上意味着美蘇關於東亞問題的準備會談，換句話說，宋子文就是美國的代辦，因此這一會談雖經過六次，但以未達到任何諒解而未發表，這是應極端重視的。從此處來看，美英蘇關於東亞問題的商談將不會很快結束，不管三頭會談能得到何種程度的諒解，那是另外一個問題，總之遠東問題已提到議事日程而被討論，帝國就不能不關心。總之美國在政戰兩略的對日攻勢，是非常活潑而且日益激烈，即使敵人最近說：『緩和對日無條件投降』，但這是敵人常用的謀略與焦急的表現而已。戰爭正向最後階段突進，我們要一個一個粉碎敵人的攻勢，爲了獲得最後勝利，沒有堅固的信念是不行的，而且在今天要尖銳注視敵人的情況，建築保衛皇國的心理要塞。

同盟社論

美國飛機生產的新傾向

【同盟社東京廿五日電】針對大東亞戰爭，美國飛機生產的重點，不言而喻是放在B二九式機上。可是最近，生產的新傾向正在轉變，這是值得注意的。自從意大利投降以後，美國即着手準備太平洋的總反攻，同時將飛機生產中心放在超巨型轟炸機上，而犧牲戰鬥機的生產。然而從菲島作戰前後開始，變更其方針轉而生產戰鬥機，自今年初春以來，陸續發表新銳戰鬥機的名稱。至此，便出現了生產戰鬥機和超重轟炸機的兩個重點時期。即是說，聽說美國在最近正在製造大型B三五式機、B三六式機、和B四三式機，另外並傳說目前正在試製B十九式[illegible]型機，她似正在大規模而慎重地準備空襲日本的

「軍部與資本家的對立」首先看一下美國國內的形勢，國民的厭戰氣氛頗爲嚴重，其一個表現就是開戰以來罷工件數達一萬三千次，損失的工作日達三千一百五十萬天。這是敵人自己發表的，這一數目最近更形激增。又在冲繩作戰後期美國受到極大損失，對此極爲憤慨的一個新聞記者，曾因要求處罰負責將領，而引起一大風波，這是衆所週知的事實。這可以看做是美國國內輿論的動向。軍部與金融資本家之間的傾軋，從去年歐戰時生產局次長威爾遜辭職，以至該局長納爾遜訪問重慶以來，並無任何緩和的象徵，僅一時將軍需生產向民需生產轉變，以抑制不滿，但兩者的離叛內訌仍然繼續發展。「表示出外交政策的破綻」關於政府當局對外的政戰兩略。（一）從去年春天以來，對印度野心更爲積極，使輿論宣傳大西洋憲章適用於印度，由於印度的獨立而建立美國的宗主權，美國以此爲導火綫，與英國政府發生若干衝突還是衆所週知的事實。這一問題將要看今後戰局的變化而有再度爆發的可能。（二）美國注視着東洋的資源地帶，一方面急於早日結束對日戰爭，但是另一方面與澳洲軍隊在婆羅洲登陸，其犧牲是很大的，如果要保持整個這一龐大地區，不得不投入龐大的戰鬥力，而且今後各種形勢的變化，有使美國陷入與英國及荷蘭流亡政府之間惹起紛亂的泥潭中。（三）當美國要展開對日下期作戰之時，如果要迎合國內輿論，强行在我國本土登陸，則其犧牲消耗一定龐大，根據不同的場合，對今後作戰將會發生致命的影響，如果敵人想到大陸四億人民的購買力，因而企圖採取一箭雙鵰的政策即既進攻本土又支配中國市場，那末它一定要與我登陸軍發生大消耗戰，並與英蘇兩國的意圖發生衝突。即使它要利用重慶軍，但重慶軍說：『要武器如不要美軍登陸中國』。它與延安政權的關係，因有蘇聯的牽連，並不是一件容易的事情。『矛盾日益激烈』美國要進行下期作戰，但其中包含了相當的複雜和困難，由此可知各種客觀的情勢未必對美國有利。自然，美國的戰爭指導者，是欲克服這些國內外的各種困難，拚命地驅使國內大衆把抹煞日本的作戰貫徹到底，對於敵人的強烈的戰意與指導力，不容絲毫帶有希望的觀測與樂觀的估計，但處於目前對我不利的戰局下，敵方的脆弱性亦逐漸地表露出來，這種事實是不能夠掩飾的，而在此期間，只要我方更加強有力地增加軍需生產，與保持鐵石一般的國民的團結，則美國的客觀情勢之困難將更要增加。

參攷消息
（只供參考）
第九五二號
解放日報 新華社 編
今日出一大張
卅四年七月廿七日
星期五

同盟社說三國會議已決定遠東政策

美、英、蘇將對日本採取共同動作。

【同盟社斯托哥爾姆二十五日電】關於三巨頭會議的遠東政策，交換電訊報波茨頓電稱，在二十二日的會議上已經決定於會談結束後，美、英、蘇將對日本採取共同動作。

【同盟社斯托哥爾姆廿五日電】據倫敦電，邱吉爾於廿五日午後六時，從波茨頓返抵倫敦，旋即赴伯明翰宮向英皇報告會談經過。東南亞英軍最高司令蒙特巴頓，亦於同時飛抵倫敦。據路透社報導蒙氏此次返國，係參加波茨頓會議。討論東亞的反攻作戰。由此看來，很明顯地波茨頓會談，除佔領德國統治方式以外，也商討了有關東亞政治上與戰略上的問題。特別是此種觀察頗爲有力，即杜魯門、斯大林，亦在商談東亞的施策。據波茨頓來電，杜魯門預定於廿六日午後，攜帶國務卿貝爾納斯赴法蘭克福會見最高司令艾森豪威爾。據交換電訊報特派記者發自柏林之報導：杜魯門曾提議即美國（原文如此，意即杜氏——譯註）不在亦繼續進行會談。因而美蘇兩代表間，似正在進行重大談判云。

【同盟社斯托哥爾姆廿五日電】關於三頭會談，美英報紙經常報導討論遠東問題，特別是對日問題。二十四日路透社波茨頓電訊稱：『美英蘇三國間已成立對日作戰問題的決定』。另外一個路透社電訊稱：『美國國內認爲最近在三頭會談中、將發表關於對日作戰的聲明，這一印象已逐漸加強』。與上述相關聯，並強調蘇聯的作用，這是企圖使蘇聯參加對日作戰的謀略宣傳。目下中立國報紙，則保持沉默。

【同盟社東京廿五日電】據傳英美蘇三國間關於對日作戰問題作出決定，最近即向日本提出共同要求。我方消息靈通人士，對於這一報導並不十分關心，因爲關於會談內容，關係國均極端保持秘密，美英方面的報紙完全是一種揣測宣傳，所有的宣傳都是要造成『三國對日作戰已有重要決定』的印象。但我外交消息靈通人士方面，亦不認爲三頭會談中遠東問題沒有成爲討論題目，並充分知道遠東問題可能成爲三頭會談內容，但英美方面的報導却未出宣傳範圍，我方新聞與論極爲冷靜。

合衆社傳 日寇伸出和平觸角

【合衆社華盛頓廿五日電】東京廣播促美國採取較寬大之和平條款。暗示如美方修改無條件條款，日本軍人將停止作戰。

同盟社報導美國進攻日本本土供給困難

【同盟社斯托哥爾姆廿一日電】（遲到）美國進攻日本本土，需要供給龐大的物量，這一問題如何解決，依然成爲一個困難的課題。瑞典尼丑公報特派記者紐約電，報導美國第七水陸兩棲部隊司令巴比的談話稱：進攻日本本土根據作戰的階段，可分爲接近、登陸、裝備、和補給四部，最初要實施空中轟炸和艦砲射擊，藉以減少人員的損失至最低限度，必需以特別進攻部隊和特別裝備登陸，進攻部隊當登陸時，每人要有六噸重的裝備，這必需從海上運至作戰地點，至於補給之龐大，可以從配合進攻琉璜作戰時轟炸東京所消耗的油量看得出來，當時費油一萬噸，以鐵道油車計，排列起來達三百六十公里，以運油汽車計，長達一億八千萬公里（原文如此）。

敵人現在太平洋第一綫兵力的中心勢力，在沖繩島上受到極大打擊，這對美國說來是一個非常的痛苦，從來美國戰力的强處，是能够利用優勢之運輸力量轉用兵力，這就是從新幾內亞到萊特、菲島，與馬里亞納到沖繩。敵人兵力的中心勢力已在沖繩島受到打擊，亦不能立刻轉用，要補充復元需要相當的時間。沖繩作戰的戰果，最值得誇耀的是敵人對我特攻隊的恐怖，沖繩作戰的勝利是非常偉大的。

同盟社記者 關於戰局的問答

【同盟社東京廿六日電】在爲等待『那個日子』到來的隱忍時期，國民咬緊牙關，專心專意地爲『那個日子』而戰鬥着。戰局很明顯地不能說對我有利，敵人企圖進攻我本土的野心很露骨。但敵人的泥足想踏上神州的一隅時，那時才是我一億國民奮起迎擊的時機。同盟通訊社會和軍事記者 作了一次關於戰局的問答，問：正像我們現在眼見耳聞那樣，不得不承認目前的戰局，已進入非常重大的地步，想首先問一問關於B二九式機的亂通，你的觀感如何？軍事記者答：這是所謂本土決戰的重點放在那裏的問題。現在敵方B二九式機，以及琉璜島和沖繩航空隊三者的空襲，是否可以說是本土決戰已經開始了呢？還 等敵人開始進行實際登陸作戰時才可說是本土決戰呢？關於這個問題，各人有各自的見解。但一般的所謂本土決戰，應該說是指後者才對。敵人現在的空襲戰，還沒進入與本土登陸作戰有直接聯系的，即戰術制壓轟炸的階段。當然目前的轟炸，是以本土登陸作戰爲前提的轟炸，但我認爲它仍處在以摧毀我戰力、擾亂民心等爲主要目標的戰略轟炸階段 。因此，我認爲最好能將對付敵人進行本土登陸作戰而作的我方的戰力整備問題 ， 跟當前處於戰略轟炸階段問題完全分開來看。說是戰略轟炸 ，它可好像是肺結核似的東西 ，如果國民盲目地爲恐怖所俘擄，發生了戰，那就正中敵人的企圖，自然要消耗戰力，而造成無可補救的損失。問：自從去年六月開始，B二九式機大規模地轟炸我本土結果，我們最關心的飛機生產的情形，現在究竟怎樣？軍事記者答：在這次大戰中，英國遭受了最激烈的轟炸，一切生產設施全被炸毀，五百幾十萬幢房屋被炸毀——它相當於全國民房三分之一的數目。英國雖然遭受了像急雨那樣的猛烈的轟炸，但在重整生產設施和完成國民防空體制之後，她又從苦難中站起來了。一般地說，空襲的戰略效果有飽和點。我國自去年六月B二九式機初次轟炸北九州以來，爲時已歷一年，對防空設施或國民對空襲的鍛鍊程度，已經到達了相當的水準。但是國民所最担心的，是我國的飛機生產力非常之落後。關於這一點，也會有過饒有趣味的對話。日前，遠藤航空總局長官，曾說過這樣的話：曾經是我的學生某空軍將校當編入特攻隊臨行之前曾質問我說：「我相信一定有繼我之後而來的，但日本的飛機現在究有多少呢？」他認爲飛機的數目不多，（缺一句）我想一般國民一邊在着急，一邊在關心飛機的生產狀況，不是沒有道理的，但是日本的飛機生產能力，絕不是那樣低劣。我會對該將校說：「日本的飛機生產，至少比你所舉的數目字超過數倍地在繼續生產中。」問：「日本國民曾目睹並未進行正規地空軍迎擊戰之事實。他們提出疑問說：參加迎擊戰的飛機不是很少嗎？（缺一句）盼望你們答這一疑問。」軍事記者答：「保有飛機的戰力是有限度的。因之最有效率地使用乘機的保有戰力，是頭等重要的，因之犧牲一方面來保存戰力，並謀增大飛機戰力以便在行將到來的本土決戰的剎那間，把這一總力投向敵人以爆炸敵人。因此我們才隱忍持重。在萊特島作戰中，未能保有航空戰力因之招致了便利敵人的悲慘事情。徵諸這一戰例，我們的任務不是殲敵機動部隊誘出而消耗航空戰力，而是要在將來的本土決戰中，收到一舉必滅的偉大戰果。因之，現在仍然是隱忍的時候」。問：「從敵人對日最後決戰的意義上說來，敵正在愼重地準備本土登陸作戰。這事根據敵方的情報，亦是很明瞭的。又觀乎最近的對日空襲，敵人已在進行所謂轟炸日本全土，似乎在進行登陸前夜的準備工作，另方面在大陸沿岸地帶，亦在反覆地進行大規模的轟炸。希望說一說敵人的進攻態度」。軍事記者答：「首先我們來看一看國民對沖繩作戰的看法。沖繩作戰，終於爲敵獲勝，它的戰略地位終於落入敵手，但冷靜地解剖一下沖繩作戰的整個過程，可說是沖繩作戰是勝利了。現在我們不應僅僅從形式上看，關於這一點，應該注意美國雖在形式似乎勝利了，但在美國國內卻受到了嚴厲的批評。」

阿根廷任亞斯爲駐中國大使

【合衆社布宜諾斯艾利斯廿四日電】亞斯博士，已被委爲阿根廷駐華大使。

【中央社倫敦廿五日專電】陳紹寬總司令，廿三日晨自美抵此後，兩日來與英海軍部官員會晤至忙。據確息：陳氏訪英並非消閒之旅行，其確定任務，雖尚不能發表，然其與英海軍官員所談者，當與英國協商我國海軍有關，陳氏將在英國逗留三週之久，昨晚桂永清將軍，設宴招待陳氏，顧維鈞、金問泗、董霖三大使均到席。英政府今晚將舉行鷄尾酒會，由財政大臣安德遜氏主持招待陳氏。

同盟社報導
重慶驅逐盛世才

【同盟社北平二十六日電】據廿一日由重慶發出之合衆社電訊：參政會此次攻擊農林部長盛世才，應當加以注意。盛世才任新疆省主席十二年間，繼續獨裁，並殺害數百民衆，做了許多不法行爲，去年八月就任農林部長。另一方面，一年前被逮捕的新疆省建設廳長林繼庸，亦控訴盛世才之罪狀。目下正在重慶法院審理中。以蘇聯爲背後勢力繼續獨裁的盛世才，成爲重慶「西北中央化」的犧牲者，自被逐出新疆省，在一年後的現在，已離開了農林部長的職位，正一被打擊的事實，不待言是重慶國民黨的預定計劃，特別是圍繞着新疆外蒙古宗教問題等對蘇聯政治關係，日益注目之時，盛世才被驅逐了。重慶與美國是要在這時候，把在新疆尚有相當勢力的盛世才，一舉收拾乾淨，這是很容易看識的。

重慶發言人關於國共磨擦之狡辯

【合衆社重慶廿七日電】中國官方發言人在招待記者會上宣稱，中國共產黨謂重慶政府集中部隊進攻他們陝甘寧邊區的聲明，是『捏造的』。發言人稱，共產黨以五千人的部隊佔領淳化，於是中央政府駐西安司令長官胡宗南將軍派遣兩個團幫助當地部隊將共產黨驅回至指定區域。發言人表示淳化區因控制流入西安的涇水附近地區而具有戰略上重要性，並又稱共產黨現尚未被驅入他們原定區域邊界內。詢及上海周圍及浙江境內國共衝突爆發的問題時，發言人堅稱，該處共產黨完全越出一九四〇年指定他們行動的區域。——賴文霍報導。

同盟社論關中戰事

【同盟社廿七日電】關於陝西省中央部的渝、延武力衝突，廿六日的華文報一齊予以揭載，注意其事態。認為延安軍不會對裝備優秀、兵力巨大的重慶軍挑戰，因之顯然重慶軍是首先開始攻擊。但不管怎樣，因此甚至擴大為內戰是很遺憾的。關於上述衝突的原因，則下列意見是很有力的：『重慶在參政會最後一次的會議上，會決議為了打開渝、延關係，將繼續最後的努力，但是語猶未乾卻開始了武力攻擊，這是由於延安方面對抗重慶召開的國民大會，亦於同時宣佈將舉行解放區人民代表大會，積極地展開政治攻勢之故。因之，為了牽制延安的政治攻勢，遂加之以武力壓迫。然而重慶此次的武力攻勢，反而給延安的對重慶政治攻勢以很好的材料，重慶有可能陷於作繭自縛的境地。』

【同盟社上海廿七日電】據新華社延安廿五日電：耀縣希台山一帶渝延兩軍的衝突，仍在繼續中，延安軍頑強抵抗，至廿五日兩軍仍在對峙中，重慶軍不顧朱德、彭德懷的通電，仍命令其第一綫部隊，繼續由西安、環縣、興平各地向延安軍發動全綫的進攻，因而各地將展開激戰。

絲毫也沒停止，而延安所要求的聯合政府的性質，也不是所希望的。在這些問題未解決之前，圍繞着國民大會問題，兩者之間的對立和討價還價，可能更趨激化。最近參政會的輿論傾向於渝、延妥協，它使重慶當局的苦惱越來越厲害。

紐約時報批評蔣拒絕美記者來中國

【同盟社里斯本二十六日電】重慶政權的新聞政策是嚴厲檢查新聞通訊、惹起××的極端不安。據廿五日紐約來電：紐約時報在二十四日社論中，提出最近重慶政權禁止兩個美國記者再度來中國，重慶政權為了隱藏自己的弱點，而極力採取壓制言論的辦法。其社論要點如下：有些美國記者批評重慶政權的弱點與腐敗情形，如果蔣介石真有心建設新民主中國的話，應很好處理。這些美國記者對蔣介石的攻擊雖然很辛辣，但只有自由討論才能得出××結、各方對蔣介石壓制××日益感不安（上三句殘缺不全只譯大意）。

英各報評大選結果

【路透社倫敦廿七日電】今日英國報界異口同聲地說：大選的意義是：『英國已在進行寂無聲息的革命』。像每日郵報及其他反對社會主義某些報紙則更進一步，而且把大選結果描寫為『搖搖欲墜』，但曼徹斯特衛報（該報雖係自由黨報，但現在擁護無黨派的見解）說『在我們走進政治世界後，我們和工黨領袖們一想到橫梗於前的事物時，即有戰戰兢兢之感，但是我們有信心走進這個政治世界。許多壞事情已經××了。英國選舉等於一個××革命了。（下缺）每日電訊報說：選舉的結局，必不是說明作戰到底和保持同盟國團結決心的削弱，對於這一點的懷疑將於適當時間消逝的，我們必須××：英國對世界問題的立場和影響必將重新被證明無誤』。泰晤士報說：對工黨的委託是全國性的而非局部性的，我們委託工黨領導國家是為了執行全國綱領，而非狹隘的方策與極端的經驗。本週的變革或者在人物方面比在黨派方面更為顯著，因為英國歷史在獲勝伊始之時沒有過這種全國領導倒轉的實例。在軍人中擁有廣大讀者的每日鏡報說：『新政府需要大智，也需要勇敢，因為得到有全國人民的委託。不要讓它在執行這種委託中恐懼任何事情或任何人。自由黨的新聞紀事報說：英國現在可以以新的希望和勇氣期望偉大事件的新時代了。人們對於我國戰後目的幻象破滅××已經消失了。從今天起，英國從新開步走。在一九四〇年極偉大的時期中所××的精力現在獲得了轉用于有創造性的目的中之機會。據保守黨每日郵報說：工黨獲得壓倒勝利的

同盟社稱向延安妥協使重慶更苦惱

【同盟社上海廿六日電】在延安代表不參加的情況下而召開的重慶第四屆第一次國民參政會，與會的成員幾乎極大部分是重慶份子。雖然如此，但在整個開會期間，參政會却對延安的威武，採取妥協的態度，這是非常值得注意的現象。延安不僅不參加參政會，而且對抗重慶的國民大會，眞是難堪的挖苦，延安針對着國民大會預定的開會日期——十一月十二日，現正在延安逐步準備決定召開人民大會。對此，參政會始終採取溫和的態度，可以舉出下列各種事實來作證明，即（一）派第三種勢力的黃炎培等一行人，訪問延安，勸誘延安出席參政會。（二）十九日的參政會第十六次會議，通過國民大會案審查委員會的審查報告，其中決定：（甲）國民大會的召開日期，委託政府去決定。（二）關於出席國民大會代表資格問題的法律根據，斟酌延安的意見後再作決定。（丙）關於實施憲政，政府將聽取各黨各派的意見，並求其火速地立即走上軌道。……決定尊重未出席的延安的意見。（三）參政會提交政府的建議中說：『應當承認延安黨，也是達到中國統一團結的重要政黨』，同時，並主張政府應考慮積極的方策，以消除與延安之間的仇恨。（四）在二十日的會議上，曾改選了參政會的駐渝委員，未出席會議的延安代表董必武，重又被選爲駐渝委員。如上所述，參政會的妥協性的空氣，將通過重慶當局的情報，以圖與延安進行妥協。特別是將六全大會所決定的以孫文誕生日——十一月十二日爲召開國民大會會期案，重新呈請政府考慮之舉，很明顯的是爲了促使當局謀求渝—延間的妥協，並說明了爲邀請延安代表參加國民大會，將迫不得已而延期召開國民大會。根據上述情形，國民參政會之所以一心一意採取妥協的態度，一方面可說是代表了民族意識，因爲中國民衆疲於多年來的內部抗爭，要求軍隊的重新統一；而另一方面也反映了重慶政府對他自己的統治，感覺到很苦惱。同時，正在與斯大林主席進行會談的宋子文，突然於十七日返國，宋氏的意見可能也在背地裏起着相當有力的作用，這從他透露口風，說重慶政府將改組的談話裏，也可以看得出來。從這裏也可以想到，蘇聯曾向宋子文發出指令，要重慶和延安協立即成立統一的聯合政府。蘇聯的立場，一向跟美國想以重慶爲主體，而吸取延安參加的主張相反，她站在平等看待渝、延的[illegible]策應兩者的合作，這就是重慶之所以不得不重提渝、延妥協的根據。[illegible]可能是重慶軍包圍延安的政策，以及企圖阻止延安勢力南下的武力阻撓，

理由之一，是某些人認爲：選舉『邱吉爾是愚笨的，而且主張擁護他的人與國人情感沒有聯系』。我們不能說：如果採取不同的策略，××社會主義者的勝利可以被我們××或僅僅被減小。』

重慶評英大選

【路透社重慶廿七日電】今日中國報紙對英國選舉工黨獲勝予以好評。各報相信，阿特里內閣將能『實行邱吉爾領導下之保守黨所做過的好事』。中央日報稱：此結果反映了英國『勇敢與公正人民』的心裏和傾向。掃蕩報說英國外交政策將很少受到影響的事實，對於世界，特別是對中國，是一件令人喜悅的事。該報對邱吉爾的戰時成就予以高度讚揚。

邱吉爾發表聲明

【路透社倫敦廿六日電】邱吉爾於今晚發表的告別書中宣稱，對日戰爭的『一切計劃及準備工作均已擬就』，其結果恐將較我們迄今以前所能預料在更快地來到。邱吉爾聲明由於總選結果，他已卸下他的責任時稱：我不得不向英國人民（在這多難的幾年中。我曾代表他們做事）表示我深刻的感謝，感謝他們在我工作期間他們對我的忠誠支持以及他們對他們公僕所表示的多次好感。

【同盟社斯托哥爾姆廿六日電】由於此次英國總選舉中保守黨遭受殘敗的結果，據傳邱吉爾於八月一日新國會成立後，將辭去下院議員，由政界隱退，着手起草『世界大戰史』。

阿特里發表聲明

【同盟社斯托哥爾姆廿六日電】英工黨領袖阿特里，於二十六日下午總選舉大勢決定之時，在該黨黨部發表下列聲明：誠然是一令人愉快滿足的結果，選舉人先生們，你們很擁主義，並想將這些主義與現實的要求相適應，這是很明白的。此次工黨在下院獲得絕對優勢，在英國史上尚屬首次，因此我們將實踐社會主義傾向的政策。

華盛頓對三國公告反響

【中央社華盛頓廿六日電】今日午後華盛頓方面得悉杜魯門總統、蔣主席、邱吉爾首相聯合公告，嚴詞拒絕予日寇較爲寬大和平條件之請求，深表滿意，由波茨頓發出之聯合公告較之英國總選消息更爲人矚目，中英美三強領袖之聯合公告緊隨昨晚東京方面要求寬大條件之廣播之後，華府官方人士，殊表欣快。過去兩週內，對於日本和平刺探之種種臆測及謠言，此間會引起相當不安，華府官方對於日本之秋波頻送意會注意，仍然堅持無條件

投降之原則，猶憶本年度四月十六日杜魯門於國會中首次發表演說稱：美國對於局部勝利之策略，決不表贊同，當歐戰勝利之日，杜魯門總統又謂必得日本最後之一兵一卒無條件投降後，吾人作戰之工作始告完成，當日另一文件中，又謂除非日本海陸軍於無條件投降下，放下其武器，否則吾人對日之打擊將無止境，然所謂無條件投降也者，並非消滅日本種族，奴役日本人民之謂，上列各演辭殊有重新提及之價值，此間報界及廣播界人士對於中美英三國之聯合公告認爲頗有見地。

【合衆社華盛頓廿六日電】美海軍上校查賈瑞亞斯上週對日廣播美國允許，本可遵大西洋憲章及開羅宣言條款投降後，日本廣播已作答覆，籲請美國採擇更寬厚之和平條件，日方廣播暗示無條件投降要求，如可修改，日本軍方即便可能停止作戰，廣播並稱美國如表示任何誠意願將大西洋憲章之條款（懲辦條款除外）付諸施行則日本國家（事實上即日本軍人）如非出自本願亦將自動循之停止戰鬥，唯有如此，東方西方之全武行，始能停止，開明之美國及日本間無何問題，開明之美國人，從未予日本軍人以×頭之機會，但美國今則言及無條件投降，官方雖保持相當緘默，但其官方發言人則謂：日本應受某種之剝奪，總之美方之意圖，乃作嚴酷之處置，以至日本人民不得不於美方仍持獨裁及壓迫觀點時，更較以前堅定結合作戰，亦如一萬萬大衆，亦應爲其所將爲者，伊索寓言中謂風日欲令某行人脫去衣服，大風狂吹，但行人不但不除衣且更裹緊其衣，風力乃告失敗，太陽柔光普照，行人感其溫暖，而樂於脫去其衣。

英軍極力防止民衆之動搖

【同盟社緬甸基地廿四日電】皇軍精銳部隊，在錫唐西岸開始反擊以來，已經二旬，卡勞、路依萊姆方面，倫古方面的戰況突然轉趨活躍。其中在庇古附近，居民知道英軍的失敗眞像，露骨地表示了對英軍的不信任，敵人於狼狽之餘，連日宣傳：「增援部隊到達」、「防衛體制已經完成」，極力防止緬甸民衆之動搖，充分顯露敵人之窘態。

國民黨民主政治雜誌論團結統一——時局的關鍵

民主政治第二三期上登載團結統一——時局之關鍵（作者范予遂）一文，認爲國共兩黨不易妥協的原因，在於兩黨力量的對比發生很大的變化。「自新四軍被解散，共產黨提出抗議並要求，這些要求政府不能完全答應，而共產黨則絕不願把要價打折扣，因是得不到妥協，而各行其是。再過些

軍各機關人事室的職掌，多半失其本意，每是專門調查衆與製造派系思想，能拉攏則拉攏之，不能拉攏則排擠而逐走之，故每一機關易長，必立見大批人員更調。……這樣說人事制度，不活活的寃枉煞了考試院！寃枉煞了五權憲法！」

該雜誌第二篇文章「政局索隱」一文（作者劉博崑）認爲決定現實政治的力量是武力，如何使民主成爲力量則尚須大家認識一般人所重視的武力決非民主之後盾。文中對十三年國民黨改組嚮往，指出放棄黨治，放棄統治經濟是目前唯一可能走的道路。「政府最大的反對黨，是最強調民主的，可是同時他們又宣稱不能交出軍隊，因爲離開武力，他們就會失掉政治力量。……政府當局在抗戰前曾經宣告過，他們恐懼不能存在。這就是說國民政府是犧牲了十萬人的生命才建立起來的，如果有人想推翻國民政府，要準備同樣的代價。說這話的時代背景也許過去了，但這話的現實意義並不會因時間不同而有所變更。

「我們自然不能把思想、言論的力量估計的過低，但在多數情形下他對於現實政治的影響畢竟是較爲迂緩，而且有時簡直是無力。越是在落後的國家，越是如此。我們在現政局下談民主，不能作純理論的自我陶醉，而必須着眼於當前的現實。……孫先生的言論及主張不僅不能見重於袁世凱、段祺瑞、吳佩孚，就是在假革命份子如陸榮廷、陳炯明面前，他的威信也屢被損傷。道理很簡單，就是孫先生乃是「秀才」，而他的對手乃是一羣不折不扣的兵。孫先生晚年之所以積極於黃埔之建軍者其原因在此，他的用意就是想「以其人之道還治其人之身」。如果沒有蔣先生黃埔的建軍，則是否能有十五年的北伐，以及近廿年來的中國政局是否如此，恐怕將是歷史上一大疑問。根據上述的追溯，我們可知現政府之權力來源，與國民黨建軍的關係。……當時（指十三年改組）他有一個響亮的口號，說是『第一步武力與人民結合，第二步使武力成爲人民的武力。』……北伐時期，國民黨人所提出『以黨治政，以政治軍』的口號，也是出於同一邏輯。……而其二十年來運用的結果，在國內政治與國際政治上也都發揮了燦爛的成績。但國民黨之採取此種政策爲期極短，黨內就發生了分裂。而且就在此極短期間內，此種政策之運用，也只做到了『形似』，而並未做到『神似』。……因爲黨的脆弱，民主基礎尚未鞏固，一經武力衝擊，只有搖搖如墜，所有以後的分裂或糾紛，都是採取苦迭打或叛亂的方式，黨政問題不是取決於會場而是取決於戰場。所謂『以黨治政，以政治軍』的口號完全倒轉，而成爲『以軍治政，有政無黨』了。……但如果思想信仰無自由，則充塞於社會或黨內的，當然只有唯唯諾諾，雖然悅耳但無力量的言論了。等到社會上充滿了無思想、無信仰而只知

時，因為國內國際局勢的轉變，政府願意對共產黨的要求為進一步的讓步時，共產黨則以國內國際局勢的轉變而提出新的要求，恰如重慶的物價，隨着國內國際局勢上漲一樣。美國共產黨願意自動解散，中國共產黨為何不？這不能說美國共產黨特別愛國，中國共產黨不特別愛國，若是美國共產黨的力量與美國統治者的力量之比能等於中國共產黨的力量與中國統治者的力量之比，美國共產黨未必不向其政府提出為共政府所不易接受之高價，反之，中國政府之力量與中國共產黨力量之比等於美國政府之力量與美國共產黨力量之比，則中國政府亦不一定無有如美國政府容納他黨之雅量。問題是：抗戰以來，在軍事上我們始終採誘敵深入戰略，共產黨就在日日擴大的淪陷區廣大空隙發展。事實上他們的軍隊超過了政府所允許若干倍。同時，我們的政治軍事及一切，在今年以前，隨着抗戰加速地腐化。自河南到廣西一串戰役，軍隊的弱點十全暴露政府的無力，也為共產黨看透，這都是使共產黨態度發生轉變的主要原因。無論共產黨是否志在如象棋之逼將而求必勝，但最大多數國民，沒有不切望政府作最大可能之讓步並徹底檢討過去之是非而作徹底之革新，以應付將來國家之大難的。』作者主張『無論認為共產黨要價如何高，政府應盡其最大可能而求妥協合作。即不能永久諒解合作，亦必諒解合作至日本完全屈服之時。……我看，現在政府所需於共產黨者，正如人們的日用必需品一樣，早買了早便宜，買晚了更吃虧，……至於共產黨方面也總要有一個限度，也是不待說的。』……只要政府能徹底革新，整軍整得能打敵人而無吃空額者，人民所要求者，政府一一為之作到，則共產黨亦就不能有大爭，僅有小爭了。』

因此，最後提出幾點意見『現在的主席已等於美國總統。但是行政院長卻不能比美國的國務卿，自更不能比英國的首相。他的權力，應該是介乎二者之間。在這種情形下，行政院長，似不宜由主席兼攝。而各部長各委員長的人選，為求行政院長與各部會間之調協一致，須得行政院長之同意。行政院會議，主席須為其主席，不出席時由行政院長主席，但其決議須院長報告於主席得其同意而後施行。主席不出席之行政院會議決議，主席不同意時不受束縛。主席的行政權，必須集中於行政院，勿再任分散分割。……機構的調整，絕對需要，但這不是一件容易事，不是撤消歸併幾個小駢枝，就能使行政效率提高。現在所要歸併的應該是大駢枝，不是小駢枝。……現黨：

道擁護服從的羣衆，政治社會的危機必然萎靡，而國運也必奄奄一息了。民主勢力既去，官僚勢力必來，所謂『政治南伐』的讖語，竟不幸而言中。政局既已臨此絕境，所以雖然大敵壓境，國土人民淪喪大半，而上下卻又特向民主這件法寶乞靈了。

『民主既失去了思想的泉源，又沒有民衆的基礎，則民主不能成為力量乃是當然。

現在黨外的人喊民主，黨內的人也喊民主。究竟這些呼喊是出於內心？還是出於策略？是喊給本國人聽？還是給外國人看？所有這些，我想各個人的心裏，都會有他自己的答案。

『我們承認，現在社會有民主的要求，但如何可使民主成為力量則尚須大家切實認識一般人最重視的武力決非民主之後盾，我們說過，民主必須有思想的泉源，社會的基礎，而在現階段則又必須有經濟的培養。民主的思想基礎，在目前還極其脆弱，想鞏固這個基礎，必先着手於人格的解放。……人的價值必須提高，理性必須尊重。……則政治問題才可以取決於會場，而不必取決於武力。……國民黨在北伐和抗戰初期的地位，是無人懷疑的。如果當政後的國民黨真能參考蘇聯的作風，以堅強的黨治，完成了幾個五年計劃，則在這次戰爭中，也必能同樣動員強大的人力、物力獲得光輝的勝利。這是一條道路。至少蘇聯人民並不向共產黨要求開放黨禁。現既以種種原因而準備放棄黨治，則在統治與自由二者之間，不應再有所徘徊遲疑。最近公佈的第一期經濟建設原則，已經充分表現出放棄了統制經濟的生硬理論。如果這種經濟自由與思想言論自由配合推進，則我們的政治或者可以與民主目標逐漸接近。這也是一條道路。而這是目前唯一可能之路。……共同策進中國產業之有效發展，來鞏固一個思想決定國是的制度之基礎。』

文匯週報第四卷第廿五、廿六期雅爾塔會議別記（美、康奈爾作）中說：

『邱吉爾最善辯，因為他最常居於少數地位。羅斯福和斯大林的意見常常相同，或者至少不相去太遠。

這並不是說邱吉爾的主張從來沒有獲勝，他是最堅持的，例如，他要求讓法國在德國得到一塊佔領區，並參加柏林的同盟國管制委員會。英國希望有一個強大的法國介在它和德國之間。

三巨頭有時也希望把某一問題延到第二天才作決定。例如斯大林對於國際安全理事會投票權的問題便是如此，但是他經過一晚考慮之後，第二天便說政『我決定接受。』

參考消息

（只供參考）

第九五五號

解放日報新華社編

今日出一大張

卅四年七月廿九日

星期日

中央社廣播 邵力子與徐冰會見情形

【中央社廿六日英文廣播】國民參政會秘書長邵力子先生，今日於其寓覆共產黨駐渝代表徐冰先生時，披露最近政府與共產黨軍隊在陝北衝突的眞象。徐先生就衝突事件於昨日訪問國民參政會秘書長，並表示希望政府與共產黨雙方軍隊均撤退至其原先陣地。據負責軍事方面消息稱：邵先生洩露：這次衝突是由共產黨軍隊於七月十六日夜，未經挑釁即由陝北邊區進攻、嗣後並佔據淳化而引起的。中央軍事當局授權邵先生說明：倘若共產黨軍隊撤至其原先陣地，問題即將和平解決，回憶不久前六個參政員赴延時，共產黨當局曾表示他們願意繼續和中央政府談判，以政治方法求得解決。邵先生向共產黨代表保證：中央政府仍願盼早日恢復談判，以達成全國共同團結。

【中央社渝廿六日電】中共駐渝負責人徐冰氏，廿五日至參政會訪秘書長謂：陝北邊區 共軍隊與中央軍隊發生衝突事件，希望各回×地。邵秘書長今午答覆徐冰氏稱，此事余已向軍事機關切實詢明，此次衝突由於十六日晚中共軍隊突入陝北邊界，佔據淳化縣所致，中央軍事當局聲明，只要中共軍隊退回原防，決可無事。邵氏並云前此六位參政員至延安時，中共方面表示願派人與政府繼商政治解決，現政府深盼早日派人續商，以實現統一團結。並請徐氏速予轉達。

【同盟社廣州二十八日電】陝西省中部渝、延兩軍的武力衝突，促進了渝、延關係的惡化。據二十七日重慶廣播稱國民參政會秘書長邵力子，於二十五日會見延安駐重慶的黨的負責人徐冰，就渝、延武力衝突事件，交換意見。當時徐冰曾申請：「希望在陝西省中部衝突之延安軍與重慶軍，各自恢復原來的態勢」，邵力子即強硬地予以反駁稱：『此次的衝突，是由於延安

以抹煞，始終根據既定的根本方針，將堅決爲大東亞戰爭而邁進。

三國公告與斯宋談判之關聯

（無電頭）英美中三國發表要求日本政府投降的宣言及××許多關於和平觸角的謠言，已在人心激起中無聲無息地消逝了。（此句原文不全）。但是倫敦消息靈通人士反對把這個宣言看作裝腔作勢而一筆抹煞的傾向。人們指出：這個決定大概是斯大林知道而在波茨頓作出的，因爲他是與中國行政院長宋子文作了廣泛談話後，直接去波茨頓的。蒙特巴頓出現於柏林使關於遠東戰略及政策已在討論中一事，大白於世。在這種情況下，如果倫敦紛傳日本拒絕在宣言中所規定的條件，將慫恿蘇聯干與遠東問題，也就不足爲奇了。從對日宣言及一九四三年十二月開羅宣言來看，對斯大林與宋子文談話的主要內容也是推側紛紛的。人們已指出三國重申日本必須放棄其所征服的領土，但是對於在開羅會議上所同意的這些領土的××，是否依然有效一問題，則官方未有答覆。根據開羅會議宣言，中國將收復滿洲及台灣，而朝鮮則將成爲獨立國。一般認爲：斯、宋在月望莫斯科會議中的兩大主題是滿洲及朝鮮的前途。

日各報對三國公告評論

【同盟社東京二十八日電】東京各報對杜魯門，邱吉爾，蔣介石聯名的對日共同宣言，作如下評論：（每日新聞）杜魯門邱吉爾蔣介石所發表的共同宣言，如解除軍隊武裝，廢除軍需產業，分割領土等，對於帝國是極爲不禮貌的。我國進行大東亞戰爭的眞正目的，是帝國的自存自衛與從英美桎梏下解放大東亞民族。這一神聖的戰爭目的，爲全世界人士所公認，與英美的戰爭目的有天淵之別。最近美國沉迷於戰爭形勢過低估計我國戰力，獨自斷定戰爭已接近結束，因而決定了此次不能令人允許的共同宣言。但今後戰局我方具有絕對信心，軍事當局與政府方面已屢次聲明，要在本土決戰中徹底殲滅英美軍。國民亦對此寄以絕對信賴，集中全力完成戰爭，因此我方對此種建築在空想上的三國宣言，不値我們一顧，而是專門致力向完成大東亞戰爭的神聖目的前進。堅決使敵人失掉戰鬥意志，我們的方針就是勝利（缺一句）。

（朝日新聞）美英重慶三國聯合宣言的目的，包括對國內外的謀略意圖，其主要點不外（一）考慮到其本國國內希望和平的要求，向國民的頭腦灌

軍侵入陝西省[illegible]部，佔領淳化而擊共端，因之只[illegible]延安軍退回原有防地，才能解決該事件」。藉『會見』以致力於政治解決的企圖，已歸失敗。

【同盟社斯托哥爾姆廿八日電】新到的美國時代週刊雜誌，以論中國問題為題論述渝。延關係的尖銳化，文中介紹」澳洲人威廉·端納對渝、延關係的見解。端納曾任蔣介石的私人顧問，在蔣氏身邊為時達九年之久。端納現在紐約，他對中國的前途，抱着很悲觀的見解。該文的要旨如下：「國共兩黨的關係，不知何時才能結束，結局將無可避免地引起公開的內戰，而招致空前未有的慘禍。蔣介石如果要求中共軍解除武裝，那就等於存心捲入革命。對於中共方面來說，確保共自己主張的唯一手段是依靠武力。因此當然不可能將武器交給重慶。」另外，端納提出解決渝、延關係的方法，認為只有蔣介石提出條件，不對中共採取任何報復手段，才能使中共交出武器。端納這種個人的見解，是不可能實現的。

同盟社傳 蔣對中共的三要求

【同盟社上海二十八日電】據到達此間之確實情報悉，蔣介石曾以陳誠的名義電覆延安作如下的強硬要求（一）為了中國的統一，各黨各派的團結為目前的緊急要務，因之應派遣代表出席最近預定召開之國民大會，又對於國民大會有關諸問題，應始終採取妥協態度。（二）停止召開解放區人民代表大會之計劃。（三）全部地承認十八集團軍在華北的抗日戰場之配置，但華中與華南的延安軍應置於重慶軍的指揮下，以協助美蔣之並肩作戰。

同盟社報導杜、邱、蔣公佈無條件投降

【同盟社斯德哥爾摩廿六日[illegible]】[illegible]：美總統杜魯門、英首相邱吉爾及蔣介石、聯合公佈宣言，勸告日本作無條件投降，[illegible]帝國的中立條約，答應杜魯門總統再三的懇請，而堅持獨立的立場。

敵寇閣議拒絕投降

【同盟社東京廿七日電】二十七日之定例閣議，於下午三時在首相官邸舉行。聽取東鄉外相關於美、英、重慶對日共同宣言及其他諸附加事項之報告，最後於五時散會。

【同盟社東京廿七日電】東鄉外相於二十七日定例閣議上報告杜、邱、蔣發表的共同宣言之內容，但帝國政府的方針是：不管共同宣言如何，都將予

注這[illegible]種認識：即『日本如不接受這些條件，我們還要繼續作戰』，用這種辦法提高國民[illegible]戰情緒。（二）鑑於在要求德國無條件投降時，犧牲極大，國內批評亦非常之多的先例，為向國民表示某種程度的××，獲得國民對繼續進行戰爭的諒解。（三）在琉球島沖繩島、作戰中，美國犧牲是很大的，此項條件發表後，如日本不接受，則戰爭只有繼續下去，出血與犧牲將更大，美國就是要證[illegible]這[illegible]道理，使國民的戰鬥意志能持續下去。（四）要獲得『武力能夠壓倒敵方』的宣傳效果，離[illegible]我國×（缺），軍官民的關係，還是美國傳統的政策。恃其武力以一方面[illegible]條件加諸日本，縱取威脅的效果。（五）向日本國內的軍民………（缺），應當予以注意。

重慶報紙評工黨組閣

【合衆社重慶廿七日電】重慶各報幾乎一致的在社論中評論英國選舉工黨的勝利為英國對日作戰毫無鬆弛的徵兆，可能為更加積極的集中。中央日報說：英國選舉可以注意的是競選運動沒有外交的策術，繼說工黨的勝利係由於更清楚的更特別的英國國內政策最[illegible]闡明的綱領，並將有全世界的反響。時事新報很有信心地期望工黨解決印度問題，並繼說英國經濟制度將可能進行徹底的改革。陸軍機關報掃蕩報讚許邱吉爾戰時的領導並表示希望邱吉爾作為反對黨人士繼續有所貢獻。

【中央社重慶廿七日英文廣播】此間聞獲悉工黨在英國選舉中佔絕對優勢的勝利，各報均予以好評。大部份人民對保守黨的落選深為驚異。此間一般感想：英國人民雖將其全部信任於工黨，但並不證明他們有一刻忘記保守黨聯合政府的偉大成就。此間相信，況且英國人民也決不會忘記這樣一個人：[illegible]的敗北威脅英國的時候，他掌握民族之舵並把國家從[illegible]奴役的邊緣領到勝利。中國人民充份估計了工黨過去對中國的援助，他們誠懇相信：英國工黨組織政府後，中英關係將進一步加強。此間亦相信：工黨對維持世界和平與安全會有巨大供獻。

敵稱美國對英大選表示失望

【同盟社里斯本廿六日電】英國大選結果，邱吉爾敗北失勢，它引起美國政界很大的激動，使國民感覺大失所望，國會方面的反應如下：參院民主黨議員康納利（參院外交委員會主席）認為工黨內閣的出現，將使國際關係導入相當不穩固的地步，（原文模糊恐有錯

題」——譯註），但決（尤其）生影響對日戰爭的事情。參院共和黨議員巴頓，認爲不致削弱英美在戰爭中及戰後復興問題上的合作關係。參院民主黨議員菲爾，認爲英國大選結果，指出這樣一件事情，即美國必須竭盡全力，在最短期間一掃失業的威脅。衆院民主黨議員蘭袋，認爲邱吉爾的敗北，反映英國將傾向共產主義。

路透社稱 法國在柏林佔領區界限已定

【路透社柏林二十四日電】有充分根據相信關於法國柏林佔領區的限界已在××達到決定。果如此，則幾乎確定波茨頓會議上已採取這一決定，因爲重新參與盟軍指揮的議約法軍指揮對於這一問題的最後決定毫無所知。法國柏林軍事總督彼契斯尼已離柏林。他訪問巴黎的目的被描述爲『一般的討論』。可以確定的法國佔領區將以其中心設於柏林西北區里里肯參夫，彼契斯尼將軍現在的總部即在該處，而該地在技術上是屬於英國佔領區。波茨頓會議已決定四大盟國整個德國佔領區的最後界限。直到現在爲止該方尚未特別宣佈關於這一問題的宣告。

日稱與德國締結和平條約要在五年以後

【同盟社里斯本廿五日電】倫敦來電，據紐約『每日電訊』稱：波茨頓之三頭會談，正起草關於再建歐洲和平方法的備忘錄，這一起草工作由美國担任。上述草案中規定：要在五年以後即一九五〇年，才能與德國新政府正式締結和平條約。

威爾斯論管制德國

【美國新聞處華盛頓廿五日電】前美副國務卿威爾斯於本月華盛頓郵報上論德國的前途說：自柏林被攻陷後，蘇聯政府即在德境蘇軍佔領區遍地培養德國人的政治活動。蘇聯人主張應即開始準備使德國人民成爲歐洲社會之一員。蘇聯當局已認可德國四個政黨——共產黨，基督教黨，自由民主黨和民主聯盟的成立。其中社會民主黨員，現與共產黨員合併了。而這四個政黨又宣佈聯合成立一個聯盟這個聯盟，由曾在莫斯科長久住過的德共領袖皮克負領導之責。這四個政黨能用版物紙、保有宣傳局並能在柏林總部廣播台（這個電台是蘇聯軍事當局設立。而在一個名叫馬赫的共產黨員領導下的）進行廣播。這個政治聯盟已宣佈其綱領，其中有建立民主國家的基礎及達成各種自由。我國中若也沒有爲他們弄到那種特權的義務，如像我們爲被佔領各國的人民弄到那種特權一樣。與戰勝德國以俱來的，是我們要採取爲保證德國人民再不能使世界陷入戰爭所必要的一切措施。如德國人民被迫（?）接受教育：戰爭是沒有好處的，德國民主制將有供獻於德國民族及其他民族利益，則世界和平將因之獲得保證。但這並不是在一個很短的時間能做得到的，這自然是很淸楚的，佔領德國的四强必須立即決定一個共同政策。在波茨頓會議議事日程上，是再沒有一個問題比這個問題更迫切了。純粹軍事佔領德國應予繼續，直至無危險德國的健全基礎奠定時爲止，這是波茨頓會議上所應達成的許多決議之一。這個決議應該規定：在德國政治分權將是重要的，並爲始終一致地推進該目的，我們要進行軍事佔領。這個決議也應規定：在新的德國的基礎尚未奠固定以前，德國的一切政治活動須予禁止。只有這樣，德國政治生活的恢復才能在任何眞正義意上，成爲在長期教育德國人民擔當民主自治政府的責任和被容納到國際大家庭內的過程中的一個預備步驟。

【美國新聞處紐約廿五日電】紐約時報政論家麥考米克發表一文說：在三巨頭前幾次會議中，外面的事變都遲緩下來，尤其在政治方面更是如此，當時一切其他的決定均暫時中斷下來。但這次情形便不同了，至少有兩件相當重要的發展（均是美國主動做的），已在波茨頓會議期間發生了。一是美軍在我們佔領區舉行了大規模的搜查。另一件事便是特別准許查加瓦上尉廣播，號召日本的投降。如果這些行動僅是偶然湊巧發生於盟國領袖們在討論歐洲及亞洲政策時，這將是很奇怪的。目前會議的主要目的是決定德國在歐洲的地位何如，而在現代歐洲會不能與德國人相處或沒有他們。德國人是一個製造戰爭的統治的、黷武的人民，它的爭霸心理已達危險的瘋狂點了，在一九四一年時，所有歐洲均被組織起來爲德國服務。如果希特勒不進攻蘇聯的話，歐洲大陸恐已變成德國的殖民地——不是永遠的（因爲歐洲和歷史是反對統治起義的歷史）而是一世代的。今日的問題是組織德國來爲歐洲服務。主要的問題並不在於對德國實行這個方針或那個方針，而是它們如何影響周圍各國的前途。這次和平的主要目的必須是加强歐洲，並且不論如何辦理，必須處理德國以達到這一目的。公開決定了這一點，即應負破壞責任的國家的資源，應被用來重建歐洲。甚至更重要者是處置德國的潛在力量，作爲改組大陸工業制度的一個因素。由於毫無辦法的德國完全掌握在盟國手中，盟干社論作者和無線電評論員，正激烈要求美國也應立即照蘇聯的樣子去做。這些人中，一部份人是眞誠地相信德國人民有立刻實行民主政治的充分資格；另一部份則認爲：蘇聯所奉行的一切政策，都是確實相宜的，因此美國政府一定要跟着蘇聯的方向走。我確信：我們在美軍佔領區內迄今所奉行的政策不但聰明，而且在事實上對未來安全問題來說是必要的。我認爲那種方針應堅持若干時日。我們不應忘記：在一九一八年，德國人民也曾被給與實行民主政治的機會。這種試驗爲甚麼失敗的這樣地厲害，是有許多原因的。因爲德國人民不相信民主政治，國民也沒有民主政治的民族素性。我們對於德國目前情況，也必須加以估計。現還沒有審判德國的戰犯。就是在主要戰犯能被判決以前，也必須要有一個相當長的時間。如果在廣大德國人民看到那些對第二次世界大戰和德國的滔天罪行負責的人們受到應有的懲罰以前，成立這些政黨，則這將有助於建立任何眞正的民主政治嗎？在德國職業、工業和財政等方面，很少清洗納粹黨員，蘇軍在柏林進行了清洗，這或屬於例外。納粹份子，陸海軍軍官及各種各樣泛日耳曼人將在某一種新的僞裝下力圖長期保持或取得統治的地位。在對像上述那些德國人將不滲入新政黨機構內不能有任何保證以前，而成立政黨，還是相宜的嗎？在來冬，德國在糧食、燃料和原料等方面，將遭到嚴重的缺乏。如果一個健全政治生活是當大多數德國人民不當受砲彈震撼，而且受到寒冷、營養不良和失業之時產生的，那這個健全政治生活會生長起來嗎？在德國人民知悉德國的未來邊界是在何處和期待於他們的賠償是甚麼以前，而他們進行任何有建設性的政治活動，這是可能嗎？在決定未來的德國是否是這樣的一個德國，在這個德國中，柏林政治集團將被取消，在這個德國中政治和經濟自治將歸還給歷史上的德國各省，或是否得成立另外一個集權德帝國以前　能組織任何一個眞正政黨嗎？佔領德國的四強自然都能製造可稱爲德國的人造政黨。當這種政黨存在時，自然是爲其外國扶持者的利益服務的。但這類政黨是不感應於任何德國靈感的。在上述各種情形之下，德國人民目前能建立這樣的一些政黨，這樣政黨將實際有助於推進諸如所願的各種德國理想或能提出最後建立……和平德國民主制，這是可想像得到的嗎？美國對德作戰，是爲人保存自由……美國人民有信心，並堅決粉碎希特勒主義和德國黷武主義。我們的參戰並不是爲解放德國人民。由德國方面來的每一個片斷證據都確鑿表明：大多數德國人民是擁護德國參謀部和納粹政制的。德國人民並不以得到自治政府的特權而甘心。我們國現在具有絕好的機會把德國放在新歐洲的適當地位。只有德國必須遵守歐洲制度的××，德國才可挽救。只有如此（它包含着三強的長期合作），和平才可挽救。（缺）所有觀察家都可明顯看出，我們不能永遠在政治上管理德國。在一切東西都被摧毀後，某種思想必須填充唯一剩下的缺口。蘇聯鼓勵政治活動，它已自它的佔領區較西方盟國自它們的佔領區拿走更多的東西，但是蘇聯拿了某種東西進來。他們已把各舊政黨找出來，把更多的責任放在復活的德國共產黨的運動上，而德國共產黨在納粹奪取政權前曾獲得數百萬選票。（下缺）

同盟社報導在華美軍的變動

【同盟社大陸基地廿六日電】據重慶電訊：在重慶之魏特梅耶司令部，拋棄過去美蔣共同作戰的方式，根據僅以力量督促指導重慶軍之新方針，決定取消昆明的美軍戰鬥部隊司令部，及第十四航空隊司令部，新設美軍戰術司令部及陸軍航空隊司令部，其中關於解散第十四航空隊司令部雖未見發表，但與陳納德辭職同時，將行解散或縮小，以及可能吸收到新司令部中。

綏南國民黨專員郭長青率部至清水河活動

【中央社榆林廿日電】托克托縣黔城村僞警察署長田玉璧，率僞警二百餘人，於六月十九日向我郭長青司令兼綏南行政專員投誠反正。並扣獲日指導官佐藤大尉一員，經郭司令將田玉璧部編爲綏南保安司令部自衛團。又托縣僞特務隊長牛儒修率部一百八十餘人，亦於同日反正，經郭長青司令編爲別動第五支隊。六月廿三日和林格爾縣僞警長吳俊，發動僞警一百餘人反正，攜來步槍四十支，輕機槍一挺，亦經郭長青司令收編。黔城僞警署長田玉璧反正後，郭長青司令率部於六月廿日進駐黔城，即召集各區鄉保長舉行行政會議，當選拔地方幹部參入。托縣什拉馬素僞鄉公所組織，亦經郭部解散，現托縣城及古境外，僅有極少數敵僞軍佔據，此外托縣全境完全爲我佔領，刻正積極建立地方行政組織，改選各級行政人員。七月七日已組織就緒，七月十八日長青率[illegible]到達推進清水河縣，駐鐵驛廠一帶，召集綏南托、和、清三游擊縣長及保安團長商討工作計劃。

參考消息
（只供參考）
第九五六號
解放日報 新華社 編
今日出一大張
卅四年七月卅日
星期一

同盟社說：三國公告是美國的獨脚戲

【同盟社東京二十八日電】杜魯門、邱吉爾、蔣介石於二十五日在波茨頓聯名發表對日共同公告，但簽名的邱吉爾，於翌日（二十六日）便交出了英首相的印綬，蔣介石則於××日夜採取事後承認之步驟，事實上令人深深感到是美國在演獨脚戲，這是對共同公告的一個大諷刺，在昭和十八年十二月開羅會議，美、英、重慶會公佈了使日本無條件投降宣言，但該宣言反而招致了日本的澈底抗戰，這一事實以及開羅會談後所進行的塞班，琉璜島，冲繩島作戰中，其所受損失，鼓舞了日軍的戰鬥意志，所謂『無條件投降』將被日本抹殺，此點敵人已經感覺到了。另一方面在敵國國內對作戰進度非常焦慮的國民，非常畏懼人的損失，追究軍部對作戰失敗的責任，而且看到蘇聯一個國家已離開戰爭，進行戰後復興與處理世界工作，因而驚慌達到極點，敵人軍政首腦面臨國內的危險情形，透明示對日本的條件，求得國內人民之諒解，抑制國內和平論調的抬頭，並指明此種條件如果日本不接受，則將不問任何犧牲，繼續作戰到底，以此提高國民戰鬥意志。敵人從本月十日以來，特別是敵機動部隊襲擊我近海，B二十九式機轟炸日益猛烈，採取此種充分配合的戰略攻勢，趁這時候發表了共同宣言，這就是該宣言發表的目的，以此完成敵人對日最後決戰的準備工作。不待言，敵人宣言的內容，不需要逐條加以批判，但開羅宣言與波茨頓宣言之間，却發現了有相當程度的差別，我們可以從處理意大利處理德國來看，這一具有緩急性的敵人條件的出入，是敵人常用的手段，我們對將來敵人繼續進行的政略攻勢，需要充分關心注意。

【同盟社東京廿七日電】英國之大選結果，完全出乎所謂消息靈通人士意料之外，而且工黨獲得多數，打破了過去四個半世紀的定則，在過去大選

冲繩各地之敵機亦進行配合，以戰鬥機[illegible]大舉來襲。更以艦艇猛襲釜石、室蘭、水戶[illegible]，我方以戰鬥機及地上砲火與敵激戰，從十一日至廿五日之間作戰[illegible]百一十五架，擊傷二十八架，從本月十日至現在之綜合戰果，擊落敵機二百七十五架，擊傷一百四十三架，共計四百一十八架，我航空部隊於二十日黃昏及（缺），攻擊敵機動部隊，戰果現尚未明。（基地航空兵力）敵人極力擴充與整備冲繩方面之飛機場，增加空軍力量，宣傳在本月中旬已有一部飛機到達冲繩，進行大規模之移動，着着進行本土決戰。敵人的此種空軍攻擊，從德國投降以來，急於使戰爭早日結束，遂轉入新作戰，而且還包括了敵人的謀略宣傳。我航空部隊於十八日，二十二日，二十三日夜間，襲擊冲繩島之敵飛機場及本土週圍之敵艦船，擊沉擊毀敵巡洋艦、運輸船。（以下掉錯不清）。

同盟社轉播
美國航空隊的調動

【同盟社里斯本廿五日電】華盛頓來電：美國陸軍航空本部次長兼參謀長××××中將，於廿四日，在記者招待會上，發表美國航空隊的新編制如下：副航空參謀部長，航空人事部長：F・E・安德生少將，航空謀報部長：霍衣托・S・威頓巴克少將，航空供應部長：愛德華・M・鮑華茲上將，航空計劃部長：路易斯・諾斯特德少將。

前綫各航空隊與聯合參謀本部（由參謀總長馬歇爾，全美艦隊總司令金氏及航空本部長安諾德等三元帥所組成）的關係如下：（一）遠東航空隊歸馬歇爾指揮，直屬於太平洋方面陸軍總司令官麥克阿瑟，指揮官爲肯尼上將。第五航空隊司令：S・C・霍維德中將，第七航空隊司令：托馬斯・L・霍維德少將。（二）陸軍戰略航空隊（直屬於聯合參謀本部）司令官卡爾・史巴茲上將，參謀長：克奇斯、李梅少將，第八航空隊司令（駐冲繩）：詹姆斯・杜立特中將，第二十航空隊司令（駐馬里亞納）納遜・丁寧中將。（三）北太平洋方面（直屬於尼米茲，與海軍聯合作戰），第十一航空隊司令：約翰・B・布魯克塞少將。（四）中國戰區航空隊（通過在華美軍司令官魏特梅耶，歸馬歇爾指揮）司令官：斯特拉特梅耶中將，第十航空隊司令：霍華德、C・特維生少將，第十四航空隊司令：陳納德少將（已呈請辭職）。

敵報導地下工廠情況

【同盟社東京[illegible]日電】本土要塞充滿着皇國必勝擊滅強敵的希望，在敵機不到防空警報的地下工廠，燃燒着旺盛的增產意欲，重要工廠的大部已經在地下

時當選得多數者，僅以很微小的差別而好容易地才能獲勝，工黨在下院議員六百四十名之中，佔了壓倒的半數即三百八十名，一如其首相阿特里所說的那樣，工黨以上述得票爲基礎，當能實行其社會主義政策，邱吉爾之所以落選，是由於現在英國需要完全清算戰爭，恢復國內的和平建設。即使戰爭結束，國內的民需物資仍然不足。爲了使大都市的糧食店，衣料店不致絕跡，所謂「家庭主婦行列聯盟」，在本週內從倫敦之威斯頓至西池一帶，要求行人簽名，向首相呈遞請願書，說明英國人民所切望的東西是糧食、衣服以及日常生活的改善。對於「縣軍萬里」的調往東亞的遠征軍，如同對東歐戰爭一樣的是不關心。另一方面美總統杜魯門，在波茨頓三國會談上說服斯大林元帥，要求其參加對遠東的共同行動。二十六日夜杜魯門與邱吉爾、蔣介石聯名發表要日本無條件投降聲明，從這裏亦可看出斯大林根據日蘇中立條約[illegible][illegible]地並沒有答應杜魯門奸計。從四川山溝裏抬出蔣介石的大招牌，使其糊塗糊塗發表聯合宣言，實在是捉襟見肘的窮計策。杜魯門總統在第一次與外國談判時，暴露了他初出茅廬，沒見過大世面，政治上還不成熟的弱點。—！當然英國亦可以調一些海軍空軍到遠東來。但按照上述情形，美國人民將單獨地在遠東進行反攻戰，其負担程度將倍於歐洲作戰，在日本本土決戰中，將更有數百萬人犧牲，這無異於爲了英蘇兩國從火中取栗。

大公報等評論
要日本無條件投降公告

【路透社重慶廿八日電】此間報紙歡迎盟國無條件投降公告，認爲這是保護遠東安全唯一合理的辦法。中央日報說：這是日本維持其民族之存在的唯一道路。大公報稱：由於該公告是在波茨頓擬定的蘇聯必已同意。日本企圖防止蘇聯參戰已告失敗了。時事新報稱：日本不能接受提議，因爲對於日本軍閥來說，無條件投降就是毀滅。

敵稱盟機加强空中轟炸

【同盟社東京廿九日電】（機動部隊）本月十日來襲關島地區以來，已經兩旬，敵機動部隊即在我方沿岸遊弋，不斷向我本土基地航空兵力挑戰，在我嚴密的體勢下非常焦慮，其後仍繼續砲擊。十八日早晨以來，[illegible]至與港一帶，以艦載機七百架進行轟炸，同時由馬里亞納、琉璜島、

日夜不斷地生產。記者曾參觀×地下工廠，到達工廠的路上均僞裝起來，在工廠入口處寫着「第××工廠負責人×」大字，即使敵機在上空偵察亦無法辨認。工廠室內的溫度雖然較低，但並不冷，並有很好的通風設備，排水溝內是很乾淨的，絲毫看不出是一地下工廠。製造品必須一個跟着一個前進，因此自流的工作現像受到強制，不知不覺地提高了效律。從一個坑口運進的材料，經過旋盤，××裝製而變爲成品，從另一個坑口出來。這樣的，僞地下工場，是一貫作業的轉動機，因此汽筒、引擎軸及其他每一個不同種類的工場均能獨立，這些工廠並有相互聯絡的橫行的坑口，以便萬一在遭受轟炸時能夠跑出，正因爲有過到的地質調查與優秀的技術，因而不要憂慮。這一夏天涼爽冬天溫暖的工廠，全面積有×萬萬坪，能容納工人×萬人。現在只有數千工人工作，這一工廠的能力，正向最高限度發展，相當於四月份生產目標百分之×十的××輛，已經從工廠送到第一綫：一天一天工廠的製成品不斷增加，走出了工廠向一個方向走去，就是洋綠色的山谷，這個散佈着僞裝起來的裝配工廠，使空中聽不到聲音，從各個門口出來的零件就裝配起來，並且開始試驗。鐵道設備已接近完成。這一帶工人飯廳、宿舍、事務所等應有盡有，從門口却看不到任何東西。這經得起四噸炸彈的生產要塞，是在山中潛伏着。

同盟社稱沒有延安合作
重慶什麼也幹不成

【同盟社北京廿八日電】以實施憲政、和召集國民大會爲中心議題的重慶的國民參政會，於議論紛紛莫衷一是之後，結局是得出了一個將召集日期由政府決定的結果，從表面上看來似乎很沉着，但實際上則是延安的猛烈的反對運動奏了功，重慶暴露了難堪的醜態。重慶曾經鑼鼓喧天地宣傳要實施憲政，但在它未得到延安的同意和合作之前，畢竟是任憑怎樣努力而結果還是什麼也幹不成。最近，延安政權對重慶的政治攻勢已更趨激烈，從延安要求成立聯合政府問題上仔細觀察，延安的用心所在是爭取掌握主導權和奪取政權×××（下缺）。

國民黨軍隊進入桂林
敵沿贛江犯吉安

【路透社倫敦廿九日電】路透社軍事訪員報導：中國在華南現以三十六個師，從五方面發動的大攻勢，可能鋪平了盟軍在中國登陸的道路。這戰役的總計劃——中國軍在最近的進攻

中，已突入桂林，該地位於廣州西北五十哩——似乎是將收復去年喪失的粵漢鐵路，包圍在華東南的×××日軍，可能進攻×××，並×××盟軍在香港，或可能在華北××。在香港附邊的潛在區，有很好的登陸地。在這地區，現中國軍已突至香港以西一五〇哩的龍港（譯音），同時另一部隊已佔領汕頭後面的潮安。以北二百哩，在×××兩邊作戰的華軍，顯然目的在於切斷東南的一切日軍。在極南，華軍實際上已肅清了越南全部邊境，並在某處越過邊境，佔領蒙克（譯音）。（電文殘缺，以下不清）

【中央社昆明廿八日電】中國陸軍總司令部今午第一號公報發表我軍克桂林消息，記者往訪中國陸軍總部，據發言人稱：桂林克復，在戰略上極具價值，今後我軍反攻作戰，可直進至粵漢路正面，南下廣州，北攻武漢，均可不再受敵牽制，且後方擴大，物資之補給亦益趨便利，對最後勝利之爭取，具有莫大意義。

【中央社贛西前綫某地廿八日電】竄抵吉安西南廿餘華里鳳凰墟敵，廿六日晚在山砲數門掩護下，不斷向我吉安外圍進犯。竄抵吉安對河水東敵，廿六日晨仍在我節節阻擊中。

【中央社渝廿七日電】軍委會發表七月廿一日至廿七日一週戰況：本週在桂林外圍，我軍於廿二日至廿六日間，先後將敵憑藉拱衛桂林外圍之義寧、××與永福、陽朔四大據點，相繼攻佔。敵企圖屏外圍之抵抗，已完全瓦解；我並由荔浦分向平樂推進。我向桂林攻擊各路部隊，刻已進出於岩山圩、迴龍鄉、秧塘圩迄良豐圩一帶地區。西面與西南面，距桂林城僅十至十三公里。刻我軍先頭一部，已進出於西城郊區。另部我軍向兩州西南，及興安、靈川間之湘桂鐵路與公路綫突擊。並將靈川東北小溶口附近之鐵道破壞。靈川至桂林間之甘棠渡，已爲我軍攻佔。該地在桂林北約十二公里。現桂林敵軍之退路，已被我切斷。該城之克復，乃指顧間事耳。贛南方面企圖沿贛江北竄之敵，現仍爲我阻遏於吉安以南源×萬安迄遂川東北地區。該敵連日在我陸空軍不斷打擊下，受創甚重。又湘贛邊境，沿湘贛公路，分向萬載宜春竄擾之敵，現被我阻擊於萬載以西及宜春以北各地區鏖戰中。桂越邊境，我阻擊由越邊同竄向桂境鎮南關憑祥竄擾之敵，刻在各該地附近激戰中。又高平敵，分竄桂境龍川西北之水品關下，×在我軍迎擊下，已將竄下凍之敵擊退。粵北我軍，於廿三日入南雄，×××在粵南我××陽江城郊。

孔祥熙辭去四聯總處副主席

【中央社廿九日電】中、中、交、農四聯總處理事會副主席孔祥熙，辭職照准，遺缺由宋子文繼任，茲悉四聯總處已接奉國府文官處關於此項明令之公函通知。

【中央社綏西廿七日電】本年綏西小麥豐收，平均每畝可產六七綏斗。據老農稱：一一及二四年，綏西小麥曾豐收二次，本年爲自民國以來之第三次豐收。又稱據經驗所得，春秋小麥剪芽出土後，若其根鬚只有四五枝時，即無風旱等災亦必歉收，多則豐收。本年小麥根鬚，均在八九枝以上，且風調雨順，河渠大水普治，故其豐收爲必然之成果。又稱：本年春夏季，綏西多黃風，亦爲助成小麥豐收之另一原因。即秋秧亦將大有豐收可能。

【中央社皖南某地廿八日電】皖南各地入夏以來，雨水勻調，五穀茂盛，現休歙等縣，早稻業已一部成熟，並已有開始收割者。晚稻下月中旬亦將登場，據現勢觀察，今年收穫至佳，現時徽屯一帶糧食及菜蔬等類價格，已由穩定而轉趨下跌。

【合衆社朴次茅斯廿八日電】中國海軍總司令陳紹寬，參觀此間之砲術學校後，乘汽車赴桑尼克洛夫斯造船廠，參觀快速魚雷艇之製造，朴次茅斯軍港總司令即前新加坡英國遠東艦隊司令雷頓出迎，陳雷兩氏曾經相識，蓋新加坡之喬治王船塢開幕時陳氏曾往參觀。

【中央社渝廿九日電】報費照現價增加四倍業經立法院通過，茲據交通部息，此項新價格定八月一日起實行。

「中國也能幫助我們」

（節錄自新華日報）這是美國納爾遜關於中國工業化的計劃，它的着眼點是從代替過去日本國外市場出發，主張發展紡織業和玩具業；實現揚子江水利計劃，求得中國工業化的動力。這樣來容納美國戰後過剩的資金，生產品。

「在以前日本的商業稱霸的地區，住着十二萬萬人。其時商業上將有一個真空的地位，這真空的地位要就由中國填補起來，要就造成混亂。——在澈底調查之後，我深信中國能夠在廉價的紡織品貿易上代替日本。這是亞洲最重要的事情之一，因爲紡織業是供應十萬萬人的實貨，而這十萬萬人每天所得，不過美金一角二分至四角錢。日本人，由於工資低廉和工作時間長，會

〔中央社桂市某地廿八日電〕桂林城內外掃蕩戰，至廿八日午已成尾聲。趙琳、曹玉珩兩將軍所部廿八日晨入城，參加巷戰。陳軍更分兵進攻灕陽、龍虎關，半軍入潭圩後，並向流竄靈川之敵追擊。據報稱，日來敵殘由桂林退新寧、零陵之殘敵，已零亂不堪，情況至爲狼狽云。

〔中央社重慶廿九日電〕軍委會廿九日發表戰訊，廣西方面，（略）桂林殘另一步隊，向興安攻擊前進，已攻抵大溶江（興安西南六十里處鐵路綫上）附近地區。江西方面，贛江東岸敵，於廿七日下午六時竄至吉水，續向永豐以西地區進犯，我正阻擊中。安贛江兩岸敵，廿八日晨由高塘圩再渡瀘水，仍被我擊退。贛西我軍於宜豐以西地區阻擊來犯之敵，正戰鬥中。分宜西北地區戰況無變化。

陳誠視察桂林前綫

〔美新聞處昆明廿三日電〕軍政部長陳誠將軍，於視察桂林前綫之後，指出美駐華中國戰區作戰司令部之工作確屬極端重要，該部由美方人員組成，據稱：「作戰司令部已加強中國軍隊之編組，以及中國部隊之作戰效率，中美合作已達到此等目的，建立其強固基礎，美訓練用之裝備，已有若干到達，且已實際應用，然運輸仍爲嚴重問題，蔣委員長及其參謀長魏特梅耶將軍，合作宛如一體，實足以證明中美合作之精神已表現於事實。」

中央社新聞資料

因賦署近決調整卅四年度征棉區域，據上年度征棉，陝西因棉價較糧價交換比值爲低，人民繳納踴躍，征收成績尚佳。湖南、湖北、河南三省，因糧價低於棉價，人民不願納棉，征收成績均較遜，以致徒增糧額，征棉征糧均受影響。本年新賦配征在即，對於征棉區域，本應加以合理調整，經核定川省需糧特多，不能征棉，湖北上年征棉成績欠佳，且以軍糧需要較多，原有征額改配陝西征收。湖南征棉仍照舊辦理，如此征棉數額，既不減少，而和糧食調配甚爲有利，現正函財部俟同意，即分飭遵辦。又該署以卅三年征糧年度，轉瞬即將結束，所有全年度征實、征借、暨進征借縣級公糧及軍糧公糧專款糧等，收發情形，亟待明瞭。經制定卅三年度各省縣（市）糧食收支情形表格式分飭各省市田糧處，限於一月內逐項填報以憑查考。

經差不多包辦了紡織業。在這樣的條件之下，美國紡織業家沒有機會，也無意競爭。……

我認爲投資於紡織業和其他工業，應該由美國人和中國人共同來做。可能成立一種協議，在這種協議之下，美國人可在中國新工業中購買股份。開始時，美國資本可佔百分之六十或七十，雙方商定，在譬如說十年之後，美國一部份股份可由中國人買去，直至中國人管理全部財產爲止。

「薩凡奇博士估計，用十萬萬美元，就可以完成整個計劃。（指揚子江水利計劃）設備工程費，當可由美國政府貸給中國政府。

「美國全國收入在戰前約每年七百五十萬萬美元。據估計，如果我們要使我們的工廠以健康的步調繼續向前走，我們將需要一千三百萬萬美元的收入。顯然地，只擴大國內貿易，我們是做不到這一點的；我們必須大規模輸出。……在一九四一年，我們全國的生產品約計一一九、五〇〇、〇〇〇、〇〇〇美元。……我國機器生產，從一九三九年的約五十萬萬元，上升到一九四三年的約二百萬萬元。我國生產的運輸器材（不包括汽車在內），從一九三九年的約十萬萬元增加到一九四三的約一百八十萬萬元。……因此，我們必須把貨物輸出到目前貧窮而急於工業化的國家。而中國，正如我所指出的，準備發展若干種它所能維持的工業。

「我們必須發揚我們思想之中的新的道路。認爲原料國家的軟弱對於工業強國有利的時候，已經過去了，經驗證明着這是一個大滑，一個危險的錯誤」。

同日新華日報發表于懷一篇文章批評這個計劃。「納爾遜先生雖免了那可靠的無限的中國國內市場的問題，逃避到不可靠的有限的國外市場去；避免了中國的工業化必實行澈底的土地改革的基本政治問題，逃避到薩凡奇計劃的技術魔網中去；避免了中國工業化最低限度必須輕重工業並重才能自立的問題，逃避到只發展輕工業和玩具工業的次要部門中去；避免了中國整套的工業化才是美國的遠大利益的基本問題，逃避到只是一心希望中國發展輸出品的紡織業，使中國成爲美國購進原料過程中的過渡三環的「三角」貿易計劃去。」

參攷消息

（只供參考）

第九五七號

解放日報 新華社 編

今日出一大張

卅四年七月卅一日

星期二

中央社對各分社指示
誣稱關中責任在於我黨

各分社主任，各戰地特派員均鑒：最近兩週參考事項如下：（一）參政會在兩週會議中，有重要成就，關於國大問題，經各黨各派討論結果，何時召集不作硬性決定，政府觀戰爭局勢之推移得有伸縮之餘地，而在國大開會前，則希望政府採取若干必要之措施，務期達到國大代表之完滿。據此項決定，政府當然仍準備如期召集。（底密——密碼十六字）至中共對於此決議是否滿意，則尚未得到正面之表示，就該黨態度而論，任何決議皆非所願，其目的在破壞國大之召集。（密碼卅字）（二）六參政員赴延所帶回之中共意見，仍與以前相同。（密碼四十字）該方案正在當局研究中，聞希望其派人來商。（三）日來中共對內對外極力宣傳國軍向共進攻，甚至攻擊赫爾利、魏特梅耶二氏。查中共部隊，於七月十六日攻陷淳化，該縣在邊區之境外，距西安不過四十英里，中央當然不能坐視，乃令西安駐軍即日馳援，於十九日開始掃蕩，週即將全縣肅清，中共見形勢不佳，先發制人，向國內外宣傳內戰業已發生，其意欲藉此破壞盟國援我之計劃，並阻止我對敵之反攻。幸此事眞相美方知之甚詳，故中共不能售其詭計。中央絕無進迫延安之意，中共一切宣傳，皆不可信，務力闢之。中共如在指定區域之外擅自移動部隊，侵佔城市，或襲擊國軍，則中央決不寬容。（四）宋院長訪蘇與斯大林會談六次之多，有關中蘇間一切問題，間皆作友誼之商討，有若干問題已獲結論。有若干問題（密碼十二）故乘三頭會議之機，宋院長特返渝報告中央，一俟斯大林返蘇，宋院長仍當前往。（五）中美英對日所發之最後通牒係促敵於××待消滅與無條件投降二者擇其一，日近會利用各種方法，對美請求解釋無條件投降之內容，盟國爲使其早日了解盟方眞意，及促其從速投降，不得不將無條件投降之辦法告其國民，使其明瞭投降之非毀滅，此一步驟爲盟軍採取更有效更有力之攻

。其辦法內容如下：（一）政府爲充實反攻軍費起見，特舉辦黃金購戶存戶獻金，依照本辦法規定辦理。（二）本辦法公佈前已通過中央、中國、交通、中國農民、中國國貨五行、中信郵匯兩局，購入黃金及存入法幣折合黃金存款之購戶存戶，於兌取黃金時，應依照本辦法規定之定率，捐獻黃金，但其數額在一兩以內者，免予捐獻。（三）捐獻黃金定率，定爲所購所存黃金數額之百分之四十。（四）購戶存戶捐獻黃金，於向經辦行局兌取黃金時，一次獻繳，但依購戶存戶之便，得按兌取黃金時，中央銀行總行掛牌金價，以法幣折合繳獻之。

【中央社渝卅日電】據財政部發言人稱，黃金業已陸續運到，所有七月底以前未付之黃金現貨，及到期法幣折合黃金存款，自七月卅日起開始陸續兌付，業已由部通知中央銀行公告辦理。

大公報說
國民大會關係很重要

【本報訊】大公報六月一日社評：當急兩點中，認爲國民大會開得好適，決定國家統一團結分裂內戰的一個重要關鍵，因此在精神上必須有充分準備，在技術上要有周詳的規劃，尤須在開會前求得政治的妥協。該文稱：「在今天就可以說，國民大會開得好，則國家統一團結，政治憲政民主；國民大會若開得不好，則其結果可能是相反的。六全代會只決定十一月十二日召開國民大會，至於怎樣開？未作硬性的規畫。把有關召開國民大會的諸般問題皆留給中常會，尤其留給國民參政會研討。於此我們特願鄭重指出一點，就是：國民黨中央對於國民大會的召開，在精神上必須有充分的準備，在技術上也要有周詳的規畫。國民參政會雖然是一個可能代表民意的機關，若事前漫無準備，即使之決定國民大會本身的構成及一切相關的問題，也恐難得十分圓滿的結果。國民大會將爲國家創制憲法，選舉政府，但其本身却是政治性的。尤其在造法期間的國會，其本身更富於政治性。這所謂政治性，就是說要建立在政治的妥協上。國民大會的代表如何產生，本文不擬討論，但無論如何，必須獲得政治妥協的基礎。無此基礎，國民大會便難開得好。本此觀點，我們切望中央正視這問題的政治性，在本年七七國民參政會開會前，尤其在國民大會開會前，必須求得政治的妥協。這是把握國家局面也是掌握國運的一個關鍵。」

中央日報五月卅一日社論：痛苦經驗之教訓中，答覆蘇聯作家阿瓦林博士之批評，提出對於一個友邦的內政，應避免文字上之干涉，申言「聯合政府」是一種難於考慮之建議。並認爲這會威脅到世界和平的危險。

掌，××所必需者，故方接受之可能性不甚多。（密碼廿三字）（六）英國總選結果，邱吉爾慘敗，工黨組閣，足見英人心理已由國際而移轉於內政，工黨秉政於我互有利害，關於香港及其他問題，工黨政策或較開明，貫徹收回目的，或不甚難。惟對我內政，則其看法或不盡與保守黨相同，此為吾人所當注視者。工黨既以絕對多數黨組閣，則其政權基礎異常鞏固，只要黨內不生問題，則一切難關無不可克服之理。工黨人材亦不少，當能創造一新局面。印度取得獨立之可能性甚大。

總編室廿八日

王世杰任外交部長 盛世才免農林部長

【中央社渝卅日電】國府卅日令：（一）內政部部長張厲生、外交部部長宋子文、軍政部部長陳誠、財政部部長俞鴻鈞、經濟部部長翁文灝、教育部部長朱家驊、交通部部長俞飛鵬、農林部部長盛世才、社會部部長谷正綱、糧食部部長徐堪、司法行政部部長謝冠生、兵役部部長鹿鍾麟，呈請辭職。張厲生、宋子文、陳誠、俞鴻鈞、翁文灝、朱家驊、俞飛鵬、盛世才、谷正綱、徐堪、謝冠生、鹿鍾麟均准免本職。（二）特任張厲生為內政部部長，王世杰為外交部部長，陳誠為軍政部部長，俞鴻鈞為財政部部長，翁文灝為經濟部部長，朱家驊為教育部部長，俞飛鵬為交通部部長，谷正綱為社會部部長兼農林部部長，徐堪為糧食部部長，謝冠生為司法行政部部長，鹿鍾麟為兵役部部長此令。

渝通過聯合國憲章

【中央社渝卅日電】聯合國憲章業經國防最高委員會卅日舉行之例會通過，即將送交立法院審議，完成其立法程序。該會並通過：（一）宣傳部組織法。（二）國際貨幣平準基金協定及國際復興建設銀行組織規程。（三）卅五年度國家總預算案，編審原則十九條，亦並送立法院審議。

【中央社渝卅日電】軍隊黨部，現已如期全部撤銷，聞政治部今後工作，即偏重於士兵文化教育。

【中央社渝卅日電】中樞紀念週，卅日上午九時在國府禮堂舉行，蔣主席領導行禮後，政治部長張治中工作報告，對調整軍部師部政治機構青年軍政治工作，軍中文化工作，及對敵宣傳工作等各項，詳加報告，旋即禮成。

【中央社渝卅日電】政府為充實反攻戰費起見，經國防最高委員會議決，舉辦資金購戶存戶獻金，由財政部遵照制定辦法，於今（三十日）公佈施行

該文稱：『日前蘇聯作家阿瓦林博士在「宣傳家」上所發表的「現代中國」一文，表示一點感想。我們歡迎友邦人士之善意批評，然這種批評似亦應有一定的分寸，始有利於聯合國之共同利益。……無疑，阿瓦林博士之文中，一部份是事實。然他說中國農民被迫向地主交納百分之五十至七十之地租，中國工業之動力現已停頓，固過分誇張；而謂中國宣傳並不反日反偽，中國統帥部拒絕游擊隊之協助，尤全無根據。阿瓦林博士或可說他是根據英美報紙之記載。我們可一言者，即在記者手頭，亦有甚多批評蘇聯內政外交之文字。然凡此足資誤解之文字，我們不願予以發佈，而據我們所知，中國政府對於此類文字，亦不願與他們以翻譯及出版之『自由』。這不僅因為我們願意增進中蘇之邦交，欽佩蘇聯的成就，也因為我們覺得對於一個友邦的內政，應避免文字上之干涉。阿瓦林博士還進一步說及一年半以來中國軍隊未曾對日作戰，並涉及某一邊疆問題，某一軍隊問題，以及中國政府中之人事，最後且表示其同情於所謂『聯合政府』的意見，而稱彼等為進步份子，關於某一邊疆問題，我們且保留評論。然我們斬釘截鐵的說，自汪精衛叛國之後，蔣委員長領導之政府官吏，縱在他方面有不滿人意之處，然斷無不遵循抗戰到底之國策者。至於所謂『聯合政府』，在我們看來，無論在法理上事實上是一種難於考慮之建議。如中國政府接受這一建議，勢將造成一大混亂，不僅無法抗戰，且一定帶來世界和平的危險。這不是中國抗戰建國所希望之事。

國民黨圖組織新黨 裝飾門面

【本報訊】國民黨近策動組織許多新黨，裝飾民主門面。該訊稱『自國民黨六中全會以後，政府逐漸開放，政府團體即將取得合法地位，新黨興起之趨勢，逐日益顯著，現聞已有相當規模者為支配中國行政主潮之政學系所組之民政黨與『社會』同人而組之勞工黨，而某黨亦有分裂而組之另一黨出現。』（據雲南日報六月八日訊）

國民黨戰報

【中央社渝卅日電】軍委會卅日發表戰訊，廣西方面我軍，於廿八日由桂林續沿公路鐵路，諸向靈川攻擊前進，已迫近城南附近地區，現在攻抵城西附近我軍，準備攻城中。桂林城郊殘敵，已全部肅清。桂粵邊境方面，桂省南部龍州西北我軍，向水口關（龍州西北六十里）附近之敵攻擊，至廿四日晚，敵不支向越境退去，刻龍州西北口境綫內，已無敵踪。我攻抵鎮南關附近部隊，現正向鎮南關攻擊中。江西方面贛江西峽我軍，廿七日由泰和北向敵後尾擊，我另一

部隊同吉安以南敵側攻擊，均與敵激戰中。

【中央社桂林卅日電】桂省僅全州、蒼梧地區，尚有殘敵未除，但在我士氣民氣高漲之今日，任何頑寇不難聚殲此只時間問題而已。柳州桂林實為八桂心臟，一為水空交通中心，一為省會，先後光復，殊足興奮。記者頃得與湯恩伯將軍暢述桂柳戰事經過，茲記其大要於後。自農曆端節，宜山克復後我軍即積極作會攻柳州之準備，深得張長官相互密切協同，地方武力之協助，戰事進行異常順利，大塘柳城諸役，敵之兵力全部被擊破，殘敵雖圖退保柳州，為勢已不可能，柳州克復，即進攻桂林，使敵無喘息機會，××永福義寧先後光復，桂林之敵坐困無計，自只有俯首受命之途。桂境戰事今已告一段落。

【中央社南平二十五日電】官方訊，由詔安敗潰殘寇『二十一日自小夜地方負創逃往閩粵交界處分水關，我追擊部隊，兼程猛進，當晚佔領分水關要隘，殘敵被驅潰退。

同盟社報導 波茨頓會議繼續開會

【同盟社斯托哥爾姆廿七日電】英首相阿特里偕外相貝文，同往波茨頓，三頭會議自廿八日夜間開始，繼續舉行會議，廿八日下午發表公報稱：『廿九日繼續舉行會議，獲得了圓滿的進展。』會議的結果，一切仍嚴守秘密，路透社特派員發出報導稱，『三頭會議確實已將近結束之期，官方雖無任何報導，但據波茨頓各方面的觀察，認為會議將於卅一日或八月一日結束，會議結束後即將發表的聲明，現已開始起草。』另外，該特派員認為東亞問題至少是沒有公開地成為三頭會議的主題，他說：『在蘇聯未與日本處於戰爭狀態時，美、英重慶的共同宣言，與三頭會議無關。』因此，三頭會議後的聲明，可能是關於佔領德國方式、賠償額、歐洲的國境等問題。

【同盟社斯托哥爾姆廿八日電】據盧森堡廣播傳稱，波蘭代表已於廿八日到達波茨頓。

關於三國對日通諜 澳洲因未參加而表不滿

【路透社悉尼廿九日電】澳洲外長伊瓦特今天對波茨頓對日本發出的最後通諜，作嚴厲的批評。他說：必須邀宣澳政府已宣佈並已被採納的政策，即有關歐洲與太平洋方面和平處決的一切事情，作為一個積極交戰國的澳洲，有作為一主要成員的權利。這個政策的有效，已博得廣泛的承認，且最近還得到英、美方面都採納它的

綠毫動搖嗎？我們的敵人已陣亡了四萬×千人（？），應該知道我們應該如何對付哀求敵人，特攻隊的威力將能粉碎敵人的謀略。（某商業學校女教授）：報紙的標題中已經講到波茨頓會議後，敵人將有何舉動，敵人縱然擬定了條件，縱然提出了不能為我國國民所承認的條件，恐怕也不能接受的。敵人無非是對外大肆宣傳，對內向自國國民大肆宣傳。有一項是能夠被接受的條件嗎？現在所希望於政府的——是堅決地表示一下態度。（譯註：電碼很多處不清）

【同盟社莫斯科廿九日電】消息報、真理報以及其他的蘇聯報紙，關與美、英、重慶的對日共同宣言，都僅單純地報導一些要領，未加任何評論。

敵首相鈴木答記者問

【同盟社東京廿九日電】（上缺）（問）首相對三國共同宣言之態度如何？（答）我認為三國宣言僅具有一種記錄件質，政府並不認為有任何重要價值，應還之不理向完成戰爭邁進。（問）食糧問題，減低標準配給量日益重要，首相對此之意見如何？（答）關於食糧問題現正苦心設法以求解決，現在糧食即所謂『現在如不減少配給量的百分之十，則不能維持下去』，情形並不那樣嚴重，希望國民能充分予政府以援助，當然政府亦要加強國民的努力。（問）當此戰局緊迫之際，加強政府政治力是最重要的，在被炸區域對政府之依賴更大，首相作如何見解？（答）關於加強政治力量，已採用強力的緊急措置方策，作為決戰對策，關於實行強力的緊急措置法案，從議會的權能中議與政府（此句因電訊不清可能有誤），這樣施策即可迅速進行，第一採取中央權限移交於地方總監府的方法，用國民義勇隊的力量推動政策，並應用一切辦法，最快地普及。（問）確立國民道義比任何問題均重要，不論通貨膨脹不論提高生產情緒，其基本問題在於確立國民道義，為此確保最低生活是一先決條件，政府對此之認識如何？（答）關於德××是在於確保生活問題，政府在糧食問題上，正如過去所說的不斷銳意努力，以保證國民最低限度的主要食品，今年秋天的收穫，亦很有希望，秋季以後的配給儘可能與過去一樣。衣服在日本幸而還保存相當數量，能夠抵禦多天，住宅的問題在有關部門正研究辦法，今年冬天可以過去。（問）敵人的空襲日益激烈，工廠地帶的損失不斷增加，國民對於軍需品特別是飛機的生產狀況頗為担憂，這一期間的情形，首相之所信如何？（答）關於此點經各方面之積極努力，地下工廠獲得預料以外的成功，過去我曾視察過這一情形，供讓視

保證。雖然對日本的最後通諜宣佈了和平解決的某些條款或原則，但它的發表事先並未與澳政府磋商，及得到它的同意。這最後通諜對澳洲具有極大重要性，然而我們是從報紙上才知道它的條款與它的發表的。澳洲的有關利益，並不比中國的有關利益不重要。

【路透社倫敦卅日電】每日電訊報今晨在社論中提出印度與澳大利亞，和紐西蘭要求前星期從波茨頓所發出的對日最後通諜應該和它們商討的問題，社論宣稱『帝國商討的機構似乎有些嚴重毛病。』該報提及澳大利亞外長伊瓦特埋怨說，關於最後通諜或條款，他在讀到報紙以前迄未獲知，該報寫道：『澳大利亞以及紐西蘭和印度都要求對提給日本的條款應有充分的商討，這種要求是根源於它們作戰成績和它們將來制止日本侵略復活的安全中的切身利益的。它們的地理形勢總於使其切身利益像中國一樣的大，而較美國或英國的則更加直接得多』。該報認爲伊瓦特對最後通諜實際條款的批評是容易理解的。『這中間沒有一點可以證明有一種暗示，即他們對待日本會較對德國的寬大。僅有的區別是在事先提出無條件投降。這一點小小區別的原因是日本在眼前就要遭到德國一般的命運了，並可能被說服接受那不可避免的事情而不必遭受作戰到最後的損失和痛苦。現在已經可以看到這種企圖並沒有成功，但是如果有縮短戰爭的有利條件的話，那將由大家分享』。

同盟社描述
街頭巷尾對對日宣言的反應

【同盟社東京卅日電】卅日的每日新聞，報導街頭巷尾對邱吉爾、杜魯門、蔣介石聯名的對日宣言的反應，其大要如下：早稻田大學教授中野富雄博士說：『大東亞戰爭的大義名分，從來就名正言順地是屬於我們的，胡說八道的詭辯有什麼用處呢！日本式的必死必中的特別攻擊武器，爲進行本土決戰，正在逐步準備中。政府和軍事當局曾經明確地說過，一旦敵人開始本土登陸作戰，我們確信將斷然地一舉而殲滅它。除此而外，我們還必需懂得什麼呢？沒有別的，只有斷然地工作，銳意地爲『那個時候』而積蓄戰力。（東京地局檢事局調查室某檢事）：在此次的三國的共同公佈中，敵人所企圖的或是想打動日本人的心理，但在日本人之中，豈能被這一公告所乘，擁有數千年悠久歷史的日本精神，決不能幹出那樣的事情，絕不會中途與强敵妥協的。（商船貿易員）從敵人傲慢的態度看來，當然要要求他們所說的事情，而要求的內容，我們也早就想到了，可是這樣的事情，能使我們國民[illegible]

察之結果，感到絲毫不必担憂，如果更早的完成了，將不會有今天各方面的担憂，很抱歉的是稍微遲了一點，但從今天以後，生產量一定有相當的增高，現在尙不能說有多大的生產能力，但它超過了國民所想像的程度，每月要生產數千架飛機，大部份工廠已經地下化了，工人亦能在安全地帶提高生產能力，有許多人担憂地下工廠的通風設備問題，據我所知，一般[illegible]的勞動，是毫無問題的，女工亦非常積極生產，健康狀態亦很好，生產效能有顯著的提高。

陳逆公博與敵記者的對話

【同盟社南京廿九日電】陳公博國民政府代理主席，於二十八日接見日本記者團，就圍繞着國府的內外的重要問題，作如下之一問一答。

（問）：國府對處理大東亞戰局最後階段的決心與施策如何？（答）：國府並不因戰局的演變、時局的緊迫而動搖，而是正在按照既定方針努力發展。這是不待贅言的。一切政治、一切施策都是以戰爭爲中心。（問）：敵軍若在大陸登陸時，國府將如何對付？（答）：自去年四月起，軍事委員會已進行新的部署，當敵人在中國沿岸登陸時，將堅決協助日軍，以期擊滅敵人。（問）：什麼是促進統一救國運動的方向？今天是否有全面和平的可能性？（答）：我想中國的統一，首先在於國民政府統治地區的統一，全面和平不是狹義的，而是廣義的，因此，爭取全面和平的努力和方式是可變的，我認爲應視一般的情勢來決定，國府所求全面和平的心是始終一貫的。（問）：國府對於延安政權的態度如何？（答）：國府的政策是反共建國。自那時起到現在，都是這樣。我們不把延安政權視爲政治上的正當黨派（原文爲正黨——譯者）。（問）：節制經濟——安定民生方策如何？（答）：戰時，經濟情形當然亦趨於惡化，作爲目下的緊急對策：（一）收集軍需品時，同時要努力收集民需品。（二）抑止金價的騰貴。這兩點雖然不是根本問題，但是却是處理燃眉之急的唯一辦法。（問）：對於世界情勢的見解如何？（答）：結論是歐洲的戰爭並未結束，只是處於單純的中止狀態，不，在歐洲，已經正在開始政治鬥爭，這絕不是如舊金山會議等所能解決的，東亞人必須重視它。

參考消息

（只供參考）
第九五八號
解放日報 新華社 編
今日出一大張
卅四年八月一日
星期三

傳三國會議席上蘇代表示即將對日作戰

【合衆社波茨頓卅日電】哥倫比亞廣播公司記者自倫敦廣播謂：渠信三巨頭會議中之一主要與會者，——指蘇聯——代表，曾稱其本國不久必將對日作戰。同時美軍星條報記者會詢杜魯門總統倘××美英中三國所提之投降通牒對日戰爭尚需幾時？總統答：無人足有答覆此一問題之智慧。

【路透社波茨頓卅一日電】路透社駐波茨頓特派員巴克雷報導：過去兩天中斯大林元帥曾略感不適，然而他希望今日下午參加三巨頭會議之全會。斯大林的病並不嚴重，但確定其性質的一切努力均未成功。遵醫囑於××時間中不外出，他能夠接見訪問者。斯大林今年六十六歲。他自七月十七日以來即在波茨頓。蘇聯外交人民委員長莫洛託夫會代理斯大林出席星期日的會議。昨日未開會。自英首相阿特里星期六由倫敦回來復會之後，無關於×××的官方消息。自英方代表回來後三巨頭僅有一次會議，以及據測星期六夜間係一次極短的會議之事實，顯示自邱吉爾為選舉結果返國使會議中斷以來，會議在實際上少有或未獲任何進展，雖然僅在昨夜報界『獲悉』會議不僅在進行，且『獲有滿意之進展』。英國新外長貝文與美、蘇外長貝納斯及莫洛託夫在星期日及星期六舉行其照常之晨會。在會議進程中將近一週的中斷，或將使會議延長大大超過時間表。

【路透社倫敦廿九日電】觀察報外交記者謂：阿特里及英新任外相貝文，可能向斯大及杜魯門提稱英新工黨政府甫告成立，猶不能立就議會所商重大問題作其決定，擬請結束會商，至日後（本日以內）再予討論。僉信阿特里將同意（關於未來德國已商定之次要決議）少數有關問題，如移交捷克蘇台德區及德國東部等，可能已獲解決。但大部其他問題，如波蘭西部邊境界，遠達尼爾未來地位、賠款分配及德國最後形態等，則將留待三巨頭下一階段會議討論。

家洲，向東竄宜豐。據廿九日訊，宜豐情況不明，其先頭一部續向棠浦竄犯，均在我截擊中。

【中央社贛西前線某地廿九日電】吉安我軍，固守縣城逾三日。自廿五日敵由泰和竄抵吉安郊區後，即不分晝夜強渡南距縣城五里之小河，屢經我神岡山守軍奮身擊退。廿九日晨敵自縣城西南廿餘里之高塘墟及曲瀨向縣城西南迂迴，我軍得空軍之幫助，在南郊口南鎮飛機場一帶，與敵白刃衝殺，復將敵攻勢擊破，午敵糾集其在縣城近郊之兵力，一面向縣城東北伸進，圖對吉安形成包圍，侵佔電路高塘墟栗塘間山地，阻我外圍部隊之增援，圖迫吉安我軍讓路，以利其滿載重武器之（缺五字），通過下駛，我軍刻悉其奸，正繼續予以任何阻擊。又我由泰和猛追部隊，廿九日午進推進南距吉安四十里橫江渡鳳凰山之綫，正策應吉安核心部隊，痛擊敵側背。

【中央社贛西前綫某地卅日電】宜豐以西地區敵，經我猛擊，卅日晨向萬步縣境流竄，由袁水北岸洋橋北竄敵，廿九日晚退入上高縣城，由吉水沿贛江北竄敵，卅日午在三區隊峽江間，又遭遇我軍之堅強阻擊，刻正發生激戰。

【中央社贛西前綫廿九日電】萬載以西湘贛公路舊跡南北地區敵，現已澈底肅清。萬載以東廿九日晨一股陷宜豐，一股由宜春地區向上高進犯，我分途阻擊，宜春始終安然。

【中央社上饒卅日電】贛江西岸瀘水以南敵，自強渡不逞，現復在曲瀨、神岡山等地，以砲火掩護強渡，我軍奮勇阻擊中。贛江東岸敵，由張家渡經吉水北竄六都，在我軍阻擊中，現泰和以南已無敵踪。又南昌蓮塘敵，廿八日晚蠢動南犯，企圖接應北竄敵，我予堵擊中。

【中央社上饒卅日電】贛江西岸強渡瀘水敵，激戰多日，仍未得逞。吉安城東岸敵，由吉水北竄，永豐方面我軍之側擊，斃敵一部，敵回竄三××，並向贛江增援仍激戰中。

【中央社渝卅一日電】軍委會卅一日發表戰訊。江西方面：贛江西岸吉安以南，我與敵仍在瀘水一綫戰鬥中。廿九日晚，吉安以南贛江內敵船約五十艘，圖偷越吉安江面，被我擊沉十五艘。贛江東岸我軍，於永豐以西地區，阻擊由吉水北犯之敵，迄至廿九日，戰鬥仍烈。贛西宜豐以西地區，敵於廿九日晨由宜豐城續向高安方向竄犯，我正阻擊中。萬載以西敵積侵陷萬載，廿八日向上高進犯敵另一股，廿九日分向上高以南地區竄擾，我軍沿途阻擊，均正戰鬥中。我向敵後尾擊部隊，於廿九日攻克萬載城。

合衆社評王世杰任外長

【合衆社重慶三十日電】觀察家把新外長王世杰稱爲「重慶政府當中最明理的一個人」。王雖是國民黨內多年的老將，他堅持主張與企圖執行中庸之道。觀察家認爲：其現任外長倘若在政治上得到國民黨內更有力集團的支持與擁護，將使他能解決中國某些最棘手的內政問題。去年十二月王世杰生平第二次當宣傳部長時說：我們的主要目的之一是增進中蘇友誼。一九四四年八月國共恢復談判時，王前赴西安會見延安代表林祖涵。王氏身材瘦弱，戴着眼鏡，講話謹慎。一九四三年曾率領國參會訪問團赴英。他路經美國，巡視種種有效的活動，歸國後任中國宣傳部長。王氏曾堅持不懈地爲國共之重新接近而工作，他在共產黨中取得也許有如重慶任何一個國民黨官員對他那樣的信任。他大部份朋友都是政界科學界人士。

同盟社轉播
賀龍等要求調查真相電

【同盟社上海三十一日電】據延安電稱：陝甘寧晉綏五省邊區聯防軍司令賀龍，於二十七日與副司令徐向前、蕭勁光及五省邊區政治委員關向應等三名政治委員，聯名通電第一戰區司令胡宗南，公佈此項渝、延衝突事件的真相，要求蔣軍即時停止進攻與撤退，並要求由渝、延雙方派出代表組織調查團，調查事件的真相。上述通電並拍給蔣介石，國民參政會，第十八集團軍駐重慶辦事處，重慶大公報與職教社領袖黃炎培，中國青年黨領袖左舜生等，希望他們迅速地派出公正代表組織調查團，調查事件真相。

同盟社評
國民黨新設第十一戰區

【同盟社鄭州三十日電】重慶軍事委員會，最近在爲我軍屢次作戰完全摧毀之既有戰區，與包括山東省一帶之地區，新設第十一戰區，起用前第六戰區司令長官孫連仲爲司令長官，第三十九集團軍司令高樹勳、第二十四集團軍司令馬法五爲副司令。關於上述新設戰區特別值得注目的，是孫連仲以下首腦部幾乎都是舊西北軍將領，重慶軍已積極地向華北之延安黨軍有最強韌勢力之地域挺進。

敵犯贛西
吉安被圍宜豐情況不明

【中央社上饒卅日電】贛西宜春，萬載間地區。敵繼續向東北由洋橋向上高竄犯。萬載敵經盧

【中央社桂中某地卅日電】桂林克復之前後，殘敵千餘人，自義寧狼狽東竄，彼以爲桂林未爲我攻下，竟毫無準備從容步進西門，爲我發現，當即予以痛擊，敵當場遺屍三百餘人，傷三四百人，我鹵獲步槍三百餘支，輕重機槍五挺，小炮兩門，殘敵復走避山中。

史諾著文：
蘇聯怎樣對日作戰

根據他在蘇聯的觀察，認爲蘇聯終將參加作戰。「我曾經和一位科學家談話，這位科學家在戰爭的大部份時間中，都在遼遠的蘇聯東部。他向我敘述當地人民對於日本的觀感如下：「他們認爲我們終將參加作戰。什麼緣故呢？因戰爭在其最後階段中，必將到達亞洲大陸的東北部，影響到我們的重大利益。東部的人民覺得太平洋戰爭和他們的關係比歐洲戰爭更密切，而且他們的反日情緒比親英美的情緒更強烈。——但是卻沒有特殊理由希望美國人取日本的地位而代之。「蘇聯海軍軍官已表明他們預期庫頁島南部將按開羅協定歸還蘇聯，——它對於佔領日本樺太油田的其他任何國家也必然會側目而視，那裏是亞洲東北部唯一重要的油田。至於日本在蘇聯近海的一切特殊權利（包括漁權在內），一般認爲這些日俄戰爭的殘跡都將獲得清算。蘇聯人顯然也希望「滿洲」朝鮮邊境的一切防禦工事也像波、捷、羅等國邊境的工事一樣全部撤除，日本海和鄂霍次克海的一切日本海軍根據地也解除武裝。」但在日本本土將無法增援「滿洲」或朝鮮，反而需要由這些地方獲得援助的情況下，蘇聯也許不會參加作戰，將採取積極對中國的援助。「在這種情況之下，蘇聯實無需急於參加作戰。它也許永遠不會對日本宣戰。蘇聯在打倒日本法西斯主義方面的工作更可能的是逐漸增加對中國的援助。其顯著的步驟，將爲如下：一、經由新疆增加卡車、坦克和飛機的供應；二、派遣軍事代表團和志願軍，協助華北和內蒙的中國軍隊作戰；三、供給一種便利，使美國軍事供應品道經蘇聯運往中國西部；四、直接援助華北以及將來在「滿洲」的八路軍游擊隊」等到日本在大陸上的兵力減弱時，這些游擊隊一定會先中國政府軍深入「滿洲」區域。這一切都將符合蘇聯已宣佈的「援助被侵略者」的政策。」

黃旭初訪湯恩伯

【中央社桂中廿九日電】桂省主席黃旭初，與張任民，於前日到達柳州，湯恩伯乘時於廿九日召開桂境黨政聯席會議，協商復興地方工作。

【中央社寧都卅一日電】省府曹主席浩森，卅一日赴贛東視察，並訪顧長官祝同，週內即返。

【中央社沅陵卅日電】湘新主席吳奇偉，祕書劉旭輝，財政廳長胡邁，暨委員毛秉文、蕭訓、周異斌，定八月一日在沅先行視事。

國民黨計劃今年在川康區 徵貨物稅六十餘億元

【中央社成都廿九日電】川康區貨物稅局，奉令由渝移蓉，現已佈置就緒，即日開始辦公。聞川康兩省貨物稅，本年預期數爲六十餘億元。

重慶黃金存款開始兌現

【中央社渝卅一日電】經辦法幣折合黃金存款，及前出售黃金期貨，各行局本日開始發出黃金現貨。中央銀行總行今日牌價爲每兩十七萬元，各應兌得黃金之購戶及存戶，均得蓋章捐款，有願將應得黃金量百分之四十捐獻者，有願照掛牌金價折合以法幣捐獻者。

【中央社渝卅一日電】財長俞鴻鈞，八月一日就中央銀行總裁兼職，該行人事亦將有所更動。

【同盟社廣東卅日電】據廣東省發行之大衆報稱：重慶財政部部長俞鴻鈞，因對黃金公定價格的不注意，受到攻擊，此即重慶監察院，因最近在重慶黃金的黑市非常利害，影響物價飛漲，現重慶財政部總務司長王××及中央銀行業務局局員蔣某已被檢舉，由於該財政部長俞鴻鈞的監督不力，及事後處理之不善，已被監察。

約紐時報 又爲蔣吹噓

【中央社重慶卅一日電】據美新聞處紐約廿九日電，紐約時報今日發表一社論，題爲「具有信心之中國」，內稱：中國行政院宋院長子文訪問美蘇二國後，頗抱樂觀之希望，渠謂對日戰事將於今年或明春結束，此類預測，每乏根據，然宋氏斷言，固因中國大陸上之若干重大奏捷及盟海空軍出擊日本本土而加强其信念，尤因最近與××發出之××條件獲得英美兩國之援助故也。中國軍事方面，於本月初蔣委員長之保證努力從事反攻之準備，並獲若干成就。華軍業已將日寇於陸地及海上截裂爲二，並已×清若干濱海地帶，以供美軍登陸。華軍目下正從事切斷日寇於中國心臟區域所建立長達一千英里之走廊，以此華軍已克復前陷敵手之若干美國空軍基地。同爲重要者，即業能控制洞庭湖一帶之產米區域，此種軍事之進展，固因美軍自海上

，德國的投降，更給蘇聯參加太平洋政局的自由，而中國也從抗戰裏增加了遠東的發言權。未來的遠東和平大局上，不能沒有中國，也不能沒有蘇聯，更不可沒有中蘇的密切合作，事實的需要與共通的利害，使中蘇兩國不可不有進一步的結合。」

【本報訊】新民報於七月一日的社論中稱：『希望團結問題的談判迅速恢復，及早成功，捉住這個配合作戰迎接勝利的良好時機。』該報焦慮說：目前團結問題依然在擱淺，而團結是一切問題的關鍵：第一，『這問題關係我們未來反攻的軍事與勝利的成果，誰都知道反攻的軍事需要軍民合作，也需要敵後武力與國軍的密切聯系協同作戰，……萬一合作不够，不但阻滯反攻的步驟，還可以減收應有的效果，而得到手的勝利將化爲雲烟』；第二『這問題關係着我們民主政治的前途』；第三、『而且還不僅是內政，也聯繫着外交』。該報說：『政府決定召開國民大會，國民黨準備實施憲政還政於民，這些步驟，可能與民主政治歸一坦途，假如團結得好的話，反面的假定，也可能使新生的萌芽受到摧殘，引起更多的紛爭。』

敵稱德軍損失四百萬人

【同盟社蘇黎世卅日電】在第二次歐洲大戰中，德軍損失的實際數目，直到現在還沒查明，最近，聯合軍當局在弗林斯堡，由德軍司令部宣傳部長雷納茲蓋上將的住宅裏，發現了祕密文件，根據該文件所載，自一九三九年九月一日起，至一九四四年十一月卅一日爲止，德軍的損失情形如下（不包括歸隊的傷員）：總數：四百零六萬四千四百卅八人，其中戰死者計一百九十一萬一千三百人，失踪一百四十三萬五千八百五十三人，被俘卅七萬八千二百零一人，因負傷而免除兵役者計四十三萬九千零八十四人。另外，根據同一文件的記載，去年十月間收容於醫院裏的傷病員的數目爲七十七萬四千一百四十八人，因空襲而罹難的市民計死亡六萬四千人，失踪一千人，因犯叛逆罪，以及逃亡罪而被處刑者計九千人。

【同盟社里斯本二十八日電】華盛頓來電稱：美陸軍部長於二十八日公佈開戰以來到四月三十日爲止之陸軍復員與兵員損失數，共爲一百八十八萬三千名，計復員一百三十三萬六千人，負傷、失踪及其他原因而損失者，共五十四萬七千人。

威脅日本，日軍向北調遣而加速，然而觀諸事實，當時兩方血戰及日寇反撲情形，可知日寇撤出其前所佔據之土地，斷非出諸自動。同時美國之供應及與時俱增之助力，對於中國軍事之勝利亦有所貢獻。然而凡此諸役，所以奏捷，皆係華軍自力更生之結果。據美國專家之報告，中國國內工業及愛國力量，於最近九閱月內使其軍備生產業已倍增，由此可見中國對於作戰獻貢之一斑。凡此種種之努力，足可證實蔣委員長之言，中國自身必須担負於大陸上擊退日寇之一切軍事活動職責，於是於勝利之後，可與諸列強共同佔領日本。於政治方面，宋院長與斯大林，初步會談中，已獲得廣泛之諒解，頗呈樂觀之象。蓋中蘇間之廣泛諒解乃解決癥結之最初重要步驟也。

美修汽車人員四百人將來華

【中央社渝卅一日電】戰時運輸管理局，前與美國克萊斯勒廠簽訂合同，該廠派遣技術人員來我國開辦修理汽車廠一五所，聞該廠派遣來華之技術人員達四百餘人，一部份已抵渝。各修車廠於設立後，負責整修車輛與訓練我國技工，預計可將目前各廠修車技工增加三倍。

【中央社渝卅一日電】據美新聞處昆明廿七日電，美軍後勤部司令奧蘭德將軍，本日下午，作其本年六月就職以來之首次檢閱昆明區之七連後勤部隊。

【中央社永安廿九日電】美國新聞處東南分處，爲擴大推行對日心理作戰，最近在梅縣、屯溪、福州等處增設分處展開工作。

新中國日報、新民報 評中蘇會談

【本報訊】七月三日成都新中國日報社論「宋院長訪蘇之行」，說「存在於兩國間的問題很多，都有待於急須的解決。自然宋氏此行，無疑的可以使兩國的關係更加親密，却不見得有功夫來一一解決兩國間的懸案。可是問題的解決基於透切的了解與親密的友誼，要是這一點因宋氏之行而大爲增進，其他問題則不待宋氏解決而自行解決了。」該報說：「倘望蘇聯先對日本絕交，使之困於經濟，再進而以西伯利亞及東海濱省作盟軍進攻日本之基地，再進而直接對日作戰。」

重慶新民報七月三日社論「中蘇攜手之時」稱：外交應是平行多邊的：「不能走一條路綫，根據這觀點來看，中蘇未能發生親密的聯繫，在過去是世界和平的不幸，在目前是亟待補救的基礎。……達到獨立自主平等合作之境界「有待這種補救。論及目前時機該報說：「歐戰給予蘇聯參加世界的機會

希特勒如果活着 也不在紅軍佔領地帶

【路透社柏林卅日電】柏林蘇軍司令與盟軍統帥部蘇軍代表哥巴托夫今日舉行首次記者會上說：柏林軍事當局未獲希特勒死亡的證據，也沒有排除他還活着與在綠濕中的可能性。哥巴托夫說：紅軍當局仍在進行調查希特勒的命運，但他們確信：假使他還活着，他不是在紅軍地帶，××××××說法，其意圖顯然在於阻止進一步調查希特勒的去向。其他納粹××對希特勒還活着這一謠言也要負責。這些謠言希望……鼓勵納粹地下工作者繼續他們的工作……。

英美國內的和平空氣

【同盟社東京卅一日電】工黨之獲得勝利，頗使各方面發生意外之感，從歐戰結束，世果戰局已入最後階段的現在形勢來看，則並不足奇怪，因爲英國人民已厭倦爲時達六年之久的戰爭，他們所關心的事情，並不是建立大英帝國，亦不是行軍萬里的遠征，而是在於在國內再建個人的生活。從個人的繼續保持大英帝國主義幻影的保守黨邱吉爾相比較，工守黨雖不如保黨提出的如實行計劃經濟以使經濟安定，解決住宅問題實行社會保險等的主張是具有迷人力量的。總之，英國國民不投票選邱吉爾，也不投票選阿特里，而祇向工黨的政綱投票，他們從要求將來有安定的生活出發，對工黨的政綱抱着許多希望。英國人民對戰爭的關心一天不如一天，而派至遠東的英國士兵，因不容易歸國致有所不滿，這亦是事實，因此前綫百分之七十以上的士兵投票選舉允諾防止戰後失業問題的工黨，這頗值得注意。歐戰結束後希望和平的氣氛，在美國亦不低於英國，很顯著的，歐戰結束後，軍需工業慢慢地逐漸向民需工業轉化，希望這些公司獲得解放的氣氛，在消費者方面特別顯著，尤其是最近糧食飢饉，非常廣泛地招致國民的議論。上述一般氣氛中最膾炙人口的是對沖繩作戰中龐大犧牲的報導。美國爲了要奪取一個孤島，費了太平洋上全部艦隊的主力，八個師的陸軍兵力，以及三個月的時間。關於這件事情，甚至引起追究尼米茲的責任問題，這是衆所週知的事實。因此，在美國內一部份人中間，希望重新檢討對日和平條件，以求得戰爭早日結束的論調之所以日見抬頭，並不是什麼奇怪的事情。美英兩國政府，鑒於國內希望和平的澎湃氣氛，故儘可能避免使本國人民犧牲，必須講求一些措施。廿八日之三國對日宣言反映了美英兩國國內所發生的國內氣氛，同時亦是想分裂日本內部的政治攻勢。

參考消息

（只供參考）

第九五九號

解放日報 新華社 編

今日出一大張

卅四年八月二日 星期三

三國會議評述

【路透社倫敦一日電】倫敦方面對波茨頓會議前途將較前星期三邱吉爾艾登返倫敦而使會議中斷時所認爲可能的達到廣泛得多的協議，表示普遍的滿意。外交界獲悉幾乎整個討論的領域籠罩着重大的僵局。據這些報告說，會議的僵局在於將來德國行政權及波蘭在奧得河和內茨河上建立邊界的問題。××××要求解釋蘇方稱之爲『戰利品』的東西。問題是在於蘇軍從××運走的機器，牲畜等是否即作爲賠償之用。據信蘇方觀點是：從戰鬥中奪來的戰利品與賠償問題無關。關於達達尼爾問題，據悉蘇聯提出修改蒙德婁公約，一切現已成爲敵國的簽字國將去掉，又提出蘇土政府間締結雙邊條約，土政府將供給蘇聯以土耳其領土上的根據地。據這些報導說，這後面一提議造成了僵局。據信英美方面的主張爲這一問題牽涉到一切強國而不應單獨與土耳其談判。據消息靈通人士說，在這些僵局中現已被克服者爲關於將來德國行政權問題據信已達到協議，又德國東面邊界與波蘭劃界問題亦已達到協議。關於協議是否充分依照波蘭之要求一點還不清楚。據信達達尼爾問題以及解決賠償問題也都達到協議，且三外長之間將繼續討論。已達到協定的其他問題，據信爲承認維也納之雷納爾政府的問題及調整解決遷移蘇台德區人民的問題。

【路透社柏林一日電】波蘭政府代表曾到波茨頓，並激起德國政界人士熱烈的關心，波蘭人已經佔領了達到有些地方超過奧得河與內茨河的××界限的所有地區，疏散一切德國國民，顯然是經過蘇聯贊同的，柏林市政廳高級官員估計：已經到達德國的難民達一百九十萬人，預料至少還有一百萬立即要來。這些數字並不包括原先奉納粹命令疏散東部區域及在紅軍挺進以前逃往西部的那些人們。這些人拋棄了蘇軍德國佔領地帶稅收已經過重的行政機構身上的重担。他們大都是農民，可用在[illegible]居民地作收割工作。

辛普森訪重慶

【合衆社華盛頓卅一日電】據九[illegible]軍長辛普森二級上將，訪問重慶一訊，引起一般推側：第九軍是否將調中國戰區。官方息，宣佈該軍調抵美國後（少數作戰部隊仍滯留歐洲），即未說明其今後行止。

【合衆社紐約一日電】先驅論壇報社論，於討論蔣軍進攻精神改進之消息時說：魏特梅耶及中國若干重要的軍官，在極端困難的條件下，力圖盡可能完成一切東西。他們不把任何障礙當作失敗的藉口，不管這種障礙是如何可厭。如果這種強烈合作的精神能應用於中國之政治活動上，則其結果將超過軍事方面之結果。如果重慶的國民黨政府與延安的共產黨用一半的力量來取得政治上妥協（這種妥協會爲國民黨軍官及美國軍官所利用，以達到軍事方面的合作）的話，中國是能夠團結在一個政府之下的。這種團結的價值將勝過百次戰鬥勝利的價值。但是，達到這點所必需的合作精神，仍然看不到。

同盟社稱 美軍幹部隊編入美式重慶軍担任訓練

【同盟社東京一日電】五月間通過緬甸公路而進入中國的美國機械化部隊，即以麥斯兵團爲基幹的在華美軍，現已變更其最初的目的——戰鬥隊部有戰鬥任務，而改爲訓練部隊担任新職，以培養美式重慶軍。根據魏特梅耶司令部於上月十八日及廿五日所發表的公報，這一問題已成爲決定性的事實。根據確實的情報，美軍當局已將解散的美軍戰鬥部隊，重新編爲訓練部隊，名稱爲『美軍幹部隊』，將它編入重慶軍師以上的各級軍團。即是說，該幹部隊的編制方針，自今年二月前後開始，蔣介石與魏特梅耶之間進行商談，到最近已獲得協議，因而發表公報，公佈這種措置，該幹部隊的目的在於使過去無統制的零星地進入中國的美軍戰鬥部隊、部隊指導員、聯絡官之類，全部統一地參加該幹部隊，美軍即以這個幹部隊爲單位，一律專任訓練與指導事宜，避免作任何像史迪威時代那種露骨的軍事干涉，它設有嚴格的規定，只能向重慶軍提出關於戰鬥訓練上的意見從中指導。另一方面，重慶方面也就利用這一機會，樹立大規模的建軍計劃，這個計劃規定魏特梅耶以參謀長的資格協助蔣介石，任命參謀長何應欽及美軍參謀長麥克魯爲編入幹部隊以後的重慶軍的最高指揮官，這種措置的目的在於使建軍計劃和幹部建立密切地不可分離的聯系。

【合衆社紐約卅一日電】波茨頓三强會議將於一日（柏林時間）閉幕，會後將發表公報，闡述盟國對於歐洲將來之立場，但不涉及太平洋戰爭。據聞會議結果經讓步後，美國已獲相當勝利，但內容尚未宣佈。公報將不提及日本，然此非因日戰爭問題未經討論之謂，在紀錄上英美均經主蘇聯對日中立之廢止，僉信如未涉及日本，則世界前途之討論將爲不可能之事。

【路透社倫敦一日電】倫敦泰晤士報今日社論中說：波茨頓會議討論較小的但是潛在可以燎原的巴爾幹問題，不應盲目觀之，現在所需要的是各大國要決心控制變方放浪政治家們的野心與勇氣，利用各大國的影響在巴爾幹形成更富於代表性的政府，同時不要倫理上與國家主義者的偏激形式，最後並在它們自己之間，一致總的方針，根據這些總的方針來解決地中海通路的微妙問題。歷史的先例證明：巴爾幹的競爭，只有在各敵對競爭者對領土或影響的要求得以獲得各不同大國的外部支持時，才變成爲重要的問題。參加波茨頓會議各强國的任務在於採取主動辦法，於適當時機建立商討與合作的政策，只有如此，這些政治危險才能被克服。時代表明，東南最近絕大部份的危機均環繞於多瑙河三個沒有地中海出口國家的這一國或那一國——經過的里雅斯特、經過海峽及經過薩羅尼加。數週前的里雅斯特危機以延遲而不是解決的辦法結束了。海峽問題進行另一次國際討論的時機，已經成熟。最近希臘總理加利斯海軍上將與狄托元帥間互相發表憤激的演說，證明馬其頓問題可能又成爲歐洲嚴重的問題，而這個問題最後必然涉及薩羅尼加的未來。「遺憾的是貝爾格萊德政府在抑制與馬其頓火把方面，不應做得這麼少。但是，過錯不是完全在一方面。今日在雅典當政的人都是不改悔的國家主義者。他們在內戰期間反對共解放陣綫敵人的咒罵之一便是後者是斯拉夫人的「工具」。」

【同盟社斯托哥爾姆三十日電】由波茨頓發出之路透社電訊：三十一日夜斯大林元帥、杜魯門總統、阿特里首相，作三小時之會談，這是波茨頓會談以來最長的一次。據另一電訊：斯大林元帥從十七日到達波茨頓以來，已參加前後十次之會談，但在二日前抱病，二十九日之會談即由莫洛托夫代理，三十日未舉行會談。卅一日之會談，是處宣佈爾：「會議圓滿進行」，正如盟央所報導的，八月一日不能結束會議。

同盟社報導關中戰事稱
蔣軍企圖全面地進攻延安

【同盟社上海一日電】據二十九日的新華社電稱，重慶軍除了攻擊陝甘寧邊區的延安軍，正自甘肅省靜寧、隆德（都在甘肅省東部）方面增調暫編第五十師，至二十七日已進抵西安北面一百公里處，企圖展開全面的攻勢。賀龍指揮下的延安軍，正在拚命加强防衛態勢。

【同盟社上海一日電】二十九日的延安新華社報導如下：陝西中部渝、延兩軍的武力衝突，現仍在繼續中。二十七日確保爺台山之延安軍，遭到暫編第五十九師與預備第三師之猛攻，現已放棄該地，向後方退卻。重慶軍自二十四日起，即以大量的野砲、迫擊砲與美國供應之火箭砲攻擊。

吉安上高一度失陷

【中央社渝一日電】據軍委會一日發表戰訊，廣西方面我軍，於七月廿七日收復桂湘公路以東地區之平樂城。我攻抵湘桂鐵路綫興安西南六十里處大溶江附近地區部隊，現正向大溶江攻擊中。湖南方面我軍，向新寧東南地區之敵攻擊，我突擊隊於邵陽以西地區擊沉湘江敵小船五艘。江西方面贛江東岸我軍，於卅日擊退由吉水犯永豐西南卅里處烏江之敵，其由吉水北犯敵，被我阻止於峽江東南卅里八郎坪地區，正戰鬥中。贛江西南吉安以南敵廿八日午渡過瀘水，廿九日敵一股由南西郊侵入吉安城內，我守軍部隊在空軍協力下，向敵猛擊，巷戰四小時，將敵悉數逐出城外。我向敵後尾擊部隊，將瀘水南岸之敵肅清後，亦於二十八日曉渡過瀘水，二十九日與由西向東攻擊敵側之我軍及吉安城防部隊相呼應，由西南東三面向西南郊之敵圍擊。午後四時，敵大部突圍，向吉安以北流竄，一部仍被我圍殲中。贛西萬載以東，敵三十日竄至上高，續向清江西北之水北、英岡岑竄犯，我正阻擊中。我軍於高安以西阻擊由宜豐來犯之敵，現正進行戰鬥。南昌方面，敵企圖接應中贛西東竄敵，於二十九日向奉新進犯，我正截擊中。

外記者招待會上
王世杰談外交政策不變

【中央社渝一日電】外記者招待會，今（一日）下三時舉行，由王部長世杰、吳次長國楨、及張參事平群主持。外記者詢問我國今後之外交政策，王部長答覆如下：對日抗戰開始以來，中國政府的對外政策非常鮮明，亦非常堅定，今後中國政府，盡力實行其既定的政策，不但繼續，而且將切實加強其實施，中國將盡其所有力量，以求聯合國機構早日成立，並且得到一個良好的開始，人類的命運今後大部將取決於美英蘇法諸國的合作，中國於此將繼續努力。日本統治階級及日本人民，最近已接到中美英三國的嚴正警告，此次聯合聲明的效果，不能立刻表面化，但對日之壓力日增，這種聲明效力必日益顯著。近幾星期來，太平洋方面及中國戰場的戰報，足證盟國軍之進展情況，甚屬良好，敵人所能支持的時日，決不如敵國人民所希望之那樣久。關於對日政策，中國採取復仇態度，但凡爲維護公道及保障安全所必須的條件，我們必須完全求其實現。

俞鴻鈞任中央銀行總裁

【中央社重慶一日電】財長俞鴻鈞一日就中央銀行總裁兼職，並即到行視事。孔前總裁祥熙，親自交代，中樞首長吳鐵城等，及財政金融界人士，均紛往致賀。俞氏就職時發表談話如下：中央銀行成立於民國十七年，經始艱難，歷年以來其職能與權力有迅速之發展，抗戰時期對國家財政金融之貢獻尤多，但各方殷殷盼望其真能成爲銀行之銀行，使三民主義之經濟政策加速實現，今後同人努力目標，仍將致力於此。戰時金融之着力點，一方面求戰時財政籌措之充裕，一方面求金融之穩定，如何使戰時財政之籌措不影響金融之穩定，實爲當務之急，用各種金融政策以求達到此兼籌並顧之目的。然金融政策之運用，總以金融機構之健全爲前提，中央銀行爲國家金融政策之執行者，所負使命非常重大，尤其際此勝利在望，金融復員任務至爲艱鉅，本人經驗能力至感缺乏，深盼各界時加指導，俾免隕越。

蔣廷黻赴倫敦

【中央社倫敦卅一日電】我國首席代表蔣廷黻，代表李卓敏，於本日下午抵倫敦，參加八月七日開幕之聯合國善後救濟總署理事會，同行者有顧問劉瑞恆等四人。

【中央社倫敦卅一日專電】倫敦泰晤士報，於本日之社論中，歡迎王部長世杰出任外長，認渠之觀念「非常前進」。該報認渠之出任外長，表示自由主義份子已增加其地位。英人對王氏之最熟諳者，即渠曾任訪英使團團長，兩國之友誼因諒解僻因而大見增進。王部長爲政府要員中最居地位之一，渠掌教職時，恆以對西方各民主國家保持穩固友誼並熟諳各國之政治社會制度而聞名於世。渠對國際情勢之深遠學識，對中國此時尤有貢獻，因渠將與宋院長合作，以賡續在莫斯科開始之中蘇談判。中蘇談判渠對中國及西方盟

方面的準備。

盟艦在敵近海巡弋

【同盟社東京一日電】敵機動部隊於七月十日襲擊我關東地區，開後經二十多天之久，繼續保持供應，在我本土近海作機動巡弋，以航艦飛機反復地攻擊北海道、東北、東海、近畿、中國、四國、九州，其攻擊範圍遍及整個本土。卅日，敵曾第三次來襲關東地區，來襲之敵機爲數共約一千架。在這一期間，敵艦艇則以艦上砲火轟擊釜石、室蘭、日立、水戶、白濱、視鏟、潮崎、濱松、靜岡等地。正如大本營所公佈的那樣，我空、陸制空部隊所獲的戰果計擊落敵航艦飛機四百七十八架，擊傷其約四百架（擊落與擊傷之敵機中都包括P五一式機在內）。另外，我潛水艦的攻擊，也予敵以相當的損失。現在，敵機動部隊似仍在我近海繼續巡弋，我方仍嚴密戒備其行動。

敵大本營稱陸海軍逐步備戰

【同盟社東京一日電】大本營八月一日十七時發表：（一）我國的海軍部隊正在逐步強化備戰，以對付敵人的侵犯。（二）我制空部隊以部分部隊，迎擊來襲我本土的敵機，五月份內已查明的迎擊戰果如下：擊傷大型機四十三架（內有B二九式機廿九架），擊傷其約一百架（內有B二九式機約七十架）；擊落航艦飛機及小型機四百七十八架，擊傷其約四百架。我方都市、工廠、艦船等雖受了相當的損失，但各種軍事設施損失很少。（三）我航空部隊嗣後仍繼續攻擊沖繩方面的敵航空基地以及敵艦船，自六月廿五日起，至五月卅一日爲止的期間，已查明的戰果如下：擊沉：巡洋艦二艘、巡洋艦或驅逐艦一艘、驅逐艦二艘、運輸艦一艘、艦種不明者三艘，擊傷：巡洋艦一艘、驅逐艦一艘、艦種不明者三艘，炸毀與焚毀飛機場二十六處以上。（四）我潛艇部隊在太平洋海面攻擊敵供應線中，自六月中旬至現在爲止，已查明的戰果如下：擊沉運輸艦二艘，擊傷戰艦一艘、運油船一艘、運輸艦二艘。（五）我海上警衛部隊，自六月中旬以來，在本土近海擊沉敵潛水艦三艘，另擊傷其二艘。

王世杰到外交部視事

【中央社渝一日電】新任外交部長王世杰，一日上午九時到部視事。

【中央社重慶一日電】中央執行委員會農、工、婦女、文化三運動委員會組織條例，均已擬定，各設主任委員一人，副主任委員二人，委員十五人，推進農工婦女、文化運動事宜。

國同樣有利，結束對日戰爭及開羅宣言中所聲明將東北歸還中國一點，當使中蘇有諒解。而中蘇諒解業已建立於將發生之[illegible]而微妙之數問題之上。中國軍隊最近在湘桂兩省之迭次勝利，已提高重慶政府之威望，有逐漸放寬一黨政治及循中國傳統思想在建設方面實行民主重於兵之路，現已告成。中國在英國及其他各地之友人觀及最近之種種情形，及逐漸趨向於邀請衆望所歸之份子與政府合作政策之現象時，當爲中國額手稱慶不已。

【中央社渝一日電】希臘之彼得親王，來華訪問，約於二日可抵渝。彼得係代表希臘國王及軍隊向我蔣主席致敬。

同盟社報導
美國在太平洋上的損失

【同盟社東京一日電】美國石油工業戰時評議會，二十二日指出太平洋戰中美國燃料供應的困難。該會發表：「太平洋戰爭已成爲燃料戰爭，舊金山與沖繩島的距離，是一萬七千四十公里，由墨西哥灣岸製油工業地帶至非島約一萬七千六百公里，但在對德作戰中與美國的距離，僅四千八百公里。由墨西哥灣至太平洋，一艘運油船所消費的燃料是兩萬一千桶，歐戰時僅八千桶。這一空前未有的消費，將使美國國的燃料不足更加激烈」。敵人（美國）飛機所使用的汽油，是一百億槽（Tank）至一百三十億槽之最優秀者，總消費量很龐大的，即以太平洋戰略隊B二九式機爲例，一架飛機一次之使用量是爲八千加侖，即是說，它所需要的燃料，如果用每桶能裝五十加侖的洋鐵桶來運，就需要一百六十個洋鐵桶，如果用鐵道運油車來裝，就需要一百輛運油車（原文未加註，大概是每車能裝八十加侖——譯者註）兵員、兵器、彈藥，食粮等的供應船舶，則是一很大的數字，這並非過分之言。據敵人宣稱：僅在沖繩作戰中即使用了三百萬發砲彈，美國戰時動員及復原局長文森，於六月三十日致杜魯門之報告中稱：「太平洋上有可怕的消耗」「美國在太平洋上必需供給比歐戰還要多的武器與彈藥，由於歐戰的結束，使戰爭局限於一個戰場。但美國遭遇到的經濟問題絕對不是樂觀的。」美國近將每日以一萬噸的炸彈轟炸日本，如此，太平洋上漫長的供應綫必需以龐大的軍需品來構成，」我們曾時常聽到關於敵之物量消耗的敵方報導，那是在討論歐戰結束後而恢復和平產業問題。即是說作爲國內經濟問題之一個環子，敵人在討論太平洋上的消耗。這樣的一種消耗，不能使敵人陷入絕對困難的地步。當此進攻日本本土的時機日趨緊迫之時，無疑問地敵人對於克服供應上的困難，有着多

【中央社渝一日電】中央監察委員會秘書長王子壯呈請辭職，經提請一日中央監察委員會常會，議決推定狄委員膺繼任。

【中央社成都卅一日電】川省經濟建設委員會，五次大會，決議建築成（都）樂（山）鐵路，並請中央從速完成成渝鐵路。

【中央社粵東前綫某地卅一日電】我軍師長張光瓊，於卅一、卅二年間駐防惠陽，協助盟軍得力，英國政府特獎以榮譽章。張將軍曾參加韶關保衛戰，最近我軍收復南雄，亦由張氏指揮。

國民黨緊急補征訓兵

【中央社重慶一日電】兵役部頃決定本年春季緊急徵兵，未能如數交到之各師管區，一律自八月十五日起，補行徵集。鹿部長鍾麟表示，根據本年一月至三月之緊急徵兵經驗，此次徵兵不僅應達到如期如數之目標，並務必顧及合理、合法、合格等標準，以減少民間不必要之騷擾。刻即將通令各管區，徹底遵照規定之調查、抽籤、檢查、征集四大徵兵程序，嚴格執行。

同盟社報導
在華日僑準備對盟軍作戰

【同盟社大陸某地卅一日電】我大陸皇軍在準備迎擊登陸之敵，已完成強韌之佈陣，等待擊滅敵人的機會。另一方面在華之僑胞與皇軍結爲一體。整備對付敵人來攻的決戰體制，以全力進行訓練、築城、防空、生產等工作，表現了役明顯的捍鬥精神。在大陸的在鄉軍人之大部份已在現地應召，此外對非服很之人亦一齊加以訓練。

同盟社稱
印度洋戰機胎動

【同盟社印度洋基地三十日電】本月十五日以來在普開特附近海面繼續蠢動之敵機動部隊被我部隊猛烈反擊，敵人登岸遂被阻止，廿六日夜經我特攻隊襲擊，擊沉敵巡洋艦一艘，重創敵巨型艦一艘。據稱英東印度洋艦隊是由愛利沙白，勒內溫及法國呂希留三艘戰艦及驅逐艦十四艘組織成，另外又據情報，在印度洋又有強大之航空母艦七、八艘，此次之蠢動約是該艦隊之一部。此次敵人來襲之企圖，不外（一）對馬來、泰國的威力偵察，（二）打開在緬甸反攻的困難。急於馬來反攻的敵人，遂偵察泰國南部的我方防備，以此打開倘古、庇古方面的苦戰與牽制我方在錫唐河方面的猛烈反擊。急於在東亞反攻的敵人，這一企圖已日益露骨，印度洋戰綫日益呈現新的徵象。我精銳之陸海空軍，現正監視敵人之動向，具充分消滅敵人之信念。

參考消息

（只供參考）
第九〇六號
解放日報 新華社編
今日出半張
卅四年八月三日 星期五

路透社傳 英共支持工黨政府

【路透社倫敦卅一日電】擁有六萬黨員的英國共產黨，今日保證衷心支持新的工黨政府，實行偉大的社會改革及國際合作的政策。今日由共產黨中央執行委員會所發表之聲明稱：『人民必須依然警戒大資本家銀行家與地主們政治與經濟的破壞行動』。共產黨執行委員會的三個委員在職工運動中佔有關鍵地位。阿瑟·霍恩勒是全國最大煤礦工人組織之一的南威爾士礦工同盟主席，瓦爾·漢寧教爲汞合金職工會的全國組織者，而阿爾伯特·波德遲斯則爲職工會（代表）大會最高委員會的委員。

紐約時報評重慶改組

【合衆社紐約卅一日電】紐約時報評論重慶行政院改組事稱，行政院之變動，實爲將使一黨專政之中國，轉入獲得充分保證之憲政代議政府之長途中之另一步驟。蔣主席業已決定召開制定憲法之會議，此乃所有其他一黨專政國家（連中國共產黨區域在內）所未見者。政治上每一部分之勝利，亦如華軍目前在戰場上之勝利（克復桂林已達到高峯）同樣重要。

【中央社華盛頓卅一日電】華盛頓明星報，本日社評以『中國之進展』爲題，內稱：桂林及其空軍基地三處之克復，足證中國之反攻力量爲全盤性，而非局部性者。該文檢討一九四四年春季日軍企圖將中國切成兩段，打通自中國直抵亞洲南部佔領區之交通綫稱，此項企圖爲蔣委員長之最大努力與滇緬路之重開所粉碎。軍事上之轉機，實始於今春，中國新軍之開入廣西，此舉已將日軍通往越南之路綫切斷，並收復機場多處。華軍現沿[illegible]路向南寧向粵漢路前進，尤有進者，華東孤立之華軍已回復戰鬥力，現正猛力壓迫日軍，並切斷敵主要交通綫，且已解放東海岸大塊土地，俾從美方獲得援助，甚至使盟方有大規模登陸可能。該文結論謂，此種成功是中國戰鬥力之加強，抑爲日軍自華南作戰略上撤退，二者頗難武斷，或因上述二因素而使華軍推展加速，但無論如何，進展本身非常確鑿，日軍此後，必將退守長江南北。

三青團改組 康澤、項定榮出國考察

【中央社重慶二日電】青年團自中央六全代會決議改隸政府後，中央幹事會方面經分別舉行會議，研訂改隸辦法，正呈請核示中。茲悉組織處處長康澤、秘書處處長項定榮已決派出國考察。又副書記長胡庶華、訓練處處長李維果、宣傳處處長鄭彥棻，均已另有職務。張書記長治中，爲配合改隸後團務之發展起見，關於副書記長及上列各處處長之繼任人選，經慎重遴選，並呈奉總裁團長核派。茲將名單錄下：副書記長（增設一人）李蒸、劉健羣，秘書處處長劉孟純、副處長上官業佑，組織處處長倪文亞，副處長湯如炎、胡長怡，訓練處處長王文俊、副處長余拯，宣傳處處長李壽雍、副處長王次青。又青年工作管理處副處長楊祐森辭職照准，改以陳宗鎣接充，女青年處副處長由王立文充任，視導室主任以原任涂公遂升任，副主任以視導張甲檀升任，至文化建設運動委員會主任委員一職，仍由鄭彥棻担任，原任秘書處長倫[illegible]，改任政治部秘書處處長。

敵讀賣新聞評關中事件 系胡宗南反對宋子文對共妥協政策

【同盟社東京二日電】八月二日之『讀賣報知』新聞，揭載以『蔣介石統制權的遲緩』爲題之社論，該社論稱：陝西省中部地區所發生的胡宗南軍與延安軍的衝突事件，僅僅是反映了蔣介石所苦惱的政治呼聲事件之一而已。這一事件與過去很多衝突事件有所區別的地方，就是暴露了蔣介石統治權的遲緩，正如衆所週知的，蔣介石將其嫡系軍的幹部，澈底進行抗日反共主義的教育，因此他們的反共主義，即使太過火而與蔣介石的政治施策相背馳，亦不能夠嚴厲的處罰。在這些重慶軍幹部說來，在所謂×關係上，武力衝突就像幾何級數似的增加，自從派遣宋子文赴莫斯科以來，蔣介石即附和美國的遠東政策，以打開對蘇關係，並在它御用的國民參政會上對延安採取一切妥協辦法。但正當這時候，號稱蔣介石嫡系分子，反對宋子文向延安妥協，先發制人阻止與延安的極端妥協，因此外表上好似一地方事件，實際上是蔣介石反對蔣介石向美蘇屈服，實行國內政策大轉換的一個危險信號，值得注意。

美第十航空隊移中國大陸

【中央社昆明一日電】美第十航空隊司令戴維史將軍，業於上月初旬抵昆。中央社記者曾往訪，據談：美第十航空隊將本其過去之一貫精神，在華作戰與中國地面部隊合作，予敵人以痛擊。中國戰區廣大，兩個航空隊不爲多。戴將軍並稱日人今已勢成騎虎，走頭無路，其在緬甸敗退之情形，至爲狼狽，彼等在中國將陷同樣困難，或將更甚，將來沿海各地收復後，日人或仍在東北作困獸之鬥，而其失敗則無可否認。記者詢以是否中國可能有更多之飛機，將軍答稱：今日之供應仍有問題，飛機之多少當視供應能力而定。美國已盡可能空運大量物資來華助戰，減短戰爭之時日。記者復詢以將來沿海各港口收復後是否即能恢復海上運輸，戴將軍答稱：此或許可能，但空中運輸仍屬重要，因中國陸上交通未臻理想，日人此次在湘桂綫之敗退，未始不受交通不便之影響。戴將軍最後强調謂：遠東戰爭吾人尚須苦幹一年半至兩年，方可勝利。戴將軍乃美國得克薩斯州人。

同盟社傳關於管制德國問題蘇聯有所要求

【同盟社斯托哥爾姆三十一日電】路透社外交記者於三十一日，就波茨頓會議的中心議題之管制德國問題，報導如下：據確悉，蘇聯代表似乎在三巨頭會議上要求：即使在美英兩國的佔領地區亦要嚴格地對待德國人，要降低到與蘇聯佔領地區相同的經濟水準。蘇聯爲了肅清納粹，正在德國澈底地破壞×業力，因之在蘇聯佔領地區，德國國民的生活水準正在顯著地降低，爲此，蘇聯政府對於目前存在於德國東部與西部之間的經濟條件之不均衡，感到疑惑與不安，顯然是在考慮聯合國在重覆上次世界大戰後的錯誤，而使德國能够在工業上重整軍備。關於這一問題有兩個解決方法：（一）在蘇聯與美、英佔領地區間維持現有邊界，美、英、蘇三國都要以獨自的方式，使德國在經濟上、政治上解體。（二）美、英、蘇三國要採取統一的管制方式，逐漸地降低美、英、蘇三國佔領地區的生活條件，在柏林的實驗暗示解決德國的方法是妥當的，因之蘇聯當局正在提倡在全國範圍內實行這一方法。

【同盟社里斯本一日電】三頭會議已於一日結束，據路透社記者報導，關於波蘭西部國境問題，似已成立了暫時的協定，但是否已答應了波蘭臨時政府要求將西部國境擴大到奧得、尼斯兩河並包括斯德丁在內，則現在尚無所悉。據說，莫洛托夫外交人民委員長支持波蘭的要求，曾與英、美代表發生激烈的爭論。

【同盟社蘇黎世一日電】據法國××報稱，由於前此在莫斯科召開的賠償委員會之結果，法國並不承認請求德國賠償案。路透通訊社則稱：雅爾塔會議曾決定德國應負担的賠償額爲二百萬萬美元，交付的期間爲五年，其中蘇聯享受百分之五十六，而美英各爲百分之三十二。此外並講定爲了考慮各國的要求，三國都要在各自的分配額中予以××。據美國先驅論壇報稱，美、英、蘇三國關於使德國實行賠償的方法問題，似乎有若千不同的意見。蘇聯把佔領地視爲戰場，凡是佔領地的東西都是戰利品，表示過它是不能作爲賠償而使用的，但主張美、英的一切戰利品，都應包括於賠償中使用。

蘇駐美大使將更換

【同盟社斯托哥爾姆一日電】據紐約之INS電訊：斯大林委員長與莫洛托夫外交人民委員長，已決定更換駐美大使葛羅米柯，其後任人選由蘇聯大使館顧問卡普甯金繼任。

同盟社稱敵陸海軍表明決心

【同盟社東京二日電】我大本營於一日之公報中明示帝國陸海軍正在不斷地加强決戰體制中，其意義是非常之大的。從這裏可以窺見帝國陸海軍之堅强決心。前此鈴木首相在接見記者團時，曾說及參謀總長與軍令部長已經言明：『軍事當局對於戰局是有信心的』，這話會使全國國民深深銘感。首相的談話或大本營公報，都說明軍事當局對於戰局是在既定的方針下面，不斷地加强戰備。蓋作戰的要諦是在於避免所謂分散兵力與逐漸投入戰綫，而是要在決定的時機，投入全部的決戰兵力，即是說勝利的原則，是在於在眞正的決戰場上投入有決定意義的兵力，而一下子決定勝敗。帝國的根本方針完全是根據這一原則而進行一切的作戰，因此皇軍雖在敵機不斷的空襲下，總是隱忍持重，傾注全力，專門致力於本土決戰的準備工作。當戰機成熟、下達命令之時，我軍所積蓄的決戰兵力，就要動作起來，將在海上、河畔或陸上，予敵以空前未有的巨大犧牲。雖然不容臆斷敵人將於何時何地登陸，但我們將藉本土的『地利』而能隨時隨地調動兵力，飛機場也可以變成第一綫基地，使陸海軍渾然一體，一下消滅强敵。

參考消息
（只供參考）
第九一六號
解放日報、新華社編
今日出一張
卅四年八月四日
星期六

路社透評三國公報

【路透社柏林三日電】路透社外交訪員報導：從三國波茨頓會議的柏林公報看來，人們立即感覺動人和悵惘——動人的是因爲它强烈地顯示三巨頭過去兩週中的努力，收拾歐洲散亂的戰爭綫條並將這些綫條織成有用的圖案以維持持久的和中，悵惘的是，它僅對德國最近將來的火急問題，提供了部份的答覆。十分明顯的，盟國在波茨頓選擇了公正的道路，恰當地面對着德國所發生的複雜形勢，而未企圖以外交家的圓滑詞令，掩飾現在存在的困難。已經發表的文件一方面反映了在解決問題上的這種正直，另一方面也反映了在達到最後解決之前所需渡過道路之規績。在會議對德國所通過的建設性建議中，下列各點是立刻具有政治上的重要性的：一、東西佔領區間關於政治活動所存在的矛盾形勢，已由這下列條文所消除，該條規定：『具有集會及公開討論權利的一切民主政黨應在德國全境准許存在和得到鼓勵』，而且除了軍事安全外，『準備成立自由職工會』，因此使英美的政策與蘇聯佔領區的實際行動相一致，而在後一佔領區中，批准的政黨和職工會已經存在。二、言論出版自由將獲允許。三、三盟國政府承認有秩序的遷移波蘭所排出之德國居民的必要，保證檢查三佔領區全境難民之公允分配並限制波蘭、捷克及匈牙利排出德人的比率。四、盟國保證下列一點爲公佈的政策，即採取緊急的措施以增加煤產及農產，恢復德國內部的房屋及交通形勢。五、德國負責的行政機構應集中地建立起來，以履行管制委員會政策在財政、運輸、交通、對外貿易及工業方面的實現。如果這五項決議能迅速而勝利地付諸實行的話，它們將足可去除蘇軍佔領區與西方盟國佔領區間所存在的某些最危險××，解決了某些最迫切的經濟問題。在更長的條款及問題上，今日報告中所包含之決議的應用，如何能達到甘願的解決，更難看出。『政治原則』第九條明

別是斯大林——宋子文的莫斯科會談，今後將會有怎樣的發展，又成了一個饒有趣味的研討對象。

【同盟社里斯本二日電】三頭會談的報導已於二日在美英蘇三國首都同時發表。內容主要是關於歐洲問題，關於太平洋乃至日本則毫未涉及、僅簡單提及：『三頭會談關於軍事問題，會就有關三國共同利害之問題，由軍事顧問舉行會議。』公報並稱：『將新設美國、英國、蘇聯、中國、法國五國外長協議會。』

【同盟社東京三日電】（上缺）三頭會議已於一日閉幕。自從七月十七日以來，先後舉行會議達十餘日之久，現在來回顧一下會議的經過和結果，就能夠了解美國對會議所抱的預期目的是否已獲得了成功。美國在會議上策劃使蘇聯參加對日作戰，俾迅速地結束對日戰爭，以防止其國內的厭戰傾向以及經濟破綻，美國這種企圖是全世界一致公認的。但結果是斯大林不爲所動，美國的策劃落了空，只得照舊以美、英、重慶三角聯盟的形式發表一個對日宣言，這不得不說是杜魯門外交的失敗標誌。另一方面，邱吉爾於會議中途返國，大選開票結果，遭受了空前未有的慘敗，以致不得不由顯赫的高位一跌而由政界隱退。代替邱吉爾位置的阿特里，當他趕到波茨頓時，斯大林元帥正因『身體不舒服』深居着不露面，只舉行了一兩次會議，三國會議就這樣冷冷落落地奏起了閉幕曲。因此，美、英當初希望通過波茨頓會議，以强化對日本攻勢的企圖，就以完全失敗而告終。美國以這次會議爲轉機，而臨着全世界對戰爭趨勢的態度問題，它將使美國對自己的戰爭態度有所反省。即是說，邱吉爾在英國大選中的敗北，簡單地表明了英國人民對戰爭的態度；斯大林的謹慎持重，反映了蘇聯置重點於由戰爭而轉向復興的意向；此外，重慶以及歐洲各地民心的變化等等也應包括在內；當美國考慮這些事實時，它就不能否認要求和平的熱望現在已全面地蔓延到全世界。在這樣的世界裏，日、美兩國卻還在打仗。就日本說來，戰爭的性質是反對美國壓迫日本的自衛戰爭，現在日本已決心進行本土決戰，構築了强固不敗的堅固陣地，對於美軍的進犯，整備了『有恃無恐』的體制。美國的情形跟日本相反，它的與國英國、重慶等疲憊不堪，現在外有日本的武力，內有與國的和平空氣，應該說，美國在內外的夾擊下，已瀕於進退兩難的危險境地。以波茨頓會議爲契機，美國的『收穫』可說就在於目前的『時機』。

確地說：『德國政務的管理應走向政治機構之劃分及地方責任之發展』。同一條的第四小節規定：『目前不應建立中央政府』。在『經濟原則』的標題下，其中規定，『在佔領期間，德國應視為一個經濟單位』。此間許多觀察家都在疑問：德國政治發展走向區域主義與經濟發展走向各區共同政策間之××，如何能在實際中保持。關於賠償的一切重要條文，均代表着蘇聯觀點的顯明勝利。它們不僅承認了既成事實及東部區域工業的完全拆毀，而且從西部地區分配全部『可用及完整的工業資本，裝備（對德國和平經濟所不需要者）』四分之一給蘇聯與波蘭。這點保證了嚴苛的經濟和平（蘇聯報紙最近曾不斷為此宣傳），保證了雅爾塔所宣佈的目標（使德國不能再進行戰爭）將被有效地達到。關於此點，『經濟原則』第十三條的規定（第十三條規定：『在組織德國經濟中，首先應當強調農業及和平的日常工業之發展』），將是對那些深恐工業之瓦解將引起德國生活水準完全降低之人的有力回答。哥尼斯堡之失與蘇聯及波蘭新的試驗性疆界，對於任何德國人均將是難以吞嚥的藥片，但很可能的是許多人寧願見到此苛刻的但極為明確的語句，而不願見到比較模糊的語句，如同賠償支付限度所規定的那樣。一切飛機及航海船舶之完全禁止亦將是對德國榮譽的一個紛碎打擊。但這種打擊在某種程度上已為序言所減輕，這個序言重申雅爾塔的保證，即盟國無意於摧毀奴役德國人民，並提出特別的諾言，即他們將能夠『在忠實與愛好和平民族中取得他們的地位』。但是，大多數德國人可能更樂於見到日常生活條件之改善，而不大關心遙遠的諾言。

同盟社稱 英美對三國公報感到失望

【同盟社蘇黎世二日電】關於美、英、蘇三國會議的最後公報，在華盛頓與倫敦，都還沒有什麼反響。近幾天來特別是美國系的宣傳機關就已預先報導說：在上述公報中，關於遠東問題與太平洋戰局將有重大消息發表。此外並宣傳說：關於上述問題，蘇聯將表明其態度，因之對於公報的結果，似乎猶有失望之感。最有權威的中立人士認為：蘇聯並未參與邱吉爾、杜魯門、蔣介石三人的對日共同公告，事實上與其說蘇聯報紙對於上述公告的慎重，倒不如說由於蘇聯採取消極的態度。當然可以預料到三巨頭會議的最後公報並未涉及日本問題乃至太平洋戰局，因之對於美英對此問題的宣傳，蘇聯方面採取警戒的態度。這樣，遠東問題將回到它原來的形態而重新加以研討。特

中央社報導 美人對英國大選看法

【中央社紐約廿七日專電】一般美人對英國的大選結果，均感驚異，對邱吉之突然敗挫，極表同情，但對保守黨之誇，顯無憾意。紐約前鋒論壇報代表抱具國際觀念之美國人士批評邱吉爾及其保守黨稱：邱吉爾如強調指陳於未來施行廣泛寬大方案，而不依賴戰績及帝國主義之過去成就，則可能成為戰時平時之全國領袖。（缺一段）然美國人士所注意者，乃英國總選結果對國際關係所產生之影響，一般均信英國外交政策，仍將繼續進行，不致中斷；蓋工黨保守黨於聯合內閣中，固同對政策負責，然亦有預測工黨政府對於印度希臘及西班牙，將持更開明之觀點，大事改革英國傳統外交政策，則不可能。美國報紙多認世界或不致由工黨之執政受影響。

吉安敵北竄

【中央社吉安二日電】沿贛江西北敗逃之敵殿後部隊，二日晨，至少已遠離吉安縣城六十里，敵因船隻多被炸沉或炸毀，現被迫放棄，以贛江為逃亡主要路綫之原定計劃。在江右者循山路向崇仁新淦間北竄，在江左者則化整為零以數十人為一組，利用夜間進行，向峽江縣境北竄，我贛江兩岸各隊，刻仍跟踪追擊中。

【中央社上饒一日電】贛西北上高高安間地區敵，續向東北流竄，南昌敵向高安移動，企圖接應該股敵軍，我尾擊部隊克萬載後，又於卅一日克宜豐城。

【中央社湘西前綫某地三日電】我軍於三日晨十時，攻克新寧城，大軍正向東安挺進中。

第十航空隊受斯特拉特梅耶指揮

【中央社渝一日電】據美新聞處訊，中國戰區美軍司令魏特梅耶將軍本日宣佈，前在印緬作戰有功之美陸軍第十航空隊，將加入最近改組重歸斯特拉特梅耶指揮之中國戰區美陸軍航空隊。斯將軍所指揮之新航空隊，係欲增加對日空中攻勢，其中原有陸軍第十四航空隊，中美空軍混合大隊，與航空勤務隊，後者之責任為供應各空軍戰鬥部隊。

【中央社成都二日電】美第十四航空隊華西突擊機羣司令蘭達爾將軍，奉令調任在華其他要職，所屬機隊亦應戰局之新進展，調赴他地。

【中央社渝三日電】據美新聞處本市訊：美陸軍空中運輸總隊部中印區司令懸納，本日宣稱，該隊運輸四、三二七噸貨物，越駝峯抵中國，僅費時廿

四小時，創一新紀錄，較空運總部在中印間第一個月運物總量大四倍餘，彼時僅運一、二二六噸，猶爲幾屬不可能之事。

同盟社評重慶政府改組 僅是行政院部份人事更動

【同盟社里斯本一日電】重慶政權於一日廣播中，報導新行政院之成立，宋子文行政院長，王世杰外交部長，谷正綱社會部長兼農林部長，此外則均留任，因此所謂新內閣僅是行政院一部改組而已。宋子文在此次國民參政會上，預告國府將有重要改組，好似表示要成立各派合作的强力政權，但此次使國內各進步派感到不少的失望。谷正綱之兼任農林部長，僅是盛世才被驅逐後處理新疆省問題的一個結尾而已。又王世杰之就任外交部長，因王是留學倫敦的法律學家，曾任海牙常設仲裁審判所檢察官，此外在外交界尚有發言權，他的外交政策是在宋子文的指導下，不會有任何變更。一方面是美國與重慶，一方面是蘇聯延安的微妙關係，××將有力地展開。據紐約來電，先鋒論壇報於一日之社論中，洩露如下的悲嘆：重慶的國民黨政權與延安的政權，能够在軍事合作，並在政治上努力妥協，中國將能統一爲一個政權，此種統一比戰爭很快勝利還要有價值，但很遺憾的，直至現在還沒有實現這一目的的必要合作。

紐約時報、先鋒論壇報論中國 大捧蔣介石國民黨

【美新聞處紐約卅一日電】今日紐約二家報紙社論對中國政治統一問題，作對照的研究——一說刻正進展中，另一說形勢仍有改進的餘地。紐約時報對此問題採取肯定的觀點堅稱刻正進展中，文中說：今年五月蔣介石主席開創的中國政府的改組在繼續中。當時他放棄行政院院長的職位，委外長宋子文任該職。而宋院長刻已依次放棄外長職位讓與前此的宣傳部長王世杰。改變主要是行政方面的，但它也是那把中國從一黨……統治轉變爲充份保證立憲與國會政府這一長遠道路上的另一步驟。爲達此目的，蔣介石已要求於十一月召開的立憲會議，他也於廢除了關於批評的限制；這是超過其他一黨專政 國家所 能作到的以及超過中國本部的共產黨地區所作到的。現在，他正在爲代表民意的內閣奠定基礎，他們選任的有才幹的人員就是他的意圖的保證。這數百年來統治中國的古老模型的這些政變給人的印象是格外深刻的，因爲它們都是發生於戰爭期間。他們政治領域內的每一點的勝利，是和中國軍隊在戰場上（現在正冠以桂林的佔領）的勝利一樣重要。紐約先驅

奈格林企圖取得西政權

【路透社墨西哥二日電】西班牙最後總理奈格林博士於此間羣衆大會上，呼籲一切流亡西班牙人士聯合起來，團結在聯合政府週圍，以便在聯合國之前能代表西班牙人民講話。他說，他在共爭取重建共和政權之整個努力中，心中所存在者只是西班牙的利益，而不是他自己的利益。『如果我們團結起來的話，我們的政權可能現在已被承認了。』又說，雖未被大多數國家承認，但他們較在倫敦建立的某種其他共和政府，具有更多的合法地位。但他並不抱怨，因爲他知道英國對於西班牙及地中海的問題。奈格林博士於否認他曾受任何外國支持時說：『我將不接受在任何國家幫助下得到的共和國，西班牙有它自己的傳統，只有這些傳統才能成爲西班牙未來的基礎。（缺）爲了西班牙，我們必須忘記我們的爭吵。時間再不能讓它奈過去了，我請求一切人均來合作。』

【路透社布宜諾斯艾利斯卅一日電】內政部長今夜宣佈：關於政黨的法令改變之後，共產黨或將被允許在阿根廷存在，此種法令之改變，將於明日公佈。

同盟社改組機構

【同盟社東京一日電】此次隨着本社機構之改革，本日由社長任命以下人員：『人事部』——總務局長山口岸、次長文木重光、編輯局長大平安固、次長田中正太郎、次長大森光五郎、海外局長細川細伊、次長井上勇、經濟局長（兼）山口岸、次長板垣武夫、連絡局長（兼）佐佐木健二、次長福井照藏、戰時調查室主任加藤益男、記事審查室主任荻原忠造、社長秘書山口岸（兼）。

合衆社傳羅馬尼亞內閣不穩

【合衆社伊斯丹堡一日電】據到達此間的可靠消息：預期羅馬尼亞迅將發生內閣危機，將引起格羅查的辭職。據說蘇方對於他不能獲得民衆的支持感到不悅。可能的後繼人據說是羅馬尼亞農民黨領袖魯巴及米哈拉克，他們與馬尼烏的全國外西爾伐尼亞黨聯盟形成全國農民黨。據說馬尼烏本人依然超然於政界如像××自由黨。消息靈通方面相信蘇聯曾要求國王米契爾援助組織更廣泛的聯合政府。

羅馬尼亞賠償蘇聯一萬六千萬元

【路透社倫敦二日電】紐

論壇報今日社論稱：中國軍事方面已達到了很好的團結，在政治領域內也要求同樣的團結。文中稱：魏特梅耶將軍及中國許多重要軍官在困難的環境下正努力求達一切可能達成的東西。他們不把無論多少可厭的障礙作爲失敗的藉口，當最高限度的結果達不到的時候，他們便試圖達到可以達成的東西。假使中國政治活動方面能採納這種熱烈合作的精神，其結果將超越軍事方面。假使重慶國民黨政府與延安共產黨將其全力用之於國民黨官員與美國軍官所用以求達中國軍事問題上的統一之政治妥協的達成，中國就將在一個政府統治下統一起來。

中央社稱六大決議正付諸實行

【中央社渝一日電】六全大會閉幕後所有決議各案，均經分別整理，送由國防最高委員會轉行政院分令各主管機關切實執行。茲悉大會所收提案四百餘件，經審查後付諸討論，均有重要決定，自大會閉幕後，即指派人員負責於最短期整理竣事，送請政府執行，並奉總裁手令，限期擬訂具體實施辦法。中央黨部爲赴事功起見，特組織督導實施會議，分組工作，與各機關取得密切聯繫。同時選遴幹員會商切實辦法，逕往各主管機關與負責單位直接商洽，逐案提出研究，以省公文往返之勞。中央祕書處專門委員室全體人員，亦均爲此而努力，所有各重要案件，已着手擬訂計劃，最短期內即可獲致初步實施方案。

美國的袖珍戰艦

【同盟社里斯本一日電】華盛頓來電：美海軍部二十九日發表新戰艦『卡姆』如下：美新巡洋戰艦『卡姆』、排水量爲二萬七千噸，已在二月前服役，並參加最近之攻擊日本，實行艦砲射擊，現在服役中之新艦、與『卡姆』號共有二艘，可稱之爲美國式的袖珍戰艦。

同盟社報導 日僑在武漢準備作戰

【同盟社漢口二日電】去年夏天美機轟炸以來，即逐漸鞏固消滅敵人之態勢，加强『有事即臨』的防衛體制，居駐此地之僑胞，鑒於沖繩島的戰鬥教訓及內地組織義勇隊，居留民的決心成爲參加陸軍的志願運動。十四歲以上之男子，不問年齡，全體自願的受戰鬥訓練，建立一旦有事之際，即可拿起武器進行戰鬥的體制，關於女子最近即行決定。

約時報專電。據本日盛傳於此間商界的消息稱，羅馬尼亞將供給蘇聯價值一六〇、〇〇〇、〇〇〇元（約五三三、〇〇〇、〇〇〇盧比）的石油和石油製品，以作爲蘇聯所估價的三四〇、〇〇〇、〇〇〇元（一、一三三、〇〇〇、〇〇〇盧比）的一部份。該消息續稱：羅馬尼亞政府被給以六年時間，來完全償付賠款，羅馬尼亞已完全償付了第一年所規定的賠款。本日的消息，他們說是詳細報告蘇聯對羅馬尼亞要求的第一個消息。除了這價值一六〇、〇〇〇、〇〇〇元的石油和石油製品之外，羅馬尼亞還必須償付四〇、〇〇〇、〇〇〇元（一三三、〇〇〇、〇〇〇盧比）的木材，與上同樣價值的穀物（小麥和包穀包括在內）及一〇〇、〇〇〇、〇〇〇元（三三三、〇〇〇、〇〇〇盧比）的……。據說羅馬尼亞對於蘇聯諸要求的程度，表示滿意。他們說，蘇聯的要求可以更加苛刻的，但因蘇聯想到在戰爭結束階段中羅馬尼亞對蘇聯的幫助，故蘇方要求沒有這麼苛刻。他們又說：蘇聯在作出賠款單和當地提出其要求以前，已對羅馬尼亞進行調查，故羅馬尼亞能在六年內不損壞其……而償清賠款。據說，蘇軍經過羅馬尼亞所需的供應品，算在本年攤付賠款內。爲了證明蘇方要求並未把這個國家剝削乾淨，此間商界人士……羅馬尼亞急切希望以木材、皮革、獸皮、、種籽、小麥、包穀來交換棉花、羊毛、人造絲，紡織機器和農業裝備品等。在通常貿易方面，羅馬尼亞目前還不能有甚麼作用，因其國內通貨甚紊亂的緣故。據說羅馬尼亞政府關於穩定元和鎊的舉措，正進行中，但依照該方針做，在幾個月內，是不會有甚麼大的成就的。

比天主教轉入反對派

【路透社布魯塞爾一日電】搬納克總理在天主教黨昨日決定轉入反動派，並主張天主教六個部長辭職後，已迅速地重組其內閣。新的行政很難解釋爲『左翼的轉變』。六個天主教部長都是屬於傳統的天主教保守黨。新閣中沒有一個人是社會黨或共產黨。新設立的部是戰爭損失部。

更正

昨日『胡宗南反對宋子文對共妥協政策』消息中末後第二行『……實際上是蔣介石反對蔣介石……』應爲『蔣介石內部反對蔣介石……』之誤。

（只供參考）
第九六二號
解放日報 新華日報社編
今日出一張
卅四年八月五日
星期日

胡宗南電蔣介石 污衊我軍襲擊淳化

【中央社渝二日電】胡長官宗南，於七月廿四日電呈蔣委員長，報告共產黨部隊襲擊淳化經過。原電曰：「第十八集團軍，自七月初對駐防淳化縣通潤鎮之陝西省保安第二團之一營，及方里鎮之保安三團第三營之兩連煽惑叛亂。七月十五日，復派其朱部所屬保八團、新四旅、及保安總隊第一團，由邊區分三路向淳化襲擊。當晚方里鎮即被其佔領。十六日並佔領我淳化城通潤鎮等三重要城鎮，續向涇水北岸繼續進犯。職即急電朱總司令，請以國家民族爲重，迅令所部停止攻擊，撤回原防，以息事端，免予敵人以可乘之機，並盼速復。但迄未得答東。該區我方本無正規部隊，只留有各保安團隊。被其襲擊以後，損失慘重，已無防守力量。且職部多已調赴豫西，對敵作戰，西安以北，亦無正式部隊足以制止朱部。乃迫不得已，調駐西安之暫編第五十九師兩團，星夜馳援，於二十一日收復方里鎮、淳化城，廿四日收復通潤鎮等地。計傷亡官兵百餘人。查該部無故侵襲淳化等地，威脅西安，所到之處，裹脅擄殺，廬舍爲墟，地方秩序破壞無遺。現令該師除堅守原防，撫輯民衆外，特電呈鈞，並懇嚴令第十八集團軍約束所部，退守原防，勿再進犯，以利抗戰全局。職宗南午敬戌時。」

同盟社稱魏特梅耶 承認在反共戰爭中使用美國武器

【同盟社里斯本三日電】延安方面重常非難重慶，因爲時慶軍使用美國供給的武器來進行打倒共產黨的戰事。三日，重慶中央社對上述問題發出下列報導：在華美軍司令官魏特梅耶說，他不能否認延安方面的報導，即重慶軍正使用着火箭砲以對付共產軍，他說，某某部隊使用着美國

，沖突是難免的。西安西北的戰事是在地方保安隊兩團「嘩變」後發生的。「嘩變」的兩團人請求共產黨准許參加他們並越入邊區，但共產黨予以拒絕，提議他們向西北移往陝西地區。共產黨繼即移駐共軍隊至淳化區，可能是來維持秩序，胡宗南將軍即開始調動軍隊北上。孫科認爲，中國唯一的解決辦法是聯合政府。他說，眞正的普選非至戰爭結束後很久是不能舉行的；他又稱，「共產黨恐怕現在建立的國民大會，將表示國民黨繼續統治，共產黨則不能得到合法政黨的地位」。孫科說，他相信中央政府在揚子江南部的地位頗爲強固。繼稱，如果中央軍企圖回至黃河以北時，將會發生麻煩。唯一的解決辦法是政治解決」。英國外交政策在工黨執行後，將不會改變很多，因爲英國××與三強合作，雖然可能有希望收回香港。孫科說：英國之趨向將在這裏有其影響。最後稱：當這樣一個保守政府（如英國所有者）向左轉的時候，中國必須與之齊一步調。

同盟社說：重慶對延安作戰 比對日作戰還要重視

【同盟社南京二日電】渝、延雙方在陝甘寧邊區的武力衝突，和過去那樣的就地解決是根本不同的。延安方面先發制人，開始靈活的宣傳攻勢，特別是蔣軍使用美國造的火箭砲，延安的態度這樣強硬，事件將不容迅速解決。但是延安方面所以採取強硬態度的原因，無非是在於揭露隱藏於此次事件的背後的重慶對延安的強硬政策而向之挑戰。即是說，重慶最近雖然宣傳說對於渝、延關係是有着政治解決的道路的；但另方面却在採取積極的反共方針。例如：第三戰區軍積極地進行剿共工作、對於各地軍隊實施政治教育、向特務機關發出指令等，重慶對和平地區作謀略宣傳時，就把延安視爲漢奸，從這一事實中亦可以看出：對延安作戰比對日作戰還要重視，爲處置延安正在作最後的武力解決的準備。另據情報悉，重慶方面雖在表面上叫囂對日總反攻，但反攻的準備工作未能順利地進行，甚至裝備二十個師的美式軍隊亦需要一個很長的時間，因此企圖必須在對日總反攻以前處理延安。重慶的這一行動是根據世界戰爭結束在即的判斷，因之企圖在戰爭結束以前以武力壓迫延安，一下子清算渝、延問題，以完成中國的統一，鞏固戰後的有利的國際地位。因此，延安即使做得不合乎情理，但此中可有其必須拚命進行政治反攻的原因。

【同盟社北京三日電】胡宗南軍與延安陝甘寧晉綏五省邊區聯防軍，在陝西省中部發生的武力衝突；是渝、延關係以美、蘇的國際勢力爲背景，表示

造的武器可能是事實。但他着重地聲明說，這些新武器並不是經過他的手直接地交給反共軍的。

孫科向外國記者說

關中戰事係因保安團譁變而發生

共產黨軍隊至淳化是來維持秩序的

【合衆社重慶四日電】中國立法院院長孫科博士於接見記者時稱：三國（英、中、美）對日本發出之聯合最後通牒，恐終將引起充分的反映，因而迫使日本政府重行考慮對投降的拒絕。中國政府中最著名的自由主義者聲稱，『陸軍將儘可能長期繼續打下去，但公告可能影響那些不直接在政府控制下的平民，但不能影響戰爭的領導者。日本有德國可以作為殷鑑。』孫科說，日皇之未提及，暗示目前的日本國家在投降後將繼續允許存在。他說：『如果日本皇帝在戰後保持的話，這一失敗對於日本後代將不表示他們的目標是錯誤的，而只是他們這次還不夠強大。而且皇帝的指示就是征服的思想——一切人民在一個皇帝統治之下或世界八方在一家統治之下。』中華民國創造人之子稱，日皇應予以對德國鄧尼茲海軍上將的同樣待遇。他堅稱，不然的話，『我們不能從日人腦子里去掉這種思想，即後代必須誓死雪除此次戰敗之恥，為什麼我們要使我們的後代在三十年或五十年後，又必須對日作戰呢？——日皇將來和平為一長期威脅』。（缺一段）他堅持說，這點要取決蘇聯之參加遠東戰爭。如果蘇聯軍隊從北面進攻滿洲的話，那麼六個月內即可擊敗亞洲大陸上之敵人。孫博士說，他很懷疑中國軍隊獨自能在不及五年內，把日本人趕出滿洲——這恐需要更長的時間；他又注解說，中國將須訓練與裝備另外的新軍，至少要有三百萬人，而且只有在不發生內戰時，他們才會勝利。孫氏堅稱，在對日戰爭繼續進行時，中國不可能進行大規模的內戰，而且美國與蘇聯都不願看到有這種內爭。孫氏說：對於波茨頓會議所能希望之最佳者，蘇聯參加遠東戰爭。如果蘇聯參加對日戰爭，那麼，這將表示，三國對於現在及將來的遠東政策，已獲有協議。只要遠東戰爭在繼續推行時，它就阻礙了歐洲及蘇聯的恢復。』他說，目前共產黨與國民黨的戰爭僅限於局部衝突，共產黨在日軍後方擴大地區，在有中央政府軍隊的地方

着一種微妙的動向。它曾一時地吸引了國內外的視聽。當時塔斯、路透、美聯社等各國駐重慶的特派訪員，對於渝、延相剋都以各自的見解作廣泛的報導與推測。綜合到達此間的各種情報，可以窺見在此次的武力衝突中，相當高明的延安的宣傳攻勢，其程度出乎一般人的估計之外。即是說：（一）發生武力衝突的淳化、耀縣、涇陽、同官一帶，都是重慶第一戰區胡宗南軍的對延安前衛地帶。因之該地區的抗爭，可說是由於延安軍的南下而引起的。（二）延安軍之向江西、湖南、湖北等省南開，是向着重慶軍管轄區域之外進軍的，因之衝突是不多的，但對於延安黨軍的神經中樞——陝西，重慶軍卻配置以兇猛的胡宗南軍，因之不容許延安軍有任何對心的行動。（三）關於此次的武力衝突，重慶方面由代言人張平羣發表聲明。對此，延安方面則首先由第十八集團軍正副司令朱德、彭德懷要求停止進攻。並由陝甘寧晉綏五省邊區聯防軍司令賀龍、副司令徐向前、蕭勁光等聯名要求停止進攻與組織調查團等，誇大地利用於宣傳上，這一事實是一箭雙鵰的目的，即一方面把延安所經常主張的『內戰危機』告訴國際方面，另方面以此來巧妙避躲胡宗南的銳鋒。

同盟稱美軍在中國登陸的迫近

使渝延衝突益趨表面化

【同盟社東京四日電】重慶軍事當局於今春，在揚子江北岸、安徽省南部設立了第十戰區，委李品仙為司令，最近又傳說合併前冀察戰區和蘇魯戰區而成立第十一戰區，任命前第六戰區司令孫連仲為總司令。另據可靠的情報傳稱，重慶方面於今年四月前後，在以江、浙兩省海岸地帶為中心的地區，秘密地新設蘇、浙戰區，任命前第三戰區副司令劉建緒為司令。敵人美國登陸作戰國重心，最近已由華南轉移至東南，更進而又正在轉移至華東。在今天這樣情況下，重慶軍為策應美軍的登陸行動，作為一種暫時的措置，有可能企圖強化海岸線。但重慶的用心所在，實際上不外乎是以登陸作戰為機會，先發制人對付延安，以確保它自己的地盤。即是說，延安軍自從民國廿八年開入華北以來，逐漸地蠶食重慶軍的地區，共先鋒已進至以防區界限為中心的華北海岸線地帶活動，並正在執拗地開展，進而向華中擴大地盤的工作。總而言之，延安軍正在部署接應美軍的登陸，因而急於想侵佔海岸地帶，很明顯地，延安軍企圖於美軍登陸後，將華北、華中沿岸的工

廢地帶或都市、要鎭，控制在它的支配之下，以粉碎重慶方面在這個問題上所採取的對抗措施。由於我軍反復地實施肅正與討伐，重慶軍在華北的力量，最近已顯著地削弱了，在這種現狀下，將來迎擊美軍時，唯有延安能獨當盡地主之誼的角色，在這一點上，重慶自己是很明白的。另一方面，最近延安軍正在從武漢地區出發沿揚子江逐漸向東推進，把揚子江流域變成一個寬闊的迂迴的赤色走廊，並進而向海岸地帶發展，在這裏，新設的第十戰區就成了一個阻止延安軍東進的、龐大的突角陣地，形成了一條防衛線。如上所述，重慶與延安之間，伴隨着美軍登陸空氣的囂張，圍繞着爭奪海岸線問題，其互不相容的火併，將日趨表面化。對此，我大陸派遣軍將不顧渝、延兩軍如何相剋，毅然決然地起來保衛大陸，徹底毀滅美、英以及跟它勾通的朋黨，向完成聖戰目的之途邁進。

【合衆社舊金山三日電】東京廣播讀賣報知所載論文稱：有若干跡象顯示，美軍企圖於不久之將來在中國登陸，日方之防禦準備，應以盟方將於一區×內進攻日本本土之假定為基礎，美方擬以菲島及琉球本島為發動進攻之基地，盟艦五百艘最近集中於琉球本島之中城灣，估計美方於本年任何時間，只能以四十師人進攻日本，吾人應儘速完成防禦工事。

同盟社稱 傅作義軍攻擊延安軍

【同盟社北京四日電】據最近的情報稱：盤踞於陝西省北部及綏遠一帶、防止延安勢力北進的第八戰區副司令傅作義軍，配合胡宗南軍的攻勢，現正採取着積極攻擊延安軍的態勢。即是說，據七月廿五日新華社綏遠前綫電訊稱：「傅作義軍於六月十四日起，開始攻擊八路軍，戰爭已繼續了四十五天，但仍不見有停止交戰的跡象。傅作義指揮下的軍隊為數約一萬五千人，目前集中於綏遠省會歸綏城西北十五哩處的烏蘭不浪（譯音）；另外，並出動大軍猛攻歸綏北方二十哩處朱爾溝的八路軍，八路軍極力避免沖突，始終採取守勢」。另一方面；與此同時，塔斯社的重慶電訊也發出報導稱：「重慶軍事委員會正在努力強化西北反共軍的裝備，特別將綏遠一帶傅作義集團軍的防地，劃分為東、南、北、中四個戰區，並正在努力增強該軍的裝備。該軍的大部隊已於六月廿八日，在綏遠南部由黃河西岸渡過黃河」。此外，合衆社於七月廿九日自重慶拍發的電訊，亦發出了下列的報導：「重慶軍向西北方面的調動，最近則更趨頻繁，修理汽車路和運輸供應也正在趕緊加工，以便運送新到的美國軍需物資前往

魏特梅耶招待記者 報告視察前綫經過

【中央社渝四日電】中國戰區蔣委員長之參謀長魏特梅耶將軍自前綫視察歸來後，於三日下午三時假美軍總部署，招待中外記者，報告此行經過。魏氏首就此行所見，作一簡單報告稱：中國戰區一切進行甚為順利良好，戰事活動均照計劃實行，尤令人欣慰者即中美兩國軍隊在前綫合作甚佳，自緬甸調回之軍隊，精神甚為振奮，予人以良好印象，彼等裝備較好，等候機會參××作戰，以前在緬甸作戰之中國軍隊×組參加戰鬥當為近期間之事。總謂美國空軍已成立卅八週年，美軍空運部隊（缺數十字）各記者提出詢問，均經魏氏一一答覆。

同盟社說 波茨頓宣言顯示低調

【同盟社東京四日電】七月十七日起，美、英、蘇三巨頭會議在波茨頓召開，現已於八月一日結束，三日發表三國共同聲明，這一對戰後問題具有重大關係的波茨頓宣言，其聲勢却非常之低沉，令人深深感到始終是在事務上打圈子。應當承認由於三國之合作，使目前歐洲的困難問題已暫時告一結束，這些問題就是：（一）決定在倫敦舉行美、英、蘇、法、重慶五國外長會議；（二）承認各中立國得參加新國際和平機構，但西班牙除外；（三）關於德國對聯合國的賠償問題，已擬好具體的協定；（四）波蘭問題已獲得暫時的結論；（五）決定對於少數民族問題的方針；（六）具體地決定了在政治上、經濟上處理德國的方針。但是仔細地看一看公報的後半部所講到的處理德國的方針，可以看到德國崩潰後的兩個月中，佔領軍施行軍政的結果進行並不順利，因之決定了儘可能迅速地容許由德國人自己來統治的方針，可是這種由佔領國強行製定的統治方針，究竟能給德國人以一些什麼光明呢？在倫敦新設了五國外長會議，它將担任處理今後的歐洲問題，但無論美國也好、蘇聯也好，都是非歐洲的國家，重慶更不必說。就是英國，嚴格地說來也不是歐洲的國家，只有法國一個國家，算是歐洲國家而參加在內。因之這一外長會議所決定的歐洲問題，顯然地將受大國的利益的約束。其次，在這一公報中並未重視達達尼爾海峽、波羅的海三國等重要問題，這關係到蘇聯的利害，因此也是值得注意的事情。最後，在長篇的宣言文中，却一句也沒有談到遠東問題、特別是日本與太平洋問題，這雖說是理所當然的事情，但應該引起注意。這樣，波茨頓宣言終於在低調中結束，它是不足以誇示具有崇高的理想的，不過也不能認為一點也沒有討論到遠東問題，應該想到目前美、英、蔣的三國共同公告，也是假借着同樣的波茨頓宣言的名義，而向全世界大肆喧嚷叫日本投降的。

該處。』當此胡宗南軍在西南方發動攻勢之際，北方傅作義軍的動向是很值得注意的。

同盟社評王世杰、谷正綱等就任新職爲
僞裝對延協調

【同盟社廣州三日電】重慶行政院之改組，由於王世杰的就任外交部長，宣傳部長的遺缺由社會部長谷正綱兼任，而盛世才被免職後，農林部長亦由谷正綱兼任。（譯者按：這兩句不知是否有誤），其他部長則決定留任，這樣，重慶所計劃的改組，似已告一段落。關於此次改組中心的更換外交部長一事，重慶合衆社電會有如下的觀察：『王世杰在重慶政府中是最卓越的理論家，同時是有學者風度的穩健的政治家。並且在國民黨內部，由於其多年的經歷亦有着穩健的勢力。可以期待他們有本領處理內外多事的困難局面。這就是說，當去年十二月他就任宣傳部長時，會言明要改善對蘇關係，又於去年六月，他並担任渝、延談判的職責，前赴延安（原文如此——譯者）。又此次就任宣傳部長的谷正綱，也是王世杰派，因之也是一個穩健派』。上述合衆社的觀察，似乎預料到王世杰派登場後將調整渝、延關係，但同樣也有這樣的觀察，即起用王世杰，表面上僞裝着對延協調的態度，但難道說不是依然居心加强壓迫延安嗎？

美新政治家報評
宋子文辭去外長職爲時太早

【合衆社××三日電】『新政治家與民族雜誌，遠東評論稱：『確然接受宋子文辭去外長職務』還尚太早。宋子文在南方人的眼中是中國資本主義中（日益自由）自由主義傾向的代表。並且他聘問莫斯科『以討論與蘇聯可能發生的邊疆與經濟問題』已達到解決，並且是可幸的朕兆，據說許多人預期迅將備好似重慶延安間調解人的王世杰外長再赴莫斯科。他們相信這一改變意味着宋子文能够與斯大林會談（數句不消）直至去年七月有能够威脅以納粹制度相威脅的力量，但是我們知道了日本沒有這種力量，而最後通告已被坦率拒絕。蘇聯在滿洲宣傳方面將有×××去滿洲不滿的老年人對於神經戰更容易接受。

同盟社評英外長聲明
意義頗爲深長

【同盟社斯托哥爾姆三日電】倫敦來電：英國外長於三日下午十時半發表下列聲明：『當柏林會議時，蘇英兩國參謀本部代表每天舉行會議，爲了全面地粉碎日本陸海軍，已擬定關於調整美英兩國軍隊的細目，以便儘可能迅速地使日本無條件投降，解放日本所佔領的地域。英國的方針是：在英國的陸海空軍中凡能自由使用的一切兵力，將完全用之於進攻日本、關於下列一點，也曾加以考慮，即關於西南太平洋與東南亞統帥的再分配問題，以及把與日本處於交戰狀態的其他各聯合國的兵力用之於對日作戰中。聯合國參謀本部的決議，已獲得杜魯門總統與阿特里首相的承認』，英國外長是於茨波頓公報發表後二十四個鐘頭才發表上述的聲明，這事徵諸目前的國際情勢，其意義是頗爲深長的，據路透社電稱，英外交部當局於上述聲明發表後，並附言如下：現在對英美兩國與日本作戰，因之不與三國會議之公報同時發表，而於今夜發表此公報。但若據本能根據波茨頓公報立刻推論到蘇聯政府不參加遠東戰爭。

路透社謂
蘇土談判仍存僵局

【路透社倫敦四日電】路透社外交記者稱：波茨頓公報中未述及達達尼爾海峽之前途，益令人相信蘇土新友好協定談判中僵局仍然存在。自該談判於夏初開始以來，雖未有權威之聲明發佈，據可靠方面訊，談判已於數週前決裂。因土國拒絕承認對蘇作任何領土讓步之可能性。並稱關於修改海峽現狀之建議，不能單由蘇土二國考慮，而令其他有關國家除外。倫敦消息靈通之外交人士認爲，蘇土談判之進展，一部份有賴於各大國對達達尼爾海峽之協議，無論波茨頓會議中曾否提出此項問題，但其未經解決則至爲明顯。

傳山下奉文被炸死

【合衆社馬尼拉三日電】呂宋北部美軍接獲未證實之消息謂，菲島日軍司令山下奉文已於上月前爲盟機炸斃，據土人報告，步兵第六師軍官稱『已××害者』山下奉文相信已在柯約利拉山陵與區彼『同飛之盟機以機槍射斃，與此相反者，即據日僞供稱，至七月十五日，山下奉文仍安然無恙。

參攷消息

（只供參考）

第九三六號

解放日報 新華社 編

今日出一張

卅四年八月六日

限一期

敵評三國會議是蘇聯的勝利

【同盟社東京四日電】同盟社東京外交訪員井上勇，三日夜就波茨頓會談，在東京廣播電台稱：『此次會談是蘇聯單方面的勝利，蘇聯對將來並未作任何新的允諾，而完全是對德國問題。』要點如下：波茨頓會談是雅爾塔會談的一個附屬文書，此外再無任何意義。不論處理德國問題，以及萊茵、魯爾及糧食等困難問題，一個亦未解決，關於統治方式的統一，亦有所謂『在可能實行的範圍內』的附加條件。會議的成果帶有非常大的事務性，它沒有崇高的合乎理想主義的成分（電文不清恐有錯誤——譯註）。英國外相及由奧古斯塔號（軍艦）上所發出來的共同聲明，對於熱望蘇聯參加對日戰爭的美、英輿論界說來，沒有什麼值得進行討論的意義。

【同盟社東京五日電】（上缺）之間，很明顯地商討了貫徹對日戰爭問題。從最近邱吉爾、杜魯門、蔣介石發表的要求日本無條件投降聲明書看來，不必等待美、英的宣佈，就可以推測到以波茨頓會議爲契機，曾經商討過東亞問題，而英國外相的聲明內容，也並沒有什麼特別的神秘。另一方面，關於波茨頓會議的公報，目前正在進行各種研討，但一般的印象認爲它是大國對戰敗國的專制。朝日新聞於四日從上述見解出發，以『渺茫的歐洲的重建』爲題，對會議的公報作了如下的說明：『在波茨頓會議上，東亞問題是一個討論的題目，那是自然地可以推測得到的。但主要的議題很明顯地是關於統治德國的政治與經濟的原則。像劃定國境那樣最重要的課題，雖時常傳聞意見已趨一致，但仍舊沒有確定，而決定移交和平會議討論。波蘭國境得以擴展到奧得、尼斯兩河之綫，雖說它是臨時性的決定，但應該說這是美、英向蘇聯主張屈膝的表示，關於哥尼斯堡以及其鄰接地帶的協定，也是向蘇聯屈膝的表示。被當作波茨頓會議的中心問題——關於治統德國的方式問題，結局是和美、英輿論界的主張相反，沒樹立統一的政權，結果仍舊規定由美

提醒美國，將於抵白宮後立即向全國作充分的廣播報告，或者是爲預先答覆可能發生的批評說他：『向斯大林作了讓步』。

重慶各報對三國宣言反響

【合衆社重慶五日電】重慶報紙歡迎波茨頓宣言，認爲它是一明晰的聲明，擴述了解決歐洲目前與將來各問題的原則。大公報稱：公報沒有提及遠東也不能解釋爲沒有討論亞洲問題，並敦促『今後在對待日本時，應用於德國之同樣人道與嚴厲的措施應成爲一個先例』。新華日報歡迎包括法中之外長會議的創立稱，此一步驟擴大了各主要國家團結的基礎。天主教益世報註明該宣言爲殺菌計劃。該計劃若有効地實行起來會完全殺死法西斯主義黴菌。不待言，三巨頭已爲下一行動（對付日本）擬定措施，而當宋子文完成中蘇談判時，聯合行動才能取得協議。新民報對該公報未提及遠東問題甚感遺憾。

波茨頓會議的花絮

【中央社紐約三日電】紐約時報之駐柏林記者說：波茨頓會議之花絮，顯出當三巨頭以同等地位相會時，發生之種種饒有興味與麻煩之禮節問題，其一爲斯杜邱三人應如何並經何道入何門進達會議之眞正議室，此問題在杜魯門總統及斯大林委員長方面，自無困難，因渠二人可自與其所居寢室相通之門而入議室，但邱吉爾首相則居樓上，故乃發生困難。此問題終獲解決即使邱吉爾首相坐待於與杜魯門總統臥室相連之英代表團之辦公室中，俟繁複之信號交換完畢後，三巨頭仍同時進入議室。另一問題爲懸掛三國國旗時，應如何使三國獲得完全平等地位，此問題之解決辦法，係每日更以三國國旗之位置，使每國國旗均依次得居於右方之顯著地位。圓形之議桌，亦使每國代表均有同等顯著地位，議桌中央置有英美蘇三國之小旗，指示三國領袖各人之座位，然此次會議雖會在各方使三國領袖居於平等地位，而蘇聯實爲會議之主人翁也。

西班牙不滿波茨頓公報

【路透社倫敦四日電】西班牙政府關於波茨頓會議公報中所包括對西班牙的暗示，發表公報內稱：西班牙國家拒絕關於西班牙的武斷的與不正當的表示，並認這是西班牙逃亡者與其國外同黨誹謗運動所造成的虛僞氣氛的結果』。西班牙『後繼者實應宣佈西班牙不要參加國家會議，並且不願接受與其歷史、與其人民或與西班牙對和平與文化所盡之服務相違背的任何東西』。公報宣告西班牙愛好和平的精神後結語：『西班牙將繼續在國內與國

、英、蘇、法四國分別實行軍政統治。在賠償問題上，明文規定爲使德國國民徹底地體會戰敗的滋味（原文如此——譯註），再徵諸大國對德國人×××，很明顯地反映了將長遠地繼續進行軍政統治的意圖。賠款的總數現在還沒確定×××××只是雅爾塔方式的具體化，決定禁止德國發展資本主義，而允許保留一部份和平產業，但像這樣的決定——對於茫無邊際的理想——即重建今後歐洲的大事業，卻連一點萌芽的東西也看不出來。

美國人士對三國公報反應

【中央社紐約三日專電】波茨頓會議公報將令多數美國人士感覺失望，以其中未提及太平洋戰事然，美國人民亦因下述事實獲得安慰，即波茨頓會議公報雖未直接提及太平洋戰事，但亦間接提及日本，此於公報中若干字句可以見之。如共同有關之軍事問題，業經美英蘇三國參謀首長予以商討；如意大利已與日本宣戰，故盟國將迅予意大利締結和約；如中國之參加外長會議。紐約時報稱：中國之加入外長會議，在對日作戰方面具有重要意義。表示亞洲在世界之革新方面獲有發言地位。據該報軍事記者意見，自中國參加外長會議一點，可以獲得明晰之推論，即會中不僅討論太平洋戰事並獲致若干協議，且對亞洲和平解決方案諒亦已提付討論。美國兩大權威日報紐約時報及紐約前鋒論壇報對波茨頓會議所商之決議，均表滿意，兩報一致指陳仍有甚多問題未獲解決，然對三巨頭能商獲範圍廣泛之協議，仍感愉快。紐約時報稱：『吾人就波茨頓會議全文以觀，無人對吾人藉眞誠合作自德黑蘭及亞爾塔會議以來已有甚大進展一點表示懷疑者』。紐約前鋒論壇報稱：『公報宣佈之原則，在形式上仍爲一般性，但實施原則之實際任務，顯必爲一龐大複雜之工作，然設立國際機構以執行此項任務（如成立外長會議）已不失爲他日必將達成任務之佳兆。

爲答覆可能發生的『向斯大林作了讓步』的批評

【合衆社舊金山四日電】日方認爲波茨頓會議中可能討論及太平洋戰事。據日本同盟社稱，我們不應貿然斷定波茨頓會議中未討論東亞問題，我們應切記英、美、中三國波茨頓聯合公告中要求日本投降。

杜魯門將向全國作充分廣播

【路透社倫敦三日電】路透社記者訊：杜魯門總統於波茨頓會議結束後，外以合作建立和平，在建立和平中西班牙會以在歷史上著稱的兩次最可怕的戰爭中保持中立，自由和獨立作了顯著的貢獻。

【路透社墨西哥城四日電】鑑於西班牙的急緊事變及流亡西班牙人急需解決的緊急需要（這在墨西哥的西班牙人相信是很快可能的）西班牙前總理尼格林博士已發表聲明否認，他主張協議的基礎必須是以他爲首的政府。

魏特梅耶否認直接供給武器反共

【路透社重慶三日電】此間美軍司令魏特梅耶中將洩露：自有史以來中國將首次使用傘兵參戰。這在中國大陸對日反攻時將是『重要的』。他說：此傘兵已經過六個月的堅苦訓練，並有良好的組織。魏將軍稱：華南之中國軍在每次與撤退的日軍接觸時，總打得很漂亮。但他提出警告說：不久將會發生『更大的戰鬥』。關於共產黨之聲稱政府軍隊已用着美租借法案的裝備於對共產黨的衝突一說，魏特梅耶宣稱：以飛機運來供給美軍訓練的華軍師團之供應品係按照計劃運到，並分配給預定加以裝備的部隊。如果共產黨的控訴是事實，那些由租借法案所得的裝備並不是經過他的手所供給的。魏特梅耶也宣洩在西綫指揮美第九軍的辛普森將軍預期不日將由美來華。新任亞洲美軍司令斯特拉徵梅爾將軍正在訪問印度。關於中國戰況，公報報導華軍自己收復的飛機基地城市桂林的東北面、與粵漢鐵路的東面繼續向前推進。

國民黨一週戰況

【中央社渝四日電】軍委員發表一週戰況，七月廿八日至八月三日，軍委會發言人談：我三方面軍司令官湯恩伯指揮所轄各部隊，已於七月廿七日克復桂林城，該方面軍從七月初開始以鉗形攻勢分由西北及西南地區向桂林推進，先後切斷其南至梧州之水陸交通，與北入湘省衡陽之鐵道。逐次擊破其外圍據點，完成包圍。至廿七日下午八時，攻入城垣推毀敵最後之抵抗，十時遂將該城完全攻佔。是役計經廿一日之血戰，據初步統計，約斃傷敵官兵達二千六百餘人，俘敵寇二人，我傷亡官兵一千三百餘人。現我軍北追敗敵，已克陵川，進追興安、全州等地，戰果日在擴大中。我另一部隊，廿七日收復平樂，向恭城、龍虎關推進。查桂林爲廣西北部湘桂鐵路綫之一大戰略據點，該城之克復，在我總反攻準備階段中，實具有莫大之重要性。刻在粵漢路綫上之敵，已直接感受我國空軍極嚴重之威脅。桂省西南邊境之憑祥，於廿三日被越邊同登之敵侵入，但在我反攻下，即於廿六日克復，我乘勝追擊之部隊，刻與敵戰於鎮南關。贛省方面：先後沿贛江流域向北流竄，及由南昌西竄敵。被我軍分別於各該鎮區阻擊尾追，死傷甚大，萬安、泰和、萬載、宜豐各城，均爲我次第收復，現正與敵在吉水、峽江及高安、奉新一帶戰鬥中、湘省我新寧攻擊之部隊，於三日將該城攻克。

重慶四日電軍委會四日發表戰訊：江西方面我軍，於二日克復上高城，並將新喩西北上高以西迄棠浦（宜豐東四十里）地區殘敵悉予肅清。奉新東北地區敵一支，竄至奉新城，轉向高奉竄犯，我正阻擊中。贛江西岸我軍掃射吉安郊區及吉水以西地區殘敵，現已全部肅清。贛江東岸我軍，由永奉向吉水攻擊，現正與敵戰鬥中。吉水以北敵，於二日晚侵陷峽江城。廣西方面我軍，由靈川沿公路綫向興安北向追擊前進，至二日晚，已向北進展十里。全縣六十里處鐵道綫上之敵，於今向西反撲，被我擊斃百餘，現仍激戰中。湘西方面我軍，由新寧續向東安攻擊前進，已獲有甚大進展。

【中央社重慶五日電】據軍委會五日發表戰訊：江西方面贛江東岸，於四日上午四時克復吉水城，西岸我軍向敵後尾擊，現已攻抵峽江以南附近地區。峽江敵三日北向新淦竄犯，我正阻擊中。高安以西及奉新西南敵，二日會合竄陷高安城，我軍於三日拂曉由西南兩面向高安攻擊，已迫近郊區，現正與敵鏖戰中。廣西方面，我攻達興安西南六十里處大溶江附近部隊，現已將大溶江包圍，正向敵攻擊中。皖中方面我軍，協同地方團隊，於七月廿日收復含山縣城（蕪湖西北）。

陳納德與西安市記者談話稱：任何國家能統一然後能富强

【中央社西安四日電】四日上午九時陳納德將軍在寓所院內草地，接見本市記者，首由記者對陳將軍致敬，並表示惜別之意，旋即開始談話，茲摘記於次：記者問：中國戰場仰賴將軍甚多，將軍何急於辭職返國？答：關於此點，余在七月八日已有聲明發表，別無更多意見。問：將軍此來，對西北之印象如何？答：此次乃余第二次蒞臨西安。在蘆溝橋事變發生後之第二日，余即曾來此。今日戰局，已非往昔可比，西北之一切表現，在此次戰爭中，顯有進步。至少在軍事上，已由被動轉爲主動，且敵人之軍事行爲，隨時隨地深受吾人之播弄與牽制，尤其敵之空軍，已呈不堪一擊之勢。問：盟機對敵人猛烈轟炸，是否單獨有促敵人投降之可能？答：然。强有力之轟炸，對

同盟社稱 甘省旱災嚴重，一月中糧價飛漲八十倍

【同盟社北京四日電】陝西省南部的飢荒已日趨嚴重，重慶當局似正在苦思救濟的對策。據最近的情報稱，由蘭州周圍開始以至於甘肅全省，今年四、五、六三個月之內，一滴雨也沒下，莊稼已因而枯死，糧食價格在五月下旬到六月下旬的一個月之內，已飛漲了八十倍。

【同盟社廣州四日電】據重慶合衆社電訊稱：目前重慶頻頻發生勞動糾紛，紡織、毛織工廠工人的罷工日趨激化，因此政府當局開始居中調解，以便抑壓之。

偽蒙德王對敵偽記者稱 絕對信賴『盟邦』日本，貫徹『聖戰』之目的

【同盟社張家口四日電】隨着戰局的進展，蒙古的責任正在逐漸加重，蒙古政府主席德王，於三日，招待張家口的全體記者，表白斷然地貫徹聖戰的決心如下：我們絕對信賴盟邦日本，更加緊强貫徹聖戰到底的決心，沒有日本的勝利，也就沒有了蒙古，今後政府應當施行的各種施策，其基本點就是放在這上面。蒙古之所以要飛躍的增强戰力，就是這個原因。若不增强蒙古的戰力與擴充實力，也就不能够充分地協助貫徹聖戰，也就不能够達成蒙古的職責。爲此，作爲當前的問題，有各種課題擺在我們面前，如確立治安、增强生產、安定民生、培養民力及把握民心等等，政府擬靈活地運用過去的經驗，比過去更加積極與强有力的推進對於上述問題的方策，以便適應目前的戰局。

蘇聯要求平分德艦隊

【同盟社里斯本三十日電】據紐約時報華盛頓電稱：據云蘇聯政府要求引渡現在美、英軍手中之德國艦艇，曾再三地向兩國政府申請，但蘇聯究竟要求多少艦艇，還不得而知，似乎在要求爲防衛波羅的海基地以及其他戰略地所必需的艦艇，因爲有平分意大利艦隊的先例，因之認爲美、英兩國政府只有答應蘇聯的要求。

同盟社介紹美國的造艦情形

【同盟社東京二日電】羅斯福於一九四〇年七月十九日簽署建設兩洋艦隊方案，到今天已進入第五個年頭。最近據說已建造竣工

敵人之破壞至鉅，日本工業生產中心，軍事設備，港口船塢，交通運輸，將被全部炸毀。屆時軍心渙散，民氣銷沉，陷於忍無可忍之境，自可促其投降。問：將軍對亞洲大陸上之軍事形勢及我軍反攻作如何觀察？答：大陸上之軍事行動，以擊潰日軍爲主要任務，八年來中國之英勇奮鬥，以及目前反攻之佈署，在盟軍配合之下，將迫使日軍瓦解崩潰。至於今日在大陸上活躍之空軍，完全爲協助陸軍造成戰略上之戰果。多年來余在中國配合中國軍隊作戰之計劃，共有三個步驟：第一破壞敵軍在大陸上之據點，摧毀其交通設備，使其首尾不能相顧，而疲於奔命。第二擊潰大陸海岸敵之軍事設備，及海上船艦，使敵人呼應不靈，供應困難。第三掩護並協助中國軍隊，猛力向前推進，以收復廣大失地，余料今後大陸上之戰果，必更輝煌 必能知吾人之所期，完成反攻之任務，獲致勝利之結果。余深信中國人與中國軍隊，皆有必勝之決心，而且富有潛力，此時適有美機數架，自天空飛過，將軍笑對旁坐之倫德將軍曰：彼等完成任務歸來矣。然後含笑對記者曰：現在空中已無敵機蹤影，此乃吾人勝利之徵兆。問：戰後中國空軍之建設，將軍有何意見：答：此爲余數年來在中國致力工作之部份，戰後中國空軍，必能如理想，有偉大之成就。建設空軍之兩大先決條件爲人力物力，中國在此次戰爭中，已儲備有大批技術及飛行人才，彼等之能力，殊爲優良。製造飛機之木料，中國蘊藏良多，故戰後中國空軍之强大，自不成問題。問：將軍旅華多年，對中國最感興趣者爲何？答：余來華後中國一切，皆使余留戀不已，足跡曾遍大江南北，中國人民對余及余部下之厚愛殷勤可謂無微不至，余當不忘中國人爲余最善及至誠之友人。余兩次來西安，皆自天而降，但余已深深瞭解西北人民之剛强英勇，爲中國民族精神表現至足之地域，但願他日太平年月時，舊地重來，結伴同遊，爬山狩獵，皆余之所好，而西安具有悠久歷史性之勝地，可供世界人士之遊覽，飛機場之設構，可供戰後航運之用。你我雖各據一方，猶近若咫尺，…問：將軍返國將任新職，抑將退休？答：余爲現役軍人，尚未達退休年限，當仍爲戰爭效勞，但新職須候軍部之命令，問：將軍何時返國？答：余今午離此赴蓉，盤桓一二日，然後飛明，稍事整理行裝，即可返國。問：將軍對中國政治之觀感如何？答：余爲軍人，愧對政治認識不多，余以爲任何國家，能統一而後能富强。

，海軍現有的艦隻爲數已達一千五百六十五艘，照例玩弄着龐大的數目。當時決定增强現有力量的百分之七十，翌年更增加了百分之七十。這就是所謂斯塔克案，總額是四十億元，在當時的實力一百七十萬噸上又增加了一百二十五萬噸。完成期限爲七年，建造主力艦二十八萬五千噸，航空母艦十二萬五千噸，巡洋艦四十二萬噸，驅逐艦二十九萬噸，潛水艇七萬噸，補助商船十萬噸。據此次海軍部的數目加上過去五年間的艦數原有的實力，戰鬥艦艇的數目共爲一千三百二十二艘，這是個很龐大的數目：據說大部分已參加太平洋作戰、如把造艦五年來的數目分開來看，海軍工廠建造三百三十二艘，民間艦船工廠建造有九百九十一艘，前者之中包括戰艦七艘，航空母艦五十一艘、驅逐艦五十八艘，潛水艇九十七艘。後者之中包括戰艦二艘，航空母艦（二萬七千一百噸）十三艘、另外尚有九艘（十萬噸）、航空母艦一百零五艘、巡洋艦四十四艘，驅逐艦三百十二艘、潛水艇一百十二艘，預計本年中可完成的計戰艦二艘，航空滑艦（四萬噸）×艘，另有九艘（計二萬七千一百噸），再有四艘（計二萬四千五百噸）護航航空母艦二十六艘。一般地說美國海軍的擴充計劃・從一九三四年建造一百零三艘的文生案開始，其經費數目以華盛頓——倫敦條約所許可的最高數目爲標準。當初實行計劃因發生混亂，致實際上有所延遲，經克服後，擴充的速度極快。

同盟社稱 尼赫魯提倡南亞細亞聯邦

【同盟社里斯本四日電】據斯利那加爾來電：印度國民大會主席尼赫魯，於三日參加斯利那加爾（卡西密爾土王國的首都）舉行的國民大會的會議，發表演說，反對分割印度，而提倡結成南亞細亞聯邦：其演詞要旨如下：印度斷然反對把印度分割爲一個個的國家羣，印度在國體和經濟上都應該是統一的單一的國家，將來各小國將陷入這樣的狀態即它們完全沒有前途，而像伊拉克，伊朗這樣的帝制的國家在名義上是自由的，而實際是大國角逐的場所。小國單獨的是沒有辦法，除了各國結成聯邦以外，就沒有辦法解決以上的問題。印度的命運將其被分割而結束。我提議由印度，伊朗、阿富汗、緬甸及其他國家結成聯邦。

（只供參考）
第九六四號
解放日報社 新華社編
今日出一張
八月 日

一 路透社傳

宋子文王世杰日內去莫斯科

【路透社倫敦七日電】[illegible]期宋子文與新外長王世杰[illegible]將於下二十四小時內飛達莫斯科，與斯大林及莫洛托夫重新進行因波茨頓會議而中斷的會談。

重慶否認梁幹喬將受審

【中央社渝六日電】本日新華日報載稱陝西第二區專員梁幹喬，現已由軍法執行總監部押解來渝途中，將受軍法審判。該報並指梁為「淳化兵變禍首」。頃經軍法執行總監部負責人切實否認，謂新華日報完全捏造事實，梁於半年前即已因病請假在西安調養，與淳化事件毫無關係，自無押解來渝軍法審判之事。

國民黨戰報

【中央社桂中某地六日電】我攻擊丹竹之有力部隊，四日佔領丹竹機場，五日午將頑敵肅清，並完全佔領該機場，及附近各要地。殘敵一股竄蒙江圩，我正繼續追擊，是役斃敵二百餘，僅機場一地，敵遺屍已逾四十具，我鹵獲各種戰利品五百餘件。

【中央社桂中某地六日電】桂林東北殘敵，自靈川潰退大榮江，我正予以追擊。

【中央社吉安六日電】沿湘贛公路舊軌東竄敵，三日來經我大軍夾擊，已侵入高安，我們繼續猛攻未已。

【中央社渝六日電】據軍委會六日發表戰訊，粵南方面我於卅一日攻入陽江城，正與敵巷戰中，江西方面，峽江以北，贛江東岸敵，三日竄至新淦城，四日向樟樹鎮進犯，西岸敵由新淦以西地區北犯，××均在我阻擊中，我自吉水向敵後尾擊。四日克復峽江東南卅里處八都圩。

敵報評「中國內戰限度」

【同盟社東京六日電】六日之「朝日新聞」以「渝延內戰之限度」為題

自行[illegible]中國及印度將於遠東獲有大輸出市場，但此須於雙方解除內顧之憂，而[illegible]所有一切產業復始可。德國未來將不能以鋼料供應亞洲，美國將代[illegible]以較前更大之數量供應遠東，此乃因美國戰時大規模擴展太平洋[illegible]廠之故。

一

兵役部鹿鍾麟電川滇黔湘各師管區 [illegible]新兵衛生

【中央社渝六日電】兵役部長鹿鍾麟，日前分赴西南各省視察役政後，對於新兵衛生問題，極為注意。頃特電飭川滇黔湘各師管區司令，注意辦理數事：（一）徹底遵行新兵體格檢查辦法，嗣後如再徵有不合格新兵，一切徵兵費用，應由各該主官負責賠償，並嚴加懲處。（二）行軍部隊須切實注意新兵健康，行軍三日即休息一日，有病應予治療院診治，不得遺棄或強迫隨行。（三）接收新兵部隊，應隨帶軍醫及[illegible]藥品備用。（四）病故士兵，應備棺掩埋，不得遺棄或裸埋。（五）自實施新兵薪給之後，每一錢均須用於新兵身上，如有剋扣，唯該單位主官是問。

一

西北公路局長何競武解職

【中央社重慶五日電】西北公路局長何競武辭職獲准，戰時運輸管理局，已任命該公路局副局長沈圻繼任。

【中央社恩施六日電】湖北省新任民政廳長王開化，今晨就職。財教兩廳長吳嵩慶、錢雲階，同時補行宣誓。

【中央社重慶五日電】新任司法行政部常務次長謝瀛洲，已於日前由滬抵渝，定七日到部視事。

【中央社重慶五日電】據財部消息：中央信託局局長鍾鍔辭職照准，遺缺由劉攻芸繼任。

同盟社評論

太平洋上攻日的北方戰綫

【同盟社北方基地六日電】北方戰綫在一年中，只有夏季是進行作戰的最好季節。北方戰綫的敵人動態怎樣呢？綜合最近敵方的情報，判明敵人在北方戰綫配置很劣勢的兵力。即以編來襲的第九艦隊（有若干的輕巡洋艦和驅逐艦為中心，在陸上基地配備以中型、小型飛機的基幹的空軍並使太平洋潛水艦隊的一部由中途島方面進行蠢動，這是因為受到氣候及其他自然現象的限制。敵人還沒有形成北方戰綫。七月十日敵機動部隊攻擊本土時，敵人與，論述如下：最近由中國發來之電報，經常傳說渝延間軍事武力衝突事件的擴大。延安的目標是以蘇聯爲靠山、利用與重慶的鬥爭以成立統一戰綫政權。重慶較延安有強大的武力，延安雖極力避免與重慶發生武力衝突，但延安如果估計沒有擴大爲全面內戰的危險，則延安計量到政治的效果，未必不犯過失之危險，因爲延安並不是害怕犧牲，以至於放棄進攻，這樣的感傷主義者。此次的武力衝突，使人懷疑未必是像延安所說的是由重慶軍挑起的，原因亦在於此。延安既掌握着主動權，那末武力衝突亦是局部的偶發的末稍的，當然亦應看到有發展擴大到全面武力衝突之可能。抗戰中國一方面標榜獨立自主，另一方面却與此相反而行，正如林語堂所說的是『啼笑皆非』的悲劇，悲劇多多少少都含有悲劇的樣子。抗戰中國的此種矛盾，亦是一場悲劇而已。渝延雙方現在都失掉自主地解決問題的主動性，雙方各自不暴露自己的黑幕，因此抗戰中國內部的此種末稍的衝突，並不能牽制不暴露這個黑幕的意圖。抗戰中國的爆發內戰，並沒有使和平解決受到挫折。此時應警戒這種帶有希望的推測，即認爲正因爲不斷的衝突，就要發生內戰或武力衝突的激烈，即可立即發展和擴大爲全面的武力衝突。

美在遠東某對外貿易代表謂 中國戰後應製玩具向美國傾銷

【合衆社紐約五月電】紐約時報載有曾在遠東經商多年之某對外貿易代表之言，謂戰後中國在國際貿易上如須佔一席地位，端賴其有無能力製造廉價商品，如日本在戰前出產者然。中國需要價值千百萬之新物資，及一切工具，此種物資需錢購買，籌款之最佳辦法，莫過於將過剩物品向美國傾銷，戰後中國最佳時機，如製造玩具、及無數廉價貨品，以供家庭辦公處及工廠等之需要。並須注意發展絲業。戰前在中國之各汽油公司，準備於和平到來時立即恢復營業，計劃購買大量用具，如貯油箱及類似工具，有一美橡皮公司，據悉已擬定在中國開設車胎廠之初步計劃。

【合衆社華盛頓五日電】美政府專家謂：中國或將於克復東三省時獲得日本若干製鋼資源，但於若干時期以內，恐無發展爲眞正大規模工業之可能。中國如不能發展強大之產鋼工業，印度將於多年內爲亞洲方面最重要之產鋼國家，日本煉鋼工廠即未全被炸毀，亦必將因防衛戰爭之措置，鋼產極受限制；此外並將因商船『戰用』中斷焦煤供應煉鋼工業之損失而更受挫折。

擊室蘭，另有一隊機動部隊（數量雖然很少）繼續在宮城、福島方面活動，同時B廿九式機偵察的回數亦已增加，七月廿八日終於以燃燒彈攻擊青森，這據由敵B廿九式機對北海道實行戰略轟炸以及由琉璜島、沖繩基地方面攻擊樺太、千島的可能性看來，現在敵人以阿留申（稱爲北方的珍珠港）方面的諸基地爲中心，繼續進行活動。現在知道少數的艦船和飛機並不是我北方戰綫的敵手。美國軍事訪員鮑爾溫在其最近著作的「太平洋戰略論」中力說由南方向北進攻的作戰併平行，亦關進行攻擊千島的作戰。北方戰綫重要的理由有下列各點：（一）北方成爲作戰的基地；（二）北日本的重要性已經增加。我北方的陸海軍精銳部隊構築牢固的障綫以應付敵人的進攻。他們認爲良好的機會來得太晚。

同盟社評太平洋戰爭中 英美的三個重要發表

【同盟社里斯本五日電】關於太平洋戰爭，最近有三個重要發展，這就是英美兩巨頭的共同作戰聲明，麥克阿瑟之掌握琉球基地，杜立特之擔當成立『對日作戰最高司令部』。我們從敵人的共同聲明中亦可看出對日總攻擊中的根本戰略問題，已在波茨頓決定，這是很明顯的。麥克阿瑟之擴大指揮權，恐怕就是證明中所說的『地區及統帥變更的第一着手』，如果麥克阿瑟之擴大指揮權，是波茨頓會議中戰略方式的一部分的話，我們可以想像到指揮東南亞軍的蒙特巴頓的區域，亦將要更動。華盛頓發表之合衆社電訊稱：『英軍出擊的唯一接近路綫，是準備奪回新加坡與馬六甲海峽，蒙特巴頓將指揮東印度群島』。關於指揮權，所謂要設置對日最高司令部問題，是與歐洲不同的，現在尙未決定，共同宣言亦未涉及。杜立特在空軍紀念日的演說中說：『前綫負責將領，要求設立最高司令部』。又徵諸麥克阿瑟司令部亦許可報導一點來看，實甚值得注目。華盛頓陸軍部方面則尙未正式聲明。據消息靈通人士稱：杜立特承認因爲沒有最高司令部，發生種種困難，對於瑣碎事情還要上面指導，感到不滿。一般論調：杜立特指責戰略航空隊（凱尼指揮之遠東航空隊）與麥克阿瑟指揮部之三角關係。這是說明了杜立特的第八航空隊，已經和凱尼航空隊所駐在的沖繩基地活動的事實。

【同盟社里斯本三日電】現在美軍在太平洋的指揮系統沒有最高指揮官，陸軍總司令麥克阿瑟元帥及海軍總司令尼米茲各自擁有直屬的航空隊，由聯合司令部決定最高戰略，美國內對於這一點是很不滿的，時常加以批評。

合衆電稱：本月一日第八航空隊司令杜立特中將向第十軍將士發表演說，力實設置海陸空軍單一的最高司令部是勝利的必要條件。這個演說的內容發出時，當經過麥克阿瑟司令部的檢查，由此看來，這暗示了陸軍內部對這個問題的意見。據華盛頓合衆社電訊稱，陸軍部當局以『沉默的恐懼』的心理接受杜立特的言明。

敵記者吹噓大陸要塞

【同盟社東京六日電】最近，每日新聞就中國大陸上我派遣軍據有的大陸要塞的威武雄姿報導如下：展開在記者眼前的是一片廣闊的大平原，在它背後的山脈地帶，則密佈着蛛蜘網似的、數不清的掩蔽壕和反坦克的障礙物，它們巧妙地利用地形，保持着蜿蜒曲折的隱蔽的連絡。這些工事可說是完美無缺的防禦陣地，不但從空中偵察不出來，而且在地面上即使進迫到極近距離內，也不容易看出來。事實上記者現在正在進行視察，但記者已經站在陣地附近進行偵察亦不容易發現它。這裏是一片和平的田園風景，誰也想不到這裏會有戰爭，然而正是在這片田園裏存在着由我派遣軍的精銳，依據天險守衛的，可與萬里長城相媲美的，大陸的地下要塞。這個要塞的幅員和縱深，不像蔣介石曾建築過的×××那樣，落後於時代的外行的東西，也不像馬奇諾或西格弗利防綫那樣固定地不能移動，它是個強固而富於彈性的，攻不破的要塞，誇耀於『物量』的美國，無論她派多少大軍來，也休想突破它。建造這樣龐大的要塞時，當地的居民——中國人，曾經誠心誠意地參加勞作，這個事實是不容忽視的。中國人現在已經認識到保衛東亞的眞意，因此，從共同防衛的觀念出發，跟我方合作的精神便日益旺盛起來。我×百萬派遣軍具有野戰軍的經驗，而且它背後還有確立了軍需生產供求體制的五十萬僑民，另外還有協助日本的中國民衆，現在敵人即使出動幾百萬軍隊，我派遣軍也屹立不動地殲滅它。

路透社訪員說
蘇土談判成殭局

【路透社倫敦四日電】路透外交訪員寫道：波茨頓公報未提及韃靼尼爾的將來，仍支持了蘇土締結新友誼條約談判的僵局，雖無權威聲明發表，據可靠消息，討論在繼續之信念。自從夏初談判以來，已在數週前中斷，因爲土耳其不可能對蘇聯作領土的讓步，並主張修改海峽現狀的建議不能單由蘇土兩國考慮，排除其他有關國家。倫敦消息靈通的外交人士認爲，蘇土會談的進展部分地賴於雙方關於韃靼尼爾的協定。不問這一問題是否在波茨頓會議上曾經提出，很顯然的，並未達到解決。

勒斯坦爲猶太的民族家園，允許歐洲猶太人進入巴勒斯坦，則猶太國家事實上將行建立起來。阿拉伯宣言說：『抵達巴勒斯坦的每一猶太人是所建設的猶太民族主義者國家建築上添加一塊磚石，是反對阿拉伯人的猶太人大多數添加一個單位』，所以阿拉伯人不能僅以人道主義方式看這一問題』。宣言說：阿拉伯人永不會默許使他們成爲『在自己國土上成爲少數的企圖』。據猶太民族主義者權威方面說：邱吉爾當任首相時曾準備一旦德國戰爭結束，並且，如果美國支持英國行動時，改變阿拉伯的反對。但是從那以後，據息邱吉爾在他供職之末已改變了他的思想。據相信已決定巴勒斯坦問題僅能在和平會議上予以解決。工黨是否亦因此觀點，僅事變能够表明，工黨領袖對猶太民族主義者的事業是××。現樞密院院長摩理遜在下院辯論時，宣稱：『不問工黨在其掌政時當特情況如何，白皮書不會自動地束縛工黨』。雖然阿拉伯每一相反的聲明，猶太民族主義者繼續堅持英國決然的政策不經援亂英國感覺平靜的整個中東即能實行，這在對日戰爭在繼續中時是對不對的。阿拉伯宣言本週希望那些人傾心接受猶太民族主義者這些保證重新召集金氏——克蘭委員會，該委員會一九一九年曾向威爾遜總統報告巴勒斯坦必須永久地駐兵五萬以實行猶太民族主義者的綱領。預期工黨政府參照中東整個局勢而不是工黨選舉前的諾許，以明定其政策。歐洲除蘇聯外尚有猶太人一百五十萬，六百萬猶太人已在納粹手下死亡了。猶太民族主義者稱：巴勒斯坦是離開的人民的唯一希望，維茲瑪宣稱：『我們不能靠待延緩的方法，日益增強的緊張情勢及最後的危機。』維茲瑪要求准許猶太人赴巴勒斯坦作爲『勝利菓食之一』作爲他們的戰爭努力與苦難所獲得的東西，並糾正古代的錯誤。他呼籲『世界的良心』如四千年前摩西呼籲法老『讓我們人民去』。

德經濟學家認爲三巨頭控制德國
計劃是摩根索計劃尚稍加修改

【合衆社柏林四日電】今晚德國研究經濟學的人，將三巨頭控制德國的計劃，描寫爲是所謂的摩根索計劃『稍加修改』的形式。該計劃原則上是要求將德國降爲農業國，以防止將來的軍事侵略。納粹宣傳家們在戰爭最後幾個月，對摩根索計劃發動若干極猛烈攻擊，希望拿如果盟國獲勝一幅完全被毀壞的德國的圖畫來增強人民的反抗。研究經濟學的人員爲卅歲的范克，當他根據三巨頭公報來解釋摩根索的計劃時，他對這計劃表示懷疑。他說明『這是一個工業國。我們從來便沒有×××供養我們自己，如果德

〔同盟社里斯本路透社四日電〕波茨頓會議聯合公報未言及達達尼爾海峽問題，因此蘇土締結友好條約的談判有陷入僵局之感。英國外交部方面亦承認這一點。據確實的情報稱，土耳其拒絕割讓任何領土給蘇聯，它認爲變更達達尼爾海峽的現狀是牽連到其他有關國家，不能由蘇土兩國直接談判。

美聯社傳說中的盟國對賠償的意見

〔美聯社華盛頓三日電〕此間官方今日關於波茨頓公報的解釋道：歐洲各小國須重新考慮他們的要求德國的賠款額，他們只能獲得他們所要求的一小部份。斯大林、阿特里、杜魯門已闡明德國賠款將依賴於盟國所決定應從德國運走的一切，而不是依賴於要求者所要的。迄今官方所提出唯一的總數，會是蘇聯二百萬萬美元的建議。羅斯福與邱吉爾在雅爾塔會議上曾拒絕接受這一數目，僅準備付諸討論。賠款委員會被指定在六月內決定德國能够而且必須賠償的總數。法國將被邀參與英蘇美這些會談。在這些決定擬定之後，盟國將考慮如何分配德國所賠償的總數。荷蘭所提出之要求約五百萬萬美元，據息：法國二百七十萬萬美元。

〔同盟社里斯本五日電〕波茨頓三國會議公報明顯表示拒絕佛朗哥政府參加聯合國。五日佛朗哥發表聲明，猛烈非難波茨頓三國會議公報，略謂：波茨頓三國會議公報是片面的、不公正的。西班牙不贊成與其歷史、人民、和平及文化背道而馳的國際會議。

路透社評巴勒斯坦問題

〔路透社倫敦五日電〕紐約時報專電，阿拉伯人與猶太人本週正在發弄巴勒斯坦問題之火，這一火焰似乎不能遏抑很久，情況可能迫使英國新政府即刻顯示其×××，出席世界猶太民族主義者會議的猶太人領袖聚集此間，是爭論開始的信號，猶太民族主義者領袖首先要求英國容許歐洲猶太人殘餘十萬人即刻進入巴勒斯坦，但這一要求僅是猶太民族主義者綱領的一小部份。阿拉伯當局本週已清楚表示他們將以全力反對這一另外的移民，維茲瑪博士致猶太民族主義者會議的總統示告，號召美英蘇即刻承認猶太人赴巴勒斯坦民族家園的權力，並且由英國即刻廢除一九三九年關於移民的白皮書，倫敦阿拉伯人說：他們的步驟僅能以武力實現，宣稱代表世界阿拉伯人態度的倫敦阿拉伯事務部猶太民族主義者會議閉幕前不久發表宣言，譴責亡命者被用作實實政治目的的外罩，阿拉伯人所恐懼的是不問主要強國是否承認巴

國喪失了奧得以東的一切土地，據公報所建議的，我們便沒有了唯一的剩餘的地區」，他又說：西里西亞是牛奶、牛油、乾酪的主要產地，東普魯士是洋芋與穀物的主要產地。他的畏懼不能被當作預期可能從德國大多數人方面發生的典型反應，實際上德國大多數人所都認爲重建被擊敗的祖國，是盟國的任務與責任。」他勉強承認德國人幾乎完全無戰爭罪。就整個說來德國人還沒通知關於公報的條款，但可以保險作這樣的假定：這些六年來以掠奪歐洲過活的人民，是不會歡迎公報中所概述的卑賤地位底諸言的。

敵寇瘋狂備戰 考慮將僑民編爲總力軍

〔同盟社上海二日電〕北京大使館的楠本公使，因與南京、上海各機關接洽重要公事，來訪上海。楠本公使於一日下午接見記者團，就華北確立「自戰自活」體制、開發重要資源等問題發表談話如下：爲了準備對付敵人美國進行大陸登陸作戰，華北也正在採取官、民兩位一體的體制。在華北最高指導會議的指導下，對於「自戰自活」上最必需的，綜合計劃、製造兵器、製鐵、糧食、醫療以及有關僑民決戰體制等事宜，已分別予以新的編制，一舉而杜絕了過去各機關重複業務的現象。另外，在僑民的決戰體制上，將直接參加作戰的，跟在重要產業及其他「自戰自給」體制的重要作業場工作的合併在一起，編爲總力軍。在作業場從事勞作的，具有參加生產與作戰兩棲性的人們，被列爲總力軍的後備軍，但他們最後也將參加手榴彈戰，以求儘可能地多殺死一個敵人。爲了迅速地推進新設的連結滿洲、朝鮮與大陸的自戰自給體制，將派遣人員駐紮滿洲與朝鮮，通過相互間的密切聯系，以求各該當地能整備與使用其本地方的鋼鐵、兵器、彈藥以及其他各種資材。

〔同盟社東京四日電〕在敵人潛水艦猖獗下，爲了在海上救護船隻，五日將由海軍省發表成立「船舶救難義勇戰鬥隊」，這一船舶義勇戰鬥隊，擔任救助遭難船舶，打撈沉沒船隻，××××××（不清），以及擔任關於上述的指導監督。爲了提高這些勇士的士氣與完成職務，付予與軍人同樣的資格。又義勇戰鬥隊本部，設置在橫濱、大阪、門司、高雄、函館各地。（海軍省公佈）八月五日成立「船舶救難義勇戰鬥隊」。

參考消息

（只供參考）

第九六五號

解放日報 新華社 編

今日出一張

卅四年八月八日

星期三

工黨內閣的再考驗

【時訊社五日電】此次英國大選，工黨打破了一九二四、一九二九年兩次組閣的先例，以三百八十九席對保守黨一百九十四席的壓倒多數組成新閣。這一方面是自一九三五年以來保守黨當政十年執行慕尼黑政策的結果（一九四〇年邱吉爾組閣以後雖然代替了張伯倫的投降主義，堅持了抗戰，但綏靖主義的遺毒仍被保存着，而且在歐戰愈近結束，這種綏靖主義傾向愈益發展了），同時也反映着近年以來英國工人力量的增長，與英國人民覺悟程度的提高及其注意國內政治。英國工黨於一九〇〇年由四十一個工會與社會民主同盟、獨立工黨、費邊協會組成勞動代表委員會起，即宣告成立，一九〇六年始正式更名爲工黨。按階級成份說，英國工黨是工人與城市小資產階級的聯盟，在政治上它是大資產階級的附庸。工黨所揭櫫的『社會主義』，並不廢止私有財產制度，反之，認爲『個性與人格必須由私有財產才能表現』。工黨過去及此次競選的基本政綱：土地及某些大企業的收歸國有，亦均未超出資本主義的範圍。然而即令如此，這些主張卻爲保守黨所反對。工黨本身最嚴重的問題，是其領導機關歷來爲工人貴族出身的右派領袖所把持。這些人都是澈頭澈尾擁護英國大資產階級利益的。左派領導者的力量近年來雖有發展，但在黨內還不能起決定作用。共產黨則至今被拒絕於工黨的門外。所以它的每次競選綱領，雖也部份反映工黨內外工人羣衆的要求，但在過去兩屆內閣中絕大部份均未實行。一九二四年一月至十月由麥克唐納組織的工黨第一屆少數黨內閣，除英蘇恢復了邦交外，工黨的主要政策如路礦國有，徵收資本稅等均未實行。一九二九年五月至一九三一年八月，第二屆麥克唐納的工黨內閣，又以實施改良救濟辦法未能解決失業問題。在印度問題上，則槍殺印度民衆，逮捕甘地等革命領袖，以後雖改用懷柔政策召開英印圓桌會議，但

至於日本的政治機構，便不同了，日本的極權政黨——大日本政治會——不過是納粹國社黨的淡影而已，眞正的權力，操縱在幾個軍部領袖大企業家及官僚的手裏。

這並不是說日本的乞降是必然的，但是這扇窗是日本投降之門，還沒有完全堵塞。

在某種意義上，日本軍部首腦，及大企業家所做的一切，一如納粹黨徒在德國所做的，但是他們比較德國的黨徒要跋扈得多，然而日本並不像一九一九年德國軍事階段及工業家一樣，容易受失敗而分裂。

一九四一年，日本發動侵略，是若干保守的力量所策劃的，這種侵略和冒險的戰術，並不是那些年青的極端國家主義者的軍官所創造出來的，在一九四一年到一九四二年間，東條任內和杉山握着軍部的大權，但他們都不是浮囂的小夥子，他們是跟日本財閥狼狽爲奸的富有經驗的軍事領袖，東條和三菱、寺內和三井都是互相勾結的。

交互作用

日本宮庭、軍部首腦、大企業家和官僚之間，發生交互作用，他們狼狽爲奸的統治着全國，並沒有希特勒個人獨裁的性質，在此次戰爭中，日本內閣業已兩番易人，鈴木是戰時內閣的第三任首相，在日本那些得勢的保守派人物也跟德國納粹黨徒一樣的輕言和平，可是軍事上一旦失敗，比較地要富有現實性一點，他們對於財產比較德國一般暴發戶要看重得多，等得最後關頭，他們便會採用緊急措置的辦法，以挽救其已得的權益。鈴木首相最後對全國的呼籲，竭盡全力作戰，無條件的抵抗，可見這也是那些保守派的軍隊所策劃的，但是這不過是在軍事方面，挽救現勢的最後嘗試要失敗，這些人物裏至少有人會出面採用旁的方法。

所以在最近的將來，至少在日本於較大地區作戰中被擊敗以前，我們全沒有理由可以預期到日本有投降的行動，或日本有投降的策略，同時在我們看來，比較投降政策更爲重要的，是日本政治及軍事機構的首腦人物，將會發生裂痕，這種分裂，對於日本作戰力量大有損害，相信這種分裂的局面，逐漸有來臨的一日，在日本沒有一個統治集團是融洽無間的，一旦受到了些打擊，他們的心靈逐漸會動搖，在這些人物中，有許多現實份子軍事著作家，像石丸藤太及成田二人幾年來，對於日本在各戰綫的危機，一再提出警告，可是到了現在各綫的失利，及空中的摧毀，才是最能使人相信的言辭。

甚本上未改變英國對印度傳統的帝國主義政策。他如英、埃關於蘇丹問題的交涉，由於同樣的原因，亦歸失敗。當失業的嚴重危機於一九三一年秋已威脅着工黨內閣時（自一九三〇年六月失業人數一百一十餘萬增至次年八月的二百餘萬），麥克唐納更不惜分裂工黨，組織國民工黨與保守黨妥協合組國民內閣。過去兩屆工黨內閣所執行的政策，同過去保守黨、自由黨的內閣所執行的政策比較起來，實大同而小異。這次大選，英共及民政黨等進步黨派在保守黨與工黨間的抉擇上雖然都反對保守黨支持工黨，然而工黨的領導方面，對英共屢次提出的各進步黨派與工黨建立選舉聯盟的建議卻一再拒絕。上月廿八日以阿特里為首所組成的工黨內閣，重要各部幾全為張伯倫或邱吉爾內閣的閣員，而阿特里、貝文、摩利遜更為邱吉爾內閣時代保守黨反動政策的有力支持者。反之，工黨左派份子或者沒有入閣，如工黨執委主席拉斯基；或者入閣而不佔重要位置，如比萬、辛威爾等。一週以來，新閣的動向已經顯示出工黨不致改變英國傳統的外交政策，英官方的言論亦一再表示英新閣在外交政策上與保守黨並無顯著差異。至於對印政策，關於允許印度自治，最初本已決定撤銷印度事務部，將印度事務交自治領部的計劃，現在亦延緩其實施，而印人則要求印度的完全獨立。英國在戰後而臨着的重大問題是經濟恐慌和失業的嚴重危機，這將給新的工黨內閣以嚴重的考驗。阿特里內閣究竟抄襲已往兩次麥克唐納內閣的故技，向保守黨反動勢力妥協呢？還是在英國人民的壓力下與英共及各進步黨派合作，徹底實行其競選綱領中有利於人民的進步條文呢？這是今後工黨前途及英國政治動向中值得注意的問題。（S）

日本會投降嗎？——紐約午報

〔中央社渝五日電〕「日本會投降嗎」紐約午報軍事記者魏納作（載於七月該報）

日本會屈膝乞降嗎，這問題的答案必需先行檢討日本政治的現勢及未來軍事的進展。

這一樁重要的事實，就是日本既沒有德國那種無孔不入的國社黨，又無納粹黨衛軍那種獨立性的軍隊。

納粹黨徒及其黨衛軍，從使德國作戰到徹底崩潰以前，對於任何屈膝乞降的企圖，自始阻撓。全國政治及軍事的權力，一直是集中在希特勒手裏，軍部的領袖不能有任何政治性的決定。

日本究竟會否投降，大抵取決於幕後的鬥爭，在最後決定時，究爲那一派、那些人會發生力量，但是不能提出任何與日本戰時機構中深刻的裂痕存在，決不是武士道的精神，可以挽救於萬一的。

所以在日本提出任何正式投降之後，抵抗仍然會進行着，只要那些反對集中投降的力量佔優勢，各將必將繼續作戰。

東京雖然投降，中國東北的日軍，不一定就會屈服，正如東京拒絕投降，並不能防止東南戰區日軍的乞和一樣。

我們的戰略，絕不能以投降或者等待投降作抵抗，我們一定要用不到增加打擊力量的方法，以促成敵人陣營內必不可免的崩潰，我們不能買得日本的投降，但我們最後可以迫使他投降。

日本的投降，也絕不是用外交的策略，可以實現的，必須要用戰略來促致，換句話說，日本的投降，不是副國務卿格魯所能夠實現，而是要麥克阿瑟元帥才能完成的。假若日本投降的話，那並不是因爲我們宣傳還要保持天皇和日本皇室的效果，而是日本已經無力繼續戰爭了。

只有某一種的戰略才能迫使日本投降，僅用封鎖戰略和消耗戰略，雖然有空軍攻勢配合，也不能奏效，要使日本投降，必須攻亞洲大陸，進行大規模的會戰，以消滅日本的陸軍，或者進攻日本本土，或者雙方並進。

戰略

僅僅空軍攻勢，雖然力量很大，也不會動搖日本本土的軍事力量，它既不能消滅日本作戰實力，也不能毀滅分散在亞洲本土的後方軍隊，日本保守派最後還想作無條件抵抗的絕望企圖，是根據兩種軍事上的希望，一種是希望處於防禦的優勢，可使盟軍進攻日本本土失敗。一種是希望由於盟軍在亞洲大陸展開擴大前線之工作遭受挫折。

但是最近馬歇爾元帥在下院撥款委員會中的報告，一定會阻止日本這種希望的實現，他已經指出美國對日本的戰略，不是進行封鎖戰或消耗戰，而是要用登陸的方式，或實行一種迅速而有力的攻勢戰。

同盟社稱
盟軍使用新型炸彈

〔同盟社東京七日電〕B二九式少數機，來襲廣島地區，投下少數新型炸彈，使市內相當多的房屋倒毀，市內各處發生之火災相當嚴重，該一新式炸彈，附帶有降落傘，在未着地前即在空爆發，其威力正在調查中，實不容輕視。敵人使用此新型炸彈殺傷我無辜人民，美國人的此種殘忍性已由他自己承認了，敵人放下人道主義的假面具，以至於使用此殘虐兵器的最大理由，是由於敵人對戰局現狀發生憂慮的結果。因此，敵人今後將繼續使用此種兵器。我當局有充分信心現正在研究中，本來我方已估計到敵人將使用新兵器，在此點上已獲相當效果，隨着對抗手段的出現，其威力亦將喪失。國民應信賴當局的指示指導，以堅決的態度應付敵人以殺戮性爲背景的心理攻勢。

納粹祕密電台仍在活動

【合衆社斯托哥爾摩六日電】阿夫頓報於未載明發電地址的專電中稱，自稱爲『底特里區．艾科哈特』的德國祕密電台，突然於星期六又行出現。該電台數週前曾一度出現，顯然是從斯皮爾發出的。該電台在演奏希特勒所愛好的巴登威勒進行曲後，揚言希特勒本人親自向德國人民講話，廣播聲音『極似希特勒』，但也顯出相當多的不同說：能向德國人民講話的時間又來了，並答覆下列問題：他活着還是死了呢？廣播稱，『答覆可以他還活着呢！』阿夫頓報繼稱，整個廣播是一個大謎團，但稱，這點是可證明納粹地下運動仍在繼續活動。

西班牙祕密電台號召推翻佛朗哥政權

【合衆社倫敦六日電】標準晚報稱，昨夜一祕密電台首次出現，號召西班牙人破壞佛朗哥政權。該電台自呼爲『西班牙獨立呼聲』，它號召『工人只要長槍黨一日當政，即不要讓出一公分的××。工業家與商人不要服從長槍黨，拒絕交付欠款，捐稅及罰金。士兵們打破你們對佛朗哥及長槍黨的忠順。西班牙人，要回你們的自由吧！』馬德里訪員稱，西班牙天主教及保皇黨的流亡領袖吉爾．羅布爾斯已自葡萄牙北部的巴斯科監獄逃出。據稱，羅布爾斯現在西班牙邊境之奧拔托附近。觀察家，如果此消息屬實，則羅布爾斯恐將改變西班牙的整個政治形勢，因爲據信羅布爾斯能够將保皇黨及左翼政黨聯合爲一個反佛朗哥運動的唯一人物。此外，據傳西班牙將領會議已決定與左翼政黨取得聯系。

國民黨無條件歡迎外資元折法案

【時訊社六日電】根據各方報導：便利國外壟斷資本、保障外人在華特權的一套新法案，正在國民黨政府中加緊趕製。六月十九日由國防最高委員會公佈的修正公司法原則，即係此項法案之不在此項。』這就是：便於外資企業吞併中國公司。用國民黨中央日報的話來說，則是便於外國公司與中國公司『取得資本上之聯繫』。（四）規定『外國公司經認許後，依法律與同種類之中國公司，有同一之權利與義務。』這就是明文限制中國的自由資產階級與中國人民，不能得到抵制外國壟斷資本的併吞壓迫與保護幼稚資本所應有，而爲外國壟斷資本所不應有的差別待遇。在實際上是取消了民族自衛的自主權利，字面上平等，內容並不平等。

（五）該項法案中，又列進了這樣一條：『本法所稱外國公司，係指本店設在中國領土以外，而以營利爲目的，設支店於中華境內之各種公司』。這是說，今後：『如外人在中國境內設一本公司，則應爲中國公司；反之，中國人在美國註冊設立公司於紐約而設支店於中國境內則仍以外國公司論。』（廿乃光代表國防最高委員會對於該項條文之負責解釋，見六月十九日中央日報），這樣，外資可以變爲中資，而某些特殊性的『中資』，也就可以變爲外資了。這豈不是眞正做到『中外一體』了嗎!?

綜觀修正公司法原則的全篇文字，充滿着國民黨『入主出奴』顚倒主客之絕大荒謬。但是，國民黨在這些繁褥條文中，卻又盡心竭力玩弄着企圖蒙蔽人心的文字伎倆。目的不是別的；無非要想把帝國主義請進來做中國的主人，而又使得中國人民並不知覺。據重慶官方發言人稱：『各種涉外法規，均待修正，公司法之修正，實爲其初步工作耳。』國民黨的這類行爲，殊堪注意。（L）

重慶留美技術訓練六百人分佈情形

【本報訊】據美新聞處八月三日電：中國赴美受技術訓練六百多人之分佈情形如下：（一）分佈全英美各地學農村建設者——一六六人，學新法土壤保用、牧畜業、獸醫，由美農林部安插各地實習。（二）發佈與各發電廠，無綫電公司、飛機、紡織工廠者——三六四人。（三）其餘參加美公路局實習工作，有的學美汽油提煉法，有的學商業化學生產，有的學修建與使用空軍基地，有一個專學大都市電話設備與管理、（此人在滬、漢、渝已歷任十二年之電話工程師）。此電訊提及清華大學在華訓練不少學生，指出庚子賠款之有助於教育中國新青年，並極備此批赴美學生的學習熱忱。

重要組成部份。在此之前，由於外國某些大資本家與國民黨當局之節節商談，國民黨已經完成了節節奉迎的重要步驟。先是由國民黨的十一中全會正式承認外資在中外合資的公司中，可以掌握多數之股份，並得担任總經理。其後，去年十一月六日，國防最高委員會通過的第一期經建原則，又進一步保障了外資之活動權利，除去郵政電訊、兵工廠、鑄幣廠、主要鐵路、與大規模水力發電廠之外，均可自由投資。直到今年五月的國民黨六次代表大會，在一方面更加擴大外資之插足範圍，「除製造軍器外，其他工礦事業，皆可容納外資合作」（工業建設綱領實施原則）；另一方面又在該項原則中制定了一個辱國條文：「除少數事業經中國政府因中國國際需要而特別允許者外，所有外資，不得有華資所無之特權」以反面的形式承認了外資的在華特權。按自不平等條約廢除以來，帝國主義者們咸欲以變象的形式與『國際合作』之名義，使中國人民套上一條新的繩索；國民黨六次大會在原則上完成了此項工作。早在去年年底，美國的大資本家們，即已授意重慶官方，希望國民黨將一切原則上所已承認之外資權利，『經過立法程序成爲法律』（一月十八日大公報）。今年六月，據張嘉璈稱：『不久，美國三大公司將派商法專家來渝考察我國之法規。』（六月二十三日大公報）。而修正公司法原則即於此時正式發表，且『將譯成英文』（六月二十一日中央日報）。

修正公司法原則之基本內容如下：

（一）取消了以前關於股份公司的董事長必爲華人、董事半數以上必爲華人等二項規定；改爲『董事半數以上須在國內有住所』；董事長與常務董事『均須在國內有住所者』，但又並不直接寫成『均可交由外人主持』。這就是：便於外資在單個企業中取得完全壟斷地位，但又企圖蒙蔽人民的視聽。

（二）取消了以前關於每一股份公司的無記名股票，不得超過該公司所有股票的三分之一這項規定；改爲『無記名股票之比例，提高爲二分之一』，使得『股票容易流通』。這就是：便於外資參與中國公司。用國民黨中央日報的話來說，是便於外國公司『購買中國公司之股票』（六月二十四日社論）。

（三）取消了以前關於某公司投資於他公司之總額，不得超過本公司實收股本四分之一這項規定；改爲某公司『投資他公司之總額，不得超過本公司實收股本二分之一』，且又補充說明，『投資於生產事業或以投資爲專業者

【中央社桂林五日電】廣西戰區總司令湯恩伯將軍語記者，如無美軍之幫助，最近湘西之勝利與柳州桂林之克復，必更困難。其主要者爲第一爲空軍，第二爲醫藥，第三爲運輸。美國空軍在前方之出動，對我軍士氣爲一大鼓勵，而對敵軍士氣則爲一大打擊。不僅使敵軍交通線受到嚴重破壞，且使敵軍白日之行動，幾乎全不可能。由於美空軍之幫助，中國軍隊僅須佔領城市四周之戰略據點，而日軍最後只有逃命。故柳州桂林近郊之戰役，中國軍隊死傷甚微。湯將軍對於美空軍以軍火糧食於前方由飛機投擲我軍，尤爲稱讚。因用其他方法，向此等前方運輸，均不可能也。戰地流動傷兵醫院，對我軍士氣亦爲一大支持，士兵作戰受傷立即可獲得適當之醫院治療與醫藥救濟。然運輸問題，仍爲其所部士兵作戰之一重大困難，湯將軍以幽默之口吻稱，直至最近以前，彼若欲返桂林，實較前往華盛頓更爲困難，然由於美工兵對路面載重之修復及改進情形有迅速進步。

贛北敵竄入新淦城

【中央社寧都六日電】（一）贛江北部敵於三日晚，竄入新淦城，四日繼續向北竄，迄五日午至樟樹以南附近，我正堵擊中。（二）贛江東南游擊之我軍，連日側擊，尾擊敵之後衛，戰鬥激烈，斃敵甚多，並生俘七名。

【中央社寧都六日電】高安附近敵，經西山、萬壽宮向南且回竄，刻黃沙子（高安南）尚有敵四千，我正截擊中。

【中央社昆明六日電】中國陸軍總部司令部六日下午十時發表第三十號公報稱，（一）我湯恩伯方面軍，石覺所部，自八月三日向丹竹機場附近之敵攻擊以來，迭克據點，殘敵乘夜潰退，卒於四日將丹竹機場完全佔領，尚有殘敵在天主堂附近企圖頑抗，正被我包圍掃蕩中。（二）我張發奎方面軍劉棣材所部，連日對陽江之敵猛烈攻擊，經猛烈攻擊後，於七月廿九日克復陽江城，殘敵向恩平潰退，韓練成所部，自七月下旬開始向廉江北岸之敵攻擊以來，於奪取敵警戒陣地後，繼續對廉江城猛烈攻擊，八月一日拂曉攻入市區，與敵發生巷戰。

更　正

八月七日參考消息：「同盟社評太平洋戰爭中英美的三個重要發表」應改爲「……重要發展」。又：「海軍總司令鄧尼茲」係「尼米茲」之誤。特此更正。

參攷消息

（只供參考）

第九六六號

解放日報社 新華社 編

今日出一張

卅四年八月九日 星期四

敵國苦於盟機的轟炸

【同盟社東京七日電】敵機B二九的盲炸日益增加其野獸性，愈益暴露了他們的戰爭目的——抹殺日本人民的野心。敵人繼燃燒彈轟炸我東京、大阪、神戶、名古屋等大都市之後，現又使中小都市變爲焦土，受到犧牲的中小都市的大部分，完全是未設防城市，不但沒有軍事設備亦沒有軍需工廠。敵人不僅轟炸這些地方，而且在空襲時，首先轟炸市民避難的地方——近郊村落空地，把市民封鎖在市內後，然後在市內開始燃燒攻擊，殺傷無辜民衆，甚至多殺一個亦是好的，此種實例是很多的，其結果婦孺之死傷率極大。在千葉縣死者九百五十四名中，男子四百三十名，女子五百廿四名，女子的比例佔百分之五十四，又其中十二歲以下之幼童約二百三十四名（其中男子一百一十八名，女子一百一十六名），佔死者總人數中之百分之廿四點五）。在豐橋（愛知縣），戰災死者五百四十名中，幼小兒童佔百分之二十九強，約一百五十九名，女子佔百分之五十九強，約三百二十三人。在熊本縣四百二十八名戰災死者中，幼小兒童一百五十名，約佔百分之三十五。從全國來看，國民學校初等科以下兒童的死亡數目，佔全體百分之廿五，女子佔全體的百分之五十五乃至百分之六十。關於物質的損失，敵人的非人道性、反文化性極爲露骨，例如六月廿九日轟炸岡山市時，燒毀神社二十三處，佛閣四十四處，醫院一百一十三處，學校三十一處，此外並破壞史蹟，燒毀名勝岡山城。在宇和島市，罹災人數比較的少，約一千三百五十一個，並燒毀北方之舊宇和島城正門、並燒毀學校三處、醫院五處，敵人是如何有計劃地摧毀文化，只要舉一個例子即可明瞭。又在堺市（大阪）轟炸時，向該市郊外之仁德天皇陵墓，投下三百個燃燒彈，幸而陵墓未發生異狀，敵人有計劃的轟炸神宮，從轟炸皇大神宮（伊勢神宮）、外宮（豐受神宮）、明治神宮以來，即已明瞭，這只有說他們不怕神。在敦賀市（福井縣）、燒毀××神社及金先宮，在仙台市燒毀護國神社、賀茂八幡神社、宮城之八幡神社，松尾神社、東本願寺、西本願寺。又在該市、燒毀仙台青葉城址，養賢堂，仙台紅十字醫院，市立醫院三十處，中學校、女子學校、國民學校二十一校、這些事例，決不限於宇和島，仙台、而是說明敵人轟炸的情形。此外敵人還轟炸農村，試舉兩三個例子，三月廿九日熊本縣天草郡豐島村，以機槍掃射入營××中的一羣學童，當時即有三人斃命，六月廿六日，該縣該郡下田村及二戶町、反復掃射漁獵中的小型漁船，立即死去一人、輕傷一人、重傷一人。在北海道七月十四日在幌筵市外，掃射耕地的馬匹、並向一農家晒着衣服的屋頂掃射。此種例子在全國都有，實不勝枚舉。敵人此種掠奪的野心已自行否定其指導世界的資格！摧毀文化，忽視人道，其所宣傳的基督教精神已冒瀆於世界之前，敵人雖然散佈謀略傳單，加強謀略廣播，但敵人的上述行爲，此種反文化的、非人道的、背信的、反基督教政策的『實物宣傳』與敵人的謀略宣傳，究竟那一種給予日本國民以強烈影響？敵人此種有計劃的轟炸中小都市，其愈有計劃亦更加暴露了敵人謀略宣傳之拙劣，同時對於美軍此種天人所不許的暴虐行爲：日本人民將以無可比擬的公憤，在敵人來攻本土之際，以降魔之劍予敵人以澈底的膺懲。

敵稱斯大林可能召集最高蘇維埃會議

【同盟社蘇黎世七日電】據瑞士通訊社莫斯科電訊傳稱，斯大林主席自波茨頓會議回來後，將召開最高蘇維埃臨時會議，要求批准國際憲章和波茨頓宣言，同時，並欲對東亞問題作重大的決定。另外，該電訊並傳說蒙古人民共和國的軍事視察團目前還在訪問莫斯科。

英報評蘇土關係

【路透社安哥拉七日電】紐約時報專電：蘇土關係在這些日子裏重壓着土耳其。一切重要編輯今日評論蘇聯對土要求的各個方面。就土耳其人能看到的，波茨頓會議使情勢實際上未變，但他們似乎同意他們寧願進行戰爭亦不願在武力威脅之前讓步，雖然這種戰爭可以是無望的。倫敦與華盛頓來息暗示蘇聯曾被要求減輕他們的要求，這些消息在這兒未給予保證，因爲問題顯然未加詳細討論。波茨頓公報造成的混亂較信心尤多，在兩天之後土耳其依然試圖斷定會議未討論特別問題是否事實這一點意味着它是失敗了。許多人指出一切棘手的問題仍未解決。土耳其可能認爲蘇聯對土耳其所提的迫急問題中沒有什麼重要意義，但指出此中牽連重要的原則問題。一般的，並且縱然是官方的議論海峽現狀不能由兩國的協定加以修改，必須由蒙特婁條約九個簽字國會議，以美國代替日本，加以討論。蘇聯對卡爾斯與阿拉達漢要求的根據不清楚，但是在最近幾個月全部近東與中東有這樣一種說法，即蘇聯鼓勵阿爾美尼亞民族主義鼓勵的強化。去年二月吉耶利凡電台發表阿爾美尼亞民族主義者綱領，包括復土政策主張者的老調。「我們何時返回西里西亞」，並在結束時通告這一綱領已致敘利亞與黎巴嫩的聽者時，當時阿爾美尼亞與土耳其兩方皆傾耳細聽。土耳其與敘利亞與黎巴嫩之一部的西里西亞有數千來自土耳其的阿爾美尼亞的難民。綱領的目的會未予以解釋，但是，當蘇聯駐東方各國的公使首先拜會阿爾美尼亞主教而不先去拜會正教主教時（通常是先去拜會正教主教）則引起了進一步的閑話。阿爾美尼亞方面息，蘇聯使館實際上不經正式手續發給那兒無國的阿爾美尼亞人護照。這是些小問題，但它們總計起來表示支持阿爾美尼亞的確定政策。這兒發表的塔斯社布加勒斯特來電息，布加勒斯特數千來自土耳其的阿爾美尼亞難民，抗議所謂虐待這兒的阿爾美尼亞人。該電亦息：一致通過決議「現在將土爾其不正當兼併去的阿爾美尼亞領土歸併蘇維埃阿爾美尼亞的時候到了」。土爾其著名編輯之一耶爾門今日給予蘇聯以積極的回答，他在社論中說一八七八年從土耳其割去的卡爾斯、阿拉達漢係於一九二一年由蘇俄自動歸還，雖然阿爾美尼亞蘇維埃共和國業已存在，蘇聯現在不能要求任何情勢的改變以證明其對於這一區域新的要求爲正當。對疆界改變的另一抗議刊載於伊斯默今日的「耶尼阿西爾報」上，該報一般的是被認爲消息靈通的。該報說任何這種要求應提交和平會議，『我們以驕傲與光明正大的心底保衛我們神聖的權力』。據這兒可靠方面說：「縱然國外依然諒解的一個重要問題是蘇聯會未送達任何照會提達這種要求，亦會未舉行正式談判，雖然莫斯科會非正式的兩次提出這一問題。土耳其的觀點是：如果蘇聯有所要求，他們應提出舉行正式討論。」

宋子文行蹤

「中央社莫斯科七日專電」宋院長子文偕外長王世杰、熊式輝將軍、駐美大使館公使劉鍇及上次來蘇之人員等多人，於今日下午四時廿分抵莫斯科。蘇聯駐華大使彼德羅夫同行。至機場歡迎者有蘇外長莫洛托夫、外委會副委員長羅佐夫斯基、莫斯科衛戍司令蘇尼洛夫中將、第一遠東事務處處長潘京、外委會交際科科長莫洛克科夫及其他外委會高級官員等多人，由傅大使秉常率領之中國使館人員與英美法大使亦均到場。宋院長一行係於五日晨離渝，於加爾各答及喀拉伯路事休息後，次日抵德黑蘭，復於今晨八時半由德黑蘭起飛來蘇。

重慶各報批評國民黨新的黃金政策

「合衆社重慶八日電」中國政府新宣告的黃金政策引起重慶各報尖銳的評論。根據這一政策，自七月卅一日起黃金官價從五萬元法幣漲至十七萬元法幣一兩。財政部依照最高國防委員會一紙決議卅日發表公告說：業已購得可換金條的黃金證書的個人，當黃金到來時，必須「捐款」以補充軍餉。根據新規定任何購買者在他們能夠收到黃金之前，必須付黃金現在官價（十七萬）百分之四十，例言之，任何中國人在三月二十八日以前當金價漲至三萬五千元時已以每兩二萬元購得在將來兌換黃金的黃金證書時，現在，在他能收到黃金之前，必須額外付款三萬八千元，如說十兩黃金證書的儲藏者或購買者，亦有在交付黃金時收六兩，其餘四兩作爲他的「捐款」的選擇。新民報稱政府的行動爲「過分」，並且具有助於減低對政府信心的性質，新蜀報說：私人銀行面臨容前的危機，因爲小的存戶提款力圖獲得充分的貨幣以取得他們的黃金兌現。報紙預言每月黑市利率可以很快達到百分之二十到三十。購買黃金證書的製造家，在締訂合同時作爲防範通貨膨脹的屏障，現在已遇到×××。（原電未完，續電未收到）

張平羣解釋黃金儲蓄獻金

「中央社渝八日電」外記者招待會，今日下午三時舉行，由吳次長國楨、張參事平羣主持。外記者問：關於黃金儲蓄、獻金之決定，政府有何說明？其影響財政如何？購金者是否將提起訴訟？張參事答：獻金決定爲政府應付反攻緊急需要必須措施之一。反攻須有大量支出，此項支出不能專靠增加發行。政府顧及購主利益，令其捐獻過分利得之一部，此計可收入二千億元，於平衡國家預算，加強抗敵力量，均有裨益。獻金既經國防會議決定，政府自望國民個個遵守。況反攻開始，戰場上斷臂折足喪失性命者將不可勝數，後方人士對此區區身外之物，些許黃金何惜爲國犧牲乎。外記者問：中外將領獲青天白日章者爲誰？前後共有幾人？張參事答：友邦人員獲青天白日章者，在陳納德將軍以前，尚有史迪威將軍。我國人得此勛章者計有蔣委員長、何總長應欽、白副總長崇禧及李宗仁、陳誠、張治中、薛岳、衛立煌諸將軍。外記者問：原子炸彈之使用，是否可縮短對日戰爭？張參事答：此項武器，吾人雖不知其詳，但依據已公佈之消息，其震力之大，實足使敵人聞之膽寒。我政府極盼日人能重理智，趕速無條件投降，使原子炸彈爲和平之先驅，不令其爲殘酷之破壞工具。

參考消息

（只供參考）

第九七六號

解放日報社 新華社編

今卅四年八月十日出一張

星期五

傳朱可夫任遠東紅軍統帥

【路透社駐莫斯科記者胡伯十日電】蘇軍調至遠東早在哥尼斯堡會戰時即已開始。朱可夫爲遠東的老戰士，冷靜而深思熟慮。雖然他深信他自己的軍隊能够打擊日本，但他很看重日本的戰鬥能力。現在朱可夫又爲遠東紅軍指揮的人選。蘇聯預期盟軍將在日本本土登陸。

【美新聞處紐約九日電】朱可夫元帥最近接見記者，記者詢其對日對德兩次作戰之比較如何？他答稱：德軍技術之裝備甚爲優良，且甚善於使用其武器：張鼓峯對日作戰之時，日軍尙無技術裝備，但日軍極頑强，且戰鬥猛烈。今則情形已有變更，甚難再加批評。

同盟社承認 紅軍由東西兩方面攻入滿境

【同盟社東京九日電】蘇聯政府於八月八日夜，向帝國發出最後通諜說，蘇聯於八月九日以後，與日本進入戰鬥狀態，嗣後蘇軍即於九日上午零時十分頃由滿蘇國境東部及西部越境，又用少數飛機來襲滿洲朝鮮各地。即蘇軍在東部邊境方面，自琿春南方虎頭一綫附近數處，開始越境，在西部即由滿洲里及三河開始越境，其航空部隊於同一時刻以少數飛機分散襲擊呼倫、海拉爾、佳木斯、（在吉林省西南約廿七哩的一個小鎭——譯者註）哈爾濱、吉林及朝鮮的羅津、元山等處，該方面我軍爲了自衛，協同滿洲國軍隊與非法越境的蘇軍展開果敢的作戰。

【同盟社新京九日萬萬火急電】關東軍八月九日三時三十分發表：蘇軍於八月九日零時七分起，竟非法地向我東部正面開始陸上攻擊，同時各以少數飛機，開始轟炸滿洲內部的要地。

，迅速完全崩潰，而東亞之永久和平，必能早日奠定也。

蔣中正

【中央社重慶九日電】據美新聞處華盛頓八日電，中國駐美大使魏道明發表談話稱：蘇聯之參戰，猶加諸日本之另一顆原子彈，全世界現已聯合一致對付僅存之軸心餘孽，此一重要事件，將加速和平來臨。

【中央社重慶九日電】掃蕩報評論：日本所以敢拒絕盟國的哀的美頓書，是因爲它擁有大批陸軍，而它的陸軍能從地下兵工廠得到裝備。由於原子炸彈的發明，這些兵工廠已成爲不能工作的了。該報懷疑日本是否能及時發明有效的防禦辦法。

【中央社渝九日電】蘇對日宣戰消息傳來後，國民外交協會。特於九日電斯大林委員長致敬。外協理事長吳鐵城並派該會祕書長汪端一及理事彭樂善至蘇聯大使館訪晤司高礎代辦，向蘇聯人民表示敬意。

【中央社渝九日電】蘇聯對日宣戰之消息傳至陪都後，市民均極興奮，惟無驚異之表示，一般咸認蘇聯參戰乃意料中事。値此我國積極開始反攻之時，蘇聯有此明快舉動，提前結束對日戰爭，自屬無疑。有人甚且以日本可能於一月內無條件投降爲賭者。按蘇聯對日宣戰之廣播，係於九日上午三時以後傳至陪都，中央社及各報社全體工作人員徹夜之倦頓時消失，且均以緊張之情緒，等待陸續傳來之好音。時全市尙在酣睡之中，中央社當於淸晨四時發出第一號號外，不多時早起市民即陸續圍觀，隨之發出愉快之語調。六時左右，各報亦相繼發出號外，自此全市已轟然傳遍。日來以原子炸彈爲談論之資料者，竟一變而以蘇聯參戰爲主題。熟人邂逅街頭，輒以笑顏相諭「何日買舟歸去」。

【中央社沅陵九日電】蘇聯對日宣戰消息今晨傳至此間後，中央社及各報號外傳誦全市，一般情緒興奮，街頭巷議悉以此爲談話中心，咸認日本無條件投降僅時間問題。

【中央社西安九日電】蘇聯對倭宣戰消息傳來，市民咸感欣慰，咸認蘇聯此一行動，自將縮短戰爭期限。各報一日連出號外兩次，報導此項新聞。

【中央社成都九日電】蘇聯對日宣戰及兩軍接觸消息傳至此間後，各報迭發號外，雖在大雨滂沱之中，市民競相購閱，莫不喜形於色。

【中央社蘭州九日電】蘇聯對日作戰之消息傳抵此間後，中央社首先發出號外，市民聞訊，莫不表示歡欣。市府蔡市長、外部黃特派員，外專處張處

【同盟社東京九日電】大本營發表（八月九日十七時）：八月九日零時，蘇聯軍之一部，越過東部及西部之滿洲國境，開始攻擊。其航空部隊之少數的飛機，亦同時分散來襲北滿及朝鮮北部。

【同盟社新京九日電】政府對於蘇聯軍的非法挑戰，於九日上午四時，向全國頒佈防衛令，同時並於九時開始，召開臨時國務院會議，藉迅速地發揮戰力，以整備官、民的陣容，並鞏固了擊退紅軍的決心。

魏特梅耶與蘇聯軍事代表會談

【美新聞處重慶九日電】中國戰場美軍司令魏特梅耶中將，在蘇聯對日宣戰宣佈後不久，即與蘇聯軍事代表會談。美聯社記者慕薩報導，與魏特梅耶和蘇聯會議同時，權威方面宣露，朝鮮與中國本部，滿洲及越南共同包括於中國戰場。慕薩說：這一宣露與美軍訓練與裝備的中國傘兵已在中國戰役實用的『確實消息』同時發生。

【美新聞處重慶九日電】中國美軍司令斯特拉科梅耶中將今日公佈，查利斯·史東少將已被委爲美駐華第十四航空隊司令。史東係繼承最近辭職的陳納德少將。史東自一九四四年八月以來，即任印緬戰場空軍參謀長，因其功績卓著，已被授以獎章。

蘇聯對日宣戰
蔣電斯大林表示佩慰

【中央社渝九日電】蔣主席九日致電斯大林委員長，對蘇聯向日本宣戰事，表示眞摯之佩慰。原電如下：斯大林委員長：蘇聯今已向日本宣戰，中國全國人民深爲振奮，余謹代表中國政府及全體軍民，向閣下及貴國政府暨英勇之蘇聯軍民表示誠摯之佩慰。當中國抗戰初期，蘇聯首先予我極大之精神及物質之援助，凡我人民，莫不銘感。嗣後蘇聯遭受納粹德國之横暴侵略，我國人民對之實具無限之同情，而貴國神勇之軍隊，在閣下英明領導之下，横摧暴敵，直搗柏林，肅清納粹巢穴，重復歐洲和平，更予我國人民以莫大之興奮及鼓勵。今貴國乘打勝德國之餘威，爲促使世界全面和平早日實現起見，復與中美英及其他盟邦等採取協調行動，向世界首先侵略者宣戰。敝國軍隊能與貴國軍隊並肩作戰，至爲榮幸。深信已陷絕境而仍頑强抵抗之日本，必因貴國壓倒勢力之加入

長九日下午六時聯袂前往蘇聯大館駐蘭辦事處致賀，此間中蘇文協並定十日下午五時在西北大廈舉行鷄尾酒會，歡宴蘇聯盟友，以資聯歡。

邵力子談話

【中央社渝九日電】蘇聯對日宣戰消息傳來，中央社記者九日晨特訪前我國駐蘇大使現國民參政會祕書長邵力子氏，詢以感想。邵氏謂：蘇聯對日宣戰，誠令人感覺興奮。惟此並非意外之事，蘇聯具有摧毀一切侵略者之決心與力量。余於卅一年十一月十日返國時，對此即曾向新聞界有確切之說明，其於摧毀希特勒之納粹德國後，即可向日本宣戰。余在此兩年零八個月間，對此一信念與日俱增。蘇聯雖在抵抗德國最困難之時，在遠東亦有嚴密準備，倘當時日寇發動攻勢，亦可抵抗。蘇聯人民一向認定日本爲侵略國家，斷無在摧毀德寇之後放縱日寇之理。尤其近數年同盟國家與蘇聯合作日益增進之後，蘇聯對日宣戰，已屬當然之事。邵氏繼謂：本年四月間，蘇聯宣告蘇日中立條約不再續訂時，有人以爲此項條約至明年年四月廿五日始告滿期，在此之前，是否對日宣戰，表示懷疑。其時余以爲蘇聯廢約，措辭嚴正，與普通情形不同，保留有隨時宣戰之可能。且在條約未滿期前，更可採取由同盟國家邀請方式對日宣戰，現果如所料，故余對此項消息並不感覺意外。此已至日寇最後命運決定之時矣。氏並以在一方面開始使用原子炸彈之際，一方面蘇聯已對日宣戰，尤有重大意義，此必能確實縮短戰爭，減少盟國人民之犧牲，可更增進同盟國家人民之友誼。職是之故，吾人相信蘇聯參戰，不爲促成敵人早日無條件投降，即爲促其迅速毀滅；且亦可使反侵略戰爭完滿而無缺憾。此在我國尤感興奮者，爲蘇聯對日宣戰，正在宋院長再度抵莫斯科之次日，且與斯大林委員長晤面之後，因此相信中蘇友誼定可增强。目前兩國之談判，亦必獲得良好之結果。最後邵氏並以蘇聯過去之所以具有摧毀侵略者之力量，實由於其人民團結一致，確實作到『有錢出錢、有力出力』之境界，吾人於慶幸蘇聯對日宣戰之餘，更應學習蘇聯人民此種精神，以期早獲達成吾人抗戰之目的。

重慶官方發言人談話

【中央社渝九日電】我官方發言人頃對蘇聯對日宣戰事，發表談話如下：蘇聯已於八月八日對日宣戰，在全世界反侵略戰爭最後階段，亞洲戰場上所剩

能之[illegible]，今已不復存在。[illegible]勠德國之命運早日覆滅，縮短戰爭時日，加速世界和平秩序之恢復，自不待言。吾人深知日本侵略者乃文明人類之公敵，尤爲中蘇兩大民族安全與和平建設之最大威脅。中國政府及人民對於日本軍閥企圖獨霸東亞，進而征服世界之陰謀與計劃，早已洞悉無餘，是以當一九三七年七月，日寇對華發動大規模侵略行爲之際，全國軍民立即在蔣委員長領導之下，毅然奮起，獨立抗戰，不顧任何犧牲，以劣勢裝備將日寇膠着於中國戰場，予以不斷之消耗與殲滅，減少日本向其他方面侵略之企圖，此實爲決定此次世界反侵略戰爭全部形勢發展之有力因素。在中國抗日戰爭初期，蘇聯政府與人民給予中國之鼓勵與援助，象徵中蘇兩國在反侵略戰爭中休戚相關患難與共之精神。除蘇聯曾借我大量信用借款換取作戰物資外，其來華助戰之蘇聯軍事顧問、技術人員及空軍志願兵，對於中國抗戰尤多貢獻，此種患難中鑄成之友情，至爲可貴。中蘇兩國同爲亞洲之最大國家，接壤最廣，彼此利益關係特繁，欲求東亞之永久安定，中蘇兩國之密切合作，實屬必要之先決條件。中國自抗戰以來，與美英盟邦共同作戰，其一貫政策無時不在於取得蘇聯之友誼，當蘇聯遭受納粹德國之橫暴侵略時，中國人民實具莫大之同情。而蘇聯軍隊在斯大林委員長英明領導之下所造成之輝煌戰果，更使吾人感佩。前次宋院長訪蘇所獲得之盛大歡迎，以及斯大林委員長及莫洛托夫先生於談話時所表現之友情，更予吾人以極大之欣慰。茲値宋院長及王部長二次訪蘇之際，蘇聯已成爲與我共同對日作戰之盟邦，吾人相信此不獨將促成日本即日崩潰，且可奠定東亞永久和平之基礎。蘇聯在對日宣戰聲明中，曾正式聲稱『加入中美英三國領袖本年七月廿六日對日要求其無條件投降之公告』，其中對於戰後日本之處理及開羅會議之切實執行，均有詳明規定，更令吾人感覺各主要盟國之意見一致，努力無間，令人非常愉快。至於日本，則過去自知大勢已去，只希望盟邦間發生裂痕，以圖喘息。現則事實業已證明，絕無此種可能。在原子彈試炸廣島以後，又繼以排山倒海之蘇聯正式宣戰，若日人尙有絲毫智慧存在，當知欲免日本於完全毀滅，只有接受中美英蘇四國之公告即日無條件投降而已。

重慶軍委會發言人談話

【中央社渝九日電】軍委會發言人九日於蘇聯對日宣戰後，發表談話稱：欣悉蘇聯已對日宣戰，吾人對於蘇聯此一偉大舉動，衷心無限歡慰。

[illegible]

【中央社桂中八日電】王鐵麟將軍所部，於六日克復灌陽，殘敵分向全縣、道縣潰退。

【中央社吉安八日電】沿贛江北退敵，七日晚侵入淸江城及樟樹鎭，分竄擾新淦。繼續攻擊中。

【中央社渝九日電】軍委會九日發表戰訊：廣西方面，我軍（略）由平樂向桂湘邊境推進後，五日收復恭城，現續向龍虎關推進中。江西方面，贛江西岸我軍自吉水追擊敗退之敵，敵續向南昌方面撤退。

國民黨統治區各省縣參議會
張厲生說要在十一月全部成立

【中央社渝九日電】內政部長張厲生頃對中央社記者談各國民意機構設置情形謂：後方各省尙未完成正式縣參議會組織者，均已依照前修訂之『民意機構成立步驟』積極籌備中，預定在十一月一日前當可全部成立。張氏並謂日昨行政院修訂省參議員及市參議員選擧條例，並將被選人資格放寬，對地方學校校長教員應不視爲公務人員，可以被選爲參議員，此乃由於地方上之知識份子以教育界者佔多數，應有機會參與民意機構，以推行地方自治工作也。

國民黨積極籌辦御用民意機關
全陝參議會想在十月成立

【中央社西安六日電】全陝正式民意機構樹立，省府極爲重視，刻正積極籌備，期於本年十月底前各縣市參議員依法選擧完竣，成立正式參議會。

【中央社築六日電】黔各縣市參議員選擧期近，參議會亦將正式成立，黔縣參議員選擧監督事務所，六日成立，開始辦公。由民廳長譚克敏兼任選擧監督。

【中央社蘭州七日電】新任青年團中央團部副書記長李蒸博士，七日午飛渝履新。

國民黨國庫署貪污達四百萬萬元

【時訊社八日電】年來國民黨反動統治腐敗的官僚機構下，層出不窮暴露貪污巨案，舉如衆所週知的，如：食糖專賣局林此分局長柳恕人貪污案，財政部直接稅署長高秉坊貪污案，黃金提價洩露消息良以此舉不但迫使敵人加速投降，減少戰禍與民衆痛苦，實予世人以公道伸張之感。蓋自寇反蘇侵華，爲其一貫國策，征服東亞，早具決心，至發動太平洋戰爭，終未忘情於北進也。自一九四一年以來，蘇聯舉國上下抵抗納粹德國之強暴，無暇東顧，惟依然盡其人力物資之可能援助中國，盛情彌感。直至今夏，聯合國在歐洲戰場擊敗德國使其無條件投降以後，倭寇自知命運註定，乃對聯合國肆意挑撥離間，以圖徼倖。波茨坦會議結束未久，蘇聯應邀對倭毅然宣戰，其義意至爲重大。吾國軍民對倭艱苦抗戰已歷八年，對蘇參戰渴望已久，聞此消息，固不勝其歡欣與鼓舞。深信蘇聯此舉，不但予敵寇以致命的打擊，其增進我中蘇兩國今後在東亞對共同之敵並肩作戰之關係，益加深切也。

中央社記者訪司高磋

【中央社渝九日電】蘇聯對日本宣戰後，記者特走訪蘇聯大使館代辦司高磋氏，詢以對此事之意見。司氏當以蘇外長莫洛托夫之聲明（由塔斯社發佈者）出示記者，並稱：除聲明外，本人並無其他特別意見，但本人甚欲知報界對於此事之反應。記者答以此訊今晨始傳到陪都，本人尚未獲知報界反應如何。司氏繼問：『然則閣下對此事之意見若何？』記者答曰：『余個人聞此訊後，至爲興奮。』司氏笑曰：『余當以閣下之意見轉到莫斯科記者同盟。』記者復詢以蘇聯參戰是否可使中蘇兩國之合作獲得進一步之發展？司氏微笑點頭不語，僅謂：『余非軍人，對此事實難有何批評。』記者旋即辭去，行前向司氏表示希望隨時以更興奮之消息見告。

何應欽抵南寧

【中央社南寧九日電】中國戰區陸軍總司令何應欽將軍，本月五日自昆明飛抵南寧。

浙西敵犯臨安桐

【中央社上饒八日電】浙西敵沿富春江南犯新登、桐廬。陷新登敵一股西犯練頭。又犯桐廬部先竄據桐廬君山，進犯舊縣埠，再東犯桐廬城，與我軍在城郊激戰中。

【中央社皖南某地七日電】浙富陽、餘杭等處日來結集敵軍甚衆，一部於一日竄犯桐廬以東之窄溪鎮。六日敵復分三路向臨安、新登、桐廬等處竄犯

舞弊案等。發現了的貪汙舞弊的數目，是愈來愈大，貪汙舞弊的部門是愈來愈廣。現高秉坊案、黃金案尚未了結，近又有美金公債案。據中央銀行一個國庫局小職員的報導：美金公債，在三十二年十月十五日停售，原額一萬萬美元，售出的不過五千萬多一點，剩下的本應繳還國庫署註銷，但該局主管仍然照二十元折合美金一元，先由局中購下一部，（第一部份業務局購去）事後再造表分贓。貪汙總數，按現時黑市價格每一美元合法幣三千四百元，減去本金二十元，共約有四百萬萬元以上。這案子是由該主管和各科主管串通，經財政部孔祥熙批准才幹出來的。（見七月十四日新華日報）這些已經無法掩飾不得不公開的貪汙案子，在國民黨反動貪汙集團裏說來，還只是九牛之一毛。國民黨當局爲了平息社會輿情的不滿和指責，採取『打蒼蠅』辦法。或『交保候訊』、『通緝查辦』一類敷衍辦法以了事。傅斯年氏，在參政會議上發表意見，要求懲辦大頭子孔祥熙說：『這比黃金透漏消息案還要嚴重，因爲國庫局同人事先呈請該行批准了「可」字。』『比高秉坊案更大的也要辦，法院檢察官也應自動檢察，「署」（指直接稅署）是連着「部」（指財政部）的呀！』（七月十一日大公報）然而，傅斯年氏的話，在國民黨寡頭專政，官官相護的情況下，並不能吹動孔祥熙的一根毫毛。因爲國民黨反動統治機構本身就是貪汙的機構。（丁）

渝國庫局長換人

【中央社重慶八日電】前任國庫局局長呂咸辭職，由夏晉繼任。夏氏已於七日分在國庫局及歌樂山辦事處就職，由呂前局長親自交代，並介紹與全體同仁訓話。聞呂氏仍住歌樂山。

【中央社渝八日電】中央研究院物理研究所長丁燮林應蘇聯科學院之邀，赴蘇參加該院二二〇週年紀念，頃已於六日飛返重慶。據丁氏談稱：蘇聯科學成就極大。蘇聯科學院組織略似中央研究院，然規模甚爲宏大，即物理研究一部已××至精。至於國家對學術工作者在精神與物質方面之鼓勵及協助，則尤令人欽敬，足以使學者安心致力工作，無他顧之慮。

參考消息

（只供參考）

第九六八號

解放日報社編 新華社

今日出一張

卅四年八月十一日 星期六

蘇聯廣播日方請降後 美英遲遲未接到建議

【美新聞處華盛頓十日電】莫斯科無線電台曾於今日遠東時間十四點以荷蘭文向荷蘭廣播，公告日本外相東鄉已正式以日本和平建議通知蘇駐日大使。（廣播內容同其他電訊）。

【美國華盛頓十日電】國務卿貝納斯於今日標準時間下午一時廿三分宣稱，美國政府尚未正式收到日本有條件接受波茨頓最後通牒的任何建議。貝納斯與陸長史汀生及海長福爾斯特爾在同盟社廣播日本準備投降（除裕仁天皇保持其主權外）後，曾與杜魯門總統舉行半小時之會議。福爾斯特爾在會議宣稱，他希望投降建議是眞的，並預料不久將有新發展。

【合衆社華盛頓十日電】貝納斯國務卿於今日下午八點廿分（重慶時間）說，美政府尚未正式收到日本政府接受波茨頓最後通牒的任何建議。貝納斯在東京無線電提出投降後與杜魯門舉行半小時會議，然後發表上述聲明。詢及如果並當收到日本建議時，是否將採取任何行動，貝納斯說，『未與其他各國政府商談時將不採取任何行動。』

【美新聞處舊金山十日電】此間紀錄日本同盟通訊社英文無線電台一則稱：日政府已將接受波茨頓公告之照會由瑞士及瑞典政府轉達中美英及蘇聯。此刻美方對於日方此舉尚無正式聲明或反響。白宮助理秘書艾利斯稱：他尚未獲關於日方廣播投降建議之官方情報。

【美新聞處華盛頓十日電】白宮本日宣佈：杜魯門尚未接得日本提出投降之任何官方消息。此一聲明乃報界聯絡秘書羅思於下午二時卅五分（格林威治時間）所發表者，羅思稱：總統亦如吾人，正在等待官方消息。

【美國新聞處華盛頓十日電】美聯社訊：白宮於今日標準時間下午二時四十分宣稱：美國在未收到任何正式投降條件之前，將繼續對日作戰。新聞秘書羅思同時告記者稱：關於日本廣播投降建議一節，杜魯門總統其時士預期這種『條件』對於無條件投降不會有困難的。該訪員又指出：波茨頓的最後通牒特別宣稱：甚至在無條件投降的時候，不管盟國的佔領，日本本島的主權仍予以保全。莫斯科無線電在東方廣播後三小時，關於投降建議之廣播文句上稍有不同。

【路透社倫敦十日電】路透外交訪員寫道：盟國在明晨以前關於日本投降提議很可能不採取明確的決定。據悉：中國及在較少程度上西方各民主國及蘇聯都強烈反對日本皇室依然掌權（日本接受波茨頓宣言的條件即是日本皇室依然掌政）。在重慶特別是在這兒擁有深刻的信心，即：日本皇室對日本法西斯主義是直接的鼓勵。訪員說：要求日本天皇退位將提供另一出路。裕仁天皇係一位四十四歲的莫可名狀的近視與短小的人，保持天皇權力為日本投降提議中的一個條件。在理論上，天皇是一個神——但他戴着鋼邊的銀鏡——及世界上最富的人，因為他『擁有』整個日本及日本國內的一切。他的衣服從未穿過兩次——雖然一次日本報紙以極大的驚異報導：天皇的襪子補了補綻。他的衣服贈與宮庭官員並且成為祖傳的家庭珍寶。他是很少為他的國民所看到。當他乘車旅行時，車窗即蒙以幔幃以遮蔽他。當他驅車通過市街時，房屋的上層不能有人，使任何人不能俯瞰他，他從未以無線電對其國民講演，除官方照像外，會無任何照像。他有一精製的防空室，甚至皇后亦不容許共同享用。在理論上，他也是日本絕對的統治者。實際上，他無直接的權力，他的大部時間從事於照像的嗜好，當天皇二十一歲時，他曾週遊世界——二五〇〇年來第一個離開日本的皇太子——參觀英美及歐洲陸。在他返回日本後，他以與他所愛的姑娘結婚，而不娶數代以來供給皇后的閥族之女，打破了舊時傳統。他的六個孩子當中五個住在皇宮裏，皇太子××現年十一歲，當他三歲時即按照習慣離開皇宮。裕仁不飲酒不吸烟，生活儉樸，被描述為模範的父親與丈夫。在日本海的那一邊是曾一度為中國皇帝的溥儀，現在日本第一號傀儡。今日路透駐重慶記者巴魯說，他在自稱為滿洲首都的長春某地執行政權。當轟炸進襲時期，他一定已離去很接近鐵路綫的舒適的皇宮。這一不幸的滿洲政權皇室裔軸已作了日本軍閥實際的俘虜十二年以上。日本投降可以意味着他將最後的作為中國最大吉思林受審判。

敵阿南陸相反對投降

【合衆社倫敦十一日電】據東京廣所收聽的東京廣播稱：陸相阿南將軍反對投降建議，並用天皇的名義指揮日本一切武裝軍隊與人民繼續抵抗。此間消息靈通的人士根據廣播推定：投降建議是由自由派領袖們（其中包括尚未與盟國有所接觸。羅思說：如果此種建議正式收到時，他預料盟國在採取任何行動之前，將進行商談。當詢以杜魯門總統與陸長史汀生、海長福爾斯特爾及國務卿貝爾納斯會議之目的時，羅思說，『當然，他們是關心可能的事件發展的。』

【中央社倫敦十日專電】關於日本願意接受波茨頓條件一事，此間官方尚未證實。此項投降消息即或傳至盟國首都，但必須於重慶、倫敦、華盛頓、莫斯科間先行交換意見。此間外交觀察家深信，日本之所以投降實因東京方面欲避免若干重要大城之被徹底摧毀也。

【中央社渝十日電】據美新聞處斯托哥爾姆十日電，據美聯社訊：美駐瑞典公使強森於本日下午稱：他並未接獲由瑞典政府轉達的日本求和建議。

【美新聞處斯托哥爾姆十日電】美聯社息：美國駐瑞典首都公使約翰遜今日十四點卅分鐘（標準時間）說：瑞典政府尚未交與他日本投降的議建。日本廣播曾提到日本投降提議會經瑞典與瑞士轉交中蘇英美四國。日本駐斯托哥爾姆公使的秘書岡本末正說：公使館對東京廣播毫無所悉。

【路透社伯爾尼十一日電】瑞士政府一直到下午四時標準時間（瑞士時間十點半）都還沒接到東京公使館的消息，據說，日本政府會要求瑞士作為投降建議的中間人。如果日本真正要求瑞士參與此事的話，在幾小時內伯爾尼方面便會接到官方消息的。在伯爾尼的日本公使館也沒正式接到消息，但公使館正式宣稱：『如果消息是由東京無綫電台廣播的，很可能日本已提出投降建議。』

【中央社華盛頓九日專電】杜魯門總統之報界聯絡秘書羅思今晨招待記者時稱：關於日本高級將領今日或明日是否將發表一重要聲明，他尚無所知。但華盛頓的空氣極為緊張。民衆切盼對於對日戰爭之結束能有更進一步之重要發展。

對日寇請降保留條件
路透社態度自相矛盾

【路透社遠東十一日電】預期將用像德國崩潰時的同樣方法來處理形勢，那時是由個別列強來考慮德國的投降建議，但此次是集體採取接受這一建議的決定的。日本投降建議說：日本政府正準備接受波茨頓宣言，這宣言號召日本無條件投降，規定保留天皇作為宗教權威的時候。華盛頓路透社訪員報導非官方但消息靈通的人

××××將軍）提出來的，×××××現在以阿南為首的很多軍人們激烈反對。

【同盟社東京十日電】阿南陸相十日向全體陸軍發出佈告，在『告全軍將士』之題目下稱：皇軍不論遇到任何困難，要擊滅羣敵，使護衛神州的聖戰獲得勝利，闡明全體陸軍鐵石之決心。

【中央社渝十日電】據東京十日廣播：阿南陸相十日對全陸軍宣告：皇軍縱然面臨如何困難情況，亦應斷乎擊滅羣敵，貫徹擁持神州的聖戰，戰至最後。

【同盟社東京十日電】（八月十日下午三時，卅分）敵人美英最近突然加強轟炸，另一方面準備在本土登陸作戰，對此我陸海軍精銳，現在正以全軍特別攻擊的旺盛戰鬥意志，一舉擊碎敵人，在此準備就緒之際，我國國民能一致忍耐敵人的殘虐轟炸，以義勇精神向前邁進，實不勝欣賀之至。敵人美英使用最近發明的新型炸彈，給予一般無辜老弱婦孺以損失，加之本月九日處於中立關係中的蘇聯，亦加入敵人陣列，僅在單方面宣言之後，即向我開始攻擊。我軍立即迎擊，不容許敵人容易進攻，現在不得不承認處於最惡劣地位，我們要護衛國體，保持民族之名譽而作最後一戰，政府已作最善之努力，一億國民應當克服一切困難。

東京請降廣播
未播完即中斷

【中央社渝十日急電】據東京十日廣播：以本政府本日以下列照會分致瑞士及瑞典政府，託其轉致中、美、英、蘇四國：『日本天皇切望促進世界和平，早日停止戰爭之持續而免於浩劫。日本政府為服從天皇陛下之聖旨起見，已於數星期前請當時仍居中立地位的蘇聯政府出面斡旋，俾對諸敵國得以恢復和平。不幸這些為促致和平的努力業已失敗。日本政府為遵從天皇陛下恢復全面和平，希望戰爭造成之不可言狀之痛苦能儘速終結起見，乃作下列決定：『日本政府準備接受中美英三國政府領袖於一九四五年七月廿六日，在波茨頓所發表，其後經蘇聯政府贊成之聯合宣言所列舉之條款，而附以一項諒解即：上述宣言並不包含任何要求有損天皇陛下為至高統治者之皇權。日本政府竭誠希望……』廣播在此中斷，並聲明請聽衆稍後繼續收聽。

同盟社報導 紅軍戰訊

【同盟社東京十日電】朝鮮軍管區司令發表（八月十日十八時）進犯朝鮮北部之蘇軍、兵力極爲微弱、來襲之飛機亦是少數，現在淸津以北一帶，我軍爲了自衛，現正與各地之敵戰鬥中。

【同盟社東京十日電】北部軍管區司令部發表（八月九日十九時）蘇軍少數部隊，八月十四時越過國境，侵入國領樺太××（日文字母），並向該地西南方及半田西方地區進攻。

【同盟社新京十日電】關東軍於九月廿三時發表：爾後蘇軍在滿蘇全部邊境强行不法的侵略，其中一部在長春，綏芬河，滿洲里正面侵入滿洲國境內，所在之日滿兩軍團結一致與蘇軍奮戰中。

【同盟社東京十日電】大本營於八月十日十五時廿分發表：八月九日各方面的戰況如下：（一）我航空部隊的一部份於九日下午攻擊宮城縣東方海面之敵機動部隊，確認擊毀與燃燒敵大型軍艦一艘，此外還獲得相當的戰果。（二）東部及西部滿蘇國境的蘇軍增强兵力，同日下午各以一部兵力侵入北部滿蘇邊境希特附近，內蒙方面索倫兩方地區及北部朝鮮慶興附近所在的我軍迎擊之，目下雙方正在交戰中。（三）我艦船隊於同日上午與飛翔於朝鮮北部東方海面的蘇聯飛機作戰。（四）樺太邊境方面的蘇軍一部於同日下午開始攻擊我軍。

重慶狂歡

【中央社重慶十日急電】狂歡佔有了重慶，自然也佔有了每一個同盟國家的每一個城市。當這次大戰中的最後一個也是最早發動侵略的一個敵人日本宣佈接受促其無條件投降的波茨頓宣言，消息傳到抵抗侵略最早的中國的首都重慶時，艱苦作戰了八年之久的中國人民自具有無比的歡欣。中央社首先張貼和印發東京的投降廣播和舊金山報導日本投降的新聞以後，立刻傳遍了山城。記者和幾位同事駕三輪車狂敲響鑼繞城一週。從這原始的樂聲中市民知道了他們期待已久的一件事。直接的反應是狂叫、跳躍、拍手，從每一個人的表情上可以看見他們的腦海裏立刻忘却了一切，全身細胞在跳動。盟軍乘吉普車跟着行駛全城，但滿街的人流使亂吹的喇叭失效。地面窗口居層大樓直××都燃放着鞭砲。黑暗中閃爍的火花和天空探照燈光相繁映，也在這忽明忽暗的光綫裏，拿着靑天白日滿地紅旗的盟軍不斷被市民舉過頭頂，並肩作親熱的交流，表現無遺。所有娛樂場所無形休息了。在每個人都幾乎變成丑角的時候，誰還想去看幕上丑角的表演。大家感念領導我們抗戰八年今後還要領導我們建國的領袖，

重慶發言人仍否認 用美國武器打內戰

【合衆社重慶十一日電】重慶軍事發言人於評論利用美國武器[illegible]國共鬥爭時說：「我們可以[illegible]說，沒有分配租借武器給駐紮在西北的政府軍隊。只有駐在中國西部的中國軍才得到這種武器，他們現只用來抗日。」

美共工人日報質問國務院 爲何以美製武器使用於中國內戰

【[illegible]】[illegible]兩軍的武力衝突爲契機，暴露了美國製造的武器被使用於進攻[illegible]對美國當局的非難日益高漲。特別是據紐約七日之來電，美國共產黨機關工人日報，支持延安之主張，論述如下：關於這一問題，國務院何不探討是自己的責任？爲何以美國製重砲使用於中國內戰？爲了阻止犯罪，保證今後不再重複同樣的行動，究竟採取什麼手段？

又先鋒論壇報亦持同樣之觀點論述這一問題，並且更進一步要求美國[illegible]單獨幫助重慶的政策，並暗示亦要考慮延安政權的立場，其要點如下：中共非難美國租借給重慶政權的武器，作爲進攻中共軍的工具。駐華美軍司令魏特梅耶亦承認這一事實，但他支吾地說他自己沒有直接供給武器。[illegible]國也許不是一件很稀奇的事情。但美國決不能干預中國的內亂。中共[illegible]國愼重再度檢討遠東政策。美國只單獨援助重慶政權的政策，在今天已經過度了，而且將招來可憂慮的事態，這一切都是美國當局對重慶政權依賴美國軍事援助所應深自警惕的事情。

衡陽南將軍用傘兵作戰

【中央社渝十一日電】據美新聞處訊：中國戰區美軍總司令魏特梅耶二級上將，十日宣佈中國軍隊現已有兩棲作戰突擊傘兵隊，其中若干且已在衡陽以南與日作肉搏戰，渠並以中國突擊傘兵與聞名之美突擊隊相比，由美籍軍將士訓練閃電、游擊、白刃戰等作戰技術之中國突擊隊，於日軍沿寧陵送往衡陽時，由空而降，奇襲日軍，並驅援日軍交通綫，此次衡陽以南之襲擊，係於拂曉時發動者，使日軍當時全然不知所措，雖彼此意未料及中國軍隊能有如此舉動也。中國突擊隊於首次突擊後，即分散作第二次結合，再行襲擊日軍及敵方設施。魏將軍復宣佈中國軍隊除有上述突擊隊二十營外，並有傘兵隊機構未設立以前若干人士認爲中國人因不習用刺槍故或不能成爲優良之肉搏戰士，然此點現已發現是毫無根據，中國游擊隊已達到[illegible]的中國軍隊。

一五四

到處高呼着蔣主席萬歲，蔣主席萬歲。狂歡在增長中，到午夜十二時還沒有人打算入睡。

〔中央社重慶十日電〕十日下午八時，日本廣播接受中英美七月廿六日波茨坦宣言無條件投降，並謂已以正式照會託瑞士及瑞典政府，託其轉致中美英蘇四國。此訊傳至陪都後，首由中央社及美國新聞處發出號外，驅車沿路燃放爆竹，兩路口至上清寺一帶，首先發出狂歡的號角，廿分鐘後，整個陪都已掀起歡躍的狂潮，百萬市民皆趨至馬路兩旁或門戶騎樓窗口，高舉右手歡呼抗戰勝利萬歲，聯合國勝利萬歲，蔣主席萬歲，中華民國萬歲口號。隨即沿街狂放鞭炮，盟軍分乘卡車吉普車在人海中經過，與群衆同呼頂好。中外記者在沿街施放鎂光攝取鏡頭，各報記者亦極形忙碌，截至發稿時，此歡躍正繼續高漲中。

華南日軍增強華北

〔美新聞處重慶十日電〕據美聯社稱：中國軍隊發言人今日說，日本正準備將從前派赴南方的廣州駐軍五個師團調至滿洲，以增強華北海岸登陸防禦。中國發言人估計，日本現在滿實力為六十萬人，加上偽軍二十二萬人。

英報評蘇聯將担負解決太平洋問題的責任

〔路透社倫敦十日電〕倫敦泰晤士報今日社論說：蘇聯參加遠東戰爭「包含着蘇聯願意總的解決分担太平洋問題的責任」。泰晤士報在回憶開羅會議上，羅斯福總統，邱吉爾首相與蔣介石會同意滿洲歸還中國，朝鮮在適當時期應成為自由獨立的國家之後說：這些決定的執行對於蘇聯有直接關係，幫助在不可攻破的基礎上建立蘇聯遠東方領土與其頗為薄弱的交通的安全。與中國維持親密友誼的關係，亦似是蘇聯解決遠東問題政策之決定的因素。」泰晤士報認為：在此時中國行政院院長宋子文在莫斯科絕「不是沒有意義的，並將給予有助於消除誤解的潛在根源的交換意見之機會。」報紙社論結語：「在這一切問題上，沒有利益衝突把蘇聯與其在歐戰中之主要夥伴及其在對日戰爭結束階段中的夥伴之兩大強國分開。但蘇聯現在如果能將其意見與利益坦率告知他們那是好的。解決遠東問題的複雜性不遜於解決歐洲問題的複雜性，在解決遠東問題上，一如在解決歐洲問題上，蘇聯的發言爲了顯然的與令人信服的理由，將被坦率無隱的聽到」。

〔據美新聞處中國戰區美陸軍航空隊司令部九日電〕中國戰區美陸軍航空隊司令斯特拉特梅耶任命史東為美陸軍第十四航空隊司令，自一九四三年八月以來，史東即任印緬戰區陸軍航空隊司令斯特拉斯梅耶之參謀長，史氏現年四一歲，年十九入西點美陸軍大學，服務期間曾獲優異飛行十字獎章，橡葉銅章獎章。

孫科對蘇聯參戰發表談話

〔中央社重慶十日電〕蘇聯對日宣戰，舉世震驚，中央社記者特於九日晨往訪孫院長科，詢以對此事感想，及對今後戰局之觀測。孫氏以極愉快之態度對記者稱，蘇聯參加對日作戰對整個戰局關係極大。據渠推測，日本一方面遭受原子彈之威脅，復受蘇聯之夾攻，遠東戰局將急轉直下，最近期內日本要求投降，甚至爲數週內之事亦屬可能。蘇聯參戰後，必首先出兵東北三省及朝鮮，將日寇退路阻斷，日方過去所宣傳東北大陸根據地之迷夢，將隨之粉碎，此在軍事方面，日寇勢必無條件投降。同時蘇聯對日宣戰，在政府方面，意義尤爲重大，今後中美英蘇四強在遠東戰局中所處地位，已完全一致，可謂利害與共。在建立戰後和平方面，蘇聯參戰更有極大影響，蓋蘇聯無論在歐洲及亞洲，均佔重要地位，今後中美英蘇四強將並肩結束遠東戰爭，攜手建立全球和平。孫院長繼談及中蘇外交關係，渠稱中蘇外交已步入一新階段，前途極爲光明，總理過去所期望之中蘇密切關係，今已得以實現，實爲深可欣慰之事。

桂省蔣軍進至梧州全縣一帶

〔中央社重慶十日電〕據軍委會十日發表戰訊。廣西方面：桂省東部我由丹竹機場進至藤縣以西四十里處之部隊，續沿西江北岸向東推進，刻已推近梧州城郊附近地區，正向該處之敵攻擊中。桂省東北部我軍，分由興安東北及全縣以西續向全縣攻擊前進，現已攻迫該城西南及城西附近地區，敵頑強抵抗，現正激戰中。我湯恩伯方面軍王鐵麟部，於六日克復灌陽城，殘敵分向全縣及湘境之道縣退卻，我正進擊中。江西方面：贛西我向新淦攻擊部隊，於七日午後十一時克復該城，殘敵向清江方向退卻，我跟蹤追擊中。贛江兩岸我軍，續由峽江向北追擊前進，刻已進至新淦以南附近地區，正向該城之敵攻擊中。贛江西岸新×敵，敗竄至清江後，續向豐城以北方面撤退，我軍向其側翼攻擊，予以重創。浙西方面：新登敵於八日竄至分水，續向西犯，我軍迎擊，現正戰鬥中。臨安附近戰況無變化。

參考消息

（只供參考）

第九六九號

新華社 解放日報社 編

今日出版 卅四年八月十二日 星期日

路透社轉播 朱總司令命令

『路透社紐約十一日（六時）電』延安無綫電台報，中國共產黨軍隊總司令朱德將軍已下令命其部隊設法佈置解除其作戰區域中之日軍與偽軍武裝。他的命令並說：一切解放區抗日武裝部隊必須向敵軍致送通牒，限其於一定時間內繳出武裝。一切解放區抗日武裝部隊應向其附近之一切偽軍與偽政權致送通牒，要求於日本投降簽字前反正，聽候編遣。倘敵軍與偽軍拒絕投降（廣播忽然中斷，發其他消息，至今（七點鐘）尚未續發——譯者註）

蔣介石下令 各地偽軍只能接受他的「命令」

『中央社渝十一日電』蔣委員長頃對我淪陷區各地下軍及各地偽軍發佈命令如下：日本政府於十日晚八時，已向中美英蘇盟軍聲明投降，我淪陷區各地偽軍應就現駐地點，負責維持地方治安，保護人民，各偽軍尤應乘機贖罪，努力自效，非有本委員長命令，不得擅自移動駐地，且不得受未經本委員長許可之收編，仰各遵准照為要，此令。軍事委員會委員長蔣中正。

『中央社渝十一日電』最高統帥部今日電令各戰區將士，加緊作戰努力，一切依照既定軍事計劃與命令積極推進，勿稍鬆懈。

『合衆社重慶十一日電』中國戰爭回顧：蔣介石擊敗日本的方案原自三階段——退卻、敵我相持及反攻。間斷的退卻與相持的時間，一直繼續到去年年底，同時反攻去年年初即在緬甸發動，而且初步反攻自今年年初即已大增。蔣之總攻計劃因日本立即投降而中斷，而日本既已接受波茨頓宣言，則蔣之總攻計劃可能××。據記者的意見，在過去八年中，蔣只進行四次主要戰爭。此外，還有數十次次要的戰爭以及數百至數千次小接觸、突擊和伏擊。

能了解，裕仁在此以後仍須被保持的理由。雖然工黨雖會自由斥責西班牙的佛朗哥（如同工黨主席拉斯基教授所斥責者）及其他『絕對專制皇帝與腐敗政體』，但現組成英國政府的工黨領袖們在最近選舉運動中，沒有涉及過此問題。值得注意的是，曾對希特勒與墨索里尼用了最激烈詞句的前首相邱吉爾避免在其演說中攻擊天皇。但是，當外相艾登一九四二年三月十日在下院發表關於日本在香港的罪行時，自由黨哈利斯問他道：『是否可以明白看出，不僅日本天皇，而且日本政府及全體人民應負責這些罪行，而不僅是陸軍呢？』艾登答稱，『是的，先生』。但此間觀察家指出，前英國駐日大使克萊琪爵士於一九四四年三月十四日說，他認為天皇是從來不希望戰爭的」。據信，克萊琪的觀點與副國務大臣的觀點一致。關於此問題今日下午致英國外交部的詢問中，要求『仔細地研究波茨頓公報』，其中明以提示說：對日本發出的四條宣告中均強調『日本軍閥領袖』應負責日本目前的形勢，但未提出天皇，此點殊有意義云。

『路透社倫敦十日電』路透社外交訪員寫道，倫敦官方人士認為日本通訊社所發關於日本願意接受波茨頓通告的條款之公告，多少是三心兩意地接觸投降問題。波茨頓通告的第六點說『欺騙和迷惑日本人民進入征略世界的那些人們之權力和影響必須永遠消除。』雖然對於日本天皇並未作特別的說明，而倫敦消息靈通人士則感到，在皇室所起作用和在日本所起作用一樣的國家中，是很難看出第六點怎能與日本要求應保護天皇作為自主權的統治者之特權的條件相符合一致呢。

『合衆社舊金山十日電』東京同盟社廣播官方通訊社同盟社的聲明說：日本準備向美英蘇中投降。所有東京廣播電台在該廣播尚未結束時，就毫無解釋地突然停止廣播。該宣告說：日本將接受杜魯門、邱吉爾、蔣介石後又由蘇聯簽字的、七月廿六日在柏林發出的波茨頓宣言。『此宣言並不包括損害作為一個統治者的天皇的特權任何求要。』無綫電評論員稱：英國對天皇地位的態度，是跟隨着美國的。某英國外交部發言人指出：美國呼籲日本人民要求天皇投降的傳單是極有意義的。他認為：『沒有人會呼籲德國人去要求希特勒投降的』。

合衆社說 日軍不易遵命投降

『合衆社紐約十日電』衆信日本任何投降的實際實踐將需時甚久。條件必須經四大盟國接受。日軍防地分佈最不集中，兵力分散。同時，投降協商將為有史以來最複雜之投降協商。盟國必堅持日本。第一個大仗是一九三七年在上海，第二次是一九三八年在漢口；第三次是一九四四年日本打通大陸走廊的戰役，這戰役的結果是中國的退卻。第四次大仗是從印度經緬甸而至雲南，結果是再度打開通中國的陸路。當去年五月日本企圖再佔領美軍在湘省芷江的飛機場時，一部分由美軍裝備的華軍第一次得以粉碎日本的進攻。自今年五月日本自行計劃從桂省退卻使華軍第一次能夠收復大塊失地——現在幾乎是桂省全境。在過去八年的這些戰爭、戰鬥與小接觸的整個過程中，中國政府揚言日本傷亡二百五十萬人，而華軍死傷則達三百餘萬以上。而八年戰爭中中國平民生命財產的損失是不可勝計的。僅僅中國自東而西的難民估計即達一千五百萬。而中國平民的死亡據穩健估計五倍於此數。戰爭使日本悲慘地失望。日本未能實現在三月短時間中佔領中國的計劃。又不能以南京與北平的吉斯林政權愚弄中國人民。更未能以宣傳國共衝突之謬論以達『以華制華』的陰謀。而且甚至未能完全封鎖中國——甚至在緬甸失陷時，猶可經越喜馬拉雅山運輸物資至中國。日本不但未能在三月，而且未能在八年一個月中征服中國。現在，日本雖然希望保護其『天皇』，但未能保護其『聖地』。記者看來，在八年中沒有任何事件有他開始時那有新聞性也沒有像其結束時那樣動人。

英國軍界人士說 日皇是戰爭罪犯 但政界人士却說他不應戰爭

【路透社倫敦十一日電】據訊，關於日本裕仁天皇問題，英國政府將循唯美國的馬首是瞻。但密切關心日本戰爭進行的英國軍界人士強烈地感覺，對於日皇，應以對待納粹大頭子的方法一樣對待之，並將其判爲戰爭罪犯。雖然關於戰後處理日本的討論在此間從未達到美國那樣的規模，但英國軍界及外交界人士中，已發生同樣的分歧意見。就迄今所能判斷的英國輿論而論，英國一般人均趨向於支持軍界人士的信念，即天皇對於日本的將來，是不必要的。英國某最著名的軍界要人最近稱：准許日本在戰敗後保持日皇及其統治宮廷，將比保持納粹政權更爲危險。當我們摧毀希特勒時，我們即摧毀了德國後面的政權。天皇對於日本人是一種宗教，但這是强迫加諸他們的一種人工宗教。他們以前沒有這種宗教，他們今後也可以這樣』。曾研究日本士兵心理數年之久的這位軍官稱，日本天皇應保持至日皇『簽字』時爲止，但他不須保證投降命令能爲所有日帝國軍隊同時切實遵行。據東京廣播：日皇是否能維持有效統制現與蘇軍作戰的半獨立關東軍、猶屬可疑。另一問題是日本請降要求將由何政府當局操縱。盟國規定取消目前政府是日本投降的先決條件。這暗示需要日本政府人員及負作戰責任之軍事領袖全體切腹自殺。

【美新聞處華盛頓十日電】美參議員孟斯菲爾特於今日赴白宮會晤杜魯門總統後談稱：總統已決定日本之投降必須包括在中國東北之關東軍及所有其他武裝部隊之一致投降。孟斯菲爾特稱：這會向總統指陳，就以往事實觀之，關東軍實完全不受東京政府之節制。例如一九三一年九月十八日之變，即完全由於關東軍自行發動，因而引起此次大戰』。總統深知關東軍可能遵循此途，但謂他已堅決主張不僅日本政府人民應行投降，其所有之軍隊亦須全體投降。

【美新聞處重慶十一日電】據此間消息靈通人士稱：杜魯門總統十日所稱必須與其他日軍同樣投降的關東軍，約有七十五萬人，十四年來係在東三省作爲戰鬥部隊，而非保護日人利益之警衛力量。自一九三一年九一八事變後，該軍即由維護南滿鐵路一帶日人利益的階段轉入另一階段，開始佔領東三省，並在數月內擊敗該地所有中國軍隊。在一年內關東軍即設立傀儡滿洲國，並以溥儀爲行政元首。目前關東軍總司令山田乙三，他於一九四四年七月繼任該職，並兼日駐滿大使。

敵陸相告日將士 宣佈對蘇應戰

【同盟社東京十一日電】河南陸相於十日發表告全軍將士書，全文如下：蘇聯終於參起矛子與我爲敵，不論其如何粉飾其人倫，他要侵略和制霸大東亞的野心是很顯然的。事情既然到了這個地步，就只有貫徹護持神洲的聖戰。即使到了吃草嚼土，亦要斷然戰鬥下去，以期從死中求生，這就是楠公一身報國的精神，亦是一直向前擊滅強敵的戰鬥精神。全軍將士應該不剩一人，全體實現楠公的精神，再現時宗的戰鬥精神，一直向着擊滅敵人前進。

昭和廿年八月十日阿南惟幾

【合衆社華盛頓十日電】美聯邦交通委員會說：重慶所傳之阿南惟幾廣播，實際出於日本提出投降要求前三小時發出。

關於日寇投降種種

【美聯社莫斯科十日電】某消息靈通方面告美聯社記者稱，在東京接受波茨頓宣言前，日皇曾兩度未能使日本跳出戰爭。該方面稱，在前兩次，日方條件不能令人滿意，因爲他們雖然相信，他們能够要求某些條件。今日乞和的消息對於莫斯科並不是完全意外。鑒於以前的投降企圖，蘇聯參戰及盟國原子彈的轟炸已引起東京之再次乞降，似乎是不可免的。

【美新聞處舊金山十日電】國家廣播公司昨晚據莫斯科廣播：蘇聯要求日本恪遵波茨頓會議所決定及蘇聯對日宣戰時所同意之無條件投降之最後通牒。據云：日本必須明瞭，波茨頓無條件投降的最後通牒決不允接受時作任何玩弄的文字花樣。

【路透社倫敦十日電】路透社外交記者稱盟國在明晨之前當不致對日投降事有所決定。中國、西方民主各國及蘇聯均強烈反對保留日皇。但保留日皇又爲日本接受波茨頓公告之條件。中國方面尤深以爲天皇制度實爲法西斯之直接鼓勵。

【合衆社華盛頓十日電】中韓人民同盟代表韓吉洙主張拒絕日本的和平試探，並說：聯合國家應堅持無條件投降之政策。如果接受，則日本之軍國主義即將復活，一世紀之內又將擾亂太平洋和平。

【中央社渝十一日電】十一日上午十一時國防最高委員會與中央全會聯席會議假國防會議室舉行。蔣總裁親臨主席，討論日本請求投降問題，據悉，此問題已由中美英蘇四盟國政府取得密切聯絡，加以研究。對於如何投降之辦法，四國領袖正在商討中。

美新聞處傳
英人評解決日本問題

【美新聞處倫敦十日電】對日休戰條約將較德國失敗後所發生的更爲複雜。倫敦消息靈通人士認爲：首先：在蘇聯參戰前，英、美、中三國間關於盟軍應否佔領或佔領至若何程度一點未得一致意見。關於這個與其他類似的半外交性問題（遠東戰爭結束後產生的），在作出詳細布署前必須聽取蘇聯意見。倫敦消息靈通人士認爲，假如聯合國接受日本投降，戰勝國將像在德國的情形一樣，將取得頗爲廣大的權力，但這種權力會或許不會充分使用。我們有理由預料：依循德境盟國軍政府所獲經驗，將更小心和更××地使最直接有關的四國政策配合一致。在仍須加以澄清的許多問題中，最重要的是盟國是否願意強制××及控制日本經濟生活的問題。××意見中的主要部份過去曾反對將使蘇聯××的和平計劃。但下面的問題是確定不移的：即一切國家堅持以某種形式控制日本軍火工業。除了佔領區及工業控制以外，休戰條約將提出四個其他政策上的複雜的問題：第一，賠償問題，由於日本八年來在中國的破壞，這一問題將

同盟社稱
盟國心理攻勢的破產

【同盟社東京九日電】爲達到目的而不擇手段的敵人，強化轟炸中小都市，殺傷無辜的民衆，它企圖降低國民的戰鬥意志。敵終於憑藉新型炸彈，採用恐怖的戰術。美、英、重慶由波茨頓向我們發出的最後通牒，更又展開在我們面前是衆所週知的所謂心理反攻。跟它相並行的，敵人頻繁地使用新戰術、新兵器來預告要進行恐怖的作戰，這個事實完全顯露了敵人的居心，即敵人企圖在今後不戰而獲勝利，然而不言而喻這種戰法對於具有優秀的精神力的國民，不是容易地能成功的，日本國民看透了敵人總攻勢的破綻，一點也不動搖，因而敵人終於只好採取恐怖的戰術，這說明了敵人有計劃的作戰和不戰而獲勝的居心已經破了產，同時也說明了在敵人對我的心理戰中，雖然我方的對策似嫌有點消極，但却已經贏得勝利了，在分析這一恐怖的戰術時，可以看到這樣的事實，即敵人急於想結束戰爭——這是敵人自己講的，至少這一點是可以看得很清楚的，即敵人知道戰爭延長對它不利，因而在可能範圍內，它企圖盡量地縮短戰爭的期間。可是到今天爲止，若干經驗使敵人深深地感覺到想在我本土進行登陸作戰，就得付出他們經受不起的犧牲，因此便採取了使用新型炸彈的攻勢。在口頭上高唱着正義和人道的敵人，其所以拋棄那唯一的宣傳和口號欺騙的招牌，而實施盲目的轟炸，還很明顯地暴露了敵人對戰爭的焦慮。對於敵人的心理攻勢，我們一點也沒動搖，而且還贏得了勝利，現在對於敵人急於作速決戰而採取的盲目轟炸，也必須忍耐到底，因爲只有這樣才是我們爭取最後勝利的途徑。

敵稱太平洋美軍指揮權問題發生糾紛

【同盟社里斯本八日電】公佈麥克阿瑟掌握沖繩基地，以及杜立特要求設立最高司令部，在太平洋上美國陸、海、空三軍關於指揮統帥問題，蔓延着微妙的空氣，並喚起了各方面的注意。而到五日那天，關島的尼米茲司令部發表公報說，琉球列島的基地並不全部移交給麥克阿瑟，它暴露了指揮系統的混亂，即是說，合衆社關島的電訊，發出下列的報導：『尼米茲在太平洋上新的三頭司令部之下，除統率琉球海面周圍的海軍部隊之外，並掌管沖繩的海軍以及海軍陸戰隊的將士，關於三頭統帥的詳細事項，在七月廿一日至廿三日的關島會議上曾規定委諸各統帥的職權如下：（一）美軍佔領地區的行政管理以及陸軍部隊，歸麥克阿瑟指揮；（二）海軍、全部海軍兵力、以及海軍基地的指揮權，歸尼

比歐洲的佔更大比例。第二，糧食供給：救濟總署在歐洲應作的事本週會由許多代表在××大會上以驚人詞句加以敘述，但在被解放的亞洲所需救濟面前黯然失色。第三，處理日人及東京區的佔領問題。蘇聯由於對日宣戰可以參加遠東和平的規劃一事，此間認爲較蘇聯決定的軍事××更爲重要。既然三國都捲入對日戰爭的漩渦中。此間認爲遠東問題的解決無蘇聯表示意見之危險已被避免。世界重建問題需要各強國間在一切權力水平上不斷合作。

英工黨綏靖主義者反對用原子炸彈襲日

【美新聞處倫敦九日電】原子彈的前途及要求立即停止用以轟炸本日城市二點，可能爲國會辯論，八月十五日英王演說的主題。據悉，許多工黨的綏靖主義者及羅馬天主教徒（工黨的與保守黨的）聯合起來，要求立即停止使用這種武器對付日本城市，理由是它的使用違背了國際戰爭的規則，『且是文明的完全毀滅。』如果英王下星期三在國會開幕的演說中，略爲提及這個毀滅武器的話，那麼整個問題即將掀起星期四、星期五及以後一週的辯論。另一方面如果英王的演說能明白指出此問題的方向時，那麼急燥的議員們將被迫採取質問。（缺）反對英煤礦國有的保守黨議員們現正秘密討論：作爲動力來說的原子分裂，是否能在未來的煤礦辯論中，被有利的提出。據悉，在國會開幕後，來自他們××委員會的國會科學家們，將討論原子分裂問題。

東京各報悲觀的呼籲

【同盟社東京十一日電】十一日之東京各報分別發表社論向國民呼籲：『日本產業雜誌社論』我們不能迴避正視現實，但所謂正視現實並不是隨便非難別人，評論過去。全體國民應在自己內部求得真實批評自己，只有這樣做我們才能有自信的辦法，因而只有經得起考驗，才有最後生存，不在於一時之盛衰。但民族的盛衰是很重要的，我們不能任情，不能在一時的艱難裏對民族的將來失望。一個民族如果失掉一個團結力量的話，其前途就可想而知，現在才是一億民族在痛苦之中努力忍耐，表示大和民族應走的道路。

【同盟社東京十一日電】十日之內閣會議上，決定關於刷新國民義勇隊之文件，十一日由情報局發表。由此今後國民義勇隊之運營，主要由內閣管理，因而內閣將設置若干的專任書記官，同時由官吏及民間將任命若干的國民義勇隊巡閱視察運營狀況，以促進國民義勇隊之發展，從此過去關於翼贊國民義勇隊運營之『國民義勇隊協會』即行取消。

米茲掌管；（三）陸軍戰略航空隊歸史巴茲指揮。根據上述規定，美軍的複雜的指揮系統，似乎多少地已明確了一些，但問題並沒有簡單化，最高統帥權仍舊掌握在由華盛頓下三個司令派遣代表的參謀本部之手。

同盟社論
土態度頑固不化

【同盟社里斯本七日電】韃靼尼爾海峽問題，在波茨頓會議上終於沒有決定，土耳其對於蘇聯要求的態度突然強硬，蘇聯與土耳其的談判實際上已碰到暗礁。土耳其態度強硬的原因，外間有種種推測，大約不外（一）斯大林委員長在波茨頓會議上未提出蘇聯的要求，（二）英美非正式地要求蘇聯緩和對土耳其的要求，間接地援助土耳其。紐約時報之安哥拉特派員，六日會論述土耳其之態度如下：關於土耳其問題，在波茨頓會議上並沒有任何變更，土耳其的態度是：與其屈服於蘇聯的武力威脅，不如決裂進行一戰。

英工黨羣衆的左傾趨勢

【時訊社七日訊】據英國共產黨主席杜德最近的文章中稱，這次五月中在工黨大會上，投票贊成成立各黨派反保守黨選舉協定的提議者有一、二一九、〇〇〇票，贊成工黨執行委員會反對成立選舉協定的立場者，僅一、三一四、〇〇〇票，其中相差僅九萬五千票。據杜德談，事先有更多的協商與宣傳，選舉協定的提案，可以通過。（杜德文章詳文，見七月六日新華日報）從這裏，就可看出工黨羣衆左傾的趨勢。（下）

同盟社報導
英國的罷工事件迭起

【同盟社斯托哥爾姆二日電】與歐洲戰爭結束同時，英國似乎也捲入罷工的浪潮中。在五月份內由於勞動糾紛而喪失的勞動日爲十二萬九千天，到了六月份增加到二十萬天。而且罷工浪潮，似乎正在擴大中。例如鐵路職工會，會向五個大鐵路公司要求增加工資，表示將看××如何對有舉行全國性鐵路總罷工之趨勢。又在倫敦港之船塢，數百名的港灣工人由因工資爭議而開始怠工，目下正在出動軍隊，從事卸貨作業。

【同盟社里斯本二日電】林茲廣播稱：紅軍向美軍佔領的林茲前進，二日佔領位於多腦河北岸的烏爾福爾，美蘇兩國警察，決定共同管理多腦河橋樑的交通。根據上述，維茵——林茲間多腦河北岸的數個地區，已包括在蘇聯佔領區域內，蘇聯現已控制林茲，——蒲拉格道路。（

參考消息

（只供參考）

第九〇七號

新華社 解放日報 編

今日出一張

卅四年八月十三日 星期一

蘇軍由外蒙南下 攻抵熱河林西一帶 另一路出現於遼寧西北突泉

【同盟社新京十二日電】關東軍八月十二日十時發表：日、滿兩軍在各方面迎擊着侵入的蘇軍，截至現在爲止，已査明的情況如左：

朝鮮北部及關東州方面：（一）侵入北滿方面的蘇軍之一部，於十日侵入雄基，嗣後被阻止於雄基至羅津之間。（二）一部分敵軍，於十一日白晝突入琿春，當地的我軍、官、民結成一體，展開激戰，予敵以重大損失。（三）敵軍一部，於十日突入春化。（四）該方面與其他國境地區，敵軍的進攻仍未趨緩和。

牡丹江方面：（一）東寧我各守備部隊，仍繼續作頑強的抗戰，正在粉碎敵之侵略。（二）由綏芬河地區北方侵入的有力敵軍，於十一日夜間，逐漸進至穆稜東北方地區活動。對此，我軍已整備了迎擊體制。

東安省方面：情況不明，但敵軍的侵入到處被阻止，似無大的進展。

三江方面：侵入同江方面的敵兵團，於十一日下午，逐漸進出富錦周圍活動。

黑河省方面：敵軍已被我黑龍江岸的警衛部隊所阻，目前以先遣渡河兵團；隨後以主力渡河，準備向我主要抵抗地活動。

海拉爾方面：我海拉爾守備部隊，在敵人重圍下仍然奮戰，予敵人以極大損失，此處敵人之一部在哈克活動。

外蒙方面：（一）十一日下午，有力之敵人先頭部隊，逐漸在突泉西方地區活動。（二）西烏珠穆沁方面之敵，逐漸向林西方面南下。（三）白杜方面無多大變化。

敵航空部隊，以少數機九日來襲海拉爾、哈爾濱、吉林、拉林、佳木斯，十一日襲牡丹江，我方幾無損失。

之一切決定，所有該集團軍所屬部隊應就原地駐防待命，其在各戰區作戰地境內之部隊，並應接受各該戰區司令長官之管轄，政府對於敵軍之繳械，敵俘之收容，僞軍之處理，及收復地區秩序之恢復，政權之行使等事項，均已統籌決定分令實施，爲維護國家命令之尊嚴，恪守盟邦共同協議之規定，各部隊勿再擅自行動爲要，除分令外，希即嚴飭所屬一體遵照，此令。軍事委員會委員長蔣中正八月十一日

中央社附註：另據延安廣播朱總司令曾以『延安總部』名義頒發命令，其內容與軍事委員會之電令各節相悖，特併錄誌參考，該令原文如下：命令係前四個與報紙上公佈者完全相同，不再重複——譯者）

國民黨宣傳部發言人稱：除國民黨政府統帥部外，不允許任何人接受日軍及僞軍投降

【合衆社重慶十二日電】中國宣傳部發言人評論朱德致其部隊的命令說：『在敵人正式投降之前作此唐突和非法的行動，已在中國人士中產生一個最苦惱的印象。此事之發生正在延安關於中國內戰的謠言攻勢正盛之際。在讀了朱德給共產黨部隊的命令之後，就明白了挑撥是從何處而來的。除中華民國國民政府統帥所授權的人們之外，不允許任何人接受日軍及僞軍的投降。根據波茨頓宣言的條款，接受此種投降只是國民政府的職權。現在已經有人控告，日軍正向朱德及中國共產黨交出其武器，目的在於製造中國國內的紛亂。如發生日軍及其僞軍將任何武器不交給中國政府所正當授權的官員而交給任何組織或政黨，則國民政府將使日本負嚴格的責任。現在抵抗蘇軍之日軍部隊則不在此例』。（發言人未具體說明何地及何時有日軍把武器交給共產黨，且重慶的新聞記者們關於這點也找不出任何證明。）

【合衆社重慶十二日電】宣傳部副部長董顯光當被問及中國是否將有內戰時，說道：『不會有內戰。』董顯光對外國記者大聲重覆說：『不會有內戰。』『在對日戰爭之前當政府自一九二七至一九三六年對共產黨作戰時，不叫做『內戰』而是『剿共』（鎮壓）。

【合衆社重慶十二日電】蔣介石正在考慮接受日本投降中國代表團首席代表人選。

【中央社沅陵十一日電】湘省府頃令本省淪陷區各專員轉奉蔣委員長十一

國境地區之居民大部分，已逐漸向後方收容。

【同盟社東京十二日電】據磯田隨軍記者電，滿蘇國境全綫的戰鬥逐漸成爲正規的戰鬥，東部國境戰綫的蘇軍向後侵入數處，日滿兩軍展開果敢的迎擊戰，敵人擴大戰綫，似乎企圖一舉進抵東滿，現蘇軍繼續展開後方兵力，以坦克爲先導進行攻擊，非法破壞國境綫一帶的民房。而日滿兩軍隨處進行反擊，斷然阻止敵軍侵入，但敵軍終於侵入琿春等國境的要衝。我軍確保陣地一帶的戰綫，並進行大規模的反擊。現在北部國境的戰鬥還是小規模的，戰綫沒有重大變化，敵人的攻擊逐漸頻繁。突破滿洲里向海拉爾前進的敵軍，已猛烈圍攻海拉爾，但是守備海拉爾的我精銳部隊，進行猛烈的反擊，不斷進行突擊，粉碎敵兵。迂迴海拉爾而沿鐵道東進之敵進出於哈克，企圖中央突破北滿。越過海拉爾河入侵的蘇軍與海拉爾方面相呼應，正在東進中。向林西南下的敵企圖進出於熱河，我們判斷敵人企圖切斷熱河與華北的聯系。敵軍的攻勢已經是全面的攻勢，決心抗敵的我關東軍精銳部隊在全國境綫展開迎擊戰。

【同盟社東京十二日電】大本營於十二日十五時卅分發表：（朝鮮滿洲方面）我軍與滿洲國軍一道，於八月十一日在東方迎擊進出於雄基、琿春及穆稜一綫之蘇軍，在西方迎擊進出於海拉爾、索倫及突泉附近的蘇軍，目下兩方面正展開激戰中。

【中央社莫斯科十一日專電】蘇軍對日發動戰事後二日，現由七處進入東三省。僞滿除南端外，已被蘇軍包圍。昨日由外貝加爾進入黑龍江省之蘇軍，已推進一百七十公里，由外蒙古進攻之蘇軍，已抵大興安嶺，兩軍之會合，僅爲若干小時之問題。蘇軍至少有四路進攻吉林。三路進攻黑龍江，亦可能有五處攻入熱省（其中兩處係由外蒙古發動）。

蔣介石一「命令」十八集團軍「不得擅自行動」

【中央社渝十二日電】軍事委員會已電令全國各部隊聽候命令，根據盟邦協議執行受降之一切決定。軍×××電令十八集團軍總司令等遵照原電如下：延安第十八集團軍朱總司令彭副總司令均鑒：現在敵國已宣告正式向四大盟國投降，關於盟邦受降各種問題，正在交換意見，即將作具體決定，本委員長經電令各部隊一律聽候本會命令，根據盟邦協議執行受降

日對淪陷區專員及各地僞軍發佈之緊急命令，須切實負責維持治安，保護人民××等。更飭本省淪陷區僞軍應就現在駐地安謐地方，保衛人民，趁機贖罪，努力自効，非經蔣委員長許可，不得擅自遷移駐地，或受任何部隊收編。又飭本省各地公務人員加强工作，毋得擅離職守。湘省府對本省復員工作極爲注意，刻正擬具計劃限期實施云。

美訪員稱：中國可能發生內戰與革命

【路透社倫敦十二日電】美國廣播公司訪員今夜自中國首都報導稱，重慶已聽到中國可能發生內戰與革命之醜惡談論。國民政府與北方共產黨間的爭論，業已爆發。該訪員洩露，重慶檢查機關開始會禁止最近事件——即延安十八集團軍司令下令其軍隊接受日本投降及繳獲日軍武器之消息，但蔣介石委員長今日已命令該司令保持其軍隊於現在陣地，靜待指示。反對獨立行動之警告已同時發給其他共產黨軍隊。訪員說，現在的問題是共產黨是否聽取這一警告。由於蔣介石大概欲以武力爲其命令的後盾，因此日本的投降或將證明僅是中國長大成爲一民族的鬥爭的一個階段而已。

綏西日蔣交防 浙江方面亦在接洽

【中央社綏西十一日電】據報，歸綏日寇已於十一日晨悉數撤往平地泉（集寧）。

【中央社綏西十一日電】我黨政軍等部門人員十一日午後搭乘汽車開始向包頭等地進發，十二日將大部前進。

【中央社雲和十二日電】此間副司令長官部公佈戰訊，敵正式投降後，浙江方面敵已局部停止抵抗，並派員向我第一綫部隊接洽投降中。

【中央社南平十二日下午四時電】東南戰區浙江方面敵軍，今日上午即已局部停止抵抗，並派員向我第一綫部隊接洽繳械投降。

國民黨在柳州南寧分設指揮所 蔣軍沿湘桂路開進

【中央社南寧十一日電】中國陸軍總司令部所轄部隊，自開始反攻以來，進展甚爲神速，總司令部爲便於指揮作戰，已推進至柳州、古馬、南寧設置指揮所，該部所有人員均自本月五日起由昆明乘車及飛機分赴柳、邕，現已陸續到達各指定地點。

【合衆社重慶十二日電】中國最高統帥部公佈：隨着日軍的退却，華軍沿

湘桂路追擊，佔領全縣（桂林東北六十六英里）……向黃沙舖追進。由湖南新寧推進之軍隊距東安已不出五英里。

【路透社重慶十二日電】中國軍方發言人說，迄今並無情報說中國境內日軍已停止作戰。

【中央社渝十二日電】據軍委會十二日發表戰訊，桂湘邊境方面，我湯恩伯方面軍部隊，於十日午擊潰全縣敵之抵抗，克復該城，現正繼續掃蕩附近殘敵，並北向黃沙舖（東安南四十里）追擊前進。我王耀武方面軍部隊，由新寧向東安攻擊前進，十日已攻抵該城西北十六里處地區，正續向城垣攻擊中。

【中央社上饒十二日電】在我軍猛烈追逐下，敵續循贛江東向（缺）先頭部隊已竄南昌，主力部隊已竄抵豐城及其以北地區，後尾部隊亦已竄到樟樹以北及其兩岸地區。×××向北潰退，遭我節節痛擊，傷亡極重。

蔣介石聯僞反共的陰謀

【時訊社十一日電】蔣介石正加緊從各方面準備內戰。聯僞反共即爲其重要的謀略之一。早在今年一月，蔣介石就選任了會與汪逆有深切關係的王懋功爲江蘇省主席，以便於與南京僞組織取得連繫。隨後第三戰區顧祝同又委任前僞浙江省長項致莊爲『第七集團軍司令』，同時，僞中央稅警團團長除擘明也被委爲『浙東司令』。本年五月，國民黨六中全會更吸收漢奸李錫恩（九一八後任吉林僞教育廳長）參加主席團，當山西代表喬鵬書對此提此質問時，蔣介石公然答稱，李是他的『好朋友』，並於五月十八日在大會上露骨說：『今天的中心工作，是消滅共產黨，日本是我們國外的敵人，中共是我們國內的敵人，只有消滅中共，才能達成我們的任務！』該會的若干提案，亦表明國民黨反動派對聯僞反共這一點，寄以很大希望。迪魯瓦、白海風、李永新等一批蒙古貴族及CC份子，甚至提出了『招撫僞蒙軍以「收復外蒙」』的提案，原文稱：『德王成立之僞蒙軍共有八師，爲數約四萬人，槍馬齊全，均經過相當訓練；僞興安四省所成立之僞蒙軍隊，共二十五師左右，官兵約三十餘萬人（？）其裝備情形，與日寇關東軍相同，其戰鬥力亦甚强大，……其幹部又皆爲僞滿所設之幹部學校及敵國軍事學校畢業，誠不容吾人忽視，應早日設法招撫聯繫，變爲我們在敵後之潛勢力，充作反攻時之內應，並免其被共黨及某國之利用，而成爲我國之騎兵勁旅，以補我機械化之不足，同時可爲將來收復外蒙之基礎武力』。此外，軍政部長陳誠、於七月十三日在四屆一次國民參會，談及對僞軍的態度時，又公然爲僞逆

方自治的經費，中央沒有具體規定，其數目超過了省政費的支出，不撥派於民，也就無法進行，人民痛苦，匪言可喻」。龍雲又說到中央政府與地方分權制，他主張應明白規定，希望能仿效今天美國的辦法。最後他又說到目前國軍待遇互有差異，必須調整平衡，以準備反攻。對於藉口所謂整軍，大舉裁編地方軍隊的怪事，予以揭露。

合衆社轉播閻錫山投敵

【合衆社華盛頓十二日電】共產黨通訊社經延安無綫電台報導：前山西省長閻錫山率部投降日本，以此他可在日本失敗時，保護日本在山西之利益。

中央社稱：重慶等地物價跌落

【中央社渝十二日電】日本無條件投降後，本市金融市場呈現劇烈波動，黃金價格每兩跌至十三萬八千元，美鈔價跌至一八五〇元，百貨價亦猛跌百分之四十至五十。至顏料、布疋、香烟各物價亦慘跌。輸出貨物如桐油等以外銷望有價格上提，桐油價格曾一度漲至六百八十萬元（一萬斤），後跌至六百卅萬元。土產中茶葉及糖價亦扶搖直上。

【中央社渝十二日電】全國各地聞悉日本投降後，歡欣若狂，昆明、西安等地物價均趨下跌。

紐約太陽報說：『中國需要貨物，而不是金子』

【美新聞處十日電】紐約太陽報於題爲『中國需要貨物而不是金子』的社論中稱，除非有一顆原子彈在財政部中炸發以阻止一切黃金之無意義運往中國時，否則是無其他辦法的。社論繼稱，『自重慶發來的美聯社消息，說明又有一批黃金由美國運到中國——這種黃金在市場上公開出售，以阻止通貨膨脹。這種黃金在中國的出售，僅僅表示許多××的人將又大大減低其中國通貨，但其對通貨膨脹的影響將等於零。美元價格等於二千至三千法幣。只因紙張與印器的缺乏，阻止了（大抵如此）票面價格復行上漲。這些五千萬至一萬萬的黃金××，表示是美國納稅者的眞正損失，而是幸運中國人的眞正收獲。沒有其他的東西可以期望發生出來。美國數月前即開始猛烈的拿出黃金——這是在財政部明白允諾之後的，即代表給予中國的貨物將留在美國，此等基金將被用在美國購買供應品。供應品及貨物的缺乏是中國通貨膨脹的主要原因。如果黃金僅在重慶週圍脫售與囤積，那麼無論多少黃金，即使我們全部廿萬萬元也罷，均不能增加中國人民

炳動投敵辯護，說他是『被迫投敵』的，『如在反攻時有表現，則可以一視同仁』。

國民黨國防例會

【中央社渝十二日電】十三（？）日國防最高委員會例會時，將對日本投降後之一般情勢，就日前中常會與國防最高委員會聯席會議所商討之原則，繼續加以研究。十二日雖爲星期例假，此間政府各機關大部尙照常辦公。

【中央社重慶十一日電】軍政部陳部長，於上月二十日由渝赴前方視察，歷經滇，黔，湘，桂，粤，閩，浙，皖，贛八省，十日午後六時卅分，由前方某地專機飛返重慶。湘省府主席吳奇偉氏，同機來渝述職。

【中央社渝十二日電】勝利已來，交通復員工作爲目前最迫切之問題，連日交通部舉行緊急會議，討論接收收復區交通計劃，聞即將有具體決定。俞飛鵬部長於十二日上午分別接見所屬各單位負責人，商談各項緊急措施。

【中央社皖南某地十二日電】蘇浙在皖各機關人員已於十二日起陸續分別前往工作任所，協助原有人員展開重建工作。又皖南黨政軍各機關亦已分別派員隨軍前進督導工作。

【合衆社重慶十二日電】大公報發表『日本民主委員會』宣言，標題爲『堅決反對天皇制度』。該委員會包括左翼日本作家，過去八年來他們都在重慶避難，如像鹿地亘。該宣言攻擊天皇自私，意圖使日本人民付償一切賠償，而極力保持他自己的財產，包括價值四百億元的森林。該宣攻擊天皇以計劃讓位他十三歲兒子秋仁來尋找安全，該宣言警告美國注意：請求投降的是日本內閣而不是東京帝國總部——這可表示日本意圖背叛信義。警告：日本法西斯利用保留天皇，開始計劃在第三次世界大戰中進行報復。宣言說：『世界和平依賴於日本及世界其他地方民主的澈底實現。我們不要天皇』。

龍雲不滿國民黨的稅收與『整軍』政策

【時訊社十一日電】據新華日報七月廿一日載：『雲南省臨時參議會二屆四次大會，於七月十六日開幕，龍雲親臨致詞，說到雲南老百姓的負担情形，單是交給中央的稅收，每年已達四百萬萬以上，再加征實征借及委購軍糧等負担，如委購軍糧一項，今年一年就得負担四十萬大包，其他部隊還要直接委購二十萬大包，共計六十萬大包，按價在二百萬萬以上。關於地

所需用的任何貨物。同時美聯社消息稱，物價同時已增加至新頂點。自然，搞到美元的那些人將能買到更多的稀有貨物，並囤積起來以便於更高的價格換取中國紙幣。

救濟總署主席李門稱：中國在解放後第一年將需十萬萬元援助

【合衆社倫敦十一日電】聯合國善後救濟總署主席李門今日稱：中國是遠東方面向聯合國善後救濟總署要求大量救濟品的唯一的國家。要求救濟總署某些援助的國家，大多數是幫助處理流離失所的人們及藥品。救濟總署官員稱：『遠東戰爭突然結束的遠景並未使救濟總署感覺沒有準備。中國在解放後第一年將需要總達十萬萬元的援助。聯合國善後救濟總署已××，××的援助將是八萬萬七千八百七十萬元。雖然這筆款項已指定撥給中國，但它仍將被增加。（缺）李門說，中國要求一旦中國港口開放後即運交八十萬噸的供應品，共值一萬九千二百萬元。（缺）李門說，英國計劃管理英屬遠東領土上的善後救濟工作，並表示將依靠救濟總署幫助公共保健及流離人民的工作。據稱，荷蘭可能要求救濟總署××荷屬東印度的傳染病及流離人民。法國說，救濟總署對法屬越南的援助將限於流離人民與醫藥幫助。印度要求幫助處理流離人民，但說，內部救濟工作將在英國幫助下解決。

全美洪門成立中國洪門致公黨

【時訊社十一日訊】據馬尼拉航訊：全美紐約洪門會於三月十一日召開全美大會，該大會連續舉行十天，至三月廿二日，議決全美洲致公堂，一律改爲『中國洪門致公黨』，三月廿四日發佈通告，發表該黨黨章，命該黨駐各埠分部遵照辦理，該黨定本年十二月底依照新章改選，該黨機關報『紐約公報』遵照大會決議，改名爲『五洲公報』，該黨是以『團結救國除奸』爲宗旨，對外主張推進盟邦密切合作，實現領土主權完整，國際地位平等，對內主張各黨各派團結一致，制定憲法，取消一黨專政，實現民主政治。該黨總部現暫設美國紐約勿街廿二號（C）。

參考消息

（只供參考）

第九七一號

解放日報 新華社 編

今日出一張

卅四年八月十四日 星期二

同盟社報導東北戰況

【同盟社東京十三日電】我日滿軍奮力作戰，在各地粉碎蘇軍之活動，戰綫未見大變化。又蘇聯空軍對滿洲各地的空襲仍然是很低調的，各個地區的戰況如下：（一）樺太島無大變化。（二）朝鮮北部之雄基，仍繼續激戰，敵人之一部在慶興西南之阿吾地活動。（三）東部國境方面：琿春、東寧、虎林、綏稜各地無大變化，敵人之一部在綏陽西北之梨樹鎮活動。（四）松花江方面：沿松江南下之敵，十二日到達富錦、綏濱附近。（五）黑河方面無大變化。（七）海拉爾方面：我軍仍確保市街，與周圍之敵激戰中。（八）索倫前方與索倫東南之突泉附近，我軍展開果敢之攻擊，在索倫、突泉之連結綫上，阻止了敵人的活動。（九）察哈爾正面：敵人部隊之一部在林西附近活動。（十）我航空部隊與地上部隊配合作戰，十二日在外蒙古方面攻擊敵機動部隊，予敵人以重大損失。

【同盟社東京十三日電】關東軍發表：（八月十三日八時）（一）我航空部隊八月十二日，攻擊由外蒙古方面南下中之敵機動部隊，計破壞敵牽引重砲六門，受傷二十五門，擊毀卡車二輛，擊傷燃燒坦克、裝甲車四十輛，殺傷人員×百以上。（二）上述攻擊中，我方損失自炸飛機二架。

【同盟社東京十三日電】北部軍管區司令部發表：（八月十三日十五時三十分）（一）其後樺太島方面我軍，迎擊侵入之蘇軍，直至現在判明之戰果如下：（一）由半田方面侵入之有力蘇軍，十二日下午逐漸在故屯北方地區活動，我軍予敵人以極大損失，並擊退之。（二）敵人一部在少數艦艇掩護下，十二日下午在安別登陸，另一部於十三日上午在惠須取登陸，我軍目下正與敵交戰中。

重慶任命平、津、滬等市長

【中央社渝十三日電】國民政府八月十三日令：（一

缺）。這種可能發動的戰爭將決定中國的戰後命運。中國沒有準備好和平，與日本的投降因爲中央政府軍隊離得過遠，不能與日軍接觸並解除其武裝，從而接受日本的武器。

路透社傳日軍已將武器交給我軍 欲擴大重慶政府和共產黨間之矛盾

【路透社重慶十三日電】關於中國西北十八集團軍（共產黨）司令朱德命令其部隊強迫日軍××並接受其武器一層，蔣委員長已予以斥責。蔣在其措辭××之命令中，已告朱勿再擅自行動。（蔣之命令全文略）（董顯光及中國發言人談話略——見昨日電報）

路透社外交記者今日稱，倫敦消息靈通人士認爲，日軍司令實際上已將武器交給延安共產黨軍隊一層確爲事實，因爲最近日本宣傳的主題是利用重慶中國政府與共產黨間的矛盾，俾日本的失敗不致同時成爲中國團結與民族進步的時期。對於共產黨司令來說，投降的建議帶有下列巨大的誘惑：不僅控制日本佔領區，而且接收日本的武器和裝備。倫敦中國人士認爲：許久以來日本人即蓄意容忍共產黨滲入日本佔領區內，其目的在擴大中國政府所必須解決的國內問題。此間中國人士預期，日本投降後，中國政府在數月後才能從重慶遷回南京。因爲經過八年的戰爭，投降的實際問題必須經過一些時候才能處理妥當。預期中國得需要巨額的救濟，而且還要看日軍在撤退時是否進行破壞行動。

路透社稱 重慶政府及人民準備返沿海 渝漢段航綫尚待探測

【路透社重慶十二日電】數小時內正式宣佈和平之希望，使中國人民高興之至，而且使他們對於前途茫然無措。中國政府、人民及外國商行正準備立即遷回沿海地區，但遷移方法與當他們到達該處時，將發現何種情形，則爲一不能解答之問題。政府領袖及在華美軍必要的人員，大概將於被炸機場修復時，立將飛赴京滬及其他沿海城市，惟中國人民大衆將沿長江而下，及經公路網而返回家鄉。有一中國輪船公司已接到一萬五千購票申請，而自一九三九年以來，即在重慶停泊的少數英輪，可能航行。然而中國海關必須先測探長江上游，並設置標誌，因渝漢一段的航綫自敵佔領宜昌後，即已棄荒。數日來大後方的房租與地產價格已大大下降，同時各色各樣的囤積貨品已開始出現於市。重慶方面指出：日皇之簽署和平宣言，將保證被俘之盟軍與被拘禁於中國淪陷區集中營者之安全，如果日本選擇進行自趨毀滅的戰爭，則他們的安危會是很大的問題。

）廣東省政府委員兼主席李漢魂呈請辭職，李漢魂准免本兼各職，此令。（二）北平市市長秦德純、上海市市長俞鴻鈞，另有任用，秦德純、俞鴻鈞均應免本職。此令。（三）任命羅卓英爲廣東省政府委員。此令。（四）任命羅卓英兼廣東省政府主席，此令。（五）任命錢大鈞爲上海市市長，熊斌爲北平市市長，張廷諤爲天津市市長，此令。（六）谷正綱着毋庸兼任農林部部長，此令。（七）特任周詒春爲農林部長，此令。

【中央社渝十三日電】新發表之北平市長熊斌，曾任陝西省主席，自開始全面進攻後任華北宣撫使。張廷諤曾於民國廿二年任天津市長，抗戰後來渝。錢大鈞曾任淞滬警備司令、軍政部次長，現任委員長侍從室第一處主任。又南京市長仍爲馬超俊並無變更。

合衆社王公達論中國形勢

【合衆社重慶十三日電】審洽、王（公達）論中國形勢。日本之突然提議投降，在中國引起了中央政府與共產黨間關係的立即惡化——即政府與共產黨間有大規模武裝冲突的危險，以便佔領日軍將退出的領土及收繳日軍將交出的武器與裝備。中國今日正如它一九三七年對戰爭沒有準備一樣，對和平也沒有準備。據揚言，共產黨在中國北部、東部、南部及中部的日軍後方，有正規軍約一百萬，及非正規軍二百五十萬，這些共產黨軍隊在接收散佈中國各地之日軍投降方面，處於更好的地位，而且如果中國大陸上一百萬日軍之裝備（即使部份也罷）交給裝備與武器不足的共產黨，則共產黨的力量將立即增長至××的程度，這表示是對中央政府的嚴重威脅。即使沒有日軍的新裝備，共產黨已成爲對重慶的嚴重威脅。對於這點所恐懼者是（缺）共產黨計劃得到日本的武器，以擴大××，而蔣介石則警告他們「絕勿擅自行動」。迄今尚無象徵表明朱德將服從蔣的命令，因爲從一九二七至三六，政府與共產黨之間幾乎打了十年的血戰。一九三七年中日戰爭之開始揭開了兩黨間合作的一個很短時期，但後來共產黨採取與保持獨立的政權——國內之國，而在過去兩年中，關係已惡化至如此程度，以致共產黨正式罵蔣介石是「獨裁者及法西斯反動派」。因此朱德之蔑視蔣介石八月十一日命令，是不足驚奇的。每個人現在均可想像，如果共產黨的確證明「不服從」政府的合法行動時，將會發生什麼事情。是否戰後的「討伐顛壓戰爭」×××（

何應欽等飛渝

【中央社南寧十三日電】何總司令應欽，今晨乘機飛赴昆明。

【中央社渝十三日電】參謀總長兼中國陸軍總司令何應欽氏，於十三日自昆明飛抵重慶。

【中央社渝十三日電】四川省主席張羣，於十三日飛抵渝公幹。

【中央社西安十二日電】韓國臨時政府主席金予抵陝，適值日寇投降消息傳來，金氏特於十二日電蔣主席致賀，並分電杜魯門總統魏特梅耶將軍表示賀意。

【中央社重慶十三日電】黨政軍自十四日起一律恢復全日辦公制。

【中央社重慶十三日電】十三日黃金價格跌至每兩十萬零三千元，美鈔價一千六百五十元。桐油十二日每萬斤六百廿萬元，十三日收市跌至五百五十萬元，本日交易極爲疲滯。

在渝參政會談話會
黃宇人說「不是向某一部份投降」

【中央社渝十三日電】八一三紀念日下午三時，在渝參政員開談話會，出席者八十餘人。各參政員深以八年艱苦抗戰勝利成果得來不易，而今後復員計劃與建國工作均在開端，故均各抒所見，分別發言。薛明劍參政員謂際茲籌備復員工作之際，政府應便利各參政員回籍，以協助各項有關復員工作。馬景常參政員提議，應以參政會名義電慰淪陷區同胞。黃宇人參政員請駐會委員會建議政府注意各地方行政人選，期對今後政治有新辦法新作風，以解除淪陷區人民之痛苦。黃氏並謂此次抗戰勝利係全國軍民八年犧牲努力奮鬥之結果，乃是向整個中國投降，不是向某一部份投降，應請參政會聽取與論注意。陳啓天參政員發言：（一）爲保全勝利成果，今後尚須努力保持團結與統一。（二）淪陷區與後方同胞八年受盡犧牲，今後如何使其減少痛苦，此爲政府應盡之責任，參政會應協助之。（三）爲保持抗戰成果，今後必須革新政治，其主要工作厥爲人民身體言論自由是否獲得保障。仇鰲參政員謂，請政府從速施行此次大會通過之各省救濟案，以解民困。錢端升參政員促請政府注意淪陷區收復之食糧、日用品與藥品之接濟，以解除人民之痛苦。最後有數參政員提議請駐委會本週應開一臨時會議，以研討今日各位所發表之意見建議政府云。」

薛穆中止返國

【路透社重慶十三日電】預期上週末離此赴英之英大使薛穆爵士，將中止此行，自印度即刻返渝。

綏西蔣軍敵後部隊佔陶林

【中央社渝十三日電】軍委會發表戰訊，江西方面，贛江東西兩岸我軍，續自新淦、淸江追擊北退之敵，十一日已進抵豐城附近地區。綏遠方面，綏西我軍之敵後部隊於七月十八日攻克陶林城。

【中央社上饒十二日電】沿富春江由桐廬南竄芝廈，被我逐退，芝廈已無敵踪。敵在桐廬附近之門山及其對岸之××建築工事，並在江面架設浮橋。

【中央社上饒十二日電】浙西竄麗水之敵，十一日拂曉前，向西北之×橋竄犯。

蔣軍急於要廣州海口

【時訊社十日訊】據七月十二日掃蕩報「縱談反攻」的社論，目前蔣軍在華南的兵力部署，首先在奪回湘桂路，佔領粵漢路上之衡陽，然後分兵兩路，一路沿粵漢路北上進攻長沙武漢，一路沿粵漢南下進攻廣州。它說：「論我們的需要，我們最需要打開一個海口，論敵人的防力，廣州不會大於武漢，因此，假使我們不願南北一齊打，以分散兵力，那麼照我們看，打廣州實應先於打武漢」。「只要我們能在南海疆隨便打開一個海口，馬上就可以和盟軍建立海上交通，而大批我們所需要的物資裝備，馬上就可以湧入」。為了配合其主力打廣州，它已有一路軍隊向廣西之梧州前進了（F）

同盟社轉播致公黨要求樹立聯合政府

【同盟社里斯本十二日電】據舊金山來電稱，一八八九年以來以在中國建立立憲政治為目標，以舊金山為據點進行策劃的致公黨，電重慶國民參政會，要求迅速停止國共的抗爭以樹立聯合政權。該電稱：對由於國共兩黨間所引起的內亂，不勝寒心之至，切盼立即聯合各黨各派的領袖於一堂，計議全國的融和的途徑，以奠立民主主義的基礎。

另據美國廣播公司駐重慶的人員於十二日由重慶市發出的廣播稱，蔣介石會向其指揮下的軍隊、以及共產軍分別發出指令，命各該軍隊在未接獲特別命令之前，應停留於各該軍的駐防地點，共產軍是否服從這個命令，將是個疑問。

東京無線電台呼喚瑞士電台說：「還有報，請等一等。收報的情況如何？」敦敦截獲早上東京無綫電台拍給瑞典的電報：「我們的重要電報尚未到手，我們想大概早上就可送來」。世界在等待東京發出消息。據稱：內閣已於昨晚開會，大概是考慮接受或拒絕四強的要求。在華盛頓白宮公佈：料二三天甚至更長時間內不會結束戰爭，美國評論員由斯托哥爾姆廣播引中官方日本消息說：日本的答覆「將是有利的」且「隨時可發出」。評論員繼稱：古斯塔夫國王可能是談判中的仲人。在英美與日本之間的談判中，瑞典為一保護國。然而，瑞典外交部說：他們對國王的作為仲人毫無所悉。倫敦，當日本延緩答覆盟國投降要求的時候，有一千二百至一千五百架英美飛機轟襲東京地區及軍事目標。關島路透社特派員說：低襲與轟炸對樞密院必有反響，日本統治者：仍在該院開會作生死存亡的決定。飛機是由海爾塞海軍上將指揮的航艦上飛來的。麥克阿瑟將軍的飛機飛襲日本，猛襲九州、本州、吳港附近的倉庫、兵營與橋樑。由婆羅洲至台灣整個戰場的襲擊中，毀滅或擊壞船隻五十一艘。

【同盟社斯托哥爾姆十二日電】瑞典外交部十二日發表稱：瑞典政府基於蘇聯政府的邀請，已答應蘇聯將担任保護日本與日軍佔領地區之蘇聯利益。

中大教授拒絕梁實秋等任教

【時訊社十一日訊】重慶中央大學二百餘教授，於七月十九日開緊急會議，反對該校校長顧毓琇濫用職權，不經過聘任委員會而聘梁實秋為外文系教授兼文學院長，吳幹為經濟系教授兼主任。梁去年秋發表反共文章後，已為開明人士所不齒，在會中被柳無忌教授（柳亞子之子）斥為「作風不合乎中大傳統」；吳則於受聘後立即無理解聘教授多人（如吳斐丹教授因在大公報發表對教育意見而被解聘）引起教授們不滿。結果梁吳二人均受正義拒斥，梁自動離校，吳亦被認為不合法，所作解聘教授事全不生效。會議中教授們指摘學校黑暗甚多，認為校方箝制言論，藐視人權，太不應該。一致維護聘任委員會的職權。會中又對教育部保送學生名額辦法也作「提案」。認為教育部送學生，很多是有特種關係混進的，程度不齊。主張以後保送的要考，名額應加限制，不得超過百分之十。

中央社傳如盟國要求昭和退位 皇太子明仁可能為繼任人

【中央社舊金山十一日電】東京朝日新聞可能由於預料盟國將要求昭和退位故，今日將十三歲皇太子明仁之傳與照片刊於報端，蓋渠顯然為昭

對日寇覆文時間的揣測

【路透社倫敦十三日電】東京宣告華盛頓星期六廿二點（印度標準時間）經瑞士所發四強對日投降提議回答之正式原文，僅於今日（星期一）始爲日本政府經瑞士使館收到，此事使遠東戰事早日停止的希望已遭挫折。世界緊張地等候日本決定的消息在四十八小時以上，而華盛頓方面對於四強回答抵達東京何以需時如此久頗感困惑。咸信四強回答星期六日交與華盛頓瑞士使館轉遞之後不及兩小時抵達伯爾尼，同時華盛頓相信四強回答未受電信過程的遲滯即轉發東京。除了瑞士與日本京城之間交通困難外，須時如此久則毫無理由。日本接獲四強回答的宣告是日本通訊社直至二二·三〇時（印度標準時間）爲止的唯一提及投降談判，路透伯爾尼息：伯爾尼流行一種印象謂，日本回答天此刻不會收到。華盛頓方面總統新聞秘書羅斯在二一·一五時（印度標準時間）說：『直至此刻未接獲任何回答』。他指出如果盟國提議僅在今日爲東京收到，則日本接獲盟國條件僅十二小時。他說：『或者還是遲滯的原因』。白宮對於盟國提議的接受會加以時限，並在規定時間期滿後對日攻擊將加倍的消息於今日下午正式被否認。華盛頓路透社訪員說：日本在做他們的決定時不受時限。另一方面，盟國可隨意以任何緊張的程度繼續戰爭，但是，縱使戰爭在各戰綫上以充分緊張的程度繼續進行，則盟國提議依然生效。路透外交訪員寫道：倫敦方面謂日本回答的某些遲滯不會引起驚異，因爲盟國要求限制天皇自主權對於日本政府造成許多嚴重的問題。他說：保留日本皇室，縱使減少其許多權力，在希望最終出現一自由民主政治的盟國中間亦引起痛心。據悉在中國與澳洲某些方面已引起巨大不安，其必是四個主要盟國之間未解決的衝突意見。落入盟國最高統帥手中的天皇最後命運依然未決定。在每一盟國內有許多人認爲天皇爲半宗教的尤物，而另外一些人則視他爲戰爭罪犯，及日本法西斯主義實際的領袖。日本報紙今天再度呼籲人民擁護天皇。一家報紙寫道：我們被要求以最大的勇敢，決心作最後的努力使天皇陛下安心。倫敦方面官方宣告英王將於勝利日晚間廣播，而重慶權威方面說：蔣介石將領導中國代表團參加日本投降的簽字。

【路透社倫敦十三日電】日本給盟國之投降要求的答覆今天可能到來。日本通訊社稱：天皇今日早晨五點於皇宮接見外相東鄉。今日清晨，紐約聽到和之繼承人也。同盟社二十四小時以內其公佈任命穗積重遠爲東宮職後，復爲明仁大肆宣傳謂皇太子依照配給之糧食生活，並對被炸區域人民之災難深表關切云。

關於昭和存廢問題 美國內發生爭論

【中央社紐約十日專電】美國人士正期待其政府與中英蘇三國會商之結果。一般人士會立即對美國是否接受日本之要求及中英蘇是否同意美國之決定各點引起爭端。美國正期待杜魯門總統於今日下午二時召開閣議之結果。今晨廣播與輿論均集中討論是否因日本通訊社所傳保留昭和而維持日本天皇制度。今日之輿論又引起過去贊成及反對保留天皇之爭執。若干評論家重申中國國民參政會認昭和爲戰犯之決議，並揣測中國之態度將爲四強對昭和採取一致意見之阻礙。可注意者即昨日杜魯門總統發表之演說中並未提及昭和。美國人士認爲無論盟國對昭和如何決定，甚至接受日本投降要求，亦必須時數日，以準備日人簽署投降書及在日控制區中按照規定時間解除日本武裝。

【中央社華盛頓十日專電】對日本投降請求之首次美方反響，日本在參院軍事委員會主席湯瑪斯之談話中可見一斑。渠稱：日本投降建議如正式向美政府提出，自應予以接受。湯氏在日本作傳教士六年。渠不反對東京要求保留日皇一事。早前數次，渠在美各地演說中向持日皇應予保留之論調。另參議員馬烈亦信日本投降條件應予接受，並准其保留日皇。渠稱：宗教爲類感及精神方面者。吾人不應取消日本人民之信仰。惟湯氏相信盟國可對解除之日本任意嚴厲處置。

【中央社紐約十日電】若干觀察家在等候官方接受或拒絕日本之投降時已開始推測遠東方面和平解決之各種問題。在所討論之問題中，其一即爲五外長會議是否負責討論遠東問題，一如其討論歐洲問題者然。另一推測即中美英蘇法五國將合組一遠東顧問委員會，以處理各項問題。紐約人士於下午二時後乃開始慶祝，紛紛撕毀電話簿與報紙，作爲花紙，而自帝國大廈及其他摩天大廈中紛紛投下，灑遍各地。唐人街之空氣尤爲興奮。凡我僑胞皆渴望勝利，俾可匯款歸國，以接濟其在華南各地之親屬。據悉：僑胞將舉行龍燈大會。惟在聞悉白宮在舉行閣議以後所發表之聲明僅承認收到日方的投降要求，並謂今日不擬再發表聲明時，一般人民興奮之情緒遂稍減矣。

（只供參考）
第九七二號
解放日報
新華社 編
今日出一張
卅四年八月十五日
星期三

關於日寇覆文經過情形

【合衆社華盛頓十四日電】白宮說：此間已截獲東京電台廣播的日本對盟國無條件投降要求的覆文。至於日本覆文的性質，羅斯則『佯為不知』。據說：日本正式覆文於星期二下午六時（重慶時間）到達伯爾尼，可能於晝間抵華盛頓。同時同盟社下述八個字的急電使全世界各地開始勝利慶祝，美國收聽了日本各電台呼叫海上日本的一切船艦，而另一同盟社電訊甚號召日本『一億人民毫無例外傾聽』。無綫電聽者注意收聽定於星期三午時（日本時間）之『空前重要的廣播』。羅斯告集於白宮他的辦公室內的百餘新聞記者：『看來我們長期的戒備行將迅速結束了。』並說美國政府『關於同時發表日本投降正與莫斯科、倫敦與重慶咨詢。』有人問停戰命令何時發出，羅斯答道：『總統將在他的聲明中提及』，但未表示這一聲明何時到來。

【合衆社倫敦十四日電】日本照會現在何處的最大謎團，今日上半夜仍未獲解答，而據同盟社稱，該照會已接受波茨頓無條件投降的要求。今天，人們可以見到許多矛盾的消息，這些消息有的是從敵人及中立國家來的，有的是從美國白宮方面來的。東京今日於快至中午時分（倫敦時間）稱，盟國的投降要求已被接受，照會現正在發給伯爾尼日本公使途中。伯爾尼外交部今日竟日均在否認有關照會的一切消息，甚至在華盛頓白宮宣佈日本覆文已在瑞士手中之後，仍是如此。之後，至五時卅分（倫敦時間），同盟社稱，照會剛剛於不久以前發至瑞士。幾乎在同時白宮羅斯祕書從華盛頓發出報然更正，說：現在瑞士手中的文件並非如以前所相信的，包括有全世界屏息以待的日本覆文。同時，東京謂就日本而論，戰爭業已結束之消息，曾足使紐約成百萬市民在碎紙及踝的街道上歡呼舞蹈，打破酒店的窗戶，搶去其貨物，並以戰爭公債及衣服燃起篝火。在倫敦，準備慶祝的人們由於三夜過早的呼

簽字，華府一般推測認為（一）麥克阿瑟將率盟國軍特種混合部隊，在日本本部登陸，以佔領各戰略據點，然後向東京進軍，以便軍前簽字。（2）麥帥尼米茲元帥及杜魯門總統（杜氏將飛至太平洋將在盟方軍艦上獲得日方之投降簽字）。倫敦方面英內閣至今晨起鵠候雅典轉來日方之覆文，英國在日本之利益，係由瑞典代為照料。故日方之答覆將由日政府轉達瑞典駐東京使館轉達英方，英諸閣員取消一切約會，聽候阿特里首相之隨時呼召，阿特里則在唐寧街十號，不斷與各大國以無線電保持聯絡，先是今日上午×方對於收到方答覆時其內容之傳說至為紛紜，繼之以日方宣佈，將有重要聲明發表，遂致一般情形，均惶惶不安，今日下午此種情勢始告澄清，日本通訊社今日曾發表一項消息報導東京皇宮外之情況，據云天皇之上諭曾張貼於宮門前，由於一九四五年八月十四日已有所決定，所有聚集宮外哭泣之人員均以××之態度鞠躬至地，因其力量殊嫌不夜（？）（天皇陛下之人民無不因無邊無限之聖慮而感激泣下），該通訊社未言及××作何種決定，並於播出『暫緩發表』數字後，即行停播。

敵寇承認 紅軍攻佔洮南、通遼

【同盟社東京十四日電】滿鮮方面等地戰況如下：

朝鮮方面：十二日下午四時頃，部份蘇軍利用舟艇的機動在羅津登陸，目下正在展開激戰中。又同日午時，蘇軍並以魚雷艇，企圖在淸津登陸，但被我方擊沉其六艘，將其擊退。

綏芬河方面：我軍正與包圍綏陽方面之敵激戰中，另方面渡過穆稜河之蘇軍，於十三日黃昏進抵牡丹江附近。在該方面亦展開激戰中。又沿着松花江前進之敵，於十一日午時出現於佳木斯附近，目下正在展開激戰中。

北部正面：在北部正面，其後戰綫並無大的變化。

海拉爾方面：十一日黃昏，蘇軍已進抵牙克石附近。

外蒙正面：確保着索倫西五社溝以及其他要點，仍舊在惡戰中。另外，一部分敵軍迂迴該方面，於十二日通過索倫，於十三日黃昏出現於白城子（洮安）前面，又通過突泉的敵軍，於十三日黃昏進至洮南活動，而另一縱隊則進至通遼附近活動。上述各地，現正展開着激烈的戰鬥。

庫頁島方面：一部分敵軍在西海岸惠須取登陸，現正與我軍部隊激戰中。

【路透社莫斯科十四日電】蘇聯昨夜公報稱：蘇軍於東三省內推進廿八英里並佔地多處。馬林諾夫斯基元帥所部之外貝加爾軍，自西北越大興安嶺×

喊，似已太疲倦了。人們現在等待官方的宣佈，這種宣佈將又鼓舞人們的新熱誠。在太平洋上，英美艦隊正升火待發，泊於距東京僅四小時距離之處，部隊則準備繼續進攻以防日本軍閥決定繼續作戰。某些人士對於等待日本決定主意，已表示不耐煩，並認為應再用一顆原子彈加速日本的決定，以便提醒躊躇不決者知道，戰爭已眞正失敗了。

【路透社華盛頓十四日電】白宮今晚宣佈：此間瑞士公使館收到伯爾尼該國政務部來電稱：「日本公使館報告，今晨收到的密碼電報並未包含全世界所期待的答覆。此事與較早的白宮公告抵觸，當時白宮公告曾謂日本覆文已收到。

瑞士公使館備忘錄全文說：「關於瑞士代辦格拉斯里與美國務卿貝納斯今晨電話交談，瑞士公使館深願證實今日下午二點五十五分（世界標準時間）收到本國政務部來電如下：「特急，據此間日本公使稱，今晨所收到的密碼電報並未包含全世界所期待的答覆。政務部啓」」。

【路透社倫敦十四日電】全世界關於對日戰爭的結束之希望於今日黃昏又受了一下打擊，倫敦及華盛頓方面公告說日本對盟國投降條款的覆文事實上尚未收到。華盛頓方面堅信她期望宣洩駐華府瑞士公使館發自伯爾尼的密碼電報說「日本公使館報告今晨收到的密電並未包含全世界所期待的答覆」究於何時收到。在華府公告數秒鐘之內，唐寧街十號英首相官邸發出公告說：「現有多種謠傳估計日本已接受盟方投降條款，官方尚未收到任何證實。公告籲請人民切勿擅離常規直到官方公告發表為止。東京無綫電於下午十點半廣播說「日本政府覆文現正在發往日駐伯爾尼公使途中」，其混亂情形可見一斑。

【路透社倫敦十四日電】路透社駐華府記者電稱：目前所可斷言者，即日本之覆文將為一九三七年以後，首次以和平帶予世界。華府人士咸覺對日戰爭之正式結束，僅為二三日之事，諸記者在白宮鵠候已達一百廿小時之久，無不形容憔悴，羅斯告各記者曰：長期鵠候已近結束之期，意即今日將發表聲明。據羅斯解釋稱：日方之覆文僅係密碼須在伯爾尼（瑞士）譯出然後再以密碼拍至瑞士駐華盛頓公使館，此種手續，需費數小時之久，一俟其遞達瑞士公使館以後即將送往國務院，國務卿貝納斯然後送呈白宮杜魯門總統。據聞目前之一般推測均集中於盟方將以何種方法與各處孤懸之日軍接洽投降

×向東直搗東三省中部平原與哈爾濱。梅利玆可夫元帥所部，自東方沿鐵路逼近哈爾濱，推進廿八英里。

合衆社稱：蔣軍數路東進

【合衆社重慶十四日電】喬治．王報導：日本的投降完全顛覆了中國的時間表（此時間表是在這樣的假定下製成的：中國戰場美軍訓練與裝備好中國軍隊之後，才進行總反攻）。中國陸軍總司令何應欽已於昨晚奔赴重慶，與委員長會商修改時間表，迎接休戰條約。上週還在昆明的何應欽總部剛宣佈已遷移柳州。他的總部遷移原來地方，以便將其軍隊向廣州、香港推進，可能下週即可到達。現在，由於休戰條約的臨近，他的軍隊已分佈華南，接受投降日軍，接受華南敵人武裝與裝備，主要是沿廣州、漢口鐵路，由北面漢口到南面廣州香港（香港假使英國海軍沒有即時到達香港接受該處日軍投降）。以湖北省西南恩施為基地之第六戰區中央軍已規定朝東向宜昌與漢口推進去接受華中日軍投降。以西北陝西省西安為基地的第一戰區華軍，規定向東行動接受洛陽日軍投降。中央軍向東行動以接受日本投降，開初不致遇到共產黨的干涉，但是，如果共產黨不接受八月十一日發給朱德的命令，預料將有嚴重的干涉或甚至磨擦及武裝衝突發生。粵漢路東側活動的中央軍將負責向杭州、南京近郊行動，企圖接受該處日本投降，但假如有共產黨的干涉，則預料是嚴重的干涉，因為共產軍散佈在南京，杭州和上海的近郊和整個蘇北及山東、河北省。過去二年，這些地方沒有一個中央軍存在。蔣委任沿海四大城市——平、津、滬、寧，的市長，是首先佔領這些城市，然後才解除周圍日軍武裝的重要舉措。這些市長預料將盡早飛赴這些城市。

路透社稱：蔣第六軍可能空運上海

【路透社重慶十四日電】路透社駐重慶特派員巴勞報導，中國最高級當局正採取一切步驟，防備爆發內戰的可能性，並悉中國共產黨的態度，將不被允許干預上海及其他被解放城市由蔣介石軍隊作和平之重佔。

曾在緬甸作戰並現已在中國境內待命的美方訓練之中國第六軍，將儘速運往上海區域參加該城的解放。日軍在許多佔領區中的行為已經留下不能忘懷的慘狀，而佔領軍的首要任務之一將為保持秩序，並阻止大批屠殺日本人及

其中國傀儡。

先時上海方面發出消息說，若干高級的僞方人員計劃飛往蘇聯，但蘇聯參加遠東戰爭的結果，已使他們得不到這個避難所了。

關於解放區人民糧食供應，及收容將從中國西部回返的成千人民等問題，已作有暫定辦法。

關於通貨問題採取了什麼步驟尙無所悉，但節節提高的法幣價値現已較在上海使用的僞幣高許多倍了。自從日本投降建議以來，重慶方面關於實資美金的黑市已自法幣二千二百元跌到一千六百元以下了。房租已漸跌，囤積的貨物已在市場出現。在東京無綫電表示對盟方要求的覆文已發出後，不久在公佈戰爭結束中即可望發表兩個公報。中國公報報告湘桂路上東安城戰事，命令該處日軍向東北方面退却。魏特梅耶公報說，第十航空隊野馬式飛機襲擊越南河內西北之處。

魏特梅耶稱：美軍官兵將以顧問資格幫助重慶收復佔領區

【合衆社重慶十四日電】大公報稱：魏梅特耶告大公報記者稱：美國官兵將以顧問資格幫助中國軍隊收復中國被佔領地點。記者會提問：『如果日本投降，美軍是否會同中國軍隊收復中國境內日軍佔領地點，或者由中國軍隊單獨去收復？』魏特梅耶答道：『中國軍隊將儘量迅速的去收復中國境內的日軍佔領區。美軍官兵將以顧問資格幫助他們。』大公報說：他未說明美國飛機是否會被用以調動中央軍回至日軍佔領區。

【合衆社重慶十四日電】此間不斷傳出消息：政府決定委派熊式輝將軍到滿洲任一重要外交與行政職務，在紅軍挺進之前，面臨傀儡政體『滿洲』崩潰時，照顧中國人的利益。其正式頭銜尙未最後決定，但大概是東北各省總專員之類。二年前熊曾率領中國軍事使團赴華盛頓，熊氏目前職務爲中央設計局秘書長，該局主席爲蔣介石本人。

中央社稱：浙江一股敵軍投降蔣軍

【合衆社重慶十四日電】中央社稱：浙江省一股日軍昨日已投降該處中央軍，中央社未述及其確實地點或確實日軍部隊。

【合衆社重慶十四日電】中央社稱：何應欽將軍已將其陸軍總部（指揮揚子江以南一切華軍的活動），由昆明遷移柳州。在南寧（何應欽剛由此間歸返昆明），他也建立了一個司令部負責南寧戰鬥，移至新廣西華軍總部的人員與裝備業已到達。

【中央社筑十三日電】粵桂公路工程處處長袁夢鴻，十三日由筑赴都勻。又聞該處設移將即柳州，積極展開工作，以配合復員及接收淪陷區路政。

【中央社恩施十三日電】鄂省復員委員會今成立，由王主席東原兼主任委員，省黨部邵主任委員、華省臨參會沈議長肇平兼副主任委員，下設秘書長一人，由省黨部吳書記長大守兼任，另分設五組辦理有關復員計劃之審議、建設及宣撫、善後救濟等事項。並特聘請技術專家多人爲專門委員，積極協助復員工作。

【中央社渝十四日電】中國全國工業協會重慶分會及遷川工廠聯合會，以復興淪陷區工業爲時迫切，於十三日晨開緊急會議，××主席通過：（一）立刻組織委員會隨同軍政前往湘、桂、武漢、上海、青濟、河南、河北等地協助會員加緊復員；（二）請求政府沒收與敵僞合作之工廠；（三）速籌經費協助復員；（四）呈請政府從速制定工業區，以便立即設廠開工製造（五）組織服務部代辦、委託建設復員等有關工作；（六）呈請政府撥給一部份交通工具，以便迅速籌設工廠。會畢臨時動議組織工業代表團定期至國府向蔣主席致最高敬意。

【合衆社華盛頓十一日電】救濟善後總署宣佈，日本投降後，即有××濟供應品八十萬噸運往中國。聯合國救濟善後總署中國專家計算，戰後第一年中國救濟最低計劃需要卅四億三千九百萬美元（下約百字譯不出）。

美戰時情報局摘引 我要求參加接受日本投降

【路透社紐約十四日電】美國戰時情報局今日摘引延安中國共產黨廣播，要求中國人民與盟國支持其要求：即中國各解放區的部隊應該參加盟國接受日寇的投降。該廣播稱：蔣委員長下給共產黨將領不要採取獨立行動的命令，乃是『蔣寧愛敵僞而不愛其本國民主力量、及其積極準備內戰之進一步的證明』。

國民黨又委一批副市長

【中央社重慶十四日電】行政院十四日決定派馬元放爲南京市副市長，吳紹澍爲上海市副市長，張伯謹爲北平市副市長，杜建時爲天津市副市長，葛覃爲××市副市長，又青島市長附已內定爲李先良。

【中央社渝十日電】行政院於十四日上午舉行第七〇八次會議，通過任免事項：（一）特任陳介爲駐阿根廷大使；（二）中央大學校長顧毓琇呈請辭職，應予免職，任命吳有訓爲中央大學校長；（三）察哈爾省政府委員張厲生兼該省察北行署主任。

（掉頭）……×北敗敵現集中南昌、九江間，在我包圍監視之中，我由南而北之追擊部隊於克服清江城及樟樹鎮，十二日晚又收復豐城。

【中央社渝十四日電】據軍委會十四日發表戰訊，湘西方面，我軍向東安城攻擊，正與敵激戰中。粵東方面，我軍於六日由揭陽西南地區向惠來攻擊，至七日午克復該城，殘敵向陸豐退卻。我正追擊中。

交通部及戰時運輸管理局劃定水陸空運路綫

【中央社渝十四日電】交通復員工作極爲各方關切，茲悉交通部及戰時運輸管理局經連日商討通盤計劃，對於水陸空各種交通工具之調用、及運輸能力之估計與路綫之劃分，均已詳加檢討，決定具體辦法。茲就各有關方面對水陸空適之復員計劃列誌如後：（一）航空：中央、中國兩航空公司可調用飛機五十架，分：（一）渝港綫（經桂林、廣州至香港），（二）渝滬綫（經南京），（三）渝平綫（經西安）三綫飛航，渝港綫調用飛機十架，每月飛行一百次，可運客五千人，或物五百噸，渝滬綫調用飛機廿架，每月飛行四百七十五次可運客一萬七千五百人、或貨物一千三百五十噸，渝平綫調用飛機十架，每月飛行二百五十次，運客六千二百五十人或貨物六百廿五噸，統計航空方面，每月可運（缺十字）人。（二）水運：（1）渝（宜昌）綫十七艘行駛，計可載客四次，只運客一萬七千五百人，或貨物一千七百五十噸（缺六字）飛機十架每月飛行（缺五字）六千二百五十人或貨物六百廿五噸，統計（缺八字）二萬八千七百五十人（缺三字）。渝宜（昌）綫將調用（缺七字）計可載客×千九百廿九人，貨物八千〇六十三噸，每月行駛三次，價×運客一萬四千七百八十七人，貨物一萬八千一百八十九噸。（2）（宜昌）寧（南京）綫調用輪船十二艘，每月可運客六千零六十人，貨物一萬七千四百噸。（三）公路分：（一）渝長（沙）綫（經貴陽、芷江、湘潭）；（二）渝廣（州）綫（經貴陽、柳州、荔浦、賀縣、曲江）；（三）渝寶（雞）綫，（四）潼關、開封綫。復員工作分二期進行，第一期由各路局抽調良好客貨車一千輛，每輛載客三十人，每月可運三萬二千人（帶行李），第二期增調汽車三千輛，每月可運客八萬人。總計水陸空運每月可運客八萬一千五百七十九人（？）。惟上項估計係就目前僅有之交通工具而言，將來盟國對我援助可望陸續增[illegible]，且接收敵僞交通工具後，運輸力亦將繼續增大。

蔣政府給英美軍隊人員以「治外法權」

【時訊社九日電】七月七日蔣政府發表了一值得注意的中英協定（原文見七月八日大公報）。該協定規定了一切英國「軍事人員」「如犯刑事案件皆應交由其本國軍事法庭或軍事當局單獨裁判。」關於「軍事人員」的範圍，在該協定「附件」中規定爲「係身穿制服，在聯合王國政府、印度政府或任何海外屬地，殖民地或受大不列顛、愛爾蘭及英國海外諸領地君主兼印度皇帝陛下保護之領土之政府所維持之海陸空軍中居有級位，並關於其在中國領土內執行之職務，係歸英國駐華任何海陸空軍司令官指揮之人員而言。此項人員包括身着制服之（1）附屬於英軍之政治或文職人員，（2）輔助英軍之婦女隊人員，（3）男女看護人員，（4）海陸空軍慰勞組織之人員，（5）在任何英軍司令官指揮下作戰並服從英國軍法輔助英軍之游擊隊。」同時，我們從協定中又獲知中美雙方早於一九四三年五月廿[illegible]日已經簽訂了同類協定，這個中英協定原來不過是中美協定的援例而已。

從這些協定，可以看出犯了刑事案件而可以不受中國法庭審判的美英「軍隊人員」的範圍是非常廣泛的。這簡直是一種變相的「治外法權」。當然，在名義上，協定是「基於互助原則」的，然而如衆所週知，中國現在沒有什麼「軍隊人員」駐在英國與美國！

然而，這還不過是蔣政府喪權之一部份。根據中央社發表之美軍總部G5之消息看來（見六月二十六日中央、掃蕩各報），則美軍登陸中國後，還將到處設立其軍政府，那就是說，美英「軍隊人員」在中國領土上不但可完全不受中國政府之管轄，相反的，中國人民在自己領土上卻要受他們的管轄了。關於這問題，這次國民參政會上，曾經有人向軍政部長陳誠提出質問，據陳誠答覆，說，這是「無損於中國主權的！」（見七月十三日新華日報）

蔣政府不肯給中國人民及其「軍隊人員」以一點自由，然而卻容許美英「軍隊人員」有一切自由！蔣政府不肯給中國人民以建立其民主政府的權利，卻容許美英政府在中國建立其軍政府的權利！所謂「軍令政令的統一」，顯然只對內而不對外的！這難道不是「對外投降對內反動」的老政策的繼續執行嗎！？這難道不是「寧贈友邦，勿予家奴！」

參考消息

（只供參考）
第九七八號
新華社 解放日報社 編
今日出一張
卅四年八月二十一日
星期二

同盟社稱 蘇軍與我軍進攻張家口

【同盟社南京二十日電】據到達此間的確實情報稱，蒙疆方面的蘇軍以及外蒙軍，於日軍停止戰鬥行動後，蘇軍卻仍舊出動強有力的坦克和砲兵，策應着延安軍，繼續攻擊張家口。十七、十八兩日，曾轟炸張家口，十九日正午，我方為要求停止戰鬥行動，乃派出軍事使節，但遭蘇軍槍砲的轟擊，致軍事使節因而負傷。現在蘇軍和外蒙軍，正在準備以坦克攻擊張家口前面的日軍陣地，延安軍則配合這一行動，似企圖先傅作義軍而佔領張家口，情況至為緊迫。

【中央社莫斯科十八日電】莫斯科今日訊馬林諾夫斯基元帥統率下之蘇軍，於貝加爾前綫業已橫渡戈壁沙漠之潭善達沙漠區，右翼方面已抵達張家口，佔領通行華北中心區域之多倫。蘇軍克復沙漠地帶之種種困難，終於渡過外蒙而前進，馬林諾夫斯基元帥鐵蹄到處，華北門戶洞開，蘇軍之進展，是使華北日軍戰略據點動搖。該地日軍業已受到蘇軍及張家口以西之蔣軍兩面側擊之威脅。

【合衆社倫敦廿日電】蘇日兩軍交戰已十一日，今日關東軍投降以後，戰事遂告結束。蘇軍已佔領中國東北之四大城市，現已開始繳日軍七十五萬人之械。

【同盟社新京廿日電】日、蘇兩軍之間，正在實行某種程度的現地（指滿洲言——譯者）停戰，十九日，蘇方軍事使節已分抵新京、奉天（瀋陽）、公主嶺，與日方正在圓滿地進行就地談判中。

中央社稱 閻錫山部佔太原縣城

【中央社重慶廿日電】據軍委會廿日發表戰訊：（一）我湯恩伯方面軍部隊，十五日下午十一時收復桂省東部之梧州。（二）我顧祝同司令長官部隊，十五日收復浙東之寧海，十六日收復縣，十七日收復浙東西之分水，十九日收復富陽，並分派部隊協同地方團隊

府的積極支持，主要的是美國與中國政府：並希望能獲得美國或中國的運輸機來輸送重要人員與文件進入朝鮮。繼謂：在亞洲大陸上的數百萬名日軍大部分是朝鮮人然而他們均已被迫放棄其原來的朝鮮姓名而用新的日本名字，故造成甚至在日軍中的朝鮮同胞也互相不知道誰是朝鮮人。王××提醒應遣送他們回朝鮮參加復員工作或其他工作，因為他們都是被迫來參加日軍的，而且全是不願當憲兵的」。

【美國新聞處重慶十九日電】合衆社訊，重慶朝鮮臨時政府外長王佐乘今日稱：在蘇軍指揮下作戰的三萬餘朝鮮部隊，現已進入朝鮮境內。

英「觀察家」評中蘇條約

【同盟社東京廿日電】據路透社稱，倫敦星期日刊「觀察家」外交訪員寫道：上週在莫斯科簽字的中蘇友好條約，在倫敦外交界人士中比其他題目引起更多的興趣與推測。該條約有巨大意義，不僅因為該條約處理了與蘇聯利益有關的關於華北和中國西北的各種懸案（原文不清，按大意譯出），而且，因為據說該條約對下列問題有很大影響：中國內戰危機（此危機數日來已嚴重起來），和遠東發生美蘇間尖銳政治鬥爭的危險（美國支持重慶政府，蘇聯支持延安共產黨政權）」。雖然中國代言人已宣示該條約解決了中蘇間一切懸案，觀察家外交訪員說：「中國共產黨不能期望能從莫斯科得到同情或支持。這實際上就是說他們在此時期內不能嚴重的威脅重慶政府的權威。」「但是中共卻指望從莫斯科得到激勵，而蘇聯報紙之一再批評重慶政府，引起人們担心蘇聯將支持延安政權而實行干涉。如果中共得到大批日本武器（他們現在正希望這樣作），則他們仍然能給重慶政府以很大的麻煩。但倘使沒有蘇聯的幫助，這事不會持續很久的。中央政府有了美國的裝備和空軍，將具有壓倒優勢的兵力和機動性。此外，中國的輿論將強烈地厭惡繼續戰爭，尤其是內戰。」「人民對於戰爭和戰爭所帶來的苦難已感到厭倦——他們不願因不斷的內鬨而使中國丟臉。此外，蔣介石很客氣的邀請共產黨領袖毛澤東立即赴重慶，設法圖謀中國的團結（此邀請今已被中共乾脆拒絕）這件事，將在中國輿論中留下深刻的印象，並加強蔣介石的地位。」

大美晚報論遠東戰後問題

【美新聞處紐約十七日電】上海大美晚報（可能是在美國出版）於十七日社論標題「是開始而非結束」一文中寫道：目前最緊急

先後收復吳興、德清、崇德、桐廬、臨安、新登等縣。（三）我傅作義司令長官部隊，十五日已進抵包頭。（四）我胡宗南司令長官部隊十六日至十九日先後收復豫西之陝縣會興鎮（陝縣東六十里），晉西南之永濟、臨晉、榮河。（五）我閻錫山司令長官部隊，已先後收復晉中之太原縣城、晉南之臨汾城，並已分別進入晉西南之運城，晉南之洪洞、趙城，及晉中之汾陽，祁縣、清源、徐溝、太谷等縣。

何應欽赴芷江

【中央社渝廿日電】中國陸軍總司令何應欽將軍，業於廿日下午五時乘專機由渝啓程，前赴其設在芷江之前進總部，同行者有隨員及中外記者十餘人，各記者認爲此行極具歷史意義。

【中央社芷江廿日電】何應欽及其重要幕僚及行政院所派之顧問團，於今日黃昏抵此。總部即在此成立前方司令部，俾便於接受全部日軍投降，處理收復區軍事、政治、經濟等事宜。何總司令下機後，即召見來此參加會議之各高級將領指示一切。日本投降代表可能於明日上午十一時飛芷。

【合衆社重慶廿日電】三日前參謀計劃於星期二晨到達芷江，與中國軍事當局作短時的會議後即返回南京向岡村寧次報告，岡村寧次計劃於八月廿三日前來芷江，與中國陸軍總司令何應欽簽字投降。

重慶朝鮮臨時政府外長談話

【合衆社重慶十九日電】據重慶朝鮮臨時政府外長王××稱：蘇聯紅軍屬下的三萬餘名朝鮮部隊今已進入朝鮮邊境——自海參威越過綏津與雄基地區，而進入（Konca）城。此外，尚有在朱德的共產黨軍屬下的『數千名』朝鮮軍，也已自華北經陸路向朝鮮方面挺進。王××稱：『我們歡迎意在解放朝鮮的任何盟軍開入朝鮮或在朝鮮登陸。自然我們樂於聽見關於我們自己的國家，或向祖國前進的消息。』王××犧牲了半小時離開內閣會議接見合衆社記者說：該會議正在討論臨時政府返回朝鮮的辦法，及朝鮮解放後第一階段的行政計劃。他說早已知道在蘇聯與西伯利亞有蘇聯所支持的若干朝鮮人的組織，但在蘇聯宣戰前，蘇聯阻止臨時政府之企圖與這些俄境的朝鮮組織發生接觸。又謂：自蘇聯對日宣戰後，本政府即已派出代表試圖建立關係，但由於交通困難，這些代表們尚未到達該地。又謂：朝鮮臨時政府總統金司，前半月在中國西北的西安，已取道來渝參加臨時政府未啓程回朝鮮前的會議，今日已抵四川省會成都。王××希望能得到盟國政

者是解放日本手中的美國俘虜——平民、士兵、水手、海員。其次的問題是救濟和重建的問題。菲律濱已經開始了這項工作，上海及其他大中心受的苦難較長，但原子炸彈的威力却拯救了她們不致招受馬尼拉那樣的命運。我們中一定有許多人呼籲要親自回去，或派代理人回去。讓我們不要太自私吧。爲歷史上及人情上說來，外國人之回去與由於戰爭烽火使五千萬流離於國內的現在急欲返回海岸的中國比起來，是無足輕重的，但在恢復中國家庭、農場及工廠上，美國人的幫助却是極有重量的。今日東方的機會，是向每個想得到她的人挑戰。至於我們將找到什麼，並無保證，但無論如何我們知道舞台已建立起來，確定的事實比較少，但好的徵兆却是很多。治外法權在中國是過去的事情，但在『新的經濟政策』之下，中國政府允許締結美好的商業條約。我們預言還會有國際紛爭的新紀元，東方還會有侵略，而這些却是可以從中蘇友好同盟條約這樣一件事實中，重新得到保證。我們籲請我們的政府，立刻深深考慮美國參與將來的遠東的各方面的問題。我們的軍事力量將準確地處理佔領日本的問題，與解除她的戰鬥力。其他當局方面在他們所觸到的大問題，如運輸、供給、信用貸款以及其他屬於政府的問題，也應一樣有戰鬥力。現在正是美國眞正使她自己回到實際去的時候，這種實際對美國極有幫助。以美國的方法和權利能招致好的結果，今天世界上還沒有別的地方比『新的解放了的遠東更來得有利。』

熊斌飛渝

【中央社西安廿日電】新任北平市長熊斌，今日下午四時廿分由此乘專機飛渝。

【中央社南鄭廿日電】第十一戰區司令長官兼冀主席孫連仲氏，偕隨員數人今日下午三時乘專機經此即轉飛西安。

【中央社永安十九日電】困於廈門、金門之敵，已派員向我海岸部隊接洽投降，東南戰區及閩省府派嚴澤元、唐武、雷鍼中等一行，頃已抵漳州，待命入廈接收。

【中央社渝廿日電】國府主計處派定科長×××、專員彭炳聰及楊瑞成等三人赴南京，辦理該處復員，已於日內起程。

【中央社倫敦十八日專電】顧維鈞大使今日正午於大使館內，設宴招待英貿易大臣克利浦斯爵士，及現抵英訪問之我國資源委員會若干代表，即席致詞說明中英經濟關係，泰亞伯爵及英工商業界領袖亦與宴。

【中央社渝廿日電】希臘波得親王訪問中國事畢，廿日晨九時半乘機赴

，勾留兩日即返滬。

偽寧陸軍部長蕭叔宣逝世

【同盟社南京廿日電】前國民政府陸軍部長蕭叔宣，於十九日上午八時十分逝世，享年五十四。

【同盟社南京十九日電】舊國民政府考試院長陳羣，於十七日黃昏逝世，他於汪主席逝世後即任考試院長直到今日爲止。

美政府已擬定管理日本計劃

【中央社紐約十四日專電】紐約前鋒論壇駐華府記者引述外交官員的談話稱，五強外長會議已定於九月一日在倫敦開首次會議。繼將在重慶開會，以審查對日經濟、政治管理計劃，美政府幾已完成在政治經濟上對待日本之計劃，在該計劃下日本將受到之待遇如下：在軍事方面，日本將完全解除武裝，及軍事設備，除去所有可用作戰時生產之重工業，日本之陸海空軍均將剷除，軍事階級將取消，日本所有武器及軍火均將運走，歸盟方調度。在政治方面：日本人民不論其階級爲何，在日本土每一島嶼，均受同等待遇，盟方將建立日人政治生活最後改選之基礎，並置於和平民主之立足點上，各戰爭罪犯，將就捕受審，惟日皇究將被稱爲戰爭罪犯與否一問題，上項計劃中，未予考慮。

在經濟方面：美國將着職注重日本和平及民主工業農業之發展，以便平衡經濟，此項計劃實際上將恢復日本在戰前之多種生產，如絲織品、玩具、珍珠、鈕扣等任何化學品。戰時生產所必須者將迅速受管制。

路透社：戰後日本經濟問題難於解決。

【路透社倫敦十八日電】路透社外交訪員報道。日皇代表在有效履行遠東投降中，似將起重大作用。日本問題專家認爲：若沒有這些日皇代表親自將日皇勅令，轉給各日軍指揮官，則東京所廣播的日皇勅令，是否將被執行，是令人懷疑的，但當日皇代表一到達各日軍指揮部時，日本投降恐立即就可生效。我們回憶當日軍侵略越南時，曾有日本兩個軍，一個軍是自已開入越南的，另一個軍是得到東京訓令開入越南的。當日皇代表到達該地時，北面日軍指揮官才被說服撤出他的軍隊，將他的軍隊交給與在南面的同事。利用日皇之權，來實行投降和維持日本國內秩序，直至盟軍到達日本之時爲止這個前途，從短期來說，似乎是不壞。但若從長期來說，使戰後日本經濟實現與聯合國所擬定的思想上的目的歸於一致這個任務，在這個

犧牲個人判斷及利益」，恪遵天皇命令，保持「嚴格紀律與鞏固團結」。

美國務院杜曼說：

如果日本共產黨得勢，美將派「斯科比」去鎮壓

【時訊社十七日訊】六月十六日美國民族雜誌發表「關於管制日本的盟國軍政府」一文，其中說到美國政府爲了管制日本而成立了日本軍政府人員訓練班，國務院杜曼（助理國務卿鄧恩的特別幫辦，格魯關於日本問題的親信幫手），在該班中公然說到日本財閥是美國人的好朋友。他的觀點是「財閥（許多大實業家結合而成的反對派）將是我們的摯友（！）他們一向反對軍人（？）我們將來做行政官員時，一定會發現經由他們來管制日本經濟是十分得策的（?!）」。「所有的財閥都是反軍國主義的（？），多少是親美的，而且總是這樣的。」

杜曼還說如果日本共產黨得勢，美國將採用斯科比的辦法來武裝干涉和鎮壓。原文說：「諸位或者喜歡知道杜曼在各學校裏所講的話。有學生問他如果共產黨一旦在日本得勢，美國的態度將是怎樣。他的答覆是我們將使用英國在希臘所用的同樣方法。」（R）

敵外相重光葵談外交方針

【同盟社東京十九日電】重光葵外相，於十八日下午首次接見記者，發表帝國今後外交之方針如下：今日的情勢對於一貫努力以求得大東亞戰爭勝利的我們來說，是非常引爲憾事的！但是聖斷已定，今天前進的道路已非常之明確，在這一時候應更加奮鬥努力。因此在聖斷已下的形勢中，迅速轉變頭腦，實屬必要。這一戰爭我們付出了很高的代價，就如同今日總力戰爭沒有得到結果，當此嚴峻的時期，如果還抱有甜蜜的感覺，則將來的建設是不能實現的，這須要有面對現實的勇氣。我想我們日本人對外××沒有抱着甜蜜的感覺嗎？在進入戰爭後，沒有因爲抱着希望的感覺而使進行戰爭犯過錯誤嗎？而且很不幸今天戰爭的敗北，已經嚴正地把事實放在我們眼前，如果仍然以甜蜜的感覺下去，開闢將來是很困難的，我們要把戰敗的結果——波茨頓宣言的條件反復加以研討，這是很必要的。此次戰爭究竟是怎樣一個東西？那是一種苦役。我們僅從對外政策方面來看，結果使日本與世界各國保持友好關係感到困難，只有我們作和平的努力，才有再建國家的自信。而且還應覺醒的一件事情，是要在東亞民族之間，以和親爲基

階段上，似最難解決。赤裸裸的一些事實概言之如下：一、日本目前人口爲七千六百萬，而在其成爲工業國和帝國主義國家以前，人口只有三千五百萬。其人口多直接或間接從事工業。二，日本在原料和自然資源方面，非常貧弱。因之其有賴入口貨，甚爲厲害。三，在「中國事件」和目前戰爭的這些年中，日本更增加了其對入口的依賴性，因爲它開發了其佔領區，而目前這些佔領區的資源，是與其無關係了。四，同盟國決心摧毀日本軍事工業，但日本過半數人民是與這類工業連繫着的。五，日本船隻大部被毀，由於盟國要求大賠償，將更其減少。六，日本的糧食供給，就其本國目前生產速率而論，必須精耕細作，而這樣作，就務須輸入磷酸肥料及其他肥料品。而這必然的結果是：其不義之財被剝奪殆盡，戰敗的日本，將面臨大量人民失業，工業停滯，農業危機和糧食尖銳缺乏等問題。盟國佔領當局將以上述情形作爲重新教育日本人轉向民主和愛好和平事業的實驗的根據。在日本國內，幾絲毫也沒有深根蒂固的民主傳統，而在這種情況下使其人民相信民主制度能得着經濟上和政治上的便利是很困難的。在所有同盟國中，中國現自覺瀕於面臨經濟混亂的和平，而這種經濟混亂，是可與目前威脅着其侵略者的經濟混亂相比擬的。中國將藉助日本賠款，盡量集中於重建事業上。僅就中國要求善後救濟總署協助以九萬萬元一事來判斷，中國要日本賠償的數目是不會小的。蘇聯與中國中央政府締結友好同盟條約，乃是蘇聯結束遠東戰爭的標誌。該條約內容雖尚未公佈，但將提供人們所急切期待的象徵，即：莫斯科在遠東的政治，戰略和經濟意圖。該條約恐無疑規定有：蘇聯與中國將互惠貿易，但蘇聯亦應適當尊重中國在滿洲的合法主權和朝鮮的獨立地位。……滿洲，使它能與蘇聯締結直接經濟協定。中蘇條約究能對重慶和延安間的緊張關係，發生多少程度的影響，現尚不知悉，但人們希望中蘇條約能有助於避免中國內戰的危險，而這個內戰久已潛伏於重慶與延安間，而目前由於日本的崩潰而趨於表面化了。

敵人謠傳盟軍登陸引起嚴重的不安

【路透社倫敦十九日電】今晚夜深日本通訊社稱，「日本全國嚴重不安」。該社所引朝日新聞載稱：不安是由於下列完全無稽的謠言惹起的：如「美軍已在橫濱登陸並在廣泛地區作戰」，「重慶軍已進入[illegible]」。該社稱：爲了制止不安，海空軍部已發佈命令，力勸人民「

調，相互尊重其立場，確立此種民族主義的認識，這是戰爭的一個非常大的××。我們確立這樣的精神以及樹立對此種精神的信念，則以此使將來明朗化的事態亦就基於此點。究研將來的建設根據什麼開始呢？第一就是要面對今日之新事態並以勇氣前進。我方所承認的波茨頓宣言的條件，我們就像一個男子漢似的毫不疑慮。這是我們建設將來的第一步。今日之事態是非常之險重，但在過去雖然內憂外患，亦能突破這一困難，挽救帝國的前途。徵諸我國的歷史，這種例子是很多的，在今天不必要對將來抱悲觀，而是要以明朗性，合理性去努力。這樣帝國的將來就會變爲光明，世界亦可以高尚的理解接受。

敵朝日新聞專論：「對新內閣的要求」

【同盟社東京十八日電】「朝日新聞」在題名「對內閣的要求」的論文中，號召「太大的改組行政系統」，必須「鼓勵人民對於建設的意志」。該文的要點如下：東久邇宮內閣所面對的第一個任務是厲行波茨頓會議宣言，締結休戰協定及和平條約。此外的重要問題就是戰後的建設。東久邇宮內閣必須以堅決的意志領導人民保護他們的國家，進行建設。整個國家希望新內閣能以及早減少由於進行戰爭所產生出來的困難和不合理的現象，並注意傾聽人民最深的要求。與此有關必須採取的第一個步驟是取消對於結社自由，言論自由的限制。當然，任何違反國體安全的傾向必須嚴格的處置，只有不是那樣的傾向才給予行動及辯論的自由，因爲如此做來，公衆能以注視日皇陛下的意志。衆信公衆亦當能得到合適的，強有力的形式。必須有行政系統的徹底改組。應該特別的研究長久以來即存在的官僚系統。至於官僚系統的改組，直到現在根據對法律無限權利的原則的系統應該取消，而採取合理的行動方針是很重要的。日本語言中必須根除官僚主義這一名詞。在未來的困難中，再沒有具有官員和大衆對立的含義的名詞了。

（只供參考）
第九七九號
解放日報社編
今日出一張
卅四年八月二十二日
星期三

何應欽向岡村寧次提出備忘錄

規定受降軍事長官及地區

【中央社芷江廿一日十二時卅分電】日本投降代表，今井等一行乘機於本日午十一時二十分抵芷江機場降落。

【中央社芷江廿一日十一時卅分電】日本投降代表由宣總參謀副長今井，率隨員三人，乘機飛抵芷江，我方先派戰鬥機三架居前領導，該機於十一時十分抵芷江上空，盤迴廿分鐘，於十一時二十分降落。所乘爲綠色雙引擎機，機身機尾各懸紅布一條，今井等下機後，即由吉普車載赴休息所，車前插白旗一面。今井在車中面色慘白，默默無言，中外記者在場爭攝影片。

【中央社芷江十九日電】今井必將簽署領受備忘錄證書，原文如下：今謹收到中國戰區陸軍總司令一級上將何應欽，致駐華日軍最高指揮官岡村寧次將官之中字第一號備忘錄中文本一份，日文本一份（但以中文書爲準），××充分瞭解本備忘錄之全部內容，當負責轉達駐華日軍最高指揮官岡村寧次將軍，代表總參謀副長今井武夫少將簽字。中華民國卅四年八月廿一日公曆一九四五年八月廿一日，地點中華民國湖南省芷江縣。

【中央社芷江廿二日零時廿分急電】中國陸軍總部參謀長蕭毅肅，今日以何總司令之備忘錄一份交與在華日軍最高指揮官岡村寧次之代表今井總參謀副長，該備忘錄中關於接受日本投降之我方軍事長官及其地區，曾作詳盡規定，茲摘要誌次：（一）第一方面軍司令官盧漢接收越南、北緯十六度以北地區；（二）第二方面軍司令官張發奎接收廣州、香港、雷州半島、海南島等；（三）第七戰區司令長官余漢謀接收曲江、潮州、汕頭；（四）第四方面

長官部隊，廿日收復晉西南之侯馬（曲沃西南卅里），進至豫西澠池西南六十里之宮前，並派遣部隊協同豫省地方團隊，於十四日至十八日先後收復豫中之滎陽、禹縣、長葛、密縣等縣，（三）我顧祝同司令長官部隊，十三日收復閩東閩×外之川石島。

【中央社吉縣十八日電】（遲到）在太原市民熱烈歡迎下，我軍於十七日晨開入市區，光復太原之我軍，係由孝義北進，行經徐溝、清源、祈縣、太谷等縣，均經一一收復。又我軍已次第進駐運城、汾陽、襄陵、汾城、解縣等城鎮。

【中央社重慶廿一日電】粵省西江我軍，業已開入肇慶，行政專員公署，及縣府，十九日返城內辦公，民族日報廿一日遷回復版。

【中央社吉安廿一日電】在南昌以南三江口之敵十個大隊，廿日晨退出南昌市區，行前派大中尉軍官各一，向我譚道源軍長說明係集中南昌投降，要求勿予追擊。

同盟社轉播

朱總司令致蔣介石信

【同盟社里斯本二十日電】延安廣播電台，於十八日報導，第十八集團軍總指揮朱德，向重慶軍事委員會委員長蔣介石提議收拾時局的對策，據重慶來電悉，該項提議共由六項組成：（一）關於接受日軍投降與投降後的協定、議定書及條約，須有渝、延雙方的商議與同意；（二）在延安勢力圈內，中共軍有權接受日軍投降；（三）當盟軍磋商對日休戰時，應派遣延安代表參加，對中共軍並參加戰後之管制日本本土；（四）和平會議以及今後的聯合國會議時，延安代表亦要參加；（五）廢除中國的一黨專政，並爲了建立民主的聯合政府，應召開黨派會議；（六）蔣委員長應採取使中國避免內戰的措置。

國民黨反動派否認

在綏西使用美國武器進攻我軍

【中央社陝壩十八日電】據延安新華社七月二十六日電稱：國軍使用美國裝備新武器向綏西解放區發動大規模進攻，中央社記者特訪有關方面探詢情形，據稱：駐該地之駐軍僅別動軍獨立第一支隊等部，係地方人民自衛組織，自五月以來，該部未離駐地一步，且因兵力薄弱，防衛敵偽軍進擾尚感不足，又何能發動大規模進攻，純係捏造事實，淆亂世人視聽，以掩飾中共軍乘我與敵作戰之際，襲我後路，實現其「打通綏蒙」陰謀之藉口。且美式裝備武器除過去開赴印緬之遠征軍，及西南一部軍隊僅有補給外

一七六

軍司令官王耀武接收長沙、衡陽；（五）第九戰區司令長官薛岳接收南昌、九江；（四）第三戰區司令長官顧祝同接收杭州、金華、寧波、廈門等處；（七）第三方面軍司令官湯恩伯接收南京、上海；（八）第六戰區司令長官孫蔚如接收武漢、宜昌、沙市；（九）第十戰區司令長官李品仙接收徐州、安慶、蚌埠、海州；（十）第十一戰區司令長官孫連仲接收天津、北平、正定、石家莊；（十一）第十一戰區副司令長官李延年接收青島、濟南、德州；（十二）第一戰區司令長官胡宗南接收洛陽；（十三）第二戰區司令長官閻錫山接收山西省；（十四）第十二戰區司令長官傅作義接收熱河、察哈爾、綏遠；（十五）第五戰區司令長官劉峙接收鄭州、開封、新鄉、南陽、襄陽、樊城；（十六）台灣接收人員另行派定。

【中央社芷江廿日電】今井少將於今下午五時接受備忘錄後，即於晚七時電告南京岡村寧次將軍，在芷江接洽投降經過，並報告冷欣將軍即赴南京設立前進指揮所。

【中央社石花街廿日電】老河口日軍十九日派津鄉少佐至河西謁見我二三一集團軍參謀長胡臨聰，並呈遞軍書，與我該集團軍孫震總司令接洽投降事宜，已有頭緒，現餅子鹼渡口，通襄樊之河道，不日亦即可開放。

【中央社南寧廿日電】第二方面軍司令官張發奎，廿日下午偕作戰處長李漢沖，飛赴芷江參加協商日軍投降事宜。

【中央社寧都十九日電】贛省府為策劃復員事宜，特決議：（一）派建廳南廳長嘉治、保安司令部副司令士×，社會處長黃×智，率各機關人員前往南昌規劃一切；（二）通過艾懷瑜代理南昌市長，並呈請中央任命賴×英為南昌市警備司令。

美聯社稱：閻錫山與我在太原附近發生衝突

【路透社紐約廿二日電】據美聯社今晚由重慶發出的消息稱：：非常可靠的人士報告，第二戰區司令長官閻錫山指揮下的中央政府軍隊，在太原附近與共產黨部隊發生衝突。太原為山西省省會，在北平西南二五〇哩。據稱：先是共產黨佔領飛機場，隨後為中央政府軍隊擊退。

【中央社渝廿一日電】據軍委會廿一日發表：（一）我閻錫山司令長官部隊，十六日進入晉南之垣曲，十七日進入晉西南之芮城。（二）我胡宗南司令

，其他及西北各部隊從未獲得任何美式之一槍一彈，該電所稱美式裝備武器，不識從何而來。又謂我方部隊中出現美人數名，偽裝新聞記者，充當軍事顧問，幫助訓練部隊與指揮作戰等語，尤屬無稽謊言，不值識者一笑。此種惡意宣傳，實欲藉此以挑撥國人對在華美軍之情感，殊有礙團結之旨云。【中央社按：何參謀長應欽於七月九日在昆明接見記者時，某記者詢及駐西北之國軍已獲美械裝備一事，是否屬實，經何總長鄭重否認，斥為無稽之謠言。又軍事委員會發言人亦於八月十日在外記者招待會中發表談話稱：「吾人茲嚴正聲明，駐防西北之國軍，絕未獲得任何美國租借之軍械，僅西南國軍獲得此項裝備，純為打擊日寇之用」等語。

蔣介石向美國報導戰訊

【合衆社重慶廿日電】蔣介石總部頃對紐約拍發之電訊，原文如下：（文見昨日參考第二條）

魏特梅耶稱 降落於東北的美國人員將暫時被扣

【美新聞處廿一日電】在華美軍司令魏特梅耶中將今日說，他從滿洲瀋陽方面獲悉：在那裏着陸的美國人員，可能被扣留，直到蘇軍日軍允許作這樣着陸時才放出來。

何柱國抵渝

【中央社渝二十一日電】第×戰區副司令長官何柱國，二十日由防地抵渝。

盟方救護隊降落於廣州附近機場

【中央社渝廿一日電】中國戰區美第十航空隊總部二十一日訊，盟方救護隊（中英兩方各四人，美方八人）攜有醫藥員及接濟員乘一運輸機，於十九日在廣州附近某機場降陸，彼等之任務為向廣州、香港之戰俘作醫藥療治，並確定戰俘等之各項所需。美機降陸時，中國人民欣喜欲狂，紛紛奔向機場，但日軍早已刺刀相對，不准入內，一較年輕日軍中尉，當詢以美機在日方機場降落之原因，空軍上尉范恩則要求會見日軍司令，其時天空中有美國P——五一式機四架不斷盤旋，日軍少佐一人出現，范恩上尉遂解釋美機係為廣州、香港之戰俘營載運醫藥及接濟員而來者，並要求留數人，至於戰俘營其他各人則前往香港。該少佐答以當請司令長官決定，一小時後廣州日軍司令富田將軍抵機場，美機機等乃隨渠前往

日軍司令部，富田將軍不准美方人員往應停當，或繼續飛往香港，仍勸彼等居留，俟和平條約於東京簽字而後止。然復翻悔前言勸美機速歸，以免引起事件，並讚譽彼等英勇，但時機尚未成熟，美機遂飛歸。

長江通航短期內作不到

【中央社渝廿一日電】關於長江區掃雷工作，聞當局已決定宜昌下游由日軍負責清除，宜昌上游則由我軍負責。當局決於九月一日以前清除淨盡，惟據民生公司負責人稱：目前該公司接獲三斗坪電告謂，有木船五艘駛往三斗坪下游遭遇水雷炸沉，故長江區通航問題尚須數週後始可決定。

路透社稱日政府說 中國情形混亂

【路透社莫斯科廿日電】預料滿洲日軍之最後投降是『幾小時的問題』。中國陸軍總司令何應欽將軍今日赴湖南芷江，代表蔣介石委員長接受日本投降。駐華日軍總司令的降使準備以百餘萬人投降，現已達芷江。路透社婆羅洲訊：在所羅門的布肯維爾，與日本司令及澳洲人間的談判正積極進行中。在新幾內亞，澳軍代表及該處日軍司令中井中將間的會議正籌備中。新西蘭航空員已經發現日軍廣泛向拉布爾無抵抗的移動。日本已有兩個無綫電致麥克阿瑟，其一要求以降落傘運供給品給盟國俘虜及以盟國飛機救助他們，另一則埋怨中國境內的混亂。日本政府（以東京無綫電台為交通工具），埋怨中央政府及延安共產黨當局正『未經允許及毫無紀律地衝入中國境內的日本控制區，而且各有各的要求，在此種『複雜情況下，日本力圖維持混亂情勢中的秩序』。另一日本通訊東京廣播稱：已有九個政治家和工業家辭去鈴木內閣顧問職，其中有東京經濟會長藤山愛一郎及日本前駐國聯代表澤田節藏。

倫敦中國外交人士 否認中英軍隊競先入香港

【路透社倫敦十九日電】倫敦中國外交人士今晚鄭重否認美方所傳中英軍隊競先入香港：說，『中國無意佔領任何盟國領土，不論香港或其他地區』，任何可採取以協助解放敵佔之軍事佈置，均將作為對日共同鬥爭中之一分子而完成之。中國既定政策為：以友好談判及協議要求影響其利益之任何及一切問題之解決。中英邦交曾經仍舊極其友好。」

【合衆社華盛頓十六日電】杜魯門說關於英國在香港的地位，未曾討論。但朝鮮問題，則已討論，而此計劃已依預想者擬定，杜魯門總統顯然指開羅宣言中朝鮮獨立一項。

護國體，稔彥作為輔弼天皇的負責人，已有具體的方策。希望各位自愛自重，愈益昂揚軍人精神和民族精神，始終以嚴肅的態度和不動搖的陣容應付其任務。

【同盟社東京二十日電】政府於十八日下午二時，召開臨時閣議，首相及各閣僚都出席，首由首相報告今天入宮覲見天皇陛下時，陛下欽命戰爭結束後應使國民生活復原的事由，如立即中止燈火管制，以使街道明亮；迅速恢復娛樂機關；馬上停止檢查書信等。閣議為順從這可感謝的聖旨，便將它作為閣議的決定，即刻付諸實施。隨後，閣議並決定了內政的人事問題。

【同盟社東京廿日電】由於天皇陛下決定結束大東亞戰爭，我國政府面臨我國憲政史上重大的轉換時期，它被要求以新的氣力和國民輿論為基調，向着再建日本的方向從新出發，議會各派已有新的動向。首先是在衆院內有三百四十七位議席的大日本政治會是以貫徹戰爭為目標的唯一的政治結社，故其動向最堪注目。議會內部已分為兩派，一派主張解散大日本政治會，而另一派則主張修改宣言和綱領。

美聯社稱處理漢奸 將取決於中國人民

【美聯社華盛頓十五日電】（原文錯漏只供參考）此間官方人士懷疑東京廣播於那批亞洲的政治傀儡或與東京軍武主義者攜手合作者之前途，在中國有陳公博關東省政府××，褚民誼，上海市長周佛海，滿洲總理張景惠，及最近由菲島呂宋島的山嶽隱避處逃赴日本的傀儡總統羅拉爾，其餘者將包括那無告的『蕭羊皇帝』溥儀，印度的博斯，緬甸的巴茂與泰國的阿拜溫。這些人可想像將歸到盟國的審判下，因他們將無安全地方可逃，雖然至今似乎尚未確知已成為一個集團的盟國政府將採取復仇態度，抑是甚至將他們作為戰爭罪犯來審判，迄今尚未能從政府的任何部門得到關於此種政策的官方消息。好像是關於亞洲應看甚否適合於那些與日本合作的國家之民族性，因此中國的漢奸全取決於中國自己的人民，而菲律賓的菲奸則取決於他們的議會。

美新聞處訊二次大戰僅死傷即達二千三百萬人

【美新聞處舊金山十五日電】第二次世界大戰的結束實即大規模戰鬥行為的終止，此次大戰的死傷達二千三百萬人，其因飢餓空襲及其他原因而死者

【路透社馬尼拉十九日電】路透社外交訪員稱：倫敦發言人士預料，香港日軍投降將由英國海軍接受。美國報界報導英國當局擬接受日本投降一事已設重慶抗議之說，今晚外交部發言人已加否認，發言人提出：香港雖在重慶軍事統帥部管轄範圍內，但仍為英國殖民地。

【合眾社倫敦十七日電】據最可靠方面稱：遠東戰事的突然停止，恰在英國重佔香港準備未完成之時，而且政府方面對誰的軍隊能首先進入殖民地問題，甚為關懷。一批為數三四百人的部隊（香港設計隊）（英國民政政府團體三名，乃英軍進入香港時，組織來接受殖民地的），仍在倫敦待命，俾於日本正式投降時飛赴該處。據悉，英美已達到此種協議，且因杜魯門說他在波茨頓未討論香港問題，因此人們以為該協議仍然有效。但據該方面人士稱：英國與中國未達到此協定。人們認為蔣介石部隊與共產黨軍隊距香港之近，足以先英軍而達到該處，遂使問題趨於複雜。因英軍登陸地點尚在未可知之數。英國渴望進入香港，理由有數端。其中之一為日本在該處拘禁好幾個軍事與非軍事的英人，然而渴望儘速解放他們，另一則為殖民地未來之地位。殖民地三九一平方英畝中之三五六方平畝（其中有最大的投資）乃一八九八年自中國租借的（為期九十九年），上為該島之本島領土之組成部分。衆所週知，蔣一貫欲與其他外國租借地同時取消之。要是共產黨軍隊首先到達香港，則其結果殊難預料。工黨政府對香港未來所選擇的政策之態度，人們已經知悉，但猶憶邱吉爾保證不放棄英國一尺領土。

同盟社報導在華日僑情形

【同盟社南京十七日電】中國各地的在英日僑於接到空前未有的天皇大詔後，毫無動搖之色，非常冷靜與沉着，在各自的崗位上努力工作。現在在南京城內，正由日華兩軍維持市內的秩序。同時始終一貫地努力確保新中國治安與安定民生，隨着新事態的發生，國民政府已經解散，致力於復興中國之重大使命的國府首腦們，正在冷靜地離去。

敵東久邇宮首相廣播

【同盟社東京廿一日電】東久邇宮首相於廿日下午九時廣播演說，要求全國人民的協助，其廣播演說內容大約如下：稔彥雖無才智，但天皇絕對有成就的，而且萬人均以大和民族的血氣體會扶翼皇室的大義，現在稔彥斷然與各位共同宣誓，要竭盡一切力量處理現在波瀾萬丈的國際政局，積極保

數以百萬計者尚不在內。使日本人民作大批自殺的日本軍閥已遭崩潰。日本海軍上將曾誇言他將在華府白宮作城下之盟，此種誇言與「大東亞共榮圈」，一千年的德意志及其新秩序，莫索里尼之八百萬槍刺，及其新羅馬帝國俱成泡影。

傳希特勒逃匿阿根廷

【路透社××十八日電】日本於七月十日宣佈投降後，發生下述消息：希特勒及其在柏林結婚之妻子布羅恩已在阿根廷登陸。

印緬協會機關報稱：印度已有獲得自治領特徵

【路透社倫敦廿日電】印緬協會機關報「印度事務」本期社論稱：某些機關報紙曾頗具信心地預示工黨立即取消印度事務部，並將其職務移交自治領部但未實現，該報指出此種改變須先進行立法工作，並說：在目前情形下，這種具有顯明權力的改變不過是一種姿態而已，因為印度事務部所負職能，將仍為政府中的一個必要成分」。認為印度事務部是印度問題中可能的東西之見解，忽視了過去二十五年的歷史及大部分印度行政權已置於印度各部之手中。印度事務部已成為代表印度政府傳達某些必要事件的機關，而不是最高權力機關，雖然它一度曾是這種機關。重大的事實是：只要印度合作黨允許辦事情，印度即已被作為自治領看待，而且魏菲爾計劃樂定了進一步承認印度地位重要的長遠步驟，即印度已獲得自治領地位所共有的一切特徵。

【路透社倫敦十二日電】據悉，民政黨領袖奧克蘭德及溫特林漢姆，今日在該黨全國委員會上要求解散此英國最年青的政黨。在新國會中，該黨僅獲一席，而其他十六個候選人（包括奧克蘭德在內）已喪失我法定一五〇鎊的保證金給國家，因為他們在他們選舉區中未能得總票數的八分之一。委員會同意於下月舉行特別會議，以決定該黨的未來。

【路透社倫敦十五日電】下面是萊伯納對戰爭結束所要說的：當第一顆原子炸彈投下時，戰爭即行結束。我們是否有權投下另一顆，是值得懷疑的。

參攷消息

（只供參考）

第九八〇號

解放日報社 新華社 編

今日出一張

卅四年八月二十三日

星期四

華北敵要求我軍停止行動

【同盟社北平二十二日電】儘管日軍全面的實行停戰，但延安軍之無統制的蠢動已在各處發生，此與尖銳的宣傳攻勢相配合，使中國民衆陷入極度之不安，企圖佔領北平、天津、青島等大城市以及地方城市。華北派遣軍鑑於上述情勢，二十一日發表勸告文，祈求中國迅速的統一。該勸告文大約如下：（一）延安軍應停止無統制之蠢動，俾從兵亂的危機中拯救中國，以謀中國的迅速統一。（二）破壞交通，佔領縣城等擾亂後方之行動，使民衆陷入極度之不安，此與 延安之口號發生矛盾，應該覺醒。

日將代表會談

【中央社芷江廿一日電】岡村寧次將軍代表今井武夫少將，偕參謀橋島芳雄前川國雄及譯員本村辰男，於廿一日下午三時四十四分至陸軍總司令部晉謁蕭參謀長毅肅接洽投降事宜，並接受何總司令致岡村寧次將軍之備忘錄。參與會談之軍事長官到有副參謀長冷欣，美軍作戰司令部參謀長柏德諾，各有關軍事官員百餘人及中外記者五十餘人。雙方互相介紹後嗣交出證件，並宣讀備忘錄。蕭參謀長稱，該備忘錄內說明中國陸軍總司令部要先在南京設置一前進指揮所，由冷欣中將作主任，此種措施可使日軍投降事項順利實施。所有本司令部前進指揮所之人員附空軍機場設站人員，將乘中國飛機與貴官同時飛往南京，請貴官轉告岡村寧次將軍，妥爲保護，並妥爲招待。今井答當代爲轉達。蕭又問，何應欽上將將不待岡村寧次將軍簽訂投降書，即於最短期內輸送軍隊前往南京、上海、北平各地接收，請貴官轉告岡村寧次將軍。今井允予轉告。蕭又謂，爲了以後接洽便利起見，何應欽上將願與岡村寧次將軍直接通電，茲特規定對方電台呼號波長及通報時間表一份，交貴官請貴官於回南京後立即轉送岡村寧次將軍實行。今井接受後並出示日方之通報時間表一份。蕭並稱

中國戰區中國陸軍總司令之地位奉中國戰區最高統帥特級上將蔣中正之命令，接受在中華民國（遼寧、吉林、黑龍江三省除外，台灣及越南北緯十六度以內之地區在內）日本高級指揮官及全部陸海空軍與其輔助部隊之投降。（二）日本駐華最高指揮官岡村寧次將軍應自接到本備忘錄之時起，立即執行本總司令之一切規定，在台灣及越南北緯十六度以北地區內之日軍亦同此規定，並應由岡村寧次將軍負責指揮該項日軍之投降。（三）岡村寧次將軍於接此備忘錄後，關於下列事項應即對日本陸海空軍下達××××之命令：（一）對本總司令所轄地區內（即第三條所述地區以下同）×有之日本陸海空軍及輔助部隊立即停止一切敵對行爲。（二）對本總司令所轄地區內之日本陸海空軍及輔助部隊立即各就現在駐地及指定地點靜待命令，凡非蔣委員長或本總司令所指定之部隊指揮官，日本陸海空軍不得向其投降繳械及接洽交出地區中任何物資。（三）對本總司令所轄地區內所有日本陸海空軍及輔助部隊之武器、彈藥、航空器材、軍艦、商船、車輛及一切交通通信工具、飛行場、海港、碼頭、工廠、倉庫物資與一切建築物、暨軍事實施，以及文獻檔案、情報、資料等，應立即妥爲保管，不得移動，並應絕對保持完好狀態，由岡村寧次將軍負其全責，聽候本總司令派員接收。（四）對本總司令所轄地區內所有日本陸海空軍及輔助部隊，應各就現駐地負責維持地方良好秩序，直至蔣委員長或本總司令所指定之部隊及負責長官到達接收爲止，在此期內絕對不得將行政機關轉交非蔣委員長或本總司令所指定之行政官吏或代表人員。（五）對本總司令所轄地區內同盟國被俘人民及被扣官民應立即恢復自由，並充分供給其衣食住所及醫藥等，並準備遵照本總司令之命令送到指定地點。（六）爲監視日軍執行本總司令一切命令起見，特派本部副參謀長冷欣中將先到南京設立本總司令前進指揮所，凡冷欣中將所要求之事項，應迅速照辦。（七）岡村寧次將軍親自向本總司令接受有關日本陸海空軍投降實施之正式手續及蔣委員長之命令之時間及地點，俟盟軍統帥麥克阿瑟將軍接受日本總投降後另行通知。中國戰區中國陸軍總司令一級上將何應欽，附今國戰區各區受將主官分配表一件，本備忘錄交岡村寧次將軍之總參謀副長中井將軍轉送岡村寧次將軍（中國戰區受降主官分配表見昨電茲不再贅。）

傳宋子文將赴倫敦

【路透社華盛頓廿二日電】此間權威人士今晚獲悉：中國行政院長宋子文已推延其返重慶的預期時間，將於下週初飛倫敦。據悉：香港的問題，將是他將與

，何應欽上將還另有許多問題，另派中美專家向貴官問訊，爲了貴官安全起見，中美專家將分別前往貴官的住所，請貴官據實詳細答覆。今井答本人此來純係任聯絡任務，日本天皇已接受波茨頓宣言，現日本代表在馬尼拉與盟國最高長官議定最高原則。故未奉到最高命令以前，日軍不能隨便行動，惟日軍深知蔣委員長，故願先派人來，在道義方面說，亦應速來與中國聯絡。蕭氏然後稱貴官回南京的時間另行通知，至是遂告完畢。

【中央社芷江廿一日十九時電】中國陸軍總司令部發表第四號公報如下：駐華日軍最高指揮官岡村寧次將軍所派代表今井武夫少將，爲接受何總司令之備忘錄，業已遵照我最高統帥蔣委員長之命令，準期於八月二十一日上午十一時十五分飛抵芷江，今井少將一行八人，計中校參謀橋島芳雄、少校參謀前川國雄、譯員木村辰男、及飛機駕駛人員空軍少校松原喜八等四人。今井少將面陳日皇業已接受波茨頓三國公告，日政府代表現在馬尼拉向盟軍最高統帥麥克阿瑟將軍辦理投降手續，在未奉政府命令之前尚不能正式請降，惟日軍總於中國戰區係由蔣委員長統一指揮，請先前來接受何總司令之指示，故本人謹係負聯絡之責，並無代表簽訂降書之資格。旋由蕭參謀長毅肅秉承何總長之意旨，向今井少將提示要點多項，並宣讀××及附件，宣讀後由今井簽署，領受備忘錄證書，旋由蕭參謀長將各件交今井少將收，今井等即退席，又中國戰區日軍正式降書之簽字，一俟盟軍最高統帥麥克阿瑟將軍正式接受日本投降後，即行辦理。據今井少將報告，除台灣及越南北緯十六度以北區埠外，岡村寧次所指揮之日軍共計一百零九萬人。

【中央社芷江廿二日電】今井少將廿一日下午晉謁蕭參謀長後，即返住所，晚餐七時半。中美空軍與工兵人員奉命分往其住所詢問京滬等地機場情形。據今井表示機場甚爲完整，一切設備尚佳。談及日本投降問題，今井深歎日本工業之落後與飛機生產之不足，彼曾謂日方目前在京滬所存之汽油爲量甚微。

給岡村寧次備忘錄全文

【中央社芷江廿一日電】中國陸軍何總司令應欽致岡村寧次備忘錄，廿一日由蕭參謀長交今井簽致轉達，原件全文如次：中國戰區中國陸軍總司令部備忘錄中字第一號，日期中國民國卅四年八月廿一日，致駐華日軍最高指揮官岡村寧次將軍，於中國戰區中國陸軍總司令部事由：（一）本人以

英國政府官員們所首先討論的一個問題。美國務卿貝納斯今天在招待記者會上說：行將在倫敦舉行的五强——英、美、法、蘇、中外長會議上，將會討論香港的問題。他對於美國對英外相貝文本週在下院關於英國擬重佔香港領土的聲明底態度，拒加評論。

【中央社渝廿一日電】民生公司民政輪，於十九日航駛三斗坪行經柳林礦（巴東以下）附近時因遇泡漩失事。該輪係一差輪，載重三百噸，此後所載官兵一千二百人僅及五十噸，惟因底艙未裝貨物，形成上重下輕之象，當駛至柳林礦時，適遇泡漩襲至，致舵機失靈，水衝入輪，乃漸漸下沉。幸經過時間達五小時之久，輪上人員均已獲救，僅損失若干物件。現該輪尚露水面四分之一，俟至枯水時期可撈起。

【中央社渝廿一日電】西南公路管理局重慶站選調貨車疏運旅客赴貴陽等地，已自廿日起實行。每五輛編爲一隊，同時出發。據該局負責人談，該項車輛將陸續增加，亟盼旅客遵守秩序，不買黑市票，將來決不致缺乏車輛。

新華日報抗議紐約時報評論

【合衆社重慶廿二日電】紐約時報批評中共的社論（該論今日爲中國各報所引用），引起重慶共產黨機關報新華日報的嚴厲抗議。該報在題爲「我們的抗議」的社論中稱：「該社論不僅表現出紐約時報作者對中國問題的完全無知，而且顯示作者對我們用了侮蔑的詞句。我們對於這種評論，不能不提嚴正的抗議」。

【合衆社重慶二十二日電】當駐華日軍向蔣介石投降的初步步驟正順利進行之際，在延安的日本共產黨代表岡野進則發表了告在華日軍官兵書，要求他們只向共產黨軍隊投降。

【合衆社重慶二十二日電】共產黨方面發表，中央政府軍隊監視第十八集團軍駐西安辦事處說，這是「蔣介石法西斯集團要準備流血內戰」的「國會縱火案」之一種。

美報論中國

【中央社紐約廿一日電】紐約太陽報以「錯誤之道路」爲題，撰社論稱：近年以來中立派之觀察，每認蔣委員長對於中共不無過分猜疑之處，但中國國民政府之發言人則堅稱中央每次竭誠與延安談判均屬半途而廢，中共對於中央之每次讓步均得

寸進尺，今由朱德致蔣委員長電文之立場已證明上述指責之不誤。渠忽視中央之命令，似非堅持搗亂不可。但中國國民政府爲包括蘇聯在內之世界各國所承認之政府，且最近中蘇尚訂有友好新約，中國國民政府縱有過失，改革之方亦不應如朱德所主張之公開衝突之方式，因此，並非爲充×所希望之走上强盛統一之中國之道路也。彼若繼續發難，勢將失去曾爲中共所贏得之世人之同情。

【美新聞處坎薩斯城廿二日電】坎薩斯城時報社論說：「中國已從太平洋戰爭中脫出，一如法國剛脫出歐洲的戰爭，但中國即刻的命運依然模糊暗淡。中國如像法國已被承認正式爲五强之一。如法國情形一樣，這種承認與現存的現實並不一致。中國在頭等軍事與工業××不及法國××。兩國一般地都沒有政治團結力將傳奇變爲事實。法國正力圖獲得在這次戰爭爆發前實際已喪失的國際地位。中國正在企圖獲得國際社會中的新地位。中國較法國有一很大的利益。中國雖抗戰很久，損失慘重，仍較法國一九四〇年投降更爲有利以進行鬥爭。（此句數字掉落）（下略，內容爲追述九一八以來日寇之侵略）

中央社傳 斯大林覆蔣電

【中央社莫斯科十九日專電】今日莫斯科各報均以首頁地位刊載蔣委員長爲日本投降致斯大林委員長之賀電，斯大林委員長之覆電稱，對閣下友好之致意以及閣下所稱蘇聯致力於擊潰日本侵略者重大貢獻一節，以表謝忱，與德國共同發動第二次世界大戰之日本，今日投降，足示盟國間軍事合作之密切的無間，人類不分東西一致毀滅侵略者。此次勝利在整個世界史上之重要性，自不待言，實爲人類前進發展之界石。余信貴我兩國之友誼及合作與全球友好自由之國家聯合一致，對全人類和平及繁榮有所裨益。斯大林簽署，六月十八日。

傳蔣軍將空運平津

【美新聞處重慶二十二日電】政府正式的發言人今天說：「中國軍隊可能以飛機運赴南京、上海、北平、天津以担承這些城市的指揮，「甚至在日本正式投降以前」運去。發言人繼續說：日本對中國的正式投降可能在麥克阿瑟簽字投降條件之後，會議將在蔣介石政府以前所在地的南京舉行。

【中央社渝廿二日電】外記者招待會二十二日下午三時舉行，由吳次長國楨、張參事平群主持。吳次長答覆記者詢問關於政府還都計劃時稱，還都事

國民黨最高會議 明天討論中蘇條約

【中央社渝二十三日電】國防最高委員會與中央常務委員會，定於二十四日九時在國府禮堂舉行臨時聯席會議，届時將討論中蘇友好同盟條約。

【新華社延安二十二日電】據中央社電，立法院爲批准中蘇友好條約，特定二十四日上午九時假國府大禮堂舉行臨時會議。

【美新聞處舊金山二十日電】密爾瓦基報十七日社論題爲「中蘇條約」內稱：蘇中兩國簽訂友好同盟條約，解決兩國間一切問題的通告是具有很大意義。條約各條款在兩國批准條約後予以宣佈。宋子文與斯大林委員長的會談所產生的這一宣告，會消除很久以來籠罩遠東的暗雲。每個人的心裏有一個問題即蘇聯與中國對於蒙古邊界，在滿洲的衝突的利益以及對中國共產黨的態度是否並如何獲得解決。中國共產黨人如何反應是另一問題，但是，如果他們不能在重慶與莫斯科之間玩弄詭計，他們招致煩惱的力量會減少。中蘇之間關於一切問題上的協議，進一步增强了負責維持將來和平的各大國之間的團結。這一條約增强了聯合國人們在急切等待着條約的條件。

僞寧定月底解散政委會

【同盟社南京廿二日電】國民政府解散後，臨時担任政務、治安工作的南京臨時政務委員會於廿日舉行第一次會議，委員長陳公博以下都到會，通過下列各原則：（一）政務委員會於本月結束政務。（二）治安委員會仍繼續存在。（三）國庫收入仍然繳納國庫，並協議將來解散各機關人員的措置。

路透社稱：盟軍在日登陸時將作戰鬥準備，日本軍官可能反抗。各（前綫日寇投降情形）

【路透倫敦廿日電】據路透社駐美訪員稱：麥克阿瑟將軍之登陸部隊中有若干飛機攜有原子炸彈以防意外」，此消息爲美國各報所登載之一連串消息中之最聳人聽聞者，美國各報之典型標題爲：「軍隊將以戰鬥姿態登陸」、「提防自衛隊員進行抵抗」、「極端狂熱之人可能抵抗佔領」，這表示美國人對於日本人所宣傳的和平圖景頗爲担心。可能發生事故影響和平登陸，大部份是若干日本廣播所引起的，其中之一是今天的廣播，內稱：「對於某些軍官，佔領可能是他們所忍受不了的」。該廣播繼稱：「一般人担心[illegible]

實正積極進行，惟當前交通尚有問題，無論如何主幹人員必先返回南京，其餘工作人員則隨後啓行，但全面計劃須視運輸而定。記者詢問中國戰區內日軍投降之正式簽字將在何地舉行？吳次長答稱，最後正式簽字典禮將在南京舉行。記者詢問政府是否目前在收復區內發行紙幣以調整金融之紊亂？張參事答稱：中國政府並無任何計劃在目前收復區內發行新紙幣，惟政府已準備敵人簽字投降後或將運相當數目之法幣至收復區內。張氏答覆記者詢問，國民大會是否如期在原擬地點舉行時，稱政府現正考慮國民大會之召開及地點問題，惟目前尚未決定。

中央社傳閻已進太原

【中央社渝廿二日電】據軍委會廿二日發表：（一）我閻錫山司令長官部隊，十八日進入晉省省會所在地之陽曲。（二）我胡宗南司令長官部隊廿一日進入晉西南之猗氏，並派遣部隊協同地方團隊十七日收復豫東之尉氏。（三）我傅作義長官部隊十八日進至綏東之歸綏附近地區。（四）我李品仙司令長官部隊十八日收復皖中之巢縣，並進入合肥，十九日進入無爲。（五）我薛岳司令長官部隊，廿日收復粵北鐵道綫上之樂昌。

【合衆社重慶廿二日電】閻錫山所屬中央政府軍隊，已佔領山西省省會太原。

【中央社南寧廿一日電】我向邕南推進部隊，二十日下午九時佔領高平，另一路亦攻佔七溪、東溪，現正繼續向河內、諒山兩地推進。

【中央社吉安廿一日電】我攻抵南昌外圍部隊，刻已完成突入街市之準備。

【中央社粵北前綫廿一日電】粵省各綫我部隊各路推進，北江方面已進抵韶關市區、東河壩，增從方面到達從化、惠博方面已收復泰尾，潮汕方面向汕頭挺進中。

【中央社渝廿二日電】戰時運輸管理局奉令設立長江區航運復員管理委員會，廿一日舉行成立會，廿三日起開始辦公，該會以二小運輸艦爲開路先鋒，駛往宜昌下游。

可能發生混亂的衝突，因爲『許多軍人對於投降頗爲憤激』。官方收聽的廣——日本廣播說，三浦半島有『不安與憂慮的情緒，因爲担心該處將成爲戰鬥的場所』。日本已散布傳單促請人民『信任當局』，勿輕信謠言。同時日本通訊社今日報導勿與日人親近之命令。該命令稱：『民衆與盟國登陸部隊之間不能發生直接關係。我們強調這一點』。尼米茲的副參謀長謝門將軍說，當盟軍星期日在日本登陸時，他們可能發現日本糧食缺乏、汽油奇缺，交通困難。謝門是代表尼米茲參加投降談判後，今日在關島發表此談話。他說，封鎖已嚴重地影響日本整個經濟機構。曾經是大軍事強國之一，竟在其國軍被擊敗之前而使之投降，這是史無前例的，而且這種形勢產生了許多問題，這些問題必須毫無前例可供參考地加以解決。他又說，日本曾一度引以爲榮的海軍，共有三六九艘戰艦與驅逐艦，現在只剩下四十九艘船隻了，其餘的都被破壞了。日本十二艘戰艦現只剩一艘，而這一艘『長門』號戰艦也受了重創。九艘重航空母艦也只剩一艦，亦受重創。現在日本只有十六艘潛艇是第一級的力量，而原來則爲一百四十艘。

下面是今天從遠東其他投降前綫傳來的消息。在滿洲：一方面幾千日本俘虜正被送入蘇聯的戰爭俘虜營中，另一方面蘇軍正佔領一切戰略據點。日本軍官們在蘇軍未接受他們投降以前，他們不得不放下他們隨身攜帶的武器，連『神聖的軍刀』也在內；緬甸方面：昨天當根據地方指揮官的要求，森林空軍猛襲企圖經過緬甸下游向西逃竄並威脅切斷緬甸游擊隊的帝國第廿軍大量殘部時，業已停息的砲聲又響了；拉布爾方面：低飛的飛機看見滿載着日軍的很多快艇與登陸船，沿新不列顛海岸向拉布爾駛去，該地將作爲新不列顛、新幾內亞及所羅門羣島日軍的總部。香港方面：倫敦方面對於重慶方面的消息未加證實，××××。日軍將不會抓着機會的，登陸軍將全是戰鬥部隊，並準備對付任何抵抗。且正在佈置對付水面下的自殺襲擊，掃雷艇將走在艦隊的前面，這艦隊將採取充分作戰的佈置。如果沒有其他特別委命的話，將任命福萊塞海軍上將爲在太平洋代表英國簽字的最高級軍官。帝國其他各部份將不親自派代表參加簽字。

（只供參考）

第九一八號

解放日報 新華社 編

今日出一張

卅四年八月二十四日

星期四

中央社稱：蔣軍佔領洛寧

【中央社渝廿三日電】據軍委會廿三日發表：（一）我胡宗南長官部隊廿二日進入豫西之洛寧、宜陽。（二）我軍廿日解放晉境之高平。（三）我劉峙司令長官派遣部隊協同地方團隊，十八日收復豫南之唐河。（四）我李品仙司令長官派遣部隊協同地方團隊十七日收復豫東之周家口（淮陽西南）。

【同盟社里斯本廿二日電】重慶來電，重慶軍當局於廿二日發表公報稱：中國軍隊已開入山西省的省會太原。這些日子以來，在該方面曾傳說渝延兩軍間爲制先確保太原，而引起兩軍的相尅，根據上面發表的公報看來，可認爲勝利已歸諸於中央軍。

【同盟社上海廿二日電】鑒於新的事態，中央電訊社上海分社，已於廿一日下午，爲國民政府中央通訊社所接收，今後將繼續作爲中央社上海分社，担任宣傳事宜。

美報紙評中國問題

【美新聞處達拉斯（特克薩斯州）廿日電】達拉斯晨報十九日社論題爲『重慶的爆竹』，內稱：中國國內的緊張情勢提示重慶慶祝勝利的爆竹聲，可能將繼之以這發明火藥的國家獲得××安全××以前發生更嚴重的爆發。中國對日作戰已八年多，假若在日本××放下武器時她能避免內戰，那她將是萬幸了。如果全面的流血未能避免，外國的干涉是必要的。蔣介石給延安政府的尖銳照會，命令它不要讓它裝備窳敗的農民游擊隊接受投降的日軍的武器，被華北共產黨領袖認爲是無理由的××。他們認爲他們的政府是完全獨立的，毫無服從重慶命令的義務。另一方面蔣介石把自已看成爲全中國的統治者，並把共產黨看成爲叛亂者。蔣似乎是懼怕那莫可名狀但是有效能的華北共產黨軍隊將用他們繳來的日本武器來否認他的統治，或至少抵抗他可能要

千變萬化軍事形勢之鳥瞰」一文中稱：一、蔣介石之傘兵一俟今日飛往南京的中國戰略空軍軍官自南京及上海機場發出OK的信號後，即將首先降落於南京地區。過去二年中在雲南訓練的中國傘兵迄今很少用過。他們在南京及上海的第一個任務將是保證這些機場的武裝安全，以便空運的陸軍能乘運輸機去增援他們。二、蔣介石訓練與裝備最好——美國訓練美國裝備的——的部隊，將乘運輸機首先飛往重要的地區，如南京、上海、香港及北平。他們的任務是保證有效地佔領這些城市，以便重要的政府及軍事人員能去這些地方行使職權，迄今已有美國裝備之新一軍及新六軍（均爲緬甸戰爭中之老戰士）當選担任此工作。三、蔣介石的中央政府軍現已執行在駐華日軍簽訂投降之前，盡可能收回更多地方的計劃，但這些收回工作在日本投降條件簽字之前，並不表示解除日軍之武裝。日軍僅僅向後退却以便讓中央軍開入。今後數日內，在簽訂投降條件之前，傘兵與美國裝備的陸軍即可在同一政策與計劃下投入行動。四、蔣介石的中央軍過去一週在實際收回運動中已有相當大的進展，但未能解除或接受日軍的投降。六十歲之閻錫山幾已收復山西省的一切重要地點，其中有省會太原城（這裏有重要機場）。他同時收回了另一有機場的運城。傅作義（缺）薛岳的部隊已切斷粵漢路，佔領樂昌。沿西江前進的張發奎部隊已進抵廣州近郊。湖南、浙江及綏遠等省已收復數十個城市。五、迄今在華日軍均遵循正當的道路，僅向蔣介石投降。芷江機場的初步會議已圓滿完成，日軍提出交出的東西有：A、一百零九萬軍隊的武器與裝備。B、三百架飛機及僅在南京、上海地區的卅萬加侖汽油。C、數目未宣佈的卡車、船舶及鐵路車輛。D、一切機場、倉庫及其他設備。六、蔣介石迄今均勝利地避免了內戰，這種內戰過去數日中看起來是很緊迫的。蔣軍圓滿地執行其收復計劃（但未正式接受投降），而中共軍隊則從日軍手中奪取城市一點上，很少或者沒有進展。共產黨的高聲宣傳現在被認爲是已經失敗的呼聲。七、蔣介石在派遣其部隊接受日軍投降並佔領越南北部、香港、台灣方面，顯然在執行盟國的協定。八、中國人士相信，蘇聯紅軍在佔領滿洲之後，將計劃把它交給蔣介石，因此蔣委任的人員已赴滿州。九，數達百餘萬的一切日本傀儡軍均願效忠於蔣氏，而目前蔣氏即利用他們以他們所據有的城市以對抗共產黨。十，所有在敵後的中國中央政府游擊隊，例如在上海、南京等處的，均採取聲揚而神速的措施，監視各當地的日本人與共產黨。十一，中國戰區的美軍隨同中國軍隊向海沿前進，最後魏特梅耶要在上海設

作的制服他們的努力。大部分是在日本得到他的軍事訓練的蔣介石，以作為共產黨的敵人而成名，自那時起即一直與共產黨鬥爭，儘管最近重慶與莫斯科之間有更好的合作的表現。蘇聯一向會給延安共產黨以多少外交與軍事的援助是一個爭論的問題。蘇聯可能不致公開干預中國事務以引起英美的非議，但環境顯示她在那裏有巨大的利益。她極願在她的西部邊境有友好的政府，同樣她也極願她的東部邊境有友好的政府，因此如果蔣介石被推落或至少被迫承認共產黨的華北是一個獨立的國家，則她無疑是會高興的。

蘇格蘭人報評論中國形勢

【中央社倫敦廿二日電】蘇格蘭人報本日社論認為外傳中國內戰之危機實為一種可悲之情勢。並稱中國切需團結，實無疑問。如發生內戰，則其自戰爭瘡痍中迅速恢復之希望必成泡影，亦無法在聯合國之組織中担當強國之任務。關於蔣主席致毛主席來渝一事，該報稱不幸中共領袖予以拒絕，此舉使毛氏本身陷於錯誤，且使雙方爭執，無法獲得友好解決。

同盟社報導延渝軍事對峙情況

【同盟社北京廿二日電】延安軍以朱德總司令的名義命令聶榮臻、呂正操、李運昌各部隊移往滿洲，同時指令確保南自粵漢路北至京奉路的全國鐵路，並佈告要佔領北京、天津、青島等大都市及各地的縣城，並實行軍事管理。這似乎是要擾亂民心，企圖進行延安獨自的糧食的攻勢。而國民政府在各主要城市設立宣傳部的辦事處，國民黨支部、軍委會辦事處或三民主義青年團支部等對抗之。另一方面各地國共兩軍的對峙狀態對國民政府有利。閻錫山部進抵太原南方卅公里徐溝東西一綫，綏遠傅作義軍以主力進出於包頭，另有一部進出於集甯，封鎖平綏路一帶的延安軍，第一戰區胡宗南部渡過黃河，欲由垣曲進入潞安。延安知道此種情形，遂命劉伯承部由澤州方面阻止其前進，目下雙方似乎還在戰鬥中。孫連仲部進出於山東、河北、河南地區使延安黨軍（它為了確保海岸綫，以山東為中心，張佈強韌的組織網）必然受到威脅。但是延安似乎已開始進行政治、經濟的謀略攻勢，華北各地已經開始強制的收買食糧，擾亂都會的民生，特別是在食糧問題上進行擾亂工作。

掃蕩報吹噓國民黨「勝利」

【合衆社重慶廿三日電】由於麥克阿瑟簽訂遠東總和平可能距今[illegible]十八日，與中國和平條約簽訂可能距今尚有十日，掃蕩報於「中國戰場立他的統帥部。目前整個情況可用下面一句話來描寫，即：「直到現在，情況還是很好」。

【合衆社重慶廿三日電】掃蕩報說：據可靠消息中國降落傘部隊已到達湖南西部的芷江，一俟隨今日同日本投降代表前赴南京的中國軍官發出指示時，立刻飛往南京。著名的緬甸中國主力軍第六軍，負責重新佔領南京。美國裝備的七十四軍負責重新佔領上海。此兩軍均將於日本正式簽訂投降前，開往南京、上海。

魏特梅耶承認蔣軍反共使用英、美彈藥

【合衆社重慶廿三日電】關於共產黨指斥蔣軍使用美國武器打共產黨事，魏特梅耶頃通知蔣委員長。魏特梅耶指出，檢查美國軍官所得零件結果，證明此等零件並不是美國造的。魏特梅耶繼稱：「現已證實，這些零件是中國八二式迫擊砲上的零件，是昆明第五十兵工廠分廠及重慶第二十一兵工廠製造的。同時又證明，雖然藥物是美國及英國方面買來的，但此種砲彈是在中國兵工廠中重行裝配的」。

【合衆社重慶廿三日電】魏特梅耶將軍總部宣佈，山東省濰縣華軍司令李文供給濰縣俘虜營中被囚者的糧食，據稱，李文司令部已與俘虜營間建立直接電話交通，並在日本投降後××糧食，據稱，李尚時供給卡車，以便從機場把供應品運至俘虜營及撤退病員。

【合衆社重慶廿三日電】魏特梅耶今晨下令，不得與敵人親如兄弟（親近）。

【合衆社重慶二十二日電】重慶人在過去數日雖然高興戰爭已告結束，對中國國內問題的將來則抱悲觀的感覺。然而蔣於八月二十一日致毛澤東的第二封信極端誠懇地邀毛澤東赴重慶，使局勢稍微澄清。最有影響的幾家報日社論痛責共產黨的態度，紐約時報反對中國共產黨的社論，在這兒已獲得響應。

重慶令何應欽統一指揮接收陷區

【中央社重慶廿三日電】行政院鑒於目前復員工作頭緒紛繁，實有統一調度指揮之必要，特通令所屬各部會署及有關省市政府，規定所有中央及地方各級行政機關派往收復區辦理各項接收人員，均由中國陸軍總司令何總司令統籌調度及監督指揮，凡未經中國陸軍總司

令部之正式命派任何機關均不得直接進行辦理移交或接收等項等語，此項通令業經電達前後方各級黨政機關遵照辦理。

南京敵寇稱：紅軍仍向張家口、古北口進攻

〔同盟社南京廿二日電〕據到達此間的情報稱，蒙古方面的蘇軍仍舊未停戰，自十七日以來，繼續非法地攻擊張家口北方廿五公里的張家口北，另外，蘇蒙兩軍正在積極地向古北口活動。

岡村代表返寧

〔中央社芷江廿三日十四時電〕留此五十二小時之日投降代表今井等一行八人，廿三日午後離芷飛南京復命。今井今日上午九時會電告岡村寧次，可於今日下午十四時左右起飛。何總司令下午一時半接見今井，由陳少校引導，自住所乘懸掛白旗之吉普車來總部晉見。何總司令接見今井係在總司令會客室內，何總司令立於辦公桌後，參謀長蕭毅肅、副參謀長冷欣、孫文習、美軍作戰司令部參謀長柏德諾及×先邈處長五人立於何氏之後，新聞記者僅中央社記者及美記者各一人在場。何總司令問今井：『前日下午三時蕭參謀長面交第一號備忘錄貴官了解否？今井點首答稱『收到了。』何總司令又問：『後來我又派員面交三件備忘錄，你都收到了嗎。』今井答曰：『收到了。』於是何總司令鄭重囑咐今井：『我決定貴官仍乘原機飛往南京，希望貴官轉告岡村寧次將軍，對於前後四項備忘錄切實照辦，今井毫未猶豫答稱：『一定轉達到關於備忘錄之內容，做總司令部一俟奉到東京大本營命令即可決定』。何總司令稱：『本總司令已決定於本月廿六日以後卅日以前開始空運部隊至南京，望貴官轉告岡村寧次將軍準備一切』。今井鞠躬答曰：『是，知道了。』最後何總司令宣稱：『今天談話到此為止，貴官現在可準備出發了。』

盟軍將在青島等地掃雷

〔中央社馬尼拉二十三日專電〕麥克阿瑟元帥總部今晨宣佈，盟軍定本月二十五日於其若干作戰區內所將採取之下列一般措置：第一聯合國海軍近臨海面及日本佔領區，第三、聯合國海軍如無困難，將於大阪、佐世保、長崎、青島、上海、廣州、香港及新加坡各地開始進行掃雷工作。第三、聯合國飛機將於日本及日本佔領區上空日夜巡航。第四、聯合國空軍將以供應物品投至聯合國戰俘平民集中營及其他拘留地。上述數端足示完全佔領日本之步驟業已開始實施。日本一切陸海空及水底部隊除須整個解除

自返渝以來，即居於其渝郊歌樂山別墅中，急於接見其過去屬員與財界及銀行人士。孔之新職推測紛紜，其親說他將任四行總管理處總裁。『孔祥熙仍將從事於某些政府機關的工作，尤其是中央銀行的事務。』他仍想控制四聯總處與中央銀行兩個國民黨金融統制機構，以與宋子文對抗。參政會七月十七日會議上演出一幕反孔鬥爭。反孔健將傅斯年在其所提的『請澈查中央銀行，中央信託局歷年積弊，嚴加整頓，懲罰罪人，以重國家之要務，而肅官常案』中說：『今之中央銀行儼然獨立，實為不成事體，應使其改隸財政部，以便利政務，中央信託局應澈底整頓。中央銀行中央信託局歷年主持人——應負連帶責任，一齊撤職。』一時為會場所傳誦。錢端升在自己的提案『再論刷新政治』中，也曾說：『財政部如不能監督銀行，便是假的革新，請問中央銀行現在誰的手里？』（見七月十八日大公報）於是孔祥熙不得不識相，在七月廿五日辭去中央銀行總裁一職，廿九日又辭去四聯總處理事會副主席，都得到照准『免去本職』，其遺缺由宋子文、俞鴻鈞分別繼任。這可看出孔宋鬥爭之劇烈。孔氏的過去屬員，也一個個跟着被 下台去了。孔之親信郭錦坤因黃金提價洩露消息舞弊一案，撤去中央銀行業務局長的職務，現已被押；孔之十餘年部屬高秉坊則早在二月間即與財政部撤去其直接稅署署長職，近又因貪污案判處死刑，孔祥熙亦不敢親自出馬挽救；中央信託局局長鍾諤，國庫局局長呂咸在八月初都先後辭去本職。綜觀這些情形，宋孔之間的鬥爭結局，宋已佔了上風。（T）

青年黨常燕生談國共關係及內戰

〔本報訊〕七月廿五日新中國日報載有題為『中國不能再分裂』的常燕生訪問記。記者問及『國共問題可以和平解決嗎？』常氏答稱：『只要大家努力一定可以解決。因為這裏有三個基礎：第一、中國人民的心理一致反對再有內戰。……第二，國際需要中國團結。……第三，中國社會經濟的條件，不容許再支持一個長期的內戰。如果國共問題不能用政治方式解決，結果難免內戰，內戰必是長期的，因為共產黨宣稱他們已有一百廿萬軍隊，就算打個對折吧，他們還有六十萬軍隊，過去十萬紅軍就打了十年內戰，六十萬紅軍，豈不要打六十年的長期內戰嗎？……』

同日同報載，蔣介石曾於七月廿三日在渝宴請來延六參政員及王雲五、張瀾等，席間有王世杰等作陪，關於團結問題有所談論。

〔本報訊〕黃炎培氏來延返渝後，即於國訊三九五期發表「延安五日記」

武裝外，盟國最高統帥尚要求日本帝國政府及日本帝國大本營於二十四日下午六時前消除一切地雷、水雷及其他障礙，俾盟國之陸海空軍得安全開入東京灣區域，並準備以橫濱海軍基地供美海軍佔領。海上日本於控制之各種船艦須開赴最近之盟國海港，或美太平洋艦隊總司令指定之海港待命日本船艦不得自加毀損。此外，日本政府尚須謹慎保護聯合國戰俘及被拘平民之安全。上列各點業經麥克阿瑟元帥二十日於馬尼拉向日本洽降代表提出。

宋與克羅萊會商

【中央社華盛頓廿二日專電】宋院長今晨與美對外經濟處處長克羅萊會商近一小時，與克羅萊昨日所稱與戰後中國向美貸款事有關。會商詳情未發表。

【中央社華盛頓廿二日電】馬歇爾元帥本午設宴為我軍事代表團團長商震餞行之後，即在陸軍部舉行簡單儀式，以司令級之美國榮功勳章頒贈商氏，馬歇爾元帥稱，商團長或為外國陸軍軍官兩次獲得美國榮功勳章之第一人。

【中央社紐約廿二日電】國防最高委員會王秘書長寵惠偕軍委會浦參事薛鳳昨夜搭機返國。

【中央社渝廿二日電】戰事雖告結束，翻譯官尚有三個月至六個月之緊張工作。外事局前日特通令各翻譯官，格外嘉勉，以竟全功。並將待遇自八月起比現行陸軍薪給標準提高。

【合衆社紐約廿二日電】中國每日新聞報編輯攻擊某些人「有計劃地」僞造謠言他的報紙鼓勵贊同中國共產黨。據稱：某些書報店拒絕售賣該報，共送報人被襲擊。據稱：他不是共產黨，「我們擁護中國的團結民主，而不是共產主義」。

孔宋之爭

【時訊社十六日訊】國民黨統治內部孔祥熙與宋子文之間的鬥爭，很早就存在着，十餘年前孔祥熙代替了宋子文的財政部與中央銀行職位。一九四四年二月間，孔祥熙又奪去了爲宋子文所盤據了十餘年的中國銀行董事長一席。宋子文一直是處在不利的地位。然而時局的發展，卻造成了對於宋子文有利的形勢。當去年湘桂戰役，蔣軍敗潰，重慶政府被迫改組，於去年十一月二十日孔祥熙不得已讓出其十二年來財政部的職位，旋又因引用宋子文上台，被奪去其第二個重要職務，即行政院副院長，至此以後孔宋優劣地位互易，孔氏處在下風了。

今年七月八日孔祥熙應蔣之電召，由美返重慶，曾作某種活動，企圖挽回其頹勢，據路透社七月十二日重慶中央社十五日電透露的消息中稱：「孔祥熙

一文，保黃在延安五天的日記。文在憲政月刊一八、九號發表「在延安歸來答客問」，將各方關心團結人士向他所提的詢問，作一較有系統的回答。此外尚著有「延安歸來」一書，此書預告已載七月卅日新華日報。

日本投降簽字儀式 將於卅一日在東京灣美艦上舉行

【同盟社東京廿三日電】盟軍的保障佔領軍（原文不大清楚——譯者註），將自廿六日起進駐指定各地區。上面提到的是第一次進駐部隊，自廿六日起直至廿八日，將作爲空運部隊降落於神奈川縣的厚木飛機場，而美國艦隊則相繼進駐相模灣和東京灣。第一次空運部隊的進駐於廿八日完畢，第二次的進駐將於廿八日開始。即是說，廿×日盟軍總司令官麥克阿瑟元帥，將率空軍部隊進駐第一次進駐部隊的駐屯地點——厚木飛機場，而海軍部隊也將自廿八日起，主要地進駐橫賀須鎮守府的管轄地區，第二次進駐可於卅日結束。帝國軍代表與盟軍統帥及美、英、中、蘇四國軍代表預定於卅一日在駐東京灣的美國艦隊所屬的軍艦上舉行簽訂停戰協定的儀式，此進駐的武力有陸上部隊二萬餘名。這樣進駐東京灣周圍地而即告結束。九月一日起駐鹿兒島縣鹿屋。

日皇派皇室人員分赴各地傳達聖旨

【同盟社東京廿三日電】（上略）天皇陛下爲使在外地的陸、海、空軍將士得悉休戰的迅速決斷，以及停戰的聖意，特向南方、中國、滿洲各地先後派遣宮殿下，採取了治軍整然有秩的特別措置。即是說，派遣陸軍少將閑院宮春仁王殿下，向寺內南方方面陸軍最高指揮官傳達聖旨；派遣陸軍中校朝香宮孚彥王殿下，向在中國的岡村、福田陸海軍最高指揮官傳達聖旨；派遣陸軍中校竹田宮恆久五殿下至滿洲，向山田關東司令官傳達聖旨。（下略）

【同盟社河內廿二日電】：印度支那派遣軍八月廿二日發表：在印度支那的俘虜以及被扣留者，現在能自由地閱讀報紙、書籍，允許收聽無線電和會客，採取了在保護上必要的措施，在保護上無特別必要的衛兵和監視，已予撤消。

參攷消息
（只供參考）
第九八二號
解放日報 新華社 編
今日出一張
卅四年八月二十五日
星期六

蔣介石廣播全文

【中央社重慶廿四日電】蔣主席於廿四日上午九時出席國防最高委員會與中央常務委員會臨時會議時，曾致詞題為『完成民族主義維護國際和平』稱：

現在日本已經戰敗而無條件投降，強權的侵略主義已被我聯合國精誠合作為世界正義共同作戰而全部消滅。當第一次世界大戰告終之時，我國父孫先生有言曰『為萬國互助者當能有成，為個人或一民族之私利者自當消滅於無形』。此一對全世界人類更大之犧牲而益證明其為無上之真理。在此歷史轉換期間，我國民政府今後對於實現民族主義和達成國民革命的第一個目的必須有明確方針，昭示世界與全國國民，以期共同努力完成。我們對時代的使命，務使此次殘酷之教訓永為世界人類所記憶，以造成中國永久之安定與全世界普遍之和平。謹本此意列述其切要之方針如下：

我國民革命之目的有兩方面，對外在求國家的獨立解放，對內在求國內各民族的平等自由。近十年來日本帝國主義對我國的侵略，日深一日，以至迫不得已而有全面抗戰，因之國民革命運動的重點應先集中於團結國內各民族的力量共禦外侮，以完成整個國家的解放和獨立的一點上，而我們國民革命最重大的目標和最迫切的工作乃有三事：第一，首先要恢復東三省的領土主權及行政之完整，第二要收復我們台灣和澎湖的失地，第三要恢復高麗的獨立自由，因為高麗不能得到獨立自由，台灣不能回到祖國懷抱，東三省的領土主權與行政不能完整，則國家的獨立自由就無從恢復，而抗戰的目標亦無由達成。此為我國父創造革命的一貫方針，亦即我全國國民不惜犧牲數千萬生命以對於抗戰之最大目的。在此期間我們惟有團結國內各民族共同奮鬥以完成這三個重大任務，而後國家之獨立自由可期，國內各民族的平等地位亦可獲得確實保證。

現在日本帝國主義已戰敗而無條件投降，台灣澎湖仍歸還到了祖國的懷抱

第二在省區以外的民族具備自治能力與有獨立的意志，而在經濟政治上達到了可以獨立程度之時，我們的國家對他們必以親愛友好的態度和精神，自動的扶助他們獨立自由，永久視為中國平等的兄弟之邦，不因其離開祖國而發生惡感或歧視，而我們各民族亦必須對其祖國以和睦親善的態度，循合法的程序提出願望以達成其目的，不可採取反抗祖國的行動，以引起民族間相互的仇恨。第三各省區以內的大小民族，在政治上和法律上一律予以平等，在信仰上和經濟上亦予以充分自由而不加以干涉，以達成我們各宗族間精誠團結友愛互助之目的。

西藏民族的政治地位在第六次全國代表大會本已決定予以高度的自治，扶助其政治之進步與民生之康樂。我可以負責聲明如次：西藏民族此時提出自治的願望，我們政府亦必本我一貫之真誠，賦予高度的自治。如果他們將來在經濟條件上能夠達到獨立自主的時候，我們政府亦將與對外蒙古一樣扶持其獨立，但必須西藏能鞏固其本身永久獨立的地位，不致踏襲高麗過去的覆轍。

外蒙、西藏問題的解決，乃是我們國民革命重大的任務，也是民族主義實現的模樣，我們必須負起全責來解決這個問題，希望我全國同胞亦本着我們國民革命的原則和民族主義的精神，協助政府來解決這個問題，使其得到圓滿的結果。為了世界和平與安全，為了國家鞏固與建設，我們對於全世界民族問題的主張必須依據大西洋憲章與三民主義的精神來求得解決。至此，我們對於我們中國西南邊疆上的幾個民族問題，也是以世界和平與安全的關係，不能不表示我們中國的願望：第一、緬甸民族與中國之歷史關係甚深，我們中國在抗戰期間兩度派兵入緬作戰，我們遠征軍將士直接間接傷亡的數目共在二十萬人以上，而僑民之損失尚不可數，但是我們尊重盟邦主權，恪守國際信義，我軍在緬甸戰場的任務一經完成立即撤回本國。我們視此乃是我們聯盟國一份子應盡之義務，決無其他企求，但希望我盟邦對緬甸民族的政治地位應積極加以改良，而予以提高，其對我在緬僑民復歸就業，予以迅速而有效之扶助。第二、泰國民族與中國之關係較其他尤為深切、普遍，我們中國是因泰國作戰而首受影響的國家，故泰國本來劃入中國戰區，今將泰國改隸東南亞戰區，中國自無異議，我們始終認為泰國對我聯合國宣戰是出於被動，純由於日本帝國主義的脅迫，因此我們希望泰國在戰後仍恢復其固有的獨立和平等的地位，尤希望其與中國迅速建立正常之國際的友

，東三省領土的恢復和主權行政的完整亦獲得了保證，高麗不久亦必能得到其獨立與自由，我們國家的獨立也由此樹立了堅實的基礎，於是我們民族主義對外一方面的目的已達到了完成的階段。因此我們對內一方面的任務就是求國內各民族平等自由的工作，必須確定方針，積極推行來實現我們國民革命整個的計劃，以期保障此次由全國國民犧牲無數生命財產而獲得之勝利的和平於永久。

我今天代表本黨的同志根據國父的遺教，說明我們今後實行民族主義以及保障世界和平與國家安定的方針如下：第一須說明者是外蒙古和西藏的民族問題，原來外蒙古和西藏本自有其悠遠之歷史，且其民族自居一處，與其他宗族雜居已經設省之邊地迥然不同，我們中國國民黨自民國十三年改組以來，大蒙古特派代表來參加祝賀，當時我們國父已視之為兄弟之邦，禮之為上賓，其事載於遺教，當為世人所共見，我們從沒有視他們為藩屬的意念與態度，決不像北京政府時代那樣加以壓制，我們國民政府成立以來，不僅對於外蒙如此友愛相處，就是對於西藏也莫不如此。我全國同胞必須知道如果我們忽視民族平等自由的意志，抑制其獨立自治的發展，不僅違背我國民革命的精神，且足以增加我國內各民族之間的糾紛，貽誤我建國的百年大計，亦影響到世界的和平與安全。外蒙自北京政府時代民國十一年起，事實上已完成其獨立的體制，如今已屆廿五年，當此世運一新之會，正重敦舊好之時，我們必須秉承國民革命的原則和本黨一貫的方針，用斷然的決心，經合法的程序，承認外蒙之獨立，建立友好的關係，使得這個問題能夠完滿的解決，否則將使中國與外蒙古之間永無親善之可言，其對於國內安定與世界和平將因此而發生重大的影響。

我在這裏要指出我們實現民族主義的三個重要原則：第一、我們政府和人民必須懷抱崇高的精誠與堅定的決心，絕不效法日本對待高麗的行徑，凡對於他持有自治能力與獨立精神的民族，必須精誠友愛，扶持其長成，使之達成自主和獨立的目的。我們必須反對日本帝國主義所為，使東亞大陸在世界反侵略戰爭全面曙光之中，樹立民族自主和平等的基礎，五十年來我們中國國民黨國民革命推翻滿清、反抗日本，不僅為中國本身自己平等而奮鬥，亦且為高麗的解放獨立而奮鬥。今日以後我們更須本此同樣的宗旨，與一切有關的盟邦共同尊重民族獨立、平等的原則，永遠保障他們應該獲得的地位。

好關係。第三、安南民族，中國在抗戰期間因安南政府不能自保其主權，並供日本以侵華基地，因之中國的生命財產皆受鉅大的損失，但是我們仍是除了恪守同盟國的協定，派遣軍隊接受北緯十六度以北地區日軍的投降之外，對於越南絕沒有領土的企圖，我們的希望是越南民族能從自哲（？）以漸臻於獨立，以實現大西洋憲章的規定。最後我們要提到香港問題，香港為廣東之安危與共的隣封，太平洋戰爭爆發以後乃劃入中國戰區，今當日本帝國主義無條件投降之際，我們中國決不藉受降的機會，忽視國際合作和盟邦的主權，所以我們不願派兵接收香港引起盟邦間誤會。但我可以向世界與全國國民負責的聲明：關於香港的地位，從前是以中英兩國條約為根據，今後要有所改正，亦當依照中英兩國友好的協商關係，而建立我們的外交方針和國際政策，主張尊重條約、根據法律、以及時代要求與實際需要而求得合理的解決。現在中國全國各租借地已經次第收回，九龍的租借條約自非例外，但是我們中國亦必循　兩國外交及條約的途徑以期解決　此最後未了的一個問題。

總之，這次世界大戰是人類歷史上空前的戰爭，今日聯合各盟邦無不希望這空前的戰爭成為最後的戰爭，我們中國抗戰的時日最久，受禍亦最慘；所以希望和平亦最為迫切，凡足以促進國內團結及國際和平者，我們必盡力促其實現。我們必與我全世界盟邦共同奮鬥到底，以建立全世界一切民族國家獨立自由的友好關係，維護一切人類精神與物質上由互助而建立的永久和平生活，不使世界上再有強權政治的發現，更不令全世界一切民族再受不平等不自由以及一切其他與恐怖的痛苦。在此一意義上，我以為民族平等和國家獨立的原則之實現，最為當務之急，國民政府必本於中國立國忠孝仁愛信義和平的一貫精神與國民革命一貫的政策，乘此世界和平曙光初啓之際，使民族主義見諸實施，此吾人平生之志願，當為世界友邦所共諒，這實在是建立世界和平與中國安定的保障，務望我全國同胞同心一德、協力一致以赴之，則民族復興建國完成庶可計日而待，而對我八年抗戰所犧牲的千百萬軍民同胞之英靈，亦可告慰而無遺憾。第一次世界大戰以來，我國父孫先生亦垂訓於吾人，勸勉於世界之言，亦由此而得所成就了。

國民黨國防會 通過中蘇條約

【中央社重慶廿四日電】中蘇友好同盟條約於廿四日給國防最高委員會通過後，發交立法院，該院即於臨時會議通過，該約現已完成立法程序，送請國民政府主席批准後，全文即可公佈。

【中央社重慶廿日電】國防最高委會與中央黨務委員會於廿四日上九時在國民政府開臨時聯席會議，討論中蘇友好同盟條約，將主席親臨主持，王部長世杰宣讀全文，到會委員全體一致通過。

【中央社重慶廿四日電】國民參政會於廿四日下午八時假軍事委員會舉行駐會委員會第三次會議時，王部長世杰曾出席報告關於中蘇友好同盟條約問題，對於在此次莫斯科談判之情形，蘇聯與我國締約之動機、談判之程序、以及該項條約所包括之各項文件，均作詳盡之闡述。並鄭重表示此次談判中蘇聯態度懇摯，希望自此次條約締結後，中蘇兩國能由源甚親睦之關係步入更友善之境地。嗣爲參政員紛紛提出意見，多數均對該項條約表示擁護，並主張政府應迅速批准，使其早日發生效力。王部長報告前，根據本日之議事日程，係討論提案，由張伯苓主席，參政員武肇煦等所提出之『請政府愼重遴選派往收復區之各級工作人員，並嚴飭恪遵政府法令砥勉奉公一新耳目以正視聽與民更始案』，曾經熱烈之討論，旋決議本案用意甚善，收復區用人關係全國人心者至大，應請政府特別注意，人選要有正義有幹才有爲，最好先就曾在本地作地下工作有年者遴選，由爲抗戰有功服務有健樹者，以維人心。

路透社稱 我黨與國民黨恢復談判

【路透社倫敦廿四日電】中國共產黨已受蔣介石的邀請，出席重慶召開的全國團結會議。共產黨首都延安廣播於昨夜發表這一消息。電台繼說：這次會議『企圖達到一協議，避免內戰的爆發。』

【路透社重慶廿四日電】中國共產黨領袖毛澤東今日電蔣介石，謂他將派周恩來將軍去商討目前之僵局。

【合衆社重慶廿四日電】毛澤東在回答蔣介石邀他赴渝會議的第二個電報說：『爲全國團結大計，特先派周恩來赴渝，希望接洽』。毛澤東致蔣介石的電報口氣較爲和平。

美報論中國內戰

【美新聞處里士滿城（佛吉尼亞洲）二十三日電】據里士滿時報星期三日社論說：中國兩個主要黨派的團結不僅對强大的中國，而且對全亞洲安全與進步俱甚重要。社論略謂，在繼對日戰爭而來的多年國際鬥爭之後，中國似乎又爆發了其內部衝突。這對團結的中國是一眞正的悲劇。中國爲亞洲防禦力量，

令長官部隊，於八月廿日收復湘南之宜章、永興，廿二日收復攸縣。

【中央社芷江廿四日電】代表岡村寧次向我洽降之今井少將等，與我陸軍總部陳少校等，廿三日午後乘日本降使原機由芷江飛往南京，茲據今井電告，已於當晚到達。

國民黨年底前很不可能還都

【路透社重慶廿三日電】由於交通及其他困難，國民黨政府在年底之前很可能不還往南京。當局繼續準備原定於十一月十二日在重慶召開的國民大會。現在暫時還只有小木船可以通航重慶與宜昌之間（宜昌爲日軍在揚子江最西面的基地）而這些木船只限於運兵。大規模船舶運輸須待一切水雷掃完，並由中國海關製圖測量河流後始可實行。這就需要三個月的時間。

傳九十四軍將空運北平

【合衆社重慶廿四日電】大公報說：據何應欽將軍×日在芷江總部宣告：中國軍事歷史上最大規模的空運行動將於八月廿六日舉行，屆時美國運輸機將載運美軍訓練與裝備的中國精銳部隊至南京與上海收復這些著名城市。美軍主持的部隊及其航運目的發表如下：新第六軍去南京，第七十四軍去上海，第十八軍去漢口，第九十四軍去北平，空運行動與盟軍登陸日本同時進行。

【合衆社重慶廿四日電】中央社息：中國空軍第一路指揮官孫桐崗中校，昨日已借日本投降代表團自芷江赴南京。孫桐崗爲中國優異飛行員，此次前往考察南京上海的飛機場，保證傘兵與空運精銳部隊降落的安全。一俟孫桐崗從南京發出『妥當』的信號時，中國航運部隊即行出發。

【中央社渝廿四日電】關於航空復員問題，記者頃訪中航公司負責人探詢，承告如下：目下中航客機四架，於復員時自不敷應用，現已根據租借法案向美軍×購運輸機十（廿？）架改裝客機，以備復員時應用（下有百餘字譯不出）。

【中央社渝廿四日電】據美新聞處訊，芝加哥日報駐渝記者威勒爾稱：美國實力龐大運輸隊，即將助蔣主席領導之政府遷返其別離業已八年之沿海諸省。中國戰區美軍司令魏特梅耶二級上將稱：美國運輸機將被用以運輸中國國民黨革命軍隊航往蔣委員長所指定中國戰區內之任何地點。東三省亦係包括於中國戰區以內，美機如遭任何方面之襲擊（不論來自日軍或中國共產黨

能夠保衛世界彼方的安全。如果中國人容許任何人在此緊急時刻發動內戰，他們將是極端的短視。日本停止中國戰爭，從而促進中國內戰的詭謀是錯誤的。中國兩個主要黨派不管相互感覺如何之深，他們都關心××會使他們分裂的仇視，並且爲了團結的中國共同工作。

合衆社報導 蔣、我兩軍之進展

【合衆社重慶二十四日電】蔣介石的中央軍在棋手蔣介石指揮的象棋戰術之下，過去一週在中國收復六十餘城。主要是在華北的山西、河南兩省，華東的浙江鄰近。六秩老將軍閻錫山的部隊在山西收復二十餘城，包括晉中太原至晉西南黃河的鐵道綫上的許多地點。閻部已收復山西省會太原。河南省胡宗南部在隴海與平漢兩條鐵路綫上及其附近收復將及二十城。浙江收復的第一城是蔣的家鄉奉化及其村子奉化近郊的溪江。浙江收復城市其餘大部爲絲茶產區。當中央軍在山西、河南、浙江各省有所進展時共產黨部隊在河北、山東兩省，北平、天津山東半島及南京鄰近亦有進展。共產黨軍隊在山東半島光復海岸港口兩座（即前英租借的海軍基地）威海衛與龍口，並正在猛攻第三個海港烟台，威脅頭等海港青島。北平、天津區域共產黨軍隊進入天津東車站並已攻克平綏鐵路上之楊村車站，從而切斷平漢鐵路。南京區共產黨軍隊收復南京對岸的六合，進入南京以上的蕪湖，攻克南京以南，太湖南岸的長興。（這是根據共產黨的戰報）。

中央社傳閻等部 進入歸綏長治

【中央社渝廿四日電】據軍委會廿四日發表：（一）我傅作義司令長官部隊，於八月廿日進入綏東之歸綏，先頭部隊並已進至陶林以東廿里處地區；（二）我閻錫山司令長官部隊，於八月十五日收復晉南之襄陵，十九日進入長子，廿一日進入長治，並於同日進入晉中之介休；（三）我胡宗南司令長官部隊，於八月廿三日進入豫西之澠池後，先頭部隊分別進至鐵門（新安西十八里），及豫中之龍門街（洛陽南廿四里），並派遣部隊協同地方團隊，於八月十七日收復豫中之汜水；（四）我李品仙司令長官派遣部隊，協同地方團隊，於八月十六日收復豫東之淆川，十九日收復豫南之信陽；（五）我劉峙司令長官部隊於八月廿二的收復豫西之淅川，廿三日收復豫南之方城，並派遣部隊協同地方團隊收復新野；（六）我顧祝同司令長官派遣部隊，協同地方團隊，於八月十八日收復浙東之奉化；（七）我薛岳司

）美方將予還擊。美國空運實力業已證明，其艦運載中國軍隊租借武備之攻擊力至所希望之任何地點。中國現有廿師軍隊配備武器（包括大砲但無裝甲），此乃戰鬥之裝備，尚有十九個師配備百萬之五十至七十五之武器，上述部隊將調往北方。

何應欽在芷江答記者

【中央社芷江廿三日電】何總長今日下午十六時答中外記者團所提出之問題如下：問：總長對今井此行結果滿意否？答：滿意。問：外傳正式投降書將在南京簽字確否？答：中央已決定在南京簽字。問正式簽字可能在何時？答：中國戰區日軍正式簽投降書之日期大約在日政府對盟軍總投降書正式簽字後數日之內。問：二三四號備忘錄內容如何？答：二三四號備忘錄是補充第一號備忘錄內容的。問：東三省如何接收？答：關於東三省之接收辦法另有方案辦理。問：各受降地區之受降長官何時出發？答：各長官及部隊已按計劃前進。問：中外記者團是否可以隨接收先頭部隊進入接收區域，手續如何？答：如交通工具許可，當然歡迎前往。問：總長留此地多久，是否即回重慶？答未定。

同盟社稱 蘇美共佔朝鮮重慶佔台灣

【同盟社東京廿四日電】波茨頓宣言關於實行處理我國領土問題，是按照開羅宣言所規定的，（一）滿洲、台灣、澎湖島歸還中國；（二）宣佈使朝鮮將獲得自由獨立。因此我國在朝鮮統治了三十六年，在台灣統治了五十一年而告終結。在此種場合下，台灣早晚是要隸屬於蔣介石之下。關於朝鮮，在自主獨立之政府未成立前，將由美國與蘇聯佔領，並分別實行軍政。但在朝鮮有八十萬僑胞，在台灣有四十萬僑胞居住着，他們在政治、經濟、文化各部門，有强固的地盤，如要撤回，對於朝鮮來說亦是一件不可忍受之事，而且根據國際法，駐在該地僑胞的私有財產是不能夠變動的，因此不但不應有絲毫疑懼，而且我當局對於這些在外地的僑胞，仍極力維持其多年生活之基礎，使之停留於現地，爲了在國際信義上獲得和平共榮，希望以虛心坦白適應新時代。

『更正』 據重慶合衆社廿四日更正，昨日本條參考材料所載之『中國戰場千變萬化軍事形勢之鳥瞰』（合衆社重慶廿三日電）一文，並非引自掃蕩報，乃是王公達自己之分析。

參攷消息

（只供參考）

第九八三號

解放日報
新華社 編

今日出一張

卅四年八月
二十六日
星期日

新「經濟學家」論中國

【路透社倫敦廿四日電】英國主要週刊「經濟學家」著文認爲：日本敗北以後，中日作用將倒轉過來——統一的中國可能成爲亞洲的領導國家，而日本可能成爲不同外國利益的遊戲場。該文認爲日本共產黨比中國共產黨的前途更有希望，謂：「蘇聯刺刀支持下之共產黨的勢如破竹的勝利，將使日本共產主義的模糊記憶復活起來。岡野進是到過延安的幾個日本共產黨領袖當中的一人，蘇聯可能仿效其自由德國委員會，用他來教育關東軍。倘若朝鮮與滿洲成爲蘇軍的佔領地帶，其未來的行政，似乎不會對蘇不利。斯宋的協定很像給了蘇聯在這地區有主要的權威。」「經濟學家」說：對於日本政治的影響雖然是間接的，但是強烈的，至少對日本共產黨的開端是如此。「經濟學家」繼稱：另方面，在中國，日本投降，其時刻是不利於共產黨的，共產黨希望：一旦美軍在中國大陸登陸，對日戰爭開始時，可以獲得美國的武器與供應。而今，雖有美國供應品的只有重慶政府。「在政治上，沒有發生什麼事情破壞美國對重慶政權的供應」，他們對待各地共產黨的態度業已强硬起來。隱約可見的是原子炸彈對力量對比的影響。在這點上，中國也獲得了與蘇聯的條約，該條約包括蘇聯承諾不——至少公開地——支持延安共產黨」。「經濟學家說：共產黨已在中國國內被孤立起來了，日本沒有粉碎的中國軍閥是敵視共產黨的。在南方，大部份軍閥都贊同重慶。北方，共產黨强得多的地方，有幾個軍閥反對他們。現在情形似乎是：其中一些軍閥在和重慶正規軍配合防山西共產黨向北推進，控制如像天津、青島、北平諸樞紐城市，並切斷他們與自己游擊隊的雙方的邊界及其與蘇聯會師的任何希望。「經濟學家」以爲：將來有利於中國中央政府的另一因素是：現在日本人當中對於蔣介石的奇異的崇拜會已增長，可能是因爲他拒絕被打敗。今天，他的威望似乎很高。「經濟學家」說：境遇的配合表示：蔣介石將軍比

同盟社評 延渝談判

【同盟社里斯本二十四日電】蔣介石爲了調整渝延關係，曾邀請中共中央政治局主席毛澤東，要他派代表至重慶。據二十三日延安電台發表：延安政權已經同意，並派遣中共中央政治局副主席周恩來，與蔣介石協商中國統一問題。但因中共堅持下列二點，故周、蔣會談究獲得如何之結果，頗爲各方所關心。因（一）中共軍要在接敵地區親自接受日軍投降工作；（二）建立全國各黨派在內的聯合政府。

路透社轉播 我克沭陽漣水

【路透社倫敦廿五日電】中國共產黨延安無綫電台今晚（星期六）聲稱：共產黨新四軍佔領江蘇省的沭陽（徐州以東八十五英里）與漣水（沭陽東南三十英里）兩城。

合衆社稱 外蒙可能成爲聯合國會員

【合衆社重慶廿五日電】「蒙古人民共和國」在過去廿五年中，乃是世界上最秘密的國家。在這整個時期中，蒙古在國際大家庭中僅有一個朋友——蘇聯。在最近將來這一亞洲新成長起來的共和國將有第二個朋友——中華民國，中國即將予它以法律上與外交上之承認。在戰後政治地圖上重要改變之一將爲中國較戰前減少約七十萬方里——其北部邊境上一個新的大缺口。此年青的亞洲共和國首由蒙古人民黨於一九二四年經過革命創立，革命推翻了活佛統治，把首都的名字由庫倫改爲×××。××××莫斯科使兩國密切。同年斯大林在有名的會見中明白表示：紅軍將負責保護蒙古使不遭侵略，而一九三九年斯大林就這樣做了，當時日本的侵略在諾蒙坎被擊退了。自蘇德戰爭以來，蒙古作爲盟國而以皮革供應蘇聯。在即將到來的中國承認（據情在最近將來）後，蒙古將大體上被分爲四個政治部分，第一，蒙古人民共和國；第二，坦奴·土瓦（外蒙西北角，但劃爲新的獨立的政治單位）；第三，泊雅特蒙古自治蘇維埃社會主義共和國；第四，內蒙（將仍爲中國領土），如寧夏、綏遠、察哈爾與熱河省。中國的承認外蒙獨立，將適當解決長久以來可怪的東亞困難形勢。中國能夠放棄已經脫離了她的領土，以便集中精力整理內部。在戰後如果其他國家亦予以同樣的承認，則此成吉思汗的祖國很可能成爲聯合國的新會員國。

【路透社重慶廿五日電】中國各報評論中國邊疆區域的種族問題，完全同意蔣主席所宣布的，准予外蒙獨立西藏自治。

較目前一般人所想像的有更多可能的機會使適當統一的中國免於戰爭。儘管有內部的不統一，中國長時苦難中生長出來的這一政府可能比三十年前大中華國以來任何中國政府更有權威，此政府極可能不願接受外國的領導或訓政，而蘇美壓力的共同存在可能提供這樣的可能性。在中國外交早期實施中不少見的討價還價權衡的可能性。在此種形勢下，最大的未知因素將是中國與被擊敗之日本的關係。蔣介石久已向其人民勸說最終和日本人和好的必要，因爲他們究竟是亞洲人民，『經濟學家』結語稱：在遠東目前這種混亂與衝突狀況下，有這樣機會：和好可能比任何人預料的來得早些。

鮑爾溫論中國

【中央社紐約廿三日專電】紐約時報華盛頓電訊，對於遠東局面所論列，該項電訊係紐約時報軍事分析家鮑爾溫所撰。據稱：目下由於中蘇協定之訂立，波茨頓協議之發表，以及佔領日本本土計劃之擬就，東三省、朝鮮及亞洲東半之一般情勢可告緩和。紐約郵報今日社論籲請各盟邦在中國目前發生內部困難時，支持蔣主席，蓋蔣主席之目的乃在謀中國人民福利與亞洲之和平也。該報謂延安之用意乃在壓倒中央政府而非參加聯合政府。

宋子文將赴英

【合衆社倫敦廿三日電】宋子文不久即將赴倫敦，可能在下週初，以與英國有所商談，其中預料將包括香港地位，三國共同行動以避免中國內戰之可能。他將會見阿特里及貝文。

【中央社華盛頓廿四日專電】美對外經濟處處長克羅萊本日告報界稱：宋院長最近與渠會談時，提出之備忘錄指陳中國於三年內需要廿億美元，以供中國建設之用。克氏繼謂原定之中國五年計劃需要四十億美元。英蘇猶未提出請求貸款之正式要求，法國請求貸款刻在順利討論中。

【中央社渝廿三日電】經濟部翁部長文灝對收復工礦事業之處理，廿二日發表聲明謂：收復各區工礦事業已由中央政府規定辦法，分區設立特派員辦事處，監督接收，對敵人以前所佔資產，決認眞整理，以期事業基礎克能保全。乃近聞有人在此時期私自移動侵佔用者司以卸責、並使重要設備因此損失殊屬不合，務望收復各區工礦事業在未經正式接收以前，對於資產設備妥爲保存，不得私自移動變更，如果存心擾亂致有損失者，將來定當查明懲處。

漢口國民黨部公開活動

【中央社渝廿五日電】據關係方面訊，數年來在漢口祕密工作之市黨部主任委員兼政治特派員袁雍，已在漢口市區宣佈市黨部恢復公開活動，並以政治特派員名義佈告安民，同時派黃煥如、田安新、胡亦愚等五人，暫時管理市府各機關，現漢口秩序已漸恢復。

【中央社上海廿三日電】忠義救國軍淞滬指揮部奉令星夜開赴淞滬市郊，其第一、第二團及第一、第三分區各指揮部已挺進至浦東及滬西一帶。

蔣軍佔浦口等

【中央社渝廿五日電】據軍委會廿五日發表：（一）據李品仙司令長官廿四日報告稱，我徐啓明部現已收復南京對岸之浦口（長江北岸），先頭部隊並已渡過長江進入下關。李副司令長官所屬另一部隊協同地方團隊，廿一日收復豫南之上蔡。（二）我胡宗南司令長官部隊，廿四日進抵豫中之洛陽南關，並於同日收復晉西南之聞喜、安邑，胡司令長官另一部隊廿三日收復豫西之西峽口（內鄉西北）。（三）我薛岳司令長官部隊十七日收復贛北之安義，薛司令長官所屬另一部隊並已進抵南昌近郊地區。（四）我顧祝同司令長官部隊，十八日進至皖南之宣城附近地區。

【中央社郿縣廿日電】十六日至十八日我軍又先後克復榮河、臨晉、垣曲、永濟、芮城、聞喜、汾西、靈石、霍等九縣城。又閻長官於十八日義進入太原，刻正辦理接收日軍投降事宜。

【美新聞處重慶廿五日電】中國最高統帥部今晚宣佈：國民政府軍隊已渡過楊子江，進入南京。在華日軍之正式投降將於該處簽字。

【中央社肇慶廿三日電】湘省四邑我地方保安團隊，業於十九日收復開平縣及長沙市，四邑爲我數十萬居留美洲華僑之家鄉，居民咸盼能早日與其隔絕多年之海外親族通訊。據廣州訊，廣州市郊已爲我突擊隊所控制，由各地撤至廣州之敵軍拋售物資糧食，米價跌至每石國幣一千五百元。

【中央社芷江廿五日電】中國陸軍總部副參謀長冷欣中將，定廿六日×率官兵一五九員，乘飛機七架赴南京設立前進指揮所，中央社特派員徐律鴻隨機同往，何總司令今晚×召集全體赴京官兵訓話。

【中央社芷江廿五日電】陸軍總部廿五日晨接獲岡村寧次×來電，原文如次：芷江中國戰區中國總司令何敬之閣下鈞鑒：（一）今井總參謀副長一行以及貴軍將校三名，於八月廿三日午後八時抵寧。（二）交付今井總參謀副兵之中國戰區[illegible]第一[illegible]飛行，[illegible]偵到。（三）[illegible]部[illegible]前進指揮所，希在可能範圍內迅速前進，其他飛行規定幾架，高度，時間等，即通知本官，以負責對[illegible]下一行之保證。又期無[illegible]（原體此處缺三碼）有力援助及[illegible]官[illegible]

[illegible]廿四日印。[illegible]

日寇[illegible]軍將在北海道登陸表示[illegible]

「路透社[illegible]」[illegible]北海道[illegible]派遣[illegible]部隊[illegible]日本[illegible]北海道[illegible]電[illegible]陸海軍部隊及人民[illegible]

「一合衆社[illegible]」[illegible]宮階前[illegible]自殺。據東京某評論家謂此種日本傳統之自殺精神，絕非歐美盟國所能理解[illegible]梗，屋舍漏[illegible]之後[illegible]

「同盟社」[illegible]廣島[illegible]慘狀

「同盟社東京廿四日電」[illegible]廣島長崎兩市的慘狀，實非筆墨所能形容[illegible]因此受[illegible]十五公里）內的人畜都被[illegible]，死傷者[illegible]增加，現[illegible]中心，傷亡者[illegible]，死亡者達[illegible]以上，受傷者達[illegible]

此工人死傷[illegible]

「同盟社東京廿五日電」[illegible]與破壞力，已經[illegible]的全貌[illegible]，在總人口二十五萬中死亡三[illegible]，負傷[illegible]，[illegible]已死了[illegible]六萬，而更有增加之勢。大多數[illegible]

歐洲卻被除外，我們對於此認爲是非常遺憾的問題。

「同盟社」稱美軍進駐日本地區 根據安全程度具有伸縮性

「同盟社東京廿二日電」根據美國軍司令部在馬尼拉向帝國軍事使節提出的通告，美軍即將自[illegible]開始進駐日本本土。帝國所接受的波茨頓宣言，其中規定有「直至建立新秩序成立時，及直至日本製造戰爭的力量業已毀滅有確實可信的證據時，由同盟國之指定，必須佔領，俾我們[illegible]本目的得以完成」，這次的進駐就是依照這個條款來執行的。關於佔領地點，根據這次馬尼拉的來電，指定以神奈川縣爲中心的海岸地帶爲第一次的進駐地區，[illegible]這個[illegible]那也是由於它要求帝國的陸、海軍部隊由這個地帶撤退，而不是將這個區域置於美軍的進駐之下，而是存於[illegible]附近的橫須賀的厚木[illegible]軍港及飛機場的所在地。總而言之，波茨頓宣言所規定的所謂「日本國內各地點」，它具有[illegible]的收縮性，如果美軍方面認爲着危及其本國將來時，它就可以擴大。另一方面，如果美軍[illegible]認爲[illegible]能[illegible]地點的，那末美軍方面只佔據極有限的地點就够了。[illegible]佔領期間加於日本政府主權的限制，其限度也就可縮小一些。由於[illegible]的[illegible]解除武裝和軍械等的移交，將待諸廿八日麥克阿瑟司令部進駐之後執行，這一點，這次馬尼拉會談也曾予以確認，這點顯示出對待日本與對待德國的根本不同。關於作爲對軍隊的措施，波茨頓宣言規定有：「日本軍隊在完全解除武裝以後，將被允許返其家鄉，得有和平及生產生活的機會」。軍隊依照大本營的命令，於解除武裝之後，不是像德國那樣[illegible]爲工人供佔領軍[illegible]，而是歸還日本政府管理，能夠和平地就業。

「同盟社東京廿二日電」情報局已發表關於[illegible]軍進駐日本本土的文告。該文告的後半段指示國民應注意的事項如下：（一）帝國軍隊迅速由前衛的地域開始行動，因此暫時禁止一般旅客及通行者（乘車前往工作的人員）利用該方面有關的鐵道，在此期間通行者（公務人員亦是如此）無法前往工作時，亦不妨留在家裏。（二）帝國軍隊進駐[illegible]撤退後，一般行政機關及公共團體的活動仍照常進行，政府及公共機關特別負責處理配給食糧等確保市民生活的問題，因此不必要感到不安，從事配給食糧等工作的人們特別要積極的工作。（三）對進駐部隊供給宿舍和糧食等，當在軍及政府負責進行之天時後即起了[illegible]，縱然[illegible]很多[illegible]。但[illegible]要素。當時美國最[illegible]本[illegible]報地說：「[illegible]已變成在七十五年內人畜不能生存的地[illegible]，[illegible]遣學者前往[illegible]大[illegible]形」（缺一大段）[illegible]對於人體仍有破壞的影響，死者[illegible]也就是因為這個緣故。」但[illegible]（缺一大段）總之，「[illegible]之故[illegible]作用[illegible]絕[illegible]之」。[illegible]

[illegible]死[illegible]八月六日廣島死亡[illegible]因原子炸彈爆炸所影響的區域[illegible]很難評算死傷者[illegible]被炸毀或被燒毀，或為火燒[illegible]

本[illegible]合眾社[illegible]內居民[illegible]作進一步之調查[illegible]內十八[illegible]作毀或被焚。（缺一句）[illegible]有三[illegible]九月[illegible]人[illegible]家[illegible]日本[illegible]二百[illegible]被傷[illegible]

澳洲外長不滿英國

[illegible]澳洲[illegible]在對日和平談判中[illegible]英國對澳洲的態度稱：英國本國在這次和平談判中，對澳洲採取了否定本會立場的態度。這不僅是澳洲的問題，而應當視為英聯合王國的全體問題來看，在對日戰爭中，英國本國將澳洲作為從屬性的東西來看待，而在休戰談判中都完全不跟澳洲協議，或者至進行談話也只是採取單純的形式與手續而已。英國本國在澳洲沒有[illegible]宣言之上，也不跟澳洲作任何商談而自行決定。在五國外長會議問題上，澳洲也受着不妥當的待遇。中國在歐洲並不是交戰國，但它卻參加了五國外長會議，我們作為對日主要交戰國一員的[illegible]

，一般民眾與盟國軍隊之間沒有發生直接的關係，這一點是可以安心的。[illegible]）各[illegible]當有必要的指示，希望官憲努力貫徹這些指示到市民中。[illegible]地指導市民。[illegible]

【同盟社東京廿二日電】大本營及帝國政府於八月廿二日五時聯合發表：（一）盟軍[illegible]進駐日本本土部隊於廿六日開始逐漸到達東京灣周圍的一部份地方。（二）當上述進駐實施時，為了避免發生糾紛，經規定下列的實施辦法。（甲）[illegible]東側[illegible]千葉市[illegible]玉川河口，府中（東京府北多摩郡的市街）——八王子[illegible]大河[illegible]津久井島南端一線以內各地域的[illegible]武裝軍隊，[illegible]迅速撤退至該線以外的地域。（乙）上述地域除了我方[illegible]一般警察外，[illegible]武裝[illegible]憲兵[illegible]保安隊，加緊維持治安。（丙）上述地域內的官廳，公共團體等的機能仍如平常一樣，居民亦與以前一樣繼續着[illegible]的日常生活。但是為了預防混亂的現象起見，當隨時告示必要[illegible]的事項。[illegible]又盟軍與我方的接觸[illegible]經過另外設立的[illegible]關。（三）盟軍部隊第一次進駐的[illegible]行大約預定如下：八月廿五日開始飛行於[illegible]。八月廿六日早晨以後[illegible]先遣部隊到達厚木飛機場。同日[illegible]艦隊進入相模灣，其中一部份[illegible]進入東京灣。八月廿八日以後空運部隊及海上運輸部隊由厚木及橫須賀附近[illegible]兵力進駐。[illegible]——[illegible]

盟國將成立遠東戰罪委員會

【中央社倫敦廿一日專電】[illegible]聯合國戰罪委員會，最近決定成立一遠東戰罪委員會，負責討論懲處日本戰爭罪犯之程序及方法，委員會由直接與遠東戰爭有關國家之代表聯合組成，我國駐英大使顧維鈞當選[illegible]。（[illegible]）

柏林設各國大使館

【中央社[illegible]】[illegible]柏林來電，關於在柏林設置聯合國大使館案，原則上取得了一致的意見。關於這個大使館的詳細事項，將交特別委員會商討後再行決定，但由於現在德國政府並不存在，因而各國大使館將作為與聯合國管理委員會進行交涉的機關從事活動。

[illegible]

（只供參考）
第九八四號
解放日報新華社編
今日出一張
卅四年八月二十七日
星期一

路透社等評中蘇條約

「路透社倫敦廿六日電」路透社外交訪員報導：中國總理宋子文博士與斯大林元帥間最近的談話，顯然減小了中國內戰的危險性。此間認爲中蘇友好同盟條約的最重要特點，是下列保證：蘇聯將專給中國中央政府以軍事上和其他方面的援助。中蘇條約雖沒有特別提到延安共產黨人的地位，但他們想在反重慶之戰中得到蘇聯幫助的任何希望，已經破滅了，這似是顯然的。中蘇條約的第二個最重要特點，是蘇聯承認中國在滿洲的主權，這可由蘇軍於對日戰爭結束三月後退出東三省這決定看出來。此間對於中國人最注意滿洲之歸還中國這事，是完全認識到的。蘇聯利益經由得到旅順港和滿洲鐵路三十年租借權，而被容納於遠東及外蒙古這個麻煩問題，經由普選辦法而獲得解決，——這似已使蘇中兩國利益達到了滿意的妥協。

「路透社重慶廿六日電」中蘇條約，該條約的條款在此間與莫斯科同時發表——規定中蘇兩國合作以防止日本重新進行侵略。條約重申中國在東三省的主權完整。中東路與南滿路的幹綫將合併爲一條綫，爲中蘇雙方所有與經營管理，名爲中國長春鐵路，爲期卅年，然後歸還中國。中國政府宣佈大連爲自由港。旅順港將爲中蘇聯合海軍根據地，以卅年爲期，斯大林保證在日軍投降後，蘇軍將於三個月內自滿洲撤退。至於新疆，蘇聯重申她不擬干涉中國的內政。如果全民投票證明人民是期望獨立的話，中國將承認外蒙的獨立。上述內容，此間大部分已預料到。雖然條約上沒有提到中共，該條約被認爲是中國共產黨現在特別困難的時候的政治上的失敗。

「美聯社重慶廿六日電」廣播稱：與中蘇友好、互助（原文如此）條約一道同時還簽訂了關於中東鐵路的經營管理，及旅順、大連港的分別協定，某官員說：中國政府認爲這協定極令人滿意。他說：這條約是包含着與舊金山

全。」鑒於共產黨的活動，岡村寧次似乎認爲延緩受降會使形勢更加危險。第二、北平日本司令部向延安廣播，像一個老朋友的勸告一樣，要求延安當局放棄準備內戰。「我們日本人向蔣介石投降，而不向你們投降……中國人民不能再遭遇更多的內戰了。如若你們前來進攻我們，即我們將爲保護中國人民起而抵抗」。第三、迄今岡村寧次與蔣介石間已安排好初步投降辦法。岡村寧次的完全無視毛澤東，引起延安的憤怒，以至他們譴責岡村爲「助長內戰」。

傳盟軍將開入上海北平

「合衆社舊金山二十五日電」據東京廣播，規模相當龐大之中國空運部隊，定二十六日或是日以後收復南京、北平、上海等區，在蔣軍開抵之前，各區內日軍將維持秩序並阻止未獲蔣委員長准許之任何軍隊通行。其他盟軍聞亦將開入上述區域。

「美聯社重慶二十六日電」今日戰地快訊稱：當敵對的共產黨軍隊向上海南京諸樞紐城市挺進並向廣州與香港急趕的消息發出時，蔣介石委員長政府軍隊已進入上海與南京。戰訊說：政府游擊隊「忠義救國軍」已佔領上海西部與浦東工業區，越過黃浦江。

「中央社渝二十六日電」據軍委會八月廿六日發表：（一）我劉峙司令長官部隊廿五日收復鄂北之老河口及豫南之李官橋（鄧縣西），劉司令長官另一部隊現已進抵豫南之舞陽城郊，並派遣部隊配屬交通工作總隊，收復平漢鐵路線上之漯河。（二）我胡宗南司令長官派遣部隊協同地方團隊，廿日收復豫南之×城。（三）我李品仙司令長官部隊，十九日進入鄂東之黃岡及小興驛（麻城西）。（四）我邵鴻基部十七日收復豫北之滑縣。

「中央社正陽關二十日電」壽縣敵人十九日下午向蚌埠撤退，我縣長業經返城辦理善後。

同盟社報導日寇空襲總損失

「同盟社東京二十五日電」防空總本部正在調査大東亞戰爭開始後由於敵機空襲所受的損失。截至現在爲止，約死亡二十六萬人（內原子炸彈約炸死九萬人）。負傷約四十二萬人（其中由於原子炸彈而負傷者約十八萬人），總計六十八萬人。房屋完全被焚毁者約二百三十一萬所，被半焚毁者約九萬所。由此而受到災害的人，實約九百二十萬人（不包括傷亡者），本土人口約六分之一，直接地蒙受戰禍。其次若按縣份來說，只有秋田、山形、石川、長野、司賀、京都、××、島根與鳥取九個縣

憲章有直接關係的第一個條約。該條約稱：它無論如何都不能被解釋爲有違聯合國憲章的條文。衆信重慶——莫斯科協定已使共產黨領袖毛澤東突然改變態度。蔣介石委員長曾邀請他派一位談判人至重慶，但他拒絕了，而要求參加與日本進行的任何受降談判。然而，他知道了莫斯科協定的內容以後，便要求蔣接受他的代表。這條約主要是由中國行政院長宋子文談判的，他目前在華盛頓進行財政與貨幣討論，預期不久宋將到達倫敦。此間中國官員表明宋赴倫敦可能討論到香港的將來的問題，但說：這問題無疑地將成爲擴大的中、英談判底主題。

【合衆社重慶廿六日電】此間星期日像觸電般迫望着重慶與莫斯科同時公佈中蘇友好同盟條約，按該約將於今日午夜（重慶時間）發表。該條約共有四個獨立協定，兩條附件，全文共長四千字。訪員們要求示以條約副本。負責此事的官員說：「對不起，該條約是絕端機密的」。

重慶美新聞處報導毛澤東同志赴渝

【美新聞處重慶廿六日電】中共領袖毛澤東已接受蔣介石的邀請在此間和他會談。這是兩人自一九二七年以來的第一次相會。毛澤東在蔣介石不及一週時間內三次敦請之後，已同意來重慶。毛澤東未確定來渝日期，但說「在最近」。中國共產黨領袖說：他「深願來渝商討和平與復興的重要大計」，中共軍事領袖周恩來亦將來渝。

【合衆社重慶廿六日電】在蔣介石三次邀請後，毛澤東同意赴渝。「蔣介石先生，接讀你的來電。我極願來重慶與你共商和平與建設問題。周恩來將一俟你的飛機到來即離此。弟（毛氏這樣稱呼他自己）準備於最近的將來即赴渝。毛澤東」。蔣毛會談將是一九二七年以來的第一次。

【合衆社重慶廿六日電】此間有資格觀察家解釋任何日本表示向國民黨投降，而不向共產黨投降，都是爲了對日本自己有利的。觀察家指出：戰敗了的日本人現在才充分認識到，眞正威脅着日本在將來不能恢復成爲世界强國的，是蘇聯。蘇聯的軍隊現已佔領全部滿洲、高麗、庫頁島，並且很快就會佔領日本四大本島之一的北海道，觀察家說，鑑於蘇聯在日本大門口及本國內的巨大影響，日本不願見到共產黨中國的形成。這就是下列事件的動機：第一、在中國，是日本人急切地希望中國人去接受投降，而並非中國人急於想接受投降。岡村昨日電何應欽說：「希望你趕快來，我完全負責希望的安

，沒有受到大的損失。其他道、府、縣，則受到相當大的損失。若按城市來說，則××××××××（沖繩、樺太島不在內）二百零六所之中約十分之三被消毀。又被損壞了的都市，計東京都等八十二個都市。其中，大部份已被燒毀之都市，有如下的四十四個都市。靑森、水戶、日立、宇都宮、前橋、東京、八王子、橫濱、川崎、平塚、長岡、戶山、福井、舞鶴、甲府、岐阜、靜岡、松濱、沼津、淸水、名古屋、豐橋、岡崎、津、浴海地、宇海山田、桑名、大阪、神戶、姬路、尼崎、明石、西宮、若山、岡山、廣島、福山、德島、高知、高松、松山、長崎、熊本、鹿兒島，此中，都、府、縣廳廳社被燒毀者，計有東京、兵庫、岡山、鹿兒島、熊本、德島、高知、香川、大分、福井、靑森、廣島、長崎十三個府、縣。是府是廳所在地但沒有受到大的損失的都市——只不過有十六個都市，這充分地說明空襲是如何地激烈。這些都市是札幌、森岡、秋田、山形、福島、浦和、新潟、金澤、長野、大洋、京都、奈良，鳥取、鳥根、山口、宮崎。

日本解除一切外國人員的旅行限制

【同盟社東京廿五日電】內務省由於時局之突然變化，決定取消外國人在本國旅行的限制，有關之一切法令，於本月卅一日一齊取消。根據上述，凡外國人在本國旅行或在重要地區居駐停留的限制，滿洲特別地區旅行的限制，交出敵機所散佈傳單、書類之規則，一齊取消，完全獲得通行之自由。

【同盟社東京廿四日電】根據盟國最高統帥部之指示，廿五日早晨六時以後，盟國飛機在各俘虜營及敵國人員收容所，由空中投下供應品，關於上述各收容所應立即豎立下列之標識，以便利投下供應品。（一）標識之高爲二十英呎，（二）標識之底爲黑色，並用黃色寫P，W，二字。（三）標識由南向北。上述望上海、南京、北平、靑島各總領事館注意。

拉斯基在比利時社會民主黨大會上的演說

【路透社倫敦十九日電】丹麥電台星期日晚引播工黨執行委員會主席拉斯基教授演說稱：「社會主義的時間現已到來」，拉斯基此語係在哥本哈根社會民主黨代表大會開幕時說的。他是出席該會的英國主要代表。他進一步說：「資本主義制度曾經盛極一時。它在我們這一世代曾兩次使我們年靑人踏上它們

推引到死亡去的道路。我們會把它在天秤上稱過，發現它不夠分量。拉斯基又說：社會主義的英國意味着社會主義的法國，而社會主義的法國則意味着社會主義的比利時，瑞典，丹麥，挪威以及一切和我們站在一邊的那些國家。作為大英聯邦國一員，我要提醒你們注意：在新西蘭和澳大利亞，我們已經試驗和考驗社會主義政府。」

英美政府聲明：不承認保加利亞的選舉

【美新聞處倫敦廿一日電】英國本日通知保加利亞稱：彼不能承認行將舉行選舉所組成之任何保國政府為民主或代表民意。美國亦於十八日通知保政府謂，彼不以為是項選舉充分代表該國之一切民主份子。

【合衆社倫敦二十二日電】外部宣告已通知保加利亞，英國將不承認保加利亞將舉行的選舉的結果，因為其不是自由投票。英國的態度已在英國駐索非亞代表豪斯頓。波斯瓦爾今日致保總理的照會中告知保加利亞。照會說：「當英國歡迎保加利亞人民表示他們意見的自由的與充分的機會時，他們不能相信這種在保加利亞現在的選舉及保加利亞目前條件之下所舉行的選舉中產生的機會。」想使盟國響亮的高尚口號僅成為一種紀念。此間外交家及評論家以濃烈興趣注視保國局勢，把它視為其他國家戰後調整的先例之重要試驗場所。現存保國政府是藉苦迭達（即政變）獲得政權的。雖然作為一個臨時步驟是正確的，但是沒有世人證明：全國真正擁護該政府，而且有六個閣員反對未來選舉的投票表決程序一事，此間認為乃下述事實之象徵：即喬吉也夫內閣在指導選舉籌備工作的道路上必遭嚴重反對，保加利亞最近數日的一切事件以嚴密的檢查制度為標誌。甚至關於目前情勢的詳情也很少能夠到達土耳其，而且現在的電話和電報也沒有好多消息發出。兩週以前，電話和電報都停止了。要求許可證的英美訪員仍舊被保國領事告以未獲變更指示，而且除非忽然採用新手續，許可證要幾個禮拜才請領到手。大選將於八月廿六日舉行，而且政府拒予延期。蘇聯宣佈承認保國政府恰在美國抗議該政府似乎不民主的方法之時，這一點便許多土耳其人認為是盟國力量間的裂隙，雖然此間未有任何象徵說明蘇聯人不同意美國人的態度。無論如何，一切關於目前情勢及發展的消息只有經由保國政府的檢查機關發出，而且英美訪員未被准許親往視察。此間一切象徵指出：喬吉也夫擬堅持選舉計劃，不予延期，而且沒有接到任何關於小心保證投票自由的話。

大東亞省、設立復興廳等，改革機構中央行政諸問題，將在最近數日內的會議上討論。與改革這些行政機構同時，我國政治的重點亦將從過去的「戰爭、軍事第一」中迅速地轉換，而向着維持國內治安、戰後復興兩個重點集中地發揮力量，並按地域來說，應該縮小範圍，從世界外交、大東亞共榮圈方策向「內政第一」轉換。如上所述，當處理當前的主要課題時，首先熱望於政府的是神迅果斷的實踐。現內閣的前途是困難重重的，因之其施策也是非常困難的。政府必須與國民一起，以忍耐、勇往邁進的精神，推行積極果敢的施策。

紐約時報論日寇損失

【美新聞處紐約廿三日電】紐約時報今日社論說：雖然日本堅持日本的失敗，單是由於原子炸彈的緣故，「海軍力量實乃主要的決定因素之一」。社論在說明日本第一顆炸彈爆炸於廣島之前已被痛擊，進一步說：當日本喪失其海軍，不能控制西太平洋時，日本帝國主義的末日已在望，海軍使日本贏得了最初的勝利，我們的海軍與空中控制一道使翻轉這一結果成為可能。在歷史上，沒有一個國家遭受到如像日本在這次戰爭中所遭受的在海上的摧毀的失敗。日本十二艘戰鬥艦僅剩下一艘已被擊毀並無船員的戰鬥艦，二十二艘航艦中僅留下四艘沒有船員與同樣毀壞的航艦，十九艘重巡洋艦中僅剩兩艘而兩艘俱已損傷，二十四艘輕巡洋艦一無所剩，一百六十五艘驅逐艦僅餘二十六艘，一百四十艘潛艇僅餘二十二艘。敵人損失與我們一九四五年五月卅一日所發表的自己的損失相比較，我則損失戰鬥艦阿里奧薩號一艘，大航艦五艘，小航艦六艘，海軍巡洋艦六艘，輕巡洋艦三艘，驅逐艦六十艘，潛艇四十三艘。我軍一切損失已為新建築超過幾倍。在一九四一年十二月七日至一九四五年八月十四日期間顯然未有新艦下水。無疑的，原子炸彈對於陸上防禦一切概念有其革命的效果。（此句不清）它可以使我們現在大多數海陸空的武器成為陳舊的東西，但是為了論述功績紀錄即應指出在這次戰爭中海軍是主要的決定因素之一。這在大西洋與在太平洋同是如此。海軍包括航艦成為每一戰鬥的先鋒，供給每一海灘陣地的掩護，保持了××的防禦。載運第一顆原子炸彈及其至塞班部隊的甚至是海軍巡洋艦印第安波利斯號。

合衆社傳盟國佔領軍 將沒收日本銀行系統凍結一切資金

【合作社華盛頓廿日電】據悉：日境照

同盟社論：新內閣施策的方向

【同盟社東京二十四日電】東久邇宮首相於新內閣成立之十七日，曾作首次之廣播講說，明示以戰爭結束的善後措置與戰後復興工作為中心的新內閣的使命與施政方針的大綱，即是說，新內閣當前的重要使命，乃是關於實施波茨頓宣言的談判工作，對於國民的生活問題特別是衣、食、住問題，要採取適當措置。而政府對於這一問題的施策有迅速與强化之必要。因保障我國本土，佔領的時期已經非常近的逼迫來了。對於在這一變動時期的國民，必須給以正確的指針，蓋在此變動時期，動輒容易陷入混亂與動搖，為此，政府自十七日起，會連日舉行閣議，決定對付這一變換時期的根本國是與當前的重要施策。可以期待新內閣的施策，大概遵循如下的方向：（一）關於國內團結問題：在天皇結束戰爭的大詔中已經告誡了國民，而在十七日給陸、海軍人的勅語中亦宣示無遺。不消說，我們服從天皇的聖旨，不許稍微超越大詔的精神。特別是佔領軍行將登陸之時，國民亦以絲毫不亂的堅强的團結，防備輕舉妄動與流言蜚語，以大國民的風度，來確保秩序與治安。在首相的廣播演說中，亦特別說到這一點。這就是說政府已表示了嚴肅的態度，即當此戰爭結束與盟軍登陸的重大時期，不容許有一點輕舉妄動的事情。（二）安定國民生活：從戰時態勢恢復到和平狀態，從戰時產業轉換到和平產業是包含着重大的經濟問題，另方面由於龐大的陸、海軍人的復員，從朝鮮、台灣、樺太島各地與滿洲國及其他諸國撤退，必須覺悟到我國在人口問題、食糧問題上將碰到很大的困難。另方面，圍繞着受戰災者的遷移與疏散、傷亡者遺族的救恤，戰後的國民生活問題，實在是非常重要的。對於這一問題，不消說是不容許政府施策的弛緩的猶豫的，而要求政府採取最果斷的措置。（三）增强生產與復興工作：由於確保戰後的國民生活與現物的賠償，要求我國大大地增强生產。首先由於通往朝鮮、台灣之運輸的杜絕，增產糧食就有着決定的重要性，同時也必須考慮到供應佔領軍以糧食。為此，除了軍需工業方面之外，城市賦閒人口的返歸農村，必須迅速地決定必要的施策。如何轉換我國的軍需產業，這是關聯到履行波茨頓宣言問題，在生產××物資上，向必要的輕工業部門轉換是首先要做的事情，而另一方面已成焦土的主要城市之復興工作，亦不失為政府的重大工作。（四）改革行政機構：在我國，要迅速地編成結束戰爭與戰後復興工作的行政機構。可以想像，取消軍需行政機構、取消軍需省以

國佔領軍，將毫不延宕地沒收日本銀行系統，並將凍結一切資金，據可靠消息說：從天皇起每人只被允許抽出小部份資金，又說全面的封鎖將在『一定時間』內廢除，但『宏大的黑名單』將阻止許多人提款，同盟社向日本人發出消息：保證說盟國並不欲擾亂他們的資金或財產，實是幻想。據可靠方面人士預言說：整個皇室的龐大財產，將被監視，皇室資金被封鎖，所有日本人一切財產均不能出賣，包括地方，工業，農業，森林，土地等在內，而對他們的嚴厲控制，將由盟國軍事政府來處理。又說：美國將取走已經被監視起來的日本人手中的美國財產。

日稱日本國內對盟軍登陸一度發生恐慌

【同盟社東京廿五日電】關於盟國軍隊第一次進駐地點——神奈川縣的情形，二十五日朝日新聞揭載由橫濱發出之現地通訊稱：一時動搖之人心亦因當局之適當措置而歸平靜，當停戰後盟軍進駐日本內地之消息證實時，曾發生很多的流言，神奈川縣民一時非常衝動，更加上縣當局的從中指導的過火，使橫濱及縣下各都市之人心，發生動搖混亂，以至無統制狀態。其後隨着時間的過去，以及縣知事佈告，橫須賀鎮守府的佈告，以及當局的指示，民心才逐漸安定：現在盟軍着陸地點的厚木、橫須賀附近，與平常相同，一般民衆之生活毫無動搖。

英報主張英國不應放棄香港

【路透社曼徹斯特十四日電】曼徹斯特衛報今日在社論中稱：因為貝文不允許將香港交與中國，美國自由主義者——而且不僅自由主義者——據說感覺愕然。該報並說：在今天這樣的世界裏，英國放棄成為勢力與影響的重要部分之領土是愚笨的。現在還用不着裝模作樣，並重復『我們堅守我們所有的東西』。我們自一九一九年以來進展不大，而且準備給印度、埃及以自決、馬爾他以自治，雖然在同一程度上，對直布羅陀問題無何解決辦法。我們也不能如像在一九一九年到現在這個時期中，沒有發生什麼事情一樣，希望我們在遠東的殖民地重歸我們所有，我們保有像香港、新加坡的基地，只能在安全的理由上說和美國之能夠要求塞班、沖繩以及蘇聯之能夠要求旅順港一樣多少是正確的，雖然人們希望一切這些地方會有一天成為聯合國的基地，不過，我們保有緬甸、馬來亞和其他東南亞領土，只有我們以新的有活力的政策改進當地人民的幸福及加速其自治時間的到來，才能是正確的。

參攷消息

（只供參考）

第九八五號

解放日報 新華社 編

今日出一張

卅四年八月二十八日

星期二

赫爾利來延前發表聲明

【合衆社重慶廿七日電】赫爾利大使昨日離此赴延安，以陪同毛澤東來重慶。預料如天氣允許時，他將於明日偕同毛澤東回重慶。赫爾利於臨行時發表聲明稱：「我這次去延安得到蔣委員長的同意與完全贊成，並且是毛澤東邀請的。我將陪同毛澤東一行回重慶，於此他們將與蔣委員長直接進入談判。我們不斷工作了一年餘，×××國民政府避免中國內戰的可能。××××我們得以保持兩黨領袖的尊重與信任，××感到滿意。此次是赫爾利在中國國內團結中第二次延安之行。赫爾利前次去延安是在一九四四年十一月。赫爾利於去年八月至莫斯科，今年四月又至莫斯科，奠定宋子文蘇利締結條約的基礎。

【路透社重慶二十七日電】美駐華大使赫爾利少將昨日赴延安，預料明日偕同中共領袖毛澤東將軍及其一行返渝。赫爾利少將一年前作爲羅斯福總統特別代表來中國，他曾發起中央政府與中國共產黨之間的談判，目的在成立聯合政府與統一中國軍隊。去年他曾至延安中共總部與毛澤東將軍及其他領袖商討情勢，但他們與蔣政府之間的分歧那時尙不能解決，爲討論這一問題他曾兩次訪問莫斯科，他爲中國行政院長宋子文聘問莫斯科奠下了基礎，宋之訪蘇已導向中蘇友好條約。

冷欣帶隨員飛抵南京

【合衆社紐約廿六日電】第一架中國飛機已於星期六夜飛抵南京，中國空軍司令張天翼（譯音）已偕往準備大規模空運部隊登臨南京明孝陵與大操場飛機場。又冷欣已於今晨赴南京，隨帶吉普車兩輛，無線電台一座，兩排軍事警察與衛隊，十二位中國記者，總共有一百五十九人乘坐在由七架戰鬥機護送的七架運輸機上。

已於廿一日面呈中國陸軍總部蕭參謀長。茲據該圖所載日軍在華兵力如次：（一）駐蒙日軍爲一一八師團，第四獨立警備隊；第二獨立混成旅團；（二）駐熱河兵力爲第八獨立混成旅團；（三）駐河北省爲第三戰車師團，第三、第七兩獨立警備隊，第八、第二、第一、三混成旅團；（四）駐山東省爲第九第十一兩獨立警備隊，第十一獨立混成旅團；（五）山西省爲第三獨立混成旅團，第十、第十四兩獨立步兵旅團；（六）河南省爲第六、第十三獨立警備隊，第四十七、一二五兩旅團；（七）江蘇爲第卅、第六十二兩獨立混成旅團，第六九、六一、六二，七〇四個師團；（八）浙江爲廿九、九一兩獨立混成旅團，及一三三師團；（九）蘇第一騎兵旅團，第六步兵旅團，第一六一，一三五兩師團；（十）鄂一三一、一三二兩師團，第五、十一、廿二三個獨立步兵旅團，第廿五、十七、八三、八四，七五五個獨立混成旅團；（十一）贛爲卅四、四〇、卅一三個師團，第七獨立混成旅團；（十二）湘爲六四、一一六、六八、十八四個師團，第廿六、廿一、廿八、六一四個獨立混成旅團；（十三）粵有八、十三兩個步兵旅團，一三〇、一二九、一〇四三個師團；廿三、一二二、九三、三個獨立混成旅團。以上計（一）華北方面約卅萬人；（二）第六方面軍約卅五萬人；（三）第六、十三兩軍約卅四萬人；（四）第廿三軍約十萬人，合計約一〇九萬人。此外台灣兵力有五個師團、越南、北緬十六萬以上，約兩個師團，香港尙有防衛隊。

合衆社評中蘇條約

【合衆社重慶廿六日電】新中蘇條約的締結與公佈，對中國國內形勢（中國國內形勢的焦點是可能引起流血內戰的共產黨問題）帶來巨大的成果。中國共產黨領袖毛澤東，震驚全國地在他的電報中允諾蔣介石說他願到重慶與蔣晤談，直到現在以前，毛氏的赴渝是不可能的。八年戰事中，毛氏從來不曾親身會晤過蔣氏。事實上，自一九二七年十年度共戰爭開始迄至一九三六年結束爲止，蔣毛亦不會會晤過，雖然如此，毛氏已允諾於最近將來赴渝。

【路透社倫敦廿六日電】中蘇友好同盟條約全文本夜公佈後，此間消息靈通人士，咸感中國行政院宋院長及蘇聯斯大林委員長最近進行之洽商已獲者××約中最重要一點乃蘇聯聲明給予中國以軍事及其他援助。此項援助，完全給予中國中央政府即國民政府。條約中對於中國延安共產黨地位雖未特予提及，然指中國共產黨已無任何希望自蘇聯獲得援助，以與重慶對抗似甚顯然。條約中第二最重要之點，乃蘇聯決定在日本投降後三個月自東三省撤兵

「一中央社南京廿七日下午三時急電」中國陸軍總司令部前進指揮所，由冷主任欣率領，一行一五九人，分乘美國軍用運輸機七架，於下午二時至三時四十分抵南京，岡村寧次派今井武夫等五十餘人在機場歡迎，下機後，冷主任逕往謁陵，旋赴孫院長公館下榻，定五時與岡村寧次晤面，前進所官員，在華僑招待所開始辦公。

「一同盟社南京廿七日電」中國戰區陸軍總司令部副參謀長冷欣指揮下的先遣部隊約一百五十人，已於廿×日由空運進駐南京，南京由日軍担任警備，人心跟平時一樣地溫和。何應欽總司令和岡村派遣軍總司令之間的現地協定的正式簽字，須待諸盟軍在東京簽字之後。即是說，預定於九月二日以後在南京簽字。

「一合衆社紐約廿六日電」中國當局已完成在北部越南建立軍事政府的計劃。該軍事政府包括七個部，以第一戰區司令盧寒（譯音）爲首，該戰區軍隊將立刻開赴河內。

同盟社稱 我軍急欲接受城市

「一同盟社北京廿六日電」古北口方面的外蒙軍，仍在石匣鎭與我軍處於對峙狀態。在張家口方面，二十二日以後延安軍似已侵入該地。延安軍在其管轄地區內，仍然猛攻各地並破壞鐵道、電綫。截至二十五日爲止，有綫電可能聯絡者爲北京、天津、通州、長辛店、南口鎭。現在雖然仍能保持都市的治安，但是延安軍逐漸增強都市周圍的治安，似乎企圖在國民政府之前，實行接受都市。

「一合衆社重慶廿七日電」重慶共產黨機關報新華日報歡迎中蘇條約，認爲是「亞洲大陸黑暗的曙光」，雖然條約只××蔣介石的中央政府。支持莫斯科所講或所做的任何一件與每件事情，是共產黨一貫的傳統，因此共產黨的支持甚至「歡迎」，都是不足爲奇的。該報聲稱，「現在籠罩我們頭上的霧痕，終將爲兩國人民的力量掃除淨盡」。繼稱，「條約是遠東和平的基石，同時也是斯大林元帥指導下蘇聯在太平洋外交政策上的光榮成就」。該報今日未提及其爭取聯合政府的長久戰爭喊叫，但說，「××勤勞的人民與尊嚴的政府，我們需要一個團結、民主的中國」。（這句話似乎暗示，×××現在政府已爲共產黨認爲是中央政府）

日軍在中國分佈情形

「一中央社芷江廿三日電」日本洽降代表今井攜來之日軍在華兵力配備地圖，

，由是乃承認中國在東三省之完全主權及領土行政之完整。此間對於中國收復東三省所附帶之極大重要性，充份認識，蘇聯經由此一條約，今後卅年乃得參與使用旅順港並得與中國共同經營中東南滿兩路，其藉此於遠東所獲之上述權益，以及複雜外蒙問題循公民投票方式解決，似在中蘇兩國權益方面，已產生圓滿之妥協。

重慶各報 歡迎中蘇條約

「一路透社重慶廿七日電」今日赴延之美大使赫爾利將軍，預料爲氣候允許，星期二即可和共產黨領袖毛澤東及其一行歸返重慶。去年，赫爾利作爲羅斯福的正式代表到了中國，創始國民政府與中國共產黨之間的談判，其目的在於成立聯合政府與統一中國武裝力量。他於去年十一月到中國共產黨總部延安去，和毛澤東及其他共產黨領袖討論形勢，但當時國民政府與共產黨之間的意見分歧並不能解決。因爲中國共產黨問題，赫爾利曾隨度赴莫斯科，並給宋子文訪蘇奠下了基礎。宋子文此行結果簽訂了中蘇友好條約。大部份中國報紙歡迎中蘇友好條約，各報均以顯要地位刊載全文。大公報說：它給遠東和平擬定了一般的輪廓，對於內部混亂將有偉大穩定的影響。它沒有如原先希望的那麼令人滿意，但也沒有原先預期的那麼壞。中央日報稱條約爲：「改變世界歷史的莊嚴而重大的文件。」共產黨報紙新華日報稱：「它使黑暗亞洲大陸爲之破曉。烟霧的餘跡正終將消失」。繼稱：此條約對於中蘇以及遠東一切愛好和平人民都是一個好消息。

「一中央社重慶廿七日電」（英文廣播）中國立法院院長孫科博士慶祝中蘇友好同盟條約的簽訂爲劃時代的事件，他說：中蘇新約是聯合國組織機構內的區域安全工具，其最大的意義在於保證了東亞持久和平。孫科相信這一條約保證了中國的團結及卅年內免除日本侵略的任何企圖，給予中國足够的時間以完成其復興與工業化的計劃，促進中國到達眞正強國的地位。他着重說條約中關於蘇聯予作爲國民政府之中央政府的道義上與物質上的援助以及蘇聯不干涉中國內政各條文是對中國團結的最大貢獻。孫科意見：中國承認外蒙的獨立（外蒙在過去廿五年內已是獨立生活）是實際的需要，完全符合於孫中山民族主義的精神。孫科結語稱，中蘇友好同盟條約關於滿洲鐵路、旅順、大連等條款係爲情勢所需要，將鞏固反對共同敵人的共同陣綫。

敵停戰聯絡事務局之機構

「一同盟社東京廿六日電」政府爲了與盟國方面交涉結

束戰爭之有關事務，特設休戰聯絡事務局，二十六日發表該局之官制，並即日實行。該局作爲休戰處理會議的下部機構，處理國內事務，與休戰事務聯絡委員會，取得密切聯絡，並與盟軍司令部取得接觸。休戰聯絡中央事務局，作爲外務省的一個外局，在長官之下設置四個部長，各部掌握總務、政務、經濟、××等事務，第一部分是總務，連絡，翻譯，庶務四課，連絡課中設有將近一千人的對外國語熟練之聯絡官，與盟軍進行圓滑之聯絡，第二部分軍事、政治、警備、文教四課，担任適當關於實行波茨頓宣言盟軍方面的政治要求的各種事務，第三部分產業、賠償、經理調辦（？）、運輸通訊四課，關於產業、賠償將設置專門委員會，關於經理調辦、運輸通訊兩課，担任與盟軍金融××接續便利之事務。第四部分在外僑胞、在外權益、在本邦外國人之局，掌握居留民有關之一切事務。又與中央事務局相平行，目下所設置的地方事務局，僅是一九州地方事務局，至此休戰聯絡事務局，担當與盟軍司令及地方進駐軍聯絡之責，在佔領軍撤退，我國主權恢復之前，該機關實際上成爲帝國外交的中心機關。

同盟社談停戰與休戰

【同盟社東京廿七日電】帝國政府接受波茨頓宣言以後，時常看到『投降』『投降』『停戰』、『休戰』的字句。現在來說明我國面臨的事態。首先，『投降』是交戰國一方的軍隊或艦隊對敵人停止攻擊，而把自己的防塞、兵器、艦隊等交給敵人，『投降』由兩軍指揮官來負責處理，在後處的場合，『投降』是局部的，這是在日軍代表與盟軍代表之間，進行全面休戰談判之間，各戰區各自締結投降協定實行停戰。『停戰』是交戰中的兩軍暫時停止戰鬥，乃由局部戰綫停止戰鬥，以備收容傷亡的兵士和交換俘虜。一般所說的停戰乃休戰之誤，休戰是交戰國相互間全面的停止敵對行爲，即戰鬥行動。這在法律上是『停戰』而不是『結束』。即是說對方於休戰期間，違背契約時，可以再開始戰鬥。通常締結休戰協定的目的在於結束戰爭，因此形成媾和的前一階段，全盤休戰協定是由交戰國政府或最高司令官來簽訂，而由交戰國政府或軍部委任會議委員締結休戰協定時，須經政府批准後才發生效力，現在所說的休戰條約，是規定具體的事項，履行波茨頓宣言的條款，例如具體決定移交軍艦、兵器、處理軍需工廠，賠償等問題，休戰協定成立後，即完全擺脫了戰爭狀態。這種休戰的時期是相當長的，例如意大利於前年秋天以來，都是處於休戰的狀態。休戰期間，帝國的主權還不能完全恢復，而陛下使

如何？現有的當局回答：第一、香港在中國戰場，所以中國軍隊將前去收復香港，恰如蘇軍佔領滿洲，中英軍分別佔領越南北部與南部同一性質——絕不意味着佔領軍企圖永久佔領這些區域。第二、在盟國收復日本佔領領土的全部計劃中，已決定委託中國軍隊佔領香港。第三、蔣介石已正式指定張發奎所率部隊佔領香港。收復香港的中國部隊或者是經印度、緬甸歸來的美軍裝備與訓練的第三軍。

那麼，到處又聽到另一問題：將來香港如何？香港在過去一百餘年由於鴉片戰爭的結果，根據南京條約成爲英帝國的殖民地。香港曾是中英兩國之間的外交問題。一九四三年一月十一日中英簽訂條約廢除英國在華治外法權。在簽訂該條約以前數月關於香港即會進行會談，關於這一問題未達到完全協議，甚至遲延中英條約的簽字，結果香港在中英條約中並未提及。

非正式的外交方面人士告我：勿須說，中國要把香港及隣近香港的租借地九龍收回中國版圖。但是中國並不企圖以武力收回香港九龍，而是經過外交方式。宋子文逗留倫敦可能與英政府有所討論，香港問題可能提交在不遠將來的外長會議。觀察家解釋大公報今日抨擊葡萄牙在澳門之『無恥』統治的社論爲對英國之一隱蔽的警告。大公報社論說：澳門的情形在香港亦同，『中國一切外國租借地都大致相同』。重慶英國的軍事與外交當局今日關於香港問題保持完全緘默。據非正式的解釋，數日前首途赴香港的英國海軍部隊，可能轉而收復其他區域，否則依然駛赴香港援助中國部隊收復香港。

【合衆社重慶廿四日電】大公報督促葡萄牙將澳門歸還中國。並說：澳門在葡萄牙統治之下，已成爲『骯髒腐化賭博淫邪及罪犯避居』的地方。葡萄牙人統治這一東方的蒙的加婁（賭窩城市）是『可恥的』，並說：如果各國依然容許貪吝者徒勿視大西洋憲章則殊屬遺憾！

同盟社報導 法國對管理越南方式不滿

【同盟社里斯本廿四日電】路透社電稱：東南亞軍司令官蒙特巴頓，於廿四日發表關於對越南軍事管制的聲明，××××分別由中國軍、東南亞軍負責。中國軍已開始由越南邊境開佳河內。另方面越南國始終堅持獨立，因此越南的將來，是很難以預見的。隨着大東亞戰爭的結束，法國認爲該國在越南的地位當然要迅速恢復，因之對蒙特巴頓的聲明頗表不滿。廿四日之路透社電報導如下：『法國當局認爲可以接受這樣的決定，即盟軍派來相當的兵力，以

用大權亦發限制，我們不能忽視的就是他們說我們全面接受波茨頓宣言就是『無條件投降』。關於今後處理戰後問題時，要提到『停戰協定』、『休戰協定』等，但在無條件投降時，就不能與敵國處於同等的地位締結協定。其作爲戰敗國的苦難越多大，可由德國第一次停戰後的許多事實說明之，我們應消除因『協定』等名稱所受的錯覺，把着明確的態度不重蹈德國的覆轍。

同盟社報導

盟軍於二十六日進駐日本本土

【同盟社東京廿五日電】盟國軍隊進駐日本本土，於二十六日先以空運部隊在厚木飛機場着陸開始，日本國民之態度極爲冷靜；而且保持平穩。這說明了一億國民貫徹了大詔的精神，並對戰爭結束後的戰後措置不犯錯誤，做了很大的努力。盟軍之地上進駐，繼廿六日盟軍先頭部隊着陸，二十八日空運部隊又在厚木飛機場及橫須賀着陸，並實行從海上運輸，在麥克阿瑟元帥直接率領下，偕美軍七千五百名到達東京，一週後逐漸進駐在東京灣附近地區，增張其兵力，在進駐東京之後，九月一日又進駐九州南部，其地點爲鹿兒島縣之鹿屋及高須，構成佔領日本的兩端。盟國軍隊進駐的區域，遠至現在就是這兩個地方，今後還進駐任何地方則尚不明。大約在本月卅一日在東京灣之旗艦『米蘇里』號上簽字。我方對進駐部隊的準備，已開始撤退該兩地區的日本武裝部隊，禁止在我本土上空之空軍航行，禁止船舶在日本領海內移動，採取各種措施，另一方面並爲進駐部隊準備食糧宿舍等。

【同盟社東京廿五日電】遞信院因休戰後滿洲事態之急激變化，廿四日向所管各局發出指示稱：『目前向滿洲之電訊電話、無綫電傳眞，××電訊之一切接收工作均應停止。』

【同盟社里斯本廿三日電】紐約先驅論壇報特派訪員斯蒂爾由馬尼拉發出的電報，就盟國佔領日本後所採取的措置，作如下的觀察：關於盟國對於日本內政問題，將根據波茨坦宣言的規定，除了某種部門以外，（不會像其在德國那樣，）干涉日本內政問題，盟軍進駐後，首先將要接管情報宣傳部門。

合衆社說：香港應由國民黨佔領，將來應歸還中國

【合衆社重慶廿[illegible]日電】重慶及中國許多神經中心今日的普遍問題是香港

便解除越南日軍的武裝，但越南的行政責任完全是法國國內的事情，現已××，爲此，現在已經建立了適當的計劃。

斯大林送手槍給蔣介石的孫子

【合衆社重慶廿二日電】斯大林送給蔣介石的孫子一支手槍，作爲友好的禮物。此禮物是最近當委員長的兒子蔣經國在莫斯科參與新約談判時，送給他的。斯大林告訴蔣經國說：『請將此槍送給你的兒子，告訴他這是我送給他殺敵人的禮物。』蔣氏的兒媳是一位俄羅斯姑娘，他的孫子像個歐亞混血種。

敵閣決定二十一年度預算方針

【同盟社東京廿四日電】政府於廿四日之定期內閣會議上，決定關於編製昭和廿一年預算案，並指示編製預算之方針，並限定××預算的經費如下：（一）皇室費、國祭費等特殊經費，（二）根據法令等義務的經費，（三）確保增加食糧及其他生活必要物資生產所要之經費，（四）安撫戰災者戰災死者的遺族以及救濟傷病兵士所需之經費，（五）救助歸還兵士所需之經費，（六）爲了轉換產業配置勞動力，修復戰災地恢復運輸機能，其所要設施之經費，（七）其他行政上絕對不可缺乏的經費。

美恢復每週四十小時工作制

【同盟社里斯本廿四日電】華盛頓來電：杜魯門總統於廿三日接見記者團，發表談話如下：（一）我已命令政府各部、各機關，從九月九日起，恢復在戰爭時期中被停止下來的每週工作四十小時的工作制度，從而政府各機關在原則上可能實施每週爲五日制。（二）國會將士直返出征前職位的權利，根據現在的國會將士法，缺有充分的保證，但如果認爲該法的保證不充分時，則可能修正該項法律。（三）我會和蔣委員長商議，就中、法兩國的各種問題，進行協議。（四）最近跟宋子文的會談，由於它是和英、蘇也有關係的問題，因此它的內容不能發表。另一方面，最近即將在倫敦召開五國外長理事會，在那個會議上，將協議泰國、印度支那問題等。

（只供參考）
第九八六號
解放日報 新華社 編
今日出一張
卅四年八月二十九日
星期三

何應欽在西安答覆記者詢問

【中央社西安廿八日電】中國陸軍總司令何應欽，下午六時半在省府中正堂之會客室中，會見西安新聞界，到記者十餘人，由祝主席介紹後，何氏以極興奮愉快之情緒，與各記者握手寒暄，即解答記者所問如下：（一）總司令是否親到南京接受日本正式投降，受降日期已否決定？答：本人將親到南京接受日本正式投降書，其日期須待麥克阿瑟將軍接受日本對盟國投降書簽字後，始能決定，大約在九月上旬。（二）總司令此次視察西北之任務，可否見示？答：本人此來係為對各戰區長官指示關於接受日軍投降諸事項。（三）冀魯熱察各地，我方接收部隊，是否以空運為主？答：軍隊數量龐大，將利用一切交通工具，分別輸送。（四）在各重要都市，特別平津接收部隊，是否能遭遇阻礙，如遇阻礙，如何處理？答：諒不致遭遇如何阻礙。（五）美軍是否即在天津、烟台、青島等地登陸？答：美軍登陸之地點與時間，刻尚不能發表。（六）關於東三省之接收，我方作何準備，依照中蘇協定，蘇軍只限於東三省，據報載蘇軍已到多倫承德，總司令對此作如何觀察？答：關於此點，請君讀昨日報載中蘇關於東三省蘇軍與中國行政關係之協定記錄，則蘇聯對我國開明真誠之精神，已可明了矣。（七）聞中共軍隊以急行軍向華北開拔，是否屬實，其用意何在？答：有此情報，共用意何在，想諸君較我尤為明了。問中央對十八集團軍如不聽命，取何種處置？答：中央對十八集團軍一向採取寬大政策，現刻該軍雖不尊統帥命令，但中央仍本一貫政策，希望由政治途徑，以謀糾正，俾免人民再遭塗炭及妨礙國家之建設復興。當此八年困戰，創鉅痛深之後，全國同胞莫不渴望國內和平與安定，蘇聯及英美各大盟邦，皆真誠協助吾國，希望吾國統一。四大強盟之國家，共同維護世界之永久和平，想該軍官兵同是中華國民，當不致始終違反民意及友邦希望，而一意孤行，加重同胞之痛苦也。最後何氏

長官部隊於八月二十六日[illegible]平，續向南陽前進中。劉司令長官另一部隊並已進至平漢路綫上之駐馬店車站附近地區。

湯恩伯所部以傘兵降落上海

【中央社重慶廿七日電】據東京廣播上海廿七日電：湯恩伯將軍所部及美空軍之傘兵，已於今晨六時開始平安降落滬區。

【同盟社上海廿七日電】湯恩伯指揮下的重慶軍，以及在華美空軍之一部，與在華日軍的[illegible]滿的協定[illegible]，自廿六日上午六時以後，以空運逐漸進駐上海及其周圍地區。

【中央社上海廿七日電】憲兵司令部派駐上海憲兵隊，由婁公美率領，已抵滬執行任務，將全市劃分為六區，分六隊協助維持治安。

【中央社南寧廿八日電】廣州灣之日軍前派員，向我鄧龍光總指揮接洽投降，我鄧總指揮當提交指示，日軍已向我致復，其內容：一、希望我軍迅速進入廣州灣；二、雷州半島日軍已接獲其南京最高指揮官命令，將一切武器交我接收，並負責保持其完整；三、實行投降後之日軍請求能迅予返國。

【中央社南寧廿八日電】第二方面軍奉令負責接受廣州方面日軍投降，日來展開辦理一切接收準備工作，並派定前進指揮所工作人員。又梧州以西沿西江交通，刻在積極疏通中，預計兩週後即可自由航行。

【中央社重慶廿八日電】我第一方面軍鄧龍光部已任職，抵廣州[illegible]，準備辦理該地受降事宜。

中央社報導毛主席抵渝情形

頃播卅九號電撤銷改發如下：

【中央社重慶廿八日電】毛澤東應蔣主席之邀，於二十八日下午三時半偕周恩來、王若飛由延安飛抵渝，旋即驅車赴張治中部長私邸休息。赫爾利大使、張治中部長亦同機返此。在機場歡迎者有周主任至柔、國民參政會秘書長邵力子、副秘書長雷震、及參政員黃炎培、冷遹、左舜生等。

【中央社重慶廿八日電】毛澤東、周恩來等抵渝後，即於下午八時半赴蔣主席官邸晚宴。

重慶美外交人士歡迎赫爾利邀請毛主席

【合衆社重慶廿七日電】重慶美國外交界人士均高興赫爾利把毛澤東立即帶到這裏來的可能。赫爾利以其新的親密稱呼使其朋友高興，即稱呼毛澤東為『T．T．毛』，或

並稱，日本現在中國戰場之軍隊，除東北外，共計一百〇九萬人，船舶二百噸以上者僅存兩艘，殘破飛機亦僅五百餘架，其在華作戰能力，可想而知。某記者問日本最近要求撤退在華僑民及傷兵，總司令將如何處理？何氏答稱：日本在華僑民及傷員，尚無調查數字，就所知者，西南戰區現有日本傷兵三萬餘人，將來在我國交通情況允許之下，准其撤退。談至此，與記者握別。繼接見陝黨政官員及在陝參政員士紳等，並同進早點。嗣往行轅稍事息休，即赴機場。

【中央社西安二十八日電】中國陸軍總司令何應欽，偕同美軍作戰司令柏德諾將軍等，二十七日下午一時，由恩施飛抵陝省安康，召集第五戰區劉司令長官，及其高級將領會議，指示關於接受投降事宜。五時三十五分，復乘原機抵西安。晚八時半即召集第一戰區胡司令長官，第十一戰區孫司令長官，及第二、第八、第十二各戰區高級將領開會指示接受日本投降事宜，將致日本降使今井之十三件備忘錄，面示各戰區當局。

中央社稱：
胡宗南先遣隊進開封
孫連仲部進入新鄉

【中央社渝二十八日電】據軍委會廿八日發表：（一）我胡宗南司令長官部隊，於廿一日進入豫中之魯山、臨汝、又派遣部隊協同地方團隊收復中牟。胡宗南司令長官所派之先遣支隊於十九日進入開封。（二）我薛岳司令長官部隊，於廿五日收復湘南之安仁，及粤漢鐵路綫上之郴縣。（三）我李品仙司令長官部隊，於廿二日收復豫南之汝南，皖北之亳縣，廿三日收復南京對岸之江浦「長江北岸」。（四）我孫連仲司令長官派遣部隊協同地方團隊，於十九日進入豫北之孟縣，廿一日進入新鄉。（五）我余漢謀司令長官派遣部隊協同地方團隊，於××收復粤南之新會。

【中央社渝二十七日電】據軍委方發表：（一）我胡宗南司令長官部，八月廿六日進入豫中之新安（洛陽西）及晉南之曲沃。（二）我王耀武方面軍部隊，於八月二十一日進入湘西×陽縣西之冷水灘。（三）我薛岳司令長官派遣部隊協同地方團隊，於八月十八日，收復湘南之長寧。（四）我張發奎方面軍部隊，於八月十七日收復粤西之靈慶、雲浮。（五）我顧祝同司令長官派遣部隊，協同地方團隊，收復浙西之武康。（六）我李品仙司令長官派遣部隊協同地方團隊，於八月二十四日收復皖北之鳳台。（七）我劉峙司令

僅簡單的稱爲「T・T（澤東）」。自今而後，毛澤東可能被愉快的稱爲「T・T」，一如朋友們通常把宋子文（J・V・宋）簡稱爲「J、V」一樣。對於重慶美國外交家今日說來，「T、T」一定會來的」。

【合衆社華盛頓廿八日電】美國目前準備以其所有之外交影響幫助蔣介石，毛澤東達到工作上的協議。美國官員們認爲即將到來的蔣與共產黨領袖間的會談關係重大，預料赫爾利大使將在此會議中起重大作用。（下缺）

【合衆社重慶廿七日電】不管此間對中蘇新約提出如何不滿，但中國在蒙古與滿洲問題上付出之高價以換取蘇聯之不援助中共，正獲得迅速的結果。美國及中國有資格觀察家根據下列事實，相信中共問題成功之可能，第一，蘇聯和平休息與卅年平安建設之時限，使中國共產黨充分了解其國際（同情者）的政策。第二，如同×××，對中共之不支持使後者更清楚的了解，他們應恰當地站在何處。第三，蔣介石防止共產黨從日本人手中奪取大城市，遠濟棋上之成功。第四，蔣介石在使日本決定只向中國合法軍隊投降上與在禁止未經蔣氏特別指定之軍隊侵犯接受投降上之成功。第五，蔣介石在進入上海、南京、廣州、漢口、北平等大城上之初步勝利，以及他在過去十天內收復幾達一百座城市上之勝利。第六，去年十一月的情形已不存在，其時重慶地位是八年抗戰中最危險的時期，面臨着日軍的突破，而國共談判也告破裂。第七，蔣現在以平等地位對待毛澤東，而不是僅僅把他視爲一個「國民參政員」（毛從未出席參政會與從未接受此職）。第八，毛已最後地接受蔣氏來重慶會談的邀請。第九，延安的歐洲同情者、後台、支持者，或者你儘管稱呼它的什麼什麼，必然已向延安發出親密的指示。第十，主要聯合國英國及美國對中國及遠東和平所施之壓力，這個和平至少是一個短時期，最好可能是卅年。

【美新聞處華盛頓廿六日電】華盛頓郵報今日於評論行將到來之中國共產黨與國民黨領袖的會晤之社論中稱：唯有團結才能使中國免於災難，並給該國舖設光明未來的道路。郵報稱：中國共產黨領袖毛澤東決定派周恩來將軍到重慶和蔣介石委員長會談，給中國陰暗的國內形勢投射了一綫光明。毛氏說此次派遣是「爲了團結」，我們希望如此……。中國共產黨和蔣介石雙方肩上都有莊嚴的責任，不遺餘力的避免內戰，建立中國眞正的團結。中國已經打了八年多的仗，若再使中國人民遭受無以名狀的苦痛，那對於中國是一

個犯罪。內戰並將使中國[illegible]交強國地位成爲不可能，這種地位由於其貢獻，其他國家業已予以承認。中國共產黨及其抨擊的國民黨統治之間是否能達到任何基本的協議是可疑的。唯有真正代議的中國才能成爲統一與進步的中國。但只有在團結的中國民主勢力才能達到他們的目的。

貝納斯歡迎中蘇條約

【美聯社華盛頓廿七日電】今日中蘇條約條款宣佈的結果，美蘇關係中達到一個新的高度的好感。外交方面官員認爲該條約是從戰爭的混亂中出現的最重要和帮助和平的條約之一。對於美國的領袖們而言，這意味着廣泛地表現潛的對中國內戰，及蘇聯霸佔亞洲東北部以及莫斯科政治上統治亞洲的運動等之恐懼，現在在條約面前將是沒有根據的了。同時，還有兩件其他的發展。會高了官方對蘇聯的友誼的温度：（一）許可美國新聞記者。進入東歐；表示了他們許多年來第一次能够發送頗爲自由的報導了。這一點首先實施於保加利亞及波蘭。且貝納斯今日已宣佈。擴大到匈牙利了。（二）保加利亞選舉的延期，這個選舉在英美兩方都認爲是不民主的。外交家們在這些事件中承認蘇聯願意與其他大強國合作到這樣的程度，即某些人所恐懼的事情在戰爭剛剛過去是不可能的。在中蘇條約內容未透露前，此間人士隱藏着許多的焦慮，即蘇聯也許會設法回到實際上佔有滿洲的全部或一部，或者不然就會設法在政治上滲入中國區而與美國的政策和利益尖銳衝突。國務卿貝納斯在一次聲明中稱：中蘇條約爲兩國關係中的『前進一步的重要步驟』。他說：『關於莫斯科討論的進展情形，我們保持靈通的消息，並歡迎這一發展，這是繼續團結和互相帮助的一個實際例子，應成爲聯合國成員不僅在戰時而且在和平中行動的標誌。

【同盟社里斯本廿七日電】華盛頓來電：美國務卿貝納斯廿七日接見記者，就中蘇條約稱：中蘇兩國間所成立的新條約及其附屬協定，使中蘇關係前進了一大步。美國關於此次中蘇在莫斯科談判，均逐一獲得通知。美國認爲這一新條約的成立，是盟國在和平與戰爭兩方面的新的團結與互相援助的實例。

同盟社報導：國民黨委任大批漢奸爲司令

【同盟社北京廿九日電】據二十五日之光華日報報導：國民政府決定將與偽軍一起担任確保華北治安的龐炳勳、孫良誠、吳化文等將領所指揮的部隊，正式編入政府軍隊。最近由蔣委員長發出命令，使其分別在原駐地繼續確

京市政府秘書長，任治沅爲參事，石道伊爲財政局局長，[illegible]祖詒爲衛生局局長，韓文煥爲首都警察廳廳長，原任社會局局長陳劍[illegible]爲地政局局長，[illegible]飭留任。（七）任命王玉科爲天津市政府秘書長，李蔭元爲警察局局長，[illegible]文佐爲警察局副局長，李全洲爲財政局局長，胡夢馨爲社會局局長，黃經生爲教育局局長，馮鶴鳴爲工務局局長，陳[illegible]寶爲衛生局局長，吳惠和爲地政局局長，王錫鈞爲公用局局長。

孫科稱：中蘇條約是中國遠交近親外交政策的初步成功

【中央社重慶廿七日電】中蘇友好同盟條約，經立法院通過後，中央社記者，曾訪問孫科院長，惟以時間匆促，未得暢談。記者復於二十六日晨，再度往訪，孫氏首稱：中蘇友好同盟條約之簽訂，堪稱中蘇外交史上劃時代的創舉，孫氏繼爲記者追述中蘇二十二年來之外交關係後，稱此約最大意義，爲遠東和平得一保障，防止日本於卅年內，再起發動侵略之可能，而此種區域安全制度，乃係在聯防國組織下對遠東和平再加一重保障，使我國得在此三十年之和平期間，奠定建國之基礎，造成名符其實之強國，則遠東之和平，得以永久長存。記者嗣詢以是約成立，對國內團結之影響，孫氏以愉快之口吻答稱：是約對促進我國之統一，實有極大的關係，本人相信，今後國內團結問題，必可急轉直下，約中明白規定，蘇聯無論在道義上對我之援助，係對我全體盟邦所承認之國民政府發生關係，意爲對於地方政府及中央所未承認之其他政權不發生關係，而對我國家內政絕不加過問。關於外蒙問題，我們承認其獨立，無論在事實上及總理民族主義之精神上，均有此必要。外蒙之獨立狀態，已達廿五年之歷史，蒙民生活，日在改進，我國實應加以承認，並建立正常外交關係，此一緩衝地帶，中蘇交收其益，至於中東鐵路及旅順等之規定，亦係同盟關係而來，蘇聯爲與中國共同看守日本，使其不能再起，保障遠東和平，有此需要。總之中蘇條約之訂立，最受打擊者爲日本，今後遠東之和平，得以保障，建國之基礎，得以奠定，堪稱爲我國『遠交近親』之外交政策之初步成功云。

同盟社報導各綫停戰狀況

【同盟社東京廿八日電】在大東亞各個戰場，我精銳各部隊於接到天皇詔書後，全體一致克服各種障礙，執行天皇的聖旨。現在在各個戰綫正簽訂停戰協定，在平穩的狀態中進行停戰，這裏，我們來看一看各個戰綫的現狀。

保治安。命令如下：新編第一路總司令龐炳勳、新編第二路總司令孫良誠，新編第三路總司令張嵐峰、新編第五路總司令吳化文、新編第六路總司令郝鵬舉、新編第七路總司令葉蓬。

日軍日夜維持南京秩序

【中央社南京廿八日下午三時電】南京情形甚爲安定，日本憲兵及軍隊日夜維持秩序，嚴密保護我來京官員，二日來境內日軍列隊撤退，日僑亦在設法回國，日本商店紛紛廉價拍賣貨品，前南京僞組織高級官員，則均已於今昨兩日逃逸。南京『中央日報』及『中報』，詳載我軍天外飛來之情形，並均以大字標題。保長今晨通知各商民，明晨起懸掛國旗，及燃放爆竹，慶祝南京之光復，及歡迎我軍歸來。巨型飛機，兩日來不斷出現於國都上空。

【同盟社里斯本二十六日電】路透通訊在上海特派員，二十五日報導上海之情形稱：戰爭中在上海地區居留民收容所收容的盟方人員六千五百名，已被解放。他們之中的大部分，雖然過了很長的拘留生活，但健康狀態是非常良好，他們因住宅與吃飯的問題，暫時尚不能離開拘留所，但每日允許有數小時外出。宗馬科少校率領之美國使節團已經到達，日本與瑞士之駐上海機關已進行商談，努力使拘留民迅速釋放。戰前約有三百萬人口的上海，差不多沒有受戰爭的損失，很短期間即可恢復到過去的繁榮。新任市長已經抵上海，駐華美軍司令官、蔣之幕僚魏特梅耶中將，不久即將總部設於上海，如果上述實現，若干之美國軍隊亦將來上海。如果不能實現則只有重慶軍作爲佔領軍進入上海。日軍武裝部隊仍在市內各要地，但維持治安主要是中國警察，爲了防備萬一，每日晚八時到早晨，仍然禁止外出，英美商人希望中國完全掌握行政權，以便再度營業。

國民黨行政院
任命南京天津市府官員

【中央社渝廿八日電】行政院任免事項：（一）外交部政務次長吳國楨呈請辭職，外交部常務次長胡世澤另有任用，均予免職，任命甘乃光爲外交部政務次長，劉鍇爲常務次長。（二）僑務委員會委員兼常務委員余俊賢，應免兼職，所遺常務委員職務，以該會委員馮正忠兼任。（三）任命白鳳兆爲蒙藏委員會參事。（四）駐墨西哥大使陳介另有任用，應予免職，特任馮執正爲駐墨西哥大使。（五）任命蔣光前爲駐秘大使館公使待遇代辦。（六）任命陳祖平爲南

（中國大陸）——八年的大陸決戰，已由於岡村派遣軍司令官的佈告決定停戰，根據二十一日在湖南省芷江簽定的停戰協定，各地都已停戰，二十三日，岡村司令官通知移交南京的準備工作業已完畢，二十五日重慶軍開入南京，×××但也特殊情形，即重慶與延安之間發生內部鬥爭，在局部地區我軍也被牽連進去，發生一些紛爭，然而這自然不是我方的責任。（滿洲、朝鮮方面）——在蘇軍突然侵入國境的新的情況下關東軍的動向爲一般人所注意。十七日由山田軍司令官下令皇軍停止戰鬥行動，十九日蘇軍代表抵達新京、奉天、公主嶺，到二十日，兩軍完全處於停戰狀態。蘇軍公佈佔領新京、奉天（瀋陽）、哈爾濱、遼化、吉林××、通化七個城市，二十二日蘇聯空運部隊亦降落旅順港、大連，二十三日的蘇聯公報宣佈完全佔領滿洲與南庫頁島，並佔領北部朝鮮、千島、占守島、幌筵島。

（南方前綫）——因海洋的遼遠，因此通信連絡受到限制，但各個戰綫都已停戰。

（緬甸方面）——緬甸方面最高指揮官於二十三日，已與東南亞反軸心軍取得連絡，通知已下令日軍停止戰鬥。

（蘇門答臘）——軍司令官已於十九日，發出停戰命令。

（爪哇）——巴塔維亞廣播局已於二十日廣播稱：接受投降命令。

（布肯維爾島）——在太平洋上這一個最前端的島上，已於二十日停戰，但報導說要貫徹到分散於所羅門各地的部隊去，還需時一月。

（新不列顛島）——據二十二日的臘爾鉢廣播稱：拉布爾的日軍沒有向盟軍的飛機開槍，盟軍正作物資的空中供應（？）。

（新幾內亞）——自二十一日起，業已停戰。

（威克島）——已於十七日起停戰。

（米勒島）——二十二日起停戰。

如上所述，中國、滿洲、朝鮮、南庫頁島與南方各戰綫，業已停戰，接着即將進入完全的休戰狀態。

合衆社傳美、蘇合作佔領區有障礙

【合衆社沖繩島二十六日電】美偵察部隊將儘可能先入東京，但觀察家相信首數週或數月中美軍將要佔領東京市區。傳日本派赴馬尼拉代表之一，曾謂東京已爲美軍空襲所毀，因之美軍須在他處設司令部、營舍等，完成佔領工作之期間，諒將達五個月之久。五十萬美軍將登陸日本。麥克阿瑟元帥首次抵臨日本時，個人安全戒備措置，已妥爲施行，佔領軍均受命每人應以其本國大使自視，而以『言行表示此乃偉大軍隊』，若干徵兆表示與蘇軍合作佔領區之計劃，不無阻礙，最初相信美軍將佔領南庫頁島，但該島已迅速爲蘇軍佔領。

參考消息

（只供參考）

第九八七號

解放日報社 新華社 編

今日出一張

卅四年八月三十日 星期四

毛主席抵渝情形及各方評論

【路透社重慶廿九日電】共產黨領袖毛澤東與周恩來昨日下午抵此後，立即和蔣介石進入會談，並滯留至深夜。他們和委員長、在華美軍總司令魏特梅耶及美大使赫爾利共餐。預料會談將於今天下午繼續舉行，意願是：盡可能早日結束商討。外長王世杰未作評論，僅重申政府將竭盡全力達到國內和平與全國統一。和蔣介石參與會談的有：四川省主席張群將軍，外長王世杰、前駐蘇大使邵力子。毛澤東上一次會見委員長是一九二四年在廣州。

【合衆社重慶廿九日電】毛澤東在重慶渡過了第一個廿四小時。昨日自延安抵重慶乃是毛氏第一次乘機旅行，到達重慶時已疲倦了。張治中與毛氏偕同返渝，毛氏首在張治中官邸稍憩。蔣介石兩處別墅，一處在黃山，一處在重慶西南郊外「山洞」附近，分別作爲毛氏寓邸。蔣介石將其一輛卡第拉克汽車供毛氏乘坐。毛氏吸烟甚厲害，爲烟燻黃的手指間夾有美國大使赫爾利給予毛氏的美國香烟。昨夜蔣介石設宴爲毛氏洗塵，宴後，毛氏及其一行與政府代表之間會進行初步會談。會談係以交換國內和平與團結的見解的形式，但勿需匆促達到任何結論。昨日午後及今日早晨毛氏接見共產黨的支持者與同情者，諸如中國民主同盟主席張瀾，及新近自蘇聯歸來的左翼作家郭沫若。昨夜毛氏憩於「山洞」別墅，今日或遷住重慶第十八集團軍辦事處；以後將住在辦事處。

【合衆社重慶廿九日電】中國國內和平與團結的前途，今天似甚光明，因爲可以清楚看到中央政府與共產黨雙方都保有充分的妥協餘地。權威方面息：政府將毫不遲疑的給予毛澤東、朱德與周恩來，以及中國民主同盟領袖以重要的政府工作。外長王世杰今日說：「政府竭盡一切努力達到和平與團結」，同時毛氏本人對達到這一目的亦不堅持任何確定的共產黨公式。毛氏以便利諸君之工作者，余必樂於盡力爲之，余望諸位亦樂於予余以協助。

【路透社重慶廿九日電】中國外長王世杰今日於此間招待記者席上說：中蘇友好條約沒有秘密條款。他說：使用蘇聯技師或共同管制滿洲工業，這問題在莫斯科沒有討論。並謂：我很高興說：在重要與微妙問題長時的討論中，雙方從沒有片刻不竭力同情地去了解對方的觀點。我很欣賞：儘管過去數年世界發生了危機，中蘇更親密合作的願望從未改變或消滅，條約的條款是重要的，但更重要的是使條約成立的精神」。

華盛頓評中蘇條約

【中央社華盛頓廿七日專電】華府官方本日歡迎中蘇條約。衆謂此不僅向世界重申中蘇合作且加速中國之統一，美官方人士曾先表示意見者爲國務卿貝納斯。他發表正式談話說：我認爲中蘇條約及其附件乃中蘇兩國關係之進一步重要發展，吾人會隨時獲悉莫斯科××談判進展之情形，××此一繼續保持團結互助之現實佳例之發展，此種團結互助之精神，應爲各聯合國會員平時與戰時行動之特徵。中央社記者訪問美衆議員楚德，承其發表意見謂：中蘇條約，表示爲外交方面之雙方讓步，如能忠實實行，則對中美兩國均大有裨益。整個美國歷史上之政策，爲建立強盛獨立之中國，意即建立遠東之和平。美國不容任何強國控制中國，即因此故而向日本作戰。余信蘇聯並無控制中國之企圖，蘇聯與中國成立新協議，對蘇聯有利。斯大林委員長之訂立該約，頗爲聰明。遠東趨向秩序和平，現已大爲進步。新約並可減少中國內戰之可能，反政府份子在美所作之吹噓宣傳因蘇聯此次舉動而全宣告洩氣。他們曾作過分宣傳謂「美蘇將因滿洲問題而發生衝突」一語，亦告破滅。美國人尊重九國公約、開羅宣言及莫斯科四強協定，在新約之下，蘇聯可獲得不少中國人士之善意。希望英國對香港問題之態度，亦能聰明若此。深信中國國民黨有一日能完成社會革新及民主。另一衆議員馬納生，對中蘇條約極表愉快，認爲無疑有助中國之統一及建國。謂：中國需蘇聯作爲其北面之友好鄰國，深信波茨頓會議中曾討論中蘇簽訂條約之事。據本人所知，一般均稱滿意。新約有一點甚爲重要，即完成並增強四強間之關係。衆議員孟斯菲爾特對記者抒其意見稱：該約表示雙方意見相同，及接受亞洲現實，中蘇兩國均應慶幸雙方商討並解決兩國之有關問題。外蒙問題之解決，乃現實主義之表示。南滿及中東鐵路與大連之協定，則基於彼此經濟關系之加強。再加上廣州灣之收還及香港澳門之收還；則希望中國當可成爲強大國家矣。中國現時之唯一責任爲安內而免受外力之干涉。記者又與此間各國著名新聞記者談氏渝時有朋友問他在他的聲明中爲何未提及聯合政府，毛氏說：「聯合政府一類事情已包括在我所說民主統治一詞內」。

【合衆社重慶廿九日電】外長王世杰否認中蘇條約附有秘密文件，並說政府與共產黨之間的會議在昨天毛澤東到來之後即行開始，但毛澤東今日休息，連日的會議將於明天繼續進行。王世杰說：「政府力求達到和平與團結」。與共產黨會議的政府代表包括王世杰、四川省主席張羣、軍委會政治部長張治中，與前駐蘇大使現任國參會秘書長邵力子。

【同盟社東京二十九日電】中國共產黨領袖毛澤東於二十八日下午三時半，搭機飛抵重慶，此次毛澤東的赴渝，似乎是美駐華大使赫爾利特意前往延安從恿毛澤東赴渝的。該大使於赴延之前曾發表聲明稱「我打算與毛澤東返歸重慶後，斡旋他與蔣主席及國府的談判，我爲了國共合作，曾努力了一年以上」。但解決戰後的國內統一問題，已成爲中國國民一致的意見，但現在由於美國的調停，雙方能接近至如何程度，一般人們寄予莫大的關心。另方面可以認爲蘇聯的意見，亦通過蘇駐華大使彼特羅夫（他曾離開重慶四十天，業於本月十五日返抵重慶），反映於此次的渝、延間談判中。因此他的趨勢，爲國內外人士所注目。

王世杰在外國記者招待會上談話

【中央社渝廿九日電】外記者招待會廿九日下午三時舉行，由王外長主持，首對中蘇友好同盟條約之簽訂，發表意見謂「中蘇友好同盟條約及有關文件業經公佈，此一條約所解決者乃許多重而要複雜之問題，此當爲諸君所鑒及，余個人所特別引爲愉快者，乃在討論此該諸多問題之長時間談判中，雙方無時不在以同情態度尊重對方之觀點，所以然者蓋因雙方均有一堅強之意願，求取更密切的合作與相互的尊重。過去數年中世界發生了很多的劇變，但中蘇間此種合作意願與互尊心理却未被任何世界變化而動搖，此爲最可慶幸之一事。條約的條文固極重要，尤其要者爲立於約文背後的合作意願與互尊精神。中蘇協定必爲世界和平與安全的一個柱石，正如斯大林元帥向余所述，此一條約受惠者不僅爲中蘇兩國，即整個亞洲與世界亦將蒙其利也。關於對中共問題，王氏談稱，毛澤東、周恩來兩先生昨已抵渝，並已與蔣主席會晤，關於此事。此際余並無其他說明，但我可鄭重向諸君說，政府必竭力以求取內部之和平與全國之統一，最後余願對諸位過去與余之合作表示謝意，並向諸位表明在余新職務範圍內，如可話，彼等之反響均一致認爲滿意。多數相信由於蘇聯之承認東北爲中國完整領土之一部份，外間對於蘇聯在亞洲有所企圖之猜疑乃告澄清。有人初以爲蘇聯必將討價甚兇，今則中蘇關係業已由堅強及平等基礎樹立。此間各記者，均信中國現在是其歷史上有最大機會，應迅速趨向爲一民主國家，此一條約使中國團結統一，並成爲世界領導國家之新强國。某著名專欄作家稱，渠贊成美國立即畀中國以經濟援助，俾使其從事復興重建之工作。中美兩國今後更應密切聯繫。

中央社稱 傅作義部進入集寧 王耀武部進入衡陽

【中央社陝壩廿八日電】我軍於二十六日晚克復平綏綫重要據點集寧縣城（即平地泉），續向大同前進。

【中央社渝廿九日電】據軍委會二十九日發表我王耀武方面軍之李天霞部，於二十九日已進入湖南之衡陽（按衡陽係於去年八月八日經我守軍苦戰四十七日後淪陷）。

【中央社東勝廿七日電】傅主席率部東進後，綏西後方由民政廳長陳秉謙代理綏省府主席，軍事方面由董其武負責，包頭、歸綏、大同、張家口四地警備司令已發表，其人選爲馬秉仁、溫永棟、陳克斗、李大超。

【中央社渝廿九日電】據軍委會二十九日發表：（一）我胡宗南司令長官部隊，二十二日進入豫西之內鄉，二十七日收復豫中之寶豐，胡司令長官另一部隊，現已越過洛陽向偃師前進，胡司令長官所派之先遣支隊，廿八日進入平漢鐵路上之許昌，現續行北向鄭州前進中。（二）我劉峙司令長官部隊，現已進抵豫南之南陽。（三）我李品仙司令長官派遣部隊，協同地方團隊，廿日收復豫東之商邱，李司令長官另一部，並已抵鄂東之黃梅近郊。（四）我薛岳司令長官派遣部隊，協同地方團隊，廿四日收復湘南之祁陽。

【中央社吉縣二十八日電】晉各地敵刻正分別向我接洽投降，截至十六日晚止，同蒲鐵路綫之洪洞、趙城、臨汾已先後光復。汾離公路方面我軍進入離石，現汾河南北敵分向侯馬、汾城撤退中。

【中央社芷江廿八日電】中國陸軍總司令何應欽將軍，廿七日晨由芷江飛恩施轉安康抵西安後，晚廿點卅分至廿三點卅分召集胡長官宗南、孫長官連仲，及閻長官、傅長官之代表，及各高級幕僚開會，詳細指示關於接受日軍投降事項，已公畢離陝飛返芷江。據何氏語中央社記者，各戰區對於受降事宜，應照原定步驟開始實施，進行警備職務。

「中央社南京廿八日上午十時電」冷欣中將於廿八日上午八時與岡村寧次將軍在前鐵道部官舍舉行會談。我方在座者有邵參謀毓麟、陳主任參謀偉，日方有總參謀副長今井武夫，參謀山笠原中佐。冷主任首謂：本人奉中國陸軍總司令何應欽上將之命令來南京成立前進指揮所，在何總司令未蒞京以前，本人將隨時傳達何總司令命令，並作一切必要之準備。（下缺）

「中央社上海二十九日電」何應欽將偕美駐華陸軍作戰司令麥克魯等，二十九日上午十一時四十分飛抵南城。顧祝同、余漢謀、與曾浩森等均先至機場迎候。何氏此行係指示東南我軍接受日軍投降事宜，午後率原機飛返芷江。

同盟社稱
美蔣軍將進駐平津地區

「同盟社北京廿九日電」華北日軍當局以談話的形式公佈：廿八日以後有相當數量的中國軍隊，及駐華美軍若干，乘飛機逐漸進駐平津地區。

中央社稱寧偽逆逃逸

「合衆社重慶廿九日電」中央社南京記者說：南京傀儡政權一切主要的吉思林輩，現已「不知去向」，在日本提議投降之後不久，傀儡政權即宣佈解散，然後各逆均紛逃逸，今日南京無人知道陳公博在何處。

「同盟社北平廿九日電」據「光華日報」之特電，前南京政府代理主席陳公博，於廿九日死去，但上述報導，眞僞不明。又據另一電訊：陳氏於二十八日黃昏，與家族一齊失踪。

「路透社倫敦廿九日電」日本通訊社息：現已解散的中國南京政府代理主席陳公博，昨日企圖自殺時自己負傷，已於今日亡故。

敵下村陸相廣播全文

「同盟社東京廿七日電」下村陸相廣播全文如下：親愛的陸軍軍人與軍屬諸君：我不想朗讀就職的寒暄和術語多的訓詞，但是鑒於八月十四日頒發大詔後，我陸軍內部的現狀，我欲率直地說一說我們今後應該遵循的方向：自本月九日起我們遭遇了情勢的急劇與巨大的變化，結果使我們面臨了建國以來空前未有的許多悲痛的事態與做出可怕的事情，例如一時指天皇的大權用錯了……等等。爲了對付這一空前未有的局面，我們應該遵循的方向在詔書中已經明顯地說過。現在儘管是我們在軍隊裏供職的人決心接受天皇大詔的時候，但是就我所知道的，迄今似乎尚有一部份人沒有覺悟，特別是在國內，設有與日本人固有傳統習慣不大符合的地方，都是大事中的小事，爲了國家的百年大計，應當善自奮勉，力戒輕舉盲動。同時現在我們也不能馬馬虎虎，將應繳出的武器隱藏起來或加以破壞，因此，凡是應該繳出來的東西，都應光明正大地、毫不留戀地、整整齊齊地讓出來，不可採取小偷的手段，用以使外國人承認日本精神的優美與崇高的道義心，這是最重要不過的。但是也不說不管什麼都屈從，萬一超出過去所協議的範圍以外，或又提出情理不妥的片面的新要求，則政府當然要以適當的手段努力處理之，若在這種場合，我也打算始終努力去做，各位要沉着冷靜信賴當局，千萬要好好注意不要稍有一點情感激動，即使是個人也不要發生暴亂的行爲，自己要向自己所相信的方向前進，但也說不定有迷惑他人與國家的人，這是錯誤的，此時集結和發揮國家的總力是非常必要的。這一時候國民之中如果有人作亂，則將遲延國家的復興。戰後的處理，決非短時間所能收拾，而須要很長時間忍耐，從我們這一代到我們的孫子一代，必須忍受千辛萬苦努力進行戰後復興，只有如此才能符合陛下之心，我們要記住本月十七日陛下給陸海軍之勅語中「期望留下國家之××」。又關於軍人軍屬，在勅語中亦指出要到社會中從事奮鬥，對此點實深爲同情，政府不僅安定你們的生活，而且正進行各種計劃，使你們以明朗的心情，作爲一個新國民努力工作。諸君要把多年在軍隊中所受的教育精神與自己的修養，正確地運用於職業與生活上，並要遵從二十四日陛下的勅語。作一忠良確實之臣民，專心致意盡力於戰後之復興，爲此我們要冷靜自重忍耐，同時亦不應卑躬屈膝。在戰爭中間已經考驗了皇軍的優秀性，在戰爭後之今日，就要向另外一個方向，這就是過去是軍人軍屬之我們應作爲一平時的國民，向中外表示過去的崇高責任，及精神訓練的成果，絲毫不驕不傲。最後還想說一句，這就是目下我們的心情，令人想起赤尾義士（日本歷史故事）蒙受屈辱之心境（下缺一二句），這是一很好的教訓，但還是一個××的事變，目的是在打敗敵人，但他們面前對着的護衛國體，復興國家，則與復仇的性質是不同的，因爲這是有天淵之別的大事業，並不是少數人所能成功，而且要百年千年的繼續努力，在這一長遠期間，亦許要發生很難受的事情，每次都須要反省，當我們心中激動之際，知道當在心悅誠服的時候，就有落淚的場面，我們…………而應把此次大詔作爲唯一的指針。

思想上的混亂狀態，似乎比前綫部隊反而複雜似的，這事試舉一些例子，例如（一）有人認爲現在日本屈服了，實在對不起皇國三千年的歷史及陣亡戰友的忠魂。我決心那怕一個人也好也要繼續戰爭下去，或潔白地自殺，以表示殉國的忠誠。（二）有人認爲若是這樣子，保護國體與皇國的興隆，畢竟是沒有希望的了，縱然捨身殉國亦需拿出力量來。（三）有人認爲不能一任消極的老人們與反動當局爲所欲爲，而要糾合同盟執行自己的信念以圖使國民蛻變，爲了這樣做，就是暫離君側，或是自己脫離軍籍或國籍亦是不得已的。（四）有的人担憂國家的前途，同時對於自己和家庭亦感不安，於是憂鬱悲痛，因此不顧軍紀，採取可恥的行動。現在還有懷疑的人，其中第四種人不顧軍紀，採取可恥的行動卦是意外的，其他的人，當是不了解情形而抱着那樣的心情。下村本身在華北時，於本月十五日陛下廣播時，前綫才知道接受波茨頓宣言的事實，認爲這是晴天霹靂，而受到極大的衝動，我一方面感到慚愧，另一方面流着怨恨的眼淚，第二天早晨知道實際情形後，就消除一切懷疑和怨恨，於是立即拿起筆桿根據通告起草訓詞，將陛下的廣播和勅語傳達全軍。這個訓詞要旨如下：「本職現在命令前綫將士：陛下決定的事情乃是國家百年大計，吾人應謹慎地接受之，不許發生違背勅令的精神以及根據此種精神的 各種命令 或與此相抵觸的行爲，不管這種行爲是出自武士道的精神。」使下村消除疑惑的原因就是自少年時代至現在，每天早晨朗讀的軍人勅諭中說：「如果我國威不振，則汝等應與朕共憂」的一節，我國在長時期中，沒有像上面所說的那種情況，因此對於勅諭的這一節的了解還不充分，今天遭受到這樣的事態，才恍然大悟，同時緊接着又有一句說是：「汝等皆宜守職，與朕形成一體」。這是我更加決心的唯一旨針，其次有人懷疑這樣下去是否能够保衛國家，我曾有一時對此亦有同感，但是今天應排除一切困難，即使留下一條細小的道路亦要保衛國家到底，而不能因爲認爲是細小的道路，而採取自暴自棄的態度拋棄之。這樣，甚至有喪失此能够保衛的最後一線的危險，因此，確信皇國的興亡如其說是決定於大國的壓力，不如說將依存於今後我們的注意如何而決定之。日本既已接受波茨頓宣言，那末，隨後又任意加上這樣、那樣的詞句，這決不是大國民的態度，何況當盟軍進駐本土與執行其他條款時，憤憤不平以反抗的態度或不穩的言論與行動對付外國人，這樣的事情是應當力戒的。在政府所接受的範圍內，例如

美稱今後六年內 中國每年進口總值十億元

【美新聞處華盛頓二十八日電】美商務部今日預言：中國（包括東三省與台灣）在今後六年內，每年進口品之總價值約達十億元。據商務部遠東局局長摩恩稱：中國受日本侵略前之最後一年（一九三六）之正常對外貿易額，達二億零八千七百萬元，今後中國之情況若能鼓勵外資之投入，並能建立出口貿易，則可充分發展進口貿易之市場。中央設計局，刻正計劃增加出口品之生產以補助目前估居優勢之農業經濟，中國需要各種型式之機器鐵路及交通設備，糧食燃料之消費品，及其他商品等，凡此均爲美國力能供給者，然在長期戰爭之後，中國經濟之調整，亦需若干時日。

同盟社報導 美報對佔領軍的態度

【同盟社里斯本廿六日電】據美國廣播：最近之紐約「先驅論壇報」，曾登載如下之社論：保證佔領之軍隊，必須以強大的兵力與完全的裝備才可以在日本登陸，所謂發生「流血事件」，在佔領軍方面亦是不應忘記的，但是我們亦沒有理由說日本當局不傾向於對和平作誠摯努力。當我們看到日本要求停止空艇部隊降落於俘虜收容地區，以及對待上述空艇隊員處理辦法時，即可知道日本當局，是用防止更大流血的誠意進行努力。但這一努力能否成功則是今後的問題。看一下日本的近代史是由軍部統治着，但波茨頓會議的條件，不但破壞了軍部的統治，而且廢除了它。戰爭已經很快地確實結束了，負有責任的日本已經受到了他的××，美國必須對意外的事變充份準備、必須注意日本的「感受性」，時間已經過去了，如果日本人失掉自己維持秩序能力的話，我們將必須代表日本人維持秩序，這是意味着佔領日本的最初教訓，還有社會的改造與再組織問題，亦等待着日本人，關於此點，最令人注意的事情是日本國內形勢如何變化，如何發生新的東西。日本的每一家報紙均可證明此點。究竟他所說的是否真實，我們現在還不明瞭，但已暗示了由於敗戰的衝動，新的想像的勢力已在日本社會內開始自由行動，我們只要努力，則即使有一切困難，但對他們的發展不加以干涉。

參考消息

（只供參考）

第九八八號

解放日報 新華社 編

今日出一張

卅四年八月卅一日

星期五

毛主席與孫科等晤談

【中央社渝卅日電】毛澤東、周恩來二氏，今晨由林園進城訪于、孫兩院長，適兩氏公出未得晤，下午周氏晤張部長治中、張主席群、邵秘書長力子晤談，對軍事政治諸問題有所討論，入晚毛氏在張治中部長官邸與孫院長科、鄒委員魯、葉委員楚傖、吳秘書長鐵城等晤談。

【美新聞處重慶廿九日電】美聯社今日由『蔣的親信』方面獲悉，蔣介石在與中國共產黨領袖毛澤東首次會談之後『對前途極爲樂觀』。

【台眾社重慶卅日電】中國報界以長文及熱烈的社論歡迎毛澤東抵重慶與委員長商談。權威報紙大公報說道：『會談對中國目前和將來的命運將有極大的影響』。又說今天已建立了一個新的思想：從勝利中所產生的任務並不就是『改造舊的國家，而是重建新的國家』。論及戰後時期，社論說：我們應該在廣泛的意義上進一步認識抗戰的勝利同時就是一個偉大的革命』。又說應不斷提醒人民，轉七並不是僅僅回到舊的原有道路。

共產黨機關報新華日報特別提出毛澤東抵達重慶是『劃時代的事件』。又說毛之到重慶表示中國共產黨在和平團結民主的基礎上合理地解決當前現實問題的努力。該報說：『今天，整個中國和整個世界已處在一個新的歷史時代中』。又說：共產黨願意盡最大努力與國民黨和各民主黨派達到協議，以求得許多迫切問題的迅速解決。——賴文奎。

尼米茲稱 美陸戰隊將在中國登陸

【美新聞處東京灣美國戰艦南達科他號卅日電】尼米茲海軍上將今晚在東京灣首次記者招待會上說：金凱德海軍上將指揮下的美國第七艦隊，將沿北起朝鮮南達海南島的中國海岸活動，而海軍陸戰隊則將在中國登陸。尼米茲說：美國艦隊將從得在戰後短時期所須要的中國海岸的『暫時的根據地』。尼米茲繼說：爲了保證中國的海軍設備，海軍陸戰隊將在中國登陸，美國艦隊海軍上將在這一計劃實行

中央社稱 胡宗南部進入鄭州 傅作義部向大同挺進中

【中央社重慶卅日電】軍委會卅日發表：（一）我胡宗南副司令長官部隊，於八月廿九進入晉西南之夏縣、及豫中隴海鐵路線上之偃師，胡司令長官所派之先遣支隊並於同日進入鄭州。（二）我孫蔚如司令長官部隊，於八月廿九進至鄂西之宜昌附近，孫司令長官另一部隊於同日由公安東北地區渡過長江，進至沙市以南地區。（三）我傅作義司令長官部隊，於八月廿六日進入綏東之集寧，其先頭部隊續向晉北之大同前進中。

【合眾社重慶卅日電】中央社報導，山西省總共九十七個縣中，已有八十四個縣由閻錫山的中央軍建立控制。閻已與僞軍和日軍作了許多和平前的『佈置』，在山西省實際上一切樞紐城市和交通中心獲得了控制。

各方評中蘇條約

同盟社

【同盟社里斯本廿六日電】根據重慶電訊報導中的中蘇友好同盟條約的內容，今後中蘇關係以及同盟的對象已至爲明確。綜合各種情報，該約的意義可闡述如下：（一）蘇聯最低限度在條約上已明確地表明態度只承認重慶政府，標誌它將不介入渝延的紛爭。然而中國事態的安定，結局就是蘇聯的利益，因此，蘇聯將根據新條約明確地表明態度不干涉中國內政，同時對於渝延兩個政權，則將跟美、英兩國協力爲樹立進步的聯合政府而工作。中共最高負責人最近對重慶的態度已趨緩和，中央政治局主席毛澤東和該局副主席周恩來，已應蔣委員長的邀請往訪重慶，這些都可認爲跟上述蘇聯的態度有着一脈相通的因由。（二）蘇聯根據不干涉中國內政，也就約定不干與新疆的內政，但作爲它的代價，蘇聯獲得了成功即重慶承認外蒙獨立，另外在滿洲獲得了對全部鐵路幹線的共同管理權，並在旅順大連兩個港埠，獲得了與第三國相比時，是處於優越性的地位。在滿洲確保了這些特殊的地位，實現了蘇聯獲得東西兩洋連絡路的夢，很明顯地蘇聯在新條約中的基本目標之一即在於此。

【同盟社里斯本二十七日電】國民政府主席兼軍事委員會委員長、處在中國獨裁者地位的蔣介石，在廿五日之長篇演說中，對外蒙、滿洲、西藏、朝鮮、越南，均表明意見，表示了中國的新民族政策以及對國家主權國家構成的意圖，頗爲各方所注意。根據重慶來電，綜合蔣委員長之聲明：（一）對於外蒙古，中國過去主張宗主權，每有機會即向蘇聯摩擦，蔣介石亦承認過

之前，已通知中國當局。尼米玆說：在中國之任何行動，皆與魏特梅耶中將協同進行，魏氏當然代表蔣委員長。

【合衆社重慶卅日電】魏特梅耶在招待記者會上說，百分之九十九的容運設備將用以運輸中國軍隊向沿海區移動以重佔城市。他說美國將盡一切努力轉運最大可能數目的中國軍隊到淪陷區去恢復統治。他說真正大規模的軍運將於明天或後天開始。又說英海軍艦隻今日可到香港，據說係自錫蘭趨太平洋總部駛往香港者。他說美海軍掃雷艇已抵上海區，現正在黃埔江掃雷。他說黃埔江掃雷預期一星期可以完成，然後掃雷艇將駛往揚子江上游，掃清直通宜昌之全部水路。他說戰時中日美在揚子江中敷雷總數究竟多少尚不可知。他說美軍最後一批水雷係於八月十六日投在漢口區域。他說美國也將在全部中國海岸港口掃雷，包括青島在內，惟香港廣州除外，將由英方進行之。關於共產黨的情勢，他說駐華美軍仍受命支持中央政府，並執行幫助中國軍隊重佔日軍佔領區的政策。他說共產黨誇大了他們的力量。他說共產黨軍隊在中國境內沒有一個地方曾受過確當的訓練和裝備。但又說如果發生內戰，美軍將被撤退而不允許使用強力，除非爲了自衛。他說，中國境內大量美軍將於明春撤出。他說，一部分將從昆明飛往印度待船，另外可能由太平洋撤退——王公達。

陳誠說九月底前運兵到東北

【合衆社重慶卅日電】軍政部長陳誠說：即令在蘇軍開始撤兵之前，中國軍隊也將開往滿洲，也許在九月底以前開往，要看運輸工具如何而定。台灣將較滿洲早些佔領，因爲路近。

【路透社重慶卅日電】中國軍政部長陳誠稱：中國佔領區日軍之被完全解除武裝將約於一月內完畢。中國各佔領區日軍之被完全解除武裝，不能像蘇軍那樣迅速在十日內把滿洲日軍全部解除武裝；這是由於中國交通困難的緣故。陳誠將軍稱：「中國各佔領區日軍仍保持良好紀律，並聽從中國政府的命令。據魏德邁總部接獲美國聯絡隊報告，北平俘虜拘留營的情況，已大加改善。該報告稱：自重慶起飛，攜帶糧食、香煙和雜誌的運輸飛機一架，已到達山東半島底部濰縣大俘虜營。現已沒有自願要到醫院去的病人了。其餘病人的病，並不厲害，希望與他們的家庭一起走。[illegible]德僑集中區。集中營生活狀況，據說是很好，被拘留人的身體還一般不壞。

去四十多年的既成事實，承認外蒙古獨立。上述在另一方面可以看作對蘇聯的××政治的讓步。（二）朝鮮獨立，收回台灣及澎湖列島，滿洲的領土完整，這些都是實施開羅宣言；並無其他的新意義。蘇聯在東北並不是在滿洲的永久統治者，蘇聯僅參加了吸收開羅會談中有關事項的波茨頓宣言，因此蘇聯對滿洲的態度尚不大明瞭，在此種關係上蔣介石的聲明是以中國對外蒙的讓步，獲得滿洲的主權。（三）蔣介石說希望緬甸和泰國獲得獨立，這是首次從中國立場上回答了對各民族的態度。這是中國作爲這些民族的接近的國家所發出的劃時期的聲明。現重慶軍駐在越南與緬甸，其發言權尚不容輕視。（四）允許予西藏民族以高度自治，這是純粹國內問題，解決了多年的懸案，這亦給予人們以好感。

美國各報

【美新聞處舊金山廿八日電】中蘇條約條件之公佈，繼續引起美國報紙社論的評論，以及一般廣播評論員的評論。下面是幾個標準的評論。舊金山紀事報說：將對條約能要求些什麼更多的東西，很難想像了。斯大林對中國如何更爲寬厚，也同樣難以想像了。共產黨集團要和蔣爭奪政權，現在已沒有什麼鼓勵了……。但是將來仍然會有許多人心懷彼心的注視蘇聯對中國的未來意圖。我們並不想佯裝確實無誤，但我們現在看不出有什麼理由可以懷疑莫斯科在條約中的誠意。這些理由現在似乎在另一邊。蘇聯在它現在的領土內有很多的東西要消化，而且規模是很大的。中國不能很快成爲西伯利亞東部發展的原因。華盛頓××說：中國和平『已經破裂』的焦慮……已爲中蘇條約總明地××了。沒有什麼穩定遠東的貢獻比這更可喜了，莫斯科的公告立即是對蘇聯政治家風度的贊揚與對那些批評蘇聯政策的嚴厲斥責。這些人曾認爲蘇聯將劃去中國外圍的大塊土地。卅年條約中有一條是蘇聯保證不干涉延安。正是這一條使毛澤東跑到重慶去。……的確，共產黨領袖結束內戰前途的例子說明中蘇條約不僅是防止內戰而已。現在的問題是：中國政治家如何儘可能利用此協定，中國的邊疆，常常是與中華民國的中央政權聯合或分裂的。新聞評論員諸佛爾於華盛頓DC電台上稱：東方未來和平的關鍵，仍然在它以前所在的地方，即是說在中國。如果中國是一個強大的、統一的與獨立的國家，東亞將是和平的。另一方面，如果中國是衰弱的且爲內戰所分裂，成爲外國陰謀及列張競爭的犧牲品，就是對日戰爭這樣早期的結束，將證明是遠東國際競爭的新時期，這個論調是美國外交政策基本原則之一。新聞評論員斯梯爾於國家廣播公司上說：國務卿貝納斯的話，是很可同意的，他今天說：新條約及其附屬協定，是聯合國會員國戰時與平時繼續團結與經濟互助實際例子。的確，條約將大大幫助穩定遠東的一般條件，幫助制止中國的內戰。不僅蘇聯再次顯示他們不想干涉他國的內政，而且斯大林與莫洛托夫在條約中作了保證。給予和取得的精神（有關各方在目前形勢中正在顯示此精神）可以稱爲是遠東今日的××徵兆。

【美新聞處××廿九日電】「【上缺】如果蔣介石現在聰明地利用他的權力，它將產生輝煌的結果。他今天具有他從來沒有過的最好機會來統一其國家並開始使中國走向成爲近代世界中偉大的民主國家」。華盛頓郵報略稱：「沒有什麼東西比這對穩定遠東更有效果了。現在的問題便是中國政治家如何利用這個偉大的協定。這是宋子文院長外交手段的成功，而且中國如果自今以後在國內表現出同樣的政治家風度，他們將能鞏固他們外交上的勝利……。但時間是很短的。這個條約不像過去那些長達九十九年的條約一樣，爲期僅卅年。在此期間，贊助團結與發展的中國，値得我們××的幫助」。

黃炎培

【中央社渝廿八日電】中蘇條約訂立後，記者頃訪黃炎培參政員，據談感想謂：此項條約乃政府苦心孤詣所締結，不僅關係中蘇問題，且可使東方半個地球獲致和平。蘇聯很早即助我抗戰，時至此次締約，不啻使兩國摯誠友誼得具體化，誠可快慰。條約中關於外蒙獨立之部份，本人亦表贊同，蓋我國國土遼闊，邊疆各民族如能力已發展至相當程度，能自求幸福自由，我政府自應讓其以自己之力量意志滿足其要求，不獨外蒙如此，凡省區以外邊疆民族之能力發展至相當程度，均應使其獲得高度自治，此爲本人一向所主張者。今後我國必須從此努力自強，全國開誠團結，使每一國民均能滿足其願望，國力必可大強，或許經過若干年後國際間種種願望，皆可逐步達成。

大公報：

應視中蘇條約爲遠東的穩定因素而強調稱，這一條約不僅對中國國際地位，而且對保障遠東和平都將有偉大意義。蘇報指出：中國與蘇聯已經成了眞正的朋友。該報稱，因此我們不僅要爲遠東之復興，而且要爲國際復興奮力工作，我們要爲全國統一與政治團結而戰鬥。（以上摘自塔斯社重慶二十九日電）

竟在中途公開地鬧亂子，而人民則又聽任地盤亂；所以到了這步田地，自然是由於政府的政策不好，但國民的道義之低下，亦是原因之一。現在我認爲全體國民必需澈底地反省與懺悔。一億國民來個總懺悔，是再建我國的第一步，也是我國國內團結的第一步。

（貫徹國民皆農的政策）——問：「關於確保與安定國民生活，即是說關於確保最低食糧，復員問題，戰後復興問題，通貨膨脹政策等，政府的具體方策如何？」答：「關於確保國民生活的安定、關於國民的衣食住、食糧問題，政府是把它當着國內問題的第一個問題，而決心以全力處理之。但是這一件事情，按戰敗後日本的現狀看來，是非常困難的，我想全國國民能夠眞正打成一片，努力解決這一困難問題。首先是食糧對策，但在還不清楚今後是否允許從外國輸入糧食的情況下，還不能提出這一問題。然而我想不管怎樣苦，都要始終以『自給自食』的想法大大地增產食糧。在現在，我主張『國民皆農』。說到『皆農』，當然也不是說全部都從事農業，但無論學校的敎員也好，人民或官吏也好，像菜蔬之類的東西，都要實行自給。這樣，便發生了土地問題。爲此，要多多地進行未耕地的開墾工作。同時把今後不用的軍用地全部耕種起來，此外，還必需考慮到再分配大的既有耕地，關於此事，還有待於國民對於時局的眞正理解，在另一方面，也應考慮到失業者的歸農問題。其次當改良農耕方法時，希望多多地提拔民間的有能之士。同時必需改良農民的供出方法。即是說，不可與以前一樣，用權利與威力強壓農戶供出（即繳糧——譯者），同時農戶本身也應考慮到時局，自動地供出。爲此，刷新地方政治是比什麼都重要，認眞地與果敢地『特別』任用地方長官，也是刷新的項目之一。

（失業復員對策）——關於復員，失業對策，在工業方面將來能被允許到如何程度，現在尚不得而知，因之不能依靠它（指工業而言——譯者）結論是：一如上面說的一樣，當在農業方面盡以全力，如果和平產業被允許的話當朝看這一方面，講求復員、失業對策。其次是『戰災復興』問題，其方針是不像過去那樣，把人口集中到都市，而是把人口分散於國內各地。現在曾經住過都市的人，應該放棄都市觀念，而變成開墾荒地而生活的觀念。再次是通貨膨脹對策，這一問題，目下正由專門家在各方研究中，但就所知道的，它的根本點是在於國民本身要自覺地認識到這一困難，而貫澈眞實的生活，這是第一個條件。再次是『國民生活的明朗化』，首先要使言論自由與

掃蕩報：

【合衆社重慶廿七日電】除了對中蘇條約的支持與讚揚之外，陸軍機關報掃蕩報還提到了每個有知識的中國人心中均存在的，但迄今無人找出公開如何說才好的某種東西。掃蕩報說，只有一件事情可能使中國人民吃驚，這件事即外蒙之獨立，「我國人民對我國一部份領土顏色之突然改變，自然感覺驚異。但是，實際上外蒙自一九二四年來即已自治，中央政府的命令不能到達那裏，我們只有主權的空名」。掃蕩報企圖安慰有知識的中國人說，「雖然我們的領土減少了，但蘇聯的領土也未增加」。

東久邇宮答記者問

【同盟社東京廿九日電】東久邇宮首相於廿八日下午四時起，在首相官邸首次接見內閣記者團，披瀝其信念決心，表示際此皇國空前未有的困難局面下，將始終保衛國體，保持民族的名譽，用以回答聖旨。質問與答覆的內容如下：

（關於保衛國體的要諦）——問：「保衛國體與保持民族的名譽，乃是國民的當然的事情。我們應如何維持與擴大之？」答：「所謂保衛國體，乃是我們超越理智與感情的信仰。乃是祖先遺傳給我們國民的一種信仰。相信這不能被風吹雨打所可動搖的。因此在現在，所以服從天皇的詔書、忠實地履行聯合國所給予我們的條款，其原因就是要保衛國體與保持我國民族的名譽。

（戰爭的失敗原因）問：「為了達成國內的團結，政府有如何的具體方策。而我們認為政府應首先在國民前面說明戰爭失敗的原因，不知首相以為如何？」答：「我想就是如你們所說的，我國失敗的原因，是由於戰力的迅速崩潰。關於這一問題，將在本屆議會上毫不隱瞞地全部說出，以便使大家滿意。損失的數目字，現在正在調查中。關於這一問題，亦準備詳細說明之。又關於由於戰爭所受的災害是如何的巨大，也準備詳細地告訴國民。再加上慘不可言的原子炸彈的出現以及蘇聯進攻也成了戰敗的原因。此外，亂肆公佈過多的規則與法令，並在某些部門中實行於我國並不適合的統制，結果國民完全被束縛起來，什麼事情也做不成，我想這是戰敗的一個巨大原因。又政府、官吏與軍人本身，也是不知不覺地把這一戰爭導入戰敗的方向。所謂『不知不覺』是由於在他們本身看來，是為君國而效力，但實際上是使得國家處於這樣的情景，有如使國家陷於動脈硬化而不能行動。得了腦充血同於死一樣。同時，國民道義的低下，也是失敗的原因之一。即是說軍與官正常，使政治健全與正確，這樣，國民才能感覺到精神上的明朗。還須發達健全的娛樂，但一味的享樂生活與表面上的安慰，決不能說是國民精神上的「明朗化」。

「撤消慣行令的障礙」：記者問：政府於組閣之初即已闡明言論結社的自由，不知首相對此的具體方策如何？答：欲發揚將來的言論和發展健全的結社，必須判明過去我國的言論結社是處於何種狀態。過去我國人民受到慣行令的障礙，因為權力與威力，受到嚴罰主義的壓迫。因此我國人民忍聲吞氣不能言所欲言，而其結果則可以聽到背後譏謗，這是過去日本的狀態。政黨為了使政府能很好的幹政治，也變成了御用的政黨，都不能說出任何意見。至於言論機關，則壓迫最重要的報紙，不許言論自由，在選舉方面，據我看來，官吏壓迫選舉，而干涉選舉的弊害極大。我國的實際狀況正如上面所說的，因此此時要堅決採取具體的處理，當然過去的政府也時常說到調整言論，但是連政府本身也沒有正常的言論自由，我想我自己要先有正常的言論自由，想到的東西就說出來。

「最近奏請解散議會」。其次，為了使國民有正常的言論自由，要使現在的「特高警察」自己謹慎，過去干涉政治的憲兵亦要使其撤銷警察，最近欲解散現在的議會，而在新的思想指導下，舉行總選舉，反映民意，我想最近即可實現此事。我想內閣本身要有新的空氣，必須反映民意。因此我正在考慮對策。

「拋棄優越感而走向萬邦共榮」。記者問：現在恢復了和平，而民族共榮乃世界共同的目標。首相對於民族問題的見解如何？答：日本民族的將來並不是僅僅日本民族的存在，而是與各民族共存共榮，共同貢獻於世界文化的發達，藉此與各國共同繁榮。因此納粹所指倡的民族優越，獨存及排斥猶太人等不適合於日本。納粹德國所提倡的「德國高於一切」亦不適合於日本。我認為我大和民族只有與其他民族提攜，貢獻於世界文化，日本的前途才會光明，為了日本將來前途計，不能抱着民族的優越感以及排他的心理。我們特別為跟鄰邦中華民國、美國、英國和蘇聯友好。從此，找出日本民族和平的光明。總而言之，日本民族在戰爭中已盡了力量，此時神機一轉，將我民族的全部智能傾注於全人類的文化，努力貢獻於全世界人類的進步和發達，只有這樣才能找出我們的光明與希望，正如在大風雨之後，才能在宇宙中找出光明一樣。

參攷消息

（只供參考）

第九八九號

解放日報、新華社 編

今日出一張

卅四年九月一日 星期六

合衆社傳 國共談判八天即可結束

【中央社渝卅一日電】周恩來氏今日下午與張治中部長、王世杰部長、邵力子秘書長、及張主席羣，繼續詳商，聞其內容大部為軍事問題。

【合衆社重慶卅一日電】毛澤東及其一行，昨日甚為忙碌：[illegible]。又與政府代表及高級官員進行會談。預期會談八天結束，昨日計算在內，頭四天係交換意見，後四天則作出決定。據說軍事問題直接由政治途徑解決，政治問題則由召開國共兩黨、中國民主同盟及無黨無派領袖的會議解決之。

魏特梅耶談話

【中央社渝卅日電】中國戰區參謀長美軍總司令魏特梅耶將軍，今日下午三時半在美軍總部招待中外記者，魏氏並未作任何聲明，僅就記者所提出之詢問予以答覆，茲誌其要點如下：美軍遣赴上海問題，魏氏答稱：在一切情況未達安全之前，吾人決不遣送任何軍隊至上海區域，蓋中國戰區內之日軍尚未在南京簽訂投降協定也。魏氏至此鄭重宣稱，美國政府之政策並無改變，余之任務在協助中國重新佈置其軍隊至解放區域，及遣散並解除日軍之武裝是也。對作戰以外之任務，政府並未授權與余。記者詢以美國是否參加在南京之日軍投降簽字典禮，魏氏答謂「否」，蓋此為中國戰區，中國軍民苦戰八年，現應有充分的功績與興榮而負責接受敵軍之投降，雖然在典禮中美國及各盟國均將有代表出席也。美國代表為麥克魯將軍。至於敵人投降問題，魏氏聲稱並未遭遇任何困難。記者詢以運送中國軍隊至各地時需要飛機之數字若干，魏氏表示飛機數字甚難相告，且最困難者乃油量之運輸甚為不便，但蔣委員長決盡任何努力，務使中國軍隊迅速運至指定區域。關於美國軍隊之調動一事，魏氏答稱，現僅有一部前進部隊進至南區，惟大批軍隊之調遣須俟以後方能實現。魏氏談及香港受降問題稱，英國軍隊受降，來自太平洋戰區[illegible]區，正停泊香

省，並設立政務委員會及軍委會行營，據說熊式輝將軍任主席並主持上述兩機關。蔣介石的長子蔣經國據說將担任政務委員會秘書長之職。同時成立經濟事務委員會掌理經濟恢復事宜。大公報說：四川將劃分為川東與川西兩省，中國政府宣佈四川省九個縣，包括鄰水、巴縣、資中、[illegible]縣、富順等縣有巨大油藏，在五千五百七十萬萬筒以上。四川鐵礦儲藏量也在二百萬噸以上。中央經濟部及四川省政府已在共同計劃兩項計劃迅速付諸實行。中國海軍人員一千二百名將赴英國，此外在國外訓練的第二批，並將管理英國送給中國的戰艦十二艘。可靠消息方面息：台灣將劃為一行省，據說福建省主席陳儀將任台灣省長之職。中國銀行將接管台灣銀行。將來台灣的通貨將為票面載有滿清初期在台灣抵抗滿人的愛國志士鄭成功像的法幣。權威方面獲悉：國民大會將於十一月十二日如期召開。中國政府將於新年還都南京。

閻錫山受降情況 余漢謀進入韶關

【中央社介休廿九日電】晉境日軍自與我接洽投降後，除雁北十三縣因交通阻隔尚無確實報導外，餘八十四縣（原有八個完整縣）業經先後光復。交通據點如太原、臨汾、運城、長治等地，均由我調駐重兵。

【中央社介休廿六日電】（遲到）晉陷區經我收復縣份內之敵偽，乃繼續向運城、臨汾、太原等地撤退，其未及撤走者，亦經我軍指定地點駐守，藉免意外。閻長官為安定地方秩序，頃在收復縣區發出佈告。其要點如下：（一）各縣保安隊及其他部隊均行改編，應協助維持地方治安，各縣地方行政官員均應一律負責任守官規慰民心；（二）抗戰期間之附逆人員，凡係不得已被迫所為者，決不究既往，共圖復興；（三）境內已接受投降日軍僑民，均不得損害；（四）所有陷區通行之貨幣，均暫准一律通行。

【中央社漢口卅日電】第六戰區長官派駐漢口前進指揮所全體官佐，於今晨七時五十五分由謝主任士炎少將率領，分乘雙引擎運輸機兩架抵漢口。日本第六方面軍派晁田芳政大佐到場歡迎，並偕赴日本軍官招待所休息，經過市區時，市民雀躍歡迎，下午二時日本第六方面軍參謀長中山少將正式晉謁謝主任，稍談即辭去。

【中央社辰谿廿九日電】第四方面軍王耀武，奉命接收衡陽、長沙，王已派副參謀長羅幸理率領隨員離辰赴衡陽設立前進指揮所。

【中央社漳州廿九日下午八時電】廈門區敵軍今日已派員抵達石碼向我正式洽降，其指揮官原田清一，昨午十一時，卅分曾派海軍大佐松本一郎偕敵

港海灣候命，蓋中國戰區內一切受降須俟南京典禮簽字之後，方能舉行，香港越南等地區均包括在內，越南北部受降地點或在開遠或在海防舉行，蔣委員長將派代表接受，唯信法國亦將派代表出席典禮。魏氏至此宣布最近南滿國境內發現俘虜營一處，內中美國俘虜數人。記者詢以中國軍隊是否已進入廣州，魏氏答稱，中國軍隊正向廣州進軍，惟該處敵軍已準備受降。關於美軍遣散返國問題，魏將軍答覆時稱，美國軍隊返國問題甚為複雜，具體計劃須俟陸軍部決定，但大規模遣散軍隊返國須俟海上運輸恢復後方能實現，目前僅有一小部份軍隊集中昆明灣×赴印緬區，然後候機會返美。魏氏宣布美國海軍負責黃浦區掃雷工作，香港區則由英國海軍負責，吳淞區掃雷約可於下週內結束，美海軍部隊並將溯揚子江而上，掃除江內水雷，但工作較困難而已。

【合衆社重慶卅一日電】斯特拉特梅耶陸軍航空隊總部宣佈：蘭達爾少將被任命為駐中國空軍聯絡使團團長。聯絡使團作為中國空軍及美國在中國戰場上供給技術建設與管理援助的各機關之間的協同機關。蘭達爾刻在華盛頓商談聯絡使團戰後的活動範圍。蘭達爾以前指揮華西第十四航空隊轟炸機隊，他的家是紐約州長島的默利克。

重慶任熊式輝為東北行營主任

【中央社渝卅一日電】國民政府三十一日令，特派熊式輝為軍事委員會委員長東北行營主任。此令。

【中央社渝卅一日電】國民政府現已訓令頒佈恢復東北各省處理辦法綱要，並明令特派熊式輝為軍事委員會委員長東北行營主任。茲照錄處理辦法綱要六項原文如次：（一）國民政府為便於處理東北各省收復事宜，特在長春設立軍事委員會委員長東北行營，經理一切；（二）行營設主任一人，其編制另訂之；（三）行營內特設政治委員會及經濟委員會，分別辦理行營區域內政治經濟之收復事務，並設主任委員一人，委員若干人，其組織規程由行政院另訂之；（四）遼寧、吉林、黑龍江三省區域重行劃分為遼寧省、安東省、遼北省、吉林省、松江省、合江省、黑龍江省、嫩江省、興安省九省；（五）行營得就近指揮監督上列九省區內行政機關，（六）在長春設置外交部東北特派員公署，辦理行營區域及交涉事宜。

【合衆社重慶卅一日電】消息靈通方面息：政府已決定將東三省重分為九

駐廈總領事永岩彌生前來石碼，我方以該兩員並未攜治降身份證明書，當即令其仍返廈門。

【中央社韶關卅一日電】余長官漢謀張光瑋師前頭部隊一團，廿九日由大增進軍韶關，當日經東河壩渠江開進市區，全市商店懸旗鳴炮歡迎，敵兵向廣州方面撤退。卅日我後續部隊陸續開到，在市郊駐防，我軍到達前，市內及西郊曾一度混亂，經我軍鎮壓，當即平靜。

【中央社肇慶卅一日電】西江偽軍司令范德星企圖逃遁，被我行政專員陳尤所指揮之保安團隊捕獲，偽軍全部繳械，繳出輜重約九千担，肇慶城安謐。

【中央社漢口三十一日電】我空軍第四地區司令沈常世上校，率官佐軍士六十三人，於三十日下午乘運輸機兩架抵此，準備接管武漢、鄭州、開封等處機場。

【中央社渝卅一日電】據軍委會卅一日發表：（一）我胡宗南司令長官部隊，於卅日進抵豫中隴海鐵道綫上之靈縣。（二）我盧漢司令長官部隊，現已解放越南之老街，續沿鐵路綫向安沛推進中。

同盟社傳
杜魯門希望會見蔣介石

【同盟社××三十日電】華盛頓訊：杜魯門總統於三十日會見記者團時說道：我甚願與蔣介石委員長會見，它已包括於預定計劃之內。

合衆社傳播八路軍新四軍收復煙台等市

【合衆社重慶卅一日電】共產黨息：山東半島北海岸重要港口的烟台與蓬萊，已於廿三、廿四兩日分別由八路軍收復。魯南當地八路軍在武裝工人部隊支持下及偽軍反正的配合之下，於廿三日攻克台兒莊。

山東青島區域，共產黨宣佈佔領勞山與勞山東高地，八路軍已打開俯下青島的道路，現距青島僅十七哩。華中之蘇南浙東共產黨，宣佈新四軍又佔領五處城市，及許多據點與居民點。

【合衆社重慶卅一日電】共產黨息：華北最大的金礦玲瓏現已落入八路軍手中。該金礦在山東半島的招遠縣，廿一日四個據點被殲滅，敵人守軍竄逃之後為八路軍所收復。

孫運仲在鄗縣就河北主席職

【中央社西安三十一日電】新任冀省府主席孫運仲及祕書長、各廳長委員等，定一日在鄗縣冀省府辦事處舉行就職典禮。孫主席三十一日夜由西安赴鄗主持。

【中央社渝卅一日電】國府卅日令：（一）任命黃旭初兼廣西省保安司令，張任民爲副司令，萬兆鵬爲廣西省保安處處長。

【中央社重慶卅一日電】青島市復員協進會卅一日在渝成立，到新任副市長葛覃，青島籍參政員張樂古，及青島市人士百餘人。選出李芸軒、張樂古、予希秉、王秩疆、×致中、趙令誠等四十一人爲理監事。又國立同濟大學及女子師範學院，戰後均有青島之擬議，山東大學亦計劃復校，葛副市長當表示熱誠歡迎。

【同盟社上海三十日電】重慶來電：國民政府於二十九日將台灣改爲台灣省，任命陳儀爲行政長官。

【中央社渝卅日電】國府卅日令：（一）派葛敬恩爲台灣行政長官公署祕書長。（二）派錢宗起爲台灣行政長官公署祕書處長、周一鶚爲民政處長、趙迺傳爲教育處長、張延哲爲財政處長、趙連方爲農林處長、包可渣爲工程處長、徐學禹爲交通處長。

國民黨派員接收 京滬平津敵僞文化機關

【中央社渝廿九日電】中央宣傳部爲遵照中央通令各地敵僞新聞廣播出版電影等文化事業接收工作，應由派往各地之政府機關統一接收，各部份不能單獨行動之規定，經呈奉中央核定，就京滬平津武漢湘粵等重要地區，分別派遣特派員隨同各該地區行政長官前往工作，其任務如下：（一）籌劃恢復本黨在各該地區之報紙、雜誌、廣播，並推進一切文化活動宣傳事宜；（二）籌劃設置新聞及電影等檢查機關；（三）會同地方政府接管敵僞之新聞出版廣播電影及其他文化事業機關，查封附逆之新聞出版，及其他文化事業機關，協助地方政府肅清敵僞文化遺毒。（四）協助抗戰時隨政府後移之私人報紙雜誌出版業，及其他文化事業恢復經業。（五）指導各該地黨部及宣傳機關，展開宣傳工作，並核准陳訓畬爲南京特派員，詹文滸爲上海特派員，張明煒爲平津特派員，日內即將赴各地區隨行政長官分別出發，同往接受。至武漢及廣東等地區之特派員，亦經內定。（下缺）

人決策的錯誤，然而就原子彈而論，亦爲失敗原因。蘇聯參戰亦爲主因之一也。尚有兩點不可忽視者：（一）敵官兵作戰的忠勇，（二）即在投降後敵人還是服從命令，注意紀律。因之我們得到勝利尚需與盟邦精誠合作，共同維持世界永久和平，否則敵人有再起可能。要知敵武器雖已解除，但其陸軍傷亡不大，其恢復尤恐較第一次大戰的德國爲快。陳氏論及今後之整軍問題稱，日投降後全國對整軍問題仍甚關切，本人認爲整軍無論平時或戰時，都屬重要，應知我們雖傾全國之力猶不足養三百個師，我們全國的壯丁不能均徵之於軍隊中，任其吃不飽而擾民，錢亦不能都用於軍隊，故今後整軍工作自當更加積極。關於整軍要求。陳氏謂：第一要做到軍政軍令統一，第二軍隊是保障國防安全的，不是個人升官發財的工具，第三編制訓練裝備補給諸方面要做到現代化，即精兵主義。至編餘官兵的處置，自整軍開始到今年一月，已裁去三十個軍約八十個師，人數在百萬以上。經過情形尚稱良好，編餘官兵體國忠公，服從命令之精神，對國家的貢獻可與在前方浴血作戰相媲美，無論在精神上物質上，我們應當予以相當待遇，戰後設法使之由消費變爲生產，如實行總理之工兵政策，總之政府不使有一人流離失所。此次本人赴西南、東南八省考察，會晤及三個方面軍司令、四個戰區長官，言談間得悉渠等整軍用意均極明瞭，凡爲中央規定整編各部隊，已一律予以新編，與未經整編部隊每一士兵月支僅五十元，整編後可得九百元，未經整編前士兵每月每人伙食及副食費爲九百元至一千元，整編後爲三千五百元至一萬元。凡未依照規定整編者，不予以新編與關於兵器制服。陳部長認爲在整軍後必需力求劃一，不然補給十分困難，主要兵器必須自給自足。陳氏談話畢，有詢及我派赴佔領日本本土之軍力是否已確定，陳答正在研究，軍力之多少，會視需要而定。記者詢問戰後應如何處置榮譽軍人，陳氏答：此項計劃正審核中，全殘廢者政府固應負責其生計，半殘廢者則分別予以適宜工作。記者詢以美租借法案物資停止對我有何關係，陳氏答稱：依照該法規定，戰爭結束後即停止執行，故美政府停止租借物資原係依法之舉。今後吾人如有要求，可依照借款交換等方式取得。記者詢以長江內掃雷工作進行如何，陳氏答謂：據個人所知，長江上游水雷所留不多，本人（陳自稱）任職第六戰區時，曾有長江佈雷之工作，初甚有效，敵船被沉者頗多，敵人查覺防範甚嚴，水雷所餘不多，下游方面敵船不斷往來且多夜間行駛即（下缺數字）

【中央社渝卅一日電】中央圖書雜誌審查委員會主任委員潘公展氏，最近迭向中央常會懇辭該項兼職，三十一日中央常會及國防最高委員會聯席會議時，潘氏復申前請，業獲通過，准予辭去中審會主任委員兼職，由副主任委員印維廉暫代。

【中央社渝卅一日電】中國新聞公司舉辦之重慶世界日報，原由該公司總經理成舍我任社長，現因成氏將赴京滬一帶籌備報紙復刊事宜，已由該公司董事會推請雲隱担任社長，訂九月一日接辦該報。

【中央社漢口卅日電】武漢日報已於本月二十八日在此發行光復版第一號。乃漢口大報中最先在此復刊者。

國民黨籌備重慶開封間復員

【中央社渝卅一日電】戰時運輸管理局為加強重慶至開封復員運輸工作，經訂定『緊急措施辦法』其要點如下：（一）重慶至廣元段分為二綫，一、重慶經遂寧至廣元綫，由川陝公路局負責，維持隔日對開車輛一次，將來由四川公路局調集渝蓉廣元區商車廿輛後，每日可對開客車二輛。（二）重慶經成都至廣元綫，由四川公路局負責，現暫每日開四輛，俟調整後，沙市局車十輛到達，每日可開五輛，並由四川公路局與西北公路局辦理。渝蓉廣元至寶雞段，由西北公路局負責，每日對開客車七輛。（三）潼關至開封段，設立陝豫聯運處，辦理復路工程及運務，抽調川滇東段公路局及雲南分局車各五十輛，均限九日內駛抵西安。（四）運費目前暫照舊收費，俟將來復員運費撥到，則不向搭客及機關收票款。

【中央社重慶卅一日電】英文廣播：此間獲悉：國立武漢大學，照於明年夏天遷往武昌（漢口對岸）。中國軍隊進城後，該校代表即將前往接受前大學校址。

誠談黎軍陳

【中央社渝廿九日電】軍政部陳部長，廿九日下午四時出席中宣部記者招待會發表談話，對我國抗戰勝利之由來，作一分析，氏稱我國抗戰所以勝利不外：（一）最高統帥決策正確，立場堅定；（二）全國軍民不斷犧牲奮鬥；（三）盟邦尤其在華美軍會予吾人莫大援助。陳氏稱稍勝利雖得，但保持勝利條件甚多，如不加倍努力奮勉，不但對不起最高統帥與盟邦，且世界大戰的慘痛格外值得警惕。敵人的失敗原因由於其領導

宋美齡啓程返渝

【中央社華盛頓廿九日專電】蔣夫人已自華盛頓啓程返渝。

【美新聞處華盛頓廿九日電】杜魯門總統今日在白宮接見中國主席夫人宋美齡，宋美齡並與美國總統會談十五分鐘。來美就醫的宋美齡將返回中國。

大公報促英國歸還香港九龍

【合眾社重慶卅日電】大公報敦促英國把香港和九龍歸還中國，說當香港在困難時間，中國人急急去拯救它，可是當日本投降時，中國人寧願讓英人先進去。說這是『中國古代的道德：道德第一，利益次之。』該報說英軍在香港設防一百年，但日軍只十八天功夫就佔領了它。這表示香港是確定地沒有軍事價值的。如果英國想要作為一個商埠而收回香港的話，『英國人應該知道，沒有友誼，即不可能期望和中國有大的商業關係。』結語說：『如果工黨政府有道德和友誼的理想的話，香港和九龍的問題就都容易解決了。』

日寇挑撥盟國關係

【路透社倫敦廿八日電】似乎在數小時內即將由盟國控制的東京無綫電台，今日廣播一非凡的呼籲給盟國說：朝鮮『焦急等待』日本軍隊去那裏，並暗示，紅軍的解放該國造成了朝鮮人的起義，威脅着日本人的生命、財產。該廣播稱：『朝鮮北部的情況突然轉壞了』。『日本人民正爆露於緊急的危機中。此一可悲形勢，若置諸不加糾正，極可能蔓延朝鮮南部，迫使日本當局在維持和平秩序方面處於極困難的地位，當局急盼盟軍即日到來，並急望他們在着手解除日軍武裝及由日本手中承受行政機關之前，立即考慮確實情況』。路透社外交記者稱：倫敦認為東京的呼籲僅僅是一種詭計，目的在於建立同情。稍具智識的人，認為朝鮮人的起義不見得很可能，因為朝鮮人主要特徵之一是冷淡。路透社又指出：在滿洲日本廣播包括內部矛盾，日本當局在維持法律秩序方面，可能有困難，然卻強求保留其權力。各地區日軍投降均將由紅軍接受。該廣播係用英文發出。日寇廣播繼解釋為圍繞着企圖誘使英國報紙、蘇聯當局放鬆地方投降條件。此將近二千三百萬的遠東人民在一九一〇年即併入日本。而一九四三年開羅宣言條款已允諾該國獨立。

（只供參考）
第九〇九號
解放日報 新華社 編
卅四年九月二日 星期日
今日出一張

合衆社稱

國共談判進行順利

【合衆社重慶一日電】消息靈通人士談到政府與共產黨之間的會談，已有令人滿意的進展時說：政府同意延期召開蔣介石原提議於十一月十二日舉行的國民大會。共產黨反對召開國民大會的理由是認爲出席這次大會的代表不是眞正選舉出來的代表。不是人民的代表。而主張召開三大政黨——國民黨、共產黨、民主同盟及非黨人士的會議。政府同意延期召開國民大會，一部份是因爲日本的投降，需要作新的計劃，而另一部份是與共產黨妥協。

傳蘇軍進入山海關

【同盟社北平卅一日電】卅一日滿洲方面之蘇軍一部，越過長城線進入山海關。我所在部隊爲了避免無謂衝突，立即開始交涉，極力阻止進入關內。該地之我居留僑民已暫時集中於秦皇島，關於保護辦法正採取萬全措置。

【合衆社倫敦卅日電】伯力廣播暗示：被蘇軍拘禁之僞滿傀儡皇帝溥儀，將由蘇聯當局控其爲戰犯之一。廣播稱：溥儀爲『賣國賊』。溥儀雖在拘禁中，但尚能與蘇當局通訊，對蘇機之轟炸滿洲各城市，表示不滿。

【同盟社東京一日電】上月九日突然侵入國境的蘇聯軍，不僅佔領羅津、淸津、咸興（咸鏡南道）等城市，而且在停戰之後到現在爲止，仍然在强行登陸，並且向平壤進兵，掌握整個北部朝鮮的交通路綫，以謀繼續不斷地滲透其勢力。駐紮咸興的蘇軍司令官奇斯恰科夫上將，已把咸鏡南道以內的各個機關交予朝鮮民族執行委員會，新聞與通訊都已停止，憲兵、警察已被解除武裝。維持治安則由蘇軍與委員會担當。這樣，暫時劃分爲蘇聯與美國的分割佔領區，以包括海上在內三十八度之綫爲界，北面由蘇聯支配、南部由美國支配，由於此種劃分，使朝鮮成爲蘇、美兩國的勢力圈。

歡迎，並設宴招待我上校以上官佐。

【中央社恩施二日電】我孫蔚如司令長官部隊，現正向隨縣以東之洛陽店前進中，其另一部隊現已接收沙市對面長江南岸之彌陀寺。日軍已撤至沙市，我軍亦正準備北渡長江進入沙市。

【中央社渝一日電】頃據第五戰區辦事處，接前方電稱：劉峙司令長官，於一日午進駐老河口，沿途民衆熱烈歡呼，先頭部隊，正向鄭汴急進中。

【中央社包頭廿二日電】（遲到）綏包路障礙已除，恢復通車。十九日晚，我軍進入歸綏城，先遣部隊，並已通過歸綏東進至旗下營車站。包頭市連日接收敵方財產極順利。

【中央社上海卅日電】中央日報卅日晨在滬創刊，初印三萬份，即被報販爭購一空，繼續印二萬份，亦頃刻售完。

【路透社巴黎卅一日電】巴黎××方面的消息稱：三個中國師團——第五十二與九十一，已越過邊界，解除南北部日軍的武裝。×××將軍所部法軍部隊……正向海防、河內與東京東北部推進。據同一消息稱：越南日軍尚未開始釋放法國戰俘與被囚平民。

【中央社重慶二日電】軍委會二日發表：（一）我顧祝同司令長官部隊於八月二十九日收復浙西之餘杭，三十一日收復蘭谿。（二）我劉峙司令長官部隊於八月二十九日收復豫南之鄧縣。（三）我李品仙司令長官部隊於八月二十日收復鄂東之蘄春，並派遣部隊協同地方團隊二十五日進入豫東之扶溝。

【中央社肇慶二日電】我第二方面軍採立八部隊，八月三十一日開進廣州。

紐約先驅論壇報記者稱

毛、蔣的商談緩和了內戰的恐懼

【美新聞處紐約廿七日電】紐約先驅論壇報駐馬尼拉訪員斯底爾廿六日電稱：中國共產黨領袖毛澤東同意到重慶與蔣介石委員長商談，這消息大大緩和了對於內戰的恐懼，『但日本仍能以他們投降的方式强力影響中國的內政。』斯底爾略稱：日軍能以把他們華北駐軍投降包圍着他們的中國共產黨軍隊的方法，而使半個中國的華北整個富庶地區落入共產黨手中，並造成中國較最近數年來更嚴重的分裂。可是如果日軍遵守蔣介石委員長的命令並備投降重慶的話，他們就將軍事上領略共產黨，或迫使他們作

中國戰區受降簽字六日舉行

【中央社南京卅一日電】前進指揮所自抵京後，每日與日方商談關於武器彈藥物資等項。迄今午止，各種材料，均已收到，據悉投降簽字典禮式，將展期於六月舉行。

【中央社南京二日下午七時電】京滬人民渴望已久之國軍，已定於明日開始空運。頃悉一百架軍隊運輸機去滬，一百架運輸來京，每日可運三千人。此間正已最熱烈之情緒，準備歡迎凱旋歸來。屆時軍民交歡，必有驚人之盛況。

【同盟社廣州一日電】在未正式接受廣州之前這一期間內，前此曾設置廣州先遣隊總司令部廣州警備司令部，担任維持治安。中國陸軍總司令部副司令官何世禮中將，偕美軍將校二名，於二十八日來此，與各有關方面開始接觸。

【中央社芷江一日電】中國陸軍總司令何應欽將軍，在渝昆公畢，一日返抵芷江。何氏卅日晨，由芷飛渝，向蔣委員長請示機宜，並與錢市長大鈞，賀主任國光，商團長震等，商討若干重要問題。當日下午四時，即偕麥克魯將軍，鈕先銘處長等飛昆，何總司令並會於留渝數小時中，×××訪晤魏特梅耶將軍。卅一日晨，召集衛副總司令立煌，第一二三方面軍司令官盧漢、張發奎、湯恩伯，昆明防守司令官杜聿明、××軍軍長邱清泉等，對受降事，詳加指示。午後邀美軍中國戰區作戰司令部高級幕僚，開聯席會議，××意見完全一致。是晚衛立煌、杜聿明兩氏夫婦假金碧別墅，舉行勝利歡宴，文化界梅貽琦夫婦等，下×邀請。何氏於十三時×飛×××，芷江抵總部。即××××高級幕僚，指示受降事宜。

傳閻錫山進入太原
孫蔚如收復宜昌

【中央社渝一日電】據東京一日廣播北平訊：中國第二戰區司令長官閻錫山，已於八月卅日下午十時，進入太原。

【同盟社太原一日電】第二戰區司令長官閻錫山，於三十日下午十時，率領其指揮下的部隊若干人，進入太原。

【中央社恩施上午十一時急電】我孫蔚如司令長官所屬柳際峨將軍部隊，已於本日上午十時進入宜昌城後，繼續向武漢前進，日軍在北門曾設茶水站

政治上的解決。如果日本想要在同盟國陣營中製造分裂的混亂的話，他們就會在力所能及的範圍內這樣做的。但日本對共產黨傳統的恐懼是更能抵消他們想要在中國製造麻煩的願望的。×××。中國共產黨軍隊開入日軍佔領區，並控制樞紐城市的計劃，還未實現。這問題的事實是裝備不良的共產黨軍隊軍事上太弱，弱到即令在他們目前的士氣狀態也不能打垮日本駐軍。駐華日軍現仍在接受天皇的命令，且如無帝國大本營的命令就不投降任何集團。簡言之，決定是在於東京。無論如何，如果日軍服從×××而×××蔣的命令並×××的話，形勢就將激起爆炸的可能性。蔣的軍隊將能以空運消除或從海上登陸沿海城市，而佔領華北之較大城市。但是仍將使成百的較小城市留給中國共產黨軍隊。在許多場合，這些城市是完全在共產黨軍隊包圍中的，當重慶軍開進去的時候，他們似乎不會待命不動的。這種不愉快的情景，造成特別的緊迫性，於是蔣即請毛澤東到重慶來會談共產黨和國民黨的分歧問題。兩黨過去連續的談判失敗，無法達到協定，這次如果不是目前來談判以來時局有兩件重要發展的話，則敢說對於政治協定的前途就將是極端悲觀的。這兩件發展是：對日戰爭的結束，這或將使重慶有意於更趨和解的態度，另一件是蘇聯和中國政府友好同盟條約的締結，這中間，共產黨——國民黨問題解決的願望似已有默契了，即令在條約上並未提及。莫斯科——重慶之新××諒解，如中國內部分裂下去，就不能期望可以滿意進行。莫斯科已讓中國政府不憑藉內戰，而自由解決中國內部的危機。從一切的徵象看來，它和其它同盟強國一樣，是不願有一個分裂的中國的。並且將歡迎這個問題的解決，不僅有助於中蘇關係，而且也有助於蘇聯與美英在遠東的關係。蔣介石公告允許外蒙古充分獨立，乃是實行這一協定的首先步驟。蔣也很想以撤退中國接受香港日軍投降的權利，而調整中英關係。可是蔣仍說明意欲對香港地位問題重新開始談判。蔣支持西藏自治一點，明白表示另一個動向，即撫慰對西藏的將來關心極深的英國人，因為西藏毗隣印度故。這一點也將緩和西藏人的敵意，西藏在過去三十三年來享有着實際上的自治，並且很恐懼重申中國的權力。中國對中蘇及中英關係之現實主義態度，即缺了它在和平會議上的要求贏得最高限度的國際支持的願望，它將在和平會議上堅持光復滿洲、台灣和澎湖。為戰爭所可悲地削弱和貧困化的中國，在實行戰後發現中也極需要外國的幫助。

李宗仁任北平行營主任

【中央社渝二日電】（一）特派李宗仁爲軍事委員會委員長北平行營主任。此令。（二）特派×東省政府委員會××兼×東省政府秘書長。此令。

敵稱華北方面逐漸「平靜」

【同盟社北京廿九日電】華北方面的一般治安狀態漸趨平靜。北逼抵石匣方面的外蒙軍，聞後將其主力撤退至古北口方面。由於軍事與鐵道機關的努力，逐漸恢復了鐵道。目下津浦路實行區與區之間的運輸，北京與天津之間，一部份不逞份子的暗中行動，還要加以警戒。一般說來，由於日華雙方的謹愼和自重，治安已漸平靜。

清華等校將遷返平津

【中央社昆明廿六日電】西南聯大三校——北大、清華、南開遷返問題，經該校校務會議決定具體辦法：（一）本學期提早兩星期上課，寒假縮爲一週，學期終了即行遷返。（二）路綫決定走海路，由昆明滇越路至海防搭船赴津。（三）三校同時出發，學生須在昆先塡志願書。遷返平津後，分別赴各校報到註冊。又本年暑期聯大錄取新生一九四名，限九月十八日前來昆入學。新生定廿七日起註冊，九月三日正式上課。

【中央社成都卅日電】樂山訊，武漢大學定明年暑假遷返武昌，已派員籌備一切，一俟我軍進入武漢即派員前往接收校址。

敵下村陸相又廣播

【同盟社東京卅一日電】下村陸相於卅日下午七時起，再度廣播以「告陸軍軍人、軍屬書」爲題，發表廣播演說，廣播要旨如下：（一）內地軍隊的現狀——一部份軍隊已解除召集令，大部份正在收集兵器與準備轉用，以便根據協約撤除軍備，預定於停戰協定簽字後進行復員，因之徵至現在爲止，並不認爲有特別値得憂慮徵候。對盟軍之進駐亦圓滿接待；（二）外地軍隊的現狀——一、中國方面已全面地停止戰鬥，但因土匪及其他部隊爭奪地盤，因之部份地區也有在停戰上發生遲滯現象，二、關東軍的解除武裝，大部份已告完畢，但也有部份滿洲軍與土匪等擾亂治安，三、庫頁島方面——目下日軍正在順利地解除武裝中，四、朝鮮方面——部份地區，由於政治××、經濟逼近，因而民心的動向値得注意，但除此以外，一般地都平靜，五、台灣中太平洋東南方面，都已停戰，菲島之一部軍隊因命令無法傳達，（下缺

勵明顯的×鳩山一郎，他企圖糾織了有自由主義色彩的議員成立一個黨派，該黨在臨時議會後，即可宣佈綱領政策，又三浦一雄爲會長的××亦將朝於最近解散，但這些很少的勢力，決不能成立一黨。此外翻譯了有翼贊色彩的是無產陣營。這是以現議員爲中心的人物，今後隨着政治形勢之進展，有可能更形抬頭，據說這一勢力將會非常活躍地出現，値得加以注意，此外議會外努力建立政治結社的各種團體，亦有動向，這些勢力將在總選舉中集中他們的努力。

【路透社東京一日電】首相東久邇宮親王已採取了前所未有的步驟，即要求日本人民把他們認爲政府應當如何辦的問題，親自告訴他。他今日在其聲明中說：『我很希望你們寫信給我，你們可說出你們心中的不滿。我希望直接聽到人民的話，以便我能爲人民的意見所指導』。

【路透社東京一日電】日本政府今日宣佈，學校中的强迫軍事訓練將予停止，公告稱，未來日本的教育將强調男生之科學研究，女生之學習『婦人道德』。日皇裕仁今日舉行聖物宮還典禮。這些東西由於空襲危險，被移至安全的地方。

美軍登陸後東京情形

【中央社東京帝國飯店卅一日專電】盟國佔領東京兩日，情形安謐，人民均泰然處之，生活如常，×未發生變化者，市面並無混亂之狀。一般人民所引以爲異者，乃先遣隊掠過東京上空之美轟炸機隊，所經常發出之隆吼聲而已，東京與橫濱均已淪爲死城，不若戰前之繁榮，美軍登陸消息傳到後，有力遷移之平民（尤以婦女爲然）均紛紛遷離城區，彼等神經過敏，恐美亦如日軍攻入南京後之同樣行爲，×××也。×××完全停頓，各飯店均已停業，如能尋及一家，猶須有定量分配，百貨商店照常營業者寥寥無幾，最大之三菱公司，一二樓猶售××，惟所售者均係毫不需用之物品，巡行城內者之印象，乃東京已不復爲商業中心，多數大辦公廳猶完好如初，馳名之帝國飯店，除有端被毀外，仍爲一般來客之良好住所，但東京之損失並非不重，全城百分之六十區域，均被炸毀，戰前人口六百萬，目前不及三百萬人，工業郊區全被超級空中堡壘炸毀，橫濱東京間廿一英里距離內之公路一帶之工廠，均被炸毀，此乃飛機工廠、兵工廠之原址，今已爲廣漠一片，莫可辯識之廢墟殘跡矣。

一段）（三）關於實行波茨頓宣言，盟軍已經根據條款進駐我國，但外國軍軍隊執行其中央命令亦有不充分之處，我們儘量要抑制神經過敏，因爲還是我軍隊的羞恥，關於繼承責任已付與憲兵，他們當然要保持公正的態度，希望軍人軍屬應特風雅之度量。我們看最近彼我代表間交換的各種文件，如果不很好了解波茨頓宣言的內容，亦許就要感到新的難問題。不僅……（缺），在國內，陸海軍，均要通過大本營服從天皇陛下的命令，還是不能變更的。根據既定的條約，今後我們所應做的事情決非容易，生活在正義中的日本國民，特別是擔任執行的軍人軍屬，應一擲敵愾心，率先排除萬難，熱心完成任務。（四）隨着陸軍解除武裝後，數百萬軍人軍屬，將來如何處理，不論國家，不論個人均是一個很重要的問題。各位保持着武士道的傳統，（缺一句），當局亦有責任要澈底解決。諸君之全部在新生活中應安心忍耐，而更重要的是諸位應有此種決心：即軍人軍屬對於國家所給予的待遇地位職業，總努力沖破困難做去。（五）關於戰歿者及其遺族，關於我們奉公軍職的人來說，實有共同的須臾不可離的感情，我們應當承繼他們的遺志，軍部爲了援助遺族，以設立新的機構，以處理復員軍之職業，今後這一機構將更擴充。

日機散發傳單 反對天皇決定停戰

【路透社紐約一日電】在日皇宣佈戰爭結束兩天之後，數架由自殺駕駛員駕駛之飛機向日本主要城市投落傳單，促請人民繼續作戰。無數人民爲不服從天皇之思想所驚駭。該傳單稱：天皇『聽取了錯誤的意見，並不知道真實情況。』

同盟社稱日本新黨不斷活動

【同盟社東京卅一日電】現內閣從事於建設新日本之遠大方針之一，是在重整民心，反映民意，進行健全之政治，在這一期間，我國政界成立新黨的氣氛在各派之間流動着，此即促進舊町田派（民政黨）舊中島派（政友會）的合作，黨的首領是誰？現在尚未超過議論的範圍，中島知久平，宇垣一成大將，野村吉三郎大將出任首領之傳說甚多，又久原房之助之出馬亦成爲一個問題。在此期間政友久原派民政黨永井派亦有活動，又民政黨的田派之三好英之，政友會久原派之津雲國利，以舊『政友』『民政』之中堅爲中心勢力，企圖使舊『民』『政』兩黨更年青，不論何種勢力成爲中心，由於舊『民』『政』兩黨提攜，而出現有力的政黨是很必然的。此外最近比較宏

泰駐美公使稱：泰國將向民主與自由之途邁進 泰越疆界爭執提交國際仲裁

【中央社華盛頓廿八日專電】泰國駐美公使普拉莫吉本日在其戰事發生以來之首次記者招待會稱泰國與越南間疆界爭執之懸案，泰方雖有充分理由，但願交由國際仲裁，予以解決。詢以泰國之將來時，答謂當向民主及自由主義努力邁進，準備返國之普氏，首次發表渠爲自由泰國運動之工作，並介紹現方由泰抵華府之諸泰國新領袖，渠曾組織在美留學之泰國學生，爲地下工作隊後，於一九四三年派送返國，與泰國政府建立聯絡。美史密斯中校亦初次透露，美戰略參謀處前派遣美人廿八名前往協助泰國地下工作，地下工作者，建立氣象台，曾不斷以氣候消息供美第十四及第十航空隊，其他政治及軍事上之情報，亦經常供給英美當局。

敵稱越南獨立領袖爲共產黨

【同盟社河內廿九日電】印度支那革命政——越南獨立聯盟東京（越南）委員會，本月十八日曾致電巴保大帝，要求他退位，××之皇帝政府樞密院，已於廿四日宣佈皇帝準備退位，向革命政權發出回電稱：『爲了祖國準備退位』。由於大東亞戰爭的進入最後階段，宣佈獨立的越南帝國的記姆內閣，決心總辭職，巴保大帝遂授命越南革命黨組閣、該黨直至今日之前，是一地下組織從事越南獨立之團體，皇帝已表示退位。又該革命黨領袖，是過去之越南共產黨領袖阮愛國，他現在的所在地還不明瞭，一般認爲可能在重慶或莫斯科。

【路透社紐約廿九日電】美新聞處今日引西貢無綫電台廣播稱：『星期六（廿五日）在西貢及越南南部各省的『大示威』包含建立『南越南獨立共和國』。路透社按：越南爲日本附庸國家，據昨日日本通訊社稱：共總理坎特聞已號召人民團結起來，『消滅法國勢力』。

更正

昨日參考消息第一面第一條合衆社重慶電關於毛主席在渝談判推測，最後一段應更正爲：軍事問題可直接解決，政治問題可由國、共、民主同盟及無黨派領袖解決之。

宋子文稱：中共問題在極短時間內將獲得解決

『美國新聞處舊金山一日電』中國行政院長宋子文，今日於招待記者會上稱，他預料中共問題將在『極短時間』內獲得解決。在回答加總理金氏的問題（金氏根據最近的中蘇條約，問及中國與蘇聯的關係）時，宋氏說：『我相信協定將具有穩定的影響。蘇聯的確愛好中國，我們也值得與我們的偉大鄰邦處於友好的關係中。我相信蘇聯希望與中國保持友誼關係』。宋氏指出，中國和蘇聯，如同加拿大與美國一樣，有很長的共同邊界，使中蘇未來的關係有如美國與加拿大間存在的關係一樣。宋氏在答覆中國政府將採取之形式時說，『我們正走向你們西歐國家那樣的民主主義的康莊大道』。宋氏預料問題，中國現在已有機會建立巨大的出國貿易，而這些市場過去是由日本人供給的，尤其是絲織品及茶葉。

大公報稱：國民黨準備對日勝利日宣佈一系列中國將來的民主措施

『合衆社重慶二日電』大公報稱：政府正準備於對日勝利日宣佈一系列對『中國將來極爲重要』的民主措施。國共談判正由雙方代表繼續進行，蔣毛均在『經常注視』，沒有親自出席會議。國民黨仍由以前四人任代表，共產黨則由周恩來、王若飛任代表。據稱：兩黨會談的第一個目標是將兩黨的關係放在合作基礎上——恢復一九二四年的狀態。按兩黨於孫中山的親自指導下，由一九二四年合作至二七年，以後則轉成內戰。

『合衆社重慶二日電』中國政府正計劃大赦全國一切犯人，但如果它甚至將適用於漢奸與腐化份子時，是不正當的。

束了五千年的專制，掃蕩了大小軍閥的盤據，取消了一百年來的不平等條約，打敗了侵略世界的日本帝國主義，但本黨決不因此而滿足，相反的適更同胞與友邦，加深其我前殺後卜之念，務使世界的永久和平獲得確實保障，於民權主義的最大力量之中使一切爲民所有，爲民所治，爲民所享，內以安慰我革命先烈與抗戰犧牲的軍民，外以策勵全人類互利互助，共存共榮的基礎。蔣求革命維新興邦，建國成功的前提厥在先知先覺者接續處理，決志進行，國父既由此値率同胞共成開國之功，本黨總裁亦將由此率導同胞共成建國之業。九一八前本黨總裁承負重任，安清綏難，固已爲我同胞所熟知，九一八事變既起，便鄭重決定嫖傳救亡的國策，忍受辯論的譏責，堅拒敵人的誘脅，抱最後犧牲的決心，爲和平最大的努力，並爲抗戰最要的準備，迨七七事變一起，便認爲這次事變的發展，不僅是中國的存亡問題，亦將是世界人類禍福之所繫，立即號召全國抱定犧牲一切的決心誓與日本抗戰到底，以爭取最後的勝利，其後首都淪陷，即確定抗戰建國同時並進的國策，進行機動的持久的戰略，粉碎了日本速戰速決，與速和速結的企圖，共明效大驗，一如粉碎九一八前日本出兵濟南阻撓北伐的陰謀，與九一八後日本反對國聯過問的毒計，及德國爆發歐戰，國際形勢譎變，全國危疑震撼，又重申一貫不變的抗戰立場，並斷定最後的利勝仍必屬於反侵略的國家，及日本侵略海南島，又立即指出『這是太平洋的九一八』，促使友邦警戒，日本既爆發太平洋戰爭，便命將出席與盟國並肩作戰，並主張建立世界安全機構。即其指導我同胞，處理國內問題，亦依然未變民國十七年時期的方針。所謂『本黨今後能在不辱革命建國的使命，中國能否依國民革命而獲救，全爲之實問題，且須要長期克苦努力，凡轉牽偃卒，務求貫澈一已的主張，以加重革命環境的困難者。除固執國父遺留的一切敎訓，絲毫不能動搖外，其他無不可以調和，無不可以容忍』。我們在今日慶祝抗戰勝利之中，當必能深信本黨具此種智慧，再指導不僅爲抗戰勝利所由決定，亦爲建國成功所必依恃，最後國民革命必須全國同胞共同努力，才能完全成功。國父遠在同盟會宣言中，已說明國民革命的意義，在人人皆負革命責任，政府不過是領導的機關。政府的功績，即國民的功績。後在遺囑中，又指示本黨必須喚起民衆，共同奮鬥，本黨領導抗戰未敢稍忘遺教，我同胞亦在八年多的長期抗戰之中，出力出血，不怨不懈，造成今日的勝利。在首都淪陷以後，本黨要求我同胞集中意志、集中力量，一面抗戰，一面建國，我同胞即在各級民意機關之中，捐棄成見，破除疆域，貢獻智慧，以取抗建在國際形勢不利於我之時，本黨要求

【中央社渝二日電】國府九月三日令：抗戰時期軍事第一，政府為斷求勝利，適應需要，不得不頒行各種戰時法令，舉凡人民生活、經濟之行為，乃至集會結社言論之自由，均不免有所××，此乃世界各國戰時之通例，要亦政府所應及時改革之急務。邇者戰事已告結束，一切應復常軌，所有在抗戰中頒布之各種戰時法令，各主管院部會署立即分別檢討，加以整理，其有未合平時規範者，得先申請廢止，以期符合約法之精神，而作實施憲政之準備此令。

國民黨為抗戰勝利告全國同胞書全文

【中央社重慶二日電】中國國民黨為抗戰勝利告全國同胞書全文如次：

全國同胞們！當此抗戰勝利，全國騰歡，想能記憶國父一卷名言：「夫事有順乎天理，應乎人情，適乎世界之潮流，合乎人群之需要，而為先知先覺者所決志行之，則斷無不成者，此古今革命維新興邦建國等事業是也」。這句話在勝利的今日，尚覺得如響斯應，論建國的前途更好是耳。「此革命首先是本黨遵照國父遺教，領導國民革命，爭取中國自由平等，今已在我同胞共同奮鬥之下獲得成功。而在這一成功之中，確已實現了『日本即欲實行其侵略政策，中國人亦能出而拒絕之，即不幸中國為日本所佔領，不論何時何處亦斷非日本所能統治』。而有利的遺教，更實現了『民國以前吾黨本主義以建立民國，民國以後則本主義以捍衛民國』的遺教。國父曾指出『吾黨實繫中國之存亡，使吾黨弛而不張，則中國或幾乎息』。五十年革命歷史，八年餘抗戰紀錄，都說明了本黨的努力奮鬥與中國存亡實有不可分離的關係。但國父也指出國民革命是國民之事，人人應負革命職責，我同胞今後自更當記取國父的教導，自強不息，為建國大業成功的保證。其次國父創立的三民主義、五權憲法，實為立國的極則，政制的宏規。今不平等條約取消，日本帝國主義覆滅，民族主義中『中國民族自求解放』一個目的已完全達到，其第二個目的『國內各民族一律平等』，亦可遵奉遺教，及六全大會決議，促其澈底實現。尚待迅速實施的，即是最進步的民主政治，最適宜的經濟建設者，為本黨目前最急的任務，亦為本黨始終一貫的決心，甚當與我同胞一心一德，再接再厲，使民權主義能在最短期間完全實行。民生主義亦能定期成功。五十年來本黨與全國同胞共同奮鬥，雖已推翻了二百數十年滿清的統治，結

我同胞更要本着過去自力抗戰的精神，準備迎接最艱劣兇險的局勢，我同胞即恪遵告誡，不因局勢的險惡而餒氣，在不平等條約取消，友邦既與我並肩作戰之時，本黨要求我同胞勿驕勿怠，愈勉愈奮，必須認識惟自強乃能獲得真正之自由，惟自立始能自得真正之獨立，我同胞即能自勉自重，不存僥倖依賴之心，避免自怠自弛之失。特別是淪陷區域的同胞，雖然朝夜忍受敵偽的驅策燒殺姦淫虜掠，但常能祕密接受最高統帥的命令，衷心服膺本黨的主義，探報敵偽的計劃，摧毀敵偽的佈置，其次亦能不為敵偽屈服，不受敵偽利用，寧犧牲身家性命於無可抵抗之下，決不稍屬損我民族忠義大節。至於全國數百萬將士，又都來自民間，無不為忠勇特著的同胞，無論作戰如何艱苦給養如何不足，總能接受最高統帥與全國同胞的要求，犧牲一身轉戰萬萬，以劣式的裝備，抗優勢的大敵，至八年之久，卒能獲今日的戰果。海外僑胞，雖遭浩劫，或仍留原地與敵偽奮鬥，或重返祖國效忠抗戰，凡此雖能可貴的志行與成就，實由於我同胞能認識國民革命的意義，能盡忠國民革命的責任，而國父『革命事業由民眾發之，亦由民眾成之』的教訓，乃係我同胞在此次抗戰之中使之成為事實。本黨飲水思源，願竭誠對我同胞表示，抗戰中一切力量，皆為我同胞的力量，一切成功皆為我同胞的成功，惟抗戰雖已勝利，任務仍未完畢，目前急待共同進行的[illegible]近必須完全實施的憲政，有許多大事要做。關於前者要為軍人佈置就業的機會，要為抗屬傷兵難民難童取得必需的救濟，要為毀於砲火的城市鄉村的復興，要為海外僑胞謀復業，要為青年解決求學的困難，要為工礦農商各業開拓發展的前路。關於後者，要加緊完成地方自治，要切實保障人民權利，要從速成立各級民意機關，要充分養成尊重法治習慣。凡此種種，尤必賴我同胞應用抗戰時期的寶貴教訓，以一貫之於最後一程的建國。抗戰既由捨小異祛私見而解決戰時問題，建國更應尊重統一，避免分裂，以開闢建設的坦途。抗戰即由自助而得人助，建國更應各盡其力，以求得國際的助力。甚願我同胞記取前訓，共圖全功。同胞們！禦侮救亡的大戰已經勝利，富強、康樂的國家，自由和平的世界正照耀在我們的眼前，但非慘淡經營向向前進，便無由實現。本會無日不迫切希望歸政於全國同胞，即欲我全國同胞共負建國重任，共成建國大業，一舉而實現國父『主權屬於國民全體』，『建設必自民始』的遺教。我們同胞要是能夠不驕矜，不懈怠，把握時機，共當大任，本黨一定能和我同胞邪許同聲，苦

樂共嚐，共同建設成功一個民族平等、民權暢行、民生樂利的中華民國。本黨信賴我同胞，今日以後，確能使建國必成，亦同於信賴我同胞，今日以前能使抗戰必勝。我同胞信賴本黨今日及今後諾言的必能實踐，當必同於證明本黨今日以前諾言的業已實現，國父說「建國之基當發端於心理」，本黨與全國同胞此種共信互信心理的交織縱錯，乃今日抗戰獲勝的主力。今後建國必成的左券，全國父老兄弟諸姑姊妹幸共鑒之。

三青團派人至平津京滬等地

【中央社卅一日電】青年團中央團部，為督導前方各地團部積極開展收復區團務，特劃分十個督導地區，指派高級人員分赴各區督導。第一批出發者計有平津區黃宇人、李荷、張民治，京滬江蘇區李壽雍、劉穆菲、廖德雄，粵桂區程思遠、張景權，湘鄂區上官業佑、傅宅海，浙贛區吳兆棠、陳教正。

【中央社芷江一日電】南京市副市長馬元放、社會局局長陳劍如，衛生局局長王祖祥、市府秘書余方舟等一行四人，頃自渝抵芷，候機飛京。（下缺）

【中央社寧都廿九日電】（遲到）省府各機關派赴南昌接收人員一百五十餘，由胡廳長嘉治率領，廿九日晨九時乘專車六輛分由南城、興國、信社、河及冉江集中豐城，入南昌城，省保安處長會麗初、南昌市長艾懷瑤、中央社南昌分社主任陳熙乾、中央廣播事業處江西廣播電台主任王濟如等同行。

【中央社上海三十一日電】京滬、滬杭甬兩路特黨主委施裕壽，及交部專員陳穎海抵滬後，即籌備兩路復員工作，已與日方交涉，先派員進入路局，以作接收兩路之準備。並已派員隨載維持秩序。據悉目下兩路尚剩有機車二百餘輛，×車二百四十餘輛，貨車八十餘輛，存煤尚有五千餘噸，約可供一月之需。

【合衆社重慶一日電】大公報稱：戰後中國將有十二個廣播區，每區都設一中央無綫電台。此外，正在草擬計劃的中央廣播機關，將幫助各省與各城市建立自己的廣播電台。據悉：裝配三個無綫電台的裝配，等政府還都南京後，便立即從阿留塔運到中國。

商震、王寵惠由英返國

【合衆社重慶一日電】中國軍事使團團長商震將軍，今日自華盛頓返重慶。中國出席舊金山會議的代表之一王寵惠，今天也回重慶了。

幣，偽幣價值惡跌，每元偽幣僅換法幣一分或五厘。

同盟社傳國民黨將在各地設立綏靖司令部

【同盟社北平二日電】國民政府軍事委員會，最近通知中國派遣軍總司令部：在十天以內，在廣州、濟南、北平。廣東各飛機場設置空軍司令部。

中央社稱傅作義部進入大同

【中央社渝二日電】軍委會二日發表：（一）我山東省府主席兼全省保安司令何思源，率領部隊，於（缺五）。我傅作義司令長官先頭部隊，於八月××進入晉北之大同。（三）我孫蔚如司令長官部隊，於八月卅一日，進入鄂西之沙市及彌陀寺，九月一日進入宜昌。（四）我胡宗南司令長官部隊，於八月廿九日進入豫東之孟津，卅一日進入靈寶縣。（五）我薛岳司令長官派遣部隊，協同地方團隊，於八月廿一日收復湘南之宜章。（六）我盧漢司令長官部隊，於八月廿六日向桂南之鎮南關及越南之同登前進。盧司令官另一部隊，並已到達同登、諒山地區。

【路透社巴黎卅一日電】據本社確訊：華軍三師，即第五二、第六〇，及第九一師，已進入越南北部以解除日軍武裝及監視其撤退。法軍一部由派往該地擔任指揮之亞歷山特力將軍率領，與開向海防河內，及東吉省東北部之華軍會師。

大公報要求取消新聞檢查制

【合衆社重慶二日電】作為達到民主主義（蔣毛正在會談此點）的第一個步驟，無黨無派的大公報社論中要求取消新聞檢查制，恢復言論自由。社論稱他們很久以來即因戰時需要，忍受着新聞檢查。既然戰爭是過去了，他們就問誰在檢查新聞。繼稱：戰時新聞檢查局已無存在之必要。大公報說：是國民黨中央黨部一部份而非政府機關的宣傳部，現在已很可以取消了。據稱：在日本投降後，美國、英國、阿根廷，甚至被擊敗的日本，都已取消了新聞檢查，為什麼中國遠落在後面呢？

傳保國政府將改組 反動派要求共產黨退出政府

【美新聞處索菲亞二十八日電】美聯社今息：保加利亞攝政今日與總理喬吉也夫外長特羅斯坦諾夫進行討論，咸信係商討在更廣泛基礎上改組政府的基礎，美國駐保加利亞的陸軍官員克爾少將曾參與會議。

胡適在大公報上發表致毛主席的信

要求我黨放下武器

【合衆社重慶二日電】大公報發表前中國駐美大使胡適致中共領袖毛澤東的一封信。胡適在信中勸告毛澤東說，共產黨可以不經過其自己軍事力量的支持，變成强大的羣衆的政黨。他說，哲佛遜的民主黨在美國革命初期，在十餘年的和平努力後，最後於第四屆大選中獲得政權。英國工黨也經過和平的努力，五十年前，工黨只有四萬四千張票，現在則有一百廿萬張票，從而成爲英國佔壓倒優勢的最强大的政黨。胡適勸毛澤東說：『希望你考慮中國的前途，愛護我們國家的前途，忘記過去一切的怨恨，放下武器，努力不以武力建設中國第二個最大的政黨。如果你這樣決定你的政策的話，那麼，糾擾十八年的我國國內糾紛，將完全解決了。』

敵人統治下的武漢充滿荒涼

【中央社漢口卅一日電】記者今晨由榮和村循×北××經江漢路、一碼頭、鄱陽街、黎陵路巡視繁盛市區一週，殘垣斷壁，到處皆是，馬路陰溝久未疏導，惡臭刺鼻，柏油路面亦因從未修築坎坷不平，沿飛馬路兩側荒草叢生，高幾及膝，江面亦未見艦艘航行，僅少數帆船停泊兩岸。適望武昌，黃鶴樓仍巍然矗立。江水高漲，距堤岸不及五尺，漢口武昌間輪渡僅由三家巷一處每日往返一次，金城銀行、鹽業銀行、江漢關大樓等大建築，皆由日軍佔用，金城銀行現爲日本領事館及警察署，記者行經該處時，見百餘日僑列隊門前領取配購日用品憑證。日人所設商店，多在江漢路一帶。據悉目前敵僑對撤退問題異常焦慮，因交通工具缺乏之故也。前進指揮所昨日抵此，武漢日報曾出號外，該報每份售儲幣千元。今午記者被友人邀請便飯，五菜一湯，費去儲幣十四萬零四百元。漢口大楚報，現已由漢市黨部宣委袁雍接收，改稱華中日報。

【中央社肇慶一日電】廣州現由振委會特派員兼市長陳策所指揮之先遣軍及警察維持治安，秩序良好，惟東西江及增、從等交通線仍未通行，我方先期派駐市內之黨政人員，業展開必要工作，以爲我軍開進之準備，預料我受降大員到達時，將受市民盛大歡迎。美軍官杜威上尉，魯伯森上尉等四人，由東莞方面進入廣州，已在市內與我方人員協同工作。

【中央社南京二日電】僞幣發行實數字若干，一時尚難調查。僞幣濫發結果，物價奇漲，市面混亂，月前僞方宣佈現有黃金三十萬兩存於僞準備銀行，並謂如爲數不足，當以日方在華之三井、三菱財產彌補。南京人民爭換法

保反對黨要求喬吉也吉內閣全體辭職

【美國新聞處索菲亞一日電】據悉：反對黨今日要求保總理喬吉也夫的全體內閣辭職，並以抵制未來的全國選舉相威脅。農民協會及農民黨要求在選舉聯合政府之前成立沒有共產黨部長的臨時內閣。提交攝政的要求書中，同時請求把法定選舉年齡由十九歲增至廿一歲，把警察力量由十二萬名減至一萬名，取消兵士與警察的特權。

英倫各報評稱：

日寇遲延簽訂降書具有危險因素

【中央社敦倫廿八日專電】主席蔣對香港地位聲明之，廿六廿七兩日倫敦各報，均以顯著地位刊載。於是對我國企圖派兵前往香港及要求收回該島之謠傳，乃告澄清。中蘇條約全文內容，亦以明顯地位予以刊登。一般認爲；中蘇新約，表示蘇聯之支持國民政府，此舉對中國之趨向統一不無裨益。統一之曙光因毛澤東之接受蔣主席電邀，尤來重慶，而益見有望。關於目前遠東局勢；各種均認日本之遲遲不簽訂降書，頗有危險性。標準晚報稱：『日本軍閥之躲避，及保持體面，決不能欺騙任何人、更不能欺騙其過去對之嚴加打擊之鄰國。日本軍國主義並不因停火而斷根』。多數人士心理上，均認爲日本軍閥此次投降與第一次世界大戰後德國之投降情形酷似。海外各日本司令，大部自以爲並未戰敗，所以作投降者非由於盟國之武力，實乃天皇命令投降之動書使然。關於重建遠東問題，倫敦泰晤士報認爲我國之貢獻最爲主要。該報評蔣主席批准聯合國憲章之事曰：『此即表示中國對參加遠東之復興工作深具決心。中國除爲盟國作戰貢獻外，近與蘇簽立友好條約，其努力於遠東之國際安全，早已有莫大貢獻。該報又强調謂：『中國之處境乃與列强合作，努力於安全理事會，使東南亞各民族成爲獨立國家，而由西方之强國予以提攜、並由合作而非摔取一途，逐漸恢復經濟生活。如此對日本人民之前途，必有極大影響，唯有上述各項發展，東西兩方面之關係可進入較爲快樂之世紀，而轉變日本對世界之新觀念，最後實利賴之。迨此種影響開始起作用時，則惟有嚴格將波茨頓宣言中各項約束條款，方可保證遠東之復興，而免再有重新發生侵略之危險』。

參考消息

（只供參考）

第九九二號

解放日報 新華社 編

今日出一張

卅四年九月四日 星期四

路透社稱 蔣毛成立暫時協定

【路透社重慶三日電】路透社特派訪員坎培爾報導：此間今日自可靠方面獲悉：蔣介石委員長與中共領袖毛澤東之間已達到暫時的協定。據悉中央政府已同意成立各黨各派的政府，同意國民大會延期一年。同時，咸信毛澤東已拒絕將其軍隊（據說數約九十萬）置於重慶政府控制之下。無人懷疑兩大領袖處理當前情勢的誠意，但在達到完全解決以前，可能需要雙方的讓步。一位顯要官員說：『我認為中國人民不會容忍另一個十年內戰。現在我們已達到第一個目的——和平。我們要儘快達到另外兩個目的——團結與民主。』

【路透社重慶三日電】蔣介石委員長今天宣稱（顯然是對共產黨部隊而言）：我代表政府鄭重聲明，一切武裝部隊如果他們聽候改編，並服從一切軍令，將無差異地得到同樣的待遇。不允在國境內有私人之軍隊。在過去廿年中存在於武裝部隊中之國民黨支部，已完全取消，此為武裝部隊進向國有化之首先步驟。我們希望全國將實現軍事指揮上之統一。而政權之完整，則為國家存亡之因素」。蔣介石宣稱：未來之任務不僅是要由戰爭過渡到和平體制。並且要以就業來代替失業。減少地租百分之廿五的計劃已在進行中。

同盟社評毛、蔣會談

【同盟社北京三日電】中共最高領袖毛澤東偕同周恩來訪問重慶，他在此十餘年來，首次與蔣介石主席進行會談，這不僅作為中國的國內問題，而且作為國際的重大問題，亦是值得注意的。把抗日戰爭作為跳板，繼續發展的中共，於戰爭結束之時即喪失其指導目標，這是無可爭論的事實。蔣介石領導的國民政府既是代表中國的唯一的合法的中央政府，那末中共在接收日軍及其駐屯地區的問題上，必然感到極大矛盾和恐懼，這是不言而喻的。

安靜閭閻，醫治疾苦。而且為使過去犧牲真正有代價，更必須在此時際開創民主憲政的規模，鞏固國家統一的基礎。我全國同胞在過去曾經團結一致，以支持抗戰爭取勝利，在今後必能團結一致，使民主與統一共底於成；使民生主義的政策與計劃，在和平安定的社會環境之中，得以貫澈實施。因此，在舉國歡同慶勝利之今日，謹以國民政府關於內政最重要幾點的方針，陳述於我全國同胞之前，共資策勵。

第一、我們革命抗戰的目的不只是在戰勝敵人，並且要建立三民主義新中國。在此八年抗戰之中，我全國軍民歷盡艱辛，今當抗戰結束之後，全國同胞應有休養生息的機會。我們中國是以農立國的國家，全國人口大多數為農民，其次為工人，我們作戰部隊兵員的補給，以農民為主要來源。而後方武器與民生物資的生產，以工人為基幹。在此抗戰的綿長歲月之中，工商都市大抵殘破不堪，於是軍隊兵員的補充，與國家戰費的負担，乃大部份都落在農民的肩上。今當抗戰勝利結束之際，農民之服役者與工人之生產者，皆應使之早日減輕其義務與負担。國民政府體念及此，決定在今日頒發明令，全國兵役自今日起一律緩征一年；全國軍隊現役士兵亦由軍政機關擬定退伍步驟，剋期實施。國民政府對於戰士授田的辦法，亦已依照中國國民黨第六次全國代表大會所決定的綱領，次第訂定，分期實施。凡我會經陷敵各省，本年度的田賦一律豁免一年。後方各省亦定於明年度豁免田賦一年。並責成主管機關和地方政府，依照二五減租的原則，參酌各地實況，擬定減租辦法，限於本年十一月十二日以前，呈請國民政府核定，予以實施。我們認為，必須農工有喘息之機，而後社會有蘇生之望，而且必須農村生活有提高的方法，而後工商都市有復興的基礎。所以國民政府為全國同胞謀休養生息的最低限度辦法，不得不着重於農民與工人的負担之減輕，使其生活得以改善。至於其他積極方面，民生主義政綱和政策之實施，國民政府自當視此為實現三民主義之首要，引為政府今後最大之職責。

第二，抗戰結束之後，民主憲政不容再緩。國民革命的最高理想是全民政治。實現理想的最要關鍵是還政於民。而國民大會是國民政府還政於民必經的階段，也就是國民革命必須完成的重要程序。在抗戰發動之初，我們預期抗戰勝利與憲政實施畢其全功於一役。今當抗戰勝利結束之際，我們認為憲政實施愈早愈好。因此，召開國民大會不可再事遷延。我懇切希望全國同胞與各方賢達，能一致真誠的為國為民，盡量協助政府這一個政策，從國民這樣，延安政府於大東亞戰爭末期開始叫喚的實現眞正的民主政治、樹立聯合政府才是中共唯一的生路。毛澤東從這樣的觀點出發，才決定去重慶。現在雖然不能預料具有歷史意義的蔣毛會談會達到怎樣的結論，但是蔣介石於戰爭結束後，願意建設一個眞正統一的國家的熱情，與毛澤東願意中國共產黨合法的發展的心情，必能與中國四萬萬民衆的願望相符合的。現在毛澤東如能答應蔣委員長多年的要求——改編和合併中共軍隊，以及承認只實現聯合的民主主義的政治，那末蔣介石口頭約定的實施憲政雖然還有時間的問題，這亦是中國民族歷史上的一大收獲。

「同盟社北京三日電」據重慶來電，逗留重慶的中共主席毛澤東，邇日與國府要人進行懇談，國共兩黨關係的懸案——軍事、政治諸問題，似已發現了暫時解決的希望。毛澤東最近將被任爲中央某要職。毛澤東與周恩來於一日參加蔣介石的宴會，交換種種意見。

「同盟社舊金山二日電」合衆社重慶電：中共中央政治局主席毛澤東、與蔣介石暨重慶當局對時局的談判，尚須繼續數日，衆信已達相當程度之協議。中央社關於上述會談，會稱據消息靈通人士稱：『話判已得到圓滿解決』。過去所憂慮的由於渝延衝突而引起的中國內戰的警誡，亦許即將消失。

蔣介石慶祝勝利致辭全文

「中央社渝三日電」蔣主席三日在慶祝勝利典禮時致辭全文如次：

全國同胞們！日本已向我們聯合國家正式簽訂降書，世界反侵略戰爭至今已經完全結束了。我們中國八年來艱苦的抗戰，到今天纔算是達到了最後勝利的目的。今天是薄海騰歡的一天，也是我全國同胞在飽受艱難、備嘗痛苦之餘，應該慶祝鼓舞的一天。我們遙祭國父、告慰我們中華民國開國導師在天之靈，也可以告慰國民革命先烈、和抗戰中慷慨捐軀的軍民先烈之靈。我全國軍民，經過這八年來無數的痛苦和犧牲，纔始結成今日光榮的果實。這一個光榮的果實，是全國同胞，每一個人民應該十分尊重而保持的。只可使之發揚光大，不可使之有所損害，以致於喪失。中正個人感懷過去全國的奮鬥，撫念當前的滿目瘡痍，更覺得感想萬千，不知所云。在此從戰爭到和平的緊要關頭，我們正與各盟邦結束五十年來日本侵略主義釀成的險惡局勢，共同締造東亞與世界普遍永久的和平與安全。我們更須在四鄰親睦、四境安定之中，收拾殘局，恢復秩序，救濟收復區被難同胞，撫卹死傷軍民的遺族，

大會的及早召開，以祈求民主政治的及早完成，而不可再加以阻撓。當此長期抗戰勝利結束的時期，正是建國大業開始的際會，政府施政的方針，必將本於大公，出以至誠，只要是在革命建國的最高原則，三民主義不致動搖，和中華民國國民政府的法統不致紊亂的前提之下，一切問題無不可以推誠相見，共同商討，求得合理合法的解決。尤願社會賢達，各黨領袖，皆能參加政府，共策和平建國的百年大計。尤在召開國民大會之前，政府當願博訪周諮，期無缺憾。就是國民大會的代表名額和其他有關的問題。政府亦可順應輿情，使之合理的增加和合法的解決。至於保障人民自由問題，國民政府除已切實施行人身自由保障法以外，且已決定剋期取消新聞檢查制度，使人民有言論的自由；並將制定公佈政治結社法，使人民有結社的自由；務使各政黨皆有共同的軌轍和合法的地位。如此民主政治始能追縱英美，以樹立五權憲法的典型。總之，我們要實現民主政治，必以法治爲憲政的基礎，以憲政爲民權的保障。軍閥時代以武力作政爭，藉地盤以自固的惡習早成過去，決不是現代民主國家所當有，亦不是和平建國時代所許可。必使國內一切問題皆循政治方法求得解決，各方意見遵循法律軌轍以爲標的。而後我革命先烈及全國同胞，五十年來所共同祈求的根本大法，不致蹈襲民國初年之覆轍。這是我們政府惟一的方針，也是全國人民最迫切的需要。

第三、國家的統一，是近代立國絕對必需的要素。抗戰結束之後，國家統一必因國民全體的協力愛護而有堅實的保證。我們知道，國家統一是抗戰勝利的保證條件。我們更要知道，國家統一是民主憲政的惟一基礎。惟有統一的國家，才能收獲最後勝利的成果；亦惟有統一的國家，才能保障民主制度、發揚民意、集中民力、維護主權的獨立，完成建國的大計，以貢獻於國際和平與世界的繁榮。我們完成國家統一惟一的前提，就是要我們全國軍隊國家化。在我國家領土之內，不再有私人的軍隊，亦不再有任何一黨的軍隊。惟有軍隊不受個人私利一黨私見的支配，而後國家的統一乃有確實的基礎。我今日代表政府特別負責聲明：凡受國家編組和恪遵軍令的軍隊，其待遇必一視同仁，決不有所歧視。而且中國國民黨廿年來之軍隊黨部，今已完全撤銷，以樹軍隊國家化的先聲。我們希望全國同胞認定軍令政令的統一，爲國家存亡所繫的命脈。共同一致期其實現，加以維護。謹攄衷忱，爲我國家的前途與人民的福利作懇切的呼籲。

上述三點，是我們當前最低限度的設施，和最爲迫切的要求。只要全國同

胞循革命的歷史，接受抗戰的教訓，自能徹悟破壞之後，必須繼之以建設，則破壞時期所受的痛苦犧牲，才算是獲得寶貴的代價。八年以來，我淪陷區，或流離轉徙於異鄉或顛連病困於歸途，亟待救濟；尤其是殘臂斷肢的戰士，和孤兒寡婦的遺族，尚未撫卹；我後方同胞服兵役者，爲國忘家從事生產者負担甚重。言念及此，不勝愴惻。所以我們今後的工作，不獨要恢復戰時爲平時，並且要轉化無業爲有業。我們國家的基礎，比聯合國任何一國爲薄弱。我們抗戰的時間，比聯合國任何一國爲久長。我們不獨要在戰火的廢墟之上，精誠結團，一德一心建立現代國家；並且要充實國力，與聯合國共同負起國際和平世界繁榮的責任。我們在創巨痛深的破壞之後，而對着任重道遠的建國大業，深覺工作的紛繁，彌感責任的重大，我誠懇希望全國同胞，對於上述最低限度的設施，和最爲迫切的要求，要舉國一致，積極推進，期於完成。我們過去的工作，是軍事第一，勝利爲先。我們今後的努力，則在國家統一，政治民主。我們只有共循統一與民主的道路，完成建國工作，實行國父的三民主義，才能同臻於國力充沛，民生康樂的境域。五十年國民革命所期求，八年抗戰所祈嚮，就在於這個最大最後的成功。總之我們必須以和衷親睦共濟互助的精神，正視八年來國內殘破荒痍的現實，而導國家於復興。更必須以堅毅刻苦，自覺自勉的精神，使我中國躋於平等自由的現代國家之林，以慰國際友人的期望。我在今天溯憶抗戰的切衷，敬悼忠勇的先烈，感謝友邦的援助，懷念人民的痛苦，眞覺得感想無限，特以這們內政方針，普告於全國國民。切望眞純坦白，共矢精誠，同負責任，以實現我們國家民族迫切的要求，達成我們全國一致奮鬥共同建設的使命。

中央社稱：傅作義已到歸綏

【中央社陝壩廿九日電】綏包路廿二日始完全修復。傅作義司令長官，乘首次直通車，於二十三日晨九時，由包頭來歸綏。

同盟社報導 國民黨接改各大都市軍隊

【同盟社北平二日電】國民政府軍事委員會決定主要都市之進駐軍如下：

南京——新編第六軍第十四師、第二十二師（美式化）。上海——第七十四軍第五十一師、第五十七師、第五十八師（半美式化）。漢口——第十八軍第十一師、第十八師、第一百零八師（美式化）。北平——第九十四軍第五師、第十三師、第四十三師（半美式化）。廣東——新編第一軍第三十八師、第五十師（美式化）。

流血，在全綫一齊放下武器停止敵對行爲而締結的一種條約。在講和條約未生效以前，規定交戰國雙方之行動，因此休戰條約期間是走向媾和的過渡期。同時在法律上是停止戰爭期間，而不是進入和平時代。休戰協定的主要事項是軍事上的協定，在決定這一問題時軍事當局有最大的發言權，這是過去一般所認爲的休戰。但在此次大戰中，對此類認識法不得不進行根本上的修正。此次蘇聯與芬蘭、羅馬尼亞、保加利亞各國間所締結的休戰條約。是領土割讓、賠款等，從過去的看法來說，大部是應在和會上所解決的東西。從近代戰爭是一種總力戰來看，休戰條約期間的保證，不僅限於軍事上，而認爲在經濟上、社會、思想上均使敵國無再起之可能，實屬必要。即使如此，蘇聯所締結的休戰條約，是脫離了過去休戰條約的概念，而在德國統治的主體已經消滅，國內呈現四分五裂之狀，幸而有鄧尼茲政權接受了盟國的無條件投降、但這並不是休戰條約。在我國又怎麼樣？首先三國公佈了宣言作爲投降條件，八月十四日上午御前會議決定接受這一條件，其後接受全權委任狀的河邊中將以下使節、十九日抵馬尼拉、協議盟軍進駐及其他事項。二十八日盟軍即逐漸進駐日本，在此間[illegible]即行停戰、進行投降，同時從此次投降簽字來看，所謂投降文書簽字，就相等於在戰爭時期締結的休戰條約，如果是 這樣的話，就可以按照投降文書一直到講和。

同盟社報導 降書簽字經過

【同盟社東京二日電】在簽字地點的「密蘇里」艦上，上午八時十五分起，聯合國各代表次第入場——八時四十五分，盟軍最高司令官麥克阿瑟元帥與美國代表尼米茲元帥入場，於此，一切的準備工作宣告完畢，會場的當中放一長方形的桌子，圍繞着這個桌子，在左邊按中、英、蘇、澳、加、法、荷、新西蘭的順序，並列着各國的全權代表，在右邊，排列着盟軍最高司令官麥克阿瑟元帥與美國代表及約六十名美方人員。上午八時五十分，載着日方全權代表的小艇靠近「密蘇里」艦，重光外相、梅津參謀長兩全權代表及九名隨員，到達簽字場所，於是在麥克阿瑟元帥的主持下開始簽字儀式，在桌子的當中放着差不多有一尺五寸厚的投降協定文件，日方全權代表重光、梅津兩全權代表在最前面，根據麥克阿瑟的指示，首由外相在每個文件上簽字，接着由梅津參謀總長簽字，於是進入聯合國代表簽字。上午九時十五分雙方簽字完畢。投降協定文件由麥克阿瑟元帥手交日方代表重文、梅津兩全權代表及其他隨員乃退出「密蘇里」艦。

傳美第七艦隊出現青島海面 將駛往朝鮮接受投降

【中央社重慶三日電】據美新聞處美第七艦隊特別混合部隊一日電，某記者稱：今日美艦隊已駛至華北海面，並於山東半島重要港埠青島近海以强大之姿態出現，該特種混合部隊（包括重巡洋艦及驅逐艦）以二萬七千噸戰鬥逐洋艦作導，順序駛經距離海岸六千碼近海衹山之附近，當巨型艦隻駛往青島時，艦旗在微風中飄揚，艦上作戰崗位並有士兵看守，除若干艘沙船外，並無他活動，青港埠已無商××踪跡，特種混合部隊現係駛往朝鮮，以進行投降之儀式（該儀式或在東京主要投降儀式完成後舉行）。

斯大林宣佈南庫頁島和千島羣島將劃歸蘇聯

【路透社倫敦二日電】斯大林本日在莫斯科電台演說首次發表，歧於戰後日本的消息。他說道：南庫頁島和千島羣島將歸蘇聯所有。他又說道：「從現在起，它們將不會作爲把蘇聯與海洋孤立起來的工具和作爲日本進攻的根據地。相反的，它們將作爲蘇聯直接接近海洋的工具和保衛我國、反對日本侵略的根據地。」路透社外交訪員寫道：庫頁島和千島羣島從日本歸還到蘇聯，此間消息靈通界人士認爲是蘇聯參加遠東戰爭後的必然結果，毫無驚奇。庫頁島在日本正北，其南面一半是在一九〇四年俄日戰爭後，由蘇聯割讓給日本的。千島羣島是一列羣島，由日本東北幾延伸至阿留申羣島附近海洋，乃是遠東最富產魚區。路透社外交訪員續稱：上述地方之歸還蘇聯，在波茨頓對日宣言第八點中，已予以暗示，該第八點指出：日本主權「只限於本州、北海道、九州、四國及我們所決定的若干小島嶼以內」。因此日本也知道，除其四個主要島外，他們是不會保有任何重要土地的。南庫頁島和千島羣島（千島羣島是在十九世紀爲日本所佔有）之恢復爲蘇聯所有，是大家所知道的蘇聯政策的目的，且這種恢復的主要性在於使蘇聯能對日本主要島嶼作戰略上的控制。

同盟社談「休戰」與「媾和」

【同盟社東京三日電】戰爭的結束是因講和而實現，還是很普通的例子。講和一般分締結休戰條約與締結講和條約兩階段。休戰條約是交戰國之雙方在實行講和談判之期間，爲了避免無用之

【同盟社東京二日電】重光葵外相，梅津參謀總長，於二日下午十一時十五分，參謁宮中，在東久邇宮首相侍立之下拜見天皇陛下，呈遞投降文書簽定結果。

【同盟社舊金山一日電】合衆社記者卡蘇魯格，三十一日由橫須賀報導如下：如果日本不投降，美軍本預定十一月一日在日本本土登陸。從日本本土的防備設施判斷，將要展開在歷史上空前的血腥戰鬥。

日皇詔書

【同盟社東京二日電】天皇詔書：朕已接受美、英、中三國於昭和二十年七月二十日在波茨頓公佈的宣言，這一宣言其後蘇聯亦行參加，朕命帝國政府與大本營代朕在聯合國最高司令官所提示的投降文件簽字。並且命其根據聯合國最高司令官的指示向陸、海軍發出一般命令，朕命令朕之臣民立即停止敵對行爲，放下武器，同時要忠實地執行投降文件上的一切條款與帝國政府及大本營所發佈的一般命令。

昭和二十年九月二日御名御璽

總理大臣及各國務大臣附署

【同盟社東京二日電】天皇陛下於今日頒發詔書，命政府與大本營在投降文件上簽字，並且要根據聯合國最高司令官的指揮而發出一般命令，並且命令我們國民要停止一切敵對行爲，解除武裝，忠實地執行投降條款上的一切條款及一般命令。我們拜察了陛下的意思，不勝惶恐之至。前此我曾拜受大詔，宣告帝國已接受波茨頓宣言，在此更正式承認帝國投降，並且簽字。因此我們日本國民的感慨，當然是很深的，悲痛之情自不待言，特別是當想到了光輝的帝國陸、海軍現在已解除武裝而解散的時候（此句電文不清，下又缺一段），但不要誤走道路，務必要在行動上始終如一，我們日本國民今後應深深反省所以失敗的原因，忠實地執行自己所簽定的條約，以期在世界上不喪失一點信義，爲着建設世界和平與優秀文化的新日本之路邁進，而以此來奉行聖旨。

（只供參考）

第九三九號

解放日報 新華社 編

今日出一張

卅四年九月五日

星期三

中央社稱 國共談判進入具體討論階段

【中央社渝四日電】蔣主席二日晚歡宴毛澤東等氏及各部首長後，曾與毛氏單獨談話。三日晨王部長世杰亦與毛氏作單獨會談，下午張治中、張羣、邵力子三氏與周恩來、王若飛兩氏會談，四日晨張治中與周恩來氏單獨會談，下午蔣主席在軍委會於茶會招待中外來賓，復與毛氏再度單獨談話，晚九時張治中、張羣、邵力子再與周恩來、王若飛兩氏會談，各次談話均歷時甚長，迄三日止，相當普遍之交換意見階段業已完畢，目前則就個別問題作相當具體之討論。

【美新聞處重慶三日電】美聯社息：中國共產黨發言人今日說與中國政府領袖的會談依然在『初步階段』，解決中國內部政治問題的協定，無論是暫時的或其他性質的，迄未達到。（按：該電僅對火奴魯魯、馬尼拉發）

合衆社報導宋子文在加拿大稱 蔣毛之會談不久當可產生滿意之結果

【合衆社渥太華三日電】宋院長訪問加總理金氏及政府各顯要後，昨日返抵華府。渠在加招待記者時稱：中國政府現正努力向民主途徑邁進一如美洲各民主國家然。金氏介紹宋院長與各記者見面，並重申加拿大必繼續協助中國之決心。宋院長解釋中蘇條約稱『該約當成爲安定遠東之力量，余在莫斯科與蘇聯政府商討中蘇兩國將來之關係再數次會議，余離莫斯科時，對蘇聯希望與我國保持友好關係之熱忱，頗爲感動。蘇聯對我國不干涉我內政』。宋論及國共問題時謂，『余信蔣主席與毛澤東氏之直接晤談，不久當可產生滿意之結果』。宋院長力謂中國之社會民主政治不在他國之後，論及越南及香港之地位，以及日皇是否應以戰爭罪犯受審之問題時

年的艱苦奮鬥和殘酷的犧牲，自始自終百折不回，這雖我們聯合國家一份原應盡的義務。（三）日本雖早已註定了失敗的命運，但日本是最頑強的敵人，戰爭拖延數日很有可能，這次提早勝利，縮短戰爭，減少人類犧牲，我們要感謝各同盟國家的聯合一致，要感謝美英蘇對於解決歐洲戰爭合作的努力，因之得以迅速轉移力量至太平洋上。更要感謝蘇聯毅然決然參戰，加速了日寇的崩潰，尤其使我們感謝而永不能忘的是國美的見義勇爲，盡到了聯合國兵工廠的偉大使命，以其在軍事經濟和科學方面種種貢獻，促成了今天日本的無條件投降。（四）中國海口被封鎖已有多年，軍民生活都在極度艱苦中支持奮鬥，盟邦使節，盟軍將士，尤以在華美軍總司令魏特梅耶將軍，在中國戰區和我們同生死共甘苦，團結一致，始終不渝，這是更使中國戰區最高統帥以及全體將士要特別表示欣慰和感謝的。（五）今天我們以最愉快的情緒慶祝我們共同勝利，主要的還在我們聯合國獲得今日勝利以後，如何繼續努力，以奠定世界永久的和平，我們中國必然以從事抗戰的精神，來爲世界永久和平而努力，敬祝聯合國勝利萬歲。

重慶決定東北軍政要員

【中央社渝四日電】東北光復後，各主要負責人業經中樞定決如下：（一）熊式輝爲東北行營政治委員會特派主任委員。（二）莫德惠、朱霽青、萬福麟、馬占山、鄒作華、馮庸爲東北行營政治委員會特派委員。（三）張嘉璈爲東北行營經濟委員會特派主任委員。（四）徐箴爲遼寧省政府委員兼主席。（五）高惜冰爲安東省政府委員兼主席。（六）劉瀚南爲遼北省政府委員兼主席。（七）鄭道儒爲吉林省政府委員兼主席。（八）吳吉玉爲松江省政府委員兼主席。（九）吳瀚濤爲合江省政府委員兼主席。（十）韓駿傑爲黑龍江省政府委員兼主席。（十一）彭濟羣爲嫩江省政府委員兼主席。（十二）吳煥章爲興安省政府委員兼主席。（十三）沈怡爲大連市長。（十四）楊綽庵爲哈爾濱市長此令。

【中央社渝四日電】國府四日令：（一）國立北京大學校長蔣夢麟准免本職。（二）任命胡適爲國立北京大學校長。（行政院決定胡未返國前由傅斯年代）（三）任命蔣經國爲外交部駐東北特派員。（四）農林部政務次長彭吉元准免本職。（五）歐愼予爲農林部政務次長。（六）任命林祖綳兼最高法院庭長。（七）派楊宣誠爲北平市政府祕密長、溫崇信爲社會局長、英千里

，則須必須由各有關政府協商同意後方可處理。加政府當晚正式宴請宋院長時，中法蘇美各國大使均被邀請作陪，加總理以兩手置於宋氏及駐加大使柴洛賓兩人之肩約曰，希望中蘇邊界永遠相安，一如美加兩國之和平相處者然。

蔣介石舉行盛大茶會 招待各國使節及盟國將官

【中央社渝四日電】國府蔣主席，今日十七時假軍委會大禮堂舉行盛大茶會，招待各國使節及盟國將官，並請政府長官作陪。中外來賓雲集，爲數約六百人，情況之盛，爲抗戰八年來所僅見。五時半蔣主席親臨禮堂。然後蔣主席發表簡短演詞，對同盟國家之最後擊潰日本，和平終臨全球，略抒感想。由吳國楨部長譯成英語，詞畢舉杯祝同盟國家利勝，並祝盟友健康愉快。茶會至七時始盡歡而散，出席人員，名單：戴傳賢、居正、于右任、孫科、馮玉祥、葉楚傖、張繼、鄒魯、吳鐵城、翁文灝、覃振、周鍾嶽、程潛、白崇禧、李文範、張治中、陳立夫、張羣、吳鼎昌、邵力子，張厲生、陳誠、徐堪、朱家驊、俞飛鵬、谷正綱、鹿鍾麟、謝冠生、陳其采、陳慶雲、何成濬、賀國興、何健、陳樹仁、陳儀、劉紀文、張道藩、梁寒操、許士英、潘公展、周至柔、王正廷、錢大鈞、賈文德、吳國楨、甘乃光、程天放、馬超俊、呂綱、周至柔、沈鴻烈、朱經農、杭立武、林蔚、俞大維、洪蘭友、黃伯度、張維翰、雷法章、何廉，譚伯羽、劉航琛、龐松舟、魯佩璋、李儻、秦德純、徐思平、劉鍇、沈怡、凌鴻勛、王芃生、金寶善、何浩若、田士捷、莫德惠、江庸、王雲五、雷震、黃炎培、毛澤東、左舜生、傅斯年、周恩來、王若飛、康心如、賀耀組、王纘緒、方治、楊綽庵。外賓名單：美大使赫爾利、英大使薛穆及夫人、蘇大使彼特羅夫、法大使貝志高、加拿大大使歐德倫、比大使德爾禍、挪威大使赫塞爾、捷大使米諾夫斯基、荷大使羅芬克、巴大使游蘭略、墨大使易斯克蘭、瑞典公使亞勒、澳代辦歐翰時、土代辦歐恩門，及魏特耶梅將軍，各國使館館員及美軍總部高級軍官，各新聞處處長、外事局顧問畢範宇、燕大校務長司徒雷登、善後救濟總署畢範理。蔣主席講詞要點：（一）日本是最先發動侵略的國家，日本無條件投降，即是侵略國家最後失敗的結局。（二）中國是最早被侵略的國家，也是抵抗最久的國家，經過八

爲教育局長、傅正舜爲財政局長、譚炳訓爲工務局長、凌元之爲公安局長、張道純爲地政局長、韓雲峯爲衛生局長、陳淳爲警察局長。（八）甘肅省第八行政督察專員兼區保安司令孫振邦應免本職。（九）派楊作榮權理寧夏縣地政局副局長職務。（十）任命張丕烈署綏遠田賦糧食管理處副處長。

重慶第六軍開始空運南京

【合衆社重慶三日電】中國軍事委員會宣佈：空運新第六軍至南京已於今晨（九月四日）開始。新第六軍訓練良好，爲緬甸戰役之老兵宿將組成，由廖耀湘將軍指揮。

【中央社上海四日電】奉命進駐京滬之國軍第三方面軍湯恩伯部，將於五日晨空運抵滬。該軍副司令兼前進指揮所主任張雪中、副司令鄭洞國及參謀總署等廿四人，偕同美方聯絡指揮部參謀長狄巴斯及其部屬六人，及士兵等一行四十餘，分乘C54巨型運輸機二架，四日晨三時自柳州起飛，八時左右飛抵大場機場，在機場迎迓者，有空軍第一地區司令章傑及各界人民百餘人，日方電駐滬第十三軍司令杭井中將副參謀長川本少將，高級參謀市川中佐，海軍方面派桑原大佐，空軍方面派第四十三航空大隊長中村少佐預至機場迎候，當張副司令等下機時，日方軍官皆立正致敬，旋即分乘汽車九輛駛至南京路外灘華懋飯店大樓休憩，並即成立第三方面軍前進指揮所，從事初步接收準備工作。十時半，英副市長及蔣委員長代表公署秘書長黃伯樵往訪張鄭兩副司令官，並舉行軍事會議，商討滬市軍事接收步驟及一般情況。至十二時會畢。據該司令部胡主任秘書談稱，本方面軍先頭部隊將於五日晨到達，數額約有兩千餘人，因營房尚未準備就緒，故此次來滬之國軍暫留駐於大場機場之飛機棚內，不即進市區。本前進指揮所先行來滬之任務，爲搜集日方駐防地區及地圖表冊等材料，以作初步接收準備。至湯恩伯將軍則將俟國軍大部空運抵滬後，再行自陪都飛滬。又訊，美方工程人員數十人四日晨乘機五架抵滬。

【中央社上海二日電】我空運部隊二日雖因氣候及飛行場尚未佈置完竣關係未能如期飛滬，杭委會張司令學孟、參謀黃龍金，暨日方所派聯絡參謀鈴本飛滬。據張氏談稱，現除京滬杭漢[illegible]地外，北平、濟南亦將於日內派地面部隊飛往設置地區司令部，以負責空運地面工作。張氏於十二日（十二時）乘

予機飛返南京。

【美新聞處紐約三日電】紐約時報今日刊載第爾曼、德爾丁二日自重慶發來的通訊稱，雖然主要投降協定已於東京灣簽字，但此間已宣佈南京的投降典禮延至六日，屆時將是駐華日軍的正式投降。代表蔣介石委員長接受日軍投降之中國陸軍總司令何應欽將軍，預料於星期二飛往南京。美大使館及重慶其他外交使團均將參與典禮，麥克魯將軍將代表駐華美軍司令部參加。美軍司令魏特梅耶將不參加典禮。何應欽之代表冷欣中將數日來即在南京，他的任務是與駐華日軍司令岡村寧次將軍籌備投降典禮的細節。此次延遲顯然就是由於重慶希望在舉行典禮之前，由中央政府的軍隊徹底控制南京及其周圍。德爾丁說，活動於南京之共產黨軍已轉至重慶方面，並幫助中央軍佔領該城。

傳閻錫山部與傅作義部會師進入大同

【合衆社重慶四日電】中國軍事委員會宣佈：與傅作義指揮下的部隊會師之閻錫山指揮下的中央軍，已進入山西北部之大同。在晉東南，閻軍收復屯留城。在粵漢路上胡命（譯音）的軍隊收復耒陽城。胡的部隊並收復湖南中東之醴陵。

【同盟社東京四日電】據三日之重慶電悉，北平行營主任李宗仁指揮下之各部隊，正在源源不絕向京、津方面開發。其一部已進抵津浦線之泊頭、滄縣、館屯等地。

【中央社上饒三日電】顧長官祝同所屬部隊，二日午後二時進入金華城。李總司令默庵已進駐城內。據悉顧長官派韓副長官德勤，前往杭州設立前進指揮部，正星夜由富陽向杭州前進。

杜月笙到滬

【合衆社重慶四日電】中央社訊，著名的『慈善家』杜月笙已由重慶返回上海。（據稱，杜月笙是國民黨很少見的上海地下領袖，控制城中極强大的祕密團體。早些時中國都紙華東消息，曾否認在重慶流行的所謂杜月笙在日本投降前預先進入上海之企圖中被刺之謠傳）。

【中央社上海三日電】杜月笙十四時由杭乘車來滬，各界人士到西站歡迎者甚衆。

十三軍司令官細川忠康代表投降。（十二）第一戰區胡長官宗南在洛陽受降，日軍集中開封、新鄉、鄭州，由一一〇師團長代表投降。（十三）第五戰區劉長官峙在南陽受降，日軍集中南陽，由十二軍司令官森孝代表投降。（十四）第二戰區閻長官錫山在太原受降，日軍集中山西省，由第一軍司令官澄田睞四郎代表投降。（十五）第十二戰區傅長官作義在歸綏受降，日軍集中熱察綏三省，由蒙疆軍司令官根本博代表投降。以上所列日本投降部隊各集中地點，得依情況由中國陸軍總司令及各地區受降主官臨時酌量變更，至日軍向集中地之開拔日期及行軍路綫，由各地區受降主官規定之。

陳逆公博等逃往日本

【中央社重慶三日電】日本同盟社曾於八月廿九日發佈消息稱：「南京政府」代理主席陳公博，昨日自殺受傷，本日已因傷斃命，此訊並經倫敦路透社轉播，刊載國內外各報。茲據我方確息，陳逆公博及其女經書白國光、林逆柏生、何逆炳賢、陳逆君慧、金逆德光、周逆隆庠等一行九人，由日本在寧外交及軍事當局之保護，由日本軍事顧問雄川中尉率領，飛往日本九洲之米擲，並在盟國下令禁止日機在日本上空之飛行時間內，冒險抵達該地。行前陳逆公博曾交予日方居住日本時之生活費一萬萬元。聞我當局即將向日本當局追繳究辦此批叛國漢奸，而同盟社爲掩護陳逆等，假借自殺爲名，掩護逃往日本之事。

【中央社上海廿五日電】前僞江蘇省長陳羣，已在京服毒自殺，遺有自剖書。

敵石原中將講戰敗的原因

【同盟社東京二日電】東亞聯盟委員會顧問石原寬治中將於卅一日參加宇都宮舉行的東亞聯盟關東地區大會，發表題爲『敗戰是神的意志』的演講。前後達四十小時之久。石原中將在其演講中指出敗戰的根本原因如下：[illegible]官員的不可信任，官員因受賄賂，糊塗眞情。第二，軍人忘記遵守軍人勅諭的精神，干預政治，忘記自己的任務。第三，重臣階層無能，只是在談論上花費時間。第四，我國以生產力爲中心的國力業已枯渴。第五、國民道義極端低下，在上述情況下，敗戰是當然的事情，還是神的意思使然。石原中將又說，我們今後的文明是沒有武器的社會文士分散於全國，過着極自然的快樂生活，只有日、華、滿、鮮互相信任，實現世界和平

—中央社滬二日電—滬市教局長顧毓秀暨江海關副總稅務司丁桂堂，糧食部田賦署長李崇年等，二日晚由京抵滬。

—中央社南京三日電—蘇省府主席王懋功，二日抵南京。特別市政府副市長馬元放社會局長陳劍如三日抵京。

—中央社上海二日電—此間府辦之新愛報及僞方所辦中華日報、國民新聞、新中國報停刊，正言報於二十二日復刊，另有工報、青年日報相繼出版，前線日報亦在此發行臨時版，中美晚報等亦在積極籌備復版中。

何應欽向岡村提出備忘錄 指定中國受降主官地點及日軍集中地

—中央社芷江三日電—中國陸軍總司令何應欽上將，致駐華日軍最高指揮官岡村寧次將軍第四號備忘錄中，指定中國戰區各地區受降主官姓名與投降部隊集中地點。計：（一）第一方面軍盧司令官漢，在河內受降，日軍投降部隊集中越南北部，由三八軍司令官土橋勇逸代表投降。（二）第二方面軍張司令官發奎在廣州受降，日軍集中廣州、香港、雷州半島及海南島，瓊山，由二三軍司令官田中久一代表投降。（三）第七戰區余長官漢謀，在汕頭受降，日軍集中汕頭。（四）第四方面軍王司令官耀武在長沙受降，日軍集中長沙、衡陽，由二十軍司令官坂西一良代表投降。（五）第九戰區薛長官岳在南昌受降，日軍集中南昌九江，由十一軍司令官笠原幸雄代表投降。（六）第三戰區顧長官祝同在杭州受降。日軍集中杭州、寧波、廈門，由一三三師團長野地嘉平代表投降。（七）第四方面軍湯司令長官恩伯，在上海南京受降，日軍集中南京，由十三軍司令官拙井太久郎，及第六軍司令官十川次郎，分別代表投降。（八）第六戰區孫長官蔚如，在漢口受降，日軍集中武漢、沙市，由第六方面軍司令官岡直三郎代表投降。（九）第十戰區李長官品仙在徐州受降，日軍集中徐州、海州、蚌埠、安慶，六十五師團長森茂樹代表投降。（十）第十一戰區孫長官連仲在北平受降。日軍集中天津、唐山、北平、保安、石家莊，由華北方面軍司官李實代表投降。（十一）第十戰區李副長官延年在濟南受降，日軍集中青島、濟南、德州，由四

時，才能創造很好的高度的文明，以王道使東亞民族能夠正確。這樣才能使國家安泰。

敵外相重光會見記者團

—同盟社東京一日電—重光外相於一日下午，在官邸接見外交記者團，在投降簽字之前力促國民覺悟，外相稱：此次即行簽字的文件是一投降文件，是由於『失敗了』這一嚴峻的事實而產生的。但這與德國不同，不僅日本全權代表，而且聯合國方面亦將對此簽字，而這一個文件在接受波茨頓宣言時，即規定了它的內容，我們現在於反覆承認這一嚴峻的事實後，應盡一切努力執行之，除此以外沒有興國的辦法。從而我們將建立政治二元化似的制度，並且爲了東亞的興隆，應該確立善鄰友好的關係。我們對於中國不能採取××政策，我們不能使國民錯誤地認識中國，我們不能以糊塗的觀念處理現在的局面，即是說我們如果以這樣的觀點來愚弄波茨頓宣言，那末我們不能引導我國人民成爲大國的人民，來開拓將來的命運，我們要認眞波茨頓宣言，開闢再建國家的道路。

紐約時報訪員稱 管制日本將在日政府的協助下進行

—同盟社里斯本廿九日電—沖繩來電：紐約時報駐沖繩基地訪員約翰遜，就盟軍管制日本本土之方式報導如下：美軍進駐日本本土的準備工作業已完畢，聯合國佔領軍當局由於長時期的協議，關於管制日本的政策，似已達到了這樣的結論，即以現在的日本帝國政府合作爲基調。美軍在進駐日本後的最初兩個星期內，佔領工作將不過急地進行，而且將採取愼重的步驟。在這一時期間，美軍指導者將辨別日本政府的協力程度，但是當然要在日本登陸足夠的兵力以備萬一，根據以上的政策，美軍將自登陸地點，漸進地擴大進駐地域，因此認爲在數個星期內，似乎將不佔領東京，在佔領軍當局希望與日本政府協力的方針，不因突然事故而變化的範圍內，聯合國軍政當局將通過日本的[illegible]政府與地方政府，要求國民忠實地執行麥克阿瑟的命令，相信關於履行投降條件之大部份責任將委託於日本政府，如果這樣的話，佔領軍將不直接發見與逮捕日本的戰爭罪犯，而要求日本政府引渡這些戰犯，由日本政府自行解除其本國軍隊的武裝。

参考消息

（只供參考）

第九四九號

新華社 解放日報社 編

今日出一張 卅四年九月六日 星期四

吳國楨說：國共會談可能延長

【路透社重慶五日電】特派訪員坎培爾報導：中國宣傳部部長吳國楨說：蔣介石委員長與毛澤東將軍之間的會談可能再度繼續幾週。他說兩大領袖會晤數次，兩次曾作長談。吳博士繼說：『他們之間已達到協定的消息是過早的。』中國政府發言人張平羣博士說：『在儘早的日期建立立憲政府，是中國政府與人民的願望。就我所知，政府不計劃延遲國民大會。國民大會很可能在重慶召開。希望在一九四六年以前將政府行政機關遷赴南京。』

【中央社重慶四日電】蔣主席今天與中國共產黨領袖毛澤東先生，進行毛氏抵此間以來的第二次會談。會談是今天下午舉行勝利茶會後在軍事委員會總部進行的。晚上九時，周恩來與王若飛又與政治部部長張治中將軍、四川省主席張羣及國民參政會秘書長邵力子先生進行長時間會談。據悉，現中央政府官員與共產黨領袖們之間初步交換意見已告結束，並開始討論一些特殊問題。

孫連仲派人日內飛平 胡宗南一個軍進入鄭州

【中央社西安四日電】十一戰區司令長官孫連仲氏，頃已決定派少將副參謀長呂文貞，於日內飛北平設置前進指揮所。並與日駐平軍事長官洽商受降事宜。

【中央社渝五日電】軍委會五日發表：（一）我胡宗南司令長官部隊，於九月三日收復豫中之新鄭，胡宗南亦派先遣支隊於八月廿九日進入鄭州後，現胡長官所屬之張耀明軍，繼於九月四日全部進入鄭州。（二）我新六軍廖耀湘部，原定自四日晨起開始空運南京，惟是日氣候惡劣，乃臨時停止，五日晨氣候較佳，業已開始空運。

唐中將，四日晨由湘南來寧，預定六日到揚孫縣新事坪召見日軍洽降人員，長官部少將參事朱恩泉少將，高級參謀夏常，及隨員多人同行。

中國受降簽字九日舉行

【中央社芷江五日電】中國陸軍總司令部今發公報第五號全文：（一）中國陸軍總司令何應欽上將，於八月廿一日以中字第一號備忘錄致敵駐華日軍最高指揮官岡村寧次，其全文業以公報第四號發表。（二）八月廿六日，復以中字第一二號備忘錄致岡村寧次將軍，其第二第三兩條內容如次：（二）茲本總司令部又奉命接受澎湖列島之日本陸海空軍，及其輔助部隊之投降，此地區內之日本軍，亦應由貴官負責指揮，向本總司令投降；（三）希貴官立即召集越南北緯一六度以北，及台灣澎湖之日軍最高指揮官，或其全權代表，曾駐在上述地區與駐在中國之海軍最高指揮官，或其全權代表，於九月二日以前齊集南京，準備與貴官同時參加簽字，並接受本總司令之命令。（三）岡村寧次將軍，於八月廿九日關於中字第一號備忘錄之答覆如次：一、八月廿六日奉休戰命令後，對全軍命令停止敵對行爲。二、關於中字第一號第二號，係因本官僅統帥在華陸軍其他部隊，不屬於本官之統率，現向本國政府請示，使在華海軍，並在台灣及越南北緯一六度以北地區內陸海軍諸部隊亦受本官之統一調度。（四）八月卅日，岡村寧次將軍關於中字第一二號備忘錄答覆如次：關於備忘錄中字一二號事項，已如貴意處理，再台灣、澎湖及越南北緯一六度以北地區內日本，已定歸本官指揮，在華海軍亦已定歸於本官之統制。（五）九月三日據本部南京前進指揮所冷主任九月三日電稱：『據日軍報稱，台灣（包括澎湖）越北及海軍之日軍投降代表，均到京。（六）九月六日何總司令以中字第一九號備忘錄致岡村寧次將軍，其內容如次：茲規定何總司令接受日軍投降之地點、日期、時間及日軍投降代表簽字人及日軍投降代表出席人如次：一、地點中華民國首都南京；二、時間中華民國卅四年九月九日；三、日軍投降代表簽字人日本陸軍大將岡村寧次；四、日軍投降代表出席人：岡村寧次大將之總參謀長；越南北緯一六度之日軍最高指揮官，或其全權代表；台灣澎湖列島之日軍最高指揮官或其全權代表；中華民國（東三省除外）越南北緯一六度以北台灣澎湖列島之日本海軍最高指揮官或其全權代表。

【中央社渝五日電】陪都記者團一行十餘人，於今「五日」晨搭乘中航機飛赴南京，出席日內在京舉行之受降儀式。並以其八年來與敵寇從事心理戰爭

【中央社南京五日十一時電】美空運大隊，已於今日起開始運輸新六軍至京。今晨四時起，美機卅二架分別自芷江起飛，八時許南京上空即不斷有飛機翱翔。城內市民仰望國軍天外飛來，無不歡躍異常。八時半起各機陸續降陸，新六軍健兒一營下機後，即迅速開往指定地點担任警衛工作，明日美空運大隊繼續運輸，據悉約半月可竣事。

【中央社四日電】據軍委會四日發表：（一）我薛岳司令長官部隊，一日收復湘南粵漢鐵路綫上之耒陽、及湘東株萍鉄路綫上之零陵。（二）我王耀武司令長官部隊，二日收復湘西之寶慶。（三）我孫蔚如司令長官部隊，現已進至湘北之華容東西附近地區。（四）我新六軍廖耀湘部四日晨開始空運南京。（五）我閻錫山司令長官部隊，現已收復晉南之屯留。閻長官並派楚溪春副總司令率領部隊東進，進入晉北之大同，與傅長官部隊會合。（六）我胡宗南司令長官部隊，於八月二十六日入豫中之洛陽。

【中央社吉安四日電】第九戰區司令長官薛岳，已派五八軍軍長魯道源往南昌設立前進指揮所，新三軍軍長楊宏光往九江設立前進指揮所。魯楊二氏業已派員攜帶薛長官通牒分別前往南昌、九江二地與日駐軍司令洽商實施投降與解除武裝步驟。並聞魯軍長已於四日晨離樟樹赴某地待候，即將前往南昌。

【中央社辰谿五日電】王耀武所部施中誠軍長，四日晨率領七十四軍一部收復寶慶。

【中央社上海五日電】原定五日晨飛滬之國軍先頭部隊，因太平洋颶風襲掠，今阻留柳州，無法啓飛。據第三方面軍前進指揮所息，如六日晨氣候轉佳，該批國軍當可抵滬。

【中央社滬五日電】第三方面軍副總司令鄭洞國中將，四日抵滬後，五日晨奉命赴南京成立前進指揮所南京分所。該所分所即由鄭氏兼任負責辦理南京地區之接收準備工作。

【中央社[illegible]遠五日電】粵省惠州以東海陸豐沿海一帶日軍，將集中潮汕投誠。屆時余長官漢謀，將由長汀乘飛機赴汕頭受降。第十二集團軍司令徐景

之大舉，爲讀者報導此有史以來人類悲劇之最後一幕。該團由中央宣傳部特派員陳訓畬率領，各報社均曾派人參加，茲誌名單如次：計有中央社曹蔭穉、中央日報陳訓畬（兼）、大公報徐[illegible]成、世界日報成舍我、掃蕩報高[illegible][illegible]、時事新報張萬里、新民報張慧劍、新蜀報金滿成、新華日報徐邁進、商務日報陳國良、益世報楊暮時、南京晚報張友鸞、自由西報查士偉、中央攝影社攝影師周京、中宣部李荊蓀。

李宗仁談話

【中央社南鄭三日電】漢中行營主任李宗仁氏奉命調任北平行營，記者特走訪李氏，承發表談話，略謂：本人此次奉調主持北平行營，其任務在秉承中央意旨，代表委員長就近督導華北軍政事宜。華北在抗戰八年來，淪陷區民衆久處於敵人蹂躪之下，痛苦特甚，領袖對於受苦受難之同胞，關懷倍深，對在淪陷區從事軍政工作之同志，亦深致×勉，本人奉命前往，今後對地方之撫綏安定，自必時加注意，當與各省區軍政長官共同致力於復興重建工作，以發揚中央暨領袖之德意。華北在敵僞統治下時逾八年，情形特殊，一切工作之推進更加艱苦，惟吾人必須體念民衆之痛苦共勉互助，嚴定紀律，服從中央命令，以盡職責，達成任務。須知今後非國家不×不足以言建設，非團結一致不能發生力量，領袖曾昭示吾人勝利之報償，決非驕矜與懈怠，戰爭停止之後，尚有艱鉅之工作，要我們以戰時同樣的痛苦，比戰時更鉅大的力量去改造建設。我良以革命之目的，不僅在於打倒革命對象之敵人，尤在實現革命之主義。我們國家經此大戰之後，遭受莫大損失，今日建國工作當極艱鉅，殆無疑義，惟吾人已有三民主義爲建國之最高原則。如何基於民族主義以謀民族之復興，如何實行民權主義之民主政治，如何實現民生主義之經濟建設，均有既定之途徑可循，領袖亦已有詳明之提示。換言之即今後建國工作在事務上雖屬千頭萬緒，至爲繁難，而方針則早已確定提綱，按領循序邁進，自可按日計功，以期底於完成。惟在吾人以加倍之努力與苦心，華北爲我國文化發祥地，民情強悍而純厚，以往對國家之貢獻有其光榮之史實，今後對國家建設工作必能負起更重大之責任。本人忝膺重寄，深望華北人士多予協助，以期共同努力，達成任務。最後李氏並表示擬俟國軍有一部份到達北平後，即由此

即運飛平履新。

何應欽公佈十誡

【中央社芷江四日電】何總司令應欽奉蔣委員長意旨，規定進入收復地區各部隊官兵必須遵守之誡條十項，通令戰區各方面軍轉飭各部隊官兵遵照。內容如次：（一）要嚴守軍紀風紀；（二）要絕對服從命令；（三）要愛護收復地區內之男女同胞，並切實保護同盟國僑民；（四）要保持整潔勿驕之態；（五）軍行所至，要隨時隨地維持地方秩序；（六）不得擅自逮捕人民；（七）不得擅開日軍所交倉庫，擅取物品或擅自沒收，及轉移公私財產；（八）不得侵佔、變賣、掉換、遺棄、損壞日軍所繳任何物品；（九）不得虐待或侮辱俘虜；（十）不得擅入日本商店或日僑住宅與強取俘虜及日僑之私人財物。以上十條，凡我官兵務須一體嚴格遵行，違者概依軍法嚴辦，決不寬貸。

國民黨在滬組織工人

【中央社滬三日電】社會部組訓司長兼軍委會滬工運特派員陸京士抵滬後，領導滬工人協同維持地方秩序，會調解永安紗廠自來水廠等勞資糾紛一百餘件，日本工廠停工後工人均失業，亦經與廠方妥謀善後處理。現正訓練工人組成工人忠義救國軍保護工廠，防止奸宄活動。陸又鑒於日廠接收後之續辦問題甚為重要，已約集工業界人士籌組工業復員協會，以為將來政府接受工廠後協助籌謀復興工業之準備。

俞飛鵬談話

【中央社渝四日電】交通部長兼戰時管理局長俞飛鵬就目前復員工作須備情形發表談話稱：（一）空運方面中航公司將設法籌足飛機八架，其中五架由渝飛航京滬北平廣州等地，以渝寧滬綫為主，另三架留備後方之用。渝寧滬綫定十六日起通航，每次兩架，每架二十五人。九月下半個月內，預計可運客七百五十人。由渝經西安至北平綫，及由渝經桂林至廣州綫，均隔日一架，一俟兩綫油料準備竣事，即可通航。至後方三架，仍照以前航綫維持交通。（二）水運方面，計劃覓現在可用之大小船隻四十五艘，預定每月可運客三萬人。現陪都中央各機關公務員約七萬人，可望於兩個半月全部運完。惟目前長江通航最大問題即在宜昌上游二十公里之平善壩及宜昌下游至漢口間均佈有水雷，須待掃清方可保航行安全。此項掃雷工作，宜昌以上將由海軍總部辦理，宜昌以下，則責成日軍担任。假定本月十五日前能完成掃雷工作，則自十六日起半個月內將調大江輪四艘駛京，可運五百人，次等

暫時休會，下午一時十分再開，由起草委員長內崎作三郎報告起草經過及其結果，全院一致按委員長之報告通過之。其後選舉全院委員長及常任委員，其次提出對皇軍將士及國民勤勞戰士的感謝決議案，由高橋守平氏說明提案宗旨——全體一致通過後，島田議長表彰在議二十五年之議員安藤正純等七人，島田議長並向森田福市等六氏之死去及小川鄉太郎之戰死深[illegible]，舉行追悼演說，下午一時五十分散會。

美記者所見到的日本政界動向

【同盟社東京四日電】據舊金山來電：××社特派記者布萊茲，於三日自東京寄出一稿，報導目下日本的政治情勢稱：在過去三週中，在日本國民的心中更加映照了天皇的御聲，大多數的日本人都抱着很大的信心，「投降」雖屬困難，但由於天皇的決心將會無障礙地得以完成。統制該國的最初的外國人——麥克阿瑟將軍，顯然於發出決定將來動向的各種命令後，將利用天皇與現在的政府——在國內，日本將享有某種程度的自由——符合於波茨頓宣言而自行決定政治組織。在這一過渡時期內，日本已產生了新的勢力。特別是自軍部的政治力喪失後，剩下兩個政治團體——實業會與政黨，他們希望再度恢復其勢力。大多數的日本知識階級人士，都希望過去日本所常有的民主主義傾向，能受到美國影響的刺激。但所有日本人都認為要以維持天皇制為前提，即使是民主主義者的日本人，也堅決主張維持天皇制作為國民的精神中樞。佔領軍登陸後，我們看到大多數的日本人都願維持天皇制，日本人對天皇的忠誠心毫不動搖，他們將自行處理其國內政治的劇烈的鬥爭與對立。

「先鋒論壇」記者評對日管理

【同盟社舊金山二日電】紐約之「先鋒論壇報」軍事記者艾立特少校，在該報評論中以「嚴重警戒日本」為題，報導稱：直至今日以前，日本的投降手續是在順利進行，日本雖然誠實表示了協力的態度，但麥克阿瑟元帥必須妥為警戒，佔領軍對於日軍的此種行動，有完全準備一切意外事態的必要，確立軍事佔領與登陸作戰一樣是一個很艱難的事業，長期軍事佔領必須有很好的準備。麥克阿瑟元帥雖已聲明到明年七月一日以前，將有八十萬軍隊佔領日本，並在中國沿海配置二十萬兵力，但如日本在全面的事態中證實了它有作為愛好和平國家的資格，將緩和對日本的警戒。（缺一段）日本只宣佈從軍國主義的理想走向和平主義還是不够的，而且要付諸實行，在這一時期到來前，必須實行嚴格而公平的管理。

四艘駛渝可運二百人，次等九艘駛宜昌，可運五千人。現正計劃別調輪隻疏運駛漢者可五千人，駛宜者只二千人，共計一萬二千人。將來水運在開始時期暫不賣商與客票，首運公務員，次為學校、工廠及普通人民。（三）公路方面，預定渝芷一綫及渝柳桂一綫增開客車，使東南各省之人可以疏運。

美大批卡車運入國境

【中央社貴陽五日電】戰運局運務處長謝景慶奉派，據語中央社記者美租借法案供給我國卡車一萬七千輛，已運入國境及在印緬待運者為七千餘輛，餘者當亦不致因戰爭結束而中止交付。戰運局現決以三二〇〇輛分配各機充當復員之用，預計每月可輸送五萬人以上。惟準備回鄉者，只政府公務員及眷屬即達卅萬人，故大量輸送尚有待於水運。現水路復員委會已成立，俞飛鵬、盧作孚、分任正副主委，積極計劃開通長江航運。

敵皇在議會開院式時頒發勅語

【同盟社東京四日電】天皇陛下親臨第八十屆臨時議會開院式，頒發勅語如下：朕在此舉行帝國議會開院式時，告我貴族院及衆議院各位議員：朕已頒發關於結束戰爭的勅令，且已派使臣簽署有關文件，朕願克服戰爭結束後所引起之艱苦，發揚國體的精華，在世界各界取得信義，確立和平的國家，以期對於人類的文化有所貢獻，如欲建樹此項偉大事業，則應冷靜沉着，隱忍自重，對外遵守條約、和親敦睦，對內則傾注全力於各種建設工作，舉國一致不斷自強，以培養國本，至於扶助軍人的遺族，保護傷病人員，退伍軍人的厚生，救濟災民等事業則應使其完全無缺。朕命國務大臣光明國內外的情勢採取非常措置的途徑，爾等應體會朕之意思，承繼道義立國的皇謨，協助政府進行工作，以期舉國一致表示出服務的熱忱。

【同盟社東京四日電】（貴族院）上午十一時「開院式」後，暫時休會，下午一時半再開大會，首先通過勅語奉答文，其次由議員提議全院委員長及常任委員與上次一樣經大家通過後，提出聖旨奉戴決議案，由若槻禮次郎說明提案理由後予以通過。並提出對皇軍將士及應召者之感謝哀悼的決議案。由島津忠重說明提案理由，予以通過後散會。（衆議院）上午十一時四十九分召開大會，首由島田議長指定勅語奉答文起草委員十人、十一時五十分，

泰晤士報論香港地位問題

【路透社倫敦卅一日電】泰晤士報今日關於解放香港的社論中宣稱：設想香港及九龍週圍租借地將來地位問題不能以中英兩國皆行滿意的方式獲得解決，是毫無理由的。泰晤士報指出英國政府已滿意表示其恢復統治的殖民地問題的完全責任的企圖，並說「中國政府亦同樣坦率。」蔣介石已提醒其國民，「香港現在的地位係根據中英兩國之間的條約的規定，將來可能有的任何變更應由兩國之間的友誼談判予以解決。」但是他對於租借領土的問題加以區別，理由是一切類似的領土與租借地刻已逐一收歸中國主權所有。他主張九龍週圍區域不應例外」。泰晤士報指出日軍整個佔領時期內毫無承認中國主權的意向，該報繼說：「香港交還英國」將給予數千中國人以自由與繁榮，並將對中英兩國共有的許多利益有重大貢獻。

班雅加特組成泰國新內閣

【美新聞處舊金山二日電】曼谷電台星期六宣佈，以班雅加特為首相的泰國新內閣已告成立，班雅加特亦將兼任外交、農業、福利和社會教育四部部長職。在新內閣員中有……司法部長蘇伐察拉塞上尉，商務部長班納克，副商務部長察拉特上校，內政部長……不管部部長十二人，內有西利德南和杜斯拉拉克·普謝德。班雅加特首相本日在會議上稱：政府之方針是加强泰國與所有盟國間關係。

路透社稱：伊反動政府抗議

紅軍阻止伊軍北上鎮壓「騷動」

【路透社德黑蘭三日電】伊朗政府發言人今日聲稱：伊朗政府已向蘇聯大使館提出抗議照會「要求在伊朗北部嚴重「騷亂」之後「在國內自由調動軍隊與憲兵」」。「伊朗當局自德黑蘭派二萬憲兵去恢復秩序，但半途為蘇軍所阻」。他說：「上述混亂是在極左翼的人民黨黨員暗殺農民之後在馬查達蘭省（德黑蘭與波斯灣之間）發生的，農民被暗殺後遂近攻大察人民黨人。發言人繼稱：德黑蘭與被蘇軍佔領的北部各省之大部份地區的電報交通已中斷。他宣稱：在這些地區勢力最大的人民黨故意製造事端，給蘇佔領軍以藉口。

更正 重慶決定東北軍政要員：劉翰南為劉翰東、吳吉玉為關吉玉之誤。

參攷消息

（只供參考）

第九九五號

解放日報 新華社 編

今日出一張

卅四年九月七日 星期五

蔣軍空運京滬 要四十天才能完成

【中央社渝六日電】據中國戰區美軍司令部息，美空軍六日開始大批運送中國軍隊至華東區。此運輸規模最大及最複雜者，爲歷史上空運軍隊最大規模之一次。空運分兩大部份工作，一部由美第十航空隊司令赫根伯格率領之運輸機，自芷江載運中國之新第六軍赴南京，另一部則由美空運總部中部區司令藤納率領之C五四式機，由柳州載運中國之第九四軍赴上海。空運之進行誠爲軍事史上之最困難者，日軍投降時中國大部作戰部隊分佈在芷江柳州各區準備向華南反攻，重新打開廣州海港，今日軍既已投降，必須立由華軍收復京滬區，由此美陸軍航空隊遂負起此種任務。但美陸十航空隊在中國戰區其他各處尙有其他任務，過去以及現在大部在華美軍均仍依賴此空運之接濟，此外尙須立刻滿足許多緊急空運之需要：第一爲担任救濟之用者，如將糧食醫藥及醫務人員等空運至散處越南以及東三省之各盟軍俘虜營，其(缺)中經運糧缺乏之地帶，亦須賴空運接濟。因此斯特拉特梅耶將軍、赫根伯格將軍及藤納將軍等司令部內之專家，均日夜工作計劃，使每一架被使用之運輸機均能得最大限度之利用，例如爲完成芷江至南京之運輸，第四四三陸軍空運大隊再加第三三二陸軍空運中隊，遂調抵芷江。第四四三空運大隊係來自印緬戰區，在第十航空隊之指揮之下業在印緬戰區對於中美英軍隊之供應創有優異之紀錄。而中印空運總部亦派遣大批C五四式機以完成柳州至上海之運輸。最困難問題之一爲汽油之補充，因一切汽油均係由印度運來，第十航空隊一部份之汽油由昆明運來，其餘均須由印度越過駝峯。至南京各處機場均已分設油站。即將担任柳州至上海一綫運輸之中印區空運總隊之C54式機，將以孟加拉省之東部爲基地，先自孟加拉省滿載汽油飛柳州，卸下多餘之汽油改載軍隊飛上海，返柳州時再加油

【中央社渝六日電】軍委會六日發表：（一）我盧漢司令官部隊，於九月四日飛抵越南之河內東北七里處地區；（二）我孫蔚如司令長官部隊，於五日進至鄂中之沙洋（荊門東南）附近地區；（三）我王耀武司令官部隊，現已越過益陽、寧鄉，向長沙前進中；（四）我顧祝同司令長官所屬之李默庵部，於二日進入浙西之金華，現續向義烏前進中。顧長官派副長官韓德勤率領隨員，於五日到達杭州，設立前進指揮所。（合）

【中央社廣州六日電】第二方面軍廣州前進指揮所來此後之第一任務，爲接洽立即接收廣州市。現新一軍已到達佛山候命，預料三數日內即進入廣州。

【中央社廣州六日電】第二方面軍前進指揮所全部人員二百人，由前進指揮所主任鄧中將率領，今日上五七時分乘機由邕飛來此間，於上午十時安全到達。

【中央社昆明五日電】開遠電話：向第一方面軍盧司令官洽降之日軍代表酒井中佐，四日自越南來此，稱備忘錄已交土橋勇逸，準備我軍接收。我第一方面軍日內即開入越南。

【中央社辰谿五日電】接方面軍副參謀長羅幸理，四日午由衡抵長沙設立前進指揮所，即與長沙日軍接洽受降事宜。

同盟社評蔣介石演說

【同盟社東京四日電】國府主席、軍事委員會委員長蔣介石，於八月十五日日本接受波茨頓宣言後，曾向全中國國民發表廣播演說，這一廣播演說明確地表明了對日本國民的態度，因此引起了各方面的注意。我們最近才接到了該演說全文，據云蔣氏是聽了天皇廣播後數十小時之後發表此廣播演說的。特別是蔣氏引用了基督教的訓言，說「待人如己」、「要愛敵人」，「闡明了對於日本的道義的方針，不僅絕不以日本國民爲敵，而且只是責成其履行投降條件，但無意蓄意報復與汚辱無辜人民。

中央日報贊同千島等還蘇

【合衆社重慶四日電】半官方的中央日報社論贊揚蘇聯宣佈承担設防庫頁島與千島羣島。該報稱：還將「大大加強」聯合國對日本之監管。謂爲了有效地抑制日本於其本島內及防止其擴張主義的政策再度興起，使日本歸還其所佔領之中蘇兩國領土乃是必要的。繼謂：日本應被剝奪一切圍繞他的可能作爲大洋擴展基地的島嶼。於回憶開羅會議時，蘇聯受阻而未[illegible]

飛印，準備再滿載汽油作第二次之空運。據估計此兩部份中國駐軍，運輸完畢，須時四十日。自芷江至南京之往返飛行距離爲一千三百英里，自柳州至上海之往返飛行距離爲一千八百英里。大規模空運之初步運輸，如載運中國憲兵工程部隊、交通部隊及其他必須之人員等，均已完成，正式運輸第六軍赴南京已自今日開始，柳州至上海之運輸不久即可開始，俟此次軍運完畢後，其他大規模空運中國人員至其他收復區之計劃即將開始。

【路透社重慶六日電】美國陸軍航空隊今日開始大量運送中國軍隊至中國東部的日本佔領區。這次空運是在印度、緬甸及中國所進行的最大一次，共空運八萬華軍，及其裝備。空運分兩大處進行——從芷江將中國新六軍空運至南京與從柳州將九十四軍空運至上海。

【路透社上海五日電】上海區域日本駐軍五十萬人刻或全部集中於東北郊等待解除武裝，並予遣調返國。日軍自其局部徵用之公共租界、法租界外僑建築物內遷運大量武器軍火及食糧、供應品至郊外，夜以繼日三週始告竣事。虹口區城內僅有一部份區域由日軍巡邏警戒，此「小東京」之未來乃一問題，蓋一切均決定中國當局是否允許日人於日軍撤退完畢後仍得僑居滬市。

何應欽定八日飛南京 傅作義部進入武川陶林

【中央社芷江六日電】中國陸軍總司令何應欽上將，定八日飛南京接受日本駐華軍最高司令官岡村寧次正式投降。

【中央社綏寧三日電】綏境武川縣復被國軍收復，綏東陶林縣亦爲國軍光復，綏省尚有清水河與興和及涼城三縣未光復。

【中央社洛陽四日電】五戰區前進指揮軍四縱，五日已過葉縣向鄭汴前進。

【中央社洛陽六日電】劉司令長官峙指揮所屬部隊，遵照蔣委員長指示地點，向前推進。已於四五兩日進入密縣、禹縣、鄭州、長葛。

【中央社商邱五日電】皖北先遣隊廖運澤部，率騎步兵東向隴海路東段馬牧集中，繼續向徐州進發。

【中央社商邱二日電】商邱我縣長蔣心亮，廿五日入城接收。亳縣縣長胡慈令，廿八日入城視事。

正式提出歸還其已失領土之要求後，該社論結語稱：「我們完全同意斯大林宣佈千島群島與南庫頁島應重歸蘇聯控制。」

傳宋子文將往訪法國

【中央社巴黎四日專電】預料宋院長下週可來巴黎，據訊法外長比道爾早在舊金山會議時，即已正式邀請宋氏赴法一行。

美航空員談瀋陽現況

【合衆社重慶四日電】最近由滿洲回來的第十航空隊中觀察員稱：當蘇聯人與美國人在瀋陽飲沃特加交歡之際，不滿的日本人正被解除武裝，驅入俘虜營。隨第十航空隊飛機往瀋陽之觀察員逐步撤退禁於該處一千六百名之美國人稱有數十個蘇聯雪克爾斯基（C．四七式運輸機）式機與約三百架大部分完好之日本戰鬥機與運輸機一起停在瀋陽機場上。蘇聯航空員（內有一位駕駛運輸機的女航空員）歡迎着陸的美機很快即拿來了一瓶沃特加酒，而蘇聯人與美國人聯合察看各自的飛機。瀋陽城實際上毫無毀損，雖然大部分商店閉門，以防中國之搶劫者。雖然尚不時有疏落之槍聲，但五六十人一批的解除武裝的日軍，通常是由二位蘇聯騎兵領導，沉默地通過大街走向俘虜營，大和飯店雖爲蘇聯接收，但美國戰略服務部的人員亦住在該處。在街上令人驚異的景象是：一些穿日本軍服帶槍的人，但在他們的帽子上沒有金星。相反的，在從前帶金星的地方卻訂上了自由中國的符號，他們是滿洲僞軍，現與蘇軍一道幫助維持瀋陽的秩序。

重光葵發表與麥克阿瑟談判經過

【同盟社東京六日電】重光葵外相曾於本月三四兩日，與橫濱之盟軍總司令官麥克阿瑟元帥及參謀長西澤蘭德會見，說明日本政府對當前緊急問題之立場及信念，要求各種諒解。盟軍方面對外相之說明表示充分之理解與好意，對於日本政府按照投降文書簽字後之事態所採取的方向已達到一清晰的估計，因此政府決定在這一新開闢的道路上，應迅速實施施策。重光葵外相於六日下午二時半在帝國飯店接見記者，說明了最近的情況，外相談話之中，值得注意之點如下：（一）盟國方面對日本政府之誠意，日本政府之政策充分理解，並信賴日本政府之措置。（二）盟國方面絕對不實行對日本軍政管理。（三）對國民生活的安定有充分理解，將以積極行動協助恢復日本和平產業。（四）爲了安定國民經濟生活，已獲得盟國諒解不使用軍票。（五）爲了準備今後之接觸，將刷新加強外務行之機構，並設立「終戰事務局」之機構。

（重光葵談話要旨）二日簽定投降文書後，陛下立即發表聖詔，明確指出我們今天面對着怎樣的一個事態，日本今後必需以一切誠意與注意履行波茨頓宣言。該宣言條項的實行從而且富於伸縮性，要具體實行必須一個一個明瞭地協商，同時在日本與盟國間於休戰的根本問題上，意見的疏通工作非常必要，因此我曾於三四兩日赴橫濱，同盟軍總司令麥克阿瑟，及參謀長西索爾德，經交談之結果，使雙方於休戰的根本問題，獲得疏通，更進一步就實行波茨頓宣言，特別是我國國民生活的經濟方面，進行充分協商。此即盟國方面在實現波茨頓宣言內容，履行條約上，充分了解日本政府的誠意及日本方面的政策，並信賴日本政府之措置。並不實行像最近所傳說的以軍政管制日本，而是通過日本政府提出要求，但日本政府必須忠實履行要求，因此不但是行政措置，而且必要時採取法規措置。其次關於國民生活亦得到諒解，關於和平産業，特別是增加食糧等必要的工業及其他産業，將使日本全力復興一點，已獲諒解。如解除武裝等有關休戰直接問題，正由日軍忠實執行，關於有關國民生活的一般和平的經濟活動，國民應安心前進。

貝納斯稱

美政府不反對蘇聯佔領千島羣島與南庫頁島

【路透社紐約四日電】國務卿貝納斯今日宣稱：美國政府不反對蘇聯佔領北太平洋千島羣島與南庫頁島，貝納斯今晚於此間招待記者席上披露：關於此問題以前並未達到協議。但他……達到。他亦披露：蘇軍佔領羣島首先在雅爾塔會議上邱吉爾、斯大林與羅斯福業已討論。貝納斯說：他在參加倫敦會議時，對管制前意大利殖民地問題不存偏見，他說：此問題在波茨頓會議上已作某些討論，將後總會與社會門討論，然而，並未採取最後決議，因而他拒絕發表美政府對此問題的觀點。貝納斯繼稱：美政府已要求莫斯科授權莫洛托夫在倫敦會議上討論羅馬尼亞問題。

路透社傳：羅馬尼亞國王要求

美英蘇三國幫他組成新政府

貝納斯說：蘇聯拒絕美國建議

【路透社華盛頓廿二日電】國務院今日宣佈：羅馬尼亞國王要求美英蘇幫助他組成能爲三强承認和能締結和約的新政府。

海算設備，極爲成功。一般反響雖稍慰藉，但何以不能積極進攻，迄今仍爲一謎。日軍於一九四三年六月中途島一役失敗時，日本有識之士均洞悉命運，即戰爭已反向日本而來，去年塞班失陷，使東京一致警覺已遇作戰來之最嚴重之打擊。本年三月十四橫濱之被炸，使所有日人豁然明了，發覺其本身已失去琉璜島及琉球本島，其後又遇原子彈，旋而蘇聯參戰，遂至全部潰敗。

日本發動侵略戰以來所發行之公債

【同盟社東京五日電】據五日大藏省向議會提出的資料，昭和十二年度以後，即中國時變以後至本年七月底，國債發行額爲二千十八億七千九百萬元。

【同盟社東京五日電】大藏省五日向議會發表昭和十二年以後日銀券的發行額、貸出額、現存額，根據上述，從大東亞戰爭開始至戰爭結束（八月十四日爲止），日銀券之發行額爲三百零三億八千二百萬元。

【同盟社東京五日電】厚生省向議會提出大東亞戰爭中勤勞狀況的參考資料，根據該資料：在戰爭期間，由於勤勞動員，從事進行戰爭緊要産業之人，約一千三百十萬四千二百六十九名。

【同盟社東京五日電】衆院議員秋田清，在尾崎行雄，鳩山一郎，齋藤隆夫等卅人之贊成下，爲了使導引大東亞戰爭於不利結局之原因及責任所在於明確，四日向政府提出有關政府採取措置的質問書。

西班牙大使掩蓋西德關係的談話

【路透社里斯本卅一日電】西班牙大使阿塔佐，論及戰爭期間之西德關係時，今日告里斯本諾維達茲報稱，西班牙與德國之關係，曾經歷三次危機，第一次是德國商業代表團企圖利用內戰中之困難時機，使西班牙接受商業條約，此條約將在某些方面破壞西班牙的商業獨立。大使說，佛朗哥將軍拒絕了，說：「寧願讓紅黨，也不讓我們的主權與獨立受到一分的破壞」。第二次危機是在西班牙拒絕德國要求不要通過限制外國參加西班牙採礦租借權爲百分之廿五之法案時。大使說，西班牙獨立的第三次發現是在一九三八年，其時德國與意大利邀請在反共公約上簽字。他說：「西班牙當時仍在它自己國內進行解放戰爭，不想在那時被人家認爲，它正向任何外國作任何一國的

【美新聞處華盛頓廿二日電】今日美國務卿貝納斯稱：美、英、蘇現正考慮羅馬尼亞要求三國協助，在布加勒斯特組織更能代表民意之政府，及允許該國參加聯合國。貝納斯並於就任國務卿後，首次在記者招待會稱：對意大利已合時宜之停戰條款，將按照其後之需要，與發展加以修改。

【合衆社華盛頓四日電】貝納斯國務卿聲稱：蘇聯拒絕美國所提就羅馬尼亞成立新政府一事從事諮商之建議，然貝納斯已要求莫洛托夫準備在外長會議中加以討論。

保國各黨派開始準備全國選舉

【美國新聞處索菲亞四日電】紐約時報記者布萊遲於星期二通訊中稱：保加利亞政府的『祖國陣綫』各黨和三個反對黨已開始籌備全國選舉，該選舉原訂上月舉行，但因盟國管制委員會之請求而展期。反對黨——農民黨、民主黨及社會民主工黨的保守派尚未舉行公共會議，但過去『忙於異常以商討未來的計劃。』該通訊略稱：反對黨自選舉展期以來，已得了第一個重要步驟，其時辭職以抗議以前選舉規定的三個部長，於星期四向攝政提出一要求，要求修改選舉法，使其符合於憲法，並要求首先舉行市選。向攝政提出的要求並同時要求『言論、集會、出版之完全自由，以使各反對黨在選舉中的同等地位』。布萊遲說，祖國陣綫已於星期一在全國各地舉行會議。共產黨領袖於一個萬人大會上說，祖國陣綫已因展期選舉獲得全世界之讚揚，並允予給反對黨以公平競選的一切機會。

路透社稱 德蘇軍佔領區分配土地

【路透社柏林六日電】薩克森省（在蘇軍佔領區內）當局已頒佈命令，無賠償地立即沒收二五〇畝以上所有農場和大地產。這些被沒收的農場和大地產將劃分爲十二個小的單位，作爲給佃農和由波蘭逐出的難民的所有地。這是分割獨佔容克大地產底土地的頭一個明確步驟。

日本記者談 日本人民對戰爭的了解

【合衆社東京三日電】東京每日新聞英文部主任田中頓稱：日本人民均不知襲擊珍珠港乃偷襲，人民均因聽聞大戰爆發消息而震驚沮喪，當時消息係以兩大聲明發表者，其一爲參謀本部，是日清晨之聲明謂：已對美宣戰，因美英兩[illegible]擴大。遂使人民震驚沮喪，數小時後，無綫電廣播復宣佈進攻夏威夷美國

讓步。」關於比利安集團，阿塔佐說，『葡萄牙與西班牙能够在此時以最理想與最公平的新世代的方法、各民族和平與兄弟之道，有所貢獻。』

敵進行文化活動 企圖欺騙我國

【中央社渝四日電】東京三日廣播：東久邇宮首相本日自文化界選拔著名者五人，負責協助實現新日本之文化復興計劃，五人爲兒玉、田村、賀川、長船及太田，按兒玉爲著名之青年運動領袖，其任務將爲締造和平日本之青年知識工作，田村爲中國事務專家，負責促進中日兩國間友誼及善意，以締造新日本。賀川爲著名基督教社會福利之工作者，担任解除各國對日仇恨並增進國際友誼。長船爲一著名小說家，其工作爲迅速建立日本國內之新自由。太田現爲首相之私人秘書。

芝加哥太陽報歡迎蔣介石承認外蒙古獨立

【美新聞處芝加哥廿八日電】芝加哥太陽報廿七日以巨大篇幅歡迎蔣介石承認外蒙古獨立的宣告。該報論及蘇聯與外蒙兩國制度的差異以及這兩國制度的密切合作時繼說：『外蒙將來與蘇聯關係的問題應由他們自己的自由選擇決定』。芝加哥各報咸慶賀日本在滿洲統治的完結，各報說：『中國主權在滿洲的恢復較返回歷史更有重大意義。』各報強調中國現在得的滿洲將刺激中華民國的經濟進步，其程度等於我購買路易斯安那州對於我幼年共和國的福利的效力。』

佔領日本零訊

【同盟社東京四日電】根據盟國最高司令官麥克阿瑟元帥的命令，日本對外無綫電廣播，除了日語以外，其他外國語言廣播均於九月四日起停止了。

【同盟社東京四日電】進駐貝森上將作如下要求：（一）盟軍對於鐵路運輸，不僅毫不妨礙旅客，而且不妨礙鐵路運輸。（二）（缺）。（三）應盟軍要求的情況下，運營鐵道的責任仍屬於鐵道當局。（四）對於盟軍運輸的命令，橫濱、東京地區及其以北，由貝森上將頒佈之，……由駐東京都的盟軍担任之。要求運輸省內，貝森上將以下八人駐在運輸省內，[illegible]四日開始實行之。

（只供參考）
第九六六號
解放新華日報社編
今日出一張
卅四年九月八日 星期六

國民黨軍隊兩個空運抵滬

【中央社滬六日電】全滬市民所熱烈期待之國軍先頭部隊，已於六日晨起，陸續飛抵滬濱。該隊係第三方面軍，第四十九軍副軍長楊文璟將軍親自率領，於六日晨三時十分自柳州陸續起飛，至晨十時四十五分止，計有六架抵滬，全日抵達者，共有三十六架，二千餘人，降落於大場機場，下機後，即駐場側。

【中央社重慶七日電】軍委會七日發表：（一）我王耀武司令官部隊五日收復湘中之寧鄉，先頭部隊現已進至岳麓山附近地區，王司令官部兩支部隊於同日進至湘潭北關及永豐市附近。（二）我孫蔚如司令長官部隊六日經由沙洋（漢門東南）渡過襄河至東岸，繼續沿漢宜公路向東前進中。（三）我劉峙司令長官所屬之劉汝明部，八月卅一日進入豫南之南陽。

【中央社廣州七日急電】我新一軍孫立人所部，今日××進入廣州市。

【中央社漢口七日電】負責接收中國戰區全部日本空軍之我空軍第一路司令官張廷孟，偕空軍官佐數十人，於今日下午六時左右，由渝乘運輸機兩架抵漢，指示接收事宜。張氏下機後，赴漢口前進指揮所，訪晤謝主任士炎。談數分鐘後，即辭去，張氏明晨將再飛京。

【中央社南京七日電】南京市長馬超俊、首都警察廳長韓文煥、市府工務局長張明鳴等，七日午，由芷江乘機抵京。

東北行營政治與經濟委員會組織規程

【中央社渝六日電】軍事委員長東北行營政治委員會組織規程。第一條：行政院為指導東北各省有關政務之收復事宜，特於軍事委員長東北行營內設置政治委員會（以下簡稱本會）。本會以行營管轄之區域為指導區域；第二條，本會置主任委員一人，

鐵路擬定章程委員。莎棠坟、裘維瑩、[illegible]安來為中國長春鐵路議定資產委員。此令。

華盛頓郵報評蔣演說

【美新聞處華盛頓六日電】華盛頓郵報今日於題為「新中國」的社論中稱，蔣介石所說的大多數東西都是重覆以前的聲明。他已說過要早日召開國民大會。他說，他將在一定的時間內，取消戰時新聞檢查的限制，現在戰爭既已結束即應停止限制出版自由並規定國民大會之日期。關於其他方面，蔣委員長宣佈了某些與共產黨土地政綱相近似的東西，在近海陷區中免徵田賦一年。正是苛重的田賦負担使延安得以××；中國的收稅者，很久以前即染上早幾十年徵收土地稅之習慣。蔣在演說中之一個重要聲明是他堅持在國內不應有私人軍隊。這是統一的××。但是，除非蔣委員長在改革問題上××××，那麼贏得統一的機會是沒有的。現在所需要者是將他在戰爭中的領導轉化為戰後建設的政治家風度。蔣委員長已獲得很好的機會，這不僅是由於戰爭的結束，而且是由於他在蘇中條約中所得到的威信及喘息。這個條約解除了中國對外國的恐懼。幾乎×××××，由於國際××的結果，中國形勢已經穩定下來，中國在其領土之內獲得了獨立主權。關於此點，滿洲之收復具有特別重大的意義。中國人所稱的東三省是遠東重工業的基石。沒有滿洲領土，那麼在進入工業文明方面尚相當缺之一些因素的中國，將在經濟上仍然是脆弱的。但是在中國能×××××其經濟上的機會以前，它必須找出政治上團結之道，而這點只有在實現共產黨要求方面，遠較蔣迄今所做的大進一步，才能達到。中國首都不久即將遷回南京。在擬定並宣佈基於自由與代議制政府制度上的土地改革綱領與政治上的革新方面，不應再事拖延時間了。國民黨專政在戰後中國是沒有地位的。有些時候，現在重慶的當政者給人民以一個疲倦革命者的印象。（缺）其中某些人將不能被認為是孫中山三民主義的信徒。他們應當記着，重慶之腐敗正是中國民族運動以前的腐敗，這種腐敗使他們得到了政權。

俞飛鵬談交通復員

【中央社渝七日電】參政會駐會委員會七日上午九時舉行第四次會議，江庸主席，交長飛鵬報告復員計劃及最近準備情形，茲摘要誌後：（一）政府各部門派往收復區主管人員之運送情形，政府前所開列之名單共八百十三人，現已運送至目的地者約百二十人，八日將有二百人送往收復區。中國航空公司現有客

委員五人至九人。特派或簡派行政院各部會署駐管本會區域內之特派員主持有關政務之收復業務者爲本會專門委員。主任委員承行政院院長之命並受軍事委員會委員長東北行營主任之指導，總理會務，而指揮監督所屬職員。第三條：東北各省有關政務之事項，依法應呈請行政院核准者，在辦理收復區域內，均報由本會核示，或轉請核示。第四條：本會對於東北各省政府之命令或處分，認爲違背法令，逾越權限，或不當者：得呈請行政院院長，停止或撤銷之。第五條：本會發佈命令或布告，得以軍事委員會委員長東北行營名義行之。第六條：本會就主管事項，對於行政院所屬各部、會、署、局，設立東北各省之行政或事業機關，予以指導、監督。第七條：本會會議以主任委員爲主席，主任委員因故不能出席時，指定委員一人代理之。本會專門委員，出席本會會議。第八條：本會分處設科辦事，其設置及職員名額，呈請行政院核定之。第九條：本會會議規定及辦事細則另定之。第十條：本規程自規定日施行。

【中央社重慶六日電】「軍事委員會委員長東北行營經濟委員會組織規程」。第一條：行政院爲指導東北各省，有關經濟之收復事宜，特於軍事委員會委員長東北行營內設置經濟委員會（以下簡稱本會）本會以行營管轄之區域爲指導區域。第二條：本會設立主任委員一人，委員五人至九人，特派或簡派行政院各部會署駐管本會區域特派員，主持有關經濟之收復業務者，爲本會專門委員。主任委員承行政院院長之命並受軍事委員會委員長東北行營主任之指導。經理會務並指揮、監督所屬職員。第三條：東北各省有關經濟之收復事項凡依法令呈請行政院核准者，均報由本會核示，或轉請核示。第四條，本會於東北各省政府之經濟措施，認爲不當者，得呈准行政院停止或糾正之。第五條：本會發佈命令或發告得以軍事委員會委員長東北行署名義行之。第六條：本會就主管事項，對於行政院所屬各部、會、署、局設立東北各省五行政或事業機關，予以指導監督。第七條：本會會議以主任委員爲主席，主任委員因故不能出席時，應指定委員一人代理之。本會專門委員出席本會會議。第八條：本會分處設科辦事，其設置及職員名額，呈請行政院核定之。第九條：本會會議規定及辦事細則另定之。第十條：本規程自公佈日施行。

【中央社渝六日電】國府七日令：派凌鴻勛、陳延炯、王輔宜爲中國長春

機八架，擬以三架維持後方交通，五架飛航收復各地。（二）關於交通復員問題，交部已劃分東北、平津、京滬、武漢及廣東等，分派特派員辦理各項接收復員工作。越南處我國受降之區域亦派有人員。（三）關於還都公務員船舶車輛之準備情形，據行政院統計在渝機關共二百一十二單位，公務員約三萬七千零二十五人，工役約一萬二千零八十四人，公務員眷屬以每名三口計，約十一萬四千人，交部已準備大小輪船約四十五隻，十月並可增加五隻，此五十隻船中，有八隻可航南京，其餘只可開往宜昌漢口。以此現有之船隻計算，兩個半月可將公務員全部運往南京，嗣後再運眷屬，必需工廠及普通民衆，明年六月以前可全部還都。公路方面東南東北各省車輛均將增加，潼關至洛陽段因無鐵路可通，交通部擬撥車五十輛調濟運輸，至於宜昌至漢口之鐵路交通，該部擬於短期內恢復，八日即將調派新車二輛載員出發，調查該段之實際情形。至於還都人員先經行政院核定，再由軍委會最後決定。（四）關於淪陷區交通情形大體完好，據陸軍總部所得消息，華北方面現有卡車五千七百八十輛，武漢有五千四百二十輛，蘇南一千四百一十輛，滬杭一帶二千九百四十輛，南京八百七十一輛，共一萬六千四百二十一輛，所存油料約六千八百公噸，大小船舶共一千〇五十五隻，各鐵路有火車頭一千六百九十七輛，客車一千八百七十輛，貨車二萬二千九百八十輛，此項車船中有包括若干損壞及待修理者。（五）關於鐵路員工，已於八月二十七日起舉辦登記手續，收復區之鐵路員工亦將開始登記。俞部長報告畢，參政員錢公來等及主席團主席莫德惠等，曾就交通復員問題紛紛提出詢問及建議，均經俞部長分別答覆至十二時散會。

陳儀兼台灣省警備總司令

【中央社渝七日電】國府七日令，特派陳儀兼台灣省警備總司令，此令。

美在日佔領區兵力五十萬

【同盟社舊金山六日電】國家廣播公司特派員尤拉，於六日由橫濱就佔領軍的兵力廣播如下：美陸軍的強大部隊將控制在日本的佔領區，到十月底爲止，解除武裝與復員的日本陸海軍將士爲數約有七百萬人。佔領軍除了作爲它的主體的美陸軍十八個師團以外，還有航空部隊、供應部隊以

及海軍補助部隊，陸軍兵力約為四十萬人，海軍約十萬人，合計為五十萬人。上述佔領軍在日本登陸結果，在太平洋方面將同美國的兵力為八個師團。另外，美軍當局約在兩個星期之前，在東京、橫濱、橫須賀地區，解除了十七萬以上日軍的武裝。日軍都遵照命令行事，未發生違法者。

【同盟社里斯本六日電】美國第三艦隊奉命接收被炸重傷的日本戰艦長門號，第三艦隊司令海爾賽以「南達科塔」號為旗艦。原來的旗艦是「米蘇里」號。

路透社報導：意大利政治動態

【路透社××十三日電】（缺頭）（編者按：以下兩稿已積壓很久，因其頗有參考價值，仍發表之。）同時很明顯的，未來的倫敦外長會議並不算來得太快，此間每個人均熱烈地希望，對意大利和平條約之締結將不是一個無休止的事件，以解決邊界爭執、殖民地處置、賠款及軍事設施等等，這類問題很容易討論幾個月。一切當局均同意，時間是沒有很多可以錯誤的，多天像對於歐洲任何一個國家一樣，仍然是對意大利的嚴重威脅。糧食缺乏、煤炭不夠、交通不健全及失業現象等，都是確定不移的事情，很可能的，今後將發生散見的騷亂，而由於每個人幾乎均有武裝，這種騷亂之能夠變得很嚴重的。如果內爭爆發，那麼繳獲共和法西斯軍及德軍的武器、盟國投給游擊隊而未交回的武器以及原有的武器，將成為不可忽視的威脅。各種形式的搶掠與目無法紀，在意大利各地非常嚴重，警察還很脆弱，不能應付形勢。但××××，巴利斯告我說，除了羅馬格納省（他指出該省在盟國軍事管制下）外，形勢已在逐漸改進中。總理斷言，對與隱藏武器的盛行，不要過於憂慮，因為他說，這些武器並不是被用以達到政治目的（甚至共產黨也好），而是為了反對罪犯的自衛。但是，據我知道的，他及其他部長以及盟國當局，均在不同程度上承認，憂慮意大利的未來形勢。它影響着兩個重要的因素——建議中盟軍之自意大利撤退及未來國民議會的選舉，甚至社會黨善於煽動的領袖兼副總理南尼也同意，如果盟軍在選舉期間留下的話，將是××××，雖然他願見盟軍在選舉之後，立即離去。在盟國外交界方面則感覺非常失望，因為英美軍隊已奉令返國。他們感覺，如果爭取意大利穩定的最大因素失去的話，那末，意大利的戰爭將是費出可怕代價而或多或少地沒有結果。意大利還遠未安定下來。北意解放後僅三個月，仍在動盪之中。會為意大利傳統之一的區域主義，自統一運動以來，現在較任何時

意總理說：如有武力威脅 他將取消選舉

【美國新聞處米蘭一日電】美聯社訊，巴利斯總理出席意大利民族解放[illegible]委員會大會的代表們，他希望選舉立憲議會，但巴利斯警告說，「如果有人以武力威脅選舉人時，他將取消選舉。」他說，立憲議會只能為「自由人民」召集。

南尼說：意社會黨走折衷道路

【路透社羅馬十九日電】意大利副總理之一及意大利社會黨領袖南尼，今日在社會黨機關報阿凡蒂報上著文，否認社會黨願望獨裁制度以便對抗反動的利益。他說：「真實的情形是我們現在正在進行政治鬥爭，其目的不是階級專政而是立憲會議，換言之，即是民主「同」誠然我們不能否認意大利存在着法西斯與君主派的力量，這些力量可能被誘惑着以暴力及軍事與行政的獨裁解決戰後的危機，就我們而論，我們過去與現在都設法順黑幕與紅色恐怖之間的折衷道路前進。」

路透社：一週外交評論

【路透社倫敦廿五日電】一週外交評論。本週國際緊張情勢的顯然增長，顯示戰後處置已受到嚴重的考驗。外相會議之公開批評東南歐各國政府，已引進了新的局面，因為經過幾天的沉寂之後，蘇聯報紙又明白表示蘇聯擬支持這些政府。於是原先潛伏着的蘇聯與英美間的政策的分歧，現在明顯化了。對於「民主」的含意發表了不同的解釋，同時對於最近在雅爾塔和波茨頓的協議的實際效力，人們發生了一些懷疑，而上述協議的意義則繫於「民主」這一名詞上。這一情勢的新困難自從上星期一以來這一問題已由官方與非官方所同時提出來。人人知道希臘政府雖然不是理想的，卻受到英國政府的一般同情。英國輿論對於左翼反對派民族解放陣線（EAM）享受集會結社言論出版等自由，無拘束地用以向世界說明反對希臘政府的事件這一事實，感到某些驕傲。人人也知道匈羅保各國政府受到蘇聯的同情。但是過去一週提供了蘇聯對其毫無同情的希臘政府的態度，與英國對保加利亞與羅馬尼亞的態度之間鮮明的與無疑的對照。蘇聯政府已拒絕監督將舉行的希臘選舉，理由是自決無須干涉。美英兩國政府在遞交索非亞的照會中曾警告保加利亞政府，他們對於由這次選舉運動所產生的行政機構將不認為是民主的。他們的見解是為要保證自決須要積極的行動。

候都更強烈。交通工具的缺乏以及新聞、報紙傳遞遲慢，使形勢更為惡化。政治上的分裂絕未終止。民族解放委員會中的六個政黨僅僅同意至選舉時分離。他們用一隻手擁護政府，另一隻手則在自由地互相打擊。如同夫多一樣，六個政黨大體上分為同等數量的左派及右派，在右派方面的是基督教民主黨、自由黨、勞工民主黨，在左派方面的是共產黨、社會黨及行動黨。但是在這些較大的集團中也有較小的磨擦。社會黨領袖南尼上月由於企圖與共產黨形成聯盟，幾乎分裂了社會黨，他是部份地成功了，但在本週我問他這件事時，他很慎謹地表明他的目前立場。他說，現在不忙着急聯盟問題，而且社會黨希望很確定的，他們將不會在這個普通的聯盟中，為共產黨所吞併。很明顯的，副總理很担心共產黨與蘇聯的聯系。其他成百萬意大利人也担心這點。人們很快地都知道，斯大林在波茨頓會壓制允許意大利和平條約的決議兩日之久，只有在很大壓力之下才告屈服。英國去年曾被認為是最不友好的國家，現在蘇聯已代替英國，並被認為是反意大利的國家。意大利共產黨沒有什麼進展，可能還有損失，但這沒有什麼關係，因為有力量或脆弱，一部份是策略問題，而且組織嚴密的共產黨，有了強有力的領導者。基督教民主黨已得到很大的進展，尤其是在三個威尼西亞，但是它左右派之間發生了激烈的分裂。一般認為，如果兩個最強大的政黨與外部的力量相聯合（一個（指共產黨）與蘇聯聯合，另一個（指基督教民主黨）與梵蒂岡聯合）的話，將是很可惜的一件事。總的說來，法西斯主義所留下的空位已變成一股旋風，法西斯份子仍在它的邊上盤旋。因此，意大利還不是一個有秩序的團結的國家，這個國家即將舉行決定專制政體命運的選舉。總之，英美方面深深的認識，意大利是個潛在的發展，代表西歐文明的作風，這種文明是歐洲所不可或缺的東西。它們同時認識，如果有四千五百萬人口的意大利讓他處於實際上與精神上的動亂以及內鬨之中的話，那麼它將能夠擾亂整個歐洲。因此，就英美而論，人們可以發現要完成兩件事的真正希望：第一、取消休戰協定，准許意大利加入聯合國並將國內司法權交還意大利人；第二，在物質上幫助意大利渡過多天，在多天過去之後，最壞的情況即將過去了。

同盟社稱德王赴重慶

【同盟社北京四日電】據重慶來電，三日國民日報報導，蒙疆自治政府主席德王，於二日上乘機經西安，飛往重慶。

蘇聯與英國之間在處理他們所不同情的政府的技術方面的分歧，似在羅馬尼亞的情形中又表現出來。倫敦方面有許多徵兆，英國準備支持美國的見解，即如羅王米契爾所建議的，三巨頭的咨商能夠有助於建立布加勒斯特自由的代議政府。有理由相信在另一方面，蘇聯繼續認為彼得・格羅查政府為完全滿意。這一外交爭鬥的下一幕現在還不清楚。英美不承認保加利亞政府為民主政府的結果，可以推想為不能建立外交關係，締訂和約或支持保加利亞作為世界組織會員國的申請。蘇聯是否亦同樣感到不能簽訂和約，或如果蘇聯這樣作，當地盟國管制委員會又將怎樣，現在還不清楚。目前另一外交活動的中心當然是遠東。目前與日本投降有關的許多外交問題尚未明朗化。前未料到的延宕的軍事投降及關於詭計可能性的繼續焦慮，在最後一個日本兵交出他們的武器以前，已將佔領與賠償的一切問題丟在腦後。中國內戰的危險雖然依然嚴重，而倫敦消息靈通方面，則認為中國內戰危險已由於中蘇條約勝利的簽訂及中共領袖毛澤東現已同意派遣代表赴重慶的消息，顯著減輕了。洩露出來的一些中蘇條約的條款，暗示蘇聯為了在滿洲及其他地方所獲得的某些讓步，已同意尊重重慶政府的主權及其能要求的領土。當公佈時蘇聯是否支持這種解釋尚須拭目以待，但是中國共產黨在其與重慶政府的衝突中，不能希望蘇聯的支援，現在已很明白。本週中關於香港將來的焦慮，已由阿特里與倫敦中國情報部的兩紙聲明所大為減緩，阿特里的聲明謂，英國民政機關返回殖民地的計劃業已擬定，而倫敦中國情報部的聲明謂「中國無企圖奪取盟國的領土，無論是香港或其他任何地方。」英國與中國軍隊即將佔領越南與荷屬東印度是暫時方便的問題，這些保證已多少解除了法國與荷蘭關於他們帝國領土的將來的焦慮。在波茨頓所設立的外長會議，延期九月十日舉行，已成為具有最高無上的重要意義的事情。不管正式的議事日程如何，這一會議的主要任務將擬定盟國在歐洲一致的政策以適應新情勢的需要，如無這種一致的政策，歐洲、甚至是世界分裂為兩個互相反對的營壘是必然的，擴大世界所包含的災難後果是不須要的。

（只供參考）
第九九七號
新華社 解放日報社編
今日出一張
卅四年九月九日
星期日

毛主席對大公報記者談話

【美新聞處重慶六日電】大公報今日發表毛澤東會見記，內稱：中共領袖一再宣稱召開中國各黨各派會議，以佈置國民大會選舉的要求。毛澤東係在此間與蔣介石會談。該報引毛氏談話謂：中國共產黨繼續要求成立聯合統帥部與『民主的聯合政府』。毛氏說：中國的將來，依賴於這些要求的實現。他繼說：雖然他與蔣委員長的談判尚未達到解決，但他深信能夠達到和平解決。

何應欽說 解除日軍武裝要三月

【中央社南京八日電】何總司令應欽，八日下午三時許在中央軍官學校招待中外記者。某記者詢以簽字時間與地點已確定否，何總司令答稱：時間已定於九日上午九時，簽字地點在中央軍官學校大禮堂，關於簽字程序，及參加人員名單，業已訂定。某記者詢以日本簽字代表名額及日本陸海空軍之代表，何氏答稱，日本投降簽字代表計共七人，岡村寧次將軍代表其陸海空軍簽字。某記者末詢以解除日軍武裝，所需之時日，何總司令答稱約需三個月可以竣事。

【美聯社南京八日電】中國陸軍總司令何應欽將軍於星期六抵此，計劃完成中國境內一切日軍部隊的正式投降。訪員對於投降於何處或何時舉行尚未獲官方通告，但預期將於明日在中國陸軍大學大禮堂舉行，該處已於數日前自日軍手中接管過來。

【中央社滬七日電】第三方面軍總司令湯恩伯將軍偕孫元良將軍，七日二十一時零三分乘車離滬赴京，車站被偵森嚴，各方知者甚少，均未到站歡送。

【中央社南京八日電】日本同盟社曾於八月廿九日發表偽國民政府代理主

對於各項軍費，依實際需要，充分核列。同時爲配合軍事需要，對農工礦之生產，交通之維持與改進，均應充分核列其經費。至於各機關主管之普通事業經費，其與事無關，或非民生急切所需，而短期不能完成者，應予緩辦或停辦。該項原則中，並規定爲實現縣市經費，以推進地方自治起見，所有中央分配縣市國稅，應依原分配辦法之原定分省計列。並應列縣市建設費一項，補助縣市教育經濟社會衛生等事業之用。對於平抑物價，亦極注意，該項原則中，曾有「平抑物價，管制物資所需經費，除由國家銀行酌貸營運資金外，得由各主管機關覈實估計，又、預算核列專款並應釐定專款處理辦法，切實執行，關於中央及省市機關經常費、規定以卅四年原預算及其追加部份預算合計之數爲準。」

【中央社重慶八日電】美國駐華大使館公使銜參事步瑟格被召返國，今離渝飛美。外部交際科長王季徵特至機場歡送。

各省免賦實施辦法

【中央社重慶八日電】曾經陷敵各省本年度田賦業經國民政府明令豁免，實施辦法已由行政院核定，分電各省市政府遵照實施。茲摘錄辦法如次：一、浙江、安徽、江西、湖北、湖南、廣東、廣西、河南、山西、綏遠等十省，卅四年度田賦徵實徵借及徵縣級公糧，一律全部豁免，由各該省政府立即佈告週知，並咨省參議會查照。二、江蘇、河北、山東、察哈爾、熱河、遼寧、安東、遼北、吉林、松江、合江、興安等十四省，及南京、上海、青島、天津、北平等五市，原未由中央徵糧，卅四年度田賦亦同時豁免。（台灣、澎湖專案辦理）（缺五）三、浙江、安徽、江西、湖北、湖南、廣東、廣西、河南、山西、綏遠等十省田賦糧食管理處，由糧食部令即日停止徵收徵借，並飭各該省處於奉令之日佈告城鎮鄉村，俾期家喻戶曉。其在佈告免賦以前，業經完納之糧，准由納糧人民於卅五年度將憑糧票收據抵完當年田賦，並由該省處將已收糧數報糧食部備核。其餘中央未徵糧之省市已經敵僞徵糧者，由人民持免納憑證向當地主管機關登記，以備政府對敵清算賠償。（四）四川、西康、雲南、貴州、福建、陝西、甘肅、寧夏、青海、新疆及重慶市等，後方十一省市卅四年度田賦，爲配備復員期內軍公糧食緊急之需，乃照常徵收徵借（包括帶徵縣級公糧在內）依限掃除，卅五年度一律豁免田賦一年。（五）豁免田賦之省，如所有中央及省（市）級公教人員公糧一律撥發代金，其原由中央分配縣市田賦及帶徵縣級公糧，除儘現存餘糧未指定用途部分配量撥補外，由中央撥款補助，不得另行攤派。補助辦法由財政席陳逆公博自殺殞命消息，但我軍總司令部在南京所獲之確實報告，陳逆公博、林逆柏生、何逆炳賢、陳逆君慧、岑逆德廣、周逆隆庠及秘書白國光等七人，及日本軍官隨行於八月二十五日晨由日方派飛機秘密送往日本九州之米子茲。據中國陸軍總司令部發言人稱，何總司令已以中字第廿一號備忘錄致岡村寧次轉致日本政府，請將該批叛國罪犯等押還逮捕，並解交中國陸軍總司令部處置。

【美新聞處南京七日電】今天自此間發出的消息稱：對於在華日軍九月九日簽訂降書一事，特規定中央政府可以將足夠的軍隊開入城裏，以防止共產黨乘機從中取利。昨天一整天與今天，美國幾百架飛機載著裝備優良的中國新第六軍的若干部隊（這些部隊會在緬甸觀過戰）。預料將不會遭到這地區日軍的麻煩，雖然還看見他們拿着武器在大街上慢步的走。自一九三七年南京淪陷後即盼望這一天快到來的中國人民很歡欣。他們在大街上遊行，熱烈地包圍着英國新聞記者及在城裏的少數美國軍隊。

蔣軍開進情形

【中央社重慶八日電】據軍委會九月八日發表：（一）我胡宗南司令長官所屬張耀明部現已進至豫東之中牟城西附近地區。（二）我劉峙司令長官部隊於九月六日通過豫東之鄢陵，繼續向東北前進中。（三）我王耀武司令官所屬韓濬部九月七日收復湘中之湘鄉，另一支隊於同時越過永豐市進至衡山以西地區，胡×部×進入長沙，另一支隊七日進至岳麓山。（四）我新一軍孫立人部現已進入粵省之廣州市。（五）我余漢謀司令長官部隊於九月二日進入粵北之曲江。

【中央社滬七日電】據悉：滬市日駐福州路河南路口花旗總會之南區部隊，已於六日全部撤去，其他各派遣部隊，均擬於最近期內撤去，集中一處，待命繳械。

【中央社集寧四日電】包頭城內日軍已遷駐東門外指定區。

重慶卅五年度預算原則

【中央社渝八日電】卅五年度國家總預算編審原則，業經國防最高委員會於上週通過。國府頃已將該項原則通令各直轄機關遵照。據悉：卅五年度國家總預算編審原則共分十九項；規定卅五年度國家總預算之編審，除依照戰時國家總預算編審辦××××計劃配合各項歲入歲出，應通盤籌劃，覈實編列。但軍務費，復員費，善後救濟費，得依據核定之整個計劃另立特別預算，妥籌財源抵充。此外其中主要之點，規定歲出應本軍需第一之旨。

食所部會商擬定呈院核准施行。（六）豁免田賦之省市關於軍糧補給，除就現存餘糧配撥外，應由中央撥款，依照通案規定，組織軍糧採購委員會負責辦理購補事宜。

敵禁止美軍接近宮城

【同盟社東京七日電】當盟軍踏進駐東京之際，為使盟軍士兵不接近宮城、神社、佛閣，在這些地方的外側將設盟軍方面的步哨，而內側則設日本方面的步哨，以期萬事安全。

【同盟社東京七日電】美第八軍兵站部巴爵士上校，以該軍兵站部長巴雅士參謀長之名，向神奈川發出如下通告：麥克阿瑟元帥，已經向進駐日本之部隊發出佈告，鑑於日本之食糧狀況，進駐部隊必須分別攜帶食糧，今後供應原則上亦是由本國運輸。希望日本提供有剩餘的菜蔬，水菓類，現舉一個例子，麥克阿瑟元帥以下將官所駐的新大旅館，由縣當局特別贈送牛排，一個將官問：「這樣的東西很豐富嗎？」接待者據實際情形以告，該軍官說：「不必要為了我們特別調製，這樣將使日本的食糧更加缺乏，我們當然希望有新鮮的肉類，菜蔬，但我們對於沒有的東西不作勉強要求。」

美軍進駐後 美日衝突事件

【同盟社東京七日電】美軍自進駐本土以來，已經一個星期了，在這一個星期中，與外國軍隊部經常發生不愉快的事件，頗使當局感到憂慮。這是由於言語的不通與風俗習慣的特異因而零星發生的。因此，一俟駐進軍的心情安定後，事實上已經逐漸減少了。茲把上月三十一日起到五日止在橫濱、橫須賀地區發生的事件內容分門別類來看，其情形如下：殺人事件一件、強姦婦女（包括姦淫未遂）六件、搶奪物品一百四十三件、搶奪汽車一百二十八件、搶掠金錢三十七件，剝奪一般人民的武器四十四件、傷害四件、拉走人員八件、開槍五件、強制搬家四件、侵入民家五件、佔據民房四件、損傷器具二件、妨礙電車通行搶奪警察的搶支三百九十件、搶奪手槍四十八件、搶奪佩刀四十一件、損壞器具一件。

敵東久邇宮首相在八十八屆臨時議會上之演說

【同盟社東京五日電】帝國已接受了美英蘇中四國宣言，大東亞戰爭已經用非常的措置結束了。回顧聖戰四年，實不勝感慨之至。但是聖詔已下，我們臣子應以「承詔必謹」之精神體會聖旨，順從陛下的意志，絲毫不要違背，我相信這樣我們一定會在整齊的秩序下，毫無錯誤地，努力走上處理新事態的大道。此次之休戰就是由於天皇陛下之裁決。在陛下親自在至尊的祖宗神靈前致謝，我們要從困苦中拯救萬民，為萬世開闢太平。我們臣子對廣大無際之陛下的意志，只感激涕零無以復加了。我們只有以感激之淚安慰陛下。

（不顧勝敗確立和平）：因憶願望世界和平與東亞之安定，以及萬邦共榮，乃是帝國建國以來不變的國是。世界各國家各民族，應相互理解，和睦地互相提攜，交流文化，啓動經濟交通，在萬邦共榮互相親睦之中，增進人類幸福，提高文化，以貢獻於世界新運命，這是我國歷代皇室所深為軫念者。大東亞戰爭爆發前，我國曾處於決定和戰的重大危機中，如果那時世界的大國——日本與英美兩國一開戰端，則世界所遭受的不可計量的破壞與犧牲，混亂界之不幸無有過於此者。陛下曾願排除我國與英美間之誤會，克服戰爭危機，以維持世界人類的和平，但不幸大東亞戰爭終於爆發。但陛下軫念人類和平之心願，即使在開戰後仍未稍變，不論戰爭之形勢如何，仍不顧勝敗，旨在確立和平，但不幸又出現了新的事態，所以不得不以非常措置結束大東亞戰爭，這不外是陛下所念世界和平之心願使然。以至尊之聖命招來今日之悲局，實使我們對天皇以及對子孫無話可說。

（國民應當懺悔）：我們蒙受了今日的悲痛，就應當回顧一下，是否完全盡了自己的力量？是否盡了本分，熱心於進行職務？是否因有依靠權力而驕傲？是否違犯了他人的職責致互相掣肘，妨礙了人民的總意和總的力量的發揮？同胞是否親和並具有同甘同樂之精神？是否執行職務時，曾表示急躁及安而忘危之行為？是否有破壞秩序，擾亂團結之行為？對於敗戰的前途，不論前綫與後方，不論軍官民必須作虔誠的懺悔。我們現在正是在神前懺悔，清除一切不正當行為，記取過去的錯誤，以便在將來有所戒備，一新心志，大家都努力進行將來的工作，並在敗戰之時，舉國一家共同分擔困苦互相提攜，盡自己的本分，登上和越過苦難的路途，開拓帝國將來新的命運。聖戰四年，我忠勇的陸海軍將士冒着寒暑，嘗盡辛酸，進行英勇的戰鬥；而官吏亦忘記私慾，盡其職責；國內人民亦同心戮力，努力增强戰力，舉國一致將國力集中於貫徹戰爭目的一點上。當然在方法上雖有許多的錯誤，但是他們在工作上是盡了力量。我們可以永久記憶的就是民族的潛在力。

的可怕情況。

（鹽和液體燃料）：伴隨着大陸工業鹽海運量的減少，以蘇打工業為基礎的化學工業的生產，就不得不急遽地降低。因此今年秋季以後，不要說金屬生產，就連火藥等的供給也已接近崩潰的危機。在液體燃料方面已經只能依賴日、滿、華的自給力。由於儲油量的不足，雖然加緊努力增產酒精、松根油等，但是，在不遠的將來就會因飛機燃料的缺乏而嚴重地影響到戰爭的進行，另方面以飛機為中心的近代兵器的生產，亦因生產設施的破壞（由於空襲的激化）與各種材料、燃料等的缺乏，只能以舊有落後的方式從事量的生產，可以想像是非常困難的。

（大勢所趨是沒有辦法的）：如上所述，我國的國力已被迅速地消耗，到了今年五、六月時，進行近代戰爭的戰力基礎已非常脆弱，縱然有軍、官、民齊心協力、講求對策，以莫大的努力來恢復國力；然而遺憾得很，終於無補於大勢，欲在最近將來轉變戰爭形勢是非常困難的。特別是沖繩島作戰結束後，形勢更加嚴重。長期戰爭的結果，已使國民的生活非常困難；通貨膨脹以及道德與社會秩序的敗壞，因而可以看出一種逐漸不容樂觀的傾向。這樣，根據物質與精神兩方面的情況，對於戰爭的前途已必需要加以慎重的考慮了。

（不能忍受近代戰爭）：在這一期間，我特別攻擊隊曾發揮了無比的盡忠精神，建立了偉大的功勳，琉璜島與沖繩島的陸、海軍將士們都在萬衆一心，英勇奮戰，使聯合國軍隊蒙受巨大的犧牲。我全國陸、海軍精銳部隊到處都在發揮傳統的勇武精神，一億國民又都在努力增產與築城，以便在行將到來的本土決戰中，一下子消滅登陸的聯合國軍隊。然而，在長時期的多次的決戰中，雖然每次都給聯合國軍隊以很大的損失，但其間皇軍所蒙受的損失也決不為少。艦艇與飛機有巨大的損失與消耗。而且在上述的國內生產的情形下，還不能為所欲為地來補充。陸上兵力為了防衛本土，雖然配備了相當的數目，但其裝備逐漸惡劣，能夠進行近代戰爭的堪稱為裝備優良的精强部隊，只不過有極小的數量而已。到了戰爭結束時，皇軍現有的戰力，已經極端地處於劣勢。

（不能繼續抗戰）：而在聯合國方面擁有龐大的資源與工業力，其軍需供應力日益增大，特別是自德國在歐洲投降後，聯合國軍隊便趁着戰勝的餘威

（敗戰的經過情形）：自從瓜達康納爾島撤退以來，戰爭形勢逐漸不振，特別是喪失馬里亞納羣島以後，盟軍進攻的速度大大增加，同時盟機的空襲亦更加激烈，而我們的損害也增大了。更由於海上運輸力的低下，我國軍需生產受到相當的影響，隨着戰爭的更加緊張，軍需生產於本年春天以來達到極困難的狀態。另一方面，隨着戰爭的持久，民力之疲憊愈益顯著。在戰爭結束前，寔應不可能堅持長期的近代戰爭詳細的情形，當於各大臣於答復質問中說明之。現在只能說其概況。

（海運減至四分之一）：本年五月的汽船運輸力由於船舶喪失的增加，雖然數度抽出駛往南洋的船舶，也只能保持開戰前四分之一的數量，更由於液體燃料的不足及盟軍妨礙的增大，其航行、効率受到很大的限制。尤其是自沖繩之戰結束後，受盟機的制壓，甚至與大陸的交通亦遭到無法確保的危機。另一方面，機帆船的運輸力由於燃料不足及盟軍的妨礙，急速減低，新船的建造和受傷船舶的修理亦不能如意地進行。海上運輸力這樣的低下，對於維持戰力有極大的影響。

（陸運降低二分之一）：鐵道運輸力方面也因車輛設施的弊病，加上連續不斷的空襲，其機能已逐漸降低，稍一不慎就可能發生這類傾向，即喪失其一環性而變成局部性的運輸力，就全盤運輸力說來，在今年秋季以後，跟去年度相比，即使竭盡各方面的努力，預料仍難免要降低到二分之一以下。特別是關於已劃歸陸海軍運輸力之內的陸上小運輸力以及港灣貨物搬運力，受資材、燃料與勞工等情況的約制，形成了鐵道與海上運輸的重大難關，再加上伴隨着對港灣的空襲的加劇，其機能的降低有日趨嚴重的傾向。

（鋼鐵生產降低到四分之一）：跟着上述運輸力的激減，不但不能順利地解決煤以及其他工業基本燃料、資材的供給，而且也不可能從南方運回物資，加上因空襲而造成的生產設備損失的增大和工作效率的降低，予各種產業以深刻的影響，致工業生產全面地走着下降的途徑，而處於幾乎難於希望能立即改善的情況。鋼鐵的生產跟開戰當初相比，約降低到四分之一以下，依靠鋼鐵的鋼船的建造與自給，也處於完全無望的情況，而當地資材的運用，雖經千方百計的設法，但因受小運輸力降低以及配給煤不順利等情況的約制，幾乎難於實行。石炭的出產量也日益惡化，加之隨海運輸力的大形降低，對東部及西部的石炭供給逐漸減少。因此，中樞地帶的工業生產全面地下降。在今年秋季以後，這些地帶將因石炭供給的斷絕，好些部門要發停止作業

，把全部兵力集中於帝國週圍。它的兵力與戰備不僅逐日充實與增強，而且他們的戰鬥意志，也是絕對不可輕視的。在精神與物質兩方面，敵我戰力的對比已迅速地表示均衡狀態，要想靠主力的決戰來打開局面，幾乎是近於不可能的事情。另方面盟國飛機的轟炸我國本土更加厲害，大都市自不必說，就是各中小都市亦次第被敵機毀滅。由於戰災而燒毀的房屋達二百二十萬所，死傷者以數十萬計，蒙受戰災者達一千萬人，呈現了悲慘的狀況。進入八月後，聯合國軍隊又使用原子炸彈。廣島與長崎兩市受到襲擊，慘不忍睹。其災禍所及，將因此而招致我國民族的滅亡，而世界人類的文明亦將爲此而陷於毀滅。加之蘇聯突然向我國宣戰，國際情勢因此到達了一種最惡劣的情況。在此以前，美、英、中三國即在波茨頓發出要求帝國投降的聯合宣言，在各種的情勢下，帝國是站在一條岐路上，或是以「一億玉碎」的決心一定要追求勝利，不然的話就是結束戰爭。於是，爲念及日本民族的將來與世界人類的和平，天皇便下了聖斷。即是說波茨頓宣言在原則上不包括要求變更天皇統治國家大權的諒解下，決定含垢忍辱地接受之，於是大東亞戰爭便告結束。帝國與各聯合國之間，已於本月二日在橫濱港外美國軍艦上簽定降書。同日天皇頒發詔書，命令停止對於聯合國的一切戰鬥行爲，解除武裝。我回憶及此，實是無限感慨，同時趁着這個機會，對於在四年戰爭中爲了共同目的而給我以各種幫助的大東亞各個與邦，謹致以崇高的謝意。現在盟軍已進駐我國本土，目前的情況是有史以來所未有過的，可說是在三千年的歷史中最嚴重的局面。我們國民的重大任務是肩負着這一嚴重時期的國家命運，不要誤失方向，而要使國體更加輝煌。這樣就要依靠於我們處理今後情況的決心與努力。現在在現實的面前把眼睛蒙蓋起來從事安慰自己的享樂生活或爲事情所刺激而輕薄胡爲，究竟不是使國運昌盛的辦法。只有一切言行都服從天皇，一點不發生錯誤，才是我們爲臣子的本分，我們臣民要聽從天皇的告誡，忍受難以忍受的事情，認識敗戰的事實，以堅決的大國民的態度忠實地履行自己所接受的波茨頓宣言，以昭信義於世界。

（未完）

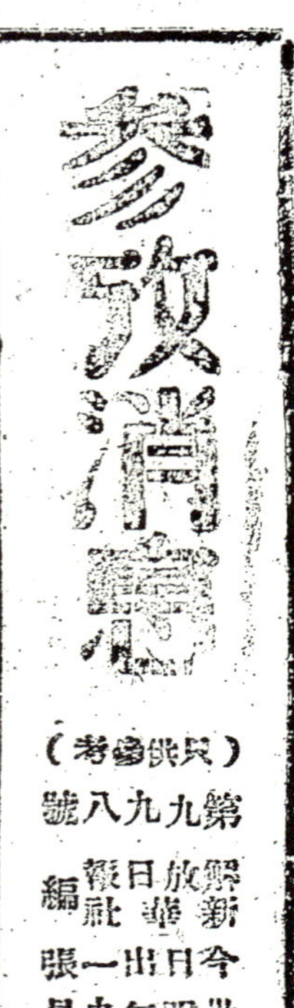

（只供參考）
第九九八號
解放日報社 新華社 編
今日出一張
卅四年九月十日 星期一

中國戰區日軍投降簽字於南京舉行

【中央社駐中國陸軍總部記者九日九時四十分自南京中央軍校發急電】中國戰區日軍投降簽字業於今日上午九時正，在中央軍校大禮堂舉行。儀式僅歷二十分鐘。何總司令會以中國戰區最高統帥蔣委員長命令第一號，面交岡村寧次大將，岡村寧次[illegible]謹表接受。降書內容計分九點，儀式完畢，何總司令即席發表廣播演說，宣告中國戰區日軍投降簽字已在南京順利完成。

【中央社南京八日十九時電】簽字典禮之人員有麥克魯將軍、柏德參謀長，蕭參謀長毅肅，冷副參謀長欣，蔡副參謀長文治等軍政長官，英美蘇法荷澳等盟國軍事代表及中外記者等。

【中央社南京八日電】中國陸軍總司令何應欽八日午發出佈告三則，原文如下：（一）抗戰已獲勝利，戰爭業告結束，和平初奠，民困方蘇，本總司令奉命來京，主持軍事，凡我市民，均應各安本業，嚴守秩序。所有憲警，應盡忠職守，照常服務，維持治安。對於盟邦尤應切實保護，如有奸宄，造謠惑衆，擾亂治安，或有其他違法情事者，定予依法嚴懲。（二）查僞政府所頒佈一切法規章程，亟應完全廢止：所有因愛國行爲致遭逮捕及觸犯僞訂法律而並不違反國法，業被拘禁判處徒刑人員，均得宣告無罪，予以恢復自由。除俟司令機關抵市後，從新審查核定，分別開釋，用彰法紀外，特先公告週知。（三）查僞政府橫征暴斂，捐稅繁苛，負担綦重，民困倒懸。本總司令，奉命來京，目的在仰體蔣主席德意，下恤民衆艱難，着先將南京所有捐稅，暫行豁免，用抒疾苦，俟稅收人員到後，再依中央稅則公佈實施。

【中央社南京七日電】凱旋南京之新六軍部隊，五日開始空運。大批巨機，連日往返芷江南京間，甚爲忙碌。最初到達之一部，業於六日下午接受光華門外卅平方公里內之防務。一切順利。軍長廖耀湘將軍，偕同十四師龍[illegible]今日午後三時廿二分飛抵南京。同機來京者，尚有中宣部駐陸軍總部特派員鄧國康，經濟部電政司長張家祉，統計局王子建，秘書吳嗣天，生產局張處長閔，錢處長家濟等。

【中央社漢口七日電】鄂省委兼鄂東行署主任李石樵，奉命先行返省，主持各項政務。現已在武昌成立省府臨時辦公處，一面着手接收偽[illegible]機構，一面安輯民衆，積極籌劃復員善後等事宜。李氏已飛令各縣縣長，從速返任、展開工作。又奉令接收漢市之鄂北行署主任徐會之已抵孝感，日內即可抵漢。

【中央社滬八日電】第十九集團軍副總司令李[illegible]中將，八日因公由渝飛滬。

【中央社滬七日電】軍委會上海市軍事特派員公署，以任務業已終了，七日辦理結束，將所有未了事宜，移送第三方面軍前進指揮所及上海市臨時軍事聯絡處，分別辦理。

【中央社滬八日電】盟軍空軍上校凱得，奉命充任上海飛機場指揮官，於八日抵滬。當與有關各當局會晤，將協助第二地區司令章傑處理一切空軍事務。

大公報所擬日本戰犯名單

【合衆社重慶九日電】權威的大公報社論稱，戰犯但不能逃脫法網，但對其懲辦應毫不遲延地予以執行。該社論稱，盟軍雖佔領東京，但日本機構仍充斥着反動分子。國會熱烈地讚揚『神風』，而人民對於失敗及盟軍登陸似乎不在乎。大公報稱，『我們不能不問盟軍最高統帥麥克阿瑟將軍：對政治××負主要責任及身爲日本武裝部隊總司令的天皇能不是個戰爭罪犯嗎？』該社論堅持：『我們完全同意這樣的原則，即戰犯名單不限於軍人』。戰犯名單中應包括所有那些實行外交活動，破壞條約，幫助軸心侵略及那些與戰時財政及掠奪人民有關的人們。大公報列舉戰犯如下：侵略中國東北的本莊繁，當時陸相荒木貞夫，林銑十郎，近衛文麿，土肥原賢二（著名的特務頭子），東條英機，寺內壽一，山下奉文，有田八郎，青木一男，石渡莊太郎，賀屋興宣，池田成彬，白鳥敏夫，大島浩。

【合衆社重慶九日電】中央社訊，何應欽向岡村寧次送致備忘錄，要求日本政府將陳公博及其他七名漢奸交與中國。中國方面聲稱，南京偽政府主席陳並非如同盟社所宣佈已經自殺，而是飛往日本。

天武師長，逕伺聯絡官費立浦上校等亦於七日午後一時飛抵此間。並攜來一部份重武器。軍司令部，即設於貢埔路。後續部隊，將加緊空運，而在旬日內當可完全到達。

湯恩伯叫日軍暫時維持南京治安

【中央社南京七日電】第三方面軍湯司令官，奉令擔任滬區受降事宜，特派副司令官鄭洞國中將，來京設立指揮所，處理京區受降事宜。鄭氏到已抵京，指揮所即告成立。七日下午四時，召見日軍第六軍司令官十川次郎代表工藤良一少將，以湯司令官致十川代電二件遞交，詢以關於南京區日軍應交我國表尚多欠缺，應早日補繳齊全。在我們未接受南京區以前，所有治安及公用事業如水電等，仍應由十川命令所部，切實負責維持。

【中央社衡陽八日電】衡陽今已爲我第四方面軍王耀武將軍所屬第七十四軍九十八師完全光復。原駐衡陽日軍六十八師團正集中北郊一帶，準備解除武裝。

【中央社辰谿八日電】我第四方面軍王司令長官所部第十八軍全部，於六日下午三時，進入長沙市區，連日忙於接收長沙警備隊事宜。

【中央社湘鄉八日電】原駐湘鄉日軍第一一六師團，業於七日撤至城郊待命解除武裝。第四方面軍七三軍七七師，當日午後進駐市區。

【中央社渝八日電】據第五戰區司令長官部息：劉峙司令長官，率第十九集團軍一部，已於五日進入睢縣。

【中央社吉安八日電】奉薛長官令，前往南昌籌設第九戰區前進指揮所之詹道源等員，八日晚抵南昌城外之荷塘。定九日晚入城，其先頭人員，已攜帶長官致日第十一軍團司令之備忘錄一至三號送達現駐南昌軍事區之第七旅團司令轉交。其中指定南昌九江間日軍之集中繳械地點。

【中央社平遙八日電】我第七戰區所屬部隊，連日過此，向潮汕進發。閩粵贛邊區總部參謀長劉定纘少將，亦前往協助徐景唐將軍辦理受降事宜。

【中央社渝九日電】東京六日電：（一）國軍八月廿八日進入大同，平綏路已通車。（二）包頭我由政務委員會辦理接收事宜。

馬超俊等抵南京

【中央社南京七日電】馬市長超俊，警察廳長彭文煥，劉[illegible]參樂幹，公務局長張劍鳴，於

朝鮮日軍簽降書

【美聯社紐約九日電】朝鮮廣播稱：南方日軍、並至鮮朝日軍均已簽署降書。金凱德海軍上將與羅赤中將代表美國簽字。

【同盟社舊金山八日電】仁川來電：美第二十四軍團部隊，已於八月下午三時在仁川港登陸。日軍撤至距海岸綫十二哩的地方。僅由該地方的日本警察維持秩序，因之允許居民停留於該地方。

【同盟社東京九日電】麥克阿瑟元帥於九日下午一時半，自帝國飯店出發，乘汽車返回横濱。

【同盟社東京九日電】盟軍進駐日本後，關於需籌備進駐軍的軍費的通貨問題，目下日本政府與盟軍最高統帥部之間正在協議中，大體上正在順利進行中。最近在雙方之間獲得滿意的結論。在這一期間，盟軍已將其進駐本土時所攜帶的『B式圓貨標誌』的軍用票發給將士，在市面上流通。因之大藏省已於八日下午發表當局談話，其方針是：上述圓標誌的軍用票應與日本圓等價交換而流通。日本政府並命令金融機關，無限制地兌換之。

日寇挑撥蘇美關係 說蘇軍不斷發生暴行

【同盟社東京九日電】蘇軍向進駐日本本土，幾乎都是在平靜的空氣中進行的，但蘇軍的進駐地區，如在南庫頁島、滿洲與北部朝鮮，却不斷發生暴行、掠奪及其他不妥當的行爲。特別是對於非武裝民衆的措置，令人遺憾之處是很多的。因之我國政府已通過盟軍最高統帥部與代表我國利益之瑞典國，致書蘇聯政府予以善自處理。

美報論管制日本

【同盟社舊金山七日電】六日，芝加哥論壇報揭載如下的社論，暗示美軍今後管制日本的方式稱：美軍對於管制日本的方式應以此爲基綱，即嚴懲有罪的日本人，並助長善良分子的生活方式轉爲民主主義的生活方式。我們要嚴懲美軍搶奪及其他紊亂軍紀的行爲，但同時將完全逮捕日本的戰爭罪犯，以便盡可能迅速地交法庭審判。特別賢明的方策，是要把日本國民的善與惡兩種分子分離開來，後者對戰爭的各種法規與道德所犯的罪惡須予嚴罰，並刺激和助長由日本國民自身來建立民主主義的政府的情緒，實現這一目標是很困難並且前途遙遠，但麥克阿瑟元帥所實施的施策，對於完成這一目標已有貢獻。

尾崎幸雄表示媾和要以道義爲基礎

【同盟社東京八日電】尾崎行雄氏

（衆議院）新聞和問題，通過[illegible]長期向久邇宮首相陳述意見，盟國應叫盟國不以武力爲背景而以道義爲基礎進行媾和工作。同時不承認依靠武力的勝利者的權利，並且强調現在日本應作爲建設和平世界的倡導者與實行者。其主張如下：（一）爲了建設杜絕戰爭的新世界，需要進行媾和談判；（二）過去勝負雙方之間，都是以武力（原文爲暴力）爲基礎而媾和的，但此次分論正邪、曲直，始終都要以道義爲基礎；（三）在過去，在戰費及其他損失方面，一般情形都是戰敗國損失多，但是却常是由戰敗國賠償之，這種不合理的暴行，必須堅決廢除之。（四）如台灣、朝鮮與滿洲，應不待他國以武力爲後盾的干涉，而首先由我們解放之，以居民的自由意志來決定屬於何方；（五）其他各種問題都應掃除過去的一套辦法與感情，而根據道義與理性決定之；（六）如果對方不以道義而依賴武力提出要求，則完全不能答應；（七）我方不僅主張建設和平的新世界，而且講求方策，掃除褊狹的國家思想與民族觀念。

同盟社轉播美下午報
關於管理日本的具體方策

『同盟社東京廿日電』解釋時事問題的小型報紙下午報登載廣播電台評述員阿爾伯特。雷氏於五日夜在華盛頓廣播的關於管理日本方式的感想，這是由某高級官吏獲得的情報，其要點如下：（一）美軍之管理日本與盟軍之管理德國有根本的不同，此即佔領日本當初之兵力，如與德國相較即是很少，但今後將有相當大規模的增加，但並不是以地理爲其基礎而佔領日本。（二）佔領日本之盟國軍隊的任務與管理德國不同，如果說是採取直接統治方式，反而不如說是採取監督的方式。（三）進駐軍必然利用現在日本全部的民政機關，但一部份不合作之日本官憲則除外。（四）一切聯絡均經過日本民政機關辦理，但不經過日本軍部。（五）英國、蘇聯、中國、美國，均將以進駐軍駐屯日本，但最初進駐軍壓倒的大多數，是美國軍隊。（六）很多的國家要求以佔領軍進駐日本，但究竟如何處理現正在考慮中。（七）美國政府之意見認爲在日本軍隊的解除武裝，像黑龍會那樣右翼的祕密結社取消之際，佔領軍之部隊將逐漸減少。（七）脫了制服的日本士兵及日本市民之統治，由受麥克阿瑟監督的日本警察、裁判所及民政機關執行之。（九）佔領軍將使用由日本政府無代價供給的日本通貨，及由麥克阿瑟元帥之權限而發行的輔助性質的軍票。（十）上述軍票，已經由美軍在沖繩島（下缺）××之軍票將無

强建設的精神於報導工作中。我於組閣之初，表示要促使建設性的言論展開以及承認健全的結社的自由，政府欲於最近廢除言論出版集會結社等臨時取締法。正如過去所公佈的，已經緩和這樣取締的法令，今後要更加注意不要使國民失去能動性的慾望。特別是帝國議會，是一國民代表機關，希望公正的反映民意，根據憲法的精神正確發揮機能。

『對軍人援護事業採取萬全的方策』：隨着戰爭之結束，軍事上、產業上即進行復員，今後很多同胞要重新回到職業崗位上，而大東亞各地的同胞，要從現地回到內地。這是一件很大的事情，需要一個很長的時間，關於援助這些解職軍人及產業人員的就職等，政府正作萬全之努力，以期沒有缺陷。特別是對於受傷而倒下的他們，應寄予深切的同情及予以溫和的同胞之愛。對於特別攻擊隊勇士等因護國而陣亡的將士之盡忠國家，我與諸君同致哀悼之意，並向傷病的將士表示無限同情，衷心希望他們很快的痊癒，政府深爲體察陛下對軍人遺族及傷病軍人之關懷，故對於援助問題，今後將更努力，以期施策完全沒有缺陷。

『完滿地援救戰災者』，我們對於和前綫兵士同樣冒着空襲之危險，而殉職之人們以及長期在海上不斷進行運輸工作的船員和從事增産（運輸）工作而殉職的同胞以及在皇國大義之下盡力勞動的學生們，同樣表示哀悼之意，並對因空襲死於非命的同胞，寄予深沉之同情，關於對這些殉職者，戰災者之援護，在此次詔書中即可體察陛下之關心，政府今後將集中一切力量進行此項工作，戰災者應不屈服於悲慘的命運，而應迅速的以發揚的精神努力建設。

『食糧的自給自足』：現在當歷史轉機之時，國步艱難，戰後各方面都是多難的，戰爭既已結束，那未我們就更加多難。正如勅令所說的，今後帝國所受的苦難不是像平常一樣的。當然政府將在各方面努力安定國民生活，將在這方面採取萬全的方策。但戰爭結束後不可能立即恢復過去那樣安逸的生活。今後人民更應該節省食糧，這樣，今後縱使不能由外地及海外輸入食糧，縱更國內有困難，亦要講求辦法，盡可能在國內求得食糧的自給自足。（急速解決住宅和衣料問題）：其次是住宅問題。由於不斷發生戰災，過去燒燬的房屋達到龐大的數量。因此恢復房屋是刻不容緩的嚴重問題。天皇陛下非常關心復興問題，目前下賜木材一千萬立方尺，政府理解陛下的心情，因此採取各種方策，急速地建造大批簡易的住宅，以期迅速解決住宅問題

價值。（十一）變換之比率，一個美元約十×××（下缺），約爲戰前價值的四分之一。（十二）美國指令將保留日本的主要通訊社——同盟社，但它將由佔領軍監督。（十三）同盟社在下列基礎上發與消息，（甲）對於日本人民的佈告，（乙）以佔領軍與日本國民聯系爲目的的新聞消息，（丙）由日本記者收集而與我們政策不違背的日本地方新聞。（十四）這些消息將由東京的中央新聞管理局檢閱。（十五）消息雖不實行檢查，但發現與我們利益相反的消息時，則嚴格處罰之。（十六）關於日本廣播，辦報的自由，只有依靠日本人自己行動才有可能再度恢復。（十七）食糧問題在全國是很困難的，我們對日本人的食糧政策正在考慮中，但爲了防止暴動及飢餓，我們將送最低的糧食。（十八）日本可以由盟國承認的閣員組閣，但如極積支持軍國主義及極端國家主義的閣員以及其他官憲將不存在。（十九）迅速審判日本全部戰犯。

東久彌宮演說（續昨）

『建設新日本』：現在我們雖然不幸嘗到敗戰的滋味，但相信我們必將表示執行波茨頓宣言的信義與忠實，而這一事情我們必然將貫徹到底。同時也不因這件事情不對，爲了顧及理性而迅速改變之，而要在行動上始終如一，這樣，我們國家與國民的眞價必可訴諸世界的信義與理性，與列國恢復友好關係，用以在世界上實現萬邦共榮的永久和平。今後我國外交的根本基調，也是嚴正地循着這一方向。天皇在詔書中會說到『不落後於世界的進展』一語。我們當進行維新大業時，就要恢復明治天皇對神明所宣誓的五條誓文的精神，絲毫不爲這一次的悲痛命運所屈服，不要徒自拘泥於過去、幻想將來，而要丟掉一切邪說，虛心坦白地恢復與列國的友誼，堅持崇高的理想；同時要取長補短，建設和平與文化的偉大的新日本，更進一步決心對世界的發展有所貢獻。當我奉命組閣時，天皇陛下會賜我以聖旨，囑我『特別要尊重憲法，以詔書爲基礎，努力統制軍隊與維持秩序，並努力收拾時局。』我接受了這一聖旨，不勝惶恐之至。我唯一的願望就是遵循天皇這一指示，把它作爲施政的根本基調，粉身碎骨努力做去，站在國民諸君的前列，以奠定建設和平的新日本的基礎。國民諸君也要再三想到聖上的所慮，以毅然一新的精神、向着新時代的隆盛之路勇往邁進。

『言論結社的自由』：我相信特別需要依靠健全的言論和公正的輿論，實

。關於衣料問題，今後對於災民的衣料，被褥的對策是非常深刻的，加上纖維製品的存貨不安定以及獲取原料的困難，而其生產設備在戰爭期間都轉到軍需生產方面，因此目前很困難滿足人民所需要的纖維製品。當然政府今後要採取各種方策，迅速恢復生產設備等，盡力供給衣料，同時欲使未受災害的同胞把其衣料分給災民，這樣多少可以緩和目前的困難。

（防止通貨膨脹的對策）：我國經濟由於戰災及其他的影響受到極大的打擊，如果仔細研討經濟各方面的情況，那末在內部逐漸醞成通貨膨脹的原因，如果想到今後處理戰後問題的情況，那末戰爭結束後，我國經濟的負担更要加重了，如果國民在戰後的覺悟發生動搖，而政府的施策不適當，那末可怕的通貨膨脹將無法收拾而引起破壞和混亂的事態。政府將竭其全力防止通貨膨脹的更加發展，當然要抑制通貨膨脹要靠國民諸君的幫助，由於軍隊的復員，軍需生產的停止或轉換，軍人及產業人員的就職問題就成爲戰後應當處理的重大問題。我想今後也會有相當數目的失業者，這是可以預料到的。從而政府關於處理作爲戰後對策的失業問題，尤其要作爲施政的重點，以便安定國民生活，使施策非常完善。目前暫時擬採取這樣的方針，即極力運用他們每個人的勞動力，以便增產農產物。至於講到建設新的教育文化、產業復員問題，自然是一個大事業，此外隨着戰爭的結束，目前是堆積了很多的困難問題。只有毫不厭煩的迅速處理這些堆積如山的問題，才能開闢新建設的道路，我們今後的努力，尙須很好準備。政府方面當然要以全部力量，迅速的處理解決，這一戰後施策能否圓滑進行，對於全體國民在貧困生活中能否進行建設是有非常大的關係。我們的前途遙遠而且充滿着苦難，但正如詔書所告諭那樣，我們國民堅決相信神州的不可毀滅，不論在何時、處於何種事態，始終不忘對帝國前途所抱的希望，而無限地竭盡努力。實在惶恐得很，受『朕常與汝等在一起』那仁慈的龍心的感動與興奮，我認爲我們必須重新地逐漸鞏固決心，向建設將來的和平的、文化的日本之途邁進。如果全體國民都能融和成爲一顆心，舉國成爲一家，同心協力，不斷地精誠努力，我毫不懷疑地相信帝國的前途就會扶搖直上。我認爲只有這樣，才能實慰聖上的龍心，而對得起殉職在戰場與後方的幾十萬的忠魂。

參攷消息

（只供參考）

第九九九號

解放日報社 新華社 編

今日出一張 卅四年九月十一日 星期二

周副主席與張羣等繼續晤談

【中央社渝十日電】據悉：張主席羣、張部長治中、邵秘書長力子與周恩來、王若飛兩氏於本月八日晚晤談到深夜後，十日下午三時半又繼續商談，並約定十一日午後再行續談。

中國戰區敵軍降書及蔣介石命令全文

【中央社南京九日上午十時電】中國戰區中國陸軍總司令部發表公報第七號如下：（一）中國戰區中國陸軍總司令一級上將何應欽，代表中國戰區最高統帥蔣委員長，已於中華民國三十四年九月九日上午九時，在中華民國首都接受駐華日軍最高指揮官岡村寧次大將之投降，並親交蔣委員長之第一號命令。（二）日本投降書及蔣委員長之第一號命令內容如次（降書）：（一）日本帝國政府及日本帝國大本營，已向聯合最高統帥部無條件投降。（二）聯合國最高統帥部第一號命令規定在中華民國（東三省除外）台灣與越南北緯十六度以北地區內之日本全部陸海空軍與輔助部隊，應向蔣委員長投降。（三）吾等在上述區域內之全部陸海空軍及輔部部隊之領導，願率領所屬部隊向蔣委員長無條件投降。（四）本官當立即命令所有第二款所述區域內之全部日本陸海空軍各級指揮官及其所屬部隊與所控制之部隊，向蔣委員長特別受降代表，中國戰區中國陸軍總司令何應欽上將，及何應欽上將指揮之各地區受降主管投降。（五）投降之全部日本陸海空軍，立即停止敵對行動，暫留原地待命，所有武器、彈藥、裝具、器材、補給及情報資料、地圖文獻、檔案，及其他一切資，當暫時保管，所有航空器材及飛行場一切設備，艦艇、船舶、車輛、碼頭、工廠、倉庫，及一切建築物，以及現在上述第二款所述地區內日本陸海軍，或其控制之部隊所有或所控制之軍用或民用財產，亦均保持完整，全部待繳於蔣委員長及其代表何應欽上將所指定之部隊長官及政府機關代表接收。（六）或政府機關之代表。丁、凡在上述區域所有日軍之航空器材艦艇及船舶除本委員長於第一號告諭中所宣示者外，其他一律恢復非動員狀態，停留原地，不得加以損壞，船艦上飛機上有爆炸物品者，須立刻將爆炸物品移入安全庫房。戊、日本部隊及附屬部隊之軍官，須保證所屬嚴守紀律及秩序，且須負責嚴密監視其部下，不得有傷害及騷擾人民並刼掠或毀損有關文化之公私文物及一切公私資產。己、關於日方或日方控制區所拘禁之聯合國戰俘及人民，應作如下之處置：一、聯合國戰俘及被拘人民在本委員長或本委員長之代表何應欽上將接收以前，必須妥貼照護，並充分供給其衣食住及醫藥等。二、按照本委員長或委員長之代表何應欽上將之命令，將戰俘及被拘禁之平民，送至安全地區，聽候接收。三、凡拘禁聯合國戰俘及平民之集中營或其他建築，連同其中所有器材倉庫案券武器及彈藥，須靜候本委員長之代表何應欽上將與其指定之代表派員接收，人員到達前，各集中營之戰俘或被拘平民，應有其中資深官長或彼等自選之代表日行管理之。四凡向本委員長投降之日本陸海空軍各級司令部，在接到命令所限定之時間內，須將有關戰俘及被拘平民之詳情及地點，列具完備之報告。庚、除另有命令外，凡向本委員長投降之日軍，應繼續供給其所屬軍民衣食及醫藥物品：日軍及日軍控制區之軍政當局，須保證下列各事：（一）按照本委員長或本委員長之代表何應欽上將之命令，掃除一切日方所敷設之地雷水雷及其他陸海空交通之障礙物，在此項工作進行中，其安全通道，應予標明。（二）對於航行方面之一切輔助工作，須立即恢復。（三）一切陸海空交通及運輸方面之器材與設備，須保持完好（四）一切軍事設備及其建築，包括陸海軍航空基地防空基地，海港、軍港、軍火庫及各種倉庫，永久及臨時陸上及海岸防禦工事，要塞及其他設防區域，連同上述各種建築及設備之計劃與圖樣，須保持完好，一如將一切工廠、工場、研究所、試驗所、實驗室、試驗站，技術資料專利品計劃圖樣，以及一切製造或發明，直接間接便利作戰所用之其他物品，或與作戰有關之軍事組織，所用或意欲運用之物品，保持完好。壬、凡一切武器軍火作戰器材之製造及分配，立刻停止。（三）凡向本委員長投降而在中國台灣「包括澎湖列島」及越南之日軍司令部，在接到此項命令後，須即將各該區有關下列各項資料，向中國陸軍總司令何應欽上將提出報告。甲、一切陸海空及防空部隊圖表冊籍須表明其所在地及官兵之實力。（包含八購械彈裝器具材等）乙、一切陸海軍用及民用飛機圖表冊籍須完全報告其數量、形式、性能、駐地及狀況。丙、日軍及日軍控制下之一切海軍船隻，包括水面水中及上第二款所述區域內日本陸海空軍所俘聯合國戰俘及拘留之人民立即釋放，並保護送至指定地點。（七）自此以後，所有上第二款所述區域內之日本陸海空軍當即服從蔣委員長之節制，並接受蔣委員長及其代表何應欽上將所頒發之命令。（八）本官對本降書所列各款，及蔣委員長與其代表何應欽上將以後對投降日軍所頒發之命令，當立即對各級軍官及士兵轉達遵照。上第二款所述地區之所有日本軍官佐士兵均須負有完全履行此類命令之責。（九）投降之日本陸海空軍中任何人員，對於本降書所列各項及蔣委員長與其代表何應欽上將嗣後所授之命令，倘有未能履行或遲延情事，各級負責長官及違犯命令者，願受懲罰。（奉日本帝國政府及日本帝國大本營命簽字人，中國派遣軍總司令官陸軍大將。昭和廿年，公曆一九四五年九月九日前九時簽字於中華民國南京）。代表中華民國、美利堅合衆國、大不列顛聯合王國、蘇維埃社會主義共和國聯邦，並爲對日本作戰之其他聯合國之利益，於中華民國卅四年公曆一九四五年九月九日午前九時在中華民國南京接受本降書，中國戰區最高統帥特級上將蔣中正，特派代表中國陸軍總司令陸軍一級上將。

（中國戰區最高統帥命令另電）

『中國戰區最高統帥命令第一號：中國戰區最高統帥命令第一號（一）中華民國卅四年九月九日日本帝國政府日本大本營向聯合國最高統帥對日本帝國所下之第一號命令，茲對於中國戰區內中華民國（遼寧吉林黑龍江三省除外）台灣以及越南北緯十六度以×地區之日本陸海空軍頒佈本命令。（二）貴官應對上述區域內之陸海空軍，各地區司令官及其所屬部隊，發佈下列命令，並保證其完全遵行。甲、日本帝國政府及日本帝國大本營已令日本陸海空軍全部向聯合國作無條件之投降。乙、在中國境內（遼寧吉林黑龍江三省除外）台灣以及越南北偉十六度以北地區所有一切日本陸海空軍及輔助部隊向本委員長無條件投降。凡此投降之日本部隊，悉受本委員長之節制，其行動須受本委員長或中國陸軍總司令陸軍一級上將何應欽之指揮。且只能服從本委員長或何應欽上將所直接頒發或核准之命令。及告（缺八字）委員長或何應欽上將訓令而發之命令。丙、投降之日本陸海空軍，即停止一切敵對行爲。暫留原地，靜待命令。以所有一切武器、彈藥、裝具、器材、物資交通、通信及其作戰有關之工具案×及一切屬於日本陸海空軍之資產等，予以暫時保管，不加損壞，待命繳納於本委員長或何應欽上將所指定之部隊長官其他輔助船隻，不論現役退役及在建造中者，均須以圖表冊籍報告其位置及情況。丁、日軍控制下之商輸，在一百噸以上，不論現役退役及正在建造之中，或過去屬於任何聯合國而目前在日方手中者，均須列具圖表冊籍，說明其位置及情形。戊、擬具詳細及完備之報告，連同地圖標明佈有地雷或水雷及其他海陸空交通障礙物之地點，同時須指定安全通過之所在。己、凡一切日本方面所管理或直接間接利用之工廠、修理廠、研究機關、實驗室、試驗站、技術資料、專利設計圖樣，及一切軍用與間接欲爲軍用之一切發明、設計、圖樣、生產品及爲武器生產而行之設施其地點及詳情，皆須報告。庚、凡一切軍事設施及建築，包括飛機場海軍航空基地、海港及軍港、軍火庫、永久及短時之陸上及海岸防禦工事要塞，及其他設防區之地位及詳情，亦須報告。辛、並須按照第二節己項之規定，報告一切拘禁聯合國戰俘及平民集中營或此類建築之地點及其他有關情況。（四）向本委員長投降之各地日軍司令部須遵照各區受降主官之命令報告各該區日僑之姓名住址，並收繳日僑所有之一切武器，通知全體日僑，在本委員長之代表何應欽上將所指定之官吏未發佈處置該項日僑命令以前，須留在其現住地或指定之地點，不得離開。（五）日軍及日軍控制下之一切軍政官員，須協助本委員長之代表何應欽上將所指定之軍隊收復台灣（包含澎湖列島）越南北緯十六度以北地區及中華民國境內各日本軍佔領區。（六）本命令所規定之各項及本委員長之代表何應欽上將嗣後所發佈之命令，日軍及日軍控制下之一切文武官員及人民，須立刻敬謹服從。對於本命令或此後之命令所規定之各項，倘有遲延或不能施行或經本委員長或何應欽上將認爲有妨礙盟軍情事，將立刻嚴懲違犯者及其負責之軍官司令。駐華日軍最高指揮陸軍大將岡村寧次，中國戰區最高統帥特級上將蔣中正。傳達法：由中國戰區中國陸軍總司令陸軍一級上將何應欽，面交駐華日軍最高指揮官大將岡村寧次。

中央社稱：
孫連仲代表抵北平
胡宗南部向開封新鄉挺進中

【中央社北平九日下午九時急電】第十一戰區北平前進指揮所由呂文貞主任率領參謀人員廿九人，於上午十時廿分由西安起飛，下午二時十分飛抵南苑機場，在市區盤旋一週後安然降落，到場歡迎者有我空軍十一路司令部，日方頭[illegible]中將及各部隊村上將。全體人員[illegible]北京飯店，當呂主任入城，市民夾道歡迎，高呼[illegible]，上書「蔣主席萬歲」五字，並燃放鞭砲，情況極爲熱烈。

【中央社北平九日電】北平行營主任李宗仁派秘書參謀長率領參謀人員十九人本日上午飛抵北平籌設行營事宜。

【中央社重慶九日電】新任上海市長錢大鈞，已於九日上午九時乘專機飛滬。

【中央社西安十日電】北平行營主任李宗仁，今日下午二時半由南鄭飛抵此間。

【中央社渝九日電】據軍委會九月九日發表：（一）我孫蔚如司令長官所屬之侯鏡如部於九月八日進至湖北之岳陽，續沿粵漢鐵路北段向鄂省省會所在地之武昌前進，九日孫長官所屬之宋端河部進至鄂中之漢川（漢口西襄河北岸）附近，柳際明部，進至漢宜公路線上之百市（應城西）附近，劉振三部進至鄂北之隨縣，何某灃部於同時越過鄂中之大洪山（鍾祥東北）向東推進中。（二）我胡宗南司令長官部隊於九月九日晨由豫中之鄭州東北京水鎮開始渡黃河，繼續向北推進中。（三）我胡宗南司令長官所派之先遣支隊，於八月廿七日進入豫省之開封後，現劉峙司令長官所屬之孫震部先頭李才桂師續於九月八日進入開封。（四）我薛岳司令長官所屬之魯道源部，於九月六日進至贛省之南昌城郊，楊宏光部新十二師關師長率隨員，於五日進入贛北之九江。（五）我李品仙司令長官部隊現已進至皖省之安徽郊區，李長官另一部隊，進至皖北津浦鐵路線上之蚌埠近郊。（六）我盧漢司令長官所屬之黃濤部，現已解放越南之同登、諒山。（七）我顧祝同司令長官所屬之王鐵漢、陶柳兩部，於九月六日進至浙省之杭州市近郊，李默庵總司令部七日進入[illegible]島。

【中央社廣州九日電】第二方面軍所屬六十四軍今日已開始接收廣州灣。

【中央社西安十日電】第一戰區司令長官胡宗南，五日派副參謀長李崐岡少將，由西安乘機飛洛陽，六日抵鄭州設前進指揮所。日投降代表第十二軍軍團長鷹森孝，派參謀長中山少將赴該所謁李副參謀長請示，胡長官爲加强指揮所機構，令續派軍官卅餘員及通信部隊分乘運輸機兩架飛鄭，下午一時到達。又一戰區抵鄭部隊，正分向開封新鄉挺進中。

【中央社沅陵九日電】我第四方面軍王耀武將軍所屬之部到達長沙、寧鄉及僞中委陳璧君以下奸逆多名。

張嘉璈由美返國

【中央社紐約八日專電】前交通部長張嘉璈，本日與[illegible]返國。張氏來美已逾兩年，調查美國工業狀況並曾訪問加拿大及歐洲。

長江水雷一時難掃淸

【中央社渝六日電】長江區通航問題，主管方面總經積極準備，惟因特需工作迄未開始進行，故目前尚無把握。長江航運復員管理委員會，乃與軍事當局商決，派同德號小型運輸艦定八日晨由渝駛漢，並由民生公司派民用輪同行，至宜昌由民熙輪隨往。該輪上分載軍事，航政與引水人員及汽車二輛，作渝漢間首次試航。關於魚雷問題，據海軍方面稱，宜漢間曾佈雷十五處，漂雷八處，此外尚有美軍及日軍所佈水雷，則不知其位置，殊爲危險。惟另據其他關係方面，則認爲過去我方所佈水雷皆爲小型，且有效期間僅爲一年，現已失其效力。航政當局爲愼重起見，乃決以同德艦及民生輪船一艘試航，若此行成功，當繼續派輪前往，並以運去之汽車二輛，由宜昌循宜漢公路運駛武漢。按該路軍令帶悉，沿途並無破壞。

朝鮮降書簽字完畢

【同盟社京城十日電】關於北緯三十八度以南之朝鮮的正式降書簽字典禮，已於九日下午四時起，在朝鮮總督府由美方代表哈茲陸軍中將、金古德海軍上將，日方代表××朝鮮軍司令官、山口警備府司令官之間，簽字完畢，降書共寫英文一份、日文一份。

【同盟社釜山九日電】據濟來電：巴加中將宣稱：「預定以兩個師的兵力於十月五日在北海道登陸。」並說「預定十月中旬完成之解除日軍武裝，正在非常順利地進行中。」

【同盟社東京十日電】宮內省於設置禁衛府後，其人員業已公佈。長官一職由現近衛師團師團長後藤滿三（?）中將担任。後藤滿三任禁衛府長官，特賜親任官待遇。（後藤長官略歷）：大分縣人，現年五十歲，陸軍大學畢業，歷任大使館武官，侍從武官等職，今年三月歷任陸軍中將，八日任近衛師團長。

麥克阿瑟談佔領軍作用

【同盟社東京九日電】麥克阿瑟將軍今日聲稱：聯軍佔領軍主要的作用，即如果必要時，他能保證他的指示的遵守。日本天皇及政府將予以，七三軍到達湘鄉。白米市一帶，七四軍全部到達衡陽及其附近泉西市一帶，第一〇〇軍到達寶慶及其附近，並分別接收各城市警備，維護水陸交通。

【中央社長沙九日電】第四方面軍第十八軍軍長胡璉，奉到接收長沙命令後，即率領所屬一一，一八，『一百一十八』等三師，兼程赴長。除先頭部隊『一百一十八』師已於六日進城，胡軍長於八日午抵岳麓山，當即派高參高魁元少將偕羅廷耀上校，陳安瑞中校等與日方交涉，七日午胡軍長率軍部官佐進入城區，城區防務已大部接收完畢，日軍武器日內亦將進行接收。

【中央社吉安九日電】戰司令長官所隊魯道源部，九日下午，開入南昌市區西部，並接受南郊之青雲譜機場。日軍第七獨立旅團仍在湖濱路以東之軍事區，將至牛行集中。

【中央社衡陽十日電】水田橋日軍約一大隊，於七日首批向我第四方面軍王耀武將軍所部繳械。當日方繳械時，我王司令官派遣高級軍官從旁監察，先解除武裝，繼繳軍需品，日軍態度溫和，進行很順利。

【中央社亳縣九日電】徐州、商邱駐紮之日軍第六十五師團長森茂樹，派參謀市川中佐，七日到亳縣，向我第十戰區臨泉指揮所副主任陳總司令大慶請示投降接收事宜。陳總司令於八日晨九時，在亳縣第十九集團軍總司令部召見，接受市川中佐，所有人馬槍彈器材被服糧秣各種繕造表，請示該師團繳械前，應行準備事項，我以備忘錄交市川攜交森茂樹師團長遵辦，市川當即表示遵辦，八日赴商邱轉返徐州率命。

【中央社漢口十日電】我進駐武漢先頭部隊一部第六十六軍一一九師之一團，已於今晨十一時抵漢口以西約十五華里之舵落附近，待命進入市區。我由常德一帶向武漢進發之九十二軍，迫抵廣興州，後續沿長江南岸向武漢疾進，該軍李參謀長咸秋偕隨從數人今已抵此。

【中央社南昌十日電】第一集團軍孫總司令渡所部新三軍，進抵九江，該軍參謀長定十一日由潯來此，竭指揮所魯主任請示九江方面進行事宜。

重慶金價跌至四萬八千元

【中央社重慶十日電】十日金價又跌，曾一度跌至四萬八千元，收市時回至五萬三千元。美鈔一度跌至八百四十元，後回至八百九十元，桐油每斤一百八十元。

褚民誼、陳璧君落網

【中央社廣州九日電】第三方面軍前進指揮所已捕獲偽廣東省長褚逆民誼

執行這些指示的一切機會，不加強迫。麥克阿瑟將軍又說：對日本經濟的控制將僅僅執行至達到聯合國目標所必要的程度。日本平民將免除『一切不適當干涉之處』，但將被要求注意帝國政府由於麥克阿瑟將軍指示結果所發表的法律、宣言及命令。

美國失業者已達二百萬

【同盟社華盛頓九日電】戰時人力委員會主席麥格訥特，七日發表：自日本投降以來，已有二百萬零一千工人失業。

敵文相號召學生
維護『國體』

【同盟社東京十日電】前田文相於九日下午七時二十五分起，以『告青年學生』為題，向全國學生的新方向發表廣播演說，其要旨如下：陷入深淵的時候，正是奮發再起的時候。我們的前進道路也要建設文化的日本，以便對世界的進展有所貢獻，同時要更加保持維護國體的忠誠。現在更要提高教育的質量以求得精深。我們必需是實際主義與實力本位，各位應發揮自己的才能與拿出自己的一智一能，我們必須知道科學是高尚的人類共用之一部分，而承認其重要性。自然科學雖然亦重要，但世界上的一個苦惱、是人以文科學較自然科學之進步為遲，這一方面希望能喚起學生們研究心。關於此點希望注重對於東洋文化的研究。國民必須注重國際的信義，培養國際的常識。我們的國家不論處於如何的困苦境地，但對自己信賴的地方則毫不屈服，求得一個明確的態度。現在要警惕夜郎自大，以及過高估計自己，輕視其他國家的毛病，必須改正。

傳德國蘇聯佔領區
沒收大地主土地

【美聯社柏林九日電】蘇軍佔領的梅格稜堡今日頒佈命令，褫奪大地主，前納粹份子與戰爭罪犯的土地。上週，薩克森與布蘭登堡兩省已採取同樣行動。蘇佔領軍機關報公佈稱：梅格稜堡省將分配約十萬公頃的土地。約七萬公頃將分給小自耕農，三萬公頃組織在公共基地中。一般地說，農民得不到五公頃以上的土地，儘管土地若特別貧瘠，其數量可能增至十公頃。梅格稜堡土地改革被認為是較簡單的，因為許多封建地主，在蘇軍迫近時即已逃跑。留下來的，已在納粹政體崩潰後的農民起義中被打死了。各報所刊文章顯示：什未林省將繼之實行沒收大地主土地。

（只供參考）
第一〇〇〇號
解放日報社
新華日報社 編
今日出一張
卅四年九月十二日
星期三

路透社記者評國共談判

【路透社重慶十一日電】路透社特派記者康貝爾報導：對於中國意味着戰爭或和平之談判，在過去數日「因勝利而中斷」後，現在在中央政府與共產黨領導人之間進行中，前者以蔣介石主席爲首，後者以毛澤東爲首。代表國民黨之張治中將軍與邵力子及代表中國共產黨之周恩來與王若飛過去四十八小時中已在繼續談判。戰爭之結束，中蘇條約之締結以及注意力由國際之轉至國內，是有利於談判的三大因素，而且許多人士均樂觀地預料，國共談判將能最後達到成功。國民黨與中國共產黨之目的均在於建立一獨立的及政治上開明的中國，以便每個人均將能過着和平快樂的生活。兩黨有一個共同的目標。他們已在方法上達到一致意見。共產黨說：『我們希望一個團結與民主的中國』。蔣介石主席已重申政府使瘡痍滿目的中國變成『遠東模範的近代民主國家』之政策。自他們共聚一堂以來，兩黨領袖可能現正面臨着談判中可能最困難與最微妙的部份——擬出具體辦法並準備開始對保證友好解決所必須的互有得失的讓步與妥協。國民黨與共產黨都說：『中國將不再面臨戰爭，我們將不再突然陷入流血的戰爭』。現在正等待一方或他方首先提出說：『我們相信你們，我們將允許這一點』。一般輿論相信，現在的確存在着比簡單接受或拒絕『聯合或內戰』最後通牒更愉快的解決辦法。

【中央社渝十一日電】十一日上午張主席羣、張部長治中、邵秘書長力子，與周恩來、王若飛兩氏就每一具體問題討論研究。

紐約時報訪員論上海附近國共形勢

【美新聞處紐約十一日電】紐約時報訪員竇丁八日自上海來電說，（但該電遲到）『在國民黨和共產

之楊宏光部，於四日收復贛北之德安，另一支隊進至瑞昌近郊。

【中央社重慶十二日電】軍委會十二日發表：（一）我孫蔚如所屬宋瑞珂部之佛戰存師，於九月十日全部進至鄂省之漢口市，侯境如部進至鄂南之嘉魚西南十五公里寶塔洲，柳際明部已通過華中之皂市續向應城前進，何基灃、劉振三部進至鄂北之應山附近。（二）我王耀武所屬之施中誠部，九日進至湘南之衡陽以東泉溪市。（三）我顧祝同所屬之陶柳部，現已進入浙省之杭州市，李默菴率部於九月九日進入諸暨。（四）我薛岳所屬之魯道源部，於九月九日全部進入贛省省會所在地之南昌。（五）我胡宗南所屬之張耀明全部，續於九日晨進入開封。（六）我孫連仲派副參謀長呂文貞，率領隨員於九日晨由西安乘機赴北平設立前進指揮所。（七）我李品仙部隊於九月五日收復蘇北之碭山。（八）我傅作義部隊於九月六日進入綏東之興和，傅長官另一部隊於同時進至晉北之天鎮以北五十四里處地區。（九）我張發奎所屬之鄧龍光部，與九月七日進入雷州半島之遂溪。（十）我盧漢所屬之趙公武部，現已推入越南之河內，盧司令官率該司令部人員，於十一日晨由開遠乘機飛抵河內。

【中央社商邱十一日電】第十戰區先遣部隊第十九集團軍總司令陳大慶，十日午四時五十分率部由亳縣抵商邱。陳氏以第十戰區臨泉指揮所名義，佈告軍民，應共同遵守事項。

【中央社漢口十一日電】我軍駐武漢之六十六軍一九九師師長彭亟存、副師長王士翹，昨晚先後抵此。我九十二軍二十一師先頭部隊，明日將集中金口待命，五十六師之先頭部隊則將自粵漢路上之雲溪乘車前來武昌。

【中央社衡陽十日電】我第四方面軍七十四軍五十八師師長蔡仁傑，接收衡陽警備後，即派隊控制火車站及交通要道，秩序逐漸恢復。

敵酋根本博向孫連仲代表表示
日本對平津保等地治安完全負責

【中央社北平十日電】十一戰區北平前進指揮所主任呂文貞少將，於十日上午九時卅分在北京飯店召見日軍代表蒙疆軍司令官根本博中將，及參謀翻譯官等。呂氏以根本博等未攜正式證明文件，僅舉行一次非正式談話，指示受降時地，另候我方通知。日方應先作充份準備。旋表示在孫長官未正式接收以前，日軍對平津保定石家莊等地治安，完全負責，談話結束即行辭去。

【中央社北平十日電】十一戰區北平前進指揮所二批赴平人員，由長官部

黨競逐的高壓力强力政治中間」，中國的政府黨似已贏得初步階段爭奪上海南京及其他地區的勝利了。竇丁又說，這些「有影響的中心城市」似已「確實在中央政府的掌握之中了」，而共產黨則似已放棄接收這些城市的計劃。竇丁略稱：在國民黨的成功中有下列有力因素，即大批中國吉斯林電徒投到蔣介石委員長方面以及依照蔣所規定的投降程序，中國淪陷區由日本陸軍來維持「法律和秩序」。美機迅速空運重慶軍及其裝備到南京和上海以及揚子江下游戴笠將軍部下的美國所訓練和裝備的强大中央政府游擊隊之存在，乃是國民黨跑在共產黨前面的其他因素。蔣政府和中國共產黨雙方計劃準備日本失敗之日並籌劃在日本失敗時使他們統治各日佔省份的鬥爭中爭取有利條件，已經一年多了。共產黨已設法在整個中國東部的腹地建立部隊並增大他們對上海及其他大城市工人組織的祕密控制。中央政府也竭力發展城廂地下組織和游擊隊，而且久已完成了各種部署，這些部署已在最近一個月中有了許許多多的表現。共產黨的新四軍在揚子江下游擴展他們領土和影響中有了很大成功。共產黨在上海工人和地下運動人士中無疑的也獲得强有力的地位。僞軍之轉向到國民黨方面這個特別重要的作用是前南京僞政府財政部長周佛海所起的，默認周以其頗强大的和裝備良好的軍隊自行担承上海區的「綏靖」角色。他現在仍在履行這個角色。同時，國民黨和中央政府游擊隊也在上海表現了力量，而且上海地下會黨領袖杜月笙在整個戰爭期間効忠於蔣，已從重慶飛到上海在重新鞏固他的影響了。上海、南京及長江下游其他城市各近郊據報中央政府與共產黨部隊有一些磨擦。上海的工人舉行「流產的罷工。共產黨在城市的郊外和許多鄉村地區仍是强大和活躍的，但是似乎是在奉行弛懸包圍的策略。

中央社稱：

李品仙部進入徐州 傅作義部進至天鎮

【中央社渝十日電】據軍委會十日發表：（一）我李品仙司令長官所屬之廖運澤部，於七日進入蘇北之徐州，李長官另一部隊現已收復鄂東之黃安。（二）我陳大慶總司令所屬之霍守義部，於七日進入豫東之開封，王續齋部於同時進入商邱。（三）我胡宗南司令長官所屬之張耀明部於九月十日進入豫中之中牟。（四）我薛岳司令長官所屬

參議施奎齡率領，於十日上午十時四十分飛抵北平，在南苑機場降落，旋乘汽車入城至指揮所休息，下午即開始辦公。

【中央社杭州八日電】敵海軍航空隊龍中大將，自舟山群島定海機場乘軍用機七日上午飛杭，迎接我軍第七地區司令蔣翼韓氏至定海巡視，並會談接受浙江沿海海軍陸戰隊投降事宜，蔣氏率隨員數人當午飛往。

吳鼎昌任設計局祕書長

【中央社渝十日電】國防最高委員會今（十日）舉例會議決：（一）中央設計局祕書長熊式輝改任東北行營主任，遺缺由吳鼎昌兼任。（二）國防最高委員會副祕書長甘乃光改任外交部政務次長，遺缺由梁寒操繼任。（三）石穎爲監察委員。

【中央社渝十一日電】行政院十一日上午舉行第七十三次會議，各部會首長均出席，外交軍事報告外，決議通過任免事項：（一）交通部政務次長沈怡另有任用，應予免職，遺缺任命龔學遂繼任。（二）國立中山大學校長金曾澄呈請辭職，應予免職，代理校長金曾澄勿庸代理，任命王星拱爲國立中山大學校長。（三）福建省政府委員兼教育廳廳長徐箴另有任用，應免本兼各職，任命福建省委員李琥洲兼教育廳廳長。（四）寧夏省政府委員兼教育廳廳長王星×呈請辭職，應免本兼各職，任命楊德翹爲寧夏省政府委員兼教育廳廳長。（五）安徽省政府委員朱佛定另有任用，應予免職，任命林中奇爲安徽省政府委員。（六）察哈爾省政府委員姚大海、臧曾錫呈請辭職，應均予免職，任命趙城璧、周祥初爲察哈爾省政府委員。（七）湖北省政府委員徐繼烈另有任用，應予免職，任命李良榮爲湖北省政府委員。（八）漢口市市長吳國楨另有任用，應予免職，任命徐會之爲漢口市市長。

【中央社南京十日電】馬超俊九日晚發表廣播演講，說明目前急需舉辦之事項：（一）維持治安，現日軍開始撤離市區，我市警立須負責維持治安。（二）凡赤貧及還鄉之難民，給予短期有效之救濟。（三）表彰忠義，凡殉職義民之忠烈事蹟，均將搜集表揚。（四）調劑供需，凡糧食燃料日用必須品暫有關機構妥爲供應，加强合作組織，辦理承銷業務，獎勵正當經營，嚴禁居奇壟斷。（五）清理戶籍，重新編查戶口，嚴防奸宄潛藏。（六）厲行自治，編整各區保甲，舉辦保甲長民選，健全地方基層組織，推進自治工

作，加速成立民意機關。（七）偵處奸僞，懲究奸僞，按照中央頒佈之法令條例妥愼處置。（八）肅清烟毒，恢復禁烟機構，增設戒烟醫院。（九）查報損失，凡市民因敵人暴行所受生命以及財產上之損失，應迅即塡報區公所轉呈市政府，以憑彙報中央，要求賠償，至其他各部門業務，如教育、學校、文化事業等，業已擬有收復首都初期工作計劃，即將逐步實施，關於土地問題，土地登記契證及地籍册均已全部運到，且極完整，當易於整理。

【中央社渝十一日電】前交通部次長潘宜之，九月九日以腦充血病逝昆明。

國民黨公佈處理僞鈔辦法

【中央社南京十日電】關於僞幣處理辦法，中國陸軍總部頃發表佈告稱：查僞組織所發鈔券，應候我中央政府之命令，惟政府機關暨國營事業，以及一切稅款之收支，自我政府所派人員接收後，即應完全使用法幣，不得再用僞鈔。京滬區各銀行自民國三十四年九月十二日起，凡一切往來交易，應一律使用法幣，其以前用僞鈔記賬者，無論債權債務，着即自行清理。至於民間現有僞鈔停止流通之日期，候另行公佈施行統一，仰實遵照。違者嚴懲，此佈。

聯合國戰罪委員會聲明：日戰犯名單已備妥

【合衆社倫敦九日電】聯合國戰爭罪犯委員會今午發表正式聲明，答覆關於日本戰爭罪犯的詢問。聲明內稱：顧維鈞博士主持的特別小組委員會已備妥日本戰爭罪犯的名單。顧氏領導的小組委員會已提出「詳盡的建議」，此已經聯合國戰爭罪犯委員會通過，送交各會員國政府核准，太平洋分會已檢聚關於日本戰罪之多數案件，該分會自一九四〇年春已還，即搜集太平洋方面日軍犯罪事實。

十三日起廢除日本大本營

【同盟社東京十一日電】大本營於昭和十一年十一月二十日成立以來已歷時七年十個月，現其担負中國事變到大東亞戰爭的戰爭指導以及處理困難的停戰的一切措置業已完畢，因此按照麥克阿瑟總部基於波茨頓宣

籌備成立日本社會黨

【同盟社東京十一日電】適應着日本政界的新形勢，以日本社會主義爲旗幟，將直接面對着日本的、以舊無產黨爲中心的新黨運動，現正在逐漸地步入正規，其中之一派，決定召開過去工人運動有力份子的懇會，以作爲日本社會主義所標榜的大同、團結的前提，阿部磯雄、中野岩三郎、賀川豐彥三人將作爲召集人（原文爲邀請者——譯者），於廿二日招待舊無產黨代議士十二人、舊無產黨前任代議士廿九人、其他過去工人運動的有力份子五十九人，共計一百人。上述會議將成立日本社會黨，以它爲基礎，號召各階層有力的新份子，該黨預定將有出人意料之外的有力份子上台，到下月中旬爲止，有可能完成組織政黨的事宜。

民間產業界提出戰後經濟方案

【同盟社東京九日電】我國由於此次投降，喪失了不少的領土和勢力圈，而且需要在剩下來的狹小的地盤上，扶養數達八千萬的龐大人口，並需負担盟國方面所要求的賠償的責任。特別是作爲和平的民族，能否站在這樣狹小的地盤上來維持生存，已成了日本國民慎重注意的事情。最近，中島商相關於這個基本的事項，曾召請重要產業協議會會長松本謙次郎、全國商工經濟界協議會會長藤山愛一郎、全國工業組合中央會會長伍堂卓雄、經濟聯盟會會長井坂孝諸氏，詳細地詢問民間產業的意見，這些民間團體反覆地研究這個重要問題的結果，將其意見加以整理後，由松本謙次郎氏將該意見提交給中島商相。該意見爲：（一）確保爲安定與提高國民生活的工業：由於這次休戰，超過我國農業收容量的民族生存之道，除了復興與振興我國內工業之外，別無其他途徑。上述工業的種類，除和平的民需產業之外，需要迅速地參加國際貿易並需以支付賠款的輸出工業爲根本基礎；（二）確保原料、材料以及糧食等：根據上項的宗旨，除必需復興與振興國內工業之外，自然必需確保爲完成這一任務所需要的原料、材料以及糧食等等。譬如棉花、羊毛、紙漿、工業鹽、橡皮、油脂等的工業原料，大豆、雜穀、米穀、砂糖等的糧食，都是絕對不可或缺的物資；（三）迅速參加國際貿易；波茨頓宣言第十一條上，規定將來允許日本進行進出口貿易

言條款所提的要求，決定於十三日下午十二時正式廢除之。

【同盟社東京十一日電】麥克阿瑟司令部發表：盟軍最高指揮官命令立即逮捕東條英機大將，交付美軍拘留。

【同盟社東京十一日電】前首相東條英機大將，日前住在東京多摩川私宅。十一日下午四時，美官憲來訪東條大將，要拘留他，但東條大將尚未接見美官憲，即於四時廿分用手槍實行自殺，現在生命很危險。

【同盟社里斯本十日電】據新加坡來電，日前東南亞盟軍統帥蒙特巴頓，收到南洋日軍最高司令官寺內壽一元帥的通知，說寺內元帥因病重不能出席十二日在新加坡舉行的簽字投降文件的儀式，現已急派醫生赴西貢，診斷病狀，據醫命說，元帥的病狀確實不能出席簽字投降文件的儀式，因此電令其於病癒後，向蒙特巴頓投降。

【同盟社東京十一日電】美第八軍司令官於九日致日本大本營以下命令：盟軍偵察部隊將於九月十二日十八日起，在岩手、宮城、秋田、山形各縣開始行動。九月十五日一時起，盟軍部隊並要在上述各縣內的某些地點開始進駐。該地之日軍要在九月十二日以前，把武裝解除完畢。

美軍開始檢查日本無綫電廣播

【同盟社舊金山十日電】東京來電：麥克阿瑟元帥於十日起，對於日本新聞與無綫電廣播實行嚴格的軍事檢查，完全停止日本對外的短波廣播。該指令書已面交日本政府，美國軍情報機關已開始實行指令，指令書的要點如下：（一）當檢查日本的新聞與廣播時，要限制言論的自由；（二）目前日本的無綫電廣播，暫時主要限定於報導、音樂、教育、娛樂性質的東西，解譯時事與通知事項的廣播，只准傳播東京廣播局廣播的東西；（三）日本的無綫電廣播與報紙，不准廣播與揭載佔領軍當局發表以外的盟軍移動情形，不准廣播與揭載對聯合各國的批評與流言非語。

【同盟社東京十一日電】東京廣播局（廣播電台）根據盟軍最高司令官的命令，於四日起停止外語的對外廣播，只能以日語廣播，現在以十日下午五時的廣播為最後一次廣播，日語的對外廣播亦已停止。但日語的對內廣播仍如過去一樣。

，為使日本經濟圓滑而迅速地轉向和平的組織機構，它需要迅速地付諸實現。同時和它相關連的，確保船舶、要求借款、訂立暫時性的關稅協定等也是必要的。當我國參加國際貿易時，以過去國際貿易的實際成績，即以昭和九、十、十一這三年間進出口貿易的平均數字作基準更為妥當；（四）確保運輸機關：為維持我國的產業，運輸原料、材料以及成品是它的前提條件。為此，保有航駛與建造一定噸數的船舶，以及製造卡車是完全必要的。（五）在外資本、權益的措置：締結賠償協定時，關於我國在中華民國、滿洲國、朝鮮、台灣以及其他外地的投資和在外的權益，以作為物資賠償來計算，要求提交評價委員會討論較為妥當；（六）防止通貨膨脹：現在日本的通貨膨脹，大部分是由於國民糧食不足而來的，因此，政府需向盟國方面交涉，趕緊考慮這種方策，暫時跟賠償問題撇開來，最低限度要立即從泰國、越南等地輸入二百噸左右的米穀。

路透社傳波捷爭執特琛區

【路透社特琛九日電】波蘭與捷克間關於特琛的爭執，如不迅速解決，有麻痺歐洲最富庶工業區之危險。該區前途之不定，已經嚴重地減低了產量。截至現在為止，尚未發生嚴重的事件，但××××。（缺）波蘭人要求恢復其××邊境，而捷克人則希望保持含有工業區的邊界，此邊界是一九二〇年大使會上決定的，於去年五月歸還它們。目前的緊張關係推動「人民越過邊界的自由運動，以便到捷克區去找工作。在戰爭停止後，波蘭游擊隊佔領重要的特琛車站，但為蘇聯人所趕走。波屬特琛與該市捷克部份適為尖銳的對比。波屬特琛住滿了人，其中還有許多青年士兵。捷屬特琛實際上已荒廢。街上幾無一個人，沒有交通工具。特琛區的最大財產之一，可能是特利涅區鋼鐵工廠。該工廠在戰爭中的德國人改成現代化的工廠，且未受損失。該工廠僱工人五千餘，號稱每年能產鋼一百萬噸。但是居民均是斯洛伐克人，不是真正的波蘭人，也不是捷克人。他們與此地有深刻的關係，他們對經濟前途之不安可能較對政治思想為甚。

參考消息

（只供參考）

第一〇〇一號

解放日報 新華社 編

今日出一張

卅四年九月十三日 星期四

此間舉行之記者招待會中稱：戰爭如未結束，美軍有於中國海岸登陸之可能。召開記者招待會之美軍軍官乃上海區域美軍司令威雅特中將，中國方面美海軍司令邁爾斯少將及斯特拉特梅耶二級上將代表育納特少將。

【中央社重慶十二日電】據美新聞處上海十一日電：駐滬美軍司令威雅特中將，本日宣佈上海港口將於十五日開放，以便卸運供應品予中國戰區之盟軍，並協助載運大部美軍離華返國，實現『返家渡聖誕節』之口號。威將軍稱大批美艦船，自八月一日起，即已準備開入該港，即俟海軍清除水雷完畢後，即可開入該港。主要任務為卸運汽油。蓋至目前為止，中國所需之全部汽油，須自印度經喜馬拉雅山駝峯由飛機運來自屬不便。上海港埠開放後，上述空運路綫，當即停止。

蔣介石邀毛主席午餐 各項問題正作具體商討

【中央社重慶十二日電】蔣主席於十二日中午在官邸約毛澤東、周恩來兩氏午餐：張主席羣、張部長厲生、邵秘書長力子作陪。餐後有所商談。下午三時，張部長、邵秘書長又與周恩來、王若飛兩氏對各項問題作具體之商討。

【路透社重慶十二日電】路透社駐重慶特派訪員坎貝爾報導：中國政府發言人，今天打破了官方對於中央政府代表與毛澤東將軍共產黨政府人員間的團結會談的沉默，而說：『你可以預期到，談判會有好結果。』很多人士所預料到的將使目前談判成功的三個因素是：戰爭告結束，中蘇友好條約的簽訂，及人們的注意力從國外集中到內政。

【同盟社里斯本十一日電】據路透社重慶電：蔣軍事委員長及中共領袖毛澤東氏間之談判，因國府之休戰處理告一段落而再度開始。除該兩巨頭之會談外，另有國民黨代表張治中、邵力子，中共代表周恩來、王若飛四人，亦在最近二日內舉行會談。問題已不是戰爭中的合作協力問題，而是發現具體地互讓條件問題。

李品仙部進入蚌埠

【中央社蚌埠七日電】第十戰區司令長官李品仙之前進指揮所主任張濤中將，第五軍軍長鍾紀中將，率裝備優良之部隊數千人，並有美軍官多人，七日午後五時許，進入蚌埠。據張氏稱：渠係代表李長官指示轄區內日軍受降事宜，一俟就緒，李長官親來簽字。

【中央社渝十二日電】據軍委會十二日發表：孫蔚如司令長官所屬之孔海鯤部，於九月十一日進入鄂省省會所在地之武昌。郭懋蒼部於同時進至漢陽以南卅公里之金口。唐永良部九月十日收復鄂西之當陽，十一日收復荊門。

【中央社廣州十二日電】新一軍孫立人部奉令接防廣州市區，刻已達成任

吳國楨稱十月一日起 廢止戰時新聞檢查制度

【中央社渝十二日電】外記者招待會今日下午三時舉行，由吳部長國楨、張參事平羣主持。吳部長宣佈遵照蔣主席指示，我政府已決定自十月一日起廢止戰時新聞檢查制度，但收復區在軍事行動尚未完成以前除外，俟收復區各地治安恢復後當即分別情形隨時廢止，詳細辦法正由有關各部會釐定中，不日即可決定公佈。各記者提出詢問，由張參事作答，記者問目前黃金市價大跌，請問黃金官價現為幾何？人民可否以黃金依官價售給政府？張參事答：黃金牌價現在仍為每兩十七萬元，政府所採黃金政策，係運用黃金收回法幣，減少發行，阻止通貨膨脹，原非以法幣收購黃金也。記者問：最近法幣對於美鈔及偽幣之比值加强係何原因？張參事答：抗戰已告勝利，敵人之封鎖遂已解放，同時將淪陷區收復，物資自能有自由流通之保證，商人之囤積物資原擬高價而估者，此時急於拋售換回法幣，因此一般物價漸行低落，物價之低落即增加法幣之購買力，依經濟學購買力比例之理論，貨幣對於物品之購值增高，其結果亦能增高其對於其他貨幣之比值，因此美鈔自亦不為例外。至於偽幣問題，在淪陷區同胞從未發生信用，因敵人之强迫行使，現在此種人為之壓力既已解除，我同胞均急於拋棄偽幣換取法幣。據本人所知，政府已經遣送法幣前往收復區，並已規定行使法幣及收回偽幣辦法，將來收回此項敵幣當向本政府取得賠償。

【路透社重慶十日電】中宣部長吳國楨今天宣稱：中國政府不擬在法屬越南北部建立軍政府。他又說：『然而，中國正採取暫時步驟以保證和平。』

務。張長官發奎以前進軍事部署就緒，決即飛粵主持受降簽字事宜。

【中央社沅陵十二日電】長衡區日軍投降簽字儀式，定本月十四日在長沙舉行。我第四方面軍司令官王耀武將軍，及湘主席屆時將飛長沙接受投降。

【中央社漢口十二日電】我第六十六軍一九九師步砲兵各一部於十二日進入龍山。

【中央社廣州十一日電】第二方面軍廣州前進指揮所，已於六日成立。主任張勵中將，副主任梁一飛少將，及其參謀人員，連日召見日方二十三軍代表富田遞交備忘錄，並指示一切。接收手續進行順利，我新一軍孫立人中將及新卅八師師長李鴻少將部隊，已紛紛整裝入廣州市。

【中央社杭州五日電】（遲到）第三戰區前進指揮所主任副司令長官韓德勤，自富陽宋殿鎮接受杭州敵代表投降後，五日下午三時，率隨從十餘人，偕浙江黨部主委羅項天，浙省政府主席行轅主任賀揚靈進駐杭州。

【中央社滬十一日電】湯總司令十一日下午二時，在司令部召見日方第十三軍司令官松井太久郎中將。面交滬字第一號命令，飭令遵照辦理，參加儀式者我方爲湯總司令，滬副司令官，日方爲第十三軍司令官松五中將，參謀長土屈明夫中將，參謀副長川本芳太郎少將，上海方面根據地總司令官森德治海軍少將等五人。列席者徐總參議祖詒等八人，暨美指揮部博義准將、狄巴卅司上校、九四軍連絡官馬上校、三區區長等五人。儀式簡單隆重，至下午二時卅分儀式始告完成。

【中央社西安十一日電】第十地區空軍司令部運輸機一架，載第九、第七中隊官佐五人、士兵十六人，由此起飛，今日下午一時卅分飛抵南苑機場降落。

【中央社鄭州十一日電】鄭州城防，已於十一日起，由我軍五五師孔師長從周正式接收，鄭州警備司令部今亦宣告成立，孔師長兼司令。

【中央社青島十一日電】青島市民衆極盼李市長先良早日進入市內，商店及住戶自動懸掛國旗。

上海美軍司令威雅特稱：
戰爭如未結束美軍有在中國海岸登陸之可能

【中央社渝十一日電】據美新聞處上海十一日電，美軍軍官三人，本日於

（據悉，在上月英、美、中、法之間的×××以後，中國將負責法屬越南北部地區的主要行政。）

國民黨中常會通過
管理收復區報紙等文化事業辦法

【中央社渝十一日電】國民黨中常會第九次會議通過『管理收復區報紙通訊社雜誌電影廣播事業暫行辦法』，原文如次：（甲）敵僞報紙、通訊社、雜誌、電影、廣播事業之處置：敵僞機關或私人經營之報紙通訊社、雜誌及電影片廣播事業，一律查封，財產由宣傳部會同當地政府接收管理，但其中原屬未附逆之私人及非敵國人民財產，而由敵僞佔用，經查明確實，並經中央批准後，得予發還。（二）附逆報紙雜誌通訊社及電影事業之處置：（一）凡自國軍撤退後繼續在淪陷區公開出版或攝製，附逆有據者，概以本辦法處置之；（二）附逆之報紙通訊社雜誌電影事業，先由宣傳部通知當地政府查封，聽候處置；（三）敵僞及附逆之報紙通訊社圖書雜誌等印刷品，凡其內容含有敵僞宣傳之毒素，或犯抗日利益者，經宣傳部審查後，應由地方政府予以銷燬；（三）中央宣傳部爲便利推進宣傳計劃，前項沒收查封之敵僞或附逆報紙通訊社雜誌電影製片廣播等事業，所有之印刷機器房屋建築工作用具，及其他財產，經中央核准後，得會同當地政府啓封利用。（乙）報紙通訊社復員辦法：（一）宣傳部、政治部、各級黨部、政府，原在收復區各地淪陷前所辦之報紙通訊社，應在原地迅即恢復出版以利宣傳。（二）各地淪陷前之商辦報紙通訊社，照下列優先程序，經政府核准後，得在原地恢復出版：（一）原在該地發行之報紙通訊社，於該地淪陷後隨政府內移繼續出版，致力抗戰宣傳者；（二）原在該地發行之報紙，地方淪陷以致遭受犧牲，無力遷地出版，但其發行人主持人仍保持忠貞，或至內地服務抗戰工作有功，可由原發行人申請復業；（三）凡自淪陷區由戰事內移，繼續出版之報紙通訊社，應以各返原地恢復出版爲原則，非經政府特許，不得遷地出版。（四）各級地方政府，或軍師政治部，請求在收復區辦理報紙通訊社時，應依法聲請登記後，始得出版；（五）新請設立之報紙通訊社，依實際情形，另定限制辦法；（六）收復區報紙通訊社，自政府正式接收日起，一律重新登記；（七）經政府核准出版之報紙通訊社，在一年之內，不得作變更登記之請求；（八）雜誌之登記，由政府斟酌各地情形辦理。（丙）新聞檢查及電影檢查之處理：（一）收復區出版之報紙及

透訊社稿；地方尚未完全平定以前，應由當地政府施行檢查；（二）各地新聞檢查工作，應受宣傳部之指導，並由宣傳部派員協助地方政府辦理之；（三）電影檢查辦法另定之。

麥克阿瑟總部下令逮捕三十八名戰爭罪犯

【同盟社舊金山十一日電】麥克阿瑟司令部於十一日發出逮捕東條前任首相及其他三十八名戰爭罪犯的命令。其中計日本人二十六名、菲律賓人三名，澳洲人二名、德國人三名、荷蘭人、緬甸人、泰國人、美國人各一名。其姓名如下：（日本人）：東條英機（前任首相）東鄉茂德（前任外相）、賀屋興宣（前任藏相）、島田繁太郎海軍大將（前任海相）、岸信介（前任商相）、寺島健（前任遞相）、岩村通世（前任法相）、橋田邦彥（前任文相）井野碩哉（前任農相）、小泉親彥（前任厚相）、本間雅晴陸軍中將（前任菲島方面陸軍最高指揮官）、鈴木貞一（前任企劃院總裁）、黑田重德陸軍中將（前任菲島方面軍最高指揮官）、村田尚三（前任駐菲大使）、高濱明大佐（菲島憲兵隊長）、太田清一中佐、德田博中佐（中國方面收容所司令官）、鈴木中佐（中國方面收容所司令官）、games（大船翻譯長）、戶畑時男軍曹（第八號收容所警備兵）、小坂（第八號收容所職員）、三浦辛三、渡邊六廣（東京府徵用所警備兵）竹內××中尉、菲島有關的戰犯為前任菲律賓總統瓦爾加斯。阿基諾（下院議長）。「德國有關罪犯」：前駐日大使塔瑪，德國大使館之阿佛勒德・邁新加上校，「印度有關罪犯」：印度軍首領馬賓特拉，「緬甸有關罪犯」：前緬甸駐日大使特門。「泰國有關罪犯」。前泰國駐日大使維基特。「澳洲有關罪犯」：卡金斯少校（東京廣播局職員）約翰・多蘭德（別名弟維勒斯特上海東京廣播員），阿維格（別名斯比爾阿倍，德國人，東京廣播員）。「荷蘭有關罪犯」：弟普斯特（東京荷蘭語廣播員）。「美國有關罪犯」：斯托利特（東京廣播局原稿課職員）。

【路透社紐約十二日電】東京訊：麥克阿瑟元帥今日下令解散日本黑龍會，並逮捕黑龍會首領七人。

美軍在朝鮮設立軍政府

【同盟社舊金山十一日電】在朝鮮登陸的美軍，於十一日設立軍政府接收事務。有朝鮮人數名參加軍政府，預定日本總監府暫時還担任工作。（中缺一小段）朝鮮一般民衆支持美軍此次採取的措置，並予以協助，按美

他滿意格羅查。英官方否認會予米珙爾以壓力。根據美國的建議，羅馬尼亞問題將遺於明日在此間開幕的外長會議的日程上。

保反動派說：選舉的先決條件 是更換共產黨的內長與司法部長

【路透社索非亞十一日電】索非亞傳聞內閣令日已決定於六週內選舉之新日期時，著名的農民黨反對派領袖尼科拉・彼特科夫宣稱，反對派將繼續抵制選舉，直至給以公平的競選機會並保證選舉人能自由表示其意見之時為止。他說，在其他條件獲得保證後，至少將需兩個至三個月的時間才能舉行公平的選舉。彼特科夫又說，未參加喬吉也夫政府的農民黨集團將拒絕參加選舉，除非允許他們保持農民黨的名字，這個名字據稱現內閣已準備留給奧波夫集團，後者在彼特科夫及其他農民部長退出時，仍留在政府之內。在訪問他家時（該地現已變成要求選舉改革派的活動焦點），彼特科夫說，這並不是反對祖國陣綫問題。他說，「祖國陣綫之成立是一大進步」。「對於我們在這方面所做的任何事情，我們將不後退，但祖國陣綫不應變成一個政黨專政。」上月自內閣中辭職以抗議舉行選舉條件之彼特科夫說，公正選舉的基本先決條件是更換共產黨員的司法部長及內長，並由管制委員會正式保證監督自由選舉。他提議非黨的將軍或小黨派的黨員應担任重要的內長與司法部長之職，以代替任何大黨的出任部長。同時從另一方面獲悉，雖然兩日前彼特科夫所編輯的農民黨報紙被准許以「農民旗幟」的老名字出版，但彼特科夫集團今日已接獲通知說，這個名字必須改變，因為這個名字已為奧波夫集團所承用。關於報紙，彼特科夫尚未接獲正式通知。彼特科夫說：「我們希望與蘇聯保持最密切的友誼，我們認為這是必要的。但是我們要求民主而不要求一黨政府。」

【合衆社索非亞十日電】保加利亞反對黨領袖們及英美軍政方面人士今日相信：三強可能需要達到關於控制保加利亞武裝民軍之協議，以作為保證此國家自由選舉之步驟。武裝民軍係在內政部長（共產黨員）安東・宇哥什控制之下。共產黨方面人士稱：他們為了他們的黨要參加這一部的職位。保加利亞政黨仍停於成立新內閣（作為自由選舉之前奏，西方國家認為它是與保加利亞簽訂和約的先決條件）的任務上。祖國陣綫內閣與反對黨派仍在不和中，蘇聯在行動中已與英美協議，結果取消了早期的選舉計劃。由前副總理尼古拉・彼特科夫及其他人士領導的××堅持現內閣立即辭職以允許換然一新的政府之成立。喬吉也夫拒絕這樣做。據反對派及其他政界人士意見，時

軍司令官約翰·霍其中將曾言明：在美軍全部登陸之前，使朝鮮南部的日本行政機關繼續存在。

【同盟社舊金山十二日電】京城來電：朝鮮南部美軍司令官包治中將，十一日發表下列聲明。日軍正從京城撤退中，美軍準備於十二日與在朝鮮北部担任管理的蘇軍取得聯絡。蘇軍之前哨部隊雖已進入美軍佔領區域，但立即撤退。美軍佔領區內的日軍總數共二十萬人，再加上民團有一百五十萬人。日軍服從美軍命令，並促進美軍之佔領，並在美軍監督之下，自行解除武裝。朝鮮人與日本人之間，多少發生了一些衝突，例如亦有日軍向歡迎美軍的朝鮮人開槍的事實。美軍當局為了不使登陸受到妨礙，禁止市民到登陸區域，美軍自從在朝鮮登陸以來，未發一顆砲彈。日本行政府仍然管轄着鐵道、電信、電話、公司、郵政局、旅館等，美軍當局認為在日軍未撤回本土前，有利用日本行政府之必要。日本當局正釋放政治犯，由日軍中復員朝鮮籍兵士，更在三週前已從兩個俘虜收容所釋放了英美籍俘虜五百人。美軍當局已用飛機及船隻將該五百人遣送回國。朝鮮的政治局勢是混亂的，除了希望立即獲得獨立外，再沒有其他中心目標。

敵稱大本營取消後還暫時保留參謀本部與軍令部

【同盟社東京十二日電】帝國大本營根據盟軍司令部的要求，將於十三日下午十二時取消。至於取消後，還將暫時保留參謀本部與軍令部。又陸、海軍兩省因有復員及其他事務，因之仍將像現在這樣保留下去的。

【同盟社東京十二日電】麥克阿瑟總部決定於十七日進駐東京，本部將設在日比谷之第一綜合大廈內。同時，麥克阿瑟元帥與薩札蘭參謀長亦決定於該日以來，在東京設指揮所。

羅馬尼亞問題與外長會議

【合衆社倫敦十日電】羅伯特報導：由官方評論員稱，他「獲悉」國王米琪爾已拒絕簽署一切政府命令，因他急於擺脫蘇聯控制下之格羅查政府，看來蘇聯與英美間對羅馬尼亞危機觀點的分歧，已於今日擴大。該評論員稱：他讀到蘇方所謂米琪爾對格羅查政府感到滿意之消息時「感到某種驚異」，因它「與我們的情報不相符合」。莫斯科各報曾指責英美對米琪爾的壓力，產生了國王要求三強援助推翻格羅查政府（它享有蘇方的信任，但卻為倫敦與華盛頓所責難）。這些消息稱：米琪爾曾告蘇方代表局之解決在於控制民軍（許多保加利亞人私下說——有時冒險——他們怕它）的問題上。形成喬吉也夫反對派的保加利亞人士，希望蘇聯將認為在這一問題上的合作是適當的（如果當他們提到保國地位的問題時，而此問題提出於各外長面前的話）。喬吉也夫內閣顯然企圖儘可能長地保持現狀，再撮合方面意見，這似將得到蘇方之××支持。

日本組織新黨運動的現狀

【同盟社東京七日電】担負指導戰爭的軍部官僚，因戰爭的失敗而失掉勢力，因此以民意為基礎的政黨已在抬頭，代替軍部官僚的勢力，以使扮演建設戰後和平國家的指導作用，這種事情，乃是當然的趨勢。首先以鳩山一郎氏為中心的一般人的活動，在議會召開前即被人們所注目。自昭和十五年解散政黨後，在獨自的信念下，對議會體制超然行動的鳩山氏，正與安藤正純，足由均上、原悅次郎等人，急於準備組織新黨中，預料它將是有最鮮明的自由主義色彩的政黨。齋藤隆夫、山崎克等民政黨系議員的行動，現在尚未決定。但到下一次總選舉時，將擁有相當多議員。其次，現在在衆議院內具有壓倒多數的大日本政治會將是怎樣構成，很是引起人們的關心。於本月十日左右解散後產生的政黨，仍然是舊民政黨及政友會合併而成，其大部分是舊護國同志會之經驗很少的議員他們佔第一位是自然的，不論誰都稱之為中央黨。町田、大麻兩氏所領導的舊民政黨議員，在其中佔最多數。中島派除中島商相之外，尚有前田米藏，山崎達之輔，島田俊雄、久原派之岡田忠彥、中立派之金光庸夫等議會政治家差不多都屬於中島派，問題在於決定黨的領袖問題，亦有人要推中島氏或町田氏為黨魁，亦有人欲推有田八郎或重光葵外相為黨的領袖。此外最猛烈的活動的就是要組成社會主義政黨，除河上丈太郎、河野密，杉山元治郎等舊社會大衆黨議員十一名，及指導農民運動之平野力三，企圖無產各派之大同團結，此外日本無產黨加藤勘十、鈴木下之郎兩氏，黑田壽男，宮崎龍助氏亦將參加。又德川義親侯爵所領導的世界和平研究所，有馬賴寧伯爵所成立的新日本建設同盟，亦與上述一派成立親密合作的諒解，新黨之名稱，以「日本社會黨」之意見為有力。在院內，由於翼壯議員團之笹川良一，佐佐井之晁氏少數同志之集合，將成立一結社，還是值得注目的。在院外、石原莞爾將軍率領之東亞聯盟將成為政治結社，此外還有以商工經濟界為背景的藤原愛一郎，船田中氏等之活動，在總選舉之前有許多大小的波浪起伏着。

參攷消息

（只供參考）

第一〇〇二號

解放日報 新華社 編

今日出一張

卅四年九月十四日 星期五

毛主席對英美蘇記者談話

【路透社重慶十三日電】五十二歲的中國共產黨領袖毛澤東氏，在親自與蔣委員長介石作六次談話後，於本日下午接見十二個英美蘇記者。隨同毛澤東的有中國共產黨軍事領導人之一周恩來將軍。二十四小時以前，他們在赴蔣主席所設宴會後，曾與中央政府某些官員討論若干具體問題。毛氏告記者稱：『我希望談判將會成功。現雙方都已保證不談會談情形。』但毛氏經過其翻譯員作下列聲明：『中國共產黨目前的政策，是在中國建立和平，民主和團結。中國解放區和全中國人民都需要和平，這就是我爲甚麼來到重慶的原因——盡一切努力，以達成該項目的。中國當前最急迫之事是和平。談判尚在進行中。雙方都有避免內戰的決心。我們希望談判收到良好結果，俾使中國能經由抗日階段進入和平建設的時期。』毛氏在其招待記者會議上所談的其他事情是：（一）蘇軍沒有越過長城；（二）可能要求蔣委員長授權共產黨軍隊解除於其區域內的日軍武裝；（三）談判可能『還要經過幾天』。周恩來將軍說道：『我們的目的是和平。若雙方都懷有此目的，我們是能夠尋得避免內戰的解決辦法的』。

【本報訊】本月五日毛主席對大公報記者談話，合衆社曾有報導，茲據大公報（六日）方面所發表全文，轉錄如下：

毛澤東氏昨日午後接見本報記者稱：來渝五日，與中央談商團結問題，目前尚未可能有確切之結果以慰國人。可以說者僅爲內戰決可避免。我國政令軍令如果仍不統一，的確爲不得了之事體，然統一之政令軍令必需建於民主政治之基礎上。只有包括各黨各派無黨無派代表人士之政治會議，始能解決當前國是，民主統一之聯合政府始能帶給全國人民以幸福。民主者，人民有力量之謂也。邊區解放區情形與其他地區不同，有民選政府，有自衛軍，無保甲長。保甲長爲統治人民者，最要不得。協議之另一結果爲國民大會將延

文據八月三十日大公報載稱：本報昨接知行學社來函，向毛澤東先生建議實現民主政治之辦法五項，茲錄原函如下：

記者先生：本社曾於本月二十四月發表『統一團結和平』一文，敦促毛澤東先生來渝，現在毛先生已經到渝，我們除表示衷心的歡迎外，謹提供建議如後：

（一）今後政黨地位，政府應確實保障，政府對於一切合法政黨應予平等，公開活動權利，不得有所阻撓，俾養成良好政治風氣。

（二）國共兩黨軍隊均應移交中央。此後任何政黨不得有軍事配備，以奠定國家百年基礎。

（三）民選政府未成立前，暫由共產黨派員參加政府，共同組織軍事機關，指揮全國軍隊。

（四）我們建議限五個月內召開國民大會，最好明年元旦在南京召開。

（五）國民大會應選出大量新代表，俾能代表民意。

上述五項建議，一言以蔽之，即爲如何實現民主政治。此事關係國家前途至巨，我們懇切期望毛先生此來，對這一問題能有妥善而具體的解決辦法。

知行學社八月二十九日

（編者按：據說所謂中國民主黨，是國民黨命令章士釗等組織的，早有計劃，準備在召開『國民大會』時拿出來。知行學社則不詳。）

在華美軍參加逮捕日本戰犯

【路透社重慶十三日電】在華美軍司令魏特梅耶中將今天披露，在華盟軍正參加搜捕日本戰爭罪犯的工作。他稱：『我們有明確的義務，與中國人民簽訂了關於逮捕戰爭罪犯的公約。魏特梅耶將軍又說，在他指揮下的地區裏的兩百萬日本人將儘快被遣送回國。他宣佈在這地區裏有二六、五〇〇盟國俘虜與被囚禁的人時披露：『極大部份美軍應在聖誕節時離開此地區，雖然其他的美軍將被留下維持秩序。他又說：將標利從日軍方面轉移到中國軍指揮部的工作，正『很順利地』進行中。

【中央社南京十二日電】汪逆精衛、陳逆公博、褚逆民誼、陳逆羣等爲叛國首要罪犯，其在南京、上海之房屋財產及圖書冊籍，中國陸軍總司令部已於十二日分別電令南京市政府市黨部、首都、警察廳、上海市政府、市黨部各機關，迅速查封，聽候國民政府處理之。

綏舉行，對代表問題則雙方意見猶未能一致，中共方面不主張維持舊代表，原則上主張實行普選。毛氏未評論中蘇條約稱：該條約爲遠東和平之保障物。有人認爲對我國之民主運動不利，實則相反，可拭目待之。又有以爲蘇聯以國民政府爲對象而締訂，實則除國民政府而外，自無可爲對象者。然條約亦並未束縛蘇聯對中國政治批評之權，輿論仍可說話，前數日蘇聯紅星報撰文謂中國應走向民主政治，對我兩黨團結寄以殷切之期望。中國獲得强有力之盟邦，可勿變心於被其他國家侵略。毛氏表示願談商早獲結果。

所謂『中國民主黨』與『知行學社』提出時局方案

【本報訊】據九月六日蜀報載稱：本報頃接獲新出現之中國民主黨對團結問題提出六點意見，茲將全文刊佈如左：

毛澤東先生應蔣主席之誠懇邀請，惠臨重慶，連日商談全國繫念之團結統一問題，全國人士均感無限欣慰，本黨臨時執行委員會代表全體黨員，一面同蔣主席暨毛澤東先生致崇高的敬意，並一面貢獻原則意見六點：

（一）我們八年來艱苦抗戰，於今勝利獲得之後，應爲民有民治民享之和平自由幸福新中國建設的實現，但爲保證其徹底完成，孫中山先生之三民主義，既爲『中國今日所必需』，即應切實力行。

（二）爲保證國共兩黨永久之和平團結計，軍隊應絕對國家化。政黨不應私有軍隊，政黨的武器我們認爲是政策的競爭，理論的批判，武力應爲國防之安全，及全民之福利保障而使用。

（三）民主政治之所以值得吾人取法者，乃是一切由下而上，上層已具有民主精神，人人具有民主作風，故今後政府形式，政制體系，均應切實民主化。

（四）政治既是管理衆人的事，服官既是公僕之職務，即應本『選賢任能』之旨，澈底調整現政府之陣容，改革不合理之制度。

五，各黨各派應即刻予以承認其合法地位，以便推動政府向至善之途邁進，而達到共同競爭，共同監督之效能。

六，國共兩黨，事實上已爲中國之最大政黨早已起着主流作用，此次談商，國應絕對尊重全國人民之期望，鞏固勝利國之國際地位，並應發揚兩黨之革命傳統精神，共謀解決一切懸案。

重慶政府將發行新貨幣

【路透社重慶十三日專電】中國國民善後救濟總署將設立十五個辦事處，其中包括在滿洲設一辦事處，在朝鮮設一辦事處。據悉，政府爲了調整財政與使物價回到戰前的水平，將收回戰時發行的大量法幣，而發行另一種新貨幣名叫『Sun』。現政府機關已擬好詳細計劃，最高國防委員會正在考慮中。

重慶韓國政府急想回國

【中央社漢城十二日專電】五十年來於日本鐵蹄下街延殘喘之朝鮮，現雖獲解放，然就其國內紛紜時起就目下情勢而論，駐渝之韓國臨時政府能提早返國，乃解決內爭之唯一途徑。目下至少有三政黨擬攬政。××臨時政府前所組韓國國民大會主席宋××稱，朝鮮人民大多擁戴流亡重慶之政府，朝鮮鼎立之三個政黨中以民主黨最有勢力，參加該黨之人士全係朝鮮知識份子，包括留學中、美、英三國之學生在內。朝鮮人民對於美軍當局命令日本朝鮮總督阿部暫時攝政一項，深表失望。據一般重要政黨領袖，及留學美國民主黨人士之意見，日本卵翼下之朝鮮政府必須推翻，始能維持國內之和平。然而重慶之韓國臨時政府之遲遲不返，該項傀儡勢力必將擴張，長此以往，政局必致不可設想矣。

【中央社上海三十日電】韓國光復軍李蘇民將軍，十三日由杭來滬，負責召集韓國軍民回國。

紐約時報論蘇聯在新世界中的優異地位

【路透社倫敦九日電】紐約時報專電，過去十年，地方性和整個世界的戰爭中之最重要的政治事件，是完全是蘇維埃社會主義共和國聯盟外交力量之出現於廣大的歐亞兩洲及從大西洋伸展至太平洋的廣大地域上。蘇聯分享同盟國勝利之最大的一個收獲，是完全和絕對的安全；這是過去任何俄羅斯政府所沒有過的。這個安全是根據三個強大的支柱的；第一，是蘇聯本身在過去二十年來所建立並在最近四年中如此驚人表現的力量；第二，是與隣國締結雙方安全公約網，在中國到捷克，阻塞了敵意國家任何潛在的警戒綫政策的努力；第三，是莫斯科（也像世界上其他京城一樣）對田世界警察組織管理的世界和平的依靠，在這世界警察組織中，兩個傳統的孤立主義的强國，美國和蘇聯是其中的主幹。蘇聯在成爲真正大强國——似將與美國同爲新世界中最大强國——的進程中，已在這超出於其邊疆利益之外的世界問題上獲到了新的强有力發言權。在關係如此疏遠的問題上，如英國殖民地問題，丹吉爾管理問題，希臘選舉問題，蘇聯的意見在國際討論中也已成爲新的强大的力量了。蘇聯在聯合國組織內的發言權，由其兩個附屬共和國（按指烏克蘭和白俄羅斯——譯者）所增强，它的發言權是首屈一指的。在經濟上，蘇聯的戰後地位還不能像新的軍事和外交力量那樣可以有比較正確的計量。儘管戰時所遭受的人力和物資的巨大損失，多產的斯拉夫人的恢復之猛烈的效能不久將一定要表現出來的。蘇聯內部新的工業王國，正在轉變着蘇聯的經濟平衡——烏拉爾的東脈及黑龍江流域的礦業、機械及製造業中心，烏拉爾，庫茲涅茨，列那等州的石油、黃金、鐵和煤的礦藏。這些大量的原料究竟將多快能够出現於世界市場還不可能預測。蘇聯的人力缺乏，將由使用德國和日本的囚犯勞動以及繼續雇用成千成萬的女工（她們在戰時已被大批投入到重要經濟部門了）而多少有所緩和。蘇聯與東歐新的盟國締約，獲得了新的市場和製造與工業的極大有利條件，吸收了西里西亞而在經濟上成爲更强有力的波蘭捷克斯拉夫的波希米亞腹地，豐沃的南斯拉夫的銅和鋅以及富庶的羅馬尼亞的石油。今日的蘇聯已經有了較過去俄國更好的通往公海的出口。佔有了哥尼斯堡而且側翼還有友好的芬蘭和擴充到斯德丁的波蘭，蘇聯就控制了東部和中部波羅的海。有了庫頁島全部重返蘇聯手中以及已被日方所開發過的千島羣島，蘇聯在北太平洋就有了强大的地位。將來對於達達尼爾和伊朗問題的外交處理，將幫助決定蘇聯在地中海和印度洋的地位。蘇聯爲了幫助贏得這次戰爭的勝利，付出了流血和精力的極巨大代價和耗去了它的所有物。在這以前，它的外交政策的成功是一個很可討論的問題，在贊成和反對它的外交政策以及幫助它外交政策形成的理由上，都有許多話可說。但是，蘇聯已經贏得了今日新世界中的優異地位了。而且蘇聯人民毫無問題的知道這點，並且他們毫無問題的認爲這是分所應得的。

美軍捕黑龍會首領

【同盟社東京十三日電】麥克阿瑟總部發表：盟軍最高司令官麥克阿瑟元帥，指令廢止黑龍會並由美軍拘留下列指導的黨員：內田××、橋本欣五郎，菊池豐三郎，廣田弘毅，加藤玄智，中野正剛（註：內野與內田二人已故）。

日陸軍復員情形及醫院軍法會議之情形

【同盟社東京九日電】隨着休戰之後，將士之復員問題極宜注目。陸軍省

疏散者約十一萬，滿洲之同胞約二百萬，其中需要撤退者一百三十萬，我中需要立即撤退者，約三十萬人，一到十月即進入嚴冬，滿洲同胞在蘇聯不法的殘虐行爲下，忍受着悲慘的生活，我在滿洲的陸軍部隊，處於解除武裝之下，逮捕這些同胞的蘇軍之不法行爲，是蘇軍上級司令部之方針，在未澈底貫澈到在滿蘇軍各部隊之結果，我方正嚴重提出要求，以期復員及同胞之遣回。（二）中國方面，中國方面之不法行爲，逐漸緩和，在華同胞及在華部隊極爲平靜。（三）南方各地，南方各地及布肯維爾，新幾內亞及其他島嶼上我將士的復員運輸回國，最近亦將積極進行，連馬尼拉市之部隊合在一起，我方將以廿八萬噸之船隻運輸，要運到昭和廿三年末。對於外地復員的將士，現正準備軍隊所需要的衣服、生活必須品，陸軍當局在溫暖的大慈愛方針下，正對今後措置進行準備。

『陸軍醫院』入院之病人，內地八萬人，外地十八萬人，內地之醫院數目約二百零七所，內地之病人數目，到明年春天二月可減少至三萬人，外地將不斷地運回，今後將有三萬病人繼續收容着。陸軍醫院入院患者之在內地的措置，隨着復員之進行，陸軍醫院即歸軍事保護院管理，同時入院患者均作爲傷痍軍人，由國家負責醫療保護，外地之患病者極力以病員船運回，外地之全部陸軍醫院，轉爲日本紅十字會的衛生機關。

『軍法會議』軍法會議只要軍隊存在的時候，它就存在，但這個軍法會議，部隊復員後，即交給暫還的部隊，待全軍解體後即交給地方裁判所，只有軍法會議存在時期，軍事監獄亦將存在，其事務在全軍解體後，即將交給地方裁判所。

合衆社記者巴爾幹訪問記

【合衆社羅馬十二日電】斯特林格自布加勒斯特報導：在歐洲與的鋼鐵幃幕背後東方各國的兩週旅行中，我發現蘇聯人與共產黨是合作的與有幫助的。僅在少數場合，封鎖仍還未取消。貝納斯國務卿會宣佈希望訪員們訪問巴爾幹，我與另一個美國訪員及吉普車駕駛者在巴爾幹旅行了一千五百哩，就中會訪問了布加勒斯特、索非亞與貝爾格萊德。蘇聯人可以合法的擋我的駕，因我並未得到進入其控制下的領土之許可，沒有護照，甚至沒有通行證，僅有軍人身份證，說明我們是軍事訪員罷了。蘇聯人常常承認他們看到我們時感到驚訝，並說我們在這裏是「不合法的」，在南斯拉夫邊境上，我們遇到了第一個與少有的困難，在那裏，我們與南斯拉夫上尉討論之後，我們在武裝護送下被允許進入貝爾格萊德。在貝爾格萊德，我們遇到了典型的欺騙，衛兵對我們講了一套，但卻架着機關槍站在我們周圍，以保證我們不會做任何舉動。我們被帶到一所建築物裏，在那裏攜機關槍的衛兵支持

九日就陸軍軍人的復員狀況及陸軍醫院，軍法會議之現狀與今後之措置正式發表。根據這一發表在內地部隊之中航空部隊及在進駐軍區內之部隊已經復員完了，一般部隊由九月上旬開始復員，大約在十月上旬可以完了，現在復員之部隊約爲內地部隊四分之一，現在內外地尚有兵員五百九十萬人，外地部隊之復員需要三年，這些具體的內容才開始走向明確，休戰後大陸時別是蘇聯軍隊佔領區域的治安狀況（缺一句）。

「復員之實施要領」陸軍人之復員，要迅速實施以防止發生社會不安，關於實施復員要與運輸能力相配合，各軍管區司令部應根據適切之要領，例如應召前從事警察之業務，從事交通通信業務之人、即立即使之復員。

「內地四分之一復員完了」，復員原則上是在編成地點實施，現在內地部隊之中，已經復員完了者約四分之一，隨着復員陸軍兵力之中、牛農夫出身的按產業區別的機構如下：（農業）內地七十二萬人，外地八十二萬人，共計一百五十四萬，（水產業）內地五萬五千人，外地六萬三千人，共計十一萬八千人。（礦業）內地九萬，外地十萬，共十九萬，（工業）內地一百〇六萬人，外地一百廿二萬，共計二百二十八萬，（交通業）內地十九萬五千人，外地廿二萬人，共四十一萬五千人。又隨着內外地之復員，軍管區間的人員如下：這是內地部隊約四分之一，已經復員完了之現在人數。（北部軍管區）內地廿萬，外地五萬九千人。

（東北軍管區）內地廿八萬七千人，外地二十萬八千人。（東部軍管區）內地六十四萬，外地一百一十三萬五千人，（東海軍管區）內地卅一萬，外地卅萬人，（中部軍管區）內地四十五萬，外地卅五萬八千，（中國軍管區）內地廿萬人，外地廿六萬五千人，（四國軍管區）內地十五萬，外地十四萬六千人，（西部軍管區）內地五十萬，外地六十七萬五千人。共計五百八十八萬三千人（其中內地二百七十三萬七千，外地三百一十四萬六千人）。

「外地部隊之復員完了需要三年」，外地部隊之復員，從運輸上來看是很困難的，不待言是很長期的，在大陸部隊約三百萬人，特別是在朝鮮與滿洲，由於蘇軍的不法行爲，治安惡化陷於值得憂慮之狀態。（一）蘇軍佔領地區北緯三十八度以北之蘇軍佔領區域的我同胞，其生命財產沒有保證，處於極爲憂慮之狀況。直至九月四日在朝鮮與日軍無關係之僑胞、約八十五萬人，其中需要撤退的約達五十萬。又在滿洲方面，居駐着蘇滿國境之戰災者及

對於讓我們離開房間的拒絕，成群人湧進屋來，無言地看着我們，隨後又從屋裏忽然而去。這樣，經過六小時之後，某官員終於允許我們在附近看看，並讓我們首途去索非亞，在我們遇到另一個南斯拉夫封鎖道路的官員之前，我們在路上是很順利的。蘇聯人初次遇到我們時很冷淡，但最後終於弄清楚我們冒險行爲的精神；雖然我們的行裝每夜被檢，電話被偷聽。然而，我們被允許去會見任何人（所有政府與反對派的人），而我們在實際上未受任何阻礙。我們離開了索非亞，打算在去布加勒斯特途中在一匈牙利小城——沃斯卻爾克過夜。在這裏，本地人都伸出手來包圍了我們，最後在一陣喧嘩之後，把我們架到他們的肩頭上抬到一所房子裏，在那裏，我們見到了當地官員，拉我們在人肩頭上向當地酒店（這裏匆促間準備了酒筵，）禮堂中飾以鮮花（發表演說之後，他們待我們一如降臨之天神。在這裏我們向各種政治色彩的人民講話，而當準備離去時，我們被一大群人護送至多瑙河畔，並見到另一群人在羅馬尼亞那面等着我們——又是鮮花，又是歡迎的旗幟與握手。在布加勒斯特，我們發現我們寓舍已被飾以鮮花，而在我們訪問期間充滿着節日的空氣。政府人士尊重我們行動的完全自由，只有在政府主持的去外西爾瓦尼亞的旅行中，在該處我們不能隨便同人民談話。我們的電話又被偷聽，行李被檢查，並被跟踪。×××對我們說：「我知道你們要離開這裏，寫許多記述。我知道並非所有的記述都對我們有利，我知道你們將在許多問題上批評我們。我所希望的是你們要儘量客觀，不要只講到一面」。這就是任何訪員所能向任何人詢問到的東西，而我是努力使之符合實情的。

「合衆社倫敦十二日電」今日訊，因缺乏民主而被盟國批評的政府中的兩個政府？已採取步驟改變其內部政治機構以符合於聯合國機構。伊茲特爾甘維也納報導：奧地利的雷納爾政府將實行改組，而在索非亞，據稱，選舉辦法的改變將給予各反對黨派參加未來選舉的權力。雷納爾稱：他擬在維也納召開各省政府與各政黨的會議以成立新內閣。奧地利現對總選舉正在準備，雷納爾政府在十二月以後可以指定任何日期進行選舉。據稱，新步驟係在第期二盟國會議上，英政府對雷納爾政府率直的反對之後。同時合衆社索非亞電訊稱：保加利亞內閣已實施了選舉法的改革，允許反對黨派參加選舉。各政黨現在可以獨立地或者聯合地進行投票。總選舉在兩月後可隨時舉行。

「路透社索非亞十三日電」保加利亞政府，在英美批評保加利亞行將到來的選舉條件並非真正民主之後，已命令修改選舉法。唯一的巨大改變，似乎是容許反對黨派形成選舉集團，單一的或以各黨之間聯合集團的進行競選。

（只供參考）

第一〇〇三號

解放日報社 新華社 編

卅四年九月十五日 星期六 今日出一張

美記者稱國共談判進展有限

【美新聞處紐約十二日電】時報星期三刊載寶丁十一日重慶來訊，報導中央政府代表與共產黨領袖毛澤東、周恩來將軍及王若飛之間正在此間繼續商談解決國共兩黨的分歧。據悉：進展看來有限，商談的結果更無可歡樂，儘管兩方發言人仍然堅持協議是有希望的。據悉：共產黨仍然堅持：在共產黨對其軍隊的控制作任何程度的讓步之前，要廣泛改組中央政府，成立各黨各派的聯合政府。據稱：共產黨準備把揚子江流域讓給國民黨統治，但要在他們勢力最大的，如像山東、河北、察哈爾、與陝西（可能是山西）的省政府裏佔優勢。據說：中央政府代表反對共產黨保留任何特別勢力地區，及單獨軍事力量，其理由爲：這樣不能建立眞正的全國統一。共產黨害怕：倘使其軍事、政治力量過於分散，他們最後終會被肅淸。

傳太原接收工作大部完成 呂文貞發給日軍命令

【同盟社太原十三日電】在山西軍入城後的太原，於本月二日在華北各省之前，即設立『接受委員會』，同時着手進行接收工作，繼三日接收省政府後，並進行接收各宣傳機關，啓發民衆的文化宣傳已見活躍，九日接收『華北交通』會社，十日已將『山西產業』接收完了，仍改名爲『西北實業公司』。又在太原日軍之解除武裝工作，已在抵達太原之美國軍官參加之下安全完畢。城內毫無不安之色，從十一日起『中國航空公司』之太原北平間第一次飛機，已經開始飛航，目前每週一次，在太原與北平間由空中聯絡。又從蒙疆方面避難待機中撤退僑民，亦在軍隊及領事館親切關照下，分駐於市內各學校，正待鐵路之開通。

【中央社西安十三日電】交通界息：同蒲路自太原至臨汾間逐日通車。正

【中央社新德里十四日電】中央社記者馮國楨新德里十四日電：美國軍司令部本日訊，自一九四四年十二月至對日勝利日，由中印輸油管共運送汽油一億五千萬餘加侖，給予阿薩密北部、緬北、緬中及華境之盟軍。

【中央社渝十四日電】據美新聞處十四日訊，中國戰區美軍司令魏特梅耶將軍稱：美軍總部於十月中旬，將在上海工作，然重慶方面仍存一核心，與中國參謀總部合作，以確保工作之不中斷。直至蔣委員長離重慶時爲止。

紐約論壇報訪員稱 南京漢奸充斥

【美新聞處紐約九日電】今日紐約論壇報駐南京通訊員史蒂爾（七日於南京，遲到）稱：南京仍然充斥着日本軍事人員及其從前的中國合作者。這兩批人已不復親密了。合作者力圖從舊關係中擺脫他們自己，而在重慶政府眼目中辯解他們過去的行動。前南京僞組織的職員們如此急於使世人相信其淸白與善意以致其中許多人懇請與記者們會晤，說明他們是如何不喜歡日本的統治，他們如何一向懇切期望中央政府之返回南京。給僞組織服務流行藉口是：『我們不能不生活，否則我們就會餓飯』與『我們的主要關切是保障人民的福利與庇護他們』。聽這些人講他們關切中國人民福利的話是太多了。那些由南京僞組織解職仍留在此間的人們，主要是以前的高級軍官，他們希望在新政權下獲得職位。主要的合作者大部分離開了南京，在國內覓尋安全處所。南京政權的『貝當』與『賴代爾』陳公博與趙隆賢（譯音）無人知其下落。在日本投降後，南京政府之自動解散使中國淪陷區陷於毫無領導之境。因而重慶政府被迫在許多地區藉助於僞組織合作以便在中央政府實行控制以前維持公共秩序。僞人員雖尚無人被捕，但預料某些首要份子如被捉獲將予以懲辦。對於那些能夠證明在佔領期間是助幫重慶或無敵對與漢奸行爲者可能予以寬大待遇。中國人是一種善於寬恕的人民。這已由他們對被擊敗的敵人之溫和態度證明。因中國人爲日軍由中國撤退之遠景而感到眞實的喜悅，他們現在不惹日本人。日本士兵在南京與上海街上行走，毫未受到干涉或侮辱。日本的投降對中國淪陷區的千百萬人民是不眞實的，理由是：日軍仍在並仍控制着。這在南京尤其爲顯著，這裏僅在上週人民才敢公然把蔣介石委員長的像與國旗掛出來。然而他們的膽量在逐漸增長中，因爲他們已經注意到日兵並未有所舉動。

紐約時報社論解除日軍武裝

【合衆社紐約十四日電】紐約時報社論說：如果中國屈服於日本的武力與甜言蜜語，並准許日本組織日軍佔領領土的基地以進行

太路則僅達壽陽城。平漢路石家莊以北可達長辛店。

【同盟社北平十三日電】關於接收北平、天津、唐山、保定、石門的第一次會談，於十二日正午由第十一戰區北平前進指揮所主任呂文貞少將以下各幕僚，華北派遣軍高橋參謀長、尾崎第二課長出席。首由呂主任告以第十一戰區司令官孫連仲將軍已將全權委託給我，並發出下列訓令，要求我方採取負責之措置：（一）提出關於軍事政治經濟之調査，（二）除軍事以外之一般政治經濟亦應毫不遺漏的提出，（三）武器彈藥及其他資材，不得破壞或失散，並不得交與除何應欽總司令以外之任何集團。我方對上述事項已準備完了，並答應其他事項亦準備施行。

【中央社渝十四日電】據軍委會九月十四日發表：（一）我胡宗南司令長官所屬之胡伯翰部現已由黃河鐵橋渡過黃河，繼續推進中。（二）我孫蔚如司令長官所屬之宋瑞河部，於九月十二日進駐漢陽境內之龜山。（三）我余漢謀司令長官部隊於九月七日收復粵北之英德。

上海日海軍開始解除武裝

【中央社上海十四日電】上海日軍十四日十三時起開始解除武裝，所有日海軍在上海之重武器，分別在第三方面軍司令部所指定之倉庫集中。預料此項繳械工作，四日內可以竣事。

【中央社渝十四日電】海軍總司令陳紹寬等派員往熙華德路，辦理日海軍重兵器繳械事宜。十五日賡續辦理。陸軍第九十四軍司令部，並派兵協助。

【中央社南京十四日電】中國陸軍總司令部頃發佈第一二號佈告謂：該部辦理接受日軍投降一切事宜，首賴交通通訊之靈活。在辦理受降事務期間，如有破壞交通通信者，應由當地軍警作有效之制止，格殺無論。

【中央社長沙十四日電】奉命接收長衡區廿萬日軍投降之第四方面軍司令官王耀武將軍，於十四日十時偕美軍東綫指揮金武德少將，由芷江機場乘B二五式轟炸機飛長，當於十二時十分到達長沙機場。到場歡迎者有第十軍軍長胡璉中將。

魏特梅耶談留華美軍任務

【美新聞處重慶十四日電】中國美軍總司令魏特梅耶二級上將今日稱：留在中國之美軍的主要任務在於援助中國收復原先日軍佔領的領土，並保證那些地區的××。

反對西方的種族戰爭，則剛結束的世界大戰甚至會較所已過去的情形更為殘酷，但是這一夢想，已完了，當百萬日軍本週在南京向蔣介石投降後，整個亞洲業已改觀。今天，中國代替了日本而成為亞洲領導的強國，與世界領導列強會議之平等的參加者。但是八年的戰爭及以前的革命、內戰與外來的不斷的侵略使國家處於混亂中者卅餘年，這也產生了許多破壞、紊亂與政治分歧，需要以最卓異的經世韜略以克服之，並且使中國處於收獲勝利果實的地位。要作的第一件工作依然是實際的解除投降日軍的武裝並遣返日本。在這一工作中，依然在中國的美軍部隊準備給予援助，而此種援助僅及佔領中國某些主要城市的程度，但更大的國家復興的工作則主要由中國人自己去作，這種國家復興的工作或者是任何國家面前最浩大的工作。

宋子文說
中美會談「滿意」

【美聯社華盛頓十四日電】中國行政院院長宋子文在杜魯門總統的一週連續會議結束之後，預料不久將經倫敦及巴黎回中國。宋氏說，各種問題已得到眞正的解決。這些問題中包括有政治、經濟及審判日本戰犯等問題。

【路透社華盛頓十四日電】中國行政院院長宋子文今日與杜魯門總統商談美中之間未決之廣泛問題，宋氏語記者稱：「我們大體上解決了所討論的一切問題，且解決得很滿意。」

【中央社華盛頓十一日專電】宋院長今日往訪代理國務卿艾奇遜，宋氏拒絕發表會談內容。

【中央社渝十四日電】東北行營經濟委員會主任委員張嘉璈乘飛機於十四日下午五時廿分由美返抵渝。

【中央社重慶十四日電】中央宣傳部副部長董顯光辭職照准。頃聞中央任命李惟果（按李前任三青團訓練處長——編者）為宣傳部副部長，並已通知先行視事。

【合衆社重慶十二日電】中央社訊，中國出席未來的巴黎世界勞工會議代表團，今日乘飛機離此。代表團團長為朱學範。

王世杰稱：
將提議討論中國特殊利益問題

【中央社倫敦十三日專電】王外長世杰告中央社記者稱：出

席外長會議之我代表團對意和約章案討論完畢後，即將提議加速進行關於我國特殊利益問題。渠對兩日前英國所傳中蘇法將聯合建議五強共同統治原子彈一說，未加否認。記者復詢以中國在建立和平中之責任，據稱：渠正深望五強外長會議之愉快空氣及眞摯合作，應促進前途工作之成功。我國在此次戰爭中受苦最久，現以較前更大之決心，竭力建設全球和平。戰爭中之慘痛經歷與一切犧牲，已予我國一種教訓，即和平係不可分者，此點爲最重要之眞理。是以我國對歐亞之和平解決，均同樣關切。渠甚感歡慰者，即自波茨頓會議後，遠東主要聯合國家，現有逐漸加强之和協友好精神，實不亞於世界其他部份也。

盟國最高統帥部管理日本新聞
中央社與同盟社訂互惠協定

【同盟社東京十二日電】盟軍最高司令部，十日已通知我國，管理我國新聞消息及其他報導。關於上述，加藤情報局第一部長及橋本警保局長，十一日聯名向地方總監及各地方長官發出通知。最高司令部之要求如下：（一）不得登載有害於××及公安的消息，（二）對於日本將來的問題雖不加干涉，但對於作爲一世界和平的愛好國一員，努力於國家復興之有壞影響的議論，則加以取締。（三）盟軍所未發表之軍事行動，及對於盟國的虛僞批評乃至破壞性質的批評流言實行取締。（四）違反上述各項之新聞及出版物，則由最高司令部停止其發行。

【同盟社東京電】南京隅田（？）懸：與中央社之交涉方針，已在今日第七號及第廿一號向北平佐佐木之電中重復，現更補充如下：（一）通過已經知道的中央社代表、與陳博生進行交涉，無綫電與其他一切設備，應根據過去之條件，無報償提供予中央社。（二）中央同盟兩社，應立即開始交換無綫電訊消息。（三）對於雙方派遣的特員，應儘可能予以便利，在無綫電訊廣播中，可以插入特派員與本國的電訊聯絡。（四）兩社在互惠均等的精神下，可相互在總社分社，發行日文或漢文的通訊。（五）關於包括上述今後兩社的協力，應確立一合同。（六）同盟社設備引渡後，同盟社員除必要部分外，儘可能迅速撤退至本國，在未撤退完畢前，中央社亦保證其生活。

東條自殺經過

【合衆社東京十一日電】東條於下午四點廿一分鐘當美國軍事警察要進入他在郊外的家將他逮捕作爲日本第一號戰犯時，以手槍子彈射入他自己的腹部。到下午五點卅分

，由於國民道義低下與勇氣的不足，各種敗戰的原因亦隨戰局的危急而擴大。我認爲這次戰爭失敗要使國民徹底反省，徹底了解國體，並且很有信心和準備來保護國體及促進全人類的福祉。這就是神的意志。另一方面我想現在要勇敢的探討敗戰的原因。這亦是重大的工作。我們必須從軍事、外交、科學、政治、經濟、產業、道義及其他各個角度來徹底地探討敗戰的原因，使國民一目瞭然地徹底知道敗戰的原因。

「國民生活的標誌」：問：今後國民生活的標誌如何！答：第一、國民要徹底反省，第二、不要追求大都市的生活。即是說現在必須迅速取消大都市，因爲大都市是國民道義頹廢的根源，第三、徹底實行簡素的生活。我們必須抱着以上三種徹底的態度。目前在此領土上生活的人口大約比幕末當時多一倍以上。日本與以前不同，不能與他國交易，只把被破壞的生產設備急速地轉用於和平產業，並不能很容易地滿足民需、國民生活必需比戰時更簡單，即使國民生活水準降低了，我們亦須果敢地進行革新工作，使下一代的國民教育科學文化能達到高度的水準。從簡單的生活中能發揮精神力並及勞力至最大限度，產生世界最好的科學、學者和藝術家，這樣，歐美各國將驚嘆新生日本的姿態。而東亞各民族就能消除過去所抱的疑心和不信任的態度，產生東亞共同的××，我們要有一貫的國土計劃，它將要廢除現在的大都市，建立農工一體的田園，工業都市。這個計劃要估計到食糧、工業及人口的情況。

「完成道義的國家」：問：對於國軍的感情如何？答：我亦是軍人，此次拜受勅令，使我感到慚愧，現在不必多說，但是爲了國軍的名譽，必須遵從勅令，迅速進行復員工作，以慰叡慮，今日既已打了敗戰，就要廢除軍備，將軍人的熱情轉用於提高科學文化增產等方面，向着再建祖國的途上勇往邁進。這樣，不出十年，這個只有狹小的國土而擁有龐大人口的國家必能成爲可與世界最優秀國家爲伍的文明國家。進行這樣偉大的事業就是開闢天業。

「向中國謝罪」：問：今後的對外政策如何？答：首先就是忠實執行日本應該履行的條款，以前蔣介石對重慶全軍廣播說：「不能以暴力對付暴力，長期對日戰爭應付諸流水，對於日人不能採取掠奪的暴行」，這種態度是徹底了解東方道義而值得尊敬的態度，亦是王道精神的具體表現。我認爲我們

鐘時他雖依然活着，但已昏迷不醒，情勢甚爲嚴重。同盟社說：預料死亡隨時可以到來。下述電報的作者巴爾塔魯姆在東條自殺之後即刻奔赴東條身邊。巴爾塔魯姆說：我親眼看到東條最後的時刻。『我要用刀來自殺，但現在不得不用手槍自殺。我承担戰爭的責任。萬歲！』這可能是以偷襲珍珠港而把美國投入戰爭的日本短小的首相東條英機將軍最後的話。今日下午當我們在他的身邊時，他稍爲清醒，喘息着說出以上的話。是日高松和我於下午四點十分鐘到達東京極西端東條的家。警衛告我們東條不在家。當我們在等候時，麥克阿瑟反間諜部的克魯斯少校攜帶逮捕東條的命令到來了。下午四點十五分東條回來了，他匆忙進去，然後打開他的書室邊窗。面帶笑容地向外看並且問來幹什麼？當他講話時他的金牙齒閃耀發光，他瘦削而褐色，看來甚爲健康。克魯斯少校告他：『開門，我可以進去，出示我的證明文件』。東條揮動他的臂並且回答道：『除非是正式的命令，我不屑於一談』。克魯斯轉向翻譯說：『告訴他不要再裝蒜啦，讓我們順利地進行我們的事情，告訴他開開前門，我可以出示我的證明文件，告訴他準備一下到橫濱麥克阿瑟總部去』。翻譯轉述後，東條即砰然將窗子關閉，我們以爲他去開前門，便轉到屋子前面去，在下午四時廿一分鐘槍聲響了。我們遂打開並跑進前廳，許多勤員跟在後面，其他許多記者也隨克魯斯到場。前廳通左邊東條書室的門已被關閉。克魯斯叫東條開門，但無回答。克魯斯爬上內部階梯把門踢開。東條堆在與門平行的安樂椅裏，他的橫隔幕間爲血染汚。他已失去知覺，但每喘息即發出沉重的呻吟。後邊另一房子裏一個青年人攀膝坐在蓆上，靜默地低着頭。高松說：他是東條的一個兒子。東條的傷口幾乎有六吋長，並且繼續向前面流血。我很怪異如果他眞實要死，爲什麼不射擊心臟。然而日本記者解釋說：這是正式切腹時，匕首刺入的地方。

敵軍閥石原談日本前進的道路

【本報訊】敵同盟社東京卅日電，侵華劊子手急進法西斯軍閥石原莞爾中將以『敗戰日本新生的路標』爲題，向讀賣報知新聞記者發表談話，其內容頗値得我們注意，玆將全文發表如下：

『澈底追究失敗的原因』：記者問：大東亞戰爭失敗的原因何在？答：大東亞戰爭失敗的最大原因就是國民道義可怕的低下。軍閥、官僚都是國民在戰爭和道義上都完全打了敗戰，今後日本對於中國所應採取的態度是誠心誠意的與其商議東亞的前途問題，求得它正確的理解，過去日本對東亞各國所採取的態度與歐美所採取的霸道政策一樣，我們應該有勇氣向東亞各國謝罪。據開羅宣言說，滿洲國完全歸還中國，但是根據外國電訊和情報，蘇聯似乎插足到滿洲國，如果這是事實，那末就要回到開羅宣言，如果不是全部還給中國，那末也不是由中蘇兩國分割統治，而是要給猶太人作爲安居樂業的地方，因爲他們在世界任何地方都沒有建立國家。希望各戰勝國站在正入的立場，不抱驕傲的態度，努力貢獻於世界的和平與進步。

傳蘇對意提出領土要求

【美聯社倫敦十四日電】據今夜自可靠方面獲悉，在今日五外長會議上，蘇聯提出了地中海領土野心的呼聲。蘇聯要求的詳情尚不能立即獲知，但據悉它遠超過了英美所會料到的任何一切。

【路透社倫敦十四日電】外交會議刻已獲得土耳其政府關於它和蘇聯當局討論之問題的意見。可靠消息稱，土耳其政府不準備在達達尼爾海峽有蘇土聯合基地，但準備同意成立聯合國家的聯合基地。在這當中，蘇美英法均該同等力量參加。土耳其政府不準備把卡斯和阿達漢讓給蘇聯，且不接受已達到但未得其承認之阿美尼亞邊界改變問題的決議。

伊朗外長致蘇大使館照會

【路透社德黑蘭十三日電】伊朗外長塞布塔波德本日致蘇大使館照會稱：到明年三月二日，『不得有一個屬於盟國海陸軍的人員，存在於伊朗領土或領海上。按照三國條約，盟軍必須於六個月內從伊朗撤退的時間，是在九月二日，日本簽訂投降書時開始的。塞布塔波德亦回憶到其在五月末所發出的照會，尚未得到答覆。他也以同樣照會送致英美兩國大使館。伊朗外長在送致蘇聯大使館的第二個照會中，抗議蘇軍阻止兩百名德黑蘭憲兵開到伊朗北部恢復該地秩序的行動。該照會着重稱：伊朗叛變軍官在土爾科曼人進行宣傳這事，若不加以阻止，則這或將產生『令人遺憾的事件』。塞布塔波德要求蘇方儘可快地答覆。

（只供參考）
第一〇〇四號
解放日報 新華社 編
今日出一張
卅四年九月十六日
星期日

合衆社稱國共談判在繼續中 軍事問題暫停談判

【合衆社重慶十五日電】中國報紙載稱，國共談判繼續進行，沒有中斷。據稱：談判已暫時放棄軍事問題的討論，集中討論政治問題。關於國民大會的討論，尚未達到確切的解決辦法。據稱：小黨派的領袖左舜生及張瀾，邀請國民黨之張羣與邵力子，及共產黨之周恩來與王若飛會談。昨日，民主同盟主席張瀾邀請共產黨及國民黨領袖赴宴。據稱：雙方領袖均暗示，協定的前途是很好的。據稱：其他政黨將被歡迎參加談判。

【中央社渝十五日電】十五日下午三時，張主席羣、邵秘書長力子，與周恩來、王若飛兩氏，繼續作具體之商談。

馬法五部進入新鄉 馮欽哉準備到察省

【中央社渝十五日電】軍委會九月十五日發表：（一）我胡伯翰、馬法五兩部，續於九月十二、十四日進入豫北之新鄉。（二）據湯恩伯司令官電稱：自九月十四日起，由李延芳軍逐次接收上海市區及虹口地區之防務，並解除日軍武裝。

【中央社西安十四日電】察哈爾省主席馮欽哉偕民廳長×寶蓮、教廳長胡小恆一行，十四日由陝過綏，前往該省辦理接收復員事項。

【中央社太原八日電】（遲到）閻長官頃令楚溪春為大同及晉北等縣受降官。

【中央社青島十三日電】青島市長李先良奉命長青後，於八月二十四日即在市內成立接受委員會，進行尚稱順利。李市長並於十三日率部進駐市內。

【中央社西安十五日電】平漢路鄭州至漢口段，自十四日起業已暢通。

數發餉。同時潘文華等已紛紛各就其實際情形擬定方案，呈報中樞核示整編。

魏特梅耶將協助中國緝捕戰犯

【路透社倫敦十四日電】遠東各區×紛紛緝捕戰犯，盟軍奉最高統帥麥克阿瑟之命，緝拿黑龍會會員及其他指揮×之日本戰犯。又息：香港方面主要戰犯均已捕獲，予以監禁；中國戰區美軍司令魏特梅耶將軍今天宣稱盟軍將協助中國緝捕戰犯。

【中央社十二日專電】以下為杜魯門貝納斯領導下之美國外交政策之進一步驟，據時代新聞週刊稱：美國外交政策在（一）領導世界之合作，（二）確保美國權益租借法案停止施用時，甚至不惜採魯莽手段，據稱美國戰後外交政策要點如下：（一）美國除其防衛所需之基地外，在其疆界以外，並無領土目標，但美國須獲自由貿易之權，且欲各國均有代表民主政府，（二）美國對蘇聯不願發生爭執，但求蘇聯遵守一切國際協定，（三）美國將盡其所能，協助戰時盟友恢復其經濟；（四）美國與蘇聯繼續合作以懲處管制德國、日本迄其再行作戰之危險剷除為止。（五）美國對一如蘇聯決心參與解決所有國際問題。時代週刊指陳此項政策，遠在杜魯門貝爾納斯就任之前即已奠定。羅斯福曾助成其輪廓，其後赫爾利、斯退丁紐斯，亦有所貢獻。美國之新外交政策，已一度第一次大戰後之孤立派政策，蓋杜魯門及貝納斯亦為多數美國人之深知在原子時代中，唯有一個世界，否則根本無世界可言。時代週報認為杜魯門在短短數月中，已將坦白商談之實用政略，強烈溶液注射美國之外交政策中。

馬來亞華僑游擊隊獨立作戰 在英軍到來之前已佔領許多市鎮

【合衆社星加坡十六日電】本土消息今日披露，華僑游擊隊已佔領了許多馬來市鎮，在英軍到來之前維持秩序。英軍至今只佔領幾個據點，而游擊隊已承擔防止掠奪、分配糧食供應與巡邏各地區之職。以抗日軍為名的游擊隊，亦追捕告密者，據稱：有三人已被捕獲，大概在太平洋（星加坡以北四百英里）槍決。據悉：投降後許多天，日軍仍然拒絕解除武裝，並向中國人開火，於是游擊隊與日軍進行衝突。游擊隊有一部份是由英國降落傘供應的武裝，其他數千人使用從日軍手中繳獲的裝備。抗日軍是在一九四二年星加坡陷落日軍以前組成，不斷獨立作戰，直至

美國轉播 日軍進攻八路軍

【美新聞處延安十四日電】延安電台今日證實日本在華軍隊依然進攻中國八路軍與新四軍。此間收獲中國共產黨電台的消息說：日本與「傀儡」軍隊在九月三、四、五三天舉行進攻，而日本在華軍隊已於九月二日正式投降。

路透社報導 美國與戴笠合作組織特務網情況

【路透社重慶十四日電】路透社特派訪員坎貝爾報導：戰時重要祕密之一——中美「馬基」（譯者：意為游擊隊）的祕密業已揭開。中美馬基從中國淪陷區一直到東京，都有其間諜。他們縱橫交叉於日本本土與佔領區。SACO『中美工業合作組織』，是地下網的正式名稱：這一地下網在珍珠港襲擊以後開始，擊斃日軍兩萬四千人。中國政府特務頭子戴笠，已成為工合的組織中心，他所供給的形成這一組織的基幹部份的人，成為游擊隊員，帆船主人及水手——許多係自海盜蛻變的——怠工者及反日第五縱隊份子。日本湧入中國許多大城市時，需要許多漢奸，而工合的人則追求重要的位置。他們如被發現，即遭槍斃。沿上海以南至法屬越南海岸綫生活的中美工作隊，則以手發的發報機拍發日本航運的情報。他們與艦隊水手作朋友，並且成為日本港口×××。

首批英美艦船抵吳淞

【中央社滬十五日電】下午有大海輪『澳大利女皇』號，及英美軍艦數艘駛抵滬，停泊吳淞口外，計巡洋艦二艘，航空母艦一艘，醫院船一艘。『澳大利女皇』號係為載運首批返國之英僑。

【中央社滬十五日電】美驅逐艦在舟山附近捕獲之日砲艦，十四日由掃雷艦押送抵滬。此為美軍在滬之唯一戰利品，艦上共艦員一三〇人，士兵六十，彼等並未反抗，即完全投降。第三方面軍司令官湯恩伯將軍，曾至艦上視察。

川康劉潘軍隊被縮編

【中央社渝十五日電】據川康邊總部劉總指揮文輝所屬各部隊，自××整軍後，即着手實施，其駐地分散，約於本月廿日始可整編完畢。裁去原有番號三分之一，當局據報認為欣慰，已傳令嘉獎，並准自十月份起按其實有人

數月前英軍代表參加游擊隊以組織供應與配合作戰。

中央社接收同盟社、海通社及偽中電社

【中央社重慶十四日電】中央社依據中國陸軍總部規定，在收復區負責接收偽中電社及日本同盟社、德國海通社之責任。現南京、上海、漢口、南昌、廣州各地上述各通訊社，業經中央社接收完畢。各該社均已消滅，至其他各地也正在接收中。

麥克阿瑟公佈戰犯名單 引起敵方不安

【中央社東京十四日專電】三日來日朝野人士對麥帥公佈之戰犯名單極感焦慮及不安，而以一部份責任歸之日中央聯絡局的聯絡不力。該局近正擬充實改組，但因政治複雜關係，以及麥帥之逮捕令而未果。日內閣討論改組聯絡局已歷四日猶未產生協議，重光葵仍堅持彼所提出之建議，使其獨攬日政府與麥帥來往之大權，而緒方竹虎及其他閣員則主張擴大內閣對聯絡局之控制權。日方消息稱，此事現已交付東久邇宮首相裁決，今晚或明日可獲決定。今日首相曾與緒方及重光葵二人作長時商討，麥帥令捕緒方入獄之事，使情形更趨複雜，幾使緒方必須辭去內閣書記官長之職。而聯絡局改組問題更趨延宕。日權威方面稱，近衛公爵昨晚（缺十四字）被列入戰犯名單之問題，外傳緒方及廣田弘毅二氏之逮捕令或將暫緩執行。近衛請美當局特別對逮捕廣田之事重加考慮，蓋其現仍為日本重要角色也。日人謂，前老外交家幣原喜重郎男爵將重被起用，任為中央聯絡局長，以作重光葵及緒方二人堅持不讓之折衷辦法（下缺四十餘字）。

越南發生暴動 大連日人企圖和蘇聯近親

【中央社巴黎十二日專電】越南連續發生之暴動與騷亂，使法官方與非官方人士極表焦慮與恐懼。聞安南民族黨人，現正包圍西貢大陸旅社，企圖衝破英美之哨兵綫，逮捕避居該處之法人，安南示威羣衆，曾破壞西貢法人住宅，並毆捕及痛打法籍男女。一般相信，係越南黨黨徒鼓動西貢安南籍羣衆，從事暴動，該黨黨綱以組織獨立聯合國（包括安南東京交趾支那）為號召。

【路透社莫斯科十四日電】今天莫斯科獲悉：滿洲大連港日軍企圖和紅軍佔領軍隊親睦，日本人被帶到疲勞的紅軍隊伍那裏，邀請蘇聯人到他們的家

。日本人的經館張貼着這樣的佈告。「歡迎蘇聯士兵來此免費喝茶」，「我們請你們嘗一嘗日本民族的茶，不用付錢」。「到這裏可以休息吃個飯」。

日本海軍兵員復員情形

【同盟社東京十二日電】海軍兵員的復員事宜，正在順利地進行中，海軍已決定了復員的實施大綱（將今後問題也包括在內），迅速與適當地進行處理。其復員的要領如下：

（一）關於海軍的解除武裝，已迅速而適當地付諸實施，各種武器已交附近軍需部統存職保管，現正等待着移交給盟軍：

（甲）在國內的部隊的復員情形，九月一日第一次復員約一百一十萬人（包括軍屬在內），第二次預定於九月中旬復員約五萬人。經這兩次復員後，尚約有十萬人的兵力剩留於國內，這些部是休戰事務與休戰作業所必要的人員；包括這些人員在內的海軍人員復員結束的時期當由盟國所要求的休戰事務與作業何時結束而決定。

（乙）關於在國外的部隊的復員問題，政府正在和陸軍密切配合下，計劃根本的方針，因爲船舶的關係，尚未決定具體的計劃。現在海軍部隊的人員總數爲一百五十六萬三千人（包括軍屬在內），其中在國內者約爲一百二十五萬人，在國外的人員約爲三十萬人，其分佈情形計中國大陸（包括中國大陸、滿洲、海南島）約有二萬一千人，越南、菲島、西里伯斯、婆羅洲、爪哇及其他南方諸島約有二十一萬人，在內南洋約有二萬四千人，在外南洋約有二萬三千人。

（二）關於傷病員的處理問題，現在國內有傷病員約二萬人，在國外約有三萬人，合計爲五萬人，對於這些傷病員，海軍正在作慎重的考慮。在國內，於戰爭時期內徵用作臨時海軍勤員地的建築物，現正在歸還給官、民的所有主。今後需要約五萬個病床，適宜的海軍的建築物將改爲醫院，以充當上述用途，此外關於糧食和醫藥問題，也考慮着收容傷病員的情況，以期能臻於萬全。關於保護與收容在國外的傷病員問題，也正在跟××取得密切的聯系，以期在處理上不發生遺憾的事情，當局的方針是盡力利用救護船（原文爲病院船——譯者），使他們能儘早地返回國內，現正在着手進行中。另一方面，在海軍的全部復員中，關於海軍醫院、軍醫官、衛生部人員以及傷病員的將來問題，也正和內閣厚生省軍事保護院保持着密切的連絡，跟隨着採取一致的步驟，以期不發生引爲遺憾的事情。

國家，即令違章咪着工人本身的利益必須服從或××。」美國勞工聯合會對蘇聯有一貫的看法，同時美國勞工聯合會代表在去年的會議上已提出關於問題。另一方面，美國另一個大職工會——產業工會聯合會與蘇聯人組織密。米氏繼稱：這些所謂職工會積極的支持下列蘇聯制度：把工人列於黑名單中，把工人投入勞動營中等，而這與制度實際上造成成千成萬的工人、農民，專門家被奴役，使他們被囚禁於勞動營，絲毫沒有防止他們被剝削及被强迫勞動的保障。但是，美國職工會力陳他們「完全同意」美國政府與蘇聯的軍事合作。「我們希望我們政府爲世界永久和平的利益能找出辦法在戰後達成這種合作。」米氏對美國產業工會聯合會的不滿是，該組織於戰爭開始時竭力麻痺對希特勒的戰爭。米昂說道：當蘇聯加入戰爭時候，產業工會聯合會忽然叫囂開闢第二條戰綫。他說道：在該新的世界職工會組織中，有美國產業工會聯合會和蘇聯職工會的代表參加，意即美國勞工聯合會不參加。他接着說道：「對我們來說，參加受外國政策指導而企圖命令我們政府的世界組織爲一會員，是令人不可思議的。」米昂的這個批評引起了一部份代表的抗議的呼聲，但是還是讓這個美國人把他的演講講完，並未在演講時予以插言，而在最後他還受到熱烈的鼓掌。會議主席愛德華叫代表注意：——米昂的演講，不能予以討論，因爲兄弟代表的演講是不容加以辯論的。英國外交部代表克爾克巴特萊克爵士由於職工會代表大會的創議，首次參加代表大會。克爾克巴特萊克爵士是由英外相貝文指定參加的。

英不滿蘇奧石油談判

【路透社維也納十四日電】路透社外交訪員報導：此間今日獲悉，蘇聯政府即將與奧地利臨時政府締結大規模的石油協定，這個政府目前尚未爲其他盟國所承認。此涉及奧地利東部油田（平常能年產石油一百萬噸）的談判消息，正引起與地利其他三大盟國代表間的驚異，他們對於談判均未獲得正式通知。據信，英國已在莫斯科提出意見，而且預料英、美、法將堅持說，這個問題應提給奧地利盟國管制委員會。

【路透社倫敦十四日電】路透社外交訪員報導：倫敦[illegible]方人士證實此消息，即對蘇聯——奧地利談判締結石油協定問題，未被商[illegible]。此等談判的消息使人驚奇而抱歉。官方人士感覺，這種事先未經商量的片面行動，目前在成立與地利中央代議性政府正獲得良好進展（各盟國對此均願談判）之際，尤爲不妥，官方人士同時堅持：這類性質讓步的允許，將對整個奧地利經濟有

（三）關於軍事費的處理問題，以閣議的決定爲基準來處理，對於復員軍人的救濟問題，也根據上述決定，與陸軍採取一致的步驟。八月三十一日以後，已停止支付一切軍事費用的作業，但自八月十五日以後的幾天之內，在處理軍事費用上會發生相當混亂的事實，眞是遺憾。事實的眞相是，在休戰期間，將天皇陛下果斷處置的宗旨貫澈到末梢需要幾天的工夫，在這一期間，會有這樣的部隊，即戰鬥精神極度旺盛的特別攻擊隊員，恐有向盟軍進駐部隊實施攻擊的危險，遂以休假的名義，使該隊員離開基地。根據上述情形，存放的軍事物品必需作迅速的處理。

（四）關於軍法會議和海軍監獄問題，在海軍部隊××之前×××（掉一段）。關於整飭軍紀，採取更進一步地嚴格實施的方針，在海軍完全復員之後，這些懸案將全部移交裁判所以及刑務所處理。

（五）關於援護復員的軍人問題，前此會設置復員援護會，爲了充實其內容……亦與政府密切地連絡，以期在施行時萬全無缺。特別是關於復員軍人的集體開墾，把它視爲一個最重要的問題，目下正在研究中。並計劃這樣的一種措施，如復員後暫時無家可歸的軍人，則可於現駐地附近，從事開墾海軍用地。復員前交給家族的『給予』屬於恩給輔助費等與以前毫無變化，因之有關人員勿須感到不安。

（六）關於休戰事務及該作業的一切措置正在計劃中，又在復員前，（缺一段）這些軍人中，優秀之××可充當×××下士官兵。同時對於他們的進級，『給與』及復員後的就業問題，與早行復員之人比較，決不會更不利，特別是關於復員後的就業問題，儘可能使其有就職地方，以使復員之人員安心。

英職工會代表大會上美勞工聯合會代表的反蘇叫囂

【路透社倫敦十二日電】美國勞工聯合會派去列席英職工會會員會議的代表米昂，在今天會議上猛烈攻擊蘇聯職工會。米氏說，他的工會決定不參加將在巴黎召開的世界職工會代表大會，因爲假職工會的代表蘇聯職工和美國產業工會聯合會的代表參加該大會。米氏說：『我[illegible]蘇聯工人集團是職工會，蘇聯工人集團實際上是國家的工具。他們[illegible]政權的機關，這些所謂職工會的目的，在於保護蘇維[illegible]

厭倒的影響，而未爲任何盟國承認的雷納爾政權不能談判這類問題的處理。擬議中的協定條款尚待公佈，但據倫敦消息靈通人士稱，它將發生於商業基礎之上。但據信蘇聯將準備：只有在奧地利同意供給其油產量百分之五十給蘇聯時，它才離開現在油田的工廠與設備。不然的話，設備及工廠將被當作戰利品。

蘇聯在對德四年的戰爭中所受的損失

【美國新聞處莫斯科十三日電】莫斯科電台本日稱：在對德作戰的四年中，蘇聯經濟所受的損失計達六千九百七十億盧布（四百億以上美元）。上述估計，是根據一九四一年物價。

美對意大利問題解決方案

【中央社紐約十一日專電】此間訊，出席五國外長會議的美國代表團在赴英途中，擬定準備良好之建議案。根據美方建議，與意和約乃議程之第一議題，其理由爲五國對於意大利問題易於商獲協議，第一和約擬定後其他和約亦可循之商定。美國對意大利所持立場似根據一種希望，即予意大利人民以爲法西斯洗罪並重建爲西方民主國家一份子之機會，因信貝納斯將提出對意之寬大和約，以意國舊有殖民地利比亞、特里亞及索馬里蘭置於聯合國監督之下，唯仍由意方負行政管理之責。然據美國計劃，意國不得重整武裝，此外南意邊界將予修訂，伊斯特里亞及阜姆劃歸南國，的里亞斯特闢爲自由港，主權屬於意國。多德喀尼斯島將割讓希臘，一部狹長地帶及自特里亞伸出之港可能劃予阿比西尼亞作爲海上出口。除意大利解決方案外，聞美國並主張巴爾幹方面建立更能代表民意之政府，建立歐洲方面之國際水路（包括多瑙河及達達尼爾）以保證自由貿易並廣泛討論太平洋區域問題，尤在於確保侵略勢力之不得再起。美國對於魯爾及萊茵區域似主張置該區於國際共管之下，以此爲整個（缺八十餘字）促外國承認羅馬尼亞、保加利亞、匈牙利及奧地利各國政府，更要求增加對達達尼爾之控制。聞法國亦要求國際共管魯爾工業，解決中東問題，並置歐洲水路於國際共管。

合衆社稱：國共談判正商討召開黨派會議

【合衆社重慶十六日電】中國各報紙稱：目前在重慶進行談判的國共雙方代表，正在商討召開各黨派會議的問題。黨派會議將由下列代表出席：國民黨、共產黨與民主同盟各派九位代表及其他九位無黨無派人士的代表，一共卅六位代表參加黨派會議。

杜魯門稱赫爾利將返國述職

【中央社渝十六日電】據美新聞處米蘇里州堪薩斯城十五日電，杜魯門總統於赴家鄉渡週末途中會向報界聲明，美國駐華大使赫爾利將軍，曾請求回國述職，但渠並未提起有辭職之意，記者詢問及赫爾利大使是否爲報告中國國共異見而將返國述職者。杜氏答稱「至中蘇簽訂盟約後，中共已多少失其地位矣。」

紐約時報爲蔣介石粉飾獨裁

【中央社紐約十五日專電】十四日紐約時報之社論標題爲「新中國」，其中一部份內容爲合衆社自重慶發出之電訊，對中國之統一與民主有所論列。據稱蔣主席於勝利日演說，認爲中國主要之需要爲統一和平與民主。爲了統一與和平，蔣主席兩週以來，會不斷與中共領袖會商，中共領袖應知過去之中國軍閥，堅持保有彼等之軍隊及彼等特殊之地區，但自中國[illegible]，已失去蘇聯與美國代爲宣傳之外援，故亦當爲和緩。目前談判尚無結果，倘向投降日軍繳獲軍備，已告失敗。目前正與蔣主席會商之中共領袖毛澤東稱：渠希望談判結果良好一語，表示彼可以接受其所能獲得之最適當條件。至於蔣主席向全國所提出政治社會與經濟民主之計劃，實爲最需要者，渠保證將在遠東成立一模範之民主國家，予各黨派以合法地位，並迅速樹立憲政之保證，建立言論與人身之自由。此在中國尚屬創舉

備，包括英國的煤氣廠與電車公司，英國的電報電話公司，都交給上海市長。中國人似乎要在談判購買或歸還原主之前，自己開辦那些公司。

【美新聞處上海十五日電】合衆社記者倫德爾今日報導：全副武裝的日本兵仍在上海馬路上蕩來蕩去，有許多人仍留在拘留營裏開着。倫德爾說：解除日軍武裝顯然在拖延，直到中國軍隊有了足夠倉庫存放裝備爲止。倫德爾說：商人仍關在拘留營裏，因爲他們必須在離開之前清理財政上的一切債務。由於外國資金的凍結和外國銀行的停用，他們無法得到他們必要的現金。

【合衆社重慶十五日電】中央社漢口訊，日軍正移交大量裝備給中國第六戰區。截至現在之總數是汽車四、四三〇輛，汽艇三八二艘，及鐵路車輛一〇六七節。

【中央社滬十五日電】陳紹寬總司令及曾參謀長以鼎抵滬後，即開始接收日僞海軍。除接收僞「江南造船所」外，並令日海軍艦隊駛高昌廟集中，刻經接收之日艦隊計十三日一七艘、十四日三七艘、十五日三〇艘，均爲小砲艦。十四日又接收揚子碼頭日艦隊司令部、軍需部、經理部、糧秣部、運輸部、郵便部。十五日接收港務部，十六日則預定接收江灣路滬日海軍根據地司令部、海軍陸戰隊、日海軍第二氣象台等。

【中央社長沙十五日電】湖南長衡區日軍投降簽字儀式，十五日午十二時在長沙岳麓山湖南科學館第四方面軍司令部內舉行，日方投降官爲第廿軍軍長坂西一良中將，代表長衡一帶廿餘萬日軍簽字投降。我方受降主官爲第四方面軍司令官王耀武將軍。

【中央社蘭州十五日電】甘肅郵局奉令改名爲甘寧青郵政管理局。代局長葉祥麟，因調遼寧局已改派梅昆繼任。

【中央社漢口十五日電】湖北省主席王東原氏，已與黨政機關首長一百餘人，分乘民本、民豐兩輪，過沙市來漢。

中國戰區陸軍總司令部訓令

【中央社南京十五日電】中國戰區陸軍總司令部訓令（誠字第五號，中華民國卅四年九月十四日於南京）茲規定日本官兵即應遵辦之事項如左：

（一）在中國戰區（東三省除外）台灣（包含澎湖列島）越南北緯十六度以北地區內，凡中國或聯合國家之財產，被日本官兵侵佔或以任何方式利用者，如該項財產尚在，應即交出，並附報告說明此項財產曾售與或租與何人，如該項財產，不能立即交出者，須詳查有無損壞，是否運至日本，如現在

，為表示渠之誠意，並自十月份起，除仍有軍事行動區域以外，一律取消新聞檢查制度。對於集權國家之經濟主張嚴格限制，對於國家獨佔之企業與包含外商在內之私人企業間應保持平衡，並主張改良租佃制度，予退伍軍人以土地，共產黨亦在內。此種計劃如能實現，當可一慰中國人民渴望光明前途之希望，以使內戰只能成一罪惡並無其他可為藉口矣。

【美新聞處紐約十四日電】（上略）紐約時報稱：第一個要做的工作，仍為確實解除日軍武裝，並把投降的日軍返送回國，而在這一工作中，仍在中國的美軍準備伸出援助的手，以至暫時佔領某些中國大城市。但巨大的工作，或許即是面臨該國的巨大的民族復興工作，這一工作基本上要由中國人自己來做。蔣介石在勝利演說中所綜述的中國主要為統一與民主。如果這一綱領付諸實現，將給中國光明前途的希望。它是這樣的綱領：它將使內戰現在比過去任何時都更是罪惡的。

國民黨拒絕法代表進入越南

【路透社巴黎十六日電】昆明訊：雲南省中國軍司令，已拒絕法國駐越南總代表阿列森纇將軍進入越南。中國人士感到：他的歸返可能引起騷亂。

【路透社巴黎十六日電】法關於越南的情勢，及中國軍隊使用東京各港口的問題，將列為戴高樂與中國行政院長宋子文商談的問題。宋子文於星期三抵巴黎，將作兩日訪問。

國民黨軍隊各路進駐情形

【中央社渝十六日電】軍委會九月十六日發表（一）我孫蔚如司令長官所屬之何基灃部於九月十四日進入鄂中之孝感（平漢鐵路兩側）。（二）我王耀武司令長官所屬之胡璉部，續於九月十四日進抵湘北之湘陰及岳陽。（三）我劉峙司令長官所屬之陳鼎勛部，續於九月十四日進入豫東之開封。（四）我余漢謀司令長官派徐副總司令景唐為前進指揮所主任，徐主任率帶隨員於九月十三日由揭陽進駐粵東之汕頭，余長官所屬部隊於六日收復陸豐。

國民黨在各地接受日軍物資情形

【路透社上海十六日電】上海、南京中國佔領軍司令湯恩伯將軍，已宣佈：明天以後，上海任何地區均不許將有武裝的日本部隊，日本國旗亦不許懸掛。湯亦命令日本人把一切公共設

日本者，須將其目前狀況，位置及所有者等，詳細說明，並迅速運回原處，此項財產包括各種古物及藝術品等。（二）日本官兵所有或正在使用中之建築物內，一切傢俱器材，機件及文件檔案等，應立即禁止移出或毀壞。（三）日本官兵及日本僑民現有之銀行商店工廠等，無論其為個人或團體所有，其現有財產，應即造冊，並附說明此項財產之數目及所在地。以上三項，希即遵辦，並將辦理情形具報為要。此令。命令中國戰區日本官兵×××聯絡部長官岡村寧次大將，中國陸軍總司令陸軍一級上將何應欽。

【中央社滬十五日電】第三方面軍司令部十五日發佈命令如下（一）滬字第十五號命令稱：一、虹口日海軍陸戰隊司令及附屬房舍限九月十八日前點交本部副官處長楊繼章負責接收，以待本部移駐。二、日海軍陸戰隊司令部內所有一切設備及通訊網等，均應保持完好，逐項點交。（二）滬字第十六號命令內稱：一、自九月起，日軍官兵一律不准攜帶武器及刀劍進入市區。二、日軍及僑民自九月十七日起不得懸掛日本國旗。三、日軍所有汽車及油料配件，應切實遵照九月十二日滬字第三號命令，一律繳出，但日方徒手官兵，在未遣送回國前，為補給聯系便利計，得向本部配備汽車若干輛，並須向本部領取通行證，無通行證者，一律不准行駛。四、日軍徒手官兵應一律遵照九月十三日滬字第六號命令，迅速移駐指定地區，並由各級率領人員，嚴加管束，無故不得外出。（三）申字第七號訓令內稱：一、日本僑民暫指定集中虹口居住，在市內居住者，自九月十七日起，應開始向虹口遷移，並限五天內遷移完畢。二、關於日本居留民之管理，由松井中將負責派員編組，管理造冊具報。日本僑民如有武器，應一律報請收繳。倘有私藏武器，從嚴懲辦。（四）第六號訓令內稱：一、上海市自來水、電燈、電車、公共汽車、市用電信、煤氣等項，着於九月十七日由日方點交滬市府公用。並限十九日前交接完畢。二、上海有綫無綫電信組織，及其附屬機關，着於九月十七日由日方點交交通部江南電信規復處負責接收。並限十九日前交接完畢。三、以上第一二兩條所列各事，在未全部交接完畢前，應由日方負責繼續維持，交接完畢以後，由接收機關負責，不得中斷。四、各項事業之職工，非經接收機關之允許，應繼續工作，不得離職或怠工。

傳蘇軍擊落美機

【路透社紐約十六日電】據此間所獲東京來訊稱：盟軍最高統帥麥克阿瑟將軍對蘇軍八月廿九日擊落一美國超級空中堡壘提出嚴厲抗議。現蘇軍已向美軍道

軟說，係說錯了的原故。但訊稱：這飛機是在蘇軍控制的朝鮮領土上空飛行，爲蘇聯戰鬥機被迫降落一個引擎。飛機上的十二個人都安然跳出來了。蘇軍方面說明他們的飛行員以爲是日寇可能把繳獲的超級空中堡壘修好了，而他們要防備意外。

星期快訊說斯大林可能不支持鐵托對的里雅斯特的要求

【路透社倫敦十六日電】外交記者今天稱：「保守黨」「星期快訊」稱：斯大林可能準備在的里雅斯特問題上讓價錢，南斯拉夫的鐵托元帥可能喪失蘇聯的支持，他的文章刊登於××首頁，內稱：『蘇聯對鐵托元帥「南斯拉夫獨裁者」之態度的完全××似乎是新指示的結果。』據悉：該指示已由莫斯科寄給在倫敦參加外長會議的莫洛托夫（蘇聯外長）。英外相貝文及其美國伙伴貝納斯均決定：鐵托不能有的里雅斯特。但他們將以同情注視南斯拉夫對阜姆和薩拉的要求。他們堅持：的里雅斯特應仍屬意大利之主權。法國外長比道爾將主張：的里雅斯特應公諸國際。中國外長王世杰大概將採『大多數人』的意見。鐵托主張的唯一支持者至今還只有蘇聯。莫洛托夫到此帶來支持南斯拉夫主張一般方針。但記者探悉：他由斯大林那裏接獲的新指示並沒有完全贊同鐵托的要求，假使要獲答西方強國對於其他問題的讓步，爲了蘇聯的利益，他應考慮妥協。他已正式讓人知道：他準備作外交上的讓價。貝爾格萊德得悉蘇聯履行共現實主義政策，準備放下其被保護者鐵托，以回報更寬闊的讓價，必爲之震驚。

傳蘇將要求多德喀尼斯

【美聯社倫敦十五日電】五強外長會議星期六日夜探討決定分配意大利的殖民地，並採取一種最後給予意大利獨立的託治制度。一可靠的但無穩能的方面說：外長會議已接受一『按照聯合國憲章』的國際託治制的計劃。在起草對意大利和約時將須要徵詢意見的國家名單中，已增加了波蘭、烏克蘭、白俄羅斯。如果蘇聯被准提出對意大利殖民地要求，這些國家似乎會支持莫斯科在地中海區殖民地立足點的要求。外交方面相信，蘇聯可能已要求管理多德喀尼斯島，並可能要求意屬非洲帝國一部。處理意大利殖民地實去星期五、六兩日會議的大部份，顯然已達到某些協定的基礎，因爲這一問題已交付意大利代表作最後的建議。外長會議已接到英國、埃及、阿比西尼亞、希臘，以及可能包括蘇聯的殖民地要求。外長會議將於星期一早晨再度舉行會議，屆時，意大利、南斯拉夫與英國自治領的代表將發表關於

並有必要進行廣泛的調查，以掌握職業狀況。

美官方人士稱：盟國對日政策爲假手帝國政府管制日本

【中央社華盛頓十三日專電】自技術方面言，太平洋之戰雖已於一個月前結束，然對日佔領政策仍於此間引起相當混亂，此於報紙社論中可以見之。政府某高級官員本日就此種情形加以說明，渠稱：佔領日本之政策，係決定於波茨頓會議，盟國對待德國係入其境奪取其權，唯對日本則決定假手帝國政府以管制日本。佔領日本之盟國統帥部所致力者爲下列兩事，第一及早審訊戰爭罪犯，第二徹底消滅日本對世界和平之任何威脅。渠繼續論及朝鮮情勢稱，一俟條件許可，即將及早撤除日方官員，此乃廣泛政策，無人對其表示懷疑。華盛頓郵報亦論及朝鮮情勢稱，霍奇將軍將舉軍開入朝鮮，事先缺少政治準備，該報雖未認此係霍奇將軍應負之責，唯稱朝鮮美軍之不完整××不能因戰爭之突然結束而獲×。十六日華盛頓郵報繼謂：前在府陸海軍部及國務院三人委員會，未以解放任務之性質通告霍奇將軍。東方傳教之參議員湯瑪斯，本日亦稱，朝鮮將可獲得獨立，然成立新機構以替代多年來當政之政府，則尚須若干時日。

同盟社社長致南京支社提示與中央社協訂草案

【同盟社東京十三日電】關於同盟、中央兩通訊社合作的根本方針，已於前日打了電報，現在欲根據這個暫定的協定，確立今後的合作關係，因此要提示下列協定草案，跟中央社交涉。同盟、中央兩社合作的暫定協定：中央、同盟兩社爲了達到通訊業務上完全合作的目的，簽訂下列協定：（一）各締盟社站在互惠均等的立場上，將自己收集的新聞及電訊報導毫無代價的提供給對方。（二）各締盟社於交換和利用照片和新聞亦進行充分的合作。（三）各締盟社各自給予駐在自己社內的對方的代表以方便，當對方代表打電報給本國時，盡量使其利用自己通訊社的電訊報導。此外兩社在世界各地的分社亦進行合作。（四）各締盟社相互認爲必要時，在自己社內或對方通訊社代表發行對方國語的通訊。（五）本協定生效至正式協定成立時爲止。

論壇報歡迎國際共管魯爾、反對法佔萊茵

【美聯社倫敦十三日電】左翼週刊『論壇報』歡迎法國所提國際共管魯爾的建議，戴高樂將軍在接見倫敦泰晤士報記者時說，『這是目前情勢中具有

意南邊界問題的意見。非官方說：外長會議毫無指定意大利爲其前殖民地的管理者的企圖。據悉，美國代表團急於要結束應該結束的問題。根據美國的建議，在聯合國監督之下設置一託治委員會，該委員會可以指定管理人。據推想這一建議會寫入對意和約草案中。據悉，這一託治制僅在各舊殖民地準備建立自治政府以前繼續行使職權。」

日本失業人口達一千三百萬人

「同盟社東京十三日電」伴隨着休戰，全國失業者的人數由於軍隊的復員，國外及在外國的僑民的撤退，以及產業之由軍需而轉向民需等原因，可能將達到約一千三百萬人之譜，它和昭和五、六年不景氣時代的失業者約達三百萬人相比，不僅相差甚遠，而且環繞着它的各種條件，也完全跟那時不同，和那時不能相比，它標誌着具有意義深長的事由。上述一千三百萬的失業者中，可以分爲兩類，即第一類由於復員和工業整理而產生的人員約爲八百萬人（陸、海軍復員約四百萬人，軍需工業整理掉的人員約四百萬人），第二類是由於撤退國外的陸、海軍和僑民，這些回國的人需要就業而產生的約五百萬人（軍人三百六十萬人，撤退的僑民一百四十萬人）。第二類的失業者問題，即撤退五百萬人與隨之而來的就業問題，由於船舶的關係，還多少可以緩和一下成爲將來的問題，在目前成爲問題的是，如何使在國內的八百萬人復員。在這八百萬人之中，可能返回其原來職業者約三百八十萬人，此外返回家庭的女工約一百八十萬人，大體上可能就業的人數約爲五百六十萬人，預料還有二百四、五十萬人不可能就業。另一方面，從外地回國者之中有一百五十萬人可能就業，但還剩下約三百五十萬人不可能就業，加上上述國內有二百五十萬人，約有六百萬失業人口，將來要吸收到產業開拓復興作業，土木建築事業，植林事業各方面。這一××對策，對於產業分配，企業體制，產業再編成之速度，均須有密切之關聯。特別是目前，失業的實際數目日益加速而且更加具體之時，更是一緊急問題。現在的情形尚未走出休戰後混亂的局面，即使確定能夠再回到原來職業崗位，但因我國所能允許的產業範圍經濟關係等，使這一暫時的估計須有很大的變動。因此對於軍人軍屬戰災者及戰災工廠事業場的從業者，由外地歸還之人，應迅速實行『失業登記制』。由於這一登記辦法，×××作爲各種政策的基準，同時，並要求就業者之便利，使人口的移動能夠安定，

遠見的與一顯著的進步。』另一方面，本星期的論壇報的社論。謂戴高樂第二個建議，佔領德國萊茵區的建議是『不足取的』。該報宣稱：『這會造成德國在法國邊界收復領土的行動，是保證戰略安全最壞的方法，這在捷克人是知之甚稔的。』論壇報繼說：這會使法國在經濟方面更加衰微，並且成爲陰謀的溫床。』『這最後會使法國担承一不可輕視的管理與軍事監督的任務，以致損害他們自已的復興工作。該報並指出：『數世紀來』英國政策曾反對讓法國控制萊茵區，深怕這會使巴黎控制低地各國（譯者：指荷比各國）。該報說：這一議論，不顧近代戰略的發展，在某些方面較前更爲有力。論壇報說：一般的說：戴高樂的聲明要求英國外長貝文結束該報稱爲『邱吉爾外交政策之繼續，』這種政策是基於維持均勢與一新的理想，或是建立『一民主的團結一致的西歐』等老觀念之上。論壇報說：蘇聯對於這樣一種集合毫無可懼之處，可能更現實地體會到他們現在不能制止西歐各民主國家團結起來在內政與外交政策上協合一致。

傳西班牙共產黨中央被捕
西軍事政變流產

「路透社馬德里十四日電」據悉，西班牙共產黨中央委員會已被逮捕。據稱有七十人已被逮捕，其中有聖地牙哥·阿瓦萊茲（內戰中里斯特上校第五軍的政治委員）及該黨著名的領袖塞巴斯丁·薩皮倫。阿瓦萊茲自稱爲古巴人。薩皮倫的家庭住在阿根廷。據稱，這兩個人均於內戰結束時離開西班牙，若干時前用僞造護照返國。警察同時搜查與佔領了兩個印刷廠，其中印刷祕密的文學作品。

「合衆社倫敦十二日電」權威的君主主義方面人士今日披露：旨在推翻佛朗哥政權的軍事政變，由於發動者的意見分歧，最近於最後一分鐘被取消了。消息靈通人士說：代表西班牙八個軍區的八個將軍乃是這一運動的主要領袖。消息靈通人士稱：青年將軍們要求以武力推翻佛朗哥，年老一些的將軍們實成談判的解決。後者力稱，政變若非立即成功，則反對佛朗哥的武力舉動可能給共和國招來干涉。

（只供參考）
第一〇〇六號
解放日報 新華社 編
今日出一張
卅四年九月十八日
星期二

蔣介石邀毛主席、赫爾利午餐

【中央社重慶十七日電】蔣主席今午假官邸宴赫爾利大使、毛澤東氏午餐。由張羣、吳國禎作陪。

國民黨派莫德惠去東北宣撫

【中央社重慶十七日電】國府十八日令：特派軍事委員會委員長東北行營政治委員會委員莫德惠，前往東北，代爲宣慰，用副東北同胞喁喁之望，此令。

中央社稱：「張礪生部進入察省尙義」

【中央社渝十七日電】軍委會十七日發表：一、我傅作義司令長官所屬之張礪生部，於九月九日進入察哈爾北部之尙義。二、我李默庵總司令率部於九月十三日進入浙東之紹興。三、我孫蔚如司令長官所屬之柳際明部於十五日進至鄂中之黃陂附近。孫長官並派部將襄河西岸日軍重武器及倉庫完全接收，現正繼續接收日軍輕武器中。四、據薛岳司令長官電稱，贛省南昌之日軍第七獨立旅團，於十四日起開始繳械。

【中央社徐州十六日電】第十戰區臨泉指揮所陳兼副主任大慶，十五日率徐海區接收人員一行四百餘人，由向邱搭乘專車進駐徐州。

【中央社徐州十七日電】徐海區受降官陳大慶將軍，十七日午四時在行轅召見日軍六十五師團長森茂樹，作繳械前之非正式接洽。

【中央社徐州十七日電】徐海區接收委員會，十七日開始工作。又該區海州接收人員駱東藩少將，率工作人員十七日赴海州辦理該地接收事宜。

【中央社南京十七日電】據中國陸軍總司令部發言人稱：迄茲十七日止，南京城區防務及城郊要點業由新六軍接防完畢。

金開德抵上海

【中央社渝十七日電】美新聞處訊，上海十六日電，美第七艦隊司令金開德海軍上將，本日抵此考察清除港口水雷工作之進展，並監督敵俘之疏散。渠搭乘旗艦登美國一掃雷艇上溯黃浦江。中國政府官員已準備照一九四三年所訂保障日軍佔領之外國人財產一條約，於明日將上海數電力廠交還其美籍及英籍業主。法文中國信使報本日復刊。（爲上海外文報紙復刊第一個報紙。）

【中央社渝十七日電】據美新聞處上海十七日電，美第七艦隊司令金開德海軍上將，今日於此間對記者稱：上海區域內尙未解除武裝之日海軍，旣爲若干自殺船隻，爲數達二百艘，停泊於離上海一百英里之舟山羣島。據悉華軍尙未開抵該島。上海海面目下雖仍有若干水雷未曾掃除，然首批美艦將於十九日開到。金上將留滬期間曾與邁爾斯海軍少將，錢大鈞市長、湯恩伯將軍會晤。

商震任國府參軍長

【中央社渝十七日電】國民政府參軍長一職，國府特派商震充任。原任參軍長呂超，已調任爲軍事參議官。

【中央社沅陵十七日電】新任長沙市長李毓九，由渝抵沅，即轉長到沅視事。

日寇投降後 中國青年黨對國共問題的評論

【時訊社十六日訊】自日寇投降後，中國青年黨機關報新中國日報對於國共問題强調「軍隊國家化政治民主化」之主張，在論及中國共產黨時，多少承認了中共在政治方面的成就，同時該報認爲國民黨應下「罪已令」，反省本身之錯誤。並主張目前應召開政治會議。

八月十七日該報社論說，國共問題是我國「治亂關鍵之所在」，「政黨不得以武力推行其政見，所以國民黨要求「軍隊國家化」，實是當然之圖。但在今日情況之下，「無實力，即無發言權」，共黨爲推行其抱負計，如果放下武器，誰能保證其發言權。從此一觀點看，共黨要求民主，亦復是理所當然。我們考慮雙方的意見，而知問題癥結之所在，所以我們向來主張：「軍隊國家化，政治民主化」。」該報繼申論說，如果只提軍隊國家化，政府黨雖無「黨軍」，仍可利用「國家軍權」，以武力推行政見，所以要同時實行

【中央社南京十七日電】新六軍第十四師全部已於十七日空運抵京。同日即開始輸送五十三師，一星期後該師亦可全部到達。

【中央社滬十四日電】連日國軍空運抵滬者，爲數頗多，第九四軍一二一師官兵，已全部抵滬，第四三師師長李賽林，十二日抵此，士兵則於十二、十三兩日全部飛此，現担任江灣及大場等地防務。

【中央社滬十五日電】上海方面日軍，十五日繼續繳械，分別向指定地點繳納武器，點交我接收人員。日六一師團一五七號隊重武器，十五日已經繳械完畢。我八四軍長牟廷芳、副軍長楊文琺、參謀長張法乾，至蘇州河某倉庫巡視一週，至日六一師團之一〇一號隊、一四九號隊，即將於十六日晨起繳械。日六一師團原駐防地區，我二四軍四三師朱徵民部十四日早接防外，十五日起復在梵王渡虹口、北四川路、霞飛路等地帶 駐防。

【中央社滬十六日電】據悉已繳出之日軍重武器，計重機槍六十九挺，步兵砲十五門，山砲十門，三十七耗速射砲十四門，四十七耗速射砲十五門，簡易迫擊砲二十門，十耗加農重砲一門。

【中央社滬十六日電】日軍繳械後，數千徒手日軍，開始入集中營。據悉我方指定日海軍在浦東集中，陸軍在江灣集中。現入浦東集中營者達三千餘人，入江灣集中營者爲數尚少。我九十四軍四十三師李士林部奉令担任警戒。

【中央社南昌十六日電】九江方面日有軍兩師三旅，於笠原幸雄軍團長在南昌簽降後，按照我方指示進行解除武裝。薛長官已派孫渡集團總司令，代表前往監視。

【中央社南京十七日電】翁文灝、俞飛鵬、俞鴻鈞三部長，今日午後一時，聯袂由渝飛抵南京。

【中央社太原八日電】（遲到）僞太原鐵路局由郭垣奉命接收，該局轄正太、同蒲兩綫。除正太綫聽候中央處理外，同蒲路局長由郭氏充任。

【中央社漢口十七日電】第六戰區司令長官孫蔚如將軍，副長官郭懺將軍，鄂省府主席王東原，省黨部主委邵華，偕長官部、省政府、省黨部高級官佐各單位負責人職員官兵等二千餘人，今日下午五時十五分乘民萬民衆兩輪安抵漢。

民主。而實行民主，必須各政黨『不利用政權以拓張黨勢』，『否則利誘威迫之下，誰敢不擁護己黨？』『袁世凱何嘗不奉行民意！』

該報八月廿日社論大部分爲國民黨檢查機關勒令劃版，然尚可辨認，該文論及中共時稱：『共產黨的問題，在十年以前就是一個政治問題，在今天更是一個政治問題，決不是靠武力所能解決的，講到武力，今天共產黨雖然聲勢浩大，實際上不過是幾十萬枝步槍，比過去的大軍閥並不見得×大好多，爲什麼軍閥好對付，而共產黨不好對付？因爲共產黨在政治上是有作法的，不比軍閥的單靠武力。十年以前的中國共產黨，因爲暴動屠殺的錯誤策略，引起了人民的恐怖，國民政府在當時的受人擁護，不能不說是受共產黨失去民心和日本的侵略兩種形勢所造成，但是，自抗戰以來，中共在毛澤東先生領導以×，改變了已往的作風，糾正了已往的錯誤。在抗日游擊戰爭中，共產黨的宣傳固不可盡信，但也不能一筆抹煞，說他並不曾對日軍眞實作戰，因爲淪陷區許多共產黨游擊根據地就是事實的證明。至於共產黨在所謂解放區中的政治工作，固然也有不滿人意的地方，但大體上說起來，政治清明，沒有貪污，行政效率貫徹，沒有廢弛，大多數民衆在共產黨統治之下，疾苦是減輕了許多，這也都是事實。像這些事實，就不是×靠武力所能解決的。當前各有政權的政黨間所需要的不是武力的鬥爭，而是政治的競賽，誰的政治能夠得民心，能夠有效率，誰就能夠取得中國的領導權，事理總在那裏，不容人不承認。』

同社論中又說：『還有更重大的，我們以爲國民政府對於這一次的抗戰勝利雖不是無功，然而却不可以自已誇功，相反地，却應該下一個罪已令，這個令內應該包括幾件事情：第一，應該歷數自國民政府統一以來，所有政治上的種種反省，越反省得澈底，越可以收復民心。第二，應該大赦一切政治犯，除了漢奸以外，都應該普赦。第三，應該立即取消一切束縛民意的法令和××，譬如圖書雜誌新聞的檢查制度，就應該首先立即廢止，連向有法西斯傾向的阿根廷政府，現在都已廢止新聞檢查，中國不應該不如阿根廷。我們相信這個罪已令如果頒發，比三十師的新裝備武力還有效。』

該報對於國共兩黨關於受降問題的爭執，在八月廿二日社論中說：『在今日我們所爭取者，爲敵人的一點武器和裝備，我們認爲這些東西，全無用處，在現在的原子彈前，有何威力？在將來更猛烈的武器之前，又有何用處？」該報認為二十年或不到二十年之內，可能「日俄為行强大戰爭」，前以中國須「步調一致，努力鑽研科學，發展工業，完成工業化與現代化，民主化，並永保統一，才能發存於二十世紀之中。我們希望全國各黨派及無黨派的領袖，一致呼籲，主張速即召開政治會議，協商統一團結，實現民主政治……」

又八月十七日該報對於國民黨企圖獨佔抗戰果實，迅速委派前往「收復區」官員一舉表示不滿說：此等官員「率多名不見經傳之輩」，一般人士頗表不滿，認為八年血戰，竟將僅為少數人謀利益云。」（R）

傳國民黨要張君勱回國

【時訊社十六日訊】華西晚報八月十八日載：「張君勱在美國非常活躍，當局最近打了一個電報給他，說他出席舊金山會議的任務已經完畢，不必再在美國待下去，還是趕快回國的好。」（R）

寧渝首次通航

【中央社重慶十五日電】抗戰八年來作渝寧間首次正式通航之民聯輪，於十五日上午八時半由渝啓程出發，乘客五百餘人，貨物三五〇噸。長江航運復員委會，並派聯絡員一人，及民生公司護航隊六人隨船。

重慶朝鮮軍司令稱
被國民黨俘虜之朝鮮人將編為朝鮮軍

【路透社重慶十七日電】朝鮮革命軍司令李金田（譯音），在該軍於中國建立的第五週年紀念日發表文告說：朝鮮臨時政府正在盡其所能之一切努力，並集結其一切力量，使朝鮮重新屹立於世界。「除非我們盡上我們的一切努力，則中美英三國在開羅宣言中所予朝鮮獨立的保證不會而且不能實現」。李將軍說：中國軍隊最近俘虜大批朝鮮人。中國當局贊同他們參加朝鮮革命軍，將對朝鮮與大國民軍的組織有很大幫助。

英中國問題專家論對華貿易

【路透社倫敦十六日電】英國中國問題著名作家格林，今日在倫敦保守黨週刊『觀察家』報上臚列：證實中英兩國間增加貿易希望的許多原則。「很明白的，第一而且首先的是相互的貿易，這在一九

筆時趣如初學書之小童，照例代表是時均注視日本投降將領之舉動，日代表簽字降書後，夏將軍就桌上取鋼筆簽署，各攝影記者爭先攝影此富有歷史意義之鏡頭，夏氏隨命日代表退出，降書原文：簽立降書人崗田海軍中將，茲根據一九四五年九月二日在東京灣簽立投降文書第二條所載，任何地域所有日本武裝部隊及日本轄下部隊，均須向聯合國列强無條件投降，因此彼等代表日本天皇，及日本帝國大本營，吾人及轄下所有部隊謹向夏慤海軍少將作無條件投降，並負責履行少將或其授權之人所頒發之一切訓示，及發出一切必要之命令中，能實施少將之訓示，一九四五年九月十六日在香港總督府簽立。見證人夏慤代表英聯合王國政府，及中國戰區最高統帥「簽章」簽立降書人崗田梅吉，（香港日本陸軍司令藤田類太郎，日本南艦隊指揮官）

孔祥熙談印度獨立問題

【合衆社重慶十六日電】貝維里奇·肯寧漢訪問孔祥熙，孔氏對合衆社記者說：他希望印度最終能獲得獨立，並表示他個人的意見，認為英國工黨政府對該國的態度會更自由些。孔氏說：我感到印度問題的解決將是有希望的。英國與印度雙方都有責任。然而，實際上真正的問題是甚麼是獨立？假設兒子長大了告訴他的母親說，他不再受他母親的保護與指導了。他便獨立了嗎？自然，印度內部的困難將要解決的。在有這樣多不同黨派的國家裏，這將是最大的因難。有些人可能會問『印度人能管理他們自己嗎？』但我感到如果英國答應作某些讓步，地方自治是可能維持的。且我相信新工黨政府已準備作一些這樣的讓步。至於將來印度在亞洲的情形，我感到既然戰爭已過去了，印度有很大的可能性，因為國家這樣廣大，貿易、商業應佔極大比例，我個人是歡迎將增進亞洲和平與和諧的一切事情的。我想新的世界政治，將不會再是所謂强權政治了，因此，這個世界即是印度獲得獨立，她也只會成為任何政治實質的潛在因素。六十四歲的前任財政部長，聽他私人醫生的勸告，不從事政治活動（他的醫生曾建議他在美國施行兩次手術後，應休養六個月）。然而據他的私人秘書說，孔氏休養兩個月後，便急於回來從事政務工作。

四三年一月英國廢棄其在華治外法權的條約中未會提及。在英國正常的情況下任何一個中國人可以隨其所欲開設一爿商店、飯館、銀行或工廠，英國有外國銀行三百餘家，外國航運亦插入英國沿岸貿易。對於中國的一切公平之心願相反，中國應該拒絕給予英國僑民以同樣的經商自由，當然是適合中國法律的經商自由。如果貫徹起來時，東西兩大潮流的生活不會如過去一樣的國界是逆流。外國人在中國將來的地位不僅是遵守中國法律與規章，恰如在其他國家一樣，他們損失治外法權的報酬將是他們在中國各地行動與經商的自由。他們將不得不學習說中國話，他們將發現知道這一古代文化的許多東西，一切中國思想及文字的基礎，是對他們很有益處的。關於上海將來的行政管理，他說：王世杰曾告他：在中國市長之下的中外聯合委員會是可以被接受的，這個中外聯合委員會含有擁有治外法權的意味。但是在擁有上海最多土地的英國人說：格林可以正當地辯論沒有代表權卽不納稅」如上海中國人一九二七年所勝利作的。格林估計英國對中國貿易的前途將不會在每年四百萬鎊之下。

美艦在吳淞口扣留一日砲艦

〔美新聞處上海十四日電〕自中國載運「重要人物」駛東京之日砲艦一艘，已在長江口外為美驅逐艦扣留，並於今日押回上海。對船上人物一一詢問，該艦載日人一百九十名，至少已為其平日載量之三倍。各人均經盤詢，若干人且經拍照，以備與經認為戰犯擬加審詢之各日人記錄核對。該艦於美驅逐艦追隨，並發一砲後，始被扣留。美海軍人員稱該艦係在日軍南京簽降後不久駛出上海者。

香港受降儀式

〔中央社香港十七日航訊〕同盟國接受日軍香港投降典禮於十六日下午在總督府舉行。禮堂設在樓下，夏慤少將為接受降禮者居中，其右為我國代表潘華將軍，左為美國代表威廉遜上校，左為加拿大代表凱氏上校，昨日登陸之福拉塞將軍位於右角之座椅。同盟國代表四時齊入座，日軍代表由武裝英兵三名押至禮堂，向各盟國代表行九十度鞠躬禮後，肅立待命，各代表還禮，夏將軍旋命日代表簽署投降書兩份，首由日本南支派遣軍軍參謀長崗田梅吉簽字，崗田以中國毛筆楷書姓名於降書之上，崗田顯然情緒緊張，手顫不已，書成後，將佩劍繳於夏將軍，繼由日本海軍中將藤田太郎簽署降書，藤田

威爾斯綜論外長會議

〔美新聞處華盛頓十三日電〕威爾斯於昨日華盛頓郵報上撰文稱，外長會議正開始進行歐洲重建的偉大任務並談判對意大利的和約。他繼稱，據說外長會議的結論將是「初步與探討」的性質。就一切實際目的而言，在倫敦達成的決議將是最後的。意大利北部邊界的改變，對於整個歐洲以及關係最直接的人民，將不會引起政治上、戰略上或經濟上的利益。另一方面，無論從正義或政治穩定方面說，一九一九年的威爾遜界線都需要某些修正，這條界線把伊斯特利亞半島的大量斯洛文尼亞人，置於意大利政權之下……。但是，半島大部份是為意大利化的人民所居住，應當仍屬於意大利的。的里雅斯特應成為意大利管制下的自由港。阜姆城以及亞德里亞海東岸、伊斯特利亞半島南的一切領土，在第一次世界大戰後為意大利所佔有者，均應轉交給南斯拉夫。這些地方曾因軍事上的原因為意大利少數野心家所垂涎。這些原因現已不存在了。法西斯政府對於突尼西亞意大利人所要求的權利，曾成為法國與意大利間摩擦的來源。這個爭執的根據應把它去掉，突尼西亞意大利人（凡拒絕歸化法國者）的一切特權，應予永遠取消。多德卡尼斯群島應讓給希臘。從世界安全的觀點來看，班泰雷利亞群島及蘭皮杜斯群島需要特別的處理——這兩個羣島應由聯合國安全理事會完全解除武裝，並置於該機關團體的監視之下。公共輿論顯然均認為，殖民地亦當然必須用同樣的辦法來解決。任何這種假定都是沒有正當的理由的。關於利比亞問題，居民是相當稀少。相當大量的意大利人已永遠卜居於此。它是接近意大利大陸的一塊地方。從經濟觀點看，這個區域是意大利的補充。意大利在這塊地方上的行政權應予繼續，但它應置於國際委託制監督之下，以便自今以後，土人的權利受到充分的保證。

土耳其就國際共管達達尼爾事 向外長會議提出照會

〔美聯社安哥拉十七日電〕消息靈通方面星期一表示懷疑土耳其關於達達尼爾海峽國際共管事，已向倫敦五外長會議提出照會。有些消息傳稱，土耳其政府已於向倫敦提出之一照會中，闡明其立場。

參政消息

（只供參考）

第一〇〇七號

解放日報 新華社 編

今日出一張

卅四年九月十九日

星期三

毛主席周恩來同志出席參政會茶會發表談話

「中央社渝十八日電」國民參政會於十八日下午四時，假軍委會舉行在渝參政員第二次茶會，並紀念九一八。適參政員毛澤東、周恩來因公來渝，亦出席參加。到王雲五等八十人。茶會由莫主席德惠主持，說明此乃在渝參政員之例行茶會，盼各參政員能盡出發言。當請毛參政員澤東致詞，略謂：今爲九一八紀念日，首應慶祝勝利。東北已淪陷十四年，今亦獲得解放，倍覺興奮。所最感覺光榮者，乃能於此時期與諸位先生朋友及各老前輩見面。回憶抗戰期間，雖極艱苦，但因全國一致之努力，現已平安渡過。蔣主席特邀來渝共商國是，意至可感。今後當爲和平發展和平建國之新時代，必須團結統一，杜絕內爭，除此認識之外，其他均屬錯誤。因之各黨各派應在國家一定方針之下，蔣主席領導之下，團結一致，澈底實行三民主義，以建設現代化之新中國云。嗣由王參政員曉籟發言，指明毛澤東周恩來兩參政員出席今日之茶話會，即象徵全國之團結與統一。繼由周參政員恩來報告此次在渝談判之經過，據周氏稱：此次談判之問題固多，但談判均係於友誼和協之氣氛中進行，最後並特別強調在雙方談判結果尚未公告之前，本人可以奉告者，此次談判無論如何一定可以繼續解決。報告畢參政員陳啓天等相繼發言，均認爲欲達和平建國之目的，首須作到軍隊國家化，政治民主化，則其他問題均不難迎刃而解。至此時已六點，茶會始於輕鬆之情緒中撤散。

張瀾要求公佈蔣毛談判進展情形

「合衆社重慶十八日電」中國民主同盟主席張瀾，致函蔣介石與毛澤東，督促對談判進展情形定期發表公報。這樣『全中國可以知道會談情形，並對解決困難問題予以建議。』

還正在演進之中，而並未因此消失，此實不能不爲世道人心憂。我出此傷心語，不過在我們淪陷最久受苦最深而又是盼望解放最切的東北父老兄弟之前，傾吐我十四年來爲要恢復東北失土拯救東北同胞內心所鬱積之衷曲而已。

我相信大家都很明白，這十四年來所經過的事實。我們政府自從東北淪陷以來，沒有一天不想念我們東北同胞，在水深火熱中的痛苦，我們政府自身亦沒有一天不在含辛茹苦，艱苦卓絕之中領導我全國同胞共患難同生死，以期達成我們恢復東北失土的職責。我們政府自從「七七」全面抗戰開始以後，就一再鄭重宣示：『我們全國同胞要從敵人劫持下，來拯救我東北的同胞，恢復我東北的失地。我們若非使東北同胞獲得眞正的自由，東北的失土完全收復，則我們神聖抗戰決不停止。』而且屢次說：『抗戰的目的自始至終，就是要保障我們中華民族獨立生存，和領土主權與行政的完整，亦就是誓萬死排萬難要恢復我們東北的失地，拯救我們東北的同胞，湔雪九一八以來的仇恨恥辱。就我個人說，則我早已自誓：「自從九一八事變發生以來，本人即以復仇雪恥爲我終生唯一的責任。」現在感謝國父與抗戰犧牲諸先烈在天之靈，使我們政府以及我個人這個志節與決心畢竟實現。同胞們！今天確是值得我們快樂的一天，因爲九一八本是我們近代史上最沉痛的國恥紀念日，現在轉變爲收復東北恢復台灣的民族復興的吉慶日了，豈可不爲之歡欣鼓舞。但是我們要在此時痛定思痛，我願意在此提醒全國同胞，尤其是東北的同胞，我們必須在儘量表達收復東北的快慰之後，更要積極的擔負起建設東北的責任，切不可因此而鬆懈我們過去十四年間死中求生復仇雪恥的精神，必須全國同胞人人都能牢記着已經淪陷時期所飽嘗的苦痛，以及其所獲得的教訓，而再能受明睿理智的約束，復歸於警覺和嚴整，然後這次的抗戰勝利和恢復東北，乃能造成國家民族眞正的福利，不負世界友邦的期望，亦惟有如此才可以永遠保持今天所以慶祝的事實及其眞正的價值。

我以前又會屢經指出，九一八是目前世界不安的第一個主因。『從世界大勢來觀察一下，可以知道東北這個地方不僅是我們中國生死存亡之所關，而且是東亞與世界禍福安危之所繫』。所以『東北問題乃是一個關係整個國際局勢的問題』，而『中國在最後問題的解決上，一定要和世界整個問題一起來解決』，這幾段話，非但說明了九一八以來歷史事實的前因後果，而且也指示着我們東北的重要性。這就是說，此次我國對日的神聖抗戰，以及慘酷激烈的第二次世界大戰的發生，均以東北淪陷爲其起因，因此也必然的以現並說：所達到的任何協定必須符合於社會輿論，否則所謂團結與合作將僅是有名無實，而且不能避免內爭。他堅稱雖然中國民主同盟未參加會議，但卻保有批評的自由。他繼謂中國軍隊的三百個師應予縮減，並給予最好的訓練與裝備，作為國防之用。並說：『我們龐大的軍隊除非用以內戰，現在已無用處。』並繼稱：國防必須不以任何政黨或幾個政黨的地方勢力為基礎。張瀾說不僅中國人民，而且一切盟國皆急切地等待國共談判的解決，他堅持說他的信應視為人民方面的一種表示。

蔣介石「九一八」廣播全文

【中央社渝十八日電】「九一八」第十四週年紀念，蔣主席於晚七時向全國同胞廣播，原詞如下：

全國同胞：

今天是我們「九一八」第十四週年的國恥紀念日，我們在今天紀念這個日子，和以往十三年中舉行紀念，其情緒自然大不相同。因為自從甲午以來，五十年間，日本對於我們國家無數的欺凌侮辱，和不斷的壓迫侵略的舊賬，尤其是從「九一八」以來十四年間的深仇大恥，到今天都已經根本的清算了。我們東北由於盟邦蘇聯的軍事援助之下，實現了開羅宣言及波茨頓公告，而我們東北同胞亦由此得到了解放，重返了祖國。最近將來，我們的行政人員及我國的軍隊就要來到東北，與我們隔絕了十四年之久的親愛同胞，握手言歡。我今天在這裏以十分鄭重而愉快的心情，先向我東北同胞致其純摯的慰問和熱烈的慶祝。

回溯往事，自從民國二十年東北淪陷以來，這十四年漫長歲月之中，我們政府固無日不以恢復東北為職責，全國同胞對於東北同胞慘痛的境遇，也沒有一日忘懷。我們政府的政策，初則不得不循外交的正當途徑，試圖恢復我們東北的領土，一方面亦藉此掩護了我們武力收復的準備。我們政府為了要貫徹收復東北的政策，這十幾年來幾乎天天是在誹謗、誣衊、譏刺、汙衊之中，這種悲慘苦痛的情景，簡直是言語所不能形容。我在國土重光的今日，本來不需預述這些過去的舊事，而且這些毀譽是非之來，是我們獻身革命者分內應有的遭遇，豈能有損我毫末。但是同胞們，要知道當「九一八」事變初起之時，我們準備未充，抗戰時機沒有成熟以前，臥薪嘗膽的苦心，無從申說，收復失地的決心亦無人置信，此固無足為異。而乃時至今日，這種處境

在東北的收復為其終局。我們回溯九一八事變以來，中日雙方的情形，日本軍閥則憑恃強權，步步進迫，積着侵略，而我們中國則依據公理，處處堅忍，時時奮鬥，我們只要就這個史實，以及環繞此中心局勢而演變的國際關係一一加以分析，其成敗存亡之理就可瞭如指掌。但是我們必須進而追尋造成這一個國恥最初的起因，然後我們才能獲得一個真正勝利的終局，以消滅今後中華民族以及世界人類潛在的禍源，使我們東北對於世界安全與繁榮確實有所貢獻。我們必須痛加省察，九一八當日，這一個奇恥大辱的事變之所以發生，除了日本軍閥一貫的侵華野心以外，我們保有東北而不能建設東北，鞏固東北，而且還粉飾張皇，因之漫藏誨盜，這實在是最大的起因。那麼在第二次世界大戰和我國神聖抗戰業已恢復東北為其終局的今日，我們只有切切實實的將東北努力建設起來，掃除過去粉飾張皇的惡習，根絕世界一切糾紛的禍因，而後東北問題才可得到一個真正解決的終局。

其次，建設東北這一件大事，非但可以確保今後的世界和平，同時對於我們國民革命的完成，更有重大的關聯，我在民國三年第一次世界大戰初起之時，到東三省運動革命的時候，對東北的形勢曾作一番實地的研究，那時我對總理的報告說明：『東三省不是我們國民革命的策源地，而是國民革命最後的目的地』。至今事隔三十年，此言如在目前，而現在以及將來的事實，都將為我這句話做有力的印證。而且我們必須用事實來證明這句話。本來對日抗戰是我們第二期國民革命必經的階段，在八年苦鬥之中，前線將士浴血捨身，淪陷同胞流離顛沛，後方民眾出錢出力，再加以盟友的流血犧牲，才能換得今日勝利之果，尤其我東北同胞，加上了十四年被蹂躪被奴役的血淚，方得重見天日，這個代價是如何重大。如今東北一朝收復，真所謂合浦還珠，我們必須十分的珍視，十分的愛護，萬不可稍有怠忽，更不可略存驕矜，總要刻苦耐勞，埋頭苦幹，完成建設，才能告慰我們為國民革命而犧牲的軍民先烈之靈。

現在我要鄭重的向大家報告一下我們建設東北的方針，這要兩方面來說：第一我們必須發揮自己的力量，以奠定建設的基礎；第二我們也要獲得盟邦的援助，以完成建設的事功。先說第一方面，最重要的是政治的革新，東北被敵偽統治了十四年，飽受了相等於朝鮮所受的奴隸政治，收復後的第一件工作，便是要使東北同胞迅速重睹祖國光明的政治，所以政府特別在東北設立了軍事委員會委員長行營，作為接收東北的綜合機關，並且把原有的遼寧

、吉林、黑龍江三省重行劃分爲九省，使今後東北的行政區域比較緊凑，處設容易進步。同時政府對於東北各級行政機關官吏的人選，也特別的慎重，必然要選擇熟悉地方情形，富有行政經驗，而又潔身自好，能作能爲的人來和東北同胞共同努力，將來一切法令以及設施，也必然要在全國一致的前提下，採取因地制宜的方式，這是我們首先可以告慰於東北同胞的。其次，是經濟的發展，我曾經指出東北有二億四千萬畝的耕地，還有二億畝未曾開墾的肥壤沃野，與六億畝的林場，而且還在地下蘊藏着八十億噸金屬與非金屬的礦藏，可以說我們國計民生關係最重要的資源，以及我們建設現代化國家一切重要的條件和基礎，完全寄託在我們東北這一塊地上。我們國父實業計劃中所規定的海港鐵道、礦業，以及其他重要的交通建設，幾乎都是以東北爲重心，即以目前而論，東北的交通已相當發達，可以說工業化的條件先天已很優越，政府現在決定利用東北自身的資源，和原有的基礎，使之在其他各省之前，首先工業化，來樹立全國經濟建設的一個模範區，以實現國父實業計劃中東北應佔的地位。同時政府自然要取消敵僞十餘年來的統制和剝削的制度，以培養我東北同胞經濟復蘇的活力。其三，是東北文化必須重新建立，因爲這十四年來，日本在我東北一面積極施行他的奴化教育，學校教師多用日人，課本圖書多用日語，一面對於原來的知識份子任意摧殘，迫脅，其目的在根本消滅我國的文字和文化，現在我們要澈底解除這一種桎梏，要使東北的文化重新爲我國家民族整個文化的一部份。以上革新政治，發展經濟和重建文化，乃我們政府建設東北的三個大方針。我保證政府必將用最善的努力，來實行這個政策，完成這個使命，同時我也竭誠希望東北的同胞，更要明白我們自己過去的缺點和錯誤，須知除舊方能布新，自强才能自立，從今而後，必須澈底革除苟且偷安的習慣，打破封建自私的企圖，明是非別利害，不矜不驕，毋怠毋荒，痛定思痛，實事求是，來建設一個現代化的東北。

至於希望盟邦協助的方面，包括經濟上的援助，和技術上的協力而言。尤其是對我盟邦蘇聯業已訂立了卅年友好同盟條約，此後中蘇兩國唇齒相依，守望相助，東北同胞首先蒙受利益，我東北同胞必須重視這個友誼，眞誠相處，以增進兩國的邦交，實現我們國父共同奮鬥的遺教，完成我們建設的大業。

。省府重要人員隨行。下三時許可達吉林。

【中央社渝十八日電】粵主席羅卓英，定十九日偕秘書長羅香林，處長李東星等飛廣州。民廳長李揚敬，財廳長姚寶猷，及委員黃範一，蕭次尹，黃文山，詹朝陽已於昨飛粵。

【中央社吳縣十二日電】（遲到）蘇省府主席王懋功，率省府高級人員，於十二日下七時，由京抵吳縣。

法國抗議中國 不許法軍入越南

【合衆社巴黎十九日電】官方披露：外交部昨日已照會中國大使錢泰（譯音）抗議所稱盧漢將軍不許阿列森德利將軍進入越南，同樣的照會已由法大使彼赤科夫交給中國外交部。據悉，該照會強烈抗議雲南中國當局，特別是盧漢將軍沒有執行重慶中央政府的保證。

【美新聞處華盛頓十六日電】美聯社今日稱，陸軍部官員在法國情報部於巴黎發表聲明謂美國加拉格將軍會支持中國統帥部不許阿利森德利將軍隨中國佔領軍進入越南之後，表示莫明其妙。陸軍部說美國陸軍中只有一個將軍名叫加拉格．賚力費．加拉格准將，而他並不在×××而是在××××。美聯社又稱，華盛頓官方對法國所稱美國對法國代表進入前法國附屬國所採取之態度，莫明其妙，因爲越南劃在英國及中國佔領區內，與美國毫無關係，而且任何涉及佔領之問題將首先是該兩國的事情。

法政府人士否認 企圖建立軍事聯盟體制的西歐集團

【中央社記者余捷元巴黎十七日專電】法國政府方面人士，對莫斯科所傳法國擬建立西歐國家「集團」以與蘇聯相抗一事，認係「毫無根據」。據稱：戴高樂將軍最近宣佈，法國與英國及荷蘭、比利時及意大利等西歐國家密切合作之計劃爲外方人士所誤解，法國與他國密切合作所展望者，與其謂之爲軍事聯盟體制，毋寧謂係經濟文化利益之結合。戴高樂將軍宣佈上述計劃後不久，蘇紅星報即指責英法若干勢力企圖建立西歐國家集團以與蘇聯相抗，英法同盟之理想，原係英前首相邱吉爾於第二次世界大戰初期時所創議，此後即無人予以注視，直至最近兩週前，倫敦報紙復重提舊事，一致撰論主張締結英法同盟。戴高樂將軍即宣佈其本人之計劃，蘇聯評論家賀佛曼××紅星報撰文對其力加攻擊。

這是我們今後建設東北的一個大體方針，也是我全國同胞共同努力一致的目標，這就是我們今天紀念第十四年度九一八的時候，每個人所應該認識的責任。因為今天九一八的國恥雖已湔雪，而九一八嚴重的教訓，我們世世代子孫還是要切記不忘，我們要立定志願，抱定決心，要用實際的努力和工作的成績，來答復這個教訓，這樣東北建設才能完成，過去慘痛的犧牲，才有報償，今後世界紛擾的禍根，才能根本消除，而我在民國三年時所說東北是國民革命最後目的地的那句話，也就可實現了。

何應欽與魏特梅耶會談

【中央社南京十八日電】中國陸軍總司令何應欽上將，十七日專機飛滬，到達上海後，曾在第三方面軍司令部招待中外記者，發表談話。並集軍政有關主管人員，專於滬區接收事宜及今後設施有所指示。十八日晨，先後召見日方原在華艦隊司令官福田良三中將，及日方原第十三軍軍長松井太久郎中將，下午一時飛返南京，當即在陸軍總部與中國戰區最高統帥參謀長兼美軍總司令魏特梅耶將軍，及其幕僚人員開中美聯席會議。

孫蔚如進入漢口

【中央社渝十八日電】軍委會九月十八日發表：（一）我劉峙司令長官所屬之孫震部，於九月七日進入河南之西平、遂平，並進至駐馬店。（二）我孫蔚如司令官率該部人員，於九月十七日到達鄂省之漢口市。孫長官所屬之何基灃部，於九月十五日進抵鄂北之花園，劉振三部十七日進抵廣水附近，現續向豫南信陽推進中。（三）我張發奎司令官所屬之孫立人部，於九月九日完全接收粵省之廣州市。（四）我王耀武司令長官所屬之施中誠部，於九月十七日將湘南衡陽日軍完全繳械，王司令官所屬之韓濬部，十七日開始接收湘潭日軍倉庫。

【中央社十七日電】鄭州區日軍第十二軍團參謀長中山源夫，謁我前進指揮所李主任崛崗少將，請示日軍集中地點，並陳送日軍、人民、武器、交通工具、倉庫等詳細表冊，今日下午全部送齊，現李主任正在審閱中，該區接收事宜，即將開始。平漢隴海交通線日軍，請求國軍接防。我已准其所請，日內即派國軍前往接防。又許昌日軍及其僑民，連日抵鄭集中，狀極狼狽。

【中央社鄭州十七日電】豫主席劉茂恩，今晨九時由此乘汽車返開封辦公

重慶派特派員至各地處理工礦事業

【中央社渝十七日電】經濟部生產局派往各收復區之特派員辦公處，共分蘇浙皖、湘鄂贛、粵桂閩、冀察熱綏、魯豫晉、東北及台灣等七區，其任務為登記及處理工礦及其他有關事業，對盟國及中立國原辦工礦之處理，敵偽所辦工礦之接收，促進及辦理主要物資之生產與供應採辦並接收國外必需物資。每區除特派員一人外，並設專門委員會，顧問、專員、辦事員等各若干人，各該辦公處於收復工作完竣後，即指定時間撤銷。又訊，特派員辦公處登記及接收工礦事業實施辦法規定，對於各該區工礦事業分本國資本經營、友邦（同盟國及中立國）資本經營及敵偽經營三種，分別辦理。在抗戰期間經敵偽強佔或曾經淪陷之本國資本經營者，准由業主或負責人員提出證件，經特派員核明可自行接收。友邦資本經營者業主或負責人仍在當地提出證件後，可自行接收，否則由特派員先行接收，候查明原有業主或負責人時，再行交還。敵偽資本經營者即由特派員派人接收，而由敵偽出資合辦者，其屬敵偽股份收歸政府，所訂任何契約一律無效。

中央社傳：重光葵與緒方發生頡頏

【中央社東京十二日專電】日外相重光葵本日與內閣書記長緒方竹虎商談關於麥帥處理交涉事宜之中央聯絡局改組問題，重光與緒方二氏以前對此問題曾發生意見不和，但經此次商談後可能產生一折衷辦法，重光與緒方間爭執之主要原因，乃重光現已實際上處理以前多屬緒方範圍內之政務，通常一切重要政府計劃及建議案在內閣未正式討論前，須經內閣書記長緒方之手。重光若操縱中央聯絡局與麥帥總部交涉，則日本內閣實際上將降為不重要而不能作具體之決定。日權威方面稱近衛文麿支持重光，若然則重光雖未得其他閣員持支，但仍將獲得堅強地位。又日本外務省反對內閣改組中央聯絡局後，日政府高級人員間政治分歧之第一象徵業已暴露，傳目前政治僵局之發展實為麥帥對執行佔領規定細則表示不滿之結果，中央聯絡局之所以不能令人滿意，是因對糧食財政與人員復員及其他類似問題，必須經過與政府各省商議後，始能決定。日本人士稱：麥帥本來未計劃佔領東京，但提終進其佔領東京，使更能與日政府人士直接交涉。

（只供參考）
第一〇〇八號
新華日報社編
今日出一張
卅四年九月廿日
星期四

傳美軍將參加佔領中國受降區

「合衆社重慶十九日電」中國政府發言人昨天下午說：如果目前計劃實現的話，美軍將參加佔領。使用外國軍隊是很符合於中美協定中關於保證日軍投降所規定的方法的。並說：使用美國軍隊純粹是暫時性的，是根據『中國政府諒解與邀請』而作的。繼稱：現還不能宣佈美軍何時會調動。

中國財長說
中美談判墊付美軍用款之償還問題

「中央社重慶十九日電」財政部部長俞鴻鈞，十九日在外國記者招待會上答覆詢問時稱：中美兩國政府正繼續談判關於中國墊付美軍在華用款之償還問題，以前美國會歸墊二次，但對於匯率並不規定。雙方均本合作之態度，以尋求一公允之解決方案。某記者詢問我政府處理收復區內偽鈔情形，俞氏答稱：（一）收復區內所有政府機關、國營事業以及一切稅款之收支，應完全使用法幣，各銀行亦不得接受偽鈔存款及匯款。（二）政府為安定收復區人民生活，在偽鈔發行數額準備數量及流通情形調查未竣前，偽鈔暫准流通。（三）一俟上述各項調查完竣，政府即將偽鈔收兌辦法公佈。俞氏並稱，財政部京滬區財政金融特派員之調查報告，日內即可到達。

「中央社重慶十九日電」外國記者招待會今日下午三時舉行，由俞部長鴻鈞、劉次長鍇、及張參事平羣主持。記者提出詢問；張參事答覆如下：記者問：今日在華中國日本僑民共有若干？中國政府準備如何將其遣回？張參事答：日人現在中國者（包括東北及台灣在內），估計約在二百萬至五百萬之間，我政府正考慮遣送法。記者問：在東北及台灣日人經營已久之大工業

及營妓，約兩千餘人，亦隨同集中兵營附近，猶極狼狽。隴海路由洛陽至鄭州間，因黑石關橋樑未修，車抵黑石關時，旅客須步行通過壞橋，再搭車自開封至鄭州間，因經過中牟附近黃汎區，行車中斷，餘均可通行無阻。現隴海路局副局長吳士恩，已乘機抵此，即赴開封籌備接收鐵路交通事宜。

「中央社鄭州十六日電」（一）（遲到）洛陽日軍第一一〇師團約一萬人，現已集中待命。鄭州日軍第十二軍團，十七日前亦全部集中。開封、新鄉日軍，連日奉命集中。胡長官統師下之張軍長耀明，偕副軍長保國使將抵開封。第四集團軍總司令李興中將軍，十二日已進駐此間。（二）豫省府各廳處工作人員，由廳長省委率領，一行五百餘人，自洛陽抵此，定十四日赴汴。豫省府並定十五日起恢復辦公。（三）第一戰區受降典禮，將於下週內在鄭舉行，胡長官屆時到鄭主持，日軍第十二軍團司令官鷹森孝代表日軍投降。

「中央社長沙十八日電」我十八軍長胡璉，十八日開始接收長沙日軍倉庫、汽車、船舶、槍砲、及汽車材料廠，計高射砲三十門、山砲三十門、汽車一千四百輛、中型戰車四十七輛、輕型戰車二十一輛、步槍六十餘枝、砲彈二百噸。

「中央社衡陽十八日電」七十四軍軍長施中誠，在衡接收日軍倉庫，步槍二千餘、山砲三十餘門、汽車二十餘輛、進行甚為順利。

「中央社昆明十九日電」河內訊：第一方面軍司令盧漢所屬趙公武部，十一、十二、十三先後進入河內。

「中央社汕頭十八日電」余漢謀司令長官所屬部隊，已先後收復潮安、揭陽、及海豐縣城。

「中央社廣州十八日電」十三軍石覺部，奉命接受廣九鐵路，沿綫日軍投降，已於十七日開抵廣州現正在東山一帶。

「中央社南京十七日電」業經我接收之日艦一部，計七艘，昨已由滬駛抵下關附近之草鞋峽江面停泊，全部均懸中國國旗。

「中央社吉安十八日電」南昌日軍，逐次向第九戰區投降繳械。原駐南昌及其近郊之第七步兵旅團在南昌城區之一大隊，已於十五日繳械完畢，撤離城區外，其在牛行、樂化間之另一大隊，與在奉新安義間之又一大隊，悉於十八日午向指定地點集中，繼續交出輕重武器。原駐九江之第八四混成旅，及分駐長江北岸黃梅、廣濟、等縣之第十三、第五八師團第廿九、第八七兩

，將來接收後是否仍允許日本技師及技工繼續工作？『答』：政府決定接收後所有主持人員均由我國人充任，在過渡時期於必要時，少數之日本技術人員可仍留用。

周副主席與張羣繼續商談

【中央社渝十九日電】十九日下午三時，張主席羣、張部長治中、邵議員力子，與周恩來、王若飛兩氏，曾作具體之商談，並定廿日再續談。

【合衆社重慶十九日電】『過去是可靠的』大公報今晨由權威方面獲悉，國共談判已達到關於三點的部分協議。據稱兩黨都同意國策的目標厥爲和平與全國之復興，以便爲建立民主、獨立、自由與幸福的中國奠定基礎。根據這一政策，所有政黨都要受蔣委員長領導（國共兩黨地位平等）。各政黨要促進長期合作，並根據國情承認各黨的地位。第二，在國民大會召開及國民黨一黨統治廢除以前，中央政府要承認各政黨的合法地位。第三，要召開各黨黨代表及無黨派領袖參加的政治會議，以討論各政黨得以參加國民政府及其他有關問題的辦法。大公報稱：關於談判的極棘手的問題，控制軍隊及由中央政府承認共產黨控制下各地區民選地方政府的問題，並未達到協議。重慶消息靈通人士不大相信部份協議之可能性。這些人士堅稱：由國共談判的發展看來，任何一方都似乎不會同意任何使其基本要求未得解決的辦法。觀察家們並稱：不在報紙上發表會議進展情形的主要原因，在於把協議置諸衆討論之前得以慎重考慮各種錯綜複雜的因素。

國民黨軍隊進展與受降情形

【中央社渝十九日電】據軍委會九月十九日發表：（一）我新六軍廖耀湘部，接收南京城區及郊區要點（包括下關），至九月十七，已接收完畢。（二）我顧祝同司令長官所屬之陳孔道部，於九月十七日進入浙東之寧波及鎮海。（三）我孫蔚如司令長官所屬之劉振三部，現已進入鄂豫交界處之武勝關，繼續向豫南信陽推進中。（四）我胡伯翰部，於九月十七日進抵豫北之汲縣。（五）我李品仙司令長官部隊，於九月三日收復皖北之望江（安慶南）。

【中央社鄭州十二日電】（遲到）（一）鄭州、洛陽、開封、新鄉日軍，劉正集中點候第一戰區胡長官命令，正式投降繳械。鄭州城內日軍防地，經移駐於十一日起接收後，日軍已集中東南郊，聯華花園一帶待命。日僑民

混成旅團，據報均已向九江集中完畢，即行繳械。總計日第十一軍團，向薛司令長官繳械部隊，將有三萬餘人，另有軍馬八千四百餘匹。

【中央社綏西十八日電】綏省除興和一縣外，其餘各縣市均已完全收復。傅司令長官現駐前方督師。

【中央社南京十九日電】關於接收日本海軍事宜，海軍總司令陳紹寬，偕參謀長曾以鼎等赴滬躬親處理。另派李世甲少將赴台灣，劉德浦少將赴廈門，余振興上校赴青島，分別接收各該區日海軍。南京方面，則由陳安泰少將負責，已接收之日艦有『多多』、『興津』、『熱海』，『二見』，『勢多』，『鳥羽』六艦。現均駛泊駐南京八卦洲江面。

【中央社北平十九日電】何總司令電令各戰區，凡各戰區之地方保安團隊，均歸各該司令長官整編。

國民黨劃空軍受降區

【中央社南京十八日電】中國陸軍總司令部頃發表第十一號公報，原文云：日軍投降後，我空軍接收地區之劃分如次：第一地區爲南京，由孫桐崗接收。第二地區爲上海，由竺傑接收。第三地區爲杭州，由蔣翼輔接收。第四地區爲漢口，由沈延世接收。第五地區與南昌，由譚以德接收。第六地區爲廣東，由張之珍接收。第七地區爲衡陽，（包含桂林區），由徐燕謀接收。第八地區爲新鄉，由侯承封接收。第九地區爲濟南，由郭漢庭接收。第十地區爲平北，由鄒中和接收。第十一地區爲太原，由張柳強接收。第十二地區爲萬全，由丁普明接收。越南區（北緯十六度以北）由宗明階接收。台南區由張柏壽接收。台北區由林文奎接收。以上各地區空軍接收事宜，均已先後開始，正順利進行中。

何應欽在滬招待中外記者談話

【中央社滬十七日電】何總司令應欽，於十七日招待中外記者發表書面談話，即分別答覆各記者詢問。對戰爭罪犯，我國政府將如何處置？何總司令『答』：政府正進行調查中，將如何處置，本人尚未接獲命令。『問』政府對於戰爭期間與日方勾結之漢奸將如何處置？『答』政府正在調查漢奸罪行，如何處置，本人目前尚不能作具體答覆。『問』廣州與北平兩地國軍已否接收？『答』廣州國軍已到達，並已進行接收，北平我軍前進指揮所已到達，接收事宜正進行中。『問』上海市區日軍何時可完全退出？『答』約五日以後可集中於指定區域。『問』在華日軍

於投降簽字後有無違反降書條款之情事發生？『答』迄今本人尚未接獲有關此事之詳細報告，有數處地區曾發現日軍有破壞物資武器行爲，但多發生於降書簽字之前。『問』日軍此種行動，政府是否將予以懲處？『答』須詳細查明其情節後始决定辦法。『問』關於僞鈔之處置，及法幣與僞幣之折合率問題，政府擬具確定辦法否？『答』此問題甚複雜，中央研究妥善處置辦法，本人已通知滬市財政金融界，於明晨會晤，俾聽取各方報告，調查實際情形，再向中央提出建議。『問』政府對於各地僞軍將如何處置？『答』正調查彼等過去與日方勾結及擾害民衆之情形如何，然後分別予以處置，新聞界同志如獲有任何僞軍擾害民衆之確實情報，希儘量報告第三方面軍司令部，以供參考，各地僞軍過去如有擾害各國僑民之情事，亦望中外新聞界據實告知。『問』國內各地日軍何時可全部解除武裝？『答』除台灣需時較久外，其他各地均可迅事進行，爲時約在兩個月內。『問』其業經解除武裝之日軍，是否全部遣送回日？『答』一俟有船輸送時，當全部遣送回日。『問』僞組織重要份子經被抄捕者已有多少？『答』目前業已捕獲者爲數不多，除褚逆民誼、陳逆璧君已在廣州被捕外，尚有僞安徽省長高逆冠吾已被捕獲。『問』各地日軍於繳械後，是否集中處理？『答』各地日軍於武裝解除後，均集中管理，如上海日軍之集中地點爲虹口，並已規定自十七日至廿一日爲集中期限。『問』蔣主席前曾昭示中央爲實行言論自由，即將取消新聞檢查制度，上海之新聞檢查，將於何時取消？『答』俟國內日軍全部解除武裝，收復區秩序恢復後，當可取消。

傳重慶九一八紀念會
促東北各主席迅速去東北

【合衆社重慶十九日電】中國各報紙稱：在昨天紀念瀋陽事變十四週年的羣衆大會上，通過决議案，敦促各省長、市長回到各人原來的職位去，並不應委任與日本合作的任何地方政府官員。

【中央社渝十九日電】據悉：當局對十四年來力持正義，不甘屈服，流亡關內之東北同胞，至爲關懷。在流亡同胞中，公敎人員與科學技術人員數量亦復不少，更爲今後東北政治經濟之建設所急需，聞軍事委員會委員長東北行營，已令東北各省市政府，詳加調查，分別登記，一俟水陸交通恢復後，即可各就歸程，儘量分發任用，以維持東北[illegible]開發之各種事業。至對一般貧苦之東北流亡同胞，亦已令各省市政府，迅與善後救濟總署洽商籌資送回。

五與近衛文麿宮的電話呼叫，日本副首相在電話中警告謹防遭遇暗殺。以前我曾經示與日本兩位重要的反軍閥主義者的會談。他們不僅表示關切他們自己的生命安全，他們甚至警告我在撰寫破壞份子時亦須注意，他們的整個態度是對他們稱爲『日本魯莽青年』的極度恐懼，他們低聲相談，甚至當日本侍者到來時，他們相互打招呼，中止談話。以後他們佈置了另一會談，但督促在美國人看不到的地方舉行會議。當天皇威壓陸軍集團而接受波茨坦宣言條款時，至少有一部陸軍即刻計劃示威並舉行政變。這一示威在鈴木內閣相阿南領導之下，即是針對近衛所贊成的這一投降。暴動者包括許多神風攻擊隊，他們的運動特點現在可以稱爲『作法自斃的人』在此刻依然是不能控制，暴動者首先用傳單要求人民拒絕東久邇宮的投降，要求戰爭繼續進行，當天皇在麥克阿瑟將軍要求之下派遣專使赴馬尼拉時，暴動者企圖救阻這一專使，該專使已向麥克阿瑟將軍報告這一運動。據權威方面悉阿南將軍本人曾計劃率領一部陸軍向東京進軍，包圍皇宮並要求晉見天皇，在這一進軍按時開始以前三小時，天皇以命令解除其武裝而拆毀了這一運動的支柱，阿南將軍實行了切腹自殺，他所率的陸軍則推想是在新的領導下潛入地下，陸軍包括神風攻擊隊在內，是否將再度企圖舉行政變現尚不知，但一件事情是確定的，即是年代久遠的武士道集團直到最後一月不會突然放棄他們的野心，不經鬥爭即行散夥的。這些武士道集團在近代時刻已有黑洋會、黑龍會，及老戰士協會維持同樣的精神，滲入日本內政的每一方面。他們繼續企圖染指內政的最顯明證明之一是他們得以保持憲兵隊或日本的蓋斯塔波，不僅依然執行職務，而且甚至全副武裝的聰明策略。

美國擬組世界警衛軍

【中央社紐約十日專電】基督教科學箴言報華盛頓訊，美陸軍部已擬定計劃，設立世界警衛軍，以維持歐亞兩洲的和平。此計劃爲美戰後軍事政策之最詳細說明，美國建議盟國在歐亞兩洲有廣泛之合作，其對歐計劃有下列各特點：（一）一切武裝部隊均由聯合參謀總長會議指揮，（二）聯合參謀總長會議當於中歐設立總部，地點爲布拉格或維也納或波希米亞附近其他地方。（三）聯合參謀總長會議當與捷克斯拉夫磋商，將聯合國軍隊之歐洲方面軍××波希米亞。（四）聯合參謀總長會議將擬定除聯合國陸軍並聯合國海空軍計劃。以英艦隊爲聯合國大西洋艦隊之主體。（五）聯合國家或將設立兩海軍基地，其一或在石勒蘇益格及霍爾斯坦以及寇安斯哈文附近，另

宋子文抵巴黎

【路透社巴黎十九日電】中國行政院長宋子文已於十九日午後乘機由英抵巴黎。

【路透社巴黎十九日電】宋子分博士已抵巴黎，將與法國政府談判，由於越南中國軍隊總司令拒絕法國赴法屬越南代表亞歷山大進入越南而起的許多困難。此間消息靈通人士相信這些困難是由於某些當地的誤解，法國當局對於法國進入越南的代表與軍隊的遲緩大為騷亂。據說日本豢養與武裝的國民運動在破壞法國在越南的勢力方面甚為積極。今日據說法國當局感覺中美兩國政府皆不贊成阻撓亞歷山大將軍進入越南，但是他們不是××兩國在當地的屬員是與兩國政府以同樣的精神行動。宋子文博士一到此間之後即與戴高樂將軍同進午餐，遂後將進行進一步的會談。宋子文計劃明日離巴黎返國。

東久邇宮推卸戰責 偽稱他早已不願進行戰爭

【中央社東京十八日專電】東久邇宮首相稱珍琉港事變後不久，渠會擬迅速解決中日戰爭之主張，但未獲成功。在一九四三年八月及翌年三月期間，彼會派人代表勸告中國方面日軍當局，解散南京偽政府，日軍撤出中國及斡旋日本與英美間之戰爭，東久邇宮在其官邸接見記者時說話坦白直率，問其是否贊同某日方建議，中國由協助解決日本之糧食問題時，東久邇宮答稱，糧食問題亦為中國之急迫問題，期待中國直接援助日本自屬不合理，但如能得中國合作，設法自越南、泰國等獲得米及其他糧食，則與中日兩國俱屬有利。

【中央社渝十九日電】據美新聞處東京十八日電合衆社訊，日首相東久邇宮在記者招待會中稱，渠盼組織一委員會調查戰犯之責任，並認為日皇在甫將攻擊珍珠港之前，已為其右左之軍事顧問所欺騙，東久邇宮否認他會下令將任何美空軍處死或對戰俘有任何作為。

日本軍閥仍圖政變

【路透社倫敦十六日電】戈爾登。華克爾十五日自東京來電說：日本顯武主義者——戰爭鼓勵者——在佔領軍面前潛入地下。華克爾的來電會刊於倫敦極有影響的保守黨星期日週刊「觀察家」報上。他說：當美軍當局開始投捕戰爭罪犯的任務時，恐怖主義的明白徵兆瀰漫日本京城。內部政治鬥爭繼續擴大由於天皇投降決定在日本人中間所造成的裂痕，華克爾說：在美軍高級官員和許多日本名望較低的政治人物共同居住的帝國飯店內，偶聞星期

一則在北亞得里斯之阜姆或波拉以及的里雅斯特。（六）聯合國之歐洲方面軍達十萬人，其中蘇軍佔五萬人，××兩國軍隊佔八千人，其中美軍佔一萬二千人，不列顛聯合國部隊一萬二千人，其餘則為其他各國軍隊。聯合國亞洲警衛部隊之計劃如下：（一）聯合國亞洲方面軍將於朝鮮設立總部，並在朝鮮駐紮聯合國軍隊十萬人。（二）美國艦隊將為聯合國太平洋艦隊之主體，其基地將設立於朝鮮附近足之控制日本之海上交通，旅順澎湖列島中之一二島嶼或台灣之某地均可作為基地。（三）盟國佔領軍將來自日本撤退後駐於朝鮮。美、中、蘇、英、澳印各軍組成之聯合國陸軍將負統治及監察日本之責。（四）聯合國陸軍計為中國軍隊五萬人，蘇軍二萬五千人，美軍一萬人，其餘則為英、澳、印及其他各國軍隊。計劃還在原子彈未發表以前完成者，故未論及原子彈將來之使用，但至顯明者即此隸屬聯合國之初步軍事計劃，然已使地面部隊減少至最低數量，而大部份則擬依靠於機動性及有廣大活動範圍之空軍。

莫洛托夫向記者說明蘇聯對巴爾幹政策

【合衆社重慶十九日電】莫洛托夫在四十五分鐘的招待記者席上，猛力護衛蘇聯的巴爾幹政策，並表示蘇聯對意利大殖民地贊成國家託治制。溫和與微笑的外長，略表示並不全力支持南斯拉夫對的里雅斯特及其名好朱連安與克萊納附近領土的要求。他說：聯蘇（此間原文不明，可能不是如此）認為：『那些領土屬於哥羅蒂亞』是正確的，原先拉德斯哥政府是反蘇的，且亦不能依照休戰條款保持內部責任』。『大家知道，不是每一個人對羅馬尼亞、保加利亞政府都滿意，但是，我並不以為有任何政府會使每一個人都滿意』。蘇聯人民以為有許多國家，其政府之改組問題不僅是正確，而且是迫切的，但，蘇聯以與還可使用於羅馬尼亞、保加利亞和匈牙利。莫洛托夫不列舉他說的是那些國家。他說：巴爾幹行將到臨的選舉將在普選與祕密投票的基礎上舉行。他又稱：蘇聯將於『最近將來』進行選舉。關於希臘，莫托洛夫說：希臘民主政府越早成立，對希臘人和盟國就越好。

參考消息
（只供參考）
第一〇〇九號
解放日報
新華社 編
今日出一張
卅四年九月廿一日
星期五

合衆社傳渝官方稱 國共達成協議說不確 赫爾利將回去見杜魯門

【合衆社重慶廿日電】官方觀察家們認為關於「國共正草擬和平協定，此協定當赫爾利辭職時將帶回華盛頓」之說，是對於目前談判很少××的宣佈附會與不合時宜的（原電不清）。觀察家們指出：雙方都未發表公告，雖然據悉共產黨國民黨在達成的廣泛目標上已在原則上同意，但關於必須解決的基本問題——共產黨軍隊的地位、共產黨控制地區在戰爭期間選舉的地方政府的地位，何時召開國民大會與如何組成等問題尚未達到任何協議。官方人士稱：赫爾利未辭職，於謁見總統與國務卿後將決定未來之行動。赫爾利於今晨啟程赴南京之前拒絕有所評論。

【美聯社重慶廿日電】中國有權威報紙「大公報」，首次披露國共兩黨間協議的內容。該報於星期四報導：國共兩黨的談判人，都保證遵守下列原則：一個在蔣委員長領導下的兩個主要政黨具有平等地位的統一的中國底和平和建設。該報稱：已成立「某種協議」。上述協議的主要一點是召開各黨派會議以籌劃和平和全國建設，及「各黨派」參加政府。

【中央社南京廿日電】美駐華大使赫爾利將軍，二十日下午一時由渝乘專機抵此視察美大使館地址。在機場歡迎者有何總司令應欽之代表蕭毅肅、鮑××、戰地服務團主任黃仁霖，空軍第一地區司令孫桐崗等，美方有美軍作戰司令部副司令柏德諾准將等十餘人。此外，尚有新六軍儀仗隊一連。赫爾利大使於檢閱儀仗隊後，即赴空軍站進午餐。預定於赴美大使館視察後即行轉滬。

【中央社南京十八日電】盟軍中國戰區參謀長魏特梅耶將軍，十八日午由渝乘專機抵京。何總司令於下午七時在國際聯歡社設盛大晚宴，為魏氏洗塵

委員會派員接收。（二）屬於部隊防空之武器器材由中國各受降區主官接收。除分電各戰區各方面軍及航委會遵照外，並轉知各地區日本官兵善後聯絡部長遵照。

【中央社滬十六日電】十六日我接收日海軍情形，除海軍陸戰隊、海軍根據地、海軍設施部、海軍第二氣象台外，尚接收舟山路日海軍航空部、老靶子路日海軍軍法處、寶安樂路日海軍第二事務所，及武器彈藥庫兵器等多種。按日海軍第二事務所為一電訊指揮船舶飛機之秘密機關。我海軍××續接收日海軍重要設備、及浦東之彈藥武器。

【中央社南京十九日電】南京市內及郊外日軍武器連日繳交我方，定廿日派員點收。已繳械之日軍已遵照中國陸軍部命令，每步兵連准留借步槍十支，待返國時如數交還，繳械日軍已遵令開赴湯山、仙鶴門鎮、棲霞等地集中。

【中央社徐州廿日電】第十九集團軍總司令陳大慶部主[illegible]，廿日開抵徐州担任防務。

【中央社徐州廿日電】第十戰區臨泉指揮所，廿日全部移抵徐州。

【中央社徐州十九日電】徐海區接收指揮官派員十八日在指揮所接見日六十五師團參謀長折田貞重，作繳械前之具體指示。據查：該師團共官兵二萬五千人及輔助部隊等共約三萬人。徐州日僑共一萬五千人。徐州之日軍倉庫已開始接收。

【中央社滬十九日電】九四軍長牟廷芳今對中央社記者談稱：（一）本軍奉令解除滬各地區日第六一團滬防務隊及海軍陸戰隊，並担任市區警備，開始以來進展頗為順利，十八日已完全部署竣事，徒手日軍，均移送集中營。（二）滬市警備由一二一師四三師接防，已有縝密佈署。

【中央社北平廿日電】北平行營中將參謀長王鴻音、×務處處長方克猷中將，高級參謀魯濟清，秘書尹冰彥等一行廿餘人，於廿日下午二時半，由南鄭飛抵北平。

【中央社太原十三日電】（遲到）十三日上午十一時舉行之晉境日軍投降簽字，由閻長官對日軍送出命令第一號，令日軍自即日起，聽受閻長官命令。日本軍第一軍司令官陸軍中將澄田睞四郎代表陸軍少將山岡將軍，將山西地區保管兵器目錄交閻長官指定之受降代表第七集團軍總司令陸軍中將趙承綬，由趙總司令將閻長官第一號命令授與山岡參謀長，山岡受領後，旋即代

二九六

。並請交通部俞部長、社會部谷部長、暨中美高級軍官七十餘人作陪。席間何總司令致詞，對魏特梅耶將軍蒞京表示歡迎。何氏並謂此次抵抗軸心的戰爭美國的犧牲與貢獻非常重大，同盟國的勝利若非美國加入恐不能迅速獲勝。故對美國政府與人民及魏德邁將軍、與現在和過去來中國幫助中國的全體美國官兵表示感謝。旋魏特梅耶將軍致詞，大意謂：渠與蔣主席幾乎每天見面，凡事開誠相商，對於蔣主席謀國之忠，處事對人之誠懇坦白極爲欽佩。更由蔣亦深切了解美國援助中國其唯一目的在如何迅速獲得共同的勝利，渠而深切了解蔣主席的一切計劃設施，都在爲民衆謀福利，並欲使中國平民生活××。現在中美雙方均能完全了解，推誠合作，故一切能有良好之成就。

國民黨的接收與復員情形

【中央社渝廿日電】軍委會九月廿日發表公報：一、據何總司令應欽電稱：我軍接收上海於九月十四日開始，馬上可將市區接收完畢，本月底可將上海外圍全部接收完畢。至日方原有經濟金融之工廠等事業，亦正分別接收中。日方均能遵照我方規定辦理，進行頗爲順利。二、我孫蔚如司令長官所屬之何基澧部，於九月十六日接收鄂中之安陸城防。並將城內日軍獨立第八十五旅團所存一部槍砲彈藥接收完畢。同日並接收孝感城防及孝感以東平漢路車站防務。三、據薛岳司令長官電稱：魯道源部於九月十四日，已將贛省之南昌市區日軍重武器、馬匹、汽車、船舶、通訊器材及軍需倉庫等接收。十五日開始接收日軍之輕武器。四、我胡宗南司令長官，率領司令部人員，於九月十八日到達豫中之豫州。處理受降事宜。五、我劉峙司令長官，率領司令部人員，於九月十九日到達豫南之漯河處理受降事宜。

【中央社南京十九日電】中國陸軍總司令部發言人稱：國軍新編第六軍，至十九日止，已將南京全部城防及南京外圍防務完全部署完畢。原在南京及其外圍之日軍，已照指定地點集中，即行全部繳械。日軍尚未點交之倉庫，則留少數官兵守護，待候清點。首都警備日臻嚴密，交通通信皆已恢復，市面一切均呈繁榮氣象。

【中央社南京廿日電】中國陸軍總司令部，今日發表第十四號公報稱：中國陸軍總司令部於九月十九日以軍字第廿六號命令，致日本官兵善後聯絡部長官岡村寧次規定關於航空部門之接收，其原文如次：「關於航空部門接收之規定如左：（一）關於都市及機場防空之一切設備及武器器材等由中國航空

表呈送受領證。機械事宜，亦開始辦理，闊長官已派由周桂庭接收日軍之工廠、械彈庫、汽車廠、軍馬、軍犬、軍鴿等項物品均經分別點驗接收，至晚始畢。至其他區之武器接收事宜，亦將陸續辦理。

美第七艦隊至上海

【美國新聞處上海廿日電】金開德海軍上將的旗艦「羅京斯特」號，今日領導美國第七艦隊，駛入黃浦江，使美國海軍入華來首次返回上海。成千中國人，佇立於黃浦江之兩岸，以歡迎該艦隊。該艦隊由輕巡洋艦，[illegible]「格極斯哥」號、「欠爾法斯特」號，以及屬於第七艦隊之英驅逐艦數艘組成。數日內，百餘艘艦船將駛入黃浦江內，並佔領上海船塢。黃浦江僅於昨日宣佈消除了地雷。

合衆社轉播我軍一月戰績

【合衆社重慶廿日電】共產黨消息稱：自八月十一日至九月十一日，他們的軍隊在解放區九省中，收復一百五十六座城市，內有察哈爾省會張家口與五個海河港口。該消息稱：俘日軍二百，僞軍九萬，另有三萬僞軍投降。戰利品包括步槍與短槍十萬支，機關槍二千挺，火車頭十七座，兩大兵工廠，十三處煤礦區。

傳希特勒逃往日本

【合衆社蘆湖十八日電】東京遍傳希特勒於德國投降及日本投降之四個月中，已乘潛艇駛抵日本。蓋於潛艇抵橫須賀海軍基地後，立即由鄉間小道抵此。

阿特里關於印度問題廣播演說的全文

【路透社倫敦十九日電】以下是阿特里今夜關於印度問題的廣播演說全文：「英王在新國會開幕典禮上的演說中有這樣一段：『依照向我印度人民所已作之諾言，我的政府將協同印度輿論界的領袖盡其最大的努力，以早日實現印度的完全自治』。政府在就職以後，立即注意了印度問題，並邀請印督返國，以便和他研討全盤的經濟及政治形勢。這些討論現已結束，總督已回至印度並已×××政策。你們會記得，聯合內閣在一九四二年曾擬就一宣言草案，以便與印度各個領袖商談，這就是一般人所謂的克里浦斯建議。他建議說，在戰爭一旦結束後，即應採取各種步驟，以便在印度建立選舉出來的機關，負責擬制印度新憲法之任務。克里浦斯爵士把這個建議帶至印度，但很不幸的，它未爲印度各政黨的領袖所接受；但政府則仍依照其精神及意志行動。第一個必要的步驟，是盡可能迅速與

民主地產生印度人民的代表。戰爭在印度也像在英國一樣，長期阻止選舉的進行，現在，中央與省的立法機關必須換成新的了。因此，如同已經宣過的，今冬將在印度舉行選舉。選舉名冊在時間允許下將儘可予以校正，俾臻完全，並將盡一切力量保證自由與公正的選舉。總督今日已公佈我們以積極辦法進行選舉的意志，以建立印度國民議會，選舉代表負責擬定新憲法。政府已授權魏菲爾勳爵與各省新立法機關的代表（一俟他們選出之後）舉行初步會談，以確定克里浦斯的建議是否可以接受以及是否願意採取其他道路及修正的計劃。同時，他將與印度各土邦的代表舉行討論。政府復授權總督在選舉之後，採取各種步驟成立行政委員會，作為臨時的措施，該委員會將具有各主要政黨的支持，以便印度將處理它自己的社會及經濟問題，並將在建立世界新秩序中，盡其充分的作用。包含在一九四二年宣言中的英國對印政策的廣泛解釋，非常充分與明確，並為英國一切政黨所支持。這一宣言預見英國將與立憲機關之間談判條約。可以在這裏說，在這個條約中，我們將不想在上面規定任何不適合於印度利益的東西。沒有一個了解印度問題的人，會過低估計在立憲機關之成立及順利進行工作方面，將須克服的各種困難。印度人民的當選代表在製訂包含四萬萬餘人大陸的宣傳中，將遇到更大的困難。在戰爭中，印度戰鬥人員在擊敗暴虐與侵略者方面，會在歐洲、非洲及亞洲表現出輝煌的作用。印度與其他聯合國一起，已充份分担了挽救自由與民主的任務。勝利是由於團結及全體決心放棄其分歧意見而得來的，如此方可達到最高的目標——勝利。我願要求一切印度人學習這個偉大的範例，共同努力以製定多數及少數民族均認為是公正的憲法，在此憲法之中，無論各土邦及各省，均能找出其地位。英國政府將盡其最大力量，在其權力範圍內盡力予以一切幫助。印度可確定，它將獲得英國人民的同情』。

倫敦與印度有關各方面對英國印度新政策之反應

『路透社倫敦十九日電』此間與印度有密切關係的各方面，對於英國政府對印度新計劃的首次反應是清楚的。東印度協會書記弗蘭克．布朗爵士說：『阿特里的講演顯示巨大的歸趨，並且表示英國政府的決心遵循為適應變化的情況而加以調整的克利浦斯政策。』著名的回教作家係英國回教社會領袖阿里．沙奎爾爵士說：他對於儘早成立起草憲法的團體之着重指出，印象特別深刻。工黨國會議員，著名印度同盟會員索倫森，强調這一團體的建立應是印度

政府及印緬戰區盟軍總部常保聯絡。與菅氏共同工作者有現任總理班儂克特游擊隊領袖及警察長德迦頓特。戰略參謀處曾訓練美人及泰人作秘密工作，英國亦訓練此種人員供應品與工作人員的運送方法，以潛艇或飛船用降落傘在泰境各秘密機場着陸，並有從中國由陸路經越南運至泰境者。日本投降前戰略參謀處已建立叢林游擊營十二處，準備對日軍作普遍攻擊，戰爭結束前參謀處美軍官多人在七千日軍駐防下之盤谷城中心居住達數月之久，而未被發覺。他自居室的窗戶可窺見街上日軍的行動。與戰略參謀處錫蘭基地則有無綫電保持聯絡，此種特務工作網使盟軍對當地日軍任何行動隨時獲知，泰國實為能直接獲知日方消息少數來源之一。

『美新聞處華盛頓八日電』泰國代表團今晚稱，泰國新政府於日軍全體解除武裝後，即將組織戰罪調查委員會，上列聲明係泰國文官長鑾[illegible]所發表。他係反日地下活動的領袖。鑾氏並謂叛國罪犯的名單正在編查中，此項名單內將包括泰國前總理鑾披汶，因他曾於一九三八年篡奪政權，並於一九四一年引日寇進入泰國。此外泰駐日大使梵達喀、將親納粹及親日思想傳入各學校中之教育部長孟說里及無綫電台長萊加達等均將受審。

『合衆社華盛頓九日電』泰公使館頃宣佈，泰政府已通令全國，嗣後泰國對外仍稱暹羅，泰人則仍稱暹羅人。

爪哇現狀——共產黨活躍

『合衆社巴達維亞十三日電』合衆社（編者按：下列是爪哇被佔後荷屬東印度合衆社記者所寫的第一個電報，由爪哇人荷蘭皇家陸軍加第爾上校帶至新加坡。）合衆社記者鮑威爾報導：我在日本佔領爪哇下是活下來了，但身體還沒有損壞。我逃避了土牢及日本秘密警察，在整個佔領期間藏在萬隆郊外的森林中，收集大量的情報。我現在已負起荷屬東印合衆社經理的工作，這個工作於一九四二年三月被迫放棄。我是獲准在這個島嶼上工作的唯一外國記者。我必須要警告盟國，他們的部隊在爪哇登陸時，他們應預料到有抵抗，因為鄉間沸騰着反對荷蘭人的騷動，並企圖驅逐一切歐洲人，而日本人則坐視不管，不採取任何行動來應付形勢，雖然蒙特巴頓曾下令結束所謂『印度共和國』的喜劇。荷蘭的高級官員仍被監禁於此，甚至對於交通及食品、藥品分配等問題，亦不准向日本官員有何建議，這些供應品有一部份已被日軍所故意破壞。形勢仍在日益嚴重，人們死於監獄之中，其條件非人們所能想像。糾紛的根源在於混亂的政治形勢，此種形勢自民族主義領

各政黨的責任。著名社會主義者羅素說：『我的第一個反應是極好的。』印緬協會書記赫蘭德說：『這些建議意味着給予新憲法的每一試行機會的長期政策。』被認為世界領導的憲法專家之一的海勒勳爵說：『我歡迎印當局承認重心依然在印度的事實。我歡迎這一事實是因為不是與主要政黨舉行會談，而是與各省的代表舉行會談，首先是處理對印度人民廣大羣衆最重要的問題。』印人國會議員委員會主席晉林．B．西爾在他也聽到阿特里廣播前拒絕評論。他說：『那末我遵從眞實的情景。』

魏菲爾倫敦之行未令人失望

【路透社倫敦廿日電】觀察家週刊本週社論中說：在印度和英國對魏菲爾勳爵訪倫敦之行，曾望殷切的人們並未失望，觀察家報繼說：在戰爭結束以後儘早的時刻，政府與魏菲爾勳爵已進行了充分實行一九四二年一切諾許的佈置。魏菲爾勳爵對印度各政黨領袖的親切態度，在建立更好的感情上已有裨益。這種感情，將由一忠實的行為所無限加强，政府已信實表示，其給予印度一切機會決定擬就印度的憲法。目前尚有一段困難的時間——特別是對印度各領袖是困難的，他們對於他們的分歧必須覓得妥協的道路，並設計一滿意的憲法。充分的自治領地位，如果他們將採納時，則已在他們掌握中，如果他們寧擇那一低級地位，則實際上是獨立。（這是建立在英國建議與起草憲法團體談判之條約之上）新政治家與民族雜誌評論道：『如果印度人現在認識到解決印度問題正是工黨政府的堅決意志，則少數民族將了解阻撓的策略不能獲得更多的東西。克利浦斯建議已行修正，而已不再是堅牢不移的方式。在選舉之後，恢復建立基於各主要政黨支持之上的中央政府的企圖，是更加容易。『擬規定各土邦以及各省的代表將咨商程序問題。這或是已經克服的最困難的障礙。』一個工黨政府之能無條件地接受各土邦王公指定的人，作為印度人民的代表。』

美戰略參謀處公佈：泰國為盟國反日的間諜

【合衆社華盛頓十日電】美戰略參謀處公佈泰國會長期作日本卵翼下的傀儡，惟現可向世人公佈者，該國在日軍佔領期間，實為盟國的秘密份子與日人作對的間諜。戰略參謀處此項公佈，係在貝納斯國務卿接受泰國撤回對美國作戰的宣言後二星期。戰略參謀處稱，泰執政者拉迪特表面上會與日本合作，實則深不斷反抗日本。藉戰略參謀處及英國當局為媒介，與美國務院英國

袖蘇加諾於八月十七日宣佈『共和國』以來，更不斷惡化。印度尼西亞人現在分為三個集團：第一、是仍然忠實於荷蘭的集團，第二、是蘇加諾的民族主義者，第三、與蘇加諾分裂的民族主義者集團，他們參加共產黨的殘餘，（這些共產黨約在廿年前撥動了反荷蘭人的叛亂）。最後這個集團（據信該集團已經增强並由背叛的日本軍官領導）正計劃反對盟國的游擊抗戰。他們在『黑扇』名義之下，在爪哇西部、中部及東部建立司令部，現正忙於收集武器、石油及其他供應品，並承認準備『長期游擊戰爭』。有三個發報台每日進行猛烈的反日反荷蘭宣傳，稱日本人為同盟國的警察，說『我們不想受荷蘭的統治』。同時，印度尼西亞的著名人物已被威脅以死刑，因為他們不支持民族運動。這個集團對於日本人及歐洲人一樣的不加分別。歐洲人開始感覺非常不舒服，尤其是因為他們不准許攜帶武器，而且我由於寫了這篇通訊，可能是他們黑名單上的第一名。在英國巡洋艦從錫蘭開往丹容不綠克（巴達維亞的港口），並將其大砲瞄準城市時，我們將感覺更好些，但非至九月十六日左右，這個辦不到的。少數飛機在頭上顯示力量將有所幫助。同時，蘇加諾正盡一切力量來使其政府合法化，他在接見我時强調說，日本人並不支持他起來握取政權，但有强烈的象徵顯示，幕後尚有某種原因支持日本允許獨立以保持面子——雖然它是在日本投降以後發生的。當我問日本人，他們對執行蒙特巴頓結束『共和國』這命令正做些什麽時，一日本參謀官告稱，爪哇日本有它自己的計劃，這個計劃『將能令人滿意。』

參考消息

（只供參考）

第一〇一〇號

解放日報 新華社 編

今日出一張

卅四年九月廿二日

星期六

美代理國務卿說：接到赫爾利關於國共談判報告

【中央社華盛頓十九日專電】據代理國務卿亞澤遜稱：國務院已接到美駐華大使赫爾利關於中央政府與中共商談之樂觀報告，赫爾利雖已將商談大體情形告知國務院，但尚有細節未經發表，華盛頓各報今日均以顯著地位刊載中央與中共即將獲得協議之消息。亞澤遜稱：渠對外傳赫爾利即將辭職之事，尚無所聞，但赫爾利不久確將返美。杜魯門總統上週亦確言渠尚不知赫爾利曾呈請辭職之消息。但赫爾利確曾請求返美。

【中央社華盛頓十九日合眾社電】美代理國務卿亞澤遜告記者稱：美駐華大使赫爾利向國務院所提關於中國國民政府與中國共產黨間之商談報告書，曾表樂觀，據稱談判將順利結束。亞氏並稱：赫爾利將在華府與當局磋商後再返重慶任所。

【美新聞處華盛頓十九日電】美代理國務卿亞澤遜今在記者招待會中稱：外傳駐華大使赫爾利行將辭職一節，毫無根據。國務院曾囑赫爾利密切注意中國國共之商談，赫爾利極盼協議可望成立，且甚樂觀。

【中央社滬廿一日電】美大使赫爾利抵滬後，廿一日偕第七艦隊司令金開德上將、滬美軍司令部魏爾德少將、及總部×恩琳赴市府訪晤錢市長，談話廿分鐘。美大使辭去後，即赴機場，錢市長及金開德上將均赴機場歡送。美大使於十一時起飛返渝。

【中央社重慶廿一日電】張主席羣、張部長治中、邵秘書長力子、廿一日上午與周恩來、王若飛兩氏就具體問題，繼續商談。

【合眾社重慶廿一日電】美大使赫爾利，在南京視察美國大使館館址，並

問題】處理一九三一侵略滿洲至珍珠港事變期間負責侵略戰爭之人負重較懲罰戰爭期間違反國際法之個人更為重要。這些人固然必須找到予以懲罰，但注意力不能只集中在他們身上，而處心積慮計劃並發動戰爭的人則逃去他們應得的懲罰。王氏稱，日本天皇是否包括在這一類中，在中國仍是意見分歧的問題。除非關於此點現正收集的證據已達到完全時，那麼日皇責任的程度是不可能切確證實的。當詢以他是否認為日本人民意志的真正表示在可以預見的將來即屬可能之時，王氏說，且前日本國內形勢之相當有秩序，使這點似乎是可能的，但是日本出名的常常發生叛亂事件，因此要說明現在的平靜是否將支持至選舉實際上可能之時，尚屬過早。關於日本的經濟前途，王氏宣佈，雖然遠東盟國聯合賠償委員會，尚未仿傚對德賠償委員會之榜樣設立起來，但中國政府正與其他盟國交換關於遠東賠償的廣泛問題的意見。在同瀏中國對日本的正當要求幾乎是不可衡量時，王氏說，中國將不舉行報復的政策。中國幾乎沒有一個重要的城市、工廠或鐵路未受日本的損害，而一千五百萬人則被迫拋棄他們的家園。王氏預料，中國將沒收日本在滿洲的工廠以求得賠償。盟國已同意日本不應保持能夠使它準備戰爭的工業。某種委員會將在當地決定日本國內那些工業應予停止或××××。同時，盟國必須保證日本人民能夠生活，而且具有七千萬人口的日本，必須保留某些和平的工業活動。關於外交，王氏說：中國將繼續堅持此種信念，即各大國在和平中必須如在戰爭中一樣，儘可能親密與忠誠地合作，中國絕不相信拉攏一個盟國反對另一個盟國的政策。

舊金山致公黨主張民主團結

【本報訊】據西路報八月十四日載舊金山廣播，在舊金山之中國民憲黨與中國洪門致公黨兩黨致電參政會，反對國內武裝衝突，呼籲立即採取步驟，促進國內協調，以為民主政治奠立基礎。又據該報十八日載致公黨致電民主同盟總部，「對民主同盟主張民主團結，反對內戰，召開政治會議，組織舉國一致政府，表示熱誠擁護。」（R）

英美送軍艦給中國

【路透社重慶廿一日電】美國政府已給中國八艘軍艦——四艘驅逐艦，四艘潛水艦。這些軍艦將由中國人駕駛，預期將於下六週內駛入中國海面。希海軍少將今晚說：英國已表明它將送給中國一艘七千噸重的巡洋艦，兩艘驅逐艦

在上海與美商人作簡短談話後，於今日下午乘飛機返抵重慶。他說南京美國大使館實際上無何變動，只有某些傢俱及燈架被取去而已。

【美國新聞處上海十九日電】魏特梅耶中將，今日自南京飛抵上海，在南京時他曾目擊中國軍佔其戰前的首都。魏特梅耶將於數日內在上海建立總部。

【中央社華盛頓十九日專電】美國務院已完成在上海重設總領事之計劃。據本日訊，祝思琳已受任爲駐滬總領事，祝氏已啓程赴任，預料數日內可抵滬。該總領事館其他職員廿人，亦將於本週內乘輪赴滬。

王世杰在英談話

【路透社倫敦廿一日電】路透社外交訪員曼吉奧特報導：中國外長王世杰博士今日於專門接見路透社記者時稱，他認爲中國政府和延安共產黨間在廣泛原則上的協定，能在今後數週內達成。他說這種解決可能是一切黨派爲了建國的休戰，不僅是政府與中共之間，而是政府與其他政黨之間。他說，關於共產黨軍隊問題的協定，將包含於總解決方案之中，因爲它是不可分開地和政治問題混在一起的。當國共談判於十八個月前開始時即負責此事王博士認爲：迄今解決辦法之所以證明困難，大部份是由於蔣介石委員長和共產黨領袖毛澤東以前談判中從未會見的緣故。目前的談判則是兩位領袖十九年來的第一次親自接觸。王氏相信，他們會談的進展使人有根據可以希望：他們將能採取迅速而廣泛的決定，並在全部問題上達到協議。王氏說，另一個推動的因素是極爲有力的公共輿論之出現，即在戰爭結束之後，全國團結是絕對需要的。在中國政府決定實行，作爲緊急重建措施之改革中有：（一）減低農民的地租百分之廿五，（二）由農民銀行（在一九三七年中日戰爭爆發前不久成立的國家銀行之一）貸款給農民，以便使他們能購買他們目前租佃的土地。王博士希望，如果這兩個辦法實行時，將足可對付共產黨的一貫批評，即重慶統治下中國地區的土地改革是空頭支票。關於日本政治及行政的前途，王博士說，中國政府的意見是，這些在以自由選舉成立代議性的國體後，必須由日本人民來決定。如果盟國仿效日本在它佔領國家中的那些辦法，或樹立在人民中沒有生根的傀儡政府，中國將認爲這是盟國的錯誤。中國認爲，戰爭罪行

與若干砲艇。希海繼稱：如果聯合國送給中國足夠的軍艦，它能夠替聯合國進行巡邏遠東海面的重大任務。

【中央社廣州廿一日電】英海軍上將福萊塞今以訪問我當局完畢，十時許離省返港，張司令官、羅主席、陳市長均到碼頭送行。

泰晤士報評宋子文訪美加英

【中央社倫敦十九日專電】倫敦泰晤士報今日社論稱：中國宋子文院長來此深爲歡迎，並得使中英兩國基於共同利益與經濟及政治上有交換意見之機會。在諸強國中，中國於反抗侵略者維護世界安全中，犧牲最大，而受害尤重，欲謀國家之復興，有賴盟國之援助。中國爲遠東之棟樑，必須樹立近代化經濟機體，並充分利用其無盡之物資。聯合國家亟盼中國能完成其基業。宋氏於中蘇協訂定立後，即訪問美加英三國，並將赴法。推其原因約有二端，即加强中國及西方諸盟國間之友好關係，及確定各盟國對於中國殘破經濟之復員上所加援助之性質及範圍。中國是否能於日本方面獲得賠款以償付其所遭受之龐大損失，目下尚難斷言，然而中國自當儘量要求賠償，且此項要求必爲各方重視。中國目前需要××，全國遭受通貨膨脹，國內資本既少，消耗物品尤缺，然其民族精神恰爲發揚，××咸決議建立其國家於：（一）國家獨立，（二）民主政治，（三）經濟革新三項基礎之上。中國反對侵略英勇作戰，業已獲得各盟國一致之感戴與敬仰。

【合衆社巴黎十六日電】宋院長將於十九日晨抵巴黎，將爲戴高樂比道爾等之上賓。宋氏將與法商經濟問題、恢復中法貿易與法在華權益。越南在會談中，將佔重要地位，法可能放棄在華特權，交還租界。發言人稱：渴望兩國關係達到絕對互惠之平等基礎上。並稱宋院長可望於離巴黎後仍返倫敦。

李延年代表抵濟南

【中央社記者劉德寬十九日電】第十一戰區副司令長官部前進指揮所，業於十六日晨進入山東，到達濟南。第十一戰區副司令長官李延年中將，奉命担任接受濟南、青島、德州區日軍投降。派楊副司令業孔中將，爲前進指揮所主任，率同高級參謀傅逵、劉欽禮、參議張雪山、徐本祖、參謀董士明、趙

錫武、馬錫瑞等官員，共計卅六人。於十六日上午七時十五分，乘航空會運輸機一架，自臨泉起飛，於九時半到達濟南。飛機在濟南市上空盤旋一周，平安降落，魯省主席何思源，率幕僚多人在機場迎接，日方代表歡迎者爲第四十三軍參謀長寒川大佐、高級參謀中村大佐等。指揮所設於大明湖畔之省立圖書館，即日開始辦公。日四十三軍長細川中將，於十六日下午三時率同高級幕僚十四人，赴指揮所首次晉謁楊主任，並指定寒川參謀長每日與指揮所聯絡。十七日起，日方即遵令將各項表冊一一呈送指揮所，並派主管人員到所分別報告各項情形，及準備繳械事宜。刻山東境內日軍正分向濟南、青島、德州三區集中，準備聽命繳械。在繳械以前，各重要據點之治安，及津浦、膠濟兩鐵交通，仍由日軍負責維持，以待國軍主力之到來。關於接收之準備，連日進行甚爲順利，預計大軍到達後，即可正式接收。目前我方奉命入魯之精銳部隊，均已分途出發，藍速趕來濟南，不久即可到達。李副長官原駐節防楊，最近亦已啓程赴歸德，轉道來濟主持濟南之受降典禮。

李延年到徐州

【中央社徐州廿一日電】第十戰區副長官李延年，廿一日上午四時半由商邱乘專車抵徐州。

【中央社重慶廿一日電】軍委會九月二十一日發表：我劉峙司令長官之陳鼎勛部，於九月十六進至豫東隴海鐵路綫上之柳河（蘭封東），曹福林部正接收豫中之許昌防務。

【中央社吉安廿日電】第一集團軍總司令孫渡定二十一日赴九江，指揮楊宏毅軍，接受該地區日軍之投降繳械，原駐九江之日軍第八四旅團，二十二日前可繳械完畢。其他應向第九戰區投降繳械之兩師兩旅，由長江北岸向九江集中。

【中央社南昌二十日電】前進指揮所已將南昌市區順利接收完竣，魯道源部十師，二十日由市區移向郊外，另有步兵數團開往牛行、樂化。日第七旅團徒手兵現集中樂化以北地區。

【中央社長沙廿日電】長衡地區日軍約十五萬餘，廿一日起開始解除武裝。長沙日軍繳械後，王司令指定撈刀河以北爲其集中地區。在長日警備部隊指定以椰梨市爲集中地區。

【中央社長沙廿一日電】湘主席吳奇偉昨日由湘西抵長沙。據吳氏語記者

命入城。本日參加檢閱之部隊，總數達二百八以上，雖經多日行軍疲勞，但精神飽滿，無疲憊之像，受檢閱者概爲游擊部隊中之勁旅，其彈藥頗爲充足，且已獲得部份補充，故士氣益爲煥發。楊主任何主席於檢閱時，曾致訓詞勉勵，並囑恪守軍紀，爲國効力，保護民衆，至下午一時許始返城。

陳誠飛蓉

【中央社成都二十日電】軍政部陳部長，今十一時偕夫人飛抵蓉垣，萬教育長亦返省。

【中央社滬廿一日電】社會部谷部長正綱、交通部長俞飛鵬、經濟部何次長廉、社會部勞動局賀局長衷寒、戰時生產局採辦處長宋滄澄廿一日下午二時四十分由京飛抵滬。

渝寧通航消息

【中央社渝廿一日電】長江恢復航行一事，現宜昌以上一段水雷已由海軍總司令部掃除完竣，由海關將航標恢復。漢滬一段，日軍已掃二百公尺之正面航路，三千噸輪船可以通行。至宜漢段之掃雷工作，亦經由主管機關進行，海關並已選派測量，復標人員運輸器材到達宜昌。

【中央社漢口廿一日電】民聯號輪，於十五日由渝開航，歷時五日，已於十九日駛抵漢口。該輪係爲民生公司，載重千噸以上，約可載乘客八百餘人，該公司爲作安全之試航，特減少乘客，及載重半噸左右。

【中央社渝廿一日電】據悉民聯輪廿一日已離漢駛京，廿三日可望到達。又民熙輪今晨離蕪湖。本日可抵京。

褚逆民誼等押交張發奎軍部

【中央社廣州廿日電】陳逆璧君、褚逆民誼、僞民總長周應湘、財廳長汪宗源、建廳長李蔭南、教廳長陳良炯、參事徐義宗、高齊賢、褚逆及汪逆精衛之婿何文傑，於今日運送第二方面軍司令部，張司令官派秘書長麥朝、正處長梁一飛、李漢冲會同點驗收押。

【中央社渝廿一日電】參政員曾琦，自民國卅年香港淪陷潛身滬平，最近始由太原乘機赴西安，廿一日下午五時由寶雞乘機抵渝。

英法美聯合公報 建設希臘先行大選

【路透社倫敦十九日電】英國、法國與美國已發表聯合聲明，建議希臘政府應在關於君主立憲問題的全面投票之前

【中央社長沙廿一日電】湘主席吳奇偉昨日由湘西抵長沙。據吳氏語記者：本人此次經湘西來長，過邵陽、衡陽時，目擊沿途田園旱蕪，廬舍坵墟，至為軫念，曾各發急賑費五百萬元，責成各專員縣市長連同中央前發寇災賑款，妥為運用發放，以惠難胞。並將各地災況詳報中央。並：（一）電蔣主席加撥急賑費十萬萬元；（二）電善後救濟總署迅速設湖南分署機構，酌發大量款物、藥品，以應急需；（三）電請軍政部陳部長撥給從日軍繳得之卡車三百輛，接運難胞還鄉，協助交通復員。

【中央社漢口十九日電】武漢警備司令部業已成立，第六戰區副長官郭懺兼總司令，廿一日先行到部視事，副總司令一職業經發表，由第十集團軍副總司令彭善充任。

【中央社漢口廿日電】中宣部武漢特派員王亞明，及接收專員魏珩等，陳及生等，於昨日下午乘民聯輪抵漢，已覓定漢口舊法界河邊街九號為辦公處，即將開始工作。

【中央社滬二十日電】京滬區金融特派員公署二十日下午三時委派劉天可、李茯莊二氏，由第三方面軍總司令派員協助，至南京路四川路口接收朝鮮銀行，接收工作尚稱順利。又據中央社記者探悉，該署三十日舉行會議，決定關於接收日方銀行之辦法如下：（一）台灣銀行由中國農民銀行接收；（二）正金銀行由中國銀行接收；（三）住友銀行由交通銀行接收；（四）三井、三菱銀行由中央信托局接收。

【中央社南京廿日電】中國陸軍總司令部今日發表第十三號公報稱：中央陸軍總司令何應欽將軍，於九月十九日以誠字第十九號訓令致中國戰區日本官兵善後總聯絡部長官岡村寧次，原文如次：『查日本憲兵組織內之一四二〇特種別動隊，應立即集中南京，由貴官負責監視，而造冊呈報本部處理。又日本在中國之整個諜報組織，亦應由貴官員負責澈底解散，事後如有上二項組織份子活動情事發生，貴官應負其責，希即遵照辦理具報。』

何思源在濟南檢閱偽軍

【中央社記者劉德溪濟南十九日電】前總指揮所楊主任業孔、省府何主席思源，十九日上午八時率幕僚多人，赴濟南市外檢閱投誠各游擊部隊。自日本投降後，我在魯境各地之游擊部隊奉命向交通線及各大城市附近集中，準備接收日軍防務，其中一部份已集中濟南郊區，待

舉行大選。這標幟着打破希臘政治僵局的決定的步驟，因為前此達到代議性更廣泛的政府之選舉的一切進展皆為先後次序不能同意而延擱。君主派主張先舉行全民投票，為支持這一主張曾引用瓦爾基薩協定（齊拉蒂拉政府與人民解放陣綫於今年二月國內糾紛結束時所簽訂的協定），君主派曾廢棄這一協定，認為是政府對人民解放陣綫的讓步，而現在他們又擁護這一協定，僅能由下述的信念來解釋，即是先舉行大選，繼行全民投票時，他們將處於必勝之地位，聯合公報是在三國外長之間諮詢之後所發表，當達瑪斯金諾斯主教訪問時，三國外長會皆與之會談，毫無疑問，達瑪斯金諾斯主教返回希臘時，將處於有力的地位建議政府進行大選的準備工作。今冬之前是否能夠舉行大選尚須試目以待。國內安謐最近已由英軍訓練的民警，以代替為左派控制之待遇不平與恐嚇的國民警衛隊而大為改進。新的警察則分配至各村。剛發表的公報有助於糾正在希臘所散佈的一種印象，即是英國實際上力圖在選舉的國會證明喬治國王返國為人民意志以前，保證喬治國王返國。另一個是以消除左派以抵制選舉相威脅的步驟，是新陸長米林第蒂斯所進行的參謀部改組。無疑的，攝政在回國後，將會受到其政敵的攻擊，謠責他進入政治舞台，並由於這一公報的結果而保存其攝政權。但相信希臘絕大多數人民將歡迎這一準備大選的機會，大選的準備工作絕不會由全民投票所阻礙。

佛朗哥內閣會議四項決定

【合衆社瑪德里十二日電】西班內閣會議四日商得下列四項決定：一、取消法西斯敬禮；二、宣佈任命前外部次長卡斯蒂羅為駐丹吉爾總領事；三、批准決定施行選舉調查之法令，此顯示其有進行選舉之意向；四、成立一委員會，並於內閣下設一部長準備澈底施行最近擬定之法案。

參考消息
（只供參考）
第一〇一一號
解放日報 新華社 編
今日出半張
卅四年九月廿三日
星期日

毛主席答路透社記者

【路透社重慶二十二日電】中國共產黨領袖毛澤東告路透社記者，他對目前正在進行的團結談判的結果有信心。他說：『這次談判不能破裂』。內戰必須由協定而避免，因為這將是根據中國執政黨的利益。記者問：（掉了）毛氏答：×××和平建設及其他政策，所以內戰必須絕對避免。（二）問：中國共產黨為要達到協定準備作何種讓步？答：在全國實現和平、民主與團結的條件之下，中國共產黨準備作重要的讓步，包括縮減軍隊。（三）問：為要滿足共產黨的要求，中央政府方面需要作何種妥協或讓步？答：中國共產黨要求國民黨政府承認解放區民選的政府及人民軍隊，准許他們參加接受日本投降，嚴懲漢奸和偽軍，公平合理的改編軍隊，保護人民的自由與權力，及建立民主政府。（四）問：你覺得目前的會談能達到解決，或者甚至是暫時的協定嗎？答：我深信談判必有成果，我相信由於相互的努力與讓步所達到的協定不是暫時性質的協定，而是將產生一個保證長期和平建設的協定。（五）問：如果目前的會談破裂了，國共問題能夠不流血而獲得解決嗎？答：我不相信談判會破裂。不管在何種條件下中國共產黨將堅持其避免內戰的政策。可能有許多困難，但困難能夠克服。路透社記者繼稱，雖然關於國共三週談判所達到之具體決定仍被保持緘默，但雙方謂蔣介石主席及共產黨領袖毛澤東已在某些問題達到協議之有資格聲明，一般認為是結果圓滿的徵兆。（下缺）

李品仙到徐州

【中央社渝二十二日電】據軍委會九月廿二日發表：（一）我盧汗司令官所屬之黃濤部隊，現已進至越南之海防附近。（二）我李品仙司令長官，於九月十七日首途赴皖北之蚌埠，及蘇北之徐州，處理受降事宜。李長官所屬之張光煒部，於同日進入皖省會安慶，並開始接收城內防務。鍾化部十六日進抵皖北之全椒。（三）我孫蔚如司令長官部隊現已將鄂省之襄河西岸及城市防務完全接收。

【中央社濟南二十日電】魯省府、濟南市府連日正準備接收偽組織，日內即將開始接收。魯主席何思源係於本月一日由昌樂兼程抵濟，曾受濟南市民之熱烈歡迎。省府各廳長亦先後抵濟，濟市長張金銘於上月下旬到達濟南，開始各種準備工作。據何主席對中央社記者談，省府自三十三年遷移阜陽，山東即陷於支離破碎之黑暗時代，然一般人心對最後勝利信念迄未動搖，本人奉命主魯，曾受蔣主席宣示省府一定遷入省境，本人於二月即作入魯佈置，六月十三日先赴魯西，七月赴魯北，繼由壽光轉昌樂。日本投降後乃由昌樂來濟，沿途歷經艱險，官兵均感疲憊。然現以最大決心衝破難關，到淪陷將近八載之濟南，今後當本中央意旨努力安定魯省，昭蘇人民，為建國工作有所盡力。

【中央社北平二十二日電】中央廣播事業管理處所派平津接受專員黃師道及工程師齊昌鼎已離宣傳部。特派員張明煒於日前蒞平，負責接收華北所有敵偽廣播事業。已設立接收專員辦事處，開始準備接收工作。

【中央社北平廿二日電】北平中央社定廿三日發稿。日本同盟社華北總局及其附屬之中華通訊社已由中央社接收竣事。

【中央社漢口廿二日電】中宣部特派員王亞明、及接收專員魏紹徵、陳友生等，業於二十二日開始接收此間敵偽廣播電台及有關宣傳新聞等機構。此事業經第六戰區司令長官部以接字第八號通報，致日本武漢區連聯部岡部約三郎。

鄭州舉行受降

【中央社鄭州廿二日電】日軍簽降式今晨九時在我前進指揮所內舉行，歷時一刻。胡長官宗南偕裴副長官昌會、高副長官樹勳、馬副長官法五、劉主席茂恩、暨參謀長范漢傑、副參謀長李昆岡親臨主持。日軍代表為十二軍團司令官鷹森孝、及其參謀長中山源夫等，觀禮人員盟方有包瑞德上校、魏爾遜中校等，我方有王總司令仲廉、杜總司令興中、及張軍長耀明等。簽降式畢，齊赴市郊舉行升旗禮，午由豫省黨政軍團代表劉錫五、劉茂恩等在專署歡宴到會中外人士。下午四時，胡長官舉行茶會招待參加人員，現汴、新、鄭、洛日軍六萬餘，均已集中竣事，待命繳械。

滬發頒戒嚴令

【中央社滬廿二日電】淞滬警備司令部於本日上午在市府會議廳召開警備

會議，到九四軍楊副軍長文琛，警察局徐督察處長維新、上海憲兵隊姜吳公、市黨部姜夢麟、青年團書記曹俊，李副司令友蘭等由錢參總司令大鈞主席，決定有關警備事項甚多，計：（一）警備區域暫以上海、吳淞為核心，以崇明島、瀏河、淞江、金山衛以東之地區為外衛。（二）應即佈發戒嚴令，非持通行證之人員及車船不准通行。（三）每週舉行警備會議一次。（四）非經本部下令，任何機關均不得擅自施行拘捕人犯，與查封沒收公私財產。（五）散失民間武器及軍用品，應迅速呈繳。（六）游擊部隊不准進駐市區。（七）軍警機關在滬設立辦事處，應報部備案。

【中央社綏西廿三日電】遲到（一）綏遠全省各縣除清水河一縣外，業已完全光復。（二）傅主席決定即將加強綏西水利工程，並在綏西特設師範及中學各一所。（三）中央派紀負甫為東北蒙旗聯絡專員，紀氏率工作人員於十二日抵五原晉謁傅長官請示工作。

陳誠在蓉視察軍校

【中央社成都廿二日電】軍政部陳部長二十二日八時視察中央軍校，校閱戰鬥訓練，對於軍校年來之長足進展，甚為讚許。十時召集全校官長員生訓話，首闡明黃埔精神，嗣說明整軍意義，略謂整軍非只裁減部隊，而乃充實部隊，藉期改變風氣，樹立良好制度，確定完密組織，達成委員長建國必先建軍之指示。

國民黨通過撤消新聞檢查

【中央社渝廿二日電】戰時新聞檢查制度除收復區軍事戒嚴區域外，全國各地自十月一日起撤消其詳細辦法，業經第十次中央常會決議通過。關戰時書刊審查規則，及戰時出版品檢查辦法及禁載標準亦同時廢止。

美外交人員出發 在亞洲各地開領事館

【美新聞處華盛頓廿一日電】代理國務卿亞澤遜今日宣佈：外交人員將於星期一出國，在解放了的亞洲各地重開美國領事館。第一批將由國務院監督、前重慶與北平大使館顧問布時力克率領，直往上海。美國將在天津、漢口、廣州與香港重開總領事館，在青島開領事館。亞澤遜說：一俟必要的佈置就緒，滿洲、法屬越南、馬來聯邦、荷屬東印度將設立領事館。布時力克一行人包括商務參贊加爾德、國務院官員梅耶、領事德普芬。

【中央社滬廿一日電】美海軍第七艦隊所屬艦船，廿一日午後五時載有航空母艦一艘駛抵滬，此為到上海之盟邦第一艘航空母艦。

合眾社傳 蘇要求的里雅斯德為蘇殖民地

【合眾社倫敦廿日電】倫敦晚報訊：莫洛托夫表示，蘇聯可以放棄支持南斯拉夫，但以西方大國承認的里雅斯德為蘇聯地中海殖民地之要求為條件。莫洛托夫仍擬保持蘇向美貸款希望。

【中央社倫敦廿一日專電】五外長今晨九時會在我駐英大使館內接見南斯拉夫副總理卡德斯會談半小時。卡氏辭去後，五外長復接見巴西駐英大使選拉科選氏，攜有巴西外長致五外長之函件，但其內容未悉。

蘇聯報紙主張 在日本實行土地改革

【路透社莫斯科廿二日電】今日蘇聯報紙著文敦促在日本實行廣泛的土地改革。該文稱：『日本嚴格的土地改革會使日本農業脫離由於對農民的半封建剝削而陷入的狹道』。繼稱：「此種改革大大地破壞軍國主義和侵略的精神」（最近五十年來日本人民就是在這種精神中長大起來），並給予日本生活以真正的、而不僅是形式上的民主化。

陸軍部助理次長主張備戰

【路透社波茨頓廿一日電】陸軍部助理次長麥克洛伊今天力勸對美國一切公民進行軍訓，並研究對原子炸彈的有效防禦方法。他概約地談到美國陸軍部的××××，並警告國人說進攻美洲將是任何新侵略者的第一步驟。他說：『在最初進攻以前，必須贏得時間，不然勝利便永不會贏得了』。『我們應保持將為我軍製造最有效武器的××××與工程。我們應用普遍軍訓的民主與科學的方法，來訓練我國公民使用近代的戰爭工具，以便在軍隊中服務以抵抗侵略。我們應有當進攻成為現實時，將可能使從事工業的人，轉移到戰爭方面去的計劃，我們應經過適當而完整的軍事服務機關使美國消息靈通。

傳希特勒曾在日本廣播

【路透社倫敦廿二日電】「語言工廠」在大戰活動。很多德國人相信希特勒就在日本崩潰以前，還由日本無線電台發表談話，允諾在五年內將返德國。散佈的另一謠言是希望分裂盟國，引起美、蘇之間立即發生戰爭，而第三個謠言是說德國將變成英國的殖民地。

（只供參考）
第一〇二一號
解放日報 新華社 編
今日出一大張
卅四年九月廿四日
星期一

抵青島美艦接收日艦

【中央社濟南廿二日電】青島日本海軍艦隻五艘，已於十六日由開抵青島之美艦隊暫行接收，即將轉交我國海軍。駐紮青島附近之日艦為舊式驅逐艦三艘，舊式水雷艇二艘，接收時極為順利。

胡宗南部續向黃河北進

【中央社渝廿三日電】軍委會九月廿三日發表：（一）我孫蔚如司令長官所屬之劉振三部，於九月十八日進入豫南之信陽，並於同日將信陽武勝關一帶之防務接收完畢。（二）我胡宗南司令長官所屬之何紹周部，續於九月廿二日渡過豫省之黃河，向北推進中。

【中央社漢口二十二日電】第六戰區司令長官司令部於昨日發表第六號公報：（一）武漢三鎮設立分警備區指揮部，武昌區指揮官由第九十二軍軍長侯鏡如兼，漢口區指揮官及漢陽區指揮官由第六十六軍軍長安瑞珂兼。（二）設立武漢軍政聯合稽查處。

【中央社南昌廿二日電】九江日軍第八十四旅團，於十九日廿日兩日全部解除武裝，其餘兩師兩旅由湘鄂等地迅速開拔至九江繳械。

【中央社渝廿三日電】據美新聞處華南海面廿一日電，揚子江與黃浦江中，仍滿佈水雷，盟國掃雷艇雖會大量掃除，但一般未經除去磁性設備之輪船仍有航行之危險。

【中央社渝廿二日電】湘漢區交通事業機構接收事宜，已於廿一日開始接收，平漢粵漢兩鐵路局同時成立。湘漢區鐵路管理局由夏光宇特派員兼管路務，並經規定凡原服務於該兩鐵路局員工，在未調動前均仍繼續服務，對有企圖怠工或破壞行為。

國民黨接收濟南敵空軍

【中央社濟南十九日電】濟南區日空軍飛機三十七架及一切航空器材，於十八日起，由我空軍第九地區司令部開始接收。日軍投降後，由航委會

皇制度』就是法西斯制度，除惡務盡，要徹底推翻。假使日本軍閥，定要死護『天皇』，即是悔禍不足，無誠意服輸。盟國只能堅持『無條件投降』的原則，否則，絕對不可以修削，不可破壞』。

【時訊社廿一日訊】八月間，重慶方面，因抗戰結束，過去囤購的資金，外匯、和商品都大批拋了出來，換取法幣，大量法幣又飛速地流向沿海各大城市，從而造成了籌碼不足的恐慌。財政部乃急忙約集中、中、交、農四行會商應急辦法，當決定對策如次：（一）中央銀行對於中國、交通、中農三行與郵匯局之提現及調撥放寬尺度，並由中央銀行業務局增發定額本票，以資調劑。（二）中、中、交、農四行匯款及代收款，盡量收受票據，以節券用。（三）為節省券料，靈活調撥起見，中、交、農三行得按下列規定買入同業匯款：（甲）期限最多不得過五日；（乙）必須隔埠交款；（丙）必須以原賣匯行之聯行或代理行為付款人。聞上項辦法，業已由財政部通知四行照辦。

加籍教授文幼章在蓉說：民主自由要鬥爭才能取得

【時訊社十九日訊】八月廿二日華西晚報載，加拿大籍教授文幼章於二十三日晚間在燕京大學大禮堂講演，聽者異常踴躍，連門口也擠滿了人。文氏在分析了國際形勢之後，『他一再提起好多美國人英國人不曉得自己國家的歷史，他們忘掉了美國華盛頓的領導獨立戰爭，忘掉了英國砍掉了皇帝的腦袋，他們才有了民主自由。而現在他們卻叫窮人要和和平平的要求民主自由，……像這樣不懂得自己歷史的美國人和英國人，當然更不會懂得現在的中國了。』

『隨後話題轉到了下面，他有一個美國朋友，前兩天才從西安來，看見了好多美國汽車，裏面裝的是新武器，因為有些美國人恨共產黨（譬如說吧，他又談了一個事實，在新津飛機場美國兵真苦極了，白天要作事，晚上要守衛東西，因為好多器材常常被盜，告訴他這事實的美國兵說是共產黨偷的，他問這位美國兵是誰告訴他的，這美國兵答覆說是混飯的說的。他笑着說：特務工作連混飯的也有了），所以有些美國人覺得共產黨是最壞的。』

有人問他怎樣才不會發生內戰，他答覆：『只有由中國的國民黨，共產黨，民主同盟等黨派組織聯合政府，才能避免內戰。』有人問他『內戰發生了中國的前途怎樣？』『他答覆很肯定打到難解難分的時候，美國會請蘇聯一同調停，還是組織一個聯合政府！』（R）

即派第九地區司令郭漢庭先期來濟接洽。我第十一戰區副長官部前進指揮抵濟明瞭全盤情形後，已准由郭司令負責接收，並於十八日以中濟字第二號備忘錄通知日本第四十三軍軍長細川中將遵命辦理。郭司令連日正辦理接收事宜，預計三日可接收完竣。

福萊塞飛重慶

【路透社香港廿二日電】英國太平洋艦隊司令福萊塞海軍上將將於明日飛重慶與蔣介石委員長會晤。這將是委員長與福萊塞氏的首次會晤。福斯趁其旗艦「約克公爵」號泊於香港附近之際進行會晤，而他的會晤可能包括由於現在通商道路再度打開對於戰後形勢的非正式討論。福氏將偕一小批隨員，並將與英國駐重慶大使薛穆爵士共處。

【中央社滬廿一日電】經過駝峯對在華美軍作爲時甚久耗費甚鉅之供應步驟，目前已告停止。美軍目前已有四年來第一次之水上供應運輸隊抵滬，並建立先遣海軍船塢與卸運基地。該運輸隊攜有起重機十輪，軍用卡車、開路機、其他軍用裝備與汽車。

【中央社渝廿三日電】中國區美軍司令部廿二日息，上海方面價值一萬萬美元之英美設施，業已歸還原主之經理人，並已在戰前管理經營之技術人員努力下，開始工作。美軍司令部參謀長奧姆斯丹特少將本日宣佈，中國佔領當局上週內已將上海之最重要公共事業之管理權交還於原有公司。英國資本之上海電力公司及上海電話公司之移交事宜，已由×處皮思星將軍洽妥。

川康軍在整編中

【中央社成都廿二日電】川康綏靖主任鄧錫侯，廿二日語記者：川康各軍官兵，一致擁護整軍政策。此項工作正進行中，一切均極順利。本人業經手令川康各部隊，統限本月底前一律整編竣事。俾便轉呈中央。自十月起，照新建制新標準待遇配備。

大公報反對保留『天皇』

【時訊社廿一日訊】重慶大公報主張徹底推翻天皇制度。八月十一日該報在論及日本投降條件時，曾謂：『盟國絕對不能允許日本投降拖那個尾巴。答應不損天皇特權，就是有條件，就不是無條件。我們絕對反對保留「天皇」這個附款。「天皇」是戰爭罪犯，該交出來，「天

加拿大調查我國工商情況

【時訊社廿一日訊】據大公報所透露的消息，加拿大爲準備與我國的戰後貿易，曾特派商務參贊派摩氏來渝三月，協助加大使調查中國的工商情況。聞派氏已於七月底工作完畢返加，彼與國民黨區工商、銀行、交通界，曾多次洽商，並擬有專門報告交加大使。據加大使歐德倫於八月七日告記者稱，報告書內對於中國工業生產情形，已有具體調查，中國之商業法規尙未完備，銀行制度雖與歐美大致相仿，然業務規模尙未十分開展。並稱：交通情形亦在調查之列。至於國民黨方面，則亦有宋子文在加拿大活動，故將來加拿大與我國的經濟關係，實値得我們注意。

【時訊社廿一日訊】據八月九日大公報轉播倫敦訊，聯合國善後救濟總署於八月八日在倫敦市政廳舉行三屆大會第二次會議，議程中列有中國可於明年接獲聯合國救濟總署之救濟。其數量臨時估計爲總署全部費用的百分之四十。官方擬定之明年工作方案，指明救濟中國之費用，估計爲八億七千九百萬美元，此項估計係根據中國政府之請求。

朱學範等抵巴黎

【中央社巴黎廿日專電】我軍事代表團團長桂永清將軍，今晚搭火車離此前往德境之法軍佔領區視察，一星期後返倫敦。中國駐瑞士公使梁龍，今晨由日內瓦抵此，明晨赴倫敦。奉派參加九月在巴黎召開之世界職工大會之我國代表團亦由朱學範氏率領抵此，朱氏並將出席十月內在此間召開之世界勞工會議。

中央社記者在湘被游擊隊擊斃

【中央社長沙十九日電】中央社長沙分社記者袁開前偕職工數人，前在耒陽隨湘省府工作，去年長衡戰起，轉湘南各地從事報導，備嘗艱苦。日寇投降後奉命返長，即由桂東轉郴縣改乘民船循水道前行，不料本月七日船經湘潭朱亭以下之小花石河，突遭河岸游擊隊不問情由開機槍射擊，歷時一刻鐘，袁君及事務員劉傑均中彈殞命，報務員吳瑞卿亦受彈傷，工友一人重傷，一人輕傷。王司令官耀武據報後，十九日已派員赴肇事地點徹查云。

合衆社稱：

蘇聯拒絕接受美國關於國際管理歐洲水路的建議

【合衆社倫敦廿二日電】五強外長會議從前取消定期的全會以後，沒預料到今天下午五點卅分又召開會議。並未披露爲甚麼取消會議，後來又忽然召開的理由，但合衆社獲悉：蘇聯拒絕與巴爾幹和約聯系起來討論美國關於國際管理歐洲島嶼與水道的建議。據說：莫洛托夫拒絕貝納斯的建議——在討論羅馬尼亞的條約中必須考慮國際管理多腦河問題的方案。這一發展形勢再加上蘇聯單獨行動，與匈牙利臨時政府談判簽訂讓蘇聯控制匈牙利的多腦河領域的條約，又說明了蘇聯渴望水路。先前公佈取消今天的會議，只是在會議將召開以前才決定的，雖然代表們時刻都注意着這問題。現有若干跡象說明蘇聯不準備接受水路國際化的建議，或者至少是想講價錢，使美國代表團感到失望。杜魯門總統親自提出來的方案，被認爲對使今冬在中歐能公平分配救濟供應品是很重要的。爲了使關於水路的討論完全是非政治性的，英、美同意將這問題與控制韃靼尼爾棘手問題的會談分開來說。預期蘇聯將在外長會議上，重新作她欲獲得控制黑海入口的歷史性努力的。某些觀察家認爲這一努力的第一步驟，便是代表亞美尼亞社會黨在外長會議上，提出要求會議贊助將土耳其境內的亞美尼亞人移交蘇維埃亞美尼亞國家管轄的計劃。

【合衆社的里雅斯特十二日電】據盟國軍事方面及當地政黨領袖稱：由於的里雅斯特區各方廣泛分歧的不妥協政策，倫敦會議上對此爭論地區作任何決定均將確定地留下許多的痛苦。有三個大的似乎不可妥協的集團，即：（一）以熱烈的民族主義爲特徵的，在法西斯壓迫年頭鍛鍊結合而成的親斯洛文尼亞派。（二）純粹意大利人，他們感到意大利對聯合國家勝利作了很大貢獻。（三）意大利共產黨，他們贊成該區歸併南斯拉夫。另一個複雜的因素是的里雅斯特市民，他們只對的里雅斯特有興味，而對其他問題則頗爲冷淡。純粹意大利人是在四個政黨的手中，即基督教民主黨、自由黨、社會黨和行動黨，但是這些政黨的領導很弱並且沒有效力。共產黨由斯洛文尼亞人和意大利人構成，他們視共產主義高於民族主義。政治上的中間派是脆弱但

日人在爪哇煽動獨立

【合衆社巴達維亞廿二日電】當日本軍隊已對執行盟國恢復爪哇秩序的要求，採取第一次行動時，新和共國的領袖蘇加諾（按蘇氏爲與日人合作之土人領袖——譯者），便公開出現，在大會上宣佈印度尼西亞已經獨立了，以後也將是獨立的。日本秘密警察逮捕恐怖份子集團，其中七個人已因非法藏有武器而被逮捕了。據可靠方面獲悉：在最近幾週內，蘇加諾更加受狂熱的國家主義份子的影響。然而官方人士承認：恐怖主義匪徒，——如『黑扇』——的領袖清水（日人——譯者）得以逃脫了『預防性的逮捕』，但他們已逮捕了回教徒雅敏博士（他認爲國家主義運動『太緩和了』）。昨天晚上記者接到自稱他是『印度尼西亞的新聞記者』的匿名人士電話上的警告，要我不再發他認爲是反對印度尼西亞的『污蔑消息』。我描寫這裏情況的第一個報導，由舊金山無線電的廣播轉播，在巴達維亞各地印成小冊子散發。據說因爲這樣，蘇加諾抱怨他現在想用和平方法來掌握政權的希望，遭受了打擊。同時他的『政府』，在預期盟軍不會在十月三日大規模登陸以前，盡可能加強力量。

美傳所謂朝鮮『領袖』反對將朝鮮劃分爲兩戰區

【美新聞處漢城廿日電】合衆社訊：朝鮮領袖反對劃朝鮮爲兩戰區，即美國佔領之農業區與蘇軍管制下之工業區，其劃分沿北緯卅八度，使蘇佔其北美佔其南，朝鮮之省區亦因此被劃爲兩部，朝鮮領袖之反對此項劃分及基於經濟立場，據稱：兩佔領區政府間，事實上並無聯系，平時南部供應全國之糧食，而北部則擁有該國之水力發電及其重工業之大部，南部仰賴北部動力。朝鮮領袖並因兩個佔領區政府，實將妨害獨立朝鮮政府之最後建立而反對此舉。

【合衆社重慶廿二日電】朝鮮臨時政府主席南口，稱讚杜魯門的促進朝鮮獨立的保證，是『最合時宜的開明政策』。南口亦向蘇聯提出照會，請其解放朝鮮北部。他表示相信：蘇聯將採取與中美英在開羅會議中所擬定的政策相同的政策。

馬來亞抗日軍內部情形

【路透社新加坡廿二日電】合衆社印度記者報導：自從新加坡陷落以來，在馬來亞內地游擊隊活躍的消息背後，有着中國人、馬來人和一些印度人反對侵略者起義的故事。這些剛強的青年大都是十來歲，他們自己組成了『馬來亞抗日軍』，把全國分爲各段部隊出擊的許多地區。單單他們的努

是日益增長的自治運動，他們有一個週刊，力主竭張完全自治，獲得美國軍政府方面的支持。盟國方面承認意大利和南斯拉夫兩方都有強大的理由。斯洛文尼亞人忘不了法西斯的壓迫，法西斯曾試圖壓迫他們的文化，甚至要餓死他們。另一方面，意大利人論辯道，他們現在已能清除自已的房子，不應該好像墨索里尼在掌權那樣被肢解，特別是他們對盟國戰爭努力有很大貢獻。

美蘇政治爭執癥結

【中央社紐約廿一日電】美國今日所獲倫敦來訊稱，美蘇政治爭執之癥結所在，是蘇聯控制歐陸之程序與美國控制太平洋之程序成爲對照，遠東問題顯明與歐洲問題發生聯系，美國方面如欲控制太平洋與日本之委任統治各島，則蘇聯不願放棄其在地中海殖民地之要求，到有充分預兆之全世界政治爭執未能解決以前，則倫敦會議斷難獲得解決，蘇聯認爲美國爲保證太平洋安全而有所要求，與蘇聯爲確保歐洲安全及商業出口不同。

同盟社稱：日本無產階級準備成立社會黨

【美新聞處舊金山廿三日電】東京同盟社十六日電稱，日本的無產階級，經過統一各種形式的無產階級組織的力量後，正準備成立一個社會黨，將稱爲日本社會黨，並包括有民主社會主義份子在內。現在不斷地進行成立這一社會黨的籌備工作，九月六日，代表水谷及其他十二位無產階級代表，在議會大廈開會，通過成立由民主社會主義份子組成的社會黨之決議案。九月廿二日，這些人又在倉米工業大廈開會，討論與十月中旬以前成立該黨有關的事宜。爲了了解目前日本無產階級的情況運動，人們應回溯到蘆溝橋事變的時候以及那時無產階級的活動。在戰時，無產階級的活動是完全停止了。由於戰爭的結束，暫時陷於停止的運動又復興起來了，各種形式的無產階級組織正準備他們的×××。缺一句。××××日本失敗後所引起的種種困難與經濟問題，只有實行社會主義才能解決。

力並不能驅逐日軍出馬來亞，但是他始終堅持捉迷藏的遊戲。當記者訪問該城總部的時候，這些身着青綠色制服的青年人正在休息。他們頭戴三顆紅星的青色帽子，這些是象徵着居住該處之馬來人、中國人與印度人的團結。他們的軍隊沒有等級，但每一個人都知道：當命令下來的時候他們必須絕對服從。他們新加坡生長的領袖徐亞齊（譯音），是一個中國學生，他參加運動的時候是十七歲，他希望回國繼續其中斷的學習。當地人民生活雖然……但還供給他們粮食，並時常給他們一些情報。此部隊數週間總有一次要被壓迫居住在荆棘叢生的森林裏。徐說：粮食很缺乏，『因此，我們的人每天每人只能靠一個黃梨過活——以前我們從沒有感到黃梨是這麼好吃。』徐稱：『一九四二年後半年與第二年初期，他們攜帶英國××的武器軍火。這些很快就用完了，於是我們便用日本的武器和軍火庫。我們的英國武器再也沒有用處了，因爲日本的彈藥不適於英國的步槍，機關槍』。他的部隊在整個柔佛南部作戰，其軍力不少於一個營，且包括若干女戰士。一年前，英國軍官用降落傘與潛艇登陸與游擊隊聯絡。這些軍官給這些青年人以新的希望，鼓勵並倍增了他們的勇氣，他們的功績像是賽珍珠的『大地』中的一頁。……

澳高級專員建議建立英國各國理事會

【路透社倫敦廿日電】澳洲高級專員布魯斯爵士，今日在倫敦市議會歸於英國全國感恩週的午餐會上建議：建立類同聯合國理事會的『英國各國民族的理事會』。他說：『我們英國的各個國家甚至大不顧本身，個別的不能實行蘇聯與美國對於世界事務的那樣的影響，但是作爲幾個國家的集團，我們則能與蘇聯及美國對世界事務的影響相比擬，並且是地球上一等强國。』布魯斯說：過去增加英帝國合作的許多計劃，由於某些自治領恐懼被聯合王國統治而未能被接受。然而，如果承認英國各國之間的關係由於共同忠實於英王，共同的思想與希望而與密切合作的各個外國之間的關係不同，則在外國關係中所歡迎的同樣機構，爲什麼不能爲英國各國的關係所接受，是毫無理由的。』

參攷消息
（只供參考）
第一〇一三號
解放日報新華社編
今日出一大張
卅四年九月廿五日
星期二

張瀾函國共領袖述團結統一意見

【本報訊】九月十八日重慶新民報載張瀾致蔣介石、毛主席書；全文如下：

介公主席、潤之先生勛鑒：國共團結問題，潤之先生來渝，雙方商談已逾十日，不惟國人傾耳，際待好音，即盟邦友好，亦莫不期待中國內部問題，有一圓滿適當之解決。中國民主同盟，在最近四年間，曾不斷以民主團結，號召國人，對於如何消弭內爭一點，更本其一貫主張，隨時有所貢獻，竊意目前為國家團結統一之絕好時機，國家一切問題應乘此時機，求澈底之解決，更應求全盤之解決，唯其如此，則今日商談內容似應隨時公諸國人，既能收集思廣益之效，更可得國人共商國事之實，目前商談之中心問題，不外政治與軍事，政治必須澈底民主，但所作成之解決方案必須不與國人之公意相違，如團結僅有空名，統一徒具形式，則於根絕內爭一點，竊恐貢獻無多，吾人雖不獲事先參與，事後必須保留批評之自由，此應請諸公等留意者一。目前軍事問題，積極須着眼於國防，確保國家之自由獨立，消極須着眼於化除畛域，保障國家之和平建設，以言國防，須陸海空三方並重，更須植基於科學與工業，吾國海空軍之建設尚未着手，陸軍裝備尤至為簡陋，天助中國，強敵克摧，此正國人加强警覺之時，決不應以倖勝而稍萌驕矜之念，今日全國兵力，合各方計之，當不少於三百師，如能採用全盤統籌之編遣計劃，以目前養三百個師之物力，移用於極少數量之常備軍，而此種常備軍絕對超越黨派關係，絕對遵守軍隊屬於國家、軍人忠於國家之原則，則不惟中國陸軍可漸進於現代化，且其實力亦可遠過三百師而上之。一旦元氣漸復，國庫漸充，且可進一步以圖海空軍之建設，期以廿年然後所謂現代國防，始能庶幾有望，如仍欲維

殷重。中國當局聲明短期內將修復廣九鐵路，以便運輸工作。羅氏稱謂：海南島上現有中國戰俘五千人，其中大部為去年守衛香港之志願部隊。現正設法從速將彼等救出。最後羅氏聲稱：渠此次來渝，深受蔣主席及其夫人之熱烈款待，渠至為感謝。渠擬明晨飛返香港，然後轉赴澳洲。並盼今晚得以會晤美艦隊司令金開德將軍。

國民黨接收南京日軍一部輕重武器

【中央社南京廿五日電】此間日軍繳械工作業已順利完成。新六軍已完全控制京城市郊防務。截至廿二日止，被繳收之日軍輕重兵器計步騎槍一一、八六九支。輕機槍三一七挺，重機槍五八挺，迫擊砲一〇一門，山砲二二門，野戰砲七門，步兵砲六門，三七粍白砲三四門，戰車砲六門。徒手日兵大部係一六一師團部隊，業已遵令集中湯山棲霞門、仙鶴門地區。南京所有日僑，亦正逐漸移往與中門外指定地區。今晨新六軍[illegible]十四師部隊一團，業由廖耀湘將軍親自指揮渡過揚子江，抵達浦口。即將接收津浦鐵路極南端之重鎮浦口。此一地區有日軍一師團，待命解除武裝。新六軍之五七師，業已全部到達。每日往返五〇架之運輸機，現已繼續運輸。第廿二師部隊，據估計該師在月梢亦可全部到達，則我凱旋南京之武力將益形加強。

【中央社渝廿四日電】據軍委會廿四日發表（一）我盧漢司令官所屬之趙公武部，於九月廿日，黃濤部於廿一日，先後進入越南之海防。（二）我劉峙司令長官所屬之陳鼎勳部及曹福林部，於九月廿三日開始分別解除豫省漯河許昌兩地之日軍武裝，進行順利。（三）我顧祝同司令長官所屬部隊，於九月十六日開始解除浙省杭州市日軍武裝。

【中央社北平廿三日電】平津地區日軍聯絡部長根本博偕參謀長高橋唐、渡邊等，廿三日下午謁見北平行營參謀長王鴻韶中將。王參謀長當予指示一、嚴負責保存各項應行繳納之武器及各種器材。二、要約束部下不得有任何軌外之行動。三、要切實遵守何總司令對岡村寧次之各項指示。

【中央社鄭州廿三日電】交通部人員，今與此間日方洽商鐵路接收事宜已有結果。隴海平漢兩路日內可開始接收。今日開封鄭州車站警衛，由國軍接收。往來日軍，非經登記許可，不得自由通行。

【中央社漢口廿三日電】武漢區接收新聞文化事業事宜，已於廿二日開始由中宣部特派員王亞明專員魏治徵會同省教育廳長錢方階，中央廣播事業管

緒習自之觀念，養兵貴多而不貴精，則縱令多所保留，除從事內爭以外試問其有何用？況經過此次世界大戰，舉世滄震，人心思治，吾國對於國防雖不可忽，但遭受外力侵略之危機，實已大大減輕，不作根本之計，而多養無用之兵，以今日凋殘之民力，實期期以為不可也，如謂民主必恃武力始能保障，則民主之[illegible]民主，豈不令人寒心？如謂統一必賴武力始能維持，則統一之價值，豈不令人氣短？此點請公等留意者二。凡上所陳，以公等謀國之忠，當早已計及，以正值雙方談判之際，又事關國家民族之前途，故不敢緘默不言，直率貢其一得。中國民主同盟，為一團結各方之新興政團，公等即以此緘作為一部份國人之言，公等用資參考，或於問題之解決，亦不無裨益也。專此敬頌勛綏。張瀾

福萊塞答記者詢問

【中央社渝廿四日電】英國太平洋艦隊司令福萊塞將軍抵渝後，於廿四日下午三時假英新聞處，招待本市中外記者。福氏帶隨員兩名，由英大使薛穆陪同準時到會。首由英國情報部駐渝代表史鐵思略作介紹，並提出聲明，希望與會各記者，勿提出任何政治性之問題。福氏於答覆記者詢問時宣稱：余來重慶之主要目的，在拜謁蔣主席及其夫人，同時向蔣主席報告有關戰俘及被拘僑民之各項問題。福上將稱以前並未會晤蔣主席及其夫人。故當余進至中國海岸時，余認為第一件任務厥為拜謁中國國民政府之主席。福氏繼宣稱：在日本投降以前三星期，新加坡香港間之海底電綫已被英國潛水艇予以破壞切斷。關於戰俘及被拘盟國僑民問題福氏宣稱：英國正與美國合作，設法運送彼等返國，唯當前之最大問題乃船隻之困難，且香港港口之設備亦待整理。目前港口之設備器材，甚為缺乏，海軍使用該港，恐需三四月之久。關於將來英國海軍駐紮遠東問題？答稱：英國將在遠東維持一小型艦隊之力量，目前英國太平洋艦隊之實力，擁有主力艦三艘，航空母艦四艘，護航母艦四艘，巡洋艦六艘，驅逐艦卅二艘。關於英海軍永久駐紮地點問題，福氏答稱：遠東之駐紮地或為新加坡與香港。記者詢以原子彈是否為結束戰爭之主要因素？福氏答曰：「否。」某記者以日之自殺艇相詢，福將軍答稱：渠最近一次視察中，曾發現此種小艇數百艘，倘大量使用此種自殺艇，或可成為可怕之武器。但敵人並未得充分之時間而大規模使用之。末後記者詢以香港住民之一般情形。福氏答稱：香港居民，似甚愉快，糧食均由英艦供應，惟房屋問題似較

理處接收專員，何柏身，工程師王文棣等首先前往接收日方在漢所設立廣播電台。

【中央社南昌廿四日電】第一集團軍總司令官，於今日上午十時率部車十五輛，由此循南潯鐵路舊道赴潯，辦理九江日軍繳械事宜。

【美國新聞處廿二日電】美聯社今日稱，因所謂親日態度而被封閉五日之上海時報，將於廿三日復刊，改名為上海先驅報，並為政府任命的兩發行人指導。新發行人是殷陶余（譯音）博士及索泉寶（譯音），二人均為前漢口自由西報的總編。漢口自由西報後遷至重慶，並由中國外交部資助。上海大美晚報將於下週初復刊，由查理任編輯。

共和黨議員為麥克阿瑟辯護

【路透社華盛頓廿三日電】已在參院引起暴風雨的對日苛酷還是溫和的和平的問題，在明日參議員們重新辯論被打敗的日本帝國的將來問題時，有陷入另一個衝突之危險，共和黨參議員混萊為麥克阿瑟辯護反對任何責難，致函代理國務卿D・亞潭遜，要求明白解答『波茨頓宣言需要盟國處理天皇裕仁問題中，"是否與麥克阿瑟現在正在處理裕仁的情形有何不同之處。是否有任何規定要任何一個同盟國政府故意地培植日本國內社會和經濟的革命？』

週末在日本和美政府方面人士中，盛傳關於天皇裕仁可能遜位謠言，以新加坡無綫電報為最，該無綫電說麥克阿瑟將軍本人將與天皇會見云云，這些謠言在今日由前日本首相近衛文麿（日本最貴族的家族之一的成員）方面受到了挫折。據紐約的無綫電說，近衛全然否認天皇會放棄皇位的消息。但說，這種步驟將引起災難。據近衛在東京所說，如果天皇生病，十四歲的皇太子或將繼承其父親裕仁的皇位，但攝政將以裕仁的名義實行統治。調查支持日本戰爭努力的錢幣一事，已在麥克阿瑟致日本政府最近的一個命令中提出。據紐約無綫電說，日本政府被要求提供日本帝國財政的完全和詳盡的報告，包括天皇個人財產在內。據說新的命令只是調查日本商人、皇族和工業的巨大財富，用以保證盟國對日本財政機關的控制，而使日本能夠償付其八年戰爭的一個開始而已。

重慶廣播日皇退位

【美聯社華盛頓廿三日電】聯邦交通委員會聽到重慶無綫電台廣播：日皇裕仁已

退位，該廣播稱：日皇害怕被列入戰爭罪犯名單，已於昨日（日本時間）退位以避免盟國的懲罰。他『已派外相吉田茂和（聽不清）去見麥克阿瑟報告天皇退位的××麥克阿瑟命令與接洽。據東京急電：日本與美國當局星期五已討論日皇退位，這樣天皇將不會被列入戰爭罪犯名單。該廣播續稱：任何其他方面未予證實。

【路透社倫敦廿二日電】據本晚紐約廣播日國務大臣近衛否認美方所傳日皇將遜位訊，但天皇倘因疾病不克執政時，當由攝政以天皇之名執政。

中央社稱：日本人民今冬將受凍餒

【中央社東京廿三日專電】億萬日人，今冬或將遭受凍餒。此可能因飢寒而死亡之多數日本人民，將加於日本戰犯所應負責之罪惡中。日本經濟家於解決此最急迫之問題時認為唯一解決辦法，即輸入物資。即為無衣無室者解決冬衣及簡陋住室問題，亦須仰賴輸入。但自目前以迄下月即將來臨之冬季間，幾可確定，必無大量食粮及可供冬衣與緊急造屋所需原料之輸入可言。麥帥政策已使日本了解須自行設法，此非感情用事，實乃此間無人能有助於日人。盟國亦將遭遇困難之冬季，美國且須有一困難時以應其他盟國請求，協助衣食住之需要。美國已免受各種犧牲，現在戰事既已結束，其對盟國之供應中將不致犧牲食粮，以協助不及一月前尚為敵國之人民。即使有粮食衣着及建築材料，亦無足量之航運，所有可用之航輪，現均用以運送美軍返國、供應海外美軍，並向英荷比法及其他歐洲遭受戰禍地區運送物資。英國日本經濟學家所謂：由越南泰國台灣向日本運米所需之近百萬噸運輸量，日人亦無從獲得。日本現尚擁有廿萬噸以上之航運，但將自我國東北朝鮮及其他前為日本佔領各地運回日軍。再者麥帥即使允許日船在日本及外國口岸間運粮，亦不足以解決日本之整個食粮問題。日本之航運尚須運送大量之建築材料、衣着材料及用以取暖之煤。日本人民將於此戰事結束後之今冬，深切感受戰事影響，實將為鐵的事實。

中央社對美國國務院調動之觀察

【中央社紐約廿一日專電】據此間觀察：美國務院最近人事之更迭，足示美國遠東政策之重心已自日本而轉向中國。范宣德之擢為遠東局局長以接替巴蘭亭，頗含重要意義，由於范氏之新任，已將國務院中目前副國務卿格魯及其特別顧問杜曼所主持之遠東局重行改組，據一般觀察家指出：格魯、杜曼、巴蘭亭等日本問題專家之陣容，現已

塞拉西說：厄立特里亞與意屬索馬利蘭應屬於阿比西尼亞

【路透社亞的斯亞比巴廿三日電】阿比西尼亞皇帝塞拉西在此間接見記者時，強調其國家應具有前屬意大利的殖民地厄立特里亞和索馬利蘭。他說道：厄立特里亞和索馬利蘭，一定不可歸還意大利。他對目前正在討論與意大利締結和約的倫敦五外長會議沒有阿比西尼亞參加，表示甚為遺憾。他說道：『阿比西尼亞關於厄立特里亞和索馬利蘭的見解，已載其致五強外長會議的備忘錄中。該備忘錄主張上述兩領土的歸還，不應作為十年反軸心鬥爭的報償，而應作為理應屬於阿比西尼亞帝國的領土，因為上述兩領土自耶穌紀元前就是屬於阿比西尼亞，以後再被意大利侵佔去。』他說道：由於在上世紀的最後幾年中，意大利佔領了上述兩領土，阿比西尼亞失掉了出海口，因而意大利能在一九三五年毫無理由地侵略阿比西尼亞。他接着又說道：『我們認為上述兩領土的喪失，甚為嚴重，故我們在一九二×年廣泛遊訪歐洲，以謀補救形勢。』（下缺）

英觀察家報反蘇文章 論蘇聯的安全體系

【路透社廿三日電】倫敦觀察家發表其主要經常撰稿人『解放者』題為『蘇聯在看着海洋』一文稱：蘇聯關於蘇聯安全的計劃（它現決定蘇聯的對外政策），至少包括蘇聯對一切海峽——從伊斯坦堡（在土耳其）至丹吉爾和從里雅斯，至亞丁（在紅海口）——的部份控制權。『解放者』宣稱：蘇聯安全體系的的實際圖景，現已更加明瞭了。『東歐陸上集團，已在戰爭最後階段中成立與鞏固起來，成為西歐與蘇聯間的鞏固障壁；但這只是從歐洲大陸的西面來看，才是這樣的。莫斯科的蘇聯地理政治家，則有完全不同的看法，他們看到這個從的里雅斯特至盧卑格（德國北部）越過中歐相當狹仄地帶的六百哩的保護集團；但他們也看到南面從阿爾巴尼亞至阿塞爾拜疆二千五百哩的黑海側翼，以及北面斯堪的那維此亞方面的同樣形勢。蘇聯對洞開側翼的政策，已匆忙地成熟了。伊朗不斷發生糾紛；對土耳其的神經戰及宣傳常伴以對×××特定的但官方從未提及的要求，而在最近，蘇聯對於阿拉伯同盟的活動很有興趣，且幾乎在鼓勵它。如果蘇聯來着手建立它自己的安全體系（它正在攻擊西方集團與所謂『破壞』一致行動的烟幕下這樣做）的話，那末它那特殊的地理，使它必須在一切控制它領海出口的狹仄海峽中有某種發言權，蘇聯這些海實際上是為陸地

代以D·亞澤遜。范宣德等中國問題專家之陣容，由是而言，原以日本為中心之美國遠東政策已改為以中國為中心之政策矣。現任副國務卿的D·亞澤遜氏素以親華著稱，麥帥政治顧問G阿幟遜及遠東局局長范宣德俱屬中國通，凡此種種足證美遠東政策較之以前更着重於中國問題。

中央社說：尼赫魯領導國民大會反對印共

【中央社孟買二十二日電】全印國民大會委員會會議，全場上的三萬人及場外的成千旁聽者，均冒雨傾聽抨擊國民大會黨中共黨分子之激烈演詞，責難共黨分子於一九四二年八月騷亂中，不聽從命令，並有叛黨行為。尼赫魯為抨擊共黨之領導者，渠於本日下午會議中，曾指責政府壓迫民衆，並為該黨在此多難之數年中領導地位盡量辯護。據稱：凡責難國民大會黨之領導地位者，均為不敢出力而於一九四二年散沉默不言之人士。尼氏並激烈暗示共黨分子之不守黨令。據云，若干人士未能信從「退出印度」之民族主義而反聽從其他主子。渠等或可能以國際主義之立場為其行動辯護，但「民族主義與國際主義衝突時，一國家均應恪守民族主義」，此即國民大會黨在一九四二年時寧願繼續奮鬥者也。全印國民大會委員會中，約有十五人為共產黨黨員，但參加全印國民大會委員會會議者甚少，而此出席會議之少數代表，對於譴責尚無答覆。

【中央社孟買廿三日專電】全印國民大會黨委員會，經三日會議後已於本晚閉幕，尼赫魯、阿沙德等曾向全國作動人之演說，呼籲爭取全印之選舉大會，並將共黨問題暫行擱置，而要求共黨於兩週內，說明如何對彼等不遵從一九四二年議案一層，不應採取懲罰措置之原因，然會中對此問題情緒甚為激烈，該會某共黨會員起立提及自決問題時，全場報以噓聲了事，使其際不能言，一般認為擱置共黨問題，實為選舉前之良好策略，蓋至少可暫時促成團結之局面也。

五外長可能對巴爾幹問題妥協

【合衆社倫敦廿四日電】有資格人士預言：五外長可能在本週末會議結果前對巴爾幹地中海問題取得妥協，相信蘇聯會允許保加利亞、羅馬尼亞與匈牙利成立反對黨。西方盟國將同意「讓」蘇聯代表參加意大利殖民地行政，然附有這一條件：不允蘇聯在地中海發展基地，因這威脅到英國的生命線。

所封鎖的，如黑海，鄂霍茨克海及波羅的海。當蘇聯對南方出口已得到部份控制的時候，它的「計劃將要求控制同樣重要的蘇聯北方海面的出口：「基爾運河與松德海峽」。「解放者」回憶道：直至戰爭獲勝時為止，蘇聯所訂立的一切條約「表面上是反對德國與戰後德國恢復的可能性」，而現在蘇聯委任管制某些意大利殖民地的要求，正被莫斯科以厄立特里、多得喀斯、的里利波里坦尼亞在意大利法西斯侵略歷史上曾被利用的方式來加以辯護。「解放者」繼稱：「但這點已不再是嚴重的論據了。自德國與意大利方面來的侵略已不存在了——只要它們不受到外國的鼓勵。如果我們想了解蘭開斯特大廈（外長會議正在此開會中）正在如何進行時，這點是必須承認的：蘇聯仍然非常懷疑與懼怕其同盟國，較對其敵人之懷疑與懼怕還更甚。因此，蘇聯對於落入西方國家勢力範圍中的那些敵國，願意儘可能的強硬，而對那些落入它自己範圍內的國家，則儘可能表示寬容。「解放者」說：終止這個新的『冒險』，似乎僅有兩個辦法。英外相貝文與美國務卿貝納斯能夠反對蘇聯的計劃，並且認為：『英國及美國對蘇聯安全體系之反對如此巨大，以致蘇聯將放棄其努力，因為這種計劃使歐洲穩固的和平，成為不可能的』。或者還有一種努力能使各大國均能分享未來的安全，即給予蘇聯所需要的根據地，以換取『打開東歐又被封閉了的地區，使全體都能到那裏去。』

意屬殖民地的黎玻里坦尼亞問題

【路透社大馬士革廿日電】今日此間說：意大利前殖民地的黎玻里坦尼亞的將來，是埃及阿拉伯聯盟總書記阿桑·貝正在計劃與倫敦及華盛頓會談時將討論的許多阿拉伯的問題之一。阿桑·貝刻正在旅行阿拉伯國家之後返回開羅的途中，他今天在此間說：「我所咨商的一切國家係主張解放的黎玻里坦尼亞，該地為阿拉伯國家，分割的黎玻里坦尼亞，我們將永遠不接受。」

傳斯大林將因健康原因可能退

【路透社莫斯科廿二日電】此間今日對外國報紙所傳斯大林大元帥可能因健康原因放棄其政治活動一點，尚無評論。莫斯科報紙遵照政界不得××蘇聯各領袖私生活之政策，從未提及過斯大林的健康情形。外國客人，包括最近為斯大林接見之美記者及代表在內，均稱他們對斯大林顯然良好的健康印象甚深。斯大林工作時間很長，於下午到達其克里姆林宮辦公室，一直留至翌日清早。

參考消息

（只供參考）

第一〇一四號

解放日報 新華社 編

今日出一大張

卅四年九月廿六日

星期三

路透社稱：外長會議上蘇聯提出遠東問題

【路透社倫敦廿五日電】蘇聯又在外長會議上掀起另一個重大的驚人事件，突然提出了遠東利益問題。蘇外長莫洛托夫於上週透露蘇聯在地中海的利益的後，據悉現正提出涉及盟國共同管制日本性質的問題。由於遠東問題迄今既未列在波茨頓會議的日程上，也未列在會議開始時所訂立的工作日程上，蘇聯的新行動尤其出人意料，路透社外交訪員馬基與特寫道：據悉：關於日本問題是否應在此次會議中討論，尚未達到最後決定，但是如果此問題真正來到時，那麼將很難斷定各外長即將離開倫敦之謠言是否正確了。據[illegible]方面透悉，雖然巴黎消息謂各外長將於明日離開倫敦，讓各外長之代表繼續討論，但關於各外長離去日期，尚未通過任何決議，關於蘇聯代表團為何突然提出盟國共同負責管制日本一點，有一個解釋謂：這是對美國某些人士最近所採取的『不要干涉日本』態度之反映。另一個解釋是，蘇聯對於美國在討論處理意大利殖民地問題時之不支持蘇聯對的黎波里坦尼亞的要求，深為驚異與失望。在估計美國在地中海的這種態度是由於美國想在遠東得到自由處理之手時，蘇聯因此決定及時的表明蘇聯的意圖，提出它在該地區的要求。自治領對於目前倫敦不快形勢之意見，今日見之於新西蘭總理弗拉塞的演說，他在威靈吞演說時說：『沒有一個國家能被允許統治其他國家』。他稱，如果盟國不認為目前形勢『是很困難』的話，它們將假裝着看不見事情。

【美聯社××××廿五日電】（缺頭）他們說貝納斯反對蘇聯現在提出此問題，理由是他是在只討論歐洲問題的諒解下來到倫敦的。此外，據稱貝納斯沒有人否認困難是存在着的。會發生困難，這從要討論的問題中就顯而易見。但是大強國在戰時所經歷的合作使我們有理由可以相信：那種『不可克服的困難是並不存在的』。前星期會引起很大哄動的蘇聯在地中海的目標（當時隨意提出了英國與印度及遠東聯系的較短海路厄利特里亞及的黎波里坦尼亞乃是對蘇聯有興趣的地區）成了這樣的評論：『任何地理也沒有說過地中海是××或意大利殖民地是英國的領土』。

【合衆社倫敦廿四日電】當五外長進入目的在於達到世界和平之討論的第三週之際，此間觀察家已感到妥協的空氣。外長會議預料將於數週內散會，而且甚至最強硬的談判者也知道，他們對於巴爾幹及意大利和約問題，不能在沒有協議的象徵下返國。美國參加會議者均深信，莫洛托夫將『降低一點』——可能是為了回答英美對蘇聯控制下各巴爾幹政府態度之緩和。雖然沒有期望英美關於在巴爾幹建立民主政府之要求將會實現，但一般希望至少將達到非共產黨之表面參加。另一方面，莫洛托夫可能也沒有期望蘇聯真正在地中海獲得基地。據與參加會議者關係密切之方面稱，預料五外長最後將×××（缺）。蘇聯將在意大利殖民地政權中得到『表面』的參加——這種『表面』參加將不允許蘇聯在英國認為是帝國生命綫中重要環節之海洋中，發展軍事基地。各外長均嚴肅地知道，他們正在三次世界大戰的陰影下工作——貝納斯相信，這種戰爭雖有目前全世界的破壞，亦能於八年或十年之內到來。預料第一次外長會議將不通過硬性的決定。據貝文告其友人稱，在任何正義及穩固基礎上解決歐洲邊界問題，顯得需要廿年。貝文認為，這些新邊界必須建築在種族、經濟以及歷史的考慮之上，一般希望，朱里安及的里雅斯特問題之解決，將提供一個公式。同時，美國代表團仍高度希望對於提議中的歐洲內陸水道的國際共管，將達到迅速與完全的協議。貝納斯在返國之先在這方將必然的進行嚴重的努力，尤其是因為這個計劃是杜魯門所想出的緣故。

蘇聯反對美國國際共管歐洲水道計劃

【合衆社倫敦廿四日電】蘇聯對提議中歐洲內陸水道國際共管之強烈反對，在五外長會議的晨間會議上業已發表。美國觀察家認為，關於美國認為幫助中歐今冬救濟工作極為重要的計劃，迅速達到協議的前途是很暗淡的。據信，蘇聯特別反對由國際共同使用蘇聯佔領圈外及圈內所有內河船舶的建議。由於蘇聯與匈牙利訂立從鄉繼續□他未攜帶其遠東專家，這個問題是在討論蘇聯公民遣送回國及奧地利糧食時，在會議上突然提出的。當時決定，前一個問題將經外交途徑解決，但奧地利糧食問題則引起了蘇聯與西方民主國間態度的對立。據可靠方面稱，英美方面希望奧地利的糧食由巴爾幹大穀倉供給，後者一貫是它農產品的來源，但蘇聯反對這點。」

外長會議發生波折

「路透社倫敦廿三日電」大強國是否能在戰後歐洲問題的解決上協議一致，這個問題已在無數的消息中佔了第一位，成百萬人的將來繫於本星期談判的天平上，據許多消息報導，目前集會於此的各外長間互相抵觸的意見已使形勢瀕於僵局。英外相貝文今日在阿特里首相自蘇格蘭觀見英皇回來後立即與其會晤，據悉外長會議會上所遭遇的困難乃是他們討論的題目。路透社外交訪員寫道：雖然倫敦消息靈通方面人士認為會議正面臨頓挫而非破裂，可是明晨的會議將遇到下述可能性的陰影：即在一切條款和議事日程經過簡短而劇烈的檢討之後，會議將以無結果而散會。困難是在會議開始討論巴爾幹和平條約後不久就首次經受到了，而佈置於昨日繼續討論這一問題的會議又告延會，其時蘇外長莫洛托夫與英美外長作了各別的討論。後來全體會議終於在黃昏時開了，但是後來發表的簡短公報中看不出有任何進展。路透社外交訪員又說：可是把這種嚴重的發展估計為完全的破裂則是一個嚴重的錯誤。當討論仍在繼續着的時候，會議仍可能有機會進行得更加聰明些，而且週末提供了些代表團以充分機會尋求新方法去接近許多未了的困難，在這一事實中可以找到某種希望的根據。關於會議是否將進入關於政策問題的基本協定一點，本星期初即應弄明白，並因此給各代表在本次會議結束時作有效果的工作以必要的方針。基本的困難當然是原因的問題。西方盟國並不贊同蘇聯在歐洲和在世界的蘇聯部分的政策。非至能達到共同的政策，就幾乎不可能在解決領土問題上達到協定，而且倫敦方面認為此點在很大程度上要看擱置困難問題的趨勢如何而定。至於講到對德國的歐洲衛星國的條約問題，公報中很明白表示，會議甚至還未達到交付各代表的階段，而是將使這個議事日程仍舊為問題之勢。蘇方關於討論的過程之有影響的觀點已在今日莫斯科無綫電台廣播的真理報（聯共機關報）論文中說明了。真理報寫道：「悲觀主義者只作暗談的預言。他們試圖把□□的責任推給蘇聯」。」

片面的條約（結果使蘇聯對匈境多腦河，得到最高的控制），形勢已更為複雜化。據悉，英國代表團堅決擁護美國的水路計劃，包括國際共管多腦河、萊茵河、須得河、易北河、奧德河及基爾運河在內。美國方面仍然相信，各外長能夠處理重大的問題，並將於星期四散會。

捷克支持多腦河國際化

「合衆社倫敦二十四日電」捷克外部發言人今日告合衆社記者，捷克強烈支持多腦河國際化的原則，他指出：捷克作為多腦河六個國家之一極關心多腦河的管理，捷克並且是一八五六及一九二〇年兩個國際協定簽字國之一。他繼說，多腦河六個國家——捷克、奧地利、匈牙利、羅馬尼亞、保加利亞、與南斯拉夫——一九四〇年佔多腦河的運輸將及百分之九十。英法荷三國則佔較小利益。捷外部發言人說：蘇聯由於併入比薩拉比亞，現在已成為一多腦河國家。繼說：捷克視多腦河將來的行政管理為多腦河各國的國際事務。

紐約時報評外長會議
小國為什麼不能參加討論

「路透社倫敦廿四日電」紐約時報專電：在外長會議特別重要的第二週末，似乎沒有達到任何×××。某些……開初的樂觀已開始逐漸減少，雖然該會重要會員……（不明）。關於會議本身之抗議的論言已日有所聞。盟國小國家與英國殖民地對不得參加它們自己國家簽訂條約的一切討論大為不滿。他們問：為什麼從沒有和芬蘭作戰的法國、中國和美國參加關於條約的討論，而希臘不得參加意大利和平談判，希臘和南斯拉夫均未被邀對保加利亞發表其意見，其辯解始終是波茨頓。但是，為什麼……和平會議要由上次戰爭會議的方式統制，這是否有任何最秘密的呢？為什麼這些會談不讓民衆知道，為什麼報紙關於已在討論問題的零星情報經常是由那些遠比許多記者知道得少的人供給呢？五強會議的格言可能正是：「秘密地達到秘密契約」。許多國總在其邊緣的印象是，不成功的××在凡爾賽的鬥爭的理想主義已為討價還價和互相勾結的氣氛所代替。小國家在喃喃怨語：這一定是一個敦巴頓橡樹林會議，而其一切議案必須不僅首先由舊金山會議批准，且首先由舊金山會議討論及修正，否則他們許多國家可能根本不簽署條約。在這些集會當中，專家極為欠缺。對於他們所討論之問題的複雜性知道得很少或根本不懂的代表人的多，這些人完全依靠於交給他們的事先準備好的備忘錄。他們所××的秘密商議的突然公開，使他們不知所好，下面也許是某些被選來決定歐洲未來地圖的人之標本無聊的一個例子：某重要代表在整個冗長的完全未解決的的里雅斯特問題的××和質問中，坐着看小說。至今，這些會議所出現的唯一具體的東西是：蘇聯還繼續支配國際會談。這可能不會繼續一週，但此刻仍然如此。這表現在各方面，這一切似乎證明，斯大林派出的這一班是機敏和有能力的。

東北旅渝同鄉會設義民還鄉委員會

【中央社渝十九日電】日前東北旅渝同鄉會舉行九一八十四週年紀念會。會通過東北義民還鄉應予救濟之建議，其辦法：（一）設置東北義民還鄉救濟委員會，由東北難民救濟委員會，東北建設協會，東北各省復員協進會及東北各省市黨部政府聯合組織之負責調查登記需要救濟還鄉義民確數，並籌有關救濟一切事宜。（二）凡還鄉義民，其舟車糧宿及醫藥等必須費用，按照應徵數目核實發給，以足敷還鄉原籍或所欲停住之地點為度。此項用費請由善後救濟總署東北分署撥給，在未領到前由東北各省市政府籌備之。（三）於義民較易集中之後方各重要都市，如重慶、成都、西安、蘭州、昆明、貴陽、萬縣、洛陽等地設置供應站，負責洽辦舟車等交通工具及核發救濟用款等事宜。（四）方收復區內所過衝要地方如漢口、南京、徐州、鄭州、天津、北平等處設置聯絡站，負責辦理義民接待及轉車等項事宜。本日各機關團體舉行預備會，商討義民還鄉救濟委員會成立及一切進行事宜。

【中央社重慶廿五日電】軍委會東北行營政治委員會委員莫德惠，奉命派赴東北宣慰。據莫氏稱：短期內即飛往，俾與闊別十四年之東北父老兄弟姊妹聚會。

【中央社長沙廿四日電】長沙各界，為救濟過境及無家可歸之難胞，特組設湘南省臨時救濟委員會，以張炯為主任委員。湘省府撥經費一千萬元，本城難胞在城區設立維持所，過境者發給旅費，設交通組，並予以舟車之便利。

【中央社綏西廿五日電】傅長官撥款千萬元，作為收復區難民緊急救濟。辦正由省賑務會妥籌頒撥。

國民黨的受降與復員

【中央社立煌廿五日電】第十戰區司令長官李品仙上將抵達蚌埠後，積極辦

門，馬隱一二三二四，接收偽綏靖軍。

【中央社鄭州二十三日電】鄭洛汪新鄉地，日軍六萬餘，二十三日起開始繳械。

【中央社九江廿二日電】日軍第八十四混成旅團所屬各大隊，自十九日即由黃梅、若溪、鐵山鋪各地來九江集中。廿二日晨，薛岳司令長官指定之受降部隊，開始繳械。同時原駐九江之日軍第十一軍團直屬軍醫院，船舶管理及海軍一小部各種倉庫，亦正由我方接收中。日軍在九江附近之十里鋪與二道口新修陸軍軍用機場，前者未竣工，後者可利用。

【中央社廣州廿四日電】粵省日軍，現已遵令分向指定地點分別集中。一方面軍司令部特飭日廿三軍司令官田中久一，令廣州附近日軍自廿三日起開始解除武裝。四邑，雷州半島及海南島解除武裝之確實日期，由鄧總指揮龍光、張軍長弛，依情形自行決定。

【中央社漢口廿三日電】第六戰區司令長官司令部發表第七號公報（（一）凡有收藏日軍之武器者，應自本月廿五日起限七日內一律將國軍師部報繳，違者一經檢出，依軍法重懲。（二）嚴禁民衆收買日軍軍用品，違者嚴辦。（三）日軍所有各部情報組織之各僱用情報員，應一律解散停止活動。

【中央社南京廿四日電】東京日僑公私糧機構及其附屬倉庫大部已經先後接收。計有偽粉麥統治委員會南京辦事處，油糧統制會辦事處，米糧統制會辦事處。日本長江產業工廠，帝國內產株式會社有饅麵粉廠，及偽實業部糧食部份內存米糧麵粉小麥類之數甚多。

【中央社南京廿三日電】京市府京市黨部，新八軍司令部，憲兵司令部，今舉行處理南京日僑會議。經決定日僑集中與中門外之日本[illegible]營。每日一千至一千二百人十日內集中完畢。

【中央社滬廿四日電】滬日偽銀行及偽（中央儲蓄）（中央信託公司）（中央保險公司）（郎兵局）之接受廿四日開始辦理，進行順利，敵三井三菱住友三行及正金台灣銀行均經派員接收。

【中央社滬廿四日電】滬各外商銀行代表，今日在財部特派員公署舉行會議，討論在滬外商銀行復業問題。

【中央社漢口廿三日電】湖北高等法院院長[illegible]俊正式接收偽高等法院，該院遷移武昌。

【中央社重慶二十五日電】據軍委會九月二十五日發表公報：我薛岳司令長官所屬之楊宏光部，於九月十四日收復贛北之九江，瑞昌，十二日收復星子。

【中央社南京廿五日電】（一）薛岳定廿五日由吉安來南昌。（二）省府定下月一日起在寧都停止辦公積極籌劃遷還。曹主席浩森，下月五日以前起程來省。

【中央社長沙廿四日電】長沙區日軍第廿九軍獨立第二警備隊及六四師團，業於廿三日前，遵照王司令官指示造具械彈車輛器材馬匹清冊，呈送第四方面軍司令部王司令官，即派各級受降官佐廿三日分別前往北門外一帶憑冊驗收。廿三日計接收高射砲廿七門，彈藥九一、一六九粒，×九六輛，汽車一七九二輛，自行車二六八九輛，馬騾一二、九六〇匹，電話機二、一三七部，電信機九六部。

【中央社長沙廿五日電】湘潭日軍獨立第八二旅團之二個大隊械彈裝備等，業經王耀武將軍所部七十三軍接收完畢。另有一個大隊廿四日正繼續繳械中。

【中央社漢口廿五日電】軍政部經濟部湘省政府派往大冶接收大冶礦區之特派委員劉若虛氏等一行，已於昨晚十時乘專輪東下，前往視察礦區及鐵廠之設備與財產。預計劉氏等一行，今日拂曉即可到達開始工作。

【中央社長沙廿四日電】第四方面軍近日繼續接收長沙北站及福壽橋新一號倉庫被服共一〇六噸，紙張工具四十八噸，衛生器材一一〇噸，獸醫器材三三三噸。

【中央社衡陽廿四日電】衡陽日軍繳械事宜，除六十八師團五十八旅團一大隊尚未接收完畢外，其餘均於廿一日以前，經第四方面軍七十四軍接收完畢。

【中央社杭州廿五日電】駐吳興之日本第一百旅團所有軍械及倉庫，除大部運杭繳除外，其餘准就地繳除。由第一接管組接收，轉撥國軍。並聞第一接管組，已通知日本連絡部笠國大尉，着即辦理繳械手續。

【中央社衡陽廿四日電】第四方面軍王耀武將軍所部七十四軍，十九日開始繳收日軍六十八師團械彈器材。至廿二日止，大部接收完竣。茲探悉其數量如次：步槍三七〇五支，重機槍卅七挺，輕機槍二六六挺，九四山砲十八

【中央社漢口廿三日電】財政部湘鄂區湘政金融特派員府士毅氏，昨日往偽中央儲備銀行辦理接收工作。據表示：一、偽中央儲備銀行即日起封閉，停止營業。二、偽中央儲備銀行各項賬表責成原經手人造送八份檢核。三、偽中央儲備銀行全部資金指定中央銀行接管。四、偽幣在中央所頒處理辦法以前暫准流通，惟各金融機構，不得將偽幣收作存款及匯兌云。

【中央社漢口廿三日電】財經部湘鄂贛區特派員李景潞，昨率領電力技術人員，會同市府代表，於午後二點，往華中水電公司漢口廠水電公司辦理接收。

戴高樂關於萊茵河與選舉的廣播

【中央社巴黎廿二日電】戴高樂本夜於法國選舉前夕，向全國發表廣播演說稱：法應沿萊茵河駐防警戒，使此偉大名河及魯爾盆地不再成為經常告警的發源地，而使之成為受威脅之各國之聯絡，法國當應於東方運用其柔和之努力，並寘使越南得享自由及繁榮之可能性，戴高樂將軍並稱：法國應對建立世界各國之地方及一般性組織有所貢獻，否則人類則又將陷入戰爭浩劫，渠於檢討過去十八閱月中法國經濟政治及社會進展後，復籲請建立更好更佳及更快樂之法國，戴氏強調指出：必須建立良好堅固制度，藉使法國得於各國間担任大國之任務，以進行建設工作，並担負復興任務，渠繼論及選舉稱：法國男女國民可藉投票方式表達其意願，彼等將於明日選舉各省議會議員，彼等於四週內將進行總選，余信是時彼等將表達所需要者和新而合理之事物。

傳保政府將有變動

【合衆社索菲亞廿二日電】在激進黨數週來站在外邊作為反對黨，但現已決定參加祖國陣綫之後，預料政府內部即將發生變動。同時，各訪員已被准許自由報導目前共產黨與農民黨的談判，這個談判的目的在使兩黨達到足可舉行自由選舉的協定。反對黨繼續堅持某些部長職位的變動，可能包含內長在內。與反對黨農民黨密切一致者是社會黨，兩黨現正完全協調的行動中。

參考消息

（只供參考）
第一〇一五號
解放日報新華社編
今日出一大張
卅四年九月廿七日
星期四

重慶否認命令敵偽進攻我軍

【合衆社重慶二十六日電】中國政府發言人，今日下午否認共產黨的譴責，該譴責說：中央政府會命令日軍與偽軍進攻華北的共產黨。發言人說：何應欽會命令日軍維持和平與秩序，直至中央軍到來時爲止。並繼說：中國共產黨一定是會進攻日軍。

【中央社渝廿六日電】張主席羣張部長治中，邵秘書長力子與周恩來王若飛兩氏，於廿五日上午很長時間於商談，並定於廿七日上午十時續談。

【美新聞處紐約廿五日廣播】紐約時報廿四日社論說，如果重慶官方能爲和平前途與中國共產黨達到一種協定的話，他們就將在處理日本問題時有更多成功的希望。雙方對於政治團結以及他們要求國內××的努力引起了美國方面的同情。（中掉一句，約五十字）。而會解決了共產黨問題，並且控制了××××，中獨立的軍閥也將對中國人留下許多的麻煩。

金開德談：將幫助中國運輸

【路透社倫敦廿五日電】美第七艦隊司令金開德今天下午在招待記者席上說：他剛到重慶來與中國當局聯絡，他說自從第七艦隊承擔美亞洲艦隊之職務以來，其工作即在於協助中國戰場當局。並對部隊之運動與登陸予以援助。供應品之起卸與各港口、河流、水雷之打掃業已開始。金開德將繼續在海面設立總部。

【中央社南京廿五日電】美國第七艦隊司令金開德海軍上將，由陳司令紹寬陪同，於今（廿六日）日下午二時由渝乘專機抵京，何總司令應欽，麥克魯將軍，蕭參謀長毅肅，柏德諾參謀長，廖軍長耀湘等到機場歡迎。金上將下機後，檢閱儀仗隊，二時一刻離機場赴旅邸休憩，中午應何總司令宴，

陸軍航空隊之活動繼續迅速進行。超過中國需要限度之空軍，正由昆明以北五十英里半待之第十四航空隊編配，以備遣回本國。第十及第十四航空隊及中國空勤總部之裝備，均將運回本國。除於上週列入第四類之若干部隊遣回美國復員外，另有剩餘之空軍四隊，包括軍官二百三十二人及兵員九百四十七人，亦將遣回。經編配後，將由飛機載運過駝峯往印度，而後乘飛機或輪船返國，已空運返本國之軍官共一千零三十二人，兵員共七千人。

外國記者招待會

【中央社重慶廿六日電】外國記者招待會，廿六日下午三時舉行。外交部長吳國楨，劉次長鍇及張參事平羣主持。吳部長於答覆記者詢問盟國佔領日本一事稱，中國政府將依照與盟國商定之計劃，派遣軍隊共同佔領日本。問，今年四川水災影響收穫至何程度，張參事答，水災區域大約均在沿江嘉陵江流域，所經之廿九縣沿江地帶，據報農產品估計減收卅分之一，省政府除將災區田畝免賦外，並發放急賑六千萬元。問中國接收日軍投降現（缺九）指之只令受降地區接收中，在上海南京漢口長沙廣州宜昌當陽荊門等地區之日軍，已一部或全部繳械。問，中國境內之美飛機，讓與中國一事，××是否商妥，中國空軍人員之訓練着重何事，張參事答，根據自主管方面周主任至柔得來消息，此事雖有商談，尚無具體決定。至於訓練一節，我國將以鞏固國防與友邦維護世界和平，側重民航事業，發展爲主。問，溥儀是否爲國際戰爭罪犯，是否中國已在倫敦已有協商。答，國際軍事法庭審判主要戰爭罪犯之標準，其中一項爲破壞和平，例於計劃準備以及發動侵略戰事或參加以上各種事項，均在其列，溥儀對於日本發動侵略戰事，當然參加，因此當爲國際戰爭罪犯之一。如盟國中其他各國不擬加以拘捕，我方可單獨處理。

國民黨擬購買美在華飛機

【合衆社重慶廿六日電】中國政府發言人今日下午說：中美兩國正在會談可能由中國購買美國現在在華的一切飛機。

國民黨接收情形

【中央社長沙廿五日電】中國陸軍第四方面軍司令部，廿五日發表第廿五號公報稱：（一）本方面軍第七十三軍第一九三師蕭重光率部於廿一日將渌口日軍糧草倉庫接收完畢。廿三日起開始接收株州日軍裝備器材倉庫，進行頗爲順利。（二）株州日軍獨立八二旅團已經遵照本方面軍指示，造具器械清冊，於廿三日前遞送本部，該部日軍即可全部繳械。（三）易俗河日軍戰車六輛，湘潭日

宴後舉行軍事會議，下午四時金氏偕陳紹寬等六人原機赴滬。

斯特拉特梅耶談幫助國民黨空運情形

【中央社渝廿五日電】據美新聞處本市訊：中國戰區美陸軍航空隊總司令斯特拉特梅耶今稱：約在四萬一千人以上之華軍，於最近十九日內已空運至各收復區域。此項空運刻仍繼續進行，新六軍已由芷江空運至南京，而第九十四軍亦已自柳州運至上海。此次空運工作，頗見繁重。漢口及上海等區華軍，空運至平津，亦將於日內開始。十四萬華軍之空運，實爲印緬戰區或中國戰區一切工作中之最大的又最爲複雜者，並相信此爲歷史上最大一次之空運。此項空運較之前此在華各項空中活動，行軍上之問題，更爲繁複。目下最難預計者惟汽油，現用汽油，係自印度運來者。第十航空隊先自昆將汽油運抵芷，以接應第四百四十三運兵機隊。以孟加拉灣東部爲基地之中印區空運總隊之四百五十四架飛機，先滿裝汽油，飛至柳州，該運些飛機必需裝載兵士及額外之汽油飛抵上海，然後飛至柳州，加油後再返孟加拉灣。

【中央社重慶廿五日電】中國戰區美軍司令部訊：中國戰區美軍G五處參謀處長奧姆斯丹少將稱：由於軍運頻繁，凡赴收復區接收之重要文官人員，仍只能由美軍以有限之空運載送。運往沿海區各重要城市之重要文職人員，已有五百餘人，今後如有可能將再續運。凡欲飛赴收復區之中國人民，均須向中國空運檢查委員會請准，美僑則由美大使館核准。民航運費，由美空運總隊確定。中國旅客，須經中國空運檢查委員會之請求，美僑須經美大使館之請求。除京滬外，飛往其他城市之飛機，係於特殊之基地起飛，此更須要嚴密之檢查。赴美之運輸，亦由於軍運頻繁受同樣之限制，空運海運對於一切享有優先權之平民，亦均暫時停運，空運實際已僅限於軍用。

新疆民變日熾

【時訊社二十五日訊】新疆民變，近來愈趨嚴重。變民最近已佔領了新疆西部之伊犁、塔城、阿爾泰、阿克蘇、喀什噶爾五地。變民的共同要求爲反對國民黨政府對回民的高壓政策，允許給新疆各民族以民族自治權。聞國民黨當局對此極爲狼狽云。

美軍繼續遣返

【中央社重慶廿六日電】美新聞處訊：中國戰區美陸軍航空隊司令部廿六日電：中國戰區美陸軍航空隊司令斯特拉特梅耶之司令部，本日宣稱：本週中國戰區美

兵二〇五人，已經遵照本方面軍司令官命令，集中長沙繳械。原有湘潭日憲七名，業已遵命到指定地點集中。（四）本方面軍七三軍，廿一日接收湘獨立八一旅團步槍一〇七支，輕機槍卅挺，重機槍五挺，山砲四門，迫擊砲二門，戰防砲一門，手槍八二支，廿二日接收步槍六六五支，輕機槍廿九挺，重機槍四挺，戰防砲及步砲各兩門，手槍四九支，廿三日接收步槍一四九三支，輕機槍七十挺，重機槍十四挺，手槍一一六枝，迫擊砲三門，步砲三門、擲彈筒十八個。廿四日又將其餘兩大隊全部接收完畢。另一九三師，廿四日接收株州日軍八二獨立旅團五個大隊，詳細數目正清查中。（五）易俗河日軍汽車三百輛，野戰倉庫物資武器彈藥約十噸，廿四日前已由本方面軍七三軍全部接收完畢。

【中央社重慶廿六日電】軍委會公報稱：（一）據海軍總司令陳紹寬電稱：我於九月十五日接收日艦興津號、多多良號。十七日接收島田、二見、鵲多、熱海四艘及上海各岸上機關。（二）據李品仙司令長官電稱：本區受降簽字業於九月廿四日下午三時在蚌埠舉行，日軍由十川次郎中將親來簽字，接受訓令，並表示敬謹服從。（三）據孫蔚如司令長官廿六日電稱：我於九月廿一日起，接收武漢日軍各種廠庫工場，並開始繳械武漢區日軍之武裝。

【中央社南昌廿六日電】薛司令長官廿五日乘輪離吉，廿六日下午四時抵此。薛氏於答覆記者詢以南昌地區接收情況時謂：一切遵照中央指示辦理，南昌日軍除一部業已繳械外，尚有一部日軍由湘贛途中，接收情形順利，下月二十日前可望辦理完竣。

【中央社漯河廿日電】第五戰區司令長官劉峙，，於九月十八日由南陽出發，十九日午後三時抵漯河。二十日晨召見日軍第十二軍團司令官鷹森孝中將。舉行日軍投降式。地點在長官部內一狹長之小會客室。劉峙司令長官正中坐，左爲孫震將軍，右爲趙參謀長子立中將，美軍聯絡官馬爾鮑中校亦參加。九時五分，鷹森孝率一一二師團長杉浦英吉中將及高級參謀折田正男大佐入室，向劉長官行鞠躬禮後肅立。鷹森孝以恭謹之立正姿勢報告其身份後，劉長官即以和字第一號命令交由趙參謀長子立中將，轉交鷹森孝出具領證蓋章後，呈由趙參謀長轉呈劉長官。鷹森孝退出，儀式即告完成。

【中央社滬廿六日電】陸軍第三方面軍司令部廿六日特派少將參議陸允之接收屬於日軍部之大陸新報，由該報負責人森山備負責移交。

【中央社滬廿五日電】財經部戰時生產局蘇浙皖辦事處特派員辦公處，頃已

派員接收上述轄區內之日方機械工廠、化學工業、毛紡織廠、印染廠、由我接收。

【中央社徐州二十五日電】徐州日本警備部，定二十六日下午二時，由我

胡政之建議國民黨當局，解決國內政治問題，應採用舊金山會議中大國控制小國的經驗

胡政之大公報主筆，出席舊金山會議中國代表之一，最近從紐約寄回國內友人一信，建議國民黨當局，採用舊金山會議中大國控制小國的經驗，以求解決國內政治問題。在國共兩黨談判中，此信頗值注意，原信摘錄於後：『蓋龐大的國際組織，明係强凌弱衆暴寡的局面，大國（名爲五强，實際只美英蘇耳）儼然居統治地位，中小國家當然不服。然美英蘇政治家善於控制、張弛適宜。其法：（一）儘量使各國發言，給予發洩機會。（二）大國善能團結，步調勉求一致。（三）不關重大處儘力讓步，滿足中小國家，予以面子，給以小利益。（四）主要關鍵決不放鬆，只可在文字上妥協，不能在實質上退屈。（五）固執不下時，開一後門，予以希望，俾可打開僵局。具體言之，憲章之安全理事會的地位，始終保持頓巴敦原案，而於大會職權則形式上充分擴張之。更於修改憲章，比較予以不大硬性之規定，使反對者抱一至少十年後可以修改之希望，以平其氣。此等處，最值注意。而主持者只求控制，不取獨佔，力示妥協，不居壓迫，尤爲運用之祕訣。以五十國之大，勾心鬥角舌劍脣槍之結果，猶能爲人類和平生活開一新路，推而至於國內政治，宜無不可解決之理，是在有力者之睿智與器量耳。』（見八月十四日大公報）

國民黨籌組五小政黨充其衛星

【時訊社二十五日訊】據息國民黨當局爲應付將來的民主鬥爭起見，已決定組織五個小政黨做爲國民黨的衛星。這五個小政黨包含以章士釗爲首的『中國民主黨』，以政學系爲骨幹的『民政黨』，以于斌爲首的『天主教黨』，以朱學範爲首的『勞工黨』，以黄少谷爲首的『社會黨』。聞這些政黨現均在積極籌備中。

工人日報揭露國際共管歐洲水路的陰謀

【合衆社倫敦廿五日電】（……掉頭……）今日外長會議儘管蘇方作日起即竭力反對

國軍官教練掌握武器與破壞工作。在一九四四年十月，盟國聯絡軍官用降落傘降落或乘潛艇登陸以前，馬來亞人沒有得到外界的援助。當時，各民族軍團已增至七個團，此組織大部份是從爲數不多的抗日協會，珍珠港事件前的中國賑濟集團與共產黨員當中發展的，該軍紅旗上的三顆黄星，象徵着馬來亞的民族：馬來人，中國人和印度人……。盟軍在南亞統帥對游擊隊成就的價値並不置疑，他們在該半島許多主要中心被用作重佔軍隊。有些隊伍在舉行日軍正式投降儀式時，形成了儀仗隊的一部份。每團由總指揮、第二與第三指揮三人組成的委員會領導。該軍總部亦由這樣的集團領導。其實領袖仍然是一個神祕的人物。第四團是廿四歲的團長，是戰爭爆發時，新加坡英文學校的學生。他的領土是在新加坡島正北柔佛南部。大概估計：在三年間，這一團肅清了四千個日本人、叛徒、告密者和偵探。諸部隊主要任務在於破壞油船池，軍火庫、橋樑與交通。盟國聯絡代表於四四年末登陸，隨身攜帶有武器、制服、物資與無綫電台，首次從外面給戰士們運來了援助，此後，抗日軍便歸東南亞統帥部指揮。

法國俘虜干涉西貢越南獨立政府

【合衆社倫敦廿五日電】法屬越南消息稱：前法國俘虜三百人，已推翻西貢自稱的安南獨立政府，逮捕各部長，把法國三色旗昇於城市上空。英日軍事巡警，對此騷擾均未予以干涉，據日先驅報西貢訊：前俘虜係由法國遠征軍的手榴彈、手提機關槍及其他武器武裝起來。法國人奪取了西貢市廳安南總部。砲火繼續到星期日早晨，但法國人有空軍人員、水手不增援，他們掃蕩大部份安南人。受傷者數百人，餘下的都被捕，無人死亡。安南人只以小刀爲武裝。

英共中央聲明全力支持工黨政府

【本報倫敦通訊】英國共產黨中央委員會於八月一日發表聲明，全力支持工黨政府，聲明原文如下：

『工黨在大選中獲得壓倒多數的勝利，打垮了保守黨和在英國成立第一個工黨政府，受到了全世界民主人民的歡迎。它結束了過去招致貧窮戰爭和法西斯主義的政策，並使得英國能够轉向社會主義的道路而導入經濟安定、和平與世界合作。

『共產黨保證全力支持工黨政府，以早獲致對日戰爭的勝利以及實施偉大的社會變革和國際合作的政策，爲了這個政策，人民是以如此的决心和信心

而提出了歐洲內河航運國際化的計劃。蘇聯似乎恐懼此項計劃將涉及要它交出歐洲大貿易路綫特別是多腦河問題上它所撫育的主權。共產黨機關報工人日報今日討論這個計劃說：『這一問題將發現究竟其意圖爲對各主要有關國家間商業改進的重大步驟呢，還是簡單地只是半遮半掩的外國干涉這些國家事務的又一種手段。可以提醒，即內河航路的「國際化」曾是希特勒德國政府使用過的政治滲入的順利手段』。

日皇希望日本成爲英國式的君主立憲

【路透社倫敦二十五日電】美國高級當局在過去廿四小時所發表的兩紙語氣堅決的聲明清楚說明對於戰敗的日本不能採取緩和的待遇，華盛頓白宮發表國務院、陸軍部與海軍部致麥克阿瑟將軍的指令給予盟軍最高統帥以實際的權力，如果合宜時革除日皇裕仁，代之以聯合國所贊同的政權，在華盛頓白宮發表此項指令之後，麥克阿瑟將軍東京總部今日繼之發表正式聲明佔領日本可能繼續許多的年份，總部正式發言人明確地否認諉之於麥克阿瑟的最近聲明，該聲明說佔領軍將在六個月以內撤退，據發言人說，最高統帥所說的是『佔領軍在有利條件之下，可以在六個月內減至最大限度。』柔弱的四十四歲的日皇實際上是盟國的傀儡統治者與看守——今日告倫敦標準晚報訪員，他本人主張在日本建立英國式的君主立憲政體，這位在二十五年以前，以日本二千五百年來第一個週遊歐洲英國和美國的皇太子而使其正教的臣民震驚的人穿着黑色晨衣與條紋褲，硬領及白領帶在宮院的接房內接見訪員，他宣稱，不管日本所須要的何種改變，應該符合經過立憲程序所表示的人民的一般的意志，這是他的誠懇願望，他說糧食與居處是日本兩個至要的問題，一旦人民能吃得飽穿得暖時，進行改革是容易的。

馬來亞各民族抗日軍由叢林基地出襲日寇

【美新聞處星加坡十五日電】美聯社記者稱：七千馬來亞人組成，由叢林基地襲擊日軍的游擊隊，已在馬來亞對日戰鬥了將近三年，擊斃數千敵人。自從日軍佔領該半島後，即行破壞，騷擾與牽制侵略者的就是馬來亞各民族抗日軍，與其歐洲伙伴不同，馬來亞的戰士在日軍投降以前，並未曾公佈過。日本稱該軍隊爲『共產黨』，該軍大部份人員均自己承認爲該黨黨員。各民族軍隊成立於一九四一年一月一日，馬來亞陷落日軍以前一月半。其他團於數月內組成。新兵係由英

來投票的。

『工黨政府的成立將給予國際事變過程以深刻的影響。它將帶給那些仍在對法西斯殘餘勢力進行鬥爭的歐洲人民以喜悅和希望，給予希臘的民主運動以新的信心，並加速佛朗哥在西班牙的獨裁政治的結束。它將鼓勵殖民地人民，特別是印度人民的努力，以完成它們的獨立。

『爲了堅持英國和蘇聯與美國之間的合作，爲了實現舊金山會議以及其他國際會議所決定的政治的經濟的社會的政策，一個空前僅有的堅強的基礎，現在是創造出來了。

『爲了保證工黨政綱的實現，需要千百萬投票選舉工黨的人民的積極支持和所有一切工人階級組織與政府的充分合作。眞正的戰鬥面臨着我們。整個工人階級運動——職工會、店舖員工、工廠中的男女工人，工場和礦山，必須準備反對已被打敗的保守黨人，因爲他們將竭力阻撓新政府的建設工作並利用客觀形勢上的每一個困難。他們將企圖使政府無法實施國有化和控制的辦法。而這對於消滅失業和保證建築千百幢房屋，正是非常重要的。

『全國人民必須警惕大資本家、銀行家和地主在政治上和經濟上的怠工破壞活動。

『必需繼大選勝利之後，更向前進，在十一月的地方選舉中贏得同等的壓倒多數的勝利，以便工黨政府能夠由工黨的市議會的支持，而在房屋、教育和衛生上面準備和熱望實現工黨的政策。

『目前擺在英國人民面前的大機會，增加了加強工人運動的團結和組織前此在大選勝利中所起的如此顯著作用的團結和同志愛的重要性。

『共產黨將盡其最大努力來發展這種團結和加強工人運動的組織以爲他們支持工黨政府的積極工作。』

參攷消息
（只供參考）
第一〇一六號
解放日報 新華社 編
今日出一大張
卅四年九月廿八日
星期五

國共談判重開

僅軍事問題將接近解決

【合衆社重慶廿七日電】據大公報稱，國共團結談判在九月廿一日起暫停，廿五日晨重開。由於兩黨讓步之結果，軍事問題已接近解決，但其他問題上仍存在『分歧』。（中國新聞檢查處拒絕發放記者關於談判的具體情形或分析的稿子）

中國借美萬噸運輸船五艘

【路透社上海廿七日電】滬軍事區總司令湯恩伯今日宣稱：中國正在與美國當局談判租借萬噸運輸船五艘，從越南與華北運煤赴上海，目前上海存煤僅足兩週之用。湯恩伯在特別召集的中國軍政機關主管人員會議席上說：一切避免危機的希望決定於談判。

【中央社上海廿六日電】陸軍第三方面軍湯司令官，廿六日在司令部舉行黨政軍聯席會議，席間首由湯司令官致詞略謂：此會主要目的係報告軍事接收實際情形，並商討軍事接收與黨政接收之各有關問題。旋由該部軍事接收委會主委張雪中報告謂：本委會於本月十二日奉令成立，十四日開始工作，專爲接收軍品，對非軍品概不接收。本會下設軍械、及兵工器材、被服、工廠、倉庫、食品、交通、人事、化學器材、糾察、文書、衛生、通訊、軍用農場、視察各組。日方海軍概由海軍部派員接收，空軍由空軍當局接收，本會祇與之取得聯繫，並未直接過問。計軍械組接收大砲四九四門，各式重機槍一八一挺，輕機槍五六五挺，步槍計一六、五〇〇支，手槍一九〇支，軍刀五四〇把，騾馬組接收軍馬二、二六二四軍犬二九隻，軍用鴿六二六隻。工兵器材組接收大小圓鍬四、七四六把，十字鎬二、五三二把，斧三六八把，鋸四二〇把，攜帶浮囊二九隻。工廠倉庫組所接收者爲：北站倉庫、麥根路倉庫、南京路倉庫、永安倉庫、永光化學廠、愛國鐵工廠、恆業皮革廠。

凡員，仍應分別情節，宣告停止享受公民權若干年。第五條，司法機關對於左列漢奸案件一併行使檢查權：（一）曾任僞組織專科以上學校之校長或重要職務者。（二）曾任僞組織金融或實業機關首長或重要職務者。（三）曾任僞組織管轄範圍內報館，通訊社，雜誌社社長，總編輯，總主筆，或總經理爲敵僞宣傳者。（四）曾在僞組織管轄範圍內，主持電影製片廠，廣播台，文化團體爲敵僞宣傳者。（五）曾在僞黨部，新民會，協和會，僞參議會及類似機關，參與重要工作者。（六）敵僞管轄範圍內之文化金融，實業，社會團體人員，憑藉敵僞勢力，有不利於人民之行爲，經人民控告者。第六條，凡在敵人軍政特務機關工作人員，以漢奸治罪。第三條，司法機關審判第五第六兩條之漢奸案件准用第四條之原則辦理。第六條漢奸案件依特種刑事案件訴訟條例之規定，除被告原爲軍人復任僞軍職應受軍事審判者外，由高等法院或分院（缺八）懲治。按漢奸條例及戰時軍紀等法律之規定。第十條，漢奸自首條例，自卅四年八月十日以後，日本擬接受波茨頓三國公告，準備投降之日期適用之。第十一條，收復區高等法院或分院，開始辦公時，黨務及軍事機關，應將漢奸之調査資料，轉送檢察官依法偵査。第十二條，各地黨政軍對於司法機關辦理漢奸案件，應切實協助。第十三條，本條例自公佈日施行。

陳誠赴蓉縮編川康軍隊

【中央社成都廿四日電】軍政部長陳誠，廿一日由渝來蓉商討川康整軍問題，結果至爲圓滿。川康部隊今後將保留三軍六師，外兩獨立師。陳氏現已公畢，廿四日晨八時專機返渝。

【中央社渝廿六日電】國府廿六日令：中央圖書雜誌審査會主任潘公展請求辭職，潘公展應免本職，此令。

龍雲主張中央地方平權

並反對軍隊縮編

【本報訊】龍雲在雲南省參議會第三屆第四次大會開幕禮中致詞，述及實施憲政時，有謂：『本人認爲主要問題在於制度，而民主政治乃爲衆人所稱道者，民主政體各有不同，其對於地方與中央關係，是否「平權」，抑或「均權」，則均有明確規定，例如，美國各州自由競爭，建設日趨繁榮，而我國實施憲政，乃未注意此事，實可斷言』。談及軍隊縮編問題，他說：『本人濫竽軍隊十餘年，素抱精兵主義，深惡「冗兵」、「爛兵」，故不輕易擴充，則今日縮編之說，無法物品數量該組現正淸査中。食品組接收白米三、二三五、〇〇〇公斤，穀二、八三八、〇〇〇公斤，麵粉二、八八九、〇〇〇公斤，麥子一、一八〇、〇〇〇公斤，大豆二、五四五、〇〇〇公斤。交通組接收小汽車九六輛、指揮車二九輛，卡車七四三輛，自行車三一九輛，汽油五一、一五二听，滑潤油五〇、六〇〇听，酒精三八、一〇〇听，化學戰物組接收防毒面具二四、七〇〇個，防毒衣四、五〇套，發烟筒七、〇〇〇個，火焰發射機八二部，十五糎發烟彈三三發。通訊組接收電話一、五三一部，無綫電機三五〇部，交換機七三部。

王耀武命令『改編』長沙衡陽區游擊隊

【合衆社重慶廿七日電】據中央社訊，長沙區司令長官王耀武將軍下令『改編』長沙——衡陽區游擊隊。據稱此項命令之發佈是因爲該區日軍已繳械且軍事行動已停止云。

國民黨赴東北官員延期起程

【合衆社重慶二十七日電】大公報報導第一批中國政府官員赴滿洲者，將由委員長之子蔣經國（東北外交特派員）及何柱國將軍（委員長長春行營參謀長）率領前往。第一批六十人亦將包括憲兵、××、譯員及打字員等。據稱政府關於接管滿洲民政權問題在過去兩星期來曾與蘇聯當局談判。第一批人員起程日期原定九月二十五日已延期至九月底。新成立的九個省和兩個市的官員將於第二批出發，委員長滿洲政治及軍事行營主任熊式輝將軍與第三批一同出發。

國民黨的『處置漢奸案件條例』

【中央社重慶廿七日電】國民參政會駐會委員會，就行政院送交之『處置漢奸案件條例草案』，逐條討論，並詳加修正。茲將修正通過後之草案錄後：處置漢奸案件條例草案第一條，處置漢奸除法律別有規定外，依本條例行之。第二條，漢奸罪行之調查由司法機關負責辦理。第三條司法機關對於曾任偽公務員之漢奸案件，依左列原則行使檢查權：（一）曾任偽組織之特務官簡任官或機關首長，荐任官者。（二）曾任偽組織公務員，憑藉敵偽勢力，有不利於人民民主行爲，經人民控告者。第四條，司法機關審判條例第三條之漢奸案件依左列原則辦理：（一）任偽職時，確曾協助抗戰工作或有利於人民之行爲者得減輕其罪刑。（二）減輕罪刑之偽職

奉行，唯一辦法只得解散。如國家無事，解散至爲容易，士兵來自民間，自極願意返回田間。但當今日有事之日，自當保存。他方面，對老百姓亦將無法解釋，蓋一面向民間征集壯丁，但一面則解散，於法於理均有矛盾』。

重慶設計局擬五年計劃草案

【合衆社重慶廿七日】中國報紙報導，中央設計局已制出中國工業化五年建設計劃的初步草案。又稱，俟滿洲與台灣的統計材料加上去後，最後草案即可完成。

反抗國民黨暴力統治·川鄂邊境農民屢次暴動

【時訊社訊】據七月二十三日新華日報稱：川、鄂邊境交界的地區，農民發生數次暴動，雖屢遭鎭壓，但鬥爭迄未停止，現聚集了好幾百人，震動了二個縣城。原文報導如下：

『稍近的如二十八年這一帶地方（指川、鄂交界的利川和石硅縣）的農民因遭飢荒，求生無路，羅漢卿揭竿而起，農民蜂湧相從，一時聚衆千餘人，像洪水一般泛濫，攻陷石硅縣，又一度過西界沱，近的如上前年（三十一年）小河的農民楊楚生洪涂章二人，務農破了產，靠賣酒營生。鄉公所推行節約運動，不准煮酒熬糖，但對於那些有點辦法的人，却不敢抓，單把這兩個人抓了起來。楊、洪兩人因爲無法就只好做『無事混』，邀同親友援湊點錢來改業，不料這也有干禁令，鄉公所就說他們是匪，調集民團去打。民團是被迫着去打的，當然沒有鬥志，而他們却有拚死的決心，於是一接觸就把民團打死了幾十個。於是鄉公所更把他們說得兇殘惡極，急向各方求救，就有××軍邱營長帶兵前去進剿。農民們究竟是沒有作戰經驗的，又沒有武器怎經得起大軍圍剿？一戰就打垮了。楊洪陣亡，餘即潰散。隨着邱營長大舉淸鄉，凡稍有嫌疑的殺無赦，把財產充公，地方上的保甲藉此伉儲報怨，前後被殺的不下二百多人，好多村舍滅絕人煙。許多婦女亦遭屠殺。有一個農婦臨刑時還在給她的幼兒哺乳。而死後這個幼小的生命還爬在母親的身旁啼哭，沒有人敢去救他，終於讓他活活餓死了。這一場慘劇的結果是：邱營長和協助淸剿的人都因進剿有功，升官受賞了。而無數受害之家，却是連哭都不敢哭，至於死者更是含冤莫白了。

到了去年（三十二年），農民們因爲被壯丁、軍穀等整得慘，爲自衛計，就有刀兒會，開山會等的組織出現。常是幾個人或十幾個人帶着刀斧走東去西都在一路，誰要拉他們去當壯丁，或挑軍穀，就與誰拚命。各鄉公所受着

這種阻礙，更是追捕得緊。他們也就防備得緊。今年正月，湖鎮鄉某農民的獨子被保長拉在冷水溪場上搕索，他的家裏就集合了許多人去把保長保隊附都打死了。還有一個農民被保長藉故拉去當兵，三番兩次向他搕索，家產都傾了，他的年老的父親也因此自縊。他痛恨極了，就帶着刀子潤在路上把保長殺死，還把腦殼擊成粉碎，隨即到石砫縣府自首，服罪。這件事發生不久，揚河鄉的農民也逼起來把正副鄉長和鄉隊附殺了，聚集了好幾百人，震動了利川和石砫！

掃蕩報將改爲『和平』報

【中央社渝廿五日電】掃蕩報總社理監事聯席會議日前舉行，到張副理事長治中，理事賀國光等，監事袁守謙等及理事兼社長黃少谷廿餘人。由張治中主席，經決議將掃蕩報改名爲和平日報，並定本年國父誕辰起，各地掃蕩報一律改稱。

大公報所開的戰犯名單

【本報訊】九月十八日大公報社論就東北事變開列有關戰犯名單如下：九一八當時的內閣閣僚：陸相南次郎……等。當時的關東軍：司令官本庄繁，參謀長小磯國昭，高級參謀板垣征四郎……等。當時的特務關係者：土肥原賢二，岡村寧次……等。由朝鮮率領日軍第二十師團第三十九旅團渡鴨綠江入遼寧的『越境將軍』林銑十郎，及少壯軍人領袖荒木貞夫，眞崎甚三郎等。

外交應負責的還有出席國聯『發揮熱辯』的松岡洋右。

日本國內的法西斯人物：屬於櫻會及小櫻會的諸軍人，國本社平沼騏一郎黨，怪僧井上日昭，愛鄉塾的橘孝三郎，『日本改造法案大綱』作者北一輝以，資金贊助法西斯組織的財閥石原廣一郎，法西斯理論家大川周明，安岡正篤，高畠素之……等。

經濟方面：爲侵略先鋒的滿鐵著名主要人物，及由一九三七年十二月起囊括東北經濟利益的鮎川義介。

大公報稱：『上面的名單僅僅以東北爲對象，由「九一八」到現在，中國可開的戰爭罪犯，無慮以千以萬計，此文實不勝列舉。這裏，我們當然應該把僞滿漢奸也列入，以溥儀爲首，那一羣醜類，禍國殃民，皆罪在不赦。』

中國戰區美戰略勤務隊活動情形

【中央社渝廿五日電】據中國戰區美軍司令部息：中國戰區戰略勤務隊之司令賽普納公佈該隊戰鬥分隊之活動情形

情報。英國戰時生產部在昆明與重慶的小支部幾乎已無用處，主要是其活動到處爲奇怪的障礙所阻撓。」約翰斯頓繼續說：『美國盟邦並未反對這種反英心理，美國會堅決拒絕干涉中國的政治問題（？）中國人對美國人的態度與對英人的態度相反，簡直是孩童般的崇拜，視美人爲有錢的善良的利他主義者。美國大商人經過印度時公開地招引（吊膀子）印度主要的工業家，他們是國民大會背後的最强力的力量之一，我們何以特別闡明美國這一政策，或相信戰後世界將由華爾街統治，是不無理由的』。作者結語：『美國活動一般的是明目張胆地公開地進行。』

越南戰爭中的法、美、英

【中央社渝廿七日電】據記者張慶彬西貢廿五日電，越南獨立黨領導下之當地安南人，要求自治政府之鬥爭，於今晨急轉直下，因此間法軍統領領導下之法軍已發動政變，並進行接收過去數日爲獨立黨份子所佔領之警察所，政府機關今晨四時靜寂之街道上，槍聲突起，攜有各式武器之法軍遭遇守軍，上述房舍之安南人之抵抗，惟抵抗不久，即告終止，安南人被迅速解除武裝，而受監禁，當開槍時，法軍死一名傷四名。安南人死一名，法軍突破××獨立黨黨旗之總司令部，並逮捕越南獨立黨份子，渠等之武器被捆縛背上，而歸據地面。據權威方面稱：政變表示逐漸建立法國在越南之統治，因之第一步×××貢堤岸區，越南法政府將爲代表藏商業政府之自由法國政權，而並非恢復充滿維希同情分子之僞政府，英軍管制委員會聲明，與此政變全××××以英文之言爲然。

【合衆社西貢廿五日電】在兩日夜巷戰之後，今日英軍已在斡旋民族主義者與法國當局間的糾紛了。越南南部盟國的英國司令官命令其部隊古爾哈印軍解除革命者安南人的武裝。法人據謂安南人由日方給以武裝，在接觸中，一車車攜載富武器的日本兵在西貢巡邏，英軍司令格拉西少將說日軍尚未繳械，因爲他部下二千五百名部隊如日軍抵抗即不足應付。日軍將在不久即可開到的勤克勒克所屬法軍抵達後解除武裝。在整個地區似乎日軍享有[illegible]力。格拉西正利用他們守衛公共建築物。在戰爭過程中，英、法、安南及日軍均在街上徜徉，似乎誰也無法確切知道日軍在演着什麼角色。

【合衆社西貢廿七日電】：騷擾的越南黨人擊斃與重傷美軍官各一。星期三在和越南美軍衝突時，包圍美軍總部一小時，彼得•杜威上校駐軍由地方機場至其總部，路過越南黨人地方時，被機關鎗擊斃。越南黨人繼襲擊杜威總部，又擊傷多人。

如下：該隊主要工作地點，在日軍佔領區設司令部，設昆明總地司令部，設西安及芷江在日軍代替法軍控制越南之某一時期共有戰略勤務隊之戰鬥分隊八隊，在越南該戰略勤務隊實駐廣州周圍。其他在汕頭、廈門、福州、及上海附近若干隊，在南京及蕪湖抵抗日軍，日軍於初夏進攻柳州長沙走廊時有十七分隊，牽制日軍之兩翼十二分隊以上，駐隴海鐵路狙擊敵之軍糧伏擊敵貨車運輸隊並破壞鐵路綫，敵每加修復即予破壞，戰略勤務隊在中國戰區工作之總成績尚未統計，惟據估計一九四五年，敵共死八千三百十七人，因戰略勤務隊之活動，而死傷之日軍連被俘及投降者，在內共計一萬二千一百十一人，其數爲中國戰區戰略勤務隊美籍人員最大數額之六倍其，他戰略勤務隊之計錄顯示鐵路上有五千處遭破壞，橋樑五十座，機車卅輛及摩托車二百輛，被毀日貨棧四十處起火，汕頭廣州區會八度宣佈戒嚴，因戰略勤務隊之活動使日人信以爲人民之武裝暴動迫在眉睫，乘飛機出入敵後之模範戰略勤務隊攜有口徑四點五之迫擊砲巴珠卡自動武器及毀滅彈還等，到達敵後時即與游擊隊取得聯絡，訓練游擊隊員約二百人使用美國武器。襲擊敵交通綫，搗毀鐵路及橋樑，襲擊運輸車隊，並送中國特務人員安置毀滅彈於日方設備中。戰略勤務隊數隊與其中國盟友連結，會於此次戰爭之最後四月中每隊擊斃日軍七百人，中國戰區之敵主目（缺九）由戰略勤務隊破壞之其中最重要之目標爲三英里長之長江大鐵橋。戰爭結束前不久，該隊隊員六人完成此重要橋樑破壞工作時，橋上有滿載兵員之火車一輛，日軍死傷約一千人，戰略勤務隊，並於戰爭結束前訓練中國突擊××旅，其中五連曾參戰，三連組成一營，該營曾驅逐丹竹機場之日軍。戰略勤務隊，獲悉日方正考慮投降條件時，即遣（下缺七十字）

英美在華的矛盾

「路透社倫敦廿七日電」澳洲記者喬治。約翰斯頓在倫敦每日郵報上著文論斷『全中國各地反英心理』時說：這對美國是非常有利的。約翰斯頓說：『英國在戰後重建東亞的經濟任務中「頂多僅在名義上分担一份任務」，英國援助中國的大部企圖已因政治原因（香港是最重要的原因之一）爲中國人自已所大匪拒絕，中國對英國商業利益之安靜的堅固的與有效的封鎖已由美國方面所擬定。雖然這種封鎖照常是『幕後』活動，而實際上已達到這種地步，英國的軍事的情報活動，在中國及鄰近領土已遭受坦率拒絕，因爲在戰後時期沒有人要對英國負任何義務——英國在那時會在中國許多地方沒有最好的軍事

「合衆社××廿七日電」：西貢，經過星期一城內各地的鎗擊之後，刻巳平靜。越南游擊隊切斷通達機場的道路，襲擊英軍據守的電力站，佔領若干市郊。越南某人士稱：越南黨的戰術已由純然暴力，轉爲切斷糧食供應綫，毀滅米倉，來困餓西貢的歐洲人。現在仍無電燈與自來水，人民似乎很驚忙，因爲糧食日益惡劣。

阿根廷政變未成 羅遜被捕

「路透社布宜諾斯艾利斯廿六日電」今日獲息：因政變之罪而被捕的羅遜將軍及其黨伴們，想把政府權力移交給最高法庭，現在所得到的羅遜將軍準備告全國人民與軍隊的宣言全文說：『××希望人民與武裝部隊拿起武器來推翻篡奪者。×××，他們邀請最高法庭主席來担任政府，並用其軍隊來支持他的權力。阿根廷人民是配稱我們祖先的子孫的，並充滿着十分決心要達到雖然間或很困難，但總是××××的道路。』『標準報』對這暴動的企圖，作了下面的評論：達到政治上的天堂之路，並不是沿着武裝暴動的道路的，因爲內戰並不能奠定全國統一的基礎。國家的文化幸福與進步，都不是用兄弟反對兄弟的辦法來促其發展的。布宜諾斯艾利斯的運輸工人自午夜以來，便罷了廿四小時的工，首都的一切公共交通都停止了。努力求得城市運輸公司與工人之間分歧的最後解决，但失敗了。工人中間有很多人已罷了一個多月的工了。

「路透社布宜諾斯艾利斯廿五日電」據今晚此間陸軍部發表的公報稱：一九四三年曾當過一天阿根廷總統的羅遜將軍，因煽動叛變之罪而被逮捕。羅遜最近的公開出現是在上星期三當他向布宜諾斯艾利斯組織的作爲對「屈辱的獨裁」的抗議之『自由進軍』作非正式敬禮的時候。公報稱：『九月廿四日晚，退休的羅遜將軍到科爾多巴去，他在那裏與從前第四陸軍師團指揮官馬丁副少將一道，企圖引誘軍官們與他一路參加軍隊。當人們一曉得他的目的後，他的企圖便被局部化與無效了。不受羅遜及其友人誘騙的高級軍官們，採取了堅决而有力的態度，將他扣留起來，並根據公共檢查官的命令加以逮捕。現政府已採取必要的種種措施以保證全國的完全安謐。

（只供参考）
第一〇一七號
解放日報 新華社 編
今日出一大張
卅四年九月廿九日
星期六

傳美軍兩師將在天津登陸

【中央社重慶廿六日電】據美新聞處琉球島廿六日電，美特種混合艦隊一隊，本日由琉球島駛往中國海岸，定月底中國軍事長官在天津區接受日軍投降之日，派美海軍陸戰隊兩師，在天津登陸。此批美軍將担任接受日軍投降時之警衛，直至華軍力量足够接收該區時止。又琉球本島廿六日合衆電，美特種混合艦隊已自琉球本島駛往中國沿海，俾美海軍陸戰隊二師得於卅日在天津區登陸，蓋中國軍事長官定於是日接收日軍投降，美軍將司警衛之職，負責接收投降日軍之武器及軍火，俟充分數目之華軍開抵後，卽行移交。

【中央社北平廿八日電】北平前進指揮所呂主任文貞，以美軍陸戰隊將在津沽登陸，廿八日下午四時，由平飛津處理津市日軍受降事宜。並與行將登陸之美官員會晤。

【合衆社紐約廿七日電】華爾街日報稱，中國當局將接收天津附近日方之一大化學工廠，該廠對於促進中國成爲一現代化之工業國家，將大有貢獻，或將使中國成爲東北化學工業市場上一重要之因素，至其實在情形，須使美軍專家發表其視察報告後方可披露。

莫斯科無綫電廣播國共談判情形

【美新聞處莫斯科廿八日電】莫斯科無綫電今日稱，在重慶會談的蔣介石主席與共產黨領袖毛澤東，已達到改組國民政府的協議。廣播稱該協議規定有更廣泛的政黨代表參加中央政府，與早期舉行總選。

【中央社渝廿八日電】張主席羣、張部長治中、邵祕書長力子，與周恩來、王若飛兩氏廿八日上午十時繼續會談。並悉廿七日上午會談時，美國生活

四發，手榴彈五三六發，電話機八門，交換機六門，被覆綫八九捲，無綫電機卅六具，大小元鍬二〇五九把，大小十字鎬六八二把，尚有軍用卡車等項正淸查中。

上海局勢混亂

【中央社滬廿七日電】淞滬警備司令部廿七日晨舉行第二次警備會議，李副總司令友蘭主席。重要決議案如下：（一）對鼓動各種風潮者，決議嚴辦，並擬具有效防止辦法。（二）佈告嚴禁鮮台人等及我國民買賣日人資產財物，違者嚴辦，並准人民密告檢舉。（三）懲治假冒名義，搶奪物資，已沒收封存者，由各單位速報總部備查不，報者按搶奪物資論處。（四）如有不遵第三方面軍限期集中點編遷出市外之非正規軍，一律嚴加取締。（五）對佔房屋新車輛，接封財產之機關人員，布告民衆舉發，並通知各機關於十月二日以前到總部登記，違者以侵奪論罪，依法嚴辦。（六）由總部設置告密箱，准人民檢舉犯法事項，以張正義，而雪寃憤。（七）依法沒收之財物，由本市黨政軍各機關組織委員會處理，以昭公允。（八）通令限期戒烟，嚴禁販毒及賭博，與取締變相之賭場。（九）戒嚴期間每日至次晨六時止，禁止商號住民燃放爆竹，以免誤會。（十）淞滬警備區內，各地所駐部隊，應即向總部登記人馬武器及駐地，違者取締，並飭令遷移。（十）頒訂舉發漢奸及告密匪盜等之忠勇軍民奬勵辦法。

魏道明訪美副國務卿

【中央社華盛頓廿六日專電】魏道明大使今晨與美副國務卿艾克遜晤談半小時。據魏氏稱，此乃『例行公事』，彼拒絕對麥帥佔領日本之政府發表談話。美駐華大使赫爾利，今晨抵此，並於數日後謁杜魯門述職。魏德邁亦以相同使命抵此，今晨魏大使已與赫爾利會談。

【美新聞處加利福尼亞廿六日電】合衆社記者引赫爾利少將稱：中國的通貨膨脹比率從三千比一至一千比一。他推測美國的供應品現正大量輸入中國，以減少威脅着中國經濟的通貨膨脹。

【合衆社華盛頓二十六日電】美駐華第十四航空隊司令陳納德曾與杜魯門總統會談，惟拒絕發表所討論之問題。

美對外經濟處遠東科長返美 談中國工業化計劃

【合衆社紐約廿七日電】對外經濟處遠東科科長威拉佛爾，最近自中國返美，在製造業者會議上說，中國政府在最近將來期間將以十億至十五億元充作向美購貨之

雜誌會派攝影記者蒞場拍照。

胡宗南赴鄭汴視察

【中央社鄭州廿五日電】胡宗南司令長官連日召見各路將領，指示機宜，今晨八時乘飛機飛離鄭赴開封，巡視收復區情形。

【中央社北平廿八日電】蔣委員長頃電令該戰區孫司令長官，爾後凡中央派往本戰區工作人員，在行營李主任未到平以前，均歸孫長官指揮。

【中央社漢口廿七日電】我第十集團軍已解卻武漢地區之日軍武裝，除各種廠庫尚在繼續清查外，據各軍報告，截至廿五日止，共計已被解除武裝之日官兵三三、六九九人，收復大小火砲一四〇門，步騎槍一九、五二八支，輕重機槍四五七挺，各種手槍七八支，軍刀五五〇把，各種車輛三百餘輛，馬一、六四二匹，有無綫電機（廿八通信聯隊在外）八十一部，及其他農具彈藥等尚在清查中。

【中央社長沙廿六日電】第四方面軍司令部廿六日發表第廿八號公報稱：（一）本方面軍第一八軍，於廿二日起接收岳州火車站，及五里牌日軍兵工廠。（二）新市大娘橋白水跻一帶日軍第九警備大隊，業經遵照本方面軍命令指示，集中朱林橋一帶，廿二日起開始解除武裝，統由十八軍負責接收。（三）岳州區投降日軍獨立混成第一旅團及八七第八八第八九、九〇、九一等五個大隊砲、工、通各一一隊及配屬憲兵隊，均在繳械中。（四）湘潭日軍八一旅團直屬部隊及第四〇、四四、八五、四八等六個大隊，於廿三日前後，經本方面軍七三軍接收完畢，廿四日開始接收第四八、七四、八八及第一四旅團之架橋器材。（五）株州附近日軍糧秣武器彈藥被服裝具及倉庫，已於廿二日接收完畢，廿三日起日軍步砲工五個大隊，均三千人，開始繳械。

【中央社渝廿七日電】軍委員廿七日發表：一、我在陵基總司令所屬之祝順鋸部，於九月廿日收復鄂南之鄂城、大冶、石炭窰（大冶東北）陽池、宣新、富池口（陽新東）等城市。江濤部收復通山，唐郁伯部於十三日收復通城，廿三日收復崇陽。二、我余漢謀司令長官所屬之香翰屏部，已進入粵東之××，我東江指揮所繆主任培南，派參謀長由河源赴×辦理投降事宜。

【中央社南昌廿八日電】第五十八軍魯道源，接收南昌日軍獨立第七旅團武器器材，計步槍四〇八七支，手槍七三支，捷武輕機槍一二挺，勃朗寧輕機槍一七挺，迫擊砲六門，步砲五門，山砲八門，野砲七門，步槍彈二、五二二、三四四發，各種砲彈二三、二一九發，擲彈筒××，手槍彈二八一三

用。除由中國在美銀行存款及經過進出口銀行和其他政府方面來源的款項外，威氏力稱此項估計尚未包括美國製造業者和銀行對中國方面私人借款和信用貸款的未知項目。他說美國的商業經過租借物資的清算將在中國遭遇很小的競爭，指出本欲輸往中國的很大一部份租借物資的大批存貨仍在印度，此種存貨爲砲兵物資或不適於作非軍事用途的裝備，並說「中國在發動其戰後工業化綱領中將需從頭開始，並首先將仰賴美國的裝備和技術機巧」。聯邦儲備銀行行長及二十五家機器製造公司代表福爾德斯力稱中國在美購貨的優先權並論及中國機器工具的需要。中國國家資源委員會顧問工程師陶伯向製造業者說，中國建設綱領原定在目前財政談判完畢後立即施行，該談判要求在此後三年向美購買廿億元機器裝備及其他物品。此次會議係中美工商業委員會主開，並一致同意成立美國機器工具製造業者顧問委員會予中國政府在製出中國工業發展計劃中合作。

國民黨所委東北九省兩市負責人在渝集議商討問題

【中央社渝二十八日電】新任東北九省兩市負責人，二十七日下午七時，假重慶電力公司商討共同有關問題，決定下列三事：（一）向中央派赴東北接收各特派員洽商，調派東北籍各種技術人才參加接受工作。（二）對於東北同鄉還鄉運送辦法，有具體決定。（三）國民大會代表名額，即建議中央酌予增加，以期九省人士，得普遍參加。

中央社稱：莫洛托夫要求中法不參加巴爾幹問題

【中央社紐約廿五日專電】據今日所發外長會議專訊稱：莫洛托夫曾要求中法不參加巴爾幹問題之討論，紐約時報曾載以下之事實，莫洛托夫近日曾以電話告貝納斯與貝文稱：多瑙河及巴爾幹問題既仍急待解決，三強自當單獨會商，蓋法中均非與匈牙利、保加利亞及羅馬尼亞簽定停戰協定之國家，法國當即表示反對，英美也未接受莫洛托夫之意見。廿二日晚間舉行會議時，法遂正式提出抗議。紐約時報稱猶憶波茨頓會議中三強曾允法參與意大利之談判，但僅限制停戰協定簽字國始可參與其他和平談判，而外長會議舉行之初，莫洛托夫曾同意中法參與一切此類和平談判，因之我國代表自始即參加意大利問題之談判，莫洛托夫並無異議，但莫洛托夫現忽反對中法兩國出席，至將以前所商定中法均

可參加，唯不得草擬最後條款之專門委員會提供意見之會議則置諸不顧也。紐約時報曾對最之僵局有所說明，據謂蘇聯願維持三强會談，乃會議之另一障礙，其他大國均願擴大外交基礎儘量容納各聯合國家，蘇聯則主張其他聯合國家須迴避有關蘇聯安全各問題。此次安全問題，乃蘇聯認爲在隸屬於區域體制之下者，美聯社稱：中國在會議中之唯一提案，乃中國對意大利之要求者，據謂中國之主張實甚適當，而此主張之所以重要者，乃涉及是否允中法協同對渠等未與簽定停戰協定各國，草擬條約之問題。紐約二十日合衆社電：莫洛托夫於外長會議批評美佔領日本政策，繼要求盟國於日本建立管制委員會，唯貝爾納斯稱：此項問題未列入議程之內，然澳洲外長伊瓦特及其他自治領代表，即致函英外相貝文，謂同意蘇聯要求，貝文，表示英國將支持此一觀點。莫洛托夫於二十五日舉行之外長會議中，重又提出前項要求，貝文外長繼續表示自治領亦有此要求，此項問題略有爭辯，從未獲致結果。

傳英各自治領將聯合參加和會

【合衆社倫敦廿七日電】據自治領級的代表今日說：英國各自治領，在澳洲領導之下參加世界和會時的聯合行動，具有『很大可能性』。該代表强調說：然而這一聯合行動不應視爲『帝國事務』。自治領聯合的代表團係爲了『一切參加獲得戰爭勝利的積極的交戰國』的人民，包括希臘、南斯拉夫、荷蘭、比利時及其他國家人民。該代表說：『事情在進行中』，雖然迄然尚未公佈任何正式的東西，各自治領代表看到預示和會確實擴大的發展，和會將消除現在五强的『獨有的程序。』自治領方面代表說：蘇聯提出有蘇聯參加的盟國對日聯合管制委員會的建議，在五强最後階段中投入了新的因素。據說：伊瓦特已宣傳澳洲在這方面『壓倒優勢的情形』，並據獲悉：英國完全贊同伊瓦特的情緒。自治領代表在評論今天中國顯然同意蘇聯在現在討論遠東的消息時，說這種問題並非意外，雖然英美法代表接受五强外長會議簡單地作爲『波茨頓會議的副產品』，五强外長會議此刻確未準備處理任何太平洋問題。自治領代表說：『太平洋問題是外長會議散會後精密研究的問題。』暗示各自治領特別是澳洲與紐西蘭，並可能有印度，『不能拒絕他們的參加。』

示，乃係前所未見之行動，蓋英美始終立於同一戰綫，反對蘇聯支持下之東南歐各國政府也。公報略稱，本日會議曾討論遣回蘇法人民問題及蘇法關於賠償所提之建議。

傳蘇聯參加歐洲內河運輸協定

【路透社巴黎廿六日電】據悉蘇聯將與英、美、法及西歐其他國家在倫敦簽訂協定，參加『歐洲中央內河運輸組織』，該協定已作爲臨時的基礎。蘇聯將簽字規定歐洲河流國際運輸協同的草約。歐洲中央內河將與有關各國政府（一句不清）

中央社報導西貢狀況

【中央社西貢廿五日電】西貢於昨日午後大雨中，經過戰鬥後，昨夜竟較平靜，殊出意外，但此種平靜，或係暴風雨前暫時之停歇。來信除非有大隊法軍開到，越南人仍將繼續戰鬥，昨日之惡戰係在電力廠周圍，多數持有步槍、刀棍等之越南人，向電力廠進攻，法軍遂開槍還擊，由英國統率之印軍，担任保衛電力廠，亦第一次加入作戰，斃越南人甚多，法軍曾企圖與越南獨立黨領袖進行談判，以和平解決衝突事件，但據目前所知，未獲成功。據悉現交炎（？）日軍斡旋以求和平解決，現西貢之日軍，約四千人，彼等係根據仰光之協定，暫時担任維持治安之責，當法軍與越南人戰鬥進行時，彼等正作旁觀者，一說日軍會准許大量之越南人自郊外入城參加戰鬥，爲迫使日軍能採取合作之態度，英軍事代表團，曾召見自留西貢準備洽談之寺內壽一之參謀長沼田商談，談判內容包含盟軍接收日軍佔領地區，及設備，以爲解除城內日軍武裝之第一步。

美英對弗朗哥態度一致

【合衆社倫敦二十七日電】白宮評論員今日說：『英國與羅斯福關於西班牙完全一致。我們的態度已於最近由貝文所贊同』。羅斯福致美駐西班牙大使的信的公佈，被解釋爲阻遏美國對西班牙妥協的任何建議。西班牙方面相信這是對反佛朗哥力量的鼓勵。

麥克阿瑟——日皇會晤情形

【路透社倫敦廿七日電】目睹麥克阿瑟將軍與日皇裕仁會晤者今日稱：他們二人相遇時即握手。麥克阿瑟私人信號隊攝影員向路透社駐東京特派員描述當時情形稱：『當日皇及其翻譯員進來的時候，麥克

傳蘇、美、英三外長將返國

〔外長會議今天下午開會，可能還是目前會議的最後一次眞正會議了。預期法、蘇、美三國外長星期六將離開英國，明天似乎將草擬關於整個會議進行情形的很長的公報。路透社外交訪員獲悉：今晨外長們曾進行祕密討論。三強的商議情形，仍保持祕密，但沒有理由推測祕密商談比公開會議有任何更成功的地方。現對於草擬巴爾幹的和平條款，還不能公佈有所進展，這便是一個證明。據悉：在前兩次，昨天早晨與上星期六——三強會舉行祕密會議，在會議中討論到關於巴爾幹和平條款的一些基本的爭論。現會議已達到眞正的事情日益在祕密與受限制的會議中來進行的情況，英國的各自治領政府正要求進行更廣泛與更公開的討論。現在大家都知道：昨天早上的會議，幾乎完全是討論關於草擬正式公報的事情，會議進行情形，暗示有明確意圖，要浪費五強外長會議的時間。美國關於財產賠償的備忘錄，可能在會議結束以前再提出來作進一步的討論。衆信這備忘錄的要點，包括要求對德軍在佔領各國中所掠奪的財產，作有組織的賠償，與運用聯合國的宣言，使德軍無論在那裏掠奪的國家財產與利益都無效。如果這些要求是很重要的話，將會引起從前在波茨頓會議中沒討論到的關於賠償的一些問題來。對於已根據賠款條款而歸入蘇聯手中的財產，各佔領國家將首先有權利。西歐盟國在東歐與東南歐的極大利益（包括開採礦山與石油在內），可能劃入聯合國宣言中所提到的財產的範疇內。態度是，在未開始有組織的轉移德國的財產以前，決定甚麼是眞正×××而不是德國的財產，是迫切而必要的事情。莫斯科來電摘引布爾什維克報政治評論家的話稱：五強外長會議，正面對着『不可避免的困難』。他繼稱：『然而某些外國報紙所作的悲觀聲明，並未說明他們有遠見。』

合衆社傳中英參加美方反對蘇聯提出遠東問題

〔中央社渝廿七日電〕據美新聞處倫敦廿六日電，合衆社本日訊中，中、英已參加美方反對於五長外長會議中，考慮蘇聯所提在日本建立盟國管制委會建之議。今長外長會議由莫洛托夫主持，渠向會中提出備忘錄一件，要求成立一太平洋會議，中、蘇均得參加，其理由爲時至今日，應作共同努力，以求和平。莫洛托夫似對美佔領日本工作予以批評。美國務卿拒絕討論蘇方備忘錄，以目前五國外長會議議程中，並未列有太平洋問題。澳洲亦急欲盟國對日本加以考慮，但澳外長伊瓦特稱渠對蘇行動事先無所悉。倫京發表聲明謂，美表示願承認蘇支持者之政府。外長會議之面臨巴爾幹問題，因而有可獲解決之望。美國此一表

阿瑟，其副官和我正站在室內中央。日皇鞠躬，和伸手迎接他的將軍握手。他們握手的時候，麥克阿瑟講了幾句話。嗣後，他問日皇，是否準備拍照。日皇繼被引到選定的地方攝影，日皇在我面前走過的時候，他說：『早安』，我答以：『早安，先生』。於是，我便動手拍了三次。路透社駐東京特派員稱：在今日會晤以前，日皇訪問私人房屋在日本歷史上只有一次。那就是：日本最偉大的統治者，明治皇帝於上世紀末期訪問垂死的國務大臣。東京一致認爲：日皇這一訪問是『丟臉』了，日本報紙彼此協議明日僅列此事件的官方聲明。然而，日本時報英文版將披露『日皇×××談話，感謝麥克阿瑟的努力』。日本人民對此消息反應如何不擬發表。

澳、英自治領對外長會議不滿

〔中央社駐倫敦記者廿七日電〕英自治領在英國同情支持下已展開運動，強烈要求得直接並全面參加討論和平方案之任何國際會議。澳洲要求雖受英方支持，報紙並予一致讚譽，然外長會議似難容自治領代表參加其間。澳外長伊瓦特對自治領之被摒於外長會議之外，已提出嚴重抗議。據稱，伊瓦特之意見南非、加拿大及紐西蘭完全贊同。伊瓦特於昨夜舉行之記者招待會中，表示外長會議之全部討論形成重要初步和平方案，[illegible]而[illegible]參加者僅限於英美蘇中法五國，此實憾事。外長會議所討論的凡直接涉及五強以外之國家，即在歐洲太平洋兩區戰爭中始終積極與敵搏戰之國家其中包括歐洲、其他自治領，及荷蘭、希臘、南斯拉夫諸國。伊瓦特坦率聲稱，在若干方面上次大戰後之凡爾賽程序，較目前討論和平方案的程序尤廣泛，並更具民主性，渠繼提出下列兩項建議，可任擇其一：（一）自治領及其他積極與敵作戰之國家得獲與五主要國家平等地位，出席會議之權利。（二）會議關於和平方案之結果，送交積極參加作戰國家會議中，提付全面討論，並予修正此點必須予以說明，伊瓦特繼稱此項要求並非要求與大國一律平等，而係欲獲得說明意見及諸問之權利，此對公正民主之和平方案固屬必要條件也。澳洲尤於遠東和平解決應能獲得與其他對日作戰並參加擬定對日和平方案之國家平等之地位。渠對蘇聯擊敗敵人之作戰努力極表欽佩。但稱，蘇聯於歐洲之作戰努力貢獻最大，澳洲甚於其在太平洋作戰努力之基礎，至少在協同草擬對日和平條件方面，應能獲得與蘇聯同等之權利。

參攷消息
（只供參考）
第一〇一八號
解放日報
新華社 編
今日出一大張
卅四年九月三十日
星期日

路透社稱：東北蘇軍開始撤退

「路透社倫敦廿九日電」今晚莫斯科廣播稱：蘇軍已開始由滿洲撤退，撤退將於十一月完畢。該廣播稱：「蘇軍由滿洲之部分撤退已於數日前開始。蘇軍主要部分之撤退，將於十月下旬開始，於十一月底完畢。撤退係在馬林諾夫斯基指揮之下進行，此事已通知中國統帥部。」

紐約時報社論 蘇美思想在中國之競爭

「合衆社紐約廿九日電」紐約時報社論說，蘇聯「在勝利調停中國內部問題上顯然有它的功績。蘇聯無疑的在希望和平團結的中國將最後也轉入共產主義。我們的希望是不同的。但當前的團結與和平適合於我們也如適合於蘇聯一樣。我們要求中國成爲不僅外交辭令上而且也在事實上五强之一。如果要把日本失敗後所留下的眞空打進空氣的話，它就必須這樣。如果它向西方貿易和西方思想開放的話，我們應對它的將來一無是懼。中國眞的可能成爲蘇聯思想和美國思想競爭的試驗場。」該社論說中國的根基太堅固了，致克里姆林或華盛頓都無法按照自己的模型來塑造它，但是堅信「有了和平，就會有較大的安全與較高的生活水準」。

國民黨平、津、滬接收情形

「中央社天津廿八日電」記者於廿八日由平抵津，此華北重要商埠、二百萬市民正歡慶其重見天日，開始更生。市民多集街頭，迎候國軍。據悉此種情況已歷月餘矣。現已有我方人員及少數盟軍抵津，駐於舊英租界中街利順德飯店，每當盟軍及我方人員出現窗際，輒掌聲雷動，夾

國民黨派員至昆商洽接管美空軍事

「中央社昆明廿九日電」航委會副主任委員王叔銘，廿八日自渝專機飛昆，與此間美空軍當局所接管美空軍在華設備事有所洽商。

「中央社昆明廿九日電」（一）滇黔綏靖公署奉令裁撤，所有業務，歸昆明行營接管。該署定十月卅日結束。（二）中國陸軍總司令部昆明辦事處，奉令裁撤，業務分別歸中國陸軍後勤司令部昆明管理處掌理。各項交接手續，均已辦竣。該處九月卅日起停止辦公。

「中央社渝廿九日電」中國戰區美陸軍航空隊司令部廿九日宣佈，第十航空隊司令赫根森已升任中將。

國民黨派員接收南京日偽銀行

「中央社南京廿九日電」接收南京日偽銀行，業經財部派員辦公，由胡指派專員分別負責：計陳×湖接收日正金銀行李之隆接收日朝鮮銀行，陳耀東接收日台灣銀行，另派專人接收日漢口及上海兩銀行。各處負責接收人員，自奉到命令後，正分途積極進行中。

「中央社渝廿九日電」財政部發言人稱：戰前盟國在各地原設之外商銀行，業經本部決定，准予先行復業，一面依照定章補辦註册。昨已通電各區金融特派員，通令各外商銀行遵照辦理云。

大公報指陳國民黨黨化教育罪惡

大公報八月二日社論：「學校黨部與青年團」對於國民黨撤銷學校黨部，停止學校黨部的活動，表示懷疑。「聽說學校黨部已奉令停止活動，改隸各地方區分部，但改隸是不是撤銷？改隸是不是眞停止活動？」指出學校中特務活動所造成的惡果，「這幾年來，好學校得不到好的發展，好校長竊息束手，甚至鍛羽而去。有名的教授，受威脅，受排擠，衣食不周，精神受困。同樣的情形，好的學生不能安心求學。少數以學校爲傳舍，爲機關，爲競技場的學生，則整天游泳於小組織黨團之間，儼然特殊階級，壓迫同學，侮辱師長，學風敗壞，師道陵替。教育的水準，學生的程度，日漸低落退步，遂成今日之景象。」並舉出實例加以攻擊，「試以這次復旦覆舟慘劇爲例，慘案的責任很明白，是陳昺德把持渡船，不聽學校及學生勸告，過量載客，忽視人命。校長也應有責任，但爲什麽應該負責而負不了責，很明顯是因爲陳昺德地位特殊，有背景組織的支持，而以爲有恃無恐。慘案發生了，學校主張嚴辦，社會要求徹査，而

以熱烈之歡呼。茲悉美軍陸戰隊將於卅日抵津，政府已派譯員一批抵此，而此批譯員即為人民崇拜之對象。過去急行如飛之輪車，一旦有譯員乘坐其上，即被民衆包圍。廿九日午，有飛機一架翔於空際，一時人民視線咸集中注視空中，喜形於色，國旗在全市到處迎風招展，比重要商埠充滿更生氣象。

【中央社北平廿九日電】中宣部平津特派員張明煒在中南海設辦公外，為推進工作起見，將派宣傳專員卜青茂定卅日赴津設辦事處。

【中央社北平廿九日電】十二戰區長官傅作義派張厲生、孫蘭峯兩總司令為察綏兩省受降全權代表，來平接洽兩省收復工作。孫蘭峯廿九日上午由平飛綏，向傅長官報告並有所請示。

【中央社九江廿九日電】第九戰區令司長官部於廿八日在九江設立前進指揮所，由孫渡總司令兼主任，負責繳除逐次集中九江地區日軍。××××

【中央社渝廿九日電】軍委會本月廿九日發表：（一）據王耀武司令官電稱，湘省之衡陽寶慶株州湘潭長沙湘陰岳陽等地日軍之武裝，已由我施中誠、李天霞、胡璉等部解除，並將各該地區日軍之車輛馬匹油料分別接收完畢。（二）我孫蔚如司令長官所屬之王敬久部，已將武漢市區日軍三萬四千人完全解除武裝，日軍在武漢之各種倉庫，經已接收百餘所，餘尚在繼續接收中，其未解除武裝之日軍，現均進入指定之地區。

【中央社汕頭廿九日電】潮汕區日軍四千八百餘名，廿八日下午開始解除武裝。

【中央社渝二十七日電】浙主席黃紹竑廿六日由杭垣來渝，據語記者浙省復員工作目前當在交通第一治安第一之原則下，積極進行以謀浙省之復員。

【中央社漢口廿九日電】由渝駛往京滬之第一艘試航輪民熙號，於廿八日自滬開返漢口，於廿九日上午十一時啓碇返渝。

【中央社漢口廿九日電】第六戰區司令長官部，刻已命令裝載日本傷兵停泊本市之興昌、興平兩輪，今日起碇東下。

【中央社漢口廿九日電】國營招商局今晨又有大批人員乘搭江濟專輪由陪都抵漢口，約計二百餘名。

【中央社滬廿九日電】糧政特派員辦公處連日接收日方各麵粉廠，已完全竣事。又日方在滬之各類精米，當由國際精米廠及糖果餅乾廠辦公處派員接收。

陳長德竟能保釋出來，依然腰掛手槍，逍遙北碚。」主張今後教育應採取的原則：教授治校。「英美的大學，都盛行教授治校，我們比較有成績的學校，也重視這辦法。這個辦法，今後應該在各大學普遍採用。」最後並要求政府停止黨化教育，能做到「表裏如一」，力求貫徹。」

在七月廿七日大公報上，有署名洪謙者，在他寫的「大學校長與大學黨官」一文中，指出目前大學校內派別糾紛，互相傾軋，一團糟。「往往校長與院長間，院長與教授間，同事們中間，甚至於師生的中間，互相傾軋，互相磨擦。教授們有歐美派和日本派，學生們有本省派外省派，級有級派，班有班派，組有組派，五花八門，層出不窮，卒至於舊社會中習見的種種現象，如感情利誘，分化離間，玩弄權術，設置冗員，使用私人，行政無效率而腐化，團體無紀律而惡化等等現象，都出現於神聖學府中了。」「這樣的大學教育，誠足破壞了民族國家的生機，摧殘了學術文化的前途。這誠是一個國家最不幸的事。」各學校校長又多為不學無術搞黨務的人所把持。「政府遴選大學校長，常注重政治的關係和背景，而品格、聲譽、學識往往不大顧及，結果有許多不適於做校長的人做了校長。……校長最大部份的時間，耗費在事務，財務（把學校的錢拿出作生產事業，或藉學校名義與官商合股做生意。）以及奔走，交際，活動等方面——學潮往往即由此而起（學生宣佈校長的『十大罪狀』的材料已有了）……這樣的大學校長，我們可以歸納到三種範疇：第一種是黨官，這些黨官們的大學校長，是把『辦學即辦黨』，『招生如招兵』，是想把學術機關當作黨的衙門，是想把學生當作『兵』，用以扶持個人在社會的勢力和黨勢。第二種是失意政客，有些失意政客們的大學校長，是把學校當作縮形的社會，他就是這個社會的主人，對外以示其清高，對內以過其官癮。第三種是落伍學者，這些學者是因其『資格老』、『經驗深』而一步登台，倒不是因其學識品格聲譽而榮膺校長。……這類落伍學者的大學校長們，自然為他們的生存條件的原故，所以不擇手段，不擇方法，不顧青年的前途和學術的發展，只一味保持其祿位而已。」

救濟物資兩萬五千噸月底抵華

英擬在中國各大學設「營養所」

【時訊社二十六日訊】據中央社重慶七日電，聯合國善後救濟總署，前經召集「中國付款力量委員會」，審查中國之付款能力。會議結果，認為中國無付款能力，應由總署救濟，直至明年六月三十日為止。該署最近運來救濟物資一萬五千噸，現正在途中，本月底或下月初即可運達我國港口。

『時訊社二十六日訊』據中央社倫敦十日電，英國聯合援華會，如正考慮在中國各大學及學院內，設置『營養所』之計劃，款項由聯合援華會所募之基金支付，以補救貧苦學生。據該會計劃，第一『營養所』將設立於成都沙坪壩國立中央大學，該校學生之貧窮苦者，可免費用餐，此項實驗如獲成功，該會即擬於其他最感困窘的區域之其他大學及學院，設立同樣組織。

棉價暴跌困棉無利
國民黨廢除棉花統購辦法

『時訊社二十六日訊』九月十四日西安各報登載，財政部已於十三日下令，自十月一日起，所有現行陝、豫、鄂三省棉花統購管制要點，及棉花購、銷、運、存陳繳辦法，一律停止實施。查獲私棉充獎辦法，亦於同時廢止。按該項管制辦法，自三十一年十月施行以來，已達三年。花紗布管制局，每年共獲利潤二百萬萬元；各地棉農則飽受剝削。目前，物價有下跌之趨勢，官方囤棉，不再有利；統購辦法，因以廢除。惟最近因受一般物價下跌之影響，陝西市價，棉花每百市斤，僅值四萬餘元，棉農虧本，仍達一半以上（涇陽縣農會估計，今年植棉，每百市斤已變成本九萬七千元）；許多棉農，於幣值低落之時借入『棉貸』，而於幣值漲高、棉價不敷成本之時賣棉償債，吃虧甚大。當局對此，則迄今尚無補救辦法。

關於此事，九月十五日，西京平報著有社論。據稱：『在抗戰之時，棉花黑市雖有利可圖；而棉農受制於官價，久已深蒙管制政策之害。』今則抗戰勝利，『棉農未受勝利之惠；反受棉價下跌之害。政府此時宣佈廢止統購辦法，按時價收購，表面上似可矯正過去管制政策之弊，實則棉農並未因是獲益。』（L）

世界職工大會上諸問題

『本報訊』所有電訊顯示：刻在巴黎舉行之世界職工大會，已因西特林之反動建議，使大會上發生巨大的原則的分歧。由於主張的不同，大會大致可劃分為兩個對立的集團，一個是反動的英國代表團及其走狗（如印度之慕克吉等）一個是以蘇聯代表團為首的並擁有多數代表為後盾的進步集團。後一集團的主張及擁護者在大會上佔優勢。

根據現有電訊分析，大會已發生的問題大致如下：新的職工國際的性質問

議。據訊，下次外長會議於十一月或十二月舉行，可能在華盛頓、莫斯科，或仍在倫敦。法國發言人稱，法國將在最近將來承認何求利，但此決定並非由於在國外承認的結果。法國發言人稱，法國對作為國際問題的巴爾幹問題很關心，法國希望在一切國際問題上均有『發言權』。法國對於排斥它參加重要國際討論的傾向，甚為不滿。又，在外長會解決巴爾幹僵局之努力上，幾已達絕望關心之境地。莫洛托夫顯然已收到過最後的答覆，中國已表示它十分願意×××××。據稱，在外長下次開會時，蘇聯可能又提出領土的要求。倫敦方面一觀察家稱，蘇聯將要求從裏海至波斯灣通過波斯的走廊，作為其地中海要求之外的要求或二者之中的任擇其一，如此將使它的商業往來不經過韃靼尼爾、蘇伊士運河或直布羅陀。

『合眾社倫敦廿八電』左翼雜誌『新政治家與民族』頃著長篇社論，評論『狂妄的』外長會議時稱：美國與蘇聯首先關心它們自己的戰略利益的事實，已經顯露出來了，而其他參加的國家，則缺乏建設性的現實主義。社論於謹慎地批評時說：蘇聯目的在於將東歐迅速地與蘇聯的經濟聯接起來，而美國『帝國主義份子』，則討論着亞洲大陸之開發。社論稱：『如果用歷史或短視的現實主義來解釋，這是很容易的，但不可能辯解歐洲生命的殘酷犧牲，是為了蘇聯的戰略利益。』社論稱：美國的政策『同樣是自私自利的，而在遠東，則公開是帝國主義的。』社論稱，日本被認為是美國的基地，保持作為軍事財產，並由美國商業開發之。據稱，太平洋島嶼已被發展成為美國的海空軍前哨陣地。社論稱：『赤裸裸的事實是兩大國家完全只為他們自己的戰略利益，盡力攫奪他們能夠攫奪的東西』。社論稱，在蘇聯看來，英國是與美國結成一氣的，『但在事實上，我們是站在蘇聯與美國之間！。』英國人民，尤其是新工黨政府，將很難相信除了被動地承認世界分為美國與蘇聯兩大對立的集團外，則無其他道路可走。

中央社報導東京現況

『中央社記者宋德和東京廿八日專電』東京在政治方面不滿之聲不絕於耳，人心狐疑緊張，日報及人民對政府高級官員之毫無更動，甚感煩急，蓋自美軍佔領一月以來，僅曾有一重要變動也，日官僚雖屢受報界及人民嚴厲批評及非難，但自重光葵辭職後，仍一無所為，日閣現遭遇醞釀之危機，即

題；會章問題；與黃色職工國際的關係問題；成立時間問題；成員與投票權問題，總部地址問題；大會領導機構問題；大會代表資格問題等。除今日本報已報導者之外，各代表對其他問題的意見簡摘於下：

性質問題：西特林認為：「國際職工會必須不參與政治。如果參與政治，國際職工會將毀滅，因為將發生分裂」（路透社）。托列達諾回答西特林說：「我們不要政治的職工會聯盟，而職工會必須是强大的、年青的與熱情的」（路透社），「資料總是一個各職工會組成的聯盟」（合衆社）。

會章問題：見報。另：西特林說：「我們不能為大多數投票所壓迫而接受這一會章」（路透社 。）托列達諾說。「修改會章的建議，並不違背國際的精神」（合衆社）。

成員與投票權問題：西特林說：「國際職工會必須由眞正的職工會組成，他顯然是指東歐與中歐的某些職工會。他說：在戰爭破壞之後，具有數十萬會員的許多職工會像長生鳥一般的生長起來，實在也奇怪，這些職工會的會員，以前不過數百人」（路透社）。關於投票權，據路透社說：擁有六百萬工人的美國產業職工大會有廿二票；其他不詳。

總部問題：西特林認為「巴黎生活費用太高與通貨困難，不適於作新組織的總部。他建議在事情正規以前另設暫時的總部」（路透社）。

大會領導機構問題：「由於荷蘭代表凱貝爾的建議，各小國將參加主席委員會，組成大會的組織局。凱貝爾的建議，已有英代表第阿金的附議，並由一一三票對八三票通過。現除代表英、蘇、法、美、南美、中國六國的主席以外，將有第七個主席，瑞典職工會大會主席林伯，將代表小國任第七個主席」（路透社）。

代表資格問題：「資格審查委員會，今日審查各個未被正式邀請出席大會，但已有代表參加的國家代表國的證明文件。這些代表國包括埃及、伊朗、伊拉克、華北、錫蘭、黎巴嫩、及敍利亞等國，在證明文件批准以前，暫時出席大會」。（路透社）

外長會議消息與評論

「合衆社倫敦廿八日電」據悉，五外長會議將於今夜達到頂點。各外長今晨作短時之會談，討論法國提出的把魯爾和德國分開的建設。除了在以前會議中討論過的爭論項目（包括易於引起激動的巴爾幹條約問題在內）之外，此問題已結束了會議的日程。會議今夜將決定是否會引起爭論抑是最後一次會

最高方面亦認為政府之應有變動，尤其對於罷免公認曾有親軍閥行動之各部大臣一層，業已×期東久邇首相會竭力企圖使不孚衆望之各部大臣能有×入滿意之繼任者。並保全其內閣，但是迄今已失敗，日內閣刻處於最困難之地位，因內閣從沒有像現在的不得任何政黨的支援。且日內閣之人選範圍極為有限，蓋凡資歷足以任高級職位之人，以×均曾與軍閥合作或與戰時政策有關，而凡×名日人民亦均不敢斷言其名不致被引入戰犯名單也。

「合衆社東京廿七日電」倣效英工黨之日本黨，正在組織中，參加者有三屆連任衆議員之河野密有十九人組織之委員會於廿八日開會，開始公佈工黨政策，工黨領袖等，預料明年一月議會選舉時，工黨可獲至七十席，工黨之基本政策將為：（一）土地及工業均實行國有。（二）消滅工業界之階級鬥爭。（三）實現世界和平。河野密承認工人運動之最初階段，受蘇聯之影響，但希望此新政黨不受蘇之支持。

希臘選舉十二月舉行

「合衆社倫敦廿七日電」希臘總理瓦加利斯的秘書安德羅巢德克斯，今日在聲明中宣佈：希臘選舉於十二月舉行，內閣中即刻的分裂，引起幾位部長可能辭職的謠言。總理與攝政達馬斯金諾斯主教今日就這一問題商談兩小時，但未發表任何公告。同時，希臘民族解放陣線在雅典競技場慶祝其第四週年紀念日，廣大群衆湧向會場。一切武裝部隊已奉命準備，一旦發生騷亂時即行鎮壓。

保共保障私人企業與財產

「合衆社索菲亞二十七日電」保加利亞全國在焦急地注視倫敦外長會議的進行，但迄今沒有任何評論。同時各政黨正準備進行政治攻勢，有些政黨以黨的利益超出民族的利益。農民黨領袖尼科拉斯、彼特科夫在講演中攻擊共產黨，他宣稱：「當一個政黨（意指共產黨）握有內政與司法兩部時，人民的意志則不能自由表達。」政府發言人共產黨員多布勒。泰爾彼什夫，以向工業家保證尊重與保護私人企業與財產，來回答對共產黨的攻擊，他强調說：尊重與保護私人企業與財產是共產黨的態度。

參攷消息
（只供參考）
第一〇一九號
解放日報 新華社 編
今日出一大張
卅四年十月一日 星期一

藉口助將軍解除日本武裝

美軍一萬八千在大沽登陸

【中央社渝卅日電】美新聞處天津卅日電：據報美海軍陸戰隊第一師有一萬八千人，事先經中國政府許可，本日上午已在此間附近之塘沽登陸。

【路透社倫敦卅日電】紐約無綫電今晚（九月卅日）稱：美軍第七混合部隊第一海軍陸戰師團的部隊，今天在華北天津附近的塘沽登陸。他們將幫助蔣介石委員長軍隊解除日軍武裝，與遣送成千的日軍與日本平民回國。廣播續稱：當蔣介石能從華南遣去足够的軍隊，實行完全控制時，美軍將立即離開華北。

【中央社北平卅日電】據津訊：美特種混合艦隊由美海軍司令駱基少將率領，爲協助我方受降担任天津日軍繳降之警備工作，於本月廿六日由琉球羣島駛向中國海岸，原定卅日晨七時抵津，是日十六時許，當該艦駛抵塘沽時，適値潮落水綫，未能直駛天津碼頭，遂於十六時卅分由塘沽換乘火車來津，十八時一刻抵天津總站。今日抵津者僅爲美海軍陸戰隊之一部，共一千二百人，其後續部隊當於十月一日陸續來津。第十一戰區北平前進指揮所主任呂文貞，河北省財政廳長施奎齡日前赴津轉赴塘沽歡迎，定一日隨同美海軍司令駱基少將來津。津市全體市民事先聞悉美海軍陸戰隊來津消息，卅日黎明集會有數十萬人手持黨國旗及盟國國旗佇候街頭，以示歡迎，秩序整齊，情緒熱烈。中央各機關及其津市工作各單位如左：中央宣傳部華北區宣傳專員辦事處，中央組織部駐津辦事處及天津市黨部均派出工作人員事先赴天津

商等，頃奉令即將集中管理監視。

【中央社蚌埠廿八日電】淮河航運自皖省運輸管理處接受日人經營之內河航運公司後，目前蚌埠至正陽關間小輪業已暢通。

【中央社北平廿八日電】北平前進指揮所前已護送各縣縣長回縣推行政令，安撫人民，現復臨時設置各縣聯防區司令六人，分區指揮各縣保安事宜，維持地方治安。

【中央社西安廿九日電】據交通界息：隴海鐵路鄭洛段已接收竣事，劉鄭州至汜水段，已於日前通車。陸局長福廷頃自鄭乘車西返，視察沿途損毀情形。

【中央社長沙廿七日電】四方面軍司令部，近以各受降區之日本官兵間有將武器彈藥物資任意焚燬破壞或變賣隱匿等違法情事，爲根絕該項弊端，即將訂定取締辦法明令公佈。茲探悉其要旨如次：（甲）無論軍民及日本官兵買賣日本官兵之軍用物品物資者一律槍決；（乙）自公佈之日起，倘有商店住戶拍賣日本軍用品及物資等，除沒收其公物外，並將買主拘辦。（丙）商店住戶居民有收存日本軍用物品及物資者，由當地居民檢舉密報，經由本部隨時派員檢查，一經查獲，均予嚴懲不貸。同時重賞密告者。（丁）凡軍民人等現收存日軍用品及物資，應即向本部報告登記，聽候處置。（戊）對於日本官兵焚燬破壞或受買隱匿武器彈藥物資等行爲，另有嚴厲處置辦法，飭令長衛地區日本官兵遵照。

何應欽污蔑我爲流寇

【美新聞處重慶廿八日電】美聯社息，中國陸軍總司令何應欽認爲解除在華日軍武裝的進展情形『除了邊遠地區，由於流寇的活動所招致的某種程度混亂外』，均甚樂觀。

【中央社漢口廿九日電】中國陸軍總司令何應欽上將，今日下午四時，飛抵漢口。同行者有美軍中國作戰司令麥克魯中將。何氏下機，即赴正金銀行休息後，於五時正式接見記者，並發表談話。

【中央社漢口廿九日電】何總司令今抵漢後，曾於下午六時由孫長官、王主席陪同巡視全市一週，晚十九時出席此間軍政首長之聯合歡宴，到有美軍中國作戰司令麥克魯中將、俞飛鵬、陳紹寬、孫長官、郭副長官、王東原等。席間孫長官與麥克魯先後舉杯祝蔣主席、杜魯門總統之健康，同盟國勝利與全體共乾一杯。席後何總司令召集第六戰區高級將領及重要幕僚舉行會議

總站佈置一切，車站之警備工作，則由先遣軍及憲兵隊担任。美海軍陸戰隊抵達天津總站下車後，劉軍長等趨前與美軍陸戰隊官長晤見，並致詞歡迎。美陸戰隊步出站台，分乘汽車廿餘輛，途經美國橋進中街，直赴特別區，美國兵營休息。沿途民衆夾道歡迎，美軍經過時掌聲雷動，歡呼之聲響澈雲霄，美軍在車中揮手示謝，中美軍民熱烈之友情融成一片。

國民黨受降情況

【中央社蚌埠廿八日電】第十戰區徐海區受降接收官，業經李長官派第十九集團軍總司令陳大慶中將充任。指揮十五、十九兩集團軍，負責接收徐海一帶日軍投降繳械事宜。頃十九集團軍業已奉令北上，李長官並派由牟副長官中珩赴徐設立前進指揮所，牟氏定廿九由蚌赴徐。

【中央社蚌埠廿八日電】李長官品仙以津浦鐵路縱貫南北，關係軍公民運及復員工作至鉅。在中央未派專員接管以前，特派安徽省運輸管理處長馬一民為津浦南段（北至徐州南至浦口）路政監督。第七軍軍長郎紀為護路指揮官，即日起開始辦公。

【中央社渝卅日電】軍委會卅日發表：我余漢謀司令長官所屬部隊，現已開始解決粵東潮安汕頭及惠陽等地日軍之武裝。

【中央社包頭廿七日電】包頭日軍至廿七日業已完全繳械，由我朱師長大純負責接收。日軍各項倉庫等亦已接收畢。計駐包頭日軍共有千七百餘名，日僑六、七百名，均定廿八日乘平綏車赴大同，轉往太原集中。

【中央社杭州廿九日電】杭垣懲奸運動日見展開，現政治經濟文化各類型之漢奸均有就逮者，偽杭市商會會長王五權，偽市黨部主委魏衍[illegible]等一批均就逮，日來法院處理漢奸案極為忙碌。

【中央社南京卅日電】中宣部特派員陳訓悆，卅日偕政治部特派員萬德湧等接收南京大陸新報，當由陳氏暫交掃蕩報利用。

【中央社太原二十五日電】（遲到）山西人民公益事業督理委會，為統一管理陽泉、壽陽煤鐵各礦及電氣事業起見，決設陽泉礦務局，聘柴上械為經理。

【中央社綏西廿七日電】交部接收專員陳康候，廿六日開始接收歸綏市電信機構，積極籌劃恢復營業。

【中央社杭州二十九日電】納粹德國派駐我國內各偽組織之人員，以及日

，指示受降及繳械事宜，並聽取報告。

【中央社漢口卅日電】何總司令於卅日上午九時召見武漢地區日本官負善後連絡部長岡部直三郎大將，對武漢地區日軍繳械及有關事項予以訓示，岡部曾對傷病等問題提出報告。何總司令當指示一應絕對服從命令，官兵可順利回國。二、關於日軍回國運輸船隻正與盟國商洽中，務使日軍儘早回國。至此岡部辭出。十時何總司令偕隨員等離行轅，馳赴機場，於十時半向南飛去。據息何氏抵衡陽稍事逗留後，即乘原機直飛南寧。

在自動「拒檢」的壓力下
國民黨部份廢除新聞檢查

【合衆社重慶卅日電】合衆社記者薩里斯堡報導，中國新聞檢查制度當可於今晚午夜時分開放，僅關於「被解放的地區軍事行動」的稿子除外。如果真正實現的話，則賴文霍居將有關於國共談判的漫長故事拍發。

【中央社重慶卅日電】戰時新聞檢查局於卅日午招待陪都新聞界，到各報社、通訊社負責人及記者等五十餘人。賀氏致詞，對新聞檢查廢止經過有所說明，謂戰時新聞檢查本係基於軍事原因以期加強軍事力量，迅速擊潰敵人，今抗戰勝利結束，故政府即宣佈自十月一日起除軍事戒嚴區外，新聞檢查一律廢止。蓋實行民主政治為政府一貫意願，而此舉尤為政府決心實行民主政治之積極表現，並提出四點意見，貢獻新聞界今後於報導言論時注意：一、維護國家民族利益。二、維護社會秩序安寧。三、防護軍事機密。四、促進盟國邦交。繼由李副局長報告，渠於五年來負責辦理新聞檢查工作感想。重慶新聞檢查處黃處長香山報告新聞檢查人員之工作及生活情形。末新聞界發言者有胡健中、陳×德諸氏，咸對新檢局過去八年對新聞界之協助表示感謝，並謂今後當益審慎努力以盡言論界之責任。

【中央社廿九日電】聯合國救濟善後總署運華物資已啟程，茲將物資內容列後：第一期善後救濟物資共分裝商輪三艘，啟運來華。第一艘約於本月底下月初自澳洲運運廣州或九龍，所載物資計有厚綿鋼片一千噸，薄綿鋼片六五〇噸，鐵軌五〇〇噸，裝釘鋼絲三〇〇噸，戰俘共麻袋三八八噸，衣服三〇〇〇噸。第二艘約於十月十日自美國西海岸開出運往上海，計載舊衣及舊鞋一七〇〇噸，農具二〇〇噸，一噸半車一三〇輛，麵粉五五〇〇噸，卡車零件一五噸，機器器材一九噸。第三艘約於十月八日自加拿大西海岸運[illegible]青島，計載三噸半卡車一八六輛，一噸半卡車八〇輛，雜糧六〇〇〇噸。

〔中央社華盛頓廿九日專電〕美總統稱，渠已派其私人代表洛克赴我國，以與蔣主席及我國政府人員商洽條例，可以美國之工業經驗用以協助中國健全承平時經濟建設之方法。洛克在華並將爲一九四四年下半年納爾遜因協助我國戰時生產而設之美生產代表團辦理結束工作。美總統保證於此戰時代表團結束後，美政府仍深願與中國保持密切合作。洛克尤將注意我國於獲得東北及其他收復區大量工業後行將立即遭遇之情勢。渠將借助手柯爾同行，將來返回華府時，並將提出中國經濟情況之報告與建議。洛克曾於一九四四年隨納爾遜赴華作其助理。本年五月被任爲總統私人代表，並經美政府核准受任中國之經濟顧問。

〔中央社渝廿八日電〕行政院黃金價格評定委會，評定黃金價格每兩收進爲八萬五千元，每兩售出爲八萬九千元，並指定中國銀行負責買賣。

博斯說蔣介石是東方大法西斯

〔路透社孟買廿九日電〕蘇拉特·常德拉·博斯（蘇布哈·常德拉·博斯之弟）在同答中國宣傳部駐印辦事處主任羅威對他描述蔣介石是『東方大法西斯』一點的抗議時今日提議在加爾各答及其他地方召開智識份子會議，即席演說，請羅威也出席，並『討論這位大委員長自一九二六年以來政治和軍事的活動。』他說他可以完全確定，如果他在這樣的聽衆面前，『只要提出很少部分的證據。證明那無可指摘的歷史紀錄使人們認到委員長在中國的『清算』的話，那末，羅威和其他與他同樣心情的人將受打擊而急忙退場了』。博斯又請羅威利用其影響使宋慶齡到印度來，這樣『我們就可以知道中國從她偉大的丈夫逝世時起一直到今日爲止的眞實故事了』。博斯宣稱，那時，關於蔣介石過去和現在是否是『東方大法西斯』的問題，印度和全世界就都能作最後的判斷了。

印度國民大會黨書記克利巴拉尼今日評論說，博斯係表示其個人意見，並非國民大會正式的觀點。又說『國民大會是對中國人和他們被承認的政府友好的』。

〔路透社加爾各答廿八日電〕中國宣傳部印度辦事處主任羅氏向記者發表聲明，強烈抗議C·博斯描述蔣介石爲『中國最大的法西斯份子』。羅氏說：『博斯一定是看到錯誤的報導，要不然便是神經錯亂所致，記不起：蔣就是對日勝利日後不久，國民大會主席阿沙德致以賀電的那個人。羅說：『當博斯發表他自己的政見的時候，假使他限於敘述他所知道的地方和民族，我會更高興一些』。博斯在孟買演講時，主張建立亞洲聯邦，並表示希望印中

書上則表明不及二百萬人。狄亞金問羅爾盛，既然證書報告只有六十二萬五千零一八，爲什麼在倫敦揚言一百一十萬呢，托列達諾氣憤的答稱，拉丁美洲總工會十八個民族單位中，只有八個單位出席了巴黎。又證書報告顯示，大會共代表全世界工人約六千四百萬。

蘇加諾談印度尼西亞運動

〔路透社巴達維亞廿九日電〕印度尼西亞『共和國』首腦蘇加諾已向印度尼西亞各界人民發佈直接命令與盟國佔領軍合作保持全國的法律和秩序。起先關於國內政治形勢可能惡化並走向混亂狀態的恐懼至此自然可能打了折扣。蘇加諾意欲採取適當機關與盟國軍事當局聯絡以向他們說明他的觀點。當記者今晨在盟國佔領軍開始管巴達維亞後二小時遇見蘇加諾時，他正急急準備去和其內閣的外長作緊急商談。他說：『印度尼西亞的運動實質上是自由運動，還是完全依照民主之路綫進行並容納一切黨派的。這不是反對白人的運動。在爪哇沒有對英的情緒。印度尼西亞人正爲反對荷蘭剝削印度尼西亞人的殖民政策而戰』。蘇加諾表示最完全信心，相信聯合國的公平和良好判斷，他希望他們會使荷蘭政府選擇聰明的道路。他坦率承認日本人曾一時統治過，但一切工作都是他手下的人做的。他的內閣中有些部長也是過去某些部的首腦。蘇加諾對於澳大利亞碼頭工人、印度國民大會委員會及美蘇某些勞工界人士對印度尼西亞人事業的同情深爲感謝，並希望聯合團結國際法的觀點考慮這一問題。屏除盟國佔領軍與印度尼西亞人間發生衝突的可能性並說運動實質上是非暴力的運動。蘇加諾說他深深醉心於指導印度國民大會黨的原則並急欲以非暴力達到。印度尼西亞人的理想。在過去三年中由日本人在此扶植和武裝的土人軍隊已被解散和繳械。可是這些人和全國青年一樣，也擁護共和運動。

路透社報導南洋情況

〔路透社新加坡廿八日電〕由於不安仍然波動於爪哇和越南，英國陸軍部長勞森今日稱：英國應遵行其盟國義務，既不能替法國對越南人民作戰，也不能替荷蘭對爪哇民族主義者作戰。今日廣播稱：大部份騷擾是發生於仍在日軍控制下的地區。前南戰場總司令寺內元帥已於西貢被美軍逮捕，因有共謀最近之騷擾的嫌疑。路透社悉尼電：爪哇民族主義者的希望正得到船塢工人的支持，他們今天在悉尼船塢地帶示威遊行擁護爪哇獨立。悉尼與布利斯班工人仍然拒絕給開往東印度之荷蘭船裝運貨物。警察從示威者手中奪去書寫着『勿干涉印度尼西亞』與『打倒荷蘭帝國主義』的旗幟。小艇水手

個頭組織之。

尼赫魯為蔣辯護

【路透社孟買廿九日電】印度國民大會領袖尼赫魯今日譴責故印度吉思林領袖蘇布哈、常德拉、博斯之弟薩拉特、常德拉・博斯描述蔣委員長為『東方法西斯領袖』是『顯然的謬謬絕論』。尼赫魯是以同情中國及他對蔣委員長的友誼著稱。薩拉特・博斯本人在戰爭時期由於反英活動坐牢四年，而剛自獄中獲釋。尼赫魯說：『任何一個有時事常識的人都知道在過去三年半的時期，蔣委員長及宋美齡會特別的幫助印度的事業，甚至不惜犧牲中國某些暫時的利益，或者更正確些說，因為他們視印度自由是中國與亞洲自由的利益。

印國民大會反共的叫囂

【路透社倫敦九月四日電】英國印度國民大會委員會主席××向路透社記者說：『據新德里方面來訊稱：孟買省委員會所××的國民大會清洗共產份子為英國的印度國民大會委員會所擁護。』，並稱：在英國的印度國民大會委員會是一九四二年八月成立的，無條件擁護國民大會。

【路透社倫敦九月五日電】倫敦印度工人協會主席趙德里。克漢今日在倫敦協會午餐時集會上攻擊印度共產黨。趙德里・克漢說：甘地與尼赫魯兩人現在公開譴責印度共產黨當一九四二年『英人離印』示威時所起的作用。他繼說：『我們歡迎印度國民大會對印度共產黨的及時警告。國民大會應該擺脫這些喧囂的與破壞的份子。印度人是十分適合在他們自己的國土上按照他們自己的方法進行他們自己的鬥爭』。趙德里・克漢繼說：印度的自由不會經麥加或莫斯科來的。印度共產黨並不支持回教同盟巴基斯坦的要求。印度回教群眾將必然譴責共產主義者與地方自治主義者這種不神聖的同盟。

世界職工大會上的爭執

【合衆社巴黎廿九日電】世界職工大會今日停止其××辯論，展期至星期一。英國代表斥責拉丁美洲總工會及薩爾頓的澳洲小組，過分誇張他們工人組織的實際力量。英國運輸工人代表狄亞金指出，大會證書委員會對托列達諾及薩爾頓兩職工會的估計的巨大懸殊，並稱兩代表向大會提出的力量是誇大的。由於雙方生氣，法總工會主席石屋提議展緩會議的日常工作，此工作已因證書爭論延遲了兩天以上。因此，通過憲章問題將被提出。狄亞金問道：為什麼托列達諾在倫敦時揚言他代表四百萬工，而證

拒絕開往東印度之船隻。美國國際碼頭工人聯合國領袖布里治已致電澳大利亞海濱工人，擁護他們的主張並慶賀他們的聯合會。在東京，為繼續追獲日本戰爭罪犯，麥克阿瑟將軍今日命令美第八軍捉拿，有在菲律賓巴拉望共謀屠殺一百以上盟國俘虜之嫌疑的日軍官兵。麥克阿瑟亦禁止日本地方無綫電台廣播消息，經那一特別地方軍事當局批准之關於佔領的地方性項目在外，關於『糧食』與地方環境條件的地方評論，只要此種評論經過文官新聞檢查隊的初次澄清亦可允許。

路透社稱：歐洲面臨飢荒

【路透社倫敦廿五日電】歐洲正不可挽回地走向巨大的災難。英國著名糧食專家估計，在今年冬天，將有三百萬人死於飢餓，而其他數百萬人將忍受營養不足之痛苦，（缺）據上週舉行會議的歐洲糧食統計學家估計，除了蘇聯及南斯拉夫外，歐洲大陸將需要輸入八百萬至九百萬噸的小麥，一百萬噸的糖，一百萬噸的脂肪，如此方能使歐洲最受飢災影響地區中的每個人，每日保持二千卡路里的最低生活限度。即使這些供應品能不算過遲的運至歐洲，但它是否能足夠維持領受者的正常工作效能是很可懷疑的。最多它只能減少死亡或疾病。戰爭對歐洲牲畜數目及農產品之影響如此慘重，以致某些專家預料，即使今冬災難由於某些辦法而得以避免的話，但各恢復正常狀態，將需要直至十年的工夫。現在可以確定，飢荒不僅限於德國，英國也同樣面臨着×××，甚至較它在戰爭年代中所遭受者更為嚴重。據華盛頓訪員昨夜稱：英國今後數月中在美國所購的糧食將不可避免地需要減少百分之五十或更多。今後將以一切努力保證糧食購買的必要減少，不會影響英國基本的食物。英國在華盛頓的官員指出：英國自美所購貨物之減少，僅限於解決英國年底以前需要的貨物。關於一月一日以後的任何大量供應品尚未訂立契約，但英方官員希望，屆時英美將能達到某種確定的財政協定。但這點是仍然有問題的，新年可能見到英國自美所購貨物的更大削減。路透社華盛頓訪員繼稱，美京官方工業界人士對於其以前斷言購貨更為減少所引起對美國之影響，尚無充分的估計。例如荷萊・巴德顯然尚未認清此事實，即英國大大減少其美國××輸入，而英國在戰爭中曾為這些輸入品付出了成百萬金鎊的現狀。（缺）

參考消息

（只供參考）
第一〇二〇號
解放日報 新華社 編
今日出一大張
卅四年十月二日
星期二

美新聞處報導國共談判
又說要召開黨派會議

【美新聞處重慶一日電】據今日消息稱，目的在於消除國民黨與中共之間分歧的八點計劃，已在蔣委員長與毛澤東一月來的談判中出現。據息，根據目前的計劃，各黨政治會議將於十月初召集。合衆社訊，會議將「有權作出必須遵守的決議」，並計劃討論兩個廣泛的計劃，即中國和平建設政策及召開國民大會，此大會將製訂中國新憲法。合衆社與新聞處消息均稱，各種象徵表明，國民黨及共產黨將以同等數目的代表出席政治會議。合衆社稱，會議將由卅七人組成。兩大黨各出代表九人，其他政黨（包括民主同盟在內）將有九席，另有九席代表無黨無派的政界人士，由蔣委員長担任黨派會議的主席。美聯社稱，據悉關於下列各點亦會達到協定：承認各不同政黨的同等地位；在蔣委員長領導下進行和平建設；懲治漢奸與解散僞軍；實行政治民主化，軍隊國家化（在一黨專政結束之前）；釋放政治犯；取消與其他國家所享受之自由不同的××及改組中央政府；採取辦法限制諜報人員的活動並禁止他們逮捕××××。

美登陸部隊一部今日赴平
關麟徵任東北保安司令長官

【中央社北平一日電】在天津登陸之美國海軍陸戰隊有一部，定二日下午四時由津來平。此間各界積極籌備歡迎事宜。

【中央社重慶二日電】第一方面軍副司令官關麟徵將軍，現被選任為東北保安司令長官。秉承委員長東北行營之命，統轄東北所有兵權。關將軍現正積籌劃率軍出發事宜。

【中央社××一日電】新任天津市長張廷諤、副市長杜建時，偕各局局長一行十人，一日午飛津赴任。

何應欽到河內

【中央社南寧一日電】何應欽卅日下午五時半由衡陽乘機抵邕，即召見二方面軍邕辦事處主任馮汝琪，詢問一切。一日晨十時離邕飛河內視察，隨行者除昨日陪來之高級顧問總參台，處長鈕先銘等外，六十二軍軍長黃濤亦附機返防。聞何氏在越公畢，即飛廣州視察。

【中央社渝一日電】軍委會十月一日發表，據盧漢司令官稱，越南北緯十六度以北地區，日軍投降業於九月廿八日午前十時在河內舉行受降儀式，並面交第一號訓令，由日軍第卅八軍軍長土橋勇逸敬謹接受。

【中央社漢口一日電】陳紹寬今抵此後，即積極推進接收收編各項工作，昨晨會抽暇乘江本艦艇赴金口。

【中央社長沙廿九日電】第四方面軍司令部，廿九日發表廿九號公報謂：一、本方面軍奉陸軍總部命令，為便利日軍第一一六師團集中繳械起見，將日軍一一六師團改在岳陽，由本方面軍負責繳械，並已指定第十八軍胡璉軍長，為受降官，九月二十八日電飭遵照，預定十月一日集中完畢，開始解除武裝。二、本方面軍第十八軍，於十九日以前，代表接收長沙開福市日軍第二〇軍直屬部隊武器，計輕重機槍四〇〇挺，自動手槍三支，步馬槍九一二五支，刺刀一〇、七〇〇把，擲彈筒一六七具，手槍九六六支，平射砲一門，迫擊砲一六門，步槍彈九三〇、〇〇〇發，手榴彈一、〇〇〇顆，砲彈四、七九八發，無綫電機七二部，交換機一部，裝重車四三一輛，文件五四冊，地圖二五捆。三、據湘潭本方面軍受降主官韓濬軍長報稱，本部前後接收日軍獨立第八二旅團主要武器，計步槍四、〇〇七支，輕機槍一七九挺，重機槍三一挺，手槍二八三支，擲彈筒六七具，山砲四門，迫擊砲一八門，步兵砲五門，戰防砲五門，步機槍彈一一五、四三八顆，山砲彈一四一發，迫擊砲彈二九九發。

【中央社漢口一日電】武漢淪陷業經八載，人民倍受漢奸荼毒。第六戰區長官部抵漢後，令各有關機關對是項漢奸罪行，祕密調查，茲以調查業告完竣，特於今日拂曉，由武漢軍憲警聯合督察處，集中武漢軍憲警並會同軍委會及省市黨部有關人員，編好廿一個行動組，發動拘捕。計第一批落網者，有葉蓬，石成川等五十七人，餘犯亦均紛紛就捕中。其詳細名單如後：「軍事漢奸」僞武漢綏靖主任兼湖北省長葉蓬，及凌長生，覃敏。政治漢奸僞漢口市長石春蓬及蕭肇基，謝候躁，王壽山，王郎，胡今生，熙滄，楊晉豪，

十四航空隊月內還滬

【中央社重慶一日電】美國陸軍第十四航空隊司令部日內即將遷滬。該隊司令史東中將一日午在總部招待重慶新聞界。記者詢以第十四航空隊總部何日遷滬，史將軍稱：「時間雖未確定，當在本月以內。」記者復詢以今後之任務。渠答稱：「今後該隊之重要任務在協助管制在華日軍，其期限視需要而定，至於訓練中國空軍及發展民航事業方面，美國將另有一代表團專司其事，該軍僅担任連絡工作而已。」記者有詢以該隊任務達成後，其配備及器材如何處置？史將軍答稱：「該隊之一切配備均可供中國使用，惟詳細辦法兩國政府正洽商中。至於全部飛機，亦將轉交中國。」

【合衆社華盛頓廿八日電】斯特拉特梅耶駐滬代表肯納特少將廣播稱：在華美空軍，幾全部可於聖誕節日返美。上海港口，將於日內開放。

【中央社渝一日電】據美新聞處上海卅日電，中國戰區美陸軍航空隊前進指揮所指揮官肯納特本日稱，返國之美軍，將於約近十日之期間內，自中國各地開始飛往上海，登船赴美。一俟美國飛機所辦理之中國軍隊調防工作完畢後，昆明重慶柳州成都芷江等地之美軍，即將開始赴滬，在運輸到達最高峰時，至少將有美機二百五十架裝運美軍至上海附近之三機場。

川康軍縮編消息

【中央社成都廿八日電】川康整軍事宜，現已圓滿達成，計裁減一個師九個旅十三個團，共編成三軍六師，另兩個師四個國士兵裁減甚多。數餘軍官決照中央規定辦法，分別安插。自十月一日起，整編後之部隊一律照新標準待遇配備。

【中央社重慶一日電】軍法總監部爲一戰時機構，何總監成濬，前簽請撤銷，已奉蔣委員長九月廿八日電照准。

【中央社南京卅日電】交部航務接收委員辦事處，接收江船大致就緒，經已先行恢復國營招商局長江航務，派（華清）（華盈）（厘山）（達興）四輪直駛漢口，以利京漢水上交通。

【中央社寧夏一日電】此間連日晴雨不常，今日氣候突變，午前會飄微雪，旋即轉晴，唯竟日北風，氣溫度降至攝氏十二度。

【中央社重慶一日電】目前監察院秘書長程中行，另有任用，所遺秘書長一職，已由監察院提請中央以審計部次長李崇實繼任。

商凌美，蕭治平，王錦霞，翁愚民，姜達橋，陳關功，王子炎，雷役賢，殷秋澄，樂均，虞兆祥，朱麗生、潘壽恒，唐琳，柯大樹，吳家齊，柯斌雄，張睿惠，柯天柱，李超，陳孝芫，羅冠雄，王雲山。經濟漢奸「昭和通商負辦」，范汝堂，及羅子楨，陳振輝，袁施儒，何濟平，倪家渊，許輔民，盧體堂，朱仰岩，朱提鈞，陳性等。「特務漢奸」日憲兵隊密偵班長徐吉甫，及丁吉勝，劉爾陵，熊正列，毛金山，江川，許維侯，熊坤廷，程麒，張孟潤。

國民黨上海工廠復業辦法

【中央社滬廿九日電】社會部谷部長，湯司令官，錢市長，廿九邀集滬財政經濟交通糧食社會各部特派員及滬警備副總司令李及蘇等，決定工廠復業辦法七項（一）停閉工廠，發遣散費三個月。（二）必須維持工廠停工期內，照發薪金。（三）未接收之日廠遣散維持費，由日方負責，已接收者由主管機關負責。（四）遣散維持費由廠方發放由市府會同社會部財政經濟部代表監督。（五）凡已領得遣散維持費者，不得再有要求。（六）已接收工廠儘速復工。（七）日廠未停頓者，不得××××

【中央社渝廿九日電】財部對收復區商營金融機關清理辦法，業經擬就於廿八日公佈。其原文如下：第一條，本辦法依照收復區敵偽鈔票及金融機關處理辦法第五條之規定訂定之。除東北九省及台灣省外，收復區商營金融機關之清理，悉依本辦法之規定。第二條，收復區經敵偽核准設立之商營金融機關，應一律停業。依照本辦法規定清理，收復區戰前經財部核准設立仍繼續營業之銀行，應由財政金融特派員查明過去業務，報部核辦。任清查期間可仍繼續營業。第四條，收復區商營金融機關，於本辦法公佈後，應即具當日資產負債平衡表，連同資產明細表及當日日計表，股東名冊，董事監察人經理人員名冊，呈送該區財政金融特派員查核，並派員監督清理。第五條，收復區商營金融特派員，派員監督辦理外，以有限公司之董事無限公司之股東爲清算人，其應行遵守三項依公司法之規定辦理。經敵偽核准設立之金融機關，一律視同合夥組織，其股東應負無限責任。第六條，收復區商營金融機關清償下列次序（一）有儲蓄存款（二）五萬元未滿之存款（三）五萬元以上之存款。第七條，財政金融特派員監督清理時，如查明債權人付敵偽機關或其主管人員以及團體或個人附逆有據者，對其應受給付予以沒務，幣記賬管理。第八條，收復區商營金融特派員，核轉財部查核，因但事實需要，得呈請財政金融特派員核准展延。第九條，收復區商營金融機關，於本辦法公佈前已自動停業而尚未清償全部債務者仍應由財部金融特派員勒令限期清理，並得請地方政府協助。第十條，收復區商業金融機關清算人，不依前二條之規定實行清理者，送該管司法機關究辦。第十一條，收復區附逆各國或中立各國之外籍金融機關，經敵偽接收或侵佔者，應由財政金融特派員先行接收，於查明主權後發還，自行清理。第十二條，本辦法自公佈之日起施行。

【中央社滬一日電】谷正綱，賀衷寒，二日由滬飛京。

【中央社滬一日電】中國，交通二銀行及郵政儲金匯業局，一日均復業。

倫敦預測三巨頭或五巨頭要開會

【合衆社倫敦一日電】此間外交觀察家今日預測斯大林、杜魯門及阿特里在今後兩月內舉行會議的可能性，以便解決外長會議所遭到的「僵局」。外部方面否認每日快報外交訪員所報導白宮正在考慮第一次五強領袖會議——三巨頭加上戴高樂和蔣介石——的消息，謂毫無官方根據。據想領袖會議是解除不同意見，並給予十二月外長會議復會時以良好成功機會的唯一方法。外部新聞處發言人關於三巨頭消息表示懷疑，指出是來自各自治領與盟國小國家擴大將來會議的壓力。某些外交人士預言下次外長會議將有各自治領並可能有比、荷、南諸國代表參加。國

路透社評外長會議不能達到最後協議

【路透社倫敦一日電】路透社外交訪員報導：除非一方或另方準備對原則問題妥協，不然目前倫敦外長會議是沒有希望能達到最後協議的。直到現在，這證明是無法克服的障礙。在世界人士還沒看到很長的公報以前，將不會公佈在今晚舉行的會議上是否可以消除這些障礙。預期這公報將在外長們都離此與研究進行他們的工作後不久會發表的。草擬大會最後文件花費了四十八小時以上的工夫，這種困難並不專門是用詞或程序上的困難而已。蘇聯代表堅持他們的觀點，中、法兩國不應參加關於巴爾幹和平條款的討論，衆待蘇代表團抗議他們參與的包括這些討論記錄的全面議定書。因此，會議便不能像在會議初期一樣將問題擱置高閣來避免對這一主要觀點的基本衝突。諾頭對於不同的意見，也不能通過一個最後的聲明，將其載入會議的記錄與最後的公報中。現倫敦方面估計有可能問題提到

遭受如歐洲所週知的「痛苦」。美國反而在資本主義時代第一次解決了失業問題。美國已將生產擴大一倍，這一事件在美國大商人心中所引起的返老還童的精神鼓勵他們忘記一九三〇年的災難，並且慶賀即刻的繁榮的前景。他們只看利潤，而不看其他東西。不看英國的貧困與歐洲的饑饉。美國勞工爭取福利的罷工鬥爭業已開始，但是水平線上這一暗雲還不如一個巴掌大，對於美國社會現在的主人還不是什麼惡兆。取消管制！（有一句不清）許多眼光遠大的美國人歡情這些政策，但是他們能抵抗大商人發出的叫囂嗎？美國人要求管理世界航空線與指揮世界貿易的權力，利用其在戰爭中未受災害以達到實現其在各種人中間的命運的目的。面對這一計劃，蘇聯要求的黎波利坦尼亞較第一個打算似乎更爲適度。在這兩大火勢之間英國站在那裏呢？英國必須作新牌俄羅斯帝國主義或老牌美國資本主義的趨炎附勢的小人嗎？英國的榮譽使英國不能作俄國的或美國的趨炎附勢的小人。英國向世界提出了第三種辦法。英國有較專一的發展她自己的力量更重要的關心。英國關切維持政治自由與個人權力，所以在爲東歐所建立的許多新政權祝福以前要問一問這些原則在東歐如何維持？英國還沒有慢到那樣程度，相信胡亂地重申在一九二〇—三〇年代流行的戰爭國家即能達到有秩序的繁榮。所以，英國爲了世界上有秩序的擴展而工作的英國自己的經濟，英國主張國際合作以代替民族競爭的野心。最後，英國要求戰爭蹂躪的歐洲進行經濟復興，實現這一積極的希望僅是避免殘存的希特勒主義的侵襲。蘇聯採取了歐洲機器以修補其被破壞的國土，美國已停止可以使車輪再度迅速轉動的租借法，單獨英國說外交？（原文不明）政策是糧食與煤炭問題，但是英國需要滿足其自己國內迫切的需要，使得英國很難恢復陷於混亂空前之深的歐洲大陸。感到很大困難，這實是互相衝突的局面之最廣泛的輪廓。在這些複雜情形中間，英國握有極大的力量，依然表示其自己的意見，這些意見也是各自治領，日益發展的社會主義運動法國，斯堪的納維亞以及許多其他人民的意見。

孟買發生印回衝突

【合衆社孟買廿九日電】在一九四一年來孟買印回集團間的第一次騷亂中，已有二十五人死難，百餘人受傷，而新的死傷正逐小時增長中。警

三強或五強國家首腦會議上去討論，但此間消息靈通人士不相信對這問題已作出決定。他們認爲：現在不同的意見已到達只能由最高首腦來解決的階段了。

外長會議上
蘇聯堅持巴爾幹和約由三強討論

【合衆社倫敦一日電】蘇聯堅持主張巴爾幹和平條約僅限於由三強來處理，美國加以拒絕，現威脅着外長會議有完全破產的危險。美方人士說：貝納斯曾通知莫洛托夫，說蘇聯的立場，是美國不能接受的，現美國準備將整個問題交給各國首腦來處理。同一方面人士說：如果蘇聯在今晚的會議上——衆信目前會議的最後一次會議——仍堅持她的立場，很可能不會有最後公報——概述會議成就的公開聲明。莫洛托夫十天前忽然堅持主張中法應不參加巴爾幹會議，而障礙了會議的進行。貝納斯指出：蘇聯原來是同意五強都參加會談的。

英弗特評巴爾幹形勢

【路透社倫敦二十八日電】弗特著文說：蘇聯要求地中海根據地；英國反對在巴爾幹建立的政權；倫敦和會似已結束僵局（雖然關於不同意見的報導是大大誇大了）；美國以其力量在賺錢，而歐洲却面臨着飢餓，戰爭的結束似乎未給人類帶來和平而是帶來刀劍；這一切究竟是怎麼回事？我們已獲悉過去數週落在我們身上的苦難、屈辱、悲苦與痛苦綿延不斷的故事。我們將怎樣逃脫呢？在一切患難之後，從戰爭結束可以發生何種幻想破滅呢？本欄僅給予幫助解釋目前動蕩不定的混亂局勢的幾點意見：蘇聯遭受的損害較任何國家爲重，然而在遭受人類悠長歷史一切罪行之後，依然是一勝利國家。蘇聯遭受到搶刼、蹂躪，與焚燬，因此要求較被蹂躪更多的賠償。蘇聯要求被承認爲偉大强國。將蘇聯排除地中海以外是不能忍受的禁錮。其他國家航行七大海洋，爲什麼蘇聯不能呢？如果反駁蘇聯已控制了廣大的地面，蘇聯應該滿意，這並沒有回答問題。四年的戰爭企圖把海軍强國的意識灌輸進蘇聯人的思想中。他們都是好學生。他們要求從韃靼尼爾的安全的出海口，及作爲海軍强國繁榮發展的力量。原子炸彈已使這些建議都不合時宜了嗎？議論有兩種說法，如果戰略根據地沒有重要意義，爲什麼美國堅持太平洋戰略根據地的要求，爲什麼西歐列强反對蘇聯的要求？這是蘇聯要求的明白的理由。怎樣回答呢？美國已經得到回答了嗎？美國在這次戰爭中，沒有

察官員稱，戰鬥可能持續兩週，而更悲觀的估計則認爲將持續至選舉之後。一般認爲由少數不良宵小所挑起的衝突，現已擴及全集團。在騷亂最烈的地區，商業實際上已陷於停頓，許多小商店業已關門。企圖退出戰鬥的印人與回人均避免至彼此的地區。觀察家指出，此次衝突將使英國有必要的資本可以宣傳，印度尙不能自己管理自己，因爲還將只有導入內戰。

【路透社倫敦廿九日電】英國各晨報，今日以第一版刊載孟買兩方哩地方發生新的印回騷亂之後施行戒嚴的消息。英國各報未刊載關於情勢的評論，每日電訊駐孟買記者報導：印軍一連已待命出動，但迄今警衛尙能應付情況，無須軍隊援助。

【路透社孟買廿八日電】英軍奉命援助孟買民政當局以彈壓城中之混亂情勢。某鬧區之一清眞寺街排曉前突被人縱火焚燒，但消防隊在火勢未猖獗前已將其撲滅，英軍現待命於警察總局內以防萬一，孟買城內之緊張局勢仍未少減。

【路透社孟買廿七日電】印度教徒與回教徒間兩團體糾紛，今天繼續在皮多城的中心正式交戰，警察出來驅散擁擠的群衆前，已有六人負傷。自昨日暴亂開始以來，共死十一人，傷四十六人。

【美新聞處孟買廿九日電】孟買城北暴動之情況愈甚，警察曾對兩處群衆射擊，巷戰在繼續中，吉瑞幹回教寺院之頂部被焚，印回二教之居民住所皆遭亂民石擊。

傳錫蘭要求獨立

【同盟社里斯本九月一日電】科倫坡來電：錫蘭國會議長第斯爾維，一日致函英首相阿特里，要求予錫蘭以獨立。

【路透社倫敦廿七日電】印度事務部次長亨德遜於其主持的東印度協會上，重申英政府決定早日給印度以自治政府。

【路透社倫敦廿七日電】據悉，緬甸政府由西姆拉遷回仰光之問題，日來正在積極考慮中。

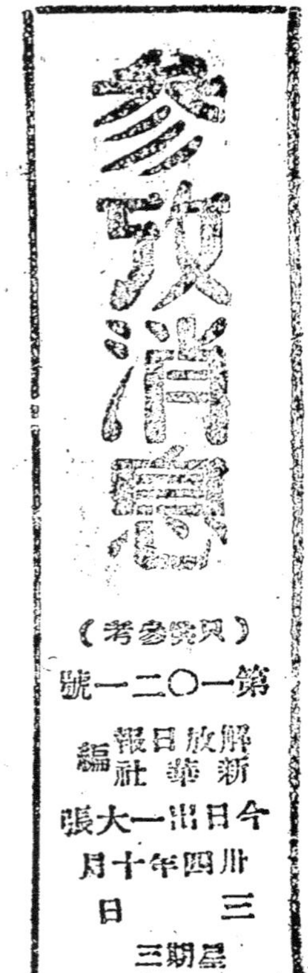
參考消息
（只供參考）
第一〇二一號
解放日報 新華社 編
今日出一大張
卅四年十月三日
星期三

紐約時報又爲蔣辯護

【合衆社紐約二日電】紐約時報社論說，「蔣之不願放棄政權，顯然是人之常情」。由於共產黨提議保持獨立的對立政府的特權，蔣至今仍有充分的理由可以反對共產黨。但稱：「他反對小黨派的理由是很不充分的。他沒有做什麼工作來安慰這些黨派，如釋放政治犯，允許言論、出版、集會自由並限制專制的特種警察的權力。」社論繼稱「的確，內戰不是我們的事情，正如我們應當利用我們的影響來爭取調解與和平一樣。人們希望赫爾利現正聽取這方面的指示。」

【中央社渝二日電】二日下午五時，張主席羣、張部長治中、及邵祕書長力子，與周恩來、王若飛兩氏就政治問題繼作商談。

【路透社重慶二日電】據中國民主同盟執行委員會委員羅隆基說：本月內行將召開的各黨各派政治會議，可能有卅六位代表參加，以打破一月來國共談判的僵局。他說：國民黨、共產黨及中國民主同盟每一方面出代表九人，其餘九位代表爲無黨無派人士，這九位代表必須都爲三個黨所接受。共產黨與民主同盟堅持政治會議的決定是最後的與確定的。羅隆基博士關於華北共產黨控制下區域內的美軍時說：「華北情勢非常複雜。我們想美軍登陸可能使情勢更加複雜化。」

美軍六十八抵北平修機場

【中央社北平二日電】美陸戰隊兵員六十名，由希勒上尉率領本日十七時半抵平，各界代表均已在站迎接，據希勒稱：此來目的在整理佈置機場。

【中央社天津二日電】此間日軍解除武裝工作即將實行，美陸戰隊現抵津者已有數千人，日內尚有續至者，美海陸軍將官現有宣德遵亞陸軍中將，遵

素欣、莫衡爲大連市政府接收委員。（十一）派孫桂籍、余秀豪、宋恩風、張松筠、韓靜遠、左吉、陳鵬飛、曹鎮藩、常存貝、趙禮逸、嚴渤鯨、××、×爲濱市政府接收委員。（十二）台灣省行政長官公署祕書處處長錢宗起另有任用，應予免職，遺缺任命夏濤聲繼任。（十三）派黃榮華爲善後救濟總署廣西分署署長。

【中央社渝二日電】國府十月三日令：（一）派張彝鼎爲救濟總署晉綏察分署署長，錢宗起爲善後救濟總署台灣分署署長，余籍傳爲善後救濟總署湖南分署署長，此令。

國民黨「廢檢」辦法

【中央社重慶廿九日電】出版檢查制度中央常會決議了定十月一日起廢止。茲悉此項辦法，已經國防最高委員會祕書廳分函黨政機關查照辦理。茲錄廢除出版檢查制度辦法。要點如左：（一）自民國三十四年十月一日起廢止戰時出版品審查辦法及禁載標準，戰時書刊審查規則，及戰時違檢懲罰辦法。（二）新聞檢查除軍事戒嚴區外一律廢止。軍事戒嚴區之範圍，依軍事委員會之規定：『收復區共復員工作尚未完成者應視爲軍事戒嚴區域。（二）電影戲劇檢查仍繼續辦理，其檢查標準應予修訂。（四）現行出版法，應酌予修訂。（五）中央圖書雜誌審查委員會，軍事委員會戰時新聞檢查局及其附屬機關，由主管機關規定辦法分別結束改組。（六）出版物負責人如對於其將行刊載之言論與消息，是否合法發生疑問時，得向中央宣傳部或當地政府詢問，請求解答。宣傳部或當地政府對於該項詢問，應負責予以解答。當地政府如遇不能解答時，得請宣傳部代爲解答，但雖經解答，仍應由出版物負責人負法律上之責任。

胡宗南等晉級

【中央社渝二日電】國府十月三日令陸軍二級上將白崇禧晉任爲陸軍一級上將，陸軍中將特加上將銜張治中、張發奎等二員，均晉任爲陸軍二級上將，陸軍中將胡宗南特加陸軍上將銜，此令。

上海物價暴漲聲中 工潮增長大企業停頓

【美聯社上海廿八日電】上海——此中國最大城市的經濟，正緊隨佔領後迅速瓦解中。勞工糾紛隨着糧食及其他必需品每日上漲百分之廿至卅日而增長，而大企業則因金融形勢與煤的缺乏而陷於停頓。例如，罷工之公共汽車工人現正要求增加工資百分之一百五十，以應付不斷上漲之生活費。這裏經濟情形很爲特殊，甚至黃包車夫都

德勒海軍上將兩氏抵此，聞我方孫長官亦北來。華北日軍解除武裝將在平津兩地分別辦理。津市杜建時副市長已奉命兼任北寧路護路司令，渠來此後，即與美方各將官會晤。

【中央社天津一日電】美海軍陸戰隊續有三千餘人抵津，統率此陸戰隊之路基中將，立即可來。日軍解甲工作即將開始。路氏之佈告已遍貼於全市，聲明登陸之目的，並禁止敵府移動，全市居民終日狂熱歡迎盟軍。美海陸軍飛機竟日盤桓全市，市民無不熱烈狂呼，以示其內心之歡娛。

【中央社西安二日電】北平市市長熊斌，偕市府人員一行十餘人，今由渝飛抵西安，祝紹周主席往機場歡迎，熊將於明晨飛平。

【中央社北平一日電】軍委會軍令部第二華北辦事處主任郭德沛，率官佐數人二日午抵平。

【中央社北平一日電】華北各地火車已局部恢復行車。

【中央社北平一日電】中宣部平津特派員張明渠函請十一戰區北平前進指揮所轉令日軍聯絡部，定二日接收偽華北新報及偽英文北平時事日報。五日接收日人主辦之武德報。日人投降後即奉中宣部令復刊之華北日報，亦定二日移至偽華北新報原址辦公。天津偽華北新報決定由卜青茂接收。

重慶任命東北各省省政府委員

【中央社渝二日電】行政院二日上午舉行第七一五次會議，通過任免事項如下：（一）任命徐鼐、張式綸、傅馥桂、白世昌、李光國為遼北省政府委員。（二）任命王同寅、于學思、寧嘉風、吳希庸、李西山、劉和為安東省政府委員。（三）任命吳至恭、尚傳道、王寧華、胡體乾、律聞(?)嵐、張慶泗為吉林省政府委員。（四）任命黃恆浩、梁中權、寧向南、劉博崐、趙澄文為嫩江省政府委員。（五）任命洪鈁、師連舫、田雨時、梁棟、吳紹璘。關孟華為松江省政府委員。（六）任命×伯×、何漢文。祝步唐、楊大乾、楊守珍、李德潤為合江省政府委員。（七）任命朱漢生、劉時範、吳越潮、劉全忠、劉政因、于翚伯為黑龍江省政府委員。（八）任命譚文彬為熱河省政府委員兼民政廳廳長，谷宗瀛為委員兼財政廳長，毛[illegible]為委員兼建設廳廳長，劉康克為委員兼教育廳廳長，高鵬云、王恆升、[illegible]，李守廉、洪[illegible]、武尚權為委員。莫松恒為秘書長。（九）福建省政府[illegible]職，遺缺以委員張開璉繼任。（十）派薛次莘、王[illegible]、潘[illegible]、吳[illegible]、胡[illegible]、[illegible]。李廷安、朱[illegible]、趙惜夢、厚

可積蓄美國金元，其收入較銀行職員還要豐富。美國當局正僱用成百工人，每日在機場及港口中工作，每日付以一塊金元，這一塊金元值十六萬偽幣，大大高於一般的工資。食物市場之紊亂是很顯著的，肉、牛奶、洋芋在最近數週內已漲了兩三倍。八月中旬每磅值一萬偽幣的糖，現已漲至每磅四萬偽幣。根據變動的價值，它已達到廿美分，而以前則是十美分。大企業對偽幣前途的不能確定（偽幣價值現已膨脹至佔領前的兩倍，）和中國確定與合法××之缺乏，使形勢更為紊亂。

【合衆社重慶二日電】中國報紙稱：中國政府不久將發行兩千元與五千元一張的新鈔票。

【中央社滬卅日電】滬中國、交通、中農三行經渝四聯總處核准下月起在收復區發行定額本票，計分一千元、一萬元、五萬元三種。

【中央社南京廿十八日電】政府公佈偽鈔票收換辦法後，此間因偽幣而恒惶不安之市場情形顯有良好變化，跌而復漲之物價尚未穩定，然漲風將因此稍戢，似係必然趨勢。惟一般觀察認為物價波動原因不盡在偽幣問題，例如來源、運輸等等。日來多數報紙揭露操縱居奇現象，陸軍總部亦須發佈告儆明警告人民，各本天良。若干工人要求壓工以國幣計算。工資，如皮革業工人即其一例。此亦刺激物價之一因素。

【中央社南京卅日電】京市一般物價近半月來陸續上漲，較諸本月上半月增至一倍以上。本市各有關機關分別曉諭商人自動抑平價格，以重民生。金銀價格亦因物價及外埠金銀價格高漲之影響而繼續高漲。昨今更××黃金今日售出每兩為六萬五千元，收進為六萬元。紋銀售出每兩三百元，收進二百五十元。

【中央社滬二十八日電】何總司令以最近京滬區各地物價暴漲，影響民生，特頒法字第十五號佈告，對抬高物價囤積居奇之不肖商人，決予軍法從事。又滬市府二十七日宣告抑制物價飛漲，所有各項物價，着一律恢復九月十二日以前狀態。

中印緬區美軍開始返國 留印物資將交渝方

【時訊社二十八日訊】據九月十六日泰風工商日報載，重慶十五日電，「中印緬戰區美軍及運輸人員，以任務完成，現已開始陸續返國，渠等均盼趕聖誕節前趕回故鄉。中印緬戰區美軍所遺物資，聞將商由中國接收，並悉美方已派委員三人來華商談，業

已運印，華方亦將派定代表接洽。運滯印之物資，車輛，及中印油管，史迪威公路之移管等問題，均在商談之列。

按在戰事結束前，美方運抵印度之車輛，其中運入中國者尚不及十分之一，其他滯印物資亦逾五萬噸。現緬境雨季即屆，此後國外輸入物資，將該由海道運輸，或一部分仍以空運維持。」

又訊，據泰晤工商日報十五日加爾各答專電稱：「印度美陸軍司令部，由於急切運送美復員部隊返家之故，已停止運送經由印度赴美之中國學生。」（L）

傳美工商代表團來華

【特訊社廿八日訊】據中央社紐約十五日息：「中美工商協會現正派遣工商代表團赴華研究經濟情況，並與中國官方會商早日恢復中美貿易，及鼓勵美國企業在中國工業計劃中參加活動之方法。」

中美工商協會成立於去年二月，目的在擴展中美兩國將來之貿易。會長為美國前商務部次長柏德生上校。其工作與美國國務院及美國商務部有密切關係，但其性質則爲私人團體，凡對華貿易感覺興趣之美國商界，均被邀參加。

據該會宣佈：數年內擬購買價值廿億美元之美國器材及供應品運往中國。來華訪問之代表團中有美國重要工廠及銀行界人士多人。管理經濟事務之助理國務卿克萊頓已批准該會促進中美商人間之友誼，「建立戰後中美商業互惠之目標」；但該會認為在獲得良好機會之前，尚有甚多問題亟待解決，首先應研究中國遭日軍多年破壞後，其經濟及工業發展之潛能，「此事須賴中美金融及商界領袖間之坦白商討。」（L）

大公報主張日本主權當中斷 投降政府應與鄧尼茲政府同其命運

大公報七月廿八日社評「三國對日聯合聲明」內稱：「在盟軍佔領期間，日本主權當中斷或近似中斷。第十二點所稱：『依據日本人民自由表示之意志，成立一傾向和平及負責之政府……』在這政府成立以前，所有日本的政治機構，不得視爲眞正的日本政府。出頭領導投降的過渡政府，應與鄧尼茲政府同其命運。」

合衆社轉播 陝甘寧邊區將開始普選

【合衆社重慶二日電】新華日報稱：共產黨控制下的陝甘寧邊區，十月十五日將開始普遍的祕密投票

觀察家報稱 外長會議的成果是劃分歐洲與世界勢力地區

【美聯社倫敦卅日電】負責的星期日報「觀察家報」今日刊載一著名「歐洲通」的論文說：「以延宕任何種類的聯合解決而締得似乎是毫無成果的外長會議，其眞實的與並非不重要的結果，是已經固定或者說決定地，鞏固了劃分歐洲和世界爲許多勢力地帶的劃分。」觀察家報根據戰爭政策及西方盟國的戰略譴責這一成果，並宣稱：「劃分歐洲是我們必須對整個戰時德國與「無條件投降」所付的代價。」觀察家報說：外長會議的僵局不伴以歐洲各國同樣的僵局。結果不是政治與經濟的動力，而是加强了確定的集團的成立。觀察家報說：這種劃分歐洲包含着巨大危險，但無須發生衝突或戰爭，但是可能預示世界最後安定的方式。」這是德黑蘭原來的明晰的，後係爲雅爾塔所暫時廢棄的諒解。該文結語謂不應該存太多希望，所以建議英國「我們在政治方面，不僅在經濟方面，必須忙碌的耕種我們自己的花園：西歐、英帝國與不列顛聯合國」。作者高興地報導：「英法業開友誼了解的談判，一旦簽字，將是鞏固西歐所必要的第一個決定的步驟。」

合衆社：對外長會議不滿的素描

【合衆社倫敦廿九日電】五個疲倦的人今日下午圍座於蘭開夏灰色大廳的圓桌旁邊，企圖結束會議。會議對於戰爭疲憊的世界帶來了迅速建立持久和平的很小希望。當倫敦大多數人均於秋日下午的斜陽中前往青翠的鄉間時，世界上五個最大强國家的外長，則猶在其紅皮囊椅中，疲倦地伏於桌上，力圖以外交上拘泥語言的不足媒介，列出他們獲得一致意見的問題目錄。目錄少得可憐。他們不能對意大利和平條件獲得一致意見，而意大利所希望者厥爲在國際上得到被人尊重之地位的機會。他們對於匈牙利、羅馬尼亞及保加利亞的和約，未能同意由誰執筆，甚至由誰口述，這些無望的小國像小船一樣漂蕩於强權德國政治海洋的風浪中。他們未能同意允許各國利用各大河流，而這些河流則是運輸救濟品給中歐成百萬飢餓人民的僅有航綫。他們對被擊敗的政治前途，未能獲得一致意見。但是，他們知道他們必須報告他們的進展。他們能够指示的是：關於解決的里雅斯特將來的簡明方案，除了賠款及殖民地外關於意大利大多數和平條件的協定，趨於改進奧地利糧食情况的計劃；伊朗形勢的改進，該地英蘇利益冲突之危險似已避免，對於法國立即歸還德國所掠奪之機器之要求的一般接受

的選舉。總統選舉法，地方參議會中共產黨員只佔三分之一。

傳五外長未達任何協定　英國盼三巨頭會議能召開

【路透社倫敦二日電】外長會議今日黃昏結束會議，未達到任何協定。

【路透社倫敦二日電】本屆會議最後的破裂表示兩週來會議的失敗並無隱瞞公衆之企圖。又表示代表們沒有一個願意對最後一分鐘的壓力讓步，這壓力是爲避免他們使會議破裂的責難。至於最後避免不幸的災禍的企圖是做了的，但是所提出的各種妥協不能很滿意，而且也許這些妥協案還不至於有被拒絕的事。這些妥協案中顯然包括下面的建議，即准許法蘭西作爲討論巴爾幹和約的一員，但中國不應參加歐洲問題的討論。爲回答蘇方建議，法蘭西的參加×××可能犧牲若干重要原則。但最後蘇外長莫洛托夫顯然堅持波茨頓會議關於佈置會議程序的原文，雖然這些在倫敦被××並拒絕允許任何的妥協。無疑的，會議爲什麼失敗的理由將成爲極度爭論的問題。在目前似乎有兩個特出的理由。（一）、蘇聯和西方盟國間關於東歐問題的基本衝突。可是這些問題從沒有充分討論過並且不是會議實際破裂的原因。（二）蘇聯代表國决心限制討論巴爾幹半島和約的强國的數目。這引起程序問題的衝突，而成爲討論失敗的直接原因。會議破裂之最嚴重和最顯著的結果是戰時聯盟中所造成的國際機構之解體；目前最明顯的需要便是創立新的制度並舉行新的和平會議。

【路透社華盛頓二日電】倫敦外長會議失敗後，此間消息靈通方面人士中正嚴肅地討論在最早時刻舉行另一次三巨頭會議的可能性。凡認爲如果世界不將分裂成兩個互相憎恨的集團的話，則這樣的會議就有必要性的人們，預見提出此種創議者與其說將是華盛頓或莫斯科，還不如說將是倫敦。前星期杜魯門總統十分明白地表示他本人、阿特里和斯大林大元帥三人間並無舉行另一次會議的計劃。

此間指出，外長會議既是祕密的，那末後來貝納斯返美後的談話可能使局勢澄清。但仍舊可以感到，根據當前不得不面臨的事實，那一開始被描述成爲「世界和平機構的基石」的那一個機構可以證明已無法起什麼作用了。如果這一點證明是眞的話，那末可以認爲，如果其他一切都失敗了的話，那末在戰爭中如此成功到最高程度的三巨頭會議，應該再開，以轉入和平。（路透）

。但較這些更重要的是，他們能够說他們並未放棄他們的工作。他們能够告訴厭倦戰爭的每個普通人說，建立持久和平是一個艱巨的工作，但他們仍在進行建立。他們有理由可以相信，目前道路上的某些障礙當他們下次於十一月或十二月會見時，將被消除。屆時巴爾幹各國的選舉將樹立新的政府，這些政府將足够友誼來滿足蘇聯，足够民主來滿足英美。這點更轉過來，將使一切有關國家對巴爾幹各國的和約，取得一致意見。

【合衆社倫敦卅日電】美國可能視國務卿貝納斯爲老練的外交家，但五强外長會議上他的同僚認爲他是「相信人類兄弟之誼的理想家」。中國代表團團員對合衆社記者總結其三週會議所觀察的結論如下：對法國的比道爾印象最好，因爲比道爾講演流利，聲明清晰，莫洛托夫則好說話，貝文最頑强，王世杰最安靜而貝納斯靈敏獨斷，給予他的同僚以良好的印象，他關於歐洲內河航路的表示，及對賠償問題的堅固立場被視爲美國在將來歐洲利益的吉兆。學者派頭的王世杰博士對於這次會議很少發言。但是代表們皆稱他首次以中國智慧解决世界問題的眞誠努力。他關於對中國利益關係重大的遠東問題的備忘錄推想將在下次會議討論，但是依然等待與其餘問題考慮的是他關於魯爾與萊茵區將來行政管理的計劃，在這一計劃中他敦促這一區域政府的道德的考慮，及工業的國際管理以避免德國戰爭機構的復甦。

天主教先驅報造謠反蘇

【美聯社倫敦七日電】由於謠傳斯大林元帥現已臥病，天主教先驅報預測××××將發生爭奪政權的激烈鬥爭。該報於宣稱共產黨中已發生裂痕時，預測將有一場控制「獨裁地位」的激烈鬥爭，並謂「有各種××××，這個鬥爭將較列寧死後的競爭更爲激烈」。先驅報稱，繼承問題是很複雜的，因爲「一個共產黨獨裁者如果僅是一個聰明的政治策略家，還是不够的，他必須同時是共產黨理論問題上不可置辯的權威，共產黨致會中的精神首腦」。該報稱：「這方面一切可能的競爭者均被斯大林親自處理掉了」。「蘇聯爭奪政權的鬥爭現在即將展開，其情況與斯大林——托洛斯基時的情況是完全不同的」。先驅報宣稱，從那時起，紅軍即成爲「既得的利益」，而在戰爭中擢升起來的某些高級紅軍軍官「都是有能力與有野心的人，相信自己並醉心於他們的勝利」。該文提出說：「在記取一九三七——三九清洗（那時有五個元帥及四萬餘高級軍官或被槍斃，或被囚於集中營中）的情形下，紅軍的首腦們將尋找他們所中意的人，來拿握蘇聯的航舵。」

参考消息
（只供參考）
第一二〇二號
解放日報 新華社 編
今日出一大張
卅四年十月四日
星期四

盧漢任雲南省政府主席 昆明宣佈戒嚴

「中央社渝三日電」國府二日令：特任龍雲為軍事參議院院長，此令。雲南省政府委員兼主席龍雲（掉五字）另有任用，免本兼各職，此令。雲南省政府委員兼民政廳長陸崇仁，另候任用，陸崇仁應免本兼各職，此令。任命盧漢兼雲南省政府主席，此令。任命李宗黃為雲南省政府委員兼民政廳廳長，此令。雲南省政府主席盧漢未到任以前，派民政廳廳長李宗黃兼代主席，此令。又二日電令：軍委會委員兼軍參議院院長李濟琛着任軍事委員會委員，庸兼任軍事參議院院長，此令毋。

「中央社昆明三日電」新任滇民廳長兼代主席李宗黃氏，二日下午專機由渝抵昆。

「中央社昆明三日電」昆明防守司令部今晨執行蔣委員長命令，撤銷行營、警備部、憲兵部三機構，六時起城內各街道分段暫禁通行，至下午三時後即行恢復。

「中央社昆明三日電」昆明防守司令杜聿明二日奉軍委會蔣委員長命令：（一）昆明委員長行營、昆明警備司令部、昆明憲兵司令部，着一律撤銷；（二）昆明軍事委員長行營主任、陸軍副司令、滇省府委員兼主席、兼軍警備司令龍雲着即免除本兼各職，特任龍雲為軍事參議院上將院長。（三）昆明行營所屬獨立旅砲兵團、工兵團、高射砲大隊、交通兵大隊着即歸昆明防守司令部指揮；（四）昆明憲兵司令部所屬各憲兵改編為中央憲兵獨立團，歸昆明防守司令部指揮，着即日開至晉寧附近改編整訓；（五）昆明市郊及滇省各機場守備者，統由昆明防守司令部派隊接防，與美陸空軍各司令官聯取連絡，令所屬部隊妥為警戒，以防奸僞擾亂。

年進攻「長征」之共產黨而進入雲南時，開始增長。龍雲對委員長政權雖始終心懷妒嫉，然自是委員長在滇勢力逐漸增大。據傳龍雲去年企圖與中共發致若干「諒解」，以提高其反對委員長之權力。

傳美軍將有兩萬駐天津一帶

「中央社天津三日電」最近將有美軍二萬餘名分別進駐塘沽、大沽、天津一帶，遵奉中國戰區最高統帥蔣委員長命令，解除日軍武裝。美羅克義少將日前率領美陸戰隊抵津後，連日與各方面商談解除日軍武裝事宜，進行極為圓滿，最近即可實行。津市長張廷諤、副市長杜建時今晨拜會羅克義少將，並成立美軍招待所，由副市長杜建時主持一切。津市治安確保，民心極為安定。

「中央社天津三日電」津市長張廷諤、副市長杜建時蒞津後，今晨正式視事。下午在市府召集黨政軍聯席會議，商討今後地方有關事宜。由天津市警察局長李漢元、副局長毛文佐今晨八時半到局視事，表示今後決建設津市新警察，保障人民權便，希各方協助。財政公用兩局局長亦均於今日下午分別視事。教育局局長黃鈺生尚未抵津，已由渝派代表於今日將偽天津市教育局接收完畢。

熊斌抵北平

「中央社北平三日電」華北宣撫使兼北平市長熊斌，二日由渝飛陝，今晨續由陝飛平。隨同來平者有華北宣撫使署參謀長胡頤齡，市府社會局長溫崇信，公用局長袁元之，市府參事黃覺非等十餘人。下午熊市長對記者談稱：「故都淪陷八年，百端待理，當以撫慰流亡，安定秩序為首要之圖。希望各界人士堅守本業，並隨時建議。」

美已為國民黨軍空運五萬餘人

「中央社重慶三日電」據中國戰區美陸軍航空隊司令部二日電，美第十航空隊第四四三運兵隊之C四七式機自朝至暮不息運輸，在連續廿五日內將中國第六軍三萬人自芷江運至南京，較預定之四十五日完成。此項工作提早廿日。運輸華軍至南京及黃河流域其他城市乃中國收復工作中之最重要者。在戰爭停止時，第六軍不得不儘速運輸以接收南京七萬日軍之投降，並維持該城秩序。美空勤及地勤人員知渠等返國之期非遠，遂以極快

【中央社昆明三日電】昆明防守司令部三日發表防字第一號通告：（一）奉中央命令，滇省政府改組，昆明行營、警備司令部，憲兵司令部一併撤銷。（二）昆明市郊治安奉命交本部派隊接收，誠恐匪類暴徒乘機搗亂，除飭滇省警務處仍負責維持城郊治安外，將在城垣以外各要點加派警戒，以保衛居民安全，並派巡查隊沿各街巷巡查，整飭紀律，糾察匪類。（三）自十月三日起，實行戒嚴，非持有本市車馬通行證及佩帶本部臂章者，不得通行。（四）各重要機關銀行及高級長官住宅，一律由滇省警務處派警負責保護。（五）如有乘機擅入民間，搶刧財物，施行搗亂者，一律就地槍決。危害盟軍生命財產者並連坐懲處其家屬。（六）本部官兵如有擾害民間情形，准市民隨時具名呈報，立即查明嚴懲並補償。又發表防字第一號禁令：（一）不得強入民房，（二）不准借用民物，（三）不得擾取民食，（四）不准擅用民柴，（五）違令者嚴懲。

合衆社關於龍雲的報導

【合衆社重慶三日電】昆明訊：中央軍進行剝奪半自治狀態之省主席龍雲的特殊權力，而且委員長的部隊正在接收該省地方警察機關。現雖尚未聞有任何意外事件發生，然奉命防守各機場之中央軍阻止美國人進入昆明，且每晚八時即施行軍事戒嚴。中央政府昨日已撤消龍雲所任雲南省主席之職。龍雲自一九二七年以來即任滇省主席，並自一九四〇年以來担任委員長昆明行營主任，常被指爲最强大及最難制馭之中國軍閥之一。無省軍及中央軍在昆明地區發生小衝突，據悉中央政府在昆明至少有三個師，而龍雲所屬裝備及訓練優良的十個師則遍佈全省。觀察家認爲中央軍現在可能進行驅除省主席龍雲之工作，因滇軍總司令盧漢將軍忙於接受越南北半部日軍投降。滇軍總司令盧漢將軍至少用十個精銳師中之四個進行接受越北日軍投降工作。担任接收昆明控制權之委員長軍隊第五軍，乃一九四二年初緬甸戰役之老兵宿將。已担任該區一切美軍司令之奧爾德少將已命令在史迪威公路上行駛之卡車運輸隊，目前勿再進入昆明。昨日被罷黜滇省主席之龍雲出生於西藏邊境不遠之倮倮族中。在推翻清帝之後中國混亂時期，在實際上取得滇北最大城市昭通之控制權，一九二七年龍雲已獲得頗大軍權，遂進而爲該省主席。中國交通不發達使龍雲統治近十年，而在此十年中，與法國所訂之工作協定使我得到經滇緬鐵路之入海口。中央政府在滇之勢力於一九三五——六

之速度建立一空前之飛行紀錄，每機於四小時內飛行六六三英里，至少載運兵士卅名，全副武裝及貨物總計每次載運三又四分之三噸。

【中央社渝三日電】中國戰區美陸軍航空隊司令部三日訊，第十航空隊司令赫根伯格所部，於廿五日內運輸華軍三萬一千七百卅五人及其裝備，經一千三百英里之航程往收復區，較預定完成工作時間早廿日。空運總隊部中印區司令騰納所部，於廿日內運輸華軍二萬八千六百七十二人，越一萬八千英里之航程抵達目的地。中國戰區美陸軍航空隊司令已分電兩司令表揚其勳績。

張平羣對記者詭辯 報紙登記含有「調劑」作用

【中央社渝三日電】中外記者招待會，三日下午舉行，由翁副院長文灝，劉次長鍇及張參事平羣主持。記者（問）：市間一再盛傳政府即將發行新幣新鈔，且已印好，確否？張參事答：不確，法幣之外，並無印就之新鈔。（問）中央與共產黨談判已久，該到發表聲明階段，截至目前爲止，談判結果大概如何？（答）談判之始，雙方即有約定，有關談判之聲明，在適宜時由雙方同時發出。（問）戰時新聞檢查雖已取消，聞仍有類似防制言論自由之報紙出版登記等手續，政府方面有何解釋？（答）登記之目的不在防制言論，而在使各地報章平均發展。現在國內大城市報紙過多，內地及農村則報紙較少，登記辦法，即含有調劑作用。

國民黨接收晉綏等地機場

【中央社太原二十八日電】空軍第十一地區司令張抑強抵并後，除運城機場業經接收外，太原、臨汾二機場亦在趕辦接收中，包頭、五原、歸綏三機場接收事宜，正迅速進行。

【中央社開封二日電】中國空軍第八地區司令侯承封偕參謀長楊相林、祕書鄒蘭孫等十餘人於九日飛抵新鄉，接收該地機場，由日空軍二〇七飛行大隊長巴田少佐負責點交所有物資設備及武器等。等候一行今由新抵汴，正接洽接收此間機場，畢即轉赴鄭州、石家莊等地。

【中央社南昌三日電】空軍第五地區司令譚以德，頃已接收九江三機場。

【中央社漢口二日電】武漢外圍之日軍業向我七五軍柳際明將軍所部分別投降繳械。所收繳之武器物資已役日軍武裝保管委員會並派沈普年少將監

案。

【中央社漢口卅日電】第六戰區司令長官部司令部第十五號公報：（一）新編第七路軍總司令部及武漢守備軍總指揮部着即同時撤銷，鄒平凡專任新編第廿一軍軍長。（二）本月卅日召開第二次警備會議，由鄭副司令長官主席，決議要案如左：（一）第七路軍總司令部及武漢守備軍總指揮部自撤銷後，前所發之各類證明書及其他文件一律無效。（二）武漢市區除長官部直屬部隊及配屬部隊，第十集團軍所屬部隊及盟軍外其他部隊，一律不准入駐市內。

【中央社廣州三日電】廣州灣日軍自九月廿六日開始繳械，迄廿九日全部完畢。日軍已被全部送入集中營。

【中央社□二日電】陸軍九十四軍第五師奉令收繳梧州日軍武器，由師長李則芬等率領，於上月廿九日抵梧。當晚將第一號備忘錄，交付日軍，指示日軍繳械事宜。次日日軍六十師團聯合師團長，安藤忠雄參謀長等到達司令部報告該師團概況。李師長當即指示繳繳完畢各項事宜。徒手日軍即開滬附近集中，本月一日開始接受進行順利。又在梧日僑亦開始赴滬集中。

外長會議中 美英法聯合對蘇

【路透社倫敦卅日電】紐約時報專論：外長會議初步會議的結果，將不符合人們的期望。這是大部參加會議人士所坦率承認的。預期最後公報將是一很長的文件，該公報將強調提付討論的許多廣泛的與真實動人心目的問題，而忽略關於特別問題中所達到的很少的協議。美國代表團期望最多，所以失望也最多。法國人則很達觀。他們說國際談判開始時常是嘖嘖多言與爭辯很兇的，特別是當聯合準備工作是如此××，如這次會議的準備工作一樣。會議在驚訝與誤解的暗雲中開始，因為各國政府的意見事先兜攏起來。會議進行的甚慢，因為進行討論的備忘錄往往是在討論開始時始分發。英國人聲言他們已預期會議延遲下去。他們議論每當不同意見已逐漸接近以發能够由專家擬定妥協的地步時，如像的里雅斯特問題，主要的會談便已完成在第一國所能希望的程度。蘇聯方面不明言對會議進展的速度他們是怎樣想的，但是自從莫洛托夫化費很多時間討論程序的許多問題以來，可能是他認為這第一次會議的目的是擬出研究一長串具體協定的方法，這些具體協定在必須一般和約擬定之前達到。中國代表是恭而有禮，在對××。彼認對於此點無從談判之可能，故贊同具體研究之建議。據稱：外長會議不擬發表正式公報，但可能頒佈一臨時報告，由代表國簽擬，以便於十一月下屆外長會議中有所參考。若干人士臆測，此次僵局，設未能打開，則今後外長會議可能不再召開，或將由聯合國機構重行訂定一完全新穎的會談方式。

中央社稱：中國對成立遠東委員會有貢獻

【中央社倫敦卅日專電】記者由各方面收集關於美國宣佈主張成立遠東委員會，規劃實施日本投降條款之事實背景首一事實，即我國已同意美國於八月廿二日即已提出之此項建議，其次，倫敦美大使館昨晚正式宣佈：中、英、蘇三國已接受美國建議，據倫敦消息，足徵美國此項宣佈並非與五國外長會議討論日本問題之事無關，而我國代表團對美方所提成立遠東委員會之舉，無疑亦為貢獻者之一。猶憶蘇代表團近曾表示對美國之單獨管制日本有所不滿，要向外長會議提出建議，要求成立一類如盟國管制日本委員會之組織。又悉：蘇聯提出此項建議後，我國代表團曾向外長會議提備忘錄，內容大部根據美國最初建議，即先須成立類如顧問性質的委員會。美國建議初請我國政府予以考慮，我國立即表示原則上同意。王世杰外長初抵倫敦準備出席外長會議之前，諒必已與各有關政府就商成立遠東委員會管制日本之問題。然後，方有昨晚美大使館發表之公報。據昨晚美國務卿貝納斯宣佈，中、英、蘇三國已同意美建議其他六國即法、菲律濱、澳、紐西蘭、加拿大及荷蘭亦將被邀為遠東委員會委員，委員會不日將在華盛頓舉行首次會議。該委員會將負責決定是否需成立管制日本委員會，如必須成立則管制委員會應有何種權力。

重慶當局擬在東北合併成立數大學

【中央社渝廿七日電】全國教育善後復員會議，於第四次大會通過教育部交議之重要提案，接收東北教育事業應如何具體規劃案，（中略）對偽滿高等教育之專科以上學校部分，擬將國立東北大學遷回瀋陽，除原有文理學院外，分別將偽滿奉天農業大學、奉天工業大學、工程、新聞、商科學院、奉天藥劑師養成所等併入東北大學，改為農工法商醫四學院。此外設國立長春大學，成立文理學院。將偽滿新京法政大學、新京工業大學、新京畜產獸醫大學、新京醫科大學分別改為長春大學文、法、歐洲與非洲問題的討論時與其說是積極的參加者，勿寧說他們是留心的觀察。他們的主要興趣是在這兒對太平洋設定的前例。當然，實際上這次和會預演的主要角色是莫洛托夫與貝納斯。蘇外長說話最多，要求亦最多，雖然他除了在討論研究羅馬尼亞與保加利亞和約先後次序等程序問題以外，他的觀點未能獲得通過，他迄今未作任何讓步。這樣人家說他的堅持對每一問題原來的立場控制着會議程序，而美國已改變了他原來的立場並作了許多退讓。然而應該進一步說許多其他代表團的團員都駁這種意見。他們對國務卿的柔和與冷靜的印象很深，並且預示機敏與聲音緩和的美國人，如果他在最後解決時頑強下去，結局不會達到他們所期望的，但是他們確定的能從這次會議裡得許多東西。相對的立場已弄清楚了。所以事實是沒有分別的問題分別的解決。他們都很巧合，如果對待這些問題不作爲整個的，對於大強國有同等利益，那解決辦法是行不通的。蘇聯對非洲與地中海的將來有正當的關心而美國亦然。兩國的關心僅是自由發展，「自由交通與和平」在會議上已發展了兩個紛擾的趨勢。一個是盟國中間發生了觀念的分歧，會議上最嚴重的僵局是關於民主的定義的爭執，莫洛托夫對此較他所堅持蘇聯所支持的巴爾幹各國政府是代議性的與民主的更爲着重。這一種概念的分歧較政策分歧更深與更難接合起來。另一趨勢的西方列強更密切的拉攏，英美反對東西的劃分，他們現在已願作任何妥協以避免這種趨勢。當英美關係已由華盛頓財政會談所××時，此間英國人以及法國人皆與美國一致。這是對蘇聯態度直接反應，是西方列強的麻煩一如使莫斯科麻煩一樣，可能是同一情景一部份之更爲有意義的發展是法國對意大利的緩和。經外長會議討論意大利殖民地時，法國是採取我們原來的立場，把許多殖民地置於意大利行政管理之下的唯一國家。比道爾議論道：意大利必須生活，必須爲她的過剩人口找到出路，並且是能夠管理許多殖民地。昨天，他與意大利外長曾舉行懇談，每人都表示當意大利清洗法西斯主義，返回民主國地位時影響實際妥協的願望。

【合衆社倫敦一日電】據本日晚間消息：英國內閣方面咸贊助美國務卿貝納斯之建議，認爲外長會議之一切事宜，應由五強代表全體商討，否則各項問題應提交各國領袖。外長會議於今晨十一時（倫敦時間）續開，然迄無打開僵局跡象。據悉各外長對於未來的行動，曾各請示本國政府。（缺）有會晤可能，使得檢討各國外長所未能解決之各項問題。另悉英外相貝文曾與內

商、工、農、醫四學院。新設國立濱江大學，成立文理學院外，將僞滿國立大學、哈爾濱工農大學與哈爾濱船員養成所、哈爾濱醫科大學等分別併爲國立濱江大學之法、商、農、工、醫四學院。此外將僞滿師道大學及師道學院合併爲國立東北師範學院，僞滿新京師道大學改爲國立東北女子師範學院，僞滿興安醫學院改爲國立興安醫學院。至於僞滿高等教育研究所部分，大陸科學院應由教育部東北教育復員輔導委員會會同中央研究院派員接收。對僞滿社會教育設施之措施辦法有四（一）一律予以接收保管整理後開放；（二）工作人員予以甄審再訓練；（三）利用舊器材，介紹新教材（如新的影片等）。

對僞滿蒙疆教育辦法五點如次：（一）凡有國民學校及國民高級學校，於半年內一致改爲國民學校及中心國民學校，改訂課程，停止教育日語，增加國語教學時間。其純收蒙生或蒙生較多之學校，得採用中蒙合編之課本，任蒙生選讀國文或蒙文。又××之旗蒙民雜居之地，尚未設學者，應由部補助其經費。（二）中學及職學暫維原數，接收後分別改爲省縣或旗立。員生均加甄別再訓練。（三）師道學校二所及興安學院一所，均改爲國立師範，改訂課程，專招蒙生，培養蒙旗小學師資，原有員生均加甄別再訓練。（四）興安醫學院，接收改組爲國立興安醫學院，遣回日籍學生，專收蒙生，並負旗蒙地方性疫病訓練醫務及衛生幹部人才。（五）社會教育設施應予整理，並積極增設，由省旗主辦，本部補助其經費。對僞滿日系教育之措施辦法三點：（一）爲中國人所設立之學校，得酌實況按照僞滿教育復員要點分別辦理。（二）爲日僑子弟所設之各級學校，暫時封閉，以後照外僑教育辦法辦理。（三）社教機關一律封閉沒收，其圖書標本加以整理充實，另行設館開放。

四川劃省傳說紛紜

【時訊社一日訊】九月八日新中國日報載：「日來外間傳說全國將計劃分爲六十餘省，四川亦將劃爲四省，茲經記者探詢不確。」

又訊，八月二十四大公報載，省區重劃問題，聞中央設計局方面已有擬議。四川擬劃爲川東川西兩省，其它各省在擬議中，變動亦多。（R）

參攷消息
《只供參考》
第一○二三號
解放日報 新華社 編
今日出一大張
卅四年十月五日
星期五

昆明巷戰中美軍有傷亡

【路透社倫敦四日電】在報導龍雲將軍免去雲南省政府主席消息後不久，昨日龍雲私人軍隊與中央政府部隊在滇緬路城市昆明爆發戰事。重慶方面消息稱，在阻擊後城內宣佈戒嚴，而劇烈的巷戰已使城市實際上處於戒嚴狀態。戰事的實際原因不清，但是是在龍雲的「龍」軍割斷昆明重慶間電綫後不久開始的。據報今日杜聿明將軍所屬中央政府軍隊已將秩序恢復。昨日深夜重慶電訊說，據悉戰事之發生是因爲龍雲將軍私人軍隊的兩個團沒有受到龍雲已被免職的通知。相信龍雲將軍現在還在昆明，他已被任命爲不確定的軍事參議院院長之職了。據美國軍官說，昆明城西門在午夜時分發生特別劇烈的接觸，當時機關槍聲音達兩小時，而雙方部隊同時又在田野中展開戰鬥。傷亡中也有某些盟軍。

【中央社昆明四日電】李代主席宗黃今下午四時赴省府訪龍主席，與龍氏及各省委首長會見，雙方暢談甚歡。當與由袁秘書長丕佑，代龍主席提辦交代手續，李代主席定五日視事。

【中央社昆明四日電】龍主席雲，表示絕對服從中央命令後，所屬部隊防務，均由昆明防守司令部接管。當由該部迅速接收完畢。今日上午十半起時，市區交通全部恢復，晚間八時至次晨六時前，仍實行戒嚴。該部第二號通告略謂：即日起市區交通恢復，惟每日下午八時起至翌晨六時止仍戒嚴。非持有該部通行證及嚮導者，不得通行。昆市區秩序仍飭雲南省警務處督同警察負責維持，其餘由該部派隊警戒。並隨督飭軍警維持治安，清查散兵，無證軍民等，均應協力檢舉，不得窩藏隱匿，致干懲處。又訊：滇省府改組命令，三日又八時送達省主席龍雲，龍氏旋於十時派李廳長培天，龔廳長自知，新司令國藩及羅市長佩榮等，往訪杜司令官聿明，會談約一小時，龍氏表

自投），以鹽養敵之大奸商周吉甫（自投），合計四十九人。

【中央社杭州一日電】僞浙江民政廳長張鶴聲、僞財政廳長陸善熾、僞商會長理事王五權等附逆要犯約五十餘，均經杭市警備部予以逮捕。

國民黨接受長沙日軍武裝

【中央社重慶四日電】第四方面軍司令部發表三十二號公報稱：（一）長沙砲場之接收計十公分榴彈砲六門，野砲十六門，山砲五十三門，大小口徑高射砲一百一十一門，步兵平曲射砲一百八十二門，戰車二百四十七輛，戰馬兩隊。同時接收北門外一九○倉庫步騎槍一三九○○支，輕機槍二五○挺，重機槍二二○挺，刺刀一○八四○把，擲彈筒二五○個，手槍九十支，軍刀二四○把。（二）岳麓山溁灣市被服倉庫，城北湘春路日軍六八師團長沙電信器材倉庫及金盆嶺南大十字路倉庫，均先後由本部一一八師接收完畢。（三）、本部第七四軍，奉命他調，衡陽警備與日俘集中地之警戒，以及鐵道警備諸任務，於廿六日飭交本方面軍第廿六軍接替。

【又長沙二日電】第四方面軍司令部二日發表第卅一號公報稱：（一）、湘陰區投降日軍第六四師團五十、一三三兩個大隊，因交通阻梗，於九月廿三日始在湘陰集中完畢，其餘各大隊均於廿四日前解除武裝，計官佐三一八八，士兵七七四○人，見習官及僱員九三人，山砲十二門，步兵砲十一門，重機槍九十挺，輕機槍二百挺，步槍四○○○支，工兵及通訊器材等數十噸，馬騾七百四。×本×軍一八師，九月廿四日前後，接收岳陽區日軍步騎槍二三三七一支、輕機槍六三挺、重機槍一四挺、迫擊砲一二門、刺刀二二一六把，砲對鏡一副、望遠鏡三十副、各種彈藥一五○箱、步騎槍彈一七九八發、汽油三○桶。（三）本方面軍爲便於湘城日軍部隊集中繳械起見，特規定其集中地點及受降主官如次：第一聯隊之第三大隊、十二聯隊本部、及第一大隊附第三大隊之第八中隊，在岳山集中，第十二聯隊之第二大隊在白水集中，均由十八軍胡璉軍長代表受降。第十二聯隊之第三大隊（欠第八中隊），在長沙集中。第一聯隊第二大隊，在株州集中。均由七三軍韓濬軍長代表受降。其餘第一聯隊本部及第一大隊，均在衡陽集中，由二六軍丁治磐軍長代表受降。

【中央社渝四日電】據委會消息：（一）我湯恩伯方面所屬之牟廷芳軍，接收上海市區及滬西滬南防務，並解除日軍第六十一師團上海防衛隊海軍陸戰隊及第八十九師獨立旅團之武裝，於九月十四日起至廿四日業已分別辦理順

示接受中央命令，下午四時，龍氏復派鄒國藩、雛佩榮諸氏，再度訪杜司令，表示行營所屬各部隊，聽命調遣。

【中央社昆明四日電】防守司令部，奉蔣主席命令，實行維持昆市郊治安，並接收行營所屬之獨立旅砲兵團、工兵團、交通大隊，高射砲大隊等單位，進行頗爲順利。

僞鄂省主席葉蓬捕獲

【路透社重慶二日電】前僞湖北省政府主席葉蓬在武昌區被捕，同時被捕的漢奸嫌疑份子五十六名。

【中央社滬二日電】陸軍第三方面軍令發表自上月廿九日至本月一日拘獲之第三批漢奸名單如下：僞上海市市民協會長龍菊生，僞安徽省禁烟局長章乃綸，副局長方立祥，反英美協會長謝筱初，敵華中水電公司董事長王子農，具當路敵憲密探長陸闕生，僞財政部駐滬辦事處長李靜涵，僞杭州代理市長楊壽焞，文化漢奸淩峻，大東亞會議之主角陶亢德，柳電生，僞稅務署副署長蔣大偉，僞商統會油粮桑主任委員陳子彝，附逆律師會協助敵人創設保甲制度之余化龍，僞黃道會首領常玉淸，杭州敵憲兵隊密探長舍德春，僞中儲行滬行經理戴藹廬，僞行政院秘書兼汪逆私人秘書譚仲將，僞外交部國際情報處長湯良禮，僞宣傳部上海辦事處長馮節，僞上海食粮公會理事長符前耕，上海市僞衛生局長袁距範，僞證券交易所常務理事沈長賡，僞上海證券交易所業務處長章叔橙，僞中央市場中支組合理事長方念祖，僞滬米統會儲配處副處長顧韓人，僞崇明縣長劉繩所，僞浙江市府秘書長孫雲章，僞實業部次長李祖虞，僞上海商統會理事長唐修民，敵上海南市憲兵隊密探長陶中立，僞上海立泰銀行副經理倪農祥，僞上海立泰銀行襄理金壽南，僞上海食用油鹽菜統配處副主任何樞生，僞上海食用油業公會理事長沈維亞，僞上海烟草劃配公會理事長沈維挺，僞全國商業統制會會長袁履登，僞上海市商會會長聞蘭亭，大舞台老闆王永康，僞國府委員楊壽楣，僞中央電訊社長許力求，僞中山大學院教育系許錫慶（自投），僞郵政局長及駐馬尼拉總領事李浩鏘（自投），汪逆少將隨從武官朱赤子（自投），僞行政院救濟局秘書劉亞文（自投），僞立法委員兼外交委員會委員長陳伯藩，僞立法院秘書長胡澤吾（自投）、僞市財政局劉局長吳蘂繞（自投），僞上海市所得稅局[illegible]（[illegible]

利完成。該軍於廿八日復派遣部隊，分赴嘉定、崑山、太倉，接收防務，並解除日軍第六十九師團之武裝。廿九日接收蘇州防務，並解除日軍第六十師團之武裝。二日××孔副總司令電稱，我已接收濟南日空軍基地設備。

【中央社天津四日電】天津市長三日視事後，下午召開首次市政會議決定：（一）成立招待盟軍委員會；（二）防制在市區招兵。又市府各局長三日午後，已分別接收前僞組織各局，即日起開始辦公。

【中央社天津四日電】冀省會將移津，孫長官將於三二日內抵津，偕同美軍，主持日軍受降事宜，據悉：美軍分佈於津塘之間將達二萬人。

【中央社滬四日電】第三方面軍司令官湯恩伯奉令兼任京滬衛戍總司令。一日就職。

【中央社青島三日電】十一戰區副長官部前進指揮所主任楊業孔，二日晨，由濟飛青，辦理青島區受降事宜。青島市長葛覃，中央社特派員，隨行青市長李先良至機場迎接。下機後，楊李兩氏，商談青市一般情勢甚詳。楊氏下午接見日陸海軍司令長野及×××子，指示應有之準備。晚間接見各游擊部隊司令，該所決在青設辦事處，以唐君報爲處長，即日成立辦公。青島治安無虞，人民生活安定，美艦三艘英艦二艘，現泊附近海面，市區治安由青市保安總隊維持。

【中央社重慶四日電】據中國戰區美軍總部訊：中國戰區美軍G五處副參謀長奧姆斯丹特少將本日稱：刻在重慶中國參謀聯絡學校研究民政之中國軍官十人，將往協助佔領天津區域之美海軍陸戰隊。彼等將於本週內離渝。

【中央社渝四日電】據交通當局負責人談：京滬等地敵僞交通機構及工具之接受正積極進行。各地（缺七）會負管理運用之責。現上海敵僞最大之東亞海運株式會社及中華輪船公司，均已由招商局接收。下游內河輪船公司及中支航運會社，則暫令其維持。沿海航運，京滬漢各地日輪，亦正分別接收及整理。鐵路方面，京滬區各路綫，均已接收，最近並設立京滬區鐵路管理委員會。其範圍包括京滬、滬杭、京蕪、津浦南段各路。由陳伯莊及兩地各處長組成。已於本月一日開始辦公。各路秩序及安全，已請由湯總司令派軍警担任護路。關於軍運問題，擬與軍政部商設一管理機構，並由[illegible]運局辦理。又悉：漢京滬漢各地，目前煤荒情形甚嚴重，工廠及航運均受影響，尚未有具體之解決辦法。

【中央社渝四日電】國民政府五日令：派梁傳琴爲善後救濟總署魯青分署副署長。

【中央社南京四日電】黨政接收計劃委員會副主席谷正綱委員，四日晨，返陪都述職。

【中央社滬四日電】陸軍第三方面軍，爲教育京滬日軍日僑，肅清彼等歧曲思想，利用日文大陸新報設備，創辦日文改造日報，五日出版。

傳外長會議的最後建議已提交斯大林

【合衆社倫敦三日電】今天出現的建立世界和平的另一動議，已提交斯大林，因爲除了一致的不同意之外，五外長離開倫敦時對三週的談判無可表現的蘇聯，以破壞倫敦會議爲代價，顯然已贏下列：不讓法國與中國參加巴爾幹條約的初次討論，不讓中國參加意大利條約的初次討論。莫洛托夫準備把伯納斯這一建議帶到克里姆林宮，該建議是：與巴爾幹國家及意大利的和平條約的最後決議交給參加戰爭的一切聯合國的和平會議。貝納斯主張聯合國安全理事會五會員國——包括三強、中國與法國——在擬定他們所承担保證的和平時有他們的發言權。然而，爲了遵照蘇聯要求對波茨頓決議『狹隘』的解釋，即只許休戰條約國簽字國討論和平條約的草案，他建議：美、蘇、英應一致同意將各建議提交有關係的盟國之和平會議作最後決定——在此會議中，法中將和其他強國一樣有『同等地位』。貝納斯說：莫洛托夫已表示『在原則上同意這一點』，但是沒有斯大林的授權他不能接受。莫洛托夫在招待記者席上說：這一計劃顯然和三強波茨頓協議是一致的，蘇聯會支持它。然而，莫洛托夫直率地拒絕說：此種建議是貝納斯提的，至於他是否打算表示：非休戰條約簽字國有全權更改或修正勝利交戰國提出的建議還有一些問題。英法發言人幾乎立即表示：他們接受貝納斯的建議。這一支持加上莫洛托夫似乎暗示蘇聯接受，在此間外交觀察家當中造成了更普遍的樂觀的感覺，這感覺是自從會議開會並已開始各自離去以來所未會有的。此時，貝納斯、莫洛托夫與比道爾已歸返各自首都，王世傑定今晚上飛機。英官方發言人稱：在沒有條約協議的時候，他以爲外長助手不會立即開會，但顯示他們會經由『正常外交途徑』交換意見。他說：他有『敏銳的觀念』感到副外長會議可能不會超出數日間。

貝納斯推諉責任

【路透社倫敦二日電】美國務卿貝納斯，剛結束的外長會議的主要角色之一，今夜發表談話稱：『爭議的地方是很多的。展開的分歧意見均在和解的精神下予以探討，而且有充分的理由可以相信，在各方繼續關心與諒解之下，基本問題上的一致意見——是能夠達到的，我們決心達到這個結果』。貝納斯宣佈，他及對蘇外長莫洛托夫的態度，即中國應不得參加歐洲和平條約之討論，而除對意大利和約外，法國亦不得參加。貝納斯繼稱：『在此情形下，外長會議的工作將告中斷。如果照我們充滿信心地希望的，關於未來程序的協定達到的話，那麼各外長助手起草工作即能在會議給予他們的指示的基礎上，向前邁進。』據悉，貝納斯及其僚屬將於明晨啓程返美。

美英匈即將恢復外交關係

【中央社渝三日電】據美新聞處訊：美國務院卄九日宣佈：匈牙利臨時政府已接受美國所提重建外交關係之條件，其中包括自由選舉、言論與集會之自由等。

又訊：倫敦報紙刊載三十日布達佩斯的無綫電廣播稱：英國已表示願意在美國所提出的同樣條件下，承認匈牙利政府，與匈牙利重建外交關係。

合衆社報導保共的活動

【合衆社倫敦二日電】據今日保加利亞可靠的私人消息稱，西里．科拉羅夫之自蘇聯流亡歸來，恰與保加利亞共產黨策略之改變同時發生。科拉羅夫是季米特洛夫的老友與能幹的助手，他三週來即在索非亞大肆活動，主要是企圖與反對派領袖建立友好的聯系，而這些領袖過去數月來，在共產黨報紙及會議中，會被猛烈攻擊。科拉羅夫首先會見尼古拉斯．彼特科夫——農民黨反對派領袖，討論消除農民黨與『祖國陣綫』政府分歧意見之可能。科拉羅夫第二次又會見了七十三歲的民主黨領袖莫沙諾夫，後者剛自獄中被釋放。談判被嚴守祕密，但據信，它的目的在於擴大『祖國陣綫』政府的基礎。該消息稱，同時，保加利亞的經濟情況日益惡化。油、糖、蔬菜隨着冬季的逼近而更爲稀少。醫藥缺乏得可怕。由於歉收而更爲加速的經濟困難，今冬將轉變成真正的災難。據稱，『祖國陣綫』中央委員會的真正勢力比內閣還大。這個委員的推動力量便是它的五十五歲書記、女共產黨員德拉哥切娃。她自一九二三年來，即在保加利亞共產黨各部份中起着主要的作用，在全國都以神話式的名字『索尼亞』著稱。

關於外長會議程序
英國破壞波茨頓決定

【路透社倫敦二日電】外長會議以及目前形勢下國際合作的命運，預期將在今後數小時內決定，因爲今日五強外長會議數小時，竭盡努力尋求打破僵局的辦法，這一僵局繼續至今晨二時（格林威治標準時間）。疲憊不堪的各國外長於今晨十時（格林威治標準時間）在八小時休會之後返回會議室，由莫洛托夫主席，開會至十二時卅分鐘，他們於十四時重行開會，由中國外長王世杰主席直至十五時，未達到確定的結果。路透社外交訪員說：當各外長休會時，據悉他們將於今日晚再度會議，由貝納斯任主席，自上星期末（廿九日）以來五國外長會議，每次會議上僵局的基本原因，是蘇聯堅持擬定巴爾幹各國對和約，只限於英蘇美三國，因而不容中法兩國參與其事。（編者按：巴爾幹各國戰爭從來未與中、法兩國發生關係）。路透社外交訪員寫道：當今晨五國外長在蘇聯外交人民委員長莫洛托夫主席之下再度會議時，則進行了妥協的可能形式的討論，顯然地，會議進展甚微，雖然據說每一代表在其自己的觀點的聲明中更爲練達。迄今莫洛托夫的立場依然認眞堅持波茨頓所奠定的程序。據英國的觀點，此應代以當外長在蘭開斯特大廈首次會議所擬定的以後的計劃。英美代表似乎希望達到第三個程序的協定。目前的意見衝突則能够消除。並且希望倫敦所擬定的而後爲莫洛托夫在議定書中所廢棄的程序協定的困難，可以由加入一新協定來避免。但是迄今所建議的妥協沒有一個成功的，如果不是各個代表都不願承担結束會議的最後責任這一事實，會議在很久以前即破裂了。各國外長已感到應繼續開會，至第四個星期試圖達到協定的事實，是他們恐怕使切盼和平的世界輿論失望的證明。倫敦方面認爲莫洛托夫必定已接獲確定的訓示，不准在會議議定書中出現五國代表九月十一日所通過的關於程序協定的任何記錄，准許中法代表參加全體五強外長會議，英國認爲這一程序協定以代替在波茨頓所奠定的程序佈置。波茨頓會議一般的限制了對簽訂休戰條件各國的和平條約的討論。莫洛托夫在十餘日前宣稱他願望回復波茨頓程序的聲明，引起了會議中第一個眞正嚴重的遲滯。這次會議除了一些微末的結果外，未達到任何成果已將及兩週。但據認爲在更謹愼的準備工作之後，下次會議可能證明效果更大，如果外長會議不能產生任何最後協定，或者甚至一致的會議進行的記錄，則外長會議以及現在形式下國際合作的將來都將危及，唯一的一點安慰是：五國外長繼續開會的頑强堅持精神，他們在關於議定書與公報的無效果的討論上，已花費了六十小時。

【美聯社索非亞卅日電】當地報紙刊載希臘要求保加利亞賠償的首次消息。經濟觀察家認爲這一賠款數幾如天文學數字，將引起國家的毀滅。每三個月十萬頭羊，每月兩萬匹馬，及其他財政賠償是賠償的一部份。這一消息引起報界評論『保加利亞等待値得的和平而不是毀滅』。當地方面認爲經濟的緊張情形是如此壞，任何賠償都可能意味着災難』。

尼赫魯、博斯爭辯蔣介石是否法西斯

【路透社孟買二日電】印度國民大會領袖尼赫魯，反駁月前從監獄裏釋放出的過激民族主義領袖薩拉特·常德拉·博斯稱蔣介石委員長爲『東方法西斯頭子』的公開爭論，今天由於博斯下列率直聲明而爲之進一步展開，博斯說：『我所說的關於蔣介石的每一句話，從歷史上說都是正確的。我以爲：印度國民大會和印度民族與中國軍閥、日本帝國主義者或美國商業帝國主義者是毫無關係的』。詢以此聲明是否會擴大他和尼赫魯之間的分歧，博斯答：『由來坦白講話，防止國民大會任何領袖——不管他是多麼重要——再迷惑國民的時候已經到了』。今天，尼赫魯隨後答博斯說：『攻擊中國政府元首，使該領袖對中國一切不幸負責，這是極不公平且根本無須有的。』

滬市長警局稱：不使『不良分子』存在

【中央社滬一日電】滬市警局一日招待記者，局長宣鐵吾談話，要求市民與警察合作打成一片，不使不良分子存在。

【路透社上海一日電】據悉：六百八十個外國人，其中絕大多數爲前公共租界的英國職員，現在已成了一外交問題，需要倫敦、華盛頓、重慶的正式決定。雖然中國已與英美簽訂廢除治外法權的條約。據悉，三强之間需要簽訂補充條約，規定移交前市政會議主權，財產與特權的工作基礎。現在的中國市政會議尙未決定是否辭退或保留舊市政會議的外國職員，但他們最近已暗示他們急切欲重新僱用該等技術人員作爲顧問，特別是警察局、衞生局與社會局。當地中國官吏的一致意見是上海應作爲模範市，訓練衞生視察員，公路工程師及護士以及其他技術人才赴中國廣大農村進行工作。

【中央社滬二日電】吳淞要塞司令部刻已成立由淞滬警備副司令李友蘭兼任要塞司令，曹登任副司令兼參謀長。司令部暫設於北四川路，一俟部署就緒，即行進駐吳淞。

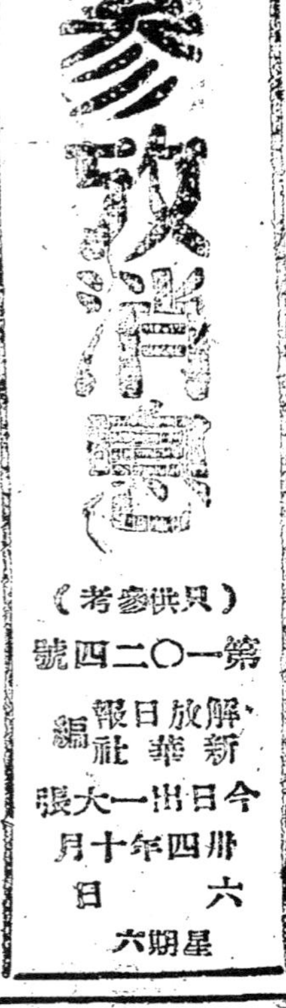
參攷消息
（只供參考）
第一〇二四號
解放日報、新華社編
今日出一大張
卅四年十月六日
星期六

龍雲六日飛渝

【中央社昆明四日電】龍雲表示移交已竣事，日內即赴渝，就任新職。

【中央社昆明五日電】滇省府代主席李宗黃，今日上午十一時赴省黨部與省府祕書長袁丕佑辦理省府交接事宜，並與省黨部各委員書記長會談。中午由省黨部歡宴李氏。

【中央社昆明五日電】何總司令應欽今日上午由河內飛抵昆，當與李代主席宗黃，杜司令聿明等會晤。滇省府委員胡瑛等，今日下午三時晉謁何氏，有所商談，又悉龍院長雲，將於六日飛渝。

【中央社昆明五日電】何總司令應欽，本日由河內到昆，中央社記者往訪，承賜接談云：關於滇省府改組事，據龍院長雲語余，省府交代昨已辦竣，並決於明日同機赴渝，就任軍事參議院院長新職。

【中央社昆明五日電】宋院長子文，今日下午由渝飛昆，當晚與龍院長雲晤談。

【中央社昆明五日電】滇省府李代主席宗黃，今日上午十時在省黨部各省委廳長茶會中致詞，略謂，本席處理政務將持三原則即：（一）秉大公，（二）至誠感人，（三）以身作則。六綱領爲：（一）意志統一，（二）力量集中，（三）用人惟賢，（四）財政公開，（五）綜核名實，（六）信賞必罰，並以民主集權爲其實施方式。

【中央社昆明五日電】宋院長抵昆後，今晚會與何總長、龍院長、李代主席敍談。聞宋氏定六日上午返渝。何總長、龍院長定同日下午二時飛渝，龍女公子隨行。

軍赴滬之任務，已由空運總部中印分隊之飛機完成之。該區美軍已載運[illegible]二萬六千人自柳州抵滬。

【合衆社重慶五日電】美國陸軍空運總部公佈：約有三千美軍從中國內地與印度移到上海，準備啓程返美。另外並公佈，美空運指揮部用飛機將二萬六千中國兵從柳州載到上海以後，也將整個運輸營從加爾各答搬到上海去。

【合衆社重慶五日電】中央社西安訊，現有五十多萬難民在山西等待着回家。據悉西安的省旅同鄉會已申請中央政府撥發一萬六千萬法幣，作回到東部去的路費。

美人辦國民黨訓練民政官

【中央社渝四日電】據美國新聞處訊：中國戰區美軍G5處副參謀長奧娜斯丹特，本日宣稱，前佛吉尼亞州夏綠蒂斯維爾軍政府學校教育處處長爾拉德抵渝，已爲G5處民政科之諮議兼技術顧問。渠並將襄贊爲中國軍官所辦之民政學校之教育事宜。該校學生畢業後，多數派往日本及中國收復區任民政官。

【中央社西安三日電】寶鷄訊，西安公路局決定十月起，增加廣元寶鷄段班車，每日三部，不久將逐漸增至七部。

何應欽在河內談話

【中央社河內三日電】（遲到）何總司令三日下午在此舉行記者招待會，發表談話，要點如次：本人此次來越任務爲視察我第一方面軍接受日軍投降事宜，及我到越部隊情況。第一方面軍進入越南北緯十六度以北地區之任務，乃接受此區域日軍之投降，收繳其武器，遣送其回國，並負有維持此區域內治安秩序之責，故絕不容許有防害治安之事發生，防害治安秩序者，當即予以懲處取締，對任何人或任何方面均持極公正之態度，毫不偏袒。中國軍隊在越南原準備設軍政府。現我軍之所必需如糧食、燃料、副食、交通、通信、運輸、及一切軍事上所必需，希望當地政府切實協助。本人係中國陸軍總司令，對於越南政治問題不擬發表任何意見，惟中國對越南之態度，蔣主席八月二十四日之演說中曾經提及，想各位均已知悉。

李延年部由徐州侵魯

【中央社渝五日電】軍委會五日發表：（一）我李延年副司令長官率[illegible]澤、霍守義等部，於九月廿八日由徐州向魯推進，十月三日進至魯南之滕縣。（二）據劉峙司令長官電稱：我孫震、劉汝明兩部，分於郾城、許昌解除日軍第一一五師團、

龍雲行前發表談話

【合衆社重慶五日電】被撤職的雲南省主席龍雲告美新聞處訪員約翰・克那普說：在他還未得到關於撤換他省主席與昆明蔣委員長總部指揮官職位的通知以前，昆明城裏發生了戰鬥。他又說：他一接到中央政府關於他撤職的正式通知後，社司令李明郎刻時「一切軍隊發佈停止開火的命令」。龍氏繼稱：「然而不幸得很，我的命令無效」。龍氏堅稱：他會英明地管理雲南，且力圖爲了人民的福利，「改進政治、經濟，文化，軍務與公共建設」。龍氏說：他是服從中央政府的軍令與政令的，但現在太大地取消了他的責任，讓他去休息，感到很遺憾。

【美新聞處重慶四日電】美聯社稱：三日，昆明雲南軍隊反對撤換龍雲省主席與中央軍發生××的小軍事衝突時，有三個美國人受傷。新聞處按：戰鬥發生二次，但據稱情勢到午夜即告平靜。繼稱：中國人有傷亡，但人數未悉，「因爲昆明未漏出確實消息」。

談判消息

【中央社渝五日電】今晨上午九時，張主席羣、張部長治中、及邵祕書長力子，與周恩來、王若飛續商談。

日軍在天津簽降

【中央社天津五日電】天津日軍簽降典禮將於六日上午九時舉行，由美方駱基中將與我方第十一戰區長官孫連仲代表呂文貞少將會同主持，天津市長張廷諤、副市長杜建時及政府各部官員均參加。受降儀式在前法租界公議會堂舉行，此爲前偽津市府所在地，今已作美軍司令部。日軍方面屆時由在津最高司令官內田銀之助中將簽降書，關於解除日軍武裝工作將於受降典禮之後實施，在日軍簽訂降書之前一日，美陸戰隊續有六批抵津。下午二時有坦克車十二輛穿行舊法租界中心區前英兵營原址，一路施放警笛開路。

【中央社渝五日電】航委會二日派飛機一架，載接收人員十餘人赴天津，飛行於西安、濟南間失去聯絡，迄今情況不明，該會現正派機偵查中。

美軍三千人抵上海

【中央社重慶五日電】中國本區美陸軍航空隊司令部五日電，中國本區美陸軍航空隊司令斯特拉新梅耶本日宣稱。美機已自中國內部基地及印度載運美軍三千人抵上海區，此區乃美軍啓程返美之最後一站。美第十航空隊之C四六式機，已載運美軍七百餘人隨同華軍三萬五千人自芷江進入南京，空運美

第九十二獨立旅團、第十三、十四警備隊及配屬單位之武裝，於九月廿三日起至卅日已分別辦理，順利完成，其所解除武裝之日軍現均已進入我指定之地區。（三）據孫蔚如司令長官電稱：我劉振三、何基灃、柳際明、代鏡如、胡璉等部分別解除集中於信陽、孝感、黃陂、應城、天門、岳口、仙桃、咸寧、岳陽等城市之日軍獨立第十一旅團、獨立第八十五旅團、獨立八十三旅團、第一三二師團、獨立第十二旅團、獨立第十七旅團、第一一六師團武裝，現均在順利進行中。

國民黨接收日軍情況

【中央社九江五日電】九江日軍繳除武裝工作，正在進行。第十三師團全部，預定八日以前繳械完畢後，開往湖口。又五八師團亦陸續到潯。

【中央社洛陽二日電】洛陽至黑石關日軍防務，今已由我九十軍接收，黑石關至鄭州則由四十九師接收，撤退之日軍第一一〇師團，限八日內在我指定之西工所在地集中，聽候繳械。

【中央社長沙四日電】第四方面軍三日發表第三三號公報稱：（一）計劃歸本方面軍繳械之日軍第二六師團，自一日起開始由本方面軍第十八軍在岳陽開始接收，計接收各式山砲三六門，輕重機槍二三三挺，步騎槍七三八〇支，手槍二六七支，刺刀七五三二把、汽車四三七輛、馬騾二三五四、大小印信八二顆、其餘日軍正繼續繳械中。（二）湘陽日軍業經全部繳械，除前經公佈數字外，尚有最後接收之輕重機槍二三挺、步騎槍二五八支、摩托拆費丹二三只、馬騾六〇〇匹、衛電本一八本、擲彈筒五一二具、步槍彈一二五一三八〇發。

【中央社上海五日電】台灣行政長官公署祕書長兼前進指揮所主任葛敬恩，偕同美聯絡官柏格上校，及屬員四十餘人，分乘五機，五日過上海轉飛台北，辦理受降事宜。

【中央社滬三日電】滬日方紗廠四十二家，今已完成點收工作，並派定各廠負責人。點收結果，計八廠機件被日人拆毀，其餘卅四廠共存紗錠九十二萬錠，內四萬五千錠係日方強佔中新紗廠第一、第八兩廠之物，已依規定由中新負責點收。

日內閣辭職

【合衆社東京五日電】以東久邇爲首的日本內閣在一系列政治錯誤[illegible]星期五辭職，此等錯誤招致麥克阿瑟一系列相稱的嚴正指令。情報局總裁河相達夫作爲政府發言人稱：「

內閣遵照首相東久邇所指示之意志而辭職」。因此，日本的臨時投降政府已在其已...之主動與麥克阿瑟命令衝突之壓力下崩潰，離日本在密蘇里號戰艦上正式投降僅僅三日。河相說：中島飛機工廠的創造人，現任工商（？）部長後與內閣書記長緒方竹虎曾一度為玄洋社的領袖，該社會受黑龍會的影響。東久邇任命前財及久任三井銀行經理池田成彬為中央聯絡局總裁之企圖，被認為是又一個嚴重的錯誤。池田很快證明是麥克阿瑟總部所××的人。內閣之倒之主動及東久邇遲遲解散現議會（它公開是日本軍閥的工具），亦被列為是迫使投降的因素。東久邇於特別會議上告全體閣員稱：內閣對於投降後各種緊急事項的使命，實際上已告完成日本政界領袖於星期五下午與日皇及麥克阿瑟商談組織新內閣事。據可靠方面稱，外相吉田將向麥克阿瑟表示：除非事先通知日本以未來的命令時，將沒有『負責』的領袖願意企圖成立內閣。同一方面又稱，引起辭職的最重要因素是東久邇一系列未經商討的委任，這些任命中包括中島在內。內閣的完全意願由於麥克阿瑟最近的指令，命令釋放一切政治犯而更為顯著。勞工領袖加藤在釋放後立即發表聲明稱：自一九三一年滿洲事變以來，約有七萬政治犯被捕，而且投降以來，他們仍被監禁不問。

美報評外長會議

『美新聞處紐約三日電』紐約與華盛頓的報紙三日的社論，對於倫敦的外長會議沒有達到具體的結果，表示遺憾，同時各報同意國務卿貝納斯的聲明，紐約時報稱：貝納斯以他個人的權威所發表的聲明中強調：『會議中有相當多的地位可能達到協議』，而且『其分歧意見的發展仍是在協商的態度中產生出來的』。他『深信』關於將來的程序問題將要達到必要的協議，這樣，代表們才能『按照他們得到的指示，繼續協商。』這可以說是陷於不能達到協議的外長會議所得到的唯一結果。這也很確定對於目前局勢的唯一可能的看法。因為很明顯的，目前的僵局不可能長久繼續下去，而所有有關方面所希望的結果終於要轉變。問題是：究竟怎樣呢？我們相信從貝納斯的聲明中，我們可以找到答案。他完全願意從頭討論議事程序的技術上的細節，只要他能保存民主的實質，所以他堅持和會應收到相當的限制，但會議的工作仍當繼續進行，只要會議的工作由廣泛的和平會議加以鑑定而這個和平會議當不止包括三大或五大強國，而應該包括所有實際上會對軸心國作戰的歐洲和非歐洲的同盟國家。但蘇聯不同意這一點，會議只能休會。

上台不及兩月，此次以七十票對兩十票獲得信任。議員級天普爾在國會中承認德黑蘭西北各區發生流血及其他麻煩。他說：在霍拉森地方，居民受到虐待，在馬山德倫省（在裏海沿岸），各城市的行政機關已為左派分子接管，並將中央政府官員逐出。距德黑蘭西北二百哩的森狄亞姆地方，搗亂者封閉商品陳列所及學校，並在攻擊集合於清眞寺中人民時，擊斃店員一名並擊傷市長。他宣稱，『現在實有必要通知伊朗全國及全世界，他們受了怎樣的痛苦並且對我們作了怎樣非正義的事。』

回國度聖誕節 美軍集中上海待運

『美新聞處上海一日電』美運輸機約二百五十架十日內將載運中國各地美軍集中上海，以便乘船返國，渡聖誕節。

美參院調查美共活動

『合衆社華盛頓廿五日電』參院調查非美國活動的委員會，今天把從前美國共產黨的領袖白勞德叫去，作為調查美國共產黨階級鬥爭哲學的第一個證人。

『中央社華盛頓二十日電』美參謀總長馬歇爾對國會議員稱：進攻日本本土原擇於本年十一月一日，並包括收復中國沿海各港在內，蔣委員長及魏特梅耶將軍，曾要求收復中國各港，以解決自陸路運輸物資之困難。

胡霖論戰後美國動向

說美對外政策將帶『强暴』意味

『時訊社二日訊』大公報總理胡霖在日本投降後著文說：美國『已經變成了眞正的時代領袖，並準備着對世界問題，尤其是在太平洋及遠東問題居於領袖地位』，今後美國對外政策將會帶有『强暴的意味』。胡霖的文章題為：『勝利中美國動向』，係八月十六日由紐約電傳，刊載於八月十九日大公報星期論文欄中。胡氏首稱：『美國在今天覺得她在世界的民族中佔據着第一位。在幾個大陸上，在七個海洋裏，在無限天空中，對於所有敵人的戰爭都已經勝利了。在愉悅心情的上面，還有關於軍事以及工業力量的日益顯著的意識。』原子彈製造的重要祕密也只有美國知道，因而『至少在五年至十年（如果不更長久）的時期內，她勢必成為無敵的軍事然而外長會議既然沒有得到解決問題的辦法，那末，召開較廣大的和平會議似乎是較好的途徑了。因為意見分歧的最後仲裁，與和平的最終公斷應該是世界的輿論。

紐約時報譏嘲蘇聯新聞檢查政策

【美新聞處紐約三日電】紐約時報在二日的社論中稱：目前世界上最重要的事件之一，乃是美英友好關係的繼續問題。並稱：蘇聯可以取消各線的新聞封鎖，來大大地增進此精神。該社論稱：當議員愛貝爾問斯大林元帥在此次晤談後有無特別信件讓他帶走，蘇聯領袖稍事「猶豫」然後說：「只要客觀地評判蘇聯就是了。不要誇獎我們也不要責罵。根據我們是怎樣的人來了解我們，評判我們。你們的對我們的估計應根據事實而不是謠言」。這是絕好的辦法，但是我們怎樣來做呢？我們怎樣『了解』蘇聯，如果蘇聯人自己不被鼓勵這樣做，我們怎樣『根據事實而不是謠言』來估計蘇聯人的目的和願望呢？『在美國的蘇聯觀察家，不管他是蘇聯的新聞記者或是蘇聯政府的官員，他們可以隨心所欲地旅行參觀，可以隨便同他願與之談話的人談話，然後不經過任何樣的檢查，將他的通訊記載送回蘇聯，他盡他的能力─根據事實而非謠言」地報導某一種形勢』。紐約時報駁說，反過來在蘇聯的情形卻並不如此。美國觀察家在蘇聯，無論在旅行上或訪問談話上，都受到限制，最後還要遭遇到『只對宣傳價值感興趣而不對「現實性」感興趣的嚴格的新聞檢查』。社論稱：『凡在蘇聯控制下的歐洲和亞洲均實行這種政策。我們曾被通知不許報導蘇聯控制下的高麗的情況』。

反印共的活動在繼續中

【路透社倫敦五日電】印度職工會創始人與主席阿克巴汗今日在會見記者時，評論印度共產黨請求成立回教聯盟說：『各地的共產黨，特別是印度共產黨，在民族運動中是起着反動作用的。很明顯的，支持回教聯盟是批准反動，因為這種聯盟證書不是別的，只是保護地主商業利潤與王子們的特殊利益而已。國民大會從他們隊伍中把共產黨排除，無寧說是一種吉兆，這些共產黨曾經老是在從事分裂的活動，而不惜用種種的努力來損害印度民族運動。他們對莫斯科比對新德里更關心些。

伊朗政府獲信任票

【路透社德黑蘭廿九日電】德黑蘭政府今日獲得眾議院的信任票。該政府

領袖國家。上星期內杜魯門總統的這次聲明反映了關於力量和信念的新的界說，例如杜魯門總統在八月九日的廣播演詞裏就曾提到：『舉凡我們軍事專家認為保衛國家所不可少而現在又不在我們手中的根據地，我們都要取得。』這在以前是向來沒有公開發表過的。……所有的國家都要明瞭將來美國對於世界問題的發言將更坦白而具體，甚而還會帶有強暴的意味。這一點頗為重要。』他說『社會上比較謹慎而聰明的份子』都在鼓吹美國現在所造成的最高力量，應當用以指導新的國際機構，『每個人都可以期待着這種情緒還要在美國繼續長增高。』

胡氏文中反映了美國大資產階級相信他們將能夠克服失業危機，『大家都意識到要創造一個新的經濟體系，足以對抗其它經濟制度如同共產主義以及社會主義的挑戰。在一年至一年半之後，希望這個過渡時期的最嚴重階段可以渡過了。一般都同意在這一時期來臨之後，一個以國內外大量需求為基礎的十年繁榮時代就要出現了。政府，勞工以及工業都要為這個經濟的前途而努力並合作。』

胡氏繼論及美國對日本的態度並表示憂慮，因為美國瀰漫着『寬宏大度』，『反對以傲慢的態度加於投降後的日本』的氣氛。他建議說：『現在美國既居於領導地位，中國就應當以其對日本情形的了解告知美國當局和美國民眾。』

胡氏所引述美遠東專家裴斐（Peffer）的話，也明白暴露了美國排斥蘇英獨霸中國的野心。裴斐說：『滿洲和香港兩地必須歸還中國，……如不這樣，遠東的穩定是沒有可能的，所以也就沒有和平的保證。』胡氏說：『現在已有顯著的暗示，說明美國對於力量的新意識正指導着向上述的結局邁進。』

胡氏最後說到美國對國共問題的態度，不過他只是隱諱地稱這類問題為中國建國途中的『若干複雜問題』。他說美國對中國政府『十分同情』，『然而他們對中國還缺少具體的認識』，因此對於美國『需要多所努力』。（R）

參考消息

（只供參考）

第一〇二五號

解放日報 新華社 編

今日出半張

卅四年十月七日 星期日

外長會議中的矛盾

【時訊社五日訊】外長會議於九月十一日開幕，歷時三星期，但並未獲得任何協議，而於十月二日結束了。這次會議，是五大盟國在世界戰爭結束後的第一次會議。會議上的主要日程，已經不是同盟國內部如何親密團結，以戰勝德日法西斯的問題，而是戰勝國如何處理戰敗國的問題。依照八月二日波茨坦會議決定，這次會議的議程，應是討論意、羅、保、匈、芬和約，及歐戰結束時尚未解決的邊界問題，以便提出方案，交聯合國批准。會議立刻暴露出了同盟國內部，首先是美蘇二國之間的矛盾。至於英國，不用說中法二國，基本上是站在美國方面的。爭論的焦點，是關於巴爾幹及意大利某些領土及殖民地問題。首先，蘇方提出現在羅、保、匈三國政府，已經是民主政府，已經令人滿意地執行了休戰條款，因而有迅速與之訂立和約，以提高它們國際地位的必要。但美英則認爲這些政府還不够民主，還有「極權主義」傾向，因而只有在這些政府經過改組，得有「令人滿意」的民主之後，才能談得上訂立和約。如眾所週知，把人民的民主主義即新式民主主義的民主主義，叫做「極權主義」，這是美英各國統治階級的習慣語。實質是，羅、保、匈三國的政府，在美英看來，是太民主了，因而必須改組得更不民主，必須把美英所支持的反動派別「改組」進去之後，美英才願意同它們訂立和約。此外，美方提出歐洲所有水道，包括多腦河在內，實行國際共管。這提議，也爲蘇方所拒絕。這爭論表示，美英方面的竭力想干涉羅、保、匈三國的內政，使民主的與親蘇的三國革命政府，變爲像希臘一樣的反民主的與反蘇的反動政府。而堅持羅、保、匈三國在政治上的民主與獨立，使它們不再成爲反蘇的「防疫地帶」是蘇聯堅定不移的方針。其次蘇方提出了在地中海取得出口的權利要求，在韃靼尼爾海峽建立蘇土共同基地，他要求在意大利領土多得哈尼斯群島上建立聯邦基地，他對意大利在非洲的殖民地，表示其「興趣」，但這樣爲美英所反對。南斯拉夫對於的里雅斯特的主權的要求，亦不爲美英所支持。總然，美英還像過去一樣，要把蘇聯封鎖在他的內海裏，而不願意它在地中海上獲得出口。第三、在蘇聯根據波茨坦會議決定，提出法國不能參加對羅、保、匈和約的準備工作（因法國不是三國休戰條約內簽字國），及中國不能參加對意、羅、保、匈和約的準備工作（因中國不是四國休戰條約的簽字國）時，美英又違背過去的共同決定，而提出反對，企圖以此進一步團結中法，反對蘇聯。從美方表示看來，美方似乎急於想把和約問題提到更廣大的範圍內討論，以組織更多的國家來反對蘇聯，而蘇聯則歷來堅持這種問題，應首先在美、英、蘇間求得協議。第四、這次外長會議，是在日寇投降之後召集的，因此對於盟國如何共同管制日本問題，當然應在討論之列。但當蘇方提出此問題時，美方即拒絕討論，只是以組織遠東委員會的建議作爲應付。美方目的，顯然在於獨佔日本，而蘇聯則有一切權利參加日本的佔領。最後，蘇方代表在會議結束時曾經提議四國代表在會議所已經獲得的某些協議的記錄上簽字，使會議不致無結果而散的企圖，亦以四國代表的無理拒絕簽字而失敗了。在戰勝共同敵人之後，同盟國內部矛盾的發展，是不足爲怪的。雖然如此，由於同盟國對於戰後和平局面的共同要求，估計在這次會議上所暴露了的尖銳矛盾，在下次外長會議或可能舉行的三巨頭會議上，仍將獲得某種妥協。顯然遠東問題將佔據下次會議的首要位置。這次美國的策略，似乎有意在巴爾幹與地中海等問題上表示對蘇不妥協，以便將來好以這方面的某些讓步爲資本，以換取蘇聯在東方問題上，首先在共同管制日本問題上的某種讓步。舊矛盾的解決，將只是新矛盾的開始。值得我們注意的是，在這次會議中，美國起了各國反蘇及反民主的指導者的作用，而蘇聯爲世界和平與民主而鬥爭的立場是堅定的。

日內閣辭職原因

【路透社東京五日電】路透社特派訪員：似乎最有可能爲日本新首相的後選人，將辭職的東久邇宮內閣的外相吉田，今晚往返於麥克阿瑟總部與皇宮之間，舉行一系列的會議，這些會議可能決定日本的新內閣。前任日本駐羅馬與倫敦的大使，參加一九一九年凡爾賽會議的日本代表團團員吉田，被七十二歲高齡的前任外相與一度爲駐美大使的幣原建議任新首相，而幣原他本人因太老了而拒絕了請他作首相的邀請。以東久邇宮爲首的日本「投降內閣」，今天十時（東京時間）已向裕仁天皇呈請辭職。東久邇宮說明辭職的原因時說：有關結束戰爭的任務，實際上已完成了，因此目前內閣事實上已盡了它的使命。所以我國當藉此機會提出內閣辭職，我希望有更適合的內閣產生。前任首相否認內閣的辭職與昨天麥克阿瑟提出撤消內相與日本全國警察總監的要求有關。但今晚日本官方人士披露：東久邇宮在提出內閣辭職前，曾告他的各閣員說：他不願服從盟軍指令中關於允許日本人民批評或討論天皇一節。官方人士說：『首相說了很多的話，都是說明他對這指令實行後將來發生的事件，他不負責。』『東久邇宮是皇族的一員，所以他對這一點有特別銳敏的感覺』。官方人士說：在內閣辭職會議上所提出的要點是：（一）麥克阿瑟在發佈這一指令時，『完全不理首相與內閣』，他們事先都未得到通知或蓮議。（二）撤消全國一切警察總監，在目前情況下是太過於激烈了。（三）盟方頒佈允許日本人民討論天皇的命令。官方人士繼稱：第三點是最重要的一點。日本內閣的辭職已引起日本人民的激動。少數集團表示害怕會發生『騷動』。麥克阿瑟總部軍官們認爲：新日本內閣也一樣會與最高統帥部很好工作的。某軍官評論：『他們只是玩花樣而已。』香村博士指出：日本基督教社會領袖評論，『不識大家討論天皇的事情，經常是我們精神上的義務。我認爲盟軍的指令與內閣的辭職是會引起混亂的。日本人民過去沒想到盟國最高統帥根據波茨頓宣言會有這樣大的權力，因而感到很吃驚。麥克阿瑟直接將全國一切警察總監撤職，而第一次直接干預了全國人民的日常生活，使大多數日本人認爲比他們新得到的市民自由更爲重要。某日本人說：『無疑地這使我們認識到我們已被×××與完全被擊敗了』。『我們現在知道：麥克阿瑟是我們的獨裁者了，實際上內閣是無權力的』。然而消息靈通的日本人說：『我們對思想的自由並不是十分銳敏的』。某些日本官員暗中批評這命令的時期，因爲這命令正是在秋收時頒佈的，並將監督分配糧食的區警察官員都撤職了。人們告我說：『日本人將收割全部穀物，但目前軍部卻沒人看見有些糧食將運到很缺乏糧食的那些城市去。倘若不採取一些措施，農民與黑市將完全佔有了糧食』。首相候選人吉田今晚在他未開始他往返的會談以前，曾與麥克阿瑟的參謀長沙熱蘭德少將會談過。日本方面也說：不管部大臣近衛親王於內閣辭職後不久，也進謁皇宮。

龍雲與何宋抵渝

【合衆社重慶六日電】被免去雲南省主席之龍雲將軍，今晚偕宋子文與何應欽抵重慶。和龍雲同來的有其男女公子各一，名義上是來重慶接受軍事參議院院長新職。

【中央社北平五日電】我空軍第十地區郭中和司令前月來平後，即積極辦理接收事宜。五日上午十一時於南苑機場接見記者，對接收平津等地日軍用機場事發表談話，謂：我空軍人員抵平後，即着手整理機場以待接收。乃自九月十五日，首先接收僞中華航空公司，該公司計有運輸機二十八架，其中大半均能使，僅四架須稍加修理，此外，尚有大量航空用物資及財產等，該公司於九月十七日接收完了。廿四開始接收北平日僞苑軍用機場，由土田少將辦理交代，此處共有日軍用機一百〇八架，內四十架尚可適用，其他均待修理。此外更於舊交通大學鐵路學院、平大及國大等地發現將近百噸之空軍軍用物資及無綫電機等，已予查封。北平西郊機場，於二十八日我方接收。此外，民用機極少。天津、唐山兩機場於十月一日接收，當日接收竣事。楊村機場於三日接收。保定、涿州兩機場無飛機，僅有炸彈，已命日人送北平接收。豐台、長辛店兩處×××，已於九月卅日分兩組接收完畢。

【中央社天津五日電】美軍抵津後，分駐於舊日法意等兵營。過去此等營冷落嚴肅氣氛所籠罩之。今則成爲民衆聚集歡呼之對象，華貴之利順德等飯店門前，每日駐足圍觀盟軍者，更難數計。盟軍抵此後，由於人民歡迎之熱烈，更表現其活潑之精神。今年華北秋收尚呈樂觀，以目前情形估計，津市存糧尚可敷三個月之用。今後尚應疏暢糧源，以應未來之需。金價日來步步上揚，每兩已達僞幣十五萬元，法幣每一元可售僞幣五元至六元之間。物價日來略呈抬頭，但與兩月前仍較低落。惟五年來人口增加近五十萬人，房舍不多，租僨房舍至感困難。市區已自一日起解嚴，張市長等抵津後人心更呈安定。兩月前使我人民沉淪之烟毒吸售今已絕跡。

孫立人部進向東莞等地

【中央社渝六日電】軍委會消息：（一）我張發奎司令官所屬之孫立人部於十月二日開始接收粵南之東莞、樟木頭、深圳等城市防務。雷州半島日軍之武裝，於九月二十六開始解除。並將防務完全接收。（二）我李延年副司令長官所派之前進指揮所主任楊業禮於十月二日由濟南到達青島，辦理受降事宜。（三）我盧漢司令官所屬之萬保邦部於九月二十八進至越南之人青華，盧濬泉部刻由河內向南定推進中。

參考消息
（只供參考）
第一〇二六號
新華社 解放日報社編
今日出一張
卅四年十月八日 星期一

美軍一千抵北平

【中央社北平七日電】本月二日，會有盟及美空軍將士六十餘人抵平，是爲來平盟軍之第一批。七日復有二批盟軍開來，盟軍一行千餘名，由羅來斯比少校率領，於下午三時許到達。又美海軍飛機三十餘架，於下午五時許先後降落。

【中央社北平七日電】平市黨政接收委員會，已於六日成立，熊市長任主任委員，並召集在平各委員開會討論，進行接收事宜。

【中央社北平六日電】第十一戰區北平前進指揮所主任呂文貞，今日下午返平。

【中央社天津六日電】日軍簽降後，已由美軍開始逐步解除其武裝，此項工作將於十一日上午九時以前全部完成。

【中央社天津七日電】津公用局長王錫鈞，七日已接收濟安自來水公司，及舊英租界自來水廠，日內繼續接收電車公司及各電廠。

【中央社天津七日電】津市軍警憲督察處，七日成立，警察局長李漢元任處長，受第十一戰區北平前進所駐津辦事處指揮。當局爲維持津市治安，決自七日起，每晚十一時起至翌晨五時止，禁止通行。

路透社轉播國民黨進攻新四軍消息

【路透社倫敦六日電】延安電台今夜說，中央政府軍隊與共產黨軍隊之間，已在浙江（華東臨海省份）爆發戰事。廣播繼說：「新四軍浙東縱隊已奉命向北撤退，以避免與國民黨（政府黨）部隊的衝突，並促進全國和平與團結」。「前衛部隊已渡過錢塘江，主力部隊正在渡河時，國民黨第三戰區七九師及七十師從河兩岸向他們進攻。大規模內戰可能在浙東隨時爆發。正當國共談判正在進行時候，國民黨對八路軍與新四軍（共

很早以前，蔣介石就已採取了各種辦法，把他的勢力侵入雲南，力圖打破龍雲在雲南之半獨立的局面。例如在軍事上，蔣氏在抗戰中曾利用了三個機會，把大量中央軍開入雲南。第一次是在修復滇緬路到越南事變發生的期間。一九四一年三月當何應欽在滇省與英方代表締結軍事協定時，蔣氏即派了杜聿明指揮的第五集團軍（包括三個軍），開赴雲南。第二次，是越南事變後，關麟徵部五十二軍，五十四軍相繼入滇，担任警戒對日的第一道防線。第三次，是在一九四二年太平洋戰爭爆發以後，此時先後入滇的中央軍，有宋希濂指揮的第十集團軍（包括二十軍、新十九軍、四十六軍），及憲兵第十三團、特務團第三營、砲兵四十一旅第三營等。總計前後開入雲南的中央軍，將近三十萬人，壓倒了滇軍（共只十五萬人）。在黨務方面，陳立夫曾於一九四〇年親到雲南去活動，向來爲龍雲嫡系所把持之雲南省黨部，因而亦插入趙樹、龍體要、楊家椲（原爲龍雲之親戚）等CC份子。昆明行營並設有蔣中央的特務組織「諜報隊」。此外，在財政金融方面，中、中、交、農，及中央信托、郵匯二局，均在抗戰後，先後入滇，在各地設立支行。一九四〇年，中央銀行更在雲南大量發行法幣，濫收滇鈔，以排擠滇幣。同時又投資於滇北，明良等礦務公司。一九四三年冬，蔣中央更企圖接收雲南省營企業，並要富滇新銀行移交國庫，後由龍雲堅決反對而未果。所有這一切，均加深了滇省地方實力派對蔣中央的不滿。在去年四月以後，國民黨政府正陷於敗戰的危機，但在雲南方面，却得到美國的某些支持，龍雲之反蔣情緒因而更加高漲。在那個時期龍雲曾逮捕了蔣中央的特務分子，抵制國民黨中央所加給滇省的各種負担，並支持民主同盟及其他進步分子的民主活動。蔣在當時，因本身處境困難，而採取妥協的策略，陸軍總部成立後，故意給龍雲以副總司令的職位。但自今年三月起，蔣中央對雲南便重新加强壓力了。三月二十日蔣介石親自與戴季陶、、吳稚暉、錢大鈞、俞濟時等人赴滇省活動同時期，滇美關係亦發生了變化，美國由拉攏雲南，轉爲指責它爲「妨礙中國統一的軍閥」（赫爾利語）。因此，蔣中央併吞雲南的野心，亦益加狂妄起來，前些日子，重慶政府在整軍的名義下，硬要縮減滇軍。這次事變，則更是此種野心的總暴露。看情形，雲南地方實力派可能發生分化，並將遭受嚴重的損失與打擊。

又訊：此次被免職的滇省民政廳長陸崇仁，是龍雲的表弟，爲雲南的大官僚資本家，龍雲任第五軍長時，曾參與幕府，爲龍雲多年的軍需處長。龍當

產黨軍隊）發動這種進攻表示了嚴重的全國的危險。中國和平的機會已處於千鈞一髮』。

國民黨赴東北人員首批出發

【中央社重慶七日電】政府派赴東北第一批接收人員，一行五十一人，由董副參謀長彥平，外交特派員公署處××等率領，七日乘機離渝。中央社東北特派員劉竹丹，及大公報特派員呂德潤隨行，熊主任式輝，關司令長官麟徵，及蔣特派員經國，亦將於日內啓程。

蔣介石消滅
滇省地方實力派的陰謀事件

【時訊社五日訊】本月二日發生的雲南事件，很顯然的是蔣介石分化滇軍，及併吞以龍雲爲首的雲南地方派之有計劃的陰謀，也是他在全國各地發動內戰的開始。事變之所以在此時發生，有下列三個原因：第一，是龍雲增漲着反蔣的情緒，而在滇蔣的鬥爭中，國民黨正於此時獲得有利的形勢可以先發制人。因在日寇投降後，蔣中央假『受降』之名，把滇軍的四個師，調到越南北部，而杜聿明指揮的第五集團軍，則仍留在雲南境內，在軍力的對比上，蔣中央屬於優勢的地位。第二，是盧漢之進一步爲國民黨中央所攏絡、分化、調赴越北受降。按盧氏係雲南昭通人，雲南講武堂畢業，原是龍雲的親屬及『功臣』，爲第一集團軍總司令，掌握滇軍大權，並曾任箇舊錫務公司的經理。他在抗戰中，曾參加徐州會戰，後由國民黨方面的拉攏而傾向中央。日寇投降後，蔣介石委他爲第一方面軍司令官，負責越南北緯十六度以上地區之受降事宜。雖即如此，但盧漢與龍雲畢竟有深厚的關係，蔣對他亦不信任，因之一方面把他的部隊調到越南，另一方面則給以省主席的職位，以資拉攏和分化。而在昆明發動事變的主力，則爲蔣介石嫡系的第五軍（見合衆社電）。第三，是美國企圖經過國民黨中央控制雲南與越南。在此次事變中，由蔣中央控制的昆明城防司令部，與美國在昆明陸空軍之司令官『確取連絡』（見中央社電）即爲美方參與此事的一個標識。

『這次事件決不是偶然發生的。而實是蔣介石有計劃的併吞異己之陰謀。在

政後，初任縣長，繼接盧漢爲財政廳長，致力經營省營企業局，並控制滇省興文銀行，雲南礦業銀行，勸業銀行，益華銀行，中國僑民銀公司與雲南信託局六個金融機關，爲對抗中央四行在雲南分行的勢力。陸氏忠實於龍雲，與繆雲台同爲龍雲之哼哈二將。一九四三年六月與李培天對調任民政廳長至現在。

新任的滇省民政廳長兼代省府主席李宗黃，是雲南鶴慶人，國民黨六屆中委。原爲老滇軍將領，後屬桂系，『九一八』後靠近CC系，近年接近朱家驊，爲國民黨『縣政專家』。

【中央社昆明七日電】李代主席宗黃，於七日下午赴省府開始辦公

【中央社昆明六日電】據滇代主席李宗黃氏今日下午接見中央社記者稱，省府移交事，四日下午起由省府祕書長袁丕之開始辦理，李氏今晨已正式視事。原駐五華山之行營警衛營，可於七日午歸還建制，北教場獨立旅亦已遵令開赴指定地區整編。昆市戒嚴令今起全部解除恢復正常狀態。

傳陳逆公博解往南京

【中央社東京六日專電】記者自權威方面獲悉，盟國當局於本月一日於京都拘捕僞南京政府代理主席陳公博及其僞屬數人，旋由飛機解往南京。

鄧發同志出席世職大會消息

【美國新聞處紐約六日電】巴黎五日訊：代表華北及華中共產黨領導的解放區職工會的鄧發，於昨日作爲國民黨主辦的中國勞工協會的正式代表向世界職工大會發表演說時，表示中國正走向政治的團結。演說原訂由中國勞工協會主席朱學範出台，但他讓給了鄧發，後者從共產黨首都延安飛來此間，成爲中國勞工協會參加大會三個代表之一。現正進行中的該兩職工會的聯合是朱學範與共產黨領袖周恩來最近訂立之協定的結果。中國勞工協會在參加世界職工聯盟時聲稱其會員有八十萬，其中華北職工會只說有廿萬。但中國勞工協會負責人承認，共產黨領導的職工會，會員數目正迅速增長中。

傳杜月笙在滬被殺死

【本報訊】據新中國日報八月廿八日載，該報二十七日晚重慶電話，據聞：杜月笙氏已在上海被殺死，死因不明。（簡）

美工業家多人來華途中
三大雜誌發行人魯斯抵渝

【美新聞處紐約五日電】美工業家及金融界人士多人已啓程赴遠東，花旗銀行代表雷德及遜蘭已搭輪赴上海，錢伯倫赴東京，亨利赴天津。大通銀行天津分行經理費飛德，亦在途中，倘有該行之皮特生及蘭奈克，不久即可抵上海。

【中央社渝六日電】美生活、時代、幸運三雜誌發行人魯斯氏，五日下午四時一刻由美飛抵渝，商參軍長震、吳部長國楨、美代辦及斯特拉特梅耶將軍等到機場歡迎。

中國青年黨『對於勝利後的政治主張』

【時訊社一日訊】據八月廿九日華西日報訊：中國青年黨在該黨機關報新中國日報上發表了該黨『對於勝利後的政治主張』，其內容包括戰後和平會議，處置日本，以及國內政治，經濟，復員，救濟等問題的主張共三十二條，該主張首認爲此次愛國戰爭之能獲得勝利，係全國人民重大犧牲所換得，因此應特別珍視並確保這個勝利。其對於和平會議問題之主張，側重：『中國在和會中所有的態度主張，應經過各黨派協商，代表團應由各黨派共同協商組織』。對於處置日本，該黨主張所有日人在華財產應由中國沒收，日本戰爭罪犯名單，必須詳審。對於國內政治問題，該黨主張『立即召開各黨派的政治會議，成立舉國一致政府，在戰爭結束一年內，召開經過重新普遍的國民代表大會，制定憲法』關於戰後軍事、財政、經濟、文化及復員問題，該黨主張：『除國防必要軍隊外，一律從速復員。』政府立即整理幣制，調整物價以保人民生活，並防止戰後經濟危機，……立即廢止戰時圖書雜誌新聞檢查等。對於懲辦漢奸，該黨主張：『嚴懲漢奸，獎勵守節不屈之義民』。末後該黨主張又特別提出：不能再演內戰或蓄意製造內戰。（R）

貝納斯演說將外長會議失敗的責任推在蘇聯身上

【美新聞處華盛頓五日電】貝納斯本日發表半小時之廣播演說告英國人民稱：最近在倫敦舉行之外長會議，已在『僵局中結束』，與會諸人未能商定和平是否應由三國或五國建立而將與維持及實施和平有重大關係之其他國家排

合衆社轉播
國民黨軍隊進攻解放區

【合衆社重慶六日電】共產黨告發國民黨軍隊對共產黨軍隊及其控制地區（從廣東與揚子江流域至黃河以北）發動大規模進攻。在華中，共產黨說：國民黨軍隊在僞軍與日軍協助下，進攻安徽、江西新四軍據守之解放區。在隴海路以南與豫西，不僅是對共產黨軍隊進行了『掃蕩』戰，地方村長，『民兵』與『農民救國會』幹部亦被逮捕或處死，共產黨方面說：國民黨軍隊打死或逮捕了一千多個病傷士兵、軍人家屬與當地工人。並告發：在晉南，國民黨三個軍進攻八路軍控制的區域，搶刼村莊，勒索人民錢財。新華日報延安消息：延安方面說，日軍與僞軍奉中國最高統帥部命令在中國各地經一百多次戰鬥中又從共產軍手裏奪去了十九個城市。該電稱：山東日軍宣稱：『日本軍隊合併爲中國國民軍了』。並謂何應欽命令岡村寧次，『收復』『流寇』或共產黨佔據的領土。

克利斯蒂遜宣佈要解除爪哇日軍武裝

【路透社新加坡廿九日電】明天即可到達巴達維亞的克利斯蒂遜今日告記者稱：『他們到荷屬東印度之唯一目的在於援救俘虜與被囚者，並解除日軍武裝』。……路透社記者謂……假使英軍巡邏荷蘭這些殖民地，他們一定要參加某一方面。……………。克利斯蒂遜說：『在我們建立就序之前，我阻止一切荷蘭軍隊到來』。『當他們的軍隊到來時，我們將把全部國內安全交給他們，然後排除日軍。我們對政治沒有興趣。英印軍隊不牽累於國內政治問題』。今天的登陸沒有荷蘭人，因爲印度尼西亞人曾表示：倘使有任何荷蘭軍隊進行登陸，他們將予以反抗。克利斯蒂遜公佈：印第廿三師佔領西北岸該島首都巴達維亞，其他遠征隊已在該島東端泗水上岸。來自印度之印第廿六師將佔領蘇門答臘西北之棉蘭、巴東。他說：同時，蘇加諾博士領導的印度尼西亞印度將是爪哇『實際上』的政府。並將負責分配糧食。料

斥在外。貝納斯稱：所有國家均應參加和平之創建，彼希有蘇×××會在戰爭中作戰之國家均有參加創建世界和平之機會。關於外傳西方同盟國不願意羅馬尼亞建立親蘇政府一事，貝納斯稱：對於吾人態度之錯誤觀念，實無大於此者。美國與蘇聯×××及中歐之國家能與蘇聯建立友好之政府。貝氏聲稱：美英蘇三國外長已就有關意大利、希臘、芬蘭、羅馬尼亞及保加利亞命運之若干問題成立協議，然外長會議討論已因中法兩國是否應參加巴爾幹各國和約之起草一事而淺擱。蘇聯先同意與會五國均行參加，嗣又認爲此舉將違反波茨頓協定之條款，蓋其限定僅有於戰敗國簽訂停戰協定之國家始能參加，蓋此並非杜魯門或阿特里所瞭解者。美國最後建議美英蘇三國，對於歐洲之各項和約應從事準備工作，然後提交戰勝國所構成之歐洲全面和會，蘇並未反對此一建議。貝氏又稱：美願以和平條款强迫敵人接受，然不願以此種平段對付其同盟國。貝氏評論會議時之意見紛歧稱：和平必須以互相諒解與互相尊重爲基礎，決不能以程序上之巧妙運用獲致。蓋此舉將使人民不明彼等之和平所繫之眞正重大問題所在也。

美建議舉行歐洲和平問題盟國總會議

【美聯社倫敦四日電】美國關於歐洲和平問題盟國總會議的建議，星期四晚已獲得各外交人士的支持。雖然蘇聯堅持三强必擬定巴爾幹和平解決的基礎，這似乎可能是一個障礙。澳大利亞外長伊瓦特，以一個中小國家的發言人出現，在招待記者會上建議，在舉行所有堅持對軸心「交副」的國家[illegible]會議以前，[illegible]英先行會談的政策。他主張擬定和平條款要有二個步驟：一、由三强討論可能除去在談判中之再次中斷（如像這次外長會議的會談的中斷）的重大原則與政策的問題。二、由在軍事上，對擊敗軸心有供獻的各國家開會，方擬最後和平條約。從和英京各外交代表的談話中，顯然看出：比利時、荷蘭、捷克斯拉夫、伊朗、印度、南斯拉夫及其他軸心的積極交戰國都歡迎一個有儀式的和平會議。法國已主張：它在處理歐洲和平的一切問題時有和其他四强同等的一份，雖然蘇聯會要求不讓它參加關於巴爾幹國家的會談。中國仍然保持沉默，但大部份外交界稱：他們相信中國會支持貝納斯的建議。英工黨政府的態度雖尚未公佈，料下週外相貝文即將向國會說明英國的態度。星期四，英國內閣舉行之二小時半的會議，當時，他詳敘了使會議中斷的種種情形。

印度尼西亞當局將在盟軍未佔領之地區繼續其民政管理。克利斯蒂巡說：他擬叫荷蘭代表與印度尼西亞領袖一起舉行圓桌會議。這會議是「荷蘭前此所×××」的。克利斯蒂巡表明：「甚至爲了人道的利益，我也不被允許進入內地」。繼稱：「不管是那支印度尼西亞軍隊——由日本人徵募及訓練保衛內地安全的部隊與從事「民族運動」的蘇加諾游擊隊——都要加以解除武裝，但允許他們懸掛他們的國旗」。他所要會談的印度尼西亞領袖其中有：民族主義運動領袖蘇加諾及領袖背後的勢力哈達博士。據稱。蘇加諾已成立十七個閣員的「內閣」，置身於堂皇的白柱宮廷裏。該宮廷爲前日本傀儡政府的財政部。蘇加諾宣稱：他的合作是被迫的。

每日先驅報記者報導越南反抗運動

【路透社倫敦廿九日電】每日先驅報訪員伊梅契自西貢報導：越南西貢街道上昨夜仍能聽見一陣一陣槍聲。英國與廓爾喀巡邏隊出來阻止安南人漫延到城中心。成百的法國難民——男人女人小孩，均藏躱在大陸飯店的走廊上和休息室。强大的一股一股的安南人非常令人不安地逼近飛機場。那裏的警衛隊也增防了。甚至戰爭訪員也攜帶自動步槍，以備在某條街上可能遇到冷槍與土匪搶劫。英軍統帥部本日再度[illegible]，我們對於該國的內政問題無興趣。在[illegible]在沒有燈光的城中，打冷槍是件令人心驚胆顫的事情。任何一種房屋或門口都可能射出一槍。半裸着身子的安南人，會突然從腰布下抽出刀或槍來。安南「游擊隊」不尊重任何國籍人士。法國人、英國人、日本人、印度人都會被開槍射擊。可是更壞的事情在白晝之下在星期二那天也發生了。昨日一股武裝匪徒，衝入城中心的法國人住宅，最少搶走四十名婦女（可能還多一點），其中還有一位七個孩子的母親。廓爾喀戰鬥巡邏隊四處尋覓，救回三十一人，其餘九人一般相信最低限度是被殺害或者投入河中去了。我親眼看見被剝光了衣服和肚子上被刺破了的法國人。以前是戰虜的某英國士兵，因出外尋找母親和孩子，而被綁架走。日本巡邏四出搜尋該英國人而不果。

（限內參考）

第一〇二七號

解放日報 新華社 編

今日出版一張

卅四年十月九日 星期二

在參政會歡迎毛主席會上

周恩來同志報告國共談判

【本報訊】重慶國參會曾於上月十八日歡迎毛主席，毛主席即席講話，周恩來同志則報告談判經過，茲據九月十九日大公報所載轉錄如下：

【大公報訊】中共領袖毛澤東、周恩來、王若飛應蔣主席之邀來渝共商國事，經多次商談，已有若干協議。據聞內容分三點：（一）方針：雙方均認為今後為和平建國時期，不容再有內戰。今後當以和平建國為唯一目的，以團結、民主為基礎，共同建設一獨立自由幸福的新中國。在此方針下，全國各黨派在蔣主席領導之下，國共兩黨在平等基礎之下，共同長期合作。根據國情，彼此互相承認地位，及各黨派地位。（二）實施方案：在國大會議前，在結束黨治前實現承認各黨派之合法地位。（三）實施步驟：召開政治會議。由政府召集各黨派及無黨無派會議，簽訂建國時期綱領及各黨派參加政府辦法。關於地方自治自下而上之建立，軍隊國家化，補給，整編諸問題之解決，人民身體自由及政治犯之釋放，亦均將在此方針下取得協議。

【大公報訊】昨天下午四點鐘，留渝參政員在軍委會禮堂舉行四屆第一次大會後第二次茶話會，因為通知書上寫着歡迎毛澤東先生，所以不到四點鐘，留渝參政員一百餘人，很踴躍的，先後到了大會後離別未久的會場。

毛澤東先生與周恩來先生在四點鐘稍過一些便來了，他們一到場，大部份的人都站起來表示歡迎。他們由邵力子介紹與陌生的參政員見面，毛先生誠懇地與每一個人生的和熟的參政員握手，周先生的熟人比較多，態度大方活潑，因此有人說他是外交家。毛先生衣呢質中山裝，周先生是西裝。茶會的主席是莫德惠先生，毛先生周先生和王雲五先生並坐在他的右邊。

今後應在和平，民主，團結，統一的基礎上，堅決避免國內戰爭，建立獨立，自由，富強的新中國；徹底實行三民主義。蔣先生在國內領導，××（原文不清）大，在和平建國時期，他們亦有很大的期待。中共與國民黨要在和平合作下建國，中國共產黨在和平時期，更應有長期合作。共產黨承認國民黨地位，反過來，國民黨也承認共產黨及其他各黨派的地位。這是一個方針，國共兩黨有共同的認識，也與中國民主同盟及其他各黨派青年黨等的認識一致。

周先生以下所提的事情很廣泛，一句話，一般有關民主及達到民主的現實問題都包括在內了。周先生的結語是：「有些已有了結果，有些已有了原則的決定，有些則尚待商談，總之在一個方針，一個方案之下，求得合理解決，不但我們諸位關心，諸位期待，同時也是世界所注意的。我們都希望很快就能共同發表一個公報，使大家安心。」最後他堅決的說：「無論如何，一定要解決！必定要解決！我們的一個信念——和平建國。現在方針定了，方案有了。我們要比抗戰開始時還要團結，很要團結，以達到共同希望的目的！」他這幾句話引起了熱烈的掌聲。

李宗黃要滇人「氣量宏宇」

【中央社昆明八日電】滇省府改組後，省黨部省府防守司令部今晨舉行首次聯合紀念週，李代主席宗黃主持，請杜司令聿明報告，出席各機關首長及各學校代表約二千人，行禮如儀，代主席對滇省界致詞，提示今後應有的主要認識：一、滇省府改組後，中央與地方二位一體，滇人應該氣量宏宇，對外省同胞更應特別愛護。（二）、為建設新雲南，黨政軍民應該四位一體，精誠團結，和衷共濟。次由杜司令官報告：一、改組滇省府的意義。二、防守部接防昆明的經過。三、對改編及裁撤軍官的善後處置。四、望建設新雲南使成民主化的模範省。

宋龍抵渝

【路透社重慶七日電】中國行政院院長宋子文博士與被撤職的雲南省主席龍雲將軍今晚抵此。路透社稱，宋博士去雲南是考察中央軍與龍雲的軍隊在上星期三發生衝突的原因。中央軍在「昆明之役」，死傷四十人後才獲得勝利。龍雲將軍解釋這次事件說這是他自己的部隊的叛變。

張治中建議 新「中國民主黨」應歸併國民黨

【合衆社重慶七日電】中國報紙稱：張治中將

葉氏首先致詞，他說『今天是抗戰勝利後的第一個「九一八」紀念日』，接着說：『今天這個歡迎會，希望大家自由發表意見。毛澤東先生此次來渝，為國宣勞，我們除了表示敬佩，特借這個茶會，介紹與大家見面。』

接着邵秘書長報告參政員復員情形，說已有二十一個參政員離渝前去京滬了，關於參政員復員的事，已由秘書處與政府商量了，然後便請毛澤東先生說話。

毛先生首先說：『今天紀念九一八，我們首祝勝利。』他的話說得很慢，湖南鄉音很重，他接着說：『今天能夠與諸位先生、諸位朋友、諸位前輩見面，感覺很興奮。我是頭一次到重慶，這次來重慶，是因為蔣先生邀我來商量和平建國的事情。抗戰是過去了，以後是和平建國時期。這是一個新的時期，新的階段，在這時期，在這階段，我們必需要避免內戰，必須要團結一致，這是全國的希望，此外任何別的都是錯的。我們的方針，唯一的是和平建國，在蔣先生領導之下，實行民主政治。民主需要團結一致，國內必須是統一的，不是分裂的。我們的目的是和平，民主，團結，統一，建設新中國，徹底實行三民主義！』最後他說：『以後和諸位見面的時候一定很多，一定能多與諸位談談。』然後在掌聲中坐下去。

接着王普涵參政員起來說話，他說：『今天的茶會，象徵着中國團結，國統一，這是唯一重要的意義！今天的國內情形，仍未能滿足國內大衆的迫切要求。我以為必須要國家制度確立以後，一切就容易解決。目前的急務就是還政於民，還軍於國，同這，必須要國家真正統一，真正民主之後才能做到。』

接着周恩來先生被邀起來講話，他的演話，是昨天茶會中最有重量，最有內容的；但是因為邵力子秘書長曾向新聞記者說明，團結談商期中，相約不發表經過，要我們好好斟酌 因此在這裏不能詳細地記下。周先生首先說明：『邵先生叫我把談商的經過情形，向諸位作個簡單報告。』接着就說：中『毛先生應蔣主席之約到了重慶之後，與蔣主席單獨談了很多次，兩方代表也幾乎天天談，已談了十四五次之多，牽涉的問題甚廣，都是在友好，和諧，坦率空氣下談的，經過可以分作三部份。』其後周先生分（一）方針，（二）方案及（三）現在已得的結果三方面一一報告。說到方針的時候，周先生說：『各方面只能有一個方針，方針是確定了的，那就是勝利結束了抗戰，

向委員長建議：新「中國民主黨」要歸屬國民黨，『正如兒子之歸屬父親』。又稱：『該黨既有這麼多的黨員，它將在行將到來的政治會議中要求三個席位』。在一個招待報界代表及其他人士的茶會舞會上，新中國民主黨正式宣佈該黨二年前即已存在。『中國民主黨』，在許多政治團體當中，是頭一個發展起來的。領袖劉曼璧（譯音）女士在跳舞會上說：該黨是在二年前建立的，現有黨員九萬七千人。

國民黨受降復員情形

【中央社九江七日電】月第十三師團余部，二七七五八人，八月已繳械完畢。

【中央社渝八日電】軍委會息：我李品仙司令官所屬部隊，除蘇北徐州日軍之武裝，現正順利進行中，十月十日可繳收完竣。徐州[illegible]容軍及其對屬部隊，由我空軍地勤第二隊林蔭梓接收，徐州日軍用倉庫已接收完畢。

【中央社蚌埠七日電】第十戰區固滁區日軍武器收繳已竣，沿線[illegible]民有財產，經戰區前進指揮所會省府收復區工作團負責接收，日僑亦已辦理。

【中央社廣州八日電】第二方面軍接收之各地區，廣州市、「廣九路方面」、「粵漢路南段方面」、「[illegible]邑方面」、「[illegible]州灣方面」等地區，受降工作已大部完成。海南島方面，九月廿四日海南島參謀長田金二少將抵赤坎洽降。十月十二日我軍開始進駐徐聞。我海南區總指揮部前進指揮所抵達海口，開始辦理受降事宜，與第二方面軍切實管理日軍及日僑，定八日起派第一處長郭炳棋前赴各集中地區視察點驗。

【中央社重慶八日電】據美新聞處河內一日電（遲到）中國軍隊開抵河內後，居民一〇〇〇〇人之城市乃恢復治安與秩序。

【中央社蕪湖七月電】曹大中少將，奉第三方面軍湯司令官之命，來蕪視察日軍，指示投降繳械事宜。七日據此，日軍第四〇師團長官川消報告該師團一切，並將各有關表冊呈出；曹氏逐項垂詢，並有所指示。

傳美共報紙指責
美國企圖控制歐亞兩洲，建立反蘇集團

【中央社紐約七日專電】美國報紙，對貝爾納斯之態度，咸認其堅持中法國

國得參加蘇聯討論，渠等對蘇聯態度之批評具有意義：紐約時報社論發表聲明說：「貝納斯堅持反對大國操縱世界和平之立場，渠盼蘇聯同意召開一般性之和平會議，目前之所以未能獲得協議，乃因蘇聯懷疑西方盟國。」斯克利浦斯霍華德系之紐約世界電訊報社論論及貝爾納斯拒絕「因受蘇聯壓迫而犧牲美國原則」，認此乃明智之決策。另方面，共產黨的報紙則稱，貝納斯閃避違反波茨頓協議一項問題。該報指責美國控制歐亞兩洲，建立反蘇集團，置整個和平機構於危機之中。

【合衆社華盛頓八日電】國務卿貝納斯今日將向參院外交關係委員會報告倫敦外長會議失敗的情形。一般預期參院外委會將給他以「信任投票」。會議的詳情業已正式發表。貝納斯及他的共和黨顧問杜里斯已宣露外長會議的全部情形以及美國立場的理由。英國立場同於美國的立場。蘇聯報紙說：貝納斯的講演「堅持指出蘇聯的立場是錯誤的」，蘇聯各報列載總結說：美國的刊物「承認蘇聯的立場是合乎邏輯的」。

美參院將檢討美國外交政策

【路透社華盛頓七日電】據可靠方面消息，自貝納斯就倫敦外長會議作詳細之報告後，一般認為在華盛頓舉行三巨頭會議係為一最後之辦法。將召開之參院外委會臨時會議，對於美國整個外交政策特別加以檢討。貝納斯將偕國務院官員出席報告。杜魯門總統在肯塔基演說時，或對外長會議加以批評。

傳希特勒還有可能活着

【路透社倍爾福德七日電】在艾森豪威爾的聲明廿四小時以後，此間認為「希特勒還活着仍有可信之處」。但是今天有一個熟識希特勒的婦女說她不相信希特勒還活着。馬利曼·德拉邏夫人是希特勒的一個六十歲的朋友，並且是一九三八年張伯倫來參加慕尼黑會議會打住過的萊因河上巴德哥德斯別的一所旅舍的主人。她說據她看來希特勒「是太驕傲了而決不願被囚者的」。從一九二五年以來經常做她的旅舍的顧客的希特勒是「寧可自殺的」。

她又說到她所非常熟識的曼娃曼·布朗。「我想曼娃也已經死了。德國失陷後，她也沒有剩下什麼了，雖然在慕尼黑的每一個人都知說曼娃與希特勒已結婚了。我不相信這一點，不過我知道他們是住在一起的。」

德拉邏夫人會參加在攻歐的前夕在貝爾格霞夫山希特勒的別墅中的結婚

阿特里對干涉越南爪哇事之含糊聲明

【合衆社倫敦四日電】阿特里首相，今日復信給佛諾爾·布羅克威（代表獨立工黨）。該信對外傳英軍被用以恢復越南及爪哇秩序事，表示關切。首相允諾道：「你可確定，政府正執行它一貫所堅持的原則」。他警告說，人們應當「小心不要輕易接受這類消息的表面價值」。然而，不是自稱為民主的每個運動都可根據它自己的聲明加以接受。他請布羅克威「把你的情報寄給我」，「我將檢查它的眞實，並詳細答你」。但是，英國印度同盟書記梅農則於今日埋怨說，他也寫了同樣的信給阿特里，但未獲覆。他在信中，要求不要用印度的軍隊來反對遠東的民族主義運動。他說，他將等待覆信至週末，然後以新照會重新提出此要求。

波蘭選舉須待明春 延期與波人返國事有關

【合衆社華沙卅日電】波蘭一如蘇聯與其他解放的國家，會在波茨頓宣言中特別指定盡速舉行「自由的與無拘束的」選舉。當波蘭人自德國侵略以來眞實地將舉行第一次投票時，現在有另外許多波蘭問題尚無答案。非官方告我，選舉將在明春，政府官方未提出或暗示選舉的日期。所謂獨立的左派報紙「華沙日報」在第一版發表社論中有這樣的結語：波蘭不準備舉行選舉——可能在數月以內不進行選舉——因爲尚有二百萬波蘭人現在國外。據政府方面意見，如果這次投票要反映解放的波蘭眞正的政治呼聲時，這些人民之大部必須在選舉之前返國。「華沙日報」亦認為選舉必須等待經過國境從東到西與從西到東大遷移的波蘭人永久定居之後。社論說：「沒有人多少確切地知道他將居住在什麼地方，任何人亦不能告訴我們究有多少人。很清楚的，在這種動盪時期選舉不能實行。」社論繼稱：甚至在該國在解放以後等待了十四個月始進行選舉，而波蘭僅解放了六個月。副總理兼倫敦波蘭流亡政府總理米柯拉茲科所領導的強大集團之一已說確被正式承認的農民黨——與一個所謂「局開」政黨之人，在舉國一致政府建立之後獲得正式承認。米柯拉茲科派雖然其要求政府正式承認其為單獨的政黨尚未被允准。現在發言者估計為波蘭人口百分之六十。

【合衆社倫敦廿九日電】合衆社今日獲悉，駐英波軍有三分之一以上，本週在英陸軍部與波蘭軍事當局合作舉行測驗時，投票贊成返回波蘭。英國軍事測驗題目中要求願意回去的人宣佈他們的決定，但強調不是強迫的。駐英晚會。「希特勒似乎還很快樂」。她說：「他甚至飲着香濱酒，使大家感到驚詫，因爲他是一個絕對禁酒者。晚上××曼娃被希特勒帶到他的副領袖波爾曼的屋子裏去，他說：他要去工作。我想他是去和他的將領們商量事情。當他們回到貝爾格寮夫時，我就在那待着，希特勒的精神很好。」德格滋夫人說：希特勒那天之所以很樂觀，是因爲他的情報員告訴他說：同盟國進攻的時候還沒有到，而希特勒很明顯的認爲危險已經過去了。

美書牒報反蘇謬論

「美新聞處倫敦六日電」「書牒」報稱：在舊金山與倫敦，蘇聯的策略都是要求在大部會議上有發言權，然後利用此發言權妨止達到任何有效的東西。該報不同意目前英國民衆這樣的意見：蘇聯人是不合時代的民族主義者，在玩弄過時的帝國主義。應面對這樣的現實：蘇聯是建立在馬克斯、列寧主義基礎上的，現在仍在傳佈，哄騙那種主義。當如何對德作戰還成問題的時候，斯大林便減弱他的理論，乎籲原始的愛國主義與對侵略者的憎恨，當時團結了全體蘇聯人。勝利以後，此理論又提出來並把勝利歸功於它」。下列事實證明支持這一觀點：眞理報趁「布爾塞維克黨簡史」出版六週年紀念的時候，使一切智識份子認識到：他們有任務研究馬克思列寧主義理論──「一切俄羅斯與世界文化的最高峯。」「旁觀者」說，「蘇聯的秘密性，它對其盟國的懷疑，自從歐洲戰爭結束以後毫無稍減。它只能由其行動的證明來判斷。由此得出結論是：蘇聯只想擴充它在歐洲廣大地的勢力範圍，遠至西方其西部邊界，波蘭、捷克斯拉夫、匈牙利、羅馬尼亞、保加利亞──此外也許要加上南斯拉夫和奧地利──除非它是適合於蘇聯的口味，沒有一個政府會被容許，而這政府是否適合於大多數這問題，其本國公民曾沒有提出來」。

蘇建議許可柏林職工會活動 英美等表示反對

「美新聞處柏林五日電」美聯社息：盟國管制委員會今日會議上，關於蘇聯所提柏林各職工會迅速獲得許可不受盟軍干涉的建議，未達到任何決定。該電續說：蘇聯建議在西歐盟軍到達柏林以前所組織的代表××八人的臨時委員會准其即刻開會並起草一會章。西歐三個強國主張會章應準備工作延遲至自由選舉時舉行。

波軍官兵共達六萬餘。其中有二萬餘人表示決心返回波蘭。此外尚有參謀官員十六名，下級軍官七十六人決心返國。據確實消息，這次投票是在違反波蘭華沙政府的意志下舉行的，該政府迄今尚未承認此結果是波蘭軍志願的公正表示。華沙堅持說，投票舉行不當，如果問題改爲不願返國的把他名字寫出來時，那麼結果將是絕大多數贊成返回波蘭。據稱，華沙同時很憤怒，因爲華沙要求士兵攜帶完全裝備返國，但波蘭士兵均未攜裝備被送回國。同時據悉，義大利第二軍團有百分之七十願意返國。德境第一軍團有百分之一願意返國。同時，目前在英國之華沙政府代表，正力圖使波蘭流亡人士自動返回新得到的西方地區，並憑將在英國流亡人士中提出類似的建議。

路透社稱雷納爾政府面臨危機

「路透社維也納六日電」路透社特派記者金姆區報導：雷納爾政府在嚴寒天氣突然降臨與三大黨間發生政治分歧後，現正面臨着第一次內政的危機。成萬維也納人現在的唯一希望便是著名維也納森林中的樹木。美國人已在加緊砍伐森林，但較大的問題則是公平分配。現在尚不知道這些燃料是否只留作美軍佔領區之用，或全維也納均會分到。雷納爾政府本身是沒有力量解決這個問題的，它完全依靠於盟國的善意、燃料與糧食。現在的危機並不是大量的人民將死於沒有飯吃，而是在許多月的營養不良後，成千的人將於今冬死於寒冷。感冒以及在平時各種不是致命的疾病。醫院已報告了小兒病死亡率的驚人增長。奧地利似不能產出它今冬所需煤炭的百分之十五，而且除非供應品能夠運入的話，林納、格拉兹等大城將實際上全冬無煤可用。許多工人由於營養不良，每日不能做超過兩小時的工作。維也納的緊急修理工作，進展甚慢，該城今日爲東歐以外受空襲最烈的城市，該城仍令人產生深刻的印象，這較人所預料者爲壞。這是現在籠罩在政治形勢之上的經濟災難。政治問題已變成奧地利人的生死問題，因此，對原訂十一月廿五日舉行之選舉的情緒是很激動的。雖然某些人懷疑天氣及糧食情況，如果照目前狀態繼續下去時，選舉是否是可能的。各省代表的另一次會議於十月十四日舉行。它將使各政黨間的鬥爭達於激烈的階段。爭論之點將是：是否未被控告的前納粹黨員將有選舉權。維也納社會主義者及共產黨反對這點──但各省社會主義者與天主教黨贊成這點。

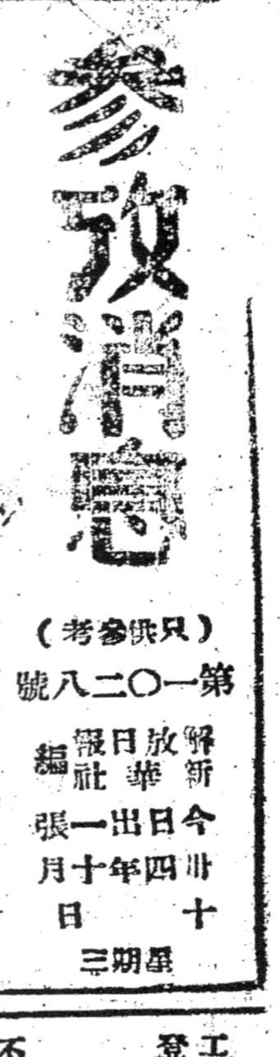

（只供參考）

第一〇二八號

解放日報 新華社 編

今日出一張

卅四年十月十日

星期三

傳國共聯合公報今日發表

「合衆社重慶九日電」共產黨人士稱，一旦在國共談判的聯合公報發表後，毛澤東即將啓程返延。預料公報將於十月十日發表。

「合衆社重慶九日電」中央社訊，中央政府主要談判人張治中將軍將倍同毛澤東返回延安。張治中爲軍事委員會政治部部長，曾與赫爾利大使乘機至延安，並偕同毛氏乘機至重慶。

「中央社渝九日電」今午蔣主席及夫人邀毛澤東氏午餐。在座有宋院長子文、王部長世杰、張主席羣、張部長治中、邵祕書長力子，及周恩來、王若飛兩氏。

「路透社重慶九日電」據此間今夜國民黨（政府黨）所發表的關於團結談判的進展的第一個官方公報，中國共產黨與中央政府會談代表之間在政治問題上已達到『一般的協議』。該公報是由軍事委員會政治部長張治中將軍發表的，他也是蔣介石委員長的談判代表之一。他說：『關於政治民主化，軍隊國家化與各黨派平等諸問題都已澈底的討論過，而且期望得着滿意的解決。』他繼續：談判的結果將於短期間正式發表。共產黨主席毛澤東即將回延安。

「路透社重慶八日電」中國共產黨領袖毛澤東，今日與國民黨繼續進行談判。談判以來之進展，[illegible]認爲僅[illegible]關於黨派會議的組成與將採取的投票程序。據可靠消息，共產黨已草擬公報，列舉與國民黨會談已達到的原則上同意的各要點，行將在十月十日發表之公報將結束第一期之談判。黨派政治會議工作將根據國共兩黨所達到的協議而開始。

「中央社北平八日電」戰時運輸管理局主任[illegible]定十日率領該局之外籍工作人員廿餘人飛平，[illegible]於天津、青島、烟台等地設立機構，以協助美軍登陸後之運輸工作。

美國統治階級對東北問題的兩種主張

美國統治階級企圖把戰後的中國變成她獨占的市場，統治亞洲的工具和反蘇反共的前進陣地，所以她不僅盡力武裝中國的反動集團，而且假藉維持中國『領土完整』及防止『赤化亞洲』爲名，力圖隔絕中國革命武裝與蘇聯的直接聯系，由此，她就特別重視東北問題，她認爲東北是使中國形成反蘇强國的『生命綫』，是防止蘇聯南下的天然屏障。這裏所介紹的美國統治階級對東北問題的兩種意見，就其基本目標上說本來是並無差別的，但一種更頑固、更反動，根本否認蘇聯在遠東應得的利益與安全保障。另一派則比較正視現實，允許給蘇聯一定限度的便利。就美國政府的現行政策來說，似乎是偏於後一主張的。

× × × × ×

前一種主張可以反共專家伊斯特曼和鮑威爾（『密勒氏評論報』主編）在『讀者文摘』六月號發表的『在中國爆發了世界命運的危機』及『幸福』雜誌四月號所載的『美國人對東北問題的看法』一文爲代表。

在伊斯特曼與鮑威爾的文章中說：『日本是會被驅逐出去的，但是保有大工業發展的主要因素的滿洲與華北是否將落入共產黨之手，並由此最終把整個巨大的中國民族拋到極權主義的道路上去——此事尚未決定。我們美國人不能推卸我們這一件事情上的責任，因爲那一種社會制度實行於中國這一問題，是與誰人的領導權——是民主的美國的領導權呢？還是極權主義的俄國領導權——在中國佔優勢的問題完全相同的。』又說：『斯大林爲在滿洲建立共黨勢力計，他所需要的一切，便是一個「友好政府」：由毛澤東的紅軍跑步開到那裏去，而後使照例在該處建立一定的傀儡國。我們在這一行動上的默認，將足以出賣蔣介石。』在這裏他們特別煽動的說：如果『把蔣介石出賣給中國的「鐵托」，並不是只把一千三百萬人（按：指南斯拉夫而言）加到極權主義的巨怪（按：此係對蘇聯的汚蔑）那方面去，而是使四萬萬五千萬人歸入極權主義的陣營中。這巨大的人口，在其政策上與約二萬萬的蘇聯極權帝國主義聯合起來，是一定會威脅到想望建立民主世界的希望的。當伊朗印度追隨中國行事——它們幾乎一定是會這樣的——這時就意味着將數

三六八

孫連仲抵北平 定今日受降

【中央社記者劉竹舟北平八日電】記者於赴東北途中，今晨八時卅分抵此，一小時後，復在南苑機場參加歡迎孫連仲長官之行列。孫長官係於昨晨七時由新鄉專機飛此。記者所乘之中國空軍巨型運輸機，於七日午前十一時半由渝起飛，傍晚降落新鄉機場時，孫長官已抵新數日。新鄉機場廣闊完好，兩月前尚爲日華中空軍之强大基地今則爲我第八地區司令侯承封所接收。日空軍人員大部集中開封，僅地勤六名留新。馬法五將軍所部現駐新鄉。新鄉市容荒涼，居民不多，近數日始漸由四鄉向城內集中。新鄉東站每日有火車通開封，新鄉石家莊間及新鄉鄭州間均尚不通車。新鄉物價較北平爲低，糧食較缺乏，麵粉每斤法幣四十五元，法幣與僞聯銀券比值爲一比十，而百公里外之開封及五百公里外之北平，則爲一比五，此種現象須待調整。

【中央社天津八日電】由孫長官連仲在平主持之接收日軍投降典禮，定於十月十日上午十時舉行。天津副市長杜建時，美軍司令陽基中將，均定於九日赴平參加。

【中央社南京八日電】中國戰區日本重轟炸機約有一百卅餘架，其中尚有若干完好者，我派飛行員王普常、龍賓田等卅餘人抵京，並分赴各空軍地區試飛接收。

【中央社渝九日電】據軍委會發表（一）我張發奎司令官所屬之孫立人部，現將廣九路防務接受完畢，張旭部九月接收精南之中山防務，當日接收完竣。（二）據孫蔚如司令長官電稱：我軍解除日軍武裝，武漢附近除第六方面軍司令部定十月八日開始解除外，其餘已解除完畢，其集中黃陂之獨立第八十三旅團，應城之獨立第八十五旅團，仙慮之獨立第五步兵旅團，亦均已解除完竣。

【中央社南京九日電】何總司令今由渝飛京，記者在機場詢問此行經過及觀感。答稱：此行曾經漢口、衡陽、南寧、河內、昆明、貴陽各地。漢口、武昌、衡陽、破壞較輕。恢復××亟待努力。越南我軍受降區域內，法越間並無衝突事件發生，現情況尚爲安靜，受降各事進行亦頗順利。滇省府改組後，昆明市自五日上午起已完全恢復常態。

美軍登陸秦皇島

【×××八日電】美海軍陸戰隊已在秦皇島登陸，即將鐵路綫布防，並解除日軍武裝。北寧路過去通至唐山，現已展至秦皇島，交通界人士八日午會同美軍由津乘車至秦皇島，視察鐵路沿綫情形。

達十萬萬的巨大的集團，處於極權主義的統治下。」因此，他們主張美國政府盡力武裝國民黨反動集團，壓制中國共產黨，阻止蘇聯勢力進入東北去。

「幸福」雜誌的文章中，表面上講得似乎還柔和些，甚至主張在事前與蘇聯成立協定，但是排斥蘇聯的意圖是非常明確的。它說：「蘇聯常懷疑他的鄰國，會被利用去圍攻他，由於這種心理作祟，所以蘇聯認爲有控制其鄰國的必要。」又說：「假如蘇聯要宣佈一個『友好的滿洲政府』——友好的義務：蘇聯決定——以保自身安全，到這時候美國如何應付呢？」接着便議論道：如果採取『不管』的政策，是『不合於美國傳統政策』的，『在這種政策（按：指其傳統政策）上，已明白規定，爲美國自身利益計，不許中國以外的任何國家去單獨控制中國廣大的土地與人民。』同時它又反對爲促成蘇聯參加對日作戰而成立所謂『在表面上堅持形式的宣言（按：指開羅會議宣言中將東北交還中國）而實際上仍不歸還東北與中國』的『美蘇諒解』。它主張在『蘇軍把日本逐出東北以前，中美英蘇應速成立協定，以便解決：（一）應如何取締日本人民及中國漢奸？（二）蘇軍有無駐屯東北的需要？』當然，它關心的並不是第一點，而是第二點，所以它提醒美國政府道：『成立這個協定，若非具有遠大的眼光，不注意到未來的問題，而東北的解放，不但毀壞東北的命運，並且粉碎美國未來的歷史。』

× × ×

另一種主張可以六月八日『國際新聞』發表的『東北——東亞局勢的鎖鑰』（譯載於美『新聞資料』七月廿八日）爲代表，該文說：『日本被淘汰以後，餘下唯一能以强國資格在遠東與蘇聯抗衡的便是中國了。』但是，『中國能否成爲一個强大的工業國家，和武力國家，這完全要看它能否收復東三省而決定。沒有東三省的那些天然資源，中國便無從建設它的工業，無從配備它的軍隊。若沒有東三省那些高山峻嶺作邊界，中國就仍然無法抵抗像從前那樣屢次以破竹之勢向它進攻的侵略勢力。一九四三年十二月羅斯福、邱吉爾、蔣委員長在開羅會議時，即已決定把東三省歸還中國。』又說：『美國以往的政策，曾反對任何一個國家以權强控制中國。所以從好幾點上，我們可以看出，將來美國和英國必然會信守他們歸還東三省與中國的保證諾言。』但同時它承認『蘇聯加入對日作戰，可以促使日軍早日崩潰，』『並認爲：

「蘇聯的利益大部分屬於遠東方面的。這裏可給予在一九〇三——五年不惜訴諸武力以爭奪的那個太平洋港口。這裏亦可給它以利，第一條直達太平洋的鐵路……。亦可使它不致側面受攻。」（九）

史佛卓的警告

【合衆社羅馬七日電】史佛卓伯爵今天警告八國說：倘不給意大利以公平的和平條款時，意大利將成為法西斯主義新生已告成熟的地方。史佛卓在羅馬獨立報上撰文稱：他需要代表期望能根據大西洋憲章來予以公平解決的數百萬意大利人講話。他說：意大利人已認識到他們對墨索里尼發動的戰爭應負的責任，因此已預期到和平將是『苛刻的』，但是帶有公正性的。

東北九省轄區劃定

據九月十九日大公報載：東北九省地圖已由中央設計局製就付印，最近即可出版。新省劃分如後：

遼寧省：面積為六九、九一二方里，人口共八、一一〇，七九三人，共轄瀋陽、遼陽、遼中、本溪、撫順、鐵嶺、新民、法庫、康平、海城、蓋平、復縣、新賓、清原、金縣、錦縣、錦西、興城、綏中、義縣、北鎮、盤山、台安、黑山、彰武等二十五縣，省會設瀋陽。

安東省：面積為六八，二二一方里，人口共五、三四七、五五〇人，共轄通化、長白、撫松、輝南、金山、柳河、濛江、輯安、臨江，安東、鳳城、岫巖、莊河、寬甸、桓仁等十五縣，省會設安東。

遼北省：面積為八九、〇二一方里，人口共三、八六四，三二一人，共轄遼源、梨樹，昌圖、開原、西豐、西安、東豐、海龍、長嶺、通遼等十縣，省會設四平街。

吉林省：面積為一一二、七四三方里，人口共六、〇九六，〇二六人，共轄延吉，汪清、和龍、琿春、安圖、長春、德惠、九臺、農安、乾安，扶餘、永吉、舒蘭、蛟河、樺甸、磐石、榆樹、懷德、伊通等二十縣，省會設長春。

松江省：面積為八八、七六八方里，人口共四、〇九二、〇六八人，共轄綏陽、東寧、穆稜、寧安、阿城，賓縣、雙城、五常，珠河、葦河、延壽、呼蘭，巴彥、木蘭、肇東、肇州、蘭西、東興、安達、青岡，肇源等二十一縣，省會設哈爾濱。

合江省：面積為一二〇、一三四方里，人口共一、八〇八、八四一人，共轄

甚至這些新的國際武器也是可能被克服的。在舊金山發生的事情便可以給予我們一個樂觀的觀點。只要經過一個較長時期與一種更長期的彼此認識，而且對於雙方大家的給予與獲得，並尊重少數者的利益，我們仍然能克服這些暫時的困難。

【美新聞處紐約七日電】約翰·佛斯特·杜里斯（貝納斯的顧問）六日夜在哥倫比亞廣播公司所作關於倫敦外長會議的談話原文如下：倫敦外長會議任務是起草和約。這是一個如何不容易的任務。這不是戰勝國把他們的意志加諸戰敗國的事情。當我們着手這一工作時，不是很容易的。在我們着手起草和約之前，戰勝國必須關於將是何種和約達到一致的意見。所以我們沒有和意大利，或羅馬尼亞，或德國談判和約。我們先與蘇聯、英國及其他聯合國談判××。這些國家各有不同的利益，他們不肯讓步不是強力的方法而是理智的方法。我毫未想到這是容易的任務。我們參加第一次世界大戰以後的和平會議的（下略）。

泰晤士報訪員稱英美將承認奧利地

【路透社倫敦八日電】倫敦泰晤士報外交訪員報導，英美政府極可能不久即公告決定承認雷納爾博士的奧地利臨時政府。訪員又說，該政府最近已加擴大，人民黨被給與更廣大的代表權。更好的是政府正以一切注意力保證自由選舉。管制委員會中盟國代表已討論這些發展，英美政府將採取的行動也便是根據他們的報告。公告承認或有承認之意將再表示只要有合理的保證——即選舉不是有組織的全民投票——西方國家的[illegible]將立即與中歐及東歐任何新政權發生關係。訪員又說，各同盟強國關[illegible]政府問題現在正接近協議中。他提出蘇聯共產黨機關報真理報最近的論文中說到『如結要擴大參加起草和約國家的數目的問題的話，那末就不可能限於法蘭西。在那種場合，南斯拉夫、波蘭、捷克也都應參加，因為他們對勝利作了極大犧牲和貢獻。』訪員評述蘇方這一評論說：『如果真理報想到貝納斯所提議並大體上由莫洛托夫在原則上支持的較廣泛的會議的話，那末，它所提出的同盟國家就可以以普遍的協議保證共地位了。但是會議還需要佈置，而自破裂（指外長會議）以來現在正是開始外交交換的時間，而且主要強國顯然將願望在較廣泛的會議召開之前大家更加接近諒解些。』

佛朗哥政府籌備「地方選舉」

【美新聞處馬德里六日電】合衆社稱，

東安、虎溪、蜜河、寶清、林江、勃利、密山、樺川、鶴立、湯原、通河、方正、依蘭、富錦、同江、撫遠、綏賓、羅北等十八縣，省會設佳木斯。

黑龍江：省面積爲一六七、三三六方里，人口共二、一八一、〇二五人，共轄璦琿、漠河、鷗浦、呼瑪、奇克、遜河、烏雲、佛山、孫吳、北安、綏楞、鐵、慶城、綏化、海倫、望奎、依安、德都、克安、克東、拜泉、明水、嫩江等二十三縣，省會設北安。

嫩江省：面積爲六九、二四四方里，人口共二、四二六、二七四人，共轄龍江、泰來、泰康、甘南、富裕、林甸、訥河、大賚、突泉、安廣、鎮東、開通、瞻榆、洮南、白城（舊名洮安），景星等十六縣，省會設齊齊哈爾。

興安省：面積爲二四九、一七七方里，人口共三一二、〇三七人，共轄雅魯、奇乾、室韋、臚濱、呼倫五縣及布西與索倫兩設治局，省會設海拉爾。

各省縣名及縣界以「九一八」前原狀爲準，其於敵僞佔領期間變更者，以後再加清理。又據近市面已有私人就舊圖倉促印製之東北九省地圖出售，惟錯誤甚多。

合衆社轉播

國民黨將編日軍爲「志願隊」

【合衆社重慶九日電】據共產黨自延安發表公報，指斥國民黨當局計劃將華北日軍改編爲「志願隊」，作爲進行內戰計劃的一部份。據稱山東僞軍領袖已至南京向國民黨當局報告，該區僞軍不足對付共產黨，因此，現正計劃××山東日軍，而將日軍改編爲「志願隊」。

胡適評外長會議

【美新聞處紐約七日電】前駐美中國大使胡適博士，昨日在一午餐席間稱他對於倫敦外長會議的結果覺得有樂觀之處。可是他又說：「我們許多人不得不感覺到我們正面對着一個新的武器，這個新武器不是原子炸彈，而是防害國際事的新武器——這種任何一個強國的否定權的武器，是一種國際性的武器。」胡適博士繼稱：這個武器如果廣大的應用起來，不但將要摧毀以後的和平會議中所有的建設性的努力，而且在將來更要摧毀建設一個統一的國際社會的努力。

我仍相信這些暫時的挫折不會發生的，而我相信它們是可能被克服的——

政府官方報紙公佈法令，命令籌備地方選舉之民選名單，這是自一九三八年佛朗哥當權以來之第一次公開選舉。命令是繼一個月以前佛朗哥的諾言的初步，即人民將被允許參加地方的與省的選舉。法令上說，選舉應該成爲「人民參與國家工作的健全的實質」。

中央社傳暹羅事件

【中央社渝八日電】暹羅政府，最近禁止華僑慶祝勝利，屠殺僑胞事件發生後，僑胞即推派代表吳棣於廿四日午逃出曼谷，飛返中國向爲報告。吳氏於六日晚抵渝對記者發表暹當局屠殺僑胞事經過詳情，茲紀述如下：「暹羅爲日本附庸，受日本指使虐待華僑，自日投降後，各地僑胞均極興奮，八月十四日曼谷及暹北各地，即有僑胞懸掛我國旗者，市面亦有紙製國旗出售，暹當局見我國旗即予撕毀，僑胞義憤填胸，與警爭執，被開槍而致死傷者曼谷一地，即有數人。各地死傷尚未得確報，至九月廿日之夜，曼谷僑胞循例賞月，數百兒童手持國旗，在市中心區耀華力路遊行，暹警又出動干涉，少頃大隊軍警開至，開槍示威，僑童散後，復向四週民房掃射，幸未傷人，廿一日中午暹警聲稱千擔搶奪武器，滿佈耀華力路一帶，準備屠殺，是晚七時暹軍夫故意與僑胞衝突，軍警即開槍掃射，僑胞死亡極衆，尤以婦孺爲多，本人是時在安安旅館，會目擊僑胞一人在旅館中被槍彈射貫左頸，即時倒地，不省人事。本人當以電話報告暹羅中央醫院，迅派救護車診治，該院初已允許，繼問是否唐人（指華人），乃不允派車。是晚屠殺之後，復藉搜尋名義，沿路搜尋華僑住戶，軍警到後，將僑胞驅入一室，勒交箱篋鎖匙，肆意搜刮，其中有一個華僑，拒交鎖匙，立即槍殺，翌晨本人巡視沿路至暹中央醫院，所見死傷僑胞遍地皆是，因在軍警控制之下，無法調查統計，二十四日起，華僑一致罷市以作消極抵抗。本人受各僑領推派，亦於是日中午逃出曼谷，設法飛渝報告當局，現各僑胞亟欲請中央迅派大軍赴暹護僑，或作其他有效措置，以保護留暹僑胞生命財產。又暹當局宣傳廳於暹曆二四八八年九月二十二日發出宣言公然認爲所發生之全部事件，爲微小之事，「其用暹語廣播之宣言則逕謂此次所用屠殺者，僅爲小型軍械，暹雖小國，尚有其他力量以維持治安云云，足見暹國之藐視及對僑胞仍準備隨時屠殺，希望我當局及全國各界迅加援救。

（只供參考）
第一〇二九號
解放日報 新華社 編
今日出二張
卅四年十月十一日
星期四

蔣介石宴毛主席

【中央社十日電】蔣主席於十日下午四時許赴曾家岩張治中寓訪毛澤東，晤談約十分鐘後，偕同乘車赴國府，出席慶祝招待外賓之雞尾酒會。會後王世杰、邵力子、張治中與周恩來、王若飛兩氏繼續商談，政府與中共歷次談話紀錄要點，並經簽字，定於十二日發表，毛澤東十日晚復應蔣主席邀赴山洞官邸談話，當晚下榻蔣氏官邸。

國民政府「授勳」令

【中央社渝九日電】（一）國民政府十月十日令，蔣中正給予勝利勳章此令：（二）國民政府十月十日令何應欽、程潛、閻錫山、馮玉祥、李宗仁、李濟深、白崇禧、陳紹寬、唐生智、徐永昌、何成濬、陳儀、熊式輝、張治中、龍雲、何鍵、于學忠、朱紹良、萬福麟、張鈁、金漢鼎、張之江、呂超、顧祝同、劉峙、蔣鼎文、萬耀煌、徐培根、余漢謀、衛立煌、張發奎、薛岳、胡宗南、孫蔚如、盧漢、湯恩伯、王耀武、王纘緒、張鎮、鄧錫侯、潘文華、錢大鈞、賀國光、周至柔、黃光銳、毛邦初、周亞衛、錢卓倫、劉斐、劉士毅、王俊、劉詠堯、蕭毅肅、戴笠、張篤倫、石敬亭、曾萬鍾、范漢傑、裴昌會、朱德、彭德懷、葉劍英、楊愛源、唐士遵、上官雲相、韓德勤、孫震、郭懺、陳繼承、馮治安、周磊、蔣光鼐、郭寄嶠、何柱國、牟中珩、王陵基、高樹勳、李延年、馬法五、馬占山、鄧寶珊、劉多荃、香翰屏、黃琪翔、關麟徵、鄧龍光、夏威、鄒洞國、孫元良、張雪中、夏楚中、程位仁各給予勝利勳章此令。（三）國民政府十月十日令吳敬恆、程天放、邵力子、王秉鈞、陳果夫、吳鐵城、丁維汾、潘公展、陳立夫、段錫朋、張道藩、陳濟棠、狄膺、吳國楨、陳慶雲、葉秀峰、鄧彥芬、余井塘、馬超俊、彭昭賢、許孝炎、李惟果、賴璉、戴愧生、何聯奎、朱懷冰、徐恩曾、葉溯中、胡一貫、劉蘅靜、呂雲章、顧建中、郭紫峻、黃季陸、方治、谷正鼎、

【中央社滬九日電】陸軍第三方面軍司令官湯恩伯，九日開始巡視各接收區實況，預定巡視日期為四天，隨行者有軍事接收委員會主委張副司令[illegible]，朱副主委思，一兵站楊司令啟民及中外記者等。

【中央社長沙八日電】第四方面軍司令部發表第三六號公報稱，（一）方面軍連日繼續接收日軍一一六師團自動車三二聯隊等二六單位，計步[illegible]二八〇六支，刺刀三八二一把，各式輕機槍六五具，各式手槍一四六支，[illegible]擊砲十二門。

【中央社廈門四日電】（遲到）金廈鼓浪嶼日海軍艦艇，砲台，機[illegible]場，海港，倉庫，車輛，飛機，槍械，軍需等及屬於軍事方面之物資[illegible]均已接收完畢。

【中央社漯河十日電】許昌日軍已全部解除武裝，劉峙司令長官七日[illegible]來許，並對全體官兵講話，六日午後返漯。

【中央社歸綏八日電】平綏鐵路管理局，七日在歸成立。據該路局[illegible]忍報告，該局共接收車頭卅二個，車皮四二四輛，車頭可供使用者僅有十[illegible]個。

蔣介石雙十廣播

【中央社渝九日電】蔣主席為卅四年國慶日，於九日下午七時，[illegible]胞發表廣播演講，原詞如下：

全國同胞們：

今天是我們中華民國開國第三十四週年紀念日，又正是我們[illegible]第一個國慶日，我們在十四年前的今日，正遭受着空前的國[illegible]今日，更是全國抗戰開始拚民族生命以爭取國家生存的時候。[illegible]我們終於實現了最後勝利的目標。我全國同胞在革命[illegible]以立足於自由平等的新天地，置身於和平安全的新[illegible]的恥辱，迎接未來無窮的希望。際此歷史轉換的關頭，大家[illegible]共度此佳節良辰。中正回溯革命先烈，締造民國的艱[illegible]民堅持抗戰的辛苦，瞻望收復區滿目殘破的瘡痍，大後方民眾貢獻的[illegible]，深感勝利成果，彌足珍貴，革命責任，尚有未盡。我們今後更要[illegible]力，同心同德，以促建國的成功。我們全國同胞工作的目標，只有一個，就是『[illegible]第一』，謹抒所見，以告全國同胞。

國父在其所著『孫文學說』中，曾經指示我們『革命，非常之破壞與革命[illegible]

邵華、陳泮嶺、劉臨章、羅霞天、李燦、余俊賢、張炯、周伯敏、王星舟、吳紹澍、卓衡之、袁雍各給予勝利勳章此令。王寵惠、陳布雷、梁寒操、鄒黍祺、劉維熾、沈鴻烈、雷殷、李基鴻、邱昌渭、方顯廷、孫越崎、潘銘新、潘簡良各給予勝利勳章，此令。（四）國府十日令宋子文、孫科、居正、戴傳賢、于右任、翁文灝、葉楚傖、覃振、周鍾嶽、劉尚清、張人傑、鄒魯、張繼、熊克武、柏文蔚、李烈鈞、李文範、朱家驊、章嘉、胡毅生、鈕永建、劉哲、麥斯武德、魏懷、吳鼎昌、商震、陳其采、許靜芝、陳方、周以良、沈礪、俞濟時、田士捷、陳希曾、李益滋、楊汝梅、關亦有、吳大鈞各給予勝利勳章此令。（五）國民政府十月十四日令，張厲生、王世杰、陳誠、俞鴻鈞、俞飛鵬、谷正綱、周詒春、徐堪、謝冠生、鹿鍾麟、蔣夢麟、徐道鄰、羅良鑑、陳樹人、薛篤弼、鄒琳、蔣廷黻、金寶善、鄭震宇、張維翰、雷法章、甘乃光、劉鍇、林蔚、俞大維、魯佩璋、郭秉文、李儻、譚伯羽、何廉、朱經農、杭立武、顧學遜、凌鴻勛、洪蘭友、黃伯度、嚴慎予、錢天鶴、劉航琛、龐松舟、洪陸東、連瀛洲、秦德純、徐思平、趙丕廉、周啓剛、李卓敏、沈克非、祝平、彭學沛各給予勝利勳章此令。（六）國府十日令蕭全茲、于斌、陳博生、曹谷冰、黃少谷、王芸生、胡健中、成舍我、王寬生、龔德柏各給予勝利勳章此令。

李延年到達泰安

【中央社濟南九日電】第十一戰區副長官李延年將軍，二三日內抵濟，其先遣人員高參室主任孫鳴玉，副處長李蔭堂，業於今日十四時抵濟，李副長官係九月廿九日由徐州出發，率領大軍徒步北上，九日晚達泰安。

【中央社北平十日電】第十一戰區受降典禮，由我受降主官 孫司令長官連仲主持。十月十日上午十時，在北平太和殿隆重舉行。日軍投降代表團廿人由平津地區日軍官兵善後連絡部部長根本博中將率領，開始簽字時首由根本博中將於降書（一件）及受領證（三份）上分別簽字。繼由我受降主官孫司令長官簽字，旋由日投降代表一次呈繳軍刀計廿把，依次放在簽字桌上，司令命令日軍代表退下。

【中央社南京八日電】海軍教導總隊隊長唐靜海，偕隨員三人，日內由京飛青島，接收青島威海衛烟台大沽口等處日海軍基地，該總隊人員，已於日前自滬搭美艦先行赴青。

之建設，必相第而行。」民國開國以來，卅四年的經驗證明了這句話是不[illegible]的，自北伐成功以後，國民政府即以建設為惟一的革命責任，然而各[illegible]甫具端倪，而日本侵略主義者的阻撓與時未已，步步侵犯，使我們不能不[illegible]起抗戰。在抗戰時，我國民政府集中全國力量與敵僞戰鬥，仍以抗戰建國[illegible]時並進為施政綱領，由於敵軍的侵略壓迫，戰區的遭受破壞，後方物力的[illegible]困，交通運輸的隔絕，建設工作在極度艱困的狀況下掙扎進行。雖有相當的成就，但究為物質條件所限制，今天我們檢討全國的實際情形，總是事[illegible]後，處處幼稚，真所謂不如意。憶往察來，自然覺得前途是十分光明，而我們的責任，則更是十分重大。當此抗戰結束之後，全國同胞若不乘此[illegible]奮發，力謀自立自强，則不特敵人一旦再起有重受侵略之虞，而[illegible]亦將無我國立足之地。我們經過八年長期抗戰的教訓，追念[illegible]痛苦，對於革命建設，決不使再有遲延，更不應再加阻礙。國父說：「革命事業莫難於破壞，莫易於建設。」回溯過去卅四年之中，推翻滿清，[illegible]除×方侵害，抗禦侵略強暴，這些艱難的事業，由於我們革命先烈和全國同胞共同奮鬥，皆能如所預期達於完成。現在我們抗戰已得到最後勝利，我們的國家已獲得獨立自由地位，建設事業必定更較過去卅四年為易，只要我們耐苦耐勞，以集中[illegible]神，快幹實幹以爭取時間，效法[illegible]五年計劃中所表現的刻苦犧牲精神，節衣縮食，克勤克儉，凡人力物力均加充建設之用者，都應作經濟而合理的使用，一絲一毫絕不浪費。如此[illegible]以物質的困乏，渡過戰後的艱難，致國家社會於康樂繁榮之境。但是如果沒有非常的建設，以繼此革命抗戰非常破壞之後，那就必致經濟[illegible]會衰敝，文化凋落，而國家民族的根基，也隨之萎瘁。不獨革命大[illegible]成，即我全國軍民八年以來揮汗灑血所換得的勝利成果，亦不能確[illegible]我們將何以對我國父與武昌起義之革命先烈，及抗戰陣亡將士的英[illegible]以保我獨立自由的基業，以貽留於後代的子孫？

全國同胞們！過去八年之間，我們同心一致共同奮鬥，才得到抗戰[illegible]，從今以後，我們更要團結一致，積極努力，以求得建國的成功。[illegible]以積極創造的精神，迅速確實的行動，集中全力，以實現建國的[illegible]我們必須完成心理、倫理、社會、政治、經濟五項建設，改造中國[illegible]榮、文化昌明的國家，與聯合國並駕齊驅於國際社會，分担世界永[illegible]

要的、因之，我在今天要說明有關於建設的三個重要的方針，以冀我全國同胞共求實踐。

第一、經濟建設的方針，在增進社會福利，以提高人民生活為目的。為要實現此方針，戰後第一期經濟建設，必須依照下列三項要旨來決定計劃和執行計劃的步驟：（一）第一期經濟建設，應以農業與工業並重，我過去屢次提出工業化為國民建設的急務，我們的建設總計劃當然以迅速發展工業為重心，但要知道我們中國工業的進步，必須以農業的發達為基礎。我們中國是農業國家，全國同胞最大多數是農民，我們的經濟建設，必須實行國父的民生主義，更要着重於農村的進步與農民生活的提高。我們必須使全國人民足衣足食，再無凍餒之虞。必須使科學醫藥的設施，普及全國鄉村，以減除民眾的疾病。然後社會購買力，得以提高，生產力得以增強，工業建設，才能發達而繁榮，一切建設才能如計劃進行。（二）第一期經濟建設，應使人民的利益自由與國家的經濟計劃融合為一體，而國營事業的種類，尤應更明白的劃分。國民政府對××時的方針已經在第一期經濟建設原則內，明白宣佈了。具體的說，凡有全國性和獨佔性以及人民×××××興辦的事業，如××鋼鐵工業，如全國鐵路，如大規模水電事業都應歸國營。此外，一切經濟事業，在合理之民營，其民營事業資力不足者，政府當予以補加或×××替。我們國家的建設計劃，應以民生福利為目標，人民的經濟自由，應受國家整個計劃的保育。這將是我國古訓「藏富於民」的道理。（三）我們要歡迎外國的資本與人才和我們合作，過去因為外人在中國享有特權，所以國經人對於外資抱有戒心，政府也沒有積極加以鼓勵，現在平等新約成立，而友邦公眾企業界對中國的經濟建設，特別熱心協助。將來外人在中國經營事業，政府必將充分予以法律的保障，使與國內民營事業享受同等待遇。只要合乎經濟計劃的需要，國營民營事業都可依法向國外協商借款，或由外人投資。我們要遵循上述這三項要綱來確立經濟建設的計劃。至於經濟計劃的推行，必須要有程序，更要有重心，方不致本末倒置，一事無成。所以我們第一期建設的重心，着重在兩點：其一是交通建設的重要，我們中國是經濟落後的國家，我們的經濟建設，必須使國內各地有無可以相通，而後工農經濟可以平衡發展。所以交通暢達，實在是工農生產增進的必要條件，而鐵路修築尤為當前的急務。我們至少要在十年之內，完成二萬公里鐵路的計劃。其二是建設人才的養成，我在「中國之命運」內，曾經估計戰後十年增產計劃需

促其完成。（二）確實編成基層建設必要的冊籍，今後各級政府官吏與當地實戶口調查土地清丈與財富登記三項工作為本身應有的任務。而各級學校師生也應當認識這三項工作的重要，協助政府官吏，並宣傳一般民眾，使其容易進行。惟有這三項工作普遍完成，國父三民主義的基層地方建設纔得以實現，而後四項民權的行使也才確切的基準。（三）徹底清除社會的弊害，建立良好的秩序。我們自遭受侵略以來，凡是日本軍隊所到之處，無不是煙毒彌漫，賭博流行，盜匪猖獗，不但防礙國民的健康與道德，且使治安亦受其影響。今當戰爭結束，收復工作積極進行。我們在內政上急要的措施，必須特別注重於禁煙禁賭與消除盜匪三事。我們要消除上述的三害，使務民絕對，治安秩序整然而不紊。

最後要提到憲政的實施，國民革命一貫以實施憲政為建國的目標，國民政府為國家負責，為人民盡職，無日不殷切盼望憲政的早日實現。但始終就重其必務其實而不使徒有其名，我曾公開宣佈：「民主憲政不容再緩，而國民大會乃是國民政府還政於民的必經階段。「我認為我國實行憲政之後，必須使各政黨在民意之前，以和平方法作公開的政治競爭，乃為符合民主的精神。

現在國民大會召開在即，所有我全國同胞誼認「主權屬於國民全體」的要諦，為了國家永久光明的前途，必須人人負責，事事為公，但求有利於國家，應不惜犧牲任何部份的利益和成見，務求憲政基礎的確立，以開創百世長治的典型。

上面所述的事項，乃是扼要提述關於今後建設的方針，但根本之計，在於我們國民的心理建設與精神改造，大家必須知道我們國家在戰前是缺乏基礎，在戰時是備遭破壞，更須知道世界是在飛躍的進步，時代是在不斷的前進，我們務必認識復員決不是復原，而勝利決不是休息，我們要在戰爭廢墟之上，進行非常的建設，要在重建戰後社會的時機，徹底實行三民主義，就必須遵奉國父心理建設，知難行易的教訓，振奮我們民族，衝破一切艱難的固有精神，我們此時必須確立建國的風尚。所謂建國的風尚，一是新，二是速，三是實。這就是說，第一、我們必須以新的精神、新的努力來創造新的社會。我們決不能故步自封，而要日新又新。第二、我們必須以迎頭趕上的精神，進行建設，乃是一切行動習慣生活乃至訂立計劃執行方案，都要不避險，不鬆懈，力求迅速，爭取時間。第三、我們必須以實事求是的精神，屏絕

學科學技術人才二百七十萬人，而東北台灣工礦農場的接管人員，尚不在此數之內。這些幹部人才必須由學校教育和訓練，因此學校教育必須配合經濟建設的需要，對於上述工業、農業、交通、醫藥各部門，尤須增設專科與一般職業學校，以儲備實用的技術人才。

第二、文化建設的方針，在獎勵科學研究，保障學術自由，並改造社會的風氣爲實。實現此方針，戰後文化建設應遵循下列兩項原則：（一）建國工作，需要實用的人才，實用的技術，必須的高深的學理。我們中國百事落後，以致一切事業不能進步。今後我們必須以全力獎進科學的研究，對於純粹科學，當與應用科學同樣注重，使學術有專精的造詣與原理不斷的發明。而高深學理的研究，又必須國家的教育政策和政治制度的尊重人民個性的發展，與保障學術研究的自由。中國國民黨第六次全國代表大會，決定的新政策，明白規定學術自由與言論出版、集會結社自由，同受法律的保障。國民政府自必根據這個政綱，[訂]立各種有關的法令。（二）建國工作，需要和平安定的社會秩序，亦需[要]篤實的幹部人才，今當抗戰結束，建國工作急待開始，我們首先要改[illegible]風氣，以使我們的社會都能奉公守法，協力合作，而不是冷酷自私，攘[illegible]；必使我們所養成的人才都能精勤篤實，積極向上，而不是因循怠惰，虛僞浮靡。更必須每一個國民都能具備公民常識，參加集體生活，尊重國家的法令，維護公共的秩序，共循應守的軌範，決不可誤用自由的名義，爲破壞法規妨害秩序的口實。我們要實行三民主義，以求國家的進步，當然要尊重學術思想的自由，尤其是尊重國民個性才力的發展，但我們都要知道過去教育上的所養成的散漫無紀的風氣，是建國時期所必須改正的。祗圖個人便利，而不顧國家利益的言論行動，是祗有阻礙建國，而決無補於民主自由的建立。惟有法治範圍內的自由，才是眞正的自由。亦惟有尊重的法治國家，才能培養高深的學問技術，奠立眞正的民主基礎，以貢獻於國計民生。

第三、政治建設的方針，在普及民權的行使，以鞏固憲政的基礎。爲實現此方針，戰後政治建設必首先着手於下列三項工作：（一）遵奉國父以縣爲自治單位的遺敎，積極進行地方自治，而以充實保民大會爲起點。必使每一個公民，都能在保民大會主張其權利，履行其義務，亦必使保民大會普遍成立於市鄉，而後基層民意機關，才有其普遍健全的基礎。更必須有能力，有志氣，有知識的青年樂於爲地方服務，而後地方自治才有充實健全的幹部，以虛驕，力戒欺僞，更要事事精確，步步踏實，切勿再有籠統含糊的意識和苟且隨便的行爲。這三點實在是建國成功的基本，我們更要認識我們是革命未成，而百事落後的國家，當此勝利之日，我們無可驕矜，而且要忠實反省戰時所發露的一切缺點，銳意刷新，痛加改正，要認定勤愼節儉爲建設之母，而驕惰浪費爲建設之敵，必須全體國民毋怠毋荒，特別努力，而後八年抗戰的犧牲不致虛擲，建國的全功得以完成。

全國同胞們，今天是我們抗戰勝利結束之後第一個國慶日，也就是我們建國工作的發軔期。我們中國能否發展爲民生康樂，文化昌明的獨立自由國家，完全決定於戰後第一期建設的成敗。大家必須知道事在人爲，一切都要求其在我在八年以前所說的，我們對於抗戰必勝的信心，既有事實來證明，則今後建國工作的必成，我們也要有同樣的自信，排除萬難以求其實現。全國同胞們！現在是千載一時的報國機會，我們在今天歡欣鼓舞，紀念我們的國慶，我們必須以十倍於戰時的努力，團結一致，矢勤矢勇，實踐三民主義積極進行建設，結束過去所有的憂患，開闢今後無限的光明，有志者事竟成，我願與我全國同胞砥礪志節，共同淬勉，完成我們神聖莊嚴建國的使命。

傳國民黨停止強迫儲蓄 廢除鋼鐵等管制制度

【時訊社二日訊】九月六日新中國日報載，「加强推行儲蓄辦法」綱領，已由國民政府下令廢止。除鄉鎮公益儲蓄、機關團體員工儲蓄、及收購物資搭付儲蓄券等均已停辦外，並將典賣及出租房地產認購儲蓄券，與烟酒筵席、娛樂場所、搭銷儲蓄券，一併停辦。

【時訊社二日訊】八月二十九日大公報載：戰時運輸管理局公佈：汽車配件之管制一律取消。

另據九月六日大公晚報稱：戰時生產局已決定廢除鋼鐵運輸護照制度；即日停發停檢。此後鋼鐵機器業可以自由買賣。按前於抗戰時期，在統制政策下，鋼鐵機器五金業者備受當局抑價收購之累。近以抗戰勝利，海運即可暢通，後方各廠之產品，尤以鋼鐵、機器，與五金材料等項，大多品質低劣，且不能與外來品競爭；官方深恐如仍繼續統制收購，則不但難於繼續獲利，且有滯銷虧本之虞。故生產局日前已放棄由官方向民營工廠訂製鋼鐵、機器與五金材料之統制方式，現該局又允許民間自由運輸，均因是項統制辦法，對於官方不再有利。（L）

美軍在華總部建議

美派技術代表團來華參加接收敵廠工作

（時訊社五日訊）據美新聞處九月十六日重慶：電『人才缺乏之之中國』，近在羅致技術人員，接收由日方獲得之各種工業並經營此類工廠。該電並稱：雖然中國正擬聘請若干美國人士來華協助，但中國技術人才之欠缺，確屬嚴重問題；故有保留許多日本技術工人久留中國之必要。然圖解決此項問題之中美人士，咸盼有足用之人才接收工作，而置日人於次要地位。現美軍在華統帥部已向華府建議派遣技術代表團來華參與此項工作。（L）

（時訊社一日訊）八月三十日華西晚報訊：美戰時情報局宣佈於三個月內結束，屬於情報局的新聞處可能延長幾個月。美新聞處在華總處原設重慶，最近已決定遷往上海，在中國內地之新聞分處範圍都將縮小。收復區新設分處將有南京、漢口、廣州、北平、天津等處，負責人員均派出，先遣工作人員已隨美軍降落上海。（R）

大公報主張在東北實行「耕者有其田」

（時訊社一日訊）八月二十八日大公報社論『集中力量建設東北』中說：『我們主張，應把東北造成三民主義的示範區。……東北已成一張白紙，所有特權階級和封建羈絆都已摧毀，眞正的實行三民主義，應該比別的地方更事半功倍。……大地主沒有了，我們不必再用迂遠的方法來『平均地權』，乾脆就『耕者有其田』，把過去被敵人侵佔的，漢奸掠奪的土地，平均分給一般農民。這樣，比免徵田賦等更給慘痛的東北同胞以實惠。東北收回後，許多大工業當然國營，其它企業都要從頭經營……而如何『節制資本』，就應在今日新生之初，有一個好的開始。』（R）

國民黨成立東北工程師學會

（時訊社一日訊）中國工程師學會東北區分會八月二十四日在渝成立，由國民黨委任之嫩江省主席彭濟羣主持。會中聯絡全國東北籍工程師共七百餘人。並決議由經濟部，中央設計局及該會成立東北工礦接收委員會云。（R）

傳「還川工廠」擬請川省當局預購機器

（時社訊二日電）八月二十八日大公報載稱：還川工廠復員工作，限於資金及交通工具，欲移不能；留

」（R）

（時訊社一日訊）據新中國日報九月四日訊，李璜氏在舊金山會議[illegible]美養病，現已痊癒，於上月赴歐洲遊歷，頃已抵法京巴黎。又國家社會黨領袖張君勱已在由美返國途中，日內即可返渝。（R）

胡佛與邱吉爾

要美國作反民主的堡壘

（本報訊）據新華日報九月廿二日載稱：美國孤立頭子胡佛於八月十八日發表演說稱：『成打[illegible]的法西斯國家現在變成共產主義了，過去曾經是愛好自由的西歐國家現在[illegible]到社會主義去了。這是一種集體主義的潮流，全世界走向社會主義和共產主義，只有美國是一座中流砥柱的自由的最後堡壘。』他要求：美國必須[illegible]作我們的信念。我們必須宣稱阻止這潮流的決心。我們必須停止爲它辯護。我們戰後工作的第一目標就是恢復『自由』。

在這天前兩日，八月十六[illegible]，英國大資本的代言人邱吉爾在英國國會中發表演說：他說他担心『共產[illegible]的力量』已經得到或者正在得到『獨裁性的權力』。它舉出波蘭、捷克[illegible]斯拉夫爲例。接着，他把他的希望寄託在發明了原子彈的美國身上。他[illegible]由於原子彈的發明，美國已經爬上『世界的頂點』。他希望原子彈的秘[illegible]不能傳達給任何其他國家。邱吉爾接着就提出了運用這個秘密武器的計劃。他說：任何其他國家要能像美國這樣發明並製造出原子彈，勢非需要『三年至四年的時間不可』。在這三年中，『我們必須把所有國家中所有的人民重新按排到一種狀態，使他們不願或者不敢互相傾軋』。他對美國的權威衷心喜悅，他希望美國的行動『能符合他的權力與責任』。

又訊：據中央社倫敦九月十[illegible]日電，法社會黨領袖，前法國總理白魯姆於招待記者會議上論及擬議的『西歐集團』說，他不喜歡用『集團』一詞，而願稱做『西歐國際團體』。他以爲西歐北歐將基於共同利益加入這個團體，其後南歐或者也參加。他以爲意大利加入西歐國際團體一事『極爲可能』。

陳嘉庚返抵新加坡

（合衆社新加坡九日電）南洋各地日軍最想逮捕的一個人——馬來亞華僑籌賑會兼新加坡華僑動員總會主席陳嘉庚，已由巴達維亞乘機返抵此間。在歡迎他的宴席上，許多高級政府官員，包括麥堪倫副少將亦在場。

日本幣原新閣已獲批准

命運可能又是五十天

（路透社倫敦八日電）日寇新內閣幣原內閣已獲得盟國最高統帥的批准，路透社駐東京訪員布朗說：

用則生產停頓，無法維持現狀。政府迄未有妥善辦法，工業界人士惶慮日深。各工業家近擬建議當局：遷川工廠現有之機器，如獲四川地方政府以鉅資購買，用作發展地方工業建設之用，則於地方建設前途及解救工業界之艱窘，將兩業其利云。（L）

英國怡和、太古公司輪船將租與中國

【時社訊二日訊】九月八日大公報載稱：中國善後救濟總署署長蔣廷黻七日自英返國。據談，我國復員初期需要船隻甚多，英國本有怡和、太古兩商船公司在我長江流域航行營業，此次承兩公司贊助，並商得英政府之同意，今後兩年內，請該兩公司將其所有船隻全部租與我國，作為辦理善後救濟及調節復員運輸之用。所需租金，由英政府在其應行繳納之聯合國善後救濟經費內照數就近撥付，無需我國負担。（L）

【時訊社二日訊】據中央日報九月四日東京專電，代表國民黨赴日接受日本投降之軍令部長徐永昌對該報記者談稱：「在召開和平會議時，我國代表當要求一切日本大小貨船、一切飛機以及重工業工廠，均應交付中國，以作中國於若干年來財產損失之賠償。」（L）

新中國日報對外蒙古獨立表示「感慨」

【時訊社一日訊】中國青年黨機關報新中國日報，對外蒙古獨立會謂為「壯士斷腕的明斷」，左舜生氏亦會表示贊同。但九月六日新中國日報社論「懷外蒙！」中，又說對此「實不勝其感慨」。它說，「吾人承認外蒙獨立，實以外蒙人民自由表現其願望為先決條件。」接着它就發出了根本懷疑現在外蒙政體民主性的論調說：「惟是今日外蒙之政治體制，果能聽人民自由表現而不加以操縱脅持乎。舉行公民投票時，我中華母國果能盡其公平監臨觀察之天職乎！興念及此，何勝悲怕。」它說中華母國對外蒙未常施以虐待，「今竟決然分離，吾人實不解其理由之所在。懷念及此，不勝惘然！」最後，該報發出充滿了對蘇聯戒懼之情的論調，表示懷疑外蒙獨立後，國力不充，「果能保持實際獨立否乎？……吾人於情不能不為之代策安全。懷念及此不禁憮然。……同時並希望普錦外交，勿觸隣邦之怒，而起鄰邦之疑。須知小弱立國本非易事，偶一不慎，即開罪有名。母國願見爾興盛，勉之！勿忽！」

新內閣大部份由無色彩的自由主義者所組成，首都政治觀察家已指出可以證明其為另一「五十天內閣」。據這些方面人士說：新內閣最大的弱點是未容納社會主義者入閣，社會主義者已慢慢的成為國內領導的政治派別。東京重要的政論作家說：「他們實質全是自由主義者，但不是戰鬥的世界主義者」。新內閣甚至被給予苟延到下次大選時的機會，下次大選原擬正月舉行，但現在似會延至五月。此間意見認為過去的選舉是毫無用處的，故改選舉名單與程序在國家投票以前是很重要的。路透社另一駐東京訪員發現今日電告：日本退職首相東久邇亦會回答日皇是否知道日本進攻珍珠港的計劃的問題。他說：「雖然日皇陛下聞悉珍珠港戰役的大綱，他未獲得這一計劃執行的通知」。「况且，在執行戰事時，美國政府會在武裝行動之初獲得及時的通知」。他宣稱：日皇於十二月八日一一、三〇時（東京時間）簽字對美宣戰的敕書。珍珠港於十二月七日遭受進攻。

幣原對記者談話

【中央社重慶八日電】據美新聞處東京六日電，幣原喜重郎本日概要說明其今後之工作計劃，渠盼此時能克服日本之困難，並重建日本為國際社會中之國家。渠告合衆社記者稱：凡盟軍總部可能指為負有協助發動戰爭責任嫌疑，或被列為戰爭罪犯之人士，渠自不將延之入閣。渠繼笑謂余不知余本身是否亦屬嫌疑者。余家業彼軍方佔去，並於當地安置砲位，此可能被用以證明余係極支持作戰者。幣原後嚴肅聲稱，余將盡力使日本步入正直之途。盼一切愛[illegible]義和平之日人均予余以協助。渠囑記者向多數美國老友致意。渠稱余盼美國老友對余今後所治理之新日本，予以誠實之判斷，日本人民並非要求同情或少恕，而盼今後所為能獲外方之衡斷。蓋吾人深信吾人力能表明軍國主義，及舊時極端國家主義將被永遠根除也。

【美新聞處東京九日電】幣原新閣已獲得日皇之正式批准，幣原男爵九日入閣視事，諾許恢復言論與集會結社的自由。內閣九日發表的聲名中諾許改革帝國議會制度，日本各報會要求此種改革為必要的，幣原諾許「迅速」起草實現改革的計劃。該聲明強調政府將竭盡一切努力建立民主政權，並說：「在明治維新初期，日本憲法即規定日本的民主政府，但是人民意志為軍閥政府所篡竊」。內閣九日晨正式典禮中接受日皇的祝賀，即將舉行會議。

尼米茲談

美國武裝部隊負責太平洋兩岸安全

【路透社華盛頓六日電】尼米茲元帥本日在此稱：在今後若干年中，美國武裝部隊將負維持太平洋兩岸和平之責，吾人爲達成上述任務，必須保有所需之一切基地，渠繼告記者稱：蘇聯即不參戰，原子彈從未使用，日本亦將於盟軍進攻其本土前投降，唯時日或將因而延長。

中國將提出日戰犯名單

【路透社倫敦八日電】據新德里本日廣播稱：中國將於短期內以特別戰爭罪犯之名單，提交聯合國戰罪委員會，名單將包括所有主張在軍事與政治上侵犯中國之日本人，及以高壓手段在淪陷區勒索賦稅者。

關於外長會議 貝文發表演說

【路透社倫敦九日電】英外相貝文今日在下院於其首次論及外長會議失敗原因之演說中強調說，容納法國及中國代表出席（雖然限制他們在外長會議一切[illegible]的作用）的協議，原來是贊成的。貝文同時[illegible]：直接引起破裂底莫洛托夫以及其他各代表態度之改變，是根據莫斯科的指示而採[illegible]文說，「當莫洛托夫告訴我和貝納斯說，我們破壞了協定，他不能在[illegible]會工作了十天的程序下繼續討論時，我是非常驚異的」。貝文說，「或者由於距離那次勝利太接近之故，以致不能立即達到協議」。「在將來，我敢相信，在給予時間，繼續耐心與了解對方困難之下，我們將能克服目前的分歧以及其他可能出現的分歧。對我們說來，我們將以各國聯合起來進行戰爭的同樣合作精神進行工作」。邱吉爾說，「下院不分黨派，均感謝貝文關於分歧事件的明白、適度與英明的聲明」。邱吉爾繼稱，反對黨準備與政府商量之後於下週或一週以後舉行辯論，他並且提議，如果可以的話，討論應按正常的方式進行，來決定最方便的時機。貝文答稱：「如果下院想辯論時，我自然不加抑制，但我認爲，目前形勢很微妙，如果遲一時期辯論的話，可能對國內國際利益更有好處」。

【合衆社倫敦九日電】（上接）貝文已接獲莫洛托夫詳細的反對，莫洛托夫的反對是未簽字休戰條款的國家不應參加和平條約的討論，並且指出他們則願五個國家全體——包括如像中國這樣毫無利害關係的國家在內——友好地準備對意大利的和平條約。貝文說：「九月十一日以後的十天莫洛托夫似

陳逆公博即解渝

【中央社南京九日電】陳公博等諸逆，頃將暫厥在京獄關，最近即將解渝，聽候處置。此次奉命赴日拘捕陳等之飛機，係於九月卅日中午十二時十五分自明故宮機場起飛，由空軍中隊長張鳳瑞少校親自駕駛，副駕駛孫季倪，通訊員倪安良，機工長李繩允，由航委會特務旅第一連連長孫劍華，參謀陳剛，奉何總司令命，率士兵十名，前往執行。中國戰區日本善後聯絡部，派有渝林作大佐，楠山一郎中佐等數人陪往。該機於中國時間六時卅分，在預定之第二目的地米子海軍機場着陸，是爲我軍着陸日本本土之第一次。米子爲鳥取縣屬之市鎮，地處海濱，多溫泉，陳逆等寓其鄰近，翌日午後六時，日方聯絡員將巨奸陳公博及林柏生、何炳賢、陳君慧、周隆庠、莫國康等解交我逮捕人員。陳逆妻因臥病不能行動，當由日方出具保證，廿日後解到。莫國康乃陳之女秘書，一度化名白國光，陳逆於我士兵檢查其飲料時曾謂：「你們放心，我決不自殺，」，任憑政府處置。」又謂「本可不來日本，可省許多麻煩」。然又不得不離開南京。十月二日下午十一時半，該機由米子起飛，遄返南京，又岑逆德廣，前已在京捕獲。

傳蘇聯拒絕與阿根廷復交

【中央社渝九日電】據美新聞處華盛頓八日電，據報紙所載權威方面所獲之確息，蘇已拒絕阿根廷所提要求，恢復外交關係之提議。按兩國自一九一七年來即斷絕外交關係，紐約前鋒論壇報記者本日訊，蘇阿兩國於過去半月中曾秘密協商恢復外交關係事，雙方協商進行順利，嗣因蘇聯對阿根廷逼害共產黨人及其他政治團體表示不滿，因轉冷淡。

美海軍空運部隊開始上海舊金山定期飛行

【中央社重慶三日電】據美新聞處珍珠港二日電：美海軍空運部隊，將於本月開始，在新建立之中國境內上海及舊金山間作定期飛行。該新成立之空運隊，將使飛航中美間所需之時間減少二日。美海軍軍官昨自空中勘測沿中國海岸及台灣主要降落場竣事。海軍部計劃在遠東擴展航空線之初步階段，業告完成。

乎與我們意見一致，但他以後告我們根據他的政府的訓令採取他的新的態度。」他說：莫洛托夫不簽字外長會議的任何議定書，堅持將九月十一日的決定從記錄中删去。」這是與莫洛托夫記者招待會上的發言不符的，莫洛托夫在記者招待會上說：九月十一日並未通過五國外長考慮一切和約的任何決定。貝文表示信心事情在「一定時間內」將獲得解決，說道：他希望對事情作進一步的討論。他未宣佈如果對他所提出獨立的詢問羅馬尼亞與保加利亞政府的建議有所決定時，事將如何，美英兩國爭執羅保兩國並不是民主的制度，而蘇聯卻支持他們。

「美新聞處倫敦八日電」據悉外長貝文明日將在下院關於外長會議發表較短的聲明，因為相信貝文不願激起社會對這一問題的爭論，這種爭論可能使重新合作更為困難。關於分裂外長會議主要問題的事實方面，對於貝納斯十月五日發表的說明貝文能够附加的很少。貝文着重指出倫敦所達到的僵局無須剝奪各國外長「第二個與更好的機會」。這也是英國的意見，可能是貝文的觀察及他對任何在同樣的實際精神上所作的問題的回答。計劃聲稱：英美報紙現在發表的另一個三強會議已在計劃中的消息，毫無根據，並且並非因為三強指定和平條約為問題中心，訴諸下述的程序，是不適當的，這種程序在事實上是使三強作為他們自己事業的法官。」

土政府發言人說：土軍百萬將不復員，因為未來情況不明。

「合衆社倫敦九日電」土耳其發言人今日告合衆社記者稱：土耳其還有一百萬軍隊，但不復員，因來未來情況不明。發言人續稱：在三世紀當中，土耳其共第一次有過二十三年的和平，可是，須時期，任何強國願意終止隨時就可終止。據發言人稱：美國、敘利亞、羅馬尼亞的阿美尼亞人最近要求土耳其放棄其東北省份卡斯．阿達漢，是完全不正確的，因為這領土純粹是土耳其的。並謂：土耳其並不重視阿美尼亞人此種要求，但知道蘇聯支持阿美尼亞人。發言人說：土耳其同意伊瓦特，關於小國家有更多發言權的提議。

外蒙舉行公民投票

「中央社記者劉劍北平九日電」外蒙公民投票，將自雙十節起分區舉行，外蒙當局事前特電國民政府請派大員蒞臨督導，藉示隆重。中樞接電後，特派內政部次長雷法章，及蒙藏委員會蒙事處長楚明善，軍委會政治部主任爾樸等十五人前往，一行於九日上午九時由渝乘專機起飛下午三時一刻安抵北平，在此稍作盤桓，即將乘機轉飛。

莫德惠等抵平

「中央社北平十日電」式輝、德惠、經國及東北行營官佐百餘人，分乘飛機五架，十日晨由渝起飛，十六日到平休息，一二日再行飛往東北。

「中央社渝十日電」東北行營主任熊式輝，東北宣慰使政委會委員莫德惠，經濟委員會主委張嘉璈，熱河主席劉多荃，東北外交特派員蔣經國及各部接收人員等，於十日晨分乘飛機離渝飛平，轉赴長春，主持東北接收工作。

蘇阿進行恢復邦交會談

「美新聞處布宜諾斯艾利斯八日電」紐約先鋒論壇報記者紐曼昨日致本報電稱：蘇聯與阿根廷在過去兩週會進行恢復外交關係的「會談」。該電說：巴西會作為調解人，會談係在烏拉圭首都蒙德維的亞蘇聯大使館進行的。紐曼說：會談已有如此進展，即阿根廷已在試探的遴選駐蘇大使。他續說：「會談於三四日以前停頓。當阿根廷政府復對共產黨及其他政治黨派進行迫害時，巴西與蘇聯對阿根廷都冷淡起來。」紐曼續說：阿根廷總統及阿根廷政府的「強人」裴倫顯然希望能够以宣佈他在獲得蘇聯外交承認中的勝利創造一種國際情緒。蘇聯會是裴倫政府最激烈的批評者之一」。紐曼說：他從「官方或無可指摘的方面」獲悉會談的消息。

（只供參考）
第一〇三〇號
解放日報社 新華社 編
今日出一張
卅四年十月十二日
星期五

路透社評國共談判

【路透社重慶十一日電】蔣委員長與中共領袖毛澤東昨晚結束了五週來的談判，並代表中央政府與中國共產黨正式同意在宣紙上用中文繕寫幾份的十二點公報。他們未能解決若干重大的政治問題。雙方——代表了中國四萬萬人口中的四分之三——都作了讓步。現繼續談判企圖澈底討論×××，且中國眞正的××××在於各黨派的政治協議會與軍委會的代表們。中央政府的最大讓步是國民大會延期召開，而共產黨的讓步則是將四十八個師縮減到廿個師。公報稱：在過去五週內，談判中最初所涉及的幾個問題，現已成爲理論上的問題了。例如共產黨堅持主張要參加日軍受降問題，現在已過時了，因爲在過去兩週內，全部日軍都投降與被解除武裝了；當會談還在進行中時，中央軍便被載至華北幾省，開入共產黨所控制的地區底心臟。據某觀察家說：「時間與美國都抬高了中央政府講價還價的力量」。一切問題中最棘手的問題——改組國民軍的問題——仍未解決。關於此事，公報稱：「爲了草擬具體的計劃起見，雙方同意成立三人小組委員會以討論這問題」。關於某些最困難的政治問題——解放區政府的問題——中央政府代表們着重指出：這個問題立即加以解決，是很必要的。雙方同意繼續討論，且在共產黨四次休會後同意將問題提交政治協議會去討論。在原則上一致同意下列各點：第一、在蔣介石的領導下長期合作，以避免內戰，與建立自由、獨立與富强的新中國。第二、結束訓政與政治民主化。第三、信仰、言論、出版、人身與集會的自由。第四、各政黨具有平等的合法地位，禁止政黨的「蓋斯塔波」黨與特務組織。第五、釋放政治犯。第六、根據法律手續嚴懲漢奸與賣國賊。

李延年抵濟

【中央社濟南十日電】第十一戰區副司令長官李延年今日抵濟，同行者有參謀長梁棟新、軍長霍守義，其前進指揮所因任務終了，十日起，宣告結束。

【中央社杭州九日電】蕭山主辦受降之三戰區第二接管組，自上月廿七開始至本月四日完竣，共繳大小砲十三門，步騎槍約四千支，輕重機槍二百餘挺，機槍彈五十萬發，騾馬四百餘匹，汽車四十餘輛，倉庫十一處，所有接繳物品將運杭封庫，至日兵員約三千餘名，以專車運嘉興看管。

【中央社長沙十日電】第四方面軍司令部發表第三八號公報稱：（一）太方面軍十八軍連日繼續接收日軍一一六師團，自動車卅二聯隊等廿六單位，計步騎槍三八〇六支，刺刀三八二一把，各式輕機槍八五挺，擲彈筒六五箱，各式手槍一四六支，迫擊砲十二門，汽車九十九輛，馬騾八五匹，醫藥品一〇二箱。

【中央社×池九日電】豫省一一〇縣除扶溝、太康、西華、原武、湯陰、登封十餘縣外，其餘均已相繼收復，展開縣政工作。現平漢路交通暫止於新鄉。

【中央社濟南十日電】軍政部膠濟區特派員陳寶倉等十九人，十日下午抵濟，接收日軍全部軍需物資。

【中央社歸綏八日電】（遲到）綏省府已移歸綏辦公。又傅主席爲紀念支持抗戰之綏省戰時省會陝壩擬於該地設專員公署，現有各中小學均仍留該市。

【中央社漯河十日電】平漢路鄭州至許昌段已於五日通車，劉長官派該部總書長謝仁言主持通車禮。該段自七日起，每日鄭州、信陽間專開客車一次，票價每站五十元。

【中央社迪化十日電】此間今日十二時外交部馬新薾於公署舉行茶會，招待外賓，計到美駐迪領事蘿瑞特，蘇代領事葉驪進，英領事刁莂樂及第八戰區司令長官郭寄嶠，軍分校主任宋希濂等廿餘人。

美軍定十一日在青島登陸

【中央社濟南十一日電】據青島電，美軍定十一日下午三時在青島大港登陸。

合衆社報導國民黨「廢檢」不徹底

【合衆社重慶十一日電】中國戰時新聞檢查制度，雖於十月一日正式解除，但又設立了許多新的規章，記者均需要遵從，如果超越界限將受懲罰。新規章規定，自中國內地諸如重慶等地發出的新聞，不能提及恢復區的軍事活動，超過中國報紙業已發表或政府方面發表的事實。規章正式文字說：『那末，中國內地的記者認為絕對必要報導解放區軍事活動時，應該首先諮詢宣傳部國際局當地的機關』。並繼說：『××如果認為需要，應將消息提交在恢復區或解放區依然維持的檢查機關審查』。（恢復區是國民黨語彙而解放區是共產黨用語）。由於昨日美國新聞檢查制度的解除，美軍已解除其本身的一切責任，而方便地避免了被譴責實行事實上是政治事務的新聞檢查制度。雖然昨日關於飛運中央軍至華北的消息大部為美方消息，中國宣傳部長吳堅持這是直接與所謂恢復區的軍事活動有關，必須不加以發表。今日在與記者三小時會議之後，宣傳部長同意中央軍調赴華北的一般消息，若未提及特別的軍情，可以發表。

合衆社稱
美機將運蔣軍兩軍赴平

【合衆社重慶十日電】此間今日悉：美國陸軍航空隊，準備將中央兩個軍飛運北平、雖然美國中國戰區美軍代理司令斯特拉特梅耶拒絕評論說蔣委員長要求美軍不洩露計劃以飛機運蔣軍進入共產黨佔領下的華北消息，據一般獲悉兩個中央軍將是現駐於漢口的第九十二軍及駐於上海的第九十四軍、該兩軍去夏曾將日軍驅出桂林走廊。第九十四軍軍長為牟廷芳，人數約二萬六千人，前由空運指揮部運赴上海，進行揚子江巨大港口的初步佔領。據悉第九十二軍定於今日或明日開始起運，第九十四軍預期在下週中自上海開始北運，這次飛運中央軍在規模上幾近日本投降後的巨大空運的展開。以第十航空隊C四六式運輸機調運軍隊預期在一月以內完成。重慶觀察家意見：美空軍飛運中央軍一個月顯示美國日益成為中國緊張的政治舞台的參加者。包括北平的共產黨軍隊說：美海軍陸戰隊如不是國民黨軍或中央軍的先鋒隊，將會表示歡迎。這次空運的行動引起消息靈通人士不安的推測，消息靈通人士希望毛澤東在遷延以前與國民黨達到足夠的協議，不令美軍捲入中國內部衝突。

【中央社青島十日電】美艦六艘九日駛入青島大港，上載美軍多人，指揮官塞特爾少將，率高級僚屬多人，於下午一時上岸，訪李先良市長，有所商談。

【中央社北平十一日電】美海軍陸戰隊後續部隊千餘人，十一日午由津到平，又平津美陸戰隊副司令瓊斯少將，由津到平，北平美陸戰隊將由瓊斯少將指揮。

【中央社重慶十一日電】據美新聞處上海十日電，美國務院特派代表白特立克今日稱：遠東自巴達維亞以至哈爾濱全部美領事館不久將重開，白氏現正視察遠東各地籌備重開美領事館事宜，渠謂：遠東[illegible]事館之主要人員，業已開始辦公，兩個月內，各領事館皆須正式重開[illegible]、廣州、哈爾濱、瀋陽、大連等地之領事館，亦將開始工作。

國民黨人員任免事項

【中央[illegible]九日電】行政院舉行[illegible]六次會議，外交部王部長報告五國外長會議詳細情形，旋討論重要議案並[illegible]決議任免事項如下：（一）四川省政府委員兼財政長廳廳石體元呈請辭職[illegible]應免本兼各職，任命鄧漢祥為四川省政府委員兼財政廳廳長。（二）任命[illegible]鑑四、田樹滋、張松涵、于鎮瀛、吉爾格朗、陳封為興安省政府委員。（[illegible]）任何廉、寶忠為嫩江省政府委員。（五）派張振鷺、齊世英、王家楨、[illegible]為東北行營經濟委員會委員。經濟部常務次長何廉，農林部常務次長[illegible]、交通部常務次長凌鴻勛，糧食部常務次長龐松舟，四聯總處秘[illegible]兼[illegible]東北行營經濟委員會委員。（六）派劉哲、劉澤榮、黃伯樵為長春鐵路公司理事，莫德惠為長春鐵路公司副監事長，高綸瑾、裘維瑩為監事（七）任王泰興為遼北省警務處處長，谷炳崙為吉林省警務處處長，張維仁為嫩江省警務處處長，李龍飛為合江省警務處處長，董學舒為黑龍江省警務處處長，趙炳坤為興安省警務處處長，李鶴齡為松江省警務處處長，張煜然為安東省警務處處長。（八）派張希衍代理安東省高等法院推事兼院長，關福森代理遼北高等法院推事兼院長，何守銓代理松江高等法院推事兼院長，何承焯代理合江高等法院推事兼院長，孟昭棻代理黑龍江高等法院推事兼院長，陳瀚楨代理嫩江高等法院推事兼院長，劉世卿代理興安高等法院推事兼院長，李[illegible]代理吉林高等法院推事兼院長。（九）財政部鹽政局局長張鏞文，另候任用，遺缺任命繆秋杰繼任。（十）派張國輝為善後救濟總署江西分署署長，董冠賢爲冀熱平津分署署長，周蒼柏爲湖北分署署長，張以藩爲湖南分署副署長，高翰爲台灣分署副署長。（十一）任命鐵洪範爲熱河省衛生處處長。

滬漢捕獲漢奸一批

【美國新聞處上海三日電】中國第三集團軍司令部今日宣佈，截至十月二日止，曾逮捕僞政府官員及漢奸一百五十四名，其中八人係自首者，其他皆由他們的家屬或鄰居所捕獲。所有這些被捕的漢奸，都要被審判。其中有：僞湖北省省長楊貴雲。僞浙江省省長×紀莊，僞中央儲蓄銀行職員錢達貴，僞司法院院長張國元，僞最高法庭首長張濤，僞宣傳部長趙貴，僞特務機關指揮監堵，僞駐日大使×北。

【中央社漢口三日電】武漢軍憲警聯合督察處，自展開肅奸工作以來，總至三日止，共已捕獲一百三十九名，計第一日：葉蓬等五十九人，第二日：賀遐碕等五十二名，今爲第三日，又捕得黃××等二十九名，內中並有文化漢奸十四名。詳細名單列後。政治漢奸：漢口市黨部書記長黃啓昭及張世模；軍事漢奸：僞武漢綏靖公署交通處秘書及僞鄂省保安處情報主任吳宏文；文化漢奸：負大楚報總編輯關洛吉及鄭譽生、彭聲昌、張望、陳叉夫、劉漾然、仝和、×之慎、張鄭舖、申傷吾、吳國瑩、盛代時、李彥俊、仿訓迫；特務漢奸：僞政治保衛局秘書王一民及魏定棋、蕭少濟、張維濤、程青山、艾貴海、胡雲彪、劉忠義、唐敏勿、喻少山、孫萬晤、李谷川。

【中央社河內六日電】海防訊：曾在海防助日軍殘害同胞之漢奸謝華寶已由我軍事當局予以逮捕。

美軍到上海引起經濟混亂
美將有頭批粮食運華

【中央社渝五日電】美新聞處上海四日電，中國上海基地美軍司令威雅特本日呼籲：上海人民與中美軍官共同努力解決因大批美軍事人員突然湧入引起之經濟問題。渠告記者稱：美軍爲減少對上海經濟機構之影響起見，已採納中國團體及外國商號所建議之薪水標準，並已實行降低生活費用，防止物價上漲之步驟。預定於以後數週抵滬之大批美軍事人員之住所及辦公室不易覓得，惟已竭力設法使各人均獲住所，美軍已與各房東接洽房屋，並預付第一月之租金。

河內中國軍隊恢復秩序

【美新聞處法屬印度支那河內一日電】（遲到）合衆社報導，中國軍隊到達河內，在這十五萬人口的法國殖民地上恢復了秩序。在日本投降以後的好些星期以來，這裏的法國居民受到暴徒匪棍的搶刧與行擊，法國人埋怨說日本投降以後安南政府統治下的情形比日本的統治更惡劣些。合衆社報導，法國人都住在被拘束的營地中，他們的生存依靠法國人自己的救濟委員會供給他們的醫藥看護，住室與食物。電訊中稱，河內仍是「充滿了緊張」，繼稱『法人夜間裹足不敢外出，因爲恐怕引起意外。』

馬歇爾關於中國戰場的報告

【[illegible]衆社華盛頓九日電】馬歇[illegible]將軍致柏德遜兩年一度的報告顯露了一九四三年一月卡薩布蘭卡聯合參謀[illegible]會議已承認中國的危急關頭，四個月以後的華盛頓四强會議同意首要的事[illegible]議亞洲運輸指揮部增加駝峯路綫的運輸量達到每月一萬噸，並且決議必[illegible]取積極行動在一九四三年季節風終結時開始緬甸戰役。他說：駝峯路綫[illegible]給予中國援助很小，如果蔣介石的軍隊與政府被最後擊敗時，日本可以[illegible]能的任意剝削中國的富源。當美國結束歐洲戰爭，進攻日本本島時，[illegible]府可能逃至中國，在地大物博的中國繼續戰爭。馬歇爾說：一九四[illegible]駝峯運輸平均每月五萬六千噸。在緬甸一次戰役最危急的階段，亞洲運輸指揮部在八天之內將中國第十四師與第十五師自雲南運至阿薩密之索克勒丁，再從該地運至胡康區域進行爭奪密芝那的戰爭。馬歇爾說：在一九四三年八月魁北克會議上「已奠定進攻日本的特別路綫，命令麥克阿瑟繼續戰鬥到達新幾內亞海岸以便在一九四四年秋到達菲律賓，並且預測在一九四五年春我們能够進駐琉球羣島。

新加坡英當局鎮壓抵抗軍

【合衆社新加坡十日電】新加坡軍警當局開始堅決的

美報評貝文聲明

「路透社倫敦十日電」當大多數英國報紙對外長貝文的聲明的評論（按：貝文聲明尚未收到）是非常檢點的，工黨機關報每日先驅報則提出令人注意的建議，「五强再度會議，五强政府元首及外長一同參加」。會議的第一個目的是重行檢查大西洋憲章，卡薩布蘭卡，德黑蘭及波茨頓協定，將這一切協定縮為一個聲明。這一聲明公佈全世界並提交聯合國組織作為主要强國最低限度一致的綱領。檢束的樂觀主義是倫敦泰晤士報的評論主旨，該報評稱：「稍微謹慎與檢束足以避免特別的問題——三國與其他國家的關係——尖銳起來，因為參加者在實質問題上似乎分歧。」保守黨每日電訊報認為「至少已證得一些東西，英美擬定和約的意見業已闡明，英美的意見似乎為一切獨立的小國家所共有的。」兩家主要的地方機關報對蘇聯提出批評。自由黨曼徹斯特衛報在檢討莫洛托夫的行動可能的理由之後，結語說：如果證實蘇聯有權否決適合於蘇聯計劃的任何建議的討論是莫洛托夫的目的時，那麼草約的爭論則不是白白爭論了。「保守黨約克郡郵報的意見：貝文謹慎的說明與迄今經蘇聯報紙給予蘇聯人民片面的聲明相比較殊無遜色，約克郡郵報建議，蘇聯報刊應刊載貝文聲明 的所偏頗的總結，讓蘇聯社會判斷其是否能夠被認為是確實的與合理。」

傳麥克阿瑟堅決反對四强共同管制日本

「路透社東京十日電」此間高級參謀官員稱，如果成立四國委員會以管制日本時，麥克阿瑟將軍即將辭職，並「將在他們離去時，放出若干驚人的炸彈。」該軍官繼稱，自佔領開始以來，麥克阿瑟的統帥部從未得到蘇聯代表團的一點幫助或合作。路透社按：以德勒維揚哥中將為首的十六人蘇聯代表團於八月廿五日飛抵馬尼拉，前往日本參加投降典禮。德勒維揚哥於本月初自東京返回莫斯科。東京軍事發言人稱，他此行「絕無重要性」，目的是在於短期休假。

斯大林休假

「路透社倫敦十日電」莫斯科電台息：斯大林大元帥昨日離莫斯科請假休養。

極力清洗城裏的匪徒與假裝抵抗軍人員的武裝人員。十月七日當逮捕很多人時，會發生最初一連串七次有組織的襲擊。有二次襲擊，進攻方面向負傷的三位匪徒開火。另一次襲擊，武器中也發現有使用手提機槍與大砲的彈藥。襲擊發生後，又捉走了幾位包探與公務人員。過去一些時候以來，軍警當局便很關心頑强份子底活動，因他們不但不把所謂與日軍合作的人（？），交給適當的當局，反而自己無法無天的行動起來。並對襲擊時所俘的俘虜，施行嚴刑拷打。

四强將承認奧政府

「美國新聞處倫敦八日電」據預料四强對奧管制委員會承認重組的雷納爾政府的決定將於短期內宣佈。雷納爾所宣佈的企圖是奧國會選舉應在年底以前舉行，基於投票結果的新奧國會應行組成。雷納爾所接受的最重要的改革是成立政府五人委員會處理選舉程序，及担承國內安全問題，此兩種責任迄今以前係在共產黨內長手中。選舉是英國政府適應前在德國統制下各國政府的標準，並且這是美國承認匈牙利臨時政府的條件。正是因為在羅馬尼亞與保加利亞缺乏同樣的政治自由，英國政府沒有承認這些國家的政府。英政府對奧國臨時政府的態度是顯明的，中東歐任何新政府，如果他們的政治符合於「民主」標準，沒有違背，英國不會禁止中東歐任何新政府。

（只供參考）
第一〇三一號
解放日報 新華社 編
今日出一張
卅四年十月十三日
星期六

合衆社謂軍事問題不解決對政府有利

【合衆社重慶十一日電】在中央政府與共產黨間主要軍事問題仍未獲解決之下，時間和美國使用陸戰隊幫助國民政府政策，均向有利於蔣介石方面發展。空運軍隊至北平及天津事，自昨日以來即在進行中，接受北平日軍投降之典禮昨日舉行於紫禁城之永安宮，由第十一戰區司令孫連仲將軍主持典禮，華北日本總司令根本博將軍代表投降。第十一戰區副司令李延年將軍昨日到達山東省會濟南，準備在其部隊到達後即接收濟南之日本守軍。美國第三兩棲軍團之陸戰隊昨日於山東主要港口青島登陸，幫助重慶政府接收該港。美國陸戰隊今日已佔領華北四個主要地點，即天津、北平、秦皇島與青島。重慶軍第七軍已乘汽船赴台灣途中，計劃於十月十五日在台北海軍港口基隆登陸。在中國內地，第五戰區司令劉峙將軍正順利接收河南省各地區，並已佔領許多鐵路城市，恢復了鄭州與信陽間的鐵路交通。共產黨迄今雖佔領山東半島的次要港口和山東、河北兩省的次要城市及許多村莊，但不能阻止中央政府的接收工作。政府與共產黨間軍事問題之懸而未決，使政府居於有利之地位。

合衆社重慶分社致上海分社電：

請從美軍附屬機構獲得國共談判的聯合公報的消息，該公報只發給紐約，由於與競爭者的協定不能以摩爾斯機廣播。

美駐華兩棲作戰部隊在渝稱
美軍不在烟台登陸

【路透社重慶十二日電】美駐華兩棲作戰部隊司令伯尼爾·巴比已在重慶發表公

杜建時任北寧路護路總司令

【中央社天津十一日電】第十一戰區孫長官，頃發表以天津市副市長杜建時，兼任北寧路護路司令。

【中央社天津十一日電】杜副市長建時，及市黨部主任委員時子周，今聯袂返津。據悉杜副市長與孫長官連仲，曾商談津市治安問題，有重要協定。

【中央社北平十一日電】交部平津區特派員石志仁，十一日正式接收僞華北交通公司，華北郵政總局及華北電話電信公司。

【中央社滬十二日電】渝滬、滬平民航，定十五日開始。

【中央社西安十一日電】華北各省復員協會聯合辦事處，今日正式成立，公推張×爲主任，並悉該會已函請陝社會處代爲登記還鄉公教人員暨在陝難民。

【中央社成都十二日電】魯斯昨飛西安轉平津遊歷。

【中央社北平十一日電】冀省府孫兼主席，前派財政廳長施奎齡，委員高卓東，隨前進指揮亦來平，籌備返省事宜，大致就緒，爲積極推行省政，決定先在平市外交大樓開始辦公，暫時成立政務、軍事兩廳，辦理各項接收事宜。

【中央社北平十二日電】平市副市長張伯謹，秘書長楊宣誠，地政局長張道純，警察局長陳焯，衛生局長韓雲峯，工務局長譚炳訓，教育局長英千里，會計長歐陽葆貞十一日抵平後，十二日赴市府視事。

宋子文，翁文灝赴滬

【中央社上海十一日電】宋院長俞財長，十一日下午四時自陪都飛抵滬，錢市長，吳副市長，財部特派員陳行，海關稅務司丁特堂等，均往歡迎。宋俞下機後，即赴官邸休息，下午六時赴錢市長宴，並悉俞財長曾在海關官邸召集滬金融重要人員會談，除聽受報告外，並作重要指示。

【中央社上海十一日電】翁文灝十一日由京來滬。

宋子文在上海情形

【中央社滬十二日電】宋院長抵滬後，爲明瞭過去滬市各機關辦理接收經過，及便於指示起見，特在中央銀行三樓，成立行政院長臨時駐滬辦事處，十二日開始辦公，並發表通告兩件：（一）奉宋院長諭開，奉蔣主席面諭所有中央黨政軍各機關及上海市黨政各機關此次在滬辦理接收敵僞各機關全體工廠倉庫以及一切財產房屋地產汽車船舶等各項物資，截至十月十二日爲止，應立報。此公報可能澄清在華北共產黨控制地區工作之美軍的複雜形勢。該公報稱：「美軍不在烟台登陸，因爲該港是在中國共產黨軍隊控制之下，山東北海岸港口已有巡警保護，該處沒有秩序混亂之現象」。該公報繼稱：「因爲該處沒有日本俘虜，沒有美國囚犯，美軍無軍事理由在那裏登陸」。

共產黨方面宣稱：××美國飛機××華北解放區中央政府軍隊，已引起重慶共產黨及民主同盟人士的不安。共產黨與民主同盟代言人謂，凡是共產黨軍隊宣稱已解除日軍武裝並沒有混亂狀態的任何地區，那麼在這些地區中任何形式的美國軍事影響，都是他們所認爲遺憾的。

美第六師在青島登陸

【中央社濟南十二日電】青島電美海軍陸戰隊第六師，已在青島登陸，指揮者爲師長薛洛潛少校。美陸戰隊係於十日，十一日兩日，乘軍艦及運輸艦由關島駛青，停泊膠州灣內。十一日美軍艦上飛機飛青島上空盤旋，其先頭部隊即赴海軍司令部。

【中央社青島六日電】泊於青島碼頭之英艦伯爾慕泰號艦長貝塞爾，今日下午六時，舉行酒會招待我前進指揮所主任楊奕禮，市長李先良等均到場。該艦之任務，爲保護自維縣撤退之英僑。

重慶急欲恢復華北鐵路交通

【合衆社重慶十一日訊】中央社息：日本天津廣播電台已爲重慶「中央廣播事業委員會」接收。大公報息：政府急於恢復華北兩條主要鐵道綫，即是平漢與津浦兩綫的鐵路運輸，據說交通部長俞飛鵬將親自監督平漢鐵路的正規運輸，而鐵路界耆老淩鴻勛負責津浦鐵路運輸，據說兩人已分別在平漢、津浦鐵路進行工作了。

【中央社渝十一日電】俞部長飛鵬率領僚屬一行於十日乘機飛鄭州，策劃平漢路的通車問題。俞於籌劃竣事後，將往張北一行，然後轉往北平視察。又交通部次長淩鴻勛亦於同日飛市稍事佈置，即將循津浦路北上視察該路，並由津轉平。

即緝具詳明報告，於十五日十八時前送中央銀行三樓行政院長臨時駐滬辦事處，過期未到者，應以意圖舞弊，分別依法論處。並將十月十二日以後辦理接收情形，隨時緝送報告，着即通知遵辦。（二）奉宋院長諭開，奉蔣主席面諭，中央黨政軍各機關，此次在滬辦理拘捕漢奸及查封漢奸財產，應將截至十月十二日爲止之已經拘捕漢奸姓名及查封財產情形，緝具詳明報告，於十五日十八時前密封送至中央銀行三樓行政院長臨時駐滬辦事處彙轉，以後凡指定之拘捕漢奸機關，不准擅自拘捕及查封漢奸財產，違則依法嚴辦。

【中央社滬十二日電】行政院長宋子文氏，十二日會召開重要會議，翁副院長下午至經濟部戰時生產局特派員辦公處視察。宋翁兩院長及俞財長在滬將有數日句留。

【中央社滬十二日電】八年以來，初次抵滬之行政院長宋子文氏，十一日抵滬後，公私接洽殊形忙碌，十二日晨復假中央銀行總裁會議室，召集滬軍政首長暨工商界領袖舉行重要會議，由宋院長親自主持。據悉會議席上，宋院長除聽取出席各軍政首長報告接收收復區敵僞機構及物資之詳情外，並對滬工廠復業交通恢復等問題，亦略有商討。會議至十二時始散。至出席該項會議之全部要員，如翁副院長，俞財政部長，湯司令官，戴雨農局長，錢市長等，又據確悉，宋院長日內將有重要指示，公開發表。

【中央社滬十二日電】駐滬英海軍司令塞維斯少將，十二日午三時四十分，驅車往謁宋院長於中央銀行，暢談甚歡，歷時廿分鐘。

英將借巡洋艦與重慶

【中央社倫敦十一日專電】英國政府同意未來借我海軍以小型巡洋艦一艘，及護航艦、驅逐艦若干艘。此消息爲海軍部財政秘書達格代爾，於援華委員會宋靄齡之雙十節晚宴席間所報告者。

青年軍編爲三軍

【中央社渝十一日電】青年遠征軍已編組爲三個軍，二〇一、二〇二、二〇四三師編爲第六軍，霍揆彰任軍長，二〇三、二〇五、二〇六三師編爲第九軍，鍾彬任軍長，二〇八、二〇九、二一〇師編爲第卅一軍，黃維任軍長。

貝文關於外長會議經過演說全文

【路透社倫敦九日電】（上缺百餘字）我說，如果在討論某項議事日程時，要求某些代表離開特定會議，那就是很不方便的。我認為，如果能夠同意所有五人參加一切討論，即使有關和平解決的問題也罷，那麼會議的工作將更易於處理，但是會議中決定之權仍僅限於會簽署或被認為簽署有關投降條件之國家。美國務卿貝納斯採取和我相同的觀點，莫洛托夫說：照他所了解的，他同意我的提議，即所有五外長如果他們願意參加時均應出席會議，但是只有，或者用會議的術語來說，只有被認為是有關投降條件的簽字國政府之代表，才有權決定。全體均同意對柏林協定的這種解釋，我的提議遂沒有異議通過了。我敢確定，當我們在第一次會議上通過這個決議時，我們相信，我們是忠實地解釋各簽字國的諒解的。依照這個決議，會議在十天繁重工作中開了十六次全體會議，而且不僅在一般問題上，即在和約問題上，均有了很大進展。我們關於對芬蘭和約草案，實際上獲得了協議，並將這個問題的規定交給各個副手。我們對於意大利和約草案，也有了很大的進展。我們考慮了並滿意地解決了這個條約的若干方面，例如在意——南邊界的困難問題上，會議同意聽取南斯拉夫政府、意大利政府以及澳洲、南非及新西蘭的意見。在聽取這些政府的意見後，會議即指示他們的助手報告貝使最少居民在異族統治下的界限。助手們同時被指示報告的里雅斯特國際共管問題。多得喀尼斯轉讓給希臘之建議被提出，但未達到最後決定。關於意大利殖民地的處理問題，美國代表團提出一建議，皇家政府指示我支持這一建議，因為他們感覺，這是一個聰明而有遠見的提議，它將避免各大國在這些地區的磨擦，並使國際合作有偉大的實驗機會。美國的提議規定，將所有這些意大利領土均置於整個聯合國機構的集體委託之下。在討論之後，會議同意：意大利殖民地委託問題應交給副手研究，他們應最廣泛地利用美國的建議，同時也考慮另外的個別國家委託制的建議。因此，在這個困難的問題上，我們克服了分歧意見，達到了一般協定的基礎，這些基礎是可以進一步研究的。在繼續討論[illegible]解釋，[illegible]國政府[illegible]參加會議的[illegible]時，曾經提出，它要求參與中一個[illegible]的解決。柏林協定同時規定，外長會議可以將其程序遞臨於考慮中的特殊問題。我們認為，所有與會代表，包括蘇聯在內，當九月七日決議提出後，均同意這就是我們要做的事情。事實上，在決定邀請某些國家派遣代表來討論的里雅斯特問題的那天，主持會議的人是中國的代表，而且用了中國代表的名字發出了請柬。他恰巧是那次特殊會議的主席。因此，在九月七日及以後十天中，莫洛托夫似乎同意這觀點，我們也絕未想到其他。他後來告訴我們說，他的新態度是奉到該國的指示而採取的。如果我們採用了蘇聯代表團所堅持的解釋時，這將表示：在討論巴爾幹條約時，我們結果必須向法國及中國代表說：「在我們討論這個問題時，你們必須離開會議室」，而在討論芬蘭條約時，我們同時不得不請美國退出。某些國家對某夥友的這種要求，將顯然造成國際上的困難，而這些困難是英國及美國代表團認為所不須有的。而且，它如何能與聯合國憲章相調和呢？憲章保持世界和平的特殊責任，委任給作為安全理事會常任理事的五大國。由於我們對柏林文件的解釋不能達到一致意見，由於議事日程上的一般問題已進行完竣，我們看看我們是否至少能同意已經討論過問題的時機，已經到來了，但是在談到這點時，我們碰到了同樣的困難。莫洛托夫提議說，關於會議的決議，應當有四個單獨的議定書，而不是一個協定書——即第一個由五國全體簽字的一般問題；第二個由聯合王國、蘇聯、美國及法國簽字的意大利和約；第三個由聯合王國、蘇聯、美國簽字的對保加利亞、匈牙利及羅馬尼亞的和約以及第四個由聯合王國與蘇聯簽字的對芬蘭的和約。在若干時討論之後，我們同意了莫洛托夫的提議。他這時又主張，在他簽字任何其他協議定書之先，會議必須從其紀錄上刪去九月七日所通過的決議。而這一點是沒有別人準備這樣做的（好！好！）這樣，事實上將不能真正表明我們的程序。然而我們提議，在議定書插上一段。明日說出莫洛托夫於九月廿二日說，九月七日的決議根據該國政府的意見，破壞了柏林協定。貝納斯和我盡了我們最大的我對於會議初期關於和平條約所完成之工作的報告時，我們對於羅馬尼亞及保加利亞草約，已作了開端。蘇、英、美代表團均向會議提出了建議。我們以蘇聯的建議爲基礎，英國建議中所提的若干問題，也被解決了。美國建議中提出了承認羅馬尼亞政府的整個問題，因爲建議中明白說出，美國政府雖願意討論草約，但非至羅國建立廣泛的代議性政府時，將不談判對羅馬尼亞的和平條約問題。關於對保加利亞條約，情形亦復如此。由於在這個問題上存在着巨大的意見分歧，我爲了緩和局勢的困難，提議對這兩個國家的情況，應實行獨立的考慮（歡呼）。我已講了很多的話，來證明我們在談判中所遇到的某些困難，以及我們在會議頭十天中所達到的巨大進展。因此，當莫洛托夫於九月廿二日晨告訴貝納斯和我說，我們破壞了柏林協定，而且他不能同意在我們已經工作十天的程序下繼續和約的討論時，我是大吃一驚的。

我向莫洛托夫說，我不同意柏林協定阻止我們以我們曾經工作的方式來工作同時我向他指出，我們在第一次會議上曾經全體同意。這就是我們想進行工作的方式。以後數日中，貝納斯多次與莫洛托夫進行爭論，但未能達到協議。莫洛托夫堅持說，柏林協定應當作某一種解釋，而貝納斯和我則堅持說，它應當作另外一種解釋——即會議於九月七日通過決議時所解釋的方式。在這些討論中，我始終關心於達到更廣泛的解釋，這種解釋將使對擊敗軸心國作了重大貢獻的自治領及其他國家的政府，有機會在和平解決中表示其意見。由於三外長對於協定的解釋不能達到一致意見，我們即決定提交三國政府的首腦。杜魯門總統和阿特里，贊成貝納斯和我所表示的觀點。斯大林贊成莫洛托夫所表示的觀點。因此，我們未能更接近於協議。我現在必須對柏林協議講幾句話，它非常明白地規定，外長會議的緊急重要任務是與意大利、羅馬尼亞、保加利亞、匈牙利及芬蘭訂立和約。它規定說，除了投降條件簽字國之外，當討論到直接有關某些國家的問題時，應該請這些國家參加討論。

力量來敦勸莫洛托夫說：關於會議的詞句很廣泛，是可容納普通的解釋。貝納斯爲了找出解決困難的辦法，提議說：應當召集會議提出和約問題，並邀請對擊敗軸心國家有重大貢獻之國家參加這個五强會議。但蘇聯代表團堅持說：只應由柏林協定的三個簽字國討論或宣佈這個建議。正如下院知道的，會議於星期二（十月二日）破裂了。星期一夜間，莫洛托夫說：如果他的意見不能被接受時，他不能在任何議定書上簽字。根據中國外長的建議，說該夜會議延長至星期二，但是很清楚的，任何通融的希望都是很小的。在我和貝納斯看來，蘇聯代表團意見的分歧是技術性的，雖然在實際上可能涉及到重大的原則問題——三强不許其他國家參加對他們有最大關係之問題之討論，究竟到達什麼程度——這個原則我覺得我有責任來辯護它。我知道下院及全世界對於外長會議第一次會議的失敗，是失望的，因爲這個會議是建立起來不僅處理和平條約的，而且是處理其他許多問題的。除了準備和約問題外，其他許多問題亦予以討論，即使會議上未獲得解決也罷。例如，曾經有歐洲內陸水道問題，這個問題在歐洲運輸系統重新開始和供給人民糧食上，是非常重要的。還有奧地利政府問題及供給該不幸國家人民的糧食問題，而在最後這個問題及其他若干問題上，都獲得了進展。全世界所等待者，是歐洲恢復正常與快樂的情況，而爲了達到這點，和平條約必須是第一步。我希望暫時的破裂將引導至這些問題在對永久和平最有益的基礎上加以討論，因爲我敢斷定，這是全世界所望期的。或許我們九月倫敦集會時，我們多少是離兩次勝利太近，以致不能立即達到協議。至於將來，我敢充滿信心的說，在給予時間和我們全體繼續表現耐心及諒解他國困難之下，我們將能克服目前的分歧及任何其他行將出現的分歧。對於我們說來，我們定將以各國聯合起來進行反對我們敵人之戰爭的同樣合作精神，進行工作。

參攷消息
（只供參考）
第一〇三二號
解放日報 新華社 編
今卅四年十月十四日 出一張
星期日

路透社說朱總司令告蔣 山西國民黨軍組織「日本志願軍」

「路透社重慶十三日電」路透社特派記者坎貝爾報導：中國共產軍總司令朱德將軍，向蔣委員長呈遞報告說：在山西省的中央軍正將日軍兩個武裝師團編成若干自願軍團。該報告是由陪送中共主席毛澤東將軍飛返延安共產軍總部的國民軍事委員會政治部部長張治中將軍，帶回此間的。中共副主席周恩來今日在此間說：『我們決心不惜任何代價避免內戰』。現已發出關於共產黨軍隊與美軍合作的命令。天日此間披露：共產黨已建議中央軍應守城市，而共產黨的軍隊仍保持他們在鄉下的陣地。預期十八集團軍總參謀長及與國民黨——政府黨——進行軍事討論的中共代表葉劍英將軍，將於一週至十天內由延安抵重慶。

「路透社重慶十三日電」此間今日獲悉：中共主席毛澤東將軍，在延安黨第七次代表大會上的報告中，譴責「國民黨統治集團」，當日軍撤退時準備發動內戰。他稱：『他們希望某些盟國軍官，將在中國扮演像斯科比將軍（希臘盟軍統帥羅納爾德·斯科比將軍）在希臘所扮演的同樣角色。』

英報載國共會談紀要

「中央社倫敦十二日專電」政府與共黨代表就商談結果要點發表公報，經英全國報紙紛紛刊佈，伯明翰郵報評論稱：『使所有中國之友爲之欣慰，亦使一般期望中國早日達成世界上偉大經濟政治事實及理想者爲之歡快』。全部協議詳情雖尚未獲悉，但所發表之內容，已預示將來國民大會開會時將表現友好合作之精神。該報重申言論集會新聞等自由及各黨一律平等，爲『重要進步』。並謂『在軍事方面共黨表示可以縮減其武裝部隊，亦不失爲一良好開端』。

會議，決定各機關之接收在先，由副長官部通知日方。中央派來之接收人員現有軍政部陳寳倉、交通部沈文泗（電信）、陳舜畊（鐵路）、宋志先（公路）、梅貽潘（郵政）等。

「中央社開封十三日電」開封機場今由我空軍第四地區第七隊派員正式接收。

「中央社杭州十三日電」美第十四航空隊陸續飛杭，及第十航空隊所部亦有一部來杭，聞美空軍除一部將在西子湖作短期休息即行返國。此外尚有一部將分配工作，着手訓練我新空軍人員。

「中央社滬十三日電」滬市府經濟委會刻已成立，寄玉書氏任主委，並聘定美陸軍代表布脫拉中校、美海軍代表莊士頓司令、英方代表白爾德等十人爲委員，定十五日開首次會議。

「中央社重慶十三日電」據軍委會息：（一）據閻錫山司令長官電稱，山西日軍官員五萬餘人，均已經我軍將其解除武裝，日軍之軍用物資，亦經我先後接收完竣。（二）據張發奎司令電稱，我鄧龍光部，已將雷州半島完全接收，鄧總指揮續派其指揮所於十月五日進駐海南島之海口（瓊山北）辦理海南島日軍繳械事宜。（三）據海軍總司令陳紹寬電稱，我於九月卅日分別將江陰鎮江兩地日軍派遣隊接收，十月三日續將浦口之平安船廠接收。

「中央社長江十一日電」韓光復軍特派員趙一文，前在南京從事地下工作，上月抵此，今已赴廣州將與我方軍事長官洽商訓練粵桂日軍中之韓籍官兵組織光復軍。

何應欽在南京招待記者

「中央社南京十一日電」中國陸軍總部十一日下午四時舉行第三次記者招待會，何總司令親自主持，蕭參謀長，冷蔡兩副參謀長，鈕處長等均出席，到本市及各報駐京記者十餘人。何氏首報告三點（一）『軍事方面』，各指定地區辦理之受降事宜，繼續順利推進中。（二）『收復區黨政之接收』，中國陸軍總司令部黨政接收計劃委員會，對於各地區黨政接收之種種計劃與規章，均已就緒，並經先後發佈命令，轉飭各地區負責人加速辦理，目前該項工作大致完成，即將結束。至於全國性事業之接收，將另設全國性事業臨時接收委員會辦理之。（三）『交通方面』接收工作，由於交通時被破壞，雖增加若干困難，刻正加緊恢復交通，並增強鐵路公路沿線之警備，想不久可望改善。何總司令嗣答復記者詢問，謂南北緯十六度以北情形時稱

【中央社渝十三日電】張部長治中，國防最高委員會梁副秘書長寒操，翁總長孟純等，今晨飛蘭，明轉飛迪化公幹。

【中央社昆明十三日電】昆明防守司令杜聿明，十六日晚七時飛渝向中樞報告關於接收昆明防務經過。龍市長繩祖（龍院長長公子），十三日下午三時離昆赴越，督率所部担任越境日軍受降。

金開德由青返滬

【中央社滬十三日電】美第七艦隊司令金開德，數日前離滬赴青島，視察美海軍登陸事畢，昨已專機飛返滬。

【中央社滬十二日電】昆明美軍供應處司令奧蘭德將軍，十二日自昆抵滬後，即與此間各美軍首要會商，商談美軍在華今後之一般工作。晚間赴湯恩伯與錢大鈞之歡迎會，與氏定十三日返昆。據悉奧氏即將歸國，遺缺將由番克斯上校繼任。

瓊斯稱美軍駐平日期未定
國民黨派員至保定受降

【中央社北平十三日電】美海軍陸戰隊瓊斯少將，十三日上午八時假東交民巷舊德使館舉行記者招待會，到各報社、通訊社記者三十餘人。瓊斯少將稱：余十八年前曾在華服務，但未來北平，北平人情敦厚，早爲駐華美海軍陸戰隊所稱頌。太平洋戰爭爆發，由馬紹爾群島直至大琉球各次戰役，余均參加。現奉命來平，指揮美軍來平者已達三千五百人，內有軍官二五〇名，空軍人員不在內，吾等駐防時期之長短尚未決定。

【中央社北平十三日電】長官部十三日派池副軍長雩峯，赴保定辦理接受僞省府所屬軍事機構。又派中將參議沈克，赴石家莊代表長官部辦理該地日軍繳降事宜。

【中央社天津十二日電】杜建時奉孫長官委爲駐津代表，所有津區部隊，均由杜氏就近節制，負責維持治安。北寧路護路司令部，十二日亦同時成立。

【中央社天津十二日電】天津電話局河北郵政管理局十二日已由陳流金與王良儒分別接收。

【中央社濟南十二日電】此間成立盟軍招待所三處，由副長官部省府及濟南合辦，今正式成立。

【中央社豫南十二日電】第十一戰區副長官部十二日下三時召開黨政[illegible]

，該區完全由我軍控制，外傳英法軍亦將開入，絕非事實。何氏並說明我軍係奉盟國最高統帥之命令而進駐者。某記者又提出逮捕漢奸等問題，何總司令答稱，重要漢奸大部就捕，其中軍人當交軍法機關審判，文人則交司法機關審判，如原係文官而在僞政府任軍職者，亦交軍法機關。

【合衆社重慶十二日電】據中央社訊，中國陸軍總司令何應欽在南京招待記者會上指出：第一，重要漢奸的逮捕業已完成。軍事漢奸將由軍事法庭審訊，民事漢奸將由司法法庭審訊。第二，北緯十六度以北的越南北部已完全在中國控制之下。英法將開至此區之語，是完全無根據的」。第三，政府正加速恢復鐵路、公路及收復地區，並加強保護以防止搗亂之人。第四，中國戰區日軍之解除武裝正順利進行中，但民政機關之接收由於某些地區交通工具之缺乏而受到阻礙。

【合衆社重慶十二日電】中國陸軍總司令何應欽於接見合衆社記者時稱，越南之現在民政機構，只要它能保持公共設備，並供給中國佔領軍以必要的糧食時，將不代以軍事政府。他說，關於×××的聲明，他未收到重慶的正式證實消息，即該黨支持中國政府。他強調說，中國軍隊將不支持任何一方。繼稱：「今年年初×××的確在重慶積極活動，但在中國看來，這純粹是安南人的問題，我們希望以同樣態度對待雙方。他說，他尚無情報證實法國所傳的消息，即法國在越南主權問題，正在巴黎與重慶討論中。他相信此事不僅涉及中法兩國，而且也涉及各聯合國，因此一定要在華盛頓加以討論（同時，據自法國消息靈通方面獲悉，法國當局對主權之歸還，並不樂觀）。何氏稱，十六度以北中國佔領軍之進展，甚爲滿意。日軍未加阻難，他們將被完全解除武裝，集中於特定的地區。他說，佔領期之長短將完全取決於盟國最高統帥的命令。「中國軍隊遵照最高統帥的命令而進入越南，佔領期限之長短亦將視同樣之命令而定。當中國接到這個命令時，他將遵照實行」。中國總司令說，現在越南有四個軍，兩個師，但有兩個軍駐在海防，等待運至其他佔領區。越南駐軍的兵力已足可應付任何發生的形勢。（下缺）

【中央社渝十二日電】法國駐越南高級專員達尙禮安將軍，訪渝任務完畢，定十三日晨飛印轉越。

國民黨向美要十億元救濟品

【中央社渝十三日電】據美新聞處華盛頓十一日電，杜魯門宣稱，中國之資源已因九年抗日戰爭而消耗，倘不獲有外國援[illegible]救濟供給品之援助，則無可進行廣大之戰後復興工作。據中國政府估計，必需輸進約一千萬噸之援濟品，其價值幾及二五億美元。杜魯門於報告書之附函中稱：中國政府曾於一九四四年九月，向善救總署要求價值十億美元之物品，重逾四百萬噸，與技術專家二千人，以及數百中國專家留學深造之津貼費用。

【美國新聞處上海十一日電】上海市市長錢大鈞於十一日在記者招待會上稱：煤的缺乏是最緊急的問題，是重建工業和穩定中國經濟的主要問題。錢市長宣佈，中國與盟國代表的經濟委員會已成立。該委員會將訂定燃料、糧食、鐵、運輸與勞動的價格。錢稱：燃料的缺乏，妨礙了電力的設備，因而也就阻止恢復工業的充分出產和就業。

美參議員魯斯主張中國應實行聯邦

【美新聞處紐約十日電】紐約太陽報息：紐約市中國人住區各街衢昨夜舉行三日慶祝，紀念中國雙十節。太陽報說：李蔭非（譯音）中國人住區市長是昨夜慶祝會的主人，慶祝會參加者五千餘人。龍燈穿過照耀輝煌的各條街道。市民穿着中國衣服，舉行提燈遊行。另一特點是廿名中國姑娘在莫特貝爾街的講台舉行表演。太陽報與世界電訊報皆報導美國康狄涅克州衆議員布茨·魯斯向紐約市慶祝雙十節的集會發表講演，主張中國實行類同美國的聯邦制度，之說：只有中國各不同政治黨派的聯盟才能解決現在擺在中國面前的許多問題。太陽報引摘魯斯的話說：『如果蔣介石對待誠實相信中國共產主義的中國普通人一如他對待他的政黨的普通人一樣，則我們不必恐懼中國的民主』，在集會上講演的人包括有第五十八艦隊司令瑪克瑟海軍中將，新澤西州長華爾特·喬治，中國戰爭救濟聯合會在紐約組織的慶祝會上，前中國駐美大使胡適，美國陳納德少將爲主要的講演人。

國民黨各鐵路幹綫通車情形

【中央社重慶十三日電】交通界息：除東北陷區外所有淪陷區各省之鐵路，均已分別接收，或正在接收中。目前各路通車情形如下：（一）津浦路浦口徐州間每日開客車三次，貨車不定。徐州以北尚在接收中，行車次數未定。（二）平漢路除元氏至新鄉一段外均全部完好。元氏新鄉間路軌雖遭破壞，應用材料已有充分準備，不難修復。俞部長飛鵬現前往督工，短期內可望通車。（三）隴海路開封至連雲港間照常通車。開封鄭州間路軌尚完整，即可通車。鄭州洛陽間由於戰時之拆除或我軍之炸毀，現正派員調查修復中。（四）北寧路北平秦皇島間完好通車，秦皇島以東尚未接

阿根廷裴倫辭職

【路透社布宜諾斯艾利斯十日電】廣大羣衆以巨大熱情遊行示威到深夜，慶祝阿根廷副總統兼陸軍與勞工兩部長職的裴倫上校辭去本兼各職的公告。外長柯克在記者招待會上說，裴倫的辭職不會引起內閣危機。各遺缺今日即將指定新部長。外長柯克推知或是航海部長泰薩里抑或社會部長皮斯塔里尼被任命爲臨時的陸軍部長。他重申選舉將於明年四月第一個星期日舉行，選舉登記十一月中即將能辦妥。柯克否認有任何軍隊的調動消息，宣稱：這種謠言是爲了策動革命的單純目的而散佈的，『對這種革命不應賦予重要意義。裴倫辭職的公告是在數日政治情勢緊張之後所發表的。這種緊張的政治情勢是繼「自由進軍」與科多巴軍事起義的企圖而來，「自由進軍」於九月中舉行，參加者五十萬人，要求裴倫上校辭職。上週裴倫的支持者與警察之間曾發生衝突，數百學生被捕。裴倫在雞尾酒會上說：在馬約兵營索洛斯將軍領導下的我的同僚，正討論向首都進軍推翻法勒爾政權的可能性。他遂赴馬約兵營，在該地與索洛斯將軍的談判發生爭吵，據悉，昨日索洛斯將軍送致裴倫最後通牒一紙，令他在十八時以前辭職。午後部隊開始向首都進軍，陸軍部爲索洛斯部隊的先遣隊佔領。參謀長馮·韋貝克、社會部長皮斯塔里尼、內政部長霍頓齊奧博士說：裴倫上校雖然尚有空軍與警察的支持，已接受這一情勢並辭職了。裴倫辭職的公告件中正式的聲明××已被××。（下不清）

中央社報導暹羅情形

【中央社記者張慶彬曼谷八日專電】暹羅官方對暹人尋隙，與華僑衝突雖加告誡，然經近日多次衝突後，暹人對我僑胞均懷惡意，即於今日仍然懷恨在心。中國僑民現仍時時戒備，嚴防再遭掠劫或發生縱火情事。昨夜華僑貨棧復被若干暹人搶劫，上週末一僑胞於火警發生時，被暹人逮捕旋被刺死，行兇者於夜色中安然逸去，暹羅大報數日前於首頁篇幅列載卡通畫，上繪中國人爲野獸，據悉：在最近發生衝突事件時，有暹羅某秘密組織出現於街頭，廣貼傳單，囑暹人採取報復手段，此一秘密組織聞係由某曼谷議員領導。記者曾訪問華僑領袖，他們都說我國政府應予華僑以保護並對我國外交使節何時抵此，極爲關心。昔時華僑華商會，乃全體華僑之代表，自該會主席於八月被刺後，來自國內各地之僑胞，即各組織團體，共同處理僑民事務，暹羅一九三二年政變後，造成排華情緒之最大動力，乃狹隘之民族主義。鑾披汶執政時，發展至最高峯，鑾披汶於一九三九年至一九四一年間，封閉一切華僑學校及報紙，並指定十三個禁區，一經通告，即令數千僑胞家庭即日遷

收，通車亦尚有待。（五）膠濟路除龍山至濰縣一段外，濟南至龍山及濰縣至青島均照常通車，龍山濰縣間約五十八公里現正謀修復中。（六）正太路除微水至南張村一段外，石門至微水及南張村至太原已通車。（七）平綏路北平至青龍、昌平間通車。青龍、昌平以西未通。（八）同蒲路僅介休、沙峪間通車，蒲州至介休及沙峪至大同均未通車。（九）京滬路全綫完好，每日對開客車五次，貨車視需要開行。（十）滬杭路全綫完好，對開客車三次，貨車不定。（十一）浙贛路僅杭州諸暨間每日對開客車一次，諸暨以西尚待修復。（十二）粵漢路北段武昌至衡陽已照常通車，衡陽以南以多有破壞，且有數處破壞程度頗大，修復尚須相當時間。（十三）廣九路全綫完好，照常通車。（十四）廣三路除石塘至佛山一段外，其餘完好可以通車。

【中央社渝十三日電】民本輪十三日晨八時由朝天門碼頭起碇開駛宜昌，乘客五百餘人，內有難民二百五十餘人。按照規定此等難民上船時應集中點名檢查，以免冒名頂替，每人不得攜帶現款十萬元以上。當昨晚下午檢查上船時，竟發現在難民羣中攜帶鉅款者甚多，其中一人有黃金四十兩，另一人身藏黃金五條，攜帶白洋現款者亦復不少。檢查未竣，一部份難民並自動要求改搭民船。總計被檢及未上船難民達五十二人，並願別次搭船東下之難民六十五人中，亦有不少攜大批現鈔者，中有一人竟攜款二千餘萬元，且查悉有以二十萬元購買難民證一張情事。

【中央社渝十三日電】關於長江航運票價前經政院核定後，嗣因各路船公司以各輪下駛中係空回，要求增加票價，應包括回空津貼，以完虧累。主管當局與各航商討論，頃釐訂票價。

（一）渝漢段特艙七九、七五〇元，頭等五三、二〇〇元，

（二）渝京段特艙一〇一、三〇〇元，頭等六七、五五〇元。

（三）渝滬段特艙一一二、一五〇元，頭等七四、八〇〇元。

紐約時報評裴倫辭職

【路透社紐約十一日電】紐約時報今日社論說：裴倫的辭職，祛除了二年餘來統治本半球大國之一的剛愎人物的一個最危險的小集團。「但是用強力撤除任何官吏是不合民主的程序的。亞瓦洛斯將軍如能使用其極大影響實行選舉，並讓阿根廷人民自己決定他們要撤除誰和保留誰的話，他就會對他的國家有更大功勞。

出，並驅追華僑不得從事二十七種不同之職業。暹羅並擬定獨佔華僑勢力，驅出華僑於大企業界。

美軍開始撤離巴勒斯坦

【路透耶路撒冷十一日電】根據今天突然接獲開羅美軍總部命令：一切美軍將於明晨開始撤出巴勒斯坦。因此，巴勒斯坦已成為一切請假的美國士兵所不能到的地方，而剩餘士兵的完全撤退要延至星期一。在耶路撒冷、蒂拉維與沿岸道路之間要道，新的檢查身份證站口的增加，並表明：安全措施已在加緊。據稱：今晨已舉行軍官與警察指揮官的會議，並考慮，假使形勢惡化時要採取的種種措施。

【路透社偉路支十一日電】黎巴嫩議員拉法特·卡佐息，在英國軍事警察於其家中及其車內搜出卅七支步槍之後而被捕。卡佐息星期二日夜深在議會開會之後驅車赴他的鄉村，當時大隊英國軍事警察止住他的乘車，在他的車中搜出十七支步槍，遂即傳集黎巴嫩警察，搜索卡佐息的住宅，又搜出步槍廿支。卡佐息最初抵抗搜檢，而被輕傷，現已送至監獄醫院。

美國會議員關於美國對外借款的主張

【路透社華盛頓十日電】一羣最近周游歐洲回來的國會議員，今日主張在貿易壁壘未取消前，美國不給外國借款。該羣議員以衆院戰後經濟政策等委員會主席威廉。M．康洛納為首，提出四點綱領：（一）蘇聯採取門戶開放政策，允許外國記者自由出入，並無限制的交換情報；（二）大不列顛取消所謂英鎊集團內的帝國優先權；（三）重建德國工業——減去軍備部門，「這樣德國可能重新成為美國世界貿易中的因素」；（四）美國國外剩餘財產的處置，應不僅決定於貧困國家的需要，而且也應決定於美國能獲得美元價值的報酬之保證。

該羣國會議員特別敦促美國在未獲下列五點之保證以前，不給蘇聯借款，即（一）蘇維埃社會主義共和國聯盟，在專力從事軍備及作戰物資的生產中之政策。（二）明白宣佈蘇聯經濟生產的統計數字。（三）履行蘇聯政治義務，包括依照波茨頓及雅爾塔協定撤退佔領區軍隊。（四）宣露蘇聯與其衛星國家及鄰邦間貿易條約的條款，以建立美國對這些國家的政策，（五）依照非政治的方針，進行這些地區的救濟工作，即不允許蘇聯把供應品吸入其範圍，並要求由聯合國善後救濟總署或美國替換之。

參考消息

（只供參考）

第一〇三三號

解放日報 新華社 編

今日出一張

卅四年十月十五日 星期一

日本投降後美國報紙對國共問題的看法

【本報訊】日本宣佈投降後，中國政局的情形惡化，在美國輿論界也引起了不小的波動。據美新聞處電訊稱：大多數的報紙，都害怕國共兩黨的決裂，會把美國拉入中國內戰的漩渦，並因此而引起美、蘇的直接衝突。所以有許多報紙都主張採取調解政策，主張「美蘇」或「美英蘇」採取共同行動以制止中國內戰發生。譬如芝加哥「太陽報」八月廿四日的社論中說：「中國的內戰不僅將阻止中國經濟、社會、與政治進步的大好機會，並將增長蘇美在亞洲冲突的危機，而使一切和平均為陰雲所蒙蔽。」又說：「美國、蘇聯和全世界需要的，不是一個右派的國民黨獨裁的政府，也不是一個左派的共產黨獨裁的政府，更不是把中國變成美蘇勢力角逐之場，而是一個民主的、聯合戰綫的、聯合政府的、公平代表一切黨派的中國。這種政府就是中國進步人士所願望的政府。然而要沒有外來的協助的話，很明顯的中國一定會走上內戰的死路一條。」又在該報廿五日的社論中更明確的提出修改赫爾利政策，它說：「莫斯科之簽訂目前的條約（按：指中蘇友好同盟條約），顯然是假定有這末一個全國的政府。但如果中國內爭之結果，成立了兩個分開的政府——一個是現在很得勢的蔣介石所操縱的重慶政府，蔣介石是替國民黨反動派而當起獨裁者來的，另一個是在華北的由共產黨控制的政府——那末俄國的安全和經濟利益都會使其不得不與華北政府成立密切的政治的、軍事的、和經濟的聯盟。」「這就是為什麼美俄英應聯合以友誼的壓力加以重慶及延安兩方面以求得建立一個新的進步的聯合政府之良好基礎的理由之一。赫爾利大使在羅斯福總統逝世後所奉行的單幫助重慶之政策，需要即刻修改。」托倫多「劍報」的社論也是主張合理的和平解決的，它說：「我們的

到一個大城市——連在黃河流域或山東半島的大城市也沒有拿到；而他們老早就宣稱黃河流域和山東半島是他們專有的巢穴。而中央政府已開始佔領南京、廣州、漢口、上海，是一事實。「宣傳已不能再掩蔽這一事實，即：共產黨政府的力量大部分是依靠於希望俄國的幫助。不管他們所說，延安所控制的不會多於中國的五分之一的地方和七千萬中國人。就是在那個控制的地區，其是否能得到羣衆的擁護，也還有待加公平的評定。其正規軍不會超過四十五萬人，只有廿五萬根來復槍。」它又把中蘇條約的締結看作是對中共的一大打擊，它說：「在中俄條約中說得很清楚，俄國是支持中央政府。他們的蘇維埃的同志們在將來給他們幫助既沒有希望，中國共產黨會迫不得已的繳出他們的獨立的軍隊和政府，而成為統一的中國中的幾個政治少數派之一個。延安力爭結果不致如此，但其領袖們能夠看見兇兆了。」同文中它並把毛主席之去重慶看作是向蔣屈服的表示，而在其九月十日的文章中則故意把毛主席赴渝時的情形歪曲成被迫屈從的樣子。它說：「毛氏……帶着行將就刑的人的默默無言的絕望的神情。他登上飛機。」又說：「赫爾利大使不讓共產黨領袖坐委員長所備好的邃車，他把毛氏推進他自己的黑色的卡狄勒車。當他們開行時，興高彩烈的俄克拉荷馬的外交家高呼着為亞洲所嗜聽的戰爭吶喊：「橄欖油！橄欖油！」使觀衆為之驚異。」這種卑陋無聊的歪曲描寫，完全是為了證明它關於中共即將「投降」的論斷。

此外，爲「新聞週刊」及辛辛拿提「問訊報」等也有類似的錯誤估計。「新聞週刊」「九月三日的論文「出乎混亂的中國」，認為中蘇條約的訂立是「莫斯科又一次的拆另一國的共產黨的台。」從而「中國赤黨沒有希望得到外面的援助，而重慶政府卻已得到美國有力的支持，現在又得到蘇聯的援助。」「因此，「中國共產黨現在很不快活的只能選擇或者與蔣介石成立協定，或者用他們所能奪取的或自己製造的武器來作戰。」在「問訊報」的文章中說：「……假如中國共產黨立意如此做，他們最大可以造成幾月擾攘的局面的。他們可能會這樣做。但是依最近的種種發展加以判斷，他們要擾亂各聯合國政府為亞洲所擬定的和平計劃似乎是一件不大可能的事。他們沒有充分的力量，資源、組織或援助去完成這樣的一項工作的。」

英美報紙評國共公報

【美新聞處舊金山十三日電】舊金山紀事報十二日以『進步』為題發表社論說：蔣介石的中央政府與毛澤東的共產黨之間協商的聲明已產生進步的報

目的——同時也是蘇聯的——應該是避免破裂。在委員長的心裏面很可能有這種傾向，即認爲共產黨已在他的掌握之中，他大可依照他自己的做法去進行解決中國的內部問題。假如他眞作如此打算，我們應該對他提出一點點的忠告。中國之被承認爲民主之國之一不過是由於大家客氣，軍事獨裁民戰爭關係不能緩和之論據現在已不復存在。爲國結計，實不應只求於共產黨方面讓步。

此外，如紐約『前鋒論壇報』及軍事評論家鮑爾溫等也都支持制止中國內戰的主張。『前鋒論壇報』說：『目前中國政局危機中的需要，是使中國不流血而臻於統一的談判。由於這種解決辦法的迫於眉睫，很顯然，外國的干涉非常重要。在中國有最大威望的美蘇兩強應出而領導干預，因爲這兩國在未來的東方都有極大利害關係的。』鮑爾溫說：『如要解決重慶與延安的糾紛，使中國不至發生內戰，最好方法是由美、英、蘇三國對延安或許並對重慶發出聯合聲明。如果蘇聯參加，這種行動便有實現的希望。』

× × ×

但是，有些最反動的份子是有另一種看法，作另一種打算的。他們的言論中肆意侮蔑中共，故意低估解放區軍隊的力量，並將中蘇條約的訂立看作蘇聯拆中共的台，由此更妄測中共將向國民黨反動派投降。

在這方面『紐約時報』八月十七日的論文『中國共產黨』和『時代』雜誌九月的兩篇文章——九月三日的『我極樂觀』和九月十日的『重聞於重慶』，可作典型的代表。紐約時報的論文故意顚倒黑白，硬把挑動內戰的罪名按在中共頭上，它說：『中國共產黨於十四年來蹂躪中國領土之日本侵略者終於投降、及遠東一最嚴重的問題，亦由中蘇友好同盟條約而獲解決之際，突然以發動內戰相威脅，發展中之任何亞洲和平解決，均將由此而成泡影，中國共產黨達到此目標之第一行動，乃企圖奪取非由彼等擊敗之投降日軍及軍器及軍需物資，藉以供自身之裝備，以與其同胞作戰。』並說：雖然『蔣主席邀共產黨領袖赴渝共商國是，』但按『中國共產黨過去情形觀之，此次或將拒絕蔣主席之邀請，彼等並不願參加合作，彼等所盼者乃爲統治中國。』它主張英、美、蘇必須只以蔣介石集團爲『進行商洽之對象』。

『時代』雜誌九月三日的論文中一面爲蔣介石的『勝利』大事吹噓，一面有意的把中國人民武裝的力量描寫得微弱不堪，它說：『中國共產黨的許多自高自大的宣傳，已在事實之前融消了。』在一週之末，事實是共產黨沒有拿

導。據報此種進步是順利的：雙方答應儘一切可能避免內戰；他們同意召開政治協商會考慮未來的國民大會結束訓政；他們同意人身、言論、出版及結社自由並取消政治特權。（下缺）

【中央社記者李強光紐約十二日電】美國報紙對我政府與中共發表之會談紀錄反響如下意見：『保守之共和黨報紙紐約太陽報（此乃紐約方面對此問題撰記評述之唯一報紙）稱：雖有數事仍待商討解決，此時感及寬慰，亦不爲過。蓋蔣主席及毛澤東已宣佈會商已獲基本協議也。新諒解似可能爲建立中國國家團結統一之基礎。』傾向獨立之共和黨舊金山紀事報稱：會議記錄，似有利者，然獲有甚多事項等待商討解決。此項局部協議證明吾人向所聞及蔣主席爲獲致協議，而消除黨派困難之特殊個人能力，今所成立之局部協議，似屬得當。紐約時報及紐約前鋒論壇報，均以首頁地位刊載此一問題之報導，記述會談紀錄之大要稱：『中國共產黨及中央政府同意避免內戰，在蔣主席領導下，致力建設統一繁榮之國家。未決定軍事問題，將由小組委員會處理。政治問題，由各黨派政治協商會議加以研討』。紐約前鋒論壇報稱：『中國政府與共產黨之會談，未能就軍隊統一問題獲解協議，然保證不容內戰發生，且在多數問題獲致決議』。

【中央社倫敦十一日專電】關於政府與中共代表商談獲得協議消息，自重慶傳來後，今日約克郡郵報曾爲之著論謂：中國多年困難之主因，今已消除，傳聞之協議自將增強中國之力量，中國之每一友人均將渴望爲更愉快之將來建堅固基礎。

赫爾利告記者 他將不立即回中國

【路透社華盛頓十三日電】美國駐華大使赫爾利將軍在與杜魯門總統及貝納斯國務卿會談後告記者稱：他將不立即回至中國。赫爾利完全拒絕答覆他的返任的問題說：只有總統才有特權宣佈它。

【合衆社華盛頓十三日電】美國務卿貝納斯授權宣佈，赫爾利大使在美稍留後，決返重慶。

【合衆社華盛頓十三日電】赫爾利大使抵此後，曾與杜魯門總統及貝納斯國務卿晤商，據稱：渠於返回新墨西哥故居前，將再與杜魯門總統及魏德邁將軍會晤，並盼於不久期內（可能於本週內）招待記者，渠稱：蔣主席乃『一無私之愛國者不僅與革命期中中國之睿智領袖，且爲對日抗戰八年期中

領導命閣之經費傀儡。」赫爾利大使拒絕對外傳渠將辭職之謠言置評，渠謂報界，可詢於國務卿，渠之未來出處，渠稱：外界謂渠因公「積勞」，此一名詞乃渠本日於報章中見及者。

合衆社說 內蒙將獨立

〔合衆社重慶十四日電〕據蒙古司令部方面告合衆社記者：內蒙將成立一個由外蒙扶植、蘇聯後援，附近中共八路軍支持的新的獨立政府，首都設於長城以外張家口西北一百航空哩的商都——十三世紀忽必烈汗大帝大蒙古帝國的首都。副盟長六十代世襲旗王貝會泰萊由「團結一致的蒙古人民解放委員會」選爲新政府的主席。「團結一致的蒙古人民解放委員會」係於蘇、蒙軍隊進入內蒙以後不久由其他蒙古人與我國人組織的。該委員會自九月初成立以來即以鞏固內蒙三項原則而奠立新政府的基礎工作：第一、外蒙與內蒙團結一致；第二、自從中蘇條約保證了外蒙的獨立，內蒙亦應力圖獨立；第三，從與旗隊追下解放一切蒙古人民。此間獲悉：貝會泰萊旗王係這一爲新牌國際陰謀，蒙古高原政治糾紛所支援的政權的首腦。

內蒙新政府在商都的領土大約相當於「日本僞蒙疆政府」，僞蒙疆政府於八、九月蘇、蒙軍隊進入內蒙後即告崩潰，然而蘇、蒙軍隊停於長城。中共八路軍在蘇軍援授下攻克長城以北察哈爾省城張家口。（此電由重慶合衆社發給紐約與上海者。）

何應欽將赴濟南

〔中央社南京十四日電〕何總司令十四日晨八時，專機飛往蚌埠視察，聞何氏並將轉赴徐州濟南。

〔中央社徐州十四日電〕何總司令應欽率隨員劉廉一等六人，十四日十時廿分由京飛抵徐州，視察辦理受降情形及一般狀況。李長官品仙等廿餘人馳往機場歡迎，何氏下機即舉行會議，聽取報告並加指示。午後二時，並於十九集團軍總部（蘇淮海省署址），召見徐海區日軍晉後聯絡官森茂樹，二時十五分鐘復乘原機飛往鄭州。

〔中央社渝十四日電〕軍委會十月十四日發表：（一）我李延年副司令長官率副長官部人員及孫煥彩師，於十月十日到達魯省濟南，主持受降時宜。（二）我孫蔚如司令長官電稱：我軍於十月九日開始解除鄂南嘉魚日軍獨立第八十旅團之武裝，正順利進行中。（三）我鄧龍光總指揮所屬之韓練成部，現由雷州半島向海南島前進中。（四）我張發奎司令官所屬之孫立人部現

外交特派員公署人員，由董副參謀長彥平領導抵達。

〔中央社記者劉竹舟長春十日電〕昨自南由重慶飛此之中國空運大隊飛行員十二人現抵此。

〔中央社杭州十三日電〕新任遼寧省主席徐箴，已由浙東來杭，即將轉赴遼履新。

〔中央社濟南十四日電〕美生活、時代、幸福三大雜誌發行人魯斯等一行六人，十四日晨自滬乘中航機抵濟，預定下午二時仍乘原機飛平。

美國關於遠東顧問委員會的提案

〔美新聞處華盛頓十日電〕國務院今日發表美國政府在八月廿一日提交中、英、蘇三國遠東顧問委員會的「提案」。（第一掉了）第二、遠東諮詢委員會職能如下：（一）遠東諮詢委員會負責對參加國政府提出建議。首先是擬定關於日本實踐其投降義務應遵守的政策，原則與標準，（二）是關於日本根據投降訓令××所需要的機構；（三）關於參加國政府之間的其他問題。第三、諮詢的其他方法：建立顧問委員會，不排除參加國政府關於遠東問題使用諮詢的方法。第四、遠東顧問委員會，由簽訂本協定的國家各出一代表組成之。顧問委員會的成員，如條件由遠東其他聯合國代表或在遠東有領土的其他聯合國××保證時，可以增加。不是委員會成員的國家，當委員會討論的問題，首先影響這些國家時，將應邀參加委員會。這種建議已在考慮中。此外，委員會將規定，各委員會討論與聯合國非委員會會員國特別有關的問題時，得與這種國家進行充分的與諮商的諮詢。第五、地址與組織：遠東顧問委員會會址將設在華盛頓。如需要時得在其他地方開會，委員會每一代表可以由適當的民政與軍事代表組成的隨行人員伴隨。委員會將組織其秘書處，指定可以×××保護其組織與程序的委員會。第六、任期：遠東顧問委員會在美英蘇中四強之一通知結束該委員會時，即停止其職權。在委員會結束以前，委員會可以將那些適宜移交的職權移交參加國爲會員國的國際安全組織。（編者按：此電原文錯落頗多，暫發參考）

〔美新聞處東京十三日電〕蘇、英及中國軍隊，將與美軍共同佔領日本，惟盟軍數目之多少，與到達之日期尚未自華盛頓獲得正式消息。

路透綜合報導：世界幾處不安中心

〔路透社倫敦十三日電〕成千武裝

正接收粵南之淡水（惠陽南）防務。（五）據顧祝同司令電稱：我軍解除浙江杭州日軍第一三三師團武裝，至十月九日已順利完成。（六）我廖耀湘軍現派遣部隊進駐鎮江、句容，担任防務。

「中央社蚌埠十二日電」昨據第十戰區司令長官前進指揮所發表第四號公報：在津浦鐵路段固鎮迄滁縣間，日軍第七十師及第一獨立警備隊均於十月五日前經我軍分別在固鎮、蚌埠、滁縣三地繳械完畢，所有日軍官員二五一六五名均已進入我指定之集中營。

「中央社北平十三日電」長官部十三日派員接收在平市之偽軍官學校，接收後就原址設置十一戰區幹部訓練團，孫長官兼任團長。

國民黨在南京受降情形

「中央社南京十三日電」南京市區及外圍重要據點日軍八萬餘人之繳械工作，業於十二日完成。新六軍軍長廖耀湘中將，昨晚接見記者就繳械情形發表談話稱：本軍於九月廿日開始辦理南京市郊及其外圍日軍繳械事宜，計分四區進行：（一）市區與近郊；（二）浦口與浦鎮；（三）龍潭與湯山；（四）鎮江與句容。本軍奉繳械之日軍，其在市區者：（一）日本第六軍軍部及其直屬部隊；（二）第一六一師團；（三）第十三飛行師團；（四）兵站醫院諸後方機關。其在浦口者爲日本第三十師團主力，其在湯山地區者爲日本步砲教育部隊，其在鎮江地區者爲第三師團主力。上述四區日軍之武裝至昨（十二）日業已全部解除武裝。據統計，現已繳械之日軍員兵爲八一、六六五人，步騎槍四六、二八七枝，手槍二、一一一枝，輕機槍八七九挺，重機槍二三八挺，砲四七四門，擲彈筒六五一個，騎馬三、九二〇四，倉庫封存者三三所，卡車六五〇輛，半數可用，一部尚須修理。日軍用冷藏廠、酒精廠、汽車修理廠各一則已奉命交出有關機關接收。蕪湖、當塗、丹陽、泊鎮以北地區俟我友軍接防後，原駐該地日軍即可指定集中地點，令其繳械。日本俘虜現已分別集中湯山、龍潭、棲霞與白果山，由本軍予以管理。本軍警衛兵力則已先後到達鎮江、句容、溧水、江寧、浦口、浦鎮。

蔣介石今日招待外記者

「合衆社重慶十四日電」蔣介石定於明日在其重慶官邸舉行戰爭結束以來第一次外國記者招待會。

「中央社記者劉竹舟長春十日電」雙十節之晨，我國國旗於莊嚴之國歌聲中升入長春市空。參加本日之升旗禮者，爲昨日飛此之空運飛行員、行營及

的人，許多人仍肩着他們兩月前在戰爭中所用以作戰的武器，今日正佇立於世界騷亂的中心，準備應付衝突之爆發或再起。路透社記者今日來自三半球的電報，說明了這種形勢的圖景。巴勒斯坦路透分社發表下列通訊：耶路撒冷十月十三日電：巴勒斯坦駐軍，警察及其他當局在安全會議上已考慮了應付任何方面可能發生的形勢的辦法。由於國內現有兩個師及大量的警察，耶路撒冷觀察家認爲，此兵力已足可應付任何非常情況，在陸軍決定實行記者招待會後，第一號新聞公報已張貼於巴勒斯坦駐軍司令部的牆上。公報僅說『無事可以報導』。巴勒斯坦各界，正等待倫敦方面更明白的聲明。猶太人顯然不願在英政府行將發表的公告之前，參加『決鬥』，而阿拉伯人亦僅限於發佈備忘錄，要求採取堅決措施以反對『政府當局的挑戰』，並表示相信英國工黨政府將不會撤回限制猶太移民的白皮書政策。巴勒斯坦警察已採取忍耐與冷靜的態度，表示政府當局正採取『慢慢來』的政策。路透社新加坡特別記者今日來電，描寫爪哇形勢稱：『印度尼西亞民族主義者已將爪哇東北端的海軍巨港泗水的一切日軍囚禁，並切斷了與巴達維亞的一切交通綫。』這是今日越過該島到新加坡的某英國海軍軍官所說的，他說：『爲印度尼西亞人所繳獲的坦克及裝甲車，正在武裝的印度尼西亞司機的駕駛下，從街道中急馳而過。飛機場已被接收，飛機不准降落或起飛』。關於越南，昨日越南民族主義者與法軍間所爆發之戰事的詳情，尚在等待中，但康提東南亞盟軍統帥部今日宣佈，越南盟軍總司令格拉賽中將所領導的盟軍，正佔領越南境內控制交通所必須主要地點，包括西貢飛機場及港口在內。關於阿根廷情形，據路透社蒙得維多來電稱：『在昨夜沖突之後，數十名死者及受傷者今日尚躺於布宜諾斯艾利斯的街道中。沖突發生於政治示威遊行之際，此示威遊行舉行於法勒爾將軍的政府辭職及裴倫上校被加以「保護」逮捕之後。據里約熱內盧廣播，法勒爾總統本人現已辭職。以前消息曾傳稱他企圖成立新政府。布宜諾斯艾利斯形勢昨夜當警察奉阿根廷新警察長米特巴區上校的命令，集合於軍人俱樂部大廳，要求陸軍應經過最高法庭奪取政權時，即達於頂點。路透社訪員稱，據蒙得維多消息靈通人士預料，阿根廷陸軍主要樂園馬約集團的部隊，可能開至京城，阻止裴倫及新陸長阿瓦洛斯將軍獲得京城內某些駐軍的支持。阿瓦洛斯今日允許阿根廷人民說，他們在四月七日的投票日，可以自由選擇他們所願意選擇的人當政。官方將沒有總統候選人。

參考消息

（只供參考）

第一〇三四號

解放日報 新華社 編

今日出一張

卅四年十月十六日

星期二

美評論家論國共協定

【美新聞處華盛頓十三日電】新聞評論家諸維爾在十三日華盛頓郵報上撰文略稱：以為中國政府與中國共產黨所締結的協定永遠消除了兩黨間一切實際的或潛在的衝突源泉的話，便是鹵莽的想法。基本上說來，協定只是建立了中央政府與中國共產黨間的休戰地位，並使之合法化而已。可是從這個休戰中可能產生真正的和平和團結。如果這點是真的話，那末這一協定就將證明是中國國家生活中非常重要的里程碑。而且還可以不僅如此而已。它還可能證明成為遠東和平的基石。為什麼在一百多年反覆的間歇中遠東成了國際大的暴風雨中心呢，其原因是在這整個的期間中國脆弱的緣故。正因為脆弱，所以它就成為國內競逐者和外國壓迫的掠奪物了。一九三七年中日戰爭，四年後發生珍珠港事件，這一連串的戰事，其根本原因無非是中國無力自衛。在中國能成長為足能保護其安全免受外國進攻的國家之前，它必須首先完成團結。以同樣的標徵可以看到，沒有這種團結或延誤其完成的話就會引向國際的混亂。在尋求解決中國國內困難的過程中，已很明白可以看出，外部國家首先達到諒解，對中國國內問題有最大的直接好處。這特別是指的蘇聯和美國。美國在遠東問題上想求得與蘇聯諒解的努力的全部內幕現在還不知道。這個內幕一旦發表，就將反映出美國外交的情況××××。美大使赫爾利在赴華之前，曾訪問莫斯科，並就中國問題與斯大林元帥和莫洛托夫外長作很長談話。同時他設法和××蘇方領袖使蘇聯決定避免以幫助中國共產黨而在中國混水摸魚。後來，赫爾利幫助勸說克里姆林宮與中國政府會談，解決雙方懸案。赫爾利對團結重慶與中國共產黨的努力乃是他在莫斯科所作的努力的自然結果。（掉一句）現在的問題是重慶協定如何執行的問題。重慶和共產黨但是很明白的，每一方已向對方作了讓步。之間的一切分歧即令有了休戰的基礎也不會全部解決的。重慶已同意中央政權民主化，並結束目前

通暢通煤料供應無缺。

【中央社滬十五日電】中央戲劇電影審查所滬辦事處，經馬昭俊等積極籌備已成立，並宣佈十六日起，開始接收收復區電影審查。羅學濂代表中宣部稱，電影戲檢查中央統一辦理，中外影片放映前，均須經過審查，即國營製片廠及各國新聞片，亦不能例外。二、卅年十二月八日以後之敵區出品禁映，呈報中央專案處理。

【中央社漢口十三日電】第六戰區接收日方物資委員會與密報物資處理委員會舉行會議，出席者有第六戰區長官部連祕書長瑞琦等，決議事項為密報物資，係指敵人漢奸偽組織直接間接所蓄存之物資，如有察覺，均可密報，經審查確實後，即加以沒收，以百分之四為獎金。

【中央社滬十三日電】中央廣播事業管理處特派員馮簡來滬之後，即指定京滬區由葉聲負責，現葉已接收『上海』『國際』『大東』『黃浦』『東亞』『五家電台，其中除『大東』電台因受轟炸損壞，早已停止播音外，其餘『黃浦』『東亞』『上海』『國際』四家，均在繼續使用中。

斯特拉特梅耶抵滬

【中央社滬十五日電】美駐華空軍總司令斯特拉特梅耶將軍，偕美空軍高級將領多人，十五日下午自渝飛滬。記者訪晤其聯絡員赫爾門少校，據稱：空軍在滬工作，今晨正式開始，美第十航空隊司令赫金伯加將軍，第十四航空隊司令史東將軍，日內亦可抵滬，據調查所得，美空軍員三千人，預料日內將大量增加。

【中央社重慶十五日電】據美新聞處十四日電：國務院任命遠東外交使節如下：重慶副領事羅華德，國務院官員僑漢生均改任為駐上海副領事，原擬任駐仰光總領事之倪思瑨改任為駐上海總領事。國務院官員馬俄任駐新加坡領事，國務院官員麥京凱納及麥羅均任駐上海領事。駐布宜諾斯艾利斯大使館二等祕書華納，改任駐重慶大使館二等祕書兼領事。

【中央社北平十四日電】美記者魯斯等一行六人，十四日下午六時由濟南飛抵北平。

龍雲就職 杜聿明免職

【中央社滬十五日電】軍參院長龍雲宣誓就職典禮，於十五日中樞紀念週舉行，蔣主席領導行禮後，龍院長宣誓就職，中央派張委員監誓並致詞，蔣主席亦致訓詞，略謂：龍院長過去在滇服務，擁護抗戰，擁護中央，此次調參院職責更見重大，貢獻必多云。龍院長答詞謂：必遵循蔣主席及張委

的一黨專政。中國共產黨方面即令堅持任命華北四省省主席及保持大量軍事力量，也同意了至少在原則上承認重慶政府的最高權力並又至少在原則上接受了軍隊國家化。這一協定如何執行將決定中國完成眞正團結多麼快。至少已給了一個開端了。

李延年派員晤孫連仲

【中央社北平十四日電】十一戰區副長官李延年派副參謀長孫鳴玉，昨由濟飛津，今抵北平，晉謁孫連仲長官報告濟青地區進行繳降情形，並有所請示。

【中央社北平十五日電】長官部頃奉總司令電轉奉委員長電令，據報：近有不肖之徒在敵後假借中央名義對於偽組織偽軍擅委名義及敲詐勒索等不法行爲，在所轄地區如發現此等情事，不論情節輕重，准予就地捉拿懲辦，如經查明確與中央有關係者，亦應一面予以扣留，一面報請核辦。孫長官奉令後已通飭遵辦。

許良玉部進至安陽

【中央社渝十五日電】軍委會十月十五日發表：（一）我李文德司令所部由同蒲鐵路南段，經正太鐵路向石家莊前進，該部先頭陳鞠旅部，於十月十四日進抵冀西之九隴。（二）我許良玉部，於十月十日進至豫北之安陽。

（綽頭）薛岳將軍之九江前進指揮所頃公告點繳日軍五十八師團人馬及主要兵器之統計數字。計：人員一六〇一七，馬四一五五八，手槍一八六，步騎槍二九一六，擲彈筒一五八，輕機槍一二七，重機槍卅，迫砲五，步砲八，山砲三，電機十，無線電機卅九，卡車九。

【中央社九江十五日電】第九戰區繳械之日軍共計兩師團一步兵旅團及三混成旅團。至十五日止，已繳械者有兩師團一步兵旅團及一混成旅團之五分之三。

【中央社滬十三日電】據悉，宋院長對各接收人員之指示要點爲（一）業已接收者須由接收機關將接收所得之物資，即速加以整理。（二）尚未接收者應迅速前往接收。（三）整理後之各企業應迅速恢復生產。

【中央社天津十五日電】天津公用局長王錫均，十五日已接收日本華北電業公司天津支店。各發電廠及電車公司，亦將於日內接收。天津電廠共發電[illegible]力，對於各工廠[illegible]燈，[illegible]力[illegible]須改進設備，到津唐之

員訓勉各點，益加努力，報效國家，旋即禮成。

【中央社渝十五日電】昆明防守司令杜聿明，對於昆明防守部隊管守不嚴，防務處理，頗多失當，最高軍事當局，已有令予以免職之處分。

合衆社稱：外蒙與內蒙實際上已統一

【合衆社重慶十五日電】亞洲今日最顯著的既成事實是外蒙與內蒙實際上的統一，外蒙與內蒙是由外蒙古人民共和國總理却伊巴桑元帥所率外蒙騎兵統所一的，而却伊巴桑，儘人皆知是在蘇聯支援之下。却伊巴桑的機械化騎兵在八月份蘇聯對日宣戰及却伊巴桑對日宣戰之後不久，即橫掃內蒙，直薄長城大門，並宣傳內外蒙古聯合一致，及其獨立、政治自由、經濟福利以及從外國壓迫下獲得解放。却伊巴桑首先組織『團結一致的蒙古人民解放委員會』，經過該委員會在長城以外張家口西北一百航空哩的商都創立新的內蒙獨立政府。此間銳利的觀察家結語稱：却伊巴桑以這樣的作法完成了他的既成事實，向中國與其他聯合國提出問題。却伊巴桑顯然是獲得了蘇聯與中國共產黨的支援，中共的八路軍從長城以內接近其新內蒙政府的領土，而蘇聯紅軍則在滿洲附近及內蒙以內。中國與外蒙沒有外交關係使得事情更爲複雜，因爲却伊巴桑完全不理重慶的觀點與中蘇新約。根據中蘇條約蘇聯紅軍有義務在日本投降之後三個月內自滿洲與內蒙撤退，但外蒙軍隊（紅軍的同盟軍）則沒有這種義務。自從蔣介石表示他願意讓外蒙獨立以來，他正面臨着新的問題，外蒙又得寸進尺將內蒙攬入己手。

合衆社轉播我佔都山

【合衆社重慶十五日電】重慶八路軍辦事處公報：八路軍部隊九月廿三日佔領東三省『西南××里』的都山（滑龍），攻克該城市，繳獲日本步槍七千支，日本機槍四十一挺，投誠偽軍千人，都山係在長城以外。該公報說：美海軍陸戰隊乘兩艘巡洋艦於十月七日駛入共產黨佔領下的山東威海衛海港，海軍陸戰隊官員曾往訪共產黨張司令和于市長，並由張司令于市長予以款待。公報說：美海軍陸戰隊未在威海衛登陸。

【合衆社重慶十五日電】中央社息：日俘兩千名在中國交通部指揮之下，現正在修復滇越鐵路昆明至海防一段，修復工作可能於十月完工，預料屆時

恢復運輸。越南海岸港口與中國東部上海之間四千日的海路可能開闢，因中美雙方正忙於修復東京灣至中國其他區域的計劃。

美國商業團體要求中國
免除進口貨物納稅並平等待遇

【本報訊】一九四四年組織的中美商工會社，會員有二百七十家公司，會費由三千二百五十元到三萬五千元，該會的高級職員告訴記者說：美國的商人急於要求在中國商業界投資。中國被列爲『是戰後美國的物品，特別是資金的最重要的市場之一』。在一九四五年四月曾爲中國的稅則不平等，不一定以及收稅機關的不統一而發表一原則聲明說：『對於外商讓步可能是中國的好處，甚至可以完全免除納稅作爲對新建立的工業的一種誘導。到中國去經營商業的團體必須允許當作外國社團看待。對於在中國經商的美國人，他們持有的股票金額，或者他們佔有的商業股份，或者經營的商店，不應當差別的待遇，在開辦方面中國的資金需要佔百分之五十一，在造船業方面中國需要佔百分之六十六。美國人也希望在獲利時多匯一點款。去年，對電影商准許匯百分之五十的利益，今年百分之十。這種情形不能令人滿意。』

觀察家報外交訪員稱：
重開外長會議的談判應由蘇方發動

【路透社倫敦十四日電】觀察家報外交訪員說：『蘇聯與其他四強代表在最近倫敦外長會議上所發展的難局，現在還沒有打破的徵象。』訪員繼稱：『真的，這件事的影響已經超出外長會議的範圍以外了，並已使保羅甸三國境內盟國管制委員會的工作幾乎趨於停頓。在柏林，情形也不見得好些，保證在各佔領區間較大的統一行動的企圖也很少成功。摩擦也已發展到現在正在倫敦教堂開會的籌備聯合國組織開幕的執行委員會了。鑒於西方強國與蘇聯關係的類化，這一團體是否可能在如起先預期的十二月初開會，現在已成爲紛紛揣測的問題了。在倫敦，有一種很坦率的意見，認爲引起外長會議的破裂的既是蘇聯不願對其他一切參加者的主張作任何讓步之故，因此，走向重開會議的談判之任何步驟，必須自莫斯科方面發出。據記者所獲情報，倫敦方面不會發動，迄今爲止也預見不到華盛頓方面會首先提議。』

奧地利向盟國呼籲
百萬德人湧入奧國

【路透社維也納十四日電】奧地利臨時政府頃向盟國發出緊急呼籲，解救奧國免除數近百萬的難民擬如蝗蟲般侵入奧

馬歇爾主張
美國繼續備戰

【中央社紐約十日專電】馬歇爾元帥關於美國在戰爭及和平中任務之報告，已獲美國報紙電台公開討論以私人談話中之廣泛討論，尤其對於他解釋美國需要一種永久與現實之國防一事爲然。紐約報紙社論，一般均贊成馬歇爾所提美國繼續備戰之主張。紐約時報稱，是項報告爲最近險惡大時代中重要文件之一，並認爲一切有思想之美國人均應予一讀，先鋒論壇報稱，此一報告有加以研究與注意之必要，一般均指出馬歇爾於報告中強調美國準備之兩項要點：（一）加強科學研究，（二）除少量常備軍之外，尚應有以普遍軍事訓練爲基礎之和平時期國民軍，國務院官員亦深感目前採取普遍軍訓，將大足以加強美國在最後和平談判及其建立純正世界機構以處理國際爭執一項努力中之地位，換言之馬歇爾強調一國之武力與其外交政策有至密切之關係，一般均認爲馬歇爾所以特別着重普遍軍訓，係因目前美國國內對於未來之軍事政策意見分歧，蓋美國政界及其他人士很少人反對加強科學研究，一般民衆及國會議員，對於平時軍訓問題，則意見分歧，馬歇爾力促採行普遍軍訓，勿稍延宕，此舉在未來國會辯論中，足予陸軍之計劃以強力支持。

傳日皇將修改憲法

【路透社東京十二日電】路透社特派員報導，皇室發言人今日宣佈，預期天皇裕仁將於很近將來發表不常發的勅書，通告修改已五十六年的日本憲法使成爲『較民主的方針』。天皇現在似乎在等待十一月日本議會開會時才公佈其建議。發言人說，『這種修改已考慮若干時，但最近時局趨勢已使這一問題之迫切，致天皇現已可能不等十一月議會重開即公佈其建議。』日本憲法七十六條中極可能至少有十六條特別是關於『臣民的權利義務』的幾條將棄去或大肆修改辭句，以儘可能符合麥克阿瑟將軍向幣原男留即所提的五點改革綱領。記者對於預示天皇是否將給婦女以參政權一點還頗爲猶豫，惟大家已經知道，他將考慮鼓勵勞工組織工會，較開明的教育制度，經濟制度民主化以及取消祕密審判制度，是一定的。相信幣原喜重郎男爵主張可以不必作憲法上任何改革而造成日本的民主化，但是他仍準備接受天皇和麥克阿瑟的任何要求，今日幣原在赴皇室時允許記者作一分鐘的訪問，對於早日發佈天皇勅書的可能性不置可否。他說，『我儘爲向天皇報告我昨日與麥克阿瑟會談而去。』同時今日下午有兩位名人到東京，——大學中最著名的憲法權威柱柱木教

下奧地利。巴爾幹各國的德人三十萬到四十萬人已集奧匈邊界，準備湧入奧國。預料另外五十萬德人由於捷克蘇台德區有計劃的最後驅逐德人而湧入奧國。下奧地利已有德國難民三十餘萬，該地正常人口八十萬，現在在這一省內另外須支持數在五十萬以上的蘇軍。奧當局感到除非號召停止大批德人湧入奧境，今冬流行傳染病則不能避免。據官方報告，在蘇軍佔領的下奧地利已發生五萬餘起花柳病。五個成年婦女中即有一人感染此病。現在的危險是由於缺乏醫藥，僅有百分之四十獲得醫治，下奧地利約三萬起花柳病將繼續引誘與感染更多的居民。窒扶斯（熱病）的問題已重發現。自從蘇聯拒絕任何貨幣兌換方案以來，數百萬德國馬克自德、捷、匈等國向外傾銷，這威脅着奧地利會發生極嚴重的通貨膨脹。

美共和黨議員遊覽各國後談話

【路透社巴黎十三日電】美國會共和黨議員曼德特與波爾頓（女），於綜覽二十個國家的政治經濟之後，今日在招待記者席上說：他們譴責盟國管理德國的方式以及一國託治制，並將建議國會取消此二方式。他們說：『分塊』的佔領德國應改爲作爲單一的整體來管理該國，並建議由五强委員會代替一個託治制。曼德特說：『我們看到中央維也納，由四佔領國家作爲一個單位管理。這工作做得很漂亮。我們希望這辦法擴展至奧地利各地，然後到柏林與德國。在敍利亞、黎巴嫩人得悉：法國人使用美國租借武器對付敍利亞人。敍利亞人、巴黎嫩人要獨立，伊拉克人亦然。他們說：同一五强委員會應設於日本、意大利、匈牙利、羅馬尼亞、保加利亞。他們在南斯拉夫告訴鐵托說：『十一月要舉行的選舉僅僅是政治檢閱而已』。曼德特說：他阻撓蘇巴西區的辭職。其辭職『一定是由於其他原因而不是健康之故』。甚至鐵托也告訴我們說，蘇巴西區不滿意選舉的前途。

波爾頓說：蘇聯，比世界上任何其他國家（包括美國），給予婦女以較好的職業機會。兩人均同意，他們對世界那樣指望美國從事政治領導，供給財政援助與世界警察』感到害怕。

蘇巴西區辭職

【路透社貝爾格萊德十日電】（遲到）此間正式公告，外長蘇巴西區博士及不管部長蘇特茲博士提出辭呈。

授及前東京大學自由派教授並會因陸軍方面壓力而辭職的野邊博士。他們將充近衛的助手，近衛已受任爲天皇修改憲法的首席顧問。

中央社報導
左傾分子認爲：
延安日共返國，黨綱可能寬大

【中央社記者宋德和東京十四日專電】日本國內之政治鬥爭業已開始，關於憲法修改一項，幣原首相與近衛文麿已成鈎心鬥角，××幣原强調憲法無修改之必要，尙不及數小時，然而承認修改憲法一事，極其重要。而內閣將自行研究此一問題，僉信此次鬥爭中，幣原將居下風，日皇已授近衛以全權推動憲法修改事宜，日皇所提出之修改計劃，遞交議會×認時，議會方面無權加以修改，同時幣原內閣日來仍受日本各報之抨擊，今日並提出選舉法之修改，務使廿歲以上之日本男女下屆總選時，獲有選舉權。若干報紙並進而提出修正，俾使廿五歲以上之日人得居官職。日本新組各政黨開自由黨領袖鳩山一郎首以無綫電廣播與『社會黨』暫時入於舌戰狀態，鳩山反對社會黨徒所主張統制經濟之辦法，認爲此種辦法，實即促使日本發動此次戰爭之原因，鳩山揚言新日本自由黨，將努力使政治及經濟自由還交於民。並稱：自由企業及私人財產之確認兩者決不可少，渠尤主張於日本青年中推行發展之教育，然而報界指出鳩山原係一九三一年犬養內閣之文部省大臣，當時京都帝國大學教授瀧川及其他教授出而發動學術自由，即爲文部省所迫而提出辭職，報界並指出鳩山乃一九二八年田中內閣任內閣書記官長，當年三月十五日即有大捕共產黨徒之事發生，此外無產階級方面亦怨聲載道。四日前共黨集會遊行要求推翻日皇，若干無產階級團體，業已公開反對共黨之過激態度，並否認渠等附和推翻日皇之意見，相信日本共黨人士，若干年來居於孤立地位，未能諳熟目下日人擁護日皇之××，×××區之農民，雖認爲日本目下困厄之情形，日皇應負其責，然而下次總選舉共黨設不改換對日皇之態度，勢難獲得農民之支持，此間左傾份子認爲刻在延安之日本共黨返國之後，可能利用權力改訂較爲寬和之黨綱，如是明年正月總選中，共黨獲得選舉之可能×××，積極改革以前可爲共黨於政××正式獲得地位。

參攷消息

（只供參考）

第一〇三五號

解放日報 新華社 編

今日出一張

卅四年十月十七日

星期三

蔣在記者招待會上說 對國共談判表示樂觀

【美新聞處重慶十五日電】蔣委員長今日在其戰後第一次亦是兩月來所召開的第一次記者招待會上宣稱：他本人與中共領袖毛澤東之間一月之久的會議對國家最終的政治統一已邁進一大步。蔣委員長在他召開的最公開的一次記者招待會上，發表下述額外各點：他計劃一俟時間許可，即擬訪問美國；華北美國海軍陸戰隊一俟由中國軍隊接替其職務時即行撤退；中國永久首都在六閱月內還都南京；外蒙已從十月十日至廿日舉行全民投票，決定其獨立。中國國民政府主席回答最近國共談判是否獲得具體步驟問題時，表示樂觀態度，關於這一點，『大家對團結希望能够達到』。他對美國大使赫爾利的貢獻，深表感激。他說：美大使赫爾利對於談判能達到目前狀態主要負責。蔣委員長對赫爾利在短期休假之後重回中國任職的消息表示欣慰，並且說：『如果現在他在這兒，談判直至會較我們所預期更快結束』。然而他說：赫爾利會說的很清楚，當他在這兒時對日戰爭尚未結束，他能够參加會談，而現在他不能參加會談了，因爲這是須純由中國自己解決的問題。記者問他是否計劃在現在戰爭業已勝利的時候訪問美國，蔣答道：他確定地願意並且預期一俟時間准許時即佈置一確定的日期訪問美國。他亦希望聘問英國、蘇聯及法國。蔣委員長預示過去十天內在華北許多城市登陸的六萬以上美國海軍陸戰隊將於『最近將來撤退』。他說：『一俟中國國民革命軍到達華北接替美國海軍陸戰隊職務時，他們即將離去。記者問中國永久首都設定於何地時，中國國民政府主席說：永久首都將還至南京，中國戰前首都。他說從重慶還回南京須等待情況恢復常態，他表示情況恢復常態約須六個月。記者問根據最近中蘇條約蘇軍自滿洲撤兵的問題時，蔣委員長答稱：他『確認』蘇軍將於最近將來撤兵，雖然尚

官電稱，我軍於十月六日分別於贛北之九江，鄂東之武穴將日軍五十八師團及廿二獨立旅團解除武裝。十三日繼於九江將日軍第十三師團解除武裝。（四）據海軍總司令陳紹寬電稱，我於九月廿八日接收日海軍浦東大和碼頭倉庫，及第二海軍堆棧，東西海運庫，吳淞日海陸軍瞭望台，掃雷隊。九月廿七日接收廈門船塢。十月一日接收廈門要塞。

【中央社滬十六日電】第二十五軍奉命開滬駐防，十四日由軍長黃百韜率領抵滬。

【中央社滬十六日電】宋院長十六日在中行臨時駐滬辦事處召集有關機關首長，舉行兩次會議。首次會議在中午召開，到錢市長，海軍司令部參謀長曾以鼎，招商局經理徐學禹，滬救濟分署署長劉鴻生等，討論有關交通運輸恢復生產機構問題。二次會議在十八時召開，翁副院長亦出席參加。又宋院長十三日曾接見甫抵滬之二十五軍長黃伯韜，副軍長唐五生等。

【中央社漢口十六日電】漢宜路十四日通車，經過甚爲良好，首批開宜車十輛，業於十五日安全到達。

【中央社南京十六日電】蕪湖訊，隨皖南行署主任張宗良奉命兼任皖南黨政接收委員會主任委員後，於十二日抵蕪湖即開始辦理一切接收事宜。

【中央社昆明十五日電】滇省府祕書長袁仲何因病呈請辭職，所遺祕書長職，已派伍純武代理，伍祕書長今到處視事。

熊式輝等抵長春

【中央社長春十二日電】（遲到）熊式輝、蔣經國、張家璈、劉多荃等一行，今日下午二時抵長春，蘇方高級將領多人至機場歡迎，並有熱烈之招待。

【美新聞處十四日電】路透社息，新德里電台十四日宣佈：蔣委員長長子蔣經國將軍已自重慶首途往滿洲首都長春，從蘇軍手中接管滿洲行政管理。該電息：蔣經國由中國官員百人伴隨同行。同時合衆社息：中國政府方面宣佈中國大批佔領官員於數日飛赴滿洲。合衆社說：此行由熊式輝將軍率領。路透電說：一俟中國軍隊進入滿洲，蘇軍即行撤退。

【中央社北平十六日電】俞部長飛鵬，十五日下午三時飛抵北平南苑機場，進城後與孫長官、熊市長、行營王參謀長分別晤談，並召集交部特派員石志仁等對於交通各部門接收事宜，有所指示。

【中央社渝十六日電】何思源於十五日晚由魯飛抵渝。

撤兵的問題時，蔣委員長答稱：他『確認』蘇軍將於最近將來撤兵，雖然尚未接獲剛於數日前赴滿洲的他的代表熊將軍的報告。蔣委員長宣佈：他已接獲蘇方的通知，外蒙於十月十日至廿日舉行全民投票，讓人民決定他們是否願意成爲獨立國家。他說：中國政府會派代表一名赴該區，而蘇聯政府未派代表。在討論中共所提出國民政府承認在熱河、察哈爾、河北、山東四省已建立起來的政府爲自治政府的要求時，蔣表示他希望這一問題由協商解決。他說：這一問題不會由政治協商會議考慮，該國體是根據蔣毛會談結束所同意建立的，將於本月底或十一月初召開，政治協商會議關係兩個問題：中國人民和平建國的綱領，及原定於十一月十二日召開的國民大會。記者問中國政府是否將與英政府關於法國在遠東的行政管理進行會談，締訂類同最近英法簽訂的關於法國遠東行政管理的條約，他指出在這一區域英國面臨的情況與中國面臨的情況完全不同，別的他則不願評論。他說：中國政府尚未決定一個公共設備國家化的政策。這一聲明是在回答下述問題，即上海官方在數月前已預示中國政府將決定一個公共設備國家化的政策。

『路透社重慶十五日電』蔣介石委員長今日聲明他希望儘速能訪問英美蘇和法國。講到國共間關於解放區行政權的政治問題時，他說『在解決途徑上並無多大困難』。

合衆社傳三黨在談判中

『合衆社重慶十六日電』自共產黨領袖毛澤東返延以來，中國三大政黨——國民黨、共產黨與中國民主同盟——的代表每日都在進行正式的初步談判。據權威政界人士稱，這些談判正奠定未來政治協商會議的基礎，後者訂於十月末或十一月初舉行。共產黨第十八集團軍參謀長葉劍英將軍預料將於最短期內來渝，以便開始舉行原定解決國共之間軍事問題的三人委員會的會議。葉是委員會中的唯一共產黨委員，其餘二人則爲軍事委員會軍令部之劉維章與軍政部之林蔚。

陳鞠旅師抵石家莊

『中央社重慶十六日電』據軍委會息：（一）我李文總司令所屬陳鞠旅師，於十月十五日全部進入冀省平漢鐵路綫上之石家莊。（二）我孫蔚如司令長官所屬之侯鏡如部，分別解除鄂省武昌附近日軍第六方面軍直屬隊及咸寧第十二獨立旅團、金口（漢陽南）第八十八獨立旅團等部之武裝，現除咸寧之第八十八獨立旅團尚有一部在繳收外，其餘均已順利完成。（三）據薛岳司令長

蔣之侍從室撤消 業務移交文官參軍兩處

『時訊社十一日訊』據中央社一日電：軍委會委員長侍從室奉命結束，所有業務分別移交國民政府文官參軍兩處接辦；參軍處增設軍務局，文官處增設政務局，辦理侍從室第一第二兩處工作，至於有關人事之文件，則由文官處人事室轉陳辦理，業於十月一日交接，並公告通知。按侍從室人事處掌握國民黨各方幹部調動，向由二陳把持。而國府文官長參軍長原係無權閒職，但繼今春吳鼎昌任文官長後，不久前又調商震爲參軍長，現又將侍從室業務分劃該二機構掌理，故今後該二機構作用或將有所變更。（R）

美軍總部遷滬

『美新聞處上海十五日電』斯特拉特梅耶中將十五日將美軍總部由重慶遷移上海。當魏特梅耶將軍在華盛頓的時候，他是該戰場的代理司令。

『合衆社華盛頓十五日電』赫爾利拒絕評論貝納斯所稱，渠將返華及外傳渠不願返任之說。據稱渠與白宮及國務院會談，現已結束，日內即將偕夫人前往新墨西哥州休假。

『中央社渝十六日電』美第十四空軍隊，在我國貢獻甚大，今以任務完成，即將返國。六日下午四時在林園主席官邸舉行茶會招待該隊官兵。到來賓第十四航空隊隊長史東，副參謀長阿福特里際及比斯列中校等官員四百餘人，吳部長國楨，周主任至柔、錢參事昌祚等，被邀作陪。茶會開始時，蔣主席暨夫人到會。

渝五百東北同鄉紀念『九一八』 要求遣送回籍，並不許政府任用漢奸

『本報訊』九月十八日重慶東北同鄉五百人在江蘇同鄉會集會紀念『九一八』十四週年。講台兩邊寫着『辛辛苦苦奮鬥十四年；子子孫孫勿忘九一八』。大會由莫德惠韜振瀛主席。莫氏在報告開會意義後，呼籲大家爲東北兒童教養院以經濟援助，因爲該院有三百六十個孩子，月需經費二百萬元，收入只有四十萬元，不足很多。

接着陳立夫賓耀組之代表講話的，原定有國民黨新任的東北各省主席。首先是新任黑龍江省主席韓駿傑演說，韓氏在慨慷激昂了一番之後，提到同鄉問題時說：『對於以[illegible]爲目的，以服務爲手段的人，我們不能不考慮。』這

句話馬上引起聽衆極大的忿怒，台下高呼「下去！」韓氏還要堅執講下去，但會場秩序已亂，到處喊着「打倒官僚！」韓駿傑不得已，只好停止發言，結果其他幾個省主席發言的機會也就沒有了。討論議案一項也隨之取消。

以後是東北兒童教養院三十幾位小朋友表演唱歌，接着由該院代表演說，她最多不過十歲，她首先要求鄉長們今後要精誠團結，她說：「今天的九一八，處處慶祝，家家團圓，而我們呢？幾乎全被人忘了！」她又說：「今天不知有多少東北的難童們，流離失所，無依無靠，不知有多少父母，依門倚閭，在盼望着他們的兒女。誰無父母，誰無子女？站在人的立場上，也應該讓我們回去！」說到這裏，不少的聽衆拿出了手帕擦眼淚。

這之後，主席宣佈散會。但到會的人因爲對迫切期待的還鄉問題沒有具體決議，堅持繼續開會。台上的人則溜走了一大半。跟着就有人上台說話：「抗戰勝利了，我們却一天比一天苦悶，想回家找不到門。」並提議即日登記東北義民，要求政府無條件遣送回籍，免費遣送並給與職業，絕不許任用一個漢奸。這個建議當即獲得全場一致的擁護，辦法決議由東北抗敵協會，東北各省復員協進會，東北難民救濟委員會等團體，負責組織東北義民回鄉委員會，即日進行調查登記工作。直至五時許，大會始於極度興奮激昂的情緒中結束。（R）

國際勞工局二十七屆大會開會

【合衆社巴黎十三日電】國際勞工組織（按：爲國聯的附屬組織）第二十七屆大會將於十五日開幕，屆時將有五十個國家的二百個代表到會。中國政府、勞工局與雇主均將派代表出席，大會將花費三星期考慮六點綱領，概述國際勞工組織對職業福利的態度，及附屬國家的政策。並將討論改變國際勞工組織的機構，特別是排除國際聯盟的一切關係，料這將爲國際勞工組織和聯合國機構建立關係打掃道路，中國代表包括：代表政府的有李秉衡（譯音）、包爲國；代表勞工者有朱學範；代表雇主者爲李明（譯音）。蘇聯以及一切其他現在還不是國際勞工組織會員的國家，均已邀他們派出觀察家。蘇聯沒有答覆此邀請。意大利、危地馬拉申請參加，大會將予以考慮，其他大會代表包括美國參議員柏金斯（代表政府），國會議員瓦特（勞工），日勒巴赤代表雇主，英國政府代表有伊瓦標。法國政府代表爲勞工部長巴洛第及前任部長哥達特，約哈茲代表勞工，托列達諾代表墨西哥勞工，列氏代表法國雇主，瓦特遜代表美國雇主。

【合衆社巴黎十五日電】法國勞工部長亞歷山大·巴洛第，被選爲今天開

因爲，對蘇聯扶植的雷納爾政府的承認，將來事實上證明：英美政府決心上且在中歐及東歐各國政府解決了甚至民主的基本要求後，即和它們發生外交上的關係。除了倫敦談判在承認匈牙利及芬蘭政權方面所作的進展外，承認奧地利的決定，一般認爲是西方盟國準備與蘇聯妥協（至少是在中途）的表現。英國完全承認雷納爾政府的決定，尚未完全確定，但外部發言人證實，它實際上已確定，可能在今後十日內發表。此決定是維也納盟國管制委員會報告之結果。倫敦與華盛頓會要求報告：是否應當承認雷納爾政權。報告現已收到，報告結論贊成承認。在一開始，西方國家感覺，蘇聯未與英美商議而令其當政的雷納爾內閣，沒有充分的代表性。西方國家尤其相信，共產黨內政部長被授予過多的權力，來製定選舉程序與管理公共安全的事務。這些反對理由，在上週政府與各省代表在維也納召開會議後，已大部份解決。五人委員會已建立起來，以監督這兩方面，委員會由人民黨二人、社會民主黨二人及共產黨一人組成。根據此妥協的決定，人民黨代表將担任討論選舉法會議之主席，而共產黨則担任討論公共安全問題會議之主席。這一進展在某種程度上與維也納最後一分鐘的報導相沖突，該報導謂，蘇聯與其他國家出席奧地利管制委員會之代表間，已發生嚴重的分歧。蘇聯代表在最後一分鐘否決了各國以前對於其他問題所同意的重要決定。蘇聯拒絕同意目的在於阻止通貨膨脹的新金融法。他們同時否決了奧、捷商業協定中的一條，奧地利在該條中提議以希特斯道夫油井的石油，從捷克換取它所急需的煤炭。但接管了這些油田的蘇聯人堅稱，這純粹是蘇聯人的事情。但倫敦並不相信，這一磨擦將會改變管制委員會贊成承認雷納爾政府的報告，或者會阻止英國及美國的早日宣佈。

「觀察家」報導波蘭驅逐德人情形

【路透社倫敦十四日電】「觀察家」報特約訪員自柏林報導稱：自奧得河及尼斯河爲界的「新波蘭」境內驅逐德人的工作，今冬很少有停止的希望。根據我與負責將奧得河及尼斯河領土波蘭化之波蘭軍官的談話，我獲得了這樣的印象：驅逐德國人之眞正停止，是很難想像到的。如果這些地方波蘭化計劃立即實現的話，那麼，除了四百萬或四百五十萬已經驅逐了之德人外，約有四百萬德人將被遣至新波德邊界的西邊。截至今日，被逐走之德人均擠入了德境蘇聯佔領區，只有少數人個別地進入英美佔領區。但是，如果蘇聯佔領區再加上四百萬流離失

會的國際勞工組織大會的主席。會議上有很多人致詞，其中主要者為美國政府國際主席加爾特。古德利奇的歡迎詞。預期大會將規定明天的議事項目。

「路透社巴黎十五日電」印度工廠要求加速批准勞動公約的決議案，已提交今日在索爾茲地方開會的國際勞工會議。全印職工會代表大會主席約希在決議案下說明：「過去歷次會議所通過的大量公約，在通過請主管機關設定處理此項問題的方法和程序之後，多年來迄未批准過」。

路透社傳蘇聯要求德國通用摩托工廠作為賠償

「路透社倫敦十四日電」倫敦所進一步接到的情報，證實了蘇聯要求屬於通用摩托公司的奧貝爾摩托工廠的設備，作為索自德國西部的賠償的一部份。據獲知，他們還要求其他有最大重要性的某些工廠，其中包括發爾本化學及染料托拉斯。但由於他們知道奧貝爾工廠，有一部份是美國的財產，於是他們提議以大量德國馬克購買通用摩托公司。主要的一個工廠，是在德境美軍佔領區的魯塞爾斯海姆地方，而與此間一般人想像相反，英國空軍曾不遺餘力的轟炸過那裏。魯塞爾斯海姆曾兩度遭嚴重的轟炸。該廠有一半房屋完全被毀滅了，其餘部份被毀，但百分之九十的設備卻保留無傷，這就是牠為什麼有這樣大價值。另一小奧貝爾工廠是在布蘭登堡，是裝備卡車和製零件的。空襲中牠曾大遭破壞，現在是在蘇軍佔領區內。凡是可以移動的東西，包括資金所在內，根據蘇軍境內所採取的政策，都被搬移到蘇聯去了。據悉：通用摩托公司提出被拿走東西所有權的要求。關於什麼應作為賠償的整個問題，及什麼應交還原主的問題，曾在此間的外長會議中，有過一場辯論。而當一方面問題有許多進展時，在莫洛托夫的明言「沒有任何決議」中，卻宣佈什麼也沒有決定。最後，雖然在原則上及在紙上達到了協議，但在事實上卻並沒有改變什麼。這是阻礙解決的許多問題中的一個問題，但外長會議的破裂，卻被擱了起來。

英美決定：即將承認奧雷納爾政府

「路透社倫敦十四日電」英國政府已決定承認奧地利雷納爾博士的臨時政府。據悉，美國亦已通過同樣的決定，聯合公告預料不久即可發表。此決定雖然與最近倫敦外長會議無直接關係，但預料它將改進倫敦和平談判失敗後所留下的不快空氣。

所的德人的話，則布蘭登堡、薩克森尼、薩林基亞和波美蘭尼亞西部居民遷徙之壓力，將壓倒現在保護德國西部使未遭流難人民流入的水閘。波蘭反德情緒似乎很高漲以致官方關於居民遷移速度和×方協定，幾乎變成無意義的東西。波蘭內部雖有政見不同，但一切政黨和有政治傾向的集團，從右派到左派為止，均一致希望獲得奧得河與尼斯河的邊界。他們全體均認為，如果任何大量的德人被留在後面，則新劃界在將來將成了問題，或者作了有利於德國人的修改。因此，他們希望儘速趕走德國人。訪員指出，波蘭壓力增驟的另一個原因，是寬鬆以外從蘇聯及前波蘭領土內波蘭人之大量遣送返國。訪員繼稱，「該同一波蘭軍官××對被驅逐之德人所犯暴行之責任。據揚言，波蘭政府正盡其最大力量，來實現波茨頓關於有秩序地人道地遷移德國居民的決議。同時揚言，暴行是非法的強盜們所幹的，他們已變成東歐的瘟疫，由俄國人及其他國人所組成。常常以相當良好秩序渡過奧得河之德國難民，剛過新國界即被強盜們襲擊、搶掠和毆打。例如在波森——俄國強盜已變成這樣巨大的危險，以致蘇聯羅科索夫斯基元帥已下令，准許波蘭地方警察無須向蘇聯當局報告，即可開槍射擊俄羅斯人。在斯德丁附近的舒尼其些地方，波蘭人、蘇聯人幾乎與強盜們進行正規的戰鬥。據某些波蘭人稱，與得與尼斯河的紊亂狀態，有些像紅軍紀律之瓦解，蘇聯統帥部迄今均不能恢復此種紀律」。據該訪員稱，蘇聯當局分配四百萬德人於德境蘇聯佔領區，其中有一百萬將為土地改革所吸收，其他三百萬無疑地將向西方進行，可能變成不可控制的與完全野蠻的流民。迄今為止，德國人均以一萬人的速率深入德境英國佔領區，主要地都是為納粹遷至東方的人民，他們現在又回到其故鄉。

英美談判對意臨時協議

「路透社倫敦十四日電」紐約時報華盛頓專電：此間獲悉：英美之間正在華盛頓進行會商，研究廢除對意大利的休戰協定，而代以簡單的文件，迄至和平條約簽訂時為止的可能性。此間尚無任何徵兆，國務卿貝納斯願意宣佈休戰條款的任何願望。英國對意大利的意見，在外部某些有勢力的人士方面及軍界人士方面依然是相當敵視，雖然貝文較其前任外相艾登對意大利更為友好，但尚不可能打破這種反對。並且對意大利不幸的是整個休戰協定的問題已由莫斯科與羅、保的休戰協定聯系在一起。

参考消息

（只供參考）

第一〇三六號

解放日報 新華社 編

今日出一張

卅四年十月十八日

星期四

張平羣稱 繳械日軍總數達八十五萬

【中央社重慶十七日電】十七日下午三時，外記者招待會各記者提出詢問，由張平羣參事分別答覆。記者問：在華日軍已被繳械者至今共有若干人？收復地點如何？張參事答：繳械之日軍據各地已送到之報告總數有八十五萬人，收復地點包括天津、北平、保定、石家莊、九江、南昌、蚌埠、徐州、南京、許昌、汕頭、衡陽、湘潭、株州、長沙、岳陽、漢口、武昌、漢陽、×××廣州、上海、青島、寧波、杭州、金門、安慶、鼓浪嶼等處，台灣澎湖以及越南北緯十六度以北等地亦正在辦理繳械中。問：何應欽將軍之官銜英譯殊不一致，究以何為準？（答）：何上將為我國軍事委員會之參謀總長兼任中國陸軍總司令，抗戰未過以前，何上將為反攻目的有權指揮盧漢、張發奎、湯恩伯、王耀武諸將軍所統率之大軍對日作戰。日本投降後，何上將又受將委員長之命主持接受日軍投降事宜。

王世杰答記者問

【中央社渝十七日電】外記者招待會十七日下午三時在中宣部舉行，各外國記者對於後列各問題提出詢問多項，當經外交部長王部長分別答覆，茲摘記其答覆如左：關於外長會議問題，王部長答稱：十月二日外長會議閉幕時，五國外長間有一了解，即各將商議詳情向本國政府報告，和由有關國政府互相磋商，俾各國意見漸趨接近，使外長會議能早日重開。中國政府現正盡力以求達到此項目的。關於遠東顧問委員會問題，王部長宣告：中國政府已任命駐美大使魏道明為遠東顧問委員會之中國代表。關於暹羅問題，王部長答稱：中國對暹羅素採友好態度，此可從蔣委員長在戰時及戰事結束後迭次講詞得以充分明瞭。最近暹羅所發生之排華事件，由於暹警不法行動，致令華僑遭受

【中央社井江十七日電】張日章海軍少將，十七日抵津洲開始接收江井日海軍及其設備。

【中央社南昌十七日電】偽中央儲備銀行十七日下午由我接收竣事，聞該行儲存十六萬萬元。

【中央社渝十七日電】財部稅務署長關吉玉，調任東北松江省主席後，所遺署長一職，由現任副署長李基閣繼任，副署長則由財部專員陳琮充任。

關麟徵任雲南省警備總司令

【中央社昆明十七日電】中央於滇省設立全省警備總司令部，已任關麟徵為警備總司令，所有在滇部隊及地方團隊均歸關總司令指揮。關氏今日上午由渝飛抵昆明，總部將設於昆明。按關上月曾被委為東北警備總司令。

【中央社滬十七日電】十七日十四時美陸軍部助理次長麥克勞氏率美大批重要軍政官長分乘三機飛上海，隨來者有太平洋區空軍總司令齊爾斯、憲兵總司令額奇少將、陸軍部民事處許維金准將、陸軍部作戰處龐司脫上校、海軍部陸戰隊派克上校、陸海軍部新聞處波克中校、聯絡官福里門博士、國務院官員文森、陸軍部供應處巴頓中校。

【中央社渝十七日電】美總統杜魯門私人代表洛克 一行，十七日下午飛抵渝，戰時生產局分局局長代表該局主任秘書吳景超、美代表饒伯遜、生產局顧問雅各生到機場歡迎。

【美新聞處華盛頓十四日電】美國國務院任命遠東外交官員如下：美駐重慶副領事霍華德任命為上海副領事；現任國務院外交官員約翰森任命為上海副領事；前委為仰光總領事的越斯林現委為上海總領事；現任國務院外交官員馬倫任命為新加坡領；事現任國務院外交官員埃姆克林納任命為上海領事；現任國務院外交官員鮑羅，內梅耶爾委為上海領事；美駐布宜諾斯艾利斯大使館二等秘書華爾納任命為重慶大使館秘書，兼任重慶領事。

【路透社華盛頓十七日電】美國務卿貝納斯今日在招待記者會上說，九國遠東諮詢委員會第一屆會議既定於十月廿三日開會，即令蘇聯不接受美國的邀請參加的話，亦將如期召集。貝納斯宣露自他從倫敦外長會議返國以來，蘇政府會通知他，他們仍舊認為四大國對日管制委員會應在諮詢委員會之前建立。但蘇政府並未撤回他原先對美方建立諮詢委員會建議的接受。委員會第一屆會議各國代表國不久可到。他宣露美國務院正與英意兩國政府討論公

重大損害，實屬最可惜之事。此事引起中國之普遍憤恨，中國政府已循外交途徑港向暹方交涉，堅持暹方必須採取有效步驟，以防制類似事件之再演，並須嚴懲此次暴行責任者。為求中暹關係之改善，中國政府並已通知暹羅政府，中國政府有立即派遣外交代表赴暹之必要。關於越南問題，王部長答覆法國記者稱：中國駐越部隊自係暫時性質，本人已接到駐越部隊報告，華軍在越執行其任務極為順利。中國政府刻正與法國政府進行各項問題之商討。關於殖民地託治問題，王部長答稱：關於殖民地託治制度問題，中國並不認為對於一切託治地須採用一個定型之制度，最重要者為受國際託治之各殖民地其獨立準備之完成，應有一定之時限。關於聯合國機構問題，王部長答稱：中國認為聯合國機構乃世界團結與和平之永久基礎，聯合國憲章誠有其不盡完善之處，但各會員國應盡力使此一機構成功，至於聯合國總所所在地，聯合國籌備委員會執行委員會已依多數國贊同議定設於×××，中國亦為此多數國之一。關於中國對外政策之指導原則，王部長答稱：中國外交政策之指導原則在加強聯合國之團結與諧和，尤重視安全理事會中五常任理事國之合作，因和平之維持大部責任實寄於此五國也。

九十二軍千餘人抵平

【中央社北平十五日電】我九十二軍先遣聯絡組，前於十二日上午到平，該軍來平官兵一部約千餘人於今（十五日）正午開抵西郊，市民以此為首批蒞平國軍，莫不與奮異常，即按電台指示趕赴指定地點排隊迎候。一時街頭國旗招展，交通為之阻塞，國軍抵達西郊後，即乘大汽車二十輛魚貫駛入市區，繞市街遊行一週。

傳同蒲路將通車

【中央社西安十六日電】據有關方面宣佈，同蒲路正在極積修復中，不久即可竣工。現向北可抵達崞縣原平附近之沙峪，向南通至永濟，其材料車且已進抵風陵渡。惟靈石附近之橋樑近被破壞，乘客須下車步行若干里。

【中央社九江十七日電】在武穴就地繳械之日軍旅團武器，昨由旅團長米內米鹿押運指揮所驗收。另由薛岳將軍派員與米內往武穴點驗其人馬。又日本第八十七混成旅團長小山義，於今晨自鄂南抵潯，當即開始該旅團之繳械事宜。

佈意大利休戰條款問題。與意大利政府的商談正由美國駐羅馬大使進行中。

【路透社羅馬十五日電】意總理巴利教授，今夜於此收到杜魯門總統一封信，其中表示美國對意大利人民的同情與關懷。杜魯門於承認收到總理八月廿二日的照會（其中解釋了意大利的戰後建設問題）時寫道：「意大利人民的焦慮與煩惱，這時候是清楚被人了解的。我們全體都清楚知道，歐洲將來締結的第一個和平條約中，必須含有解決歐洲戰後各種問題中的高度現實性，正確與智慧。美國代表團方面在倫敦外長會議上，一點也未從賠償或懲罰的狹仄觀點去考慮問題。我們的原則簡單地就是這樣的：什麼是最好的辦法來幫助愛好自由民族穩固與持久和平的建立，什麼是最好的辦法來維護美國在歐洲的利益和全世界的利益。擺在我們面前的任務，不是一個簡單的任務，而且也不是一切解決的方案都是盡善盡美的。但是我相信，在決心與友誼之下，我們將能得到這種和平，它將使意大利能夠重行建立其經濟及政治機構，並在國際上佔有它應有的地位」。

【美聯社巴黎十二日電】戴高樂將軍星期五日斷言，法蘭西政府相信意大利現正奉行民主的道路。戴氏在一招待記者會上宣稱：關於法——意關係的將來他很樂觀。他說歐洲和地中海需要意大利。法政府領袖說他不以為意大利將被排除其昔蘭尼加及的黎波里坦尼亞的殖民地

麥克阿瑟對美廣播 為日軍的復員工作吹噓

【美新聞處東京十六日電】麥克阿瑟將軍十五日廿三時（格林威治標準時間），對美國廣播時說：「日本武裝部隊的復員工作業已完竣，波茨頓偉大決定的實行是完全的。」麥克阿瑟關於日本佔領現狀的廣播，由美國四個廣播公司向全國廣播。盟國最高統帥指出：歷史上任何復員工作，無論是在戰時或平時，由我們自己的軍隊或其他國家軍隊所實行的復員工作，未有如日本武裝部隊復員工作這樣『迅速』與『順利』的。繼稱：日本在國際舞台上的軍事力量與軍事影響現在已完了。麥克阿瑟說：日本已不再是世界上的大的或小的強國了。他引摘日本將來的出路說：如果日本要延存世間，則必須限於和平的道路。」麥克阿瑟說：復員工作的完成結果有七百萬人，包括散處各個戰場的日軍在內，都已放下武器。他繼說：在完成日本歷史上這一空前唯一的特別

危險工作時，蹈寬未發一槍，未流一滴血。』麥克阿瑟說：『日本軍人的散慢誇耀的神氣已變成屈卑與恐懼，日本軍事力量已被徹底擊潰，它在為懲罰日本的罪行而強加諸日本的可怕的投降條件面前俯首聽命。他說：日本陸軍『在投降之前已被徹底擊敗了』。最高統帥對他的佔領軍隊表示感激說：『他們是史無前例的佔領軍的模範』。他繼說：『在以後年份當無論冷下歷來，任何歷史學家不能指責他們的行為。…沒有任何事情使得日本人的思想變得如此深刻的印象，甚至軍事失敗的災難事實，亦未予日本思想以這樣的深刻印象。他們第一次看到在實際行動中自由人的生活方法。這使日本人大為吃驚而引起新的思想與新的觀念，麥克阿瑟宣佈勝利是海陸空三軍完整一體戰爭觀念的勝利。』指出『我們聯合力量以歷史上任何戰役所不可比擬的相當輕微的損失達到日本軍事力量的崩潰。』最高統帥結語：『對於將來的教訓是：戰爭藝術的成功依賴於三軍的完全完整一致。勝利須視聯合動作。』

【中央社紐約十六日電】麥帥在東京發表廣播時，美民意調查所亦發表其最近之全國民意調查，發現麥帥近週來佔領政策之趨於強硬，頗與美民意相符合，據蓋洛普調查所九月下旬之調查，大多數美人均認處置日本不够強硬，惟逐漸嚴厲之佔領政策，已獲美人之贊同，在九月廿日至卅日間，該所發出問題：君認應如何處置日本，太嚴抑尚不足，答案中百分之六十一均謂不够嚴厲，百分之一謂過於嚴厲，百成之卅一謂尚屬適當，百成之六無意見。

貝納斯對否認秘密談判
在英法殖民地中設立基地要求

【路透社華盛頓十七日電】美國務卿貝納斯今日在招待記者會上拒絕評論所傳謂美政府正在秘密談判在英法殖民地中設立基地問題的消息。他又說：即令有這種會談，他對之也無從討論。貝納斯坦率否認此間所發表的消息謂在倫敦外長會議上蘇聯會提出佔有斯匹茲倍根羣島（在北極海上，挪威以北）上基地的要求，雖然他又說我會記得在戰時盟國其次會議上會有此種要求提出過。至於是否在波茨頓會議，他已記不得了。

紐約時報說葛羅米柯抵美後又匆匆返蘇
貝納斯稱遠東諮詢會議將如期召集·

【路透社紐約十七日電】紐約時報華盛頓訊，蘇聯大使葛羅米柯星期一自

國司法與民間機關下令逮捕所有被控有誹謗言論之記者與編者。很明顯，這些命令事實上是取消了出版自由。』稿中又稱：『個人自由是沒有保障的：全國武裝的民團都在共產黨人手中，許多專橫與殘暴行動遍於全國。』皮特可夫告路透社記者補充說：『除非政府有最後改變以應反對派的控[illegible]，這就是反對選舉最後的話。』

【合眾社倫敦十六日電】保加利亞消息靈通人士今天告記者說：保加利亞所有三個被承認的反對派，都決定抵制十一月十八日的選舉，以阻止英、美承認喬吉也夫政府，該方面人士繼稱：雖然自選舉第一次延期以來，反對派進行宣傳的可能性，稍有增進，但他們仍在全國佔優勢的共產黨少數人的統治下，受着極端的限制。經常害怕紙張供給停止的三家反對派報紙，無力與很多政府控制的報紙與週刊相比。該方面人士說：保加利亞農民仍害怕在保加利亞有可能施行集體農場制度，雖然農業部長已宣佈過政府取消集體化的計劃。保加利亞反對派深信，如果自由舉行選舉，他們能獲得大多數票，且在保加利亞建立真正的代議政府；要比在羅馬尼亞或南斯拉夫容易得多。保加利亞的鬥爭，大半是住在蘇聯多年的共產黨領袖季米特洛夫與據說流亡在美洲的農民黨領袖勁敵之間的鬥爭。

蘇聯即將承認阿拉伯聯盟

【合眾社開羅十六日電】據阿拉伯亞爾摩卡坦報引政府可靠方面人士消息稱：現尚未正式承認阿拉伯聯盟的蘇聯，不久即將宣佈它承認該聯盟。阿拉伯聯盟官員說：聯盟成立後，即致書三強，通知該聯盟的組織情形，英、美接信後便承認該聯盟，聯盟總書記亞茲姆，他曾訪問過倫敦與華盛頓，被蘇聯公使館問及他為甚麼不訪問蘇聯。他回答說：因為蘇聯還沒有承認該聯盟。因為蘇聯欲討論有關中東國家將來的問題，可能不久便會承認該聯盟。蘇聯至今仍避免使她自己牽入巴勒斯坦的問題中。蘇聯急於想看見其他阿拉伯國家得到充分獨立，使蘇聯能在中東得到政治上與經濟上的平等待遇，這並不是甚麼秘密。蘇聯公使館官員說明，這便是為甚麼蘇聯不提巴勒斯坦問題的原因。

波軍事使團將抵英
商談波軍返國問題

【合眾社倫敦十一日電】波蘭軍事使團，將於今後數日內自華沙抵此，以『澄清』波軍遣送回國事件，而此事現正有發展成為英蘇美關係中又一個『神經痛處』之危險。莫斯科本週斥

倫敦飛抵此間後，昨日又迅速地未公佈而離美赴莫斯科，該報認爲此係『有改善對蘇關係的一個發展之可能性』。同一電訊說：白宮方面表示葛羅米柯會訪問杜魯門總統，該電訊又說：『照這情形看來相信他帶着斯大林致杜魯門的信。突然赴莫斯科事出意外，因爲大家都知道他原計劃來美復職的』。

傳康提會議中
英向暹羅提出五十一條要求

【中央社曼谷十三日專電】曼谷現謠傳英國向暹羅提出之廿一條要求，已增加至五十一條，新增之要求係於刻在康提之雙方外交中所提出者，內有暹羅須供給米一百萬噸賑濟馬來亞及印度，康提之討論中，亦論及暹羅之通貨問題，一般所懷暹幣跌價之懼心，亦促成當地市場中金價之暴漲，近三日來，每十五公分之黃金，已自暹幣三四九元，漲至四八〇元。

【合衆社曼谷十三日電】暹羅議會今晨舉行祕密會議，據說討論康提會議提出的條款，據悉很多議員都被英國草擬的條款推翻了，而據未證實的消息稱：某些議員質問目前進行談判的政府底能力。衆信：有可能要匆卒的進行投信任或不信任票，而投票的結果，政府可能會不再存在。

保反動集團將聯合抵制選舉

【路透社索非亞十六日電】保加利亞之反對集團，今日宣佈他們將聯合抵制將於十一月十八日舉行之選舉。這個決定是在提出候選名單最後一天的前兩天決定的。

『告投票人書』已由皮特可夫代表農民黨簽字，樂爾柴夫代表聯合社會民主黨簽字，斯托亞諾夫代表獨立知識份子簽字。書中宣佈：『爲了不願意讓保加利亞投票人受到政府因欲以一切代價獲取選舉勝利而施行的恐怖；爲了不願意默認對這個不民主的政權之承認與合法化，我們這些政黨已決定不參加十一月十八日的選舉。而且反對他們，澈底的聯合抵制他們』。『告投票人書』申述聯合抵制之決定的理由時說：『若要實行自由選舉，就必須有出版自由，個人自由、集會結社自由、以及所有人的安全與安謐。政府要在違反憲法的法律下舉行選舉，目的是要在任何情況下使政府及其所屬集團得到利勝。十五天以前反對派的報紙已開始出現，但據稱內政部與司法部已向全

責英國軍事當局應負最近英境波軍投票結果之責，這些波軍曾被詢以他們是否願意返國。士兵百分之卅以上及若干高級與下級軍官，表示希望回國，但莫斯科與華沙均稱，全體投票是在反對華沙政府的波蘭軍官的壓迫下進行的，波蘭政府沒有任何代表在場，而且在許多情形下，英國軍官也未到場。與波蘭政府接近之人士表示，未來談判有成功之希望，並表示正與英國當局開始談判，以籌備投票願意返國之人的運輸事宜。預料第一批將於數週內離去。同時，英國官方態度表明：由於政治上及內政上之考慮，日益傾向於盡可能『擺脫』此複雜的問題。最近波蘭人與英軍或英國平民間不斷發生衝突（主要在蘇格蘭），若干地方當局已提出要求遷走波蘭人，他們說這些波蘭人『居留過久，難受歡迎』。英國最近的態度反映於阿特里昨日在下院的聲明，他說：『應儘可能鼓勵他們返回波蘭，愈多愈好』。

西內長說：
佛朗哥將繼續保持政權

【路透社巴塞龍納十六日電】西班牙內長皮爾茲今日宣稱：『佛朗哥正保持而且將繼續保持政權。他的政權是反對無秩序、非正義和放肆主義的政權。如果發生任何孤立的暴力的象徵的話，這將是那些無能之人認識他們不能反對西班牙政府的×佛自然結果』。

【路透社馬德里十一日電】西班牙政府將來政策的正式聲明，將於今後在×朗哥將軍主持下之內閣會議之後發表。預期該聲明將闡明西班牙的外交政策，並涉及內政問題，可能包括對某些政治犯的大赦。

傳爪哇民族運動內部分歧

【合衆社巴達維亞十四日電】今天，當自稱爲『回教聯盟』的組織，發出傳單鼓勵不管在任何地方工作的人民，明天都罷工以紀念那些『爲保衛印度尼西亞的獨立而犧牲的人們』時，民族主義運動內部的敵對即顯然出現。萬隆共和國無線電台今晚則警告人民不要理睬這些傳單，並說這些傳單是『人民之敵』分發的。同時，印度尼西亞工人，則不知如何作好，因××勸告他們尊從回教聯盟的指示。

（只供參考）
第一〇三七號
解放日報 新華社 新 編
今日出一張
卅四年十月十九日
星期五

蔣介石答美記者詢問

【美國新聞處重慶十七日電】美新聞處記者貝利寫道：『我注意到每當委員長提議乾杯或被請乾杯時，他總只端起他的小小的酒杯喝一點點。他具有吸引力的人格，態度極其友好時時微笑着。但當他在每一次他只稍加考慮即迅速回答問題時，他的目光非常透澈，而有一副好學的容貌。儘管在長期戰爭中，他扭下了最大的責任，他看來年青而身體健壯，我問委員長：『在戰爭中犯下兇惡罪行的日本人，是否將受充分的懲處』。委員長回答說：『首先要作的是懲罰那些對戰爭應負責的人。其手續應當是公平的審判。至於對日本人的待遇，當和對德國人的一樣』。倘若聯合國善後救濟總署或其他聯合國組織要幫助日本的話，則此種幫助應和對德國的幫助一樣』。『在你認爲日本天皇應否繼續其統治？』蔣答：『在開羅會議上，羅斯福總統即曾說過，日皇的繼續與否，將由日本人民自己決定。我是支持這種意見的』。問：『日本人的意願將如何才能表示？』答：『由選舉代表』。

下一問題是：『你願評述越南獨立運動，與荷屬東印度的獨立運動嗎？他們應否獲得自由，抑或重返原來的[illegible]權制度？』答：『他們應有高度的自治——比以前任何時候的自治權都要大——作爲開始』。

問：『你的對於將來中國的經濟計劃是什麼？』答：『第一個原則，是平等着重於中國的工業化與農業的發展。第二個原則，是在政府企業與私人企業間，清楚劃分界綫。政府只保留鐵路、水力、鋼鐵工業，和電報電話交通。餘皆屬私人企業。第三個原則，是歡迎投資。外國資本在中國，將享受與中國資本同等待遇』。於是我問：『政府將控制航空交通嗎？』回答說：『政府資本與私人資本合力經營航空交通』。問：『有些公用事業將如何處理？例如上海的電車』。答：『這些將歸還給原主』。問：『原來由日本供給的輸出的亞細亞市場中國今後將供給輸出到什麼程度？』答：『我想在下五

資多人參加。該班教育在我國參謀業務中，尚屬創舉，其大體情形與美英在歐亞戰場之九十五處業務相同，爲一極複雜而龐大之訓練機構，聞該班仍將繼續辦理。

中央社稱美軍在上海還要住三個月

【中央社上海十七日電】駐新美軍高級將領多已蒞滬，據記者探悉：迄目前爲止有美陸軍航空隊總司令斯特拉特梅耶中將，美陸軍司令魏銳特少將，美空軍司令金納德少將，美海軍司令金開德上將，彼等之辦公處，分設建設大廈，惠德×大廈，加陵大廈及藍烟囱公司。據美聯絡部主任開脫稱：美軍在滬工作，約尚須三月方可完成。美軍婦女輔助隊之抵滬者，迄今已有七十七人，士兵六十餘人，渠等分任通訊、攝影、情報、文書等工作，美空軍總部服務員大部來自重慶。

【中央社渝十七日日電】美新聞處上海十六日電，首批大隊華軍定本日登美艦啓程前往佔領台灣。

【中央社渝十一日電】交通界息：京滬區敵僞航業機構及船隻倉庫接收已大致就緒，茲將概況探誌如下：（一）已接收東南海運會社各航業公司十五處，並已由招商局使用一部份。（二）已接收敵僞輪船廿一艘，約計二七四七五噸，施輪及小輪卅艘，約一四一二四噸，帆船十二艘，約六七七噸，內河小輪卅一艘，（內四艘係新造尚未完工）鐵駁九九艘，木駁一一六艘。（三）已接收碼頭倉庫十三處，原屬國營招商局之各碼頭倉庫，已由該局派員接管，其原屬英商之各碼頭倉庫，亦已由原商行派員接管，輪駁之已接受者，一部份已由招商局使用，餘交由接管人員管理，至全部船隻之調度，正由招商局秉承交通部及陸軍總部辦理中。聞俟燃料問題解決後，將有一部份駛行京漢宜綫，參加復員運輸工作云。

【中央社北平十八日電】交通部長俞飛鵬召集交通部平津區特派員石志仁，及各接收委員開會，就交通復員及接收事宜有所指示，公畢，於十八日下午乘機飛津視察，在津公畢即返重慶。

【中央社蚌埠十七日電】交部常次凌鴻勛，日前來蚌視察津浦路接收情形及促鐵路公務人員搶修被『匪軍』破壞各橋樑，以便及時恢復交通，凌氏於十七日偕馬處長一民，陳總管序叔，往固鎮、任橋一帶視察。

麥克勞將赴平

【中央社滬十八日電】美陸軍部助理次長麥克勞，定十九日離滬赴平，聞麥氏將於返國前趕東京朝鮮一行。

年中，中國的出品將足够供給她自己的消費』。於是我說：『但這五年的真空怎麼辦』。委員長說：『我們將加緊與美國合作，以便加速生產，盡可能最快彌補空隙』。問：『除了聯合國善後救濟總署的財政經濟援助外，中國是否需要獲得美國與其他聯合國的財政經濟援助？』答：『是的』。問：『關於中國新聞自由的情況如何？』答：『我們剛取消了新聞檢查制度，只有恢復區例外』。問：『你願對高麗及香港的將來有所建議嗎？』委員長凝視着面前的碟子，稍緩回答說：『關於高麗的問題，美蘇英中將協商解決。關於香港則我們將在適當時機經過適當途徑與英國交涉求得解決之。』

問：『關於中國之終爲統一的國家與停止內爭一事，你是否感到比以前更樂觀』？答：『我很樂觀。此事較以前任何時候更爲順利。這裏我願再度感謝赫爾利大使的偉大努力，他對此有許多幫助』。至此晚宴與談話結束。蔣介石仔細地將飯布摺好，環顧全桌微笑。用中國話喚其夫人。顯然示意客人們應離去客廳，我們遂起立告辭。

何應欽命令湯恩伯 游擊隊不願整編即予『剿辦』

【中央社滬十六日電】何總司令頃電湯司令授予監督所轄各級地方政府（除京滬兩市）之權，原電中特別注意下列各事：（一）各級地方政府不得擅自徵收稅賦，及假借任何名義向民間攤派任何款項；（二）地方地下組織游擊挺進部隊應即停止一切活動，聽候整編，如有不服從命令及私向民間派款派糧者即行剿辦；（三）各級地方工作人員當嚴加考核遴選幹練廉明之士充任，不得任用私人紊亂吏治；（四）積極展開肅奸及表揚忠烈運動；（五）安撫流亡救濟難民，凡在抗戰期間忠貞不屈與自後方返鄉人士，盡先予以任用；（六）肅清敵偽毒化思想言論。

【中央社滬十八日電】中國陸軍總司令何應欽將軍，十七日自京抵滬，十八日上午至美第七艦隊旗艦訪艦隊司令金開德上將，對第七艦隊協助中國軍隊運輸表示謝意，下午何氏在虹口操場，檢閱第九十四軍及第二十五軍，並對全體官兵訓話；五時何氏並至華懋飯店，參加錢市長鷄尾酒會。

【中央社南京十八日電】何總司令因公於十七日飛滬，日內返京。

【中央社渝十八日電】軍令部盟軍聯絡參謀訓練班第一期學員教育期滿，十七日上午十時在該班[illegible]舉行畢業典禮。由軍令部次長劉爲章主持。外

【中央社滬十八日電】美陸次麥克勞氏，十八日上午至市府訪錢市長。

傳美政府允對華長期性貸款

【時訊社十一日訊】據紐約九月二十五日中央社專電，世界電訊報金融記者稱：美已允貸款中國，將爲長期性者，並爲政府出面負責。赴華之美工商界人士，因轉道印度簽證不易獲得，故仍在紐約耽擱，現已請當局向英方交涉中。美商業人士尤其銀行界人士，所以急於赴華者，因鑒於匯豐（英）各代表早已大批返抵中國也。華爾街銀行界人士正密切注意中央銀行副總裁陳行在滬與外商銀行界洽商重開外商銀行之問題，此事現因中國賴美貸款實現復興而更受人注意。

又九月二十五日紐約合衆電：據最近由華返國之美對外經濟處遠東司司長宣稱：最近之將來，中國將有十五億美元供其在美國購物之而。（[illegible]）

外蒙進行公民投票 國民黨派督導團赴庫倫

【中央社北平十八日電】決定外蒙獨立之公民投票，刻正分區進行。中國國民政府派赴庫倫之督導團一行十二人，由雷次長法章率領，十八日上午八時，搭乘蒙方專機，逕飛庫倫。

昆明防守司令部防務移交警備總司令部

【中央社昆明十八日電】昆明防守司令部奉令十一月底結束，防務今已移交滇省警備總司令部接管，杜司令官聿明定十九日飛渝，向中樞報到受訓。防守部人員，暫留昆待命。

【中央社昆明十八日電】滇省府省黨部暨臨參會今日下午六時，設宴歡送前昆明防守司令杜聿明，並歡迎新任滇省警備總司令關麟徵，賓主到五十餘人，觥籌交錯，至爲歡洽。

美聯社介紹民主同盟

【美聯社重慶十七日電】民主同盟原爲六個政治派別的一個聯盟，現在已成爲中國政治中頗堪注意的勢力，而且似將在將來關於統一國家，組織政府以及召集國民大會（計劃在中國實行立憲政府）的討論中，獲得有影響的地位。同盟的成分主要的是自由派的知識份子，一九四一年在重慶成立，起先是中國青年黨、國家社會黨、第三黨、救國會、職業教育社及鄉村教育社

選舉的。

同盟內有傑出的老先生，推翻滿清皇朝使中國成爲共和國的辛亥革命領袖之一。張瀾是一位教育家，成都的四川大學創辦人，現年七十四歲。他穿中國傳統的長袍子，留長鬚，並戴舊式的中國便帽。

同盟不像國民黨，共產黨那樣有軍隊和擁護者的堅實後台。自稱有黨員約一萬人。同盟發言人說：它贊成美英那樣的政治民主加以進步的經濟綱領。他贊同同盟主張鐵路、公用事業、銀行及土地國有化。『我們相信有計劃的經濟……（中掉若干字）……美國或英國，或者結合兩者的優點。他們都贊成兩國的立法，總統由人民選舉。』

星期二同盟的領袖受劉夫人王立明在渝所設雞尾酒會的招待，劉夫人極喜歡，爲中國婦女基督教節約會會長。劉夫人的丈夫於一九三八年在上海遇刺，她在一年前加入民主同盟，理由是該同盟對中國民主較國民黨或共產黨有更大希望。

張瀾接見美聯社記者說：同盟定將在中國有很大的影響，因爲它堅持民主。他說同盟是否獲得合法承認一點無關重要，因爲沒有什麼可以影響它的工作的。詢以同盟是左傾還是右傾，張瀾宣告：『我們不右亦不左。我們的特點便是居於兩者之間。如果共產黨講民主，我們就同它合作。如果國民黨堅持法西斯主義，我們就反對它，如果共產黨堅持階級鬥爭，我們就反對它。我們主張真正的民主』。

龔德柏說他可『保證』日本無力復仇

四時訊社十一日訊：屢言日本即將投降之『預言』以鬆懈國人作戰努力的國民黨『日本問題專家』龔德柏，久已被人稱爲『大砲』，近又作『日本無力復仇』的論調，以圖慫恿盟國加強對日管制根絕日本法西斯的重視。龔德柏在八月十五日的掃蕩報上發表『庸材毀滅了日本』一文，他把盟國人民的所以能戰勝日本法西斯，完全歸之於日本方面『當局者盡是一批庸材』，以致失去了日本多次可以完全獲勝的『機會』，所以『日本之亡，還是人謀不臧所致』。接着，他說：『日本已投降了，有些深謀遠慮之人，還恐怕日本在短期內恢復，向我復仇。我敢保證，日本在百年內，能做到三等國之地位，如戰前荷蘭比利時之流已屬非常困難，至於頭等強國，則絕對作不到。』

洛格曼並宣稱：荷蘭帝國的一部份，印度尼西亞人可以獨立，並答應在國會中給印度尼西亞人以實質上的多數席位。

洛格曼說，民族運動的成功，是由於對白種人的憎恨與關於盟國共謀於人的鬥爭所知甚少的緣故。

【路透社巴達維亞十六日電】荷蘭海外領土部長洛格曼教授，今晚向國會發表荷蘭對於荷屬東印度政策的聲明。路透社海牙訊：下院亦將討論荷屬東印度總督斯塔豪威爾辭職事宜。路透社外交記者稱：從過去廿四小時的政治發展可顯然看出：荷蘭官方人士關於對東印度政策的意見尖銳衝突。料目前模糊的形勢，經今天荷蘭國會辯論以後即可證明。倫敦消息靈通人士稱：無疑地，荷屬東印度副總督昨天講過：爪哇形勢較平靜時，他同意和目前印度尼西亞民族運動領袖會商。

【美新聞處巴達維亞十五日電】路透社稱：巴達維亞有新的騷擾消息，五萬荷蘭婦女兒童『被狂熱的印度尼西亞人包圍起來，和盟軍已完全斷絕聯系』。該消息稱：那些婦女兒童實際上是被當作人質囚禁起來。……爪哇內地，美國××少將正竭力維持秩序。穆克在招待記者席上說：荷蘭將遵守其一九四二年的保證：在荷蘭聯邦內，給與荷屬東印度處理其內政的自由，『將來再也沒有第一等或第二等的公民，一俟秩序恢復，戰爭遭難者的生存，不再受威脅時，我準備以最自由的方法，討論我們對於未來的詳細計劃』。

【路透社巴達維亞十六日電】昨晚，荷蘭官方聲明謂，穆克的報告宣稱：準備談判『是一個誤解』，政府已『着重訓令穆克博士更正』。今天，當希爾佛塞姆電台引證荷蘭權威方面聲明：總督的辭職是因爲他在荷蘭行政恢復之前，比荷蘭政府更『不願』和印度尼西亞民族主義者進行談判的時候，關於總督辭職的神秘性亦爲之加深，倫敦有資格觀察家亦支持這樣的意見：斯塔豪威爾辭職，是因爲荷蘭政策不夠強硬，因此，可看出：荷蘭現在有三種思想：一方面是：穆克的自由主義，主張談判。另方面是外出之總督，顯然主張嚴肅重申荷蘭權力，而荷蘭政府採取的中間觀點尚未闡明。一夜間，英國的態度沒有新的發展，但倫敦消息靈通人士相信：和海牙官方發表的意見

按十月十日國民黨還頒給魏德柏以『勝利勳章』，足見魏德柏頗為國民黨當局所重視。（R）

艾森豪威爾說：柏林市府共產黨佔統治地位

【路透社華盛頓十六日電】艾森豪威爾將軍在其今日發表的關於德境軍政府第二次月報中，批評柏林市政府『現在共產黨佔統治地位』。他說：『非正式的報導表示在公平而無私的監督下進行選舉，則柏林不會支持』這種操縱。艾森豪威爾說：柏林四個政黨根據共產黨創議已聯合成一統一戰綫的『政治聯盟』中。又說在美軍佔領區將不鼓吹政治聯盟的計劃，因為這與美國人對在民主意義上的政治活動和政治生活的觀念相違反的。艾森豪威爾說：八月間他在柏林受到其他地區的衷誠合作。『蘇方代表團的合作和友誼精神尤為特出』。該報告說，關於柏林盟國管制委員會的工作有理由可作真實的希望，就是說。即令爭論最大的問題也可以客觀地處理並可能求得必要的解決』。到八月底為止，美軍佔領區內德國銀行中消除納粹化的工作幾乎已經完成，計撤免納粹同情份子三千名。無綫電節目已由包括增加音樂節目和減少復仇和暴行罪的材料而輕鬆些了。職工會之創立對工人似較新近的命令建立的政黨更為重要。調整工人痛苦和勞資爭議已受到更多注意』。該報告也描述德國東西部的情勢仍然『緊張的』的。一九四五到四六年美、英、法佔領區需要進口糧食的估計是以非農業人口每人每日配給二千卡洛里熱量為基礎的，但[illegible]未計入計劃中從波蘭、捷克和匈牙利撤退的德意志人（[illegible]）報告又說：『工業活動處在危險的低水準，並預計還要減低。在德國[illegible]電影片現在主要的是美國片子，但該報告說公衆要看德國電影，雖然對[illegible]國片子一般的觀感尚好』。

荷蘭對印度尼西亞人獨立運動可能讓步

【合衆社阿姆斯特丹十六日電】荷蘭海外領土部長洛格曼在下院報告荷蘭政府政策時，提議給印度尼西亞人達到獨立以更大的自由，他說：和蘇加諾進行談判是不可能的，因為他與日本政權成為一體，但政府準備與被認為合宜的印度尼西亞領袖開始談判，他說現已授權穆克，擬就一些具體的改革要點，以便政府施用。政府願意接受將荷印改名為印度尼西亞。比較起來，英國可能傾向於贊同穆克所表示的態度。

【路透社巴達維亞十六日電】據星期日消息，印度尼西亞人與荷人處於戰爭狀態，但今夜此間官方消息報導：印度尼西亞人與荷蘭人之間並沒有戰爭狀態。荷印盟軍司令部公告稱：『據悉：極端派青年散發假的傳單是企圖挑起衝突。』印度尼西亞共和國今日從萬隆廣播稱：蘇加諾博士的共和政府並無意簽署或贊同所謂『宣戰』。

日政府蔑視國民黨連絡官

【路透社重慶十四日電】路透社重慶特派訪員坎貝爾報導：日本政府現在對派遣『道歉使團』赴中國的觀念已淡泊了。當第一批一千七百名被拐騙強迫在日本礦山與煤坑工作的華工，乘着六年前送他們去受奴役的同樣船隻回國時，日本政府派了一位特使去訪問麥克阿瑟將軍總部的中國聯絡官王傑（譯音）將軍，對於被拐騙去的華工對日本戰爭努力的服務，特向中國政府致謝。王氏大怒，責備日本政府的無恥後，將來使逐退。種使日本政府惑疑，日本政府現在對於它想與中國政府作試探性的親近，似乎已很少熱情了。

偽中央儲備銀行鈔票發行額

【美新聞處東京十七日電】美聯社記者布林斯摘引東京朝日新聞報導日本軍閥在中國曾發行票面價值總計五（？）百四十萬萬元的鈔票。布林斯來電稱：日本軍閥支援的所謂中國中央儲備銀行發行鈔票的規模，係包括在朝日新聞詳論戰後日本面前財政頭痛的消息中。中國中央儲備銀行鈔票發行額為四四、〇〇〇、〇〇〇、〇〇〇日圓。該報說：合戰前外匯率，日銀一元為法幣五十五元。美當局正與日本帝國財政機關一同研究中國中央銀行的活動，但他們在檢查其記錄完成以前，對總數不能給以估計。

王世杰談政治會議

【美新聞處重慶十七日電】中國外長王世杰今天在此間招待記者席上說：『召開國民大會的日期及其有關問題，將是政治協商會議所要討論的主要問題之一』。政治協商會議可能於十一月初在蔣介石委員長主席下開會。他說：『政府正在交換意見，決定各方出席會議的人數及候選人的選擇。因為該會議將包括國民黨、共產黨及其他政黨的代表和無黨派關係的民衆領袖。』

傳國民大會將於明年三月召開

【合衆社重慶十九日電】國民政府返都南京而不返都他處，現已成為確定之事，因為據與蔣介石接近之人士稱：他從未考慮過其他地方（如北平）之建議。權威方面估計，政治協商會議將於十一月初在重慶召開，國民大會將於明年三月在南京召開。

【合衆社重慶十九日電】蔣夫人解散了她的『全國婦女慰勞總會』，該會是她在一九三七年戰爭爆發後不久所組織的，並担任該會主席。由於敵人業已投降，蔣夫人於昨日解散該會，發給每個工作人員三個月薪水及返家路費。

【中央社滬十八日電】聯合國善後救濟總署滬辦事處訊，本月內將有巨輪九艘，滿載救濟物資自美或加拿大駛滬，該項物資包括麥、麵粉、通心粉、乾豆、牛奶、牛奶罐頭、肥皂、舊衣、舊鞋、棉布、棉花、縫衣機、衛生醫藥用品、貨車及其他物資，總計共七一、九五五噸。

中央社轉播泰晤士報評國共會議

【中央社記者任玲遜倫敦十七日電】倫敦泰晤士報本日著論，以一欄篇幅撰文評論國民政府與共產黨協商之進展，對蔣主席對中國團結所作之貢獻備予推崇。該報首就於毛澤東離渝後業已宣佈

縱市場，因此她現以『有錢的賣國賊』著稱。自東京飛回之五個主要賣國賊（南京偽政府代理主席陳公博亦在內）現仍被拘在南京。立法院昨日正式通過懲辦戰爭罪犯法案，該法案對於審訊一切漢奸，甚為重要。據稱：漢奸二百名不久即將解至重慶受審。

【路透社重慶十八日電】中國軍事賣國賊與漢奸不似以前由軍事法庭審訊，而交由市民法庭根據立法院頒佈的法律審訊。這一法律對為日本豢養的中國傀儡政府而戰的軍隊現有地位將有重要的關係，據估計這種軍隊數達八十萬。

【中央社青島十七日電】青島偽市長姚逆作賓，並經國府明令通緝，業於十一日晨由市府逮捕看押，現正呈請核辦中。

蔣嘉勉何思源

【中央社重慶十八日電】魯省主席何思源既抵渝後，身體略感不適，現正療養中。何氏於皓謁見蔣主席，報告山東政情，及率部進入濟南經過。主席甚為嘉勉。聞何氏休息數日後，即行返魯主持省政。

九四軍四三師一部由平抵津

【中央社天津十八日電】國軍第一批已於十七日下午由平專車到津，屬第九四軍四三師一二七團之第二營，昨日甫經到平停留未及廿四小時即行來津。隨來之官長為四三師參謀長程化龍上校、政治部主任龍述上校，及該營長李士宗等。四三師之其餘部隊明日起將陸續到津。第二營今日抵津後未接受遊行全市之請求，下車未久遷赴車站附近預定之臨時營舍駐紮，俟明日全師到達後，再全部開至南開駐紮。

【中央社南京十八日電】七四軍軍長施中誠中將，十八日十五時三十分由漢飛抵京，其所屬五一、五八兩師已乘輪東下，即可到達，至空運來京之五七師，則現駐鎮江，該軍將担任鞏衛首都任務。

斯特拉特梅耶晤宋子文

【中央社渝十八日電】美駐華空軍總司令斯特拉特梅耶將軍，十八日午謁宋院長有所洽商。

之中央政府及共產黨代表會談紀要加以解釋性檢討內稱：若干其他異見猶待解決，目前重要之舉乃中央政府與共產黨仍在進行協商，以新協議爲業獲承認之共同基礎。該報繼分析往昔之政治趨向稱：外國人雖易於誇張政府與共產黨之政策及理論方面之異見，照確實言之，每方均代表與中國悠久歷史並存之一種趨向——中央集權趨向及地方分權趨向始終並存，此於一龐大國家（共多數種族賴共同之文化爲主要之聯繫）實爲無可避免之現象。就整個而言，分割主義仍照舊存在，地方自主及效忠地方之價值於中國人民之心理中留有深刻之印象。諸此特點在若干方面雖或屬有益，照實含有潛在之危險。中國自國民革命以來，以缺乏統一領導所受之損失日重。蔣主席洞察此一危險，而眞心誠意致力建立政府制度，使之不僅有權統一國內，且於聯合國會商中能爲中國之利益發言。此乃蔣主席對新中國所作之主要貢獻之一。蔣主席（下缺）高目標會採取必要行動甚至引起共同志及對立者之誤解而不惜。而共產黨對其唯國家最後統一是求之決心尤表惋恨。此一最後統一亦不一定將產生高度之中央集權主義，蓋在國土遼闊之中國，地方自治必時受國人之重視也。但在憲法規定中央政府職權之範圍以內，政府之決議應能生效，並約束一切地方當局。蔣主席見及中國如不能建立政令通行全國之政府，即不能履踐聯合國理事會常任理事之責任。蔣主席追求之目標，捨此無他。今日蔣主席已無日本侵略威脅之患，渠可能以彼目光全力集中於經濟建設之需要，以致共對中國統一更大問題之展望，不若渠之高曠遠矚之人士作若干暫時之讓步，並可能予以機會，使彼等得以其本身之方式，對全國復興任務作其貢獻。英國人民對中國各方面人士於此偉大任務中有效合作之目前良好展望，將尤爲欣慰。英國人民會明顯表明共對中國人民之熱誠友誼，以及願見中國成爲强大統一國家之希望。（按電碼不明處頗多。僅供參考）

周逆佛海已解重慶

【合衆社重慶十九日電】據大公報載稱：現被囚於重慶市郊之前上海市僞市長周佛海，經常要求鴉片吃，因爲身爲作家、經濟學家、理論家及首要漢奸之一的周佛海，在日本統治下八年之中，始終均享受着酒、女人和鴉片。雖然他的煙癮很大，但由於被捕結果，他正遭遇鴉片供給突然中斷之苦。大公報稱：汪精衛之遺妻陳璧君現仍在廣州，並將於最短期內飛此受審。據稱：關於幾[illegible]罪行的文件此間正在翻閱中，其中百分之八十涉及販賣鴉片、黃金及綠

國民黨內政部公佈收復區清查戶口辦法

【中央社渝十八日專電】內部業經公佈收復區實施戶口清查辦法，此項辦法由內部呈奉行政院軍委會核准，公佈施行。辦法全文如下：（收復區實施戶口清查辦法）甲、總則，第一條，內政部爲奠定收復區戶籍行政基礎，及維持地方秩序，現訂定收復區實施戶口清查辦法（以下簡稱本辦法）。第二條、本辦法適用於所有收復區之初期戶口清查。第三條、本辦法於每一收復區縣市政府成立或遷回時，應首先實施，於三個月內辦理完竣。乙、進行程序，第四條、舉辦戶口清查，應同時整編保甲，其辦理程序，依縣保甲戶口編查辦法之規定。第五條，縣市政府爲辦編之主辦機關，除責令所屬戶政及警察人員，並發動當地知識份子協同辦理外，必要時當商請當地駐軍憲兵隊或其他團體機關，派員協助辦理。第六條，縣市政府會同有關機關，設法盡量收集戰前戶口冊及淪陷區僞組織舉辦戶口查計之一切表冊，收集時如獲得其他省縣有關之資料，應妥爲保存，轉送參考。第七條，對當地原有保甲組織，應斟酌實際情形，盡量利用，已經摧毀者應重新編組，鄉政保甲長人選，應就奮望相孚之純正智識份子選任。第八條，實施編查前，應召集參加編查人員製造有關法令及技術。第九條，舉辦戶口清查所需表式另訂之。第十條，實施編查時，對逃亡戶之番號，應予保留，以便因戰爭關係而他徙之人民，於還回時，得隨時編入。第十一條，對遷徙民衆過多之區，應先查記在家人口，其陸續歸來之人口，責成當地保甲長隨時調查登記，月終彙報鄉鎮公所。第十二條，清查戶口時，對榮譽軍人陣亡將士家屬及外僑游民，須另冊登記，以供保安及救濟等設備之參考。第十三條，編查完竣後，縣市政府應派員至各鄉鎮抽查，鄉鎮公所，應派員至各保甲抽查，以期確實。第十四條，舉辦戶口清查後，應即舉辦戶口移動登記，按月繳各保報由鄉鎮公所彙編統計，呈送縣市政府。彙編全縣市戶口移動統計，送省政府彙報內政部備查。丙、附則：第十五條、本辦法實施細則，得由地方政府斟酌實際情形，自行擬定，並報內政部備查。第十六條，收復區地方秩序完全恢復時，其戶口調查應按現行一般戶籍法規辦理。本辦法即停止適用。第十七條：本辦法自公佈之日實行。

國民黨利用日本徒手官兵爲其服役

【中央社南京十八日電】中國戰區中國陸軍總司令部十八日發佈第十七號公報，內稱：中國陸軍總司令何應欽

上將，於十月十七日以軍補字第四十七號訓令，致日本官兵善後總聯絡部長岡村寧次大將，規定中國戰區日本徒手官兵服役辦法十條。其原文如下：（第一條）爲便日本徒手官兵於待船歸國期間，修復各受降區被破壞之交通通信及各項建設工程，依據一九〇七年陸戰法規第六條之規定，暫訂本辦法實施之。（第二條）各受降區對於轄區內交通通信及各項建設之修復工程，其屬於地方或特別市者，應有各受降區主官轉知地方省政府或市政府設立工程處，擬定修復計劃，請求受降指揮官撥用日兵徒手官兵，並指導工程之工程處人員，以省建設廳或市工務局爲主體。惟決定由中央政府主管修復之工程，由中央主管部份派員指導之。（第三條），一切修復工程所需材料經費，屬於省市者，由省市籌撥，屬於中央者，由中央主管部門籌撥。（第四條），軍事機關辦理之復工工程，由各受降主官逕行命令日徒手官兵担任。其所需材料經費，歸軍事機關籌撥。（第五條），指揮日本徒手官兵服役時，應區分其技能，使担任適當之工程，並應依工程之性質及勞力，區分編隊，以便監督管理。（第六條）日本徒手官兵，在服役期間其待遇除照規定由各受降區發給主副粮外，凡修復過去日軍破壞之一切建設，均不給工資，但其工作勤務著有成績者，每月給予獎金一次。個人特著成績者，另給個人獎金，其金額由各地區自行酌定。上項經費由第三第四條所述主管機關籌撥。（第七條），日本徒手官兵，在服役期間，各受降區主官除應保護其安全外，各工程處賦予之工作時間，每日以八小時爲限，不得使有過度之勞役，但其有意怠惰工作或違反命令者，得按情節之輕重，由各受降區指揮官依陸軍懲罰令或陸軍刑法處理之。（第八條）日本各級將校及技術人員，得由各受降區依需要編入工程隊，受中國工程處之指揮。担任工程計劃之工程指導，並負實傳達命令及監督日本徒手士兵作工。（第九條）本辦法如有未盡事宜，得隨時修正之。（第十條），本辦法自中華民國卅四年十一月十日起施行。

中央社卑鄙無恥
說津浦隴海兩路遭『土匪』破壞

「合衆社重慶十九日電」中央社宣佈『土匪』在蘇北徐州附近對津浦路中段及隴海路東段，作了『相當大的破壞』，暗示共產黨在華北各地進行廣泛的戰鬪。據稱，鐵軌與電綫均被破壞。人民深受騷擾之苦。據交通界表示，

實了，更會加深英、美與蘇聯之間的意見分歧（這分歧已使倫敦會議失敗了）然而某些美國人士希望目前的一些行動，是同盟關係改善的預兆。

將耶路撒冷劃分爲三個市區的建議

「路透社耶路撒冷十六日電」據昨晚耶路撒冷副市長猶太人奧斯特（他從一九三四年一直當到今年七月爲止）所引消息稱：委派去解決關於耶路撒冷市長與市政委員會問題僵局的委員會，建議將耶路撒冷劃爲三個市區——阿拉伯人、猶太人及基督教徒。奧斯特說：據這些消息稱：聖城內城將由基督教徒任市長，市政委員會將由各宗教團體領袖組成。猶太人市區將設有猶太市長與猶太委員會，而阿拉伯市區則設有阿拉伯市長與阿拉伯委員會。三個市長將組成一委員會，以處理有關全城的事務，且三人輪流各任一年全城的大市長。在關於市長是否應是阿拉伯人與猶太人或者由阿拉伯人猶太人與基督教徒輪流担任的問題難以解決後，現耶路撒冷市政暫時由英國民政委員會管理。迄今，雖然城裏住的大多數人，很久以來便是猶太人，但市長却經常是阿拉伯人。代理耶路撒冷市長的奧斯特，是紀元後七十年廢除寺院以來担任過這一職位的第一個猶太人，他在倫敦州市長與參議員的大會上發表談話時着重指出：關於委員會擬建議將耶市劃爲三個市區的消息，在該委員會未發表這消息以前，不能予以證實。甚至這建議還可能被英國殖民處予以拒絕。他堅稱：由六位阿拉伯人與六位猶太人組成的耶路撒冷委員會，在阿拉伯委員去年七月在「外來的政治壓力下」，故意退出以前，是在完全和諧的氣氛中工作的。

保民主黨宣言抵制選舉
傳匈牙利戒嚴

「路透社索非亞十六日電」以尼古拉·姆舍諾夫爲首的反對黨民主黨，將如前任部長農民黨彼特科夫所領導的反對派聯盟一樣，抵制行將到來的保國選舉。民主黨今日在宣言中公告此點說：「在目前環境中舉行選舉，是糟塌最神聖的權利——投票的權利，而民主黨爲了不願在無法律狀態的現政權下讓選舉人去冒險，就決定不提候選人並且不參加選舉。」宣言繼稱，成千名潛在的選舉人已被送到「勞動教育中心」去了，該宣言說，這是代替法西斯集中營的東西，又說，選舉會議包括政黨本身的會議在內均被停止，姆舍諾夫自己也被剝奪了公民權，而不可能當候選人了。宣言又說：「前任各部長布羅夫、齊契夫及摩拉維也夫和第莫夫也都被剝奪公民權，最後的兩位尚在拘禁中」。所有如姆舍諾夫

日本之突然投降，增加了交通部對新收復與即將收復之鐵路的行政重担。據稱，在日本投降之前，只有隴海路西段與滇越路北段在中國手中，全長不及五百哩。但現在中國收復區、台灣及滿州境內之鐵路的全長不下九千哩，這對於重慶鐵路工作人員是一個巨大的工作。據稱，重慶急於恢復中國內地主要交通綫的交通，如津浦路、平漢路、隴海路及粵漢路。據稱，這些交通綫已恢復局部交通，但鐵路設備尚須等待修理及站綫和平秩序已恢復。聲稱，交通部現正僱用日本鐵路工程隊修理平漢路，包括鄭州以北之黃河鐵橋在內，該橋由於多次之轟炸而被毀。據稱，解除武裝之日軍亦被用以修復粵漢路北段。

【中央社蚌埠十七日電】津浦鐵路南段徐州至浦口間明光以南，板橋、管店實國鎮以北任橋一帶鐵道，為『奸匪』破壞以致交通感受影響，旋經國軍到達後，由路工搶修，昨據息沿路警衛綫已為國軍所控制，連日正趕修被損鐵道，三五日間可望通車。

傳現正在準備三巨頭的另一次會議

【路透社華盛頓十七日電】英駐美大使哈里法克斯自倫敦外長會議失敗以來，今天第二次訪問美國卿貝納斯。他的訪問消除了此間因昨晚蘇聯大使葛羅米柯的突然返莫斯科而引起的種種推測。葛羅米柯從倫敦回到華盛頓只住了廿四小時，據說他在離開此間以前昨晚還在白宮見過杜魯門總統。現在流行着有力但完全未加證實的消息；即杜魯門總統與斯大林大元帥之間曾交換信件，目的在於解決對中歐問題的三大分歧的意見。據說：杜魯門總統在倫敦外長會議破裂後不久，便先寫信給斯大林的，雖然白宮方面對這消息仍一直拒絕予以證實。現在的消息繼稱：葛羅米柯昨天帶來了斯大林的回信，然後又帶着白宮方面給蘇聯領袖的其他照會飛回。但白宮後來否認杜魯門曾經由葛羅米柯接到蘇聯政府的任何通告。杜魯門的新聞秘書羅斯也宣佈：葛羅米柯昨天看見的不是杜魯門而是貝納斯。儘管這樣，哈里法克斯後來又否認他的訪問貝納斯與葛羅米柯的赴美之間有任何聯系，但此間日益相信現正在準備另一次三巨頭會議的道路。據悉：國務院不滿南斯拉夫的事件，正計劃外交上的步驟，因為蘇巴西區的辭去南國外長職位，破壞了三巨頭在雅爾塔會議上所規定的關於南國政府的條款。現國務院尚未正式聽到匈牙利已實行戒嚴的消息。如果這消息被證

等人，都是祖國陣綫現政府之前一屆的摩拉維也夫內閣的部長，都在前××被人民法庭判處徒刑了。

【路透社倫敦十六日電】布達佩斯廣播今夜宣佈：『匈牙利已宣佈戒嚴』，但未加以隻字之解釋。

【合衆社倫敦十八日電】英國官方評論家，今日證實匈牙利盟國管制委員會主席伏羅希洛夫已發表最後通牒，命令匈牙利一切政黨合併為一共同的名單。評論家說：『我們關切在這種計劃之下舉行的選舉是否會公平。』他說：這是否會影響目前承認匈牙利政府的會談，在外交部方面尚未決定。

【路透社布達佩斯十六日電】匈牙利全境宣佈戒嚴，因刼掠屠殺之風四起，當局現規定此類案件皆由軍事法庭調查審判，若證實有罪，則於判決後二小時內處死，不用上訴。

【路透社倫敦十六日電】華沙訊，波蘭政府已與羅科索夫斯基元帥成立協定，派遣紅軍部隊至波蘭，解決納粹『我們是狼』和蘇聯吉斯林佛拉索夫黨徒的活動。由紅軍將軍率領的紅軍部隊，將分駐於波蘭各省省會。據指出，波蘭剿滅蘇聯人（指蘇吉斯林份子——譯者）是有困難的。波蘭鄉間消息稱，他們正為秘密納粹組織及佛拉索夫的『軍隊』所搶掠。佛拉索夫為紅軍中將，於蘇德戰爭期間為德軍所俘，並站在德國方面組織『吉斯林軍隊』，從蘇聯俘虜中徵募可疑份子。

【合衆社倫敦十六日電】奧地利具有各種政治意見的人士，聽到英、美準備承認雷納爾政府的消息時，都感到很滿意。這使得在其他很多方面進行激烈競爭的政黨，都彼此高興。聽到這個消息的高興，是由於兩個事實而來的：第一，衆信『準備承認』意味着事實上承認只是幾天以內的事情了，且法國也將自動倣法英美的例子。第二，奧國人士中具有強烈的信心，英、美承認雷納爾政府將大大改進奧國的經濟情形（奧國在四個佔領區制度下面已遭受極大苦痛）。奧國人懂得即是承認了政府，也並不是說便取消了四個佔領區，但相信當一個政府的法律與命令可以施於全國時，奧國的事情便會有很多改進。

（只供參考）
第一〇三九號
解放日報 新華社 編
今日出一張
卅四年十月廿一日
星期日

王世杰說東北紅軍下月撤完
沒有理由去懷疑任何一方不執行條約

【路透社重慶十七日電】中國外長王世杰今日謂：蘇聯政府已開始全部撤退其在滿洲的軍隊，至下月底將全部撤回。中國軍隊最近將自印度支那撤回。王氏稱：『我們沒有理由去懷疑中蘇條約的任何一方會不誠意遵守條件的規定。』他說：中國認爲聯合國組織是世界團結與和平的永久機構。』『聯合國憲章並非完全沒有缺點，這是眞的，但會員國應盡最大努力保證它的成功。』王氏聲明說：『中國贊成美國爲聯合國組織的總部地址。』（下缺）

【合衆社莫斯科廿日電】外蒙今天根據中蘇條約開始全民投票，決定外蒙是否仍保持現有地位作爲正式的獨立國，或重新歸併於中華民國。塔斯社庫倫訊稱：廣大羣衆都很興奮地參加全民投票，而據塔斯社稱：這次全民投票，無疑地極大多數人都投票贊成獨立的。投票是由十八歲以上的男女公民公開進行的。

【中央社倫敦廿日電】莫斯科廣播稱：外蒙古人民定今舉行公民投票，以決定是否獨立，十八歲以上之男女公民，均有資格投票。

【中央社庫倫十八日電】國民政府派赴庫倫參觀外蒙公民投票代表雷法章率隨員十一人，十八日八時由北平南苑機場乘機起飛，經五小時之航程，於下午一時安抵庫倫。外蒙當局派蕭克達朝普（主管內務者），納姆沙雷（主管外交者）及庫倫市長范木抵機場歡迎。

【中央社開封十六日電】我國規模最大，歷史最久之豫北焦作六河溝兩煤礦月初經土匪竄擾，近日因知國軍即可開到，急將兩煤礦機器悉予破壞，尤以焦作一礦，損失最大。土匪並以現有存煤，强迫人民交換麥粉，爲害尤烈，民衆正殷盼國軍早蒞解除倒懸。

【合衆社重慶廿日電】據中央社訊，華北共產黨軍隊對中央政府收復華北的怠工有進一步的徵象，天津至濟南的鐵路運輸由於路軌，電報及電話綫的破壞而告中斷。猶憶共產黨會破壞膠濟路中段及隴海路東段，津津路南段。天津至濟南爲津浦路之北段，近已被破壞——王公達

何思源反共談話

【路透社重慶廿日電】路透社特派記者甘貝爾報導：山東省主席，曾在芝加哥受過訓練的政府官員何思源接見記者時稱：『山東各地仍存在着紊亂狀態和奸匪。山東最緊急的問題是恢復交通綫、工廠及其他生產企業。許多中國人均注意山東的佔領工作，把重要港口烟台與威海衛收回將看作是政府將其軍隊伸入共產黨揚言已經解放地區決心之考驗』。他說，在日本投降後，共產黨在中央政府軍隊未能立即開始行動之前，破壞了交通綫及電話綫。『在中央政府軍隊所到之處，他們都進行戰鬥』。他指斥共產黨奸匪破壞博山及淄川煤礦及××鋁礦。山東是一個非常富庶的有戰略意義的濱海省份，一度爲××帝國主義所垂涎，以後爲日本所侵佔。在戰爭中日本已投入一百萬萬元以發展該省的鋁工業及五金工業。據專家估計，山東鋁的儲存量幾乎可供該省四千萬人民二百年之用。

蔣介石嘉獎傅作義

【中央社綏西某地十八日電】蔣委員長頃來電嘉獎傅長官及第十二戰區全體將士謂：自日本無條件投降，該長官所屬各部隊，奉命推進，行動迅速、確實，足見領導有方，將士用命，深堪嘉許，着即傳令嘉獎，以資鼓勵。

【中央社重慶廿日電】據軍委會息：（一）我孫連仲司令長官所屬之胡伯翰部，係於十月十七日到達豫北之安陽。（二）我鄧龍光總指揮所屬之海競强師，現已全部到達海南島之海口。（三）據王耀武司令電稱，長（沙）衡（陽）區日軍投降部隊計爲廿軍[illegible]部，第六十四師團，第八十一獨立旅團，第六十八師團，及第二警備隊，自開始解除武裝以來，至十月十日已順利完成。

張治中歡宴蘇駐迪領事館人員

【中央社迪化廿日電】張部長治中，今日下午六時，歡宴蘇駐迪總領事館人員，計到代總領事葉福造，副總領事吳馬索夫與康士坦丁諾夫等。我方作陪者，有國防最高委會副秘書長梁寒操，組織部副部長彭昭賢，陝建廳長屈武新，民廳長鄧翔海，外交部駐新特派員劉澤榮等。

國共商談再開

【中央社渝廿日電】廿日下午四時，張主席群、王部長世杰、邵秘書長力子，與周恩來、王若飛兩氏對政治問題，繼續商談，並定明日續談。

魏特梅耶赫爾利晉謁杜魯門

【中央社華盛頓十九日電】今午美國駐華大使赫爾利及駐華美軍總司令魏特梅耶二級上將，聯袂晉謁杜魯門，密談約半小時。赫爾利大使對於會談內容拒絕發表，惟對報界人士稱，渠明日即將首途赴墨西哥。關於返華任職一事，渠稱並無意見可以發表，若干記者以最近國務院發表渠將返華任職一事相詢，渠僅謂『不[illegible]多發』。據悉，魏特梅耶將軍暨其夫人，昨夜於此間卡爾登飯店設宴招待來賓，中有我駐美大使魏道明及夫人，赫爾利大使及宋院長夫人等。

【中央社華盛頓十九日電】美陸軍部公佈，前駐華第十四航空隊司令陳納德中將，自十月卅一日起退伍。

中央社汚我破壞津浦等鐵路及焦作煤礦

【中央社徐州十八日電】徐州附近津浦路之（缺七）隴海新安鎮以東與黃口碭山間，近旬以來，被匪破壞甚鉅，電桿電線亦被破壞，交通通訊阻滯，人民受匪擾害痛苦甚深。

【中央社濟南十九日電】膠濟路正趕修中，一個月內，可望全部恢復通車。膠濟路於日本投降後，即被破壞，目前西段通至龍山，東段通至濰昌，濰縣至張店間破壞尤甚。

【中央社天津十九日電】津浦鐵路天津至濟南間，近又遭破壞，由津南下車輛，十九日未售票。

【中央社徐州十九日電】第十九集團軍總司令陳[illegible]，廿日率部北進。

【中央社濟南十九日電】第十一戰區副長官李延年，十九日下午由濟飛青視察。

潘文華任川黔湘鄂邊區綏靖主任

【中央社重慶廿日電】國府廿日令：一、特派潘文華為川黔湘鄂邊區綏靖主任，傅仲芳為川黔湘鄂邊區綏靖副主任，此令。二、川康綏靖副主任潘文華另有任用，潘文華應免本職，此令。三、特派劉文輝為川康綏靖副主任此令。

俞飛鵬飛青

【中央社濟南二十日電】俞飛鵬部長，二十日下午離濟飛青，二十日晨俞氏曾召見日軍部之管電信鐵路交通人員，詢問甚詳。據俞氏語中央社記者，魯境交通以恢復鐵路為第一，濟南天津間偶有小破壞，得隨時修復。濟南泰安間，二十一日晨可恢復通車。泰安以南僅東北堡至大汶口間十六公里破壞較鉅，現正趕修中。津浦全綫通車，不久可以實現。膠濟路以龍山至周村間破壞最甚，現正運送材料，可能於下月內修復。此次赴青途中，將視路基破壞情形，以便整理，倘可能日內將再返濟一行。隨俞氏赴青者，有交通部在魯接收人員。

【中央社濟南十九日電】交長俞飛鵬，十九日下午五時，由津專機抵濟。

【中央社滬廿日電】由渝到滬之第一艘輪船江順號，廿日下午四時到達。又由滬特派前往連雲港運煤之華新、新瑞安兩輪，廿日午後亦開抵滬。

【中央社渝廿日電】民聯輪十九日由宜下駛，廿日可抵渝口。

【中央社天津廿日電】日本在華北之航業，已由交部航政接收委員俞因成陸續接收中。日人在津之航業公司，計有十三家，共有商船拖船×船一百九十八艘，港口碼頭十九處，倉庫六十處，現已將大連、東亞、天津三公司接收完畢，交由招商局保管。

美運值八千萬美元之黃金抵滬

【中央社重慶十九日電】美新聞處上海十八日電，第一批海運之美黃金已抵滬。中國官員稱：黃金將由中國政府保存，用於穩定幣制，黃金共值八千餘萬美元。中央政府財政顧問楊格及中央銀行副總裁陳行稱，渠希望對於外商可即建立銀行，以恢復外商業務。中國政府自十一月起，將開始以一元與二百元之比價，以法幣收購日人發行之偽幣。

【中央社上海十九日電】中國陸軍司令何應欽，十九日十五時在行轅召集第三方面軍張雪中、鄭洞國二副司令，錢市長，浙省主席黃紹竑，九四軍牟軍長，二五軍黃軍長，軍政部特派員趙志圭等，檢討收繳日軍武器，日僑集中營管理問題。翁副院長，財政部陳特派員行，經濟部特派員張茲闓，交部特派員刁作謙等，亦被邀參加。

【中央社滬十九日電】政院院長駐滬臨時辦公處，十九日舉行重要會議，由翁副院長主持，討論敵偽財產問題。

關麟徵對記者談滇省最近措施

【中央社昆明十八日電】新任雲南省警備總司令關麟徵將軍，今答中央社記者詢問如下：一、將軍此次中止東北之行，重行回滇，主持全省軍事，不知有何感想？答：本人率軍駐滇，五載以來，深得地方民衆之協助，實有第二故鄉之感，而滇省民性之純樸誠厚，尤給本人以極深印象。二、請問總部執掌如何？答：凡以前昆明行營，綏署、昆明防守司令部，史迪威公路東段警備司令部所指揮之部隊及境內地方團隊，概歸本部指揮。三、目前工作要旨如何？答：（一）肅清散兵游勇根除匪患安靖地方。（二）舉行人民身份登記證，入境軍人，無護照者一律逮捕。（三）定期登記私有槍彈，逾限不登記者，槍彈沒收，人以盜匪論。（四）嚴整軍隊紀律，使與政治切實配合。（五）整飭後方機關，凡番號已經取消之部隊留守機關及未報備案，私自設立之後方機關，一律查封，物品沒收，人員法辦。四、清鄉工作如何舉行？答：清鄉工作第一不擬派軍隊參加，先由地方保甲舉辦「進行定期抽查，其舉辦不力者，將以極嚴厲之軍法處之」總之，凡在本人職權以內一切，當以地方人民爲主，利者興之害者除之。

【中央社渝十九日電】杜聿明十九日下午五時由昆飛抵渝，將於廿日晨晉謁蔣委員長。

密切合作，始克奏效。至於朝鮮問題，當由中美英蘇會商再決定，同時中國擬循正規與英國解決香港問題，杜魯門並透露，目下並無舉行三巨頭會議，以打開倫敦五強外長會議所陷僵局之意，美政府與有關各國，保持經常聯系，堅信自可有解決之途徑。關於遠東情形，總統之意見則一本其舊。

日本成立全日勤勞者聯盟會 宣稱軍人不負戰敗責任

【合衆社東京十七日電】五千名示威者大部份爲退職軍人，擁擠在東京日比谷大廳內成立了全日本勤勞者聯盟會的組織。會上演說者要求政府迅速給失業者以工作，如重建被毀的政府建築物等。一黨領袖宣稱日本的軍人對日本的失敗並無過失，而譴責國內戰時的政治家。會上的標語要求保存天皇制度。會議通過決議，請求麥克阿瑟總部禁止一九四二年由東條內閣所提而當選的三百八十名下院議員參加行將來到來的總選舉。

史迪威辯護美對日政策

【合衆社檀香山十八日電】史迪威將軍於星期三夜飛抵此間，在完成了兩小時的秘密使命後，又前往華盛頓。史迪威評論關於美國對日佔領政策的批評時說：「你不能够在五分鐘內就做好一切工作。戰爭結束才只兩個月。你不能够希望他們一夜之間就組織起民主黨派，選出候選人。應給他們以時間」

紐約時報評朝鮮問題

【合衆社紐約二十日電】紐約時報社論稱：「世界各民主民族有權答覆李博士說他已詢問麥克阿瑟與霍赤將軍，而顯然未獲滿意答覆的問題——朝鮮爲什麼劃分爲蘇聯與美國地帶。對此問題可加以神秘的系說——此決議是何時、何地、由誰作的。李氏二十六年來即主張朝鮮獨立，他相信決議是在雅爾塔作的。麥克阿瑟在總部劃分兩地帶之間的界線——緯線三十八度，包括在發給馬尼拉日軍的投降命令中——這時候就給記者以這種印象。然而，美國人民遠在朝鮮問題發生以前，已悉雅爾塔的一切決議業已公佈。朝鮮佔領的初期錯誤已在逐漸改正。從華盛頓到京城的運輸已給李氏最後準備了，據稱，邀請書已寄給重慶朝鮮臨時政府主席金固，這些都是我們善

傳中美進行石油談判

國民黨擬修改採礦法「歡迎」外資

【合衆社紐約十九日電】美[illegible]公司發言人，均極願討論所傳出中國政府代表，已與美孚公司、荷皇家殼牌公司，以及加州德士古公司等討論美八開發並提煉中國油藏之可能性一事，然此爲慣有現象。而某石油巨頭且曾暗示此事正在討論中。渠稱：『就個人所知，並無人作任何之協議』。商業日報稱：中國代表會表示中國願修正國家採礦法而准美國各石油公司擴大其在戰前之進口營業範圍，該報提起美國對外經濟處已準備爲中國政府提出報告建議，於廣州設煉油廠一所，於安徽設立[illegible]所。商業日報稱：中國當局嗣後即表明，已用此報告作爲自己計劃之基本[illegible]，然美國公司是否將參加此開發計劃，則尚不可知。中美工商協會之發言人稱：本會聞及中國將修正法律以鼓勵外人在華投資，頗爲興奮，但尚未接獲中國修正採礦法之消息。

【合衆社紐約十九日電】某石油巨頭，承認未悉中國目前與美石油談判之事。渠稱：中國大使館之代表數人，在三個月以前，曾與各公司討論石油問題，×××告以中國關於自然資源之法律，未有確定之修正以前，不能有所爲。華方嗣後遂未提起或再與美公司接洽。此事渠認爲中國可能正考慮計劃，聘用美技術人才，自行建設煉油廠，開發油田。

杜魯門稱

目前無開三巨頭會議之意

【中央社華盛頓十八日專電】此間各報咸以顯著地位，揭載合衆社社長白里訪問蔣主席之文字。美官方亦有表示，杜魯門總統對於蔣主席所言由日本人民決定日皇裕仁之命運一項，認爲用意甚善。總統今晨於招待記者席上答覆記者所詢是否擬有計劃由日本人民作此決定一問題時，謂蔣主席所言誠善，然盟方迄今尚未擬定此項計劃，據白里稱：蔣主席最近於一外交宴會上謂，渠出席開羅會議時，曾向羅斯福總統提出日皇遜位與否，當取決於日本人民。蔣主席亦贊成，日本人民應有選舉自由，以作民意表現之工具。據蔣主席預示，中國經濟，需要五年之時間方能復興，此端賴中美

良意圖的最近證明。朝鮮問題是太重要了，不能掩蓋在祕密當中或××。關於朝鮮的明白聲明與對於我們行動的解釋，可除去佔領德國××與開始期間××的混亂。

英軍鎭壓爪哇獨立運動

【合衆社巴達維亞十七日電】更多的英國軍隊今日馳往巴達維亞南十五哩的德波克村，該村有六百名在恐怖下之基督教村民正待運至安全的地方，免遭八百民族主義者有組織亂民（編者按：既稱亂民又承認有組織，合衆社自己矛盾。）的襲擊。今日該村之行洩露該村已爲亂民所洗劫，村中男子已爲火車帶走，顯然是作爲人質。英軍少校皮卡德命令載着願意去德波克村的記者們的汽車停止，警告記者們防範狙擊兵的射擊。皮卡德說，他率領廓爾路兵六十名，自昨夜以來，即與民族主義者匪幫（！）作戰，將他們擊退，而正在我們到達之前，狙擊兵擊中了乘車從村中逃出的歐亞混合種女子三人，打死一人，其餘二人重傷。在通往該村支路之前的公路旁邊，三百名村民圍坐於一起，等待被運走。村中尚有六百人。在返回巴達維亞路上，記者們遇到英軍一連，前來追逐匪幫，並已捕獲了五個領袖。同時汽車隊已被派來載運難民。據村民說，該村首次於六日前被襲擊（顯然是因爲它是信教村子），其時民族主義者攜帶步槍、大刀、機槍及手榴彈來到該村。他們說，亂民們挨戶搶劫與殺人。據估計村民有廿人被屠殺，其餘的人則逃入森林與稻田中。村民說，男人被用火車載至布登佐，這表示襲擊是有計劃與有組織的，以便從忠實於荷蘭（按：即荷奸）的村中捕獲人質。該村曾拒絕懸掛共和黨的旗幟。同時巴達維亞本身的情勢似在逐漸安靜下來，而荷蘭與印度尼西亞之間戰爭狀態的抑制已發生效力。據悉：中爪哇首都三寶壠將於今後數日內加以佔領，因該地情勢甚爲混亂。今日民族主義者報紙「自由」報說：爪哇與蘇門答拉之間的[illegible]聯系已重開。

（只供參考）
第一〇四〇號
解放日報 新華社 編
今日出一張
卅四年十月廿二日 星期一

美聯社評國共談

【美聯社重慶廿日電】避免內戰，團結中國的國共談判要等待十八集團軍（共產黨）參謀長葉劍英將軍來此才能正式重新開始。一俟他準備就緒，政府即可派專機往延安接他來重慶。葉劍英將軍是最近在重慶談判中成立的三人軍事小組中之一人，以進行討論軍隊改編與中國軍隊國家化等問題。三人小組之其他兩人都是中央政府的。

雖然正式的談判仍在懸懸不定的狀況中，但非正式的討論仍在由代表延安的共產黨員周恩來將軍進行中。周與中央政府代表們正在企圖解決最重要的共產黨所謂他們的勢力範圍解放區的行政問題。

在重慶的團結談判中，共產黨會建議委任共產黨人為那些地方的省長，副省長與副市長，但為政府所拒絕。政府認為那樣將引到形成一種集團，共產黨將在其中藉省長的地位以實施領土，政治與軍事上的控制。

如果政府在這個問題上讓步的話，那就將促使——所以政府人士反對——中國瓜分成共產黨統治區，大致在隴海路與長城之間。政府是願意按個人的才能在某些省份中給共產黨人一些重要地位，但是反對任何將暗示在這一問題上聽命於共產黨的措施。它不願意共產黨建立在特定的城市和省份指定特定的官吏職位的權利。

計劃中的政治協商會議的組成問題也在重慶進行談判中，這個協商會議將根據談判的結果建立，以便解決在談判中尚未解決的一些問題。這個協商會議所不討論的問題有：（一）解放區行政問題；（二）中國軍隊的改編與國家化問題。

一個未決的問題是政治協商會議由廿五人還是由卅六人組成。如由卅六人組成，觀察家咸信可能的組成為國民黨（蔣介石黨）代表六人，共產黨代表六人，中國民主同盟（由六個政治團體聯合組成）十二人，與無黨派人士十二人。

中央社續誣我為「奸匪」

【中央社開封廿日電】隴海路商邱至徐州間之黃口站，本月十三日晚遭奸匪破壞六公里，鐵軌截斷，枕木悉遭燬，至停車六日，九月經東西分頭搶修，昨晚已告銜接，今起繼續通車。

【中央社開封十八日電】（遲到）平漢路新鄉以北各段迭遭匪類破壞，延誤行車已久，週來經該路復員專員吳士恩氏督導積極搶修，刻新鄉至淇縣今開始通車。

【中央社汴十七日下午五時電】（遲到）軍事當局頃接第七區專員田振洲電告，謂匪徒突將太康境內白潭東黃泛堤掘毀，水勢泛濫，人畜損失甚鉅。太康城南一帶均被淹，後該縣縣長正督飭民衆趕築城廓，努力搶堵。該處黃泛過去即寬及五十里，今遭匪徒潰堤，又演成浩劫。

美聯社報導新疆事件

【美聯社重慶廿一日電】重慶方面對中國當局調停新疆形勢很注意，據稱這是亞洲最麻煩的問題之一，並以此避免中蘇磨擦的可能原因。張治中將軍（這次與共產黨團結商談中政府主要代表之一）現在新疆，為蔣介石排解糾紛，張治中顯然試圖調停，由於蒙方與土耳其混種人喀薩克，遊牧回教徒徐徐上漲的起義所引起的形勢，此間某些人士說，假使蘇聯願意，他們隨時可利用這些民族作為干涉新疆的藉口。此間咸信……喀薩克可能在外界鼓動之下希望給他們自己在新疆建立自治省。然而，重慶官方人士說：目前形勢平靜，過去五週未接到任何騷擾的消息。新疆，原先在經濟上實際上是蘇聯的附屬地，被視為蘇聯貨物，特別是棉紗、糖、××、機器、烟草的寶貴市場，蘇聯則可以從新疆輸入羊毛、駝毛、棉花、家畜。新疆礦產也豐富，有寶貴的金、銅、鐵礦牀，這些都還未充份開採。但最重要的是，某些專家相信，新疆有着亞洲可能最豐富的油池。假使蘇聯自己的油池不足以供應的話，這將成為它一個極重要的後備。除了喀薩克之外，新疆中國困難的另一可能源泉在於：僑居伊犂縣的白俄，此間感到：這些人可能受到外界的鼓勵，要尋找某些措施求得自治。中國報紙稱：中央政府擬將新疆分劃為三省，被認為是重慶想加強控制的，……正如歷史學家所指出：新疆距離海洋比世界上任何國家都來得遠，其面積有各種不同估計，大概是在四十萬至六十萬方英里之間。雖然它是中華民國完整的一部份，許多年來，在經濟方面，已被認為是蘇聯的一省。去年春天，重慶於其無血的政變中，驅逐了當時省長盛世才將軍，作為對莫斯科緩和的表現。

周恩來，與政府進行該問題的談判者，預期將在本月底飛返延安作報告，並偕葉劍英將軍同回重慶。計劃中的政治協商會議與軍事三人小組可能同時開始工作。

此間觀察家相信蔣介石在最近的團結談判中最大的讓步是將原定下月十二日召開的國民大會以建立立憲中國的延期。共產黨並要求修改憲法與重選國民大會代表以更換十年前所選舉的代表，不過這些問題尙未決定。

共產黨在談判中的最大的讓步，此間認爲是把他們原來要求軍隊四十八師減至二十四師或二十師。政府原來規定最多十六師，最後才答應廿師。

共產黨另一個讓步是答應將一些共產黨軍隊撤退到大致在隴海路以北地區，不過這個問題實質上還要看共產黨在華北解放區的行政權問題如何而定，所以仍舊沒有解決。

在原則上已經達到協議的各點有：（一）承認蔣介石的領導地位；（二）結束孫逸仙博士所謂訓政時期以準備中國的立憲民主；（三）中國各黨派平等合法地位；（四）釋放政治犯，（被證實的叛國者漢奸除外）。

【中央社渝二十一日電】今日下午五時，張主席羣、王部長世杰、邵秘書長力子，與周恩來、王若飛繼作商談，定二十二日下午續談。

傳中國將分四十二個「軍區」

【合衆社重慶廿日電】除重劃中國省區外，軍事當局正計劃把中國分成四十二個「軍區」，以爲國防和維持和平秩序。據說大的省份一省劃成若干軍區，小的省份則一個軍區可管若干省份。據說原則已由蔣介石批准，將來一切軍區均將隸屬於軍政部。軍政部將設立新司，定名海軍司。據說目前的海軍總司令部專管軍事，但將來海軍司則管行政事務。——王公達

安陽國民黨部隊北進

【中央社重慶廿一日電】軍委會十月廿一日息：（一）我孫連仲司令長官所屬之張伯翰、馬法五、魯崇義等部現經由豫北安陽沿平漢鐵路向北推進中。（二）山東青島受降定十月廿五日舉行。

何思源向蔣報告

【合衆社重慶廿日電】山東省政府主席何思源（據說曾因與日本人合作而受共產黨方面的猛烈攻擊，但事實上是因爲他進入了山東省共產黨的「解放區之故）向報界談話，他已接管山東省政府機關，解散山東一切僞政權，逮捕山東一切主要漢奸。何氏現在重慶向蔣介石報告工作，並將於下星期返魯。何談到共產黨破壞山東省鐵路時，又說「鐵路的恢復不太困難，因爲只有局部數段被破壞。」又說山東省房屋被日本人破壞得很利害，，敵人並殺掉所有農業牲畜，連水牛在內。又說濟南日本領事館現改爲「盟軍駐所」。

【中央社渝二十一日電】魯省主席何思源來渝後，頃對記者談稱：二十七年我軍轉移後，渠奉命重返 東，在魯北行署主任任內組織游擊隊轉戰魯北各地，犧牲重大，山東行政專員殉職者竟達七十一人，被俘不屈而死者兩人，嗣改任民政廳長，轉往魯南，歷盡艱險，惠民之戰雙方損失均大。去年冬何氏受命任省府主席，今年春在阜陽就職，六月上旬重返魯境，此時魯省多境除日軍外，更加遍地匪患，民不聊生，匪軍處處尋釁，攻城掠地，我前與匪軍雙方五千人以上之戰役凡二十八次。第一區專員申從周、第十五區專員梁鍾仁諜、督導員省、黨部秘書，菏澤、曹縣、商河等縣縣長，均以身殉。至於小規模騷擾，更無日無之。何氏嗣又談及敵人投降前後之情形稱：敵人宣佈接受波茨頓宣言時，渠適率部駐紮壽光，乃率大部軍隊向濟南進發，惟沿途匪軍恣擾，隨時發生衝突，離開壽光十餘日中，無日不在戰鬥，官兵傷亡極大。何氏仍率部西進，卒以王舍人莊（即歷城縣城）一戰，擊破匪軍之重圍，雙方傷亡均在二三千人，渠乃於九月一日進入濟南。全城父老空巷往迎，何氏等均感動而至泣下。何氏繼稱，抗戰八年中之山東人民，確有飛躍之進步，實非遠離省境之人士所可想及。民衆對共匪善惡有清楚之認識，誰爲眞正國軍，誰爲眞正之人民解放者，渠等更有透澈之瞭解。記者又詢及美國出版家魯斯氏過濟時情形及其觀感。何氏答稱魯斯先生到濟時，目覩一切共感興奮，曾謂有此一行，得知八年來山東省境軍民戰鬥經過，實爲中國抗戰史中寶貴之發現云。

合衆社轉播我江南部隊北移

【合衆社重慶廿一日電】中共黨駐渝辦事處發表公報：共產黨『新四軍』已受延安共產黨『中央軍事委員會』命令自長江以南地區撤至江北，即自江南皖南及浙東、浙西越江而撤往江北。據說『新四軍』正迅速執行命令並自遺留長江以南地區移動中。共產黨發言人說，在八月廿七日至十月十日四十五天會談的協定中，毛澤東向中央政府提出共產黨方面的妥協案——撤退共產黨江南部隊，『共產黨這種爲國家和人民服務，和平和團結努力的優美精神，當爲全國人民所洞悉。爲了在中國建立和平民主和團結，我軍現正向千萬江南父老告別中。』

外蒙全民投票開始

【合衆社重慶廿日電】有資格觀察家解釋內次雷法章抵外蒙首都庫倫爲廿五年來第一次。而且自從在第一世界大戰中俄國革命後不久，外蒙發生革命以來，中國中央政府官員首次被許可訪問外蒙。隨雷法章入蒙的中央社記者劉劍首次自外蒙拍發電到中國。據劉劍報導，載雷法章一行十一人赴外蒙監督全民投票的蘇機從北平到庫倫飛了五個鐘頭，越過大戈壁沙漠，於十月十八日下午一時抵達庫倫，受外蒙政府內長及外長與庫倫市長的歡迎。關於外蒙全民投票決定是否脫離中國獨立可記得已自十月十日以來在人口稀疏的蒙古高原上逐區開始，且儘速可以完畢，完畢後如決定是肯定的話，蔣介石就準備承認它並建立中國與外蒙人民共和國之間的外交關係。亞洲內部過去二十五年來的既成事實已經完成，外蒙和中國完全脫離了，從此以後，就不許可中國官員或記者進入外蒙邊界了。

【路透社倫敦廿一日電】莫斯科無綫電報導，在外蒙京城庫倫所舉行的全民投票中，全體投票人宣佈贊成外蒙人民共和國獨立。外蒙舉行全民投票係中蘇條約締結後蘇聯與中國決定的。

【中央社記者劉劍庫倫二十日電】決定外蒙獨立之公民投票，於十月十日上午六時起初在外蒙各地舉行，此項工作，事前曾經外蒙當局之籌劃以戶爲單位，於每戶圈內舉行。投票方式採記名法，除填姓名外，凡贊成獨立與反對獨立兩欄任意填具，毫無約束，凡年在十八歲以上之男女，不分職業均可參加，即以庫倫一市而言，去歲調查人口約十萬以上，今日參加投票約二萬餘人，記者隨我政府代表雷法章等曾巡視庫倫城內投票地區二處，參加投票者至衆。我政府另一部代表，則赴離城百卅哩之鄉鎮參觀投票工作，二十

權遞歸其完成獨立，但目前美國主張朝鮮應由國際短期代理，在國際託管制成立以前，美國希望與蘇聯樹立聯絡及諒解，以解決多項行政上問題。范氏評論東南亞局勢時稱，『荷屬東印度當前局勢已發展至吾人皆不願見之情景。關於法屬越南及荷屬東印度問題美國希望荷法兩國之代表能早日與印度尼西亞人及安南人獲得協議，美國對各民族之立場仍照赫爾前國務卿於一九三四年三月廿一日，發表之聲明，此即凡與其屬地民族有政治關係之國家應負責協助有自治願望之民族，作物質及教育方面之發展，以準備彼等負責自治並取得自由，美國從來未向暹羅宣戰，認暹羅爲一獨立自主之國家，美國之政策在培植與暹之友好關係，范氏稱：『吾人主張暹羅及其他各區之門戶開放，並要求暹羅平等對待各國及其人民。

麥克阿瑟下令幣原作社會與政治改革

【美新聞處紐約十九日電】麥克阿瑟將軍給幣原首相關於實行廣泛的社會與政治改革的若干指令，其中包括有憲法自由主義化，獎勵勞工聯盟，實行更自由的教育政策、與婦女參政。麥克阿瑟說：『這些東西應儘快地吸收到日本的法令中，迅速施行起來。』

【合衆社東京廿日電】麥克阿瑟制止了黑市謀利者，下令禁止美國軍人及平民向外國匯寄超過『正當薪水』的任何款項。東京發生了美國食品、糖菓、氈子及其他稀少物品的黑市，這些東西都是美國士兵那兒得來的。當歐洲發生同樣的黑市時，美國士兵一個時期寄回之款項，超過他們應得之薪金。麥克阿瑟的命令規定：希望日圓換取美金匯票或其他期票流通券之任何美人，必須交出其負責軍官所簽字之證明書，說明此款項是正當的。

安諾德說：美國應有更強之陸軍航空隊

【合衆社華盛頓十九日電】美陸軍航空總司令安諾德上將，本日告參院軍事委員會稱，美國必須有更強之陸軍航空隊，俾於未來戰爭中能控制天空，未來戰爭開始時，可能爲來自三千英里外基地之襲擊，美國現能自國內大半基地派機襲歐亞非三洲之大部分，渠稱，倘未來戰爭發生，則我國之心臟亦能受擊。德國V——2火箭之射程，爲二百五十英里，倘增添兩翼而以電子器械指揮，則其射程可達三千英里以上。

傳三萬印共黨員退出國民大會

【路透社倫敦十九日電】印度工人協會

日午夜完竣，至統計工作，須在一週以後。

天津進行公民登記 將補選國大代表

【中央社天津二十日電】津市開始辦理公民登記，全市分八區進行，按冀察平津國大代表尚未選出，當局準備於公民宣誓後，即辦理國大代表選舉，現已設立事務所，籌備其事。

范宣德談美國對遠東政策 及對中國、蘇聯態度

【中央社華盛頓廿日專電】美國國務院發言人本日聲稱：美國將繼續與中國合作速決其種種問題，鼓勵並協助其×××統一、强大、合作與民主之國家。此種國家對於遠東和平至關緊要，國務院遠東司長范宣德本日在紐約外交政策協會發表有準備之演說，廣泛檢討美國外交政策之目的，及其在遠東之實施。演辭中確定下列目標：（一）使美國獲得安全並維持國際和平，（二）在國際關係上建立一種××俾能作××之商務及文化交換，此舉可以促進國際福利與諒解。（三）建立一種以政治及社會安定爲基礎之民主和平，此種安定將賴致力於民衆福利之政府獲得。范宣德稱，美國對華政策過去現在及將來均爲鼓勵並協助統一强大合作之國家，建立以民主原則及主權，在民爲基礎之政府國共兩黨開成立之十二點協議，已緩和內戰之變懼，且供給一種基礎，俾兩黨及其他政治集團間之爭執能獲調整。渠指出中國處境困難之根本乃需要一種經濟改革，尤以關於土地及租稅之改革爲然，范氏聲稱，如不能增加農民之收入，擴展運輸網並健全幣制，則工業發展對於中國人民將無絲毫意義，如中國之建設採取×鐵路綫，美國必需以資本及工業技術供給中國。刻在華北之美海軍陸戰隊乃協助蔣委員長復員當地日軍，並將之遣送返國，范宣德於結束其關於對華政策之言論時聲稱：『中國係居於吾人爲蘇聯在遠東關係之橋樑地位』。彼並强調一點，謂惟有經由中蘇美之合作，美國政策始能在遠東達到目的。范氏着重一點：美蘇兩國在遠東均有重要利益，美國承認蘇聯之利益，『吾人期望蘇聯亦承認吾人在該區域有重要利益』。范氏續稱：『美國將推行與其遠東地位有各項目標之政策，並符合以公允之態度，承認蘇聯在遠東區之地位，且更進一步使蘇聯瞭解美國在遠東之各項目標，與任何傾向和平國家之目標相融洽』。關於日本問題美國仍主張前於九月廿二日宣佈，使日本完全解除武裝，及軍備，並鼓勵其實現民主之政策。美國對朝鮮政策乃

創造人及主席阿克巴爾，今日於評論三萬共產黨人之退出印度全國國民大會時稱：『這對於國民大會就是一件很好的事情。現在，國民大會已去除了破壞他們努力的人，它將能依靠它自己的綱領進行選舉。回教同盟將發現他們未來的活動爲這些人所阻礙，如同國民大會在過去所做的一樣』。印度回民主席阿巴斯·阿里，在選舉中將得到共產黨的支持。共產黨最後認識了金納很久以前所告訴他們的話。此次退出將向世界表明國民大會贊成的是什麼東西。（下缺）

【路透社倫敦十八日電】印度出席世界職工大會代表之一，印度勞工聯合會及急進民主黨書記A·K·慕克基（英國的走狗）今夜離倫敦遄返印度。慕克基告美聯社記者：他因印度大選趕速返國。繼慕克基負責急進民主黨倫敦辦公廳的後繼人，是新近自印度抵倫敦的拉姆·辛格。

傳蘇軍在匈逮捕 地中海盟軍統帥政治顧問

【路透社布達佩斯廿一日電】據悉：蘇軍事當局已對因『誤會』，扣留地中海戰場盟國最高統帥部政治顧問布羅德表示深切遺憾。布羅德係於星期五由維也納旅行至布達佩斯時，被蘇聯邊防軍逮捕，歷三小時未釋放。

美報稱蘇聯建議西班牙不能參加國際 共管丹吉爾一事已遭失敗

【合衆社華盛頓十八日電】國務院揭示：蘇聯在最近的巴黎會議中，企圖將佛朗哥西班牙排斥於國際共管丹吉爾之外一事，已告失敗。美英法均反對蘇聯的建議，而西班牙將參加管理丹吉爾。國務院披露最近巴黎四强會議關於丹吉爾問題所通過的決議，及在設立永久組織以前，英法關於臨時管理丹吉爾的協定全文。國務院的披露揭示了西班牙於十月十一日已將牠的軍隊撤出丹吉爾，而將該地區交還給國際共管。同日，摩洛哥王的私人代表門道布亦由部隊護送返該城。

參攷消息
（只供參考）
第一〇一四一號
解放日報社 新華社 編
今日出一張
卅四年十月廿三日 星期二

何思源又談「匪患」吹噓他的「實力」

【中央社渝廿二日電】關於山東人民生活情形記者特走訪何主席，據談魯各地災情極重，蓋本年由於旱澇蟲害，麥之收成僅約三成，民食已感不足，更加敵偽壓榨剝削，農村存糧被搜一空，城市糧食尤感缺乏，人民僅以雜糧糊口。敵寇投降後各地慘遭匪患到處竄擾，魯西南荷澤、定陶、曹縣一帶，魯南莒縣、日照、臨沂、郯城、嶧縣、滕縣，魯北壽光、臨淄、廣饒一帶，魯東平度、即墨、萊陽、昌邑一帶，魯中昌樂、安邱、沂水、博山、臨淄、益都一帶被災尤慘，民不聊生。如今勝利已獲，而魯省人民反益陷水深火熱之中，擬請政府及後方人士注意準備。魯主席何思源來渝後曾分向各方呼籲援助，並盼善後救濟總署迅予調查，施以救濟，以拯千萬災民於水火。

【美聯社重慶廿一日電】四十六歲的何思源氏今日在此間詳述戰爭時期及戰後山東的怪誕情勢，呼籲中央政府與共產黨在他的領土內停止不加宣佈的內戰。他說：中日戰爭時期山東境內的中央軍經常從日本手中購買彈藥，例如一次他曾付出極高的價錢購得萬發彈藥，特別從北平運交給他。日本間諜極力保證運交的貨物避免在途中遭損失。對此事會付的重大代價。何思源繼說：在與日本衝突中，中國人經常能從日本手中購買所費子彈的百分之六十。他說：僅在三個月以前，他從日本人手中買到三萬發步槍與機槍子彈，還是在一次較通常更大的衝突之後所買的。日軍部隊指揮官告他們的上級彈藥庫因為戰鬥重大消耗而告空匱。雖然何思源是少數不是將軍的省主席之一，——何思源是一位平凡的先生——他在山東一度曾率領二十萬人。他說他的部隊由於對日本及共產黨部隊戰鬥傷亡的結果，已減至十六萬人。他說他的部隊有四十個製造迫擊砲、手榴彈、機關槍與步槍的地下兵工廠。大部份鋼鐵是拆自日本經營的鐵路路軌。為了避免日本奪取中國法

縣間及蚌埠、宿縣間路軌橋樑已修復，惟宿縣徐州間尚有三十里以路基甚壞，並加派兵力努力趕修中。徐州濟南間車已通至滕縣。

【中央社滬廿一日電】（遲到）駐防開封之卅八軍奉命調赴徐海區，該軍軍長張耀明今飛鄭，向胡長官請示機宜。

熊式輝返渝

【中央社渝廿二日電】東北行營主任熊式輝，廿二日下午飛返渝，又中央社北平廿一日電：委員長東北行營主任熊式輝，前由渝飛平轉赴長春，主持東北行營，並佈置各項接收事宜，茲以要公待商，廿一日由長春飛返平，進城後，與孫長官熊市長晤談一切。

【中央社渝廿二日電】蘇駐華使館陸軍武官羅申少將，廿二日上午歡宴杜聿明將軍，同日下午四時，杜將軍訪蘇大使彼得羅夫相談甚歡。

【合衆社重慶十九日電】大公報載稱，現在越南西北部海防及廣州區的中國軍隊，準備開赴滿洲，接收駐防職務。據稱：滿洲寒冷天氣所需要的多衣將在滿洲縫製。據稱，政府正計劃在上海與滿洲工廠印刷新紙幣。

孫連仲部渡過漳河

【中央社重慶廿二日電】軍委會悉：（一）我孫連仲司令長官所屬之馬法五張伯翰等部先頭部隊，於十月廿日渡過豫北交界處之漳河，繼續向北推進中。（二）顧祝同司令長官電稱：日軍第一三三師團第六十二獨立旅團及第九十一獨立旅團一部共計三萬二千餘人，業經我分於浙省之杭州、吳興、蕭山及蘇省之松江，將其解除武裝，順利完成。（三）據薛岳司令長官電稱：本戰區投降日軍，計為第十一軍團部及直屬部隊，第十三師團，第五十八師團、第七步兵獨立旅團，第廿二獨立旅團，獨久事阿皮獨立旅團，第八十七獨立旅團，共計一萬一千廿九人，均經我先後解除武裝，全部順利完成。

國民黨決擴充憲兵至六十團 分佈東北及新疆等地

【簡訊社二十日訊】據昆明朝報晚刊九月二十一訊：據悉戰前國民黨政府原有憲兵十團，抗戰中逐漸擴充，截至現在已增至二十四團。日本投降後，國民黨最高當局為使憲兵担負較前更艱巨之任務，已決定將憲兵擴充至六十團，並授以最新之特種訓練，俾能分佈台灣、東北及新疆邊遠之區担任勤務。近悉最高當局已分令各地積極招考憲兵，陝省寶鷄、鳳翔、武功、盩厔、安康、漢陰等縣已分設報名處，報上刊以憲兵學校及憲兵司令部名義大登招考入伍生廣告，並以「受訓期間服裝伙食均由公給外，每月並發給四千至六千元之薪餉」

幣套換外匯，山東省政府曾自印地方鈔票。在一九三九年以前，即共產黨開始不理統一戰線條約以前，共產黨與中央軍會共同對日作戰。在一九三九年以後，共產黨避開日本，集中力量反對他；其目的要在山東佔居上風。何思源估計山東共產黨實力為十萬人。半數為延安共產軍，半數為代用品共產軍——最好名之為土匪。日本在山東原初駐守之軍隊約四萬到五萬人，但當開始恐懼美軍在山東登陸時，其實力則增至八萬人。何思源譴責共產黨在山東發動階級鬥爭。他們為向無知的村民解釋一名詞而槍斃縣裏一個最富的人。他們在他們所控制的區域實行殘忍的徵兵，如果一個兵士鬧小差時，其全家被殺。他說：山東境內的日本軍隊的政策是賣彈藥給國共兩方的軍隊，目的在挑起內爭，藉此以維持日軍自己的優勢。共產黨企圖造成不滿（此句掉字）他的部隊以羊皮、絲、棉從日本人購買貨物，因為他發行的紙幣對敵人毫無價值。何思源宣洩山東日軍依然駐守津浦與膠濟兩綫的許多地方。他們將留在該地直至中央軍來接防。如果日軍在中央軍準備妥當以前被解除武裝，這便恰中共產黨的利益，中共軍隊會很簡單地填充這一眞空。如果中央軍從日軍手中佔領一座城市，侵略者則駐紮城外，這樣替中央軍防範了共產黨軍隊。然而何思源着重說：日本軍隊一俟中央軍足以担任『侵略者現在控制區域的保護』時即將會解除武裝。何思源說他在戰爭最後兩年會親自參加對日作戰七十二次或七十三次。他的縣長有六人為日軍擊斃，四名為共產黨所殺。在他控制下的政府區域內，會開辦了六十九處高級學校，其中有些學校學生在千人以上。

俞飛鵬談交通被破壞

【合衆社重慶廿二日電】華北今天呈現出共產黨進行破壞鐵路而中央政府努力修理鐵路的情景。交通部長俞飛鵬說：工程隊正忙於當場監督鐵路工人。上週，俞氏會視察北平，天津，鄭州，星期六從該地飛青島。他今晚告中央社記者說：『恢復鐵路交通是今天的第一個任務，據說：從濟南至濟南以南的泰安一段路星期日已恢復，津浦路北段與南段都還破壞，現正運去修理的器材，預期將在十一月能全部修理好，那時這些綫可望通車。

【中央社徐州廿二日電】據交通界息，隴海鐵路東段自被匪破壞後，經交通人員得地方人民之協助，積極修復，刻鄭州至連雲港除黃氾區橋樑為物力及時間限制尚未架設外，全段業已通車。津浦南段自為匪破壞數段，明光滁

及『入伍八個月期滿後，成績優良者保送其他軍事學校深造』等引誘青年去報名。其次在報上發表『告有志投考憲兵青年』之類的文章，進行其宣傳。此外，在甘肅各縣及成都等區亦已開始招考云。

【簡訊社廿日訊】據中央社漢口九月廿三日電：第六戰區司令長官部發表第七號公報：一、凡有收繳日軍之武器者，應自本月廿五日起限七日內一律持向國軍軍師部報繳，違者一經查出，依軍法重懲；二、嚴禁民衆收買日軍軍用品，違者嚴辦；三、（略）

【簡訊社廿日訊】據美新聞處成都分處接到昆明九月廿九日電稱：『此間今日消息，中國戰區美軍總部運輸股經手運輸之中國法幣三十二噸，昨日自美運抵重慶，係供收復區流通之用者。此次運輸係中國政府所委託。』

陳嘉庚對國內問題主張

【合衆社新加坡廿一日電】馬來亞華僑領袖陳嘉庚今日說，如果中國國內政黨間發生衝突，他將判斷和支持忠實執行中華民國國父孫逸仙博士的三民主義的一黨。陳嘉庚對今日在新加坡華僑大會上的歡迎辭置答如上。陳嘉庚承認他個人喜歡和欽佩蔣介石。

蘇大使館在平設辦事處

【中央社北平廿二日電】蘇駐華大使館擬在平籌設辦事處，派使館二等祕書齊赫文廿日飛平籌備。又塔斯社駐華社長晉金科亦於歷京滬等地後，昨日飛抵北平，據稱將在此地發稿。

斯特拉特梅耶稱 他將明年初返國

【中央社滬廿二日電】美駐華空軍總司令斯特拉特梅耶中將，廿二日下午四時於建設大廈軍事室，招待中外記者稱：魏將軍定廿四日離華府返華，預計可於下月一日抵此，彼對滬印象甚佳，彼望明年一月返國，駐華美軍亦望同時全部調返，述及空軍在華工作稱：第十航空隊會將數萬具有完整配備之新六軍，自芷江運抵南京，空運大隊亦會將裝備齊全之數萬之九四軍，自柳州運滬，運輸美軍回國工作，現已開始，美陸空軍，在滬者約四二〇〇人。

荷印獨立運動的領導人

【本報訊】蘇加諾現年四十五歲，一九〇〇年生於東爪哇西多阿爾佐市。他的父親是個官營鴉片專賣局的職員，苦心供給蘇加諾讀書。蘇加諾

學業於泗水H.B.S（荷印高等學校），後入萬隆工程大學；因爲貧困曾一度爲工讀生。在校時，受回教同盟左派與荷印共產黨政治上的影響，就已成爲該校民族獨立運動的青年活躍份子。出了萬隆工程大學，便投身政治，在荷印共產黨遭受巨大摧殘的反動年份（一九二七年），組織印度尼西亞國民黨（主要的群衆基礎是中、下層官吏、知識份子和城市市民），採取激烈的主張，企圖促成『印度尼西亞立即由荷蘭統治下完全獨立』（實際上，他繼承着荷印共產黨的口號）。他在一九二九年被捕，一九三二年出獄，同年，印度尼西亞國民黨被解散，不久他就在巴城創立印度尼西亞黨，繼續鼓吹革命，黨員突增到二萬餘人。一九三三年八月，他第二次被捕，年底，荷蘭統治者把他放逐到佛羅列斯島，印度尼西亞黨遂無形中陷入瓦解狀態。

太平洋戰爭中日寇侵佔荷印諸島嶼，才釋放並遣送蘇加諾回爪哇，在侵略者刺刀下，歷任『爪哇時務局宣傳部長』、『爪哇中央參議會議長』等職。當美軍在菲律賓的勝利登陸日寇在南洋統治的危機增長的時候，蘇氏即爲民族獨立鬥爭作必要的準備，也會積極要求『爪哇總動員！武裝印度尼西亞人！』

蘇加諾現爲印度尼西亞共和國政府主席、共和黨領袖、策應反荷獨立運動的首腦。

× × ×

哈達

哈達現年四十二歲，一九〇三年生於蘇門答臘的德哥克要塞區，在富裕的回教徒家庭受敎育，完成其當地高級師範的學業之後，即渡洋赴荷蘭留學，進阿姆斯特遜姆大學攻經濟學。一九二〇年前後，當時，他成爲荷蘭國內印度尼西亞協會（留荷印度尼西亞人獨立運動的先進組織，主要是留歐印度尼西亞知識份子的集團；但內部有荷蘭革命黨人及印度尼西亞革命的流亡份子起骨幹作用）的積極份子與主要領導者之一，團結僑居歐洲的荷印民族主義人物，用不妥協的政治鬥爭，攻擊荷蘭宗主國的壓迫統治，與蘇加諾在爪哇的獨立運動遙相呼應。他接受革命組織的政治指導，並與世界反帝大同盟保持密切聯系，會爲印度尼西亞協會出席世界反戰會議的首席代表。一九二七年被捕，一九三一年終於被驅逐出荷蘭，遣回爪哇，然而，荷蘭當局剝奪他歸還蘇門答臘鄉土的權力和自由。

這一時期，他幻想借助日本勢力，來達到推翻荷蘭人統治機構，爭取民族

軍迅速適調××而得維實。此外管制日本的困難爲引起緊張局勢之另一原則。蘇聯締造和平中應得之利益，可使吾人建議成立遠東諮詢委員會，俾充分合作而獲得保障。此項建議蘇聯最初曾加接受，然而吾人亦有疵點，應予除淨，即在大西洋區贊同大同主義，而於太平洋區則實施國家主義，是以吾人世界政策應求貫徹，吾人對於莫斯科及華府雙方締造和平之努力徹盼得以有成，同時一般輿論應敦促此項願望得成事實，總之友邦之間不致無磋商之餘地。

傳斯大林重任將交給莫洛托夫

「路透社倫敦廿二日電」倫敦每日快報駐華盛頓記者稱，據華盛頓訊，斯大林不久即可擺脫戰時工作，將較大權力交與外長莫洛托夫。斯大林今後將日益成爲年高德重之政治家，而將政務交由部屬執行。斯大林戰前唯一職務爲聯共總書記，戰時爲蘇聯全國最高軍事統帥，人民委員會委員長。

國際勞工局會議進行情形

「中央社巴黎十七日專電」國際勞工會議，本日未舉行全會，僅各委員會各別舉行會議，討論特殊問題，問題極爲複雜，可能需要數度集會始能獲得結論，各委員會討論完畢之後，即將向全會提出報告，八個委員會中，我國代表參與其中之六。

「路透社巴黎十七日電」國際勞工組織大會，今天已選出分別討論大會種種問題的各小組委員會的主席。英政府代表團團長愛德華通過爲戰後就業委員會的主席，該代表團將担任屬地（殖民地）領土社會政策委員會的主席。巴西政府代表團的蒙特羅將領導重要日程委員會，埃及政府代表團團長拉第，將任決議案委員會主席。印度政府代表團團長朗甘漢，將任會章委員會主席，倫敦印度高級專員，將負責準備國際勞工組織與聯合國經濟與社會委員會之間談判的根據。委員會將審查關於破裂國際勞工組織與舊國聯之間的一切聯系的建議。它也將修改與重新整頓國際勞工組織。國際勞工組織是自治的，同時有權修改它自己的章程，並規定國際勞工組織與國際聯盟之間的某些關係。

「路透社巴黎十八日電」國際勞工會議會章委員會，在印政府代表倫于德漢主席之下，今日通過決議，保證國際勞工組織與聯合國組織完全合作，並授權國際勞工組織行政部．服從會議的同意與聯合國當局進行協定。印度工人代表的顧問沙爾瑪在附屬領土委員會會議上講演時，敦促修改國際勞工

獨立的願望，一九三二年起日，翌年，荷印當局又在爪哇逮捕他，把他流放，至帝汶島。他現任印度尼西亞共和國副總統，成為蘇加諾的助手及此次反荷運動的支柱。

英美反對蘇匈貿易協定

【路透社倫敦廿一日電】紐約時報專電：英美政府已向莫斯科提出抗議，反對其所建議的獨占匈牙利工業與運輸業百分之五十的貿易協定。據感覺這種須時數月進行談判的遠大的經濟諧和不應由單方面擬定，而毫不諮商盟國管制委員會其他會員國。蘇聯經濟之滲入東南歐及巴爾幹日益獨佔與壟斷使英國感覺不舒服等事實姑置不論。蘇聯所建議的貿易協定相當於德國戰前在歐洲同一部份的許多條約。蘇匈貿易協定有效期限為五年。根據這一協定，蘇聯購買匈牙利各工廠與工場出品百分之五十，而以蘇聯貨物交換。匈牙利臨時政府是非常勉強地批准這一條約，英美正式的抗議，無疑的是最後一分鐘的努力避免該條約達到完成。然而對於蘇聯強使匈牙利各黨實行聯合選舉名單的努力並未提出抗議，蘇聯此舉取消了小地主黨的增長。英方感覺除了抑制對他們認為係在極不民主方法下所組織的任何政府之承認外，在這方面毫無辦法。關於此對匈牙利政府抗議是毫無用處的，因為他們認為匈牙利人不是自由的代理人。到達英外部的情報表示，為小地主黨在市選中的勝利所驚駭的匈牙利共產黨，要延遲全國選舉直到明年春天。這會自動地延遲各國承認匈牙利政府，但英美態度是選舉應迅即舉行，並且是公平的與自由的，這樣延遲便不是令人滿意的解決辦法。據此間評論蘇聯干涉匈牙利選舉是緊隨下述宣告而來，即英美在『舉行自由選舉』的保證基礎上，準備承認布達佩斯政府。現在自莫斯科報紙發出強烈的暗示：如果西方列強欲分享中歐與東南歐貿易，他們應建立『堅固的與更正常的政治關係』，換言之，即是他們應該承認這些政府。就匈牙利而論，此間對這一不幸的國家今冬所面臨的情勢具有正誠的焦慮。現在已有饑饉的預兆，通貨膨脹已在進行中，物價在日益上漲。黑市交易與犯罪事件已行增加，此外據悉：全國各地蘇軍部隊正被分散。

華盛頓郵報評美蘇關係

【中央社華盛頓廿日專電】輿論權威華盛頓郵報本日社論稱：由於目下美蘇兩國間的爭執，舉世人士咸感不安。該報論及目下之局勢稱，蘇聯對德之政策悉以美軍不能久駐歐陸之概念為依據，此項概念，尤以美佔領

組織會章，俾使獨立國以內的附屬人民與代表的附屬領土區分開。

【合眾社巴黎十九日電】拉丁美洲勞工代表今日提交大會十二點擬為應對『第二次世界大戰後的社會問題』之設計，以求審議。代表們覺得，除非大會批准具體結論，國際勞工局將有這種危險，即不是從此消失，就是流為二等的官僚主義的機關。最先應解決的問題是校正現狀，以消除有關國聯的一切，並使之與新的聯合國聯盟協調。

【路透社巴黎十九日電】意大利今日又被允許參加國際勞工組織，它在一九三九年退出了國際勞工局。美國代表團團員參議員（民主黨）湯姆斯宣稱：『我們並不寬恕意大利法西斯政府的行動，但是，現在的意大利政府和意大利廣大人民已否決了這些行動』。

邱吉爾談話
對保守黨的失敗感到遺憾

【合眾社倫敦廿日電】前任首相邱吉爾在今天的談話中說：英國各黨政見的分歧，目前較自第一次世界大戰以來任何時候都更嚴重。邱吉爾說：『我跟很多人一樣，對將來感到深的憂慮，就我看來，似乎今後的幾年，將很好的決定我們自己在世界的地位，會一度失去了的地位，是永遠不會重新獲得的，著名的聯合底破裂，必然將我國人民分成像在自第一次世界大戰以前時期以來我們便沒有見過的一些反對派。邱吉爾說：如果我們之間的裂痕加深加寬，一直成為鴻溝，而我們所碰到的各時期的問題××與憤怒，將耗盡我們統一的兄弟般的力量的話，這的確是很悲慘的。邱吉爾在他對於保守黨的競選失敗表示遺憾的第一次明白聲明中說：當我發現我自己在總選中被辭掉了指導我國的光榮任務時，並不是沒有感到苦痛的。我曾經希望過，我在世界上取得的地位，我獲得的經驗與知識以及在戰爭的烽火中與其他國家取得的聯系，在轉變的嚴重時期，對於在世界和平底××××中力圖復興歐洲的生活與榮譽之重大工作，能有所貢獻。

【路透社倫敦十四日電】邱吉爾因喉嚨痛現居家中。預料他將不能參加明天關於供應與軍役法的國會辯論，或星期三關於住宅問題之辯論。邱吉爾本應在此兩次辯論中領導反對派，國會方面本希望在星期三聽他與衛生部長比萬之交互談鋒的，邱吉爾之醫生莫蘭勳爵於昨日探訪下月將有七十一歲之邱吉爾。據說邱氏沒有肺部疾病。

参考消息
（只供参考）
第一〇四二號
解放日報 新華社 編
今日出一張
卅四年十月廿四日
星期三

政治協商會議將於十一月召開

【合衆社重慶廿三日電】據可靠的政界人士宣佈，討論與解決政府和共產黨間政治問題（國民大會問題亦在內）的政治協商會議，將於十一月中召開，由蔣介石任主席。據稱，經過星期六以來的每日談判，業已通過試驗性的辦法，即國共兩黨各派代表七人，其他小黨派共派代表十二人。中國內地工業界及文化界上週亦要求允許他們派遣代表——此問題正由兩黨間的連續初步商談考慮中。

【中央社重慶廿三日電】二十三日下午，張主席羣、邵秘書長力子，王部長世杰與周恩來、王若飛兩氏繼續商談。

【美新聞處重慶二十一日電】美聯社通訊員穆沙於此間報導：中國共產黨今日發表官方公報，宣佈長江以南之中共軍隊根據中央政府與中共領袖最近於此間開會所達到之協議，已開始北移。他引公報中聲明謂此次撤退是見於建立中國之和平及團結而實行的。穆沙謂公報中稱，中共曾收到命令不要在上海、南京、杭州、寧波等城市與中央政府軍隊競爭接受日本投降。

李正先軍抵正定 陳紹寬飛青視察

【中央社重慶廿三日電】據軍委會悉：（一）我李文總司令所屬之李正先軍，由冀省石家莊沿平漢鐵路綫向北推進，十月廿日到達正定。（二）我施中誠軍之一部，十月十九到達南京。

【中央社青島廿三日電】一、十一戰區李副長官延年今日下午二時由青飛回濟南。二、海軍上將陳紹寬總司令昨日由滬來青後，曾赴海軍司令部視察，上午十一日接見日海軍司令諏子，下午赴各處視察，今日上午二時將飛返滬。

【中央社青島廿三日電】陳紹寬今晨九時飛滬轉廈門。李延年今日下午三

中央社誣蔑稱：「土匪」萬餘猛攻沁陽

【中央社開封十六日下午五時電】豫北沁陽土匪萬餘人，攜有山砲，迫擊砲，輕重機槍等，自日軍投降後，即向沁陽縣城猛攻，時達兩月之久，據該縣長李德堂電告以所部地方團隊彈盡援絕，勢難持久，誓與城共存亡云云。按該縣本月十日晚，曾被匪敢死隊七十餘人，由東門撞進，李縣長率部喋血抗戰，負傷五處，卒擊退匪衆。（編者按：路透社於廿四日轉播此電）

魏特梅耶稱：美軍絕無干涉中國內政之意

【中央社華盛頓廿二日專電】魏特梅耶二級上將，對於蔣主席備致贊頌，渠謂，蔣主席之愛護人民，出諸肺腑，魏氏歷述其就任駐華美軍總司令以還，凡十二閱月，幾無日不與主席有所會晤，有友愛之高誼，而無沮喪之神態。魏氏並證實蔣主席將偕夫人聯袂訪美，惟行期未定；魏氏返國以來，於今日午後首次招待記者席上稱：渠此次返美任務，係協助中國將其境內四百萬日軍民遣送回國，美軍絕無干涉中國內政之意向，但於內爭之得以消弭殊表欣慰，論及國民政府與中共之協議，渠對赫爾利大使促成蔣主席及毛澤東氏之直接晤談一層，加讚譽，認為赫氏不愧為一偉大之美國人，其建樹更見卓越，近悉渠將返華，深為欣喜，魏氏答記者詢問中透露陳納德將軍不日將返華，任中國空軍顧問之職，因陳氏近曾電告渠，願返華服務，陳氏先雖有退休之意，然此次返華與否，當以中美雙方情形為憑依、明年正月內、美國海軍陸戰隊約五三〇〇〇人及陸空軍六〇〇〇〇人留居我國，余悉返與，此項海軍陸戰隊留華任務，乃從事遣返日僑，而陸空人士，將繼續負訓練之職責，魏氏雖未說明，然已暗示渠不久亦擬返華。

【路透社上海二十三日電】在華美軍總司令，斯特[illegible]特梅耶中將，宣稱：渠在中國西部的美軍回國，將於十一月十五日左右完成。他希望餘下的在上海及中國其地各地的美軍，將於明年一月間撤離中國。他同時宣佈在華美軍如能解除中國所有日軍的武裝，他們將於十二月十五日全部撤離。

【中央社滬廿三日電】美憲兵總司令雷奇中將，偕馬尼拉憲兵司令華爾上校，自韓飛抵滬視察。廿三日上午訪晤錢市長，會談約半小時，定廿四日飛馬尼拉轉返美。

【中央社南京廿三日電】魯斯於廿三日晚十時在國際聯歡社與京市新聞界

時，已飛返濟南轉渝。

【中央社青島廿日電】十一戰區李副長官昨抵青，今日訪美海軍陸戰隊司令謝勃耳將軍，晤談一時半。

【中央社北平廿二日電】十一戰區長官部，十月十日正式受降後，對於日軍繳械及接收事宜，即積極準備部署，一切現已大致就緒，而國軍開抵平津者，已有相當雄厚之兵力，後續部隊正在積極陸續運輸中，特於廿三日成立第十一戰區接收委員會，由軍政部特派員、北平行營、十一戰區長官部、兵站總監部等機關爲委員，十一戰區孫長官爲主任委員，下分設六組，呂副參謀長文貞代表孫長官，廿五日十五時召開第一次會議，討論接收程序及辦法，大致均有決定。

侯鏡如兼北平警備司令

【中央社北平十九日電】長官部爲綏靖地方維持治安，頃派日昨到平之九十二軍長侯鏡如，兼任北平市警備司令，侯軍長奉令後，積極籌備，即將在民國學院舊址成立司令部，就職視事。

【中央社北平十八日電】九十二軍軍長侯鏡如以該軍所屬部隊大致開拔來平，十八日下午三時由滬飛平，下機後，即赴長官部謁見孫長官報告，孫長官當予以慰勞，並指示機宜。

【中央社重慶十九日電】東北行營政治委員會委員鄒作華，軍委會參議馮占海等，十九日由渝飛平轉長春。

【中央社北平廿三日電】九四軍大部已開抵天津，牟廷芳軍長廿三日飛抵北平，謁見孫長官後，即轉津。該軍政治部主任侯冠山，廿三日晨抵平，已赴津部署。

【中央社天津二十二日電】今日國軍續有一批抵津。

【中央社滬廿三日電】台灣省行政長官陳儀氏，偕同赴台協助接收之美陸軍顧得利上校，海軍約克上尉及高級官兵多人，廿三日十五時四十分抵滬江灣機場，陳氏下機後，即赴湯司令官邸休息，陳氏定廿四日晨飛台履新。

【中央社南昌二十三日電】何總司令應欽，偕麥克魯將軍、史卡布必爾一行，二十三日上午由京飛抵南昌，視察南潯區情形，並檢閱駐軍。

【中央社南京二十三日電】麥克魯將軍，今晨隨何應欽總司令飛贛州。

人士晤談，據稱此次旅行中國，歷經重慶、北平、天津、青島、南京，令余感覺最深者，即中國之復員問題，不若吾人所想像之繁雜，蓋一切均在順利迅速進行中。

李璜、張君勱要求懲辦戰犯

【簡訊社廿日訊】據九月廿七日新中國日報載該報廿六日晚重慶電話：前赴美國出席舊金山會議之我國代表李璜、張君勱兩氏，頃由美聯名致電政府當局，建議兩點：一、請政府迅即提出日本戰爭罪犯名單，交付懲辦。二、美國人士，對於我國結問題，頗爲關心，請政府爲最善與最速之進行，務獲良好結果。李張兩氏定於雙十節離美返國。李璜曾重遊法京，現已返美云。

「韓國臨時政府」收編在華韓籍日軍

據中央社訊：據韓國臨時政府宣傳部長嚴太衛九月十三日在招待記者席上說：已得中國政府當局之同意，凡在中國境內之韓籍日軍，皆交該政府收編，以便將來回國時編組爲國防軍。近悉：韓國光復軍駐京辦事處收編駐京之韓籍日軍，行將就緒。駐杭州之韓籍日軍，已由該光復軍第一支隊先遣隊司令李蘇民收編，駐鄭州者歸第二支隊收編，華北之韓籍日軍，亦經北平行營參謀長王鴻留同意，歸該光復軍收編。此外，在重慶及南泉俘虜營之韓籍日軍，亦正由該軍收容中。（簡）

重慶朝鮮臨時政府的一付可憐相
金九想回朝鮮狂吠反蘇

【合衆社重慶十九日電】七十歲的所謂朝鮮共和國臨時政府主席金九，今天在重慶公開表示對蘇聯在朝鮮之意圖的疑懼。承認該共和國至今已不止一個國家。金九說：他完全相信：「朝鮮南部美軍會撤退但朝鮮北部的蘇聯軍隊我就不能確定了。」金氏估計：僑居蘇聯的朝鮮人有五十萬，但他不知道在紅軍裏面服役的有多少人。金氏宣稱：他不滿於朝鮮目前的形勢。他力言：「從經濟政治及每一其他觀點看來，形勢是不能令人滿意的」。金九說，他希望能很快到朝鮮去，以便於最早機會和朝鮮南部美軍司令部霍奇中將商談。「我要做的第一件事情是，排除當地一切日本人，試將美軍與蘇軍地帶歸併爲一」。他告發：二個單獨佔領地帶的存在給朝鮮人民建造了很多困難。他說，例如：國內大部份電力都在北部或蘇軍地帶，而大部份工業則在南部或美軍佔領地帶，現在，北部並不能供應南部。朝鮮南部出產了全國大部份糧食，但要把米糧及其他供應品運往北部是很困難的。此外，二佔領地帶之間並不允許自由旅行，人民不能隨意來往。金氏說：業已數度請求重慶中美蘇大使館官員承認其臨時政府，但尚未產生結果。他說：臨時政府是在一九一九年，由朝鮮抗日地下組織指導秘密選舉結果，而產生的。金氏是在「朝鮮共和國臨時政府」總部接見小數外國記者時發表其聲明。記者說：「朝鮮共和國臨時政府」總部設在一間敗壞的房屋裏，進去要穿過一條狹窄潮濕與惡臭的小道，金氏是在一間破爛房間裏接見我們，牆上一無所掛，地無鋪氈，裝飾簡陋極素，只有幾張籐椅子和桌子。他身穿普通淡色衣服，戴角框眼鏡。他說：他至今未接到霍奇中將任何通告，據某些消息說：霍奇主張他來朝鮮。金氏宣稱：「我期望很快到朝鮮去，但當我去的時候，我將作為一個普通公民去」。繼稱：他的未來計劃決定給他與霍奇的××的結果。他說：朝鮮的主要黨派有：民主黨、社會黨與共產黨。他感到他可以期望民主黨的援助，他說該黨如此間最大政黨。他本人為無黨無派人士的領袖。民主黨、社會黨、共產黨是日本投降以來才成立的政黨。關於這些政黨他未有充分材料，假使朝鮮人民要無黨派人士參加聯合政府，他是很願意的。假使他們要他的臨時政府承担政權，他也同意。這完全要取決於朝鮮人民。「我將做人民所要做的事情」。他喜歡看到蘇美軍隊撤離朝鮮，而且要「儘可能快些」。

在彩色濃厚的遠東舞台，金氏是色彩最濃的人物之一。過去五十二年，他是以這樣或那種辦法對日作戰。在他十八歲的時候，日本佔領朝鮮以前，他便開始反日運動，因為他預見到他們的意圖。廿二歲時，他親手刺死了一個日本特務，名叫地田。朝鮮政府因而判他死刑，但知道了他純粹是因愛國動機而作之後，便允許他逃脫。他第二次被捕，是在他被懷疑和在哈爾濱謀殺日本太子有關的時候。但一月後即被釋放。金氏說：他和這次謀殺毫無關係，儘當他會和圖謀刺殺的朝鮮革命者同住了數月。金氏引為自豪的是他籌劃的在滬虹口暴動，那是一九三〇年中日戰爭後，朝鮮愛國志士投擲炸彈，打死或擊傷了在華日本民政、軍事與外交界的優秀人物。在這次爆炸中，當時駐華公使重光葵斷了一隻腿，野村海軍上將（嗣後為太平洋前日本派赴華盛頓特使，是名震揚的萊栖的同僚）失去一隻眼。金氏被參加謀殺朝鮮日本第一任總督，最近在馬來亞將其日本軍隊投降英國的寺內，但總未實現。

訊「合衆社倫敦廿二日電」英國工黨權威人士今天對在星期日選舉中，法國社會黨落後於共產黨與天主黨表示失望，因為這些人士預期社會黨會有巨大勝利。工黨人士對天主黨的勝利最為驚異，據他們的意見，這是由於保守與反動派的支持。工黨人士很關心選舉對於法國政策的可能含意，並着重指出：三主要政黨對外交政策有不同的主張，這將來會導入極大混亂。共產黨主張和蘇聯親密聯盟，人民共和運動支持戴高樂西方集團的思想，社會黨則站在兩者之間，並持反帝國主義政策。工黨人士恐怕法國天主教黨（右翼政黨）與戴高樂本人會加強支持法軍佔領地帶右翼德國天主教黨。

傳阿根廷獨裁者裴倫重新上台

「美新聞處布宜諾斯艾利斯十八日電」阿根廷九天前辭去副總統與陸長職務的前「有力人物」裴倫上校又上台了。同時，國內經濟由於定期持續三十四小時的總罷工的結果，而告停滯。裴倫已返回首都，並由總統法勒爾介紹向聚集政府大廳面前馬約廣場上的數萬歡呼的居民講演。據國際新聞社息：裴倫告群衆參加罷工，慶祝「工人的光榮日子」，並繼說他即刻赴阿根廷南方，休養與恢復健康。阿根廷總罷工會號召全國罷工，電話工人聯合會已號召二十四小時的罷工，兩項罷工於今日午夜開始，美聯社息：午夜後不久，火車停止駛出首都。美聯社引阿根廷政府發言人所宣稱：「新內閣將由裴倫辭職時當權政府的某些閣員組成之。他說：檢察長亞瓦里斯所提出的文官內閣『缺之基礎』，在內閣改組中據悉亞瓦里斯已被逐出內閣。

「路透社蒙德維的亞十八日電」由於法勒爾總統恢復裴倫之全權，阿根廷紊亂形勢已發生顯著的新轉變。裴倫顯然已在很多人的歡呼聲中自其顯然的××中歸來，現在似乎已成為形勢的主人。據稱，在此以前他曾告總統稱，除非亞瓦洛斯將軍（上週領導反對裴倫軍事起義之人）及海長李馬上將（據稱他是負責將裴倫逮捕並帶至普拉特小島之人）被免職時，他將拒絕重返政府中供職。

法國大選消息

【路透社巴黎廿二日電】在選舉國會議員的票數中，戴高樂獲得了轟動的勝利。最密切支持他的兩個黨社會黨和人民共和運動（編者按：即左翼天主教黨）亦即天主教共和黨（MRP）合在一起將成為新國會中最大數目的議席。固然還有許多選舉結果還未收到，也有許多非正式的收到，但是已經可以明了；新國會在一切意志和宗旨上將是由三個政黨所組成的，即社會黨、MRP及共產黨。

迄今為止，據非正式的計算，已選三黨已獲席數為社會黨一百三十四席，MRP一百廿二席，共產黨一百卅五席。其他政黨合在一起至今還只有不及二百席。參加競選的全體政府閣員已有一部份當選；這也許是由於比例代表的制度把政黨的領袖放在該黨名單之首，因此首先當選了之故。可是其中二人即情報部長蘇斯特爾及財政部長普拉文曾一時相信有落選的危險。但全部票數數了後發現他們還是當選」。

其他著名政黨領袖赫里歐（急進社會黨領袖而竭力反對憲法者）僅在他故鄉里昂城以第四名當選。該黨曾被預料將為新國會中第三大黨，現已大為落後，現在還只有十幾席。慕尼黑時代及戰爭爆發時總理達拉第在沃克魯斯地方落選（據後來官方宣告說已當選——譯者），雖然他在那裏進行了強烈的競選。

官方稱：今晨××時所數各黨席數的票數表示社會黨票數最多計八十六席七八六、七八七票，共產黨次之，計獲六四〇、九八一票，MRP（進步天主教黨）五七六、三八五，右派二二一四七〇票，急進黨一五八、六八八票，無黨派九六、五一二票。

中央社記者徐兆鏞巴黎廿一日電】今日深夜，法內政部所發表之公報稱：國總選中，棄權者數在百分之五至百分之廿五、尤以女性為然，關於複決，據巴黎投票局局部計算結果，贊成一院制者居多，至於投票之第二項，據巴黎區非正式報導，除聖但尼一地外，人民共和運動及共產黨有獲勝之勢。

【路透社巴黎廿二日電】迄今晨五時卅分止，官方已統計之票數，以社會黨居首位，計獲七八六、七八七票，次為共產黨六四〇、九八一票，人民共和運動（進步天主教黨）五七六、八八五票。

傳美將摒棄阿根廷參加聯合國組織

【合衆社倫敦廿一日電】據星期泰晤士報訊，聯合國籌備委員會上月開會時，或將重新提出准許阿根廷參加舊金山會議的爭執，並可能決定禁止阿根廷參與未來的聯合國籌備委員會甚至有摒棄阿根廷的可能。兩週來阿境情形混亂，美國於兩週之前即已表示對阿之不滿。倫敦觀察家謂，美國人民極表失望，將來美國在籌備委員會首先提出摒棄阿根廷之議，亦不足為異。

路透社傳蘇聯援助伊朗自治運動

【路透社德黑蘭二十一日電】蘇聯政府已送印刷機一架、紙張二噸給伊朗北部庫爾特人自治運動代表。這些代表不久前曾訪問裏海東邊巴庫蘇聯油港，刻已歸返其總部。伊朗憲兵仍未獲蘇聯當局准許進入北部省份。伊朗報紙稱：該處騷擾與暴動在繼續中。

英外次關於希臘局勢聲明

【路透社倫敦十九日電】外次麥尼爾今日在英國會稱：英國已表明：它將反對以武力在希臘奪取政權的任何企圖，他說：「這個警告對右派與左派都適用。」他是回答工黨議員威克斯少校的問題時，後者曾衛命去過希臘，威克斯提議稱：如果右派企圖進行政變時，英國軍隊將以同樣堅決的決心對付之，以保持政治生活中的基本禮節，如同去年十二月所表示者，威克斯說，希臘今日所拘禁的政治犯較八月還要多兩千，大赦命令並未被適當地遵守。他主張希臘選舉應展期至明年五月，因為在一月，路道均被凍結，抵抗運動獲得最大支持的村莊將被孤立起來，不能投票。麥尼爾答稱，當希臘攝政在英期間，英國曾提議希臘應進行廣泛的大赦，僅合作主義者除外。麥尼爾說，希臘選舉完全是希臘政府的事情，但他認為威克斯這個問題提得很好，英國政府將樂於考慮此事。

參考消息
（只供參考）
第一〇四三號
解放日報
新華社 編
今日出一張
卅四年十月
廿五日
星期四

路透社稱：

國共談判力阻山東之衝突變爲大規模內戰

「路透社重慶廿三日電」據悉：「政府與共產黨兩方代表今天開會，力圖阻止目前在山東省共產黨軍隊與國民黨軍隊之間的衝突，發展成大規模的內戰。重慶共產黨機關報『新華日報』將山東省主席何思源描寫成說過『寧願讓日本人征服，也不願給共產黨征服』的話的人，該報說：何希望政府與共產黨之間的團結會談，將使政府不必要宣戰。他說：不然政府軍隊將必須爭奪該省每方碼的土地。」

「美聯社重慶廿四日電」重慶共產黨人士對於中國報紙上日益使用「土匪」這名詞，顯然是指謂共產黨游擊隊或正規軍，表示憤激。最近的例子，便是半官方的消息，報導「土匪」又破壞了津浦路北段的鐵軌（中央政府正企圖經由該鐵路綫運軍隊去代替在華北的美海軍陸戰隊）。山東省主席何思源最近責備共產黨在他省區裏的活動（因爲津浦路經過該省），防礙了中央軍的北調。然而其他政府軍隊，據說，正從河南北部經平漢鐵路開往平津地區。

吳國楨答外國記者 政治協商會議下月初召開

「中央社渝廿四日電」外記者招待會，本日午後三時舉行，由吳部長國楨、張參事平群主持。首由吳部長報告關於政治協商會議之組織，經商討並與各方面接洽後，業已大致獲得同意，不久當可公佈，預定下月初可召開。外記者問熊式輝將軍此次返渝之任務爲何，吳部長答熊將軍返渝述職，並向蔣主席報告在東北與蘇聯最高軍事負責人洽商中央運送部隊前往東北之經過情形。外記者又問新公司法，何日公佈，依照其中規定，現在上海之若干外商

「合衆社重慶廿三日電」新任東北保安司令杜聿明將軍，日來在重慶甚爲忙碌，會見蘇聯當局，並參加東北同鄉會所主持之歡宴。蘇駐華大使館軍事參贊羅申少將，昨日請杜聿明午宴，下午四時杜聿明拜訪蘇大使彼得羅夫。今日下午，杜出席東北同鄉會的茶話會。杜可能於十月廿日赴東北。消息靈通人士稱：中國軍隊在今後若干日將由陸上、海上、空中開赴東北。據滿報稱：戰爭期間直接在重慶領導下的一切東北地下軍，不久將全部改編爲正規軍，由杜氏指揮。

「路透社重慶廿四日電」據此間權威方面獲悉，中蘇兩國當局正在談判海運中國中央政府軍隊在滿洲登陸事宜。關於在旅順口及大連登陸問題尚未有何決定，惟悉雙方政府同意蔣介石委員長的軍隊將在安東，營口及葫蘆島等地登陸。上述各地均在旅順以北。中國方面所選擇的登陸軍隊爲第十三軍及第五十二軍，並將由美第七艦隊運輸。部隊將在廣州及越南之海防上船。

無黨派的中國報紙大公報今日說：「當此蘇軍自滿洲撤退之際，中國軍隊正以陸海向東北移動中。在九龍和海防上船到他們新駐防地去的部隊將在上海換上冬季的裝備」。該報說中蘇兩國合作極佳，在那裏共產黨軍和國民黨軍（中國政府軍）之間不會有任何衝突。

「合衆社重慶廿四日電」王公達報導：政府正忙於調動軍隊赴滿洲，接替蘇軍防務，此間官方據悉蘇軍「業已開始撤兵，並將於十一月撤完」。東北保安綏靖司令杜聿明今日離重慶前往南京轉赴滿洲。杜聿明抵京後將與中國陸軍總司令何應欽爲首的南京總部當局會商。迄今已確知者爲久經戰鬥鍛鍊與美國裝備的中國最好的部隊，將乘金開德海軍上將之美軍第七艦隊艦船赴滿，據合衆社記者悉：中國第五十二軍在越南東北部的海防乘艦北開，中國第十三軍在華南廣州登艦北行。兩軍皆是第一流的美軍「訓練」的部隊，預期赴滿作出些漂亮事情，在該地民衆中間創造一良好印象。兩軍將在滿洲南部的三個海港登陸，即是營口、安東與葫蘆島三港。此外，首途赴北平的印緬前綫的新第一軍已沿平漢鐵路進入華北的河北省。從印度突破史迪威公路到達中國的新第一軍已將經北平開赴滿洲。

「合衆社重慶廿三日電」蔣委員長東北行營主任熊式輝將軍，在長春勾留數日後，已返抵重慶。他不久即將返回滿洲。中國全部三百名東北重要官員，將於十月底之前乘機到達東北。據與東北行政機關接近之人士稱，政府現已派運輸機一架，每日由重慶經北平飛往長春，載運人員前去東北，以便從

必須改組，新公司法與一九四三年新約有無抵觸，張參事答：新公司法閘已在立法院三讀通過，約十一月間可由國府公佈，定明年一月一日施行，在未公佈以前，全文不能發表，據有關方面解釋，該法所稱外國公司，謂以營利爲目的，依照外國法律組織登記營業，並經中國政府認許在中國境內營業之公司，故外國公司非在其本國設立登記並營業者，不得聲請認許，非得認許而不得在我國營業。外國商行僅在我國營業而在其本國無營業者，新公司法不認爲外國公司，將來可依新法登記爲中國公司。改組爲中國公司並無困難，蓋僅董事長一人須由中國人充任而已。新公司法自與一九四三年所訂平等新約，毫無抵觸。

【合衆社重慶廿四日電】中國政府關於准許在恢復區出版的各個報紙一切重要問題的政策，已由宣傳部長吳國楨在今日午後的記者招待會上闡明。吳說：凡在戰前在上海出版後退入內地的各報，將首先獲得政府批准復刊。其次則考慮在戰爭爆發時停刊的各報准其登記。中國政府限制許多報紙在恢復區出版的政策，吳國楨解釋是正當的，理由即是恢復區內缺乏印報機與印刷工廠。吳繼說：企圖鼓勵報紙在較小的省城出版，而不鼓勵報紙赴恢復區出版，例外的規章則是准許官方中央日報登記的情形。中央日報戰前並未在上海出版，但將是第一家獲得政府登記的報紙。吳稱：共產黨的新華日報可能不會准其在上海出版，至少在目前所考慮的新登記法頒佈之前，不能獲准出版。吳國楨在回答政府利用登記法作爲檢查制度更狡詐的形式以阻撓異己報紙出版權的譴責時說：這一決定純係根據各報在海岸各城市的資格及戰爭時期對國家的服務等理由而作的。然而承認共產黨的報紙是在戰爭時期出版，並且新四軍在上海週圍作戰，因而其地位與官方的中央日報類同，但不能獲准我們登記。（重慶中央政府的登記）

杜聿明飛東北任保安司令

傳新一軍由平漢綫向東北開進

【中央社重慶二十四日電】東北保安司令杜聿明，於廿四日晨八時半，由渝乘專機飛南京轉赴東北，隨行者有參謀長趙家驤，秘書長余協國及處長參謀副官等十八人。杜氏抵京後，將向陸軍總部有所請示，再飛北平，勾留兩日經錦轉飛[illegible]。

蘇軍手中接收各種組織。據稱：此外，公務人員千餘名，正自北平及天津乘火車及輪船前往東北。據稱，由於適合東北寒冷天氣的衣服難於買到，到達長春的每個人均被發給皮大衣一件並發給金錢。據稱，中國法幣不許帶至滿洲，因爲上海、南京北平等地由於重慶法幣之出現，曾發生金融紊亂。據稱，東北新紙幣現正在重慶印刷中。

【中央社長春廿二日電】中央派來東北之宣慰大員莫德惠氏，連日接見此間各界人士，甚爲忙碌。莫氏並發表告東北民衆書，宣告中樞關懷東北同胞之好意，對東北同胞十四年來所受之壓榨及迫害，致以親切之慰問。又訊：莫氏廿一日晨率隨員前往吉林省會，進行宣慰工作。

【中央社記者劉竹舟長春廿一日電】關於接收及重整東北產業之技術人員問題，經記者連日與各方接觸，現已獲得一確切之答案，即現地所有各部門之科學技術人員，均可分別加以甄選錄用。據統計，全東北曾經深造之科學技術從業人員，除自然科學一門外，共有四萬一千九百七十九人，其中國籍爲二千三百十九人，餘爲日韓人，台灣同胞亦有少數。日韓人員應如何徵用，或待政府考慮。而此二千三百餘之本國同胞，則大部可供錄用。渠等在十四年悠長歲月中，已大受敵人壓迫奴役之苦。此番河山光復，直獲自由，即立即自動組織一科學技術學會，相互聯繫，搜集各種資料；從事研究接收及重整各項生產建設方案，以供中央接受東北大量之參考。其總會現設長春，共已登記會員三百二十五人，哈爾濱、瀋陽、吉林、安東、汪清、四平街等地，均設有分會，中包括土木建築、機械、電氣、採礦、冶金、應化及窯業等十四部門，每部門均有專人負責研究。記者曾往參觀，見渠等皆埋頭工作，情形甚爲緊張。在渠等均具爲國効命之熱誠，談話間並不時出示渠等之研究報告，內容綱目甚多，渠等所未接見之秘密資料，據謂係於日本投降後分頭自亂紙堆中尋出者。

【中央社長春十九日電】外交部東北特派員公署委員萬國賓，專員趙陣恪，東北行營高級參謀官秉權，國際宣傳處攝影特派員黃石鍾及憲兵等卅餘名，分乘運輸機兩架，於本日上午十二時，由平飛抵此。此爲中央接受人員到達長春之第三批。以前赴平公幹之東北行營政委會委員馮庸亦同機返此。

美聯社鼓吹建都北平

〔美聯社重慶廿三日電〕雖然蔣介石委員長曾經特別地說到過國都仍將在南京重建，但大多數在重慶的中國官方人士都希望政府最後移往北平。他們相信這一點的最後決定將由原定十一月開會，後因最近重慶和平談判的展期的國民大會解決之。此間各界人士——中國的與外國的——都願意北平爲首都，不過在那裏建都除決於其他條件外，必需看目前中央政府與共產黨在華北爭取優越地位的鬥爭結果如何才能決定。

美聯社稱：共將遷張家口

德王抵渝是重慶外交勝利

〔美聯社重慶廿三日電〕此間估計共產黨計劃從延安遷『都』內蒙，並可能建都張家口。從共產黨攝佔陝西抵此的人確言共產黨正積極的企圖在內蒙建立堅固的根據地。中央政府漸在注意調查這些計劃是否確在進行中，而擁約十萬內蒙人民的領袖德王最近之抵此被認爲是實質上重慶的外交勝利，德王對重慶的支持在阻止共產黨計劃的推行，將是値得珍貴的因素。至於德王回到內蒙後將支持中央政府到什麼程度則仍難斷言，只有看將來事實才能解答這謎個。

當局考慮中國與外蒙互派代表問題

〔美聯社重慶廿四日電〕外次劉鍇今天稱：現正在考慮中國與外蒙之間交換外交代表的問題。他說：在派去監督外蒙全民投票（外蒙人民參加投票贊成獨立）的中國觀察員未回來以前，對此不能採取任何行動。劉氏又說：他曾被人問及據說在內蒙駐有外蒙軍隊，以及這些軍隊是否會撤退的問題。當某些訪員問道：『是否在內蒙的蘇軍正在撤退？』，劉氏回答說：『「蘇俄條約並未規定蘇軍開入內蒙」。

〔路透社莫斯科廿三日電〕此間所獲最後數字表明：在蒙古人的全民投票中，將近百分之九十八的公民均投票，而且每一個人都贊成國家的完全獨立。庫倫消息稱：在合格的總數四九四、〇七四人當中，投票的達四八三、二九一人——百分之九七·八。

〔合衆社莫斯科廿三日電〕據官方宣佈：外蒙共和國全體公民百分之九七、八一致投票主張外蒙繼續獨立。蒙古各領袖歡呼人民革命黨及民主原則全民投票的勝利。中國政府觀察員雷法章聲明：全民投票係嚴格遵守民主原則

項，約有百分之六十五票數亦係肯定。由此可見人民擁護戴高樂將軍之一致，戴氏之得任法國臨時政府之主席，原不過毛遂自薦，率領法人反抗納粹而已，今其地位已得全國人士之確認，戴氏既藉民主方式獲得地位，則一切不負責任作其獨裁之批評，自可消弭於無形，此外，戴氏之力量更有足證者，渠所轄各部之部長提出候選之十六人中，已有十五人當選。

印度尼西亞外長宣露 盟國已採取步驟結束僵局

〔合衆社巴達維亞廿三日電〕民族主義者外長蘇巴佐博士宣露盟國當局刻正採取確定的步驟以結束印度尼西亞曠日持久的僵局。蘇巴佐對合衆社記者評論這一行動時說：『如果我們能像辦事知理的人一樣共在一起商談事體，那是最好了』。蘇加諾總統今日與其各部長舉行會議。蘇加諾告合衆社記者，自他離首都以來，他未曾見盟軍當局，並且未表示盟軍當局建議採取何種步驟以結束僵局。

〔合衆社巴達維亞廿三日電〕印度尼西亞共和國總統蘇加諾博士，十八天未在巴達維亞之後，今日又出現在巴達維亞。蘇加諾的十八天未在曾發生許多謠言。他告合衆社記者：他曾旅行爪哇西部，衆信他已使該區極端主義份子安靜下來。蘇加諾說：他未赴該島東部或中部，但曾考慮作第二次旅行。他計劃與這些區域內在民衆中間深孚衆望的宗教領袖進行會商，警告他們不要採取諸如宣佈『神聖戰爭』的行動。蘇加諾正在向內閣及執行委員會各委員報告他的旅行結果，在此之後計劃休息養病（當他旅行時曾染感冒，迫使他休息）。蘇加諾說杜魯門未回答他關於干涉印度尼西亞的要求，但深信不久即會接到回覆。他已充分準備將印度尼西亞問題提交聯合國法庭討論，雖然他堅持他的政黨派代表參加聯合國法庭。共和國內部次長哈爾姆尼博士首途泗水與當地民族主義者當局合作，力圖勸說人民避免重複三寶壠所發生的流血事件，預期盟軍今日在三寶壠登陸。英國蘇門答臘情報表示巴東區域人民非常反對荷蘭人，英軍司令已授意日軍司令在盟軍未佔領的區域內他的職責即是維持法律與秩序。萬隆來息繼續情勢良好，但日軍警衛已增加。

〔合衆社巴達維亞二十四日電〕荷蘭海軍部宣告：露營巴達維亞附近的荷蘭軍遭遇武裝恐怖份子的襲擊，在持續數小時的戰鬥之後，始將襲擊者擊散。露營週圍的荷軍一連舉行反攻，擊散匪徒，使其遺屍數具。繳獲機槍兩架

舉行的，表示出人民對於蒙古政府的意志。

路透社說：

法國社會黨將與左翼天主教黨在新國會中形成實際大多數

【合衆社巴黎十三日電】法國九年來第一次大選最後結果剛一揭曉，三大主要政黨的領袖即急忙宣佈他們將來的政綱，並相互攻擊，這種攻擊預示將來的國會定是生動熱鬧的。共產黨獲得最大數目的議席在人道報上以『共產黨占先』的標題，列載選舉結果。該報並列載一幅漫畫，畫着一個標名為MRP（人民共和國運動）的乘車的嬰兒，由名為『反動』的保姆推動着。共產黨書記杜克洛斯說：因為人民在投票表決時，對第二個問題作肯定的回答（共產黨曾敦促人民投票對第二問題作否定的回答），我們只能作為很好的共和主義者遵從人民的決定。』萊翁·勃魯姆承認社會黨所獲議席後預期者為少，但號召遵循改革綱領實行團結。並敦促礦業、電汽、銀行、保險事業實行國有化。

【路透社巴黎廿二日電】社會黨和左翼天主教黨預計將在一切問題上投共同的票，惟宗教問題除外，而他們兩黨在一起則可能在新的國會中形成實際大多數。

因此，要成立一個穩定大多數將證明較選舉結果所暗示者猶為困難，縱令這選舉結果決定地表示了法蘭西人民絕大多數支持戴高樂的要求，即一，廢除一八七五年憲法，贊成一院制的國民議會，二，允許本屆議會的權力僅限於起草新憲法的七個月期間。

【中央社記者徐兆鏞巴黎廿二日電】法國之將來，取決於日昨投票之結果，刻有顯著之事實證明，法國人民願欲建立一嶄新之第四共和國，無數投票者均贊同新憲法之擬訂，以是第三共和國之喪鐘已響，按照公民之一般願望，未來之議會將為一院制（此處缺八字），一八七五年第三共和國之憲法，顯已陳腐不堪使用，戴高樂將軍於普選後，其所居地位較前更見穩固，投票表決之六項問題中，第一、今日所選出之代表有否制憲權一層，約有百分之九十屬諸肯定；第二，是否贊成組織臨時政府執行政權至新憲法有效為止一

及其他武器。荷軍無傷亡。這次襲擊顯係預為計劃與良好組織的，並且被視為不幸的，因為在前幾日荷蘭兵士與鄰近鄉村居民建立了友誼聯系。共和國日×電台宣佈成立印度尼西亞『陸軍』根據地設於泗水，由一位海軍將領指揮。據悉盟軍派輕艦艇赴泗水掩護昨日早晨開始之登陸。

路透社稱：英蘇關係存在嚴重困難

【路透社倫敦廿三日電】英蘇關係在倫敦漸漸變成一種很難了解的狀態。自從第一次外長會議失敗以來，便發生了一個疑問：『為什麼在這兩國之間存在着這樣多與這樣嚴重的困難？』而據週末消息稱，英國會向莫斯科抗議蘇聯在東南歐的貿易政策，會使兩國針鋒相對更加尖銳。雖說大家對於這個問題很少一致同意的答覆，但卻一致認為對於人類的未來這是一個根本的問題。自從蘇聯從第二次世界大戰出頭成為一個歐洲也可能是世界最強大的國家以來，她和西歐國家的關係此間認為不僅是決定世界和平甚至可說是決定世界本身的基本因素。據倫敦最熟悉蘇聯的態度與意向的觀察家今日堅稱，蘇聯政府對於保持和平比對其他任何事情更感興趣。而同時也是幾乎無可置疑的真理，說英國政府的最高目標也是和平。最近自從月初外長會議的休會以來，反映到許多其他的英蘇關係場合中似乎雙方都是在利用這樣一個事實，即是任何一方都不願意再用戰爭來解決問題。觀點的分歧是很自然的事，但是目前的局勢在倫敦產生一些焦慮的情緒的原因很顯然的是由於強國們竟不能用妥協的方法達到協議。此間許多人都感到蘇聯的心願比英國表示的更明顯些，但是許多人認為不管怎樣，如果國際糾紛的一方面拒絕妥協，世界和平只能依賴於默認的假定，即另一方面將作必要的讓步。如果真有明顯的事實證明英國，或是蘇聯或是二者都企圖互相訛詐使全世界遭受最後的災難，那才有充足的理由用巨大不安的心情來看現在的這些困難。

《只供參考》
第一〇四五號
解放日報 新華社 編
今日出一張
卅四年十月廿七日
星期六

美聯社論今日中國國內形勢

【美聯社重慶廿六日電】中國，蔣介石中央政府與毛澤東領導下的中國共產黨之間日益增長的爆炸性的形勢正在發展着。雙方相互告發對方軍隊的進攻，彼此又再警告全面內戰的危機。從中國第十二戰區司令傅作義將軍致毛澤東的電文顯示了形勢的嚴重。該電稱：共產黨軍隊正在『侵入』內蒙，並斷然譴責毛澤東挑起內戰，共產黨官方關於內蒙事件的解釋是：傅作義指揮的中央軍在那裏『配合敵偽軍』進攻共產黨軍隊。他們說傅作義從他們手中奪去了七個城市，並譴責他公開表示其決心驅逐他們出熱河、察哈爾，且要全部消滅他們。他們還說：爲此目的，大批中央軍已傾入內蒙。除了內蒙之外，雙方都報導了中國其他地方的衝突。共產黨斷言：在浙東進行着的戰事，是中央軍挑起的。他們力言：政府軍隊進攻要從揚子江以南陣地遷移該江以北陣地的共產黨軍隊。此間說：在山東中央政府軍隊試圖經由天津——浦口鐵路及其他交通綫北上接替華北美國海軍，而『奸匪』已在進攻津浦及其他交通綫。最近訪問重慶之山東省主席何思源已於星期四返抵該處，他說：『不宣佈的內戰』已在他那一省進行着，共產黨控制了威海衛、烟台及其許多其他重要城市。中央軍正沿平漢路向北平移動，其進展之緩是由於共產黨妨礙。這些軍隊已於本週初進入河北南部。他們的行動爲共產黨所中斷，並謂：他們從共產黨手中强奪了河南北部許多城市。一切的一切都表明了：最近在此間舉行團結談判中所擬定的『休戰條約』從沒有實際存在過。自從毛澤東歸返延安以後，暫時的談判已在重慶繼續進行，但是，就所知道的：在團結談判中留未解決的主要問題，並沒有任何一個得到解決。尚未公佈的唯一××××的協議××是關於成立政治協商會議。該會議將包括各黨派及無黨無派人士。但該會不討論以下二主要問題

地點，等待最後處置。魏特梅耶說：九月初期，在華美軍約六萬人。其中一萬六千人已返國。剩下部隊的百分之二十，將自九月至十二月，每月逐漸遣返美國。截至明年一月，在華美軍將減至五六千人。雖然如此，彼時尚另有五萬三千海軍，包括海上航空隊在內，留於華北。魏特梅耶將軍於此乃揭露下面的事實。『我們的全部使命是給作戰的中國軍隊以一切援助。應該說明的是美國從來不會在中國有過陸上作戰部隊，並且也從未計劃過派遣這種部隊去。中國人是會喜歡他們的，但××××××。如果我們計劃要大規模進攻日本本島，美國也抽不出作戰部隊派到中國。因此，在華美軍的目的，就是訓練與裝備中國軍隊，用以驅逐侵略者。在華美軍的任務是在關於建立一強大而有效軍隊的一切作戰及行政事宜上，對中國有所協助，與經過這有限而危險的駝峯供給綫，而供給必須的供應品。美國提供給中國的唯一作戰部隊，即第十四航空隊，及後來的第十航空隊。牠們八月間在中國參加作戰。中國空軍雖數目甚微，但在美空軍傍[illegible]卻做了不少有功之事。美國對中國的約定規定美國人與裝備好三十九個中國師。當日本投降時，其中二十個已準備參與戰鬥，其餘十九個已將近準備訓練完畢，中國士兵一貫是勇敢而頑強的戰士。過去他們所缺少的，是完整的訓練，適當的裝備，與近代的供給制度去支持他們。美國的任務就是給他們這些戰爭的必須品。凡參與訓練這些新式中國軍隊的每個美國人，非常熱中於他們的發展，對他們的武士般的成績感到莫大驕傲。如果日本繼續抵抗的話，他們就會發生他們自己遭到非常技巧而勇猛前進的中國軍隊的進攻，然後是有充分力量進行大規模戰鬥的。關於軍隊指揮問題，應該了解到美國軍官從來不會指揮過中國部隊，在建立起來的制度下，美國人是担任聯絡官，觀察訓練術在戰場上的効果。指示他們使用和保持裝備。一般說來，即幫助中國人應用他們所學來的作戰經驗。大部份美國人都是喜歡中國人的。中國人也喜歡美國人。美國人增加了他們對吃苦耐勞而強韌的中國士兵的羨慕，他們似乎能夠勝任愉快地担當最嚴格的訓練。友誼已由互相尊敬而建立起來。人們都相信這是美國在中國使命的最偉大成績。美國人到中國去幫助他們解放自己。在達此目的中，他們已樹立了深厚的友誼。這種友誼的感覺，不僅存在於中國軍界，而且在該偉大國土全體人民心胸中。

閻錫山赴重慶

【中央社渝廿六日電】第二戰區司令長官兼山西省政府主席閻錫山，廿六日專機

——中國軍隊之改組與國家化，及『解放區』的行政權。此間暫時商討中會用一切努力要解決此二重大的問題，顯然業已失敗，並公開承認：這些問題的××的前途是微小的。由於雙方都在挑動武裝衝突，他們的宣傳機關都在忙碌着，延安『作戰公報』在大事報告說政府進攻共產黨軍隊，而親國民黨報紙則報導與叱罵『奸匪』的活動。然而，儘管有這麼一些黑暗的暗流，最後解決可能出現的希望依然存在，這將使疲困的中國免除全面內戰的危險。

魏特梅耶在美談話
美海軍五萬三千留駐華北

【美國新聞處華盛頓二十二日電】中國戰區美軍總司令魏特梅耶將軍，今日在記者招待會上宣稱：日本投降之時，中國正準備發動大規模攻勢。在進攻兵力中，受美國訓練與裝備的師，佔重要地位。他計劃對日本人舉行兩棲作戰。魏特梅耶強調中國軍隊佔領滿洲在目前的重要性。至此，他說蘇軍預期可能在十二月一日全部撤退。他說：中國派遣一足以維持法律、秩序、與防備該地巨大數目日軍及日平民的軍隊到滿洲去，是極其重要的。他估計那裏約有一百萬日本平民，七十萬日本士兵。他說；為加速自水路運輸中國到滿洲去，美第七艦隊金開德海軍上將，將任指揮官。當描繪中國第九十四軍如何開抵柳州，再從那裏由空運隊C——五四巨機運往上海時，魏特梅耶說：這些飛機已停留在孟加拉，×××與××，從那裏他們載上充足的燃料，飛行一千四百哩，越過駝峯到達柳州。他們將額外的汽油留在柳州，載上八十名中國士兵，五天的糧食，軍火與充分的裝備。抵上海後這些飛機再飛回柳州，載上先前遺下的燃料，又飛過駝峯到孟加拉，如此重複整個行程。除了運送第九十四軍外——此次已運送三萬五千名華軍抵上海——其他的美國航空隊尚從芷江運輸約四萬人的中國第六軍去佔領南京。這一航程較從柳州起飛稍短，而是由C——四十六式機担任的。魏特梅耶說：『現在既然上海已重開航運，獲得重要燃料的初期的困難，將大大減少』。魏氏宣佈：其他陸軍運送在進行中。已有軍隊開往雷州半島，以便重佔海南島。現為美第三水陸兩棲軍團陸戰隊佔領的北平天津，即將完全置於中國控制之下，其他東部及東南部沿海港口城市亦為同樣。斯特拉特梅耶將軍所部空軍，現正在指揮起運兩隊華軍，一自漢口到北平，另一自上海到北平。這些港口重開後，中國能夠重新開始呼吸。中國境內所有日軍，將逐漸解除武裝，轉移到集中

由太原於下午六時飛抵渝述職，到機場歡迎者有參軍長商震、徐部長永昌、賈部長景德，及山西省在渝黨政軍工作人員。

何思源抵濟 李宗仁飛平

【中央社濟南廿六日電】魯主席何思源今飛返濟南，何氏在陪都勾留十日，曾晉謁蔣主席兩次，並與中樞各部會首長晤談。關於山東情形，何氏曾提出報告，中央對整頓山東也有具體計劃。何氏在渝事畢，於廿五日下午一時由渝飛西安，廿六日晨由西安起飛，當午十一時到達濟南。黨政軍各首長均到場歡迎。據何主席語中央社記者，此次赴渝結果至為滿意，蔣主席對山東情況至為明瞭，今後山東軍政當遵循蔣主席意旨努力做去。

【中央社南鄭廿五日電】北平行營主任李宗仁氏，定於廿六日由此飛平，南鄭各界今日設宴歡迎，並舉行遊藝晚會。

傳蘇軍將自熱察撤退

【路透社重慶廿五日電】權威人士談，蘇方已同意東北省份察哈爾及熱河在中央政府軍隊接替時即可撤退。官方消息關於旅順口及大連灣是否開放給蔣介石委員長所指派佔領滿洲的海運軍隊登陸問題，尚未達到決定。

杜聿明在滬訪美軍當局

【中央社滬廿六日電】東北保安司令長官杜聿明將軍，廿六日晨離滬飛平轉長春，杜將軍此行將先在平視察，然後再赴長春，在長春視察完畢，將再赴渝向蔣主席報告一切。又悉我赴東北部隊決分數大隊北移，杜司令長官此來即為與此間美駐華空軍總司令斯特拉特梅耶將軍及美金開德上將商洽運軍事宜。開赴東北國軍將在葫蘆島、營口登陸。又我軍各部隊之防冬裝備及給養，均已在滬備安，大批均已裝運首途北開。

【中央社滬廿六日電】東北保安司令長官前進指揮所主任趙家驤中將隨杜聿明將軍抵滬後定廿七日晨赴平轉長春設前進指揮所，準備我軍在東北登陸與接收工作，其前進指揮所各部人員廿六日均已赴平轉長春。

【中央社北平廿六日電】新任東北保安司令長官杜聿明將軍，於廿六日上午九時四十五分由滬乘專機北飛，於下午二時抵平，在南苑機場降落，當即乘車至外交大樓休息。

【路透社[illegible]日電】在重慶報告蘇軍自滿洲撤退情形的蔣介石委員長滿洲行營主任熊式輝將軍，今日與中國×××及蘇大使晤談後，離開重慶。中國報紙『新民報』載稱，預料蘇軍將於十一月廿日以前開始離開南滿，並於十二月三日撤完。據自稱成方面獲悉，中蘇當局現正談判中國中央政府軍隊自海上於滿洲登陸事宜。中國軍隊將由美第七艦隊自華南之廣州及海防運至滿洲各港口。

【中央社長春廿六日電】熊主任及其隨員一行十七人，於今日下午一時飛抵此。

傳國民黨接收東北之準備至十二月方克完成

【簡訊社二十四日訊】據貴州中央日報九月廿五日社論內稱：『東北土地廣達一百十八萬方公里，敵人勢力普遍而深入，非有相當準備，實不能作有秩序之接收。據一昨所傳非正式消息，接收東北之準備，須至今年十二月方克完成。』該報因此萬分焦急，並對如下情況發生無限感慨。該報說：蘇軍於日軍投降後兩星期就開始撤兵，至遲三個月，必可撤退完竣。『照理蘇軍開始撤兵，即我方人員開始接收之時，奈以敵逆事實上之困難，未能如願；然三個月時間，亦頗匆促，轉瞬即屆，以日本東京簽降日算起，爲期尚有六十六天，若以關東軍投降日算起，則已只餘五十三天，且已爲蘇軍完全撤退之日，我軍必須在此日以前，到達東北。此一對照，顯示內政現況，已與外交上之進展脫節』云。

傳重慶將批准新疆各族自治

【合衆社重慶廿六日電】據重慶消息靈通人士稱，政府將批准新疆省喀薩克人之完全自治，以解決該省兩年來之內部種族糾紛。據新疆省會迪化方面消息稱，自軍委會政治部部長張治中將軍於兩週前到達該地以來，問題已獲有若干進展。據稱，張氏集中注意力於喀薩克問題，因爲此問題自一九四三年來即在麻煩國際觀察家們。據稱，張氏根據中華民國境內各民族一律平等的原則，已向中央政府建議不僅讓喀薩克人完全自治，而且讓該省各民族自治，如烏茲別克人、金古爾、通岡人，以便一勞永逸地使新疆走上軌道。回憶蘇聯在中亞細亞之『喀薩克蘇維埃社會主義共和國』及『烏茲別克蘇維埃社會主義共和國』中，均有喀薩克人與烏茲別克人的兄弟在內，而且均與新疆壤土相接。消息靈通人士獲悉，張氏同時向中央政府建議將新疆劃分爲三個省，名爲南新疆。北疆省、東疆省，並在新疆西北部及西部爲各種族在阿爾泰、伊犁、塔古察克及阿克蘇建立四個自治區。據稱，自治的

清楚的是他們已獲悉投票的目的與程序。我並願發表我短時停留庫倫的印象。我的同伴和我都是首次來庫倫。庫倫亦擁有近代城市的基礎。市內有很多數層高的磚瓦樓房，文化機關與學校。庫倫有大學、博物館、大戲院、音樂藝術盛極一時。城市電燈輝耀。光明如晝。我們到處看到蒙古人民已達到巨大的文化進步。這一切顯示蒙古無疑地已達到顯著的成功。蒙古人民在將來亦將能夠繼續建設他們的國家。』

大公報替統治者爲交通着急

【中央社重慶廿五日電】此間大公報今日社論以『爲交通着急』爲題，對收復區鐵路交通時爲匪徒破壞，影響政府接收工作，延阻人民還鄉，爲害之烈，令人髮指。其中有云，我們認爲這種嚴重情形，太不可解，更不可解的是破壞交通，只有敵人在作戰時，才有此需要。鐵路交通對於土匪決無大礙，因爲北上的列車不是去剿匪的，只有接收敵人交還的土地與事業以及逃難歸來的同胞，才急急需要這種交通。我們不希望收復失地嗎？我們不願意同胞還鄉嗎？對於此時還要破壞交通的有槍桿者，我們老百姓能不提出抗議，有了槍桿成了一個勢力集團，一定要有一種說得人的辦法，如果有主張盡管拿出來讓全國人看看，老百姓縱不全博得什麼政治理論，他們切身生活的苦難就可以做一個準確的判斷。如果不管老百姓死活，一味用破壞手段去求達到目的，在這些勢力集團本身來說，也是作踐人心，自掘墳墓。再說如果這些勢力集團源無任何主張，不過乘大局青黃不接出來搗亂一下，那麼維持治安責任的當局，就應有保衛人民生活安定的辦法。結論又云：老百姓受戰爭之苦未完，現又受這復員的罪，究竟把老百姓當作什麼？我們需要安定，需要進步，無論任何勢力集團請爲老百姓想想，須知國家究竟是屬於老百姓的，尤其在今天，大家標榜民主，想望民主的時候，怎麼可以不顧人民的死活呢？

日本勞工農民黨抬頭

【時訊社】據中央社東京七日電，日本勞工農民黨，近亦抬頭，其口號爲：失業者應得口糧與工作，受戰禍者應得衣住，現議會應予解散，十八歲以上男女均有選舉權，打倒引起戰爭之財閥，耕者有其田等。又日共前書記長德田球一同志亦於六日發表七點宣言（內容未報導），但因獄外無處棲身，現尚住廠中。另據中央社記者宋德和六日報導：東京西北十英里處某拘禁營中，若干被拘者獲釋，但後復自動返營，要求續予收留，蓋營外無處可以安身。（F）

原則獲得中央政府絕大部份人士的同意，有關機關正在草擬各新省及新自治區的組織細則。中央社報導稱，新疆省參議會已組織「地方自治促進會」，不久即將開始工作。委員會由廿一人組成，主要任務之一便是推薦人選，幫助政府促進自治。

却伊巴桑招待雷法章

「塔斯社庫倫廿四日電」却伊巴桑元帥設宴招待代表中國國民政府觀察蒙古人民共和國全民投票的代表雷法章。應邀赴宴者有雷法章及其隨行人員，蒙古人民共和國議會主席布馬眞德，蘇聯駐蒙古人民共和國公使伊凡，蒙古人民共和國政府委員及蒙古科學、藝術與文學的代表。宴罷由蒙古人民共和國藝術工作者舉行音樂會以娛嘉賓。

「塔斯社庫倫廿四日電」中國國民政府觀察蒙古人民共和國全民投票的代表內次雷法章在接見塔斯社記者時說：「關於蒙古全民投票的結果的公佈，我作為中國國民政府的代表亦感覺同樣的滿意，因為全體蒙古人民已再一次表示他們要求享受獨立的願望與意志。這與中國國民革命主要目的相一致的。中國國民革命的目的：第一是求中國國家的獨立與解放。第二是保證中國國內各民族的自由平等。」雷法章在評述這些目的為日本對華五十年來的侵略所阻撓時，說道：「目前當反對侵略者的戰爭勝利結束之際，解決各族人民之間的一切關係，消除不正當的情勢以保證各族人民和平生活與世界和平的時刻業已到來。以大家所知道的，這次當中蘇友誼協定簽訂時，關於以法律方式，藉在全國範圍的投票——全民投票以解決蒙古獨立之法律問題曾舉行換文。如果蒙古人民證實其獨立自由的願望，中國政府已清楚表明蒙古絕大多數人民願望獨立。我可確言，當蒙古人民代表赴重慶報告全民投票的結果時，中國國民政府將按照法律正式宣佈蒙古獨立。在此次全民投票之後，蒙古的地位在法律上已最後確立。我對各方面都極為欣慰。根據現有的一切材料，蒙古總理却伊巴桑元帥的解釋以及我們在全民投票進行時的觀察，我必須說全民投票是準備的很好。進行全民投票準備工作的人員自覺地進行其工作，充分認識其責任，十月二日我曾與蒙古飼畜部長蘇隆加布與外次納姆撤勒參觀舉行普遍投票的庫倫的兩個區，親眼看到投票進行的情形。我看到蒙古的公民一致地，自由地、自願地與誠心誠意地為蒙古國家的獨立投票。很

合衆社傳保釋放政治犯 政府將繼續進行選舉

「合衆社索非亞廿一日電」政府今日依照以前對反對派所作的諾言，釋放了政治犯一千四百名。但反對派仍拒絕參加此次選舉。政府發言人稱，政府決心不顧反對政黨之不參加，而繼續進行選舉工作。與政府優勢競爭者將為少數無黨無派的人士，這些人迄今已有卅二名登記。

歐洲飢寒預卜

「合衆社開普頓廿三日電」據克丁上校說：今冬德國及中歐將有六百萬到一千萬人遭受飢餓與嚴冬寒冷之苦。克丁在最近以前為聯合國善後救濟總署歐洲區域財政部副部長。他說：並且有爆發疾病的危險，這將染及更多的人。他繼說：已在各國採取許多步驟防制飢餓，這是聯合國善後救濟總署即刻的責任。

邱吉爾說英國復員緩慢

「合衆社倫敦廿二日電」邱吉爾最近喉痛已告痊癒，今天開始攻擊政府說，他對於解除武裝速度遲緩表示不安，邱吉爾，他身當反對派的領袖，關於復員問題開始辯論說：『對社會主義與自由企業的見解儘管不同，有一點是共同的：我們要使生活與工業的大輪盤及小齒輪盡可能迅速轉動，因此，我們需要人。邱吉爾說，抑制德國的任務並不困難，提高他們就更困難了。他說：為佔領德國與荷比諸國，四十萬兵應是軍隊的最高數目。他說：在國內一百萬服役軍人當中，地中海地帶需要四十萬，大部份要絕對裁減。

「路透社倫敦廿三日電」英外相貝文今天說：談到遠東與埃及的問題，我們可能處在『從未預計過的最偉大的夥伴之誼的前夕』。貝文在紀念埃及人民贈給開羅亞拉梅英俱樂部與恩漢姆前任服役軍人之家十萬金鎊的禮物而舉行的宴會上發表談話時說：我希望我們將永遠拋棄一個國家控制另一個國家的思想。你們需要我們是為了幫助你們的防禦，你們的技術能力與其他很多事情。我們也同樣的需要你們。我們必須聯合起來，但我期望這種聯合是為了將來建立在絕對平等與絕對夥友之誼的基礎上，而在這樣的基礎上，「英、埃」這個名詞，對世界便有意義了」。

（只供參考）
第一〇四六號
解放日報 新華社 編
今日出一張
卅四年十月廿八日 星期日

國民黨部隊『接收』概况

【本報訊】日本投降後，國民黨將全國劃分爲十四個陸軍『受降』區（連越南爲十五個受降區）空軍受降則分爲十二個區（連國外之越南、台北、台南則爲十五個區），因篇幅關係，現僅將與我軍有密切關聯之地區國民黨軍（由北至南）進駐及接收概况，綜合如下：

（一）第二戰區（閻錫山）在敵僞軍護送下，八月下旬進駐運城、洪洞、趙城、汾陽、太谷，十七日進入太原及解縣，十九日進駐長子、長治、（已爲我收復）介休，並聯合敵僞大舉進犯我上黨地區，被我擊退。九月四日楚溪春又率部北向大同。與傅作義（十二戰區）會師。

（二）十二戰區（略，詳情見廿七日解放日報頭版）。

（三）第一戰區（胡宗南），從八月十六日起分兩路開進，一路進駐晉西南之永濟，臨晉，榮河，隨後又侵佔我解放之平陸縣城，九月初又奪取我夏縣縣城。第二路沿隴海路兩側東進，一部開抵豫北滎陽一帶，另一支部隊於八月下旬進抵豫西洛寧、宜陽、新安等地（皆爲從豫西我軍手中奪去者），九月初張耀明部入開封、鄭州。另一部北向開入新鄉，何紹周部則於九月二十二日北渡黃河，進攻我豫北解放區，胡宗南和孫連仲部隊大舉侵犯我豫北豫東解放區結果，我河南大部城市已被奪去。胡部李文集團軍一部假道同蒲路、正太路十月十五日方至石家莊，廿日至正定。

（四）五戰區（劉峙），八月中下旬進駐豫南唐河、方城、鎮平、南陽、老河口，九月初入鄭州、開封（孫震部李才桂師）蘭封、商邱、五十三師師

消滅』。

（十一）三戰區（顧祝同），八月下旬進駐奉化、餘杭、閩谿，及侵佔我浙江解放區武康、德清兩縣城，九月三日李默庵部進抵金華，王鐵漢、陶柳兩部於九日抵杭州，李默庵部九日又進佔諸暨、紹興，陳孔道部十三日開抵寧波，鎮海。九月下旬起七十九師七十軍等部隊進攻並阻擊我從浙東解放區北撤部隊。

（十二）第二方面軍（張發奎），八月由粵西進佔雲浮，肇慶，三十一日孫立人部入廣州，九日初鄧龍光部進駐雷州半島之遂溪，十月初旬孫部又佔東莞，樟木頭，十月初又佔淡水並接收廣九路防務，鄧龍光部海競存師於十月廿日全部開抵海南島之海口。九月中旬起，國民黨一五四師大舉進犯我東江解放區，現在情勢險惡。

關於國民黨軍隊接收敵軍裝備武器情形，各個區域中報導受降繳械較詳者爲王耀武之四方面軍（長沙衡陽區），湯恩伯之三方面軍（上海南京區），有數字而不完全者爲薛岳之九戰區（南昌九江區）孫蔚如之六戰區（漢口宜沙區）。總計上列有數字報告之四個受降區，據不完全之統計，已接收砲類一、五七三門，輕重機槍四、三八七挺。步騎槍一二一、〇一二枚，砲彈五、四一八發，又二〇〇噸，步槍彈四、九五九、三九四發（僅四方面軍及九戰區兩區），刺刀三五、三五九柄，手榴彈一、〇〇〇顆。擲彈筒一、八二三個，馬二二、九四一四，手槍四、二六八支，自行車二、六八九輛，汽車五、四四八輛，電台三三四座，戰車一六四輛（僅四方面軍數字）電話機二、一三七座。

空軍接收方面：各地接收情形，尚少報導，已見諸重慶軍委會公報者，僅第一地區（南京區）已接收日重轟炸機一百三十餘架，第九地區（濟南）接收軍用機三十七架及一切航空器材。其他第四地區已接收開封機場，未說明接收飛機與否，第五地區已接收九江機場，第八地區已接收新鄉機場，付物資設備及武器，亦未說明有無飛機，第十一地區已接受太原，運城，臨汾，包頭，五原，歸綏等地機場。合計已報導者爲飛機約一百八十架，飛機場十一個及航空器材一部。

長孔從周任鄭州警備司令。孫震部又開駐馬店、遂平，曹福林部開許昌，陳鼎勛部開柳河。劉調集七師兵力正圖攻我豫西支隊。

（五）十一戰區（孫連仲），九月中旬張伯翰部及四十軍馬法五部北開新鄉、汲縣，十月十四日後三十軍魯崇義部結合偽孫殿英等五個軍北上，於十五日侵佔我湯陰等縣城，並穿過安陽向北續進，本月二十日馬法五部即已過冀豫交界處之漳河。侵我磁縣。

（六）十一戰區副司令長官（李延年），十月初李延年率廖運澤、霍守義等部由徐州北上，三日抵滕縣，七日抵泰安，而何思源及漢奸李先良於八月下旬進入青島，濟南後，則策動日寇攻佔我膠濟路沿綫城市。十五集團軍一部於十月廿日由徐州[illegible]。

（七）十戰區（李品仙）八月中下旬進駐安徽巢縣，亳縣，鳳台；及河南信陽，汝南，九月七日廖運澤部入徐州，十日陳大慶之十九集團軍抵商邱，陳部九月下旬亦開徐州，張光煒部入安慶，第七軍軍長郎紀被委為津浦南段護路指揮，九月七日起，一七一師結合偽軍大舉進攻我淮南解放區。

（八）六戰區（孫蔚如）八月底柳際明部進駐宜昌、沙市，九月初侯鏡如部開岳陽，嘉魚，宋端河部開抵漢口，孔海鯤部駐武昌，郭懺蒼部開漢陽，唐永良部開當陽、荊門，九月中旬何基澧部北開花園、安陸、信陽、武勝關。本月上旬起國民黨以六個軍進攻我鄂豫皖解放區。

（九）第三方面軍（湯恩伯），八月底有少數傘兵降落上海，九月初新六軍廖耀湘部開始空運南京，九十四軍牟廷芳部空運上海，計有該軍一二一及四三兩個師（其中四三師於十月十七日已有五一營空運至天津，全師抵達後將開駐南開），全部空運抵南京者為廖部五十師，二二師，該軍所轄之第十四師一部進駐浦口。鎮江、句容亦為廖部駐防，十月中旬二十五軍黃百韜部亦開抵上海警防。

（十）第四方面軍（王耀武）八月下旬開始進軍，計李天霞部及七十四軍施中誠部先後抵衡陽，十八軍胡璉率一一、十八、一一八等三個師進抵長沙，十八師旋即北開岳陽，七四軍施中誠部五一、五八兩師即開漢口轉南京，衡陽防務交廿六軍接收。王曾一再下令要『改編』地方游擊隊，否則要加以『

閻錫山見蔣宋

【中央社重慶廿七日電】第二戰區司令長官兼山西省主席閻錫山昨日抵渝，廿七日晨分謁蔣主席及宋院長述職。

【路透社重慶廿七日電】（上缺一段）傅作義將軍電毛將軍（略，文同昨日解放日報所載）。

美艦抵海防為國民黨『撤退』軍隊

【合衆社重慶廿七日電】河內訊，美國海軍已進泊於越南東岸海防以下之杜松附近，以便撤退××指揮下之華軍。據該艦隊消息稱，該艦隊於十月十七日到達，現正計劃以登陸艇作最迅速之撤退。

我威市市長對合衆社記者談話

【合衆社威海衛廿七日電】合衆社記者約翰斯敦報導，威海衛共產黨市長于洲告記者說：『華北共產黨八路軍，如蔣介石軍任何軍隊向富庶的山東半島共產黨根據地挑釁的話，準備作戰到底』，記者在此一度為英國海軍基地的威海衛訪問于市長，承談八路軍如受青島國民黨軍隊壓迫的話決心保衛我們的地區，他說：『我們將盡一切努力對這些無法無天的軍隊作戰。我們將執行我軍最高總部的指令，並將不浪費時間粉碎其進攻』。當于市長講話時，中國共產黨兵士正以上刺刀的來復槍演習，檢閱處附近有一大堆步槍。市長譴責國民黨軍隊已經破壞蔣介石與毛澤東之間的雙十協定，自陳家口（譯音）至淄川和博山進攻八路軍。于市長又說，蔣介石任命的山東省主席何思源用飛機散發傳單，聲言李延年將軍率領十萬國民黨軍隊到山東來接收山東半島，又稱該傳單虛假地斷言美國海軍已在烟台及威海衛（半島上共產黨所控制的兩個港口）登陸。（按蔣毛協定中規定共產黨應控制中國某些省份而中央政府軍應按原地不動，但共產黨方面將承認蔣介石為中國最高的軍事政治領袖。）蔣介石的部屬說，根據協定共產黨退至長江以北。可是共產黨與國民黨雙方對於山東半島的地位似乎都沒有確定的評價。

國民黨招考大批縣長派往「收復區」

『簡訊社二十五日訊』據貴州日報九月二十六日載該報重慶特派員鮮角報導：『當局爲應復員需要，招考縣長九百名，派往各收復區任用，分三期考選，首期報名者二千六百人，檢驗體格而及格者三百十×名，並得予以口試，最多錄取三百名。』

在華美軍華籍員工五萬失業

『簡訊社廿五日訊』據貴陽大剛報九月二十六日訊：『美軍華籍員工協濟會，昨下午七時假東園酒家招待各機關首長及新聞界，表明此次請願之原由及態度，該會係貴陽，柳州、安順、安南各區美軍華籍員工所組成，戰事結束，美軍在華各項工作亦因而結束，因此而失業之員工逾五萬人左右……該員工等目前生活至艱，且有鳥盡弓藏之悲，故組織請願團向美方請願，並公開向社會各界呼籲，提出要求三項：一、要求發給遣散各員工之回籍旅費，二、要求發給各員工回籍乘車證（指送往重慶、芷江、昆明等地而言），三、頒發工作獎金。』

又據該報廿五日載美陸軍技工孫靜農向報界呼籲信內稱：在九月底，貴陽市將有二萬名勞工又告失業云。

大公報將在津復刊

『中央社北平二十七日電』大公報籌備在津復刊，特派編輯主任孔昭凱，採訪主任徐盈等由渝經京飛抵北平，即轉赴天津。據悉：該報正在積極籌備，短期內即可出版，該報滬版，定十一月一日復刊。

在遠東問題上美對蘇聯態度

『美新聞處洛杉磯廿日電』（遲到）洛杉磯時報在十二日的社論中，關於國務卿貝納斯的宣佈建立盟國諮詢委員會以協商對日控制政策一事寫道：『這是美國處理錯綜複雜問題的又一成績』。有七個另外的國家，在日本均有他們具體的利益。該委員會中的太平洋國家的代表爲：澳大利亞、加拿大、紐西蘭、菲律濱、荷蘭和法國。事實上預期印度將參加此一機關。美國對日政策，是有明確的範例的。是沿着自由與民主道路（？

莫斯科派人到這裏來開會。但某些其他國家已指定他們駐在這裏的大使作爲代表，蘇聯也可以指定其蘇聯大使館代辦尼高萊·諾維科夫充作代表。關於杜魯門致斯大林的信——莫斯科無線電台報導——此間尚無何種徵象謂有涉及管制機構的問題，但許多美國人認爲具有充分重要性的問題很難担保可因此而求得最後一分鐘的解決。

蒙特巴頓發表關於爪哇情勢聲明

『英國新聞處倫敦廿六日電』東南亞最高統帥蒙特巴頓上將，本週發表關於爪哇的詳細聲明。這個聲明舉出了東南亞地區佔領工作的困難，並解釋目前複雜的形勢是如何產生的——與如何處理的。蒙特巴頓的聲明對於圍繞盟國處理爪哇日軍及印度尼西亞人問題所發生的熱烈爭論，實爲一清涼劑。在日本投降時，東南亞統帥部發覺他們不僅要負責馬來亞、暹邏、緬甸、蘇門答臘與安德曼羣島、尼科巴羣島，而且要負責爪哇、法屬越南及香港——後面三個地區是在投降進行中時劃給東南亞統帥部的。這點表示，雖然東南亞統帥部在其主要地區如緬甸、馬來亞、暹邏及蘇門答臘已有解除武器、佔領及拯救俘虜等的巨大工作，但仍必須爲這些增加的地區準備軍隊、船舶與空運。其中一處更爲增加盟國資源的緊張狀態，而爪哇之接收意味着直至巴達維亞與泗水的掃雷工作，需要使用東南亞統帥部的一切掃雷艇隻。總計，在東南亞統帥部現在擴大的地區內，有二百五十萬日軍須要解除武裝，有十萬戰俘等待救濟與疏散。截至現在爲止，在利用每隻輪船、運輸艦和每架飛機及英空軍轟炸機之下，蒙特巴頓已能運送東南亞統帥部卅萬軍隊去警戒各解放區，運回了解放的戰俘八萬名。就爪哇而言，把軍隊運至該地之速度如何，須視掃雷艇打開一條水道之速度如何而定。其他因素則是佔領西貢日軍最高統帥部和釋放暹邏和越南五萬餘盟國戰俘之絕對必要性。雖有各方這些要求，但盟國海軍艦隊終於九月十五日駛抵巴達維亞（在新加坡投降典禮之後三日），九月廿八日，盟國陸軍開始在爪哇登陸。克利斯蒂遜中將和這些部隊一同前往，他的任務第），幫助日本人民發展他們的生活（？）。而少數黨的共產黨在此自由與民主道路上，是有他們的位置的。充分承認蘇聯在遠東的權利，甚至要求它合作，幫助建立進步繁榮的亞洲。美國在這個時候希望能被人了解，即日本戰後發展的方向，將消清楚和自由民主的國家在一道，而不是和極權哲學生活的代表在一道。

【美新聞處華盛頓廿五日電】國務卿貝納斯今日在記者招待會上，不願詳述與蘇聯政府關於其建議建立盟國對日管制委員會的會談情形。貝納斯說，他僅提及蘇聯原來的立場，關於這一些會有記者問他。貝納斯宣稱，蘇聯九月廿四日向外長會議所提出，並在蘇聯外交人民委員長莫洛托夫十月一日致國務卿信中所重申的關於對日管制機構原來的建議，似乎是建議建立一個對日管制委員會，在各重要方面極似對德管制委員會。該建議規定如果在管制委員會各委員中間發生不同意見時，則所爭執的問題不應由主席決定，而應提交各政府來決定。貝納斯說：最近外交方面意見的交換，表示蘇聯政府現已不堅持這一意見。貝納斯繼說：因為這一問題的討論仍在繼續進行，現時作進一步的評論是毫無幫助的。國務卿並宣露在外長會議上任他的助手的助理國務卿杜恩將暫時返回國務院。杜恩於十一月四日離倫敦，在杜恩離倫敦時期內，駐英大使魏南繼續執行貝納斯助手的職務。

對日管制機構問題 傳美方提妥協案

【合衆社華盛頓廿七日電】美官員對及早解決美蘇間關於對日管制機構的爭論極為樂觀。有些人表示妥協案已在考慮中，即給予蘇聯、英國和中國在規定和執行對日政策中以正式的發言權，但遇到不同意時仍須由麥克阿瑟作最後決定。現在離下星期二遠東諮詢委員會開會日期還有四天。蘇聯××××各大強國應事先保證建立對日管制委員會。消息靈通人士暗示這一極為紛亂的爭論之解決方法可能為建立一個四強集團，為召集盟國會議並作為諮詢委員會的執行機關。由十人委員會或十一人委員會提出政策，如獲同意時則由盟國委員會執行之，麥克阿瑟的地位不變，仍為盟國委員會主席，保留爭論時保定之權。蘇聯時間上不可能於星期二從

一是解除日軍武裝並放逐之，第二是遣送盟國戰俘返國，第三是拯救被拘的平民。為了做到這些，克利斯蒂遜佔領了各主要地點，但他未被授權干涉內部政治問題。但在此情形下，他不能以他所有的部隊，負責維持爪哇全境的治安。他在這兩倍於英倫三島的地區，居民衆多，交通情況很壞，因此，需要保證獲得印度尼西亞人的合作。正是這種基本形勢由於印度尼西亞的民族主義運動和他們對恢復荷蘭政權之態度而被嚴重地複雜化。印度尼西亞運動於八月十七日在爪哇宣佈成立共和國，即是說，在盟國軍隊到達該地之前，克利斯蒂遜將軍在到達時，發現該島已在印度尼西亞人手中，它的政權自稱是×××共和國——這是蘇加諾博士所領導的一個政府。印度尼西亞人事實上已佔領該島，其上被囚平民約有十二萬五千人。荷蘭的政策是恢復他們對荷屬東印度以前的佔領，但由於政治上的困難，這點迄今均未做到。既然沒有地方可使被囚者獲得安全，因此，暫時把他們絕大部份留在拘禁地區，乃是必要的。蒙特巴頓上將已命令英軍及印軍負責他們的安全。現正採取一切可能的步驟以解放與照顧盟國戰俘及被拘平民，維持公共秩序。然而，日軍解除武裝之大大延遲，乃是不可避免的。統帥部所有的每艘船隻與每架美機，自日本投降來即在不斷地工作，如果爪哇日軍被解除武裝，將不會立即有船隻放逐他們。現在那裏有盟國軍隊監視他們。同樣必須記着，蒙特巴頓在法屬越南亦遇到某種同樣的形勢，該處對於人力及船舶也有巨大的需要。很明顯的，這兩個問題的關鍵決定於交通工具之有無和能派至此兩個動亂中心之軍隊之多寡。盟軍一天比一天更多地開赴爪哇，這點表示自今以後遣出被拘平民的工作得會更快地進行。由於更多盟軍之開到，日軍將能夠被解除武裝，撤出他們犯罪的場所。不久將來即可增加荷蘭在爪哇軍隊之數目，如此將使荷蘭能接收他們自己的地區，並解決不屬於英國或印度事情的政治糾紛。

參攷消息

（只供參考）

第一〇四七號

解放日報 新華社編

今日出一張

卅四年十月廿九日 星期一

國民黨去東北部隊似只能在塘沽登陸

【中央社記者鍾鶴年天津二十七日電】東北保安司令杜聿明將軍，於廿七日暮色蒼茫中由津專車抵塘沽，視察當地情況，作大批開往東北國軍於登陸該地前之部署。杜氏公畢後即乘原車返津，定二十八日返平乘機飛長春。

【中央社天津二十七日電】交長俞飛鵬，三十六日晚再度到津（掉五字），視察鐵路通車事宜。俞氏已備妥專車，準備赴北寧路沿線，實地勘察。

【中央社北平廿八日電】安東省府主席高惜冰，合江省府主席吳翰濤，哈爾濱市長楊綽庵，中宣部特派員潘公弼廿八日上午十一時自西安起飛，下午安抵北平。

【中央社北平廿八日電】交通部東北特派員陳延炯，率領路電郵公路各部門接收人員等一行十八人，廿八日下午三時由渝飛抵北平，定二十九日飛長春。

【中央社天津廿八日電】國軍某某兩部分，於昨今兩日來津，並有一部沿北寧綫駐防，牟廷芳軍長兼任天津警備司令後，已開始辦公。中央憲兵十一團一部份來津。

美第七艦隊開始運國民黨軍到東北

【路透社重慶廿八日電】此間今日得悉，美國海軍第七艦隊已開始運送中國中央政府的軍隊到滿洲，那裏的蘇軍據稱報已經撤退。中央軍隊可能登陸的港口是營口與葫蘆島，都是在旅順港以北。今日共產黨官方稱，蘇聯軍隊已開始自內蒙撤退。

平津美軍替國民黨守護鐵路

【美新聞處上海廿八日電】據合衆社記者倫德爾廿七日報導，美海軍陸戰隊已受命守衛華北約二百哩的鐵路，並供應煤給上海和

原×以南至介休輕軌可通車，經介休至風陵渡間三百四十公里則被破壞百里之××。（六）北寧路北平至唐山可通車，唐山至秦皇島（雙軌）勉強可通，惟該路間斷破壞者達百三十四公里，多係×去一條軌。又秦皇島至山海關十七公里，百分之百被毀。凡此皆係抗戰結束後破壞者。（七）平綏路北平至青龍橋六十餘公里可通車，青龍橋至包頭七百四十四公里則已遭破壞，惟尚無詳細報告。（八）粵漢路司局部通車，湘潭至耒陽間因戰時破壞甚大，現尚未通車，亦未獲詳細報告。綜觀各路被破壞之情形所可注意者其特點乃在（一）通海口之路綫如膠濟路綫之於青島，北寧綫之於秦皇島。（二）重要礦產區，如臨城棗莊綫之中興煤礦，道清綫之焦作煤礦，北寧綫唐山之青沙煤礦，豐樂鎮六河溝之煤礦。（三）南北幹綫如平漢津浦兩綫，莫不遭嚴重之破壞，主管方面，以各路時修時毀，故欲使完全暢通，尚不可期，而修路費用，每公里達一千萬元之鉅，政府負担亦感不支。

濟南鐵路局接收需時半年

【中央社濟南廿五日電】日方控制下之濟南鐵路局，即將由我接收。第十一戰區司令長官部已以備忘錄通知日方準備交代。日方對北方各省鐵路，係分區管理，濟南鐵路局的分區為膠濟路×津浦路德州至兗州一段，濟南局設於濟南，另在青島、坊子、張店、濟南、泰安五地，設地方局，（缺數字）全部接收竣事至少需時半年。

【中央社徐州廿六日電】隴海鐵路東段商邱、徐州間之黃口至楊樓段，廿五日晚又為匪破壞數處，廿六日西開車已不通。徐海間車僅通兩班，因草橋為匪破壞，刻尚未修復。徐州以南廿六日已修至曹村。津浦南段明日內當可通車。

程潛宴閻錫山

【中央社重慶廿八日電】閻長官廿八日上午應邀，參加程代總長茶會，並有各高級長官作陪，暢述甚歡。下午會訪陳誠部長，蔣主席定明（廿九）中午邀閻氏午餐。

【中央社成都廿七日電】潘文華部奉令駐防酉秀黔邊一帶，該部已於廿七日由蓉出發，蓉各界定十一月一日開會歡送潘副主任文華及彭劉兩師長。

【中央社華盛頓廿七日電】胡霖於本日下午乘機返重慶，渠於參加舊金山會議後曾調查美加二國報紙供應及印刷機之情形。

【中央社河口廿七日電】掃蕩報決於十一月十二日，改名和平日報，在漢正式復刊。

平津地區。倫德爾說，海軍陸戰隊正在沿綫展開中，並駐守貨車上以阻止武裝匪徒之一再進攻，這些匪徒在唐山（譯音）——古冶産煤區與渤海上的秦皇島裝貨港之間切斷鐵路綫並縱火焚燒列車。

同時合衆社重慶訊，中國中央政府已同意中國共産黨軍隊，如果退出鐵路綫帶並使列車得以暢通的話，可擁有華北他們現在所佔領的全部領土。

中央社報導各鐵路綫情況

【中央社重慶廿七日電】收復區各鐵路綫主管方面均分區派員接收，並主持恢復通車事宜。截至現在爲止，除京滬全路及廣九綫已暢通外各鐵路幹綫如平漢、隴海、津浦各路迄今僅局部通車，其原因或由於因抗戰軍事影響，或由於歷遭『土匪』破壞所致。記者頃據主管當局告以各鐵路綫近況稱：（一）平漢路於戰事結束後破壞五分之一，現新鄉至順德段二百卅公里破壞程度，輕者百分之五十，重者百分之百，其間四大橋樑、均被破壞，沿途軌道枕木全失，路基亦成溝渠，沿途電訊亦遭完全破壞。該路之支綫道清綫新鄉至常口段，七十二公里破壞程度達百分之八十，現僅存不到×公里。按該綫係通至焦作煤礦，據悉路軌及焦作煤礦一部份機器均被匪撥走，該路之豐樂鎮至六河溝支綫十六公里，完全破毁。主管方面正由新鄉××兩端趕修，倘不 再遭破壞，可望一月內通車。（二）津浦路南段臨城至棗莊間，破壞十五公里，鐵軌枕木路基全部被毁，其間張八嶺橋樑，於十月九日被破壞，十月十六日修復，十月廿日又被毁。嘉山橋樑，係十月十六日被毁。張老營附近橋樑三座，於十月八日至十六日間被毁。管視橋，十月九日被破壞，十七日修復。蚌埠宿縣間橋樑二座被毁，徐州宿縣間卅五公里路軌枕木路基均被破壞無遺。津浦北段南沙河至兩下店間卅五公里，萬德至皮家店七公里，××至大河五公里半，均被破壞，濟南至曲阜間，破壞情形尤爲嚴重。（三）隴海路現徐州至黑石段，因路軌輕重不一，僅可局部通車，黑石關至潼關則因作戰期間破壞甚重，尚不易修復，故潼關至開封，已改用公路聯運，分段通車之處則多設置擺渡。（四）膠濟路棗園寺至周村四十七公里破壞程度達百分之百，益都至昌樂間卅三公里，破壞程度達百分之八十。又該路支綫張店至博山廿一公里破壞百分之五十，凡此皆係八月十七以後被毁壞者，迄今無法恢復。（五）同蒲路北段僅大同至軒崗，大牛店至太原可通車，軒崗至大牛店廿三公里，破壞程度百分之三十。×××太

東北鐵路與公路之情形

【中央社長春航訊】東北之鐵路與公路（缺），九一八後，敵更利用當地豐富之資料及低廉之勞力，銳意經營，迄前年止，全境之正規鐵路綫，即以突破一萬公里，私設及專用路綫，尚不在內。而公路交通發展尤速，至本年八月日本投降日止，各種公路合計已達九萬餘里，數字殊足驚人。茲就記者所獲資料，分述如下：（一）鐵路正規鐵路與全國各地同其軌距者（全國各地標準軌距一點四三五）之鐵路，大別之可分兩類：其一爲（滿鐵）直接經營者，另一爲僞名屬於僞滿國營，實際委託滿鐵經營。滿鐵組織之龐大，世界知名，全部員工達卅萬人，內中國人僅三四萬，餘均來自日本或朝鮮，其所直接經營之所謂『新綫』共十四條，合一千二百八十三公里，而由僞組織委託經營者達六十二綫，合一萬零一百九十公里，連其直接經營之路綫總長，一萬一千四百七十三公里，事實上東北全境之鐵路，全在滿鐵控制之下，滿鐵路綫雙軌者有三，即春連綫（長春至大連），撫順綫（清原至撫順），安奉綫（安東至蘇家屯）。聞哈綏綫（哈爾濱至綏芬河）亦已築成雙軌，惟此說未經證實。正規鐵路外，尚有私設綫，此項鐵路多爲官商合辦者，爲便利地方交通或運輸而設，但因其多不是標準軌路，故亦可視爲鐵路網之一部，此項私綫共有十五條，約百五十七公里。私設綫外，又有專用綫，此項鐵路多設於礦區森林區及工廠區，號爲公私社會之附屬品，以軌距離之計，分兩種：一爲標準軌距者，一爲狹軌者，前者共二十二條，計四百卅公里（中有九十八公里未營業），後者共十六條，合計五百十一公里（中有七十二公里未營業）。再次又有懸索鐵道四條，計長七十七公里，另外並有已經勘定尚未建立之計劃綫卅一條[illegible]全長二千四百卅公里。（二）公路十四年間，敵僞侵略下之東北公路，大部平坦寬直，其分類法：曰國道，省道，鄉道，而名第一第二及第三種道路。第一種道路長共一萬七千五百十五公里，四季均可通行者約六千公里。第二種道路，長共一萬六千二百〇二公里，四季均可通行者約三千公里。第三種道路四萬公里，通行狀況不詳。此外尚有輸送道路（統制的）八千〇六十公里，開拓道路六千五百公里，及所謂特殊道路二千三百五十公里。又敵自民國廿六年爲計劃侵蘇設侵蘇汽車專用道路，由大連直達哈爾濱，大致與南滿鐵路平行，全長八百九十二公里，定名爲「國防」道路，於民國廿一年在長春設立國防道路建設處，開始施工

，其後又相繼於瀋陽哈爾濱等地設工程事務所，分節修築，上下線計劃以混凝土或（缺廿五字）路之交點爲立體建築，建築費每公里平均約卅萬元，輸送量達一至四億噸，計劃極爲偉大，但未及完成，敵即投降。據曾參加建築工作者言，該路已成土工四百卅二公里，其中瀋陽鞍山間之碎石舖裝及建築物，已大部完成，若將此路計入，則東北全境公路，總長已達九萬一千五百公里。

英國贈國民黨兵艦十一艘

【中央社滬二十七日電】據海軍總司令部駐滬辦事處訊，英國所贈十一艘兵艦，各型均有，其最近駛來我國之第一艘，爲巡洋艦震旦號，排水量六千噸，其他各艦將繼續駛華。

【中央社上海廿七日電】據美國空軍消息，被遣派往美國受訓之我國飛行員一批共八十名，將於聖誕節前返國。

十月革命節 斯大林可能發表重要演講

【路透社莫斯科廿七日電】預料斯大林將於十一月七日發表重要演講——他在戰爭結束以來的第一次演講。此間外交界預言：他的演講對戰後世界的重大形勢可能有最大意義。屆時將是一九一七年革命的紀念日，料斯大林會利用此機會涉及現在擺在蘇聯面前的許多問題，特別是外交政策方面的問題。該紀念日對外界關於斯大林健康的胡亂推測似乎可能給予一個答覆。斯大林於黑海索契港度其假期引起了謠言的聲浪，蘇聯人爲之驚異。他們六十六歲的領袖，戰爭期間担負極繁重的工作，現在應利用機會去休息，這在他們看來是很自然的事情。

【合衆社莫斯科廿七日電】夏比羅報導：莫斯科宣佈哈立曼往訪斯大林索契別墅一事，揭露了外國關於斯大林委員長因健康而計劃退休的謠言。合衆社從安哥拉，斯托哥爾姆等地所報導的先前的不負責任的謠言，完全沒有根據。可能這種想像只是根據官方宣佈斯大林離莫斯科前往休息——這是他自一九四一年以來的第一次休息——而來的。哈立曼由於杜魯門的特別要求，乘蘇機飛往索契，在那裏與斯大林同住一夜，這是以前所沒有過的事情。此外還沒有一位外國訪問者，看見過斯大林的華麗的黑海住宅的內部。

【路透社紐約廿七日電】今日維也納紐約時報電訊稱：俄國按照波茨頓宣言之協議，不僅要求與國大部分重工業、船隻與油，並要求兩個最大的銀行

持了一支四十至六十萬的大軍。英國要以比以往較少的掛慮與恐懼，爲世界之重新發展作經濟上的接近。貝文說：他保留他關於魯爾與萊因的決議。他不以爲給予像德國這樣好戰的種族另一種機會是好的，他不要毀滅德國的和平工業，但是，他感到他有資格說：對付像德國這樣嗜好戰爭的國家，他有權要求正當保證政策。有這龐大的經濟力量，並不是領土的大改變，但對於那不能信任的國家，國際管制是極重要的。假使各國能夠毫無恐懼或感到可怖……的解決問題，他相信，那就可能迅速地恢復歐洲，並把它放在和平的基礎上，這對於各國最終是有益的。

【路透社倫敦廿六日電】在外長貝文講演之後，下院進行辯論時，各政黨的議員對歐洲集體遷移與一般情勢皆表示關切。溫特頓子爵提及歐洲現在進行的集體轉移人員問題時說：保守黨着重地不贊成進行這種事體。下院應該認識在這一問題上，以及歐洲許多問題上，英國政府不能控制政策與事變，僅能以與盟國的討論與勸告影響政策與事變，這對外長及其前任是很公平的。他懷疑英國能較美國、法國及任何其他國家在這一問題上施以稍多的道義力量。溫特頓繼說：英國按其設備與資源的比例來說，所作的工作堪與任何其他國家（美國除外）相比。工黨議員及新聞記者弗特說：蘇聯政府關於轉移德人問題向波、捷、匈等政府提建議時，應該與英國政府協力進行，轉移德人事情今冬應予停止。英國考慮其是否能夠按照波茨頓會議所闡明的難以實行的政策繼續下去的時刻已到了。『我們必須有一個政策，保證德人不再實行武裝，但使他們爲了自己與歐洲的利益重建德國。如果我們減殺如此猛烈的佈滿歐洲之可怕的政治憤怒時，我們必須盡巨大努力，使一切歐洲人民担負今冬避免經濟災難的任務』。牛津大學無黨無派的議員阿特爾爵士說：如果照現在所想的，今冬數百萬人遭受饑寒交迫之苦，這是物資毀滅世界必須品短少不可避免的結果。這一切都不能使這一悲劇成爲不可避免的。在毀損的煤礦中能够出產今冬所需要的足够的煤炭。並且有充分的運輸。肉類儲藏亦很豐富，沙糖的缺乏在荷印儲藏的幫助下不會是嚴重的。衣服的需求亦可解決。最後有許多航海貨船以運輸這些現有的與需要的供應品。阿特爾爵士在前內閣倒台前，曾一直負責歐洲復興問題，前社會主義週刊新政治家助理編輯工黨議員克羅斯曼說：只有存在着一個東歐和西歐，就不會有和平與

，與斯托爾特與朗英德銀行。俄國人說銀行是『德國的財產』，所以應該屬於他們。

遠東諮詢會議問題 蘇聯未予答覆

【路透社華盛頓二十五日電】美總統杜魯門今日告記者稱，迄今尚未獲得斯大林元帥之覆函件。美方之函係上週發出者。

回憶上週總統接見記者時，曾聲明彼將直接與莫斯科利用通訊方式，或打破倫敦外長會議之僵局。又記者本日詢以蘇聯是否已答覆美國邀請，蘇聯出席遠東顧問委員會事總統答稱此事，可詢諸國務院。

【路透社華盛頓廿五日電】今晚國務院公告，關於遠東問題，華盛頓與莫斯科間正在談判中。現已可確定，蘇聯並不如過去所說的那堅持依照柏林模型成立對日管制委員會。

傳蘇要求芬蘭增加賠款

【合衆社斯托哥爾姆廿五日電】芬蘭國家銀行總經理薩加里·托米亞今日宣稱：蘇已對芬蘭增加賠款要求六百五十萬美元。

貝文在下院的演說與辯論

【路透社倫敦廿六日電】貝文演講。（原文掉第一至第八段，以下是最後三段。——譯者）

貝文繼稱：「當我走出柏林到機場去的時候，那裏同樣有許多難民。看到川流不息的巡行者以及由婦女兒童（但很少男人）拖行的這種或那種小車輛，是很令人同情的。我看了不禁感到：「我的天呀，人的代價難道就是愚昧和戰爭嗎！」這是你所可能看到的最可怕的景象。這幾乎是人力所不能迅速解決的。我只能說，讓我們全力去做』。回憶在外長會議中，美國政府提出了歐洲水道的問題，貝文說：假使能把戰略與勢力範圍從想像中去掉，歐洲的恢復就不會像在奧得、萊茵，易北與多腦河建立委員會那麼困難。貝文向英國的盟國緊急呼籲：他們要解決關於其未來關係的任何問題，都要用他們所有的一切方法，阻止不屬於黨派之普通男女因苦難與飢餓而發生的爭吵，適當供養歐洲的唯一辦法曾經是：由東部與中部（此處爲糧食過剩地區）供養工業地區，現在由於戰爭各地都是糧食欠缺的地區，已經沒有過剩給工業地區。涉及南斯拉夫的時候，他說：南斯拉夫曾經供養這巨大人口的大部份。貝文說：因爲某些他所不能了解的原因，那裏的糧食生產是有限的。他們維繁榮。打破勢力範圍，是英國外交政策的基本點。英國人必須認識蘇聯在東歐無情的單方面的政策，是基於一九三三年至一九四〇年的恐懼與不安，正是因爲這一恐懼，使蘇聯分割德國，强行一怪異的邊界並驅出成千的人民。英國能够正當的說：他們有擬定的可以選擇的政策嗎？至少蘇聯在德國東部的政策，已實現了英國當她說摧毀容克世家權力與軍官團時所作的保證。

最近訪問柏林的自由黨議員說：除非盟國面對情勢，德國境內的『冬季鬥爭』會輸的。他所看見到的一綫希望，是英軍兵士的態度。萊茵區的英軍兵士，不忍德國兒童的嗷嗷待哺，英國不能責蘇聯懷疑英國與美國。這一懷疑由於英美拒絕對蘇宣佈原子炸彈的祕密而增加了一百倍。如果英國政府不能清楚闡明其對蘇聯關係的立場，如果英國保持原子炸彈祕密不讓蘇聯知道，蘇聯將採取與現在深疑的態度更不同的態度。代表人道主義，無黨無派的英吉利大學的議員拉特勃女士問道：『大陸上這一巨大的死亡率是否爲造成這種死亡率的國家視爲災難？』她問道：『難道這是不分靑紅皂白的復仇的辦法或要是有計劃的減少數代潛在敵人的數目的政策之一部份嗎？』她痛恨批評捷克。但是，第十個息消也是眞實的這些消息都會使瑪薩里克總統在墳墓裏輾轉翻側的。她建議有權威的代表團赴捷克，以後發現該地情況的眞象。

最近自柏林歸來的工黨另一議員說：「柏林的兒童正在嗷嗷待哺，對於柏林兒童情形是沒有別的話可以說。」大多數兒童早餐僅有一片麵包，和無糖無奶的代用品咖啡。午飯則是稀薄的湯菜。數月來沒有一個孩子吃到牛奶或沙糖。沒有糖的配給。他描述英軍佔領區的難民營是非常可怕的。一個難民營，一座老監獄，容納難民一二五〇〇人，其中許多是四歲以下的兒童。他說：『我在我的一生中會永不會忘記這種可怕的情景，』他說他以英國議員的資格曾訪問蘇軍佔領區，他旅行了該區約二三〇哩，從他所看到的一切當中，他感到很滿意，因爲沒有絲毫復仇的表示，並且一切人類能作的事都作了。進一步評論德國的情況時，他說：柏林人是穿的極好的——事實上較倫敦人穿的好。柏林人是饑餓不堪，而鄉下人則吃的很好，雖然缺乏衣服。

參考消息
（只供參考）
第一〇四八號
解放日報 新華社 編
今日出一張
卅四年十月三十日 星期二

美聯社報導 內戰危機攝住重慶政界的注意

「美聯社重慶廿九日電」中國戰後的饑荒、水災、疾病及經濟蕭條的危險在此間政界人士心目中已退居第二位，大家的注意力都為現在政府軍隊與共產黨軍隊之間的地方衝突每日愈益增漲的危險所攝住，這種地方衝突足以爆發全面的全國的內戰。如果中國爆發全面內戰，蘇聯是袖手旁觀抑或支持共產黨依然是一個謎；親政府方面人士甚願以極高代價獲知這一謎的回答。蘇聯運交共產黨以戰爭物資之說仍不斷流傳。新自新疆歸來的中國記者描述該地情形極為混亂紛雜。他說張治中將軍現在新疆解決糾紛，因為蔣委員長希望以同意在新疆各部建立四個「自治」區域以安定情勢，其中之一係在蒙古與土耳其混合種的親蘇的喀薩克人游牧部落所佔據的領土內，這一部落的活動曾引起此間中央政府極大關懷。記者說：許久以前這些反中央份子曾圍攻馬哥波羅去俄羅斯路線上的重要城市哈密。記者說：圍攻結果他不知道，但宣稱現在新疆親蘇集團中的許多前白俄都參加了這次圍攻。重慶方面其他認為可信實的消息說：九月初及前些時，附有外國標記的飛機曾在喀薩克與親重慶的地方軍隊之間發生衝突時支持喀薩克人。然而新疆的整個情勢依然是模糊不清，理由有二：第一、中央政府方面顯然不願外國記者訪問新疆；第二、官方緘默不言，深恐觸犯蘇聯的猜疑。刻在重慶的國大代表三百餘人，在今日發表的聲明中，曾提及中國的千鈞一髮的情勢。這三百代表是一九三六年選出的與指派的迄今未召開的國大代表一、四四〇名之一部。該聲明敦促即刻召開國民大會，解決中國當前的許多問題，力言「僅在國民大會上始能表現人民的意志，解決國家的問題，建立立憲政府與實行民主」。並且說，每一人應承認特別是當國事已達到緊急關頭的時候，召開人民代議團體之必要。該代表團發言人告記者說：中國軍隊改編與解放區行政題延擱。至於出席人員除當有國大代表（死亡附逆者除外）及國民黨中央執監均為當然代表外，並經決定將本屆國民參政員及立法院憲法起草委員會各委員列入為代表。其所藉口之理由為：「蓋以參政委員原係來自民間，且本屆任期未滿，而參政會本身與國民大會性質亦有相同之點。同時立法院憲法起草委員所擬定之憲法草案，又為國民大會討論之主題，各委員參預其間，即可說明起草經過，而使大會獲得更圓滿之結果。」至河北、察哈爾兩省及北平、天津兩市代表前未「選」出，國民黨中央已着令趕辦「選舉」。如開會時尚未「選」出，即由國民黨中央遴選充任云。

國民黨國大代表聯誼會 要圖立即召開國大

「中央社渝廿九日電」國大代表聯誼會，於二十九日下午三時假勝利大廈舉行茶會招待中外記者，由孔庚主席，報告國大代表過去普選經過及該會近況甚詳。最近該會對時局問題會發表共同主張，今並於茶會中宣佈，茲將該項主張原文錄下：

「來渝國民大會代表，感於抗戰已告勝利，建國正待努力，處此千載一時之機，對於國本所繫之憲政，及目前之實施民主與實現團結問題，以人民之立場不敢自安緘默，特舉所信，，喚起國人一致奮起，促進憲政與統一之完成，達到真正民主之境域，以奠國家長治久安之基。第一、吾人認為民主之基礎在根據人民之公意；在黨見之異同在法度之共守，而不在實力之協調，良以政黨係少數，國民自由意志之聯合非經過全體國民之選舉，不能獲得代表人民之資格。故中國國民黨力以黨治為手段，而仍以民選之國民大會為實施憲政之標的。溯自國民大會代表依法選舉以來，全國民意本已有共代表之機構，只以抗戰軍興召集不易，代表等亦以共赴國難相容忍。乃荏苒時日不能早定憲政之宏規，歷屆參政會以及政府反對派，均以未能早日召開國民大會相指摘，同人等受人民付托之重，竟未克執行應有之職權，此則於自責之餘，尤不能不為政府惋惜者。今者困難已紓，民情欠鬱，誠不能再以一黨訓政轉而為多黨紛爭，反使真正民意機構被支配於黨派分割下，開世界各國民主政治所未有之惡例。此例一開，少數人勢必動輒組黨，紛起要挾，試問政府將以何條件分別其發言權之有無，人民有何理由承認其代表民意之資格。須知憲政為國家命脈所寄，選舉乃民主基本之方式，人民所選惟人民能罷免之。若以少數××人私意××短長，真非民主之真義。中國有各政黨，均以革命政黨自居，故平素不屑於參加人民選舉活動，而惟從事實力之培植，今既倡言民主，即應尊重依法民選之民意機構，以其政綱政策相競爭，以取機構——中國面前兩個最大的問題——應由國民大會決定，而不應由政府與共產黨之間決定。他說：留渝國大代表主張一九三六年當選的國大代表出席國民大會，但不反對增加代表人數。然而他們堅決反對國大代表全部重選，如共產黨與民主同盟所要求者。他說：留渝國大代表許多代表是由『民衆選舉』所選出的，因而有權出席國民大會，而不須從新選舉。

王公達報導東北潛在的內戰

『合衆社重慶廿九日電』當事實上的內戰正在中國北、中、東、南各地進行之際，今日已可看到在滿洲潛在的內戰正有加緊之勢，在那裏，八路軍的四個指揮官——都是東北人，正準備當政府軍隊進入或試圖進入東北數省時進行作戰。這四位共產黨的指揮官顯然都是年青、敏捷的軍人，但他們只接受延安總部的命令——這是迄今為止與中央政府的命令不同的。這四位指揮官是張學詩、呂正操、萬毅、李運昌。張學詩是『少帥』張學良的四弟，張學良自一九三六年劫持蔣介石以來被囚至今。其弟張學詩是蔣介石的學生——蔣的中央軍官學校畢業生。他是一等的騎手。自一九三九到四〇年，他在延安負責訓練東北男女青年，準備目前在東北的活動。兩年前他為冀中游擊區參謀長。呂正操在八路軍中以『平原游擊戰術創造者』聞名。在戰爭時期，他當冀中游擊區總司令若干年。他也是一個優異的騎手，他的衛隊都是騎兵。八路軍總司令朱德於八月十一日及翌晨，命令他們四人開始從河北經過長城入滿洲。在進軍開始時，他們四人聯合拍電給中央政府領袖包括蔣介石在內，要求立即釋放『少帥』（新華日報曾經登載過），『我們要求國民政府立即無條件釋放張學良，以便他能同我們一起到東北去光復國土。』當然，這個電報沒有被答理。現在這四位指揮官的部隊，分佈在滿洲南部及熱河省的幾個地區，守衛南滿路、北寧路及南滿各港口。這些騎兵隊伍既與延安共產黨總部取同一觀點，並準備只執行延安方面的命令，也許將阻撓中央政府軍隊進入滿洲的『前進』，並準備『開火』。——王公達

國民黨積極籌劃包辦國民大會

『簡訊社二十七日訊』據渝世界日報十月四日訊：當毛主席尚在渝談判時，關於國民大會問題，國民黨中央黨部常務委員會會於二日開會討論。各委員當經商定加速籌備，期於十一月十二日如期在渝舉行，如因籌備不及或其他特殊原因發生困難時，始再斟酌實際情形，臨時

得人民代表之擁護，若仍本其一貫作風，首以反對法度為前提，則將來再有實力派起，爰而以新設政黨為號召，則已選之民意機構隨時可以選出之××事實，藉口取消民意，即永遠支配於黨見與實力之下，治絲而愈棼，內亂永不能絕，又豈今日民主運動者之所願望？故今日不語民主則已，言民主必從尊重法度始，尊重法度下選出之民意機構，始無論執政者與反對派均宜以國家永固之基礎為念，不可任意修改公佈於人民選舉以前之選舉法規，鄙視人民公意。至於各黨賢達之士，儘可以其政治主張求得人民之信任，同人等自當人民公意為最公平之選擇。

第二、吾人認為團結之基礎在政策之協調，而不在政權之分割，政黨存在之前題為其政綱與政策，偉大政治家其所爭者不在政權之是否自存，而在政綱政策之能否實施，通達之現實政治家亦不惜採用其反對派之政策，於是×得相受相成之利。吾人觀乎今日政府與中共談話紀要，似覺關於政見協調者少，關於政權分割者多，甚至官位實力之數目爭執，皆煌然公佈，使人不能忘及往昔政爭之覆轍。英美民主政治運動中，亦曾有此一片段歷史名曰分贓政治者，卒之為人民深惡痛絕。而消滅吾人希望於今日之進步政黨者，乃在其努力之歷史，推動歷史之改進，而不有其舉由舊章，再資敵人以口實。×××××團結之前提，為雙方共同信守之政治方案，今日既以三民主義為全國一致之共信，則問題惟在實施方案之如何制定，緩急輕重之間不妨為斟酌損益之具體研究，一旦方案成立，人民即當以執行與監督之權分授正反兩方，以收促進期成之效。反對方面惟有從事理上分析現實缺點，提供改革意見，乃可取得人民之信仰，甚至可以民主方式取得執政者而代之。人民惟有以最公正之眼光注視雙方實施政策之誠意與技術如何而加以抉擇而已。今日全世界已面臨一大時代，同人宜如何順應時勢為和平之經濟計劃，達到最大多數人民之福利，取消官僚政治，以免封建餘孽之復燃，此實為全國國民一致渴望者。本此理想，方為真正之團結基礎，若僅注重目前之實力爭執，則一方使軍事力量繼續分時，一方即不能達到計劃建設之目的。而當前之歷史任務之統一過程，亦虛有其表，猶為愛國之士所不能不深思者也。依據以上兩項觀點，吾人認為解決時局之正當民主途徑，厥為立即召開國民大會，表達民意解決國事，奠定憲政，實行民主。至於抗戰有功之各黨與各界賢達，均可由大會中予以一定額數之增選，俾得集思廣益之效，而收一致團結之功。同

人等爲忠實於選民所付之任務，謹自即日起分電各地×選出之代表迅速集中，先行籌議開會事宜，民意機關在國家重大興革，本有公×××必要，吾人×××其責，敢舉所信以告國人，尚望政府當局社會賢達以嚴肅心情，以慎重考慮，以守法爲憲政之始，以民意爲民主之本，國家萬年之實繫於斯。

閻錫山談來渝任務

【中央社渝廿七日電】中央社記者廿七日晚往訪閻司令長官錫山於其寓邸。閻氏着灰棉布軍服，精神甚佳。渠係於廿六日由太原乘機飛西安轉抵渝。閻氏談此次來渝任務有三：（一）向中央報告第二戰區受降經過；（二）向中央報告最近晉境軍事情形；（三）向委座請示今後措施。渠稱渠將近八年未晤蔣主席，故於日寇投降後，即擬來渝謁見，惟以受降工作未竣，不克分身，故至今日始如願。閻氏嗣談及晉境軍事活動情形稱：日軍投降後，我軍即由孝義而太原，由太原而大同，收復各大城市。共軍因行動遲緩，不能達成目的，乃一面破壞交通線，阻擾國軍行動，一面分兵攻取國軍已經收復之各城鎮。如交城國軍於八月廿日收復，廿八日復遭共軍圍攻。於卅日失守，九月五日復爲國軍收復。離石於八月十九日經我收復，九月四日共軍圍攻，於五日失守。中陽係七月廿七日經我軍克復，九月九日復遭共軍圍攻，廿六日始得解圍。襄垣於八月廿五日經我收復，卅日遭共軍圍攻，九月一日失守。屯留於八月廿一日收復，九月六日遭共軍圍攻，十一日失守。潞城於八月廿五日收復，九月十三日遭共軍圍攻，廿六日失守。長子於八月廿二日收復，九月十七日遭共軍圍攻，十九日失守。長治於八月十七日收復，九月廿一日遭共軍圍攻，十月八日經我軍放棄。天鎮於九月三日收復，十月五日遭共軍圍攻，八日晚失守。陽高於九月六日收復，十日遭共軍圍攻。十一日失守。渾源於九月二日收復，十月十三日遭共軍圍攻，十八日失守。永和八年來均爲我所有，迄未陷落，但日軍投降後，復遭共軍圍攻失守，現又收復。左雲於九月五日收復，八日遭共軍圍攻，十日失守。壺關於八月十七日收復，九月十七日遭共軍圍攻，十九日失守。以上各城均先後被國軍收復，共軍復來奪取，究竟誰爲主動，誰先進攻，事實當可證明。記者詢以我方對共軍之態度，閻氏鄭重聲稱：從來我們沒有主動的攻擊他們，每次都是應戰。我們始終抱此主旨到底。至於今後晉省施政方針，據閻氏稱：決一本中央政策，努力地方建設，提高生產能力，改善人民生活。聞閻氏在渝將有數日勾留，於下月初返晉。

變爲共產黨，是尚未完全弄清的一個問題」。朝鮮今日日益變成國際性的問題。朝鮮人自己和美國都是首先關心於使朝鮮在政治上與經濟上恢復獨立。訪員說，某些當局傾向於相信：「蘇聯人正在美國佔領區中煽動不安」，企圖破壞美國恢復經濟基礎的願望，「雖然一方面有確切的證據證明這個論點，但另一方面也有證據證明，這些煽動者不全是真正的共產黨。佔領當局指出，日本隱祕的團體仍然希望：朝鮮終將有一日重歸日本××，並正在盡一切力量來××××」。觀察家報繼稱，確定那個集團應負責騷動，現在還辦不到。如果全世界被准許知道分界限那一邊正發生些什麼事情的時候，那麼答案恐更爲明顯。截至現今爲止訪員們都被禁止進入蘇聯佔領區。雖然沒有確鑿的證據，但這種形勢在某種程度上便利了，這個傳說的根據：即蘇聯正在搶刼與大規模運走重工業的裝備。此間即使最熱烈親蘇的人，對於以卅八緯度爲界的兩個盟國相處的空氣，亦不能不表示奇怪，這種空氣在表面上只能形容以『敵視』二字。訪員在論及蘇聯准許美軍每週越過邊界以佔領被孤立的半島的協定，以及他們拒絕以後又允許供應品每週越界二次時說：『蘇美兩國在朝鮮的關係不是當地司令官所能決定的問題，而是華盛頓與莫斯科決定的問題。對於朝鮮的繼續瓜分，由蘇聯佔領卅八度以北的一切領土，使世人日益明顯地看出，這個亞洲大陸的附屬物，實際上是強權政治的支點，它不僅涉及亞洲，而且同樣涉及歐洲』

英人對遠東問題的態度

【中央社記者任玲遜倫敦廿五日電】英官方與非官方之言論，均表示英人日見關切政府之處理爪哇及越南之微妙情勢，各方均認英現處於最難處地位，大部份之意見，均以爲應謹慎從事，並相信爪哇及越南之危機，實爲東南亞洲民族關係上之轉捩點，議員五十六人昨夜於倫敦所發表的聯合聲明實爲公衆關切此事之最近表示，此聲明現已提交阿特里及貝文，以備考慮，其中側重三點：一、印度尼西亞及越南之民族運動者，實爲謀求國家解放及進步之眞正大衆力量，二、應勸告促請荷法承認其屬地中之新力量，三、英印軍隊決不應參加計劃恢復遠東方面荷法帝國主義的軍事行動。已解放屬地之前途，定須在以下三因素之範圍內解決之：（一）印度決意求獲獨立，且同情其他地方之民族運動。（二）遠東之新强，即中國反對與戰界上外國帝國主義之復生。（三）因爲遠東帝國主義壁壘之日本黷武主義已告崩潰，同時必須慮及其他二國美國業已訂定菲律賓獨立之日，並不願用其力量以恢復亞洲南邊上之舊帝國，此外尚有蘇聯，其政策實爲遠東方面之首要因素，

【中央社宜陵廿九日電】中樞紀念週本日晨九時於國民政府舉行，由蔣主席領導行禮，閻長官錫山公報告：（一）第二戰區八年來與敵人由平原陣地戰轉至山地游擊戰之情勢；（二）統計國軍與敵軍作戰次數，與被十八集團軍與敵交戰次數約略相等；（三）戰後建設應從政治軍事經濟各方面努力。約一小時始畢。

【中央社渝廿九日電】蔣主席今午宴閻長官錫山，並邀程代總長白副總長等作陪，晚間徐堪部長宴請閻氏，並請張主席群等陪席。

【中央社渝廿九日電】第三方面軍司令官兼京滬衛戍司令湯恩伯，廿九日下午十六時由滬飛抵渝，下車後，即赴私邸休息，同機來渝，者有荷副參謀長吉堂，儲祕書道安等。

杜魯門傳佈美國外交政策

【美新聞處華盛頓廿七日電】杜魯門總統今日概述戰後美國外交政策十二要點。在這演講中，他指出：美國，甚至在戰後，將是世界上最巨大的海軍國家。他繼稱：這海軍包括對日作戰勝利日的一千二百艘軍艦，及其小船五萬餘艘，飛機四萬架。杜魯門說：此龐大攻擊力量的平時部份將是外交政策的骨幹，其目的在於維持世界和平，作為美國自由的保證。杜魯門總統申述的十二點涉及了一強大國家與其大小鄰邦之關係的各方面（其摘要已詳載解放日報）在闡明全世界親密合作的必要時，杜魯門總統指出，原子炸彈對世界關係的巨大影響。他說：投落廣島與長崎的原子炸彈，必須當作一個新時代的信號——各和平國家間更加團結與親密友誼的時代的信號，而不應作為互相分裂的舊的進程的信號。杜魯門繼稱：建立和平比起打仗需要更多的道德上的努力，但那努力的報酬，是人類所能獲得的最大的報酬。最後，他說：美國的外交政策是牢固地建立在正當與正義的基本原則這一基礎上。在執行那些政策時，我們將堅持我們所認為正確的，我們不贊成對惡行作任何妥協。

英觀察家報評蘇美在朝鮮關係

【路透社倫敦廿八日電】星期日觀察家報訪員自朝鮮塞權爾報導稱：美國在朝鮮的佔領工作已被很有組織的與自×的共產黨活動者所阻礙。他說：他們主要目的似乎在於造成普遍的不安。訪員繼稱：「這些煽動者擁護莫斯科所規定的黨的方針，究竟如何活動，從而獨攬自

吾人當不能認為蘇聯對恢復此區域與舊殖民地××之舉動，仍表同情也。英政府在緬甸馬來亞屬地，已表示有若干讓步之必要，東南亞盟軍統帥蒙特巴頓與緬甸抗敵領袖談判時，所採取之明智政策，可資佐證，荷法政府亟宜與印度尼西亞及越南目前之臨時政府談判，並承認渠等協助解除日軍武裝之貢獻，遠東戰後所發生之各種問題，須公認與各聯合國家之利害。

希臘局勢

【路透社雅典廿日電】路透社特派外交訪員馬裴與特報導：雅典今日雖然平靜無事，但實際上仍然不安，各政黨均在準備奪取地位，並正等待希臘攝政大主教達馬斯金諾斯的下一次行動，後者於星期三掌握了政府大權。一般認為，攝政對辭職了的內閣之保留（總理瓦加利斯除外）只能暫時解決現在的危機。此間政治觀察家認為，駐國會外交次長麥及爾昨日在英下院的聲明，即英國反對以武力在希臘奪取政權的任何企圖，是很合時宜的。一般感覺，英國的警告將使雙方極端主義者以暴力威脅作為政治武器的任何企圖，受到打擊。（缺）極左派公開抱着敵對態度，斥責××和英國在希臘的政策。共產黨據信正集蓄他們的力量，準備總將到來的反攻。右派支持者則表示很痛苦地強調，他們無意於以武力實行他們的志願。希臘攝政似乎有三條可能的行動方針：（一）保持總理地位，成立新政府，然後着手解決經濟危機並在選舉之前，保持政治上的均衡。（二）把總理職位讓給其他的人。（三）承認未能獲得各反對政黨的合作，並退出政治舞台。

【合衆社倫敦廿四日電】希臘國王喬治，今天在單獨接見合衆社訪員說：除非希臘人民自由投票贊成他回去，不然絕不回希臘。他要求這種××××應在與盟國監督無關的「中立國」政府之下舉行。這是五十五歲的希王喬治對記者發表關於他回國問題的第一次聲明。合衆社獲悉：希王與美國務卿貝納斯的通信，大概是談關於他回返多難的祖國的問題。希王喬治說：「只有由中立的暫時代管政府，實行非政治性的×××與盟國監督，才能在希臘進行自由的選舉。他對達馬斯金諾斯攝政自己想當總理，不大贊成。他認為教會不能掌握政府，也不能當國家的首腦。他很率直地反對右翼實行政變以便建立皇家獨裁的思想，並說：「在希臘，沒有思想嚴肅的人可以想到這樣的事情。喬治王的談話並不是想回國去，雖然以前他曾說過：在祖國被解放之後我有權像其他國家首腦一樣立即回我祖國去。」

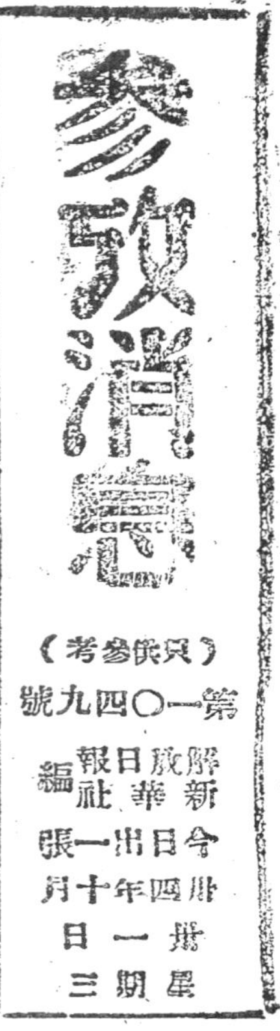

（只供參考）
第一〇四九號
新華社
解放日報社編
今日出一張
卅四年十一月一日
星期三

國民黨部隊乘美運輸艦在秦皇島登陸

【路透社倫敦卅日電】據紐約電台今日廣播天津電，蔣委員長的軍隊今日乘美國運輸艦在秦皇島登陸。現在華北各地激烈進行的「不宣而戰的內戰」，這一新的戲劇性的發展，是繼中國共產黨發言人所作的並且已由紐約電台廣播的聲明而來，該聲明警告重慶，中央政府軍隊企圖乘美艦在共產黨佔有的領土登陸時，共產黨軍隊將開火。延安大量共產黨軍隊自日本投降以來，集中平津一帶。中國共產黨對美國目前在華政策的見解今日已由路透社駐重慶記者坎貝爾所報導，坎貝爾問中共官員「為要避免總的內戰應該作些什麼事情？」中共官員答道：『除了其他事情以外，則要看美國的態度，看美方準備如何幫助中央政府。』『我們認為美國已在干涉中國內政，中國共產黨要與美國合作，但如果美國率領中央政府軍隊進入華北中共所控制地區的心臟時，不能保證一槍不發。重慶中共總部今日坦率否認中共軍隊曾獲得蘇方任何物資的幫助。中共官員說：『在日本投降以前蘇聯曾援助兩黨對日作戰，但是現在，我軍確未受到任何補給』。這一聲明堅決地反對了非官方的消息：說蘇軍將所繳日軍武裝交給華北與滿洲的中共軍隊。據重慶今日消息華北戰事日益蔓延普遍，重慶中央政府與共產黨之間的會談已將次要問題擱置不談，以便對停止戰事，作最後一刻的努力。長江以北，至少有三省，因鐵路、橋樑被毀，混亂情況日益增漲。而楊子江以南的中共軍隊已突然停止北撤至新陣地。今日消息說：京滬衛戍司令湯恩伯今日應蔣急召飛抵重慶。預料中共主力依然停留長江以南的問題為他們談判的主題。

中外報紙談論中國「內戰」

【路透社重慶廿九日電】今天，延安（共產黨）公報直率描述華北中央政府軍隊與共產黨軍隊之間的戰鬥為「內戰」。據山西省主席閻錫山將軍說：在絳州——太原鐵道以東的戰鬥中，政府軍隊已遭受一萬五千餘人

【合衆社重慶卅日電】中國今日各不同政黨宣傳報紙上『土匪』一詞廣泛使用是很紊亂的。人們可以見到國民黨官方通訊機關中央社的許多報導『土匪』破壞鐵路，決開黃河水堤及襲擊政府軍隊。這些都全是指共產黨軍隊——這種說法是根據於任何不服從政府命令的武裝集團都是『土匪』的理論的。今日共產黨發出的消息亦用『土匪』一詞，說『最近為國民黨收編的「土匪」乘輪抵山東烟台港附近』。（該港在共產黨手中）。共產黨所發消息後來解釋稱，這些『土匪』以前是偽軍，現為中央政府收編來打共產黨。

【合衆社重慶卅日電】中央社訊，在華北鐵路的廣泛有組織破壞中，在平漢路一小段上駛行的火車，於十月廿八日在磁縣（黃河以北五十哩）第一次碰上地雷。據稱，由於爆炸結果，該段又不能通車。據稱，隴海路東段的開封至徐州一段，由於新的破壞，交通又告中斷。

國共商談避免衝突

【中央社渝卅日電】今日下午五時，張主席羣、王部長世杰：邵秘書長力子，與周恩來、王若飛兩氏關於恢復交通、避免衝突續有商談。

【路透社重慶廿九日電】據今夜此間消息稱：兩方領袖目前正在努力阻止國民黨軍與共產黨軍間的衝突。按這種衝突現在正威脅着使華北變成一個大戰場。主要出席談判人為四川省主席張羣，他是蔣介石的左右手。共產黨方面代表為周恩來將軍。

【合衆社重慶廿九日電】中國方面報導，新近劃定的東北九個省的省主席及滿洲兩個市——長春、哈爾濱——的市長，現在都已飛往滿洲。據說交通部代表陳延炯抵長春接管東北鐵路及公路。又謂宣傳部代表潘公弼抵長春。大公報報導，潘氏提出東北宣傳網預算達八億元（九十萬美元）。——王公達

【合衆社重慶廿九日電】中央社訊，在政府正加急速修復平漢路之際，共產黨又破壞了從冀南元氏到豫北淇縣一百哩鐵路，據說在被毀一段，枕木被焚，路軌拆掉，橋樑炸毀，車站房屋摧毀，損失極大，據說『短期間已無法修理』。據說交通部長現在天津監督各變軌鐵路的修復工作，並計劃恢復各線交通。——王公達

何應欽麥克魯飛平

【中央社南京卅日電】何應欽上將卅日飛平視察京××，文治處長鈕先銘、劉廉一、鮑靜安，秘書會鴻圖隨行。又美軍作戰司令麥克魯將軍偕處長四人，及

的偽亡，共產黨聲言他們在該省有六十四團以上——十萬人。重慶報紙今日警告『內內戰的危險，並申請停止戰鬥。大金融家的代言者『時事新報』稱：戰在這時候爆發，正如重病後的感冒』。天主教『益世報』籲求雙方和解的精神說：『國家亟需休息、和平、眞正的不是裝樣的民主』。共產黨新華日報譴責閻錫山將軍是一個『反共的頑固份子，但為了達到他的目的不惜召日本及『偽軍』合作。國民黨共產黨談判之顯然不能解決任何重大問題，已激起了大批消息表明：重慶與莫斯科之間關係日益緊張。中國官員方面對於與蘇聯的關係保持顯著的緘默以免激起莫斯科的不滿，但是，中國共產黨日益反抗的態度已給這些消息增添了力量。加入此形勢的未獲解決的其他因素為內蒙懸而未決的情勢。現在，重慶與共產黨軍隊都在設法統治該地。據說：對蘇之由滿洲撤退輜重裝備已發生憤怒的暗流。對於蘇聯拒絕中央政府在大連與旅順港登陸這一態度的不安亦日益增長，並感到這是違犯中國的主權。有消息說：蘇聯要求償還蘇聯攻入與佔領滿州的費用。經常可靠方面的消息今日稱：蘇聯以繳獲日本之裝備供給共產黨。重慶至今外表上很少緊張的象徵，但許多商談正在祕密進行。駐紮中國的少許英軍不過只是表徵部隊或便囿而已。可是，美軍對政府方面卻負有重大義務，儘管在華美軍司令兼蔣介石委員長參謀長魏特梅耶將軍，曾迭次着重指出：美國對任何內部戰鬥遵守不干涉政策。

倫敦路透社記者今日寫道：中國政府與中國共產黨之間的關係在上週的確惡化了，但倫敦消息靈通人士感到：沒有象跡表明，重慶與莫斯科之間的關係因而嚴重地複雜起來。雙方都承認打仗，而僅是爭執打起來的情況。疑惑未明的問題是：第一、誰開始打的。第二、是否有那一方面或雙方都使用日軍的物資。莫斯科與重慶之間磨擦的消息是更難於估計的，但是，此間消息靈通人士並不認為：那些說有蘇聯統帥部不履行今年夏天簽訂的中蘇條約及給與共產黨軍事援助的消息是可靠的。這樣一種發展將暗示：蘇聯將改變其支持蔣介石政府的政策，而這方面現在並無象跡。在過去，莫斯科的政策也不是給中國共產黨以實際援助。中共在共產主義運動中向來是保持獨特的獨立地位。此間有資格觀察家認為：蘇聯政策的改變一向是可能的，但並不以為現在已發生改變。此間把將滿洲的歸返重慶政府主權視為中蘇條約最重要的一個問題。假若交還了，儘管有新的內戰威脅，莫斯科與重慶之間的關係基本上還是穩固的。

中委龐鏡塘、黃宇人，北平市黨部主任委員許惠東、軍政部京滬區特派員劉公處主任吉星福等同往，聞何總司令在平公畢，或將轉赴濟南青島視察。

【中央社北平廿九日電】日聯絡部長根本博率副參謀長渡邊石，廿九日晉謁行營李宗仁主任，李氏訓示該部長應負責約束部下，確保器材物資聽候接收。

杜聿明又飛回北平

【中央社北平卅日電】東北保安司令長官杜聿明將軍，於卅日下午六時半，率該部前進指揮所主任趙家驤中將等一行，專車赴津。杜將軍係卅日下午三時由長春來平者，離平前會謁何總司令報告請示。

【中央社長春廿四日電】（遲到）第七批接收委員，今午飛抵此，計有吉黑區鹽務管理局長黃中美，交通銀行瀋陽分行經理錢×元，行營高參吳琭×，交部工程師饒家鰲等十九人，掃蕩報記者閻奉璋同來，閻君為後方來長新聞記者者之第七人。

【中央社重慶卅日電】遼寧省政府祕書長，已由行政院派羅大愚充任。

【中央社重慶卅日電】軍政部東北區特派員郭乎璒偕東北保安司令部高級人員焦實譽等卅日由渝飛平轉長春。

【合眾社重慶卅日電】中央社駐長春記者報導：戰爭荼毒的滿洲因煤炭奇缺，正面臨嚴冬。長春於十月廿四日已降頭次大雪，並夾有來自西伯利亞的冰凍的烈風。長春附近的河流與溝渠已結冰。據說滿洲一切煤礦自日本崩潰以來即已告停頓，至今尚未復工。日本崩潰以前三年來，供烤火的煤炭僅分配一點點，由於鐵路交通破壞，大城市，如像長春等城已缺煤炭，長春的存煤僅足一月之用，日軍俘虜及日本市民處於可怕的慘景，據悉，長春已有兒童凍死事件。

【中央社長春廿四日電】（遲到）昨夜西北風起，今晨地上有積雪，室外結冰，氣候嚴寒，惟竟日晴空如鏡。據有經驗者談，近年東北氣候頗有轉變，民國十一年前常於九月間見雪，爾即逐漸推後，本年此日見雪實較歷年為遲。又據近三年來因戰爭關係，煤炭大部用於工廠，民間分配極少，行營所在地之『滿州煤礦株式會社』，已三年未燒暖氣，現戰爭雖告結束，然煤礦區皆停工，產量極低，並交通未復，運輸亦成問題，聞全長春存煤尚不夠冬季一月用之。

中央社說：歸綏人民逃散

【中央社歸綏二十六日電】（遲到）國軍退出集寧後，中共軍隊仍侵進不已，人數約達十萬之衆，並附有巨砲多門。歸綏市自昨晨一度驚擾後，人民四散逃離，絡繹不絕。各界均先後函電中共軍隊，望以和平爲重，希即臨崖勒馬。

國民黨山東省府『改組』將漢奸委員減少幾個

【中央社渝卅日電】行政院本月卅日舉行第七一八次會議，宋院長主席對各機關明年度預算編造有重要原則指示。決議各案擇載如次：（一）裁撤財部貿易委員會案，決議通過。（二）設立善後救濟審議委員會案，決議通過。（三）設立全國船航調配委員會案，決議通過。（四）撤銷各省府駐首都辦事處案，決議通過。（五）國立北平故宮博物院第六屆理事人選案，決議通過。（六）設立青島市衛生、地政兩局案，決議通過。（七）修正妨害國幣懲治條例條文案，決議通過。（八）決定土地所有權移轉延不履行登記處理辦法案，決議通過。（九）修正社會部組織法及合作事業管理局與勞××組織條例案，決議通過。（十）修正衛生署組織法案，決議通過。（十一）青海省西寧市政籌備處組織規程案，決議通過。（十二）廣東省臨時參議會任期延長至正式參議會成立之日爲止案，決議通過。任免事項：（一）山東省府應予改組，該省府委員兼主席何思源、委員兼政務廳長劉道元、委員兼軍事廳長李延年、委員兼總務廳長趙季勳、委員兼秘書長牟尚齋應均免本兼各職。委員臧元駿、林鳴九、裴鳴宇、張里元、趙保元、李郁廷、李漢三、田誼民、許星園、劉汝浩應均予免職。任命何思源爲山東省政府委員兼主席，劉道元爲委員兼民政廳廳長，趙季勳爲委員兼財政廳廳長，李泰華爲委員兼教育廳廳長，丁基石爲委員兼建設廳廳長，牟尚齋爲委員兼秘書長，林鳴九、臧元駿、高傳珠、張鴻漸、鄧繼禹爲委員。（二）派王世圻、李崇德爲善後救濟總署蘇寧分署副署長，王式典爲河南分署副署長，王人麟爲上海分署副署長。（三）派青海省政府民政廳長馬×寄兼該省縣參議員選舉監督。（四）派新疆省政府民政廳長鄧翔海兼該省縣參議員選舉監督。（五）任命王長璽爲熱河省地政局局長。（六）任命林欽辰爲青島市地政局局長，郭致文爲衛生局長。（七）任命張振漢爲江蘇省連雲市市長。（八）任命趙太×爲教育部參事，×××王崔×原任高等教育司司長職務。（九）派馮均逸爲四川省十三區行政督察專員兼保安司令。

【中央社開封廿七日電】頃獲關係方面確息，平漢北段甫正搶修，不意復遭奸匪澈底破壞，現南起豫北淇縣，北至冀南之元氏，全長三百餘里鐵軌被截，枕木被焚，橋頭被拆，票房被毀，損失至爲重大。該路爲華北復員樞紐，突遭破壞，材料奇缺，短期內無修復希望。

【中央社汴廿八日電】據路局訊：平漢路北段及隴海路汴徐段遭匪徒破壞影響復員工作至爲重大，今日上午十時，平漢路車自新鄉北駛，在汲縣以北觸雷翻毀，致新鄉汲段例行車被阻。隴海東段碭山李家莊至黃口段搶修甫竣，廿七日晚復被奸匪拆毀一段，至汴徐間車又經中斷。

匈已廢除統一候選人名單

【合衆社倫敦廿三日電】據布達佩斯電台息：匈牙利選舉新一的候選人名單已被廢除。如果這一消息屬實，則其意味着蘇聯一方與英美另一方之間的磨擦亦經消除。匈牙利盟國管制委員會蘇聯代表伏羅希洛夫幾近最後通牒的通知，是建議將一切候選人列入一個候選人名單內，讓投票者選舉。這是繼匈牙利城市選舉中小地主黨獲得勝利，並且顯示小地主黨在全國基礎上擊敗其他政黨（包括共產黨）的一切象徵之後而來的。倫敦英國官方評論家今日強調英國考慮蘇匈互換貨物加上蘇匈經濟條約，強烈抗議蘇聯這種協定。英國的抗議，不僅限於蘇匈經濟協定，而且亦抗議蘇羅協定，英國說這是關係三大強國的。

華府倫敦正考慮英美軍事完全合作計劃

【時訊社廿六日訊】據英新聞處倫敦十月四日航郵，英每日報駐華盛頓記者來電稱：「華府和倫敦現正在考慮英美軍事完全合作的計劃，包括建立一個指揮全部軍隊的總部。這個建立英美陣綫，以對抗將來任何侵略者的假想計劃是：所有他們的陸海空軍採用同一的訓練計劃和同樣的裝備，同時在任何時間可以換防。英國和加拿大的軍官們已經進了美陸海軍學校（此學校稱爲ANscop）而這個學校的工作，是美國陸軍部中最秘密的一部份。」

【簡訊社二十七日訊】據英國新聞處倫敦訊：（同前訊，上略）如全部軍隊均能接受同一之訓練，使用同樣之槍砲、軍火、飛機，則美國與聯合國能成爲一個不可擊潰之軍事陣綫。如英、美、加三國握有原子彈之秘密，決定實行最完善之軍事合作措置，則與中蘇法三國亦可進行同樣之工作。

【路透社紐約廿七日電】紐約時報從加拉加斯來訊稱：委內瑞拉新國會星期六接到非正式之通知稱：預期在廿四小時內，美國將承認該國新國會。

國民黨盼魏特梅耶歸來幫助機械化

【合衆社重慶卅日電】世界日報載稱，中國軍事當局使戰後中國陸軍現代化的目標是全部機械化。據稱，此間熱切地盼望魏特梅耶中將回來，以便討論此任務。

【合衆社重慶卅日電】世界日報載稱，陸軍部已在華北、華中、華東、華南自日軍手中接收了卡車一萬六千輛。據稱，其中五千輛將交與戰時運輸局作運輸之用，其餘一萬一千輛，將被用以組織二十個汽車大隊，爲中國陸軍使用，該隊將有汽車五百餘輛。

【合衆社重慶卅日電】杜魯門總統私人專使愛德文、洛克，已自台灣返渝，昨夜謁見蔣介石。

俞飛鵬說：平京交通日內接收

【中央社北平廿九日電】飛鵬廿九日上午，由津飛平，訪李宗仁主任，洽商並出席行營召集之中央特派員談話會，會中，俞氏報告稱：平津交通日內接收，渠爲恢復津浦路鐵交通，故往返視察，據視察結果，獲悉「匪徒」從事有計劃有組織之破壞工作，修復未竣，旋被破壞，問題頗爲嚴重，平津滬青航運正積極規劃早日恢復。

【合衆社重慶廿九日電】中央社訊，政府正加强華北兩個最重要城市平津的防務，據說最近率部進入天津的第九十四軍軍長牟廷芳就任天津警備司令之職，據說可有一批政府部隊抵津加强防務。

【中央社濟南廿九日電】濟南鐵路局，廿九日晨由交部平津區濟分區接收委員陳舜畊接收，並於上午八時舉行接收式，日籍局長片瀨晉負責移交，鐵路局局長職暫由陳氏兼任，其××爲膠濟全綫津浦路德州至兗州段及其支綫，目前兩路交通因受「匪徒」破壞，均未暢通，陳氏接收後，擬以全力趕修，務期於最短期內恢復通車以利行旅。

【中央社漢口卅日電】關於平漢路交通，據交部夏特派員稱：鄭州漢口間客貨車準於十一月一日起通車。

劉峙誣我軍爲「土匪」

【中央社漯河廿七日電】劉長官廿六日接見記者謂，豫東太康尉氏西華一帶經我收復後，匪徒無從匿跡，最近竟將扶溝屬白潭東北附近黃堤盜掘，禍我民衆。豫中、豫西、豫南一帶之土匪，則不斷擄掠，近一二週前且復發現其恐專殺團專暗殺黨政人員。

對日管制委員會性質揣測

【中央社華盛頓廿八日電】值茲遠東諮詢委員會前夕，蘇聯參加會議之前途已略見光明，因見貝納斯昨晚聲明蘇聯不堅持管制日本委員會之原有計劃，乃三國可能打開僵局之第一次樂觀表示，且逐漸打開途徑，俾蘇聯能在本月卅日參與會議，然官方人士堅持如美國同意成立管制委員會，則在各强國間發生意見不合時，其政策仍應決定一切，此點已在九月六日美國處理投降德國日本之政策中述明，決不能有所退讓，國務院所以發表聲明，係因蘇聯所希望之管制委員會，屬於何種形式一事，各方解釋頗不一致，按貝納斯於十月十日聲明稱：莫洛托夫九月廿四日所建議成立之管制委員會，類似德境之盟國管制委員會，係採輪流担任主席，及一致表決方式，前將德國分爲四區，每一區域之司令官，均在其本區有最後決定權。國務院（缺四字）莫洛托夫十月一日致貝納斯之函件重申其對日管制機構之原議，其要點似乎與管制德國者相似，蘇聯已不堅持發生爭執時，不由主席裁決，而由各國政府解決一點，華府報界指出：莫洛托夫之建議，將使對日管制委員會類似巴爾幹各國之管制委員會，蘇方主席在後者有最後決定權，貝納斯提出警告稱：此一問題之討論，將繼續進行，因此目前不加批評，一般並猜測杜魯門總統與斯大林委員長之函電來往，可能討論此事，然杜魯門昨日在招待記者會上稱：彼並未收得斯大林之覆電。

留英波蘭反動份子 要求紅軍在大選前撤退

【合衆社倫敦廿三日電】前波蘭國會議員卅名，於今日散佈的備忘錄中，要求紅軍、蘇聯一切政治警察、民兵及一切蘇維埃機關人員，在雅爾塔協定規定之選舉開始以前，撤出波蘭。備忘錄中簽字者有參議員十二人，佔領前之波蘭國會議員十八人。其中有詹·郭賓斯基，他是阿基塞夫斯基倫敦流亡政府中的領袖之一。備忘錄中提出七條作爲波蘭「眞正自由與祕密選舉」的基本條件。他們要求說：在一九三九年至一九四五年期間，被放逐至蘇聯的一切波人應讓他們回來；被當作政治犯而囚於勞動營及監獄中的波蘭公民應當釋放；恢復言論、結社及集會的自由；保證出版自由；恢復憲法所規定的波蘭法庭的司法行政權；允許波蘭一切公民投票及競選官職的權利；允許寰球報界觀察家及訪員進入波蘭境內，而不加以任何限制。

（只供參考）
第一〇五〇號
解放日報 新華社 編
今日出一張
卅四年十一月一日 星期四

王公達分析國共關係

【合衆社重慶卅一日電】合衆社駐渝記者王公達報導：政府與共產黨兩方面情報表示共產黨軍隊一百萬與政府軍隊一百萬，如目前遍及各地持續不斷的戰鬥不能由政治解決的談判所停止時，迅將轉爲十足的內戰，目前遍及各地持續不斷的戰鬥看來是一種不宣而戰的，非正式的流血慘劇的預演與先奏，這種流血慘劇在世界所有的字典上除「內戰」一辭外則無以名之。在目前的序幕中及行將到來的揭幕時，針鋒相對的政府軍隊與共產黨軍隊外，尚有美國海軍陸戰隊第三水陸兩棲作戰兵團與刻在滿洲及長城外面的內蒙之紅軍、中國戰場的美軍、刻在內蒙的外蒙騎兵都已直接的或間接的捲入戰鬥中。政府可以稱此爲「剿共戰役」，而共產黨則可以稱此爲「人民爲民主而戰」，但實際上就是內戰。如傅作義與閻錫山等將軍們現在爭論「共產黨打第一槍」，而共產黨則爭論「我們已遭受國民黨軍隊的進攻」，刻在進行的非正式戰爭的近因，不管是誰打第一槍，加上其長久綿延仇恨的歷史背景，這種非正式進行的戰爭，如政治解決的一線希望最後消失時，則只能導向十足的內戰慘劇。政府方面直到現在依然在說：「政治解決的政策未變」，而共產黨亦忙於宣傳「我們都是爲團結和平與民主」。但是只有傻瓜才相信他們雙方不是正在準備以武力解決。共產黨聲言他們的正規軍共有一百二十萬人，並宣傳政府刻正使用八十萬軍隊對共產黨作戰。本記者能夠看到這些即刻的趨勢：第一、刻在華北、華中、華東、華南十一個省內激烈進行的非正式內戰迅將延及內蒙與滿洲。共產黨已建立一切防禦阻撓政府軍隊乘美第七艦隊船隻或北寧鐵路進入滿洲，共產黨經延安電台警告政府，政府軍隊如果、並且當乘美第七艦隊船隻到達或接近滿洲時，共產黨會向之開槍，政府發言人今日承認已接獲此項警告，然而政府派兵赴滿洲的決心毫未因此警告而有所變更。第二、長江以南共產黨軍撤退以便進行更强大的打擊與反擊。第三、主持，茲誌外記者與張參事問答如下：記者問：中蘇兩方會商洽由中國政府支給在滿洲蘇軍佔領費若干確否？張參事答：確，並無所謂佔領費之商談。記者問：蘇聯在東北所發之軍用票是否將由中國政府承兌，張參事答此事正在兩國政府商討中。記者問：聞政府將有新幣發行，其名爲何？何時可流通使用？張參事答實際並無此種新幣，政府亦未擬發行任何新幣。記者問：中國何時承認外蒙獨立？是否將互換使節？張參事答政府所派雷次長法章，現已抵北平，即可返渝，俟得其報告始有決定。

【合衆社重慶卅一日電】中國報紙息：紅軍十一月三日開始自滿洲撤兵，十二月三日撤竣，據說政府軍隊正經水陸兩路趕忙調兵赴滿洲，據說美國工程兵團幫助修復北寧鐵路。共產黨卅一日公報說：八路軍已佔領長城上的山海關，中國滿洲邊界段的北寧路及夏季避暑勝地北戴河，已將北寧路切爲數段。秦皇島之美國海軍陸戰隊已處於敵視的共產黨軍包圍中。

【中央社天津卅一日電】東北保安司令長官杜聿明將軍，偕參謀長趙家驤等，卅日夜，專車由平抵津，指揮其所屬部隊在東北各港口登陸與恢復交通事宜。杜長官前於廿九日十六時由平飛抵長春，訪晤熊主任後，當晚七時會晤蘇遠東軍總司令馬林諾夫斯基元帥。卅日下午仍擬搭原機返平，訪何總司令，並晤麥克魯將軍。即晚專車來津，現仍駐天津東站專車辦公，並會同地方軍政長官及美軍司令駱基將軍會晤，洽商恢復交通與東北各港口登陸諸事。杜將軍於接見中央社記者時稱：在長春會晤馬林諾夫斯基元帥時，商定登陸詳細辦法，雙方會晤時，態度極爲誠懇。至此次來津，係指揮所屬部隊與美方合作恢復天津至山海關間之交通。

【中央社長春卅日電】遼寧省主席徐箴，安東省主席吳煥章，嫩江省主席彭濟羣，大連市長沈怡及各省市委員等共十八人，今日下午一時飛抵長春，至是東北十一省市主席市長，均已到達此間。

【中央社天津卅一日電】杜長官聿明，卅日晚車抵津，卅一日午赴秦皇島視察。

【中央社長春廿九日電】東北保安司令長官杜聿明將軍等，十七日下午一時（長春時間）由平乘專機抵此，交通部特派員陳延炯亦同時抵此，與杜氏坐機比翼飛此之一機，載有中宣部東北特派員潘公弼，專門委員蔣世琦，專員徐鳳墀、中央社攝影記者宣文傑、安東省主席高惜冰、委員王同寅，警務長張恆園、專員李承襄、關定宇、劉紺民。合江省主席吳瀚濤，委員富伯平、祝步唐、專員王語今、賀逸航、哈爾濱市長楊仲巷，接收委員曹鐘麟等。

共產黨對華北鐵路『計劃妥善，組織嚴密的破壞（交通部長俞飛鵬語）顯然正在以更加强化的辦法繼續進行。綏興、共產黨刻在綏東進行的攻勢顯然目的是在從傅作義手中奪回共產黨曾宣言爲傅作義奪去的全部『七座城市』。自從日本在日能內戰慘劇預演上演之日宣佈投降以來直到現在，國共關係可以分爲三個時期：（一）八月十日至廿七日，當時的情景是雙方都在爭着解除日軍武裝，命令日軍繳械；（二）八月廿七日至十月十一日，毛澤東飛抵重慶使情勢暫時和緩，（三）自從毛澤東十月十一日返延以來，情景以更災難的規模再轉暗淡。自日皇投降以來，蔣介石在內爭方面已達到下述勝利：（一）政府軍隊有解除日軍武裝的全權，獲得日軍供應品的大部份（二）使日寇嚴格服從命令，只向政府軍投降。（三）簽訂中蘇條約，根據此約蘇聯只能支持中央政府。（四）美空運國民黨軍隊至南京、上海、北平與天津。（五）美海軍陸戰隊在華北天津、青島、秦皇島及其他各港登陸。（六）完全收復前佔領區主要城市如上海、南京、天津、北平、濟南、青島、太原等城已落入政府軍隊手中。而上述各城市四圍則駐有共產黨的大軍。同一時期共產黨獲得了下述勝利：（一）佔領山東各重要海港如威海衛，烟台、龍口，及山東三分之二的領土（二）佔領以張家口爲中心的平綏鐵路中段。（三）從蘇軍繳獲的日軍武器獲得裝備。（四）伸展至內蒙與滿洲。（五）徹底破壞華北的鐵路使政府無法利用，並且使政府屈於談判。全面內戰的陰霾密佈，政治解決刻已全被遺忘了。在爭奪華北、內蒙與滿洲的城市與領土的軍事緊急時際，定於十一月初召開的政治協商會議看來幾乎是流產了。政府要毛澤東指定中共方面出席協商會議的代表，但毛澤東忙於軍事指揮，無暇答覆。政治協商會議的鮮花，如果現在的趨勢不即刻改變，將不可避免地在其萌芽時即被撲滅了。

傅將軍登陸滿洲與蘇方已有協議
蘇軍於二日開始撤退

【路透社渝卅一日電】此間官方長春訊，蘇聯與中國軍事當局關於中國政府軍隊在滿洲登陸事宜已有協議。

【中央社天津卅一日電】據悉：在東北之蘇軍，將於十一月二日起開始撤退區，共分三期，預定十二月初可全部完畢。

【中央社渝卅一日電】外記者招待會於卅一日下午三時舉行，由張參事平羣

曼徹斯特衛報爲蔣辯護

【中央社倫敦卅日電】曼徹斯特衛報，今日發表長文評論華北局勢稱：中國人民對日作戰已歷九年，今仍互相殘殺，豈非人類愚蠢之大悲劇。中國今日之危機，起源於政府與共產黨雙方於日本投降後競佔重要地帶，或認爲蔣主席禁止共黨收復勝利之果，未免有失寬大之道，然試問共黨一旦佔據各重要城市後，必將接收日軍之武器與配備，而作永久之計。國民政府與延安之所以不能成立協議，乃共黨堅欲控制華北大部區域與維持大軍廿師一點所致。蔣主席之基本方針爲建立一中央政府下之統一中國，故不願對共黨作上述條件之讓步。至於華北當前之混亂局面，有一半乃共黨所爲，但多未必爲眞正之共黨，而爲各地之土匪乘機搗亂。蔣主席係代表中央政府，即不能成爲一强國。』

美聯社報導物價上漲與國共關係

【美聯社重慶卅日電】最近關於中國今多難渡的預料，由於全國各地物價上漲及家庭與工廠用煤缺乏的消息，而更爲混亂。自長春發來之半官方消息，首次報導滿洲業已落雪，並謂該廣大地區上的居民對於今多均十分焦慮。布疋及其他必需品的價格正逐步上漲。只有僞票與蘇軍佔領票可以通行。中國其餘各地物價高漲的標準例子，可舉出河南古城開封，該地布價在頭三週中漲了三倍以上，金價在過去半月中漲了一倍。該地糧食價格亦在上漲中。在重慶，居民原來預料在戰爭結束後必需品之物價將大大下降，但物價已漲至新的頂峯，美金的黑市價格仍在上漲，今日已達法幣一千五百元換一塊美元。數週前則是八百元法幣換一塊美元。產生目前形勢的原因中有交通之實際上停頓。中國大量消費品生產與分配之遙遙無期，官方實際主義的匯兌率之缺如，由於煤、原料缺乏及勞工糾紛而引起的工廠停頓等。另一個原因是政府與共產黨間的僵局及談判的中止，以及緊張程度不同的戰爭已發生於中國相當大部份地區的事實。溝通政府與共產黨間正在擴大缺口的努力在繼續中，但雙方均承認實際上是沒有成功的希望的。今天的形勢有如中國的謎語，共產黨希望在談判軍事問題之前求得一政治解決，而政府則希望首先解決軍事問題。在他們說來說去毫無進展的時候，雙方則正在華北及內蒙爭奪領導權，其形勢有利於政府方面。最近談判所要建立起來的三人軍事小組委員會並未成立，政治協商會議亦未開始工作。政府已致電延安，要求共產黨軍事小組委員會的委員前來重慶，並已要

求共產黨派出他們參加政治協商會的代表，以便這兩個機關開始工作。現各方正日益焦急地等待共產黨的答覆，因爲一般感覺，爲了阻止政府與共產黨軍隊間的最近衝突，迅速行動乃是必需的。

【路透社重慶卅日電】今夜抵達此間的歸綏電訊稱：中共軍隊據說數達十萬人正在進攻綏遠東南部之集寧（？）又信政府軍隊已撤出該城。以前政府與共產黨兩方面的消息說：中共軍隊正沿北平經張家口通綏遠省的平綏鐵路積極活動。

山東鐵路情形

【中央社濟南卅一日電】魯省鐵路，共有津浦膠濟兩綫，自八月廿五日日本投降，日軍集中後，兩個半月來，此兩綫迄無一日暢通。其遭匪徒破壞者雖經路局趕修，亦無濟於事。初膠濟路破壞較巨，津浦北段僅有小破壞，時毀時修，北上車第一日抵德州留一夜第二日可抵天津，南段破壞較烈但亦能勉強修復通車。由濟至徐車行三五日十餘日不等。近則南北兩段大受破壞，路基被毀，枕木被焚，鐵軌被移去。僅以工程方面而論，一個月內亦難修復，膠濟路最近未聞破壞，故能提前，預計一週左右可全綫通車。然此後是否不遭破壞，則難預言，良以鐵路綫綿長，隨時隨地均有破壞之虞，我以軍隊警戒亦難五步一崗，以致今省接收工作，大受影響。今日山東謂仍處戰時狀態，並非過言。一般人民對於鐵路交通迅速恢復之心頗極爲迫切。

重慶國大代表聯誼會叫各地代表「聯絡」

【中央社渝卅日電】國民大會代表聯誼會，以國大代表散居各地，其通訊地點時有變動，近爲謀取普遍聯絡起見，擬請各地代表於十一月五日前自動將本人的通訊地點，逕函重慶牛角沱街五十四號收發室，以取得聯絡，如代表同人中，有確知其他代表地址者亦盼代爲通知。

紐約時報評杜魯門演說

【美新聞處紐約卅一日電】紐約時報於評論杜魯門總統的海軍日演說時稱：『杜魯門總統已定出了美國在勝利後行將奉行的基本軍事政策及外交政策。杜魯門演說的絕大部份是沒有什麼新的或令人驚奇的東西的。因爲我們外交政策的基本原則從未改變過，而我們目前的軍事政策則是從這次戰爭的痛苦經驗中得出來的。但其中有一點是現在所能夠發表的最重要聲明。正如總統所說的，『我們正經歷一個國際關係困難的階段——我們過去的脆弱及妥協幫助它形成的階段，這個階段正在考驗我們的政策及原則。由於

千荷蘭人及歐亞混血種的男女及兒童。而只有由相當少數的印度巡邏隊保護着。

英上院辯論對日政策

【中央社記者任沈遜倫敦廿六日專電】英上院今夜辯論時，發現英國對日政策之數項事實，參與辯論者，有諳識遠東情勢之上議員七人，辯論歷時二小時，其着重點雖爲促請英政府支持澳紐使其在對日××方面能有較強之發言權，然對日問題之各方面形勢，亦曾論及，辯論中之要點如次：（一）各方面對行將在華盛頓召開之遠東諮詢委員會相當注意。（二）主張建立集體制度以保未來遠東不再發生侵略行爲，並認此爲英國最有切身利害之事項之一。（三）對日之和平條件，必須使日本×××不再傷害其鄰邦之程度。（四）從速懲辦日本戰犯。前自治領大臣克蘭波恩望英政府能認清當前之複雜局面，而盡力使對日和平條件之內容，能確保遠東不再發生過去之事件，克氏認爲日本領袖現猶未改變心腸，故盟國不能對今日日本政局之改組再作一次之賭博，英政府應明白當係英國之強硬政策使將來擬訂對日和約時能阻止日本統治者再傷害其愛好和平之鄰邦，而對日之和平條件更應充分顧及，澳洲與紐西蘭工黨議員斯特拉鮑齊主張日本文化須加改變，使其步上民主主義之途徑，認爲日本之是否民主，將視其是否能真正選出勞工首領，而建立真正之議會，斯特拉鮑齊建議由美英中澳四國工會中之有經驗者遴選人員，組成一代表團赴日協助其建立工會，俾於未來之日本社會改革中，能佔得重要地位。戰前司法大臣馬漢說：日本戰犯應及早逮捕歸案，甚至不應有一日的延宕，盟國必須使日本人自知爲戰敗者。

自命『日本工黨』示威者包圍敵幣原首相官邸

【新華社延安一日電】據路透社電傳：幣原新閣在上月十六日舉行閣議時，曾有三百個自命爲『日本工黨』的示威者，包圍首相官邸。幣原的警衛士兵今天是佔領以來，第一次拔出刀劍驅散示威人羣。在此之前，幣原向麥克阿瑟總部說，他曾接獲『刺客的警告』。當示威人羣湧集門前，聲稱要見首相時，內閣會議即暫時休息，有一自命爲新成立的『日本工黨領袖』，被帶去和幣原會談十分鐘。外面人羣則齊唱新作的『勞工之歌』，並散發小冊子給路人。小冊子要求：第一，一切戰爭罪犯切腹自殺，以便從無辜日本人民身上除去戰罪。第二，沒收財閥（控制日本的一羣富有銀行家）的財產。第三，一切貴族，除了皇屬之外，都要放棄他們的頭銜，第四，撤銷一切政府官員的撫養金。第五，議會全體議員辭職。第六，發表關於戰爭之真正原因，與日本敗北的原因之詳細報告。第七，發還戰爭將結束時向公民徵集的金飾寶石。嗣後，示

重新聲明這些政策與原則和在海軍日確定了它們，總統現已肅清了我們將站在何處的任何懷疑空氣」。他說：「他是為了回答那些高喊我們無「外交政策」和那些把我們的原則看成暗藏動機遮掩物的人們的。他在作這個答覆時，發出了實現和平新起點的基礎」。「對於世界其他國家說來，最重要的聲明是：即使復員之後美國將仍保有世界上最强大的海軍、最强大的空軍，而且如果我國支持總統時，强大的陸軍後備軍將建築在普遍軍訓的基礎上，原子彈尚未計算在內。他强調說，這種力量之所以必要，一是為了在擾攘的世界中保證與保護美國。在向這些目標邁進中，我們將在一切愛好和平國家愛好協助和聯合國充分支持之下，求得一個公正的和平。我們將堅決而忍耐地去求得這樣的和平，並適當尊重其他國家的意見。但在某些確定了的原則，尤其是大西洋憲章上所宣佈的原則，是不能退讓的，我們將建立一個納粹主義、法西斯主義軍事侵略不能在其中存在的世界。但是，我們將同時盡我們最大的力量來幫助準備自由的民族，達到基本的自由權利和自治」。「在這種權利為其他國家武力所强加的傀儡政府所取消的地方，在我們不能防止它們時，我們將拒絕承認這種政府——這是美國在倫敦會議上立場之重申」。「我們信任那些信任我們的人，但是這個偉大共和國的弱點將絕不會再招致惡果，以致震動全世界文明的基礎」。

蘇加諾呼籲印度尼西亞人放下武器

【路透社巴達維亞廿九日電】蘇加諾刻已與馬拉比（英軍駐爪哇司令）取得聯系。今晚，他一起進入播音室，呼籲印度尼西亞人放下武器。泗水現在各方面都平靜。前此；載蘇加諾赴泗水的飛機，於其歸途中受到五次槍擊。該機係由泗水撤退的印度傷兵，其中一人中槍。此外除可靠的傷亡估計，但恐怕傷亡是慘重的。

【路透社巴達維亞廿九日電】「印度尼西亞共和國」總統蘇加諾博士，與爪哇盟軍司令霍森少將，今日乘機赴泗水（該島最大城市之一）。按泗水的形勢在英印軍與印度尼西亞民族主義者間在該處發生衝突後，被描寫為相當嚴重。詳情尚在調查中。按此次衝突，尚是爪哇英軍與民族主義者間衝突的第一次。據荷蘭通訊社的報導，說衝突之起，乃是由於印度尼西亞人不滿於盟國的繳出武裝的命令，而在泗水向英印軍開槍所致。盟軍已於三日前在該港登陸。荷蘭通訊社繼謂：昨夜在泗水碼頭區各處都聽見槍聲。按泗水乃是以前荷蘭的海軍根據地，英印軍準備解除該地民族主義者的武裝。泗水有六

威遊行者即向麥克阿瑟總部行進，在那邊歡呼，並交給盟國軍官轉呈麥氏的要求更多食糧的申請書。（在十月初有一消息說，社會法西斯河野密要成立社會工黨。故此示威恐為社會法西斯份子的把戲。現截出供參考）。

越南華僑對法越態度

【合衆社西貢廿七日電】朱隆（中國城在北越）的華僑團體某負責人稱：「戰敗了的日本，以在東南亞挑撥仇視白種人的方法，使盟國從心理上在遠東吃了敗仗。大部份華僑都是對安南人友善的，因為中國政府對安南國民黨是友善的。他說：只有中國人幫助法國人時，安南人才反對中國人。他說，見於安南人與法國人間存在着戰爭，越南北部的中國軍隊可能留至日本人撤走以後，他說：「總應該有人來維持秩序」。該領袖說：華人的反法情緒，乃由於戰前法國企圖以重稅阻止中國人的商業活動，及制定許多規章使中國商人頗感困難所致。他指出居住在越南的中國人，數目在五十萬以上，形成一相當大的社團，得到他們祖國的增漲的優先權與權力的支持。

【中央社河內廿七日電】第一方面軍司令盧漢將軍廿七日十五時舉行第二次記者招待會，總部發言人稱：一，此間法籍戰俘均經釋放，今後將由彼等自行料理其生活。二，抵海防之美艦隊係協助華軍調防者，英船運米至海防事，並無所悉。三，為確保河內治安，今後將嚴禁非軍人攜帶武器，違者按中國軍法嚴懲，四，法國乃同盟國之一員，法軍官如有任務自可來此工作，五，越北糧荒實非為各方所想像者，華軍最近將有一部他調，將稍減越北之糧食供應，六、滇越鐵路越段下月修通後，將採軍事管理方式。

國民黨『二五減租辦法』

【中央社渝卅日電】二五減租辦法業經政院秘書長召集內政、財政、糧食、社會、農林各部及地政署高級負責人員商議，簽奉主席核定後由政院通令各省市政府遵辦具報，並報請國防最高委員會備案。茲誌該辦法如左：「二五減租辦法」：（一）凡本年已免田賦省份佃農應繳地租，一律照租約或本年約定之應繳額減四分之一；（二）地主與佃農間如遇佃租糾紛，得由任何一方報告當地鄉鎮長為之調解，調解不決者呈請縣政府處理，縣政府於必要時得會同有關機關團體組織佃租委員會裁決，強制執行之。（三）實施減租縣份，得審查當地實際情形，依據中央命令擬訂某某縣減租實施辦法，呈准省府布告施行；（四）省政府對於各縣辦理減租應認真督察，務期公平切實，並嚴密考核，隨時呈報行政院核辦；（五）經政府規定於明年度豁免田賦一年之省份，上項減租辦法於明年度起實行。

參考消息

（只供參考）

第一〇五一號

解放日報
新華社 編

今日出一張

卅四年十一月二日

星期五

重慶無恥爛言 否認我軍北撤是為全國和平

【美聯社重慶一日電】政府方面今日稱（，長江南之新四軍共產黨）已撤至北方各地。他否認共產黨所謂撤退是為了全國和平與團結的利益，因為第一，長江以南共產黨之地位在軍事上已變成不可守的；第二，共產黨希望加強其江北之控制；第三，他們主要是企圖利用新四軍襲擊與截斷平漢路與津浦路，從而阻止政府軍隊向華北移動。政府方面稱，日本之突然投降打破了共產黨的計劃。他們會集中其軍隊於中國東部海岸，預料美軍將自海上登陸。他們希望，美軍如果登陸時，將與他們合作，他們將獲得美國軍事上及政治上之支持。該方面承認，山東絕大部份均在共產黨手中，山西之閻錫山部隊現正遭受打擊。說：調至華北幫助解除日軍武裝之政府軍隊，均係輕裝部隊，因此在受共產黨襲擊時，傷亡不小。政府希望恢復平漢與津浦鐵路的交通，以便派軍增援空運至華北之部隊。他們同時希望利用這兩條鐵路運軍隊至滿洲，因為據最近消息稱，蘇軍將於十二月三日以前完成其撤退。共產黨在決心阻止這些計劃下，不僅破壞了平漢路與津浦路，而且集中大量軍隊於平綏路。他們希望形成阻止政府軍隊由陸上運往滿洲之有效障礙，並盡可能阻止政府援軍開至華北。他斥責共產黨在綏遠奪取控制權，因為他們想自外蒙獲得幫助，並使他們處於能進入滿洲之地位。該方面承認，山西形勢是嚴重的，該地共產黨正襲擊重要鐵路聯結點大同，但說，他希望形勢能够挽救。該省駐在該地之軍隊傷亡很多，原因一方面是他們裝備與訓練不佳，另一方面是由於共產黨使用繳獲的日本的武器。該方面稱，共產黨目前在滿洲的力量是很小的。他們在該處有若干團子，但每個團子只有二三千人。該方面宣稱政府沒有開始真正的反共戰爭，因此，共產黨取得了主動

【中央社渝一日電】綏省臨參會、省教育會、省農會、省商聯會、省婦女會、綏遠實業研究會、憲政實施研究會、衛生事業協進會、職業工會聯合會、省立中等學校學生自治會聯合會等十團體，以中共部隊已侵入綏境，除籲求中央迅予有效制止外，廿九日特通電全國，請一致主張。綏臨參會議長張欽、副議長閻肅並電國民參政會及各省臨參會作同樣之呼籲，又綏遠旅渝同鄉會一日召開全體大會決議：（一）電請蔣主席明令制止中共軍隊進犯綏遠，從速召開國民代表大會，並派代表李正樂、邊志厚、趙允義、侯瑞、蘇廷晉謁主席，報告中共軍隊進犯綏遠情形。（一）電請國民參政會督促國民政府從速明令制止破壞統一，防礙復員之中共軍隊。

鄧寶珊晤傅作義

【中央社歸綏三十一日電】第十二戰區副司令長官兼晉陝綏邊區總司令鄧寶珊，十月十八日由榆林北上經伊盟扎薩克旗弔沙王之喪，復赴郡王旗與綏蒙會委員長圖王會晤，於十月廿六日抵包頭，並轉車來綏與傅司令長官作義會談。

路透社稱中國軍政形勢惡化

【路透社重慶一日電】中國政治及軍事形勢由於國共兩黨之談判人未能在基本問題上獲得解決辦法，今日正逐漸惡化中。路透社特派記者甘貝爾報導稱，每日××均在重慶引起更激烈的感情與疑慮，而華北的流血戰事亦日益擴大。今日象徵表示大戰事現已擴大至華南。路透社香港消息稱，東江『抗日游擊隊』發表之聲明稱，中央政府軍隊違反重慶協議，進攻東江一帶之共產黨組織。聲明緊急要求中央政府承認協議中的規定『以避免內戰並承認全國建設必須是基本的政策』。中共今日在答覆政府之建議（該建議謂如果共產黨軍隊撤離鐵路綫時，他們將不受干擾）時，要求中央政府軍隊應停止前進及佔領新地區，雙方軍隊均離開鐵路綫。共產黨的反建議又提議說，中央政府應停止利用『日本與偽軍』來反對共產黨，如果中央政府要由鐵路進行任何軍運時，應先與共產黨商量。已經在從事打開鐵路交通之蔣介石部隊，此間認為不會同意這些建議。今夜收到之長春消息稱，在滿洲首府會晤之蘇中兩國當局對政府軍隊在滿洲登陸事，已達到協議。蔣介石之子蔣經國為中國談判代表團之首席代表。

【中央社渝一日電】今日下午九時，張羣、王世杰、邵力子與周恩來、王若飛兩氏續商避免衝突，恢復鐵路交通問題，政府方面提出具體辦法，作懇

器，在政府正當一切方面求達到和平政治解決之際，採取攻勢的軍事行動。

閻錫山謂我以坦克大炮猛攻大同

我駐渝辦事處予以駁斥

【路透社重慶卅一日電】路透社駐渝特派員甘貝爾報導：六十三歲國民黨所任命的山西省政府主席兼第二戰區司令長官閻錫山將軍今日接見記者說：『共產黨軍隊十萬人，有野戰砲四十餘門及坦克十五到廿輛，對晉北重要鐵路聯結點大同發動猛攻。』余已發佈命令該地一萬人守軍不惜一切犧牲堅守該城。這是第一次據該方面報導在整個華北各地方興未艾的戰爭中共產黨軍隊使用裝甲。閻將軍說，據報共產軍總司令朱德將軍在前線總部指揮作戰，這些報告有『百分之七十確實』。他說，大同『極為危殆』。晉軍將被分散支持防地，一切全靠中央政府能集結多少部隊而定。據他的觀察，共產黨軍隊的坦克，『共坦克手衣着類似外蒙古人』。

此間共產黨總部今日當詢以坦克一事時說，『我們聽到這種事還是第一次，也許國民黨宣傳人員試圖推斷我們獲得蘇聯的支持，這樣他們就可能要求美國的幫助了』。共產黨發言人又說：『我們懷疑蔣介石自己的精銳部隊不會調將派往山西及綏遠。』大同——這是平綏鐵路的戰略性聯結點——的周圍以中國最豐富的煤藏聞名。

中央社說我軍猛攻歸綏

國民黨御用團體發通電

【中央社綏西一日電】中共運步騎兵三師由賀龍指揮，卅一日晚九時進逼歸綏城北，向火車站攻擊，旋潰至大青山麓，戰至拂曉三時，共軍約三千又由東南方面向舊城正關進犯，嗣共軍由姚喆指揮繼續增援向城垣猛撲，砲火稠密，迄發電時猶未稍息。

【中央社綏西卅一日電】中共軍先頭部隊已侵進至歸綏省會近郊，卅一日晨二時許竟向第十二戰區駐防部隊襲擊，槍砲聲甚密，至拂曉始稍息。刻共軍有侵進不已模樣。城內外現在處入戰時狀態，距城一二十里之各村莊人民，扶老攜幼紛紛逃離，顛沛流離，情形至慘。

切之商討，並定明日下午五時再談。

魏特梅耶

又說『不干涉中國內政』

【合衆社舊金山卅日電】卅一日將返華視事之在華美軍總司令魏特梅耶告記者謂：估世界人口半數地區所發生之事件，無疑對於美國之經濟心理或甚至軍事均將有所影響，美軍絕不願直接干涉中國內政，因此乃美國之傳統政策，吾所統師之每一士兵均瞭解軍人之天職，僅為執行確定之政策，而非建立政策。余之職責係僅為實踐國政府之指示而已。美軍在華之行動係使中央政府之軍隊在戰略地區重加部署，俾使在華之四百萬日人得以迅速有序遣送回國，其他影響純屬偶然。

【路透社紐約卅一日電】魏特梅耶廣播稱：美軍對中國中央政府之協助，渠即將赴華返任，據稱：『為完成此項工作，自將運送中央政府部隊至中國境內各戰略地區，余願重申美軍之任務，僅在協助中國政府撤退日軍，決不參與中國內部之爭執』。

【中央社滬一日電】美空軍後勤司令部司令陶拓上校談稱：美C四七式運輸機二三五架，將全部集中上海龍華與江灣二機場，留交中國保管，作運輸之用。此項飛機現尚留在各原有基地，自二日起每日有五架飛滬，直至全部抵達為止。

【中央社滬廿九日電】有關方面訊，善後救濟總署已在暹羅越南採購大宗食米運滬，在暹共訂購四三，〇〇〇噸合四十三萬大包，安南二一，〇〇〇噸，由英方協助陸續啟運。第一批最近可抵滬，本年十二月前可全部運抵。糧食部亦已派特派員於月前赴暹越等地採購。此外，善後救濟總署在美澳加訂購小麥三十五萬噸，明年三月前續運此，首批聞已啟運。

【中央社重慶卅日電】據悉，載運救濟物資來華之『維克諾克蒂』號輪，已於八月卅一日到達馬尼拉，載有物資七千七百四十四點九噸。『山姆瓦特號』於十月十九日離溫哥華，將於十一月十四日抵滬，載運物資約七千五百噸。『大普司肯娜號』可於十一月卅一日抵滬，載物資約五千噸。連前由美駛華之『中山號』『魏德爾號』及『爵哈利號』共六艘，所載物資三萬九千噸。

中央社稱國民黨軍將在東北登陸

【中央社長春卅日電】杜司令長官今午飛平轉津，將赴錦州部署預定各口岸登陸開來東北。杜將軍昨抵此後，即進謁熊主任，請示一切，當晚四時訪晤蘇遠東軍總司令馬林諾夫斯基元帥，雙方以極誠懇之態度商談達一小時，對我軍登陸問題有具體決定。今晨八時再謁熊主任後離去。

【中央社天津一日電】杜長官聿明一日十五時偕參謀長趙家驤等專車由津東行，當晚止於唐山，二日視察途間情形再至秦皇島。

【中央社長春卅日電】熊主任及蔣特派員十二日抵此後，即不斷與蘇聯馬林諾夫斯基元帥保持接觸，根據中蘇友好同盟條約商談，一切有關交換事宜，對各種問題均已商量具體協議。東北各地蘇軍決在本年十二月三日以前撤退完了，我軍即由陸海兩路前來接收，按自九月二日日本正式簽訂降書之日起，至十二月三日滿三個月。

【合衆社重慶一日電】中央社長春訊：滿洲中蘇兩方軍事人員已在友好誠摯的氣氛中，基於中蘇友好同盟條約基礎之上進行會談。據說：蘇方諾許在十二月三日紅軍自滿洲撤兵完竣——滿洲撤兵會規定在日本簽訂降書（九月二日）以後三個月撤竣。大公報長春特派員說：中國政府接受滿洲可在一月時期以內實現，守衛滿洲首都長春的蘇軍定於十一月中撤退，至到現在國共兩黨在滿洲皆未進行公開活動。高級學校及初級學校已開學或正在開學，一切教員都是中國人，教科書亦都是新的。

王公達信口胡說：毛主席忙於指揮內戰

【合衆社重慶一日電】王公達報導：共產黨發言人說：毛澤東誠然現在在忙於指揮內戰的軍事作戰，無暇來想政治協商會議。發言人說毛澤東有事於其他方面解釋了共產黨遲遲未選派出席政治協商會議代表的原因。並說，如果政治協商會議終將召開時，議事日程的第一項將是避免內戰，而不是先討論別的事情。原初計劃的討論技術的軍事問題的三人委員會刻亦不是緊急須要了，因戰爭在繼續進行。

傳遠東諮詢會議美方讓步條件

【合衆社華盛頓卅日電】美英中皆同意遠東諮詢委員會之成功，端賴蘇聯之參加，故美國願向蘇聯作任何讓步，唯須保持兩點：一、麥帥仍為盟軍最高統帥。二、各強對日本如有異議，應採納美國的意見。目前正考慮之新建議內有一改正手續。二、俾遠東諮詢委員會可將指令直接送交麥帥，而不必向其他會員國作建議。三、設立一如巴爾幹所有的管制委員會，如與麥帥發生異議時，具有最後決斷權，與蘇聯在巴爾幹管制委會中所有者相同。

【合衆社莫斯科一日電】塔斯社華盛頓消息於宣佈對日諮詢委員會延期後，加以下列附注：『為了明白起見，人們需要回憶：蘇聯之未參加諮詢委員會必須與包括四國（美、英、蘇、中）代表的對日管制機關的建立，共同地予以決定。

路透社預測英美會談內容

【路透社倫敦卅日電】世界第一問題——原子炸彈——將為英首相阿特里與美總統杜魯門在華盛頓會談的主題。這是今天從華盛頓的白宮與阿特里在英下院演說中宣佈的。白宮宣佈說：『首相阿特里將於下月初訪總統於華盛頓並和他與加總理金氏討論關於原子能力之發明所引起的問題。希望首相早抵華盛頓，以便討論能在十一月十一日左右開始』。阿特里之宣佈與此相仿，並謂他已邀請約翰。安得生爵士——原子能力顧問委員會主席以顧問資格陪他同去。今晚路透社消息謂，阿特里將以訪美之最少部份留於白宮，但預料談話不會發展到如邱吉爾與前總統羅斯福在華盛頓及魁北克會談的規模。路透社外交訪員稱，原子炸彈政策再不能×。不論正確與否，英國民衆相信，美國越來越反對將原子彈秘密分享與別國，同時蘇聯越來越認為如果不能分享此秘密將使國際合作空氣受到毒害。因此在倫敦發起的急需宣佈原子彈政策可能的運動中，建議阿特里與斯大林應同時被請參加三巨頭會議，但至今只有阿特里被請。倫敦可靠觀察家認為無論如何阿特里之訪美純係為英美問題，與後繼之三巨頭會議無關，這種看法因白宮發言人稱不知斯大林已否被邀至華盛頓談話一節更形有力。

商務日報論國內形勢

【合衆社重慶一日電】重慶商會機關報商務日報說，內戰刻正在進行中，『引導中國人民從一個戰爭走向另一個戰爭』，據說國內經濟金融的繼續紊亂引起：（一）復員工作實際上因無交通工具供回家的人們使用而告停止。（二）商人再度囤集貨物以待高價而沽，因新貨物不能運至中國內地。（三）法幣繼續的通貨膨脹，據說重慶與上海兩地的中國國家印刷工廠正在趕印新法幣。每月印出一千萬萬元。該報繼說：雖然政府下令新收復各省免征田賦，而蔣介石親下手令執行這一命令，但山西、綏遠、江西、安徽、湖南、河南、浙江各省當局仍藉口未奉到命令繼續征收田賦。

傳冷欣被槍決

【時訊社卅日訊】：九月廿八日新中國日報稱：爲國民黨派赴南京組織前進指揮所，接收日軍投降事宜之陸軍總司令部中將參謀長冷欣，業經召回槍決於重慶郊外。又新任滬市長錢大鈞撤職查辦。據說，冷『責任未終……不特利用權勢，廣置財產，甚至貪贓受賄，縱放漢奸』，該項消息傳至成都，人心『大爲之愉快，以京滬一帶之新任官吏多爲不法，人民受害不堪也。但上項消息迄未經政府方面公佈』。

杜魯門稱斯大林回信滿意

【路透社華盛頓卅一日電】杜魯門總統今日在招待記者會上謂他期望蘇聯不久即可參加遠東諮詢委員會。他說他已收到斯大林對他由美大使哈立曼轉送的去信之滿意的答覆。杜魯門描述斯大林的回信對他原信之友誼的回答，並說來往信件將於確當時間內發表。（路透社按：遠東諮詢委員會昨日在華府開會，休會一星期）杜魯門又說：斯大林回信係於前星期六（廿七日）收到，恰恰在他在紐約發表十二點對外政策演講之前，關於該回信是否給予一種希望使倫敦外長會議重開一點，非俟發生進一步的發展，他無話可說。關於四强對日管制委員會問題尚未達到協議。（路透社倫敦外交記者說，英國有資格觀察家並不認爲遠東諮詢委員會的休會是重新向莫斯科交涉蘇聯參加所促成的。官方說英國並未作此種交涉）。杜魯門又說：關於原子炸彈問題，預期英美加交換意見後，將與『其他國家』會談云。

戴高樂發表·德法邊界重劃計劃書

【英新聞處倫敦廿九日電】戴高樂頃發表法德西部邊疆界綫重劃計劃書，以保障法國安全。每日電訊報外交記者稱，該計劃書中德國之被劃土地，大於英國所預期之法國計劃。德國西北邊境，退出魯爾盆地與威斯登利亞而到達威悉河，該河係×××地近英美蘇三個管制區之接壤處，流至不來梅入海，此綫以西以及科隆，波恩間萊茵河上一點之東，將脫離德國置於國際共管之下，以防制德國重工業之恢復。計劃書並擬於萊茵河左岸建立法國羽之下特殊政權，聯結，不來梅、卡塞爾、齊根與波恩之一綫以西，將不屬於德國中央政府或受共管理，此外，英佔領區亦將有三分之二由國際共管。萊茵河以西之英佔領區內亦將設立一與柏林較少關係之新行政機構，在此區域中，法國希望獲有較大於目前在魯爾至威斯×利亞區所握有之權力，惟因外長會議僵局尚未打開此項問題或將提交聯合國。

【合衆社倫敦廿七日電】法國官方發言人描寫關於傳稱法國對德國新計劃，在德國西部建立一大國際區的消息，是高度的狂想。發言人繼謂：法政府在數日內即將改組，因此如同消息所說的，舊政府欲着手於廣泛的新計劃，乃是不可想像的事。他說：該計劃的實現，包括着將威悉河國際化，而法國不願自己担負此二問題及其他這樣的問題，因爲萊茵河的國際化，已經是非常困難的了。英外交界人士拒絕評論堅稱新法國計劃的消息。

【路透社巴黎二十六日電】法外交部發言人要求現在盟軍之手之德國軍艦一部份，應移交與法國，作爲法在戰時軍艦損失之賠償。

合衆社稱：三國關係前途可樂觀

【合衆社莫斯科二十八日電】蘇聯報紙於顯著地位刊載杜魯門海軍日演講，包括十二點美國外交政策全文，未加評論。總統呼籲繼續戰後盟國團結，無疑會受到此間的歡迎，視爲倫敦會議中斷以來的一種進步氣氛。斯大林去年十一月紀念日演講已發出了類似的情緒。當時，他指出：勝利地結束戰爭而又不潰裂聯合，這聯合一定能夠組織和平。料哈立曼飛往索基（在這裏斯林熱誠地接待他）會產生重大發展。美國人士樂觀情緒恢復了，認爲使三強外長會議破裂的意見與分歧最近將來多少會得到解決。行將到來的斯大林十一月紀念日演講，料將增添澄清爭執的氣氛。

（只供參考）
第一〇五一號
解放日報 新華社 編
今日出一張
卅四年十二月三日
星期六

王公達分析中國內戰情況

【合衆社重慶二日電】王公達報導中國軍事情況：在中國普遍蔓延的內戰中間，可以看出國民黨軍隊（一）極力進入滿州；（二）在內蒙、綏遠因轉防禦的態度而挨打；（三）擴展黃河流域的佔領；（四）鞏固長江流域。另一方面，可以看出共產黨軍隊：（一）極力完成障礙，阻撓國民黨軍隊强行進入滿洲；（二）在內蒙進行大規模的攻勢；（三）對華北各條鐵路，即是黃河流域進行有系統的組織嚴密的破擊戰，以反對國民黨的擴展；（四）撤退江南部隊，企圖集中江北，準備將來進行更强大的打擊。關於進入滿洲，杜聿明將軍在過去十天曾忙着與蘇聯軍事人員，包括駐重慶的蘇聯武官羅申及滿洲蘇軍總司令華西列夫斯基舉行會談。據宣告中蘇雙方似已達到滿意的協定，杜聿明現正在視察秦皇島登陸工作。中國陸軍機關報掃蕩報今日載息：中央軍已抵滿洲營口與葫蘆島各港，並已準備登陸。其他中國消息說：政府軍隊已在滿洲毗近地點的秦皇島登陸。中央政府軍隊進入滿洲，是否會遭遇已在滿洲的八路軍的阻撓尚須拭目以待。內蒙綏遠十萬共軍的攻勢已達到對共產黨有利的具體結果，共產黨軍已自政府軍手中奪回五座城市，即是集寧、豐城、涼城、陶林、清水河，現正在猛攻綏遠省城歸綏。預料歸綏隨時可以落入共產黨手中。山東、山西河北河南四省共產黨對鐵路的破壞似乎依然是國民黨控制鐵路及兩旁區域的最大的問題。共產黨由江南撤退的新四軍在途中遭遇國民黨進攻。最近共產黨曾證實政府使用七個師在豫西共產黨區域作戰，並且實行雖然業已解除武裝的日軍兩個混成旅，配合參加緬甸戰役的新六軍在淮河與黃河之間與共產黨軍作戰。最近共產黨報導山西國民黨軍隊對共產黨部隊施放毒氣。據中立的消息靈通方面人士說：共產黨軍在山西使用火箭砲。此間不知共產黨究從何處得到火箭砲。

。應該根據記者自己的認識來權衡這些消息。毫無疑問，包括世界局勢之中的區域內事態的轉變會影響美國——在經濟方面，心理方面或軍事上。」魏特梅耶說：「在他指揮下的每一個人都知道如何在政治上實行美國政策——而不是行成一個政策。合衆社息：魏特梅耶說：「我將實行我國政府的指令」。

飛返中國重慶。合衆社引魏特梅耶所說：「我注意到消息缺乏客觀性的現象

杜聿明赴秦皇島

【中央社天津二日電】杜聿明一日晚抵唐山，二日晨乘車赴秦皇島。

【美新聞處重慶卅一日電】合衆社今日息：滿洲蘇軍總司令華西列夫斯基已同意蔣介石的軍隊進入東三省蘇軍佔領區。中央社息，中國政府軍隊在乘美機與美艦抵華北後，已向滿洲邊界移動。合衆社重慶電，同時，華北中央政府軍與中國共產黨軍隊之間的戰事已增加。

【中央社北平二日電】俞飛鵬抵石門觀察，交通部鐵路建設技術人員多人隨行，聞俞視察石門後，將赴鄭州。

何應欽在平津又發謬論

【中央社北平卅日電】何應欽卅日下午接見中外記者發表談話並答記者問如次：記者問：上海無綫電傳中國發生內戰，由北方五省開始，其情形如何？答：未見有大規模戰鬥。據余所見，中共黨徒在各地破壞鐵路，企圖阻礙國軍向北開進則係事實。問：據重慶發表政府與共黨談判之公報，共產黨應在鐵路沿綫以外維持原狀，鐵路交通則由國軍重開恢復。現在是否恢復？答：據報國軍正沿鐵路前進恢復交通。問：是否準備恢復北平至張家口交通？答：中央希望全國各地交通一律恢復，因現在天氣寒冷，交通恢復後，停留各地受苦八年之人民，可各回家鄉獲得衣食。問傅長官對毛澤東發出函電，聲明共產黨如再前進，則內戰責任由共產黨担負。總司令對此作何觀察？答：余為中國戰區陸軍總司令，政治問題不在權限以內，恕不答覆。然我意中國現在最需要者：（一）眞正團結，從事建設；（二）恢復交通。交通恢復後人民可各回家鄉，獲得適當之衣食。問：總司令在平停留多久？答：二三日。問：總司令巡視各地印象如何？答：我所巡視之收復各地，除河北山東兩省外，其他各地，關於日軍繳降事宜有完全辦竣者，有辦理十分之八九者，各地日軍均能遵令順利進行。關於治安情形，除山東、河北、山西一部份，蘇北、皖北外，其他各地地方秩序完全恢復。至於各收復區域調遣

中央社說：關於避免衝突恢復交通

已擬具體辦法刻雙方正請示中

【中央社重慶二日電】今日下午五時，張羣、王世杰、邵力子與周恩來王若飛兩氏，續商避免衝突與恢復交通問題，關於相互停止軍事行動擬有極具體之辦法，現正由雙方分別請示中。

重慶希望赫爾利迅速返華

【美聯社重慶二日電】中國各界人士正不耐煩地等待美大使赫爾利少將之返回中國，希望他或許從中斡旋以防止全面內戰之爆發，並幫助調解政府與共產黨間的政治分歧。一般意見認為赫爾利之迅速歸來或將成為阻止目前危險形勢的重要因素。蔣介石於十月十五日告外國記者稱，他歡迎赫爾利將軍之斡旋。重慶各方今日詢問之問題是：『赫爾利在何處？』華盛頓於數週前宣佈，赫爾利將返回中國，但由於形勢之日益危急，中國各界人士正急於知道他何時能真正返回重慶。

【美新聞處重慶卅一日電】杜魯門總統派赴中國中央政府之私人使節洛克，已於二日前由台灣返抵此間，當晚即訪蔣介石委員長。

魏特梅耶口口聲聲說：『不干預中國內戰』

【美新聞處夏威夷一日電】魏特梅耶中將在返回中國指揮部之途中，停於夏威夷，曾告記者：在華美軍使命是『幫助中國遣送四百萬日人——其中有中國戰場的日軍二百萬——回國。』魏氏解釋：這一任務『要求中國政府與蔣委員長調軍隊赴前為日軍佔領的區域，中國政府可以使用美國的船艦與飛機進行這一工作。但美軍與美裝備則不捲入中國的內戰。』魏特梅耶將軍續說：『我們希望遣送日人回國的主要工作能夠在春季完成。』魏特梅耶說：那時在華美軍的主力可以撤退。魏特梅耶在檀香山受到尼米茲海軍上將及中太平洋美軍指揮部參謀長馬克·羅氏納將軍的歡迎。

【美新聞處舊金山一日電】合衆社息：中國美軍總司令魏特梅耶中將十月卅日說：美軍不直接干預中國不宜而戰的內戰。合衆社說：『然而魏特梅耶警告中國事變的轉變最終將在經濟方面，心理方面，或者軍事上影響美國』。五星期前抵華盛頓與美外交與軍事官員會談的魏特梅耶中將於卅一日離美。

破壞最甚者為廣西，次為貴州，他如漢口、武昌、長沙、衡陽、廣州、南昌等地破壞亦甚。其情形之嚴重，有非十年八年所能恢復。問：總司令由北平將再往何處？答：凡未經巡視之處均將前往。問：各地遭受日軍破壞可令日俘協助修復否？答：據我所知，三週前中央令頒佈日戰俘服役辦法，定一日起實行，凡日軍破壞之處當令日俘幫助修復。問：河北山東共有若干日軍須待繳械？答平津地區六萬餘，山東六萬餘，共有十三餘萬人（輔助部隊不在內）。問：何時令其繳械？答：凡我管轄區域，包括台灣、越南在內，預定下月底繳械完竣。問：在東北之蘇聯軍隊撤退情形如何？答：預定一日開始撤退。問：我軍何時開去？答：現已開始。問：聞蘇軍在東北有壓迫我人民情事其情形如何？答：我未獲得報告；但我想不會如外間所傳聞。中蘇友誼很好，我軍進入東北後，蘇將助我修復已經破壞之鐵路。在東北之蘇軍當局亦會表示凡非我政府認可之軍隊，蘇聯不准其開入，如果開入，則予以繳械。我恐此間報紙過去受日軍之控制，對於中蘇友誼，華北民衆不甚瞭解。中日戰爭發生之初，蘇聯首先幫助我們，有顧問團之派遣，有空軍志願隊之助我作戰，並有武器款項借給我們。最近中蘇簽訂卅年友好條約，中蘇友誼當更有增進。即以廢除不平等條約而論，吾人如不健忘，亦係蘇聯首先廢除。自國民政府成立後，蘇聯即與我維持良好之友誼，相信今後必能益加親密。問逮捕漢奸是否即辦？答：此係司法機關應行檢舉之事，我未考慮。問：韓國僑民是否集中或遣送回國？答：在日軍卵翼下之韓人幫助日人與日人合作，及有不法行為之韓人，自應集中管理遣送回國；其善良份子願留在中國者，自可信其留居。

【中央社天津一日電】何總司令對津新聞界談話稱：應欽今抵天津，倍覺欣快，承各界同胞歡迎，尤其是各學校全體學生熱烈歡迎，親切懇摯之情緒，實令應欽非常感動。在津預定停留時間××太缺乏，全國青年學生今後唯一的努力途徑，就是要造就高深的學識，尤其是科學的智識，來建設國家。學問以外的事，應該力求避免，這是我對青年學生的一點希望。天津是我國北方海陸交通的樞紐，現收復之後，要迅速恢復治安秩序，對租界原有的一切良好建設基礎，要更求進步，望全體市民共同努力。

【中央社北平卅一日電】何總司令卅一日下午在行轅召見平津地區日軍聯絡部長根本博參謀長魁儒坦，對於平津地區日軍情形有所詢問，並訓示根本博等遵照命令，辦理繳降事宜。

【中央社北平卅一日電】交部派接收東北之電訊交通事業之王若僖已由渝飛平，卅一日晨飛長春。據悉，長春至瀋間之無綫電日內可以通報。

何應欽在津答記者

【中央社天津一日電】何總司令在津接見新聞界，答覆各記者所提出之詢問時稱，現抵冀省元氏石家莊磁縣之國軍，將由水陸兩路運輸各地。吾人亦知人民對國軍期望之殷切，惟國軍多在西南各地，路程遙遠，運輸困難，尚望人民稍加忍耐，國軍當即可開到，使地方情勢得以好轉。對於偽幣整理問題，何氏謂，過去偽組織發行漫無限制，今日流通之偽幣竟有無號碼甚至有印單面者，調查其發行數額，甚為困難，現對此正在研究中，當由政院與財部作最後決定，余個人之意，偽幣清理應就其可查考者與不完整之部份，分別辦理。論及懲治漢奸問題，何氏謂請全國人士不必担心，政府對此絕不放鬆，過去陸軍總部本定有辦法，惟中央已經訂定條例，待正式公佈後，據以施行。至於遊雜部隊之整編，將審慎處理，必根據其過（缺）

渝晉綏同鄉會上 閻錫山又唱反共濫調

【中央社渝二日電】晉綏旅渝同鄉會，下午三時舉行歡迎閻錫山大會，由孔祥熙主持並致詞後，閻氏報告八年來晉綏艱苦支持之經過，並謂抗戰期間，中共軍隊長官部，不但不能調動指揮，且時時予國軍以掣肘，甚至加以破壞或襲擊。敵人投降後，晉境敵軍約六四、〇〇〇人，均已解除武裝，我軍並接收晉東南及晉北各地防務，但未久晉東南各縣，即遭共軍奪去，並以大軍圍攻大同等地，共軍並對交通積極破壞，燒橋樑，埋地雷，拆鐵軌，燒枕木，挖路基，並隨時襲擊我收復區，目前仍繼續犯不已。閻氏繼稱，八年來晉綏人民所受之苦痛，有敵人、偽軍、中共軍隊、土匪四者。晉西各縣，雖倖免敵人之蹂躪，但負担之重，實為空前。總之，晉綏人民八年來受盡熬煎，今日勝利到來，仍然有家不得歸，有地不得耕。

【中央社渝二日電】閻錫山今日上午九時由蔣主席陪同往祭林故主席，十一時閻氏應賈部長景德之邀，赴銓敘部對該部工作人員講話，題與兵農合一與建國前途，並訪李烈鈞氏。午後出席晉綏旅渝同鄉歡迎會後，即赴中央黨部，應吳秘書長鐵城、陳部長立夫、陳部長慶雲、吳部長國楨、段主任委員錫朋之歡宴，席間曾對時局交換意見。

上，仍然是一個最急要的問題。

改進對蘇關係的第二個主要障礙，是對東歐政策的完全分歧。據信，蘇聯政策的目的，在於將這些國家的整個政治及經濟生活和蘇聯取得一致。這一政策的經濟表現，據信將顯示在對這些國家已經談判了的與正在談判中並廣泛協定之中——尤其是對羅馬尼亞，匈牙利與奧地利。但是，蘇聯這個政策在經濟方面正為許多政治因素所阻礙，這些因素使蘇聯政府感到煩惱，並鼓勵東歐各國的政府來抵抗蠶食。這些因素中的主要因素，是這些國家中紅軍駐軍紀律的廢弛。這種記律敗壞的結果，是蘇聯的威信急劇地低落。英國和美國在東歐的政策目的，在於鼓勵民主勢力。它們目的在於防止它們自己被誘入似乎是支持蘇聯政治上、經濟上同化政策的地位。因此，對於東南歐這些國家中政權的承認，已被保留，而且據記者獲悉，英國政府非至它見到未來選舉如何進行之後，不會承認它們。如果選舉是以自由方式進行的，但產生出來的政府由於批准了廣泛的經濟協定而實際上把它們的主權交給蘇聯時，英國是否或不承認這些國家，仍在未可知之列。關於此點，匈牙利是整個形勢的關鍵。

盟國與印度尼西亞停戰協定

【路透社巴達維亞卅日電】荷蘭通訊社稱：印度尼西亞領袖蘇加諾博士與爪哇盟軍總司令霍森少將今日在泗水簽署的停戰協定，規定碼頭地區將聯合駐防，而以前盟國被囚士兵集中的達爾摩住宅區，將由英國駐防。通訊社繼稱，該城其他地區將由印度尼西亞民族主義者駐防。荷蘭軍隊不得入內。兩方的戰俘都將釋放，英國與印度尼西亞人的聯絡局將建立。只有正規軍隊如警察、民族主義者的軍隊才能攜帶武器。今日早晨英國馬拉比離開泗水前往攔截此間相信正向泗水開來的荷蘭艦隻，以免激起情勢之更加燃燒劇烈。（據今日海上司令部稱因為未證實的謠言稱印度尼西亞煽動份子十分活動的結果，作戰部隊已開往荷印各島）、

泗水續繼騷動

【路透社巴達維亞卅日電】荷蘭通訊社稱，泗水之騷亂是由於印度尼西亞人破壞印度第四十九旅長馬拉比和自委的共和國國防部長慕斯托波所訂的協議。這是今晚爪哇共和國副總統哈達說的。哈達繼稱：慕斯托波的行動應加以懷疑，「如果他再出現的話。」哈達說該協議規定盟國與印度尼西亞應合作以維持法律與秩序。日本武裝將由盟國解除並管制之。但是當盟國飛機散發傳單說印度尼西

【中央社渝一日電】蔣主席一日召見湯恩伯，湯氏抵渝以來，即感不適，今晤見主席後，即進醫院調養。又閻錫山一日下午晤謁主席，當晚留宿主席官邸。

中央社傳 紐約太陽報爲蔣狂吠

【中央社紐約卅一日電】共和黨報紙紐約太陽報，依據目前事實，撰論批評中國現局，對延安尤多指責。該報列舉不能忽略之若干基本事實稱，整個世界承認蔣主席所領導之中國中央政府，解除日軍武裝，驅逐日軍出境，並恢復地方秩序，因該政府乃被各國所承認之中央政府，職權所在。非正式政黨，不論其與敵掉戰如何頑強，統治其控制區如何有效，均無上述之職權。中國中央政府於與延安代表共同發表之會談紀要，承認缺點，並保證提供和平之方案，唯會談紀要發表未幾，即已聞及砲聲，目前之事實，似足指陳在箱中投票而不由槍彈解決前，未能保留原狀之責任，多半應由延安肩負，此一悲劇之任何事件，均足威脅世界之安定。

【路透社華盛頓卅一日專電】斯克斯普斯霍華德系報紙政治記者穆爾（曾在渝任赫爾利大使助理數月），頃就中國形勢再發專論，文中指出中國共產黨雖堅決表示願望中國基於民主基礎團結統一，然其真正目標爲割裂中國。中國共產黨竟於進行團結協商時，繼續全力爭奪地盤，故其所謂盼望團結有無誠意，實堪懷疑。

『觀察家報』論 目前蘇英美關係中的兩個問題

【路透社倫敦廿八日電】觀察家報外交訪員寫道：英國政府雖然充分感覺到歐洲與世界問題僵局的可悲結果，但是他們認爲，除非而且只有在蘇聯表示更大的決心來合作解決歐洲最緊急的問題時，此種形勢很少有任何重大改進之希望。該訪員繼稱：『同時，本應早申各副手在倫敦繼續進行的外長會議的工作，已完全陷於停頓。據華盛頓消息，美國務卿貝納斯正在作進一步的努力，以便說服蘇聯參加盟國對日諮詢委員會。蘇聯迄今都拒絕參加，並主張這種團體應具有盟國在歐洲對以前敵國諮詢委員會的同樣地位和權力。這個問題，是倫敦會議陷入僵局的障礙之一，而且在蘇聯與西方國家的關係

亞應當解除武裝時，印度尼西亞極端份子認爲是破壞協議。哈達又稱居民中『每一個有武器的人』將由印度尼西亞警察與『和平保衛隊』解除武裝。

【美新聞處巴達維亞卅日電】合衆社訊：印度尼西亞共和國總統蘇加諾副總統哈達及情報部長羅氏等三人昨日搭盟機飛往泗水，據說泗水海軍基地現正騷亂不已，一般認爲蘇氏此行將有安定局勢影響。

蘇拒絕英美對匈羅協定之抗議

【合衆社倫敦卅一日電】外相貝文今日告下院稱：蘇聯直截了當地拒絕了英國對蘇聯與匈牙利及羅馬尼亞經濟條約的抗議。若干時前，英國和美國向莫斯科抗議此協定，理由是管制委員會的一個會員國在以前敵人的國家中，在未與其他會員國商談之前，無權締結這種協定。在宣佈莫斯科覆文於今晨收到後，貝文把蘇聯與前敵國締結協定之行動形容爲『企圖達到統一行動中的最混亂因素』。貝文說：『收到之覆文稱：蘇聯政府並不認爲英國的利益將因這些協定而受到影響，這一協定的目的，在於增進蘇聯與地理上相近國家之間的經濟關係』。貝文說：他沒有時間來考慮覆文。

【路透社倫敦卅一日電】前外相艾登問道：波茨頓會議時，蘇聯自己曾提議我們應更充分的參加管制委員會一點是否事實，從而是否應與我方諮商。貝文答：我認爲在這個問題上，努力獲取聯合行動中一個最煩擾的因素，乃是這種經常的兩面的行動步驟。

【美新聞處倫敦廿九日電】布達佩斯發出關於蘇匈恢復『經濟』談判，這一顯然可靠的消息，今天使英外交部爲之奇異。由於英美抗議蘇聯單獨行動而停止的談判，已在『更有限』的基礎上恢復。已經簽字但未經匈牙利批准的原來條件，給予蘇聯很大方便來控制匈牙利一切經濟發展。

倫敦不滿蘇聯與奧地利交換使節

【合衆社倫敦廿五日電】蘇聯建議與奧國納爾博士的奧地利政府交換公使的單獨行動，今晚似乎加深了倫敦外交界對蘇聯在東南歐之種種活動的不滿。英國官方評論員解釋：與奧地利恢復外交關係的問題未經維也納盟國管制會議協議，當時是決定將雷納爾政府的權力伸展至奧地利各地。莫斯科與西方國家之間的關係，自從三週前外長會議失敗以來有些改進，但由於對英國要求與匈牙利商業協議全文，莫斯科之反應嚮遲緩，顯然是於事無助的。

參考消息
(只供參考)
第一〇五三號
解放日報 新華社 編
今日出一張
卅四年十一月四日 星期日

吳國楨無恥謊言:『政府在戰鬥中均居守勢』

【合衆社重慶四日電】宣傳部長吳國楨對共產黨謂政府軍隊在山西使用毒氣之指責,不禁大笑,說是『絕對不可能的。政府從未獲得一點毒氣。』他否認政府利用日軍來打共產黨。他否認日軍作爲志願隊來幫助軍隊。他說,日軍均被解除武裝,並由在華美軍注視此點。他說:這些揚言是『愚蠢的』。吳氏說,在過去兩日談判中,政府向共產黨提議:第一、雙方下令雙方軍隊各留原地。第二、如果共產黨撤離鐵路十公里時,政府願意讓鐵路警察來保護鐵路。第三,政府願意在利用鐵路運輸軍隊之前,和共產黨商量。第四、由參政會組織一調查團,調查誰對誰錯。他說,政府在戰鬥中均居守勢。他說,國軍之開赴滿洲正『順利』進行中。

▲民主同盟呼籲十日內開政治協商會議▲

十三軍在營口登陸 九十四軍駐守唐山塘沽

【合衆社重慶四日電】大公報載稱:杜聿明正親自率領第十三軍於滿洲南部之營口登陸。據稱,國軍與美軍陸戰隊正合作警衛天津至山海關之鐵路。據稱:九十四軍現駐守灤縣城唐山,及煤的儲存地塘沽。又,中國民主同盟向全國呼籲制止內戰,並提議於十日內召開政治協商會議,組織一中立考察團,調查戰區中是非誰屬。

【美新聞處重慶一日電】美新聞處今日摘引他們所稱爲『半官方的天津中國人方面消息說:蘇軍將於明天開始由滿撤退,於十二月一日撤退完畢。

【合衆社重慶二日電】中央社息:據中國戰場美軍後勤部宣告:美C四五式運輸機二百卅五架將移交中國政府。並說此項飛機今日將自中國各機場飛赴上海龍華與江灣機場集中,移交中國政府。

【路透社重慶三日電】據信,中國建立脫離陸軍之空軍正爲此間考慮中,以便作爲改組中國武裝部隊總計劃的一部份。由一千五百人至二千二百人組成的軍事使團(委員會)將幫助實行此計劃,根據美國的方針,製訂中國的標準軍事裝備及中國軍事戰術使團(委員會),任期原訂五年,但蔣介石在他回至中國時,對此問題將作進一步之聲明。現正計劃中之中國陸軍改革中包括有改組指揮部、按比例縮減軍隊、建立訓練中心、甚至改變中國軍裝之樣式。中國陸軍今日是各省軍隊與中央政府軍隊融成一片的混合體。一師人沒有準標,且不一致,有的師有一萬一千人,有的師則只有三百人。

【美新聞處上海二日電】第十航空隊司令弗楔布格少將昨日宣稱:駐紮中國荒蕪內地之成千空軍人員將於本月飛往歇宿地區與乘船港口。現在,三個中國軍之運往中國東部已告完畢,第十航空隊運載軍隊的飛機將運送剩餘部隊赴昆明與上海歇宿地區,再乘船赴美。下列部隊定於十一月一日與十五日之間到達上海:第十二後勤隊,第十四航空後勤隊,第二三二××第三十二醫療航空隊,第四四三部隊運送隊,第一一四瘧疾控制隊。中國西部的部隊將飛至昆明橫越高峯出去。這裏面包括:第八十一戰鬥機隊,第八十六機隊及第三五八航空後勤隊。第十航空隊總部,於將原由第十航空隊使用的機場與飛機移交中國空軍指揮部之後,定於十二月初乘船赴美。

閻駐渝辦事處連日狂吠狡辯

【中央社渝三日電】據十二戰區駐渝辦事處接到綏遠來電報告:綏境共軍向國軍進攻情形:(一)聶榮臻所率之共軍爲晉察冀軍區第一、二、三、十三等四個軍分區,每軍分區轄個四個師一個騎兵旅,刻由興和經集寧向西進犯;(二)賀龍所率之共軍爲晉綏軍區姚師(月敏)、三五九旅及特務團等由左雲北進,經涼城犯卓資山;(三)呂正操所率之共軍爲獨二旅許浩部,及綏蒙軍區姚喆部所轄之一、二、三團,及騎兵支隊等,由商都經陶林進抵旗下營;(四)以上各路共軍在旗下營會合,繼續西犯,其先頭部隊約五千餘佔領旗下營後,於卅日午攻佔白塔,現已迫近歸綏城,分頭向我軍圍攻中;(五)和林固陽北約六十華里之五塔、胡洞、傅家窰子等地,於廿九日發現共軍四千餘向北前進;(六)原駐百靈廟之共軍約三四百名,於卅日開始向西移動。

美新聞處按：在華北從美國艦船上登陸的第一批中國政府軍隊『大概是要經過現被中國共產黨佔領的地區進入滿洲。同時，在重慶，宣傳部長吳國楨於招待記者會上說：『政府已同意：只要共產黨離開鐵道，鐵道地帶以外地區之共產黨軍隊的狀態即可維持』，而共產黨方面並未予以正面反應。中央政府發言人最近曾聲言：共產黨切斷××戰略××華北陸上交通。

『合衆社重慶四日電』共產黨方面發表消息稱，華南廣東省亦發生戰事，該地東江區之共產黨華南抗日縱隊正爲政府軍隊自西北兩方向海邊壓迫中。同一方面經濟專家認爲收復區最近物價上升乃由於（一）鼓勵通貨膨脹受法律保護，（二）工業完全崩潰所致。他說九、十月份政府經費支出達一、〇〇〇、〇〇〇、〇〇〇、〇〇〇元。十一月十二月份預算已規定爲一、〇〇〇、〇〇〇、〇〇〇、〇〇〇元（法幣）。

『路透社重慶四日電』國民黨談判人今日擬出了停止國民黨軍隊與共產黨軍隊間沖突的廣泛具體辦法。恢復交通的計劃亦已擬出。四川省主席張羣、外長王世杰及周恩來將軍參加此談判。此建議將經交兩黨研究和審查。

『路透社重慶二日電』甘貝爾報導：國共兩黨現在重慶的談判人因對基本問題未能達到解決，中國政治與軍事情勢則日益惡化，而只有基本問題獲得解決始克停止內戰的繼續蔓延。每一天的延遲正引起重慶的感情與懷疑，華北的流血慘劇愈益殘烈。過去十二小時內關於實際戰鬥未接獲任何新的詳細報導，但據悉戰事正在十一個省內進行中，山西與綏遠兩省並有大規模的戰事。重慶指揮部一位官員今日評論中國美軍總司令魏特梅耶中將所發表：『他在中國的使命係支持蔣委員長』一聲明時說：『對中央政府軍隊的這種支持將使他們佔領一切戰略陣地。』延安來電：共產黨總部說：閻錫山軍行所至，搶殺姦淫、放火搶刼，無惡不作。

『美國新聞處重慶二日電』共產黨領袖周恩來建議中共與中央政府軍隊都從華北鐵路網撤退。據報導表示蔣介石委員長之軍隊已由××鐵路綫在滿洲海港登陸。××說這是與紅軍官員取得同意後所作的，紅軍會宣佈當重慶換防軍到達時，他們就撤退。據路透社報導中央政府建議謂共產黨離開他們的陣地，中國共產黨答覆說中央政府軍隊在鐵路綫上有任何移動之前，應先與他們磋商。

『中央社渝三日電』第十二戰區參謀處對本市新華日報十月廿八日所載十月廿六日延安新華社廣播消息有所聲明，茲摘錄如下：（一）本戰區於日本投降後最初收復者爲清水河城，行政專員郭長清率部於八月十一日入城旋即被共軍圍攻，郭部薑團死傷三百餘人，此爲勝利後共軍向本戰區進攻之第一次砲聲；（二）八月十八日共軍一部向歸綏舊城西北角進攻與僞蒙軍作戰數小時，我郭長清專員亦率部自南門進入該城，僞蒙軍停止抵抗投降；（三）國軍蘇義和部借集寧縣長粟興漢等，於八月十一日進入集寧，次日即被共軍攻佔，居民逃避一空，至廿五日共軍退出，粟縣長始又於廿六日入城，執行職務；（四）豐鎮之佔領尤極平常，國軍僅一營進入豐鎮未發現共軍部隊；（五）馬占山將軍奉命率部向東北挺進至察境之渡庭堡，僅係假道通過，該處既無共卓，本戰區亦無後續部隊，然九月十一日突被共軍包圍，死傷慘重被迫突圍退出；（六）至謂本戰區配合日軍向『八路軍』進攻，實則綏境內已無日軍日人此乃鐵的事實，綏省民衆於八年苦戰後方，蘇息二月，共軍復自豐鎮涼城與和三路大舉進攻，自十月十七日至本月一日繼續前進，今已逼近綏遠省會，則其攻擊目標是日軍抑是國軍自可明瞭；（七）共軍每至一地即挨戶裹脅卅歲以下壯丁置於攻擊之最前綫，爲防止逃跑以繩互縛連結數十人爲一組，後面督戰員以槍脅逼使其蜂擁前進，此種殘酷罪行實爲舉世所無，至如破壞交通種種之不法行爲尤不勝枚舉。

『中央社重慶三日電』晉省各地共軍破壞交通襲擊國軍之事繼續未已，據第二戰區駐渝辦事處接太原來電稱：晉南霍縣受共軍圍攻極爲危殆，城北退沙及城東之南堡均被攻陷，辛置車站正被共軍圍攻中。霍縣南北鐵路均被破壞，城北共軍焚燬枕木六百餘根，炸燬橋樑五座。洪洞所屬甘亭附近鐵路亦被破壞百餘公尺，晉北方面共軍進攻懷仁縣之宋家莊，並揚言將攻懷仁縣城。

『中央社渝三日電』據第二戰區辦事處接獲晉省共軍進攻各地電訊，茲誌如下：（一）廿八日至卅一日臨汾以北甘亭霍縣什茨三處鐵路，共被共軍破壞七次；（二）廿八日共軍會襲擊洪洞澗橋我守護鐵路部隊，並破壞鐵路；（三）廿九日晨共軍約兩千餘襲擊霍縣北什茨、退沙兩地之我護路部隊，計被破壞鐵路一公里，當晚修復；（四）卅一日趙城霍縣間之茶房村，我守護鐵路部隊被共軍包圍，破壞鐵路四小時，後我將鐵路修復；（五）廿八日中陽電：離石東西合村有共軍兩千餘名，係由軍渡東渡者，又由臨縣開至朱家峪一帶之共軍約一千餘名，準備雲梯木杆進攻中陽。

【合衆社重慶四日電】中央社訊；共產黨軍自陝西基地渡過黃河，進入山西，襲擊黃河東岸之重慶軍。

【合衆社重慶四日電】閻錫山於向山西、綏遠同鄉發表演說時稱：兩省人民受了四種人的苦，日本人、僞軍、共產黨和土匪。他說，共產黨用六種辦法來破壞鐵路：埋地雷、破壞橋樑、焚毀車站、移走鐵軌、焚毀枕木、挖掘路基。

國民黨印發『剿匪手冊』

【合衆社重慶四日電】共產黨機關報新華日報載稱，重慶國民黨中央黨部印了成百萬份的『剿匪手冊』，並解釋這是政府開始正式內戰的確定象徵。吳國楨說，這『很可笑』。國民黨中央黨部正要求新華日報更正這一消息。——王公達

王夕庚等新組人民黨
發表對時局主張

【時訊社卅日訊】『中國人民黨中央執行委員會』代表人王夕庚等九月十四日去函新中國日報，並附寄該黨對時局主張，該文首述：『現在是勝利結束了，跟着勝利而來的重大課題，是如何建立一個富強康樂的三民主義新中國，使廣大人民確實獲得「不虞匱乏的自由」，而對着這一個現實需要，迫使中國必須立即走上和平，統一，團結的大道，而此三者又必須以澈底實現政治民主爲前題。』繼說，擁護『國民政府及蔣主席』，『尤其歡迎目前正在重慶舉行的國共協商，以拆除和平統一團結的若干障礙。』據說，該黨黨員「自抗戰開始就在前方敵後，大後方埋頭一聲不響的參加抗戰的基層工作」，在一個新的時代任務到來的今天，我們有權利（也有義務）提出我們對當前時局的主張』：

（一）關於國民大會問題：

一，延期召集，俾有充裕時間予各黨各派及廣大人民以公開競選機會。

二，抗戰前所選代表，除已死亡及公開投敵附逆者當然喪失其代表資格外，其餘代表應由各黨各派組織舊代表審查委員會重新審查其代表資格。增補代表，應由各黨各派提出候選人競選之。

（二）關於軍隊國家化問題：

一、成立由各黨各派共同參加整編機構，處理軍隊整編復員及其他有關軍事問題，以獲得公平合理的標準。

消息。

美報揭露
美以武器供別國內戰

【美新聞處華盛頓卅一日電】（上段見昨日本報一版）一九一八年戰爭結束之後，戰勝國政府包括美國在內，開始出賣他們的剩餘武器。據當時對此事積極從事的官員今日說，有些國家則較其他國家更爲明顯與更負責任，但是所有這些事都是很壞。因想意大利曾供給南美武器，使大廈谷戰爭成爲可能，一切勝利國都獲准在中國出售武器，中國各地的軍閥在日本不宜而戰之前即用這些武器進行內爭，而現在這種內爭又重演了。應該記得這些內爭曾削弱分裂了中國人民，使日本攫取與佔領廣大的區域更加簡單。日本侵略就是美國幫助誘致日本進攻中國的政策原因之一。中國地方軍閥在他們的所謂『政府獲准以一九一八年以後所存有的剩餘武器武裝自己時，其與隣省進行戰爭便是很容易與很自然了。當時還沒有對一個普遍承認的政權，如現在中國被承認的政權實施租借物資的制度！從租借物資制度能獲得免費的武器用來反對『叛亂』的省份與派別，從其隣省搾取大量金錢的地方軍閥能够以此武裝自己的軍隊進攻另一軍閥。（編者按：現在正確的說，應該是國民黨政府利用美國的租借武器來屠殺中國人民，進攻人民的軍隊。）而中國這些內戰曾經是第二次世界大戰不可避免的先奏，在一九二〇年至一九四三年九月之間，陸軍部與政府內對於我國出售武器的政策曾有一番尖銳的爭論。在這一時期，他們曾供給芬蘭、巴西、哥倫比亞、委內瑞拉、非律濱政府、中國、英國、加拿大、古巴及多米尼加共和國等國以武器。

國民黨組織『蒙旗宣撫團』

【簡訊社廿八日訊】據十月十六日西安報載中央社重慶十五日電：國民黨中央組織『蒙旗宣撫團』赴東北暨熱察綏等省，其所持名義及職權爲至該區境內之哲里木卓索、圖昭烏達、呼倫貝爾、錫林郭勒，及烏蘭察布等盟部旗『宣達中央德意，撫輯流亡，協助地方軍政長官，接受外置爲蒙行政組織，護送來歸各盟旗行政長官，返旗主政，恢復蒙旗地方行政機構，並調整其政權，以及復員善後等工作。』該團組織，計團長一人，派中央委員白雲梯充任，團員六人，派立法委員吳雲鵬，國民參政員榮照，中央組織部邊疆黨務處副處長何兆麟，蒙古駐京代表達密琳多爾濟，熱河省教育廳長劉廉克（中委），遼蒙黨務主任特派員梁偉等充任，並由蒙藏委員會調派科長詹世泰、[illegible]鳳翔等担任該團祕書，隨同前往協助辦理，定十月十

事問題，以獲得公平合理的標準。
二、徹底取消軍隊中的黨代表制及軍隊黨部，並令停止軍隊官兵在服役期間的黨團活動。
三、軍中文化工作在整編期間，應暫由各黨派聯合派人組織委員會負責辦理，庶免一黨操縱。以上二項，惟有召集各黨各派代表共同協商，始能獲得合理解決」。

此外他們還要求：
「（一）立即取消檢查制度，徹底實現言論出版集會結社自由。
（二）沒收漢奸產財分給為抗戰犧牲的將士遺族。
（三）光復地區之地方行政首長，應由當地抗戰有功而為民衆擁戴之優秀幹部充任」。（C）

傳國民黨將成立西北行營

【簡訊社十一月一日訊】據西安秦風工商日報十一月廿三日載力行社訊：「據昆明廣播，西北行營最近即可成立，行營主任，已內定為張治中氏」。

國民黨青年軍紛紛要求退伍 天天都有開小差的

【本報訊】據九月廿九日新華日報一位讀者投書中稱：「現在敵人已經投降，抗戰終於勝利，因此要求退伍的聲浪，在我們青年軍裏逐漸高漲。前天我們的連長無理的來訓斥我們，結果大家都大聲吼起來：「我們不幹了，我們要求退伍。」這是這裏幾個大中學生共同的呼聲，我們是有充分理由提出這個要求：政府最初號召知識青年從軍，原是要去打民族敵人的；現在日本強盜已經投降，還有什麼理由把這一批寶貴的知識青年圈籠着呢？現在各民主國家的軍隊，都已開始復原，我們的國家要和平建設，就更需要這些有為的知識青年，自由的踏上建設的工作崗位去。這些日子開小差的天天都有，也有長期請假的，我認為當局應當准許我們自由退伍。」

宋子文等曾飛西康

【簡訊社廿七日訊】據渝掃蕩報十月四日訊：宋院長子文、陳部長誠，曾於二日連袂飛西康公幹，盤桓一日，三日下午相偕返抵重慶。（時事新報訊：某大員於二日下午專機飛西昌，有所勾當。）

【另據新蜀報十月八日訊，曾傳有調貴州省政府主席楊森任西康省政府主席

六日乘機飛京轉赴蒙地工作云。

大公報不滿美國對日政策

【時訊社】重慶大公報對美國管制日本的政策，表示不滿。九月二十五日的社評稱：「對日本的工業須徹底解決，該毀、該棄、或該統制，絕不可因循，白宮所公佈的初步對日政策，是否重視這點實看不出。……初步政策寫出：『軍國之威權及軍國主義的勢力，也將自其政治經濟及社會生活中徹底消除之。』而波茨頓宣言是說：『欺騙及錯誤領導日本人民使其妄欲征服世界的威權及勢力，必須永久剔除。』『威權』兩字現在改為『軍國之威權』，『勢力』兩字加上『軍國主義』的形容詞。依此解釋，結果即保留日皇及其政府，處置日本越來越寬了。……在日皇及其政府高壓下，一切自由都是假的。舉例說：新聞自由在那裏呢？日本共產黨不是沒有自由嗎？……」另一篇東京通訊則稱：『無論如何，日皇事實上是日本軍國主義的中心人物……』盟國不僅須消滅日本作戰力量、肅清一切戰爭罪魁，更須引導解放了的日本國民，培植民主思想，建設自由制度。駐防日本的盟軍無力單獨負此重任。我們四盟國與一切愛好和平民主的國家，都應分負此責。」（T）

【時訊社廿六日訊】據重慶消息，我國化學工業鉅子，久大和永利公司創辦人范耀東先生，突於十月四日因胆化膿症不治，在沙坪壩寓邸逝世，范氏死前四五天尚無顯著病象，消息傳出後，各方咸頗悼惜。范氏於今夏由美返國，因在美借款成功，精神頗為愉快，惟回國後因當局對借款事遲遲未予批准，致鬱鬱不樂。現西南實業協會正擬聯合其他各工業團體，籌備舉行追悼大會云。

勃魯姆否認成立左翼集團

【路透社巴黎廿五日電】社會黨領袖勃魯姆於該黨機關報「人民」報上，否認共產黨之預料，該預料謂將成立一左翼集團，而WRP（左翼天主教黨）則將被排斥於此集團之外。他說：WRP之被排斥於外，從任何觀點上看都是不可理解的」。「我相信社會黨將拒絕同意——這是不可避免的，因為就社會黨而言，全部問題在於綱領問題，而在這個問題上和WRP的協議不僅是可能的，而且已經達到了。」

動的命令，準備接受和平地區，同時並命令十八集團軍：不要單獨行動，停止佈署。但據云該集團軍總司令朱德，於十日已拒絕這一命令。今後將與日本單獨接觸，以便奪佔確保和平地區的重要城市。因此雙方的鬥爭將趨劇烈。

顧祝同發出通告 準備接受日軍投降

【中央社上饒十五日電】國民政府軍事委員會委員長東南行轅，頃發表第一號通告如下：日本現已無條件投降，我同盟國正會商接受投降辦法，除候國民政府明令外，茲將東南各戰區黨政軍民各界應行準備事項提出通告如下：一、凡奉令監視敵軍解除武裝之部隊，應立即準備遵照指定任務，迅速進至目的地，接受日軍投降，不得爭功倖進，苛擾人民及虐待俘虜。二、各收復地區之省（市）政府或黨部，應即選派重要人員，會同部隊，進入淪陷區，迅速恢復所在地秩序，從事安民，救濟等善後工作，並協助部隊辦理接受日軍投降一切事宜。三、凡已深入敵後，有軍委會或戰區正式委任之游擊武裝、先遣部隊，應即迅速集結於敵佔領城市或其附近，維持地方秩序，防制日軍或土匪對水陸交通及一切商業與物資之劫掠與破壞，以待國軍之蒞臨協助，達成上項任務。四、凡由中央及戰區或省（市）先期派入敵後之黨政工作人員，及淪陷區愛國人士，應向民眾宣傳日本接受無條件投降之意義，協助正式委任之游擊武裝先遣部隊維持地方秩序。五、淪陷區同胞，應力持鎮靜，謹守秩序，靜待國軍蒞臨，切勿聽信漢奸七匪之煽惑，輕舉妄動，自相驚擾，只須不幫助敵人漢奸土匪，政府決予法律保證。六、偽政軍民人等不論在任何地帶，如有假借非法名義，蓄意破壞上項收復工作，擾亂地方秩序，或阻擾日軍向國軍投降者，一律以叛國論罪。行轅主任顧祝同八月十一日。

【中央社上饒十五日電】委員長東南行轅頃發表第二號通告如下：日本政府已宣佈無條件投降，同時我中華民國國民政府已令日本駐華最高指揮官轉飭所屬部隊，就現態勢停止一切軍事行動，聽候所在中華民國陸軍總司令或戰區司令長官之處置，並限廿四小時內答覆，本行轅根據波茨頓宣言，對當面日軍及偽組織偽軍，提出通告如下：一、東南各戰區當面之日軍，在其最高指揮官指揮下，就現態勢，應立即停止一切軍事行動，就近派員向所在戰區司令長官請求聽候處置，並應受各戰區之監視；二、不得破壞物資交通，擾亂治安秩序，或作任何抵抗；三、不得向我已指定之軍事長官以外任何

傳派盟國對日最高統帥問題 蘇美曾發生熱烈的爭論

【中央社紐約十五日電】倫敦[illegible]廣播記者由倫敦報導：昨日[illegible]，關於美國人被選為日本最高統帥，蘇聯猛烈反對，據稱，在莫斯科莫洛托夫和美大使哈立曼發生了爭論，『關此問題雙方發出了「一些很直率的話」』。關係蘇聯人認為最高統帥應是蘇聯人。哈立曼代表並奉華盛頓訓令，拒絕接受或考慮蘇聯的主張，爭辯是熱烈與冗長的，經二小時後，蘇聯即收回其建議，決定他們願讓美國人當最高統帥。

重慶『不許遷移淪陷區設備』

【中央社渝十五日電】日寇業已投降，政府復員在即，在中央推進部隊尚未到達以前，為防止敵區之宵小乘機煽動從事破壞起見，行政院特頒發命令一件，茲誌全文如次：『如有曾經陷敵區域內之交通工具工礦及工廠設備，不論其為公營私營，一律不許遷移破壞，所有員工亦應一律安心工作，不得離去，違者軍法從事。行政院院長宋子文。』

【合眾社重慶十五日電】據重慶最高指揮部計劃，佔領上海的計劃列於頭等重要的一類。上海已定為上海南京杭州三省地帶之[illegible]東中國新指揮部。如果最高指揮部的計劃不受共產黨阻撓（缺）。滬區鐵路區衛戍部隊總指揮蔣鼎文及上海市長錢大鈞，蔣介石的兩個重要的左右手，已決定乘少數飛機載運中國部隊前往。

【合眾社重慶十五日電】外部次長吳國楨在推論估計約二千五百萬中國人返回沿海所需之時間時，今日下午說：有人堅持需十年以上。政府將考慮不僅幫助官吏而且將幫助一人返回東部。重慶許多『下江人』並不等待政府的幫助，商人紛紛購買長江的輪船與帆船票。常在街上聽到的中國人與外國人別離時的話是『上海見』。重慶一百二十萬人口中，估計至少有五十萬乘第一次運輸船返回老家。觀察家與論返回海岸幾近三七年三八年的巨大西遷。

中蘇簽訂友好同盟條約情形

【中央社莫斯科十五日專電】中蘇談判已圓滿結束。在談判之最後階段中，我代表團曾有兩日兩夜之繁忙，作條約簽字之一切準備。兩國友好同盟條約係於十四日午夜簽字，王外長世杰代表我國簽字，莫洛托夫代表蘇聯簽字，到場者尚有宋院長、胡次長世澤、傅大使秉常、熊祕書長式輝、蔣經國等，蘇方有斯大林委員長、羅佐夫斯基副委長、彼特洛夫大使等。簽字後賓主共飲香檳，互相致祝，全場空氣極為誠懇，雙方對於談判之成功，均極感滿意。條約簽字後，斯大林與宋院長有長期間會談，直至

人投降繳械，否則致待不予生命安全之保障；四、各戰區當面日軍，應按照戰區指定分區集結之地點，迅速集中在我派隊監護下，解除武裝，不能作任何抵抗；五、日本軍隊在完全解除武裝後，投降官兵，我監護部隊決保障其生命安全，並履行波茨頓之宣言，不加危害。行轅主任顧祝同八月十一日。

國民黨京滬等市長籌備復員

【中央社渝十六日電】京滬平津等市負責當局，已在積極籌備各該市復員事宜。現除北平市長熊斌尚在陝主持宣慰工作，青島代理市長李先良已在該市附近主持政務外，南京市長馬超俊、上海市長錢大鈞、天津市長張廷諤，已在渝自受命後連日分謁各當局，並為各有關方面洽商一切，俟軍事推進後即分別赴任。

【中央社西安十五日電】豫復員協會陝分會十五日在此成立，推張鈁為理事長，即日展開復員工作，大會並電善後總署迅設豫分署，辦理豫省刼後救濟。

【路透社重慶十五日電】中國政府目前正在組織歷史上的巨大的人民遷移運動。據估計到有二千五百萬人遷回被解放地區。這樣巨大的工作，須十年時間才能完成。××問題將得到飼養（糧食供給），而逐漸將有在中國的二百萬日本人被遣送回國。關於社會人士對重佔上海及其他解放地區時，共產黨將引起糾紛這件事感到憂慮，但由於中國發言人的談話，已逐漸緩和。發言人說，已擬定計劃保證日本只能向中央政府委派的代表投降。他說，政府已開始在所有重要城市重建他的政權，而政府的基幹人員辦外交使團的先鋒將儘快遷往南京，南京將作為暫時的和平時期的首都。

【中央社渝十五日電】立法院十五日通過聯合國憲章。

吳國楨說：日本投降後，中國的任務只完成一半

【中央社渝十六日電】十五日外記者招待會中，吳次長發表聲明，闡述日投降後中國人民之四點思望，對英勇盟國備致讚揚，並指出日本戰爭結束後，中國的任務只完成一半，因為在抗戰勝利終結後，中國還應作最大努力實現建國的計劃。在這個巨大任務裏，我們有很好的理由相信在蔣委員長英明領導之下，我們的努力也必須同樣得到等相的成功。

本日清晨始散。然後斯氏即邀我國各代表進早餐，條約內容將於批准後發表，此舉當不在遠。

【中央社莫斯科十五日專電】我國代表團在第二次來莫斯科期間，宋子文院長曾與斯大林委員長舉行長時間之會談三次，與莫洛托夫晤談二次。每次會談均在融洽及互相諒解之氣氛中進行，雙方坦白交換意見，在莫斯科成立之新約，共分中文及俄文二份，同等有效。權威方面訊，此次中蘇談判範圍極廣，舉凡與兩國有關之各種問題，均會討論，對兩國間共同利益各問題均獲致完全協議。觀察家會認中蘇新約甚為重要，不但兩國間友好關係因之加強，並保證兩國之安全與共同繁榮之發展，且對未來之世界持久和平樹立堅固永久之基礎。兩國對新約具表滿意。蘇聯人士自廣播中聞悉中蘇成立新約後，咸向我國記者熱誠致意，兩國人民久已期待此愉快時機之到來，據消息靈通方面訊，新約不久可望批准互換。

【塔斯社莫斯科十六日電】八月十五日，蘇聯外交人民委員長莫洛托夫設宴招待中華民國外交部長王世杰。赴宴者有王世杰、中國駐蘇大使傅秉常、熊式輝將軍、蔣經國、卜道明及劉凱（譯音）。蘇聯方面則有副外交人民委員長羅佐夫斯基、駐華大使彼特羅夫、蘇聯駐華代理商業代表希布雅也夫，對外貿易人民委員部東方司司長斯拉德科夫斯基、外交人民委員部第一遠東司司長唐金、外交人民委員部新聞司司長辛欽哥等，宴會中氣氛甚為和洽。

【塔斯社莫斯科十七日電】八月十六日中華民國外交部長王世杰偕熊式輝、海軍上將沈鴻烈，錢昌照、卜道明、劉凱及其他諸人離莫斯科。至中央機場送者有蘇聯副外交人民委員長羅佐夫斯基、蘇聯駐華大使彼特羅夫、莫斯科蘇維埃副主席雅斯諾夫、莫斯科城衛戍司令希尼洛夫中將、蘇聯外交人民委員部第一遠東司司長唐金、蘇聯外交人民委員部交際司副司長葛爾欽，以及傅秉常為首的中國大使館全體館員。機場飾以中蘇兩國國旗。

【中央社華盛頓十六日專電】據可靠方面消息，宋院長子文可望於明日由莫斯科飛抵此。另悉，宋院長係與艾森豪威爾同機離莫斯科者。

同盟社報導：敵寇議降經過

【同盟社東京十五日電】關於建立世界和平，從九月十四日，最高戰爭指導會議、臨時閣議及其他重要會議之召開經過如下：（九日）在敵人使用原子炸彈及蘇聯對日宣戰的新形勢下，上午十時半至下午

（下接另一版）

有利。及至敵人使用科學史上空前未有之大威力的新式炸彈時，戰爭形勢必爲之一變。本月九日蘇聯向帝國宣戰，帝國遇到空前未有的大難，爲了使聖德廣大無邊的世界獲得和平，使臣民免得戰爭，陛下遂發佈大詔。陛下現已下定決斷，則臣民所趨之途自明顯。

帝國之前途將由此而更加困難，因此要求一億國民忍受這一痛苦，帝國將由於這一痛苦的結果開拓和招致國民的命運，現在國民所應走的方向就是保護國體，如果拘泥既往，同胞相猜，勢必發生內爭爲他人所乘，亦不要爲感情所衝動，輕舉妄動而在世界上失掉信義，特別是關於愛護戰死者戰災者之遺族及傷病軍人。國民應致力於此。政府與國民均應『聖詔必謹』，克苦奮勵，經常統一於天皇之意志，恢復國家威光，以回答祖先之依托，在這裏特別應當進一言，這就是處此艱難局面下的官吏的任務。陛下至尊賜言：『汝等臣民之忠誠，余深爲知悉』，官吏作爲陛下之有司奉管聖旨，以期作爲喚起堅實的復興精神之先達。

昭和二十年八月十四日內閣總理大臣鈴木貫太郎男爵

美準備派第一批佔領軍赴日本

【中央社華盛頓十五日專電】美聯社今日下午稱：美已準備派遣第一批佔領軍赴日本，佔領日本之詳細計劃，雖尚未宣佈，但據消息靈通方面息：其佔領之制度，將甚嚴格，且與在德所行者相似，今後三週以內，將有二千人進到日本主要區域軍政府部工作，陸軍正由琉球本島菲律濱及加利福尼亞等處迅速調遣官吏，以接收警衛日本之工作，海軍亦將派遣官吏共同參加軍政府之行政，一如目前在琉球島所實行者然。

【合衆社華盛頓十五日電】據消息靈通人士稱：美方將命令日本佔領區官吏不經日本領袖而與日本人發生直接關係，藉資扶育民主政治，該項政策係以促進民主化日本爲唯一途徑，並以接近羣衆者，『非企圖統治日本政府之軍閥與財閥』，以共同工作之信念爲根據，預料陸軍部、海軍部、國務院與政府其他機構之代表，於今日將舉行會議，但將最後檢討美方所擬之佔領區政策。據消息靈通人士稱：值得特殊注意之項目如次：(一)糧食生產，鼓勵，此爲佔領軍最主要工作之一。(二)進出口之限定美方將允許日方有若干貨物進出口，俾增加日本人民營養需要量。(三)鼓勵小規模商業之步驟。(四)有關農工業勞力之政策，應以日人最後有自由選擇用爲根據，俾引導日本進入民主途徑。

要的通貨金融方策，決心盡最大之努力。(一)關於存款與儲蓄，將負責確保其安全，絕對不採取限制付款之類的措施，(二)關於增産食糧及確保與安定國民生活以及恢收戰災者的生活所必需的資金，將積極地供給之。(三)關於重要產業的轉換，將確保必要資金的供給；產業轉換後，將適當地處理與調整債權與債務。(四)維持通貨的信用，爲此要採取關於防止通貨膨脹的強有力的措施，並期其貫澈。切望國民諸君正視現實的事態，充分地認識國家的各種施策，隱忍持重、沉着冷靜，以便對付目下的困難局面

【同盟社東京十五日電】安倍內相號召國民應以不紊亂秩序與團結，致力於培養恢復國力，確信國民的忠誠與力量，其談話如下：本日天皇陛下發佈聖諭，我除向陛下請罪外，對於努力至今的國民諸君實無話可說，我們應當拜察陛下護衛國體慈愛國民之心，我們應用絲毫不亂的秩序與團結力，專心於恢復培養國力回答陛下懸念，如果在聖詔之下團結鬆懈，秩序弛緩，則將招來不可思議的事態。今後我們將遇到很多的困難，上下官民應一致協力，團結相好，遵守道義，忍耐困窮，互相幫助以此而找尋前進道路。我確信三千年來大和民族的忠誠心與力量，現在不論遭遇到任何的困難，我們要長期培養民族力量，向將來之建設邁進。與國民一體，以使皇運無疆。

【同盟社東京十六日電】帝國政府接受波茨坦宣言正式宣佈結束戰爭後，一切都跟平常一樣，沒有特別變化，交通機關及配給的狀況完全與平時一樣，就全國範圍來說，秩序和治安都沒有變化，十六日晨東京各報均登載天皇陛下的詔書，『每日』、『讀賣報知』、『日本產業』各報均列登，東京男女齊集京城之前遙拜皇宮乞求謝罪的照片，各報均在顯著地位以大標題登載鈴木內閣總辭職的消息，亦希望相互協力的內閣，各報社論都要求國民自重和奮起，以便適應新事態再建祖國。

【路透社倫敦十六日電】據緬甸總司令部本日午後權威消息稱，此間盟軍正設法與日軍當局通訊以辦理受降事宜，外間盛傳盟方業已咨照曼谷毛淡棉之日軍云云全非事實，然英軍總部正設法使日軍重要人員與盟方代表接洽。

【中央社渝十六日電】英新聞處東南亞總部康提十六日電，日本投降消息正式發表後，緬甸英軍已周密準備接受日本戰敗之軍事投降及接收區域均已劃定。但將測建住屋自炊飲食，士兵一切人員必要之物品包括食品將由英方供給。

合衆社傳稱日軍在中國約有一百六十五萬人

——在國外約有一百五十萬人

【美新聞處華盛頓十五日電】據合衆社向軍事方面探詢結果：在中國境內之日軍約計一百六十五萬人，另有一百五十萬人則駐太平洋其他各島嶼及亞洲各國，據云：在戰事結束時，日軍之分佈情形如次：中國華北卅一萬人，華東廿萬人，在華南及華中四十八萬五千人。東三省六十五萬人，菲律濱四萬五千人，越南十一萬人，朝鮮卅萬人，馬來亞八萬五千人，爪哇四萬五千人，蘇門答臘九萬五千人，婆羅洲三萬五千人，西里伯斯五萬五千人，新幾內亞四萬二千人，帝汶及佛里羅斯七萬人，所羅門羣島——俾斯麥島區七萬五千人，台灣卅萬人，各委任統治島嶼十二萬人，緬甸六萬人，泰國五萬五千人，千島羣島及庫頁島十一萬五千人，據合衆社估計日本本部之軍隊尚有二百萬人。

日本投降後的國內措施

【同盟社東京十五日電】政府從十五日開始，每日下午一時召開臨時會議，就協議國內對策，同時決定以內閣為中心設置「戰後對策委員會」，十四日之閣議已予以決定。該委員會對復興戰災，增產糧食，確保運輸等當前緊急對策，担任各省之行政聯絡，迅速推進強力施策，此種運營頗為注目。

【同盟社東京十五日電】當此皇國處在空前未有的嚴重的時局下，廣瀨藏相於十五日特發表談話，闡明今後的經濟政策，特別是肯定地說道不採取限制付款之類的措施，而把重點放在安定與確保國民生活、「大藏省大臣談話」：目前皇國實在是處在歷史以來最困難的情況下，今後我國的經濟政策，在是決維持秩序，安定國民生活，以期迅速地復興經濟。如此，政府關於必